मानव विकास
का
मनोविज्ञान

लेखक परिचय

प्रो० लाल बचन त्रिपाठी, भूतपूर्व विभागाध्यक्ष मनोविज्ञान विभाग, दीन दयाल उपाध्याय गोरखपुर विश्वविद्यालय में 1957–1996 तक कार्यरत रहे। डॉ० त्रिपाठी ने 1957 में प्रवक्ता पद पर कार्यभार ग्रहण करने के पश्चात् 'कामनवेल्थ शोध छात्रवृत्ति' अर्जित कर मैक्गिल विश्वविद्यालय, मांट्रियाल, कनाडा से शोध कार्य सम्पन्न किया। सन् 1963 में पुनः गोरखपुर विश्वविद्यालय वापस आकर उपाचार्य एवं अध्यक्ष पद पर तत्पश्चात् 1968 में आचार्य एवं अध्यक्ष पद पर आसीन हुए। अपने दीर्घकालिक सेवा काल (1957–1996) में इन्होंने विभाग को एकेडमिक क्षेत्र में राष्ट्रीय स्तर की पहचान दिलायी। पठन-पाठन, शोध कार्य एवं पुस्तक लेखन के क्षेत्र में उत्कृष्ट विकास के साथ, प्रो० त्रिपाठी ने अपने कुशल नेतृत्त्व में मनोविज्ञान विभाग को विश्वविद्यालय अनुदान आयोग द्वारा सन् 1989 में डी० एस० ए० की विशिष्ट सुविधा से सम्पन्न कराया। आज भी अनवरत रूप से यह सुविधा जारी है।

प्रो० त्रिपाठी अपने लंबे कार्यकाल में अनेक उच्च प्रशासनिक तथा एकेडमिक पदों को सुशोभित करते हुए सन् 1996 में सेवानिवृत्त हुए। तत्पश्चात् 1996–2001 तक अनेक विश्वविद्यालयों में विजिटिंग प्रोफेसर रहे एवं पुनः अक्टूबर 2002 में मनोविज्ञान विभाग इलाहाबाद विश्वविद्यालय के अन्तर्गत 'सेन्टर ऑफ बिहेवरल एण्ड कागूनिटिव साइंसेज (सी०बी०सी०एस०)' में विजिटिंग प्रोफेसर के रूप में वर्षों कार्य किया तथा अपने उत्कृष्ट ज्ञान से सेन्टर को समृद्ध पहचान दिलायी। अनेक शैक्षणिक संस्थानों में शीर्ष पदों की सदस्यता का निर्वहन करने के साथ अनेक राष्ट्रीय स्तर के 'मनोवैज्ञानिक शोध जर्नल्स' के एडिटोरियल बोर्ड में अग्रणी सदस्य रहे।

प्रो० त्रिपाठी की विशेषज्ञता-संज्ञानात्मक मनोविज्ञान (आधुनिक प्रायोगिक मनोविज्ञान), शोध पद्धतियाँ, सामाजिक एवं अनुप्रयुक्त मनोविज्ञान के साथ ही मनोविज्ञान का कोई भी क्षेत्र इनके योगदान से अछूता नहीं है। अंग्रेजी भाषा के अतिरिक्त उत्कृष्ट स्तर की हिन्दी में इनकी लिखी पुस्तकें, यथा- "आधुनिक प्रायोगिक मनोविज्ञान, आधुनिक सामाजिक मनोविज्ञान, मनोवैज्ञानिक अनुसंधान पद्धतियाँ एवं अधिगम का मनोविज्ञान (अनुदित)", मनोविज्ञान के छात्रों एवं अध्यापकों के लिए परम उपयोगी है। प्रो० त्रिपाठी के बहुआयामी योगदान मनोविज्ञान विषय के क्षेत्र में 'मील का पत्थर हैं' जिससे युगों-युगों तक मनोवैज्ञानिकों को दिशा निर्देश मिलता रहेगा।

डॉ० (श्रीमती) सुषमा पाण्डेय, उपाचार्य, मनोविज्ञान विभाग, दीन दयाल उपाध्याय गोरखपुर विश्वविद्यालय में कार्यरत हैं। इन्होंने अपना शोध कार्य, 'इन्फ्लुएन्स ऑफ टाइम पर्सपेक्टिव ऑन सम जजमेंटल प्रासेसेज' शीर्षक पर किया है। ये श्री वेंकटेश्वर विश्वविद्यालय (एस०वी० युनिवर्सिटी) तिरूपति में शोध वैज्ञानिक के रूप में कार्य कर चुकी हैं।

डॉ० पाण्डेय की विशेषज्ञता - विकासात्मक, सामाजिक एवं संज्ञानात्मक मनोविज्ञान के क्षेत्र में है। इनकी शोध रुचि के क्षेत्र हैं - बाल शोषण (चाइल्ड एब्यूज), घरेलू हिंसा, एवं लिंग भेद के मनोवैज्ञानिक आधार, प्रतिबल, स्वास्थ्य एवं संज्ञानात्मक प्रक्रम इत्यादि। इनके अनेक शोध पत्र राष्ट्रीय एवं अन्तर्राष्ट्रीय स्तर की मनोवैज्ञानिक शोध पत्रिकाओं (जर्नल्स) में प्रकाशित हो चुके हैं। इन्होंने अनेक दीर्घकालिक एवं लघुकालिक शोध परियोजनाओं को सफलतापूर्वक पूर्ण किया है।

डॉ० पाण्डेय की पुस्तकें, 'साइकोलॉजिकल कॉसिक्वेंसेज ऑफ चाइल्ड एब्यूज' एवं 'साइको-सोसल आसपेक्ट ऑफ डोमेस्टिक वायलेन्स' पिछले वर्षों में प्रकाशित हो चुकी हैं। 'मानव विकास का मनोविज्ञान' के अतिरिक्त ये एक दर्जन पुस्तकों में सहलेखिका तथा दो पुस्तकों में सहसम्पादक हैं। इन्होंने दो पुस्तकों का हिन्दी अनुवाद भी किया है तथा अनेक मनोवैज्ञानिक मापकों का निर्माण किया है। सम्प्रति बाल शोषण/घरेलू हिंसा के शिकार बच्चों एवं स्त्रियों में उत्पन्न मनोवैज्ञानिक समस्याओं के नियंत्रण हेतु उपयुक्त हस्तक्षेप प्राविधियों के विकास की दिशा में कार्य कर रही है। डॉ० पाण्डेय एक सक्रिय परामर्शदात्री (काउन्सलर) की भूमिका का निर्वहन करने के साथ अनेक एकेडमिक संस्थाओं की सदस्या भी हैं।

मानव विकास का मनोविज्ञान

प्रोफेसर लालबचन त्रिपाठी

अध्यक्ष (सेवानिवृत्त), मनोविज्ञान विभाग,

दीन दयाल उपाध्याय गोरखपुर विश्वविद्यालय, गोरखपुर

एवम्

डॉ० (श्रीमती) सुषमा पाण्डेय

रीडर, मनोविज्ञान विभाग,

दीन दयाल उपाध्याय गोरखपुर विश्वविद्यालय, गोरखपुर

खण्ड - 1

कॉनसेप्ट पब्लिशिंग कम्पनी, नई दिल्ली-110059

Cataloging in Publication Data—DK
Courtesy: D.K. Agencies (P) Ltd. <docinfo@dkagencies.com>

Tripathi, L. B. (Lal Bachan), 1935-
Mānava vikāsa kā manovijñāna / Lālabacana Tripāṭhī evaṃ Suṣamā Pāṇḍeya. — 1. saṃskaraṇa.
2 v. cm.
In Hindi.
On the psychology of human development.
Includes bibliographical references.
Includes index.
ISBN 13: 9788180695933 (hb) (set)
ISBN 10: 818069593X (hb) (set)
ISBN 13: 9788180695940 (pbk.) (set)
ISBN 10: 8180695948 (pbk.) (set)
ISBN 13: 9788180695988 (v. 1)
ISBN 10: 8180695980 (v. 1)
ISBN 13: 978 8180695995 (v. 2)
ISBN 10: 8180695999 (v. 2)

1. Developmental psychology. I. Pāṇḍeya, Suṣamā, joint author. II. Title.

DDC 155 22

ISBN : 13-978-81-8069-593-3 (HB) (Set)
ISBN : 13-978-81-8069-598-8 (HB) (Vol. I)
ISBN : 13-978-81-8069-599-5 (HB) (Vol. II)
ISBN : 10-81-8069-593-X (HB) (Set)
ISBN : 10-81-8069-598-0 (HB) (Vol. I)
ISBN : 10-81-8069-599-9 (HB) (Vol. II)

प्रथम संस्करण 2009

प्रकाशक एवं मुद्रक
अशोक कुमार मित्तल
कॉनसेप्ट पब्लिशिंग कम्पनी
ए/15-16, कमर्शियल ब्लॉक, मोहन गार्डेन
नई दिल्ली-110 059

फोन : 25351460, 25351794
फैक्स : 091-11-25357109
Email : publishing@conceptpub.com
Website: www.conceptpub.com

Title: Manav Vikas ka Manovigayan

परम पूज्य पिताजी स्वर्गी राम अधार तिवारी जी

को

सादर समर्पित

– सुषमा पाण्डेय

प्राक्कथन

मानव विकास के स्वरूप का विवेचन एक जटिल कार्य है तथापि विकास मनोवैज्ञानिकों ने विशिष्ट शोध उपागमों की सहायता से मानव विकास के सन्दर्भ में महत्त्वपूर्ण जानकारी प्राप्त की है। मनोविज्ञान की विभिन्न शाखाओं के अन्तर्गत विकासात्मक मनोविज्ञान एक प्रमुख क्षेत्र रहा है जो इस अवधारणा पर आधारित है कि व्यक्ति के शारीरिक, मानसिक एवं व्यवहारपरक प्रक्रमों की सम्यक् जानकारी हेतु अध्ययन की यात्रा 'यात्रा जीवन के आरम्भ (गर्भाधान) से जीवन के अन्त तक', संचालित रखी जाय तभी विकास के वास्तविक स्वरूप का विश्लेषण सम्भव हो सकता है।

'मानव विकास का मनोविज्ञान' जीवनकालिक विकास के दृष्टिकोण से विविध प्रक्रमों के विकास को प्रस्तुत करने का एक सम्यक् प्रयास है। यद्यपि विकास निरन्तर चलने वाला प्रक्रम है तथापि विकास के प्रत्येक चरण में गुणात्मक एवं मात्रात्मक परिवर्तन घटित होते हैं। अत: इन परिवर्तनों का व्यापक अध्ययन विकासात्मक अध्ययन के उपागमों द्वारा किया गया है जिनसे जीवनकालिक विकास के बारे में समुचित जानकारी मिलती है। प्रस्तुत पुस्तक में जीवन के विभिन्न चरणों (गर्भाधान से जीवन के अन्त तक) में पाये जाने वाले विकास संरूपों एवं प्रक्रमों का वर्णन एवं विश्लेषण उपयुक्त अनुसन्धानों एवं सैद्धान्तिक उपागमों के परिप्रेक्ष्य में किया गया है। यह पुस्तक हिन्दी माध्यम से पढ़ने वाले छात्रों की आवश्यकता को ध्यान में रखकर लिखी गयी है। चूँकि विकासात्मक मनोविज्ञान अत्यन्त लोकप्रिय शाखा होने के कारण प्राय: सभी विश्वविद्यालयों एवं महाविद्यालयों में पढ़ाया जाता है। अत: विषय की प्रासंगिकता एवं बोधगम्यता को समुचित बनाने के लिए इस पुस्तक का लेखन किया गया है।

पुस्तक की प्रमुख विशिष्टताएँ

'मानव विकास का मनोविज्ञान' जीवनपर्यन्त (प्रारम्भ से अन्त तक) होने वाले विकास संरूपों एवं प्रक्रमों को रेखांकित करता है। पुस्तक में कुल इक्कीस अध्याय हैं जिन्हें पाँच प्रमुख अनुभागों में व्यवस्थित किया गया है। अत: छात्रों एवं अध्यापक गणों को विकास प्रक्रमों के बारे में चरणें के अनुरूप (stage wise) के साथ-साथ विशिष्ट प्रक्रमों के बारे में भी व्यापक जानकारी सुलभ हो जायेगी। प्रत्येक अध्याय में, विकास प्रक्रमों की समीक्षा उपयुक्त शोध परिणामों, सिद्धान्तों एवं वास्तविक जीवन में घटित उदाहरणों की सहायता से किया गया है।

विषय को रूचिकर एवं बोधगम्य बनाने के लिए चित्रों एवं रेखाचित्रों को प्रस्तुत किया गया है। अध्याय के प्रारम्भ में विषयवस्तु की रूपरेखा तथा अन्त में सारांश दिया गया है। इसके अतिरिक्त तकनीकी पदों (Technical terms) को हिन्दी एवं अंग्रेजी दोनों ही भाषाओं में प्रत्येक अध्याय के अन्त में प्रस्तुत किया गया है।

पुस्तक के प्रथम अनुभाग के अन्तर्गत कुल चार (1-4) अध्याय हैं जिनमें क्रमश: मानव विकास का स्वरूप, नियम एवं अवस्थाएँ, अध्ययन पद्धतियाँ, विकास की आधारशिला एवं मानव विकास के सैद्धान्तिक उपागमों का वर्णन किया गया है।

द्वितीय अनुभाग के अन्तर्गत अगले चार अध्यायों (5-8) में गर्भाधान से लेकर शैशवावस्था के अन्त (0-2 वर्ष) तक होने वाले शारीरिक, पेशीय, तथा स्नायविक, सांवेदिक, प्रत्यक्षपरक एवं संज्ञात्मक, सामाजिक, सांवेगिक एवं व्यक्तित्व सम्बन्धी विकास प्रक्रमों का विवेचन किया गया है।

तृतीय अनुभाग में बाल्यावस्था में होने वाले शारीरिक एवं पेशीय, संज्ञानात्मक एवं बौद्धिक, भाषा, विकास, सामाजिक, सांवेगिक एवं व्यक्तित्व, तथा नैतिक विकास का वर्णन पाँच अध्यायों (9-13) के अन्तर्गत किया गया है।

चतुर्थ अनुभाग के तीन अध्यायों (14-16) के अन्तर्गत किशोरावस्था में होने वाले शारीरिक एवं पेशीय, संज्ञानात्मक तथा सामाजिक, सांवेगिक एवं व्यक्तित्व विकास का वर्णन किया गया है।

पुस्तक के अन्तिम (पाँचवे) अनुभाग में कुल पाँच अध्याय (17-21) समाहित हैं। प्रारम्भ में दो अध्यायों (17-18) में प्रौढ़ावस्था में होने वाले, शारीरिक, संज्ञानात्मक तथा सामाजिक एवं व्यक्तित्व विकास का वर्णन किया गया है जबकि 19वें एवं 20वें अध्याय में वृद्धावस्था (अन्तर प्रौढ़ावस्था) में घटित होने वाले शारीरिक, संज्ञानात्मक तथा सामाजिक एवं व्यक्तित्व सम्बन्धी विकासात्मक परिवर्तनों का विवेचन किया गया है। इस अनुभाग के अन्तिम अध्याय (21वें) में 'मृत्यु एवं वियोग' के सैद्धान्तिक उपागमों एवं मनोवैज्ञानिक प्रक्रमों का वर्णन एवं विश्लेषण किया गया है। इस प्रकार जीवन कालिक विकास का अन्तिम पड़ाव इस अध्याय में आकर समाप्त होता है।

यह प्रयास किया गया है कि पुस्तक की भाषा एवं कथन शैली सरल एवं सुग्राह्य हो। हमें आशा एवं विश्वास है कि मनोविज्ञान के छात्र एवं अध्यापकगण अपनी मौलिक समालोचना द्वारा हमें लाभान्वित करायेंगे ताकि अगले संस्करण में उन पक्षों को समाहित किया जा सके।

आभार ज्ञापन

हिन्दी भाषा में पुस्तक लेखन अत्यन्त दुरूह कार्य है अत: अनेक मूर्धन्य विद्वानों एवं ख्यातिलब्ध मनोवैज्ञानिकों के प्रत्यक्ष एवं परोक्ष सहयोग से यह जटिल कार्य सम्भव हो सका है। हम उनके हृदय से आभारी हैं।

विषय को बोधगम्य बनाने में अभूतपूर्व सहयोग हेतु हिन्दी के मूर्धन्य विद्वानों - स्वर्गीय श्री राम आधार तिवारी एवं डॉ० कन्हैया ओझा को हम हृदय से आभार ज्ञापित करते हैं।

हमारे परिजनों एवं छात्रों ने अपना बहुमूल्य योगदान दिया है इसके लिए हम उनके प्रति कृतज्ञ हैं।

हम उन बच्चों एवं वयस्कों के प्रति आभारी हैं जिनके प्रतिवेदन एवं अनुभव विकास प्रक्रमों की समझ में सहायक हुए। कम्प्यूटर कम्पोजिंग एवं टंकण कार्य के लिए हम श्री रमाशंकर शुक्ला के आभारी हैं। जिनके प्रयास से पाण्डुलिपि (Manuscript) इस रूप में प्रस्तुत हो सकी है।

लाल बचन त्रिपाठी
सुषमा पाण्डेय

विषय-सूची

अनुभाग-3
बाल्यावस्था (Childhood)

खण्ड - 2

अनुभाग - 4
किशोरावस्था (Adolescence)

अनुभाग - 5
प्रौढ़ावस्था एवं वृद्धावस्था
(Adulthood and Ageing)

अनुभाग-1
(Section – I)

प्रक्रम, परिप्रेक्ष्य एवं आधारशिला
(Process, Perspectives and Foundations)

1 मानव विकास : स्वरूप, नियम एवं अवस्थाएँ

(Human Development : Nature, Principle and Stages)

विकास मनोविज्ञान के अन्तर्गत गर्भाधान से लेकर जीवन के अन्त तक अर्थात् जीवन पर्यन्त होने वाले शारीरिक, मानसिक एवम् व्यवहारपरक विकास का अध्ययन किया जाता है। मानव विकास की इस रोचक यात्रा का शुभारम्भ गर्भाधान से होता है। करोड़ों शुक्राणु जो अत्यन्त सूक्ष्म एवं सुकोमल होते है, फैलोपियन ट्यूब में कठिन यात्रा पार करके डिम्ब (female cell) तक पहुंचने का प्रयास करते है। इनमें से कोई एक शुक्राणु जैसे ही डिम्ब से मिलता है, एक नयी कोशिका (जायगोट) तैयार होती है। इस प्रकार गर्भाधान की प्रक्रिया सम्पादित होती है एवम् एक नये जीवन की आधारशिला निर्मित होती है। गर्भ में एक निश्चित समयावधि में बच्चे का विभिन्न चरणों में विकास होता है, तत्पश्चात् शिशु का बाह्य परिवेश में प्रवेश होता है। एक नवजात शिशु (Neonate) माँ के गर्भ से बाहर आते ही अपने रूदन द्वारा स्वयं के आगमन का आभास कराता है। शिशु (Infant) अपने माता-पिता एवम् परिजनो के साथ भावपूर्ण सम्बन्ध (Bonding) बनाता है। यदि इनके द्वारा शिशु को शारीरिक, सांवेगिक एवम् बौद्धिक आवश्यकताओं की सही प्रतिपूर्ति होती है तो उसमें वाह्य जगत के प्रति विश्वास विकसित होता है। इस प्रकार उसको सफलता की प्रथम सीढी प्राप्त होती है। वत्स (Baby) विविध क्रियाओ, जैसे खींचना, धक्का देना, सीढ़ी चढ़ना, उतरना, वस्तुओं को फेंकना इत्यादि तथा स्पर्श, स्वाद एवं अन्य संवेदनाओं के माध्यम से वाह्य संसार के बारे में ज्ञान अर्जित करता है। बालक (Child) अनेक क्रियात्मक शब्दों को सीखता है, जिसके अन्तर्गत अन्वेषण करना, आज्ञा देना, तंग करना, प्रहार करना एवम् प्रश्न पूछना सम्मिलित है। एक विद्यालय जाने वाला बालक पारम्परिक मानकों के आधार पर अनेक नियमों एवं प्रमेयों को सीखता है। एक किशोर (Adolescent) परीक्षण पुनः परीक्षण तथा हठ धर्मिता (reassertion) द्वारा अपने चयन एवं निर्णय के द्वन्दों का सामना करता है। वयस्क (Adult) जीवन के विविध पक्षों में नये-नये अन्वेषण करता है एवम् अपनी कृति पर आश्चर्यचकित एवं प्रसन्न होता है। अन्ततः वृद्ध व्यक्ति (Old Person) जब अपने सम्पूर्ण जीवन का मूल्यांकन करता है एवम् उसे लगता है कि जो भी लक्ष्य उसके जीवन के थे, उन्हें वह प्राप्त कर लिया है, तो वह आश्चर्य एवं हर्ष का अनुभव करता है।

युवक, प्रौढ़ एवं वृद्ध अपने सम्बन्धों के स्वरूप एवं उसके अर्थ को ढूँढते हैं। विभिन्न प्रकार के सम्बन्ध सुकोमल एवं लचीले, कठोर-सहायक, उथल-पुथल एवं चिन्तामुक्त, आरामदायक एवं सुखदायक, सतत् रूप से मानव विकास के आवश्यक अंग बन जाते हैं। इस प्रकार जटिल एवं समृद्ध प्रश्नों तथा चुनौतियों से युक्त मानव विकास प्रक्रम, विभिन्न कारकों जैसे-जैविकीय, सांस्कृतिक पर्यावरणीय, एवं मनोवैज्ञानिक (संज्ञानात्मक एवं भावात्मक) सम्मिश्रण का परिणाम होता है। ये प्रक्रम जीवन पर्यन्त अर्थात गर्भाधान से प्रारम्भ होकर मृत्यु तक विकासात्मक परिवर्तन के स्वरूप को निर्धारित करते रहते हैं।

आज भी मानव विकास के संदर्भ में बहुत सी ऐसी रोचक बाते प्रचलित हैं, जो वैज्ञानिक स्तर पर सत्यापित न होकर, विश्वास या सामान्य बुद्धि (common-sense) पर आधारित है। यथा-रोते हुए बच्चे को बार-बार गोद में उठा लेने से वह आत्मनिर्भर नहीं बनता या बिगड़ जाता है। संयुक्त परिवार के बच्चे दादा-दादी एवं अन्य सदस्यों के सम्पर्क का लाभ पाते हैं अतएव उनकी भाषा अधिक समृद्व एवम् शीध्र विकसित होती है। जबकि एकल परिवार के बच्चों का भाषा विकास उतना शीघ्र नहीं होता या इकलौता बच्चा आगे चलकर आत्मनिर्भर परन्तु आत्मकेन्द्रित वयस्क के रूप में विकसित होता है। यद्यपि उपरोक्त बातो का आधार अवैज्ञानिक है परन्तु इनसे मानव विकास के अध्ययन के लिए महत्वपूर्ण आधार मिलता है। यदि किसी विषय की सुविज्ञता के कुछ लाभ हैं तो इसकी कुछ हानियाँ भी होती हैं। अतः विकास के विविध चरणो में मानव प्रकार्यो एवम् असामान्यताओं की जानकारी हम विभिन्न स्रोतों से प्राप्त करते हैं।

इस अध्याय में विकास के स्वरूप की व्याख्या 'जीवनकालिक मानव विकास' (Life span human development) परिप्रेक्ष्य के आधार पर किया गया है। इस अध्याय के अन्तर्गत विकास का स्वरूप एवं उसकी विशेषतायें, जैसे विशिष्ट एवम् व्यक्तिगत स्वरूप, अन्तर अनुशासनात्मक स्वरूप एवम् विकास में निरन्तरता इत्यादि का वर्णन किया गया है, इसके अतिरिक्त विकास से जुड़े अनेक विषय बिन्दुओं (issues) जैसे विकासात्मक परिवर्तन का स्वरूप, विकास तथा सामान्य परिवर्तन में भेद, विकास की प्रमुख विमायें तथा विकास के प्रमुख कारकों की विश्लेषणात्मक व्याख्या प्रस्तुत की गयी है। इस अध्याय के दूसरे अनुभाग में मानव विकास के प्रमुख नियमों का वर्णन किया गया है एवम् अन्तिम अनुभाग में जीवन कालिक विकास के अन्तर्गत विकास के विभिन्न चरणों में होने वाले विकासात्मक परिवर्तनों की संक्षिप्त जानकारी दी गयी है।

मानव विकासः का स्वरूप (Nature of Human Development)

जीवन के विभिन्न चरणों के अध्ययन का उद्देश्य उन अवस्थाओं में घटित होने वाली विकासात्मक परिवर्तनों की जानकारी एवम् घटित होने वाली समस्याओं का समाधान करना है, अतः जीवन कालिक विकास परिप्रेक्ष्य को ध्यान में रखकर मनोवैज्ञानिकों ने अपने अनुसंधान के विकास के

किसी एक चरण तक सीमित नहीं किया अपितु गर्भाधान से लेकर जीवन के अन्त तक (Conception to Death) अर्थात् जीवन पर्यन्त होने वाले शारीरिक, मानसिक एवं व्यवहारपरक परिवर्तनों का अध्ययन किया है। इन मनोवैज्ञानिको का मानना है कि जीवन की पूर्वार्ध अवधि (शैशवावस्था, वाल्यावस्था एवं किशोरावस्था) में वृद्धि के साथ ह्रास भी पाया जाता है। इसके अन्तर्गत यदि नयी आकृतियों का अभ्युदय होता है तो पुरानी आकृतियों का विलोप भी हो जाता है। इसी प्रकार जीवन के उत्तरार्द्ध के चरणों में, यद्यपि शारीरिक क्षमताओं में ह्रास होता है परन्तु चिन्तन में गहराई तथा अनुभवों में विस्तार होता है । अतः वृद्धि एवं ह्रास दोनों ही प्रकार के परिवर्तन व्यक्ति में जीवन पर्यन्त साथ-साथ चलते रहते हैं।

जीवन कालिक उपागम को मानने वाले, विकास मनोवैज्ञानिक क्लार्क (1988) के अनुसार, "विकास में समान्तर रूप से वृद्धि एवं ह्रास जीवन पर्यन्त (गर्भाधान से लेकर मृत्युपर्यन्त) चलता रहता है"। मनोवैज्ञानिक वयस्कावस्था एवं वृद्धावस्था में होने वाले विकास की सम्भावनाओं की जानकारी प्राप्त करने में रूचि रखते है एवं साथ ही वाल्यावस्था एवं किशोरावस्था में होने वाले ह्रास की जानकारी पर बल देते है। अतः आधुनिक विकास मनोवैज्ञानिक इस तथ्य को स्पष्ट करते है कि मानव विकास में वृद्धि एवं ह्रास गर्भाधान से लेकर मृत्यु तक, जीवन पर्यन्त साथ-साथ चलता रहता है। इस सम्पूर्ण अवधि में शारीरिक, मनोवैज्ञानिक एवं सामाजिक प्रकार्यो से सम्बन्धित परिवर्तनों का आरम्भ, अन्त एवं संकरण आयु के विविध चरणों में देखने को मिलता है, तथापि विरोधाभास यह है कि **'यदि कुछ सतत है तो वह है परिवर्तन'** बुद्धि जीवन-कालिक विकास परिप्रेक्ष्य के अन्तर्गत बुद्धि, स्मृति, अभिप्रेरणा एवं व्यक्तित्व के विकास सम्बन्धी अध्ययनों से निरन्तर चलने वाले परिवर्तनों पर प्रकाश पड़ता है जो मानव के अनुभवों को निर्धारित करते हैं। उदाहरणार्थ; व्यक्ति में आयु वृद्धि के साथ सांवेदिक स्मृति में थोड़ा ही परिवर्तन होता है परन्तु दीर्घकालिक स्मृति पर इसका अधिक प्रभाव पड़ता है। अतः इस विचारधारा को मानने वाले मनोवैज्ञानिकों का मानना है कि प्रौढ़ावस्था एवं वृद्धावस्था में भी विकास की सम्भावनायें पायी जाती हैं। इसके विपरीत बाल्यावस्था या किशोरावस्था में कुछ विशेषताओं में ह्रास पाया जाता है। अतः विकास परं किसी एक अवधि का सर्वोपरि प्रभाव नहीं होता है।

जीवनकालिक विकास की ऐतिहासिक पृष्ठभूमि
(Historical Background of Life Span Development)

विकासात्मक मनोविज्ञान की ऐतिहासिक पृष्ठभूमि से भी जीवनपर्यन्त विकास परिप्रेक्ष्य की झलक मिलती है। 17वीं-18वीं सदी में यूरोपियन दार्शनिको ने मानव विकास के जीवन कालिक परिप्रेक्ष्य को प्रस्तुत किया। जर्मन दार्शनिक जान्सन निकोलस टेटेन्स (1736-1807) ने अपनी पुस्तक में "गर्भाधान से लेकर मृत्युपर्यन्त" होने वाले विकास का विस्तृत वर्णन किया है। इस दार्शनिक ने कहा कि 'वृद्धावस्था जीवन कालिक विकास का एक घटक है साथ ही, इन्होंने मानव

प्रकृति एवं परिवेश के बीच सम्बन्ध, विभिन्न व्यक्तियों के बीच वैयक्तिक भिन्नतायें एवं मानव विकास की पूर्णता से सम्बन्धित अनेक प्रश्न भी उठायें हैं। एक अन्य जर्मन दार्शनिक किडरिक आगस्ट केरस (1870-1908) ने मानव विकास के जीवनकालिक उपागम को स्पष्ट करते हुए, इसका विस्तार पूर्वक विवेचन चार चरणों के अन्तर्गत किया है। ये चरण निम्न हैं-

1. वाल्यावस्था
2. किशोरावस्था
3. प्रौढ़ावस्था एवं
4. वृद्धावस्था

इनके अनुसार वृद्धावस्था में दोनों प्रकार के परिवर्तन (वृद्धि एवंम् ह्रास) पाये जाते हैं, अर्थात् वृद्धावस्था एक ओर परिपक्वता एवम् प्रगति की अवधि है तो दूसरी ओर विकास का अन्तिम एवम् उच्चतम् चरण है। अपनी कृति में केरस (1918) लिखते है "मनोविज्ञान वह विज्ञान है जिसके अन्तर्गत व्यक्तियों में होने वाले परिवर्तनों की व्याख्या ऐतिहासिक संदर्भो एवं अन्य दशाओं, जिनमें परिवर्तन घटित होते हैं, के परिप्रेक्ष्य में की जाती है।" अतः दोनों ही दार्शनिक मानव विकास के सम्बन्ध में जिन बिन्दुओं पर प्रकाश डालते हैं, वे आज भी महत्वपूर्ण हैं।

सांख्यिकीयवेत्ता एडोल्फ क्वेटलेट (1796-1874) ने अपनी पुस्तक "ए ट्रियइज आफ मैन एण्ड द डेवेलेपमेन्ट आफ हिज फैकल्टीज" (1942) में मानव के सम्पूर्ण जीवन का आकड़ा प्रस्तुत किया है तथा विकास के सामान्य नियमों का महत्व तथा सामाजिक ऐतिहासिक परिवर्तनों को दर्शाया है। पुनः 1902 में सैन्फोर्ड का शोध पत्र "अमेरिकन जर्नल आफ साइकोलाजी" में प्रकाशित हुआ जिसमें उल्लेख किया गया था कि "विकास जन्म से मृत्यु पर्यन्त चलने वाली निरन्तर प्रक्रिया है।" बाद के कुछ वर्षो में अनेक पुस्तकें आयीं जिनमें जीवन कालिक परिप्रेक्ष्य से, मानव विकास की व्याख्या एवं वर्णन प्रस्तुत किया गया है। इन मनोवैज्ञानिकों ने मानव विकास में निहित प्रक्रमों एवं उनकी विभिन्न विमाओं, दिशाओं तथा संदर्भों पर प्रकाश डाला है। अतः जीवन कालिक (Life span) उपागम ने 1970 तक विकास मनोवैज्ञानिकों के मध्य पूर्णतः लोकप्रियता अर्जित कर ली।

जीवनकालिक उपागम का वर्तमान स्वरूप (Current Status of life Span Perspective)

आधुनिक विकास मनोवैज्ञानिक जीवनकालिक उपागम के आधार पर यह व्याख्या करते है कि व्यक्ति अपने जीवन में जिन व्यक्तियों, ऐतिहासिक संदर्भो एवम् सांस्कृतिक दशाओं का सामना

करता है, वे सभी उसके मनोवैज्ञानिक विकास को परिमार्जित करते हैं। अतएव इससे स्पष्ट होता है कि हमें सांस्कृतिक संदर्भ एवं काल विशेष में कुछ लोगों के बारे में जो कुछ भी अनुभव प्राप्त होता है, उसका सामान्यीकरण (Generalization) भिन्न-भिन्न संस्कृति एवं काल में, अन्य समूहों के बारे में नहीं किया जा सकता। इस उपागम के आधार पर किये गये अनुसंधानों से स्पष्ट होता है कि व्यक्ति के जीवन का ऐतिहासिक संदर्भ जिसमें वह विकसित होता है, काफी महत्व रखता है। एडलर (1974) ने अध्ययन में पाया कि वे बच्चे जो उच्च विषाद के अवधि में वयस्क के रूप में विकसित हुए उनमें, सामान्य अवधि (1950 के वाद) में जन्मे बच्चो की तुलना में भिन्न मूल्य पाये गये। यहाँ तक कि सीखने की प्रविधियों (व्यपदेशो) की भिन्नता का प्रभाव बच्चे के संज्ञानात्मक विकास पर पड़ता है। अतएव, जीवन कालिक उपागम को मानने वाले विकास मनोवैज्ञानिक, व्यक्तियों या समूह की व्याख्या करते हुए प्रमुख ऐतिहासिक, सामाजिक एवं तकनीकी परिवर्तनो पर भी ध्यान देते हैं। अतः इस उपागम द्वारा विकासात्मक मनोविज्ञान के अध्ययन का क्षेत्र व्यापक हुआ है।

समकालीन जीवन-कालिक परिप्रेक्ष्य के अन्तर्गत विकास की अवधि में होने वाले परिवर्तनों का सापेक्षिक रूप से तुलनात्मक अध्ययन किया जाता है। आज यह विचार सर्वसम्मत है कि बच्चों में, वयस्कों से भिन्न संवेदना, भाषा, चिन्तन एवम् मनोरंजक क्रियाशैली (खेल) पायी जाती है। विकास धीरे-धीरे शैशवावस्था एवं वाल्यावस्था से होते हुए वयस्कावस्था के मानक को प्राप्त करता है। आज बच्चो के संदर्भ में अभिवृत्ति बदल चुकी है। बच्चे के विकास का प्रथम चरण, उसके द्वारा बोला गया पहला शब्द, उसके द्वारा निर्मित प्रथम चित्र इत्यादि के आधार पर उसके भावी व्यक्तित्व के बारे में पूर्वकथन किया जा सकता है।

मानव विकास सम्प्रत्यय
(Human Development : Concept)

विकास मनोवैज्ञानिकों के अनुसार, "मानव विकास के अन्तर्गत गर्भाधान से लेकर मृत्यु पर्यन्त, व्यक्ति के विकास का 'अन्तर अनुशासनात्मक परिप्रेक्ष्य' से अध्ययन किया जाता है।" आधुनिक विकासात्मक मनोवैज्ञानिकों का प्रयास जीवन पर्यन्त विकासात्मक परिवर्तनों का वर्णन एवं व्याख्या करना है, साथ ही उन विधियो में परिमार्जन करना है जिससे विकास की उपयुक्त व्याख्या दी जा सके। इस प्रकार मानव विकास की उपरोक्त परिभाषा में तीन तत्व महत्वपूर्ण हैं।

1. मानव विकास : एक वैयक्तिक अनुभव है।
2. यह जीवन पर्यन्त निरन्तर चलने वाली प्रक्रिया है।
3. यह अन्तर अनुशासनात्मक अध्ययन है।

मानव विकास : एक वैयक्तिक अनुभव (Human Development : An Individual Feeling)

मानव विकास एक वैयक्तिक प्रक्रम है जो आयु एवं चरणों के अनुसार चलता रहता है। इसके वैयक्तिक स्वरूप के वावजूद मानव-विकास का वैज्ञानिक अध्ययन किया जा सकता है। वैज्ञानिक अनुसंधानों में व्यक्ति के संदर्भ में किसी शारीरिक एवं मनोवैज्ञानिक घटना का अध्ययन करने के पश्चात् उन तथ्यों का सम्बन्धित गोचर के साथ समान्यीकरण करते हैं। विषयगत जटिलता के कारण, समाज वैज्ञानिक, भौतिक वैज्ञानिकों की तुलना में इन्द्रियानुभविक स्तर पर ज्ञात तथ्यों का, कम विश्वास स्तर (Confidence Level) पर सामान्यीकरण कर पाते हैं। यद्यपि विकास एक पूर्वकथनात्मक क्रम में ही घटित होता है तथापि प्रत्येक व्यक्ति के विकास में विशिष्टता भी पायी जाती है। अत: व्यवहारपरक मानक का अनुप्रयोग सार्वभौमिक रूप से नहीं किया जा सकता। निश्चित रूप से विकासात्मक संरूप में समानतायें भी पायी जाती हैं; क्योंकि हम सभी मानव प्रजाति के हैं, इसके अतिरिक्त हममें से अधिकांश लोग, समान सामाजिक परिवेश में रहते हैं तथा अनगिनत परिवेशजन्य जटिलताओं एवं वैयक्तिक भिन्नताओं से परस्पर अन्त:क्रिया करते रहते हैं। इस अन्त:क्रिया से सम्बद्ध जटिलताओं के कारण निश्चय ही दो व्यक्तियों का विकास एक समान नहीं होता है। अत: एव मानव विकास की व्याख्या इन मानकों के परिप्रेक्ष्य में करते समय, वैयक्तिक भिन्नताओं को भी ध्यान में रखना आवश्यक है। विकासात्मक मनोवैज्ञानिक (न्यूगार्टन 1973; ट्राल 1985) मानते हैं कि विकास के मानकों के अनुरूप, अपनी या दूसरों के सामान्य विकास की व्याख्या में जटिलता आना स्वाभाविक है।

न्यूगार्टन, शारीरिक आयु से सम्बन्धित विकास मानकों पर अति विश्वास रखते है। जैसे: विवाह की औसत आयु 24-25 है परन्तु इनका मानना है कि पूर्ववयस्कावस्था विवाह के लिये सर्वोत्तम समय है। अतएव क्या है और क्या होना चाहिए, इन दोनों के बीच अनेक अवरोधक पाये जाते है। विवाह, जीविका, बच्चे, सेवानिवृत्ति इत्यादि घटनाओं की सामाजिक घड़ी (Social clock) के अनुसार व्यक्ति स्वतंत्र रूप से जीवन के प्रमुख क्रिया-कलापों की प्रगति का मूल्यांकन करता है एवम् निर्धारित करता है कि वह विकास क्रम में समय से पहले है या देर से है। यद्यपि अनेक प्रकार की बाधाएं विकास को प्रभावित करती हैं तथापि इन्हें मानव विकास का वैयक्तिक स्वरूप मानकर विकास की व्याख्या की जानी चाहिए।

विकास एक जीवनकालिक प्रक्रम है (Human Development : A Life Span Process)

विकास, जीवन पर्यन्त चलने वाली वह प्रक्रिया है जिसमें पूर्व निर्धारित संरचनाओं के साथ वर्तमान अनुभव भी एकीकृत होते रहते हैं। यह एक निरन्तर चलने वाली प्रक्रिया है। इसका प्रसार निरन्तर होता है जिसका प्रारम्भ गर्भ के साथ एवं अन्त मृत्यु के साथ होता है। इसीलिए मानव विकास के अन्तर्गत सम्पूर्ण जीवनकालिक विस्तार में होने वाले परिवर्तनों का अध्ययन किया जाता है। चूंकि

विकास के किसी एक चरण का अध्ययन, ठीक वैसा ही है, जैसा किसी कहानी के एक पक्ष पर प्रकाश डालना अतएव किसी व्यक्ति के विकास पर, पूरा प्रकाश तब तक नहीं पड़ सकता जब तक उसके विकास के विविध चरणों की जानकारी न हो। एक प्रौढ़ के विकास का स्वरूप उसके बाल्यकाल एवम् किशोरावस्था के विकासात्मक (शारीरिक, प्रकार्यात्मक एवं व्यवहारपरक) अनुभवों के अनुरूप होगा एवं आगे का विकास भी इन चरणों के विकास से प्रभावित होगा।

प्रसिद्ध मानवशास्त्री मारग्रेट मीड (1972) ने भी मानव विकास के जीवन कालिक अध्ययन उपागम पर बल दिया है। बच्चे एवम् दादा-दादी के पारस्परिक सम्बन्धों की व्याख्या करते हुए मीड कहती हैं कि बच्चे एवं दादा-दादी एक दूसरे से साथ-साथ जीवन की निरन्तरता के बारे में सीखते हैं। दादा-दादी से बच्चा भूतकालिक जीवन संरूपों के संयोजन को सीखता है तो वृद्ध लोग बच्चे में मानवता का भविष्य देखते हैं एवम् उसके स्वरूप को सीखते हैं। मानव शास्त्र के अन्तर्गत मानव संस्कृति के अध्ययन एवं विश्वस्तर पर सांस्कृतिक भिन्नताओं का परीक्षण किया जाता है। चूंकि अधिकांश जीवनकालिक अध्ययन अमेरिका एवम् पश्चिमी यूरोप में किये गये हैं (मुनरो, मुनरो एवं ह्वाइटिंग, 1981)। अतः जिस विकास को एक देश में सामान्य विकास माना जाता है, वह स्वरूप दूसरे देश में भिन्न हो सकता है। अतः अन्तःसांकृतिक तुलना द्वारा आसानी से विकास प्रक्रमों के सामान्यीकरण से परिहार किया जा सकता है। यदि हम तुलना करने में असफल रहते हैं तो यह कहना जटिल होगा कि कौन से व्यवहार या शीलगुणों (traits) का आधार दैहिक है एवं कौन सी विशेषतायें अर्जित हैं। इस दृष्टिकोण से मानव शास्त्र एवम् मानव विकास के अन्तःअनुशासनात्मक अध्ययन महत्वपूर्ण हैं।

चूँकि समाज विज्ञान की एक प्रमुख शाखा समाजशास्त्र भी है जिसमें समूह के सम्बन्धों एवम् सामाजिक संस्थाओं के प्रभाव का अध्ययन किया जाता है (गुडमैन एवं मार्क्स, 1982)। मानव विकास का अध्ययन शून्य में नहीं किया जा सकता अपितु किसी न किसी सन्दर्भ में होता है। अर्थात् सामाजिक कारक हमारे जीवन पर प्रभाव डालते हैं जिनसे हमारे मूल्यों एवं संस्थानों में परिवर्तन पाया जाता है। उदाहरण के लिए नयी पीढ़ी में पारिवारिक इकाइयों के स्वरूप में क्या परिवर्तन आये हैं? या हमारे समाज के विभिन्न सामाजिक-आर्थिक स्तर के लोगों में बेरोजगारी के प्रति अभिवृत्ति में किस प्रकार की भिन्नता है। इसके अतिरिक्त, अन्तःपीढ़ीगत सम्बन्धों (Inter-generational Relations) का अध्ययन, जिसके अन्तर्गत दादा-दादी/नाना-नानी एवम् बच्चे के बीच का सम्बन्ध वर्तमान में भूत एवम् भविष्य को एक साथ प्रस्तुत करता है। अतः जीवन पर्यन्त उपागम से मानव विकास का अध्ययन व्यक्ति के भूत एवम् भविष्य का विलय (सम्मेलन) करके जीवन की निरन्तरता की सम्प्रति (वर्तमान) जानकारी प्रदान करता है।

मानव विकास : एक अन्तःअनुशासनात्मक अध्ययन (Human Development : An Inter-disciplinary Study)

व्यक्ति के जीवन काल में होने वाले दैहिक, बौद्धिक, सांवेगिक एवं सामाजिक परिवर्तन जिन्हें वह

अनुभव करता है, की व्याख्या किसी एक अनुशासन के आधार पर पूरी तरह सम्भव नहीं है। व्यक्ति के शारीरिक परिवर्तनों की व्याख्या, शारीरिक परिपक्वता पर मनोवैज्ञानिक प्रभाव का विवेचन किये बिना, कैसे किया जा सकता है? अत: विभिन्न कारक जैसे पारिवारिक, सामाजिक एवम् सांस्कृतिक भिन्नताओं को ध्यान में रखे बिना एवम् इन अनुशासनों से जुड़े विद्वानों के साथ विचार-विमर्श किये बिना विकास को एकीकृत रूप में परिभाषित नहीं किया जा सकता।

मानव विकास में जिन अनुशासनों का महत्वपूर्ण योगदान है उनमें प्रमुख रूप से सामाजिक विज्ञान (जैसे मानवशास्त्र, समाजशास्त्र) एवं मनोविज्ञान के अतिरिक्त, प्राकृतिक विज्ञान एवं जीव विज्ञान आदि सम्मिलित हैं, परन्तु विशेष योगदान सामाजिक वैज्ञानिकों एवं मनोवैज्ञानिकों का है, किन्तु कुछ पक्षों के विकास, जैसे संवेदना, शारीरिक एवं पुनरूत्पादन से सम्बन्धित विकास में जीव वैज्ञानिकों का विशेष योगदान है जबकि अन्य क्षेत्रों जैसे अधिगम, प्रत्यक्षीकरण, संज्ञान एवं बुद्धि के विकास में सर्वाधिक योगदान मनोवैज्ञानिकों का है। इसके अतिरिक्त सभी प्रकार के विकास में अन्त: सांस्कृतिक (Cross-Cultural) सन्दर्भों का उद्धरण, विकास के नियमों के सार्वभौमिक विश्लेषण के लिए आवश्यक होगा। सामाजिक संदर्भो के अभाव में, व्यक्ति के विकास एवं व्यवहार को सही ढंग से नहीं समझा जा सकता है। इसलिये मानव विकास के अध्ययन में समाजशास्त्र विषय एक प्रमुख घटक के रूप में महत्व रखता है।

मनोविज्ञान की प्रबल भूमिका को, मानव विकास के परिप्रेक्ष्य में अस्वीकार नहीं किया जा सकता है। चूंकि मनोविज्ञान के अन्तर्गत व्यक्ति के संज्ञानों एवं व्यवहारों का अध्ययन किया जाता है। अतएव इसकी अनेक शाखाये जिनमें विविध प्रक्रमों का सामान्य एवम् विशिष्ट सन्दर्भो में अध्ययन किया जाता है, अत्यन्त लोकप्रिय है। इन शाखाओं के अन्तर्गत संवेगों, विचारों, संवेदनाओं, प्रत्यक्षीकरण, अधिगम, स्मृति, चिन्तन के अतिरिक्त अभिवृत्ति, नैतिकता, लिंग, भूमिका, विभेदन, व्यवहारपरक समस्याओं, सामुदायिक एवं संगठन के स्तर पर घटित होने वाले गोचरों, मानव के विविध प्रक्रमों एवं क्रियाओं का अध्ययन किया जाता है। विकास मनोवैज्ञानिकों का प्रयास आयु वृद्धि के साथ बौद्धिक, सामाजिक एवं सावेगिक परिवर्तनों का अध्ययन एवं इनके विकास में निहित प्रमुख क्रियातन्त्रों की जानकारी प्राप्त करना है। इसके अतिरिक्त शारीरिक वृद्धि, तन्त्रिका दैहिक विज्ञान (Neurophysiology), आनुवांशिकी (Genetics) या, अन्त:स्राविका विज्ञान (Endocrinology) के माध्यम से जीवन विज्ञान (Life science) एवं मनोविज्ञान के बीच सम्बन्ध स्थापित करने का सफल प्रयास किया गया है। यद्यपि विकासात्मक मनोविज्ञान, मानव विकास के अन्त:अनुशासनात्मक अध्ययन को धूरी प्रदान करता है तथापि मानव जीव विज्ञान समान रूप से जीवन प्रक्रमों का विवेचन प्रस्तुत करता है। मानव मूल रूप से जैविकीय प्राणी है जो कुछ सीमा तक अनुवांशिक गुणों से प्रभावित होता है। मनोविज्ञान के कुछ प्रमुख प्रारूपों के अन्तर्गत, विकास मनोवैज्ञानिक स्टेनली हाल, आर्नाल्ड गेसेल, सिग्मंड फ्रायड, एरिक एरिक्सन एवं जीन पियाजे ने मनोविज्ञान एवं जीवन विज्ञान को साथ-साथ अनुप्रयुक्त किया है।

व्यवहार मनोवैज्ञानिकों का मत है कि मानव विकास में जैविकीय अवयवों को या तो पूर्ण

रूपेण नकारा गया है या उनका अवमूल्यन किया गया है। मनोवैज्ञानिक लायकेन (Lykken) जो "मिन्नेसोटा सेन्टर फार ट्विन एण्ड एडवान्स्ड रिसर्च सेन्टर" के डायरेक्टर थे, उन्होंने स्वीकार किया है कि व्यक्तित्व या बौद्धिक विकास में जैविकीय कारकों का महत्व, मनोवैज्ञानिक कारकों की अपेक्षा अधिक होता है। इन विशेषताओं के अन्तर्गत समरूपता, बहिर्मुखता, चिन्तन प्रक्रम, सृजनात्मकता, आशावादिता एवं सतर्कता शामिल है। मनोवैज्ञानिकों का मानना है कि मानव विकास पर जैविकीय कारकों का प्रभाव कितना पड़ता है, इसे निर्धारित करना आवश्यक है। आधुनिक अनुसन्धानों के अन्तर्गत व्यवहार की व्याख्या में परिवेशीय कारकों की अपेक्षा जैविकीय कारकों को अधिक महत्व दिया जा रहा है। स्थिति जो हो, परन्तु इतना अवश्य कहा जा सकता है कि जैविकीय अवयवों को सम्मिलित किये बिना मानव विकास की व्याख्या तर्करहित है।

मानव विकास से जुड़े प्रमुख प्रश्न
(Important Issues in Human Development)

मानव विकास के अध्ययनों के अन्तर्गत कुछ प्रमुख प्रश्न उपस्थित किये गये हैं। इनमें से कुछ प्रश्नों का समाधान किया जा चुका है परन्तु कुछ प्रश्न अब तक अनुत्तरित हैं जो समय-समय पर सामने आते रहते हैं। इसका संक्षिप्त विवेचन आवश्यक है।

विकास क्या है ? (What is Development)

विकास मनोविज्ञान में एक अधारभूत प्रश्न उठाया जाता है कि 'विकास क्या है ? इस प्रश्न का उत्तर सरल नहीं है। इसका उत्तर देने के लिए सर्वप्रथम विकास मनोवैज्ञानिकों को मानव विकास में आने वाले परिवर्तन तथा अन्य प्रकार के परिवर्तनों (जैसे- विस्मरण, अधिगम, नशीले पदार्थों के सेवन से मस्तिष्क का क्षत होना आदि) के मध्य अन्तर करना होगा। विकासात्मक परिवर्तन में कुछ प्रमुख विशेषतायें पायी जाती हैं। यथा:

(1) विकास में निहित परिवर्तन यादृच्छिक न होकर क्रमबद्ध होता है।
(2) ये परिवर्तन अग्रगामी होते हैं अर्थात् विकास आगे की ओर जारी रहता है न कि पृष्ठोन्मुखी।
(3) परिवर्तन अंशकालिक न होकर स्थायी होता है।
(4) इसमें स्थिरता पायी जाती है न कि चंचलता या उच्चावचन।
(5) यह नियमित रूप से पूर्वकथनात्मक क्रम में घटित होता है।
(6) परिवर्तन सेकेण्ड, मिनट या घण्टे में न होकर, व्यक्ति के जीवन के विविध चरणों में स्पष्ट रूप से पाया जाता है।
(7) विकासात्मक परिवर्तन सभी में होता है न कि कुछ ही लोगो में।

अतः परिवर्तन, मुख्य रूप से व्यक्ति की आयु वृद्धि तथा अनुभव से सम्बद्ध होता है। विकासात्मक परिवर्तन में वृद्धि एवं ह्रास सभी अवस्थाओं में दृष्टिगत होते हैं। विकास क्रम में जटिलता, क्षमता एवं समृद्धि (Efficiency) में वृद्धि पायी जाती है। परन्तु प्रौढ़ावस्था में विकास का क्या स्वरूप होता है? क्या इस अवस्था में परिवर्तन ऋणात्मक एवं अवगमनात्मक होता है ? यद्यपि प्रौढ़ावस्था में, विकासात्मक परिवर्तन में ह्रास (जैसे– शारीरिक क्षमता में या अनुक्रिया आवृत्ति में ह्रास) देखा जाता है तथापि कुछ अन्य परिवर्तनों के स्वरूप में सुधार एवं प्रगति भी पायी जाती है। क्या प्रौढ़ावस्था में शारीरिक, सांवेगिक एवं संज्ञानात्मक परिवर्तन क्रमबद्ध होते हैं? यदि ऐसा है तो इनमें से किस प्रक्रम का विकास क्रमबद्ध रीति से होता है? प्रौढ़ावस्था में विकास का पूर्ण स्वरूप, विभिन्न प्रकायों (जैसे वास्तविक जगत के बारे में पूर्ण जानकारी, समय एवं परिवर्तन की गहन समझ एवं दूसरों के पोषित करने के अवसर, इत्यादि) के रूप में अभिव्यक्त होता है।

विकासात्मक परिवर्तन का स्वरूप (Nature of Developmental Changes)

मानव विकास की प्रक्रिया में, विभिन्न प्रकार के शारीरिक, प्राकार्यात्मक एवं व्यवहारात्मक परिवर्तन दृष्टिगत होते हैं। यहाँ प्रश्न यह उठ सकता है कि जैसे – जैसे व्यक्ति की आयु बढ़ती जाती है, व्यक्ति की क्षमताओं, योग्यताओं, भाषा एवं संवेग, नैतिक समझ, व्यवहार, सामाजिक कौशलों में किस प्रकार के परिवर्तन आते हैं ? जैसे एक 5 वर्ष की आयु का बच्चा, 2 वर्ष के बच्चे की तुलना में किन–किन क्षमताओं में श्रेष्ठतर होगा ? यहाँ एक अन्य मूलभूत प्रश्न उठाया जाता है कि क्या व्यक्ति के किसी शीलगुण, योग्यता या व्यवहार में परिवर्तन निरन्तर होता रहता है ? अर्थात् विकास शनैः शनैः निरन्तर रूप में घटित होता है या ये परिवर्तन विच्छिन्न (discrete) रूप में होते हैं, एवं अचानक दृष्टिगत होते हैं ? अधिगम सैद्धान्तिक या संज्ञानात्मक विकास मनोवैज्ञानिक जीन पियाजे का कहना है कि परिवर्तन विकास के विभिन्न चरणों में पाये जाते हैं। अतएव विकास मनोवैज्ञानिकों के लिये यह विषय केन्द्रीय महत्व रखता है। इससे सम्बन्धित एक अन्य प्रश्न उपस्थित होता है कि क्या विकास की गति एवं स्वरूप सभी लोगों में एक समान पायी जाती है ? या इसमें वैयक्तिक भिन्नताएं पायी जाती है ? क्या वे लोग जिनमें विकास देर से शुरु होता है, आगे के चरणों में उनमें विकास सामान्य गति से होता है। क्या तीव्र गति से विकसित होने वाला बालक आगे की विकास अवधि में भी, इसी गति से विकसित होता है या विकास में स्थिरता पायी जाती है ? क्या अग्रिम किसी चरण में उनकी विकास गति धीमी पड़ जाती है जिससे सामान्य गति से बढ़ने वाले बच्चे तीव्र गति से विकसित होने वाले बच्चों के विकास स्तर को प्राप्त कर लेते हैं ? इन प्रश्नों का उत्तर विकास मनोवैज्ञानिकों ने विभिन्न अध्ययनों के माध्यम से प्राप्त करने का प्रयास किया हैं–

विकास में निरन्तरता का मूल्यांकन करने के लिये, विकास मनोवैज्ञानिकों के सामने 'निरन्तरता' की पहचान सम्बन्धी समस्या उत्पन्न होती है, अर्थात् विकासात्मक परिवर्तन कैसे होता

है? चूंकि मनोवैज्ञानिक विकास, प्रत्यक्षतः दृष्टिगत नहीं होते बल्कि ये मध्यस्थताकारी प्रक्रमों के रूप में पाये जाते हैं एवम् व्यवहार के आधार पर इसका अनुमान लगाया जाता है कि विभिन्न व्यवहारों का अर्थ विभिन्न आयु के चरणों में क्या होगा? यथा - क्या शिशु के रोने का अर्थ वही है जो वयस्क के रोने का है। क्योंकि व्यक्त रूप में, (आँखों से पानी का गिरना, आंखों का लाल हो जाना इत्यादि), प्रकट व्यवहार में समानता पायी जाती है। क्या बच्चे का रोना उसके जटिल स्वभाव को इंगित करता है ? क्या उसका अर्थ वही है, जो एक अनुशासनहीन वयस्क का? इसी प्रकार विकास के विभिन्न पक्षों जैसे बुद्धि, व्यक्तित्व एवं सामाजिक कौशल, के विकास में निरन्तरता का धागा (Thread) एवं विच्छिन्नता के पठार (Plateau) को ज्ञात करने का प्रयास किया गया है।

विकास में परिवर्तन निहित है, परन्तु सभी प्रकार के परिवर्तन सही विकास के द्योतक नहीं होते। विकास का अर्थ है: बुद्धि, प्रादुर्भाव, एवम् साहित्यिक भाषा में विकास का तात्पर्य है खुलना (Unwrap)। वास्तव में विकासात्मक प्रक्रम में खुलना किसी विशिष्ट अर्थ में प्रयुक्त होता है जिसका तात्पर्य है, विकासात्मक परिवर्तन जैसा परिलक्षित होते हैं उसी दिशा में अग्रसर भी होते हैं। इसके विपरीत, अविकासात्मक परिवर्तन वह परिवर्तन है जिसमें उद्भव या खुलने जैसी विशेषतायें नहीं होती हैं जैसे कमरे के फर्नीचर को बदलना, पहनावे या आभूषण को बदलना भी सामान्य परिवर्तन के अन्तर्गत आता है। इसमें पूर्व एवम् पश्चात् स्थिति के मध्य कोई सम्बन्ध नहीं होता। जबकि विकास एक क्रमानुगत प्रक्रिया है जिसमें एक स्थिति से दूसरी स्थिति के मध्य सम्बन्ध पाया जाता है अतः शोधकर्ता विकासात्मक एवं अविकासात्मक परिवर्तनों के मध्य भेद करते हैं। बच्चे के परिवर्तनों की मात्र सूची तैयार करने से कहीं अधिक व्यापक प्रक्रिया विकासात्मक अध्ययन में निहित है। विकासात्मक एवम् अविकासात्मक परिवर्तन का अच्छा उदाहरण आगे प्रस्तुत किया गया है जैसे एक स्कूल का छात्र जो परीक्षा की तैयारी के लिए प्रत्येक अध्याय याद करने के पश्चात् स्मृतिगत सामग्रियों या परिभाषाओं की सूची तैयार करता है। यह जानते हुए कि एक ही बार में सभी परिभाषायें कंठस्थ करना संभव नहीं है। वह 5 परिभाषायें एक बार में तैयार करने का निर्णय लेता है। उसके अधिगम स्तर में निश्चय ही दिन प्रतिदिन बदलाव आयेगा एवम् धीरे-धीरे वह सभी परिभाषायें कण्ठस्थ कर लेगा। तथापि यह परिवर्तन अविकासात्मक है क्योंकि छात्र ने जो सामग्री आज याद की वह पूर्व याद की गयी सामग्री से असम्बद्ध है। दूसरे उदाहरण से विकासात्मक परिवर्तन को स्पष्ट किया जा सकता है। छात्र महसूस करता है कि वह नयी सामग्री जिसे आज सीख रहा है, शीघ्रता से कंठस्थ हुई। वह अपने कौशल (शैली) एवं उपागम की योग्यता में यदि परिवर्तन पा रहा है तो यह विकासात्मक परिवर्तन कहलायेगा। संक्षेप में, जहाँ तक छात्र के ज्ञान (अन्तर्वस्तु) में परिवर्तन की बात है, वह अविकासात्मक हो सकता है, वहीं पर उसके सीखने के तरीके/ढंग से परिवर्तन निश्चय ही विकासात्मक परिवर्तन का उदाहरण है। अतः विकास मनोवैज्ञानिकों की रुचि उन संरुपों को जानने में होती है कि कैसे किसी नयी सूचना का प्रक्रमण पूर्व भण्डारित अनुभवों के परिप्रेक्ष्य में होता है । उपरोक्त उदाहरण में यह महत्वपूर्ण नहीं

है कि छात्र ने क्या सीखा, बल्कि यह प्रासंगिक है कि अधिगम प्रक्रम की प्रस्तुति की दशा में, अधिगम के उपागम में किस प्रकार के परिवर्तन आये हैं, एवम् यह अधिगम उपागम, नयी परिस्थितियों में अधिक प्रभावशाली ढंग से कैसे प्रकार्य करता है।

विकास की प्रमुख विमायें (Important Dimensions of Development)

विकास मनोवैज्ञानिकों के समक्ष यह प्रश्न उपस्थित होता है कि किस प्रकार मानव प्रकार्यों के विविध क्षेत्रों में होने वाले, विकास का विभाजन किया जाय? यद्यपि तीन अलग-अलग भागों में इन्हें विभाजित किया गया है।

1. ***शारीरिक विकास :*** इसके अन्तर्गत शारीरिक परिवर्तन एवं गत्यात्मक विकास सम्मिलित हैं।
2. ***संज्ञानात्मक विकास :*** इसके अन्तर्गत भाषा एवं विचार सम्बन्धी विकास सम्मिलित हैं।
3. ***सामाजिक-संवेगात्मक विकास :*** इसके अन्तर्गत व्यक्तित्व एवम् अन्य लोगों के साथ सम्बन्ध या अन्तः क्रिया सम्मिलित हैं।

चूंकि व्यक्ति, एक पूर्ण मानव के रूप में होता है, अतः उसके व्यवहार को स्पष्ट रूप से, इन तीन श्रेणियों के आधार पर एक दूसरे से अलग नहीं किया जा सकता, बल्कि विकास की इन सभी विमाओं में आपस में सहसम्बन्ध पाया जाता है। अर्थात् सभी प्रकार के परिवर्तन समसामयिक रूप से साथ-साथ चलते रहते हैं। जैसे- एक बच्चा जब भोजन करता है, तो उसके शारीरिक भार में वृद्धि होती है। (शारीरिक परिवर्तन) जब वह मुस्कराता है, माता-पिता से लिपटता है एवम् उनसे अन्तःक्रिया करता है तो यह सामाजिक-संवेगात्मक परिवर्तन कहलायेगा। माता-पिता उससे बातचीत करते हैं और सुनने के लिये उसे उत्तेजित करते हैं, यह संज्ञानात्मक परिवर्तन का उदाहरण है। उसे अवसर देते हैं कि वह कुछ कौशलों जैसे चम्मच पकड़ना, भोजन मुँह तक ले जाना (भौतिक विमायें) एवं खाने का गंध तथा संरचना के आधार पर भौतिक विमाओं की जानकारी प्राप्त करे। अतः इस प्रकार, इस पूरी प्रक्रिया में, विभिन्न पक्षों की विकासात्मक प्रक्रियायें साथ-साथ जारी रहती हैं।

विकास मनोवैज्ञानिक व्यक्ति के विकास के अध्ययन हेतु अन्तःविमात्मक प्रश्न उठाते हैं। जैसे क्या द्वितीयक भाषा (Secondary language) का ज्ञान, किशोर के चिन्तन एवं दूसरों के साथ अन्तःक्रिया के स्वरूप को प्रभावित करता है? या, मध्य-वय में पारिवारिक जिम्मेदारियों में परिवर्तन, भूमिका निर्वहन को कैसे प्रभावित करता है। इन प्रश्नों के उत्तर में मानव विकास का पूर्ण स्वरूप विद्यमान है।

विकास के निर्धारक : (Determinants of Development)

विकास के निर्धारकों के सम्बन्ध में बहुत पहले परस्पर विरोधी तथा भिन्न-भिन्न मत प्रस्तुत किये जाते रहे हैं। इस सम्बन्ध में प्रकृति एवं पोषण (Nature & Nurture) विवाद उठता रहा है। अर्थात् क्या विकास, अनुवांशिकता या जन्मजात गुणों एवम् आन्तरिक क्षमताओं का परिणाम है? क्या व्यक्ति की शारीरिक संरचनायें (आकार-प्रकार), मानसिक क्षमतायें, एवं प्रवृत्तियाँ आन्तरिक कारकों से निर्धारित होती है या परिवेशीय कारक विभिन्न प्रकार के विकास को निर्धारित करते हैं। आधुनिक विकास मनोविज्ञान के अन्तर्गत, परस्पर विरोधी मत पर बल न देकर अब विकास के सम्बन्ध में ये प्रश्न उठाये जाते हैं कि आन्तरिक एवं बाह्य कारक किस सीमा तक विकास को निर्धारित करते हैं? अब यह प्रश्न उठता है कि व्यक्ति के जन्मजात गुण जैसे-शारीरिक आकार, आकृति, बुद्धि, अभिक्षमता, एवम् प्रवृत्तियाँ, परिवेशीय कारकों द्वारा कैसे प्रभावित होते हैं? कौन से परिवेशीय कारक विकास में अधिक प्रभावशाली होते हैं यथा परिवार, पारिवारिक विघटन, आम व्यवसाय, पोषण, समुदाय, विद्यालय, ऐतिहासिक घटनायें, संप्रेषण के संसाधन इत्यादि। विकास में अधिक प्रभावशाली इनमें से कौन से कारक होते हैं? आयु के साथ आनुवांशिकता एवं परिवेश का सापेक्षिक प्रभाव कैसे परिवर्तित होता है? विकास के आन्तरिक क्रियातन्त्रों के सम्बन्ध में प्रश्न उठाये जाते हैं कि वैयक्तिक भिन्नतायें, जो वृद्धावस्था में सर्वाधिक स्पष्ट होती है, विभिन्न प्रकार के विकास जैसे - शारीरिक लम्बाई, बृद्धि, क्षमता, सामाजिक सहयोग कोपिंग शैली इत्यादि में कितनी भिन्नता पायी जाती है? चूंकि मानव विकास एक ओर सार्वभौमिक प्रक्रिया है, तो दूसरी ओर अति वैयक्तिक प्रक्रिया भी है। अतः विकास मनोवैज्ञानिक, इन भिन्नताओं का अध्ययन करके विकास के औसत मानक के आधार पर, विकास की संतुलित व्यवस्था करने का प्रयास करते हैं।

दर्शन एवं मानव विकास के इतिहास में प्रकृति-पोषण का विवाद प्राचीनतम् विवादों में से एक है। क्या व्यवहार प्रमुख रूप से, जैविकीय या आनुवांशिक गुणों से निर्धारित होता है या फिर बाह्य परिवेश से प्राप्त अनुभवों से। यह मुद्दा प्राचीन ग्रीक दार्शनिक प्लेटो एवं अरस्तू के तर्कनाओं में भी परिलक्षित होता है, जैसे क्या विचार (ideas) जन्मजात होते हैं या अर्जित किये जाते हैं? (मिल्लर, 1989)।

व्यवहारवादी सिद्धान्तों में जहाँ विकास के निर्धारक के लिये परिवेशीय कारकों पर बल दिया गया है वहीं सहवादी सैद्धान्तिकों (Nativists) ने प्रकृति या आनुवांशिकता (Nature or heredity) को विकास के प्रमुख निर्धारक के रूप में स्वीकार किया है। यद्यपि दोनों ही धारायें विकास के निर्धारकों की व्याख्या या तो आनुवांशिकता (Heredity) के आधार पर या परिवेशीय कारकों के आधार पर करतीं हैं। लम्बे समय तक इस विवाद का पूरी तरह समाधान नहीं मिल सका, परन्तु 1950 के आस-पास मनोवैज्ञानिकों ने यह महसूस किया कि मानव विकास को, प्रकृति-पोषण के दो ध्रुवीय (Biopolar) कारक के आधार पर व्याख्या करना पर्याप्त नहीं है।

एनास्टसी (1958) मानते हैं कि किसी एक प्रक्रम से मानव व्यवहार की पूर्ण व्याख्या नहीं की जा सकती। प्रकृति-पोषण के प्रश्न का समाधान, अन्तःक्रियात्मक उपागम के अन्तर्गत, करने का प्रयास किया गया है। कुछ मनोवैज्ञानिकों का मानना है कि व्यवहार आनुवांशिकता एवं परिवेश की अन्तःक्रिया का परिणाम है। दोनों ही प्रक्रम यौगिक रूप में न होकर, गुणात्मक रूप में एक दूसरे के साथ अन्तःक्रिया करते है जिनसे मानव विकास निर्धारित होता है।

अन्तःक्रिया एक गत्यात्मक, द्विदिशात्मक प्रक्रम है। उदाहरण के लिये, रोते शिशु को गोद में उठाकर माँ चुप कराने का प्रयास करती है किन्तु बच्चा चुप होने के स्थान पर रोता रहता है। इससे बच्चे के रोने से माँ तनाव में आती है जितना ही तनाव बढ़ता है, बच्चा उतना ही चिल्लाता है। क्या यह निर्धारित किया जा सकता है कि कितना तनाव बच्चे के चिल्लाने से बढ़ा एवं माँ के तनाव से बच्चे को कितना कष्ट हुआ? वास्तव में यह सम्भव नहीं है। क्योंकि अन्तःक्रियात्मक परिस्थिति में योगात्मक उपागम पर्याप्त नहीं है। हाँ इतना कहा जा सकता है कि माँ एवं बच्चे की दशायें दोनों ही एक साथ (प्रत्यक्ष या परोक्ष रूप से) एक दूसरे को प्रभावित कर रही हैं।

मानव विकास के निर्धारकों के सन्दर्भ में प्रकृति-पोषण सम्बन्धी विवाद अत्यन्त महत्व रखते हैं। परन्तु अन्तःक्रियात्मक उपागम इस विवाद का कोई सार्थक समाधान नहीं है। आधुनिक विकासात्मक मनोविज्ञान के अन्तर्गत प्रतीकात्मक शोध व्यपदेशों का उपयोग करके परिवेश से आनुवांशिक कारकों को अलग करने का प्रयास किया जा रहा है क्योंकि व्यक्ति की विशेषताएं न तो परिवेश से पूर्णतः निर्धारित होती हैं और न ही आनुवांशिक गुणों से, एवम् इन दोनों प्रक्रमों को एक समूह से अलग करना जटिल तो है परन्तु सैद्धान्तिक रूप से असम्भव नहीं है।

आयु एवं विकास (Age and Development)

विकास के सम्बन्ध में एक अन्य प्रश्न उठता है कि व्यक्ति की शारीरिक आयु एवम् विकास के बीच क्या सम्बन्ध होता है? येल मनोवैज्ञानिक विलियम केसेन (1960) का मानना है कि कोई भी विशेषता विकास कही जायेगी, यदि वह क्रमिक रूप से, आयु से सम्बन्धित है।" आयु स्वयं में, विकास के समकक्ष (equavalent) नहीं होता है तथापि आयु से जुड़ी अनेक विशेषतायें विकास को प्रभावित करती हैं। मानव वृद्धि दर में विस्तृत वैयक्तिक भिन्नतायें भी पायी जाती हैं। मानव विकास एक निश्चित अवधि में परिलक्षित होता है परन्तु काल (Time) अकेले ही विकास के लिये पर्याप्त दशा नहीं हो सकता।

तथापि आयु के आधार पर विकास के स्तर को सुविधापूर्वक समझा जा सकता है। जैसे हम आयु मानक (Age norm) के आधार पर सामान्यीकरण कर सकते हैं कि 6 वर्ष की आयु में बच्चे तर्क (Logic) करना प्रारम्भ करते हैं? या 40 वर्ष की आयु में, व्यक्ति मध्य वय संकट (Mid life crisis) का शिकार हो जाता है। यद्यपि व्यक्ति का विकास समान गति से नहीं होता, इसके बावजूद हम विकास प्रक्रम का अध्ययन करते समय, शारीरिक आयु को मानक के रूप में उपयोग करते हैं।

विकास के चरण (Development Stages)

अन्तिम प्रश्न विकास के चरणों के सम्बन्ध में उठाया जाता है। जीवन विस्तार की व्याख्या के उद्देश्य से विकास को विविध चरणों में विभाजित किया गया हैं। विकास के प्रमुख चरण हैं : शैशवावस्था, बाल्यावस्था (पूर्व बाल्यावस्था, उत्तर वयस्कावस्था) वय:सन्धि, किशोरावस्था, वयस्कावस्था (पूर्व वयस्कावस्था एवं मध्य वयस्कावस्था) एवं वृद्धावस्था एवं जीवन का अन्त। इन सभी विकासात्मक चरणों की व्याख्या अध्याय के अन्त में किया गया है।

मानव विकास : वर्तमान एवम् भविष्य (Human Development : Present and Future)

विकास मनोविज्ञान, मनोविज्ञान की एक अत्यन्त महत्वपूर्ण एवम् जीवन्त शाखा है। इसके अन्तर्गत अनेक प्रश्नो का, जो बौद्धिक रूप से चुनौतिपूर्ण एवम् आधारभूत रूप से उपयोगी हैं, हल वैज्ञानिक पद्धति से ढूँढने का प्रयास किया जाता है।

विकास की प्रक्रिया एक जटिल जीवन यात्रा है जिसमें अनेक जटिलतायें, क्रान्तिक मोड़ (Critical Turning point) एवम् वहुल आयाम पाये जाते हैं। विकास के अनेक तथ्यों से आधुनिक विकास मनोवैज्ञानिक परिचित हो चुके हैं। जैसे- विकास मनोवैज्ञानिक अब इसकी जानकारी रख सकते हैं कि नवजात शिशु क्या-क्या देख या सुन सकता है? किस प्रकार के परिवर्तन वय:सन्धि में आते हैं, पूर्व एवं उत्तर वाल्यावस्था में किस प्रकार के संज्ञानात्मक परिवर्तन पाये जाते हैं? इस जानकारी के आधार पर ये लोग विकास के बारें में पूर्व कथन (भविष्य कथन) करने में सक्षम हैं। जैसे-बच्चा स्कूल में आगे चलकर कैसा करेगा? उसमें सामाजिक कौशल, आक्रामकता या अनजान परिस्थिति में असुरक्षा की भावना किस स्तर की होगी? तथा मनोवैज्ञानिक विकास के विभिन्न प्रक्रमों जैसे-व्यक्ति नयी आदतों को कैसे सीखता है? नयी सूचनाओं का प्रक्रमण कैसे होता है? नये सम्बन्ध कैसे बनाता है, इत्यादि के बारे में जानकारी प्राप्त करते हैं एवं यह भी जानने का प्रयास करते हैं कि व्यक्ति की ये विशेषतायें किसी सीमा तक जन्मजात गुणों, पूर्व अनुभवों एवं वर्तमान परिस्थितियों से निर्धारित होती है?

भविष्य में विकासात्मक प्रक्रियाओं के वर्णन पर कम, परन्तु इसमें निहित कारकों की व्याख्या पर, अधिक बल होगा। इसके अन्तर्गत, मानव मस्तिष्क एवं व्यवहार के बीच हारमोन्स एवं स्वास्थ्य के बीच, बुद्धि एवं आनुवांशिकता के बीच, संस्कृति एवं बाल देख-रेख के बीच सम्बन्धों के अध्ययन पर विशेष बल दिया जाएगा। उन साक्ष्यों का पता लगाने पर विशेष बल होगा जो सैद्धान्तिक सम्प्रत्ययों की व्याख्या में सहायक हो सकें।

इसके अतिरिक्त मनोविज्ञान के क्षेत्रों तथा अन्य अनुशासनों जैसे- आनुवांशिक विज्ञान (Genetics), मानवशास्त्र, स्नायु क्रिया विज्ञान से विकास के विविध पक्षों के बारे में प्राप्त ज्ञान को एक साथ एकीकृत करके, विकास में निरन्तरता की प्रक्रिया का अन्वेषण किया जायेगा।

मानव विकास के नियम
(Principles of Human Development)

मानव विकास के स्वरूप को सही ढंग से समझने के लिये यह आवश्यक है कि विकासात्मक संरूपों की सही तस्वीर की जानकारी हो। साथ ही वे कारक जो विकास में परिवर्तन लाते हैं उनकी जानकारी भी आवश्यक है। विकासात्मक संरूप की जानकारी, सैद्धान्तिक एवं अनुप्रयोगात्मक दोनों ही दृष्टिकोंणों से महत्व रखता है। यथा –

1. संरूपों की जानकारी से यह पता चलता है कि किसी आयु विशेष के व्यक्ति से क्या प्रत्याशा करनी चाहिये ? कभी–कभी बच्चा अतिशय प्रत्याशा के अनुरूप कार्य नहीं कर पाता है तो ग्लानि का शिकार होने लगता है। अतएव अतिप्रत्याशा या निम्न प्रत्याशा दोनों ही विकास पर ऋणात्मक प्रभाव डालती हैं।
2. विकासात्मक मनोवैज्ञानिक इसके आधार पर ऐसी दिग्दर्शिका निर्मित करते हैं जिसके अन्तर्गत विकास में मानक जैसे– ऊँचाई-भार, आयु–भार, आयु–ऊंचाई, मानसिक–आयु मापनी एवम् सामाजिक–सांवेगिक विकास स्तर मापनियाँ सम्मिलित हैं।
3. चूँकि सफल विकास के लिये निर्देशन की भी आवश्यकता होती है। अतः विकासात्मक संरूपों की जानकारी के आधार पर अभिभावक, अध्यापक एवम् चिकित्सकों को यह निर्णय लेने में सुविधा होती है कि बच्चे को उपयुक्त समय पर कैसा एवम् क्या निर्देशन देना चाहिए।
4. विकास संरूपों की जानकारी के आधार पर अभिभावक एवम् अध्यापक बच्चे में होने वाले परिवर्तनों के बारे में पूर्वानुमान कर सकते हैं।

प्रस्तुत अनुभाग में विकास के प्रमुख नियमों (Principles) का वर्णन किया गया है। विकास के नियम निम्नवत् हैं।

विकास में परिवर्तन निहित हैं (Development involves changes)

प्रायः विकास एवं वृद्धि शब्द का प्रयोग एक दूसरे के पर्याय के रूप में किया जाता रहा हैं यद्यपि दोनों एक दूसरे से भिन्न है परन्तु इन्हें अलग करना कठिन है। इनका अकेले घटित होना भी सम्भव नहीं है। जहाँ वृद्धि मात्रात्मक / संख्यात्मक परिवर्तन को व्यक्त करता है जैसे आकार एवं संरचना में वृद्धि। बच्चे के आकार में ही परिवर्तन नहीं होता है बल्कि आन्त्यंगों एवम् मस्तिष्क के आकार में भी वृद्धि होती है। बच्चे के सीखने, तर्क करने या याद करने की क्षमता में भी वृद्धि होती है। अर्थात् बच्चे की शारीरिक एवम् मानसिक क्षमताओं में आयु के साथ वृद्धि होती है वहीं दूसरी ओर विकास में गुणात्मक एवम् मात्रात्मक दोनों ही प्रकार के परिवर्तन आते हैं। विकास में आने वाले परिवर्तन अग्रगामी (Progressive), क्रमानुगत अनुक्रम में एवम् सुसंगत (coherent) पाये जाते हैं। प्रगतिशील (Progressive) का तात्पर्य है कि परिवर्तन एक निश्चित दिशा में आगे

बढ़ता हे जो अग्रोन्मुख होता है न कि पृष्ठोन्मुख, क्रमानुगत (orderly) एवम् सुसंगत का तात्पर्य है : घटित होने वाले वे परिवर्तन तथा भविष्य में जो होने वाले हैं इन सबके मध्य सहसम्बन्ध पाया जाता है। न्यूगार्टन ने अपने अध्ययन में स्पष्ट किया है कि बढ़ती आयु के साथ किस प्रकार के विकासात्मक परिवर्तन घटित होते हैं।

व्यक्ति में अनुभवों के संगठन (accumulation) के आधार पर मानसिक स्तर पर भी परिवर्तन होता है। जब घटनाएं मस्तिष्क में अंकित हो जाती हैं तो इन संवेदनाओं के आधार पर नयी घटनाओं या गोचरों का अधिक सक्षम ढंग से विवेचना किया जा सकता है। वयस्कों मे बच्चों की तुलना में न केवल अधिक जटिल मानसिक क्षमता अपितु अधिक वैयक्तिक भिन्नताएँ भी होती हैं। यह भिन्नता आयु वृद्धि के साथ बढ़ती जाती है।

विकासात्मक परिवर्तन के लक्ष्य (The Goal of Developmental Changes): विकासात्मक परिवर्तन का मुख्य लक्ष्य है आत्मानुभूति (Self-realization) या आनुवांशिक क्षमताओं (सम्भावित) की उपलब्धि जिसे अब्राहम मैस्लों ने आत्म उन्नयन (Self-actualization) कहा है जिसका अर्थ है शारीरिक एवम् मानसिक रूप से सर्वोत्तम व्यक्ति बनने की आवश्यकता। व्यक्ति को प्रसन्न एवं समायोजित होने के लिये आवश्यक है उसे लक्ष्य की प्राप्ति हेतु पर्याप्त अवसर प्रदान किया जाय, तथापि व्यक्ति की सफलता इस पर भी निर्भर करती है कि वह आने वाले अवरोधों (Traps) को पार करके कैसे इन कठिनाईयों पर विजय पाता है एवम् सफलता की प्राप्ति करता है। ये अवरोध परिवेशीय हो सकते हैं (जैसे- बच्चे को उचित शिक्षा के लिये अच्छे विद्यालय या परिवेश का न मिलना इत्यादि) तो दूसरी ओर आन्तरिक (जैसे- निम्न उपलब्धि, अभिप्रेरणा अर्थात् असफल होने के भय (Taf) के कारण प्रतियोगिता में भाग न लेना) दशाओं से सम्बन्धित हो सकते हैं।

विकास परिवर्तन के प्रकार (Type of Developmental Changes) : गर्भाधान से लेकर मृत्युपर्यन्त, व्यक्ति में निरन्तर परिवर्तन चलते रहते हैं। पियाजे के अनुसार शारीरिक संरचनायें स्थिर (Static) नहीं होती है। आरम्भ की संरचनायें आगे चलकर एकदम भिन्न हो जाती हैं। परिपक्व होते हुए व्यक्ति में निरन्तर उसके रूप से अग्रोन्मुखी परिवर्तन होते हैं जो प्रकृति पोषण अन्तःक्रिया के जटिल जाल (नेटवर्क) के परिणाम होते हैं। पियाजे (Piaget) के अनुसार आयु के प्रत्येक चरण में अनेक प्रकार की विशेषतायें उत्पन्न होती हैं। इनमें से कुछ विशेषताओं का उद्‌भव होता है तो कुछ अन्य विशेषतायें अपने चरमोत्कर्ष पर होती है एवम् कुछेक जैसे- विशेषतायें अवनति की ओर अग्रसर होती है। हालांकि इन परिवर्तनों को चार प्रमुख श्रेणियों में विभाजित किया जा सकता है।

(i) **आकार में परिवर्तन (Changes in Size) :** इसके अन्तर्गत परिवर्तन जैसे- लम्बाई, भार, शारीरिक संरचना एवम् आन्तरिक अंगों में वृद्धि आदि के रूप में होते हैं। साथ ही मानसिक प्रक्रियाओं जैसे - स्मृति, तर्कना, प्रत्यक्षीकरण एवम् सृजनात्मक कल्पनाओं में भी विकासात्मक परिवर्तन आते हैं।

(ii) **अनुपात में परिवर्तन (Changes in Proportions) :** बच्चे के शारीरिक एवम् मानसिक स्वरूप में परिवर्तन आता है।

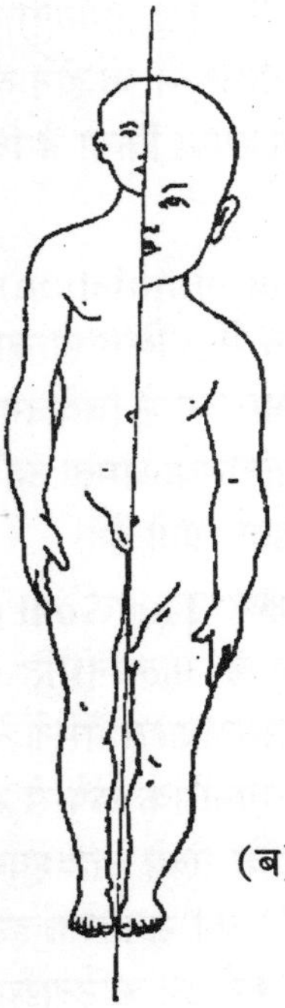

(अ) प्रौढ़ एवं (ब) शिशु

चित्र 1.1 : (अ) प्रौढ़ एवं (ब) शिशु के शारीरिक अंगों के अनुपात

बच्चे के शारीरिक या मानसिक स्वरूप एवम् वयस्क के स्वरूप में स्पष्ट भिन्नता पायी जाती है। विभिन्न अंगों में आनुपातिक भिन्नता चित्र में दर्शायी गयी है। जहाँ बच्चे में कल्पना शक्ति, तर्कना की अपेक्षा अधिक अच्छी होती है। वहीं प्रौढ़ लोगों में ठीक इसके विपरीत तर्कशक्ति में वृद्धि, एवं कल्पनाशक्ति में कमी पायी जाती है।

(iii) **पुरानी आकृतियों का विलोप (Disappearance of Old Features):** कुछ आकृतियाँ जो जीवन के आरम्भ में पायी जाती हैं उनका विलोप होता है। जैसे– दूध के दांत का गिरना एवम् नये दांत का आना या आरम्भिक बालों का झड़ना या वयः सन्धि के पश्चात् कायमस ग्रन्थि का उद्‌भव। इसके अतिरिक्त कुछ मनोवैज्ञानिक या व्यवहारपरक परिवर्तन जैसे – बाल सुलभ व्यवहारों (locomotions) का त्याग, वाणी में परिवर्तन तथा कल्पना का सृजनात्मक चिन्तन के रूप में विकसित होना, आदि पाये जाते हैं।

(iv) **नयी संरचनाओं का अर्जन (Acquisition of New Features) :** कुछ नयी प्रकार की संरचनायें/विशेषताएं परिपक्वता एवम् कुछेक अधिगम के परिणाम स्वरूप विकसित होती हैं। नयी शारीरिक संरचनाओं के अन्तर्गत, नये दांत का आना, प्राथमिक एवम् द्वितीयक यौन विशेषताओं का उद्‌भव, नयी मानसिक आकृतियों के अन्तर्गत विपरीत लिंग के प्रति आकर्षण, नैतिक मानक एवम् धार्मिक विश्वासों का विकास सन्निहित है।

कुछ परिवर्तन परस्पर विरोधी पाये जाते हैं। जैसे समसामयिक रूप से वृद्धि एवम् ह्रास का पाया जाना तो दूसरी ओर अनेक प्रकार के परिवर्तन सहसम्बन्धित होते हैं। जैसे शरीर के आकार एवम् अनुपात में परिवर्तन एक दूसरे से सम्बन्धित होते हैं। ये अन्तः सम्बन्धी परिवर्तन मानसिक क्षमताओं में भी पाये जाते हैं। बच्चे में आक्रामक व्यवहार तथा कुण्ठा उत्पन्न करने वाले परिवेश के मध्य कोई सम्बन्ध नहीं होता परन्तु जैसे-जैसे उसमें बौद्धिक क्षमता विकसित होती है वह अपने संवेगों को नियंत्रित करना सीख लेता है।

विकासात्मक परिवर्तन के प्रति अभिवृत्तियाँ भिन्न-भिन्न होती हैं। यदि परिवर्तन धनात्मक है एवम् लोगों द्वारा इसे स्वीकृति दी जा रही है, तो इसके प्रति धनात्मक अभिवृत्ति तथा यदि असामान्य परिवर्तन है तो ऋणात्मक अभिवृत्ति विकसित हो जाती है। ये अभिवृत्तियाँ कुछ निश्चित दशाओं में विकसित होती हैं जैसे -

1. परिवर्तन के बारे में जानकारी।
2. परिवर्तन विकास को किस प्रकार प्रभावित कर रहे हैं?
3. परिवर्तन के प्रति सामाजिक अभिवृत्तियाँ किस प्रकार की हैं, यह भी प्रभाव डालता है।
4. परिवर्तन बच्चे को किस ढंग से प्रभावित कर रहा है उसके अनुरूप सामाजिक अभिवृत्तियाँ कुछ सीमा तक निर्मित होती हैं। एवम्
5. होने वाले परिवर्तन को लोग किस ढंग से ले रहे हैं, यह सांस्कृतिक अभिवृत्तियों से प्रभावित होता है।

विकास परिपक्वता एवं अधिगम का परिणाम है (Development is the Product of Maturation and Learning)

मानव विकास में आनुवांशिकता, (Heredity and environment) एवं परिवेशीय कारकों के सापेक्षिक प्रभाव को लेकर विकास वैज्ञानिकों में बहुत पहले से विवाद चलता रहा है। परन्तु आज तक कोई सन्तोषजनक समाधान नहीं मिल सका, न ही कोई ऐसी पद्धति है जिसकी सहायता से विकास में आनुवंशिकता प्रक्रम को परिवेशीय प्रक्रम से अलग करके इनके अलग-अलग योगदान का अध्ययन किया जा सके। अनेक अध्ययनों से यह स्पष्ट होता है कि व्यक्ति की शारीरिक एवं मानसिक क्षमताओं का विकास कुछ सीमा तक आनुवंशिक गुणों से तो कुछ सीमा तक परिवेशीय कारकों से निर्धारित होता है।

(i) **परिपक्वता का तात्पर्य (Meaning of Maturation)** : व्यक्ति में निहित प्रच्छन्न विशेषतायें जो उसे आनुवंशिक गुणों के रूप में प्राप्त होती है, उनका आयु के साथ परिलक्षित या अभिव्यक्त होना परिपक्वता कहलाती है। प्रजातिगत प्रकार्य (Phylognetic functions) जैसे-सरकना, खिसकना (घुटने के बल चलना), बैठना एवं चलना इत्यादि परिपक्वता से ही आते हैं

तो दूसरी ओर जातिगत प्रकार्य (Ontogenetic functions), जो मुख्यत: व्यक्ति से ही सम्बन्धित है, जैसे गेंद फेंकना, तैरना, साइकिल चलाना या लिखना इत्यादि प्रकार्यों के लिए प्रशिक्षण की आवश्यकता होती है। अत: ये विशेषतायें परिवेशीय कारकों के बिना केवल आनुवंशिक प्रवृत्तियों द्वारा पूर्णत: पल्लवित पुष्पित नहीं हो सकती।

अधिगम – अधिगम वह संवर्धनात्मक परिवर्तन है जो प्रयास एवं अभ्यास के द्वारा प्राप्त होता है। आनुवांशिक गुणों की अभिव्यक्ति में दक्षता, अधिगम की सहायता से ही सम्भव हो सकता है। अधिगम के अनेक क्रियातन्त्रों (Mechanism) का उपयोग करके संवर्धनात्मक परिवर्तन लाया जा सकता है। जैसे अनेक व्यवहार, कौशल, अभिवृत्तियों एवं मूल्यों को व्यक्ति अभ्यास एवं पुन: प्रयास द्वारा, अनुकरण, प्रशिक्षण या तादात्मीकरण द्वारा सीखता है।

(ii) **अधिगम एवं परिपक्वता के मध्य अन्त:क्रिया (Interaction of Learning and Maturation) :** परिपक्वता का सर्वाधिक प्रभाव गर्भकालीन विकास पर पड़ता है जबकि इस समय अधिगम का न्यूनतम प्रभाव पाया जाता है। तथापि ऐसे अनेक प्रमाण हैं जिनसे स्पष्ट होता है कि जो गर्भस्थ शिशु सक्रिय थे, जन्म के पश्चात् भी वे सक्रिय शिशु के रूप में पाये गये। परिपक्वता एवं अधिगम एक दूसरे से परस्पर सम्बन्धित होकर जन्म के पश्चात् विकास को प्रभावित करते हैं। अत: विकास, आनुवंशिक गुणों एवं परिवेश में निहित सामाजिक–सांस्कृतिक कारकों की अन्त:क्रिया का परिणाम होता है एवं यह अन्त:क्रियात्मक प्रभाव भिन्न–भिन्न रूप में विकास में परिलक्षित होता है। विकास संरूप में भिन्नता परिपक्वता को निर्धारित करती है तथा विकास की सीमा तय करती है। परन्तु विकास परिपक्वता की चरम सीमा को शायद ही प्राप्त कर पाता है, क्योंकि परिवेशीय कारक जैसे उपयुक्त अवसरों का अभाव, एवं अधिगम की वंचना विकास के स्तर को सीमित कर देते हैं, तथा दूसरी ओर विकास की आयु के अनुरूप ही अधिगम या प्रशिक्षण प्रभावशाली हो पाता है तथापि पूर्ण विकास के लिए परिवेशीय उद्दीपन का होना आवश्यक है।

यदि किसी बच्चे को गरीबी, माता–पिता द्वारा निरादर (Child Neglect) या अवहेलना एवं अन्य परिस्थितजन्य कारकों के कारण सीखने का अवसर नहीं मिल पाता है तो बच्चे की अभिक्षमतायें अच्छे ढंग से विकसित नहीं हो पाती है। एक ओर जहाँ आनुवंशिकीय क्षमताओं के विकसित होने के लिए उद्दीपन बाह्य परिवेश से मिलता है वहीं आन्तरिक प्रेरणा या आत्म उद्दीपन भी महत्वपूर्ण प्रभाव डालते हैं।

(iii) **अधिगम में तत्परता का महत्व (Importance of Readiness in Learning) :** किसी चीज को सीखने के लिए यह आवश्यक है कि व्यक्ति सीखने के लिए तत्पर हो, अर्थात् किसी नई योग्यता या क्षमता को सीखने से पूर्व यह आवश्यक है कि उसमें शारीरिक एवं मानसिक क्षमता की आधारशिला विद्यमान हो। यदि बच्चा सीखने के लिए तत्पर नहीं है, तो समय एवं प्रयास दोनो व्यर्थ है, यदि उसे प्रोत्साहित नहीं किया गया तो भविष्य में कभी भी विकास में गतिरोध उत्पन्न हो सकता है।

हेविंघर्स्ट (Havinghurst) ने इस तत्परता को "शिक्षण योग्य क्षण (Teachable Moment)" कहा है। इनके अनुसार जब शारीरिक मानसिक क्षमतायें परिपक्व हो जाती हैं एवं व्यक्ति का स्व इसे अपनाने के लिए तत्पर हो जाता है, तो इसका तात्पर्य है कि, "शिक्षणयोग्य समय (Teachable Moment)" आ गया है। तत्परता के पहचान की तीन कसौटियाँ हैं —

(i) अधिगम में रुचि,
(ii) रुचि में स्थिरता या संधृत रुचि, एवं
(iii) सुधार

आरम्भिक विकास, पश्चात् विकास की अपेक्षा अधिक महत्वपूर्ण होता है (Early Development is More Critical than Later Development)

विकासात्मक अध्ययनों के आधार पर यह पूर्णतया स्थापित तथ्य है कि बाद में होने वाले विकास की तुलना में, जीवन के आरम्भिक काल के विकास अत्यधिक महत्वपूर्ण होते हैं। इस तथ्य की पुष्टि अनेक कहावतों से भी होती है, यथा "होनहार विरवान के होत चिकने पात"। ऐसे ही कुछ विचार मिल्टन की इन पंक्तियों से व्यक्त होता है - 'The childhood shows the man, as morning shows the day." अर्थात् जिस प्रकार प्रातः काल से पूरे दिन के बारे में अनुमान लगा सकते हैं उसी प्रकार बाल्यावस्था से व्यक्ति आगे कैसा होगा ? का संकेत प्राप्त होता है।

सर्वप्रथम मनोविश्लेषणवादी फ्रायड के अध्ययनों से बाल्यावस्था की प्रासंगिकता पर प्रकाश पड़ता है। मनोसामाजिक विकास सिद्धान्त के प्रणेता एरिक्सन के अनुसार, "बाल्यावस्था से व्यक्ति के स्वरूप की झलक प्राप्त होती है। इस अवधि में विशिष्ट गुण एवं दोष (biases) दोनों ही धीरे-धीरे परन्तु स्पष्ट रूप से विकसित होने लगते हैं, जिनका आभास हो सकता है। वे पुनः कहते हैं, "विकास का आरम्भिक चरण विश्वास बनाम अविश्वास (Trust Vs. Mistrust) का चरण कहलाता है", इस प्रकार बाल्यावस्था "आधारभूत विश्वास" की अवधि है, जिसमें बालक एक ओर बाह्य जगत को सुरक्षित, विश्वसनीय एवं पोषणकारी मानता है तो इसके विपरीत दूसरी ओर इसे अविश्वास के संकट की अवधि भी स्वीकारता है, जिसमें बालक के लिए जहाँ बाह्य जगत अविश्वसनीय, खतरे से पूर्ण, अपूर्वकथनीय होता है वहीं यह अवधि बच्चे के लिए विश्वास की भी है। यह अविश्वास या विश्वास इस पर निर्भर करता है कि उसे माता-पिता द्वारा कितनी सहायता व सन्तुष्टि प्राप्त हो रही है। एक बार जब अभिवृत्तियाँ निर्मित हो जाती हैं तो व्यक्ति उसी रंग में जीवन पर्यन्त व्यक्तियों, घटनाओं एवं परिस्थितियों का प्रत्यक्षीकरण करने का प्रयास करता है।

बालक में आगे चलकर विभिन्न क्षेत्रों में, व्यवहार संरुपों में विशेष परिवर्तन नहीं आते हैं। इसकी पुष्टि अनेक मनोवैज्ञानिक अध्ययनों से होती है। इन अध्ययनों से पता चलता है कि उच्च

सृजनात्मक क्षमता वाले वयस्क, अपने बाल्यावस्था में अधिक कल्पनाशील खेलों को खेलते थे एवं उनके चित्रों में उच्च कलात्मक अभिव्यक्ति पाई गई। इसी प्रकार व्यक्तित्व सम्बन्धी विशेषताओं में नियमितता पाई गई है। बच्चों के आरम्भ का पाँच वर्ष का अनुभव आगे अत्यन्त महत्व रखता है। इसे क्रान्तिक अवधि कहा जाता है। उपलब्धि अभिप्रेरणा पर इसका अत्यन्त गहरा प्रभाव पड़ता है। बिजॉय ने यह प्रदर्शित किया कि वे लोग जो बाल्यावस्था में दुर्व्यवहार एवं निरादर (Child Abuse and Neglect) के शिकार रहे हैं, उनका व्यक्तित्व नकारात्मक आत्म प्रत्यय, आत्म-छल (Self-derogation) से युक्त पाया गया। मनोवैज्ञानिकों का मानना है कि 12 से 15 माह के बच्चे को समृद्ध सामाजिक जीवन प्रदान करके उसे समृद्ध मानसिक संबल वाला व्यक्ति बनाया जा सकता है।

आरम्भिक दशायें विकास की नींव को प्रभावित करती हैं। बच्चा जिस परिवेश में रहता है उसका प्रभाव उसकी आनुवंशिक क्षमताओं के विकास पर पड़ता है। ये प्रमुख दशायें हैं : अनुकूल अन्तर्वैयक्तिक सम्बन्ध, धनात्मक सांवेगिक दशायें, बालक को प्रशिक्षित करने का ढंग, भूमिका निर्वहन का अवसर, पारिवारिक संरचना एवं परिवेशीय उद्दीपन इत्यादि। चूंकि हमारी अभिवृत्तियाँ एवं व्यवहार के संरुप, आरम्भिक अवस्था में ही आधार प्राप्त करते हैं, अतः यदि बच्चे का सम्पर्क परिवार की सीमा में ही सिमटकर रह जाता है, तो विकास संरुप भी संकुचित हो जाता है। आगे की अवधि में यदि विस्तृत स्तर पर अन्तःक्रिया होती भी है तब भी संकुचित संरुप के कारण व्यक्ति की अभिवृत्तियाँ एवं व्यवहार सीमित होकर रह जाते हैं, एवं उनका विस्तार सही ढंग से नहीं हो पाता है।

यहाँ प्रश्न उठाया जाता है कि विकास की प्रारम्भिक नींव/बुनियाद किन कारणों से महत्व रखती है? मनोवैज्ञानिकों ने चार प्रमुख कारणों को बताया है –

(i) चूँकि बच्चे के विकास में अधिगम एवं अनुभव की प्रबल भूमिका होती है। अतः वह जो कुछ भी सीखता है, उससे उसे समायोजन में सहायता मिलती है, अतः एव बच्चे को परिवार समाज एवं संस्कृति के माध्यम से अधिगम करने एवं अनुभव करने का पर्याप्त अवसर मिलना चाहिए ताकि वह अपनी पूर्ण क्षमताओं को अभिव्यक्त कर सके।

(ii) चूंकि आधारभूत अनुभव शीघ्र ही आदत के रूप में परिवर्तित हो जाते हैं अतः ये आगे चलकर जीवन पर्यन्त व्यक्ति के व्यक्तिगत एवं सामाजिक समायोजन पर महत्वपूर्ण छाप डालते हैं।

(iii) कभी-कभी विकास के स्वरूप में परिवर्तन आवश्यक हो जाता है अतएव जितनी जल्दी गलत आदतों का परित्याग होगा उतनी ही आसानी से बच्चे के व्यवहारों में परिमार्जन हो पाता है।

(iv) यद्यपि प्रारम्भिक व्यवहारों एवं विशेषताओं में परिवर्तित लाना जटिल कार्य है परन्तु उचित मार्गदर्शन द्वारा या सहायक अभिकर्त्ताओं (Helping agents) के सार्थक प्रयास से व्यक्ति के स्वभाव में परिमार्जन सम्भव हो सकता है।

विकासात्मक संरुप पूर्वकथनात्मक होता है (The Developmental Pattern is Predictable)

सभी प्राणी चाहे वह मनुष्य हो या पशु उनमें विकास का संरुप सामान्य से विशिष्ट की ओर अग्रसर होता है। गर्भकालीन विकास के अन्तर्गत, निर्धारित अन्तरालों पर निश्चित शीलगुण या विशेषतायें परिलक्षित होती हैं। यह प्रक्रम जन्म पश्चात् होने वाले विकास में भी पाया जाता है, तथापि विकास की गति में वैयक्तिक भिन्नतायें गर्भकालीन विकास की अपेक्षा अधिक पायी जाती हैं। यहाँ तक कि व्यवहार के विकास में भी पूर्वकथनात्मक संरुप दिखता है। इसकी पुष्टि अनेक विकासात्मक अध्ययनों से होती है। गर्भकालीन एवं जन्मपश्चात् विकासक्रम में दो प्रकार के नियम कार्य करते हैं –

(i) मस्तकाधोन्मुखी विकास का नियम (Cephalocaudal Law) (सिर से पैर की ओर)

(ii) निकट–दूर विकास का नियम (Proximodistal Law) (निकट से दूरस्थ)

(i) **मस्तकाधोन्मुखी (Cephalocaudal Law) नियम :** सिफैलोकॉडल नियम के अनुसार विकास प्रक्रिया सिर से आरम्भ होकर पैर की ओर होते हुए पूरे शरीर में फैलती है। विकास सर्वप्रथम सिर के भाग की संरचनाओं एवं प्रकार्यों से आरम्भ होता है, तब मध्य भाग और अन्ततः पैर के हिस्सों से विकास होता है।

(ii) **निकट–दूर विकासक्रम (Proximodistal Law) :** इस नियम के अनुसार, शरीर के निकट क्षेत्र से होकर दूरस्थ क्षेत्रों की ओर विकास अग्रसर होता है। इसका तात्पर्य है शरीर के केन्द्रीय हिस्से से होकर अति बाहरी भाग की ओर विकास अग्रसर होता है। गर्भस्थ शिशु में, सिर एवं धड़, का विकास लिम्ब इत्यादि के निर्मित होने के पहले ही हो जाता है। धीरे–धीरे भुजायें लम्बी होती हैं। तत्पश्चात् हाथ एवं अंगुलियाँ बनती है। प्रकार्यात्मक स्तर पर भी बच्चों की भुजाओं में नियन्त्रण हाथ की अपेक्षा पहले एवम् हाथ में अंगुलियों से पहले आता है।

मानसिक क्षमताओं (वृद्धि) पर किये गये अनेक अनुदैर्ध्यात्मक अध्ययनों से पता चलता है कि शारीरिक विकास की भाँति मानसिक विकास के संरुप भी पूर्वकथनात्मक होते हैं। विभिन्न प्रकार की मानसिक प्रक्रियाऐं जैसे, स्मृति, तार्किकता इत्यादि जो सामान्य बुद्धि को संरक्षित करने में सहायक होती हैं, उनमें भी पूर्वकथनात्मक संरुप पाया जाता है। अनेक अध्ययनों से यह प्रमाणित हुआ है कि मानसिक विकास सबसे अधिक उस समय होता है, जब शारीरिक विकास

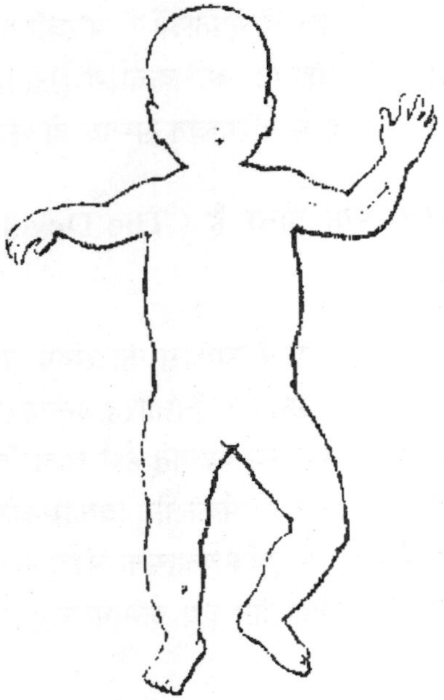

चित्र 1.2 : विकास की दिशा के नियम (*स्रोत:* ई० एल० विंसेट, ए० पी० सी० मार्टिन तथा रोनाल्ड द्वारा प्रकाशित, 1961)।

भी तीव्रतर गति से होता है। कुछ अपवादों को छोड़कर तीव्र बुद्धि के बालक आगे चलकर कुशाग्र वयस्क के रूप में पाये गये। प्रसिद्ध मनोवैज्ञानिक टरमन कहते हैं कि बड़ी संख्या में प्रतिभाशाली बच्चे, वयस्क होकर अपनी अलग छाप छोड़ते हैं। अनेक आनुवंशिक अध्ययनों से स्पष्ट होता है कि जन्म से लेकर पाँच वर्ष की आयु तक बच्चों के व्यवहारपरक विकास तथा व्यवहारपरक संरुप में समानता पायी जाती है। इसी प्रकार विशिष्ट क्षेत्रों जैसे गत्यात्मक कौशल, संवेगात्मक व्यवहार, वाणी विकास, रुचियों का विकास तथा दूसरों के साथ तादात्मीकरण का कौशल पूर्वकथनात्मक संरुप के अनुसार विकसित होते हैं।

विकास संरुप में कुछ परिवेशीय कारक बाधाएं उत्पन्न करते हैं। ये कारक आंशिक या कभी-कभी पूर्णरूप से विकास को अवरुद्ध कर देते हैं, जिससे विकास की गति या तो धीमी पड़ जाती है, या विकास संरुप ही परिवर्तित हो जाता है। कुछ कारक जैसे कुपोषण, बीमारी, सांवेंगिक प्रतिबल, मौसम इत्यादि कारकों से यद्यपि वृद्धि आंशिक रूप से अवरुद्ध होती है, परन्तु यदि इन दशाओं में सुधार किया जाय तो वृद्धि अपने आप सामान्य गति को पुनः प्राप्त कर लेती है। कुछ कारक जैसे थायरायड प्रकार्यों में गड़बड़ी या कैल्शियम की कमी से शारीरिक एवम् मानसिक विकास में पूर्णतः दोष आ जाते हैं।

इसी प्रकार मनोवैज्ञानिक दशाओं के कारण भी, विकास संरुप प्रभावित होता है। जैसे

सांवेगिक वंचना, माता-पिता द्वारा दुर्व्यवहार एवम निरादर (Abuse and Neglect), माँ या पिता में से किसी एक की मृत्यु इत्यादि अनेक कारण हैं जो शारीरिक एवम् मानसिक विकास को अवरुद्ध कर देते हैं।

इसके विपरीत, शारीरिक एवम् मानसिक विकास के लिए पर्याप्त उद्दीपन की भूमिका महत्वपूर्ण होती है जो विकास की गति को बढ़ाता हैं। अच्छा स्वास्थ्य, प्रोत्साहन, सीखने के अवसर के अतिरिक्त बच्चे में तीव्र अभिप्रेरणा आदि कारक सभी पक्षों के विकास पर धनात्मक प्रभाव डालते हैं।

विकास के संदर्भ में पूर्वकथन करने के कुछ प्रमुख लाभ हैं। सैद्धान्तिक रूप से इससे विकासात्मक अध्ययन करने के लिए आधार मिलता है, जैसे यदि बच्चे के गत्यात्मक या संज्ञानात्मक विकास के पूर्वकथनात्मक स्वरूप की जानकारी नहीं है तो इन क्षेत्रों में विकास के नियमों को रेखांकित करना कठिन हो जायेगा। सैद्धान्तिक उपयोगिता के अतिरिक्त इन पूर्वकथनों के अनुप्रयोग भी हैं। जैसे बच्चे के विकास के आधार पर यह पूर्वकथन किया जा सकता है कि वयस्क के रूप में परिपक्व शरीर किस प्रकार का होगा, इसी प्रकार बच्चे के अग्रिम चरण के विकास के लिए शैक्षणिक योजना की तैयारी, व्यावसायिक शिक्षा एवम् अनुकूलन इत्यादि इसके प्रमुख अनुप्रयोग हैं, जिनकी सहायता में विकास संरुप को सही दिशा दिया जा सकता है।

विकास संरुपों की पूर्वकथनात्मक विशेषताएं होती हैं (The Developmental Pattern has Predictable Characteristics)

विकास संरुप केवल पूर्वकथनीय ही नहीं होता है अपितु इन संरुपों की कुछ समान एवम् पूर्वकथनीय विशेषताएं भी होती हैं। विकासात्मक अध्ययनों से पाँच प्रमुख विशेषताओं की पुष्टि होती है।

विकासात्मक संरुपों में समानता पायी जाती है (Similarity in Developmental Pattern)

सभी मानव शिशुओं का विकास समान रूप से एक चरण से दूसरे चरण की ओर अग्रसारित होता है। बच्चा चलने के पूर्व बैठने लगता है। इसी प्रकार से मानसिक विकास का संरुप भी पाया जाता है जैसे लिखने के पूर्व बच्चा वृत्त बनाना सीखता है। विकास की गति में भिन्नता के कारण विकास का सामान्य संरूप प्रभावित नहीं होता है। आरम्भ में विकास की गति किन्हीं कारणों से यदि धीमी है तो उचित अवसर के मिलते ही बच्चा अगले चरण तक सामान्य गति को प्राप्त कर लेता है। बच्चे अत्यन्त मेधावी या कमजोर व विकास के समान्य अनुक्रम के अनुरूप विकसित होते हैं तथापि कुशाग्र बुद्धि वाले का बौद्धिक विकास तीव्र गति से एवम् मन्द बुद्धि वाले का धीमी गति से होता है।

विकास सामान्य से विशिष्ट की ओर अग्रसर होता है (Development Proceeds from General to Specific Responses)

विकासात्मक अनुक्रियाएं सामान्य से विशिष्ट की ओर अग्रसर होती हैं। गर्भस्थ शिशु का पूरा शरीर तो गतिशील होता है परन्तु वह किसी एक अंग को गतिशील नहीं कर सकता है। शिशु किसी चीज को पकड़ने की अनुक्रिया के पूर्व अपनी भुजाओं को ऊपर उठाने या गतिमान करने की अनेक अनुक्रिऐं करता है। यह संरूप संवेगात्मक अनुक्रियाओं में भी देखने को मिलता है, जैसे किसी अजनबी व्यक्ति या असामान्य वस्तु के प्रति बच्चा भय प्रदर्शित करता है। आगे चलकर यही भय, विशिष्ट रूप में अलग-अलग व्यवहारों में परिलक्षित होता है। यथा चिल्लाना, भागना या छिपना, अपने स्थान पर खड़ा रहना एवम् भयभीत न होने का बहाना करना इत्यादि विशिष्ट सांवेगिक अनुक्रियाओं के उदाहरण हैं।

विकास में निरन्तरता होती है : (Development is Continuous)

विकास गर्भाधान से लेकर मृत्युपर्यन्त निरन्तर चलने वाली प्रक्रिया है जिसमें कभी तीव्र तो कभी धीमी गति से परिवर्तन आते रहते हैं। पीकोवस्की (1968) के अनुसार, विकास सदैव एक सा नहीं होता बल्कि इस प्रक्रिया में कभी तीव्र असंतुलन की अवधि तो कभी संतुलन की अवधि पायी जाती है। विकास में पठार भी आता है। ये संरूप किसी एक स्तर पर या विभिन्न स्तरों पर भी पाये जाते हैं।

विकासात्मक परिवर्तन सदैव अग्रोन्मुख ही नहीं होते, कभी-कभी पृष्ठोन्मुख परिर्वतन भी पाये जाते हैं। जैसे बच्चा, माता-पिता का ध्यान आकर्षित करने के लिए प्रतिगमनात्मक (regression) व्यवहार (जैसे शिशु की भाँति क्रिया-कलाप या व्यवहार) प्रदर्शित करता है। परन्तु परिवर्तन प्रायः अग्रगामी (Progressive) ही पाये जाते हैं। यद्यपि विकास निरन्तर चलने वाली प्रक्रिया है तथापि किसी चरण में यदि कुछ प्रबल रूप से घटित होता है, तो उसका प्रभाव आगे के विकास चरणों पर होता है। जैसे किसी के प्रति निर्मित आरम्भिक ऋणात्मक अभिवृत्तियाँ जीवन के अग्रिम चरणों में भी निर्मित होने वाली अभिवृत्तियों को प्रभावित करती हैं। एरिक्सन (Erikson) का मानना है कि विकास के प्रथम चरण में विकसित अविश्वास (Mistrust) व्यक्ति के सम्पूर्ण जीवन में बना रहता है जो दूसरों के प्रति व्यवहार या अनुक्रियाओं को प्रभावित करता है।

विकासक्रम में विभिन्न अंग भिन्न-भिन्न गति से विकसित होते है (Different Areas Develop at Different Rates)

यद्यपि विभिन्न शारीरिक एवम् मानसिक विशेषताओं का विकास निरन्तर जारी रहता है तथापि सभी अंगों का विकास एक समान गति से कभी नहीं होता है। शरीर के विभिन्न अंगों के विकास

में परिपक्वता अलग–अलग अवधि में आती है। जैसे किशोरावस्था के प्रारम्भ तक हाथ–पैर एवम् नाक पूर्णतः विकसित हो जाते हैं परन्तु चेहरे के नीचे का भाग एवम् कंधे का विकास धीमी गति से होता है। चित्र 1.3 में शरीर के चार प्रमुख भागों के विकास को भिन्न–भिन्न गति का दर्शाया गया है।

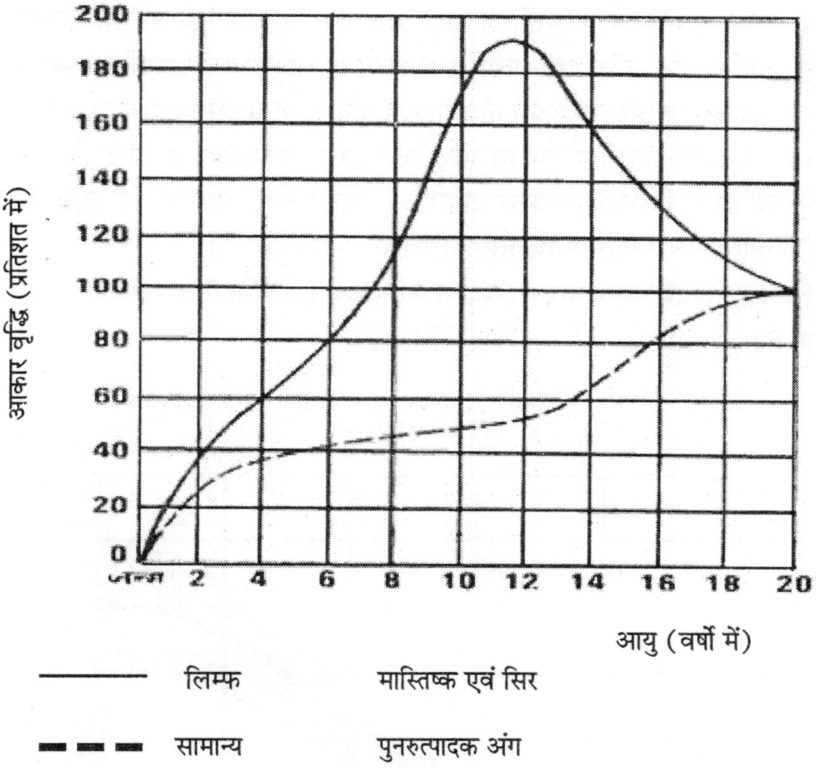

चित्र 1.3 : शरीर के विभिन्न अंगो के विकास का संरूप (स्रोतः डी० बी० कोरसिन, 1972)।

शारीरिक विशेषताओं की भाँति मानसिक क्षमताओं में परिपक्वता भिन्न–भिन्न आयु में, भिन्न–भिन्न गति से आती है। जैसे सृजनात्मक कल्पना, वाल्यावस्था में तीव्र गति से विकसित होते हुए, किशोरावस्था में परिपक्वता को प्राप्त कर लेती है परन्तु तर्कना (Reasoning) का विकास धीमी गति से होता है । इसी प्रकार स्थूल वस्तुओं की या रटन स्मृति का विकास अमूर्त या सैद्धान्तिक सामग्रियों की तुलना में शीघ्र होता है। प्रायः विभिन्न शारीरिक एवम् मानसिक विशेषताओं में विकास गति में भिन्नताओं के कारण समायोजन की अनेक समस्याएं बच्चे में उत्पन्न हो जाती हैं।

विकास के विविध प्रकार्यों में सहसम्बन्ध पाया जाता है *(There is correlation in Development of Various Functions)*

यह सामान्य विश्वास है कि विकास के एक पक्ष की कमी की क्षतिपूर्ति स्वाभाविक रूप से अन्य क्षमता के उच्चतर विकास द्वारा होती है। जैसे कुशाग्र बुद्धि का बालक, शारीरिक रूप से कमजोर हो सकता है। परन्तु इस प्रकार के मतों की पुष्टि प्रायोगिक स्तर पर नहीं हो सकी। टरमन एवं आडेन ने बुद्धि के आकार, शक्ति तथा शारीरिक स्वास्थ्य या सांवेगिक स्थिरता के मध्य धनात्मक सहसम्बन्ध पाया। जब शारीरिक विकास तीव्र गति से होता है तो मानसिक विकास भी तीव्र गति से होता है। जिस प्रकार शारीरिक विकास का संकेत शरीर के अनुपात में वृद्धि के आधार पर मिलता है, उसी प्रकार विभिन्न मानसिक प्रक्रियाओं जैसे तर्कना, साहचर्य या अन्य मानसिक योग्यताओं के आधार पर मानसिक विकास का स्वरूप स्पष्ट होता है।

चित्र 1.4 में दिये गये मानसिक विकास का संरूप, शारीरिक विकास के संरूप की भाँति स्पष्ट हो रहा है।

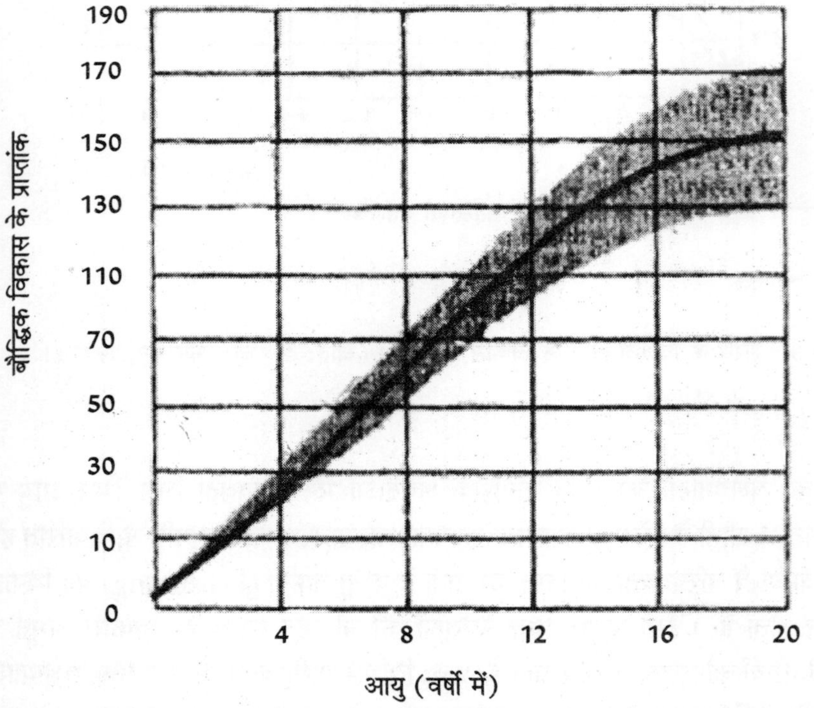

चित्र 1.4 : जन्म से बीस वर्ष की आयु तक के बौद्धिक विकास का संरूप (अच्छादित भाग विभिन्न आयु स्तर पर सामान्य विचलन को दर्शाता है (*स्रोत:* एन० बेली, 1995)।

विकास में वैयक्तिक भिन्नताएं पायी जाती हैं (There are Individual Differences in Development)

यद्यपि विकास संरूप सभी बच्चों में समान पाया जाता है तथापि प्रत्येक बच्चों का विकास अपने ढंग एवम् गति से होता है। कुछ बच्चों का विकास धीरे-धीरे एवम् एक चरण से दूसरे चरण की ओर अग्रसर होता है तो कुछ बच्चों में विकास तीव्र गति से होता है। इस प्रकार सभी बच्चे विकास की उत्कृष्टता को एक ही आयु में नहीं प्राप्त कर पाते हैं।

विकास में भिन्नता कई कारणों से पायी जाती हैं। डॉब्जान्स्की (Dobzhansky) के अनुसार प्रत्येक व्यक्ति जैविकीय एवम् आनुवांशिक रूप से एक दूसरे से भिन्न होते हैं। इसके अतिरिक्त किन्ही दो व्यक्तियों, वे जुड़वे ही क्यों न हो, की शत प्रतिशत एक समान परिवेश नहीं प्राप्त होता। इसका तात्पर्य यह हुआ कि विकास में वैयक्तिक भिन्नता आन्तरिक एवम् वाह्य दोनो ही कारणों से आती है। उदाहरणार्थ, शारीरिक विकास, आंशिक रूप से आनुवांशिक क्षमताओं एवम् कुछ अंश तक अन्य परिवेशीय कारकों जैसे - भोजन, स्वास्थ्य, शुद्ध हवा, प्रकाश, संवेग एवम् शारीरिक थकान इत्यादि द्वारा निर्धारित होता है। इसी प्रकार बौद्धिक विकास आन्तरिक क्षमताओं के अतिरिक्त सांवेगिक दशाओं, प्रोत्साहन, सीखने का अवसर, तीव्र अभिप्रेरणा इत्यादि से निर्धारित होता है। व्यक्तित्व विकास का निर्धारण भी आन्तरिक विशेषताओं एवम् परिवेशीय कारको द्वारा होता है। अध्ययनों से पता चलता है कि परिवेशीय कारकों की भूमिका आनुवांशिक गुणों की अपेक्षा अधिक महत्वपूर्ण होती है।

(i) **संरूपों में संगति पायी जाती है (Consistency within Patterns):** यद्यपि बच्चों में विकास की गति में भिन्नता पायी जाती है तथापि इन संरूपों में संगति भी पायी जाती है। बच्चे का विकास आनुवांशिक गुणों एवम् परिवेशीय कारको के विशिष्ट संयोजन से निर्धारित होता है। अध्ययनों से पुष्टि होती है कि वे बच्चे जो प्रारम्भ से ही लम्बे होते हैं, आगे की विकास अवधि में भी सामान्य बच्चों की अपेक्षा उनकी लम्बाई अधिक होती है। इसी प्रकार विकास की विभिन्न अवधि में तीव्र बुद्धि, सामान्य एवं मन्द बुद्धि के बच्चों के मानसिक विकास स्तर में संगति पायी जाती है। चित्र 1.5 में इस संरूप को प्रस्तुत किया गया है-

रेखाचित्र में जन्म से 25 वर्ष तक पाँच लड़के एवं 5 लड़कियों की मानसिक क्षमताओं को दर्शाया गया है। आरम्भ में सबका विकास सापेक्षिक रूप से एक समान है, परन्तु आयु बढ़ने के साथ 6 वर्ष के पश्चात् वैयक्तिक भिन्नता अधिक स्पष्ट हो रही है।

(ii) वैयक्तिक भिन्नता का अनुप्रयोगात्मक महत्व (Practical Significance of Individual Differences) चूंकि बच्चों के विकास में वैयक्तिक भिन्नता पायी जाती है, इस जानकारी से अध्यापकों एवं अभिभावकों को यह ज्ञान मिलता है कि वे हर बच्चे से एक सी

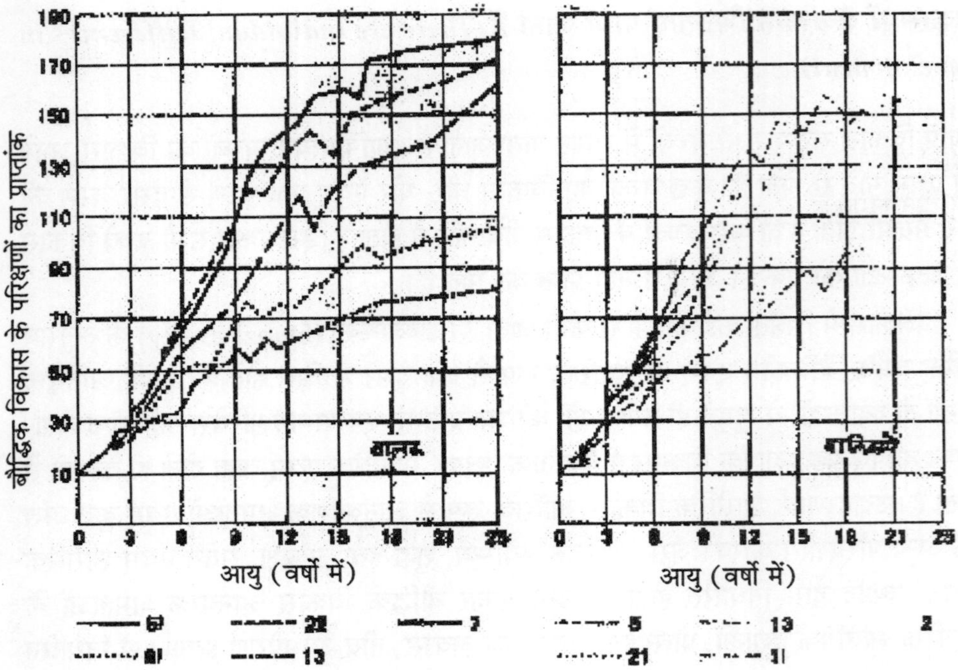

चित्र 1.5 : 5 बालक एवं 5 बालिकाओं के बौद्धिक क्षमताओं के विकास में वैयक्तिक भिन्नताएँ।

प्रत्याशा न करे अपितु बच्चे की क्षमता के अनुसार ही प्रत्याशा किया जाना चाहिए। किसी बच्चे की वैयक्तिक भिन्नता समूह के अन्य सदस्यों के लिए महत्व रखती है। उसकी कुछ नयी विशेषतायें शेष सदस्यों के लिए उपयोगी हो सकती है। इस भिन्नता की जानकारी से बच्चे के पालन पोषण का ढंग कैसा हो, इसके बारे में भी निर्णय लिया जा सकता है।

विकासात्मक संरूपों की निश्चित अवधि होती हैं (There are Periods in the Developmental Pattern)

यद्यपि विकास सतत रूप में होता है तथापि किसी अवधि में विकास तीव्र तो किसी अवधि में धीमी गति में पाया जाता है। बिजॉय का सुझाव है कि इन अवधियों को न केवल आयु के आधार पर बल्कि अन्य जैविकीय घटनाओं एवं व्यक्ति के व्यवहार में होने वाले परिवर्तनों के आधार पर रेखांकित किया जा सकता है।

(i) **विकास संरूप में सन्तुलन एवं असन्तुलन की अवधि पायी जाती है (Periods of Equalibrium and Diseqalibrium):** विकास की अवधि में कभी सन्तुलन तो कभी असन्तुलन चलता रहता है। संतुलन की अविध में बच्चा बेहतर समायोजन बनाने में सक्षम होता

है एवं सहज ढंग से रहता है जबकि असन्तुलन की अवधि में उसका समायोजन बाधित होता है। इन स्थितियों के लिए कुछ आन्तरिक एवं कुछ बाह्य कारक उत्तरदायी होते हैं। चित्र 1.6 में 18 माह से लेकर 6 वर्ष की आयु तक पुनः 6 वर्ष से वय सन्धि के आरम्भ होने तक सन्तुलन/असन्तुलन की अवधि दर्शायी गई। पुनः असन्तुलन की अवधि आरम्भ होती है जब इस आयु में तीव्रतम परिवर्तन होने लगते हैं–

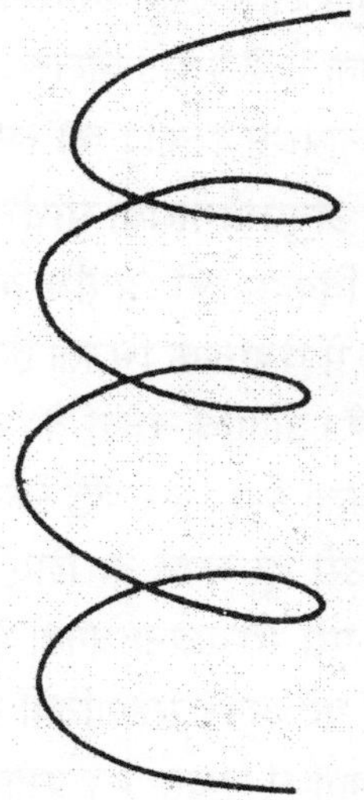

चित्र 1.6 : जीवन के आरम्भिक वर्षों में संतुलन एवं असंतुलन की अवधि (*स्रोत* : एल० बी० एम्स एवं एफ० एल० इल्ग, 1966

जिस प्रकार सन्तुलन एवं असन्तुलन की अवधि के बारे में पूर्व कथन किया जा सकता है, उसी प्रकार इन आयु में घटित होने वाले व्यवहार के बारे में भी भविष्य कथन किया जा सकता है। असंतुलन की अवधि में बच्चे के व्यवहार में गड़बड़ी एवम् दोष पाया जाता है, उनके खाने, सोने या लोगों के साथ अनुकूल करने में कठिनाई होती है। दूसरी ओर संतुलन की अवधि में उस बच्चे का समायोजन अच्छा हो जाता है एवम् अपने व्यवहार से वह दूसरों को प्रभावित भी कर लेता है। वह प्रसन्न एवम् सहज रहता है। चूँकि लड़के एवम् लड़कियों की विकास गति में थोड़ी भिन्नता पायी जाती है। अतः दोनों के संतुलन एवम् असंतुलन की अवधि में भी थोडा अन्तर होता है।

(ii) **सामान्य बनाम समस्यात्मक व्यवहार (Normal Versus Problem Behaviour)**: विकास की प्रत्येक अवधि में बच्चे में होने वाले परिवर्तन यद्यपि सामान्य होते हैं परन्तु माता-पिता या अध्यापक उसे "समस्यात्मक व्यवहार" मानने लगते हैं क्योंकि वयस्कों के मानक के अनुरूप ये व्यवहार नहीं होते। छोटे बच्चे, जिनमें अभी अपना एवम् पराये के मध्य

अन्तर की सम्प्रत्यात्मक समझ नहीं है, वास्तविकता तथा कल्पना में भेद नहीं कर पाते हैं। अतः ये तथाकथित 'समस्यात्मक' व्यवहार तब उत्पन्न होते हैं जब नयी मांग के अनुरूप वे परिवेश के साथ सही समायोजन नहीं रख पाते हैं। जैसे-वय:सन्धि की आयु में, सामाजिक प्रत्याशा के अनुरूप वयस्क जैसा व्यवहार होना चाहिए, परन्तु बच्चे में शारीरिक तथा मानसिक परिवर्तन के कारण, सामाजिक प्रत्याशाओं के साथ समायोजन गड़बड़ हो जाता है। इसके अतिरिक्त माता-पिता या अध्यापक, मानक के अनुरूप बच्चे से व्यवहार की प्रत्याशा करते हैं, यदि बच्चा वास्तव में उसे पूरा नहीं कर पाता तो उसमें प्रतिकूल अभिवृत्ति विकसित हो जाती है जिसके कारण बच्चा वास्तव में 'समस्याएँ' विकसित कर लेता है जैसे झूठ बोलना, गाली देना इत्यादि। आगे चलकर ये व्यवहार वास्तविक समस्या जैसे बालापराध इत्यादि का रूप ले लेते हैं।

(iii) **विकासात्मक अवधि की अनुप्रयोगत्मक सार्थकता (Practical Significance of Developmental Period) :** विकास की अवधि के स्वरूप की जानकारी की कुछ उपयोगिताएं भी हैं। (i) यद्यपि विकास में वैयक्तिक भिन्नता होती है परन्तु समान आयु के विकास के विभिन्न संरूप लगभग समान होते हैं। अतएव बच्चों के प्रशिक्षण हेतु, मानक निर्मित करके वांछनीय स्तर पर परिवर्तन लाया जा सकता हैं । (ii) यदि किसी बच्चे के विकास का स्तर एवम् सामान्य स्तर में अधिक अन्तर है तो उसे दूर करने के लिए विशेष प्रशिक्षण व्यवस्था की जा सकती है। यदि विकास सामान्य है तो पूरी सम्भावना बनती है कि अगले चरण का विकास भी सामान्य ढंग का होगा, जैसे छोटे बच्चों को अपने सहपाठियों के साथ समायोजन स्थापित करना सिखाया जाता है। विकास के किसी भाग में मन्दता का प्रभाव अन्य भागों पर भी पड़ता है। वे बच्चे, जो अलोकप्रिय होते हैं, वे सामाजीकृत होने के अवसर से वंचित हो जाते हैं।

विकास की प्रत्येक अवधि से कुछ सामाजिक प्रत्याशाएं होती हैं (There are Social Expectations for every Developmental Period)

प्रायः यह देखा जाता है कि कुछ सामाजिक व्यवहार एवं कौशल आयु के किसी अवधि में दूसरी अवधि की अपेक्षा, अधिक सफलतापूर्वक सीखे जाते हैं। अतः समाज, व्यक्ति से इसी समय सारणी के अनुसार, विकास की प्रत्याशा रखता है। इस प्रकार प्रत्येक आयु के लोगों से कुछ निश्चित सामाजिक प्रत्याशायें की जाती हैं। इन सामाजिक प्रत्याशाओं को "विकासात्मक संकाय" (Developmental Task) भी कहा जाता है। हेविंगघ्रस्ट, (1995) ने विकासात्मक संकार्यों को इस प्रकार परिभाषित किया है, "विकासात्मक संकार्य वे संकार्य हैं जो व्यक्ति के जीवन के किसी निश्चित अवधि में उत्पन्न होते हैं, इनकी सुलभ उपलब्धि उनके लिए प्रसन्नता दायक होती हैं एवं बाद के संकार्यों की सफलता की ओर ले जाती हैं। इसके विपरीत, इन संकार्यों की असफलता व्यक्ति में दु:ख, समाज द्वारा अस्वीकृति एवं बाद के संकार्यों में जटिलता एवं कठिनाई उत्पन्न करती है। इनमें से कुछ संकार्य परिपक्वता के कारण होते हैं, तो अन्य प्रकार के संकार्यों का

विकास सामाजिक, सांस्कृतिक दबाव से होता हैं, जैसे उपयुक्त यौन भूमिकाओं को सीखना या पढ़ने-लिखने की शैली को सीखना। कुछ (संकार्य) विशेषताएं व्यक्तिगत मूल्यों एवं आकांक्षाओं के कारण विकसित होती हैं परन्तु ज्यादातर इन तीनों के संयोजन से उत्पन्न होती हैं।" हेविंगघ्रस्ट ने बाल्यावस्था के कुछ प्रमुख "विकासात्मक संकार्यों" को सूचीबद्ध किया है।

1. जन्म से बाल्यावस्था तक (Birth to 6 years) : ठोस भोजन, खाना सीखना, टहलना सीखना, बात करना, मल-मूत्र त्यागना, व्यर्थ पदार्थों का अधिगम, यौन भिन्नता के बारे में सीखना, भौतिक स्थिरता की प्राप्ति, सामाजिक एवं भौतिक वास्तविकता के बारे में सामान्य सम्प्रत्ययों का निर्माण, माता पिता, भाई, बहन एवं अन्य से सम्बन्ध बनाना, सही तथा गलत के बीच अन्तर सीखना एवं चेतना का विकास इसके अन्तर्गत शामिल है।

2. उत्तर बाल्यावस्था (6 years to 12 years) : इस अवस्था के प्रमुख संकार्य हैं, सामान्य खेलों के लिये आवश्यक भौतिक कौशलों को सीखना, किसी के प्रति संगठित अभिवृत्ति का निर्माण, अपने समवयस्कों के साथ मेल-जोल सीखना, पुरुषोचित या स्त्रीयोचित यौन भूमिकाओं को सीखना, पढ़ने-लिखने एवं गणना इत्यादि के मूलभूत कौशलों को सीखना, दैनिक जीवन के आवश्यक सम्प्रत्ययों का विकास। चेतना, नैतिकता एवं मूल्यों के मानकों का विकास, व्यक्तिगत स्वतंत्रता की प्राप्ति, किसी सामाजिक समूह एवं संस्था के प्रति अभिवृत्ति का विकास किसी भी सापेक्षिक रूप से स्थिर संस्कृति में ये विकासात्मक संकार्य एक पीढ़ी से दूसरी पीढ़ी में यथावत बने रहते है। जबकि परिवर्तनशील संस्कृति में नयी पीढ़ी, नये प्रकार के विकासात्मक संकार्यों को प्रदर्शित करती है। जैसे- किसी संस्कृति में श्रमिकों के बजाय, मशीन का प्रयोग इत्यादि।

1. **विकासात्मक संकार्यों के उद्देश्य (Purpose of Developmental Tasks) :** विकासात्मक संकार्यों से तीन प्रमुख आवश्यकताओं की पूर्ति होती है।

(1) इनके आधार पर माता-पिता या अध्यापकों को मार्ग दर्शन मिलता है जिसके आधार पर वे समझ सकते हैं कि बच्चे को किस उम्र में क्या-क्या सीखना चाहिये।

(2) ये संकार्य बच्चे के लिए अभिप्रेरणात्मक शक्ति का कार्य करते हैं, बच्चा जब यह तय करता है कि उससे जो भी सामाजिक प्रत्याशायें हैं, उन्हें वह उसे सीखना चाहता है। यथा - बच्चा शीघ्रता से यह सीखता है कि वह अपने उम्र के बच्चों जैसी योग्यता प्रदर्शित करेगा तो उसे इसके लिए सामाजिक स्वीकृति प्राप्त होगी।

(3) विकासात्मक संकार्य एक मानक का कार्य करता है जिसके अनुरूप ही माता-पिता बच्चे से भविष्य में प्रत्याशा रखेंगे।

विकासात्मक संकार्यों में उत्कृष्टता कुछ कारकों से विघटित होती है। कुछ कारक सहायक एवं कुछ कारक बाधक होते हैं। जैसे- शारीरिक विकास में प्रगति, सामान्य से अधिक शक्ति एवं

क्षमता, सामान्य से अधिक बुद्धि, अधिगम के बेहतर अवसर, माता-पिता एवं अध्यापक से प्राप्त मार्ग दर्शन, सीखने की प्रबल अभिप्रेरणा, सृजनात्मक क्षमता इत्यादि सहायक कारकों की श्रेणी में आते हैं। इसके विपरीत संकार्यों में अवरोध उत्पन्न करने वाले प्रमुख कारक हैं - शारीरिक एवं मानसिक विकास में मंदता, खराब स्वास्थ्य, शारीरिक दोष, सीखने के अवसर का अभाव, मार्गदर्शन की कमी, भिन्न (विषम) होने का भय, अभिप्रेरणा का अभाव आदि। यदि बच्चे का विकास इन मानकों के अनुरूप नहीं होता तो इसके तीन गंभीर परिणाम देखने को मिलते हैं यथा: (अ) बच्चे में हीन भावना विकसित होती है जिससे वह दु:खी होता है। (ब) वह सामाजिक अस्वीकृति का शिकार होता है, एवं (स) ऐसे बच्चे को अपरिपक्व समझा जाता है, इससे आगामी विकासात्मक संकार्यों को करने में कठिनाई उत्पन्न होती है। इसके विपरीत वे बच्चे जो विकासात्मक संकार्यों को करने में सक्षम होते हैं उन्हें सामाजिक अनुमोदन एवं पुरस्कार मिलता है।

विकास के प्रत्येक पक्ष में संकट संभावित होता है (Every Area of Development has Potential Hazards)

यद्यपि विकासात्मक संरूप सामान्य ढंग से चलता रहता है तथापि प्रत्येक आयु में विकास के किसी न किसी क्षेत्र में संकट आने की सम्भावना बनी रहती है जो सामान्य विकास के संरूप को अवरुद्ध करता है। इनमें से कुछ संकट परिवेशीय होते हैं तो कुछेक कारण, व्यक्ति में निहित होते हैं। इससे व्यक्ति का शारीरिक, मनोवैज्ञानिक एवम् सामाजिक समायोजन प्रभावित होता है। परिणामस्वरूप विकास संरूप में पठार (स्थिरता) उत्पन्न हो जाता है या कभी-कभी विकास अवगामी (Regression) हो जाता है और बच्चे में समायोजन की समस्या जैसे अपरिपक्वता इत्यादि विकसित हो जाती है।

संकट की पूर्व जानकारी या चेतावनी का महत्व (Importance of Forewarning of Hazard) : विकास के विभिन्न क्षेत्रों से सम्बन्धित संभावित संकटों की जानकारी द्वारा माता-पिता या अभिभावक, जो बच्चे के मार्गदर्शक होते हैं, इन संकटों का सामना करने के लिये तत्पर हो जाते हैं। जैसे बच्चे में उत्तेजना की स्थिति में आने वाले दोष को, उपयुक्त परिवेश या प्रशिक्षण देकर दूर किया जा सकता है।

विकास की विभिन्न अवधि में प्रसन्नता के स्तर में भिन्नता पायी जाती है (Happiness Varies at Different Period in Development)

प्राय: यह माना जाता है कि बाल्यावस्था सर्वाधिक प्रसन्नता की अवधि है। यदि बाल्यावास्था प्रसन्नता से भरा तथा चिन्तारहित होता है, तो निश्चित रूप से प्रौढ़ावस्था में, व्यक्ति में अच्छे समायोजन की क्षमता पायी जाती है। किन्तु ऐसे बहुत से साक्ष्य दर्शाते हैं कि ये विश्वास न तो पूरी

तरह से सही है और कुछ बच्चों के सन्दर्भ में पूरी तरह गलत है। अध्ययनों से परस्पर भिन्न परिणाम प्राप्त हुए है। पृष्ठोंन्मुखी (Retrospective) अध्ययनों से भी इसी प्रकार के परिणाम प्राप्त हुए हैं। अर्थात् बाल्यावस्था के कटु अनुभव बाद के सुख पर काली छाया डालते हैं और वे कभी भी बाल्यावस्था की बात याद नहीं रखना चाहते (23, 51, 54, 56, 85)।

प्रसन्नता के अध्ययन में कुछ कठिनाइयाँ सामने आती हैं। जैसे -बाल्यावस्था के विभिन्न चरणों में प्रसन्नता को विकास के साथ कैसे जोड़ा जाय, इसकी जानकारी दो कारणों से नहीं हो पाती है- (i) चूँकि, सुख आत्मनिष्ठ सम्प्रत्यय है जिसका अर्थ भिन्न-भिन्न लोगों के लिए भिन्न-भिन्न होता है। कुछ लोगों के लिए यह खुशी (Joy) का पर्यायवाची होता है तो शब्दकोष की परिभाषानुसार, प्रसन्नता (Happiness) व्यक्ति की कुशलता या संतोष की वह स्थिति है जो सुख एवं सन्तोष से भरा होता है। (ii) प्रसन्नता वह आत्मनिष्ठ अनुभव है जिसे किसी वस्तुनिष्ठ मानक के आधार पर मापन करना कठिन है। अतः अन्तदर्शन एवं पश्चोन्मुख (Retrospection) या पूर्वव्यापी अध्ययनों से प्राप्त सूचनाओं पर विश्वास करना होगा। प्रसन्नता के अध्ययनों में आने वाली अनुसन्धान विधियों की इन कठिनाइयों के बावजूद यह देखने को मिलता है कि प्रसन्नता के अभाव में बच्चे का व्यक्तिगत एवं सामाजिक समायोजन दोषपूर्ण हो जाता है।

1. सुख एवं दुःख की अवधि (Periods of Happiness and Unhappiness) : प्रसन्नता विषय पर किये गये अनुसन्धानों से इस तथ्य पर प्रकाश पडता है कि व्यक्ति के जीवन की कुछ अवधि अन्य की तुलना में अधिक प्रसन्नता से युक्त सुखकारक प्रतीत होती है। बचपनावस्था सम्पूर्ण जीवन की सबसे सुखी अवस्था है परन्तु जीवन का दूसरा वर्ष पहले वर्ष की तुलना में कम सुखकारी होता है। इस अवधि में शिशु की संरचना में विभिन्न प्रकार के परिवर्तन होते हैं। जैसे-दाँत निकलने की प्रक्रिया में बच्चे के स्वभाव में चिड़चिड़ापन आ जाता है एवम् बच्चा कम आकर्षक लगता है। चूंकि छोटे बच्चे का दायरा परिवार तक सीमित होता है। अतः उसकी प्रसन्नता की सीमा परिवार के सदस्यों द्वारा निर्धारित होती है। इसी प्रकार उत्तर बाल्यावस्था में अनेक कारण सुख को प्रभावित करते हैं। जैसे-ये बच्चे अब अपने परिवेश में भिन्न या विकल्पों को चुनने के लिए स्वतन्त्र होते हैं इसके विपरीत यदि बच्चे परिवार में असन्तुष्ट होते हैं तो वे अधिकाधिक समय घर से बाहर व्यतीत करते हैं। वयः सन्धि अनेक बच्चों के लिए अप्रसन्नता की अवधि है जिसमें बच्चे दिवा स्वप्न देखना, कल्पना में जीना या आत्महत्या इत्यादि के बारे में सोचना, बातचीत करना या व्यवहार में प्रदर्शित करते हैं। चूंकि इस अवधि में वृद्धि तेजी से होती हैं अतएव बच्चे में थकान अधिक पायी जाती है। इससे बच्चा परिवार, अध्यापक एवं मित्रों में कम पसन्द किया जाता है। इन विभिन्न अवधियों में सन्तुलन एवं असन्तुलन का समय-चक्र चलता रहता है। सन्तुलन की अवधि में बच्चा अधिक प्रसन्न रहता है। जबकि असन्तुलन की अवधि में अप्रसन्नता व्यक्त करता है।

2. प्रसन्नता के आवश्यक घटक (Essentials of Happiness): अध्ययनों से इस बात की पुष्टि होती है कि प्रसन्नता के तीन प्रमुख निर्धारक होते हैं जिन्हें "Three A'S of Happiness" कहा जाता है। ये हैं-

(i) Acceptance (स्वीकृति)

(ii) Affection (प्रेम या स्नेह)

(iii) Achievement (उपलब्धि)

व्यक्ति को प्रसन्न रहने के लिए न केवल दूसरों द्वारा 'स्वीकृति' बल्कि आत्म स्वीकृति भी महत्त्वपूर्ण होती है। वे बच्चे जो दूसरों के द्वारा स्वीकार किये जाते हैं। दूसरों के साथ अच्छे ढंग से समायोजन करने में सक्षम होते हैं एवं अपने मित्रों तथा वयस्कों के बीच लोकप्रिय भी होते हैं। प्रसन्नता का दूसरा घटक है 'Affection' या 'स्नेह भाव'। वे बच्चे जिन्हे दूसरों से अधिक स्वीकृति मिलती है, उन्हें स्नेह भी अधिक मिलता है परन्तु बच्चे का स्नेह पाने के लिए स्वयं भी स्नेह प्रदर्शित करना चाहिए। यदि वे ऐसा नहीं करते तो क्रमशः दूसरों से स्वीकृति धीरे-धीरे घटने लगती है। प्रसन्नता का तीसरा घटक है 'Achievement या उपलब्धि'। बच्चे को सुखी होने के लिए यह आवश्यक है कि वह उपलब्धि भी प्राप्त करें जिससे समाज में, प्रमुख लोगों के बीच उसकी पहचान बने। "संकृत्य की उपलब्धि" को किस प्रकार लोगों द्वारा महत्त्व दिया जा रहा है, इससे भी बच्चे की प्रसन्नता प्रभावित होती है। नीचे चित्र में इन तीनों प्रकार के 'A'S of Happiness' के अन्तर्सम्बन्धों को दर्शाया गया है-

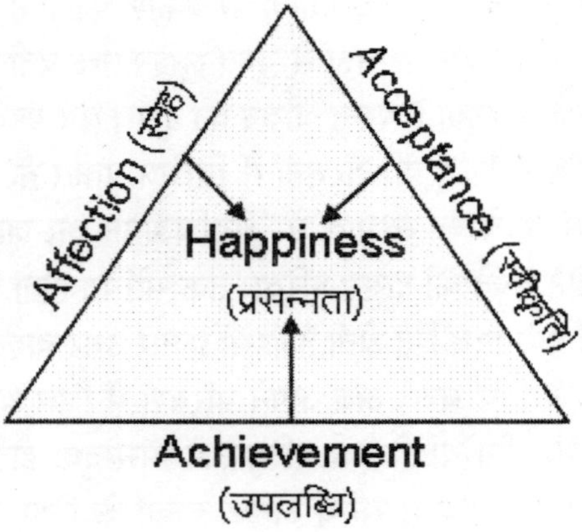

चित्र 1.7 : प्रसन्नता के तीन तत्वों (A'S of Happiness) के बीच अन्तःसम्बन्ध।

प्रसन्नता के तीनों A'S के मध्य सम्बन्ध : बच्चे की प्रसन्नता इस पर भी निर्भर करती है कि वह अपने लक्ष्य को पाने में कितना सफल है? कभी-कभी अवास्तविक (Unrealistic) लक्ष्य के कारण बच्चे की प्रसन्नता प्रभावित होती है, बच्चे असन्तुष्ट हो जाते हैं और उसे अपनी अक्षमता मानने लगते हैं। वास्तविक लक्ष्य की उपलब्धि बच्चे में आत्म स्वीकृति एवं दूसरों द्वारा स्वीकृति के स्तर को बढ़ाती है। बच्चे का स्वास्थ्य एवं समृद्धि (Contentment) भी बच्चे की प्रसन्नता को बढ़ाते हैं।

प्रसन्नता का व्यक्ति के जीवन में महत्त्वपूर्ण स्थान होता है। इससे उसका व्यक्तिगत एवं सामाजिक समायोजन अच्छा होता है, इससे विकासात्मक संरूप निर्धारित होता है परन्तु यदि वह प्राप्त नहीं कर पाता तो उसमें असन्तोष एवं दु:ख में वृद्धि होती है तथा उसका समायोजन गड़बड हो जाता है। इस प्रकार उसमें कुसमायोजन विकसित होने लगता है। अत: यह कहना सही है कि बाल्यावस्था की अवधि सबसे अधिक प्रसन्नतादायी होता है, यदि बच्चों को वयस्कों द्वारा वह प्रसन्नता /सुख प्राप्त होता है तो इसका प्रभाव बच्चे के व्यक्तित्व (Personality) विकास पर भी पड़ता है साथ ही उसकी अभिवृत्तियाँ एवं व्यवहार भी प्रभावित होते हैं।

बच्चे की प्रसन्नता के कुछ प्रमुख निर्धारक हैं –

- खुशहाल बच्चे प्राय: स्वस्थ एवं शक्ति सम्पन्न होते हैं।
- प्रसन्न बच्चे, अपनी क्षमता को उद्देश्यपूर्ण क्रिया कलापों में लगाते हैं।
- प्रसन्नता, बच्चे के सम्पूर्ण व्यक्तित्व को एवं बाह्य स्वरूप को प्रभावित करती है। ऐसे बच्चों के प्रति लोग स्नेह एवं धनात्मक भाव प्रदर्शित करते हैं।
- इससे बच्चों में कुछ करने की प्रबल अभिप्रेरणा विकसित होती है।
- प्रसन्न बच्चे, घटित होनी वाली कुण्ठाओं को शान्ति पूर्वक स्वीकार करके, उसके कारणों को जानने की कोशिश करते हैं।
- इससे बच्चों का सामाजिक सम्पर्क बढ़ता है एवं सामाजिक क्रिया कलापों में वह भाग लेता है, इसके विपरीत अप्रसन्नता बच्चे को पलायनवादी तथा आत्मकेन्द्रित बनाती है। आगे चलकर प्रसन्नता की आवृत्ति आदत के रूप में विकसित हो जाती है।
- सुखी बाल्यावस्था के आधार पर सफल वयस्कावस्था का अनुमान लगाया जा सकता है।

इस प्रकार प्रसन्नता एवं अप्रसन्नता अनेक प्रकार से बच्चे के शारीरिक विकास, मानसिक विकास एवं सामाजिक व्यवहारों के विकास को प्रभावित करते हैं।

विकास की अवस्थायें (Stages of Development)

जीवनकालिक उपागम के अन्तर्गत मानव विकास की विस्तृत व्याख्या के उद्देश्य से, विकास को विविध चरणों में विभाजित किया गया है। विकास की ये प्रमुख अवस्थायें हैं : गर्भकालीन अवस्था, शैशवावस्था (नवजात एवं शैशवावस्था), पूर्व बाल्यावस्था, उत्तर बाल्यावस्था, वय: सन्धि या नव किशोरावस्था, किशोरावस्था, पूर्व वयस्कावस्था, मध्य वयस्कावस्था एवम् वृद्धावस्था। चरणों के इस विभाजन में मत भिन्नता देखने को मिलती है। प्रसिद्ध विकास मनोवैज्ञानिक एलिजाबेथ बी० हरलॉक ने विकास की प्रमुख अवस्थाओं का उल्लेख उनकी अवधि के साथ किया है। अन्य विकास मनोवैज्ञानिकों ने गर्भावस्था एवम् शैशवावस्थ के मध्य शिशु जन्म की अवधि को भी महत्त्वपूर्ण

मानते हुए इसे एक महत्वपूर्ण अवस्था के रूप में स्वीकार किया है जिसकी अवधि कुछ घंटे से 30 घंटे तक मानते हैं। अतः हरलॉक द्वारा प्रस्तुत विकास की अवस्थाओं में थोड़ा बहुत परिवर्तन के साथ विकास की विभिन्न अवस्थाओं को स्वीकार किया गया है। जैसे क्रेग (1983) ने शैशवावस्था को दो भागों में विभाजित करते हुए जन्म से लेकर एक माह तक की अवधि को नवजात शैशवावस्था (0-1 month) एवं 1 माह से 2 वर्ष तक की अवधि को शैशवावस्था (1 month - 2 years) कहा है, तथापि विकास चरणों का क्रम एवम् दिशा में पर्याप्त समानता है। वहीं जीवनकालिक परिप्रेक्ष्य को प्रमुख मानते हुए अन्य मनोवैज्ञानिकों ने विकास के अन्तिम चरण के रूप में मृत्यु एवम् वियोग (Death and Bereavement) को स्थान दिया है।

सारंणी 1.1 : विकास की प्रमुख अवस्थाएं एवं उनकी अवधि (*स्रोत* : हरलॉक बी०, 1980 एवं केग, जी० जे०, 1983; स्टीवर्ट एवम् अन्य 1988)

अवस्थाएं	अवधि
1. गर्भकालीन अवस्था (Prenatal Period)	गर्भाधान से जन्म तक (Conception to Birth)
2. शैशवावस्था (Infancy)	जन्म से दो वर्ष तक (Birth to 2 years)
(अ) नवजात शैशवावस्था (Neonate)	जन्म से एक माह तक (Birth to one months)
(ब) शैशवावस्था (Infancy)	तीसरे सप्ताह से 2 वर्ष तक (3rd week to 2 years)
3. बाल्यावस्था	3–12 वर्ष (3 to 12 yrs)
(अ) पूर्व बाल्यावस्था (Early childhood)	3– 6 वर्ष तक (3 to 6 years)
(ब) उत्तर बाल्यावस्था (Late childhood)	7–12 वर्ष तक (7 to 12 years)
4. किशोरावस्था	
(अ) वयः सन्धि (नव किशोरावस्था) (Puberty/Neoadolescence)	11–12 से 13–14 वर्ष तक (11-12 to 13-14 years)
(ब) किशोरावस्था (Adolescence)	13 वर्ष से 17 वर्ष तक (13 to 17 years)
(स) उत्तर किशोरावस्था (Late Adolecence Adulthood)	18 वर्ष से 21 वर्ष तक (18 to 21 years)

(क्रमशः)

अवस्थाएं	अवधि
5. प्रौढ़ावस्था (पूर्व प्रौढ़ावस्था) (Early Adulthood)	21 से 40 वर्ष तक (21 to 40 years)
6. मध्यावस्था (Middle Age)	40 से 60 वर्ष तक (40 to 60 years)
7. उत्तर प्रौढ़ावस्था या वृद्धावस्था (Late adulthood or Old Age)	60 वर्ष के बाद (After 60 years)
8. मृत्यु एवं वियोग (Death and Bereavement)	जीवन का अन्त (End of life)

विकास की विभिन्न अवस्थाओं का संक्षिप्त वर्णन प्रस्तुत किया जा रहा है –

गर्भकालीन अवस्था (Prenatal Period)

गर्भाधान के क्षण से जन्म के पूर्व तक की अवधि गर्भावस्था कहलाती है। यह विकास की तीव्रतम अवस्था है, जिसके अन्तर्गत 'मानव विकास की प्रक्रिया तीन चरणों में विभाजित होकर सम्प्रन्न होती है'।

(अ) **बीजावस्था (Germinal period) :** शुक्राणु एवं डिम्ब के एकीकरण से, जो कोशिका निर्मित होती है उसे जायगोट कहते हैं। प्रथम कोशिका विभाजन की प्रक्रिया, गर्भाधान के कुछ घण्टे बाद ही आरम्भ हो जाती है, जिससे दो कोशिकायें निर्मित हो जाती हैं। द्वितीय कोशिका विभाजन अगले दो दिन के अन्तर्गत होता है जिससे चार कोशिकायें निर्मित हो जाती हैं। तीसरे विभाजन से आठ कोशिकायें निर्मित होती हें। इस प्रकार कोशिका विभाजन की गति बढ़ती जाती है एवं चौथे दिन तक 60–70 कोशिकायें निर्मित हो जाती हैं। कभी–कभी प्रथम कोशिका विभाजन के समय जायगोट से एक समान दो कोशिकायें उत्पन्न हो जाती हैं एवं दो अलग–अलग जीव के रूप में विकसित होने लगती हैं। परिणामतः अभिन्न जुड़वे बच्चे (Identical twins) माँ के गर्भ में विकसित होने लगते हैं। चूँकि ये बच्चे एक ही कोशिका से विभक्त होकर विकसित होते हैं। इसलिए इनका यौन एवं शारीरिक विशेषताएँ समान होती हैं। एक अन्य प्रकार के जुड़वे बच्चे, जिन्हे बन्धुल जुड़वे (Fraternal or Dizygotic twins) कहा जाता है, उस परिस्थिति में माँ की गर्भ में आते हैं जब कभी दो डिम्ब स्खलित हो जाते हैं एवं दो अलग शुक्राणुओं से एकीकृत (सिंचित) हो जाते हैं। ऐसे बच्चे अन्य भाई बहनों की भांति भिन्न विशेषताओं वाले, या भिन्न यौन के हो सकते हैं।

कोशिका विभाजन की प्रक्रिया चलती रहती है और अंत में एक गेंद का आकार ले लेती है, जिसे 'ब्लैस्टुला' (Blastula) कहते हैं जो इसके फैलोपियन नली से होते हुए मां के गर्भाशय में

स्थापित हो जाता है। ब्लैस्टुला के निर्माण के समय ही कोशिकायें तीन भागों में विभक्त होकर विकसित होने लगती हैं। इनमें से कुछ कोशिकायें एक तरफ होकर भ्रूण के रूप में विकसित होने लगती हैं तो अन्य कोशिकायें भ्रूण की सुरक्षा कवच के रूप में विकसित होने लगती हैं। सप्ताह के अन्त तक 'ब्लैस्टुला' अपनी यात्रा पूरी करके, माँ के गर्भाशय की दीवार से चिपक जाता है जिसे रोपण (implantation) की प्रक्रिया कहा जाता है।

(ब) **भ्रूणावस्था (Embroinic period) :** गर्भावस्था की दूसरी अवधि भ्रूणावस्था कहलाती है जो गर्भाधान के प्रथम सप्ताह से लेकर दो माह तक की अवधि होती है। इस अवधि में शरीर की संरचनाएं निर्मित होती है अर्थात् शरीर की संरचना, पोषण एवं भ्रूण की सुरक्षा की व्यवस्था सम्पन्न होती है जिससे शेष अगले माहों में गर्भस्थ शिशु का विकास सही ढंग से चलता रहता है।

भ्रूण एम्नियाटिक सैक (Amniotic Sac) में विकसित होता है एवं उसका पोषण प्लेसेन्त्या के माध्यम से होता है जो माँ के गर्भाशय की सतह पर विकसित होता है एवं भ्रूण को प्लेसेन्त्या (Placenta) से जोड़ने का कार्य अम्बिलिकल कार्ड (नाल) (Umbilical card) करता है। प्लेसेन्त्या (Placenta) द्वारा से सभी पोषक तत्व मां से लेकर, अम्बिलिकल कार्ड (Umbilical card) के माध्यम से भ्रूण तक पहुंचता है एवम् भ्रूण द्वारा परित्याग किया हुआ व्यर्थ पदार्थ (मल-मूत्र) वापस इसी नली द्वारा प्लेसेन्त्या के माध्यम से मां के उत्सर्जक संस्थान (Excretary System) द्वार से बाहर निकल आता है। भ्रूण तीन विशिष्ट भागों में विकसित होता है। (1) एक्टोडर्म (Ectoderm): शरीर का बाहरी भाग जैसे त्वचा एवं केन्द्रिय स्नायु संस्थान का विकास इसके अन्तर्गत होता है। मेसोडर्म (Mesoderm) बीच की सतह जिसके अन्तर्गत मांसपेशिया, रक्त एवं उत्सर्जक संस्थान (excretary system) आते हैं। आन्तरिक सतह या एंडोडर्म (Endoderm) इसके अन्तर्गत फेफड़े, ग्रंथियां एवं पाचन तंत्र आते हैं। इसके साथ ही स्नायुविक नली एवं हृदय भी विकसित होने लगता है। दूसरे माह के अन्त तक सभी संरचनायें पूरी हो जाती हैं एवं भ्रूण शीघ्रता से विकसित होने लगता है।

(स) **गर्भस्थ शिशु अवस्था :** गर्भ के तीसरे माह से जन्म तक की अवधि इसके अन्तर्गत आती है। अर्थात् लगभग अगले सात माह की अवधि में होने वाले विकास तीव्रतम गति से होते हैं। इस अवधि में शरीर के सभी अंग, लिंब मांसपेशियाँ तथा संस्थान, कार्य करने लगते हैं। इस अवधि में विकास अत्यन्त तीव्र गति से होता है। गर्भस्थ शिशु के शरीर के आकार एवं भार में तीव्रता से वृद्धि होने लगती है । यदि शिशु सातवें या आठवे माह में पैदा हो जाता है तो भी वह जीवित रह सकता है, परन्तु उसके जीवन का संकट बना रहता है।

शिशु जन्म अवस्था (Periods of Child Birth)

जन्म के कुछ घण्टे पूर्व से आरम्भ होकर जन्म के पश्चात् तक की अवधि शिशु जन्म अवधि

कहलाती है। शिशु जन्म के तीन अनुक्रम पाये जाते हैं। लेबर, जन्म एवं जन्म पश्चात् की प्रक्रिया।

(अ) लेबर (Labor) : यह शिशु जन्म का प्रथम चरण है जिसमें गर्भाशय का सर्विक्स (Cervex) ढ़ीला होकर बच्चे के जन्म के लिये रास्ता प्रदान करता है। लेबर की अवधि कुछ मिनट से लेकर 30 घण्टे तक की होती है परन्तु यह प्राय: 12-18 घण्टे की ही होती है। प्रत्येक 15-20 मिनट पर माँ को पीड़ा होती है। जैसे-जैसे शिशु जन्म का समय निकट आता है, आकुंचन की आवृत्ति एवं तीव्रता बढ़ती जाती है। कभी-कभी गलत (false) लेबर भी होता है। इसकी पहचान आवश्यक होती है। लेबर के दौरान म्यूकस प्लग जो सर्विक्स (Cervix) को ढके रहता है, अलग हो जाता है, इस प्रक्रिया को प्रदर्शन (showing) कहा जाता है। तत्पश्चात् एम्नियाटिक सैक (Amniotic Sac) या पानी से भरी थैली जिसमें गर्भस्थ शिशु होता है फट जाती है एवं पानी बहने लगता है।

(ब) जन्म का चरण (Birth): यह शिशु जन्म का दूसरा चरण है। यह अवधि सर्विक्स (Cervix) के खुलने से लेकर मां के शरीर से बच्चे के बाहर आने तक की होती है जिसकी अवधि 15 मिनट से लेकर 2 घण्टे तक की होती है। सामान्यत: शिशु जन्म में, बच्चे का सिर पहले एवं पैर बाद में बाहर आता है। कभी-कभी पैर पहले एवं सिर बाद में बाहर आता है। यह स्थिति मां एवं बच्चे दोनों के लिये अत्यन्त कष्ट कारक होती है।

(स) जन्म पश्चात् की अवधि (After Birth): शिशु जन्म का तीसरा चरण शिशु जन्म के पश्चात् से लेकर 20 मिनट तक की होती है जो पीड़ा रहित होती है। इसमें प्लेसेन्टा (Plecenta) बाहर निकलता है जो बच्चे की नाल से जुड़ा होता है। प्लेसेन्टा को अम्बिलिकल कार्ड से काट कर शिशु को अलग कर दिया जाता है।

शैशवावस्था

शैशवावस्था के विकास को दो भागों में विभक्त किया जाता है।

(i) नवजात शैशवावस्था (Neonate) (जन्म से एक माह तक)
(ii) शैशवावस्था (Infancy) (एक माह से दो वर्ष तक)

(i) नवजात शैशवावस्था (Neonatal Period) (जन्म से एक माह तक): जीवन के आरम्भिक प्रथम माह का शिशु नवजात कहलाता है। यह अवधि बच्चे के जीवन में अत्यन्त महत्त्वपूर्ण होती है। इसीलिये इस अवधि को शैशवावस्था की शेष अवधि से अलग किया जाता है। चूँकि इस अवधि में बच्चे को माँ के गर्भ से बाहर आने के पश्चात् स्वतन्त्र रूप से बाहरी परिवेश के साथ समायोजन करना पड़ता है। अत: इस अवधि को समायोजन की महत्त्वपूर्ण अवधि माना जाता है। इस अवधि में जन्म प्रक्रम के साथ अनुकूलन के अतिरिक्त विभन्न संस्थानों

जैसे श्वसन, रक्त संचार, पाचन तथा शारीरिक तापमान के संचालन जैसे प्रकार्यो के साथ समायोजन करना होता है। इसीलिये इस अवधि को समायोजन की अवधि कहा जाता है। नवजात शिशु की स्थिति का मापन 'अपगर' (Apgar) द्वारा निर्मित मापनी की सहायता से किया जाता है। इसके अतिरिक्त ब्रजेल्टन (Brazelton) द्वारा निर्मित "नवजात व्यावहारपरक मूल्यांकन मापनी" (Neonatal Behavioural Assessment Scale) की सहायता से नवजात शिशु में पाये जाने वाली विशेषताओं एवं क्षमताओं का मापन सम्भव हो सका है। नवजात शिशु में आश्चर्यजनक रूप से अनेक प्रकार की क्षमतायें जैसे – विभिन्न प्रकार की चेष्टाएं अधिगम एवं आदतीकरण, सांवेगिक तथा प्रत्यक्षपरक क्षमतायें विद्यमान रहती हैं।

(ii) **शैशवावस्था (Infancy) (1 माह से 2 वर्ष तक) :** यद्यपि नवजात शिशु शारीरिक रूप से अपरिपक्व तथा निर्भर होता है, तथापि उसमें सीमित संज्ञानात्मक योग्यताएं विद्यमान होती हैं परन्तु अगले दो वर्षों में अर्थात् शेष शैशवावस्था की अवधि में, उसमें शीघ्रता से, बहुआयामी परिवर्तन आते हैं जैसे- खिसकना, बैठना, चलना, बोलना इत्यादि। विभिन्न प्रकार्यों में भी परिवर्तन आते हैं जिन्हें पहचानना कठिन होता है। जैसे –शिशु क्या देखता है? क्या सुनता है? या क्या सोचता? इसका मापन कठिन होता है। यद्यपि शैशवावस्था में विभिन्न प्रकार के विकासात्मक परिवर्तन के मानक बनाये गये हैं, तथापि सभी बच्चे अपने ढंग से अपनी क्षमता में एवम् अपनी गति से विकसित होते हैं। विभिन्न प्रकार के विकासात्मक परिवर्तनों का विस्तृत वर्णन अगले अध्याय में किया गया है।

बाल्यावस्था (Childhood)

बाल्यावस्था को भी दो भागों में विभाजित किया गया है। पूर्व बाल्यावस्था एवम् उत्तर बाल्यावस्था। पूर्व बाल्यावस्था के अन्तर्गत 3 वर्ष से 6 वर्ष की अवधि आती है जबकि उत्तर बाल्यावस्था की अवधि 6 से 12 वर्ष तक मानी जाती है। इस अवधि में बालक अपने पारिवारिक तथा आस-पास के परिवेश के साथ गहन अन्त:क्रिया करना सीखता है। इस तरह परिवार के साथ आस पड़ोस एवं विद्यालय के परिवेश से वह भली-भांति परिचित होता है। वह क्रमश: आत्मनियंत्रण करना सीखता है। घर से बाहर के परिवेश के साथ समायोजन स्थापित करने की कुशलता उसमें आती है। इस अवधि में बच्चे की आयु वृद्धि के साथ, जिज्ञासा में भी वृद्धि होती है जिससे प्रेरित होकर वह अपनी संस्कृति में विभिन्न उद्दीपकों, मूल्यों, रीति रिवाजों, अभिवृत्तियों एवं परंपराओं के बारे में जानकारी प्राप्त करता है।

उत्तर बाल्यावस्था के बच्चों में एक प्रमुख विशेषता जिसे समूह भाव (Gregariousness) कहा जाता है, विकसित होती है। इस अवधि के बच्चे हम उम्र बच्चों के साथ मेल जोल एवं समूहभाव (Gregariousness) प्रदर्शित करते हैं। इस प्रकार यह अवस्था सामाजिक विकास की प्रमुख आधार बनती हैं। बच्चें में विभिन्न प्रकार के सामाजिक कौशल जैसे-मित्र बनाना, समूहभाव, सहयोग, सहायतापरक व्यवहार विकसित होते हैं। साथ ही उसमें कई प्रकार के

ऋणात्मक आधार जैसे आक्रामकता, अनुशासनहीनता इत्यादि भी पनपते हैं। बच्चे में नैतिक विकास प्रारम्भ होता हैं यद्यपि उच्च स्तरीय नैतिक आचरण तथा आदर्श अभी नहीं पाये जाते हैं। बच्चे में आत्मनिर्भरता विकसित होने लगती है। उत्तर बाल्यावस्था में बालकों में अपने समान समूह, आयु एवं लिंग के बच्चों के साथ मेलजोल, खेलना या सामूहिक व्यवहार पाया जाता है।

वयः सन्धि या नवकिशोरावस्था [(Puberty)(11-12 years to 13-14 years)]

विकास की इस अवधि में मानव बाल्यावस्था से निकलकर अब किशोरावस्था की ओर उन्मुख होता है। अतः यह संक्रमण की अवधि है। यद्यपि इसका समय विस्तार सीमित होता है तथापि इस अवधि का कुछ अंश बाल्यावस्था के अन्तिम चरण में एवं कुछ अवधि किशोरावस्था के आरम्भिक चरण में पड़ता है। इस प्रकार यह अवधि बाल्यावस्था एवं किशोरावस्था के मध्य देहली (Threshold) का कार्य करता है। इस अवधि को नव किशोरावस्था (Neoadolescence) भी कहा जाता है। इस (Neoadolescence) में जननांगों का विकास तीव्रता से होता है। विकास में वैयक्तिक भिन्नताएं भी पायी जाती है। बालकों एवं बालिकाओं में वयःसन्धि की अवधि में अन्तर पाया जाता है। बालिकाओं में यह अवस्था 11-13 के बीच एवं बालकों में 12-14 के बीच आती है। चूँकि इस अवस्था में बच्चे में तीव्र गति से शारीरिक परिवर्तन परिलक्षित होती है। यदि बच्चे को इस परिवर्तन के प्रति सही मार्गदर्शन नहीं मिलता है, तो उसमें सांवेगिक संतुलन एवं नियंत्रण नहीं रह पाता। अतः माता-पिता या अभिभावक की भूमिका इस अर्थ में महत्त्वपूर्ण होती है कि वे बच्चों के होने वाले शारीरिक एवं मानसिक परिवर्तनों को स्वीकार करने के लिए तत्पर रहें।

किशोरावस्था (Adolescence)

बाल्यावस्था की भाँति किशोरावस्था को भी दो भागों में विभाजित किया जाता है। पूर्व किशोरावस्था (13-17 वर्ष) एवं उत्तर किशोरावस्था (18-21 वर्ष)। किशोरावस्था विकास की तीव्रतम् अवस्था है। इसे बाल्यकाल का अन्तिम चरण भी कहा जाता हे। इसकी कुलअवधि 13-21 वर्ष मानी जाती है। इस अवधि में विभिन्न प्रकार के विकासात्मक परिवर्तन अपनी परिपक्वता को प्राप्त करते हैं। इस अवस्था की अनेक विशेषतायें होती हैं, जिनमें से प्रमुख हैं – सामाजिक विकास एवं यौनगत विकास। चूंकि किशोर-किशोरियों के शरीर में अनेक प्रकार के परिवर्तन दृष्टिगत होते हैं, अतः मानसिक झंझावात एवं उथल-पुथल की तीव्र स्थिति उनमें पायी जाती है। यही कारण है कि किशोर में अति भावुकता, अस्थिरता एवं असमायोजन दिखाई पड़ता है। चूंकि इस अवस्था में यौन विकास अपनी परिपक्वता की प्राप्ति की प्रक्रिया में होता है इसलिये किशोर में कामुकता, संवेगात्मक अस्थिरता के साथ कल्पनाशीलता पायी जाती है अतः अनेक समस्याओं से परिपूर्ण यह अवस्था मानी जाती है। इसका प्रभाव किशोर के सामाजिक, सांवेगिक एवं नैतिक जीवन पर भी पड़ता है। उसमें आत्मविश्वास, स्वायत्तता, आत्मनियंत्रण जैसी विशेषताएं भी दृष्टिगत होती है

तो दूसरी ओर शैक्षणिक उपलब्धि तथा कैरियर के चयन के लिए भी यह अवधि अत्यन्त उपयुक्त है। इस अवधि में होने वाले परिवर्तनों का विस्तृत विवरण आगे के अध्यायों में किया गया है।

प्रौढ़ावस्था (Adulthood)

विकास की विभिन्न अवधि में यह अवस्था जीवन के लिये अत्यन्त महत्त्वपूर्ण एवं उत्तरदायित्वों से परिपूर्ण मानी जाती है। एरिक्सन के अनुसार, प्रौढ़ावस्था का प्रारम्भ अन्तरंग सम्बन्धों की स्थापना से होता है। प्रौढ़ वैवाहिक बंधन में बंध कर सांसारिक जीवन की शुरुआत करता है। इस प्रकार उसमें आत्मजागरण, आत्मस्वीकृति, स्वतंत्रता, स्वायत्तता तथा विश्वास जैसी विशेषतायें पनपती हैं। विकास मनोवैज्ञानिक हेवीगघर्स्ट (Havighurst 1953) ने वयस्कावस्था को 3 चरणों में विभाजित किया है। आरम्भिक प्रौढ़ावस्था, मध्यवय एवं उत्तर प्रौढ़ावस्था या वृद्धावस्था इन अवस्थाओं के अनुरूप विकास संकार्यों को विभाजित किया है। जैसे इस अवधि के प्रमुख संकार्य हैं : जीवन साथी का चयन, पारिवारिक जीवन का आरम्भ, बच्चे एवं सामाजिक समूह के साथ सौहार्दपूर्ण सम्बन्ध की स्थापना इत्यादि। यदि ये संकार्य प्रौढ़ावस्था के आरम्भ में सफल हो जाते हैं, तो आगे के चरणों में भी इनके सफल होने की सम्भावना बढ़ जाती है।

मध्यावस्था (Middle Age)

विकास की अगली अवस्था मध्य वय की होती है जिसका विस्तार 41–60 वर्ष या 65 वर्ष तक होता है तथापि इस विस्तार में वैयक्तिक भिन्नताएं भी पायी जाती हैं। यह भिन्नता सामाजिक स्तर में भिन्नता के कारण पायी जाती हैं। इस संदर्भ में कुछ प्रश्न उठाये जाते हैं : जैसे व्यक्ति कब सोचना शुरु करता है कि वह मध्य वय में पहुंच चुका है। वे कौन से संकेत हैं जिनसे उसे लगता है कि अब वह युवक नहीं रहा ? एवं इस चिन्तन या जानकारी के प्रति उसकी क्या प्रतिक्रिया होती है ? इन प्रश्नों का उत्तर विकास मनोवैज्ञानिकों ने देने का प्रयास किया है। इस परिवर्तन के अनेक संकेत पाये जाते हैं। कभी-कभी ये संकेत अचानक परिलक्षित होने लगते हैं जबकि दूसरी स्थितियों में इसका अनुभव धीरे-धीरे होता हे। मध्यवय दो पीढ़ियों के बीच पुल का कार्य करता है। इस अवधि में व्यक्ति न केवल वयस्कों से अलग-थलग हो जाता है, बल्कि सेवानिवृत्त या वृद्ध लोगों से भी अपने आप को अलग पाता है। कुछ शारीरिक एवं जैविकीय परिवर्तन भी दिखते हैं। माँ को लगता है कि उसका बेटा उससे लम्बा हो गया है तो दूसरी ओर अनेक प्रकार की स्वास्थ्य सम्बन्धी समस्यायें विकसित होने लगती हैं, इसके अनेक मनोवैज्ञानिक संकेत भी मिलने लगते हैं। लोगों को लगता है कि उसने कैरियर एवं परिवार के बारे में जो निर्णय लिया है वे स्थापित हो चुके हैं या करीब-करीब पूरे भी हो चुके हैं, भविष्य से उसे असीमित सम्भावनायें अब नहीं दिखती हैं। उसके कैरियर से भी संकेत मिलने लगते हैं। कार्य की गति में धीमापन आने लगता है। प्रायः इस आयु में व्यक्ति वरिष्ठ स्तर पर पहुंच जाता है। वह अधिक यथार्थवादी हो जाता है। धार्मिकता की ओर रुचि बढ़ती है। सामाजिक सम्बन्धों के प्रति सुदृढ़ मनोवृत्ति निर्मित होती है। परिवार तथा सामाजिक सम्बन्धों के साथ अच्छे समायोजन का प्रयास करता है। यदि समायोजन अच्छा बन जाता है तो विकास का अगला चरण सुखदायक होता है।

वृद्धावस्था (Old Age) (60 वर्ष से लेकर मृत्यु पर्यन्त)

वृद्धावस्था जीवनकालिक विकास का अन्तिम चरण होता है। इस अवस्था में अनेक प्रमुख घटनायें जैसे सेवानिवृत्ति, आवागमन की आवृत्ति में कमी, वैधव्य, मृत्यु के साथ समायोजन अर्थात् जीवन के अन्त की ओर जीवनकालिक विकास की राह अग्रसर होती है। इस अवधि में शक्ति का क्षीण होना, जिम्मेदारी कम होना, स्वतंत्रता एवं स्वायत्तता में कमी जैसे पूर्वगामी (Regressive) परिवर्तन आते हैं। अनेक प्रकार की वर्जनायें आवश्यक हो जाती हैं। कभी-कभी मानसिक क्षमता तो साथ देती है लेकिन शरीर साथ नहीं देता है। इन वर्जनाओं का कारण सामाजिक भी हो सकता है। जैसे- समाज या परिवार के लोग वृद्ध व्यक्ति को कभी-कभी बच्चों की भाँति अपने पर आश्रित समझने लगते हैं जिससे अनेक प्रकार के विवाद उत्पन्न होने लगते हैं। अनेक समुदायों में वृद्धों को प्रौढ़ समूह के साथ अन्तःक्रिया से वंचित होना पड़ता है जिससे व्यक्ति में निराशा एवं अक्षमता, अकेलापन का बोध होने लगता हैं। इस अवधि की दूसरी घटना पति-पत्नी में से किसी एक की मृत्यु हो जाने से वैधव्य का अकेलापन उसे और भी कमजोर तथा बीमार बना देता है। कुछ वृद्धों को अत्यन्त गरीबी, बीमारी एवं निरादर की जिन्दगी व्यतीत करनी पड़ती हैं। वास्तव में जीवन में होने वाली महत्त्वपूर्ण घटनायें, वृद्ध व्यक्ति के जीवन को अनेक ढंग से प्रभावित करती हैं। अतः जीवन पर इन घटनाओं के प्रभाव का अध्ययन भी महत्त्वपूर्ण स्थान रखता है।

अतः जीवनकालिक परिप्रेक्ष्य से विकास की विभिन्न अवस्थाओं की जानकारी अनेक कारणों से महत्त्व रखती है। जैसे-इसकी सहायता से, विकास की विभिन्न अवस्थाओं में होने वाले परिवर्तनों का मानक निर्धारित करने एवम् किसी भी चरण में व्यक्ति के विकास के स्तर की सही जानकारी प्राप्त की जा सकती है। इसके अतिरिक्त व्यक्ति के विकास की स्थिति सामान्य है या असामान्यढंग से चल रही है, इसके बारे में जानकारी प्राप्त की जा सकती है। यदि विकास की गति धीमी है, तो उपयुक्त हस्तक्षेप (Intervention) (आवश्यकतानुसार उपयुक्त परामर्श, प्रशिक्षण तथा निर्देशन) के माध्यम से विकास की गति को सामान्य बनाया जा सकता है।

मृत्यु जीवन का अन्त (Death)

जीवन का अन्त एक सुनिश्चित घटना है। वृद्धावस्था यदि जीवनकाल का अन्तिम चरण है तो मृत्यु इसकी अन्तिम परिणति। वृद्धावस्था में मृत्यु होना स्वाभाविक माना जाता है परन्तु मृत्यु की कोई निश्चित आयु नहीं होती, किसी भी आयु में मृत्यु हो सकती है। आसन्न मृत्यु के अनुभव की जड़ स्नायु-मनोवैज्ञानिक घटनाओं में निहित होता है। मृत्यु की व्याख्या अनेक उपागमों के आधार पर की गयी है। प्रसिद्ध मनोविश्लेषणवादी सिगमण्ड फ्रायड ने मृत्यु मूल-प्रवृत्ति (Thenatos) सम्प्रत्यय द्वारा मृत्यु का भय एवम् चिन्ता का विवेचन किया है। कहीं कुब्ला-राँश ने मरण (Dying) के पाँच चरणों (खण्डन, क्रोध, मोलभाव, अवसाद एवम् स्वीकृति) का वर्णन किया है।

दैहिक मृत्यु (Biological death) के अतिरिक्त मृत्यु के सामाजिक एवम् मनोवैज्ञानिक रूप भी होते हैं। मृत व्यक्ति के प्रति परिजन एवम् सगे-सम्बन्धी तीव्र बिछोह या संताप का अनुभव करते हैं जिसे मृत्यु वियोग (Breavement) कहा जाता है। इसकी तीव्रता मृत व्यक्ति से सम्बन्ध, आयु, इत्यादि से भी निर्धारित होती है। यद्यपि वियोग तीव्र संताप देता है परन्तु इसका सामना करने (Coping) के लिए व्यक्ति को मानसिक रूप से तैयार रहना चाहिये क्योंकि मृत्यु सुनिश्चित है (Death is certain)।

सारांश (Summary)

मानव विकास के मनोविज्ञान के अन्तर्गत जीवन कालिक (Life-Span) अर्थात् गर्भाधान से लेकर जीवनपर्यन्त होने वाले शारीरिक, मानसिक एवं व्यवहारपरक विकास का व्यवस्थित ढंग से अध्ययन किया जाता है। गर्भाधान के बाद एक निश्चित अवधि के पश्चात् बच्चे का जन्म होता है। जीवन कालिक मानव विकास की प्रमुख अवस्थाएँ हैं– शैशवावस्था (नवजात शिशु एवम् शिशु), बाल्यावस्था (पूर्व बाल्यावस्था एवं उत्तर बाल्यावस्था), किशोरावस्था, युवावस्था, प्रौढ़ावस्था एवं वृद्धावस्था। विकास विभिन्न चरणों से अग्रसर होता है। मानव विकास प्रक्रिया में वृद्धि एवं ह्रास जीवन पर्यन्त चलता रहता है।

विकास मनोविज्ञान का इतिहास प्राचीन एवम् समृद्ध है। सर्वप्रथम 17वीं सदी में कुछ यूरोपियन दार्शनिकों ने मानव विकास के जीवनकालिक परिप्रेक्ष्य से अध्ययन सम्पादित किया एवं 1970 तक विकास मनोवैज्ञानिकों ने इस क्षेत्र में पूर्णतः लोकप्रियता अर्जित कर लिया।

मानव विकास को तीन तत्वों के आधार पर परिभाषित किया गया है। पहला मानव विकास एक वैयक्तिक अनुभव है, दूसरा यह जीवन पर्यन्त निरन्तर चलने वाली प्रक्रिया है तथा तीसरा, विकास एक अन्तःअनुशासनात्मक अध्ययन है।

मानव विकास से जुड़े अनेक प्रश्नों जैसे – मानव विकास क्या है ? विकासात्मक परिवर्तन का स्वरूप क्या है ? विकास की प्रमुख विमाएं कौन-कौन सी हैं ? विकास के महत्वपूर्ण कारक कौन-कौन से है ? शारीरिक विकास एवं आयु के बीच क्या सम्बन्ध है तथा विकास के महत्वपूर्ण चरण कौन-कौन से हैं ?, इत्यादि का पद्धतिवद्ध ढंग से उत्तर, जीवन कालिक मानव विकास के अन्तर्गत प्राप्त करने का प्रयास किया जाता है।

मानव विकास में अनेक नियम कार्य करते हैं। यथाः विकास में परिवर्तन निहित है, विकास परिपक्वता एवं अधिगम का परिणाम है, आरम्भिक विकास पश्चात् विकास की अपेक्षा अधिक महत्वपूर्ण है, विकासात्मक संरूप पूर्वकथनात्मक होता है, विकास संरूपों की पूर्वकथनात्मक विशेषताएं होती हैं, विकास में वैयक्तिक भिन्नताएं पायी जाती हैं, विकास संरूपों की निश्चित अवधि होती हैं, विकास की प्रत्येक अवधि से कुछ सामाजिक प्रत्याशाएं होती हैं, विकास के प्रत्येक पक्ष में संकट सम्भावित होता है तथा विकास की विभिन्न अवधि में प्रसन्नता के स्तर में भिन्नता पायी जाती है। ये सभी नियम विकासात्मक प्रकार्यों को स्पष्ट करते हैं।

मानव विकास को अनेक चरणों में विभाजित किया गया है जिसका आरम्भ गर्भ काल से तथा अन्त वृद्धावस्था से होता है। गर्भकालिक अवस्था की तीन चरणों, बीजावस्था, भ्रूणावस्था तथा गर्भस्थ शिशु अवस्था को पार करने के पश्चात् शिशु का जन्म होता है। शैशवावस्था में दो चरण निहित हैं नवजात एवं शैशवावस्था। जन्म से एक माह की अवधि नवजात अवस्था कहलाती है जिसमें अनेक क्षमताएं नवजात में विकसित होती हैं। एक माह से दो वर्ष तक की अवधि (शैशवास्था) में शारीरिक क्षमता के अतिरिक्त भाषा, विचार, अनुभव, सहयोग एवं सामाजिक शिक्षण की शुरुआत होती है। बाल्यावस्था के भी दो प्रमुख चरण होते हैं पूर्व बाल्यावस्था (3-6 वर्ष) एवम् उत्तर बाल्यावस्था (7-12 वर्ष)। बालक अपनी मौलिक योग्यताओं यथा: लिखना, पढ़ना, सामाजिक अन्तःक्रिया, सृजनात्मकता आदि को अभिव्यक्त करने योग्य हो जाता है। किशोरावस्था की अवधि वयःसन्धि से प्रारम्भ होती है। इस अवस्था में शारीरिक परिवर्तन के अन्तर्गत यौन सम्बन्धी विशेषताएं, हार्मोन परिवर्तन एवं वृद्धि शामिल हैं। एक किशोर के लिए सबसे बड़ी चुनौती (कार्य) अपनी पहचान को बनाना और जैविक परिवर्तन को स्वीकार करना है। प्रौढ़ावस्था निजी और आर्थिक आत्मनिर्भरता को स्थापित करने की अवस्था है। प्रौढ़ावस्था के पश्चात् व्यक्ति मध्यावस्था को पार करके वृद्धावस्था में पहुंचता है। वृद्धावस्था में शारीरिक और बौद्धिक क्षमताओं में बदलाव, सेवानिवृत्ति और पति/ पत्नी की मृत्यु जैसी घटनाओं (संकटों) के प्रति समायोजन की अपेक्षित है।

तकनीकी पद	**Technical Terms**
अग्रगामी	Progressive
अग्रोन्मुखी	Prospective
अर्जन	Acquisition
अन्तः अनुशासनात्मक अध्ययन	Inter-Disciplinary Studies
अन्तःस्राविका विज्ञान	Endocrinology
अभिन्न जुड़वा	Identical Twins
आत्म-अनुभूति	Self-Realization
आत्मउन्नयन	Self-Actualization
आत्म छल	Self-Derogation
अनुवांशिकी	Genetics
अनुवांशिकता	Heredity
उपलब्धि	Achievement
क्रान्तिक बिन्दु	Turning point
किशोरावस्था	Adolescence

क्रियातन्त्र	Mechanism
गर्भकालीन अवस्था	Prenatal Period
जातिगत प्रकार्य	Ontogenetic Functions
जीवनकालिक विकास	Life Span Development
तर्क	Logic
तन्त्रिका दैहिक विज्ञान	Neurophysiology
दिग्दर्शिका	Guideline
नवजात शिशु	Neonate
निकट-दूर	Proximo-distal
प्रजातिगत प्रकार्य	Phylogenetic Functions
प्रत्याशा	Expectation
पठार	Plateau
परिपक्वता	Maturation
पृष्ठोन्मुख	Retrospective
प्रौढ़ावस्था	Adulthood
बाल सुलभ व्यवहार	Locomotion
बाल्यावस्था	Childhood
बीजावस्था	Germinal period
बन्धुल जुड़वा	Fraternal or Dizygotic Twins
भ्रूणावस्था	Embrionic period
मध्य वय संकट	Mid-life crisis
मस्तकाधोन्मुखी	Cephalo-caudal
वय सन्धि	Puberty
वृद्धावस्था	Old Age
विश्वास	Trust
विलोप	Disappearance
संज्ञानात्मक विकास	Cognitive Development
संगति	Consistency
संकट	Hazard
सामाजिक-संवेगात्मक विकास	Socio-Emotional Development

सुसंगत	Coherent
स्वीकृति	Acceptance
स्नेह	Affection
शारीरिक विकास	Physical Development
शिशु	Infant
शुक्राणु	Sperm
शैशवावस्था	Babyhood
हस्तक्षेप	Intervention

2 मानव विकास की अध्ययन विधियाँ

(Methods of Studying Human Development)

मानव विकास के संदर्भ में यद्यपि अनेक कथन किये जाते हैं, परन्तु विकास के स्वरूप की सही जानकारी के लिए शोध विधियों का विकास हुआ। इनमें से कुछ विधियों का उपयोग मनोविज्ञान के किसी भी क्षेत्र से जुड़ी समस्याओं के अध्ययन के लिए किया जाता है किन्तु कुछ विधियाँ ऐसी हैं जिनका विकास एवम् उपयोग मात्र विकासात्मक अध्ययन के लिए ही हुआ है। इन विधियों की सहायता से व्यक्ति के शारीरिक, प्राकार्यात्मक (मानसिक) एवम् व्यवहारपरक विकास संरूपों में होने वाले जीवनकालिक परिवर्तनों के बारे में जानकारी प्राप्त होती है।

इस अध्याय के अन्तर्गत जिन प्रमुख पक्षों पर प्रकाश डाला गया है वे इस प्रकार है – विकासात्मक अध्ययन के प्रमुख उपागम क्या है ? प्रदत्त संग्रह की प्रमुख प्रविधियाँ कौन–कौन सी हैं ? शोध अनुसंधान में निहित नीतिगत समस्यायें मुख्य रूप से कौन सी हैं ? अत: विकास अध्ययन से जुड़े इन प्रमुख प्रश्नों का विश्लेषण किया गया है।

अनुसंधान के उपागम (Research Approaches)

किसी समस्या का अध्ययन करते समय शोधकर्ता के समक्ष तीन प्रमुख प्रश्न होते हैं:

1. क्या वह सक्रिय रूप से एक या एक से अधिक चरों के प्रहस्तन (Manipulation) में रुचि रखता है?
2. क्या शोधकर्ता का उद्देश्य एकल व्यक्ति या समूह का विकासात्मक अध्ययन करना है? एवम्
3. क्या अध्ययन, पूर्णत: नियंत्रित परिवेश अर्थात् प्रयोगशाला में किया जाना चाहिए या प्राकृतिक परिवेश में?

ये सभी प्रश्न शोध उपागम के चयन से सम्बन्धित हैं। अर्थात् शोध उपागमों के चयन का

निर्धारण, अध्ययन की समस्या, प्रयोज्यों का स्वरूप एवं अध्ययन का परिवेश (setting) इत्यादि से होता है।

मानव विकास के अध्ययन के लिए जिन प्रमुख विधियों का उपयोग किया जाता है उसका संक्षिप्त विवरण सारिणी 2.1 में प्रस्तुत है।

सारणी 2.1 : मानव विकास के अध्ययन की प्रमुख विधियों का संक्षिप्त विवरण

विधियाँ	वर्णन
1. प्रायोगिक उपागम	प्रासंगिक चरों को नियंत्रित कर, अनाश्रित चर का, आश्रित चर पर पड़ने वाले प्रभाव का अध्ययन।
2. सहसम्बन्धात्मक उपागम	दो या दो से अधिक विकासात्मक चरों के बीच सम्बन्धों को स्पष्ट करना।
3. प्रतिनिध्यात्मक उपागम	विभिन्न आयु वर्ग के बालकों का किसी एक समय में विकासात्मक अध्ययन।
4. अनुदैर्ध्यात्मक उपागम	एक ही समूह के बालकों का विभिन्न समयान्तरालों में किया जाने वाला विकासात्मक अध्ययन।
5. अनुदैर्ध्यात्मक एवं प्रतिनिध्यात्मक उपागमों का संयोजन	भिन्न-भिन्न समयान्तरालों में विभिन्न आयु वर्ग के बालकों के विकास का तुलनात्मक अध्ययन।
6. प्रायोगिक एवं विकासात्मक अभिकल्पों का संयोजन	विकासात्मक क्रम में अर्जित अनुभवों एवं प्रायोगिक विधि से प्रत्यक्ष प्रहस्तन द्वारा विकासात्मक चरों के मध्य कारण-प्रभाव सम्बन्धों (Cause-Effect relationship) का अध्ययन करना।
7. प्रेक्षण विधि	स्वाभाविक रूप से घटित होने वाले व्यवहार का अवलोकन एवं अभिलेखन।
8. केस अध्ययन	किसी व्यक्ति के बारे में विभिन्न स्रोतों से सूचना एकत्र करना ताकि किसी समस्या या विषय-वस्तु पर प्रकाश डाला जा सके।
9. सर्वेक्षण अनुसंधान	समष्टि के प्रतिनिधि प्रतिदर्श से आमने सामने बात करके/टेलीफोन पर/ साक्षात्कार अनुसूची का उपयोग करके सूचनाएँ प्राप्त की जाती हैं।

प्रायोगिक उपागम (Experimental Approach)

इस उपागम का मुख्य उद्देश्य उन चरों की पहचान करना है जो मानव विकास को प्रभावित कर सकते हैं। प्रयोगकर्त्ता उनका सक्रिय रूप से प्रहस्तन (Manipulation) करता है। तत्पश्चात् उसके प्रभाव का अध्ययन किसी व्यक्ति या समूहों पर देखा जाता है एवं शोधकर्ता परिणामों की

तुलना नियंत्रित समूह (अन्य समूह जिसमें उस चर को अनुपस्थित कर दिया जाता है) से करके यह निर्धारित करता है कि अमुक चर विकासात्मक परिवर्तन का 'कारण' है। इस प्रकार कारण-प्रभाव का निर्धारण इस विधि द्वारा अत्यन्त परिशुद्ध रीति से सम्भव होता है।

इस विधि को नियंत्रित प्रेक्षण (Controlled observation) भी कहा जाता है क्योंकि प्रयोगकर्ता अत्यन्त नियंत्रित परिवेश में, दो चरों (अनाश्रित चर एवम् आश्रित चर) के प्राकार्यात्मक सम्बन्धों का अध्ययन करता है।

विकासात्मक अध्ययन के अन्तर्गत, प्रयोग विधि की उपादेयता पर परस्पर विरोधी मत प्राप्त हैं जिसकी चर्चा, अध्याय के अन्त में की गयी है। प्रयोग विधि के कुछ निश्चित सोपान हैं-

प्रयोग विधि के सोपान (Steps of Experimental Method):

(1) अनाश्रित या कारणात्मक चरों की पहचान एवं उनका प्रहस्तन।

(2) अध्ययन में भाग लेने वाले एक समूह (प्रायोगिक) को उपचार (Treatment) देना परन्तु दूसरे समूह (नियंत्रित) को कोई उपचार न देना, ताकि दोनों समूहों के व्यवहार/अनुक्रियाओं की तुलना की जा सके।

यथा – 'क्या आक्रामक व्यवहारों का अवलोकन करने से बच्चों में आक्रामकता की प्रवृत्ति विकसित होती है ?' यदि कोई शोधकर्त्ता इस समस्या के अध्ययन में रुचि रखता है तो वह परिकल्पना निर्मित करेगा कि "यदि बच्चे आक्रामक व्यवहारों का प्रेक्षण करेंगे तो उनके आक्रामक व्यवहार में वृद्धि होगी।" इस तरह के अध्ययन के लिए शोधकर्त्ता, प्रयोग विधि की सहायता लेता है, जिसमें वह एक अभिकल्प (Design) तैयार करता है। इस तरह के अनेक अनुसन्धान किये गये हैं। बैन्डूरा (1973) का बच्चो में आक्रामक व्यवहार के अधिगम पर किये गये अनुसन्धान अत्यन्त लोकप्रिय हैं। सर्वप्रथम 4-5 वर्ष के बच्चों को दो समूहों में विभक्त किया गया। तत्पश्चात् एक समूह (प्रायोगिक समूह) को आक्रामक फिल्म एवम् दूसरे समूह (नियंत्रित समूह) को सामान्य फिल्म दिखाया गया। फिल्म में एक व्यक्ति गुड्डे को घूंसे से मारता था, पटकता था एवम् आक्रामक शब्दों (जैसे-नाक पर घूंसा मारो, पैर तोड़ दो इत्यादि) का प्रयोग करता था। ये दोनों समूह (प्रायोगिक एवं नियंत्रित) आक्रामकता स्तर एवं टी० वी० प्रेक्षण की अवधि के स्तर पर समेलित थे। प्रासंगिक चरों का नियन्त्रण अनेक प्रकार की प्रविधियों जैसे यादृच्छिककरण, निरसन, समेलन, संतुलन, प्रतिसंतुलन इत्यादि का प्रयोग करके किया गया। बच्चों को कार्यक्रम दिखाने के पश्चात् उन्हें एक बड़े कक्ष में लाया गया एवम् समूह में खेलने का अवसर दिया गया। खिलौनो में बोबी डॉल (गुड्डा) भी था। दोनों समूहों के बच्चों के आक्रामक व्यवहारों का आकलन किया गया। परिणामों में यह पाया गया कि उन बच्चों ने, जिन्होंने आक्रामक / हिंसक

कार्यक्रम देखे थे, सामान्य कार्यक्रम देखने वाले बच्चों की अपेक्षा बोबी डॉल के प्रति अधिक आक्रामक व्यवहार प्रदर्शित किया। अतः परिणाम दर्शाते हैं कि बच्चों में टी० वी० पर हिंसक फिल्म देखने के पश्चात् उनमें यह प्रवृत्ति उत्पन्न हुई एवं उन्होंने आक्रामक व्यवहार प्रदर्शित किया। अनेक विकास मनोवैज्ञानिक प्रयोग विधि की वैधता पर प्रश्न उठाते हैं।

1. चूंकि प्रत्येक विधि की अपनी कोई न कोई सीमायें हैं। यद्यपि प्रयोगकर्ता उपयुक्त अभिकल्प / योजना निर्मित करके इन कमियों को नियंत्रित करने का प्रयत्न करता है तथापि सभी कारकों के बारे में पूर्वकथन कर पाना सम्भव नहीं है।
2. इस विधि की अन्य कमियाँ भी हैं। जैसे–विकासात्मक परिवर्तन कई अन्य कारणों से भी प्रभावित हो सकते हैं। जैसे–प्रयोगकर्त्ता एक या दो चरों का ही सक्रिय प्रहस्तन सफलतापूर्वक कर पाता है। यदि अनेक चर/कारक (causes) अनाश्रित के रूप में विद्यमान हैं तो उनका प्रहस्तन तथा अभिकल्प निर्माण कार्य अत्यन्त दुरुह हो जाता है।
3. प्रयोग के लिए व्यक्ति को अनिच्छा के बावजूद प्रयोज्य के रूप में उपयोग करना न तो नैतिक है न ही व्यवहारपरक।
4. दूसरी ओर पशुओं या अन्य प्राणियों पर अनुसंधान के परिणामों के आधार पर मानव व्यवहार के संदर्भ में सामान्यीकरण नहीं किया जा सकता है परन्तु कुछ दशाओं में पशुओं पर किये गये अनुसंधानों के परिणामों को लागू किया गया है। यथा- विस्कान्सिन (Wisconsin) विश्वविद्यालय के हैरी, हार्लो एवं सहयोगियों (1959) ने पशु प्रयोज्यों पर प्रयोगात्मक अध्ययन किया जो विकासात्मक अध्ययन के लिए बहुत अच्छा उदाहरण है। इन्होंने शिशु बन्दरों को विभिन्न समय अन्तरालों में सामाजिक सम्पर्कों से वंचित (Deprived) रखा। अर्थात् बच्चों तथा माँ को एक दूसरे से अलग करके उनकी प्रतिक्रिया का प्रेक्षण किया। ततपश्चात् जब शिशु बन्दरों को कृत्रिम माँ (गुड़िया) के पास ले जाया गया तो बच्चों ने जिस प्रकार की प्रतिक्रिया दर्शायी, उन सभी व्यवहारों का प्रेक्षण करके विभिन्न प्रकार के विकासात्मक परिवर्तनों की व्याख्या की गयी । इन प्रयोगों से प्राप्त परिणामों के आधार पर महत्त्वपूर्ण परिकल्पनायें निर्मित हुई, जो आगे चलकर मानव विकास के अध्ययनों के लिए मार्ग प्रशस्त की। परन्तु मानव प्रयोज्यों पर प्रयोग करने में चरों में सक्रिय प्रहस्तन की समस्या आती है एवं दीर्घकालिक समय एवं खर्च सम्बन्धी समस्या भी आती है। इसीलिए शोधकर्ता व्यवहार में संक्षिप्त प्रहस्तन करके तात्कालिक प्रभाव का मापन करते हैं। बैण्डूरा द्वारा किये गये प्रयोग इसके उदाहरण हैं।

हाल के वर्षों में शोधकर्ताओं ने प्रायोगिक अभिकल्प को लघुकालिक संरचना से परे दूसरे ढंग से विकसित किया है। जैसे–वे माता–पिता को इस प्रकार प्रशिक्षित किया गया है कि वे अपने

बच्चों को प्रायोगिक उपचार दें। यद्यपि अनुसंधान हेतु माता-पिता द्वारा बच्चों के साथ आक्रामक व्यवहार (जैसे - चोट देना, मारना) का प्रदर्शन नीतिगत नहीं है तथापि प्रायोगिक समूह को निर्मित करने के लिए माता-पिता को प्रशिक्षित किया जाता है कि वे अपने बच्चों के प्रति कम आक्रामक हो जबकि दूसरे समूह, जो सामान्य ढंग से अपने बच्चों को दण्डित करते हैं, को नियंत्रित समूह के लिए चुना जाता है एवम् कुछ समय पश्चात् दोनों समूहों में आक्रामकता के स्तर का मूल्यांकन किया जाता है।

इस प्रकार माता-पिता को प्रशिक्षण देकर दीर्घकाल तक हस्तक्षेप प्रदान किया जाता है। यह कार्यक्रम प्रयोगशाला में न करके वास्तविक परिवेश (real setting) में सम्पादित किया जाता है।

सहसम्बन्धात्मक उपागम (Correlational Approach)

बहुत से ऐसे चर होते हैं, जो महत्वपूर्ण तो होते हैं परन्तु उन्हें स्पष्ट रूप से प्रहस्तित नहीं किया जा सकता। अतः चरों के स्तर में अन्तर चयन प्रविधि के द्वारा लाया जाता हैं। उदाहरण के लिए यदि हम बुद्धि एवं समायोजन के बीच सम्बन्धों को जानना चाहते हैं तो प्रयोगात्मक विधि के अनुरूप बुद्धि में प्रत्यक्ष प्रहस्तन नहीं कर सकते हैं क्योंकि बुद्धि एक प्राणीगत चर है एवं किसी व्यक्ति को उच्च या निम्न बुद्धि स्तर का नहीं बनाया जा सकता। अतः बुद्धि परीक्षण की सहायता से उन लोगों की जांच की जाय जो बौद्धिक स्तर पर भिन्न हों। बुद्धि परीक्षण के निष्पादन के आधार पर उच्च एवं निम्न बौद्धिक स्तर के व्यक्ति को चुन सकते हैं एवं उनके समायोजन का मापन कर सकते हैं। यह चयन प्रक्रिया विभिन्न अध्ययनों में (जिनमें प्रयोगकर्त्ता रुचि रखता है) प्रायः उपयोग में लायी जाती है। ऐसे अध्ययनों में मापन के लिए सहसम्बन्धात्मक विधि का उपयोग किया जाता है।

इन अध्ययनों में शोधकर्ता का लक्ष्य दो घटनाओं या चरों के बीच सम्बन्धों के स्तर (Strength) की व्याख्या करना होता है। यदि कोई घटना अधिक प्रबल रूप से सहसम्बन्धित है तो अधिक प्रभावी ढंग से हम एक चर के आधार पर दूसरे चर का पूर्व कथन कर सकते हैं।

प्रायः लोग सहसम्बन्ध के साथ कारणता का भ्रम दर्शाते हैं। यथा- उच्च रक्तचाप का सम्बन्ध प्रतिबल प्रबन्धन की अयोग्यता से होता है। ऐसी परिस्थिति में लोग कारणात्मक सम्बन्ध का अनुमान लगाने का प्रयास करते हैं। लेकिन यह भी सम्भव हो सकता है कि सहसम्बन्ध सही न हो या यह सम्बन्ध तीसरे (प्रासंगिक) चर के कारण हो। शोधकर्त्ता विभिन्न चरों का मापन यह देखने के लिए करते हैं कि एक चर में परिवर्तन, दूसरे चर में परिवर्तन से सम्बद्ध है या नहीं। सहसम्बन्धात्मक उपागम वहाँ पर उपयोगी माना जाता है जहाँ चरों का प्रत्यक्ष प्रहस्तन करना असम्भव हो यह विधि समान प्रेक्षण की तुलना में बेहतर होती है। शोधकर्ता अध्ययन के अन्तर्गत समस्या के विविध पक्षों को केन्द्र बिन्दु बना सकता है।

सामान्यतः जब व्यक्ति के अन्तर्निहित गुणों (जैसे- यौन, आयु, अभिरुचि, व्यक्तित्त्व आदि) तथा पृष्ठभूमिगत चरों (जैसे- ग्रामीण, शहरी, जनजातीय पृष्ठभूमि, सामाजिक, आर्थिक

स्तर, परिवार का प्रकार, पालन-पोषण संरूप) के प्रभाव का अध्ययन किया जाता है तो हमें सहसम्बन्धात्मक अध्ययन की आवश्यकता पड़ती है।

कुछ निश्चित दशाओं में अन्य विधियों की तुलना में सहसम्बन्धात्मक अध्ययन को अधिक वरीयता दी जाती है। सहसम्बन्धात्मक अध्ययन निम्न दशाओं में महत्वपूर्ण होता है।

1. जब अन्वेषण का केन्द्र बिन्दु नया हो एवं प्रासंगिक चरों के बारे में सीमित ज्ञान हो।
2. जब चरों का प्रहस्तन असम्भव हो एवम्
3. जब चरों का प्रहस्तन अनीतिगत हो।

सहसम्बन्धात्मक अध्ययनों के आधार पर हम यह निष्कर्ष नहीं निकाल सकते कि कोई एक कारक दूसरे कारक का 'कारण' है क्योंकि बहुत से ऐसे कारक होते हैं जो समसामयिक रूप से परिवर्तित होते हैं।

सहसम्बन्धात्मक सम्बन्ध के मूल्य (जो उपयुक्त सांख्यिकीय परीक्षण द्वारा निर्धारित किया जाता है) की सीमा +1 (पूर्णरूपेण धनात्मक सहसम्बन्ध) से −1 (पूर्णतः ऋणात्मक सहसम्बन्ध) के बीच पायी जाती है। +1 या −1 के निकट के मूल्य प्रबल सहसम्बन्ध को दर्शाते हैं। सहसम्बन्ध की सहायता से शोधकर्त्ता दो या दो से अधिक चरों के मध्य सम्बन्धों की दिशा एवं तीव्रता/प्रबलता की पहचान करता है। एक चर के आधार पर दूसरे चर के बारे में पूर्वकथन करने में भी सहसम्बन्धात्मक उपागम सहायक हैं तथापि सहसम्बन्ध से 'कारणों' का संकेत नहीं मिलता।

विकासात्मक मनोविज्ञान की विशिष्ट विधियाँ (Specific Methods of Developmental Researchers)

विकासात्मक प्रक्रिया का अध्ययन करने के लिए चाहे जिस विधि का उपयोग किया जाय परन्तु विकासात्मक उपागमों का उपयोग प्रदत्त संग्रह हेतु आवश्यक होता है। ये उपागम निम्न हैं -

1. प्रतिनिध्यात्मिक उपागम (Cross-Sectional Approach)
2. अनुदैर्घ्यात्मक उपागम या दीर्घकालिक उपागम (Longitudinal Approach)
3. अनुदैर्घ्यात्मक एवं प्रतिनिध्यात्मक उपागमों का संयोजन (Combination of Longitudinal and Cross-Sectional Approach)

प्रतिनिध्यात्मक उपागम (Cross-Sectional Approach)

बाल विकास के अध्ययन में सम्प्रति इस उपागम का उपयोग बहुत अधिक हो रहा है। इस उपागम में विभिन्न आयु स्तरों तथा विकास क्रमों पर आधारित बालकों या व्यक्तियों के न्यादर्शों का

अध्ययन तथा तुलना किया जाता है। इसे परिभाषित करते हुए 'जुबेक एवं सालबर्ज (Zubec & Salberj, 1954) ने लिखा है कि, "सर्वेक्षण के समय विभिन्न आयु समूहों का प्रतिनिधित्व करने वाले व्यक्तियों के समूहों से प्रदत्त प्राप्त करना प्रतिनिध्यात्मक उपागम कहा जाता है।" उदाहरण के लिए – बौद्धिक क्षमता में क्रमिक परिवर्तन कर परीक्षण के लिए विभिन्न आयु स्तर के बालकों की बुद्धि क्षमताओं के नमूने एकत्र करके तथा उनकी आपस में तुलना करके जांच की जाती है।

प्रत्येक न्यादर्श या चयन एक दी हुई आयु तथा विकास क्रम का प्रतिनिधित्व करता है। टैम्पलिन (1957) ने 60 बालकों का चयन भाषा विकास का अध्ययन करने के लिए किया। ये बालक क्रमशः 3, 3.5, 4, 4.5, 5, 6, 7 तथा 8 वर्ष की आयु स्तर के थे। इस अध्ययन से बालकों में शब्द उच्चारण करने की योग्यता, शब्दों में भेद करने की योग्यता, शब्दों के विभिन्न अर्थ समझने की योग्यता, वाक्य रचना तथा शब्द भण्डार के सम्बन्धों का मापन किया। इस तरह से उपयुक्त आयु स्तरों के बालकों के भाषा विकास का अध्ययन किया तथा विभिन्न आयु स्तर के बालकों के भाषा विकास का वक्र तैयार किया जिसकी सहायता से 7 समूह के बालकों के भाषा विकास का औसत फलांक ज्ञात करके एवं भाषा का वक्र निर्माण करके, उनके भाषा विकास को दर्शाया। अतः यह शोध प्रतिनिध्यात्मक विधि से सम्पादित अध्ययन का उदाहरण प्रस्तुत करता है।

एण्डरसन (1950) के अनुसार "विभिन्न आयु स्तर या वर्ग के बालकों का मापन/ परीक्षण कर सकते हैं या उन्हे जाँच सामग्रियाँ दे सकते हैं या तुलनात्मक परिस्थितियों में रखकर उनका प्रेक्षण किया जा सकता है। विकास या योग्यता का इस संरूप में अध्ययन करना ही प्रतिनिध्यात्मक अध्ययन है।"

हरलॉक (1975) के अनुसार "जब विकास की विभिन्न अवस्थाओं में किसी निश्चित योग्यता का मापन किया जाता है तो उसे प्रतिनिध्यात्मक अध्ययन कहते हैं।" विकास की सम्पूर्ण प्रक्रिया की जानकारी इस विधि की सहायता से नहीं हो पाती है। इसमें सबसे बड़ी समस्या यह होती है कि क्रमिक उम्र (Successive age) के तुलनात्मक प्रतिदर्शों को प्राप्त करना बहुत मुश्किल काम है (ऑवेन्स, 1953)। कुछ अध्ययनों में इस विधि का उपयोग करके यह ज्ञात करने की कोशिश की गई कि आयु में वृद्धि का मानसिक योग्यता पर क्या प्रभाव पड़ता है? (शाई, 1968, 1973) अध्ययनों से यह परिणाम मिला कि वृद्धावस्था (Old age) में मानसिक ह्रास की गति काफी तीव्र होती है। परन्तु इसी समस्या का जब दीर्घकालिक उपागम से अध्ययन किया गया तो ऐसा परिणाम नहीं प्राप्त हुआ। केली (Kelley, 1955) के अनुसार, ''प्रतिनिध्यात्मक उपागम द्वारा विभिन्न आयु समूहों के लिए प्राप्त प्रदत्त अत्यधिक उत्साहवर्धक होते हैं परन्तु इन प्रदत्तों की सहायता से विकासात्मक विशेषताओं या अन्तःवैयक्तिक विचरणशीलता के विषय में ठोस निर्णय नहीं लिए जा सकते हैं। अतः इस उपागम की सहायता से विकास के एक निश्चित बिन्दु या अवस्था के विषय में ही सूचना प्राप्त होती है। कुल्हेन (Kullhen, 1945), प्रेसी एवं

कुल्हेन (Pressy & Kullhen, 1957) ने यह विचार व्यक्त किया है कि विकासात्मक भिन्नताओं पर आयु के अतिरिक्त सांस्कृतिक एवं अन्य अनेक कारकों का प्रभाव भी पड़ सकता है। इस तरह से इस उपागम की वैधता संदेहास्पद हो जाती है तथापि इस विधि का आलोचनात्मक विश्लेषण नीचे किया गया है।

गुण (Merits)

(1) प्रतिनिध्यात्मक विधि की मदद से, कम से कम समय में अनुसंधानकर्त्ता किसी बालक या व्यक्ति के सम्पूर्ण जीवन में घटित होने वाले विकासात्मक परिवर्तनों का अध्ययन कर सकता है।
(2) विभिन्न आयु के बालकों का तुलनात्मक अध्ययन करके उनमें विकासात्मक परिवर्तनों का वह पता लगाया जा सकता है।
(3) प्रदत्तों के संग्रह में खर्च भी इस उपागम में कम पड़ता है।
(4) वृद्धि प्रक्रिया के विषय में सम्पूर्ण जानकारी प्राप्त की जा सकती है।
(5) प्राप्त प्रदत्तों के आधार पर मानक निर्मित करके अन्य लोगों की क्षमताओं एवं कार्यों की तुलना कर सकते हैं।
(6) उपयुक्त प्रतिदर्श प्राप्त होने पर बालकों के विकास के मूल्यांकन एवं निर्देशन के लिए महत्वपूर्ण मापनियाँ बनाई जा सकती हैं।

प्रतिनिध्यात्मक विधि की उपरोक्त विशेषताओं के अतिरिक्त, अनेक सीमाएँ भी हैं।

सीमाएँ (Limitations)

(1) प्रत्येक आयु स्तर पर पायी जाने वाली विभिन्नताओं के विषय में यह उपागम सटीक जानकारी नहीं देता।
(2) इस उपागम से विकासात्मक अविच्छिन्नता या निरन्तरता (continuity) का ह्रास होता है।
(3) इस उपागम द्वारा विकास के एक निश्चित बिन्दु के ही विषय में पता चलता है न कि सम्पूर्ण विकास के बारे में जानकारी मिल पाती है।
(4) इस उपागम व्यक्ति की वैयिक्तिकता तथा पूर्णता का समापन हो जाता है।
(5) अन्त:वैयक्तिक विचरणशीलता तथा विकासात्मक प्रतिमानों के बारे में इस उपागम से ठोस निर्णय नहीं लिये जा सकते हैं (हरलॉक, 1974, 1975)।
(6) विशिष्ट बालकों के अध्ययन के लिए यह विधि उपयुक्त नहीं हैं क्योंकि विभिन्न आयु में पाये जाने वाले व्यवहारों में भिन्न-भिन्न प्रतिमान पाये जाते हैं।

(7) हरलॉक (Hurlock, 1975) और एण्डरसन (Anderson, 1975) का यह मानना है कि विभिन्न समूह के प्रतिदर्शों का सांस्कृतिक परिवेश भिन्न होता है। इस असमानता का शारीरिक व मानसिक विकास पर प्रभाव पड़ता है। इस उपागम में सांस्कृतिक असमानता को नियंत्रित करना कठिन कार्य है। जबकि बिना नियंत्रण के विश्वसनीय परिणाम प्राप्त नहीं हो सकते हैं।

(8) अध्ययन के लिए विभिन्न आयु स्तरों के पूर्णतया समतुल्य समूह मिलना कठिन होता है।

अनुदैर्घ्यात्मक (दीर्घकालिक) उपागम (Longitudinal Approach)

इस उपागम के अन्तर्गत एक ही समूह के बालकों का अध्ययन, परीक्षण और निरीक्षण बार-बार लम्बे समय तक किया जाता है। इस उपागम की सहायता से व्यक्ति में विभिन्न समयान्तरालों पर या आयु वृद्धि के साथ क्या-क्या परिवर्तन होते हैं, इसका अध्ययन किया जाता है। यह विधि प्रतिनिध्यात्मक उपागम के ठीक विपरीत है। इस विधि को वर्तमान स्वरूप देने का श्रेय फेल्स (Fels, 1929) को है। इस उपागम की सहायता से विकास की सम्पूर्ण प्रक्रिया की जानकारी मिलती है तथा साथ ही साथ इस उपागम से अन्त:वैयक्तिक भिन्नता के विषय में भी ठोस निष्कर्ष प्राप्त किये जा सकते हैं। इस उपागम में किसी प्रयोज्य या प्रतिदर्श का अध्ययन क्रमिक अन्तरालों पर किया जाता है।

हरलॉक (Hurlock, 1947) के अनुसार, "अनुदैर्घ्यात्मक या दीर्घकालिक उपागम में किसी व्यक्ति का विकासात्मक अध्ययन निश्चित रूप से लम्बी अवधि तक किया जाता है जिसमें यह जानने का प्रयास किया जाता है कि व्यक्तित्व प्रतिमान किस प्रकार स्थिर होते हैं और कब तथा कैसे परिवर्तित होते हैं साथ ही परिवर्तनों के लिए कौन से घटक उत्तरदायी हैं।" यदि विकासात्मक परिवर्तनों का अध्ययन जन्म से मृत्यु तक (जीवनपर्यन्त) किया जाय तो उत्तम रहेगा परन्तु ऐसा कम ही होता है।

स्लेटर एवं स्कार (Slater and Scarr) (1964) तथा हेरिंग्रस्ट (Harringhurst) (1953) ने यह निष्कर्ष निकाला है कि बाल्यावस्था में सुसमायोजित एवं कुसमायोजित बालक प्रौढ़ावस्था में भी क्रमश: अमुक विशेषता प्रदर्शित करते हैं। कार्ले ने जन्म से लेकर 2 वर्ष तक की आयु के शिशुओं में क्रियात्मक, बौद्धिक तथा व्यक्तित्व के विकास को जानने के लिए इस उपागम का प्रयोग किया। प्रथम सप्ताह में शिशुओं का अस्पताल में प्रतिदिन परीक्षण किया गया और द्वितीय सप्ताह में एक दिन छोड़कर परीक्षण किया गया। इसके बाद पूरे एक वर्ष तक एक सप्ताह के अन्तर पर परिक्षण उनके घरों पर किया गया। दूसरे वर्ष में दो सप्ताह के अन्तर पर परीक्षण किया गया। इस पूरी अवधि में शिशुओं की प्रतिक्रियाओं के विवरण तथा गुणात्मक पक्ष का भी अंकन किया गया। साथ ही गत्यात्मक, बौद्धिक तथा व्यक्तित्व के विकास क्रम एवं परिवर्तनों को

अंकित किया गया। इसी बीच शिशुओं की माताओं से भी शिशु के बारे में विवरण लिये गये। इन सभी तथ्यों के आधार पर दीर्घकालिक विकास संरूप के बारे में निष्कर्ष निकाला गया। इस उपागम द्वारा स्यल्ट एवं बाल (Stalt and Ball, 1957) ने भी एक अध्ययन नर्सरी स्कूल की आयु से लेकर यौवनारम्भ (Puberty) की आयु तक किया एवम् परिणामों में आयु वृद्धि के साथ सामाजिक अन्तर्क्रियाओं में भी वृद्धि पायी गयी। इसके विपरीत अधीनता व्यवहार में अपेक्षाकृत स्थिरता पायी गयी।

उपर्युक्त विवरणों से पता चलता है कि दीर्घकालिक उपागम द्वारा विकासात्मक प्रतिमान तथा परिवर्तनों के विषय में विशद जानकारी प्राप्त की जा सकती है तथा इससे विकास के किसी एक पक्ष का नहीं बल्कि समग्र रूप का अध्ययन होता है। सम्प्रति इस उपागम का उपयोग बहुतायत से हो रहा है (Bayley, 1965)। इस विधि के कुछ गुण तो कुछ सीमाएं भी हैं। जिनका उल्लेख किया जा रहा है।

गुण (Merits)

(1) अनुदैर्ध्यात्मक इस उपागम की सहायता से विकास प्रक्रिया की पूरी तस्वीर प्राप्त होती है।

(2) इस विधि द्वारा न्यादर्श की त्रुटियों का निवारण हो जाता है।

(3) इस उपागम की सहायता से यह पता लगाया जा सकता है कि विकासात्मक परिवर्तन कैसे एवं क्यों उत्पन्न हो रहे हैं।

(4) व्यक्ति के विकास एवं वृद्धि तथा ह्रास का सही-सही विश्लेषण किया जा सकता है।

(5) इससे व्यक्तित्व के परिवर्तनशील प्रतिमानों के अतिरिक्त स्थिर प्रतिमानों की भी जानकारी मिलती है।

(6) अनुसंधानकर्त्ता इस उपागम की सहायता से प्रछन्न या विलम्बित प्रभावों का अच्छी तरह मूल्यांकन कर सकता है।

(7) विभिन्न आयु स्तर पर किसी प्रतिदर्श के व्यक्तित्व या बुद्धि या किसी व्यवहार का मापन करके, इन विशेषताओं के विकास का संरूप (स्थिर या अस्थिर) निर्धारित कर सकते हैं।

(8) विकास में व्यक्तिगत उन्मुखता लम्बवत ही हुआ करती है। अतः इसकी वास्तविक जानकारी दीर्घकालिक उपागम से ही प्राप्त की जा सकती है।

(9) इस उपागम की सहायता से विकासात्मक प्रतिमानों एवम् अन्तःवैयक्तिक विचरणशीलता का अध्ययन आसानी से किया जा सकता है।

(10) इससे प्राप्त प्रदत्तों का मात्रात्मक (संख्यात्मक) विश्लेषण किया जा सकता है।

(11) व्यक्ति तथा समूह दोनों के विकास की गति का अध्ययन इस उपागम द्वारा किया जा सकता है।

अनुदैर्घ्यात्मक उपागम की इन विशेषताओं के अतिरिक्त इसकी कुछ सीमाएँ भी हैं।

सीमाएं (Limitations)

(1) अनुदैर्घ्यात्मक उपागम में अध्ययन दीर्घकाल तक चलता रहता है। अतः समय की खपत अधिक होती है (जुबेक एवं सालबर्ग, 1954)।

(2) यह उपागम प्रतिनिध्यात्मक विधि की तुलना में अधिक खर्चीला है।

(3) हेथरिंगटन एवं पार्क (1975) के अनुसार इस उपागम से प्राप्त परिणामों की विश्वसनीयता में आ जाती है क्योंकि लम्बे समयान्तराल के कारण प्रतिदर्श का प्रारम्भिक स्वरूप बदल जाता है। अर्थात् जिस प्रयोज्य (प्रतिदर्श) का प्रारम्भ में चयन किया जाता है उसी पर अध्ययन दीर्घकाल तक चलता रहता है। ऐसी अवस्था में समूह में परिमार्जन हो सकता है या कुछ सदस्य अन्य अवसरों पर उपलब्ध नहीं हो पाते हैं, जिन पर अध्ययन होना शेष रहता है।

(4) यदि प्रतिदर्श के कुछ सदस्य बाद के परीक्षणों में उपलब्ध नहीं रहते हैं तो प्राप्त परिणाम विकृत हो सकते हैं जिससे उपागम की विश्वसनीयता एवं वैधता प्रभावित होती है। (एण्डरसन एवं कोहेन, 1939)।

अनुदैर्घ्यात्मक एवं प्रतिनिध्यात्मक उपागमों का संयोजन (Combination of Longitudinal and Cross-Sectional Approach)

पिछले कुछ दशकों में विकास मनोविज्ञानिकों ने अनुदैर्घ्यात्मक एवं प्रतिनिध्यात्मक दोनो विधियों से निहित सीमाओं को ध्यान में रखते हुए कुछ नये अभिकल्पों का विकास किया ताकि इन दोनो उपागमों में निहित कमियों को न्यूनतम् बनाया जा सके। इसके अन्तर्गत दो प्रकार की शोध विधियाँ सम्मिलित हैं।

(क) अनुक्रमिक शोध (Sequencial Research)

(ख) कालान्तर शोध (Time Lag Research)

(क) अनुक्रमिक शोध (Sequencial Research): पिछले कुछ दशकों में अनुक्रमिक शोध पर विशेष बल दिया जा रहा है। अनुक्रमिक शोध के अनेक प्रकार्य हैं परन्तु इसका प्रमुख कार्य अनुदैर्ध्यात्मक (Longitudinal) एवं प्रतिनिध्यात्मक (cross-sectional) उपागमों की विशेषताओं को शोध से जोड़ना है। अनुक्रमिक अभिकल्प में दोनो विधियों / उपागमों की

विशेषतायें यद्यपि बनी रहती हैं परन्तु इन विधियों के दोषों में कमी आ जाती है। इस शोध का उदाहरण नेसेल रोड एवं बार्ट्स (1974) द्वारा 'किशोर बच्चे पर किये गये अध्ययन में पाया जाता है। नेसेल, रोड एवं बाट्र्स ने अपने अध्ययन में चार सहगण समूहों को लिया जिनकी आयु सीमा प्रारम्भ में 13 से 16 वर्ष तथा वही समूह दो वर्ष बाद 15-18 वर्ष की थी। दो वर्ष के अन्तरालों में किशारों के व्यक्तित्व तथा योग्यता में स्पष्ट परिवर्तन देखा गया।

अपने अगले अध्ययनों में इन्होंने करीब 3000 प्रयोज्यों पर 40 चरों/कारकों को लेकर उनके सामाजिक- सांवेगिक चिन्ता में होने वाली कमी का अध्ययन किया। परिणामों में यह पाया गया कि 1970-1972 ई० के बीच उन बच्चों के सामाजिक एवं सांवेगिक चिन्ता स्तर में कमी पायी गयी जिनका जन्म 1954, 55 एवं 57 ई० में हुआ था अर्थात् वे किशोर जो 1956 में जन्मे थे, जिनकी तत्कालीन आयु 14-16 वर्ष थी, उनमें सामाजिक एवं सांवेगिक चिन्ता का स्तर कम पाया गया। प्रस्तुत अध्ययन से यह भी स्पष्ट होता है कि सांस्कृतिक प्रभाव विकासात्मक परिवर्तन हेतु जिम्मेदार होते हैं। किसी भी प्रतिनिध्यात्मक अध्ययन (1970, 1971 एवं 1972) में स्पष्ट विकासात्मक परिवर्तन को इंगित किये बिना आयु के स्तर पर भिन्नता को नहीं दर्शाया गया। अतः अनुक्रमिक शोध उपागम सांस्कृतिक बनाम विकासात्मक कारक के सापेक्षिक महत्व की दुविधा को कम कर देता है।

इस उपागम के अन्तर्गत अध्ययन का आरम्भ प्रतिनिध्यात्मक विधि (Cross-sectional Method) से किया जाता है तथा कुछ माह या वर्ष बीतने के बाद उन्ही प्रतिदर्शों पर पुनः अध्ययन किया जाता है, साथ ही हर आयु स्तर पर कुछ नये प्रतिदर्श शामिल कर लिये जाते हैं। इस शोध विधि में प्रतिनिध्यिात्मक एवं अनुदैर्ध्यात्मक दोनों ही विधियों की विशेषताएं समसामयिक रूप से मिल जाती है। अतः अनुक्रमिक शोध विकासात्मक अध्ययन के लिए कई अर्थों में उपयोगी है एवम् इसके परिणामों का उच्च स्तरीय सांख्यिकीय विश्लेषण भी सम्भव है। सम्प्रति इसका उपयोग विकासात्मक मनोविज्ञान में बहुत कम किया जाता है।

यद्यपि इस शोध विधि के द्वारा विकास संरूपों की पूर्ण जानकारी नहीं मिल पाती परन्तु इसकी सहायता से यह निर्धारित किया जा सकता है कि किन परिवेशीय कारकों को अध्ययन के लिए रखा जाय और किनको निकाल दिया जाय।

(ख) कालान्तर शोध (Time Lag Research): समय पश्चात् शोध के अन्तर्गत विभिन्न समूहों की भिन्न-भिन्न समय में तुलना की जाती है जबकि आयु को स्थिर रखा जाता है और इस प्रकार संस्कृति के प्रभाव का परीक्षण किया जाता है किन्तु यह विधि विकासात्मक अध्ययनों के अन्तर्गत किन्चित उपयोग में लायी जाती है क्योंकि विकास मनोवैज्ञानिक व्यक्ति में होने वाले परिवर्तन के संरूप को जानने में रुचि रखते हैं।

चूंकि इस उपागम के अन्तर्गत अनेक वर्षों में जन्में व्यक्तियों के समूहों को लिया जाता है तथा विभिन्न अवसरों पर उनका मापन किया जाता है। अतः शोधकर्त्ता विश्वास के साथ यह कह पाने की स्थिति में नहीं होता है कि परिणाम में जो सांस्कृतिक प्रभाव पड़ा है वह जन्म के वर्ष के कारण है या मापन के वर्ष के कारण।

प्रायोगिक एवं विकासात्मक अभिकल्पों का संयोजन (Combination of Experimental and Developmental Designs)

प्राय: विकासात्मक मनोविज्ञान की अध्ययन विधियों के अन्तर्गत सहसम्बन्धात्मक उपागमों का उपयोग किया जाता है। अत: कारणात्मक सम्बन्धों का अनुमान लगाना सम्भव नहीं हो पाता है। दूसरे शब्दों में विश्वास के साथ यह नहीं कहा जा सकता कि विकासात्मक परिवर्तन के लिए कौन से कारक उत्तरदायी हैं एवं चरों के बीच कारणात्मक सम्बन्धों की व्याख्या कर पाना कठिन होता है परन्तु बाल-विकास के स्वरूप को बेहतर ढंग से समझनें, विकास को परिभाषित करने एवं सिद्धान्तों के परीक्षण के लिए कारणात्मक सूचनायें आवश्यक होती हैं। यदि हमें यह जानकारी मिल जाए कि बच्चों के अनुभव के कुछ पक्ष तथा उनके व्यवहार के बीच सीधा सम्बन्ध है, तो प्रयोगात्मक विधि से प्रत्यक्ष प्रहस्तन द्वारा आरम्भिक अनुभवों एवं बाद के व्यवहारों के बीच कारणात्मक सम्बन्धों को स्थापित किया जा सकता है। इस विधि का उपयोग आधुनिक अनुसंधानों में किया जा रहा है क्योंकि इन अभिकल्पों के माध्यम से विकास मनोवैज्ञानिक विकासात्मक परिवर्तनों की व्याख्या अधिक दृढ़ता से करने में सक्षम हो सकते हैं।

शोध की अन्य विधियाँ (Other Methods of Research)

प्रेक्षण विधि (Observation Method)

अवलोकन (प्रेक्षण), मनोविज्ञान के साथ सभी अनुशासनों में वैज्ञानिक शोध का आधार निर्मित करता है। पद्धतिबद्ध ढंग से व्यवहार को एक निश्चित श्रेणी में अवलोकित करना प्रेक्षण कहलाता है। अवलोकन या तो पूर्वनिर्धारित श्रेणियों पर या प्रेक्षित व्यवहार के आधार पर निर्मित नवीन श्रेणियों पर आधारित होता है। संक्षिप्त शब्दों में, "अवलोकन घटनाओं को नोट करना एवं अभिलिखित करना है, जो अध्ययन किये जाने वाले गोचर से सम्बन्धित चरों के औपचारिक प्रहस्तन के बिना किया जाता है।"

अध्ययन के अन्तर्गत प्रेक्षण जब वास्तविक परिवेश में किया जाता है तो इसे प्राकृतिक अवलोकन कहते हैं तथापि प्राकृतिक दशा में पाये जाने वाले गोचर (घटनाएं) में कई ऐसे बाह्य चर शामिल होते हैं जिनपर प्रेक्षणकर्त्ता का कोई नियंत्रण नहीं रहता है। शोधकर्त्ता को गोचर/ घटना के घटित होने की प्रतीक्षा भी करनी पड़ती है। कुछ शोधकर्त्ता इसीलिए प्रयोगशाला प्रेक्षण का उपभोग करते हैं ताकि सही ढंग से प्रासंगिक चरों को प्रहस्तित करके वांछित घटना उत्पन्न करायी जा सकती है। जब तक प्रेक्षणकर्ता प्रशिक्षित एवं कुशल न हो, तब तक वह नहीं समझ पाता कि उसे क्या अवलोकन करना है ? या जो देखता है, उसे याद नहीं रख पाता है या सही ढंग से अवलोकित व्यवहार को सम्प्रेषित नहीं कर पाता है।

एक अच्छा प्रेक्षण पद्धतिबद्ध होता है तथा एक अच्छा प्रेक्षणकर्ता यह जानता है कि –

- मैं किस लिए अवलोकन (प्रेक्षण) कर रहा हूँ?
- मैं किसको प्रेक्षित कर रहा हूँ?
- कब एवं कहाँ प्रेक्षण किया जाना चाहिए?
- प्रेक्षण कैसे किया जायेगा? एवम्
- प्रेक्षण किस रूप में अभिलिखित किया जायेगा?

अवलोकनात्मक अध्ययन का संचालन करते हुए अनुसंधानकर्ता असहभागी या सहभागी अवलोकनकर्ता की भूमिका निभा सकता है। 'असहभागी प्रेक्षण' में, प्रेक्षणकर्ता कुछ दूरी से, उपस्थित होकर प्रेक्षणकार्य करता है एवं प्रयास करता है कि उसका प्रभाव अवलोकन किये जाने वाले व्यवहार पर न्यूनतम् पड़े। इसके विपरीत 'सहभागी प्रेक्षण' के अन्तर्गत प्रेक्षणकर्ता उस समूह का हिस्सा होता है जिस समूह के व्यक्तियों के व्यवहार का अवलोकन किया जा रहा है, तथा उनकी सहभागिता अध्ययन की आवश्यकतानुसार परिवर्तित होती रहती है।

अन्वेषणकर्ता, अध्ययन की आवश्यकता के अनुरूप विशिष्ट प्रेक्षण व्यपदेशों को निर्मित/विकसित करता है। प्रेक्षण की संरचना, केन्द्रबिन्दु, एवम् लक्षित व्यक्ति, जिनके व्यवहार का प्रेक्षण किया जाना है, क्या प्रेक्षण होना है, उसकी समय मापनी, उपयोग की गयी विधियाँ एवं प्रेक्षण किये जाने वाले व्यक्ति/समूह को दी जाने वाली प्रतिपूर्ति (Feedback) इत्यादि को भी अवलोकनकर्ता निर्धारित करता है।

अवलोकित व्यवहार को अभिलिखित करने का सामान्य ढंग यह है कि उन्हे आशुलिपि (shorthand) या प्रतीकों में लिख लिया जाय। इसके अतिरिक्त टेपरिकार्डर, विडियोकैमरा एवं एक तरफा दर्पण का प्रयोग, प्रेक्षण को वस्तुनिष्ठ एवं प्रभावी बनाने के लिए धीरे-धीरे प्रयोग में लाया जा रहा है। प्राकृतिक अवलोकन के अन्तर्गत व्यवहार का प्रेक्षण मनोवैज्ञानिकों द्वारा वास्तविक जीवन से सम्बद्ध परिवेश (setting) में किया जाता है। वह परिस्थिति को नियंत्रित या प्रहस्तित करने का कोई प्रयास नहीं करता। जैसे - अस्पतालों, विद्यालयों, घरों, एवम् देख-रेख केन्द्रों (care centers) इत्यादि में स्वाभाविक **अवलोकन** शोधकर्ता द्वारा किया जाता है।

किसी भी प्रेक्षणात्मक अध्ययन में सभी व्यवहारों का अभिलेख कर पाना जटिल होता है। अतएव शोधकर्ता सभी सम्भावित व्यवहार सीमाओं में से प्रतिदर्श को चयनित करता है। इस चयन को पद्धतिबद्ध एवं उपयोगी बनाने के लिए व्यवहार सीमाओं में से प्रतिनिध्यात्मक (Representative) प्रतिदर्शों के चयन की आवश्यकता होती है। अतएव अन्वेषणकर्त्ता समय-अन्तराल, घटना एवं परिस्थिति जिनका प्रतिदर्श लिया जाना है, के बारे में निर्णय लेता है। श्रेणी एवं कूटसंकेतन की योजना/ कार्यक्रम निर्मित की जाती है। वास्तव में शोधकर्ता इसके लिए 'सकल उपागम (Holistic Approach)' को अपनाता है जिसके अन्तर्गत व्यवहार के सभी संरूप किसी एक संदर्भ में अभिलिखित एवं विवेचित किये जाते हैं।

प्राकृतिक प्रेक्षण का सबसे बड़ा लाभ यह है कि उन व्यवहारों का अध्ययन जिन्हें प्रयोगशाला

में नहीं किया जा सकता, प्रेक्षण द्वारा किया जा सकता है। परन्तु इसमें अत्यधिक परिश्रम एवं समय व्यय होता है एवं प्रेक्षणकर्ता अभिनति (Observer bias) की सम्भावना होती हैं। अन्वेषणकर्ता के मूल्य एवं पूर्व विश्वास भी अवलोकन को प्रभावित करते हैं।

वृत्त (केस) अध्ययन विधि (Case Study Method)

ऐसे अनुसंधानों में व्यक्ति को विश्लेषण की ईकाई के रूप में लिया जाता है। केस या वृत्त अध्ययन की सहायता से किसी बालक की व्यक्तिगत समस्याओं की गहराई में जाकर उसके व्यवहार और समायोजन की कठिनाईयों को समझने का प्रयास किया जाता है। शिक्षा, निर्देशन (Guidance), परामर्श (Counselling) जैसे क्षेत्रों में केस अध्ययन का उपयोग बहुलता से किया जाता है।

व्यक्ति के जीवन के वे विशिष्ट प्रश्न जिनका प्रायोगिक या नैतिक कारणों से दूसरा रूप नहीं बन सकता, केस अध्ययन द्वारा उनका समाधान सम्भव है। इस अध्ययन द्वारा व्यक्ति की कल्पनाओं, भय तथा पालन–पोषण आदि के इतिहास की जानकारी प्राप्त करके व्यक्ति के मन तथा व्यवहार को समझा जा सकता है। वृत्त अध्ययन से हम व्यक्ति के शारीरिक एवं मानसिक परिवर्तनों की जानकारी प्राप्त कर सकते हैं।

फ्रायड की अन्तर्दृष्टियां वैयक्तिक वृत्तों के प्रेक्षण एवं मनन से उत्पन्न हुई तथा उनसे मनोविश्लेषण के सिद्धान्त का विकास हुआ। केस अध्ययन से व्यक्ति के जीवन का गहन चित्रण मिलता है, परन्तु इसके आधार पर हमें परिणामों का सामान्यीकरण करते समय सतर्क रहना चाहिए। केस अध्ययन स्वाभाविक प्रेक्षण की ही भांति होता है। घटना–क्रमों के वर्णन हेतु इसका उपयोग कोई भी शोधकर्ता कर सकता है।

इस विधि की वैधता की समस्या गंभीर होती है। इसलिए यह सुझाव दिया जाता है कि शोधकर्ता को वस्तुनिष्ठ मापन प्रविधियों, सूचना के अनेक स्रोतों एवं प्रासंगिक चरों का बारम्बार मूल्यांकन करना चाहिए। केस अध्ययन की उपयोगिता एक शोध तकनीक के रूप में तभी है जब केस ऐसा हो जो प्रासंगिक चरों का प्रतिनिधित्व करता हो तथा शोधकर्ता उसकी पहचान कर सकने में सक्षम हो। प्रदत्त संग्रह की सम्पूर्ण प्रक्रिया में, साक्ष्यों की श्रृंखला बनाये रखने के लिए प्रदत्त स्रोतों एवं शोध प्रश्नों के बीच सम्बन्ध बनाये रखना आवश्यक होता है।

सर्वेक्षण अनुसंधान (Survey Research)

सर्वे अनुसंधान में लोगों से प्रश्न पूछकर एवं उनके उत्तर का अभिलेखन करके प्रदत्त संग्रह किया जाता है। इनका उपयोग कई उद्देश्यों से किया जाता है। ऐसे शोध का एक मुख्य लक्ष्य लोगों (समष्टि) की विशेषताओं का आकलन करना है। उदाहरणार्थ सर्वेक्षण का उद्देश्य उन लोगों का प्रतिशत ज्ञात करना होता है जो किसी सामाजिक विषय–वस्तु के बारे मे पक्ष या विपक्ष के मत रखते हैं। जैसे– बाल श्रम पर प्रतिबन्ध लगना चाहिए या महिला सशक्तिकरण का प्राविधान

(Provision) इत्यादि, विभिन्न संस्थाओं द्वारा जनगणना एवं पब्लिक विचार मतदान कराना आदि सर्वे शोध के अच्छे उदाहरण हैं। चरों की परस्पर जांच सम्बन्धी परिकल्पना के परीक्षण के लिए भी शोध कराया जाता है। सर्वे अनुसंधान के द्वारा व्यक्ति के व्यवहार पर घटनाक्रमों के प्रभाव का अध्ययन भी किया जाता है। सर्वे करते समय शोधकर्ता अध्ययन की जाने वाली समष्टि को परिभाषित करके उसमें से प्रतिदर्श का चयन करता है अर्थात् वह प्रतिदर्श समष्टि का प्रतिनिधित्व करता है। शोधकर्ता प्रतिचयन (Sampling) के लिए विभिन्न प्रक्रियाओं का उपयोग करता है। प्रायः स्तरित यादृच्छिक प्रतिचयन (Stratified Random Sampling) अनुपात के अनुसार दो या दो से अधिक उपसमूह उसी अनुपात में लिये जाते हैं जिस ढंग से वे समष्टि में विद्यमान रहते हैं। कभी-कभी समूहों का बड़े जनसमूह से चयन, गुच्छन या समूहीकरण (Grouping) के अनुसार होता है इन्हे गुच्छन प्रतिचयन (Cluster Sampling) कहा जाता है। प्रतिदर्श का आकार भी निर्धारित किया जाता है क्योंकि सामान्यीकरण की योग्यता सर्वे अनुसंधान में प्रयुक्त प्रतिदर्श के आकार पर निर्भर करती है। साक्षात्कार एवं प्रश्नावलियें का उपयोग करके सर्वेक्षण किया जाता है। समूह प्रशासन (Group administration) या डाक द्वारा भी सर्वेक्षण किया जाता है। ये स्व-प्रशासित होते हैं। कभी-कभी सर्वे के लिए टेलीफोन से भी साक्षात्कार किये जाते हैं।

प्रदत्त संकलन की प्रविधियाँ (Techniques of Data Collection)

विकासात्मक अध्ययनों में प्रदत्त संग्रह की अनेक विधियों का उपयोग किया जाता है। इन प्रविधियों को चार वर्गों में विभक्त किया जा सकता है। ये हैं - (1) प्रश्नावली (2) साक्षात्कार, (3) प्रक्षेपण प्रविधि तथा (4) मनोवैज्ञानिक परीक्षण । इन विधियों में से किसी विधि का उपयोग किसी भी अध्ययन में किया जा सकता है। इन सभी विधियों का मूल अभिग्रह यह है कि इनकी सहायता से किसी भी समस्या की वैज्ञानिक जानकारी के लिए वस्तुनिष्ठ, विश्वसनीय एवं वैध प्रदत्तों का संग्रह किया जा सके। सारणी 2.2 में प्रमुख प्रविधियों को प्रस्तुत किया गया है।

सारणी 2.2 : प्रदत्त संकलन की प्रविधियों का संक्षिप्त विवरण

क्रमांक	प्रविधि	वर्णन
1.	प्रश्नावली	संरचित एव श्रेणीबद्ध प्रपत्रों द्वारा व्यवहार का निरूपण।
2.	साक्षात्कार	साक्षात्कारकर्त्ता द्वारा गहन वार्तालाप के दौरान अभ्यर्थी के सम्पूर्ण विकास की रूप-रेखा का प्रस्तुतीकरण।
3.	प्रक्षेपण प्रविधि	असंरचित परीक्षणों के माध्यम से प्राप्त अनुक्रियाओं द्वारा बालकों की विशेषताओं/व्यक्तित्व का अध्ययन।
4.	मनोवैज्ञानिक परीक्षण	बालक की क्षमता, योग्यता अथवा उसके व्यक्तित्व की विशेषताओं का मापन करने हेतु बनाया गया एक संरचित, वस्तुनिष्ठ, विश्वसनीय, वैध एवं मानकीकृत उपकरण।

प्रश्नावली (Questionnaire)

प्रश्नावली में पूर्व निर्धारित प्रश्नों का समुच्चय होता है एवं अभ्यर्थी प्रश्नों को पढ़कर उसका उत्तर कागज पर देता है। प्रश्नावली संरचित साक्षात्कार जैसा होता है। इसे आसानी से ज्यादा संख्या में लोगों को दिया जा सकता है। विशिष्ट एवं स्पष्ट प्रश्नों से प्राप्त प्रदत्तों का विश्लेषण आसानी से किया जा सकता है। प्रश्नों को सावधानीपूर्वक लिखा हुआ होना चाहिए तथा शीर्षक के अनुरूप इन प्रश्नों को श्रेणीबद्ध भी होना चाहिए तथा सामान्य से विशिष्ट विषय की ओर अग्रसरित होना चाहिए।

प्रश्न का क्रम पूर्व प्रश्न पर दिये गये उत्तर पर आधारित हो। यह सुनिश्चित कर लेना चाहिए कि निर्देश में यह स्पष्ट उल्लेख रहे कि अभ्यर्थी को प्रस्तुत प्रश्नों के उत्तर कैसे देने हैं। प्रश्नावली इस प्रकार संरचित होनी चाहिए ताकि उसका उपयोग करना सरल हो साथ ही निर्देश में भी स्पष्टता परिलक्षित हो।

विकासात्मक मनोविज्ञान के अध्ययन से सम्बद्ध प्रश्नावलियों में या तो व्यक्तित्व के एक या दो चुने हुए शीलगुणों (Traits) का मापन किया जाता है या व्यक्तित्व के यथासम्भव समस्त पक्षों का मापन किया जाता है। प्रश्नावली विधि को पेपर–पेंसिल परीक्षण का नाम दिया गया है। ऐसे परीक्षणों में मिन्नेसोटा मल्टीफेजिक पर्सनालिटी इनवेण्टरी (M.M.P.I.) का उल्लेख किया जा सकता है। इस प्रश्नावली में 550 कथन है जो दैहिक दशाओं, मनोदैहिक लक्षणों, सामाजिक अभिवृत्तियों, पारिवारिक वैवाहिक स्थितियों आदि का मापन करने के लिए बनाए गये हैं।

साक्षात्कार प्रविधि (Interview Technique)

लोगों से सूचना प्राप्त करने का सर्वोत्तम ढंग यह है कि उनसे प्रत्यक्ष वार्तालाप किया जाय। लोगों के व्यक्तिगत अनुभवों एवं अभिवृत्तियों के बारे में जानने के लिए मनोवैज्ञानिक प्रायः साक्षात्कार एवं प्रश्नावलियों का प्रयोग करते हैं। साक्षात्कार प्रायः आमने–सामने सम्पादित किये जाते हैं। टेलीफोन पर भी प्रश्न पूछे जाते हैं। साक्षात्कार की सीमा (range) अत्यन्त असंरचित से अत्यन्त संरचित होती है।

असंरचित साक्षात्कार में मुक्त अन्त (open-ended) प्रश्न पूछे जाते हैं एवं अभ्यर्थी स्वतंत्र रूप से अपने शब्दों में अनुक्रिया करता है। साक्षात्कार प्रक्रिया के अन्तर्गत साक्षात्कारकर्त्ता प्रश्नों एवं उनके क्रम का निर्धारण करता है। दूसरी ओर संरचित साक्षात्कार में, प्रश्नों के सेट पूर्वनिर्धारित होते हैं तथा अनुक्रिया के लिए भी पूर्वनिर्धारित विकल्प दिये जाते हैं। प्रत्यर्थी (Respondent) को उनमें से किसी एक को चुनकर अनुक्रिया देनी होती है। ऐसे प्रश्न बद्ध अन्त (closed end) कहलाते हैं। असंरचित साक्षात्कार का एक उदाहरण नीचे दिया जा रहा है –

"आप स्वयं को कितना सफल मानते हैं।"

प्रत्यर्थी इसका उत्तर जिस ढंग से ठीक समझता हो, दे सकता है।

प्रत्यर्थी संरचित प्रश्न पर अनुक्रिया निम्न विकल्पों में से किसी एक को चुनकर व्यक्त कर सकता है। जैसे-

अत्यधिक सफल	सफल	तटस्थ	असफल	अत्यधिक असफल

साक्षात्कार लेना एक कौशल है, जिसके लिए उचित प्रशिक्षण की आवश्यकता होती है। एक अच्छा साक्षात्कारकर्ता यह जानता है कि अभ्यर्थी को कैसे सहज बनाकर कार्य प्रारम्भ कराया जाय। वह व्यक्ति की अनुक्रिया के तरीके के प्रति संवेदनशील होता है एवं आवश्यकतानुसार अधिक सूचना के लिए पूछ-ताछ भी करता है। यदि अभ्यर्थी अनुक्रिया के स्तर पर अस्पष्ट होता है तो साक्षात्कारकर्ता अधिक विशिष्ट एवं मूर्त उत्तर उससे प्राप्त कराने का प्रयास करता है। यह ध्यान रखने की जरूरत है कि कम संरचित परिस्थितियों में, साक्षात्कारकर्ता का कौशल एवं साक्षात्कार परिस्थिति की गतिकी (dynamics), ये दोनों ही प्रदत्त की गुणवत्ता को निर्धारित करने में महत्वपूर्ण भूमिका निभाते हैं। साक्षात्कार विभिन्न परिस्थितियों जैसे- कर्मचारी चयन, परामर्श शोध, बाजार सर्वेक्षण इत्यादि में किया जाता है। यद्यपि इन परिस्थितियों में सर्वेक्षण की प्रक्रिया परिवर्तित होती रहती है तथापि कुछ सामान्य निर्देश, बेहतर परिणामों के लिए नीचे दिये गये हैं-

- साक्षात्कारकर्ता को अधिक बातचीत नहीं करनी चाहिए।
- साक्षात्कार के माध्यम से अभ्यर्थी को बातचीत का मौका मिलना चाहिए।
- प्रश्न विशिष्ट एवं सरल शब्दों में होने चाहिए।
- साक्षात्कार के दौरान प्रश्न की शैली धमकी रहित हो।
- किसी एक ढंग से अनुक्रिया करने का संकेत नहीं देना चाहिए। एवम्
- साक्षात्कारकर्ता ऐसा हाव-भाव न प्रस्तुत करें कि वह प्रत्यार्थी की बातचीत से ऊब रहा है।

प्रक्षेपण प्रविधि (Projective Technique)

प्रक्षेपण विधि फ्रायड (Freud) द्वारा बतायी गयी प्रक्षेपण प्रक्रिया (Projection) पर आधारित है। व्यक्तित्व के अध्ययन में प्रक्षेपी परीक्षणों का उपयोग होता है। इनसे व्यक्तित्व की भिन्न विशेषताओं तथा आयामों का पता लगाया जा सकता है। इस तरह का परीक्षण सन् 1940 के बाद प्रकाश में आया। प्रक्षेपण विधि द्वारा व्यक्ति के संवेगों, मनोदशाओं एवं मानसिक विकृतियों का पता लगाया जा सकता है। ऐसे परीक्षणों में अस्पष्ट (Ambiguous) परिस्थितियाँ होती हैं और उन परिस्थितियों को प्रत्यक्षित करके व्यक्ति द्वारा दी गयी अनुक्रियाओं के आधार पर निष्कर्ष निकाले जाते हैं।

प्रक्षेपण विधि का उपयोग विकासात्मक मनोविज्ञान के अध्ययन में प्रमुखता से किया जाता है। ऐसे परीक्षण प्रमाणिक तथा अप्रामाणिक दोनों तरह के होते हैं। प्रमाणीकृत परीक्षणों में रोर्शा स्याही धब्बा परीक्षण (Rorchach Ink Blot Test) तथा मरे का टी० ए० टी० परीक्षण (Murray's Thematic Apperception Test) प्रमुख हैं। रोर्शा परीक्षण में 10 प्रामाणिक स्याही धब्बों वाले कार्डों को दिखाया जाता है तथा बच्चें से उनमें स्पष्ट होने वाले दृश्यों को बताने के लिए कहा जाता हैं। परीक्षक बच्चे की प्रतिक्रिया का अध्ययन करके उसके सम्पूर्ण व्यक्तित्व का मूल्यांकन करता है। इसी तरह से मरे के टी० ए० टी० परीक्षण में दृश्य परिस्थितियाँ होती हैं। बच्चे को चित्र से सम्बद्ध कहानी प्रस्तुत करने के लिए कहा जाता है। चूंकि ये चित्र अस्पष्ट होते हैं इसलिए बच्चे अपनी भावनाओं को अज्ञात रूप से उन पर आरोपित करते हैं तथा अपने चरित्र, विचार, अभिरुचि, प्रसुप्त भावनाओं और आवश्यकताओं को व्यक्त करते हैं।

यद्यपि प्रक्षेपण प्रविधि विकासात्मक अध्ययन के क्षेत्र में महत्वपूर्ण विधि के रूप में अपनायी जाती है तथापि इस प्रविधि की विश्वसनीयता तथा वैधता अपेक्षाकृत निम्न पायी जाती है। इस विधि से व्यक्तित्व का सही-सही मूल्यांकन भी नहीं हो पाता क्योंकि इनमें वस्तुनिष्ठता की कमी रहती है और उनका सही उपयोग करने के लिए प्रशिक्षण की जरूरत पड़ती है।

मनोवैज्ञानिक परीक्षण (Psychological Testing)

बालक की आयु जैसे-जैसे बढ़ती जाती है, उसके व्यक्तित्व, बुद्धि, अभिक्षमता, मूल्य, अभिवृत्ति, रुचि, सृजनात्मकता आदि में क्रमशः विकास होता जाता है। यह विकास दर भिन्न-भिन्न बालकों में भिन्न-भिन्न होता है। अतः बालकों की विविध क्षमताओं का तुलनात्मक अध्ययन कर हम किन्ही दो बालकों के बीच व्यक्तिगत भिन्नताओं का पता लगा सकते हैं। इसके लिए मनोवैज्ञानिकों ने मानसिक परीक्षण का निर्माण एवं विकास किया है।

मनोवैज्ञानिक परीक्षण एक प्रमाणीकृत एवं वस्तुनिष्ठ मापक है, जो व्यक्ति की मानसिक एवं व्यवहारपरक स्थिति को दर्शाता है। क्रॉनबैक (Cronbach) ने 'परीक्षण को दो या दो से अधिक व्यक्तियों के व्यवहारों/विशेषताओं के तुलनात्मक अध्ययन हेतु एक व्यवस्थित मापक माना है।'

मनोवैज्ञानिक परीक्षण कई प्रकार के होते हैं। यथा - वाचिक (verbal) या अवाचिक (Non verbal), वस्तुनिष्ठ (objective) या आत्मनिष्ठ (subjective)। वाचिक परीक्षणों में पदों की रचना वाक्यों के रूप में होती है एवं प्रत्यर्थियों को उन पदों के कथन के साथ सहमति या असहमति व्यक्त करनी होती है। अवाचिक परीक्षण में प्रत्यर्थियों का अध्ययन विशिष्ट परिस्थिति में कुछ व्यवहारों के निष्पादन द्वारा किया जाता है। अध्ययन के अन्तर्गत व्यक्ति द्वारा दर्शाए गए व्यवहार उसकी मनोवैज्ञानिक विशेषताओं के सूचक होते हैं। वस्तुनिष्ठ परीक्षण में मनोवैज्ञानिक गुणों को आंकने के लिए अनुक्रियाओं का उपयोग किया जाता है। जबकि आत्मनिष्ठ परीक्षण में अस्पष्ट चित्र (T.A.T.) या किसी अन्य प्रकार की अस्पष्ट उद्दीपक स्थिति (unstructured stimulus) प्रस्तुत की जाती है जिसमें प्रयोज्य अनुक्रिया जिस रूप में चाहे उस रूप में देने के लिए स्वतंत्र होता है।

परीक्षणों की रचना करते समय यह ध्यान रखा जाता है कि एक परीक्षण से केवल एक ही प्रकार की क्षमता का मापन हो। अतः पृथक-पृथक क्षमताओं के लिए पृथक-पृथक परीक्षणों का निर्माण किया जाता है। यथा- मानसिक योग्यता के मापन के लिए 'बुद्धि परीक्षण', उपलब्धि अभिप्रेरणा के मापन के लिए 'उपलब्धि अभिप्रेरणा परीक्षण', सृजनात्मकता को मापने के लिए 'सृजनात्मक योग्यता परीक्षण' आदि का निर्माण होता है।

शोधकर्ता द्वारा अपनाये गये सिद्धान्तों के अनुसार अनुक्रियाओं की व्याख्या की जाती हैं। यह भी ध्यान रखना आवश्यक है कि इन दोनों प्रकार के परीक्षणों की संरचना एवं उपयोग के नियम एवं तरीके भिन्न-भिन्न होते हैं साथ ही इन परीक्षणों के निष्पादन की व्याख्या भी अलग-अलग ढंग से की जाती है।

एक परीक्षण को उपयोगी बनाने के लिए उसे कुछ कसौटियों पर संतोषजनक पाया जाना आवश्यक है। परीक्षण वस्तुनिष्ठ, विश्वसनीय, वैध एवं मानकीकृत होना चाहिए। इन कसौटियों के अभाव में परीक्षण सफल ढंग से कार्य नहीं कर सकते और उनसे किया गया मापन और मूल्यांकन भ्रामक और दोषपूर्ण होता है। मनोवैज्ञानिक परीक्षण की कुछ प्रमुख विशेषताएं हैं :

1. विश्वसनीयता (Reliability): यदि किसी परीक्षण को बार-बार प्रयुक्त किया जाय और प्राप्तांकों में संगति (consistency) हो तो परीक्षण को विश्वसनीय कहा जाता है। एनास्टसी (1971) के अनुसार, ''विश्वसनीयता का अर्थ है विभिन्न अवसरों पर एक ही व्यक्ति प्राप्त प्राप्तांकों में कितनी स्थिरता है? उदाहरणार्थ :- यदि किसी किशोर को एक समायोजन अनुसूची कई बार दी जाये और उसका कुछ प्राप्तांक हर बार लगभग 45 आये तो कहा जा सकता है कि विभिन्न अवसरों पर प्राप्त प्राप्तांकों में पूर्ण स्थिरता है, इसलिए परीक्षण विश्वसनीय है।

किसी परीक्षण के विश्वसनीय ढंग से कार्य करने के कारण ही उस परीक्षण का पुनः प्रयोग किया जा सकता है। सभी परीक्षण समान सीमा तक विश्वसनीय नहीं होते। वस्तुतः विश्वसनीयता की सीमाएँ होती हैं। कोई परीक्षण बहुत अधिक, कोई औसत रूप से तथा कोई कम विश्वसनीय होते हैं।

2. वैधता (Validity): परीक्षण वैधता का तात्पर्य है जिस उद्देश्य से परीक्षण निर्मित किया गया है यदि वह मापन से पूर्ण हो रहा है तो उसे वैध परीक्षण कहा जायेगा। क्रानवैक (1971) के अनुसार ''किसी परीक्षण की वैधता उसकी वह सीमा है जिसका वह माप करता है तथा जिसके लिए उसका निर्माण किया गया है।" यथा - यदि एक परीक्षण व्यक्तित्व का मापन करने के लिए बनाया गया है और परीक्षण व्यक्ति के व्यक्तित्व का प्रभावी ढंग से मापन करता है तो हम इस परीक्षण को वैध कहेंगे। किसी परीक्षण की वैधता और उसकी विश्वसनीयता में उच्च सम्बन्ध होता है। फ्रीमैन (1965) के अनुसार, ''किसी परीक्षण के लिए यह आवश्यक है कि वह एक उपयुक्त सीमा तक वैध भी हो।"

वैधता के चार प्रकार होते हैं। पहला प्रतिमान सम्बन्धी वैधता (criterion related validity) है। इसके अन्तर्गत परीक्षण पर प्राप्त व्यक्ति के प्राप्तांक की अन्य मानकों या कसौटियों के साथ तुलना करते हैं जो सैद्धान्तिक रूप से ही परीक्षण के विषय से सम्बद्ध हों। दूसरे प्रकार की वैधता 'निर्मिति वैधता' (Construct validity) कहलाती है। यह वह गुण है जो परिभाषित परिवर्त्य (निर्मिति / सम्प्रत्यय) के परीक्षण प्राप्तांकों एवं दूसरे व्यवहारपरक मापकों या प्रायोगिक परिणामों, जो मापित विशेषताओं के सूचक हैं, के बीच धनात्मक सहसम्बन्धों को दर्शाता है। तीसरे प्रकार की वैधता "पूर्वकथनात्मक वैधता (Predictive validity) है। इसके अन्तर्गत परीक्षण के प्राप्तांक भावी योग्यता के सम्बन्ध में पूर्वकथन करते हैं। चौथे प्रकार की वैधता समवर्ती वैधता (Concurrent validity) है।"

3. **मानकीकरण एवं मानक (Standardization and Norms):** मानकीकरण, परीक्षण प्रशासन के विस्तृत विवरण का स्पष्ट रूप से निर्धारण करता है। क्रानबैक (1971) के अनुसार – एक मानकीकृत परीक्षण में प्रक्रिया फलांकन, मूल्यांकन आदि सभी निश्चित होते हैं, जिससे परीक्षण का प्रयोग विभिन्न अवसरों पर किया जा सके।

मानक (Norms): परीक्षण में मानक का उपयोग होना चाहिए ताकि व्यक्ति के प्राप्ताकों की तुलना दूसरे समूह से की जा सके। किसी परीक्षण पर पाया गया प्राप्तांक निरपेक्ष प्राप्तांक नहीं होता। यह मानक वाले समूह के संदर्भ में ही होता है। इसलिए किसी प्राप्तांक की तुलना मानक समूह के सदस्यों के प्राप्तांकों से करने की आवश्यकता पड़ती है। उदाहरणार्थ : मानक को इंगित करने के लिए मध्यमान प्राप्तांकों का उपयोग किया जाता है। विभिन्न समूहों के लिए आयु, वर्ग, लिंग इत्यादि से सम्बद्ध मानक निर्मित किये जाते हैं। यदि उपयुक्त मानक उपलब्ध न हों तो प्राप्तांकों का सार्थक ढंग से विवेचन नहीं किया जा सकता।

मनोवैज्ञानिक शोध में निहित नीतिगत समस्यायें (Ethical Problems in Psychological Research)

शोध के नीतिगत पक्ष की जिम्मेदारी उस व्यक्ति पर होती है जो शोध कर रहा है। अमेरिकन साइकोलॉजिकल एसोसिएशन (APA) ने शोधकर्ताओं के लिए नीतिगत निर्देशिका विकसित की हैं। इसका लक्ष्य तीन नीतिगत नियमों, व्यक्ति के प्रति सम्मान, लाभ एवं न्याय का अनुपालन करना है। 'सम्मान' के अन्तर्गत व्यक्ति की निजता (Privacy) एवं चयन की स्वतंत्रता अर्थात् अध्ययन में भाग लेने के बारे में उसके (प्रतिभागी) निर्णय की रक्षा शामिल है। 'लाभ' का तात्पर्य है शोध प्रतिभागी को नुकसान से बचाना (रक्षा करना)। 'न्याय' का तात्पर्य है यह सुनिश्चित करना कि शोध सहभागिता का भार एवं शोध के लाभ में समाज में सभी सदस्यों का हिस्सा हो। इसलिए, यह स्पष्ट है कि प्रतिभागी के प्रति नीतिगत व्यवहार एवं उसके प्रति आचरण की अन्तिम जिम्मेदारी शोधकर्त्ता की होती है। इन नैतिक निर्देशकों के कुछ महत्वपूर्ण पक्षों की चर्चा आगे की जा रही है।

1. ऐच्छिक सहभागिता (Voluntary Participation) : प्रतिभागियों की स्वायत्तता की रक्षा करना एवं उनको भाग लेने या न लेनें की स्वतंत्रता दिया जाना चाहिए। प्रतिभागियों को बिना किसी दबाव या अति उत्प्रेरक के, सहभागिता के लिए निर्णय लेने की स्वतंत्रता है एवं अध्ययन आरम्भ होने के बाद भी बिना किसी दण्ड (Penalty) के अपने आप को अलग करने की स्वतंत्रता दी जाय। मनोवैज्ञानिक अध्ययनों में मानव प्रयोज्यों को लिया जाता है। अतः उन्हें यह निर्णय लेने का अधिकार होना चाहिए कि वे प्रयोग में भाग लें या छोड़ दें।

2. सूचित सहमति (Informed consent): प्रतिभागी को यह जानकारी दी जानी चाहिए कि अध्ययन के अन्तर्गत क्या घटित होगा। अतः सूचित सहमति के नियमानुसार प्रदत्त संग्रह करने के पूर्व प्रतिभागी को सूचना दी जानी चाहिए ताकि वह अपनी सहभागिता के बारे में निर्णय ले सके। उनसे अध्ययन संचालन के पहले ही भाग लेने के लिए अनुनय किया जाना चाहिए। विशेष रूप से तैयार किया गया प्रोफार्मा सम्भावित प्रतिभागियों के पास पूर्व अनुमति के लिए दिया जाना चाहिए। ऐसे शोध जो मानव प्रतिदर्श पर किये जाने हैं उनके लिए पूर्व सूचना अत्यन्त आवश्यक है।

3. छल छद्म (Deception): इसका उपयोग प्रायः प्रायोगिक दशाओं का सृजन करने के लिए किया जाता है। छल छद्म सक्रिय या निष्क्रिय हो सकता है। सक्रिय छल छद्म में, शोधकर्त्ता शोध के उद्देश्य या संक्रिया के बारे में गलत सूचना प्रदान करता है। उदाहरण के लिए कुछ अध्ययनों में प्रतिभागियों को यह निर्देश दिया जाता है कि वे निश्चित ढंग से सोचे या कल्पना करें एवं उनके निष्पादन के बारे में गलत सूचना या पुनर्निवेश (feedback) दिया जाता है (यथा – आप बहुत बुद्धिमान है, आप असहाय हैं या आप अक्षम हैं)। ये सभी बातें इस ढंग से की जाती हैं कि लोग विश्वास कर लेते हैं। यह प्रयोगशाला में मनोवैज्ञानिक वास्तविकता के सृजन के लिए आवश्यक होता है। कभी–कभी मध्यस्थ (Confederates) जो प्रयोगकर्ता का सहयोगी होता है का प्रयोग किया जाता है वे शोध के प्रतिभागियों जैसा या शोध परिवेश में उपस्थित अन्य सदस्यों जैसा व्यवहार करते हैं। प्रतिभागियों को न केवल सही सूचना से वंचित रखा जाता है, बल्कि शोधकर्ता द्वारा सृजित कथन पर विश्वास भी कराया जाता है। निष्क्रिय छल छद्म में प्रतिभागी को या तो सूचना से दूर रखा जाता है या उसकी जानकारी के बिना उसके व्यवहार का प्रेक्षण एवं अभिलेखन किया जाता है।

4. स्पष्टीकरण (Debriefing): एक बार जब प्रतिभागी प्रयोग में भाग ले लेता है तो अन्त में शोध के बारे में उसे आवश्यक जानकारी उसे दी जाती है। इससे दो प्रकार्य सम्पादित होते हैं अर्थात् प्रतिभागी को शोध के बारे में शिक्षित किया जाना एवं उस छल को जिसे उपयोग में लाया गया था, उसे नकारना। दूसरा यह निश्चित किया जाता है कि प्रतिभागी जिस स्थिति में भाग लेने आया था, अध्ययन के बाद वापस उसी स्थिति में जा रहा है। इससे प्राप्त सूचनायें कुछ शैक्षणिक मूल्यों के अनुभव के लिए महत्वपूर्ण होती हैं। उन अध्ययनों में जिनमें छल छद्मों का उपयोग किया जाता है, स्पष्टीकरण आवश्यक है। एक शोधकर्त्ता जिसे अध्ययन हेतु उपयुक्त

विधि नहीं मिल पा रही है, यदि वह छल छद्म का उपयोग करने का निर्णय लेता है तो उसे सुनिश्चित करना होगा कि कोई और उपयुक्त विधि उपलब्ध नहीं है एवं प्रतिभागी का इस छल छद्म से कम नुकसान होगा। शोधकर्त्ता प्रभावी ढंग से प्रतिभागियों को बता सकते हैं तथा उन्हे असंवेदनशील कर सकते हैं। छल छद्म के स्वरूप की व्याख्या की जानी चाहिए एवं छल छद्म क्यों आवश्यक है, इसका भी उल्लेख किया जाना चाहिए।

5. आंकड़ों की गोपनीयता (Confidentiality of Data) : किसी अध्ययन के प्रतिभागी को अपनी निजता (Privacy) बनाये रखने का अधिकार होता है। इसकी सुरक्षा प्रतिभागी द्वारा दी गयी सूचनाओं की गोपनीयता को बनाये रखते हुए की जा सकती है, विशेषतः जब सूचना व्यक्तिगत एवं संवेदनशील हों। प्रतिभागी की गोपनीयता की रक्षा करने का सर्वोत्तम तरीका यह है कि प्रदत्त को प्रतिभागी के परिचय से अलग कर, प्रदत्त के पन्ने पर कोड संख्या दी जानी चाहिए एवं उसके नाम तथा कोड दोनों को अलग से गुप्त रखा जाना चाहिए। जैसे ही शोध की आवश्यकता पूरी हो जाय, परिचय सूची को यथाशीघ्र नष्ट कर दिया जाना चाहिए।

सारांश (Summary)

विकास के स्वरूप को स्पष्ट करने के लिए कुछ प्रमुख शोध विधियों का उपयोग किया जाता है। इन विधियों को अपनाकर प्रदत्त संग्रह कियाजाता है तथा उनसे प्राप्त परिणामों के आधार पर विकासात्मक परिवर्तन की परिशुद्ध व्याख्या की जाती है। अध्ययन के लिए अनेक उपागमों का प्रयोग किया जाता है।

प्रयोगात्मक विधि के अन्तर्गत प्रासंगिक चरों का नियंत्रण एवं अनाश्रित चरों का सक्रिय प्रहस्तन किया जाता है। प्रयोगकर्ता द्वारा जिस घटना को प्रहस्तित किया जाता है, वह अनाश्रित चर कहलाता है। प्रयोगकर्ता विभिन्न बाह्य चरों को नियंत्रित करता है। इसके लिए वह निरसन, समेलन, प्रतिसंतुलन, यादृच्छिक वितरण आदि तकनीकों का सहारा लेता है। प्रायोगिक परिस्थिति में प्रयोगकर्ता तथा प्रयोज्य के बीच अन्तःक्रिया के होने से विभिन्न चुनौतियों के बारे में शोधकर्ता को जानकारी होनी चाहिए। प्रयोगात्मक विधि की सबसे महत्वपूर्ण उपयोगिता यह है कि इससे यह निश्चित हो जाता है कि विकासात्मक परिवर्तन का 'कारण' क्या है। बैण्डूरा द्वारा बच्चों पर किये गये प्रयोग से प्रयोगात्मक उपागम की झलक मिलती है।

सहसम्बन्धात्मक उपागम में दो घटनाओं या चरों के बीच सम्बन्धों के स्तर की व्याख्या की जाती है। यद्यपि चरों को बिना प्रत्यक्ष रूप से प्रहस्तित किये ही सहसम्बन्धात्मक उपागम/ विधि का प्रयोग किया जा सकता है तथापि अप्रत्यक्ष प्रहस्तन या चयन द्वारा प्रहस्तन किया जाता है। यह उपागम 'कारणता' को प्रदर्शित नहीं करता।

विकासात्मक अध्ययन को और अधिक विशिष्ट बनाते हुए मनोवैज्ञानिकों ने चार उपागमों (प्रतिनिध्यात्मक उपागम, अनुदैर्ध्यात्मक उपागम, अनुदैर्ध्यात्मक एवं प्रतिनिध्यात्मक उपागमों का संयोजन एवम् विकासात्मक-प्रयोगात्मक विधियों का संयोजन) को विकसित किया है।

प्रतिनिध्यात्मक उपागम में विभिन्न आयु वर्ग के लोगों का किसी एक समय में परीक्षण किया जाता है जबकि अनुदैर्ध्यात्मक उपागम में एक ही समूह के लोगों का भिन्न-भिन्न समयान्तरालों पर अध्ययन किया जाता है। प्रतिनिध्यात्मक एवं अनुदैर्ध्यात्मक उपागम की सीमाओं को ध्यान में रखते हुए मनोवैज्ञानिकों ने विकासात्मक अध्ययनों के लिए एक ऐसी विधि निर्मित की जो प्रतिनिध्यात्मक एवं अनुदैर्ध्यात्मक उपागमों का प्रतिनिधित्व करती है, साथ ही दोनो उपागमों के दोषों को भी दूर करती है। इसके अन्तर्गत प्रमुख रूप से दो विधियाँ प्रयोग में लायी जाती हैं। कालान्तर शोध एवं अनुक्रमिक शोध।

वर्तमान समय में विकासात्मक अध्ययनों को समृद्ध बनाने के लिए प्रयोगात्मक एवं विकासात्मक अभिकल्पों का उपयोग साथ-साथ किया जा रहा है। शोध की कुछ अन्य विधियों का भी उपयोग विकासात्मक परिवर्तन को समझने के लिए किया जाता है। जैसे प्रेक्षण, वृत्त (केस) अध्ययन एवम् सर्वेक्षण।

प्रेक्षण, किसी गोचर के वर्णन पर केन्द्रित होता है, जो घटनाओं के अंकन तथा अभिलेख द्वारा प्राप्त किया जाता है। यह स्वाभाविक परिस्थिति में किया जाता है।

वृत्त केस अध्ययन एक व्यक्ति पर किया जाता है। गहन दृष्टि अपनाते हुए इसमें विभिन्न स्रोतों से आंकड़ों को एकत्र किया जाता है, एवम्

'सर्वेक्षण में' साक्षात्कार एवं प्रश्नावली की सहायता से वांछित प्रतिदर्श के बारे में उपयोगी प्रदत्त प्राप्त होते हैं। प्रदत्त संग्रह की अनेक प्रविधियाँ प्रचलित हैं।

(i) प्रश्नावली विधि में हम प्रपत्रों के माध्यम से सूचना एकत्र करते हैं।
(ii) साक्षात्कार एक ऐसा कौशल है जिसमें व्यक्तियों से सूचना प्राप्त किया जाता है ।
(iii) प्रक्षेपण एक ऐसी रक्षा युक्ति है जिसमें व्यक्ति अपने अन्दर के समस्त अनुभवों को प्रस्तुत कर देता है।
(iv) बालक की क्षमता, योग्यता अथवा उसके व्यक्तित्व की विशेषताओं का मापन मनोवैज्ञानिक परीक्षणों के माध्यम से भी होता है। एक मनोवैज्ञानिक परीक्षण के लिए आवश्यक है कि वह वस्तुनिष्ठ, विश्वसनीय, वैध व मानकीकृत हों।

मनोवैज्ञानिक शोध के दौरान कुछ महत्त्वपूर्ण नीतिगत समस्याएं एवम् विषम बिन्दु विषय बिन्दु यथा- ऐच्छिक सहभागिता, सूचित सहमति, छल छद्म, स्पष्टीकरण, आंकड़ों की गोपनीयता आदि उपस्थित होते हैं। इन नीतिगत बिन्दुओं का सभी शोधकर्ताओं को पालन करना चाहिए।

तकनीकी पद	**Technical Terms**
अनुदैर्ध्यात्मक	Longitudinal
अभिकल्प	Design
अस्पष्ट	Ambiguous

आंकड़ों की गोपनीयता	Confidentiality of Data
आनुक्रमिक	Sequential
ऐच्छिक सहभागिता	Voluntary Participation
केस/ वृत्त अध्ययन	Case Study
गुच्छन प्रतिचयन	Cluster Sampling
चित्रात्मक	Diagrammatic
छल छद्म	Deception
निजता	Privacy
नीतिगत समस्या	Ethical Problem
नियंत्रित प्रेक्षण	Controlled observation
परिवर्त्य चर	Variable
पोषण	Nurture
प्रायोगिक	Experimental
प्राकृतिक प्रेक्षण	Naturalistic Observation
प्रतिदर्शपरक	Sampling
प्रहस्तन	Manipulation
प्रतिनिध्यात्मक	Cross-Sectional
प्रदत्त संकलन	Data Collection
प्रबन्ध	Management
प्रक्षेपण	Projective
बद्ध-अन्त	Closed End
बाह्य चर	External Variable
मुक्त अन्त	Open End
मध्यस्थ	Confederates
मानकीकरण	Standardization
यादृच्छिक	fRandom
रक्षा युक्तियाँ	Defence Mechanism
वैधता	Validity
विश्वसनीयता	Reliability
सूचित सहमति	Informed Consent

सकल उपागम	Holistic Approach
संरचित	Structured
कालान्तर शोध	Time-Lag Research
साक्षात्कार	Interview
सहसम्बन्धात्मक	Correlational
स्पष्टीकरण	Debriefing
शीलगुण	Traits

3 विकास की आधारशिला : आनुवांशिकता एवं पालन पोषण
(Foundations of Development : Heredity and Nurture)

आनुवंशिकताः स्वरूप (Heredity : Nature)

शिशु के जन्म की सूचना मिलते ही पिता, सगे सम्बन्धी प्रसन्नता और कौतूहल मिश्रित उच्छास से आह्लादित हो उठे। पिता ने गर्व से कहा मैं अपने बच्चे का नाम अपनी पसन्द से रखूंगा और उसे बड़े शौक से पालूँगां। बहुत से प्रश्न एक साथ, बच्चे के सन्दर्भ में उसके मन मस्तिष्क को उद्वेलित करने लगे- जैसे दो कोशिकाओं शुक्राणु एवं डिम्ब के एकीकरण से निर्मित, पूर्ण विकसित, शिशु जो अब तक माँ के गर्भ में सुरक्षित था, जन्म के पश्चात् स्वतंत्र रूप से कैसे विकसित होगा? क्या समय के साथ बच्चा बैठना, खड़ा होना एवं चलना आरम्भ कर देगा? पुत्र ही क्यों हुआ । पुत्री क्यों नहीं? इसका रंग गोरा है। काला क्यों नहीं हुआ? इसके बाल का रंग काला है। भूरा क्यों नहीं? क्या इसके विकास पर परिवार, समुदाय, समाज एवं राष्ट्र के नाम का प्रभाव पड़ेगा?

उपर्युक्त प्रश्नों का समुचित उत्तर प्राप्त करने के लिए प्रकृति-पोषण की पृष्ठभूमि का विस्तृत विश्लेषण आवश्यक है।

प्रायः बच्चे की विशेषताएं (शारीरिक बनावट, मानसिक क्षमताएँ एवं व्यवहारपरक अभिव्यक्तियाँ) माता पिता से मिलती जुलती पायी जाती हैं। सम्भव है माता या पिता में से किसी एक से मिलती हों अथवा कभी-कभी, दोनों मे से किसी से भी नहीं। चूंकि ये विशषताऐं कुछ अंश तक आनुवांशिक गुणों से निर्धारित होती हैं जिन्हे जीनोटाइप (Genotype) कहा जाता है। परन्तु, विकास पर पर्यावरणीय कारक, गर्भकाल से ही प्रभाव डालते हैं। अतः फीनोटाइप (Phenotype) वे विशेषताऐं हैं जो आनुवंशिक गुणों एवं पर्यावरणीय कारकों से निर्धारित होती हैं।

गर्भकालीन अवस्था, विकास के चरणों की तीव्रतम अवस्था है। अतः इस अवस्था में भी विकास में आनुवांशिक कारकों के अतिरिक्त, परिवेशीय कारकों की भूमिका महत्वपूर्ण होती है जिनसे जीवन पर्यन्त होने वाले विकास का स्वरूप (सामान्य/असामान्य) निर्धारित होता है, अर्थात् विकास आनुवंशिकता एवं परिवेशीय कारकों की अन्तःक्रिया का परिणाम होता है।

इस भाग में विकास के स्वरूप की व्याख्या, प्रकृति (Nature), पोषण (Nurture) एवं दोनों के अन्तःक्रियात्मक प्रकार्यो (D=f H.E) के आधार पर, प्रस्तुत की गयी है।

आनुवंशिक आधारशिला : स्वरूप (Genetic Foundation : Nature)

19वीं शदी तक विकास में आनुवंशिकता की भूमिका अज्ञात थी। 19वीं शदी के मध्य वनस्पतिशास्त्री मेंडल (Grigor John Mendel) के महत्वपूर्ण शोध-परिणाम के अनुप्रयोग से मानव विकास में आनुवंशिकता की भूमिका के बारे में पूर्वकथन सम्भव हो सका। आनुवंशिक सूचनाएँ किस प्रकार कूट-संकेतित एवं स्थानान्तरित होती हैं, इनका विश्लेषण आगे प्रस्तुत है।

आनुवंशिक कूट संकेतन (Genetic coding): शरीर की संरचना असंख्य (लगभग दस शंख) स्वतंत्र कोशिकाओं से होती हैं। प्रत्येक कोशिका में एक नाभिक होता है जिसमें क्रोमोजोम पाये जाते हैं। ये क्रोमोजोम ही आनुवांशिक सूचना को भण्डारित एवं स्थानान्तरित करते हैं। क्रोमोजोम की संख्या, भिन्न-भिन्न प्रजातियों में भिन्न-भिन्न पायी जाती है। यथा-

मानव	-	46	Human - 46
चिम्पैजी	-	48	Chimpanjee - 48
घोड़ा	-	64	Horse - 64
चूहा	-	40	Rat - 40

ये क्रोमोजोम्स युग्मित (माता एवं पिता से) रूप में पाये जाते हैं। स्त्री में सभी 23 युग्म "XX" आकार के पाये जाते हैं। पुरूषों में 22 युग्म तो "XX" आकार के होते हैं परन्तु अन्तिम 23वां, XY आकार का पाया जाता हैं। इसलिए 22 युग्म समक्रोमोजोम (Auto chromosome) तथा तेइसवाँ युग्म यौन क्रोमोजोम (Sex chromosome) कहलाता है। चित्र 3.1 में इनके संयोजन को दर्शाया गया है।

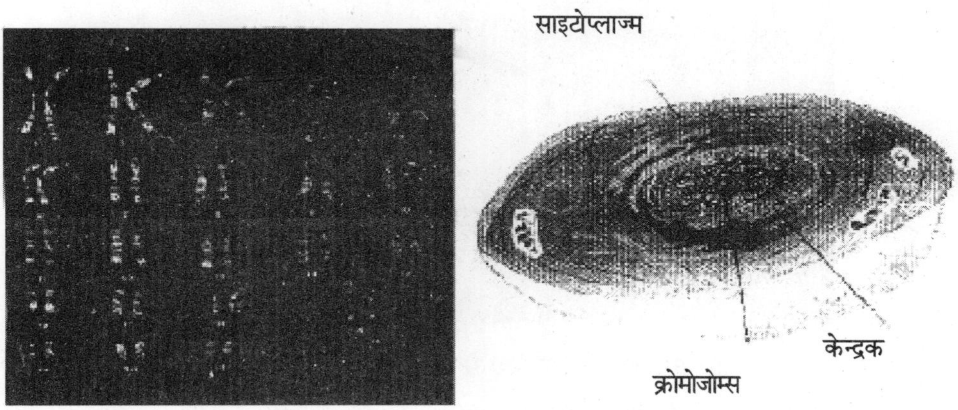

चित्र 3.1 : कैरियोटाइय या मानव क्रोमोजोम्स

क्रोमोजोम का निर्माण डीआक्सिराइबोन्यूक्लिक एसिड (डी०एन०ए०) से होता है। डी०एन०ए० एक लम्बी, दुहरी घुमावदार सीढ़ी के आकार की संरचना होती है जिसकी प्रत्येक कड़ी उन विशिष्ट रासायनिक युग्मों को धारण करती है जो दोनों ओर से परस्पर जुड़ते हैं। जीन, डी०एन०ए० का अंश होता है। यह क्रोमोजोम के सम्पूर्ण हिस्से में पाया जाता है। जीन की लम्बाई भिन्न-भिन्न होती है। एक जीन दूसरे से भिन्न होता है। मानव क्रोमोजोम में एक लाख के लगभग जीना पाये जाते हैं। डी०एन०ए० में प्रतिरूप निर्मित करने की स्वत: क्षमता होती है। इसे माइटोसिस (Mitosis) कहते हैं। डिंब, शुक्राणु से निषेचित होकर, मिओसिस (Meiosis) प्रक्रिया द्वारा, बहुकोशिकाओं के साथ एकीकृत होकर मानव शिशु के रूप में विकसित होने लगता है। माइटोसिस (Mitosis) या कोशिका समरूपीकरण की प्रक्रिया द्वारा, प्रत्येक कोशिका में क्रोमोजोम निर्मित हो जाता है। अत: नयी कोशिका में एक समान तथा समरूप अभिन्न क्रोमोजोम निर्मित हो जाते हैं।

यौन कोशिकाएं (Sex cells): नवजीवन का सूत्रपात गामेट्स (Gamats) या दो कोशिकाओं (डिम्ब एवं शुक्राणु) के मिलने एवं गर्भित होने से होता है। चित्र 3.2 में मिओसिस प्रक्रिया को दर्शाया गया है। मिओसिस प्रक्रिया कई चरणों में घटित होती है।

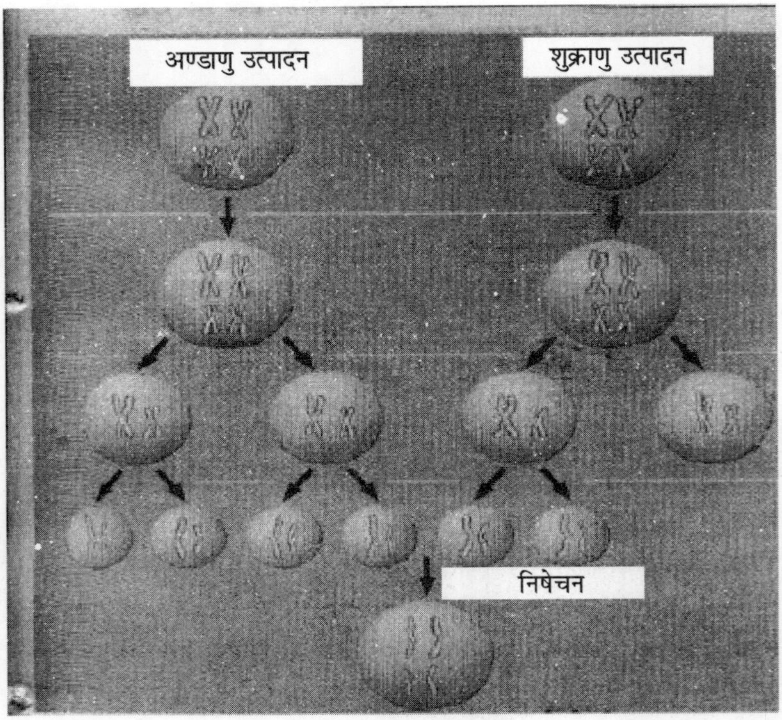

23 युग्म या 46 क्रोमोजोम्स से युक्त जायजोट (संचित कोशिका)

चित्र 3.2 : मिओसिस (Meiosis) कोशिका विभाजन प्रक्रिया द्वारा गेमेट का निर्माण।

1. क्रोमोजोम मूल कोशिका में युग्मित होते है एवं प्रत्येक का समरूप (Duplicate) स्वतः निर्मित होता है।
2. तत्पश्चात् संकरण (crossing over) की घटना घटित होती है इसमें क्रोमोजोम एवं उसके निकटतम दूसरे क्रोमोजोम के हिस्से, टूटकर परस्पर जुड़ जाते हैं। परिणामस्वरूप एक जीन दूसरे में एवं दूसरा पहले में आरोपित हो जाता है। इस सम्मिश्रण से नया आनुवांशिक यौगिक तैयार होता है।
3. क्रोमोजोम युग्म एक दूसरे से अलग होकर भिन्न कोशिकाओं के रूप में स्थापित हो जाते है। परन्तु कौन सा क्रोमोजोम किससे युग्मित होकर यौन कोशिका गेमिट (Gamate) के रूप में स्थापित होगा, यह मात्र संयोग पर निर्भर है। इसके अन्तिम चरण में, प्रत्येक क्रोमोजोम अपना समरूप छोड़ता है एवं एक यौन कोशिका, जिसमें (46 के बावजूद) 23 क्रोमोजोम निहित होते है, का अंग बन जाता है।

पुरूषों में मिओसिस प्रक्रिया में हर बार चार शुक्राणु उत्पन्न होते है। ये कोशिकाएँ जिनमें शुक्राणु निर्मित होते है, जीवन पर्यन्त निर्मित होती रहती है अतः परिपक्वता के पश्चात् एक स्वस्थ पुरूष किसी भी आयु में पिता बनने की क्षमता रखता है। इसके विपरीत महिलाओं में यौन कोशिकाओं की क्षमता सीमित होती है। प्रत्येक मियोसिस (कोशिका विभाजन), एक डिम्ब (Ovum) उत्पन्न करता है। जन्म के समय डिम्बाशय (Overies) में डिम्ब की कुल संख्या 1 से 2 लाख के बीच पायी जाती है। एक स्त्री 30 से 40 वर्ष की आयु तक ही बच्चा पैदा कर सकती है। स्त्री में किशोरावस्था में 40,000 एवं बच्चे को जन्म देने की उम्र तक 350 से 450 तक ही डिम्ब परिपक्व हो पाते हैं। (सेल्डर, 1990)। चित्र 3.2 से स्पष्ट है कि निश्चित संख्या के आनुवांशिक तत्व पीढ़ी दर पीढ़ी किस प्रकार स्थानान्तरित होते हैं।

आनुवंशिक प्रसरणशीलता (Genetic variability): बच्चों की विशेषताओं में भिन्नता का निर्धारण मिओसिस प्रक्रिया द्वारा होता है। क्रोमोजोम के जोड़े (Crossing over) यादृच्छिक चयन (sorting) प्रक्रिया द्वारा अलग यौन कोशिका में निर्मित होने लगते हैं अर्थात् कभी भी गेमिट्स (Gamates) पूर्णतः समान नहीं होते। अतः मिओसिस प्रक्रिया के कारण ही दो बच्चे, समान जीनोटाइप होने के बावजूद एक समान विशेषताओं वाले नहीं होते। यह भिन्नता क्रम विकास (evolution) के सन्दर्भ में महत्त्वपूर्ण होती है। इन गुण समुच्चयों का यौगिक, व्यक्ति को परिवेश के साथ समायोजन के योग्य बनाता है। इनकी संतति में ये विशेषताएं अधिक विकसित रूप में पायी जाती हैं और उन्हें किसी भी परिस्थिति में, सफल समायोजन में सक्षम बनाती हैं। आनुवांशिक प्रसरणशीलता ऐसे अवसरों में वृद्धि कराती है जिसमें एक प्रजाति के कुछ लोग/प्राणी नये परिवेश का सामना (coping) करते हुए जीवित रह सकें।

जुड़वां बच्चे (Twins): आनुवांशिक प्रसरणशीलता का एक अन्य उदाहरण है एक से अधिक बच्चों का एक साथ माँ के गर्भ से उत्पन्न होना। जुड़वे बच्चे दो प्रकार के पाये जाते हैं।

जब एक ही युग्मज (Zygote) प्रथम कोशिका विभाजन के समय अलग होकर दो अलग-अलग कोशिका-गुच्छन के रूप में स्वतंत्र रूप से विकसित होने लगते हैं तब वे अभिन्न (Identical or Monozygotic) जुड़वां बच्चे कहे जाते हैं क्योंकि ऐसे बच्चे समान आनुवांशिक विशेषताओं से युक्त होते हैं। एक आंकड़े के अनुसार प्रत्येक 1000 में से 4 अभिन्न जुड़वां बच्चे पैदा होते हैं। मानव प्रजाति में इस प्रकार के जन्म के कारणों की स्पष्ट जानकारी का अभाव है, परन्तु पशुओं में, तापमान में परिवर्तन, आक्सीजन के स्तर में भिन्नता एवं डिम्ब का देर से (निषेचन) गर्भित होना (Fertilization) इत्यादि, इसके प्रमुख कारण होते हैं। कोहेन (1984) के अनुसार दूसरे प्रकार के जुड़वें बच्चों की उत्पत्ति तब होती हैं जब योनि से दो परिपक्व डिम्ब निकलकर दो अलग-अलग शुक्राणुओं से गर्भित हो जाते हैं एवं दो युग्मज विकसित होने लगते हैं। इन्हे बन्धुल (Fraternal or Dizygotic) जुड़वाँ कहा जाता है यह आवश्यक नहीं है कि ये बच्चे लिंग, विशेषताओं के स्तर पर भी समान हों। कोहेन (1984) ने ऐसे जुड़वों की उत्पत्ति का कारण, माँ से सम्बन्धित एवं परिवेशीय कारकों को दर्शाया है, जिसे सारणी 3.1 में प्रस्तुत किया गया है। जातिगत (Ethnicity) विशिष्टतायें, माँ की आयु, जन्म क्रम एवं जन्मवृद्धि हेतु माँ द्वारा दवाओं का सेवन, पोषक तत्व इत्यादि इसके प्रमुख कारण हैं। जुड़वें बच्चों पर किये गये अध्ययनों से विकास में प्रकृति-पोषण प्रभावों के बारे में महत्त्वपूर्ण जानकारी मिलती है।

सारणी 3.1 : बंधुल जुड़वां बच्चों से सम्बद्ध मातृगत कारक (Maternal Factors Linked to Fraternal Twins)

कारक	विवरण
1. जातिगत (Ethnicity)	प्रति 1000 में 8 (गोरे लोगों में) प्रति 1000 में 12-16 (काले लोगों में) प्रति 1000 में 4 (एशियन में)
2. आयु (Age)	माँ की आयु वृद्धि के साथ जुड़वां बच्चे होने की सम्भावना में वृद्धि होती जाती है। 35 वर्ष की आयु में सर्वाधिक, कालान्तर में घटने लगती है।
3. पोषण (Nurture)	कम पोषण युक्त भोजन करने वाली महिलाओं में कम, परन्तु लम्बी, मोटी या सामान्य भार वाली महिलाओं में अधिक सम्भावना पायी जाती है।
4. जन्म संख्या (Number of birth)	जन्म-संख्या में वृद्धि के साथ जुड़वे की सम्भावना बढ़ती है।
5. प्रजनन हेतु दवाईयों का उपयोग	बन्ध्यापन दूर करने के लिए हारमोन्स उपचार के कारण जुड़वा, बहुल जन्म की सम्भावना बढ़ती है।

बच्चे का यौन निर्धारण : (Sex Determination of the Child): प्रत्येक मानव कोशिका में 23 क्रोमोजोम युग्म पाये जाते हैं इनमें 22 युग्म (Autosomes) कहलाते हैं परन्तु

23वाँ यौन क्रोमोजोम (sex chromosome) कहलाता है, स्त्रियों में ये (XX) आकार के परन्तु पुरुषों में XY आकार में पाये जाते हैं। X सापेक्षिक रूप से लम्बा होता है जबकि Y छोटे आकार का एवं सीमित आनुवांशिक सूचनाओं (Genetic Information) को निहित करता है। जब पुरुषों में यौन कौशिका का निर्माण होता है तब X एवं Y क्रोमोजोम दो भिन्न शुक्राणु कोशिका में अलग हो जाते हैं चूँकि स्त्रियों में सभी यौन कोशिकाएं (Gamates) X क्रोमोजोम ही धारण करती हैं अतः नवजीवन के लिंग का निर्धारण इस पर निर्भर होता है कि डिम्ब X युक्त शुक्राणु से गर्भित हुआ या Y युक्त शुक्राणु से। अर्थात् जब XX मिले तो पुत्री एवं XY मिले तो पुत्र पैदा होगा।

आनुवंशिक विरासत का संरूप (Pattern of Genetic Inheritance)

बच्चे अपने माता-पिता से गुण/विशेषताएं विरासत में प्राप्त करते हैं जिनके वाहक क्रोमोजोम में स्थित जीन होते हैं। समक्रोमोजोम (Autosomes) में प्रत्येक जीन समान (XX) होते हैं परन्तु इसके दो रूप पाये जाते हैं जिनमें से एक पिता एवं दूसरा माता से वंशागतियुक्त होते हैं। इन रूपों को एलेली (Alleli) कहा जाता है। यदि दोनों जीन्स (Homozygous) समान हैं तो बच्चे में वंशागत गुण स्पष्ट होंगे परन्तु यदि एक दूसरे से भिन्न हैं (Hetrozygous) तो गुणों का निर्धारण दोनों जीन्स के आनुवंशिक विरासत के सम्बन्धों के अनुसार होगा। निम्नांकित संरूप पाये जाते हैं :

(अ) प्रबल-अप्रबल सम्बन्ध (Dominance-Recessive Relationship): दोनों एलेली (जीन रूप) में से एक प्रबल (D) एवं दूसरा अप्रबल (B) हो सकता है। अतः बच्चे में गुण प्रबल एलेली के अनुरूप होगा। त्वचा के रंग का उदाहरण यहाँ लिया जा सकता है। गोरा रंग = प्रबल एलेली एवं काला रंग = अप्रबल एलेली। बच्चे का रंग गोरा तब होगा जब दोनो ही एलेली या तो प्रबल [(DD), (Homozygous)] या प्रबल-अप्रबल (Db) (Hetrozygous) होंगें तथा काला रंग तब होगा जब दोनो एलेली अप्रबल-अप्रबल (bb) प्रकार के होंगे।

प्रबल एवं अप्रबल (Recessive) एलेली के कारण बच्चों में विभिन्न प्रकार के दोष पाये जाते हैं जिनका विवरण सारिणी 3.2 में प्रस्तुत किया गया है। सारणी से स्पष्ट होता है कि पी०के०यू० (Phenylketonuria) जो अप्रबल एलेली जनित दोष है, प्रतिकूल जीन को विरासत में प्राप्त करता है इससे बच्चों में विभिन्न प्रकार के दोष पाये जाते हैं, जिसमें समस्या समाधान सम्बन्धी कठिनाई पायी जाती है। पी०के०यू० का अंशदान भी मस्तिष्क के प्रकार्यों को प्रभावित करता है (वेल्श एवं अन्य, 1990)। औषधीय उपयोग द्वारा इस समस्या को दूर किया जा सकता है। माता-पिता के आनुवांशिक स्वरूप (make up) की जानकारी यदि हो तो प्रबल एवं अप्रबल एलेली के बारे में पूर्वकथन किया जा सकता है। यदि माता-पिता आपस में खून के रिश्ते से हैं (चचेरे भाई-बहन हैं) तो इनके बच्चों में पी०के०यू० की संभावना अधिक प्रबल पायी जाती है (रीड़, 1975)। अप्रबल एलेली की तुलना में प्रबल एलेली से सम्बन्धित बीमारियाँ कम पायी

जाती हैं। इसके कारण (D) उत्पन्न बीमारियाँ एक-दो पीढ़ी के पश्चात् स्वत: समाप्त हो जाती हैं। हटिंग्टन कोरिया (Huntington chorea) एक प्रबल एलेली युक्त बीमारी है जिसके कारण केन्द्रीय स्नायु संस्थान का विकास विकृत हो जाता है। चूँकि 35 वर्ष के पश्चात् ही इसके लक्षण स्पष्ट हो पाते हैं तब तक वयस्क सन्तानोत्पत्ति कर चुका रहता है। यही कारण है कि कुछ ही परिवारों में प्रबल एलेली के कारण ये दोष पाये जाते हैं।

(ब) सहप्रबलता (Co-dominance): कुछ परिस्थितियों में प्रबल-अप्रबल सम्बन्ध स्पष्ट नहीं हो पाते अत: एक कोशिका के स्थान पर जीन के दोनों रूप (DD, bb) व्यक्ति की विशेषताओं को प्रभावित करते हैं। सिकल कोशिका गुण, इसका एक उदाहरण है जो काले अफ्रीका वासियों में पाया जाता है। यदि दो एलेली अप्रबल (bb) रूप वाले हैं तो बच्चे में सिकल कोशिका रक्ताल्पता (sick cell anemia) रोग पाया जाता है। इससे रक्त कोशिकाएं अवरुद्ध होती हैं एवं रक्त का बहाव बाधित हो जाता हैं। इससे ग्रसित लोग सूजन, उत्तक क्षति (Tissue damage), तीव्र पीड़ा एवं तीब्र आघात से पीड़ित होते हैं। 20 वर्ष की आयु में प्राय: इनकी मृत्यु हो जाती है परन्तु कुछ लोग 40 वर्ष की आयु तक भी जीवित रहते हैं। अधिकांश हेट्रोजायगस व्यक्तियों की इन बीमारियों से उपचार किया जा सकता है (सुलीवान, 1987)।

प्राय: काले अफ्रीकियों में सिकल कोशिका एलेली के होने का प्रमुख कारण है वहाँ की भौगोलिक दशा। अफ्रीका में मलेरिया प्राय: होती रहती है वहाँ के लोगों में सामान्य लोगों की अपेक्षा मलेरिया प्रतिरोधक क्षमता अधिक पायी जाती है। जन्मदर भी यहाँ अधिक है। परन्तु ऐसे स्थान जहाँ मलेरिया कम पायी जाती है वहाँ इन लोगों की पुनरुत्पादन क्षमता निम्न हो जाती है, जब तक कि इन्हें जीन कुण्ड (Gene pool) से अलग न कर दिया जाय।

(स) उत्परिवर्तन (Mutation): हानिकारक जीन्स की उत्पत्ति का एक कारण उत्परिवर्तन है। उत्परिवर्तन डी०एन०ए० के किसी भाग में अचानक होने वाला स्थायी परिवर्तन है। इससे एक दो जीन्स, कभी-कभी अनेक जीन्स भी प्रभावित हो जाते हैं तथा इससे क्रोमोजोमगत दोष उत्पन्न हो जाते हैं कुछ प्रमुख दोषों का यहाँ वर्णन किया जा रहा है। इनमें से कुछ उत्परिवर्तन तो स्वत: होते हैं परन्तु कुछ उत्परिवर्तनों का कारण खतरनाक परिवेशीय अभिकर्ताएँ हैं, जो हानिकारक खाद्य पदार्थो अथवा विषाणु युक्त हवा में साँस लेने के कारण होते हैं। वैज्ञानिकों का मानना है कि उत्परिवर्तन का प्रमुख कारण आयनयुक्त विकिरण (Ionizing Radiation) होता है (जैंग (Zhang) एवं अन्य, 1992)। अत: गर्भाधान के पूर्व महिला में विकिरण के प्रदर्शन (Exposition) से गर्भपात एवं आनुवांशिक दोष युक्त शिशु के जन्म की सम्भावना होती है। पुरुषों में भी इसके प्रभाव से आनुवांशिक असामानताएं पायी जाती हैं (गार्डनर एवं अन्य, 1990), परन्तु अनुसंधानों से इस तथ्य की पुष्टि होती है कि निम्नस्तरीय विकिरण से आनुवांशिक क्षति नहीं होती है। कभी-कभी उत्परिवर्तन का प्रभाव उपयोगी भी होता है। जैसे अफ्रिकावासियों में पाया जाने वाला सिकल कोशिका एलेली, मलेरिया बहुल क्षेत्र में अभूतपूर्व प्रतिरोधक क्षमता दायक होता है।

सारणी 3.2 : प्रबल एवं अप्रबल बीमारियों के रूप

क्र.सं.	बीमारी	विवरण	वंशागति/विरासत की पद्धति	घटना	उपचार	मातृ/पितृगत निदान	धारक पहचान
1.	पी०के०यू० P.K.U:(Phenyl ketonuria)	हानिकारक एमीनो एसिड फेनीलेलेनीन को निष्प्रभावी करने की अयोग्ता जो प्रोटीनयुक्त खाद्य पदार्थों में पाये जाते हैं। इसके कारण केन्द्रीय स्नायु संस्थान आरम्भिक वर्ष में तीव्र रूप में क्षतिग्रस्त हो जाता है।	अप्रबल	प्रति 8000 जन्म में से एक	बच्चे को विशिष्ट प्रकार का भोजन प्रदान किया जाय जिससे उसमें सामान्य वृद्धि एवं सामान्य जीवन विस्तार आ सके। परन्तु इनमें योजना एवं समस्या सम्बन्धी कठिनाई बनी रहती है।	हाँ	हाँ
2.	सिफल कोशिका रक्ताल्पता	लाल रक्त कोशिकाओं में असामान्य फीकापन इसके कारण आक्सीजन वंचना, पीड़ा, सूजन एवं टीसू क्षति-ग्रस्त हो जाते हैं। रक्ताल्पता एवं न्यूमोनिया की सम्भावना पायी जाती है।	अप्रबल	प्रति 500 में से एक शिशु	रक्त परिवर्तन दर्द निवारक दवाएं संक्रामक निवारण का उपचार, कोई उपयुक्त उपचार अज्ञात। 12 वर्ष की आयु में 50% की मृत्यु।	हाँ	हाँ
3.	कूली का रक्ताल्पता (Cooley's Anemia)	पीली शरीर, मन्द शारीरिक विकार एवं शैशवावस्था में निर्जीव/ अकर्मण्य व्यवहार।	अप्रबल	प्रति 500 में से एक शिशु मेडिटेरेनियन डिसेन्ट माता/पिता के।	बार-बार रक्त परिवर्तन, सामान्य किशोरावस्था में किसी समस्या से मृत्यु का हो जाना।	हाँ	हाँ
4.	सिस्टिकफाइबोसिस (Cystic Fibrosis)	फेफड़ा, लीवर एवं पैंक्रियाज से अधिक मात्रा में गाढ़ा कफ आना, श्वसन एवं पाचन सम्बन्धी समस्या।	अप्रबल	2000 से 25000 में से एक श्वेत शिशु में एवं प्रति 16,000 अफ्रिकन-अमेरिकन में 1 शिशु का जन्म	ब्रांकाइकल ड्रेनेज श्वाँस सम्बन्धी उपचार, सही भोजन, वयस्कावस्था में विकसित औषधि की सहायता से सही जीवनयापन।	हाँ	हाँ

(Contd...)

सारणी 3.2 : क्रमशः

क्र.सं.	बीमारी	विवरण	वंशागति/विरासत की पद्धति	घटना	उपचार	मातृ/पितृगत निदान	धारक पहचान
5.	टे सैश डिजीज (Tay-Sachs disease)	6 माह के पश्चात् केन्द्रीय स्नायु संस्थान में विकृति, जैसे कमजोर मांसपेशीय टोन, अंधापन बहरापन एवं ऐंठन।	अप्रबल	प्रति 3,600 में एक शिशु यूरोपीय डिसेंट की यहूदी माँ/पिता के बच्चे में।	कोई नहीं, 3 या 4 वर्ष की आयु में मृत्यु	हाँ	X
6.	हंटिंग्टन कोरिया (Hunting-ton's Chorea)	केन्द्रीय स्नायु संस्थान में विकृति जैसे मांसपेशीय समन्वयन में कठिनाई मानसिक गिरावट एवं व्यक्तित्व परिवर्तन। 35 वर्ष के पूर्व लक्षण स्पष्ट नहीं हो पाते।	अप्रबल	प्रति 18,000 से 25,000 में एक। उत्तरी अमेरिकन शिशु में से एक।	कुछ नही। 10 से 20 वर्ष की आयु में मृत्यु हो जाती है।	हाँ	X
7.	मारफन सिंड्रोम (Marfan Syndrome)	बनावट, लम्बी, छरहरी पतली टांगों एवं हृदय तथा आँख सम्बन्धी दोष। अति लम्बाई, हड्डी या कंकालीय दोष।	प्रबल	प्रति 25,000 में से एक जन्म	कभी-कभी हृदय एवं आँख सम्बन्धी रोगों को दूर किया जा सकता है। पूर्व वयस्कावस्था में हृदय गति रुकने से मृत्यु।	हाँ	X
8.	परिपक्वता के प्रारम्भ में डाइबिटीज (Maturity onest Diabe-tes)	निम्नस्तरीय डाइबिटीज जो वयस्कावस्था में विकसित होता है ग्लूकोज एवं असहायता पायी जाती है।	प्रबल	प्रति 60 में से 1	भोजन प्रबन्धन।	हाँ	X

X–सम्बन्धित बीमारियाँ

क्र.सं.	बीमारी	विवरण	वंशागति/विरासत की पद्धति	घटना	उपचार	मातृ/ पितृगत निदान	धारक पहचान
1.	डंसिन मस्कुलर डिस्ट्राफी (Duchenne Muscular dystrophy)	विकृत माँशपेशीय बीमारी। 7–13 की आयु में चलने में कठिनाई।	अप्रबल	प्रति 3,000 से 5,000 पुरुष जन्म में से एक केस	कोई नहीं। दोष से मृत्यु या किशोरावस्था में हृदय की मांसपेशियों में कमजोरी।	हाँ	हाँ
2.	हीमोफीलिया (Hemophilia)	रक्त जमाव में असफलता इससे तीन आंतरिक रक्त स्राव एवं टिसू क्षतिग्रस्त।	अप्रबल	प्रति 4,000 से 7,000 पुरुष जन्म में से एक केस	रक्त परिवर्तन चोट को रोकने के लिए सतर्कता पूर्ण सुरक्षा।	हाँ	हाँ
3.	डाइबिटीज इंसिपाइडस (Diabetes inspidus)	एक प्रकार का डाइबिटीज जो जन्म के समय विद्यमान होता है। यह अपर्याप्त हारमोन्स के कारण होता है। अति प्यास एवं अति मूत्र त्याग। डिहाइड्रेशन से केन्द्रीय स्नायुसंस्थान की क्षतिग्रस्तता।	अप्रबल	प्रति 2,500 पुरुष जन्म में से एक।	हारमोन पुर्नःस्थापन।	नहीं	नहीं

असाधारण बौद्धिक क्षमता भी उत्परिवर्तन का उदाहरण है। अधुनिक शोधकर्ताओं की रुचि इन हानिकारक जीन्स के बारे में विशद जानकारी प्राप्त करना है जिससे इन्हे दूर किया जा सके।

एक्स युक्त विरासत (X-linked Inheritance): पी.के.यू. या सिकल कोशिका रक्ताल्पता जो समक्रोमोजोम में अप्रबल (Recessive) दोष के कारण होती है, की सम्भावना स्त्री एवं पुरुष में बराबर पायी जाती है।

समक्रोमोजोम में निहित अप्रबल (Recessive) जीन दोष के कारण, स्त्री एवं पुरुष दोनो में समान रूप से पी.के.यू0 या सिकल कोशिका रक्ताल्पता विरासत में मिलती है। जब हानिकारक एलेली X क्रोमोजोम में निहित होता है तो एक्स युक्त विरासत उत्पन्न होती है। इससे पुरुष अधिक प्रभावित होते हैं क्योंकि उनके यौन क्रोमोजोम कोमल नहीं हो पाते। परन्तु स्त्रियों में प्रबल X के द्वारा अप्रबल X का प्रभाव दब जाता है जबकि पुरुषों में एक ही X के कारण, इस समस्या को निष्प्रभावी नहीं किया जा सकता।

लाल-हरा रंग अन्धापन (Red-green colour blindness) एक्स युक्त अप्रबल गुणों के कारण होता है। यह महिलाओं की अपेक्षा पुरुषों में दो गुना ज्यादा पाया जाता है (कोहेन, 1984)। सारणी 3.2 में इससे होने वाली बीमारियों को दर्शाया गया है। पुरुष-शिशु जिनकी माँ असामान्य एलेली से ग्रसित हैं, अधिक प्रभावित होते हैं। बालकों के मामले में गर्भपात, शिशु बाल-मृत्यु की घटनाएं अधिक पायी जाती हैं लड़कों में अधिगम अयोग्यता, मानसिक अवरुद्धता आदि पाया जाता है (रिचर्डसन एवं अन्य, 1990)। इस यौन वैभिन्नता का कारण, आनुवांशिक कूट संकेतन के आधार पर स्पष्ट किया जा सकता है। महिला शिशु में X समक्रोमोजोम, जिसमें अप्रबल एलेली दोष है, X (यौन क्रोमोजोम) प्रबल क्रोमोजोम से निष्प्रभावी हो जाते हैं। चूंकि Y क्रोमोजोम युक्त शुक्राणु हल्का होता है अत: इसके डिम्ब के साथ गर्भित होने की सम्भावना अधिक पायी जाती है। अर्थात् प्रति 106 Y युक्त शुक्राणु पर 100 X युक्त शुक्राणु डिम्ब को गर्भित करते हैं। अत: गर्भस्त लड़कियों की तुलना में गर्भस्थ लड़कों के गर्भपात की घटना अधिक होती है।

प्लीओट्रोपिज्म एवं सुधारक जीन्स (Pleiotropism and Modifier Genes): जीन एवं फिनोटाइप (Phenotype) के बीच सीधा सहसम्बन्ध पाया जाता है। सम्भव है कि यह जीन एक से अधिक गुणों को प्रभावित करें, इसे ही प्लीओट्रोपिज्म कहते हैं। पी.के.यू. इसी का एक उदाहरण है। एक बालक जो हल्के रंग के बाल वाला नीली आँखों तथा एकदम श्वेत रंग का है, ऐसा पिगमेंट कोशिका (Pigmentation) में एमिनो एसिड की अनुपस्थिति के कारण होता है। कुछ जीन्स अन्य जीन्स के दोषों को सुधारने अथवा उनके गलत प्रभाव को दबाने में अपनी भूमिका निभाते हैं।

पालीजेनिक विरासत एलेली : मानव में करीब 2100 गुण प्रबल-अप्रबल (Dominant-D, Recessive-b) एलेली वंशानुक्रम के अनुरूप होते हैं, (मैक्युसेट, 1990) । अधिकांशत: गुण लोगों में या तो स्पष्ट होते हैं या नहीं होते। आनुवांशिक वंशानुक्रम में इन विशेषताओं का अन्वेषण सरल होता है परन्तु कुछ गुण सतत् प्रकार के होते हैं; जैसे ऊँचाई, भार, बुद्धि, व्यक्तित्व इत्यादि जिनका अंकन (Gradation) निम्न-उच्चक्रम के अन्तर्गत होता है। ये पालिजेनिक

वंशानुगति के अन्तर्गत आते हैं जिन्हें कई जीन्स मिलकर प्रभावित करते हैं (प्लोमिन, 1989)। यह वंशानुक्रम जटिल प्रकार का होता है एवम् इसके बारे में पूर्ण जानकारी का अभाव है अतः आगें अनुसंधान अपेक्षित है।

क्रोमोजोमगत असामान्यताएं (Chromosonial Abnormalities)

क्रोमोजोमगत असामान्यता के कारण विकास सम्बन्धी गम्भीर समस्याएँ उत्पन्न हो जाती हैं। मिओसिस प्रक्रिया के समय जब डिम्ब शुक्राणु से गर्भित होता है तब यदि क्रोमोजोम का कोई युग्म पूर्ण रूप से अलग नहीं हो पाता है अथवा उसका कोई अंश टूट जाता है तब अनेक प्रकार की शारीरिक, मानसिक व्याधियाँ व्यक्ति में परिलक्षित होने लगती है इनमें से प्रमुख हैं –

1. **डाउन सिन्ड्रोम (Down Syndrom) :** प्रति 800 में से 1 बच्चा इस समस्या से ग्रसित होता है। करीब 95% स्थितियों में 21वें क्रोमोजोम की मिओसिस प्रक्रिया में युग्म से अलग हुई असफलता के परिणामस्वरूप दो के स्थान पर तीन क्रोमोजोम बन जाते हैं (XXX) अथवा मिटोसिस के आरम्भिक चरण में ही गड़बड़ी के कारण शरीर की कुछ कोशिकाओं में मोजैक संरूप (दोषपूर्ण संरचना) बन जाती है। डाउन सिंड्रोम की तीव्रता स्तर के निर्धारण में देखा जाता है कि बच्चे में अतिरिक्त आनुवांशिक सामग्री (Extra Material) किस अंश तक व्याप्त है ऐसे बच्चों का आकार-प्रकार सामान्य से भिन्न होता है। वे ठिगने, उभरी बनावट, समतल चेहरे, बादामी आँखों एवं हथेलियों पर चुन्नट युक्त लकीरें वाले होते हैं तथा ये बच्चे जन्म से ही आँख, हृदय एवं पेट की बीमारियों से ग्रसित होते हैं एवम् अल्पायु होते हैं। औषधीय विकास के कारण यृद्यपि पहले की अपेक्षा आज इनकी मृत्यु उतनी शीघ्र नहीं होती तथापि सामान्य की अपेक्षा इनकी मृत्यु अल्पायु में हो जाती है। एक सर्वेक्षण के अनुसार ऐसे बच्चे, एक वर्ष की आयु तक 14%, 10 वर्ष की आयु तक 21% तथा शेष मध्य वयस्कावस्था तक जीवित रहे, (बायर्ड एवं सेडवानिक, 1987)। इनमें प्रकार्यात्मक एवं व्यवहारगत दोष, (जैसे मानसिक मन्दता, वाणी दोष, सीमित शब्द भंडारण, मन्द गत्यात्मक विकास) पाये जाते हैं। ये लक्षण बाल्यावस्था तक अधिकाधिक प्रकट हो जाते हैं, इनकी बुद्धि लब्धि 20-50 तक होती है। अतः मात्र 50% ऐसे बच्चें ही पढ़ना सीख पाते हैं (कॉप, 1983)। सामान्य की तुलना में इन शिशुओं का पालन पोषण कठिन होता है। इनकी सांवेगिक अभिव्यक्ति कमजोर होती है फिर भी उचित देखभाल द्वारा इनमें सुधार लाया जा सकता है। क्राली एवं स्किपर (1983) ने अपने अध्ययन में पाया कि डाउन सिंड्रोम से ग्रसित दो वर्षीय बच्चे में माँ द्वारा उचित देखभाल के कारण, उपयुक्त अनुक्रियाशीलता पायी गयी एवं दूसरों की तुलना में उसमें सामाजिक, सांवेगिक, गत्यात्मक कौशल तथा बौद्धिक निष्पादन अधिक विकसित पाया गया।

माँ की आयु वृद्धि के साथ डाउन सिंड्रोम की सम्भावनाओं में वृद्धि होती है। लगभग 20% डाउन सिन्ड्रोम वाले बच्चे, पिता में उत्पन्न अतिरिक्त आनुवांशिक कारकों के प्रतिफल होते हैं (हूक, 1980, स्टेन एवं अन्य, 1981)। चूंकि यौन कोशिकाएं आयु वृद्धि के साथ कमजोर होती जाती हैं और हानिकारक परिवेशीय अभिकर्ताओं (एक्स रे इत्यादि) के कारण, मिओसिस प्रक्रिया में क्रोमोजोम युग्म से सही ढंग से अलग नहीं हो पाते, इसलिए विविध प्रकार की समस्यायें उत्पन्न होती हैं।

यौन क्रोमोजोम से सम्बद्ध असामान्यताएं (Sex Chromosome related Abnormalities)

यौन क्रोमोजोम की असामान्यताओं के कारण लगभग 50% केस में गर्भपात हो जाता है। यदि शिशु का जन्म हो भी जाता है तब भी अधिकांश शिशु बाल्यावस्था तक ही जीवित रह पाते हैं। इस प्रकार की असामान्यता से कुछ ही समस्याएं घटित होती हैं। चूँकि Y क्रोमोजोम आकार में लघु होता है, अतः कुछ ही आनुवांशिक दोष आ पाते हैं। महिलाओं में अतिरिक्त X क्रोमोजोम (XXX) विकास क्रम में जल्दी ही निष्क्रिय हो जाता है। किशोरावस्था तक इसके दोष पहचान में नहीं आ पाते। परन्तु वयः सन्धि के आने में विलम्ब होने लगता है। सारणी 3.3 में अतिरिक्त क्रोमोजोम (X या Y) की उपस्थिति या अनुपस्थिति से उत्पन्न होने वाली समस्याओं को दर्शाया गया है।

सारणी 3.3 : यौन क्रोमोजोमगत दोष (Sex Chromosomal Disorders)

क्र.सं. दोष (Disorder)	घटना Incidence	विश्लेषण Description	उपचार Treatment
1. XYY सिंड्रोम	प्रति 1000 पुरुष शिशु जन्म में से एक केस	अतिरिक्त Y क्रोमोजोम की वंशागति। लक्षण : सामान्य से अधिक लम्बाई, लम्बे दाँत, मुंहासा। परन्तु बुद्धि एवं प्रजनन क्षमता सामान्य।	कोई विशेष उपचार आवश्यक नहीं होता है।
2. XXX सिंड्रोम (Tripple X Syndrome)	प्रति 500–1250 स्त्री जन्म (Female birth) में से कोई एक केस	अतिरिक्त X क्रोमोजोम की वंशागति। लक्षण : दोषपूर्ण वाचिक बुद्धि एवं यौनगत विकास सामान्य परन्तु सामान्य से अधिक लम्बाई।	विशिष्ट प्रशिक्षण की आवश्यकता ताकि शाब्दिक योग्यता सम्बन्धी दोषों को दूर किया जा सके।
3. क्लाइनफेल्टर सिंड्रोम (XXY)	प्रति 500–1000 पुरुष जन्म में से एक केस।	अतिरिक्त X क्रोमोजोम की वंशागति। लक्षण : दोषपूर्ण वाचिक बुद्धि, सामान्य से अधिक लम्बाई, थुलथुली शरीर, शरीर का आकार स्त्रीयोचित, वयःसन्धि में यौनगत विकास अपूर्ण, सामान्यतया वन्ध्यापन।	वयःसन्धि में यौनगत समस्याओं को दूर करने हेतु हारमोन चिकित्सा। वाचिक दोष को दूर करने के लिए विशेष प्रशिक्षण।
4. टर्नर सिंड्रोम	प्रति 2,500–8,000 सभी जन्म में से एक।	युग्म में से दूसरा X पूर्ण या आंशिक रूप से लुप्त। लक्षण : स्थानगत बुद्धि दोषपूर्ण गर्भकाल में योनि का अपूर्ण विकास। वयःसन्धि में यौनगत् विशेषताओं का अपूर्ण विकास। अन्य संरचनाएं छोटी एवं जालयुक्त।	1.बाल्यावस्था में ''हारमोन चिकित्सा'' ताकि शारीरिक विकास सही हो एवं वयःसन्धि में यौनगत् विशेषताएं सही ढंग से विकसित हो सकें। 2.स्थानगत समस्या को दूर करने हेतु प्रशिक्षण।
5. फ्रेगिल X सिंड्रोम (Fragile X Syndrome)	प्रति 1,500 पुरुष जन्म में से एक एवं प्रति 2,000 स्त्री जन्म में से एक।	एक या दोनो X क्रोमोजोम किसी स्थान पर क्षतिग्रस्त होते हैं। लक्षणः मानसिक मन्दता, निम्न आकृतिक गड़बड़ी जैसे कान, जबड़ा एवं ललाट अधिक लम्बा, 12% बच्चों में सांवेगिक दोष पाया जाता है।	विशिष्ट उपचारात्मक कार्यक्रम द्वारा मानसिक मन्दता एवं व्यवहार दोष में सुधार।

कभी-कभी व्यक्ति एक से अधिक अतिरिक्त क्रोमोजोम युग्म विरासत से प्राप्त कर लेता है (XXXX, XXXY, XXYY) जिससे दोषों की मात्रा अधिक प्रबल हो जाती है। क्योंकि यदि अतिरिक्त आनुवंशिक तत्व अत्यधिक हो जाते हैं (प्लोमिन एवं अन्य, 1990) तो ऐसे बच्चों में मानसिक मन्दता का दोष पाया जाता है। XXY सिंड्रोम वाले बच्चों में बौद्धिक स्तर सामान्य बच्चों की भाँति ही पाया गया है (नेटली, 1986; स्टीवर्ट, 1982) परन्तु XXX क्लाईफेल्टर एवं टर्नर (Klinefelter & Turner Syndrome) सिन्ड्रोम वाले बच्चों में बौद्धिक समस्यायें स्पष्टतः परिलक्षित होती हैं। वाचिक कठिनाईयां, पढ़ने एवं शब्द भण्डारण की कमी जैसे दोष (XXX सिन्ड्रोम) लड़कियों में एवं क्लाईफेल्टर लड़कों में, समान रूप से पाये जाते हैं। क्योंकि दोनो में ही अतिरिक्त X पाया जाता है। इसके विपरीत टर्नर सिन्ड्रोम वाली लड़कियों में एक X क्रोमोजोम अनुपस्थित होता है। इससे इनमें स्थानगत दोष पाया जाता है। इन्हे स्पष्ट दिशा का बोध नहीं होता । इनकी लिखावट खराब होती है। इन बच्चियों में ज्यामितिक, रेखाचित्र आदि विषयक कौशल का अभाव होता है (हाल एवं अन्य 1982; नेटली, 1986; पेनिंगटन एवं अन्य 1982)। अध्ययनों से स्पष्ट होता है कि X क्रोमोजोम की संख्या के बढ़ने या घटने के कारण बच्चों में बौद्धिक दोष आ जाते हैं परन्तु इनके कारणों के विश्लेषण हेतु विस्तृत अध्ययन अपेक्षित है।

एक अन्य क्रोमोजोमगत असामान्यता जिसे फ्रेगिल एक्स (Fragile X) सिन्ड्रोम कहा जाता है, जिससे X क्रोमोजोम क्षतिग्रस्त हो जाता है, जिसके कारण बच्चों में सांवेगिक दोष, व्यवहारिक गड़बड़ी (बेतुकापन), भाषा एवं सम्प्रेषण क्षमता का विलम्बित होना अथवा अभाव आदि विकार पाये जाते हैं। चूँकि लड़कियों की तुलना में ये विकार लड़कों में अधिक पाये जाते हैं इसलिए पहले इन्हे यौन सम्बद्ध माना जाता था। परन्तु आधुनिक अध्ययनों के अनुसार ये समस्याएं लड़के-लड़कियाँ दोनों में पाये जाते हैं। क्षतिग्रस्त X क्रोमोजोम माँ द्वारा बच्चे में स्थानान्तरित होता है (वाडर्स, 1989)। कुछ परिवारों में आनुवंशिक दोषों की जानकारी के पश्चात् असामान्य बच्चे जनने का जोखिम नहीं लिया जाता। परन्तु अब आनुवंशिक परामर्शदान एवं गर्भकालीन निदान द्वारा गर्भधारण सम्भव हो रहा है।

आनुवंशिक परामर्शदान (Genetic Counselling)

इस तकनीकी प्रविधि द्वारा माता-पिता को प्रत्याशित शिशु के सन्दर्भ में पूर्व जानकारी देकर धनात्मक अभिवृति विकसित करने एवं स्थिति से सामना करने योग्य बनाया जाता है। यह भी मापन किया जाता है कि बच्चे में दोष आने की संभावना कितनी है? इसका निर्धारण माता-पिता (युगल) द्वारा गर्भपात की आवृत्ति, जन्म के समय कठिनाई, परिवार, आनुवांशिक दोष का स्तर इत्यादि के आधार पर शिशु में आनुवंशिक दोष की सम्भाव्यता का निर्धारण किया जा सकता है। फाइन (1990) का मानना है कि निकट सम्बन्धियों में मानसिक मन्दता, शारीरिक दोष या वंशानुगत रोग यदि विद्यमान हो तो आनुवंशिक परामर्शदान आवश्यक होता है। परिवार वृक्ष (Family Tree) को संरचित करके एवं पेडिग्री (Pedegree) तैयार कर माता-पिता में असामान्य शिशु जन्म के औसत को निर्धारित कर सकते हैं। रक्त परीक्षण एवं आनुवंशिक विश्लेषण द्वारा माता-पिता में असामान्य जीन की उपस्थिति की सम्भावना निर्धारित की जा सकती है।

पोषण (Nurture)

विकास पर परिवेशीय प्रभाव (Environmental Effects on Development)

जन्म के पश्चात् बच्चे के विकास पर वातावरण का सीधा प्रभाव पड़ता है। इसका तात्पर्य यह नहीं है कि गर्भस्थ शिशु के विकास में परिवेश की कोई भूमिका नहीं है। परिवेशीय कारक विकास को गर्भकालीन अवस्था से लेकर जीवन पर्यन्त प्रभावित करते हैं। गर्भकालीन अवस्था में यद्यपि शिशु माँ के गर्भ में सुरक्षित रहता है तथापि अनेक परिवेशीय कारक यथा टेरेटोजेन्स (शाब्दिक अर्थ – हानिकारक तत्त्व), स्वीकृत या अस्वीकृत दवायें, नशीले द्रव्य, सिगरेट, पान या तम्बाकू का उपयोग, हार्मोन्स की अतिसक्रियता विकिरण, पर्यावरणीय प्रदूषण, माँ की बीमारी, माँ की आयु, पोषण एवं सांवेगिक प्रतिबल इत्यादि भ्रूण एवं गर्भस्थ शिशु के विकास को प्रभावित करते हैं। अतः माता–पिता, परिवार व समुदाय का दायित्व है कि बच्चे के स्वस्थ विकास हेतु सुरक्षित परिवेश प्रदान करें।

संस्कृति एवं सामाजिकीकरण का प्रभाव (Influences of Culture and Environment)

जन्म के पश्चात् परिवेश का सीधा प्रभाव बच्चे के विकास पर पड़ता है। जन्म के समय बच्चे को जो सामाजिक परिवेश प्राप्त होता है, वह उसकी आयु की वृद्धि के साथ–साथ परिवर्तित होता जाता है। वह परिवार जिसमें वह जन्म लेता है, किसी सामाजिक समूह, जातीय इकाई, धार्मिक समूह एवं समुदाय के अन्तर्गत आता है। इन सभी इकाइयों के अपने विचार, विश्वास, अभिग्रह, प्रत्याशा, मूल्य एवं उपयुक्त व्यवहार संरूप होते हैं। ये सभी प्रत्याशाएं उस समूह की संस्कृति का निर्माण करती हैं। इसकी कुछ विशेषताएँ तो सार्वभौमिक होती हैं परन्तु कई विशेषताओं में भिन्नता पायी जाती है। 'जातीयतावाद' (Ethnocentricity) मापनी की सहायता से स्वजाति एवं अन्य समूहों के प्रति, व्यक्ति के विश्वासों, मूल्यों एवं प्रत्यक्षीकरण का तुलनात्मक विश्लेषण किया जाता है। प्रत्येक व्यक्ति के लिये स्व एवं पर संस्कृति के प्रति तटस्थ भाव रखते हुए, अभिनतियों से दूर रहना कठिन होता है। अतः इसका प्रभाव बच्चे के विकास पर भी पड़ता है।

परिवार (Family)

बच्चा किस प्रकार के परिवार में जन्म लिया है एवं विकसित हो रहा है, उसका प्रभाव उसके विश्वासों, प्रत्याशाओं, भूमिकाओं एवं जीवन पर्यन्त प्राप्त किये गये अनुभवों के अन्तःसम्बन्धों पर पड़ता है। यहाँ पारिवारिक शैली एवं सांस्कृतिक संरूप का विवेचन प्रस्तुत है जो बच्चे के विकास को प्रभावित करते हैं।

1. **सामुदायिक परिवार (Communal Families):** विभिन्न देशों में साम्प्रदायिक

परिवार पाये जाते हैं। मित्र मण्डली (Peer group) बच्चों को सामाजीकृत करने में अहम् भूमिका निभाती है। समरूपता एवं सहयोग का विकास तथा व्यक्तिवाद तथा समूह मानक से विचलन का दमन ऐसे परिवारों में पाया जाता है। इस्राइल के किब्बुज (Kibbutz) परिवारों में बच्चों का पालन पोषण साम्प्रदायिक - पारिवारिक शैली में किया जाता है। इन बच्चों में अत्यधिक समूह लगाव एवं माता-पिता या संरक्षक के साथ विकसित सम्बन्ध देखा गया है (स्पाइरो, 1954; वीट हाल्यी एवं रेविन, 1977)। संयुक्त राष्ट्र अमेरिका के कुछ साम्प्रदायिक समूहों ने किब्बुज सम्प्रदाय के अनुकरण पर बच्चों को माता पिता की व्यक्तिगत सम्पत्ति न मानकर समाज का अंग मानते हुए पालन पोषण किया। परिणामतः इन बच्चों में उच्चस्तरीय मूल्य, विचार एवं जीवन शैली पायी गयी। भारतवर्ष में भी कुछ जनजातियों में यह परम्परा पायी गयी है।

2. विस्तृत या संयुक्त परिवार (Extended or Joint Families): जहाँ बच्चे की देखरेख, पालन-पोषण माँ बाप के अतिरिक्त, साथ रहने वाले परिवार के दूसरे सम्बन्धियों यथा दादा-दादी, चाचा-चाची और उनके बच्चों द्वारा होता है, ऐसे संयुक्त परिवारों के बच्चों के विकास में आपसी अन्तःक्रिया के स्वरूप का प्रभाव पड़ता है। भारत, अमेरिका एवं यूरोप में इस प्रकार के परिवारों का प्रचलन रहा है। औद्योगीकरण के विकास ने व्यक्ति की जीवनशैली को बदल दिया। नौकरी के कारण परिवार से दूर रहने के फलस्वरूप बच्चों का पालन पोषण एकाकी ढंग से होने लगा जिससे संयुक्त परिवारों की संख्या में निरंतर कमी आती जा रही है।

3. एकाकी परिवार (Nuclear Family): माता-पिता एवं अविवाहित बच्चे पारम्परिक एकाकी परिवार की इकाई होते है। पति या पिता घर का मुखिया होता है जिसका अधिकांश समय जीविकोपार्जन के प्रसंग में घर के बाहर बीतता है। परिवार के सभी सदस्यों की भौतिक आवश्यकता की पूर्ति के लिए वही धनार्जन भी करता है। माँ के जिम्मे घरेलू कामों के सम्पादन के साथ-साथ बच्चों की देखभाल की जिम्मेदारी भी होती है। बच्चों में आरम्भिक प्रशिक्षण का कार्य भी माँ द्वारा ही सम्पन्न होता है। अब एकाकी परिवारों का स्वरूप भी बदलने लगा है। तलाक की घटनाओं अथवा पति पत्नी के अलग-अलग रहने के कारण बच्चा किसी एक के ही साथ पलता है। पारम्परिक एकाकी परिवार में बच्चे के स्वास्थ्य की देखरेख, नैतिक प्रशिक्षण, आर्थिक एवं सांवेगिक स्थिरता का दायित्व माता-पिता पर रहता है परन्तु जीवनशैली में परिवर्तन के कारण अब सहायक (Assistant) के विनियोजन (सहयोग) द्वारा बच्चों की देख भाल का प्रचलन बढ़ा है। बच्चों की देखभाल के लिए नौकरी पेशा माताएं संस्थाओं का सहयोग भी लेती हैं। आयु के प्रारम्भ काल में धर्म, जातीय परम्पराओं, नैतिक मूल्यों की जानकारी बच्चे को अपने परिवार के सदस्यों से ही प्राप्त होती हैं। माता-पिता बच्चों को मूल्यों के बारे में जानकारी देते हैं जिससे बच्चे में भिन्न मुद्दो और विषयों के प्रति अभिवृत्ति के विकास का सूत्रपात होता है।

सामाजिकीकरण की प्रक्रियाएं (Socialization Processes)

सामाजिकीकरण की प्रक्रिया में माता-पिता प्रमुख अभिकर्ता के रूप में कार्य करते हैं। यह जीवन

पर्यन्त चलने वाली प्रक्रिया है बच्चा अपने प्राथमिक समूह के बारे में सीखता है कि यह उसका परिवार है। मित्र मण्डली, अध्यापक इत्यादि के बारे में जानकारी प्राप्त करता है। यह प्रक्रिया उसे नये परिवेश में सामना (Coping) करना सिखाती है। एक शिशु परिवार में जन्म लेता है, कुछ बड़ा होकर स्कूल जाता है, नये पड़ोसी से मिलता है, वयस्क होकर विवाहोपरान्त पति/पत्नी का जीवन प्रारम्भ करता है, वह नयी नौकरी की चुनौतियों का सामना करता है, तदन्तर नौकरी से अवकाश ग्रहण का सामना करता है। आदि परिस्थितियाँ उसके सामने आती है। अतः व्यक्ति जीवनपर्यन्त नयी-नयी परिस्थितियों का सामना करता है। इस संघर्षदक्षता (Coping) का विकास उसकी सामाजिकीकरण प्रक्रिया का ही हिस्सा है। विभिन्न क्रियातंत्रों जैसे पुरस्कार एवं दण्ड, प्रतिरूप अधिगम, तादात्मीकरण एवं आन्तरिकीकरण की सहायता से, विभिन्न चरणों में व्यक्ति विविध प्रकार के व्यवहार एवं विशेषताओं का अर्जन करता है। प्रतिरूप एवं तादात्मीकरण क्रियातंत्र उसमें 'स्व' का भाव विकसित करते है अर्थात् "मै कौन हूँ? क्या हूँ "? अपनी निजी पहचान का भाव ही अहम् (Ego) या आत्मप्रत्यय कहलाता है। आत्म परिज्ञान (Self-Awareness) का उद्भव एवं विकास विभिन्न चरणो में होता है। स्व एवं वाह्य के बीच भेद करने में शिशु अक्षम होता है। धीरे धीरे उसे शरीर के बारे में जानकारी प्राप्त होती है। तदनन्तर अपने माता-पिता और सम्बन्धियों की पहचान करता है, भाई बहनों से तुलना करता है। इस प्रकार उसमें अपने व्यक्तित्व विषयक जानकारी विकसित होने लगती है। बालक द्वारा अपने व्यक्तित्व की विशिष्टता को पहचानने को इप्सटइन (1973) ने 'आनुमानिक आन्तरिक स्व का विकास' कहा है। एरिक्सन ने किशोरावस्था का प्रमुख विकासात्मक संकृत्य, "पहचान समन्वयन वनाम् विसरण (Identity vs Diffusion)" को माना है। आत्म प्रत्यय समय के साथ परिवर्तित होता है। पूर्व वयस्कावस्था को अन्तः वैयक्तिक सम्बन्धों, प्रेम एवं भिन्नता के विकास की उपयुक्त अवस्था माना गया है। एरिक्सन का मानना है कि मध्य वय के व्यक्ति को अपने पारिवारिक दायरे से निकलकर समाज के प्रति भी अपने दायित्व को निभाना चाहिए जिससे उम्र दराज (Elderly) होने पर व्यक्ति अपने जीवन के क्रियाकलापों पर सन्तोष एवं गर्व का अनुभव कर सके। मीड (1934) ने दो प्रकार के स्व की बात की है : (1) वास्तविक एवं (2) अभीष्ट (Ideal)। यदि दोनों में अधिक विषमता नहीं है तो व्यक्ति का समायोजन बेहतर होता है। आत्म प्रत्यय की प्रबलता सामाजिकीकरण-प्रक्रिया के सम्पादन में सहायक होती है एवं साथ ही सामाजिकीकरण प्रक्रम का परिणाम भी होता है।

प्रकृति-पोषण अन्तःक्रिया: विषय बिंदु एवं इनके अन्तःक्रियात्मक प्रकार्यों का एकात्मक सम्प्रत्ययन (Nature-Nurture Interaction : Issues and Interprating Concepts)

प्रकृति-पोषण मुद्दे विकास में आनुवांशिकता एवं पर्यावरण के सापेक्षिक योगदान को अभिव्यक्त करते हैं। विकास मनोविज्ञान एवं अन्य व्यवहारिक विज्ञानों के अन्तर्गत इसे अन्तःक्रियावाद (Interactionism) के रूप में जाना जाता है।

अन्तःक्रियावाद (Interactionism): व्यक्ति के व्यवहार और उसकी विशेषताओं का विकास फेनोटाइप (Phenotype), आनुवंशिक गुण (जीनोटाइप) एवं परिवेशीय कारकों के

साथ हुई अन्तःक्रिया के परिणाम स्वरूप होता है। व्यवहार के विकास में आनुवंशिक गुणों की भूमिका महत्त्वपूर्ण होती है परन्तु व्यक्ति को परिवेश से जो सूचनायें प्राप्त होती हैं एवम् जिन्हें वह अर्जित करता है, उनका इनका परिमार्जन एवं परिवर्द्धन सही परिवेश में, आनुवंशिक क्षमता द्वारा ही निर्धारित होता है। अस्तु विकास में परिवेश की भूमिका भी अत्यन्त महत्त्वपूर्ण होती है। प्राणी का उद्भव एक विशिष्ट परिवेश में ही होता है। वह विकसित होता है एवं व्यवहार करता है। स्नायुतंत्रों के विकास एवं ज्ञानेन्द्रियों के उपयुक्त उद्दीपन हेतु समृद्ध परिवेशीय कारकों की भूमिका काफी महत्त्वपूर्ण पायी गयी है (ह्वाइट एवं हेल्ड, 1966)। आनुवंशगत- परिवेशगत अन्तःक्रिया (Genome-Environment Interaction) के प्रभाव की पुष्टि, मानव तथा पशुओं पर किये गये अनुसंधानो से होती है। यद्यपि दो प्रजातियों में सीखने की क्षमता की विभिन्नता, आनुवांशिक होती है तथापि परिवेशीय कारकों द्वारा यह क्षमता परिमार्जित एवं परिवर्तित होती रहती है।

लारेन्ज (1955) ने अन्तःक्रियात्मक प्रभाव की व्याख्या करते हुए प्रकृति-पोषण सम्बन्धी मुद्दों से जुड़े अनेक प्रश्न उपस्थित किये।

1. आनुवांशिकता पर आधारित गुणों/व्यवहारों को परिवेशीय प्रभाव द्वारा परिमार्जित नहीं किया जा सकता। आनुवांशिक गुण कुछ व्यवहारों को अकेले ही निर्धारित करते हैं। यह विचार अन्तःक्रियात्मक सिद्धान्त के विपरीत है। चूँकि आनुवांशिक गुण सदैव किसी परिवेश या संदर्भ में व्यक्त होता है तथा परिवेशीय प्रभाव के कारण इनमें परिवर्तन भी आता है। इसलिए फेनोटाइप (Phenotype) प्रतीत होता है। अनेक जन्मजात एवं मूल प्रवृत्यात्मक व्यवहारों /विशेषताओं को परिवेशीय कारकों द्वारा परिमार्जित किया जा सकता है। उदाहरणार्थ, फेनिलकेटोन्यूरिया (PKU) आनुवांशिक दशा का परिणाम है (देखें सारणी 3.2) इसे सही चिकित्सा द्वारा ठीक किया जा सकता है। फिनोटाइप विशेषताओं को आनुवांशिक आधार पर जितना ही समझा जायेगा। उतना ही आसानी से इस विरोधाभास का समाधान हो जायेगा, जैसे सामूहिकता के विकास के लिए उत्तर बाल्यावस्था (Late Childhood) या जिसे "गैंग चरण" (gang age) कहा जाता है, अत्यन्त संवेदनशील होता है। इसके बाद लोगों में जातिगत एकता को विकसित कराना दुरुह हो जाता है। इसलिए योजना निर्माताओं को स्कूली छात्रों में एकता के विकास हेतु, इस जानकारी का प्रयोग करना चाहिए।

2. समूह विकास में सांस्कृतिक कारकों की भूमिका को सर्वोपरि मानते हुए लारेन्ज ने आनुवांशिक कारकों को नगण्य कर दिया है, यह विचार भी गलत है। पशुओं पर किये गये अनुसंधान बताते हैं कि जैकडाग अपने माता पिता से बिल्लियों से डरना सीखते हैं। व्यवहारतः आनुवांशिकता की भूमिका नकारी नहीं जा सकती। भाषा का केन्द्र प्रमस्तिष्क (कार्टेक्स) होता है। भाषा संस्कृति द्वारा अर्जित एवं सम्प्रेषित की जाती है परन्तु उसके आकार का निर्माण (Shaping) आनुवांशिकता द्वारा ही होता है। अस्तु व्यक्ति के विभिन्न सामाजिक व्यवहार एवं उसकी विशेषताएं आनुवांशिकता पर आधारित होती हैं।

विकास में प्रकृति-पर्यावरण सम्बन्धी मुद्दों की व्याख्या, जैविकीय, संज्ञानात्मक एवं अधिगम सिद्धान्तो के आधार पर की गयी है। इसी आधार पर एक संश्लेषणात्मक व्याख्या आवश्यक है।

सिद्धान्तो के आधार पर की गयी है। इसी आधार पर एक संश्लेषणात्मक व्याख्या आवश्यक है। यद्यपि इन उपागमों द्वारा प्रकृति-पोषण सम्बन्धी महत्त्वपूर्ण पक्ष दर्शाये गये हैं तथापि हर एक की कुछ अभिनतियाँ भी हैं। ब्रक्सबिक (1959) ने उद्दीपक संकेतों को, परिवेशीय वास्तविकता से सम्बद्ध करने में, अनुभव को अधिक महत्त्व दिया है। परन्तु गिब्सन (1977) सूचनाओं के विभेदन के विकास पर बल देते हैं। डासन (1969) ने विशिष्ट प्रात्यक्षिक कौशलों के समायोजनात्मक मूल्यों पर अधिक बल दिया है। ये सभी विचार एक दूसरे के पूरक एवं एकात्मक हैं।

आनुवंशिकता, पर्यावरण एवं व्यवहार : Heredity, Environment, and Behaviour: A Look Ahead

प्रकृति-पोषण अन्तःक्रिया : विकास स्तर में भिन्नता आनुवांशिक एवं परिवेशीय कारकों की अन्तःक्रिया का परिणाम है। यह भिन्नता आयु के साथ स्पष्टतर होती जाती है। कोई बच्चा अत्यन्त मिलनसार, अति सामाजिक एवं बहिर्मुखी होता है तो दूसरा आत्मकेन्द्रित। एक की रुचि पढ़ने में तो दूसरे की रुचि खेलने अथवा संगीत में हो सकती है। इन विविधताओं के कारणों का अध्ययन व्यवहार आनुवंशिकी (Behavior Genetics) के अन्तर्गत आनुवंशिक एवं परिवेशीय कारकों के संदर्भ में किया जाता है। व्यक्ति को अपने माता-पिता से आनुवंशिक गुण विरासत में मिलते हैं जिन्हें जीनोटाइप (Genotype) कहा जाता है। वस्तुतः जिनोटाइप की वास्तविक अभिव्यक्ति, व्यक्ति के वैशिष्ट्य एवं उसके व्यवहार (फेनोटाइप) में होती है। फेनोटाइप (Phenotype) का आधार व्यक्ति के आनुवांशिक गुणों के अतिरिक्त में परिवेशीय कारक हैं जो गर्भाधान के समय उपस्थित होते हैं। अतः आनुवंशिकता एवं परिवेशगत कारकों की अन्तःक्रियात्मक भूमिका के महत्त्व को सारे विकास मनोवैज्ञानिकों ने एक मत से स्वीकार किया है। कुछ जातिगत गुणों - जैसे बुद्धि, व्यक्तित्व इत्यादि की व्याख्या, परोक्ष रूप में आनुवांशिक गुणों के सन्दर्भ में ही की जाती रही है। इसलिए इन विशेषताओं में प्रकृति-पोषण की भूमिका के सवाल पर विकास मनोवैज्ञानिकों में मतैक्य नहीं है।

1. एक वर्ग की मान्यता के अनुसार विकासात्मक भिन्नता के निर्धारण में दोनों कारकों (आनुवांशिकता एवं परिवेश) के योगदान की मात्रा निर्धारित की जा सकती है।
2. दूसरे वर्ग के लोगों का कहना है कि दोनो में से किसका कितना प्रभाव पड़ता है, यह स्पष्ट करना कठिन है। ये अलग-अलग प्रभाव न डालकर एक दूसरे के साथ अन्तःक्रिया करके विकास को प्रभावित करते है। नीचे उपर्युक्त प्रश्नों का उत्तर देने का प्रयास किया गया है।

आनुवंशिकता एवं पर्यावरण : किसकी भूमिका कितनी?

जटिल मानव व्यवहारों में आनुवंशिकता की भूमिका की जानकारी हेतु व्यवहार आनुवांशिक शास्त्रियों (Behaviour Genetists) ने दो उपागमें अपनाया है।

1. वंशागतीयता (Heritability) : इस विधि से सांख्यिकीय गणना द्वारा जटिल व्यवहारों (बुद्धि, व्यक्तित्व विशेषताओं) में आनुवंशिकता के स्तर का निर्धारण किया जाता है। इसका आधार अभिन्न (Identical Twins) एवं वंधुल जुड़वें बच्चों पर किये गये तुलनात्मक अध्ययनों को बनाया गया। प्राप्त परिणामों से दो तरह के तथ्य सामने आये, जैसे अभिन्न जुड़वों में जीनगत समानता अधिक होती है वैसे ही उनकी बुद्धि एवं व्यक्तित्व में बहुत अधिक समानता पायी गयी। एक ओर आनुवांशिकता के प्रबल प्रभाव की बात की जाती है तो दूसरी ओर निम्न प्रभाव की। परन्तु आधुनिक अनुसंधान विकास में आनुवंशिक गुणों की भूमिका को मध्यम स्तर का स्वीकार करते हैं। वोचर्ड एवं मैक्यू (1986) ने जुड़वा बच्चों पर किये गये करीब 30 अध्ययनों की समीक्षा के आधार पर जो परिणाम प्रस्तुत किये इस प्रकार हैं : बौद्धिक स्तर पर अभिन्न, जुड़वे बच्चों में समानता (r=.86) थी जबकि सहसम्बन्धित बंधुल जुड़वे में कम सम्बन्ध (r=.60) पायी गयी। इस विधि द्वारा 0–1 के बीच सहसम्बन्धों का आकलन किया जाता है। बुद्धि स्तर पर (r=.50) सहसम्बन्ध-मूल्य, स्पष्ट करते हैं कि बौद्धिक स्तर पर आनुवांशिकता का प्रभाव 50% पाया जाता है। लोचलिन, (1989), द्वारा के गोद लिये बच्चों (adopted children) पर किये गये अनुसंधान भी महत्वपूर्ण जानकारी देते हैं। हार्न (1983), स्कार एवं वाइनवर्ग (1983) ने प्रदर्शित किया कि गोद लिये बच्चों का बौद्धिक स्तर, उनके वास्तविक माता-पिता (Biological Parents) के अधिक समकक्ष पाया गया। बौद्धिक स्तर की भाँति व्यक्तित्व सम्बन्धी विशेषतायें जैसे सामाजिकता, सांवेगिक अभिव्यक्ति, सक्रियता-स्तर इत्यादि के बारे में अनुसंधानों से स्पष्ट जानकारी प्राप्त होती है। ये व्यवहार मध्यम स्तर पर आनुवांशिकता से प्रभावित होते हैं (व्रांगर्ट एवं अन्य, 1992; प्लोमिन, 1986)। चित्र 3.3 में वंशागतीयता में भिन्नता के मापन संरूप को प्रदर्शित किया गया है।

वंशागतीयता में भिन्नता

(Varitations in Heritability)

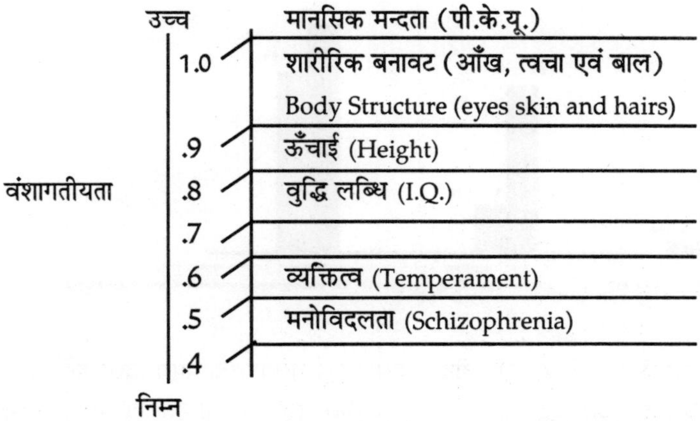

चित्र: 3.3 : विकास के कुछ पक्ष आनुवांशिकता से पूरी तरह नियंत्रित होते हैं। बाल एवं आँख का रंग इसी प्रकार के शारीरिक गुण होते हैं ये परिवेशीय कारकों से सापेक्षिक रूप से अप्रभावित होते हैं परन्तु मनोवैज्ञानिक कारकों से अधिक प्रभावित होते है। वौद्धिक स्तर व्यक्ति में जीनोटाइप से अधिक प्रभावित होता है जबकि मनोविदलता (मात्र 40ः वंशागत होती है) कम प्रभावित होती है।

2. सादृश्य दर (Concordance Rate) : इस विधि के अन्तर्गत दोनों जुड़वों में किन्हीं विशेषताओं का निर्धारण तुलनात्मक स्तर पर किया जाता है जो 0–1 की सीमादर पर अंकित की जाती है। 0= पूर्णतः असमान एवं 1=पूर्णतः समान स्तर पर विशेषता दोनो में विद्यमान है। अधिकांशतः इस विधि का उपयोग सांवेगिक या व्यवहारपरक दोषों के अध्ययन हेतु किया जाता है। यदि अभिन्न जुड़वे में, बंधुल जुड़वे की तुलना में अधिक समानता है तो पूर्ण विश्वास के साथ कहा जा सकता है कि आनुवांशिकता का प्रभाव अधिक है। गर्सन एवं अन्य (1977), गाट्समन एवं अन्य (1983) एवं केन्डलर तथा राँविने (1983) ने अभिन्न एवं बंधुल जुड़वे (प्रत्येक के 100) के प्रतिदर्श पर उनमें विद्यमान मनोविदलता, तीव्र अवसाद, बालापराध एवं अपराधवृत्ति का मापन किया। परिणामों को चित्र संख्या 3.4 में प्रस्तुत किया गया है। अभिन्न एवं बंधुल जुड़वे बच्चों का, इन विशेषताओं के संदर्भ में तुलनात्मक विश्लेषण करने पर स्पष्ट होता है कि मनोविदलता एवं तीव्र अवसाद के निर्धारण में आनुवंशिकता का प्रभाव अधिक है परन्तु बालापराध एवं अपराधवृत्ति में इसकी भूमिका कम है। लोयोलिन एवं अन्य (1988) द्वारा गोद लिये गये मनोविदलता के रोगी पर किये गये अनुसंधानों से भी आनुवंशिकता के प्रभाव की पुष्टि होती है। रोगी एवं इनके माता-पिता समान रोग से ग्रसित मिले जबकि गोद लेने वाले माता-पिता के साथ यह समानता नहीं पायी गयी। अन्य अध्ययनों से भी आनुवंशिकता के प्रभाव की पुष्टि होती है परन्तु सांवेगिक एवं व्यवहारगत दोषों में गरीबी, पारिवारिक संघर्ष, असंगठित पारिवारिक जीवन जैसे टेरेटोजेन्स (हानिकारक अभिकर्ता) का उल्लेखनीय प्रभाव होता है।

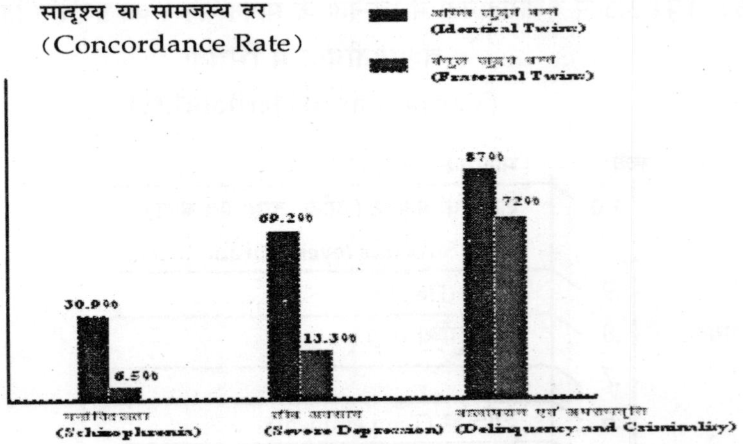

चित्रः 3.4: प्रति 100 जुड़वे बच्चों में मनोविदलता, तीव्र अवसाद एवं बालापराध/अपराधवृत्ति की सादृश्य दर/मनोविदलता एवं तीव्र अवसाद की सादृश्य दर, अभिन्न जुड़वों में अधिक एवं वंधुल में भिन्न पायी गयी। परन्तु बालापराध/अपराध के स्तर पर दोनो समूहों के सादृश्य दर में स्पष्ट भिन्नता नहीं पायी गयी। अर्थात् इस विशेषता पर आनुवांशिकता का प्रभाव निम्न दर्शाया गया। जबकि मनोविदलता एवं तीव्र अवसाद पर आनुवांशिक प्रभाव अधिक पाया गया है। (स्रोत : गाट्समैन एवं अन्य, 1988 ; केंडलर एवं राँविनेट्ट, 1983)

वंशागतीयता एवं सादृश्यदर अनुसंधान विधियों की सीमाएँ : उपरोक्त अध्ययन विधियों की कुछ सीमाएं भी हैं।

(1) अति आकलन : अभिन्न जुड़वा बच्चे एक ही परिवार में समान परिवेश में पलते हैं जिससे उनके बौद्धिक स्तर में उच्च सहसम्बन्ध पाया जाता है। इस कमी को दूर करने के लिये उन अभिन्न जुड़वा बच्चों को लिया गया जो दो भिन्न परिवेशों में पल रहे थे। परन्तु निम्न प्रतिदर्श (Low sample) होने के कारण प्राप्त परिणामों का सामान्यीकरण नहीं किया जा सकता है।

इन विधियों के अनुप्रयोग में त्रुटियाँ भी होने की सम्भावना होती है। जेन्सन (1969, 85) ने गोरे एवं काले बच्चों के बौद्धिक स्तर में सार्थक अन्तर करते हुए, आनुवांशिक प्रभाव की पुष्टि की। परन्तु दूसरे अध्ययनों में इसके विपरीत परिणाम प्राप्त हुए हैं। प्रारम्भिक वर्षों से ही जब दोनों समूह के बच्चों को समान परिवेश में रखकर पाला गया, तब उनके वौद्धिक स्तर में सार्थक भिन्नता नहीं पायी गई।

इन विधियों की उपयोगिता भी आलोचना से परे नहीं है। इनसे इस तथ्य की पुष्टि तो होती है कि बुद्धि एवं व्यक्तित्व सम्बन्धी गुण या विशेषताएं आनुवांशिकता पर निर्भर होती हैं परन्तु इन विधियों से यह स्पष्ट नहीं हो पाता कि ये गुण कैसे विकसित होते हैं ? अथवा विशिष्ट अवसर (प्रशिक्षण) दिये जाने पर बच्चे की अनुक्रिया किस प्रकार की होती है ? इन अनुसंधानकर्ताओं का कथन है कि यह विधि एक विषयक अनुसंधानों का प्रथम चरण है। इसमें अभी अतिरिक्त साक्ष्यों की आवश्यकता है जिससे यह स्पष्ट किया जा सके कि आनुवांशिक गुण विशिष्ट परिवेश में कैसे परिमार्जित होते हैं ?

(2) आनुवंशिकता एवं परिवेश की भूमिका कैसे निर्धारित होती है ? (The Question of How?) दूसरा दृष्टिकोण आनुवांशिकता एवं परिवेश के प्रभाव का अलग-अलग विभाजन नहीं करता अपितु दोनों की गत्यात्मक अन्तःक्रिया का परिणाम मानता है। अतः ये कारक कैसे कार्य करते हैं ? इनका विवेचन आवश्यक है।

(3) प्रतिक्रिया सीमा (Reaction Range): गाट्समैन (1963) ने अपने प्रतिक्रिया सीमा प्रारूप (Reaction Range Model) में दर्शाया है कि किस प्रकार जीनोटाइप एवं फीनोटाइप एक दूसरे से भिन्न-भिन्न परिवेश में सम्बद्ध होते हैं। एलिस एवं लारा नामक दो जुड़वा बहने जिनका जिनोटाइप समान था, परन्तु भिन्न परिवेश में पलने के कारण बौद्धिक स्तर पर भिन्न पायी गयी। जब 15 वर्ष की आयु में उनका बुद्धि परिक्षण हुआ तब एलिस की बुद्धि लब्धि 120 एवं लारा की बुद्धि लब्धि 90 पायी गयी।

1. इस प्रारूप से स्पष्ट है कि समान जीनोटाइप होने के बावजूद, परिवेशीय भिन्नता के कारण, फेनोटाइप भिन्न रूप में विकसित होता है।
2. भिन्न जीनोटाइप के बावजूद समान फेनोटाइप का विकास, समान परिवेश के कारण होता

है। चित्र (3.4) से स्पष्ट होता है कि बालक (फ्रेड) जिसमें निम्नतर बुद्धि स्तर विद्यमान है, एवं दूसरे बालक (पाल) में उच्चतर बुद्धि स्तर है परन्तु फ्रेड को विशिष्ट प्रशिक्षण का अवसर मिला जबकि पाल को सामान्य परिवेश के कारण दोनों की बुद्धि लब्धि (IQ) 100 पायी गयी। परन्तु कुछ विशेषताएं जैसे लम्बाई, भार इत्यादि पर आनुवांशिक कारकों की भूमिका अन्य की तुलना में अधिक होती है। जबकि बुद्धि, सामाजिकता इत्यादि की प्रतिक्रिया सीमा लम्बी होती है एवं इन पर परिवेश का भी महत्वपूर्ण प्रभाव पाया जाता है।

कैनालाइजेशन (Canalization): कोनाई वैडिंगटन (1957) ने स्पष्ट किया हैं कि विकास के साथ बच्चे का जीनोटाइप अधोगामी गेंद की भाँति एवं त्रिविमात्मक घाटी जैसा होता है। यदि घाटी (Valley) का धरातल चौड़ा एवं छिछला व लान युक्त होता है तो गेंद (जीनोटाइप) आसानी से लुढक जायेगी अत: सामान्य विकास पथ से अलग हो जायेगा एवं जीनोटाइप परिवेशीय शक्तियों से संरक्षित नहीं हो पायेगा। दूसरी ओर यदि घाटी गहरी है एवं धरातल कम छिछला एवं सुरक्षात्मक दीवारो से युक्त है तो परिवेशीय हवा गेंद को नहीं लुढका पायेगी। गहरी घाटी युक्त पगडंडी (Pathway) उच्चस्तरीय ढंग से कैनालाइज होती है। उदाहरणार्थ: यदि बीमारी के कारण बच्चे की लम्बाई और विकास बाधित हो जाता है तो उसमें कुछ सीमा तक ही सुधार हो पाता है परन्तु अध्यापकों एवं संरक्षकों द्वारा बाधित 'सामूहिकता' तथा 'अभिव्यक्ति की योग्यता' पर विशेष ध्यान देने से इनमें परिमार्जन हो सकता है। अर्थात् विभिन्न विशेषताओं में कैनालाइजेशन का स्तर भिन्न-भिन्न होता है। एक ही विशेषताओं में कैनालाइजेशन भिन्न-भिन्न आयु में प्रारम्भिक वर्षों में गहरी एवं सँकरी होने से विशेषता का उच्चस्तरीय कैनालाइजेशन हो सकता है परन्तु उम्र बढ़ने के साथ घट भी सकता है क्योंकि भिन्न-भिन्न आयु में परिवेशीय अनुभव भिन्न-भिन्न होता है।

आनुवांशिकता एवं परिवेश की अन्त:क्रियात्मक जटिलता की एक अन्य व्याख्या के अनुसार परिवेश, ही व्यक्ति के जीनोटाइप को प्रभावित नहीं करता वल्कि जीनोटाइप भी परिवेश को प्रभावित करता है। सेन्ड्रा एवं अन्य (1983) ने स्पष्ट किया कि व्यक्ति आवश्यक रूप से अपना परिवेश स्वत: बनाता है। इसके लिये वह दो ढंग अपनाता है।

1. अपने जीनोटाइप के कारण व्यक्ति परिवेश से विशिष्ट अनुक्रिया प्राप्त करता है जैसे सक्रिय एवं प्रसन्नचित्त बच्चे अपने माता-पिता, संरक्षक से अधिक धनात्मक सामाजिक अनुक्रिया प्राप्त करते हैं। एक उत्साही व्यक्ति अधिक रुचिपूर्ण अन्त:क्रिया का अवसर प्राप्त करता है।
2. व्यक्ति उस परिवेश को तलाशता है जिसे वह अधिक उद्दीपन युक्त एवं संगत पाता है। संगीत प्रेमी वाद्ययंत्रों को सीखता है तो उच्च चाक्षुष स्थानगत योग्यता वाला व्यक्ति मैकेनिक या पायलट बनता है इसे 'निचे पिकिंग' (Niche Picking) कहा जाता है। उम्र

बढ़ने के साथ यह प्रवृत्ति विकसित होती जाती है। बच्चे किशोरावस्था में यह प्रवृत्ति कम दर्शाते हैं जबकि किशोर अपनी रुचि, बौद्धिक क्षमता एवं जीनोटाइप के अनुरूप स्वतः प्रतिमा चयन (नीचे पिकिंग) करता है।

बाद के अनुसंधानों में (गाटलिव, 1999) केनलाइजेशन के साथ परिवेश को सम्मिलित करके, इनके प्रभावों को विस्तारित किया गया है। गर्भकाल में शराब एवं नशीली दवाओं से प्रभावित बच्चों पर किये गये अनुसंधान इसकी पुष्टि करते हैं। इससे स्पष्ट होता है कि विकास की सीमा, कुछ विशेषताओं को निर्धारित करती है तो दूसरी ओर अत्यन्त लचीले व्यवहार भी परिवेशीय कारकों के प्रभाव से स्थिर हो जाते हैं।

1. आनुवंशिक-परिवेशीय सहसम्बन्ध : अध्ययन (स्कार एवं अन्य, 1983) दर्शातें हैं कि प्रकृति-पोषण सहसम्बन्ध प्राप्त परिवेश के अनुरूप ही विकास को प्रभावित करते हैं। इसके घटित होने का रूप विकास के साथ परिवर्तित होता रहता है।

2. निष्क्रिय एवं आह्वानकारी सहसम्बन्ध (Passive and Evolative Correlation): विकास के प्रारम्भिक वर्षों में आनुवांशिकता - परिवेश के बीच सहसम्बन्ध सामान्य स्तर का होता है। बच्चों को माता-पिता ही परिवेश प्रदान करते हैं। उदाहरणार्थ : खेल-कूद में रुचि रखने वाले माता-पिता बच्चों को खेलने तथा बाहरी उद्दीपन के साथ अन्तःक्रिया करने का अवसर देते हैं। फलतः आनुवांशिक गुण एवं अनुरूप वातावरण पाकर वह एक सफल खिलाड़ी बन सकता है।

यह सम्बन्ध आह्वानकारी (Evocative) भी होता है। बच्चे का जीनोटाइप निर्धारित करता है कि वह दूसरों से किस प्रकार की अनुक्रिया पायेगा। इससे बच्चों की वास्तविक शैली भी समृद्ध होती है। एक मिलनसार बच्चा अधिक सामाजिक उद्दीपन प्राप्त करने में सफल होता है या सक्रिय, एकाग्रचित्त बच्चा माता-पिता से अधिक धैर्ययुक्त एवं संवेदनशील अन्तःक्रिया प्राप्त करता है।

3. सक्रिय सहसम्बन्ध : आयु वृद्धि के साथ आनुवांशिकता एवं परिवेश के बीच सक्रिय सहसम्बन्ध पाया जाता है। बच्चे का दायरा परिवार में सीमित न रहकर विद्यालय, पड़ोस, समुदाय तक बढ़ जाता है। अपनी अभिरुचि के अनुरूप वह अपनी मित्र मंडली या समूह का चयन करता है। अर्थात् प्रतिमा चयन (Niche Picking) की प्रवृत्ति स्पष्ट होने लगती है। यह प्रवृत्ति दर्शाती है कि अभिन्न जुड़वों में खान-पान, रहन-सहन, मित्र चयन एवं व्यवसाय चयन में समानता क्यों पायी जाती है ? (वाचर्ड एवं अन्य, 1990)। अध्ययनों से यह तथ्य सामने आया है कि अभिन्न जुड़वों में आयु वृद्धि के साथ (बाल्यावस्था से किशोरावस्था तक) व्यक्तित्व एवं बौद्धिक स्तर में अधिक समानता मिली तथा वंधुल या गोद लिये बच्चों में ऐसी समानता में कम पायी गयी (स्कार एवं वाइनवर्ग; 1983, विल्सन, 1983)। निष्कर्षतः आनुवांशिकता एवं परिवेश के अन्तःसम्बन्धों का प्रभाव आयु वृद्धि के साथ परिवर्तित होता रहता है।

आनुवांशिकता–परिवेश अन्त:क्रिया सम्बन्धी अध्ययन की एक प्रमुख उपलब्धि यह है कि लोगों को यह बोध हो कि बच्चे के बेहतर विकास के लिये उसे परिमार्जित एवं अनुकूल परिवेश प्रदान करें अत: इन दोनों कारकों के विनिमय (exchange) के आधार पर विकास के स्वरूप को अधिक स्पष्ट तरीके से समझा जा सकता है।

सारांश (Summary)

विकास में आनुवांशिक गुणों एवं परिवेशीय कारकों की भूमिका अति महत्त्वपूर्ण होती है। व्यक्ति के प्रत्यक्ष व्यवहार फेनोटाइप (Phenotype) उसके जीनोटाइप (Genotype) तथा परिवेशीय कारकों द्वारा निर्धारित होते है। अस्तु यहाँ आनुवांशिकता (Heredity) एवं परिवेशीय कारकों का अलग–अलग विश्लेषण किया गया है। अन्त में ये दोनो कारक एक साथ अन्त:क्रिया करके विकास को किस प्रकार निर्धारित करते हैं, इसका एकात्मक सम्प्रत्ययन किया गया है।

आनुवांशिक गुणों के वाहक क्रोमोजोम में निहित असंख्य जीन होते हैं। ये वैयक्तिक भिन्नता को निर्धारित करते हैं एवं विकास को प्रभावित करते हैं। गेमेट्स (Gametes) या यौन कोशिकाएं, कोशिका विभाजन (Meosis) की प्रक्रिया द्वारा उत्पन्न होती हैं। शुक्राणु एवं डिम्ब के मिलने से गर्भित कोशिका (Zygote) बनती है, जो कोशिका समरूपीकरण (Mitosis) प्रक्रिया द्वारा विकसित होते हुए 'नव जीवन' का निर्माण करती है। कभी–कभी जुड़वे बच्चे विकसित होने लगते हैं, ऐसा दो कारणों से होता है। प्रथम कोशिका समरूपीकरण (Cell Duplication) के समय जब जायगोट दो हिस्सों में विभाजित हो जाता है तो पुन: अलग–अलग विकास की यह प्रक्रिया प्रारम्भ हो जाती है। अत: एक के स्थान पर दो जीव विकसित होने लगते हैं। इन्हे अभिन्न जुड़वा (Identical Twins) कहा जाता है, इसके अतिरिक्त जब स्त्री की योनि से एक के स्थान पर दो परिपक्व डिम्ब किन्ही कारणों से निकलते हैं तथा दो अलग–अलग शुक्राणुओं से गर्भित हो जाते हैं तब दो अलग–अलग शिशुओं के रूप में विकसित होने लगते हैं। इन्हें वंधुल जुड़वा (Fraternal twins) कहा जाता है। गर्भस्थ शिशु पुत्र या पुत्री होगा ? इसका निर्धारण इस तथ्य पर निर्भर करता है कि यदि डिम्ब (Ovum) XX क्रमोजोम युक्त शुक्राणु से गर्भित हुआ तो पुत्री पैदा होगी एवं XY क्रोमोजोम युक्त शुक्राणु (Sperm) से गर्भित हुआ तो पुत्र पैदा होगा।

क्रोमोजोम में स्थित जीन द्वारा वंशानुगत गुणों की अभिव्यक्ति (प्रबलता, अप्रबलता एवं सहप्रबलता सम्बन्धों के प्रारूप) का नियंत्रण होता है। इन संरूपों से सम्बन्धित दोष भी पाये जाते हैं। जब अप्रबल (Recessive) दोष एक्स युक्त (X-Links) होता है तो पुरुष अधिक प्रभावित होते हैं कभी–कभी हानिकारक परिवेशीय कारकों से या स्वत: परिवर्तन (Mutations) द्वारा अनुपयोगी (Unfavourable) जीन्स विकसित हो जाते हैं जिससे विकास बाधित हो जाता है। जीन्स एवं फेनोटाइप के बीच सदैव समान सम्बन्ध नहीं पाया जाता है। सामान्यतया प्लीट्रोपिज्म (Pleiotropism), अर्थात् एक ही जीन में एक से अधिक गुणों को प्रभावित करने की योग्यता

एवं परिमार्जक जीन (Modifier Gene) (अन्य के दुष्प्रभाव को परिमार्जित करने की योग्यता) पाये जाते हैं। व्यक्ति की कुछ विशेषताएं जैसे बुद्धि, व्यक्तित्व इत्यादि, एक से अधिक जीन्स से प्रभावित होती है। अतः आनुवंशिकता विकास को किस स्तर तक कितना प्रभावित करता है यह जटिल प्रश्न है एवम् स्पष्ट उत्तर के लिए आगे अनुसंधान की अपेक्षा है। व्यक्ति के विकास में असामान्यताएं देखने को मिलती है। कुछ असामान्यताएं क्रोमोजोमगत होती हैं। जैसे डाउन सिड्रोम के कारण शारीरिक दोष एवं मानसिक मन्दता पायी जाती है। यौन क्रोमोजोमगत असामान्यताएं, समक्रोमोजोम की तुलना में कम गंभीर/ दोषयुक्त होती है। इनमें XXX सिंड्रोम, क्लाइनफेल्टर (Klinefelter) एवं टर्नर सिंड्रोम (Turner Syndrome) फ्रेजिल एक्स (Fragilexx) सिंड्रोम प्रमुख हैं। इनके कारण बौद्धिक दोष एवं अन्य मानसिक मन्दता व्यक्ति में पायी जाती हैं। इन असामान्यताओं को नियन्त्रित एवं उपचारित करने हेतु कुछ विधियाँ संस्तुत हैं। आनुवांशिक परामर्शदान (Genetic Counselling) तथा गर्भकालीन नैदानिक विधियों के उपयोग द्वारा विकास के प्रारम्भिक चरण में इनके आवश्यक उपचार किया जा सकता है।

आनुवांशिक पृष्ठभूमि के अतिरिक्त विकास प्रक्रिया में परिवेशीय प्रभाव की महत्त्वपूर्ण भूमिका होती है। विकासक्रम में, गर्भकालीन विकास तीव्रतम होता है। यद्यपि शिशु का विकास माँ के गर्भ में अत्यन्त सुरक्षित परिवेश में होता है तथापि बहुत से परिवेशीय कारक उसके विकास को प्रभावित करते हैं। टेरेटोजेन्स (Teratogens) वे परिवेशीय अभिकर्ता हैं जिनका हानिकारक प्रभाव गर्भकालीन विकास को क्षतिग्रस्त (Damage) कर देता है। भ्रूणावस्था में यदि इसका प्रभाव पड़ा तो पूरी संरचना क्षत-विक्षत हो जाती है। प्रभाव की तीव्रता का निर्धारण प्रदर्शन काल (Exposure Time), माँ-बच्चों की आनुवांशिक संरचना (Genetic Makeup) एवं हानिकारक अभिकर्ता की उपस्थिति/अनुपस्थिति इत्यादि से होता है। ये कारक शारीरिक क्षति ही नहीं अपितु बाद के विकास चरणों में मनोवैज्ञानिक समस्यायें भी पैदा करते हैं। नशीली दवाएं, सिगरेट का सेवन, मादक द्रव्य, हारमोन्स, एक्स किरणें, परिवेशीय प्रदूषण एवं संक्रामक रोग जैसे प्रमुख टेरेटेजेन्स विकास को बाधित करते हैं।अन्य मातृगत कारक भी गर्भकालीन विकास में सहायक/बाधक होते हैं। पोषण, सांवेगिक प्रतिबल, माँ की आयु आदि कारकों से भी गर्भकालीन विकास प्रभावित होता है। परन्तु इन परिवेशीय कारकों के प्रभाव में प्रसरण (Variation), भिन्नता पायी जाती है। जन्म के पश्चात् परिवेश का प्रत्यक्ष प्रभाव पड़ता है बच्चा अपने सामाजिक परिवेश (परिवार, समुदाय, धर्म जातीय समूह) से अपनी संस्कृति को समझता है। पारिवारिक जीवन शैली बच्चे में अभिवृत्ति एवं मूल्यों के विकास में महती भूमिका निभाती हैं। सामाजिकीकरण के अभिकर्ता एवं क्रियातंत्रों की सहायता से जीवन के विविध चरणों में, व्यवहार विकसित होते है एवं आत्मप्रत्ययों का सही परिवेश में विकास होता है।

विकास स्तर में वैयक्तिक भिन्नता पायी जाती है। अतएव व्यवहार आनुवांशिकी (Behavior Genetics) अनुशासन के अन्तर्गत जटिल विशेषताओं जैसे बुद्धि एवं व्यक्तित्व आदि का अध्ययन आनुवंशिक एवं परिवेशीय कारकों के आधार पर किया जाता है। कुछ शोधकर्ताओं के

अनुसार वैयक्तिक भिन्नता के निर्धारण में आनुवांशिकता (Heredity) एवं परिवेश की अलग-अलग भूमिकाओं की मात्रा निर्धारित की जा सकती है ? इन अन्वेषणकर्ताओं ने जुड़वा बच्चों एवं गोद लिये बच्चों पर किये गये अनुसंधान के आधार पर वंशागतीयता (Heritability statistics) सांख्यिकी एवं सादृश्य दर (Concordance) की गणना द्वारा दोनों कारकों की भूमिका के स्तर को निर्धारित करने का प्रयास किया है। यद्यपि इन विधियों की कुछ अभिनतियां भी पायी गयी हैं।

अनुसंधानकर्ताओं का दूसरा वर्ग इस तथ्य पर बल देता है कि आनुवांशिकता एवं परिवेश एक साथ मिलकर विकास को प्रभावित करते हैं ? इन्होंने प्रमुख संप्रत्ययों जैसे प्रतिक्रिया सीमा (Reaction Range), कैनालाइजेशन (Canalization) एवं आनुवांशिक परिवेश सहसम्बन्ध, के आधार पर स्पष्ट किया है कि विकास को प्रकृति-पोषण की जटिल अन्तःक्रियाओं के आधार पर बेहतर तरीके से समझा जा सकता है।

तकनीकी पद	**Technical Terms**
अंकन	Gradation
अति आकलन	Over estimation
अन्तःक्रियावाद	Interactionalism
अनुवांशिक कूटसंकेतन	Genetic coding
अप्रबल	Recessive 'b'
अभिकर्ता	Agents
आकार निर्माण	Shaping
आत्मप्रत्यय	Self concept
आन्तरिकीकरण	Internalization
आनुवांशिक प्रसरणशीलता	Genetic variability
आनुवांशिक विरासत	Inheritance
आनुवांशिक परामर्शदान	Genetic Counselling
उत्परिवर्तन	Mutation
एकाकी परिवार	Nuclear family
एलेली (जीन के दो रूप)	Allele
क्रोमोजोम	Chromosome
कोशिका विभाजन (मिओसिस)	Miosis
कोशिका समरूपीकरण (माइटोसिस)	Cell Duplication or Mitosis
गौमेट (यौन कोशिका)	Gamete
जीनोटाइप	Genotype

जायगोट	Zygote
जातियतावाद	Ethnocentricity
टेरेटोजेन्स	Taratogens
डी. एन. ए.	Deoxyribonucleic Acid (D.N.A.)
डिम्ब	Ovum
नालबद्धता	Canalization
निषेचन	Fertilization
परिवेश	Nature (Environment)
पोषण	Nurture
प्रकृति	Nature (Heredity)
प्रबल	Dominance 'D'
प्रतिक्रिया सीमा	Reaction Range
प्रतिमा चयन	Niche Picking
परिमार्जक जीन	Modifier Gene
प्रसरण	Variation
फेटल अल्कोहल सिंड्रोम (फैस)	Fetal Alcohol Syndrome (FAS)
फेनोटाइप	Phenotype
व्यवहार आनुवांशिकी	Behavior Genetics
बन्धुल जुड़वा	Fraternal Twins
रक्त अल्पता	Anaemia
वंशागतीयता	Heritability
वाहक	Carrier
संकरण	Crossing Over
सादृश्य दर	Concordance Rate
सहप्रबलग	Co-dominance
साम्प्रदायिक परिवार	Communal Family
समक्रोमोजोम	Auto chromosomes
सामुदायिक	Communal
स्वतः परिवर्तन	Mutation
हेट्रोजायगस	Heterozygous
होमोजायगस	Homozygous

4 मानव विकास के सिद्धान्त
(Theories of Human Development)

मानव विकास जीवनकालिक (Life span) जटिल प्रक्रम है। इसके स्वरूप की व्याख्या विविध उपागमों के आधार पर की गयी है। विकास के संदर्भ में कुछ आधारभूत प्रश्न उपस्थित होते हैं, यथा- मानव विकास का मूलभूत स्वरूप क्या है ? क्या व्यक्ति एक तर्कशील प्राणी है? क्या उसका व्यवहार लक्ष्योन्मुख होता है, या वह अपनी भावनाओं से संचालित होता है? हम अपने बाह्य जगत को किस प्रकार समझते हैं या व्यवहारों को कैसे सीखते हैं? अन्वेषण द्वारा, अन्तर्दृष्टि द्वारा या अवलोकनीय व्यवहार की छोटी-छोटी ईकाईयों को संयोजित करके हम कैसे अभिप्रेरित होते हैं -पुरस्कार द्वारा, दण्ड द्वारा, उत्सुकता या आन्तरिक अन्तर्नोदों द्वारा ? चेतन क्या है और यह किस प्रकार विकसित होता है? इस पर प्रत्यक्ष नियंत्रण हम कैसे रखते हैं ? क्या ये उन बाह्य एवं आन्तरिक शक्तियों द्वारा संचालित होते हैं, जिन शक्तियों पर हमारा नियंत्रण नहीं होता है? मानव विकास में वासस्थलीय एवं पारिस्थितिकीय कारकों की भूमिका क्या होती है? सामाजिक-सांस्कृतिक कारक मानव विकास को कैसे प्रभावित करते है? इत्यादि। विकास से सम्बन्धित इन विविध प्रश्नों का उत्तर जानने के लिए विकासात्मक दृष्टिकोण से अध्ययन किया जाता हैं एवं प्रत्येक प्रश्नों का उत्तर, मानव विकास के अलग-अलग सिद्धान्तों के आधार पर देने का प्रयास किया गया हैं। इन सिद्धान्तों के आधार पर हम सूचनाओं को व्यवस्थित ढंग से प्रस्तुत कर सकते हैं एवं इन्द्रियानुभविक अनुसंधान की योजना बना सकते हैं तथा उनका परीक्षण कर प्राप्त तथ्यों के आधार पर विकास के संदर्भ में सार्वभौमिक व्याख्या प्रस्तुत कर सकते हैं। अतः इस अध्याय के अन्तर्गत विकास के प्रमुख सिद्धान्तों का विवेचन किया गया है।

सारिणी 4.1 में विभिन्न सिद्धान्तों की तुलनात्मक समीक्षा प्रस्तुत की गयी है।

मनोविश्लेषणवादी सिद्धान्त (Psychoanalytic Theory)

मनोविश्लेषणवादी परम्परा के अन्तर्गत दो प्रमुख सिद्धान्त ऐसे हैं जो मानव विकास के स्वरूप की व्याख्या में महत्वपूर्ण भूमिका निभाते हैं। प्रथम सिग्मण्ड फ्रायड का मनोलैंगिक विकास का सिद्धान्त तथा दूसरा एरिक एरिक्सन का मनोसामाजिक विकास का सिद्धान्त। इन दोनों सिद्धान्तों की व्याख्या विकास के स्वरूप एवं प्रक्रमों के संदर्भ में क्रमशः किया गया है।

सारणी 4.1 : विकासात्मक सिद्धान्तों का तुलनात्मक विश्लेषण

सिद्धान्त	प्राणीगत बनाम् यान्त्रिक बालक	निरन्तर बनाम् अनिरन्तर विकास	प्रकृति बनाम पालन-पोषण
मनोविश्लेषणवादी सिद्धान्त	*प्राणिगत* मानस की संरचनाओं के बीच सम्बन्ध व्यक्तित्व को निर्धारित करती है (मन की संरचना में इद, अहम, पराहंम निहित है।)	*अनिरन्तर* मनोसामाजिक और मनोलैंगिक विकास की अवस्थाओं पर बल दिया गया है।	*प्रकृति और पोषण दोनों पर बल-* जन्मजात आवेश, बच्चों के पालन पोषण से सम्बन्धित अनुभवों से नियन्त्रित किया गया है और संचालित किया गया है।
व्यवहारवादी और सामाजिक अधिगम सिद्धान्त	*यांत्रिक* विकास व्यवहारिक अनुक्रियाओं और उद्दीपक निवेशों के बीच सम्बन्ध स्थापित करने का परिणाम है।	*निरन्तर* मात्रात्मकता अधिगत व्यवहार में बढ़ती है और उम्र के साथ घटित होती है।	*पोषण पर बल* प्रतिरूप और अनुबंधन के अधिगम सिद्धान्त विकास को निर्धारित करते हैं।
मानवतावादी सिद्धान्त	*प्राणिगत*	*निरन्तर*	*प्रकृति-पोषण दोनों पर बल*
पियाजे का संज्ञान विकासात्मक का सिद्धान्त	*प्राणिगत* मनोवैज्ञानिक संरचनाओं से बच्चों की समझ निर्धारित होती है तथा बच्चे ज्ञान को तेजी से प्राप्त करते हैं।	*अनिरन्तर* संज्ञानात्मक विकास की अवस्थाओं पर बल दिया गया है।	*दोनों पर बल* बच्चों के जन्मजात अन्तनेदि में वास्तविक खोज पर बल दिया गया है।
सूचना प्रक्रमण सिद्धान्त	*प्राणिगत तथा यान्त्रिकी दोनों* संक्रीय प्रक्रमण संरचनाएँ एक यान्त्रिक कम्प्यूटर की तरह उद्दीपक निवेश का प्रतिमान और व्यव- हारिक निर्गत विकास को उत्पादित करती है।	*निरन्तर* मात्रात्मकता, प्रत्यक्षीकरण में बढ़ती है। उम्र के साथ अवधान, स्मृति और समस्या समाधान कौशल उसके स्थान पर आ जाते हैं।	*दोनों पर बल* परिपक्वता और अधिगम के अवसर सूचना प्रक्रमण कौशल को प्रभावित करते है।
वासस्थलीपरक सिद्धान्त	*प्राणिगत*	*दोनों* अधिग्रहण व्यवहार प्रतिमान पूरे समय संख्या में बढ़ता है, लेकिन संवेदनात्मक अवधि, एक सुनिश्चित समयावधि है जिसमें संख्यात्मक विभेदन क्षमता और अनुक्रियाएँ अचानक आती है और बल भी प्रदान करती हैं।	*दोनों पर बल*
पारिस्थितकीय तंत्र सिद्धान्त	*प्राणिगत* बच्चों की व्यक्तित्व सम्बन्धी विशेषताएँ और सोचने के तरीके उनके विकास में तेजी से योगदान देते हैं।	*निरन्तर*	*दोनों पर बल* बच्चों की विशेषताए और दूसरों की प्रतिक्रियाएँ अनुदिश तरीके से एक दूसरे को प्रभावित करती है। पर्यावरणीय स्तर बच्चों के पालन-पोषण से सम्बन्धित अनुभवों को प्रभावित करता है।

(क्रमशः)

सारणी 4.1(क्रमशः)

वाइगोटस्की का सामाजिक सांस्कृतिक सिद्धान्त	*प्राणिगत* बच्चे समाज के वक्तव्यों की प्रमुख विशेषताओं को आन्त-रिकीकरण करते हैं, तथा इनके द्वारा मानसिक संरचनाओं को बनाते हैं जिससे वे अपने व्यवहार का मार्ग निर्देशन कर सकें।	समाज के प्रौढ सदस्यों के साथ बच्चों की अन्तःक्रिया एक-एक करके बढ़ती है तथा व्यवहार और विचारों में परिवर्तन आता है।	*दोनों पर बल* समाज के ज्ञानवान सदस्यों के बीच प्रौढ़ता और अवसर निर्धारित होता है जो सांस्कृतिक अधिग्रहण कौशल और मनोवैज्ञानिक संरचनाओं के विकास को प्रभावित करते हैं।

फ्रायड का मनोलैंगिक विकास का सिद्धान्त (Theory of Psycho-sexual Development)

आरम्भ से ही सिग्मण्ड फ्रायड (Sigmund Freud, 1856-1939) की रुचि दो बातों की ओर थी, मनःस्तापी व्यक्तियों की चिकित्सा के लिए क्रियात्मक विधि की आवश्यकता तथा मानव के वास्तविकताओं की खोज के लिए अन्तर्दृष्टि प्राप्त करने का प्रयत्न। इस क्षेत्र में उन्होंने जो कार्य किया उसे "मनोविश्लेषणवादी सिद्धान्त" के नाम से जाना जाता है। मनोविश्लेषण के अन्तर्गत ही फ्रायड ने मनोलैंगिक विकास सिद्धान्त की चर्चा की, जिसके माध्यम से मानव विकास के स्वरूप को प्रभावी ढंग से प्रस्तुत किया गया है।

सर्वप्रथम ब्रुअर तथा फ्रायड ने 1895 में '*स्टडीज इन हिस्टीरिया*' नामक पुस्तक प्रकाशित की। फ्रायड ने बताया कि हिस्टीरिया का कोई शारीरिक आधार नहीं होता बल्कि इसका कारण दमित इच्छायें होती हैं। अतः जब दमित भावनाओं और संवेगों का परिष्कार हो जाता है, तब हिस्टीरिया से छुटकारा मिल जाता है। फ्रायड का मानना था कि मानसिक रोगी की चिकित्सा के लिए आवश्यक है कि उसके अचेतन मन में दबे हुए कारणों को ज्ञात करके एवं उनका समाधान करके उसे रोगमुक्त किया जा सकता है। इसीलिए फ्रायड ने एक नई चिकित्सा विधि की खोज की, जिसका नाम उन्होंने "मनोविश्लेषण चिकित्सा" (Psychoanalytic Therapy) रखा। इस चिकित्सा में फ्रायड ने निःसंकोच होकर मन की बात कहने की व्यवस्था रखी। फ्रायड ने इसे स्वतंत्र साहचर्य (Free Association) का नाम दिया। फ्रायड ने इस बात पर विशेष बल दिया कि "कैसे परिवार के लोग अपने बच्चों को जीवन के प्रथम कुछ वर्षों में उनके आक्रामकता, प्रणोद और काम-प्रवृत्ति को रोकें, जो उनके स्वस्थ्य व्यक्तित्व विकास के लिए निर्णायक हों।"

फ्रायड के सिद्धान्त में व्यक्तित्व के तीन भाग इदं (Id), अहं (Ego), तथा पराहं (Super Ego), व्यक्तित्व विकास की पांचों अवस्थाओं की क्रमावधि से सम्बद्ध हैं। इदं (Id) मन का सबसे बड़ा भाग है, जो जन्मोपरान्त उपस्थित होता है। इदं व्यक्ति की समस्त मानसिक और शारीरिक शक्ति का मूल स्रोत हैं। यह शक्ति जन्मजात होती है तथा हमें आनुवंशिक गुण सूत्रों के रूप में अपने पूर्वजों से पीढ़ी दर पीढ़ी प्राप्त होती रहती है। इदं अस्पष्ट और अव्यवस्थित होता है जो मूलरूप से व्यक्ति के अचेतन मन का प्रतिनिधित्व करता है और इसलिए इसका सम्बन्ध बाह्य

जगत से बिल्कुल नहीं होता। इदं मूलतः 'सुख के नियम' (Pleasure principle) पर आधारित होता है और इच्छाओं की तात्कालिक पूर्ति चाहता है।

अहं (Ego) चेतना का अभिन्न हिस्सा है, जो पूर्व बाल्यावस्था से ही उत्पन्न होता है। अहं का सम्बन्ध बाह्य जगत एवं वास्तविकताओं से होता है, जिसे हम अहं की अन्तर्वस्तु मानते हैं। अहं का मुख्य कार्य इदं (Id) भावनाओं और बाह्य जगत की वास्तविकताओं के बीच सामञ्जस्य स्थापित करना होता है। अतः अहं "वास्तविकता के नियम" (Reality principle) पर आधारित है।

पराहं (Super ego) व्यक्तित्व संरचना में तीसरा महत्वपूर्ण संघटक होता है। इसका आधार नैतिकता तथा विवेक होता है। पराहं व्यक्ति के भीतर अहं का अंश होता है जो बाल्यावस्था से विकसित होने लगता है। पराहं के पूर्णतः विकसित हो जाने पर व्यक्ति के भीतर अन्तःकरण अथवा विवेक जागृत हो उठता है और वह आदर्श जीवन व्यतीत करने लगता है परन्तु अत्यधिक नैतिक और आदर्शवादी हो जाने पर व्यक्ति को परिवेश के साथ स्वयं को समायोजित करने में कठिनाई का अनुभव होने लगता है। अतः संतुलित जीवन हेतु इदं (Id), अहं (Ego) तथा पराहं (Super ego) सभी का सामञ्जस्य होना आवश्यक है।

मनोलैंगिक विकास (Psycho-sexual Development)

फ्रायड के अनुसार "काम शक्ति जीवन के प्रारम्भ से ही बालक में विद्यमान रहती हैं, जिसका प्रदर्शन मुखीय, गुदीय, लैंगिक, अदृश्यावस्था तथा जननेन्द्रियावस्थाओं में भिन्न-भिन्न रूपों में व्यक्त होता है। व्यक्ति के भीतर कामुकता तथा व्यक्तित्व का विकास साथ-साथ चलता रहता है और भावी व्यक्तित्व विकास पर बाल्यकालीन कामुकता का महत्वपूर्ण प्रभाव पड़ता है।" फ्रायड प्रथम व्यक्तित्व सिद्धान्तवादी थे, जिन्होंने व्यक्तित्व के विकास में जन्म के प्रारम्भिक वर्षो को महत्व दिया। प्रथम पांच वर्ष में व्यक्तित्व की जो संरचना निर्मित हो जाती है बाद के वर्षो में उसी का विस्तार होता है।

फ्रायड ने जिस काम-शक्ति की बात की है, उसे लिविडो (Libido) की संज्ञा दी है। बालक की काम वासना और तत्सम्बन्धी अनुभूतियाँ उसके विचारों, भावनाओं, संवेगात्मक प्रतिक्रियाओं, आदतों, अभिवृत्तियों, पूर्वाग्रहों, विश्वासों, मूल्यों, पसंदगियों तथा नापसंदगियों के रहस्य को निर्धारित एवं नियंत्रित करते हैं। कामुक इच्छा, शरीर के जिस भाग से उत्पन्न होती है उसे कामोत्तेजक क्षेत्र (Erogenous Zones) कहते हैं। होंठ (Lips) एवं मौखिक गुहिका (Oral cavity); गुदा क्षेत्र (Anal region) तथा काम-इन्द्रियाँ (Sex organs) तीन प्रमुख कामोत्तेजक क्षेत्र हैं। बचपन में लैंगिक प्रवृत्तियाँ एक दूसरे से अलग-अलग होती हैं जबकि यौवनारंभ (Puberty) में ये संयुक्त रूप से पुनरोत्पादन में सहायता करती है।

फ्रायड ने व्यक्ति के मनोलैंगिक विकास के संदर्भ में प्रमुखतः पाँच अवस्थाओं का उल्लेख

किया है जिसे तालिका 4.2 में प्रदर्शित किया गया है। विकास की प्रत्येक अवस्था (प्रथम पांच वर्ष तक) का नामकरण शरीर के विशिष्ट भाग के प्रति प्रतिक्रिया करने के ढंग पर किया गया है। इसके बाद व्यक्ति के आवेग दमन की अवस्था आती है। किशोरावस्था (Adolescene) का गत्यात्मक पुनरुत्थान पूर्व जननांगीय आवेगों को पुनः सक्रिय कर देता है। यदि ये सफलता पूर्वक अहं द्वारा विस्थापित किये गये तो व्यक्ति परिपक्वता की अन्तिम अवस्था-जननांगीय अवस्था में पहुंच जाता है। पांचों अवस्थाओं का वर्णन निम्नवत् है-

तालिका 4.2 : फ्रायड के अनुसार विकास की अवस्थायें

अवस्थायें	अवधि	प्रमुख व्यवहार
मुखीय अवस्था	जन्म से एक वर्ष तक	अंगूठा चूसना
गुदीय अवस्था	1-2 वर्ष तक	मलमूत्र का स्पर्श
लैंगिक अवस्था	3-5 वर्ष तक	लैंगिक अंगों को स्पर्श करना
अदृश्यावस्था	6-13 वर्ष तक	लैंगिक भावनाओं पर नियंत्रण
जननेन्द्रियावस्था	किशोरावस्था	विषमलिंगियों के प्रति आकर्षण

1. मुखीय अवस्था (Oral Stage) : यह अवस्था मनोलैंगिक विकास की प्रथम अवस्था है, जो जन्म से लेकर एक वर्ष तक चलती रहती है। यद्यपि इस अवस्था में कामुकता अर्थात् लिबिडो का प्रमुख बिन्दु मुख होता है, इसीलिए इसे मुखीय अवस्था कहा जाता है। इस अवस्था का बालक काम-सम्बन्धी आनन्द अपने मुख द्वारा माता का स्तनपान कर, उसके स्तन को दाँत से काटकर, अंगूठा चूसकर (Thumb sucking) तथा अन्य मुखीय क्रियाएं कर संतुष्टि प्राप्त करता है।

यदि मुखीय आवश्यकताओं की पूर्ति ठीक से नहीं होती है तो बालक में अनेक व्यवहार परक दोष विकसित हो सकते हैं, जैसे- अंगूठा चूसना, नाखून काटना, बाल्यावस्था में पेंसिल को दांतों से काटना, अत्यधिक भोजन ग्रहण करना तथा बाद के जीवन में धुम्रपान करने जैसी आदतें आदि। यदि किसी बालक को मुख द्वारा आनन्द प्राप्त करने का बहुत अधिक अवसर मिलता है, तो उसके भीतर भविष्य में इस प्रकार की प्रबल प्रवृत्ति विकसित हो सकती हैं। इस स्थिति को फ्रायड ने स्थिरीकरण (Fixation) कहा है। फ्रायड ने इसे बाल्यकालीन काम-सम्बन्ध बताया है।

मुखीय अवस्था के दौरान पांच प्रकार की प्रतिक्रियायें पायी जा सकती हैं जो बाद की स्थितियों में व्यवहार करने के आदि प्रारूप (Prototype) बनती हैं। ये हैं, निगलना, रोके रखना (Holding on), काटना (Biting), थूकना (Spiting out) तथा मुंह बन्द रखना (Closed mouth)। बाद के जीवन में इन मौखिक गतिविधियों के संकेत विविध क्षेत्रों में देखे जाते हैं। जैसे- ज्ञानार्जन में चिन्तन के लिए भोजन ढूंढना (Food for Thought)। मुंह से निगलने के आनन्द का विस्थापन ज्ञानार्जन सुख में हो जाता है।

मुखीय अवस्था में यदि शिशु माता पर अधिक आश्रित रहता है तो उसमें आश्रितता (Dependency) बाद तक बनी रहती है। अहम् के विकसित हो जाने पर भी वह दुश्चिन्ता तथा असुरक्षित अनुभव करता है। फ्रायड का कहना है कि अति आश्रितता की स्थिति में उसकी इच्छा गर्भाशय में लौट जाने की होती है।

2. गुदीय अवस्था (Anal Stage) : यह अवस्था प्रथम वर्ष से दो वर्षों के अन्त तक चलती हैं, जिसे फ्रायड ने गुदीय अवस्था कहा है। इस अवस्था में बालक की काम-शक्ति मुख से हटकर गुदा के क्षेत्र में केन्द्रित हो जाती है। बालक इस अवस्था में गुदा के उद्दीप्त होने और मल-विसर्जन द्वारा आनन्द का अनुभव करता है। बालक इस अवस्था में निःसंकोच मल त्याग करता है, या वह मल त्यागने की क्रिया को नियंत्रण में रखता है। मल के बाहर निकलने से तनाव कम होता है और उस क्षेत्र के श्लेषमल झिल्ली (Mucous membranes) में उद्दीपन से आनन्द मिलता है। इस कामोत्तेजक क्षेत्र से सम्बन्धित आनन्द प्राणी में तीन प्रकार के द्वन्द्व पैदा करता है। प्रथम, मल को रोके रखने (Retention) और बाहर निकालने (Elimination) के बीच प्रवृत्यात्मक द्वन्द्व। द्वितीय, प्रवृत्यात्मक मल को मुक्त करने के आनन्द और अहम् के नियंत्रण करने के प्रयास के बीच द्वन्द्व तथा तीसरा मल को बाहर करने के प्रवृत्यात्मक आनन्द और बाह्य जगत/ परिवेश को लम्बित किये जाने के बीच द्वन्द्व होता है। तीसरा द्वन्द्व इदम् (Id) और अहम् (ego) के बीच संरचनात्मक द्वन्द्व है जो व्यक्ति और समाज के बीच के प्रथम महत्वपूर्ण द्वन्द्व का प्रतिनिधित्व करता है। यहाँ परिवेश चाहता है कि बालक अपने आनन्द को रोके अन्यथा वह दण्डित होगा। बच्चे की इस अवस्था का प्रभाव उसके भावी व्यवहार और समायोजन (Adjustment) पर पड़ता है।

3. लैंगिक अवस्था (Phallic Stage) : यह अवस्था तीसरे वर्ष से प्रारम्भ होकर पांचवें वर्ष तक चलती है। इस अवस्था में कामशक्ति बालक के जननेन्द्रियों में केन्द्रित हो जाती है और वह जननेन्द्रीय के उद्दीपन से लैंगिक आनन्द की अनुभूति करता है। बालक और बालिका में लैंगिक अन्तर उनके मानसिक विकास में अन्तर लाते हैं। बालक अपने माता-पिता को ही अपनी काम-वासना का पात्र बनाता है। बाल व्यक्तित्व के विकास के क्रम में यह एक ऐसी अवस्था होती है, जब बालक अपने माता-पिता के साथ तादत्म्य स्थापित करने में तल्लीन हो जाता है। ऐसे तादात्मीकरण (Identification) के पीछे मुख्य रूप से दो उद्देश्य निहित हैं।

(1) इडिपस ग्रंथि (Oedipus complex)

(2) इलेक्ट्रा ग्रंथि (Electra complex)

पहली अवस्था, जो इडिपस ग्रंथि से सम्बद्ध है, में बालक अपनी माँ के प्रति आकर्षित हो जाता है। हर बालक के अचेतन में कल्पना होती है कि पिता को रास्ते से हटाकर वह माँ से शादी

करें। इस उम्र में बालक को माँ से कुण्ठा एवं असंतोष मिलता है तथा पिता से भय बना रहता है। इसलिए वह पिता के साथ तादात्मीकरण स्थापित कर लेता है। इस तादात्मीकरण के फलस्वरूप लड़का पिता के मूल्य एवं नैतिकता को ग्रहण करता है। इस प्रकार इसमें पराहम् (Super ego) विकसित होता है जो इडिपस ग्रन्थि का समाधान करता है।

दूसरी अवस्था, जो इलेक्ट्रा ग्रन्थि से सम्बन्धित है, इसमें बालिका अपने पिता के प्रति आकर्षित होती है। इलेक्ट्रा ग्रन्थि का समाधान बालिका में पिता से प्रेम करके तथा माँ से तादात्मीकरण करने से होता है। लड़कियों में लड़कों की अपेक्षा भय कम बना रहता है। लड़कियों में पराहम् (Super ego) कम कठोर रूप में विकसित होता है। इसीलिए महिलायें पुरुषों की तुलना में अधिक दयालु एवं कोमल होती हैं।

बालक या बालिका जब अवांछनीय व्यवहार प्रदर्शित करते हैं तो वे दण्ड के भागीदार होते हैं। दण्डित होने पर उन्हें अपनी सीमाओं का ज्ञान हो जाता है और वे वास्तविकता को समझने लगते हैं।

4. अदृश्यावस्था (Latency Stage) : यह अवस्था बालक के जीवन में छठे वर्ष से प्रारम्भ होकर ग्यारहवें वर्ष के अन्त तक चलती है जिसमें बालक की काम-शक्ति अदृश्य सी हो जाती है। यह शरीर के किसी भाग में केन्द्रित नहीं होती। इसमें लैंगिक उद्दीपन नहीं होता है तथा नया लिबिडिनल विकास (Libidinal Development) नहीं हो पाता। इस अवस्था के बालक में आगे चलकर पराहम् विकसित हो जाता है तथा वह अन्तर्मुखी हो जाता है। बालक का अधिकांश व्यवहार इस अवस्था में स्वाभाविक/वास्तविक सिद्धान्त (Reality Principle) पर निर्देशित होता है। इस अवस्था में बालक की कामुकता दबी हुई होती है और वे अपने ही यौन के बालकों के समूह में अधिकांश समय व्यतीत करते हैं अर्थात् बालक बालकों के साथ और बालिकाएँ बालिकाओं के साथ टोली में रहना पसन्द करती हैं। यहाँ तक कि इस अवस्था में यौन विरोध की प्रवृत्ति बड़ी प्रबल होती है जिसके कारण बालक-बालिकाएं परस्पर एक-दूसरे को तंग करते हैं। अदृश्यावस्था के संदर्भ में फ्रायड ने कम चर्चा किया है।

5. जननेन्द्रिय अवस्था (Genital Stage) : जननेन्द्रिय अवस्था किशोरावस्था के प्रारम्भ से लगभग 18 वर्ष तक चलने वाली अवस्था है। इस अवस्था में पुनः लैंगिक उद्दीपन प्रारम्भ हो जाता है। इडिपस ग्रंथि सक्रिय हो जाती है तथा जननांग में अति लैंगिक उद्दीपन केन्द्रित हो जाता है। इस अवस्था में बालक विपरीत यौन के किसी न किसी सदस्य, जो परिवार के बाहर का हो, को अपनी पसंद का केन्द्र बना लेता है। लैंगिक अवस्था (Phallic Stage) में काम पूर्व आनन्द (Forepleasure) तथा स्वरति (Autoeroticism) केन्द्रित होता है जबकि जननेन्द्रिय अवस्था में लक्ष्य सम्भोग (Intercourse) का होता है। इस अवस्था में किशोर की कामचेतना चर्मोत्कर्ष पर होती है तथा उसमें सन्तानोत्पत्ति की क्षमता का भी विकास हो जाता है। यद्यपि इस अवस्था में नैतिकता का भी काफी विकास हो चुका रहता है, इस कारण वह व्यक्ति सामाजिक वांछनीयता को ध्यान में रखते हुए विपरीत लिंग के सदस्यों (जो परिवार के सदस्य नहीं हैं) के

साथ आनन्दानुभूति का प्रयास करता है। किशोर इस अवस्था में आत्मनिर्भर बनने का प्रयास करता है।

समीक्षा

वस्तुतः फ्रायड (Freud) ने एक व्यापक सिद्धान्त की रचना की जो व्यक्ति के विकास क्रम को निरुपित करता है। इस सिद्धान्त में लैंगिक भावना का उपयोग काफी व्यापक अर्थों में किया गया है। आनन्दानुभूति एवं सुखमय जीवन व्यक्तित्व को निश्चित रूप से व्यवस्थित करने में महत्वपूर्ण भूमिका निभाते हैं। आधुनिक अध्ययनों से भी प्रमाणित होता है कि जीवन के प्रारम्भिक अनुभव व्यक्तित्व के विकास में महत्वपूर्ण स्थान रखते हैं। सालकाइन्ड (Salkind, 1985), क्रेन (Crain, 1985), टर्नर (Terner, 1987) ने अपने अध्ययनों के आधार पर फ्रायड के सिद्धान्त के बारे में कुछ प्रमुख विचार बिन्दु प्रस्तुत किया है।

- विकास की विभिन्न अवस्थायें सार्वभौमिक रूप से व्यक्त होती हैं।
- प्रत्येक अवस्था में व्यवहार में उत्तरोत्तर सुधार होता है और विकास के नवीन प्रतिमान कायम होते हैं।
- विकासात्मक परिवर्तन अचानक नहीं बल्कि क्रमिक रूप में घटित होते हैं।
- प्रत्येक बच्चे को विकास की सभी अवस्थाओं से गुजरना पड़ता है।
- बच्चों के विकास की परिस्थितियाँ एक जैसी न होने के कारण उनमें विकासात्मक अन्तर दिखाई देते हैं।

इससे स्पष्ट है कि फ्रायड का सिद्धान्त काफी व्यापक है तथापि इन्होंने कुछ पक्षों पर अत्यधिक बल दिया है जिनका होना उचित प्रतीत नहीं होता है, यथा–

- लैंगिक प्रभाव को अत्यधिक महत्व दिया गया है।
- फ्रायड की अवधारणा वैज्ञानिक स्तर पर परीक्षणीय नहीं है।
- मनोरोगियों पर प्राप्त प्रदत्तों के आधार पर सामान्य व्यक्ति की व्याख्या करना भी उचित नहीं है।

एरिक्सन का मनोसामाजिक विकास का सिद्धान्त (Erikson's Theory of Psycho-social Development)

मनो सामाजिक सिद्धान्त का प्रतिपादन एरिक एरिक्सन (1963) ने किया। एरिक्सन भी मनोविश्लेषणवादी थे। फ्रायड की भांति एरिक्सन का मत है कि विकास की किसी एक अवधि

में बालक को जो अनुभव होता है वह आगामी चरणों के विकास को भी प्रभावित करता है। एरिक्सन ने इदं (Id) की अपेक्षा अहं (ego) के विकास को अधिक महत्वपूर्ण बताया है। उन्होंने सिद्ध किया है व्यक्ति सामाजिक संदर्भ में, विकासित होता है तथा कालांतर में अपना योगदान देता है। उनके अनुसार विकास जीवनपर्यन्त चलता रहता है। एरिक्सन ने विकास को आठ चरणों में विभाजित किया है। प्रत्येक चरण में मानव एक विशेष संकट से जूझता है और जीवन में आगे बढ़ने के लिए उसका समाधान भी उसे अवश्य निकालना होता है। विकास के सभी चरण सारणी 4.3 में उल्लिखित हैं।

सारणी 4.3 : एरिक्सन द्वारा प्रतिपादित मनोसामाजिक विकास के चरण

क्रम	अवधि	समस्याएँ	समुचित समाधान	अपर्याप्त समाधान	सफल विकास को द्योतित करने वाली विशेषताएं
1.	0 से 1 ½ वर्ष	विश्वास बनाम अविश्वास	सुरक्षा तथा निश्चय का अतिरिक्त बाहरी बलों पर भरोसा	असुरक्षा, चिन्ता मौलिक भाव, स्वयं के	आशा
2.	1 ½ से 3 वर्ष	स्वायत्तता बनाम शर्म एवं संदेह	कर्ता के रूप में स्व का प्रत्यक्षीकरण, अपने शरीर को नियंत्रित करने की क्षमता तथा कार्यों को करना	आत्म नियन्त्रण से सम्बन्धित अपर्याप्त अनुभूति, घटनाओं का नियन्त्रण	इच्छाशक्ति
3.	3 से 6 वर्ष	उपक्रम बनाम ग्लानि	सृजन या पहल करने के लिए अपने ऊपर विश्वास	स्व के महत्व एव कमी का भाव	उद्देश्य
4.	6 वर्ष से यौवनारंभ तक	उद्यम बनाम हीनता	मौलिक सामाजिक तथा बौद्धिक कार्यों में प्रवीणता, मित्र मण्डली द्वारा स्वीकृति	आत्मविश्वास की कमी, असफलता की अनुभूति	सक्षमता
5.	किशोरावस्था	पहचान बनाम भूमिका की अस्पष्टता	एक व्यक्ति के रूप में स्व का सहज भाव विशिष्ट एवं सामाजिक रूप से स्वीकृत व्यक्ति के रूप में	विखंडित 'स्व' का अनुभव, बदलता हुआ एवं अस्पष्ट भाव	निष्ठा
6.	प्रारंभिक प्रौढ़ावस्था	अंतरंगता बनाम अलगाव	आत्मीयता एवं दूसरों के प्रति प्रतिबद्धता की योग्यता	एकाकीपन, योग्यता अलगाव, अंतरंगता की आवश्यकता को झुठलाना	प्रेम
7.	मध्य प्रौढ़ावस्था	उत्पादकता बनाम गतिरोध	अपने से पूरे परिवार, समाज, भविष्य की पीढ़ी पर ध्यान	अंतरंगता की आवश्यकता को झुठलाना, अपने आप से मतलब, भविष्योन्मुखता की कमी	सुश्रुषा
8.	उत्तर प्रौढ़ावस्था	समग्रता बनाम निराशा	संपूर्णता का भाव एवं जीवन से मूल संतुष्टि	व्यर्थता एवं निराशा की अनुभूति	बुद्धि

(1) विश्वास बनाम अविश्वास की अवस्था (Trust Vs Mistrust): (जन्म से 6 माह की अवधि) इस दौरान शिशु के सामने विश्वास या अविश्वास की भावना विकसित करने का संकट उपस्थित होता है। विश्वास की भावना का विकास शारीरिक सुख एवं भविष्य के प्रति न्यूनतम् भय की भावना पर निर्भर करता है। जब माता-पिता अपने शिशु की जरूरतों के प्रति अत्यंत संवेदनशील होते हैं तब शिशु में विश्वास का भाव विकसित होता है। माता-पिता का सामिप्य तथा संवेदनशीलता विश्वास के भाव को जगाने में महत्वपूर्ण योगदान देते हैं।

(2) स्वायत्तता बनाम संदेह की अवस्था (Autonomy Vs Doubt): (½ से 3 वर्ष) अपने जीवन काल के दूसरे वर्ष के दौरान शिशु यह अनुभव करने लगता है कि उसके पास उसकी अपनी इच्छा है। वह अपनी स्वतंत्रता अथवा स्वायत्तता की अनुभूति पर बल देने लगता है, विशेष रूप से भोजन, प्रसाधन एवं वस्त्र विन्यास पर। यदि शिशु पर अधिक अंकुश लगाया गया अथवा कड़ाई से दंड दिया गया, तो उसमें घृणा एवं संदेह का भाव पैदा होने लगता है। इस अवधि के दौरान माता-पिता को अपने शिशु के प्रति संरक्षण की दृष्टि रखनी चाहिए, परन्तु यह प्रवृत्ति बहुत तीव्र नहीं होनी चाहिए।

(3) उपक्रम बनाम ग्लानि की अवस्था (Initiative Vs Guilt): विकास का तीसरा चरण विद्यालय जाने के पूर्व की अवधि (3-6 वर्ष) से जुड़ा है। इस समय बच्चे एक व्यापक सामाजिक संसार से परिचित होते हैं। वे कई सम्भव चुनौतियों का सामना करते हैं। इन बच्चों के समक्ष यह चुनौती खड़ी होती है कि वे समस्याओं का सामना कर सकने के लिए सक्रिय एवं उपयोगी व्यवहार को किस तरह से विकसित करें एवं उनसे उत्तरदायित्वपूर्ण व्यवहार की अपेक्षा की जाती है तथा यह भी आशा की जाती है कि अपने शरीर, खिलौने एवं अन्य सामग्रियों का ध्यान रखें। उत्तरदायित्व की भावना का विकास पहल करने की प्रवृत्ति को बढ़ाता है। इस अवधि में माता-पिता को बिना किसी हस्तक्षेप के बच्चों के क्रियाकलाप का निरीक्षण करना चाहिए।

(4) परिश्रम बनाम हीनता (Industry Vs Inferiority) : विकास का यह चरण प्राथमिक विद्यालय जाने वाले काल (6-12 वर्ष) से सम्बद्ध है। बच्चों से यह उम्मीद की जाती है कि वे नये ज्ञान को ग्रहण करें तथा अपने में नई बौद्धिक क्षमताओं को विकसित करें। ऐसा न कर पाने की अयोग्यता, उन बच्चों में अक्षमताओं का बोध और हीनता का भाव पैदा कर सकते हैं। इस अवधि में बच्चों को अध्यवसायी बनाने में शिक्षक की महत्वपूर्ण भूमिका होती है। शिक्षक का यह दायित्व बनता है कि बच्चों में यह विश्वास पैदा करें कि उनमें किसी भी कार्य को पूरा करने की क्षमता विद्यमान है।

(5) पहचान बनाम भूमिका द्वन्द्व (Identity Vs Role Conflict): इस अवस्था का प्रसार 12-18 वर्ष माना गया है। इस अवस्था में किशोर या किशोरी स्व की पहचान के विकास से जुड़ी समस्याओं का सामना करते हैं। इस अवस्था में वै कौन है ? वे कुल मिलाकर क्या है ? जैसे प्रश्न महत्वपूर्ण हो जाते हैं। माता पिता को चाहिए कि वे अपने बच्चों को एक विशेष भूमिका

के अन्तर्गत विशिष्ट रास्ते एवं विभिन्न भूमिकाओं को खोजने के लिए प्रेरित करें। स्वस्थ्य तरीके से विभिन्न रास्तों को खोजना व्यक्ति की समुचित पहचान के विकास में सहायक हो सकता है। दूसरी तरफ असफलता समाज में अपनी भूमिका एवं महत्व के बारे में भ्रम पैदा कर सकती है।

(6) अंतरंगता (सम्बन्धन) बनाम अलगाव की अवस्था (Affiliation Vs Isolation):— इस अवस्था का प्रसार 18 से 36 वर्ष के आस पास माना गया है। यह वह समय है जब व्यक्ति अंतरंगता एवं अलगाव के बीच के अन्तर्द्वन्द्व का अनुभव करता है। व्यक्ति घर के बाहर दूसरों से अंतरंग सम्बन्ध बनाने का प्रयास करता है। स्वस्थ एवं अति आत्मीय सम्बन्धों की रचना आत्मीयता के विकास को प्रोत्साहित करती है, अन्यथा व्यक्ति एकाकीपन का अनुभव करता है।

(7) उत्पादकता बनाम गतिरोध की अवस्था (Productivity Vs Inaction): इस अवस्था का प्रसार 36–55 वर्ष तक माना गया हैं इस अवधि में व्यक्ति समाज का एक सक्रिय सदस्य बन चुका रहता है। इस अवस्था में व्यक्ति का मुख्य सम्बन्ध उपयोगी जीवन को जीने एवं विकास के लिए आने वाली पीढ़ी को प्रोत्साहित करना होता है। "आने वाली पीढ़ी के लिए कुछ नहीं किया है", यह भाव निष्क्रियता की अनुभूति के केन्द्र में रहता है।

(8) समग्रता बनाम निराशा की अवस्था (Integrity Vs Despair): जीवन के उत्तरार्द्ध में यह एक ऐसा समय होता है जहाँ व्यक्ति अपने पीछे बीते समय की ओर देखता है एवं आत्मविश्लेषण करता है। आत्मविश्लेषण की इस प्रक्रिया के अन्तराल में यदि व्यक्ति अनुभव करता है कि उसने अपना पिछला जीवन अच्छी तरह जिया है तो वह सम्पूर्णता एवं संतुष्टि का अनुभव करता है। यदि प्रौढ़ यह अनुभव करता है कि वह जीवन के बहुत से प्रश्नों को सफलतापूर्वक हल नहीं कर सका है तो यह आत्मविश्लेषण सामान्यतः विषाद अथवा निराशा को जन्म देता है।

समीक्षा

सदैव किसी अवस्था विशेष से जुड़े आवेग का सकारात्मक हल नहीं निकल पाता है। वस्तुतः एक विशेष चरण में उठने वाली समस्या के दो छोर होते हैं तथा उसकी प्रकृति सकारात्मक होने के साथ-साथ नकारात्मक भी होती है। फिर भी यदि व्यक्ति समस्या के स्वस्थ्य समाधान को अंततः में प्राप्त करता है तो वहाँ सकारात्मक निश्चय की प्रधानता होती है।

यद्यपि विकास की व्याख्या हेतु यह सिद्धान्त उपयुक्त है तथापि एरिक्सन का यह मत कि "यदि किसी अवस्था में कोई कमी रह गयी है तो वह आगे भी बनी रहेगी", सही प्रतीत नहीं होती। क्योंकि उचित परिस्थितियां उत्पन्न करके अतीत की कमियाँ दूर की जा सकती हैं। इसके बावजूद यह सिद्धान्त काफी आकर्षक है तथा इसकी मान्यताओं को वैज्ञानिक स्तर पर परखने की आवश्यकता है।

व्यवहारवादी सिद्धान्त (Behaviouristic Theory)

जिस समय मनोविश्लेषणात्मक सिद्धान्त अपनी चरम सीमा पर था, उसी समय व्यवहारवादी सिद्धान्त की महत्ता प्रकाश में आयी तथा इससे बाल अध्ययन भी प्रभावित हुआ। व्यवहारवाद जाँन लाक के टेबुला रसा (Tabula Rasa) सम्प्रत्यय के साथ स्थायी रूप से जुड़ा हुआ है।

वास्तव में व्यवहारवाद, बीसवीं शताब्दी के पूवार्द्ध में जान वाटसन (John Watson, 1878-1958) के कार्यों के साथ प्रारम्भ हुआ। वाटसन मनोविज्ञान को एक वस्तुनिष्ठ विज्ञान बनाना चाहते थे। वाटसन ने मनोविश्लेषणात्मक सिद्धान्तों को नकारते हुए प्रत्यक्ष अवलोकित तथ्यों तथा उद्दीपक-अनुक्रिया सम्बन्धों का अध्ययन करने में विश्वास किया।

परम्परागत व्यवहारवाद (Traditional Behaviourism)

व्यवहारवाद के अन्तर्गत रूसी मनोवैज्ञानिक इवान पी० पावलाव, (1927) द्वारा किये गये अध्ययनों से वाटसन भी प्रभावित हुए। पावलाँव ने अपने एक प्रायोगिक अध्ययन में कुत्ते के समक्ष भोजन रूपी उद्दीपक (अनानुबंधित उद्दीपक, U.C.S.) दिया, जिसे देखकर कुत्ता लार स्राव (अनानुबंधित अनुक्रिया, U.C.R.) करने लगा। पुनः कुत्ते के समक्ष भोजन (U.C.S.) तथा घंटी बजने की क्रिया (अनुबंधित उद्दीपक, C.S.) को एक साथ प्रस्तुत किया गया। अनेक प्रशिक्षणों के पश्चात् कुत्ते के सामने जब घंटी बजाई गयी तो कुत्ते ने घण्टी बजते ही लार स्राव (अनुबंधित अनुक्रिया, C.R.) किया। अर्थात् जो अनुक्रिया अनानुबंधित उद्दीपक भोजन के प्रति होती थी, वही अनुक्रिया तटस्थ उद्दीपक (C.S.) से उत्पन्न हुई। इस प्रकार अधिगम सिद्धान्त के प्राचीन अनुबन्धन (Classical Conditioning) प्रतिमान का विकास हुआ।

वाट्सन (Watson) ने प्राचीन अनुबन्धन का अनुप्रयोग बच्चों के व्यवहार परिमार्जन (Behaviour modification) के संदर्भ में किया। वाट्सन ने अल्बर्ट नामक 9 वर्षीय बालक के समक्ष एक सफेद चूहा रखा जिसके साथ अल्बर्ट को खेलते हुए पाया गया। अल्बर्ट चूहे के ऊपर के बाल को उत्सुकतापूर्वक पकड़ता था। तत्पश्चात् अल्बर्ट के सामने चूहा के साथ-साथ एक दूसरा उद्दीपक तीव्र ध्वनि के रूप में प्रस्तुत किया गया, जिसे सुनकर अल्बर्ट डर गया। कुछ प्रयास के पश्चात् जब अल्बर्ट के सामने सफेद चूहे को प्रस्तुत किया गया एवं जैसे ही अल्बर्ट चूहे को देखा, वह डरने लगा। अल्बर्ट ने मात्र सफेद चूहे के प्रति ही नहीं बल्कि सफेद वस्तुओं यथा-रूई, सान्ताक्लाज आदि को भी देखकर भय प्रदर्शित किया। कुछ शोधकर्त्ताओं ने इस प्रक्रिया के समाप्त होने पर इस तरह के अध्ययनों की नैतिकता पर प्रश्न उठाया। यद्यपि इस तरह के परिणामों के आधार पर वाट्सन ने स्पष्ट किया है कि बाल विकास में पर्यावरण एक सर्वोच्च सत्ता है।

वाट्सन के बाद, अमेरिकी व्यवहारवाद विभिन्न क्षेत्रों में विकसित हुआ जिसमें क्लार्क हल्ल का अन्तर्नोद प्रतिक्रिया सिद्धान्त (Drive Reduction Theory) प्रमुख है। हल्ल ने

प्राथमिक अन्तर्नोद के रूप में भूख, प्यास और काम आदि को रखा है। हल्लवादी विश्वास करते है कि नवजात शिशु को जो व्यक्ति भोजन देता है तथा उनके अशान्ति स्थिति को दूर करता है, बच्चा उस व्यक्ति के अवधान और उनके नजदीकियों को प्राथमिकता देता है। वयस्कों का बच्चों के प्रति लगाव, बच्चों के उन सभी अनुक्रियाओं से प्राप्त होती है जिसमें बच्चों में अच्छा व्यवहार, ईमानदारी, सहनशीलता तथा आशा इत्यादि प्रदर्शित हो।

कालान्तर में नैमित्तिक अनुबन्धन (Instrumental Conditioning) विकसित हुआ जिसके जनक बी० एफ० स्किनर (1904-1990) थे। स्किनर ने हल्ल के विचारों को नकारते हुए कहा कि "प्राथमिक अन्तर्नोद प्रतिक्रिया बच्चों के अधिगम को अर्जित करने का केवल एक मार्ग है।" स्किनर ने बताया कि बच्चों का व्यवहार भोजन और पानी के बजाय पुनर्बलन की विभिन्न विशेषताओं यथा- खुशी, पुरस्कार, शाबाशी आदि प्रस्तुत करके बढ़ाया जा सकता है तथा दण्ड के द्वारा घटाया भी जा सकता है। स्किनर द्वारा प्रस्तुत यह विचार उनके द्वारा किये गये चूहे के प्रयोगों पर आधारित है। इस प्रकार स्किनर के कार्य के परिणामस्वरूप बाल मनोविज्ञान में नैमित्तिक अनुबंधन के अधिगम नियमों का विस्तृत रूप से प्रयोग हुआ। दैनिक जीवन में विभिन्न व्यवहारों के अधिगम में स्किनर के सिद्धान्तों का अनुप्रयोग किया जाता है। अनुबन्धन विधि का उपयोग जटिल क्रियाओं के शिक्षण हेतु किया जा सकता है क्योंकि व्यवहार का अन्तिम आकार (Shaping) अणु अनुभव के संयोजन से होता है जो आनुक्रमिक रीति से व्यवहार के अन्तिम रूप को प्राप्त करता है। बारबर एवं केजी (Barber & Kagey, 1977) ने इन्द्रियानुभविक रीति से नैदानिक मनोविज्ञान में व्यवहार परिमार्जन (Behaviour Modification) का उपयोग किया है जो नैमित्तिक अनुबन्धन का अनुप्रयोग है।

बैण्डूरा का सामाजिक अधिगम सिद्धान्त (Bandura's Social Learning Theory)

अल्बर्ट बैण्डूरा (Albert Bandura, 1973-1983) के सामाजिक अधिगम सिद्धान्त के अनुसार, व्यक्ति में विभिन्न प्रकार के व्यवहारों को उत्पन्न करने की योग्यताएं जन्मजात रूप से ही विद्यमान नहीं होती, अपितु मनुष्य उनका अधिगम करता है और इस प्रकार के अधिगम की सर्वाधिक प्रचलित विधि प्रेक्षणात्मक अधिगम विधि (Observational Learning Method) है। इसका तात्पर्य यह है कि आक्रामक होना हम दूसरों के व्यवहारों का प्रेक्षण करके सीखते हैं इसे अनुकरणात्मक अधिगम (Imitative Learning) भी कहा जाता है। डोलार्ड एवं मिलर (Dollard & Miller, 1941) ने भी कहा है कि विकास मूलतः व्यक्ति और पर्यावरण के बीच होने वाली अन्तःक्रिया का परिणाम है। इस विचारधारा के समर्थकों (बैण्डूरा, 1973, मिसेल, 1973, सीयर्स और ह्वाइटिंग, 1953) ने फ्रायडवादी विचारों का उन्मूलन करने हेतु व्यक्तित्व के विकास में सामाजिक, संज्ञानात्मक एवं प्रेक्षणात्मक कारकों के प्रभाव को सर्वाधिक व्यापक एवं गहरा सिद्ध करने का प्रयास किया है। बैण्डूरा का मत है कि अधिगम की परिस्थितियाँ और अनुकरण के प्रतिरूप (Model) बालक में विकासात्मक प्रतिमानों का निर्धारण करते हैं। बालकों में अच्छे या

बुरे जो भी व्यवहार दिखाई पड़ते हैं, वे सामाजिक अधिगम के ही परिणाम है, जिसकी प्रक्रिया प्रेक्षण (Observation) के द्वारा सम्पन्न होती है।

प्रतिरूप अधिगम के चरण (Stages of Model Learning)

बैण्डूरा ने सामाजिक अधिगम सिद्धान्त के अन्तर्गत चार प्रमुख अवस्थाओं का उल्लेख किया है, जो बच्चे द्वारा प्रतिरूप (Model) से व्यवहार को सीखने में प्रयुक्त होती है। ये अवस्थायें निम्नांकित हैं।

(1) अवधान (Attention): किसी व्यवहार का प्रेक्षण करने या उसका अनुकरण करने के लिए सम्बन्धित व्यवहार पर ध्यान देना आवश्यक है। इसके अभाव में सम्बन्धित व्यवहार को समझ सकना कठिन होता है। अवधान की सहायता से उसके व्यवहार की विशेषताओं को पहचाना जा सकता है किन्तु अवधान के लिए प्रत्यक्षीकरण की क्षमता और अभिप्रेरणा की आवश्यकता पड़ती है। अनुकरणकर्त्ता को अपनी योग्यता एवं प्रेरणा आदि से सहायता मिलती है और यदि माडल में नवीनता है तथा वह प्रभावी ढंग से कार्य कर रहा है तो प्रेक्षक का ध्यान उसकी तरफ अधिक से अधिक खिंचा रहता है। बैण्डूरा ने इसे प्रतिरूप की शक्ति (Power) कहा है।

(2) धारणा (Retention): प्रतिरूप के व्यवहार के सफल अनुकरण हेतु अवधान के पश्चात् धारणा की क्रिया भी आवश्यक होती है क्योंकि जब प्रेक्षित व्यवहार का विस्मरण हो जाता है तो आगे चलकर उसका पुनरोत्पादन (Reproduction) नहीं हो पाता है। अच्छे संचय के लिए प्रतिरूप की क्रियाओं को ठीक-ठीक देखना और उसकी शाब्दिक अनुक्रियाओं को सही सुनना आवश्यक होता है।

(3) योग्यता (Ability): प्रतिरूप के प्रेक्षित व्यवहार को सीखने के लिए यह आवश्यक है कि उसे करने की योग्यता बच्चे में विद्यमान हो ताकि उसकी पुनरावृत्ति की जाय। तब तक प्रतिरूप की क्रियाओं को बालक स्वयं नहीं दोहराएगा, जब तक वह उन्हे करने की योग्यता नहीं रखता। इस प्रकार वह अनुकरण करने का अभ्यास करता है।

(4) अभिप्रेरणा (Motivation): सीखने हेतु किसी न किसी रूप में और किसी न किसी सीमा तक अभिप्रेरणा आवश्यक होती है। किसी व्यवहार को सीखने में अभिप्रेरणा एक सहायक कारक है। यह व्यवहार में सक्रियता एवं तत्परता उत्पन्न करती है। अत: अनुकरण करने के लिए प्रेक्षक को अभिप्रेरित रहना चाहिए।

बैण्डूरा एवं उनके सहयोगियों (1963) ने अनेक प्रायोगिक अध्ययन किये। एक प्रायोगिक अध्ययन में चार से पाँच वर्ष के बालक और बालिकाएँ एक खिलौन (बोबो गुड्डा) के साथ खेलते हुए वयस्क प्रतिरूप (पुरुषों और स्त्रियों) का प्रेक्षण किया। आक्रामकता की वास्तविक जीवन की दशा में वयस्क (मॉडल) व्यक्ति कमरे में बालक-बालिकाओं की उपस्थिति में आता था और विभिन्न प्रकार के खिलौनो से खेलना आरम्भ करता था। तत्पश्चात् बोबो गुड्डे के साथ

आक्रामक रूप से व्यवहार करना आरम्भ करता था जैसे इस खिलौने को घूसे से मारना पीटना आक्रामक रूप से ऊपर बैठ जाना, खिलौने की नाक, हाथ आदि पर जोर से ठोकर मारना और कमरे में चारों तरफ इस खिलौने को फेंकते हुए वाचिक रूप से आक्रामकता का प्रदर्शन करना। उदाहरण के लिए, खिलौने को वह व्यक्ति कहता था, "इसे ठोकर मारो" "इसको हवा में फेंक दो" आदि। दूसरी दशा में भी बालक-बालिकाएँ उपर्युक्त प्रकार से ही वयस्क प्रतिरूप व्यक्ति को खिलौने के साथ खेलते हुए देखते में किन्तु इस दशा में वीडियोटेप पर उपर्युक्त घटना दिखायी जाती थी। प्रयोज्यों का तीसरा समूह उपर्युक्त घटना को ही कार्टूनों के माध्यम से देखता था। चौथे समूह को उपर्युक्त प्रकार की घटनाओं का प्रेक्षण करने का अवसर नहीं दिया गया अर्थात् वह नियंत्रित समूह था। तत्पश्चात् प्रायोगिक अध्ययन के अगले चरण में सभी समूह के बच्चे (चारो समूह) एक कमरे में लाये गये जहाँ इन्हे खिलौनों के साथ खेलने का अवसर प्रदान किया गया, इन खिलौनों में बोबो गुड्डा भी था। इस अवस्था में बालक-बालिकाओं के व्यवहारों का आँकड़ा प्रेक्षणकर्ताओं द्वारा तैयार किया गया। जिन प्रयोज्यों ने प्रतिरूप को आक्रामक व्यवहार करते देखा था उन्होंने अपेक्षाकृत अधिक आक्रामक व्यवहार प्रदर्शित किया। इसके विपरीत जिन प्रयोज्यों ने प्रतिरूप को आक्रामक व्यवहार प्रदर्शित करते नहीं देखा था उन्होंने आक्रामक व्यवहार प्रदर्शित किया। इस प्रकार के परिणाम जीवन्त, वीडियोटेप एवं कार्टून तीनों ही दशाओं में प्राप्त किए गए। परिणामों सारणी 4.4 में प्रदर्शित किया गया है।

सारणी -4.4 : आक्रामकता पर विभिन्न प्रकार के प्रेक्षणों का प्रभाव

	प्रतिरूप के प्रकार			
बच्चों के आक्रामक व्यवहार	जीवन्त	वीडियो टेप	कार्टून	नियंत्रित समूह
अनुकरणात्मक आक्रामकता	21.30	16.40	12.00	2.85
अनुकरणात्मक आक्रामकता	34.15	34.23	49.65	29.1

हम अपने चतुर्दिक वातावरण में मात्र आक्रामकता के व्यवहार का ही प्रेक्षण नहीं करते हैं अपितु कभी-कभी इन व्यवहारों के परिणामों का भी प्रेक्षण करते है। आक्रामक व्यवहारों से सम्बद्ध पुनर्बलन, पुरस्कार एवं दण्ड इस बात की व्याख्या करते हैं कि हम वास्तव में कोई आक्रामक व्यवहार किस प्रकार सीखते हैं।

बैण्डूरा द्वारा प्रस्तुत प्रायोगिक साक्ष्यों का उदाहरण दैनिक जीवन में देखने को मिलता है। बच्चे टी० वी० प्रोग्राम को देखकर अनेक प्रकार के हिंसक एवं आक्रामक व्यवहारों को अर्जित करते हैं, जो उनके व्यवहार में परिलक्षित होता है।

व्यवहारवादियों द्वारा मानव विकास के क्षेत्र में कुछ प्रमुख योगदान महत्वपूर्ण हैं। बच्चों के व्यवहार परिवर्तन के लिए व्यवहारवादियों ने अनेक प्रविधियों को विकसित किया-जैसे माडलिंग (Modelling), व्यवहार परिमार्जन (Behaviour modificiation) आदि का उपयोग अनेक

क्षेत्रों में बच्चों के व्यवहार में परिवर्तन लाने के लिए किया जा सकता है तथापि विकास के अनेक रूपों की व्याख्या (यथा– धनात्मक संवेगों, सृजनात्मक विकास, बौद्धिक विकास आदि) अधिगम सिद्धान्तों के माध्यम से सही ढंग से सम्भव नहीं हो पाया है।

मानवतावादी सिद्धान्त (Humanistic Theory)

बीसवीं शताब्दी के उत्तरार्द्ध में मानवतावादी मनोविज्ञान प्रकाश में आया। इसके अन्तर्गत दो प्रमुख मनोवैज्ञानिक अब्राहम मैस्लो तथा कार्ल राँजर्स ने इस क्षेत्र में अमिट छाप छोड़ी। इनके द्वारा प्रस्तुत सिद्धान्त मानव विकास के स्वरूप को प्रदर्शित करते हैं। यहाँ अब्राहम मैस्लो के व्यक्तित्व सम्बन्धी मानवतावादी सिद्धान्त तथा कार्ल रोजर्स के व्यक्ति केन्द्रित सिद्धान्त की व्याख्या क्रमशः प्रस्तुत की गयी है।

अब्राहम मैस्लो का मानवतावादी सिद्धान्त (Abraham Maslow's Humanistic Theory)

अब्राहम मैस्लो (1908–1970) की मानवतावादी मनोविज्ञान का जनक माना गया है। सन् 1960 के दशक में मानवतावादी आन्दोलन की शुरुआत हुई। इसे तृतीय शक्ति भी कहा गया है क्योंकि इस आन्दोलन में व्यवहारवाद एवं मनोविश्लेषणवाद दोनों विचारधाराओं की आलोचना मैस्लो ने की। मैस्लो (1954) ने अपनी पुस्तक (*मोटिवेशन एण्ड पर्सनालिटी*) में कहा है कि "प्रत्येक व्यक्ति अपनी आत्मसिद्धि एवं अपनी क्षमता के पूर्ण विकास के लिए निरन्तर प्रयास करता है।" उसके अनुसार आत्मसिद्धि केवल, सुरक्षा, प्यार, भोजन और अन्य दैहिक आवश्यकताओं की पूर्ति द्वारा ही प्राप्त हो सकती है, यथा– एक बालक जो सुबह से ही भूखा है, उसका मन पढ़ने में तब तक नहीं लगेगा जब तक वह भूखा है।

व्यक्ति में जिन आवश्यकताओं की सबसे ज्यादा अन्तःशक्ति (Potency) होती है, वह व्यवहार पर प्रभुत्व जमा लेती है तथा संतुष्टि की माँग करती है। संतुष्टि प्राप्त होने के पश्चात् यही संतुष्टि उच्चतर क्रम का प्रेरक बन जाती है तथा इस प्रकार क्रम ऊपर की ओर चलता रहता है। मैस्लो ने एक पदानुक्रम का माडल प्रस्तुत किया जो चित्र 4.1 में दर्शाया गया है।

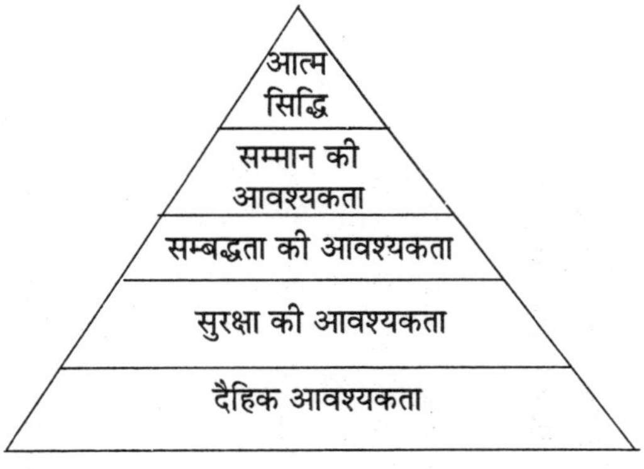

चित्र 4.1 : मैस्लो का आवश्यकता सोपान

मैस्लो का आवश्यकता सोपान (Maslow's Hierarchy of Needs)

पदानुक्रम मॉंडल के पांच स्तरों की आवश्यकता का वर्णन निम्नांकित है।

1. दैहिक या शारीरिक आवश्यकता (Physiological Needs) : इस क्रम में व्यक्ति सर्वप्रथम शरीर क्रियात्मक आवश्यकताओं (भूख, प्यास) की तृप्ति चाहता है। इन सारे जैविक प्रणोदन (Biological drives) का सीधा सम्बन्ध प्राणी के जैविक सम्पोषण (Biological maintenance) से होता है। इस श्रेणी की प्राथमिकता या प्रबलता सबसे अधिक होती है। जब तक व्यक्ति इन जैविक आवश्यकताओं की संतुष्टि नहीं कर पाता तब तक उच्च स्तरीय आवश्यकताओं की संतुष्टि की बात ही नहीं सोचता है।

2. सुरक्षा की आवश्यकता (Safety Needs) : जैविक आवश्यकताओं की पूर्ति के पश्चात् व्यक्ति अपनी सुरक्षा की आवश्यकता की ओर अग्रसर होता है। प्रत्येक व्यक्ति अपने दैनिक जीवन में डर, चिन्ता तथा असुरक्षा की भावना को महसूस करता है। यदि वे निरन्तर भय एवं आतंक में जीते हैं तो कभी भी उच्च स्थान पर नहीं पहुंच सकते। इस तरह की आवश्यकता बच्चों में अधिक प्रबल होती है क्योंकि वे अन्य लोगों की अपेक्षा अपने आप को अधिक असहाय (Helpless) एवं दूसरों पर आश्रित समझते हैं। एक स्वस्थ्य एवं परिपक्व व्यक्ति अपनी सुरक्षा सम्बन्धी आवश्यकता में संतुलित ढंग से संतुष्ट होता है। मैस्लो (Maslow) का मानना है कि असुरक्षा की भावना स्नायु विकृत व्यक्तियों में अपेक्षाकृत अधिक रहती है।

3. सम्बद्धता एवं स्नेह की आवश्यकता (Belongingness and love needs) : व्यक्ति अपनी भौतिक तथा सुरक्षा की आवश्यकता पूर्ण हो जाने के पश्चात् सम्बद्धता की आवश्यकता महसूस करता है। व्यक्ति चाहता है कि वह स्नेह दे तथा दूसरों से स्नेह प्राप्त करें। वह मित्र बनाने की सोचता है तथा लोगों के साथ प्रेम सम्बन्ध स्थापित करता है। मैस्लो ने यद्यपि स्नेह की आवश्यकता में यौन (Sex) को स्थान दिया है तथापि स्नेह की आवश्यकता तथा यौन आवश्यकता को एक दूसरे से पृथक माना है। मैस्लो (1968) का मानना हे कि स्नेह की आवश्यकता की पूर्ति न होने से व्यक्ति कुसमायोजित हो जाता है।

4. सम्मान की आवश्यकता (Esteem Needs) : इस अवस्था में व्यक्ति उच्च बनने की इच्छा तथा स्वयं को अधिक मूल्यांकित करने की इच्छा रखता है। व्यक्ति उत्तम क्षमता, स्वतंत्रता, उपलब्धि, सम्प्रेरणा, उपयुक्तता आदि की भावना रखता है। इन सबकी पूर्ति होने से व्यक्ति में आत्म विश्वास, शक्ति (strength), उपयुक्तता (adequacy) एवं श्रेष्ठता (worth) के गुण विकसित होते हैं। इसके विपरीत यदि व्यक्ति आत्मसम्मान की आवश्यकता की पूर्ति नहीं कर पाता है तो वह हतोत्साहित (Discouragged) हो जाता है। मैस्लो का मानना है कि आत्म सम्मान व्यक्ति की योग्यताओं एवं क्षमताओं पर आधारित होता है।

5. आत्म-सिद्धि की आवश्यकता (Self-actualization Needs) : जब व्यक्ति की

क्षुधा-पूर्ति हो जाती है, व्यक्ति सामाजिक संस्थिति को प्राप्त कर लेता है तथा उसे अपनी क्षमताओं पर पूर्ण विश्वास हो जाता है तब वह अपने विकास के चरम पर होता है तथा वह आत्म-सिद्धि की प्राप्ति करता है। आत्म-सिद्धि की अवस्था तक वही पहुंच सकता है जिसमें सम्मान की आवश्यकता की पूर्ति हुई हो तथा साथ ही साथ जिनमें सत्व-सम्प्रेरणा (Being motives) की अधिकता हो। मैस्लो का मानना है कि "यदि संगीतज्ञ अपने मन में शान्ति चाहता है, तो उसे संगीत का रियाज अवश्य करना चाहिए, एक चित्रकार को अवश्य चित्र बनाना चाहिए अर्थात् जिस कार्य को व्यक्ति कर सकता है, उसको अवश्य करना चाहिए। इस आवश्यकता को हम आत्मसिद्धि कह सकते हैं।"

व्यक्ति आत्मसंतुष्टि प्राप्त करने के बावजूद संतुष्ट नहीं होता क्योंकि व्यक्ति की आवश्यकता की भूख कभी मिट नहीं सकती। मैस्लो ने अपने अध्ययन में यह पाया कि आत्मसंतुष्टि प्राप्त करते-करते व्यक्ति वृद्ध हो जाता है। व्यक्ति अपनी निचली आवश्यकताओं से संतुष्ट होता है तथा वह अपनी आत्म संतुष्टि की अवस्था में निचली आवश्यकताओं के मूल्यों से अभिप्रेरित होता है। उनका झुकाव अब संरचनात्मकता, सांस्कृतिक मूल्यों एवं उनकी सीमाओं की तरफ होता है। उनमें से अधिकांश अपने कुछ मित्रों से घनिष्ट सम्बन्ध बनाते हैं, किन्तु वे अपनी व्यक्तिगत स्वतंत्रता में हस्तक्षेप नहीं चाहते ।

मैस्लो के अनुसार, "आत्मसंतुष्टि प्राप्त व्यक्ति अनुभवशील होता है या लम्बी अवधि से अनुभव प्राप्ति के प्रति जागरूक होता है तथा पूर्णता को प्राप्त होता है, साथ ही विश्वबन्धुत्व की भावना से प्रेरित होता है।"

कार्ल रोजर्स : व्यक्ति-केन्द्रित सिद्धान्त (Carl Rogers : Person-Centered Theory)

कार्ल रोजर्स (1902-1987) भी मानवतावादी दृष्टिकोण से सम्बद्ध थे। रोजर्स के व्यक्ति केन्द्रित सिद्धान्त को 'स्व सिद्धान्त' (Self-theory) भी कहा जाता है। रोजर्स का मानना है कि प्राणी एक ऐसा दैहिक जीव है जो शारीरिक एवं मनोवैज्ञानिक दोनों ही तरह से कार्य करता है। प्राणी के सभी प्रकार के अनुभवों का केन्द्र उसका शरीर होता है। ऐसे सभी चेतन तथा अचेतन अनुभूतियों के योग से प्रपंचीय क्षेत्र (Phenomenal field) का निर्माण होता है। धीरे-धीरे अनुभव के आधार पर प्रपंचीय क्षेत्र का एक भाग अति विशिष्ट (differentiated) हो जाता है जिसे रोजर्स (Rogers) ने 'स्व' (self) की संज्ञा दी है। स्व का विकास शैशवावस्थ में होता है तथा बच्चे को अच्छे-बुरे तथा सुखद या दु:खद अनुभूति में अन्तर स्पष्ट होने लगता है।

कार्ल रोजर्स का मानना है कि प्राणी का मौलिक झुकाव तथा प्रयास वास्तविकीकरण करना, कायम रखना तथा अनुभव करने वाले प्राणी को बढ़ाना होता है। 'स्व-वास्तविकीकरण प्रवृत्ति' (Self-Actualization tendency) का तात्पर्य है कि "प्राणी में सभी तरह की क्षमताओं की वह जन्मजात प्रवृत्ति जो व्यक्ति को उन्नत बनाती है या प्रोत्साहन देने का काम करती है।"

व्यक्ति के स्व-वास्तविकीकरण की प्रवृत्ति चयनात्मक होती है। प्राणी परिवेश के उन्ही पक्षों का चयन करता है जो उसे पूर्णता तथा समग्रता प्राप्त करने के लिए रचनात्मक दिशा देता है। स्व वास्तविकीकरण प्रवृत्ति के निम्नांकित गुण हैं।

(1) वास्तविकीकरण प्रवृत्ति व्यक्ति की जैविक आवश्यकताओं की पूर्ति के साथ-साथ शरीर को भी सुदृढ़ रखता है।
(2) वास्तविकीकरण प्रवृत्ति का उद्देश्य व्यक्ति के तनाव में कमी करना है अथवा व्यक्ति में धनात्मक तनाव (Eustress) उत्पन्न करना है।
(3) वास्तविकीकरण प्रवृत्ति व्यक्ति के 'स्व' को प्रोत्साहित करता है।

व्यक्ति का व्यवहार मूलतः लक्ष्य निर्देशित होता है जिससे प्राणी प्रत्यक्षीकृत क्षेत्र में अनुभव की जाने वाली आवश्यकताओं को संतुष्ट कर सके।

रोजर्स ने दो आवश्यकताओं (Needs) को महत्व दिया है। पहली आवश्यकता विधेयात्मक सम्मान की आवश्यकता (Need for Positive regards) है जिसका तात्पर्य दूसरों द्वारा स्वीकार किये जाने, दूसरों का स्नेह पाने एवं उनके द्वारा पसंद किये जाने की इच्छा से होता है। जैसे-जैसे स्व विकसित होता है, स्वीकारात्मक सम्मान की आवश्यकता भी तीव्र होती जाती है। दूसरी आवश्यकता स्व सम्मान की आवश्यकता (Need for Self-Regard) है जिसमें व्यक्ति स्वयं को सम्मान देने की आवश्यकता महसूस करता है। अर्थात् जब व्यक्ति को महत्वपूर्ण व्यक्ति द्वारा सम्मान मिलता है तो व्यक्ति में धनात्मक आत्मसम्मान की भावना भी मजबूत हो जाती है। आत्म सम्मान का विकास तब होता है जब शिशु दूसरों से विधेयात्मक सम्मान पाता है।

रोजर्स ने व्यक्तित्व के विकास में स्व (self) तथा व्यक्ति की अनुभूतियों (experiences) की संगतता (congruence) को महत्वपूर्ण बताया है। जब स्व तथा व्यक्ति की अनुभूतियों के बीच अन्तर हो जाता है तो व्यक्ति में चिन्ता उत्पन्न हो जाती है। असंगतता (uncongruence) से उत्पन्न इस चिंता से मुक्त होने के लिए व्यक्ति बचाव प्रतिक्रियाएं प्रारम्भ कर देता है जिसे प्रतिरक्षा (Deffensiveness) की संज्ञा दी गयी है। रोजर्स ने दो प्रकार की प्रतिरक्षा को स्पष्ट किया है - विकृति (Distortion) तथा खण्डन (Denial)।

जब व्यक्ति के स्व तथा अनुभूतियों के बीच संगति बनी रहती है तो इससे एक स्वस्थ्य व्यक्तित्व का विकास होता है। ऐसे व्यक्ति को रोजर्स ने पूर्ण रूपेण सफल व्यक्ति (Fully Functioning Person) कहा है। वस्तुतः यदि स्व पूर्ण रूप से प्राणी के साथ संगतपूर्ण है तो व्यक्ति एवं स्व एक प्रतीत होते हैं। प्राणी एक जीवित (Living), वृद्धि करता हुआ (Growing), समग्र व्यवस्था (Holistic System) तथा मौलिक मनोवैज्ञानिक यथार्थ है। इस यथार्थ से विचलन व्यक्ति के समाकलन या अखण्डता को विकृत कर देता है।

संज्ञानात्मक विकास के सिद्धान्त
Theories of Cognitive Development

संज्ञानात्मक प्रक्रम एवं "संज्ञानात्मक विकास" के शोध कार्यो पर गहन विचार किया जाय तो पता चलता है कि आज मनोवैज्ञानिक अनुसन्धान के क्षेत्र में संज्ञानात्मक विकास का सिद्धान्त केन्द्रीय विषय के रूप में स्थापित हो चुका है। यद्यपि 1920 ई० में ही स्विस मनौवैज्ञानिक जीन पियाजे (Jean Piaget) ने संज्ञानात्मक विकास के क्षेत्र में कार्य प्रारम्भ कर दिया था तथापि पियाजे के इन कार्यों को 1960 के बाद ही महत्व मिल सका। विकासात्मक मनोविज्ञान के इतिहास से पता चलता है कि सन् 1940 तक संज्ञानात्मक विकास को एक महत्वपूर्ण शाखा के रूप में महत्व नहीं दिया गया था। 1950 से 1960 के बीच विकासात्मक अध्ययनों की गति में अपेक्षाकृत अधिक तेजी आयी। फिर भी उस समय तक भी कोई ऐसा सिद्धान्त नहीं था जो संज्ञानात्मक विकास के मौलिक सम्प्रत्यय तथा पूर्ण लेखा-जोखा को प्रस्तुत कर सके। इसी समय जीन पियाजे (Jean Piaget) के कार्यों को काफी महत्व दिया गया। जीन पियाजे के कार्यों को सूचीबद्ध करते हुए जॉन फ्लावेल (John Flavell, 1963) ने "पियाजे का विकासात्मक मनोविज्ञान" नामक पुस्तक प्रकाशित किया। पियाजे ने अपने संज्ञानात्मक सिद्धान्त में बालकों के व्यवहार के प्रत्यक्ष प्रेक्षण पर विशेष बल दिया है। पियाजे के अधिकतर निष्कर्ष अपने ही तीन बच्चों लॉरेंट, ल्युसिन एवं जैकलिन (Laurent, Lucienne & Jacqueline) में समय-समय पर हुए संज्ञानात्मक विकासों पर आधारित था। इस सिद्धान्त को हम संरचनात्मक एवं प्राकार्यात्मक सिद्धान्त के नाम से भी जानते हैं।

पियाजे के अनुसार संज्ञान, व्यक्ति को अपने वातावरण के साथ समायोजित होने के लिए, एक आवश्यक तत्व है। जन्म के समय बच्चों के भीतर एक नैसर्गिक क्षमता विद्यमान होती है। आयु तथा परिपक्वता में वृद्धि होते रहने के कारण उसके भीतर संज्ञानात्मक प्रक्रियाओं का विकास होता रहता है। संज्ञानात्मक विकास चार प्रमुख अवस्थाओं से होकर गुजरता है। प्रत्येक अवस्था में ज्ञान का एक नया भण्डार निर्मित होता है जो पिछली अवस्था में पाये जाने वाले ज्ञान भण्डार से गुणात्मक दृष्टि से भिन्न (Qualitatively different) होता है। इस प्रकार प्रत्येक अवस्था में बालक न केवल अधिक ज्ञान अर्जित करता है बल्कि उसके ज्ञानात्मक में संशोधन एवं परिमार्जन भी होता है। सभी विकसित होने वाले बालक संज्ञानात्मक विकास की इन चारों अवस्थाओं से गुजरते हैं। पियाजे की उक्त अवधारणा के आधार पर ही उनके सिद्धान्त को अवस्था सिद्धान्त (Stage theory) भी कहा जाता है। पियाजे के सिद्धान्त में ज्ञान (Knowledge) और बुद्धि (Intelligence) समान अर्थों में प्रयुक्त होने वाले पद हैं।

पियाजे ने संज्ञानात्मक विकास का आधार जीव-वैज्ञानिक (Biological) माना है। उन्होंने बुद्धि को एक जैविक क्रिया माना है। संज्ञान, मानव को अपने सामाजिक-भौतिक वातावरण के

साथ समायोजित होने योग्य बनाता है और इसलिए सामान्य भौतिक वातावरण संज्ञान के लिए उतना ही महत्वपूर्ण है जितनी अन्य जैविक क्रियायें। प्राणी के सम्पूर्ण विकासकाल में संगठन और अनुकूलन की क्रियायें चलती रहती हैं। इनके अभाव में प्राणी का जीवित रह सकना कठिन हो जाता है।

पियाजे विशेष रूप से संज्ञान विकास में उत्पन्न होने वाले गुणात्मक परिवर्तनों (Qualitative changes) में अधिक रूचि रखते हैं। उन्होंने बालकों द्वारा प्रदर्शित प्रतिक्रियाओं का मात्रात्मक विश्लेषण करना आवश्यक नहीं समझा क्योंकि केवल गुणात्मक प्रदत्त से ही संज्ञानात्मक विकास की विशेषताओं का स्पष्ट बोध हो जाता है।

मूलभूत सम्प्रत्यय (Basic Concepts)

पियाजे के सिद्धान्त में व्यक्ति की संज्ञानात्मक संरचना तथा संज्ञानात्मक प्रकार्य की चर्चा की गयी है। अत: यहाँ पर इन दोनों का वर्णन करना आवश्यक है।

(1) संज्ञानात्मक संरचना (Cognitive Structure) : पियाजे के अनुसार संज्ञानात्मक विकास व्यक्ति की जन्मजात संरचना एवं प्रक्रिया के साथ अनुभवों की अन्त:क्रिया पर निर्भर करता है। पियाजे (Piaget) ने संज्ञानात्मक संरचना के लिए "रूपरेखा" [(ढांचा) (Scheme)] जो मनोवन्ध (Schema) भी कहा जाता है, शब्द का उपयोग किया है । पियाजे का मानना है कि कुछ संज्ञानात्मक संरचनायें जन्मजात होती हैं किन्तु वे संरचनायें अधिक महत्वपूर्ण होती है जो अनुक्रियाओं तथा अनुभवों की अन्त:क्रिया पर आधारित होती है। यथा- बच्चे में दूध चूसने की विशेषता जन्म से ही पायी जाती है। इसे पियाजे "माउथिंग स्कीम" (Mouthing Scheme) कहते हैं।

(2) संज्ञानात्मक प्रकार्य (Cognitive Function) : संगठन (Organization)— पियाजे का मानना है कि संगठन की योग्यता, एक ऐसी योग्यता है जिसके द्वारा भौतिक या मनोवैज्ञानिक संरचना (ढांचे) को अपेक्षाकृत अधिक जटिल रूप से समन्वित किया जाता है। सामान्यत: हम कह सकते हैं कि प्राप्त ज्ञान या सूचनायें संगठित होती रहती हैं तथा कोई भी सूचना ज्ञान भण्डार में पृथक (Isolated) रूप में नहीं रहती हैं। आयु तथा योग्यता में वृद्धि के साथ-साथ संगठन की योग्यता में भी वृद्धि होती है। यथा- छोटे बच्चों को चूसने के कारण जो अनुभव होता है उनका उपयोग करके वे अपने व्यवहार को अधिक आकर्षक बना लेते हैं। यदि व्यक्ति में सूचनाओं, ज्ञान एवं अनुभवों को संगठित करने की योग्यता न हो, तो छोटे एवं बड़े बच्चों के इस व्यवहार में कोई अन्तर ही नहीं दिखाई पड़ेगा।

अनुकूलन (Adaptation) : पियाजे द्वारा प्रस्तावित दूसरा प्रकार्यात्मक सिद्धान्त अनुकूलन के नाम से जाना जाता है। यह प्रक्रम समायोजन में सहायक होता है। इसमें दो प्रक्रियायें सन्निहित होती हैं।

(अ) आत्मसातीकरण (Assimilation): पियाजे ने आत्मसातन की व्याख्या एक जीव वैज्ञानिक प्रक्रिया के रूप में की है। पियाजे के जीव वैज्ञानिक दृष्टिकोंण के अनुसार आत्मसातन प्राणी की विकसित अथवा विकासशील संरचनाओं में बाह्य तत्वों के समन्वित हो जाने की प्रक्रिया हैं। उदाहरणार्थ – जब कोई व्यक्ति भोजन करता है तो भोजन मूलरूप में उसके भीतर नहीं रह पाता बल्कि भोजन से बना हुआ रक्त उसकी मांसपेशियों में इस प्रकार समाहित हो जाता है जिससे मांसपेशियों की संरचना आकार में बड़ी हो जाती है। इससे यह स्पष्ट होता है कि आत्मसातन की प्रक्रिया के कारण संरचनात्मक परिवर्तन घटित होते हैं। आत्मसातन प्रक्रिया की जैविक व्याख्या को ध्यान में रखते हुए बालक के भीतर संज्ञानात्मक आत्मसातन के स्वरूप को आसानी से समझ सकते हैं।

उदाहरणार्थ : मान लीजिए किसी बच्चे को एक ऐसे त्रिभुजाकार मेज का अनुभव है जिसकी तीनों भुजायें बराबर होती हैं। अब इसके पश्चात् उसे ऐसे त्रिभुज को देखने का अवसर प्राप्त होता है जिसकी तीनों भुजायें बराबर नहीं हैं। प्रश्न यह उठता है कि वह बच्चा नयी त्रिभुजाकार मेज को अपने ज्ञान–भण्डार में किस तरह रखें ? पियाजे के अनुसार बच्चा नये त्रिभुज के ज्ञान का, पुराने त्रिभुज के ज्ञान के साथ आत्मसातन करेगा। आत्मसातन की प्रक्रिया में बच्चा नये त्रिभुज की उन विशेषताओं पर ध्यान नहीं देगा जो पुराने त्रिभुज में नहीं थीं बल्कि वह नये त्रिभुज को भी पुराने त्रिभुज के समान मानकर उसे एक त्रिभुज के रूप में स्वीकार करेगा। यदि हम इस प्रकार के आत्मसातन की प्रक्रिया का विश्लेषण करें तो ज्ञात होता है कि आत्मसातन क्रिया में उद्दीपक का स्वरूप एक सीमा तक विकृत हो जाता है जिसके कारण वह पहले अनुभव की गई वस्तुओं की श्रेणी में पहुंच जाता है। दूसरे शब्दों में कहा जा सकता है कि नए अनुभव का आत्मसातन करने के लिए अनुभव के स्वरूप में परिवर्तन लाना पड़ता है जिससे वह पुराने अनुभव के साथ मिल–जुल कर संज्ञान के एक नए ढांचे को उत्पन्न करता है। इस उदाहरण से आत्मसातन प्रक्रिया के सम्बन्ध में जो एक मुख्य बात समझ में आती है वह यह है कि इस प्रक्रिया में बालक का पुराना अनुभव ज्यों का त्यों रहता है, केवल उसके नए अनुभवों में ही परिवर्तन होता है जिससे वे पुराने अनुभवों के साथ आत्मसात हो सके।

(ब) समञ्जन (Accommodation): पियाजे के अनुसार बालक उद्दीपक जगत का ज्ञान एक अन्य प्रक्रिया की सहायता से भी प्राप्त करता है जिसे समञ्जन (Accommodation) कहते हैं। समञ्जन को वस्तुत: आत्मसातन की एक पूरक प्रक्रिया माना जाता है। समञ्जन की प्रक्रिया में बालक किसी नयी वस्तु को अपने ज्ञान भण्डार में लाने के लिए उस वस्तु के स्वरूप को परिवर्तित नहीं करता बल्कि पुराने अनुभव के साथ नए अनुभव को इस प्रकार व्यवस्थित करता है जिससे दोनों ही पुराने एवं नये अनुभव मस्तिष्क में साथ–साथ रह सकें। स्पष्ट है कि समञ्जन की प्रक्रिया में बाह्य उद्दीपक ज्यों का त्यों रहता है। लेकिन स्वयं व्यक्ति को अपने पुराने अनुभव में थोड़ा बहुत परिवर्तन लाने की आवश्यकता पड़ती है। नये अनुभव के साथ पुराने अनुभव का

व्यवस्थित अथवा समायोजित होना ही समञ्जन की प्रक्रिया है। इसे एक उदाहरण के द्वारा समझा जा सकता है। मान लीजिए किसी सीट पर दो आदमी आराम से बैठे हैं। एक तीसरे व्यक्ति के आ जाने पर उसे भी सीट पर बैठा लिया जाता है। तीसरे व्यक्ति का उसी सीट पर व्यवस्थित होना समञ्जन की क्रिया हैं। ऐसा करने में पहले से बैठे हुए व्यक्तियों को नए व्यक्ति के लिए जगह देने में थोड़ी-बहुत अपनी स्थिति परिवर्तित करनी पड़ी होगी। आत्मसातन एवं समञ्जन की क्रियाओं में यही एक मुख्य अंतर है कि आत्मसातन में नए तत्व के स्वरूप को बदल कर उसे समझने का प्रयास किया जाता है जबकि समञ्जन में पुराने अनुभव को इस प्रकार बदलने की आवश्यकता होती है जिससे नया उद्दीपक उसके साथ व्यवस्थित हो सके।

संज्ञानात्मक विकास की अवस्थाएं (Stages of Cognitive Development)

पियाजे ने संज्ञानात्मक विकास की चार प्रमुख अवस्थाओं का उल्लेख किया है। इनमें से प्रत्येक अवस्था अपनी पृथक विशेषता रखती है और एक अवस्था में विकसित संज्ञानात्मक संरचना (cognitive structure) आगे आने वाली अवस्थाओं में परिवर्तित हो जाती है। किसी अवस्था विशेष में बालक के भीतर पाये जाने वाले समस्त ज्ञान, विचारों और व्यवहारों के संगठन से एक समुच्चय तैयार होता है। इस समुच्चय को पियाजे ने स्कीमा (Schema) की संज्ञा दी है। इन मनोबन्धों (Schemas) का विकास बालक द्वारा अर्जित अनुभव और परिपक्वता पर आधारित होता है। बालकों के भीतर ज्ञान अथवा चिन्तन का विकास क्रमशः होता है। जन्म के समय नवजात शिशु को बाह्य जगत के सम्बन्ध में कोई ज्ञान नहीं रहता और वह उसके सम्बन्ध में कुछ भी नहीं सोच सकता। किन्तु धीरे-धीरे वह उद्दीपक जगत को अपनी ज्ञानेन्द्रियों और कर्मेन्द्रियों की सहायता से जानना प्रारम्भ कर देता हैं। अनेक अवस्थाओं से गुजरने के बाद वही बच्चा परिपक्व हो जाता है तथा संसार के सम्बन्ध में ठोस ज्ञान अर्जित कर लेता है। संज्ञानात्मक विकास की चारो अवस्थाओं का संक्षिप्त विवरण आगे प्रस्तुत किया गया है। (सारणी 4.5)।

सांवेदिक-पेशीय अवस्था (Sensory-Motor Stage): इस चरण का प्रारम्भ जन्म के समय होता है और लगभग दो वर्ष की आयु तक जारी रहता है। इसे सांवेदिक-पेशीय अवस्था इसलिए कहा जाता है क्योंकि बच्चों की विभिन्न क्रियायें जैसे देखना, सुनना, स्पर्श करना, चखना, हाथ-पैर घुमाना, चलना इत्यादि इसमें शामिल रहती हैं। यह अवस्था एक व्यक्ति को जैविक प्रणाली द्वारा मानसिक क्षमता से युक्त प्राणी में रूपांतरण को रेखांकित करती है। जन्म के बाद के कुछ सप्ताहों तक शिशु केवल प्रतिवर्त अनुक्रियाएँ (Reflexes); जैसे-चूसना, पकड़ना, गर्दन घुमाना, पैर चलाना आदि कर पाता है। बाद में प्रतिवर्त समाप्त हो जाते हैं और बच्चा ऐच्छिक क्रियाएँ करने लगता है जैसे वह स्वयं ही यह तय करता है कि कौन सी चीज कब पकड़नी चाहिए?

इस अवधि में, बच्चे में वस्तु स्थायित्व (Object Permanence) का संप्रत्यय विकसित

सारणी 4.5 : पियाजे द्वारा प्रस्तावित संज्ञानात्मक विकास के चरण एवं विशेषताएँ

आयु (लगभग)	चरण	विशेषताएँ
जन्म से दो वर्ष तक (0- to 2 yrs)	सांवेदिक-पेशीय अवस्था (Sensory-motor stage)	बच्चा जन्म के समय प्रतिवर्त क्रियाएं (Reflexive actions) करता है और विकसित होता हुआ प्रतीकों के माध्यम से सोचना आरम्भ करता है। वह भौतिक घटनाओं के साथ सांवेदिक अनुभवों को संयोजित कर दुनिया की समझ विकसित करता है। इस प्रकार वस्तु स्थायित्व (Object permanence) की उपलब्धि होती है।
2 से 7 वर्ष तक (2 to 7 yrs)	पूर्व संक्रियात्मक अवस्था (pre-operational stage)	बच्चा शब्दों और प्रतिमाओं की सहायता से अपनी दुनिया को प्रस्तुत करना शुरु करता है। उसका सोचना आत्मकेंन्द्रित होता है।
7 से 12 वर्ष तक (7 to 12 yrs)	मूर्त संक्रियात्मक अवस्था (Concrete operational stage)	बच्चा मूर्त वस्तुओं एवं घटनाओं के बारे में तार्किक तथा व्यवस्थित ढंग से सोच सकता है और चीजों को विभिन्न वर्गों में बाँट सकता है। संधारण (Conservation) को प्राप्ति हो जाती है।
12 वर्ष + (12 yrs on wards)	औपचारिक संक्रियात्मक अवस्था (Formal operational stage)	बच्चा अमूर्त विचारों का उपयोग करता है। तार्किक तथा व्यवस्थित रूप से विचार करने की तथा मनन के द्वारा चिन्तन की क्षमताएँ विकसित कर लेता है।

हो जाता हैं। इसका तात्पर्य यह है कि वस्तुओं और घटनाओं का अस्तित्व तब भी बना रहता है, जब उन्हें प्रत्यक्ष रूप से देख-सुन या स्पर्श नहीं कर पाते। जब तक इस तरह की समझ न आ जाए, जो भी वस्तु आँख से ओझल हो जाती है, उसका अस्तित्व बच्चे के लिए समाप्त हो जाता है। एक तीन महीने की आयु के बच्चे को यदि कोई वस्तु दिखाई जाए तो वह उसे पकड़ने की कोशिश करेगा और जैसे-जैसे वस्तु घूमेगी या अपनी जगह बदलेगी वह आंखों से पीछा करेगा। परन्तु यदि वह वस्तु आँख के क्षेत्र से परे कर दी जाए तो वह उसे खोजने की कोई कोशिश नहीं करेगा।

छह महीने की आयु होने पर ही बच्चे परिचित व आंशिक रूप से छिपी वस्तुओं तक पहुंचने की कोशिश करते हैं। आठ महीने की आयु होने पर बच्चे पूरी तरह से ढँकी या छिपी वस्तुओं को, जिन्हें वह पहले देख चुके हैं, खोजने की कोशिश करते हैं।

सांवेदिक-पेशीय अवधि की दूसरी मुख्य उपलब्धि कार्यों की श्रृंखला को उलटने की क्षमता प्राप्त करना है। उदाहरणार्थ, यदि आप बच्चे को एक खिलौना देते हैं, जिसके छः अलग अलग टुकड़े किए जा सकते हैं। आप इन टुकड़ों को अलग अलग कर देते हैं। बच्चा उन्हे जोड़ने में और

खिलौने को पुनः बनाने में सफल हो जाएगा। शुरु में वह गलतियाँ करेगा, पर जल्दी ही उन्हें ठीक कर जो टुकड़े अलग अलग थे उन्हे उचित ढंग से जोड़ना सीख लेता हैं।

पूर्व संक्रियात्मक चरण (Pre-operational Stage)

पियाजे के सिद्धान्त में संक्रिया (operation) का तात्पर्य उन क्रियाओं से है जो मानसिक (तार्किक) स्तर पर की जाती हैं। मानसिक क्रियाओं की मुख्य विशेषताएँ ये हैं कि वे विपरीत दिशा में भी की जा सकती हैं। वे संगठित होती है और एक समग्र संरचना के रूप में घटित होती हैं। इस चरण को पूर्व संक्रियात्मक इसलिए कहा जाता है कि बच्चे मानसिक संक्रियाओं को संपादित करने की क्षमता पूरी तरह नहीं प्राप्त किए रहते हैं। पूर्व संक्रियात्मक चरण में बच्चों का चिंतन क्या दिख रहा है, इस पर निर्भर करता है न कि तार्किक नियमों पर।

पूर्व संक्रियात्मक चरण की एक महत्वपूर्ण उपलब्धि प्रतीकों और चिन्हों के सहारे सोचने की योग्यता का विकास है। प्रतीक किसी वस्तु या व्यक्ति का प्रतिनिधित्व करते हैं। उदरहरण के लिए: एक खिलौना बच्चा या बृद्ध का प्रतीक हो सकता है। तिरंगा झंडा भारत देश का प्रतीक है। प्रतीकों के साथ काम करने की क्षमता को प्रतीकात्मक प्रकार्य (Semiotic function) कहते हैं। इसके विपरीत चिन्ह उन वस्तुओं से नहीं मिलते जुलते जिनका वे प्रतिनिधित्व करते हैं। उदाहरण के लिए, यातायात के संकेत एक चिन्ह व्यवस्था का निर्माण करते हैं।

पूर्व संक्रियात्मक चरण में आत्म केन्द्रितता (Egocentrism) की विशेषता पायी जाती है। इस अवधि में बच्चे दूसरों के दृष्टिकोण को अपने ध्यान में नहीं रख पाते। वे सोचते हैं कि दूसरा आदमी भी उसी तरह से सोचता है जैसा मैं सोच रहा हूँ। बच्चे यह विश्वास रखते हैं कि वे जिस तरह सोच रहे हैं, वही सोचने का एकमात्र तरीका है।

पूर्व संक्रियात्मक अवस्था वाले बच्चे में उत्क्रमणशील चिंतन (Reversible thought) या विपरीत क्रम में सोचने की क्षमता नहीं होती है : तोता क्या है ? यह प्रश्न पूछने पर बच्चा उत्तर देता है कि 'यह एक पक्षी है।' आप फिर पूछिए, यदि सभी चिड़ियों को मार डाला जाए तो तोतों का क्या होगा ? क्या तोते बचे रहेंगे? बच्चे का उत्तर 'हाँ' में होगा। आप उससे पूछे ऐसा क्यों ? तो बच्चे का उत्तर होगा कि "तोते कहीं और चले गए होंगे"। एक और उदाहरण लीजिए, बच्चे से पूछिए – मोहन सोहन का भाई है। सोहन मोहन से किस तरह संबंधित है? एक पूर्व संक्रियात्मक अवस्था का बच्चा इस प्रश्न का उत्तर नहीं दे सकेगा। इस अवस्था के बच्चे को किसी परिस्थिति के एक से अधिक पक्षों या आयामों को देखने में कठिनाई होती है। उसमें विकेन्द्रण (Decentering) की क्षमता नहीं होती है। उदाहरणार्थ, बच्चा एक मेज की केवल ऊँचाई या चौड़ाई पर ही, एक समय में ध्यान दे पाता है। यदि कार्य ऐसा है कि उसमें ऊँचाई और चौड़ाई दोनों पर ध्यान देना है तो वह उसे पूरा कर पाने में सफल नहीं हो सकेगा।

पूर्व संक्रियात्मक अवस्था के बच्चे की एक अन्य विशेषता है, "जीववाद में विश्वास (Animism)"। पियाजे के अनुसार जीववाद का तात्पर्य है कि बच्चे निर्जीव वस्तुओं को जीवन के गुणों से युक्त मानते हैं और (जीवित प्राणियों की ही तरह) विभिन्न क्रियाओं को करने में सक्षम मानते हैं। बच्चे इन वस्तुओं को भाव संवेग, प्रेरणा, इच्छा तथा विचार इत्यादि से युक्त मानते हैं।

इस अवस्था के बच्चे को आकार, भार या आयतन की विशेषताओं के अनुसार वस्तुओं को अधिक से कम या कम से अधिक के क्रम में व्यवस्थित करने में कठिनाई होती है। इस योग्यता को क्रमव्यवस्था (Seriation) कहा जाता है। उदाहरण के लिए, यदि आप बच्चे को भिन्न-भिन्न लम्बाई वाले लकड़ी के तीन-चार टुकड़े दें और इन्हें क्रमशः बढ़ते या घटते क्रम में रखने को कहें तो बच्चे को ऐसा करने में कठिनाई होती है। इस आयु के बच्चे श्रेणियों (Categories) और उपश्रेणियों (Subcategories) के बीच संबंधों को नहीं समझ पाते। इस तरह उनमें वर्गीकरण या वस्तुओं को श्रेणियों में विभाजित करने की क्षमता की कमी पायी जाती है।

बच्चों के चिंतन के बारे में संधारण (conservation) का अध्ययन पियाजे द्वारा विस्तृत रूप में किया गया। संधारण का तात्पर्य इस बात की समझ से है कि किसी वस्तु की कुछ विशेषताएँ उन वस्तुओं के प्रकट रूप में या दिखने वाले परिवर्तन के बावजूद अपरिवर्तित रहती है। उदाहरणार्थ : एक व्यक्ति की लम्बाई ज्यों कि त्यों रहती है, चाहे वह चारपाई पर लंबे लेट कर सो रहा हो या अपने पैर को मोड़े हुए हो परन्तु पूर्व संक्रियात्मक अवस्था वाला बच्चा यही कहेगा कि पहले वाला व्यक्ति दूसरे की तुलना में अधिक लंबा है। संधारण की प्रक्रिया से संबंधित कई रोचक उदाहरण प्रस्तुत किये गये हैं जो पियाजे द्वारा प्रयुक्त प्रायोगिक संकार्यों पर आधारित हैं।

यदि बच्चे के सामने एक चौड़े मुह की गिलास में दूध रखें। थोड़ी देर बाद दूध को एक लम्बे परन्तु पतले आकार के गिलास में उड़ेलिए और पूछिए :-

क्या गिलास अ तथा ब में दूध समान मात्रा में है। बच्चों का सम्भवतः उत्तर होगा कि गिलास ब में गिलास अ की तुलना में अधिक दूध है। इस आयु का बच्चा दशाओं को देखता है न कि परिवर्तनों को। दूध को लम्बे गिलास से पुनः चौड़े गिलास में डाला जाय तो बच्चा दोनो गिलासों में पानी की ऊँचाई पर ध्यान देता है और बदलाव या परिवर्तन की प्रक्रिया पर ध्यान नहीं देता है। ऐसा विकेन्द्रीकरण के फलस्वरूप होता है (चित्र 4.2)।

मूर्त संक्रियात्मक अवस्था (Concrete-operational Stage)

यह चरण प्रायः 7 से 12 वर्षों तक की आयु में विस्तृत रहता है। इस चरण में बच्चा केवल उन्हीं वस्तुओं या घटनाओं के बारे में सोच सकता है, जिन्हें वह अपने तात्कालिक संदर्भ (मूर्त वस्तुओं)

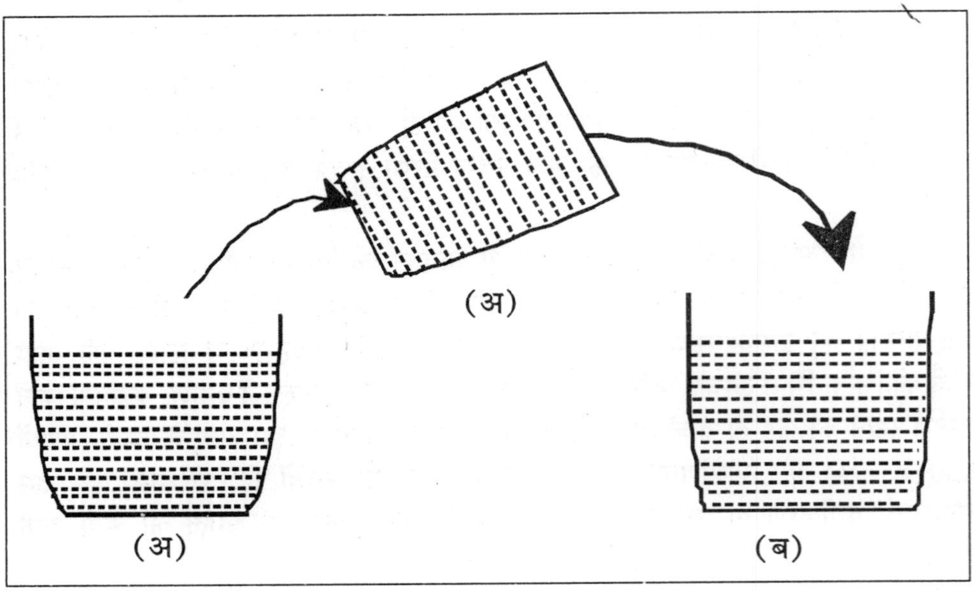

चित्र 4.2 : बच्चे द्वारा वास्तविक अवस्था का, न कि परिवर्तन के गोचर का, प्रत्यक्षीकरण (संधारण का उदाहरण)

में परिवर्तित कर सकता है। वह अमूर्त सम्प्रत्ययों के बारे में नहीं सोच पाता है, जिनमें एक साथ कई स्तरों का ध्यान रखना हो, जैसे मोहन सोहन से लंबा है, सोहन रोहन से छोटा है। बताइए, कौन सबसे लंबा है? इस तरह के प्रश्न का उत्तर देने में इस चरण के बच्चों को कठिनाई होती है। परन्तु यदि मोहन और सोहन भौतिक रूप से उपस्थित हों तो बच्चा सरलता से ऊँचाई के क्रम में व्यवस्थित कर सकता है।

इस चरण की एक प्रमुख विशेषता यह है कि बच्चे उत्क्रमण या विपरीत दिशा की संक्रियाएँ करने लगते हैं। ये बच्चे संधारण की योग्यता भी अर्जित कर लेते हैं। बच्चे क्रम स्थापित करना तथा वर्गीकरण की योग्यता अर्जित कर लेते हैं परन्तु चिन्तन मूर्त वस्तुओं तक ही सीमित होता है।

औपचारिक संक्रियात्मक अवस्था (Formal-operational Stage)

यह चरण 12 वर्ष की आयु और उसके आगे विस्तृत है। यह इस दृष्टि से महत्वपूर्ण है कि इसमें तार्किक चिंतन तथा सोचने की क्षमता का आरम्भ होता है। इस चरण में बच्चे अमूर्त चिंतन की क्षमता विकसित कर लेते हैं। दूसरे शब्दों में, ये बच्चे अमूर्त सम्प्रत्ययों, जैसे- सत्य, अराजकता, अनुशासन आदि का अर्थ समझने लगते हैं। इस अवधि की अन्य संज्ञानात्मक उपलब्धियाँ हैं - कल्पित संभावनाओं के बारे में सोचने की योग्यता तथा तार्किक निगमन द्वारा व्यवस्थित रूप से समस्या समाधान।

विकास के अन्य चरणों की अपेक्षा औपचारिक संक्रियात्मक चरण पर कम अध्ययन हुआ है तथापि ऐसा संकेत मिलता है कि सभी किशोर या प्रौढ़ लोग भी इस चरण के परिपक्व बौद्धिक कार्य करने में सफल नहीं हो पाते हैं।

संज्ञानात्मक सिद्धान्त के अन्तर्गत मानव क्षमताओं को विशेष महत्व दिया गया है। इनके अनुसार व्यक्ति एक तर्कशील प्राणी हैं जिसका मस्तिष्क अत्यन्त सक्रिय, क्रियाशील एवं सक्षम होता है। प्रत्येक व्यक्ति स्वयं में चिन्तक एवं सृजनशील होता है तथा वह जटिल प्रक्रियाओं को समझने, नये अन्वेषण करने तथा सृजन करने में जन्मजात रूप से अभिप्रेरित होता है। अतः मानव मस्तिष्क की तुलना निम्न जीवों या निष्क्रिय मशीनों से नहीं किया जा सकता । इस प्रकार ये अधिगम सिद्धान्तों को अस्वीकार करते हैं।

ब्रूनर का संज्ञानात्मक विकास का सिद्धान्त (Bruner's theory of Cognitive Development)

पियाजे की तरह जिरोम ब्रूनर भी एक संज्ञानवादी मनोवैज्ञानिक थे इनके अध्ययन का क्षेत्र "शैशवावस्था एवं बाल्यावस्था में होने वाले संज्ञानात्मक विकास", रहा है। ब्रूनर (1973) ने संज्ञानात्मक विकास का शिक्षा के क्षेत्र में अनुप्रयोग पर विशेष बल दिया। ब्रूनर के अनुसार बच्चे के विद्यालयीय निष्पादन पर संज्ञानात्मक विकास का प्रत्यक्ष या परोक्ष रूप से प्रभाव पड़ता है तथा इसका सहजबोध, सृजनशीलता तथा कलात्मकता पर भी विशेष रूप से प्रभाव पड़ता है। इन्होंने अपनी पुस्तक **"आन नोइंग: एस्सेज फार द लेफ्ट हैण्ड"** (*On Knowing : Essays for the Left Hand,* 1965b) में यह प्रदर्शित किया कि संज्ञानात्मक विकास बच्चों में कविता, कला, काल्पनिकता, समस्या समाधान एवं विचार के रूप में दृष्टिगत होता है। ब्रूनर ने संज्ञानात्मक विकास के अनुसार बच्चों का वर्गीकरण दो श्रेणियों में किया है। (1) कलाकार (Artist) तथा (2) वैज्ञानिक (Scientist)।

ब्रूनर भी पियाजे की तरह संज्ञानात्मक विकास में जैविकीय एवं पर्यावरणीय कारकों का विशेष योगदान मानते हैं तथा यह संज्ञानात्मक विकास बच्चों के शारीरिक विकास के साथ गुणात्मक रूप से सम्बन्धित होता है। ब्रूनर के अनुसार मन का विकास कुछ महत्वपूर्ण चरणों में परिपूर्ण होता है। मानसिक वृद्धि बच्चों के तात्कालिक निर्णयन क्षमता तथा अवधानात्मक क्षमता के रूप में दृष्टिगत होती है। इसकी सहायता से व्यक्ति में अमूर्त चिन्तन की योग्यता आती है।

ब्रूनर ने बालकों के संज्ञानात्मक विकास को तीन चरणों में विभक्त किया है जो पियाजे के प्रथम दो चरणों के समान है।

(i) क्रियात्मक अवस्था (Enactive Stage)

यह चरण पियाजे के सांवेदिक पेशीय अवस्था से मिलती है जिसमें बच्चों में संज्ञानात्मक विकास विभिन्न क्रियाओं के आधार पर होता है।

(ii) प्रतिमात्मक (प्रतिचित्रात्मक) अवस्था (Iconic Stage)

यह अवस्था पियाजे के पूर्व संक्रियात्मक अवस्था के समान है जिसमें बच्चों में संज्ञानात्मक विकास प्रतिमाओं के माध्यम से होता है।

(iii) प्रतीकात्मक अवस्था (Symbolic Stage)

इस अवस्था में बालक मूर्त एवं वास्तविक वस्तुओं के बारे में संज्ञान, 'भाषा' के माध्यम से विकसित करता है।

विकास की इस तृतीय अवस्था में ब्रूनर और पियाजे में मतभेद है। ब्रूनर 'भाषा' के विकास को मूर्त संक्रियात्मक अवस्था में होने वाले विकास से जोड़ते है। इनके अनुसार बच्चे दो गिलासों के पानी के बीच में स्पष्ट विभेदन मूर्त संक्रिया अवस्था में ही सीख जाते हैं। परन्तु पियाजे के अनुसार 'भाषा' का विकास मूर्त संक्रियात्मक अवस्था में नहीं होता है। पहले विचार जन्म लेते हैं उसके पश्चात् भाषा विकसित होती है। जबकि ब्रूनर ने यह स्पष्ट किया कि सात वर्षीय बालक संधारण (कन्जर्वेशन) समस्या (गिलास के पानी के बीच स्पष्ट विभेदन) का समाधान करने में आंशिक रूप से सफल होते हैं क्योंकि इसमें भाषा का विकास हो चुका रहता है तथा वह अपने संवेदनात्मक साक्ष्य को भाषा से व्यक्त कर सकता है (एलकाइन्ड, 1968)।

संज्ञानात्मक विकास के सिद्धान्तों की समीक्षा

संज्ञानात्मक सिद्धान्त का अनुप्रयोग विभिन्न क्षेत्रों में विस्तृत रूप से किया गया है। इस सिद्धान्त की कुछ सीमाएं भी हैं यथा-संज्ञानात्मक मनोवैज्ञानिक अनेक मानसिक क्रियाओं जैसे- बौद्धिक विकास, सृजनात्मक विकास इत्यादि के अध्ययन पर बल देते हैं अतः मानव व्यवहार के कुछ क्षेत्र यथा-सामाजिक, सांवेगिक एवं व्यक्तित्व विकास, वंचित रह जाते हैं। परन्तु संज्ञानात्मक सिद्धान्त का प्रयोग मानव विकास के क्षेत्र में अत्यन्त प्रासंगिक हो चुका है।

मानव विकास के आधुनिक सैद्धान्तिक उपागम
Recent Theoretical Approaches of Human Development

सूचना प्रक्रमण उपागम (Information Processing Approach)

सूचना प्रक्रमण की भाषा साइबरनेटिक्स (Cybernatics) से ली गयी है। इस उपागम में किसी भी मनोवैज्ञानिक अध्ययन की स्थिति का सम्प्रत्ययन निवेश-प्रक्रमण- निर्गमन (Input-Processing-Output) सूत्र के बन्ध में किया जाता है। प्रक्रमण के लिए स्नायु संस्थान के अनेक

स्तर माने जाते हैं जहाँ निवेशित सूचना अथवा संवेदी प्रक्रमों (Sensory Processes) का कूटसंकेतन (Encodoing), रूपान्तरण (Transformation), भण्डारण (Storage) और वहीं से पुनरुद्धार (Retrival) होता है। इस उपागम में माना जाता है कि व्यक्ति का व्यवहार या निर्गमन किसी योजना (Plan) के अनुसार सूचना प्रक्रमण का परिणाम है। इसमें सूचना या उद्दीपक का कूटसंकेतन महत्वपूर्ण माना जाता है, जो व्यक्ति के प्रत्यक्षीकरण का आधार बनता है।

इस उपागम के प्रायोगिक तथ्यों के आधार पर माना जाता है कि व्यक्ति एक समय में सीमित संख्या में सूचनाओं को ग्रहण कर सकता है, किन्तु वह असंख्य सूचनाओं का भण्डारण और क्रमिक पुनरुद्धार कर सकता है। इसके अनुसार असंख्य सूचनाओं का कूट संकेतन व्यक्ति प्रतीकों के माध्यम से वर्गों में करता है। सूचना प्रक्रमण उद्दीपकों का नहीं अपितु कूटसंकेतित प्रतीकों का होता है। साथ ही साथ कूटसंकेतित प्रतीकों का समेलन (Matching) भण्डारित प्रतीकों के साथ होता है। इस प्रकार सूचना प्रक्रमण एक जटिल क्रिया मानी जाती है जिसका निरूपण विकास मनोविज्ञान का उद्देश्य है।

सूचना प्रक्रमण उपागम को विगत चार दशकों से व्यापक स्तर पर स्वीकार किया जाने लगा है। आज के प्रायोगिक मनोविज्ञान में इसके और संज्ञानवादी उपागमों के व्यापक प्रचलन के कारण अवधान, प्रतिमा, प्रत्यक्षीकरण, स्मृति, चिन्तन एवं तर्कणा (Reasoning) तथा सम्प्रत्यय निर्माण (concept formation) के प्रायोगिक अध्ययनों का महत्व बढ़ गया है। इससे मनोवैज्ञानिक प्रक्रमों को समझने और व्याख्या करने की क्षमता का अद्भुत विकास हुआ है।

1970 की अवधि में बाल विकास मनोवैज्ञानिकों का व्यवहारवाद से पूर्णतः मोहभंग हो गया एवं बाल विकास में मात्र अधिगम की भूमिका को अस्वीकार करते हुए जीन पियाजे के विचारों का स्वागत करते हुए विकास की संज्ञानात्मक व्याख्या को महत्व दिया गया। विकास मनोवैज्ञानिकों ने बच्चों की मानसिक क्रियाओं के विकास को समझने के लिए संज्ञानात्मक मनोविज्ञान की भूमिका को स्वीकार किया। परिणामस्वरूप सूचना प्रक्रमण परिप्रेक्ष्य का विकास हुआ। यह एक सामान्य उपागम है जिसमें मानव मस्तिष्क एक जटिल संकेत प्रहस्तक तंत्र के रूप में होता है जिसके द्वारा सूचना प्रवाहित होती है (क्लेहर, 1992)।

निवेश (Input) पर संवेदनाओं के प्रस्तुतीकरण से और निर्गम (output) पर व्यवहारिक अनुक्रियाओं से सूचना तेजी से कूट संकेतित, रूपान्तरित एवं संगठित होती है। निवेश के स्तर पर सूचनाओं की प्रस्तुति से लेकर अनुक्रिया निर्गम तक मानसिक क्रियायें विविध चरणों में प्रदर्शित होती हैं। (चित्र 4.3)

सूचना प्रक्रमण प्रायः प्रवाह चित्रों, ढांचों और स्क्रिप्ट के क्षेत्र के रूप का चिन्तन है। इस सिद्धान्त का केन्द्रीय तथ्य यह है कि बालक का मस्तिष्क आधुनिक कम्प्यूटर की भाँति कार्य करता है। कम्प्यूटर में जो सूचना डाली जाती है वह उसकी स्मृति (मेमोरी) में चली

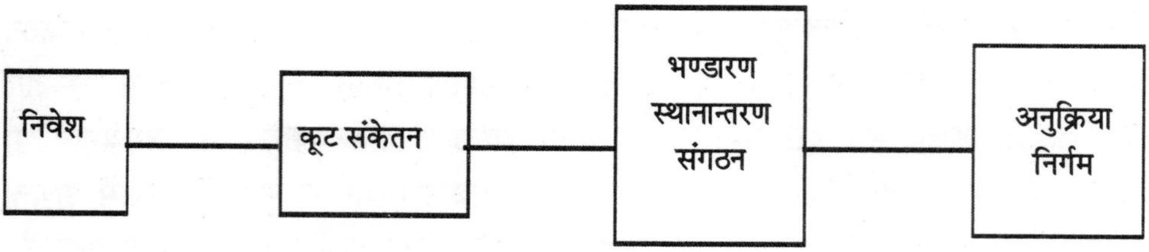

चित्र 4.3 : मानसिक क्रियाओं के विविध चरण

जाती है। मेमोरी, कम्प्यूटर के भीतर सूचना- भण्डारण की एक प्रणाली होती है जिसमें सारी सूचनाएँ एकत्र होकर सुरक्षित पड़ी रहती है। जब उन सूचनाओं का उपयोग करना होता है तो उन्हें कम्प्यूटर से बाहर निकाल लिया जाता है। कम्प्यूटर की ही भाँति मनुष्य भी वातावरण से अनेक रूप में सूचनाएँ ग्रहण करता है जो उसके मस्तिष्क में संचित होती रहती है। आवश्यकता पड़ने पर व्यक्ति उन संचित सूचनाओं का प्रत्याह्वान (recall) और पहचान (recognition) करता है। इस प्रक्रिया में अवधान और स्मरण का महत्वपूर्ण योगदान रहता है। इस उपागम की उपयोगिता को स्पष्ट करने हेतु निम्न उदाहरण वर्णित है- अधोलिखित प्रवाह चित्र 4.4 में बायीं तरफ के चित्र में रोहन नामक व्यक्ति हैं दायें तरफ के चित्र में मोहित नाम का व्यक्ति है।

उदाहरण से हमें ज्ञात होता है कि रोहन ने समस्या समाधान में सही विधि का प्रयोग किया वहीं मोहित ने समाधान में गलत विधि का उपयोग किया जिससे गलत परिणाम आया। इस प्रकार परिणामों से स्पष्ट है कि मोहित को अपने तर्क को सुधारना चाहिए जिससे वह सही समाधान पर पहुँचें।

सूचना सिद्धान्त के प्रवर्तको ने यह जानने का प्रयास किया है कि भिन्न-भिन्न आयु के बालक सूचनाओं को किस प्रकार ग्रहण करते हैं और उन्हें कैसे व्यवहार में लाते हैं। मनोवैज्ञानिक अध्ययनों से यह बात प्रकाश में आयी है कि दो-तीन वर्ष के छोटे बच्चे (Pre-school children) उतनी कुशलता के साथ सूचनाओं का संचय और प्रत्याह्वान नहीं कर पाते जितनी कुशलता के साथ आठ वर्ष के बालक करते हैं। छोटे बच्चे बड़े बालकों की अपेक्षा वस्तुओं का वर्णन अधिक अपूर्ण करते हैं। ऐसा क्यों होता है ? सूचना प्रक्रमण सैद्धान्तिकों का मानना है कि छोटी आयु के बच्चे वातावरण से ग्रहण की गई सूचनाओं का समुचित संचय और स्मरण इसलिए नहीं कर पाते क्योंकि वे बड़े बालकों की भाँति सोच-विचार और तर्क-वितर्क करने में सक्षम नहीं होते और उनमें अपनी मानसिक क्रियाओं का समुचित उपयोग करने की क्षमता विकसित नहीं हुई रहती। उनके पास ज्ञान (अनुभव) भी सीमित मात्रा में होता है। दूसरे शब्दों में कहा जा सकता है कि भिन्न-भिन्न आयु के बालकों की योग्यताओं में मात्रात्मक अन्तर पाया जाता है। जहाँ जीन पियाजे ने इस अन्तर का कारण विकासात्मक अवस्थाओं को माना है, वहीं सूचना प्रक्रमण सिद्धान्त के समर्थक इस अन्तर का कारण सूचनाओं की जटिलता (Complexity of Information), बालकों में भाषात्मक कौशल का अभाव, संचय की अयोग्यता तथा अनुभव की कमी को मानते हैं। परन्तु उम्र बढ़ने के साथ ये कमियाँ दूर होने लगती हैं।

रोहन	मोहित
35	35
−18	−18
17	23

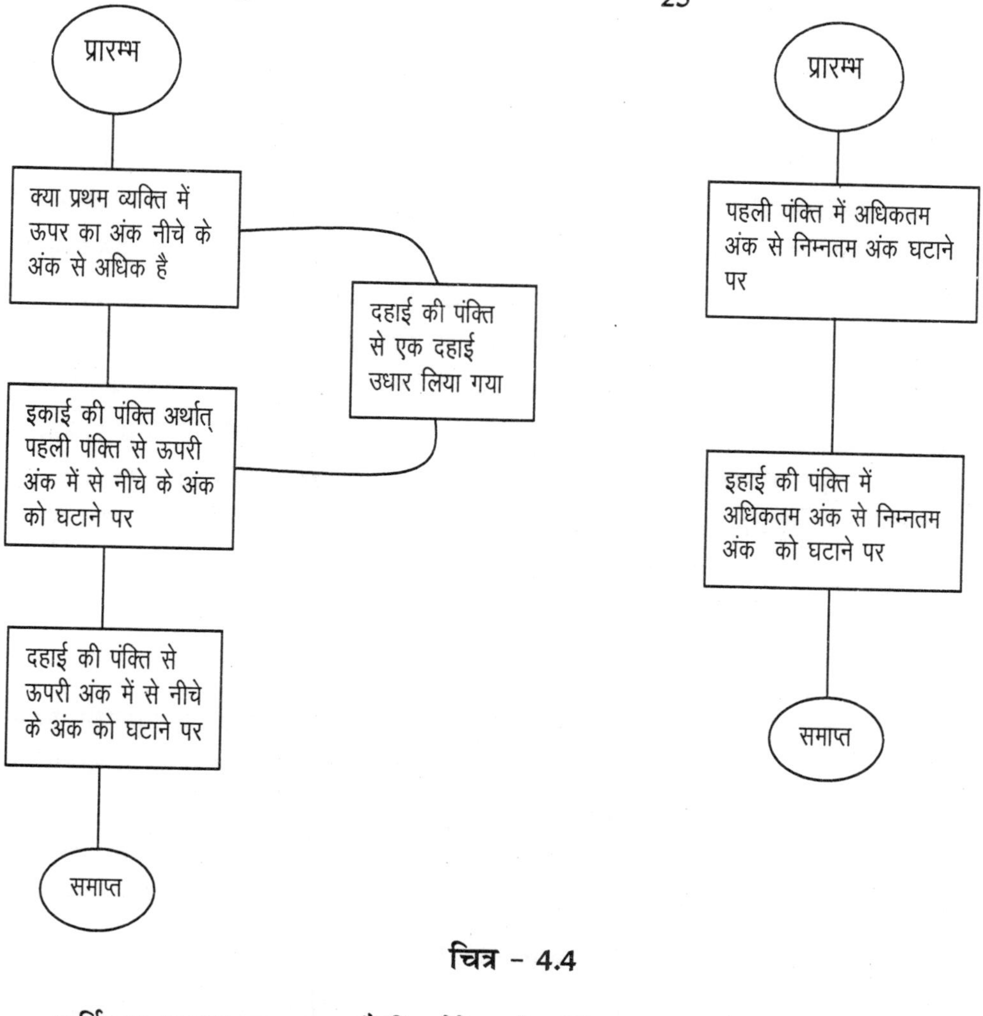

चित्र - 4.4

वर्पिलाट (1968) का मानना है कि छोटे बच्चे परिवेश का अवलोकन कर वस्तुओं और ध्वनियों पर ध्यान तो देते हैं परन्तु वे परिवेश को सुव्यवस्थित ढंग से नहीं परखते। उन्होंने एक अध्ययन में चार से आठ वर्ष के बालकों को लेकर उन्हें एक साथ मकानों के दो-दो चित्र दिखलाये। बच्चों से पूछा गया कि जोड़े में दिखाये गए दोनों चित्र एक ही मकान के थे या भिन्न-भिन्न मकानों के थे। बालकों को दोनों मकानों की तुलना विस्तार के साथ करनी थी। अर्थात् जोड़े में दिखाये गये चित्रों को बारी-बारी देखना था तथा उनकी खिड़कियों में पाये जाने

वाले अन्तरों को ढूँढना था। आठ वर्ष के बालकों ने वस्तुतः ऐसा ही किया। जब उन्होने दोनो मकानों की खिड़कियों में अन्तर पाया तो उन्होंने दोनो मकानों को भिन्न-भिन्न बताया। किन्तु पाँच वर्ष के बालकों ने इस प्रकार के चित्रों की छानबीन नहीं की। न तो उन्होंने एक किनारे से दूसरे किनारे तक मकानों को ध्यानपूर्वक देखा और न ही दोनो की खिड़कियों की तुलना की।

इसी प्रकार एल्काइन्ड ने भी बच्चों को कार्ड पर छपी वस्तुओं के चित्र दिखाये और पाया कि आठ वर्ष के बालकों ने बायें से दायें और ऊपर से नीचे तक सभी चित्रों को देखा और सभी का नाम बताया जबकि पाँच वर्ष के बच्चों ने कई चित्रों को छोड़ दिया और कुछ चित्रों का नाम दो-दो बार बताया। अध्ययनों से स्पष्ट होता है कि छोटे बच्चे बड़े बच्चों की भाँति परिवेश के तत्वों पर व्यवस्थित ढंग से ध्यान नहीं दे पाते। उनमें चयनात्मक अवधान की क्षमता बड़े बच्चों की अपेक्षा निम्नतर पायी जाती है। इसके कारण वे परिवेश में विद्यमान अधिक सार्थक वस्तुओं पर ध्यान केन्द्रित नहीं कर पाते और अपने ध्यान को अनावश्यक विचलन से रोक नहीं पाते। उनका ध्यान एक वस्तु से दूसरी वस्तु की ओर भागता रहता है। सूचना प्रक्रमण सैद्धान्तिकों का मानना है कि विकास एक ऐसी प्रक्रिया है जो धीरे-धीरे, संचयी ढंग से जीवन पर्यन्त चलता रहता है। मानस (mind) के हार्ड वेयर अर्थात् मस्तिष्क संरचना का रूप वहीं रहता है परन्तु साफ्टवेयर (प्रोग्राम) में कुछ परिवर्तन होता रहता है। सम्प्रति इस धारा से जुड़े मनोवैज्ञानिकों की रुचि यह जानने में है कि सूचना प्रक्रमण का विकास कैसे होता है तथा नयी सामग्री के मिलने पर वे कम्प्यूटर में पुनर्नियोजित कैसे हो जाती हैं।

वासस्थलीपरक सिद्धान्त (Ethological Theory)

वासस्थलीपरक सिद्धान्त 1960 की अवधि में मानव विकास की व्याख्या हेतु विकसित किया गया (हिन्डे, 1989)। इस सिद्धान्त के अन्तर्गत अनुकूलन, उत्तरजीविता एवम् व्यवहारपरक मूल्यों को महत्व दिया गया है। वासस्थलीपरक सिद्धान्त की उत्पत्ति डार्विन के कार्यों से चिन्हित हुई। यद्यपि ड्यूसबरी (1992) का कहना है कि इस सिद्धान्त का आधुनिक विकास दो यूरोपियन प्राणीशास्त्रियों द्वारा किया गया जिसमें कोनराड लारेंज (Konrad Lorenz) और निकों टिंनबर्गन (Niko Tinbergen) के नाम प्रमुख रूप से आते हैं।

विविध पशु प्रजाति के व्यवहारों और उनमें स्वाभाविक आदतों को देखकर लारेन्ज और टिनबर्गेन ने व्यवहार प्रतिमानो का निरीक्षण किया जो जीवन जीने के लिए गति प्रदान करते है। इसका सबसे अच्छा उदाहरण अध्यंकन (Imprinting) है। अध्यंकन (Imprinting) एक ऐसी प्रक्रिया से है जिसमें प्राणी विकास के संवेदनशील या क्रान्तिक अवधि में माता-पिता या उनके प्रतिस्थापित उद्दीपक (Substitute Stimulus) के साथ सामाजिक लगाव या आसक्ति विकसित कर लेता है। अध्यंकन का व्यवहार ज्यादातर पूर्व विकसित पक्षियों में अधिक होता है जो अण्डे से निकलते ही घूमने-फिरने लगते हैं तथा दाना चुगने लगते हैं। जितनी ही अधिक अवधि तक

पक्षी इस आरम्भिक अवस्था में लक्ष्य वस्तु के साथ होता है, अध्यंकन उतना ही मजबूत ढंग से विकसित कर लेता है। लारेन्ज (1952) ने अपने अध्ययन में पाया कि अगर हंस का बच्चा (Gosling) अण्डे से निकलने के बाद किसी मनुष्य को या किसी वस्तु को (माँ के प्रतिनिधि या सम्बन्धित प्रमुख विशेषताओं के रूप में) अपने आस-पास पाता है तो वह उसी के साथ सामाजिक लगाव विकसित कर लेता है और बाद में अपनी माँ से अधिक वह उस मनुष्य के साथ ही सामाजिक आसक्ति (Social attachment) विकसित कर लेता है तथा उस वस्तु के साथ भी सामाजिक आसक्ति दिखाता है जिसमें वह अपनी माँ से सम्बन्धित विशेषताओं को पाता है।

अध्यंकन के निरीक्षणों में एक महत्वपूर्ण सम्प्रत्यय जो बाल विकास में विस्तृत रूप से प्रयुक्त हुआ, वह है क्रान्तिक अवधि (Critical period)। यह एक सीमित समयावधि को प्रदर्शित करता है जिसके दौरान बालक निश्चित समायोजी व्यवहारों को प्राप्त करने के लिए जैविक रूप से तैयार होता है लेकिन इसके लिए उपयुक्त पर्यावरण की आवश्यकता होती है। प्रतिबंधित समयावधि के दौरान जटिल संज्ञान और सामाजिक व्यवहारों की उपलब्धता होनी चाहिए। शोधकर्त्ता इस सन्दर्भ में अनेक अध्ययन कर चुके है। उदाहरण के लिए : यदि बच्चों को उनके पूर्व के वर्षों में ही दैहिक और सामाजिक उद्दीपन से वंचित कर दिया जाता है तो क्या उनकी बुद्धि पूर्णतः विकृत हो जाएगी? यदि पूर्व बाल्यावस्था में बच्चा भाषा को पूर्ण रूप से नहीं सीख पाया, तो क्या बच्चे में भाषा सीखने की क्षमता में कमी आ जाती है ?

वस्तुतः मानव विकास में क्रान्तिक अवधि (Critical period) की अपेक्षा संवेदनशील अवधि (Sensitive period) का बेहतर योगदान होता है। संवेदनशील अवधि एक ऐसा समय है जो प्राणी में निश्चित क्षमता उत्पन्न करने के लिए उपयुक्त होती है और जिसमें पर्यावरणीय प्रभावों का विशिष्ट प्रभाव अनुक्रिया माना जाता है, हालांकि देखा जाए तो संवेदनशील अवधि का परिक्षेत्र क्रान्तिक अवधि के परिक्षेत्र से कम सुपरिभाषित है।

अध्यंकन के प्रेक्षणों से प्रेरित होकर ब्रिटिश मनोविश्लेषणवादी जान बॉल्बी (1969) ने मानव शिशु और उनकी देखभाल करने वालों के सम्बन्धों के सामंजस्य को वासस्थलीपरक सिद्धान्त में प्रयुक्त किया। बॉल्बी यह बताते हैं कि बच्चों का आसक्तिपूर्ण व्यवहार जैसे हंसना, बलबलाना, चिल्लाना आदि सामाजिक संकेतों के रूप में बना है जो माता-पिता को ब्रच्चों की तरफ आने के लिए प्रोत्साहित करता है और साथ ही साथ बच्चों के साथ अन्तःक्रिया करने के लिए भी प्रोत्साहित करता है। माँ का सानिध्य बच्चों के मूलभूत व्यवहारों में परिवर्तन उत्पन्न करता है, जैसे माँ के नजदीक रहने पर बच्चा निश्चिन्त रहता है कि माँ अवांछनीय वस्तुओं या घटनाओं से सुरक्षा करेगी, तथा उनके स्वस्थ्य विकास के लिए माँ से भावनात्मक एवं आवश्यकतानुरूप उद्दीपक प्राप्त होंगे।

ब्रेथर्टन (1992) का कहना है कि मानव शिशु में आसक्ति का विकास मनोवैज्ञानिक संरचनाओं में परिवर्तन के एक जटिल प्रक्रम को समाहित करता है जिसमें पोषण करने वालों का

बच्चे के साथ उत्तरदायित्व का भाव विकसित होता है। अर्थात् शिशु की आसक्ति बत्तख के बच्चे (Gosling) के अध्यंकन से अधिक जटिल है।

वासस्थलीपरक मनोवैज्ञानिकों द्वारा किए गए प्रेक्षणों से यह प्रदर्शित हो चुका है कि बच्चों के सामाजिक व्यवहारों के अनेक पक्षों यथा– संवेगात्मक अनुभूतियाँ, आक्रामकता, सहकारिता और सामाजिक खेल आदि बन्दरों (आदि पूर्वज) के सदृश होते हैं। वहीं पेट्टी और सहयोगियों (1990), सेविन–विलियम्स (1979) ने अध्ययनों के द्वारा स्पष्ट किया है कि प्रभावशाली (प्रसामाजिक) व्यवहारों का अनुक्रम जीवन स्तर को सुदृढ़ बनाता है क्योंकि वे समूह सदस्यों के बीच आक्रामकता को कम करते हैं।

वासस्थलीपरक अनुसंधान व्यवहार के आनुवंशिक एवं जैविक मूल्यों पर बल देता ही है, साथ ही साथ अधिगम की महत्ता को भी दर्शाता है, क्योंकि यह व्यवहार के अत्यधिक अनुकूल और लचीलेपन स्वरूप को स्वीकार करता है। दूसरे शब्दों में, यह सिद्धान्त बाल व्यवहार के अनुकूलनपरक मूल्यों की जानकारी को महत्व देता है। इसके लिए उनके भौतिक, सामाजिक एवम् सांस्कृतिक परिवेश की पूर्ण जानकारी को आवश्यक मानता है ताकि प्राणी–परिवेश तंत्र (Organism-Environment System) की व्यवस्थित समझ विकसित हो सके।

पारिस्थितिकीय तंत्र सिद्धान्त (Ecological System Theory)

अमेरिकन मनोवैज्ञानिक यूरी ब्रानफेनब्रेनर (Urie Bronfenbrenner) का योगदान बाल विकास के स्वरूप को स्पष्ट करने की दिशा में महत्वपूर्ण है। पारिस्थितिकीय तंत्र सिद्धान्त बाल विकास को सम्बन्धों के एक जटिल तंत्र के मध्य विकसित होने के स्वरूप को प्रस्तुत करता है जो पर्यावरण के चारों ओर के बहुस्तरीय तंत्रों द्वारा प्रभावित भी होता है। साथ ही भारतीय संदर्भ में पारिस्थितिकीय तंत्र को समझने का प्रयास किया गया है जिसमें बच्चों के विकास को समझने के लिए प्रो० दुर्गानन्द सिन्हा (1977) द्वारा पारिस्थितिकीय मॉडल प्रस्तुत किया गया । पारिस्थितिकीय की परिवेशीय पर्त के अवयवों को चित्र 4.5 में प्रस्तुत किया गया है।

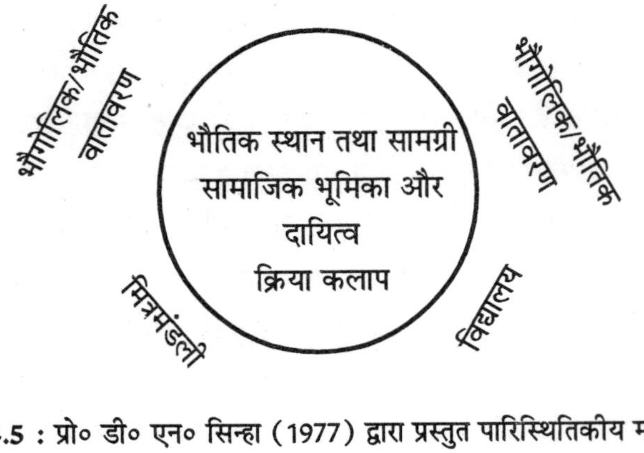

चित्र 4.5 : प्रो० डी० एन० सिन्हा (1977) द्वारा प्रस्तुत पारिस्थितिकीय माडल।

1. **सामान्य भौगोलिक पर्यावरण (General Global Environment):** इसके अन्तर्गत घर के बाहर खेल कूद, तरह तरह के क्रियाकलापों के लिए उपलब्ध स्थान तथा सुविधाएं प्रमुख हैं। उसमें उस क्षेत्र में भीड़ भाड़ तथा जनसंख्या का घनत्व भी शामिल है।
2. **संस्थागत परिवेश (Institutional Environment):** यह जाति, वर्ग तथा दूसरे कारकों द्वारा निर्मित होने वाले संदर्भ को व्यक्त करता हे। इसमें से प्रत्येक की कुछ भूमिका एवं प्रत्याशायें होती हैं और यह परिवेश विशेष प्रकार के कार्यों को करने के लिए संस्तुत कर व्यक्तियों पर रोक लगाते हैं।
3. **सामान्य सुविधाएँ (General Facilities):** इसके अन्तर्गत बच्चों को उपलब्ध सुविधाएँ जैसे पीने का पानी, बिजली, मनोरंजन के साधन आदि आते हैं।

पारिस्थितिकीय की परिवेशीय पर्त, जैसा कि ऊपर वर्णित है, सामान्य पर्यावरण का निर्माण करती है। अत्यंत व्यापक तथा सामान्य होने के कारण इसका प्रभाव आसानी से दिखाई नहीं पड़ता। ऊपरी पर्त पर दिखाई देने वाले कारक परस्पर अंत:क्रिया करते हैं और अलग-अलग

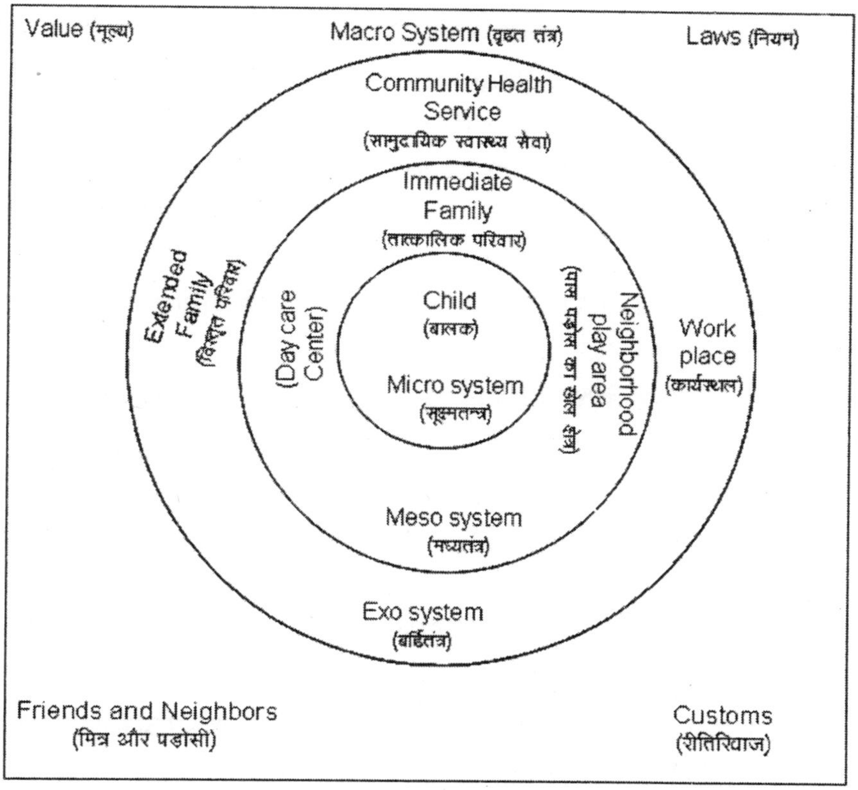

चित्र 4.6 : ब्रानफेनब्रेनर द्वारा प्रस्तुत पारिस्थितिकीय मॉडल

लोगों पर अलग-अलग तरह से प्रभाव डालते हैं। पारिस्थितिकीय वातावरण व्यक्ति के जीवन के अन्तर्गत कभी भी बदल सकता है।

इसी प्रकार ब्रानफेनब्रेनर (1979, 1989) ने पारिस्थितिकीय मॉडल प्रस्तुत किया जिसे चित्र 4.6 में प्रदर्शित किया गया है।

पारिस्थितिकीय तंत्र सिद्धान्त को, पर्यावरण के चारो पर्तों में सूक्ष्मतंत्र, मध्यतन्त्र, बर्हितन्त्र और वृहत्तंत्र के रूप में वर्णित किया गया है, जिसमें सूक्ष्मतन्त्र बालक और तात्कालिक पर्यावरण के बीच के सम्बन्धों को निर्देशित करता है। मध्यतंत्र बच्चों के तात्कालिक परिवेशों के बीच जुड़ता है। सामाजिक परिवेशों का बर्हितंत्र जो बच्चों के व्यवहारों को प्रभावित करता है लेकिन परिवेश बच्चों से भरा हुआ नहीं होता है। साथ ही साथ वृहत्तंत्र बच्चों की संस्कृति, रीतिरिवाजों, नियमों और मूल्यों से जुड़ा हुआ है। पर्यावरण की प्रत्येक परिवेशीय पर्त को बच्चों के विकास पर एक शक्तिशाली प्रभाव के रूप में विवेचित की गयी हैं।

1. सूक्ष्म तंत्र (Micro-system): ब्रानफेनब्रेनर के अनुसार पर्यावरण का सबसे भीतरी स्तर सूक्ष्मतंत्र है जो बच्चों के तात्कालिक परिवेश में अन्तःक्रिया के तरीकों और क्रियाकलापों को निर्देशित करता है जबकि आधुनिक अध्ययनकर्त्ताओं ने बच्चों पर वयस्कों के प्रभाव के स्वरूप पर बल दिया। इस प्रकार ब्रानफेनब्रेनर ने सूक्ष्मतंत्र अर्थात् पहले पर्त के अन्तर्गत वयस्कों एवं बच्चों के आपसी सम्बन्धों का अध्ययन करके इस बात पर बल दिया कि 'इस स्तर को समझने के लिए हमें द्विनिर्देशित और पारस्परिक (bidirectional and reciprocal) सम्बन्धों को ध्यान में रखना चाहिए, दूसरे शब्दों में, 'वयस्क बच्चों की अनुक्रियाओं को प्रभावित करते हैं, लेकिन बच्चों की विशेषतायें, उनके व्यक्तित्व और सोचने समझने के तरीके आदि सभी वयस्कों के व्यवहार को प्रभावित करते है। उदाहरणार्थ- एक मित्रवत एवं विनम्र बालक को परिवार से धनात्मक प्रबलन और सहज अनुक्रियाएँ पाने की सम्भावना होती है जबकि एक सक्रिय तथा अनाकर्षक नौजवान को दण्डात्मकता और कठोर अनुक्रियाएं पाने की सम्भावना होती है। (हेकर एवं वॉलेन, 1989)।

सूक्ष्मतंत्र में किसी तीसरे व्यक्ति या समूह की उपस्थिति से किन्हीं दो व्यक्तियों के बीच की अन्तःक्रिया प्रभावित होती है तथापि यदि परिवेश में दूसरे व्यक्ति की उपस्थिति सहायतापरक हो तो सम्बन्धों की गुणवत्ता बढ़ जाती है। उदाहरण के लिए जब माता-पिता अपने बच्चों के पालन-पोषण की भूमिका में एक दूसरे को प्रोत्साहित करते हैं तो प्रत्येक व्यक्ति अपने बच्चो के पालन-पोषण सम्बन्धी कार्यों में ध्यान देते है। हेथरिंगटन एवं क्लिंगपील (Hetherington & Clingempeel, 1992) ने स्पष्ट किया है कि सूक्ष्मतंत्र में बाल विकास सम्बन्धी जटिलता के अन्तःक्रियात्मक सम्बन्धों के रूप में समझना चाहिए।

2. मध्यतंत्र (Meso-system): इस मॉडल का दूसरा स्तर मध्यतन्त्र है। यह मध्यतंत्र आपसी सम्बन्धों को बताता है जैसे स्कूल, पड़ोसी, या पालना गृह (Day Care Center) आदि जो बच्चों के विकास को प्रोत्साहित करते हैं। उदाहरणार्थ : एक बच्चे की शैक्षिक उपलब्धि

तात्कालिक सक्रियता पर निर्भर करती है अर्थात् बच्चों का कक्षा में स्थान प्राप्त करना उसकी विद्यालयीय सक्रियता को दर्शाती है। स्कूली जीवन में माता-पिता की सहभागिता का प्रभाव भी पाया गया है। अत: माता-पिता तथा बच्चों और (प्रभारी) तथा बच्चों का सम्बन्ध विकास की प्रत्येक सम्भावना को बल प्रदान करता है।

3. बर्हितन्त्र (Exosystem): बर्हितंत्र सामाजिक परिवेशों को प्रदर्शित करता है। बहिर्तन्त्रीय परिवेश में प्राय: बच्चों का समूह नहीं होता है। वह तात्कालिक परिवेश (अनौपचारिक संगठन) उनके अनुभवों को प्रभावित करता है। ये औपचारिक संगठन के कार्यस्थल अथवा स्वास्थ्य और समुदाय में लोक कल्याणकारी सेवाएं आदि हो सकते हैं।

कार्य परिवेश, अप्रत्यक्ष रूप से बच्चों के पोषण में माता-पिता की सहायता करता है। दूसरी तरफ बहिर्तन्त्र अनौपचारिक रूप से भी बल प्रदान कर सकता है। जैसे-माता-पिता का सामाजिक सम्बन्ध, मित्रों और बाहरी सदस्य जो साथी एवं सहयोगी के रूप में तथा आर्थिक सहायता प्रदान करने वाले व्यक्ति के रूप में बल प्रदान करते हैं। वे परिवार जो सामाजिक रूप से उपेक्षित एवं अलग-थलग होते हैं, उनमें बाल दुर्व्यवहार (Child Abuse) की घटनाएं अधिक पायी जाती हैं।

4. वृहत्तन्त्र (Macro-system):- ब्रानफेनब्रेनर के मॉडल का बाहरी सतह वृहत्तन्त्र है। यद्यपि यह एक विशिष्ट सन्दर्भ नहीं है लेकिन विशिष्ट संस्कृति के रीति रिवाजों, नियमों और मूल्यों को प्रदर्शित करता है। वृहत्तंत्र में बच्चों की आवश्यकताओं की बेहतर ढंग से प्रतिपूर्ति की जाती है। उदाहरण के लिए वे समुदाय/परिवार जहाँ माता-पिता दोनों नौकरी करते हैं उनके बच्चों के लिए कार्यस्थल पर पर्याप्त सुविधा प्रदान की जाती है। स्वाभाविक रूप से उनके तात्कालिक परिवेश में बच्चों को अच्छे अवसरों को प्राप्त करने की अधिक सम्भावना बन जाती है।

वस्तुत: परिस्थितिकीय तंत्र सिद्धान्त इस बात पर विशेष बल देता है कि हमारा परिवेश स्थिर न होकर परिवर्तनशील होता है। इस गतिशील परिवेश में अनेक घटनाएं घटित होती रहती हैं जैसे परिवार में भाई-बहन का जन्म, विद्यालय में प्रवेश या नयी दशाओं का सृजन। ये सभी घटनाएं विकास को प्रभावित करते हैं। नये शिशु का जन्म बड़े बच्चों की अपेक्षा शिशु के समायोजन के लिए अधिक महत्वपूर्ण होता है। इस सिद्धान्त में व्यक्ति एवं परिवेश के अन्त: सम्बन्धों को विशेष महत्व दिया गया है। अर्थात् विकास न तो मात्र आन्तरिक प्रणोदों पर आधारित है और न ही परिवेशीय दशाओं से नियंत्रित, बल्कि ये दोनों ही कारक अन्योन्याश्रित होकर विकास की प्रक्रिया को प्रभावित करते हैं। इसके अतिरिक्त इस सिद्धान्त की सार्थकता विकास की वांछित दिशा एवं स्तर की प्राप्ति के लिए हस्तक्षेप कार्यक्रमों के निर्धारण में भी स्वीकार किया गया है।

वाइगाट्स्की का सामाजिक-सांस्कृतिक दृष्टिकोण
Socio-Cultural View of Vygotsky

रूसी मनोवैज्ञानिक लिव सिमानोविच वाइगाट्स्की का सामाजिक-सांस्कृतिक दृष्टिकोण संज्ञानात्मक

विकास का एक रोचक विश्लेषण प्रस्तुत करता है। वाइगाट्स्की ने बच्चों और समाज के वरिष्ठ जानकार सदस्यों के बीच मिल-जुलकर होने वाले संवाद की भूमिका पर बल दिया। उनके मत में सभी मानसिक या बौद्धिक क्रियाएँ पहले बाहरी समाज में घटित होती हैं। इनसे अन्त:क्रियाओं द्वारा बच्चे अपने समुदाय की संस्कृति (सोचने और व्यवहार करने के तरीके) को सीखते हैं। वाइगाट्स्की अपने अंतरीकरण के सिद्धान्त तथा सम्भव विकास के क्षेत्र की अवधारणा के लिए प्रसिद्ध है।

अन्तरीकरण का सिद्धान्त (Theory of Internalization): वाइगाट्स्की का मानना है कि विकास वातावरण में शुरु होता है, विशेषकर सामाजिक वातावरण में और अन्दर की ओर निर्देशित होता है। बच्चा दूसरे लोगों को, घर में मित्र मण्डली में तथा स्कूल में तरह-तरह के कामों को करते हुए देखता है और बाद में उसी तरह व्यवहार करना सीख लेता है, यथा- बच्चा माता-पिता द्वारा बोले गये विभिन्न शब्दों का धीरे-धीरे उच्चारण करने लगता है। इस तरह बच्चे अपने माता-पिता की भाषा को आत्मसात कर लेते हैं।

वातावरण से बच्चे के आन्तरिक स्व की दिशा में होने वाले विकास को वाइगाट्स्की ने अन्तरीकरण कहा है।

संभावित विकास का क्षेत्र (Zone of Potential Development): संभावित विकास के क्षेत्र की अवधारणा वाइगाट्स्की का सबसे महत्वपूर्ण और विचारोत्तेजक योगदान है। उदाहरणार्थ: 'अ' को एक बुद्धि परीक्षण दिया गया। वह उस परीक्षण को हल कर लेता है जो कक्षा 8 के बच्चों के लिए है तथा उसकी मानसिक आयु 13 वर्ष के बराबर है जबकि दूसरा बच्चा 'ब' बड़ी मुश्किल से कक्षा 6 के बच्चों के लिए उपयुक्त समस्याओं को हल कर पाता है और इस बच्चे की मानसिक आयु 11 वर्ष है। 'अ' तथा 'ब' दोनों की वास्तविक उम्र 10 वर्ष की है। अत: इस उदाहरण में 'अ' बच्चे का संभावित विकास क्षेत्र (Z.P.D.) 13-10 = 3 वर्ष है, जबकि 'ब' बच्चे के लिए Z.P.D. 11-10 = 1 वर्ष है।

ढाँचा निर्माण (Scaffolding): बच्चों को सीखने और समस्या-समाधान करने के लिए दिये जाने वाले समर्थन (Support) को ढांचा-निर्माण की संज्ञा दी गयी है। यह समर्थन संकेतों के रूप में, याद दिलाने वाले उपायों, शाबाशी, उदाहरण देने या कुछ ऐसा जिससे बच्चे को स्वतंत्र रूप से सीखने का मौका के रूप में हो सकता है। यह एक प्रकार की शिक्षण प्रक्रिया है, जिसमें बच्चे को दिये हुए निर्देश की मात्रा तथा स्वरूप उसके विकास के स्तर के अनुरूप होता है। यह समर्थन तब वापस ले लिया जाता है जब बच्चा स्वतंत्र रूप से कार्य करने लगता है। प्रौढ़ लोगों द्वारा ढांचा निर्माण बच्चे को अस्थायी समर्थन प्रदान करता है जो उस समय हटा लिया जाता है, जब बच्चा बिना किसी समर्थन के ऊँचें स्तर पर कार्य करने में सक्षम हो जाता है। ढांचा निर्माण तब उपयोगी होता है जब बच्चे को नये कौशलों को सीखना होता है। शुरु में अधिक समर्थन देकर और धीरे-धीरे उसे वापस तब ले लिया जाता है, जब बच्चा उच्च क्षमता के स्तर की ओर आगे बढ़ता जाता है।

अनेक अनुसंधानों से इसकी पुष्टि होती है कि प्रत्येक संस्कृति की कुछ विशिष्टताएं होती हैं जो दूसरी संस्कृति में नहीं मिलती है। अतः विकासक्रम में बच्चा उन विशेषताओं को अर्जित करता है। इस दिशा में विस्तृत अध्ययन की आवश्यकता है। तभी विकास का सार्वभौमिक सम्प्रत्ययन एवं विवेचन सम्भव हो सकता है।

सारांश (Summary)

मानव विकास के स्वरूप एवं प्रक्रमों का विवेचन अनेक सैद्धान्तिक दृष्टिकोणें से किया गया है। मनोविश्लेषणवादी परम्परा के अन्तर्गत फ्रायड एवं एरिक्सन ने विकास को प्रमुख चरणों के आधार पर विश्लेषित किया है। फ्रायड ने व्यक्तित्व के तीन भाग इदम् (Id), अहं (Ego) तथा पराहं (Super ego) को व्यक्ति के मनोलैंगिक विकास की पांचों अवस्थाओं से सम्बद्ध माना है। ये अवस्थाएं क्रमशः इस प्रकार हैं – मुखीय अवस्था, गुदीय अवस्था, लैंगिक अवस्था, अदृश्यावस्था तथा जननेन्द्रियावस्था। इसीलिए फ्रायड के सिद्धान्त को मनोलैंगिक विकास का सिद्धान्त कहा जाता है। एरिक्सन ने अपने मनोसामाजिक विकास के सिद्धान्त के अन्तर्गत प्रस्तावित किया कि विकास आठ चरणों में सम्पन्न होता है। प्रत्येक चरण का एक विकासात्मक कार्य होता है, जिसे व्यक्ति को सफलतापूर्वक सम्पादित करना पड़ता है। इसी के द्वारा व्यक्ति स्वस्थ मनोसामाजिक जीवन जी सकता है। ये चरण हैं: विश्वास बनाम अविश्वास, स्वायत्तता बनाम संदेह, उपक्रम बनाम ग्लानि, परिश्रम बनाम हीनता, पहचान बनाम भूमिका द्वन्द्व, अंतरंगता बनाम अलगाव, उत्पादकता बनाम गतिरोध तथा समग्रता बनाम निराशा।

व्यवहारवादी सिद्धान्तों के अन्तर्गत वाटसन ने प्रत्यक्ष अवलोकित तथ्यों तथा उद्दीपक–अनुक्रिया सम्बन्धों के अध्ययन करने पर बल दिया है तथा पावलाव एवं स्किनर के अनुबंधन सिद्धान्तों का अनुप्रयोग बाल विकास को समझने में किया गया। अल्बर्ट बैण्डूरा का मानना है कि अधिगम की परिस्थितियाँ और अनुकरण के प्रतिरूप (मॉडल) बालक में विकासात्मक प्रतिमानों का निर्धारण करते हैं। बैण्डूरा ने व्यवहार को सीखने में प्रयुक्त होने वाले चार प्रमुख चरणों का उल्लेख किया है जो इस प्रकार है : अवधान, धारणा, योग्यता तथा अभिप्रेरणा। उनका मानना है कि बच्चे अधिकांश व्यवहार अवलोकन द्वारा सीखते हैं।

मनोविश्लेषणात्मक सिद्धान्त एवं व्यवहारवादी दृष्टिकोंण की आलोचना करते हुए मानव विकास का एक अन्य दृष्टिकोंण तीसरी शक्ति के रूप में विकसित हुआ जिसे मानवतावादी उपागम कहा जाता है। जिसमें अब्राहम मैस्लो एवं कार्ल रोजर्स के सिद्धान्त प्रमुख हैं। मैस्लों का मानना है कि प्रत्येक व्यक्ति में उत्कृष्ट स्तर की क्षमता जन्मजात रूप से होती है तथा वह अपनी आत्मसिद्धि एवं अपनी क्षमता के पूर्ण विकास के लिए निरन्तर प्रयास करता है। मैस्लों ने विकास के पांच आवश्यक सोपानों की चर्चा की है जो इस प्रकार है : दैहिक आवश्यकता, सुरक्षा की आवश्यकता,सम्बद्धता की आवश्यकता, सम्मान की आवश्थकता एवं आत्मसिद्धि की अवस्था।

इसके अतिरिक्त कार्लरोजर्स के अनुसार व्यक्ति के समस्त सामाजिक अनुभवों में से कोई एक भाग अति विशिष्ट हो जाता है तथा 'स्व' का विकास होता है। रोजर्स ने व्यक्तित्व के विकास में स्व तथा व्यक्ति की अनुभूतियों की संगति को महत्वपूर्ण माना है।

संज्ञानात्मक विकास के सिद्धान्त मानसिक क्षमताओं के विकास प्रक्रमों को रेखांकित करते हैं। पियाजे के अनुसार संज्ञान वह मानसिक प्रक्रम है जो व्यक्ति को अपने वातावरण के साथ समायोजित करने में सहायक होता है तथा यह एक आवश्यक तत्व के रूप में कार्य करता है। पियाजे का मानना है कि कुछ संज्ञानात्मक संरचनाएं जन्मजात होती हैं। संगठन तथा अनुकूलन ऐसे दो प्रक्रम हैं जिनके आधार पर मानसिक प्रक्रम करते हैं। पियाजे ने अनुकूलन के दो प्रक्रमों (आत्मसातीकरण तथा समंजन) की चर्चा की है। पियाजे के अनुसार संज्ञानात्मक विकास के क्रम में मानव चार चरणों से गुजरता है। ये है : सांवेदिक पेशीय अवस्था, पूर्व संक्रियात्मक अवस्था, मूर्तसंक्रियात्मक अवस्था तथा औपचारिक संक्रियात्मक अवस्था।

मानव विकास के सम्प्रत्ययन के लिए कुछ नए उपागमों का विकास हुआ इनमें से सूचना प्रक्रमण सिद्धान्त प्रमुख हैं। सूचना प्रक्रमण सिद्धान्तवादियों का मानना है कि विकास मंद गति से चलने वाली ऐसी प्रक्रिया है जो संचयी ढंग से जीवनपर्यन्त चलता रहता है।

जहाँ संज्ञानात्मक दृष्टिकोण मानव विकास की अत्यन्त समृद्ध व्याख्या प्रस्तुत करता है, वही वासस्थलीपरक सिद्धान्त मानव व्यवहार के आनुवांशिक एवं जैविक मूल्यों पर बल देता है। साथ ही यह अधिगम की महत्ता को भी दर्शाता है तथा व्यक्ति के भौतिक, सामाजिक एवं सांस्कृतिक परिवेश की पूर्ण जानकारी, प्राणी-परिवेश तंत्र को समझने के लिए आवश्यक मानता है।

अन्ततः सांस्कृतिक कारकों पर बल देते हुए वाइगाटस्की ने सम्भावित विकास के क्षेत्र, (ZPD) का विचार प्रस्तुत किया है। यह क्षेत्र बच्चे के वास्तविक विकास तथा निर्देश देने के बाद किस स्तर तक विकसित हो सकता है, इन दोनों के बीच अन्तर को व्यक्त करता है। ढाँचा निर्माण एक प्रकार की शिक्षा है, जिसमें बालक को दिये जाने वाले निर्देश, उसके विकास के स्तर के अनुसार घट्य बढ़ा कर दिया जाता है। अतः मानव विकास को जैविकीय, पर्यावरणीय, परिस्थितिकीय तथा सांस्कृतिक कारकों के अन्तः क्रियात्मक प्रक्रमों के आधार पर विवेचित किया गया है।

तकनीकी पद	**Technical Terms**
अन्तरीकरण	Internalization
अन्तर्नोद	Drive
अनुकरणात्मक अधिगम	Imitative Learning
अवधान	Attention
आत्मसातीकरण	Assimilation

आत्म-सिद्धि	Self-Actualization
उत्क्रमणशील	Reversible
इन्द्रियानुभविक	Empirical
क्रमव्यवस्था	Seriation
खण्डन	Denial
गुदीय	Anal
गुहिका	Cavity
जननेन्द्रिय	Genital
जीववाद	Animism
ढांचा	Scheme
ढाँचा निर्माण	Scaffolding
तादात्मीकरण	Identification
धारणा	Retention
प्रतिरूप	Model
पुनर्बलन	Reinforcement
प्रेक्षणात्मक अधिगम	Observational Learning
पारिस्थितिकीय	Ecology
परिमार्जन	Modification
प्रतिस्थापित	Substitute
प्रतिवर्त क्रियायें	Reflexive action
पर्याप्तता	Adequacy
मनोविश्लेषणवादी सिद्धान्त	Psychoanalytic theory
मनोलैंगिक	Psychosexual
मुखीय	Oral
मनोसामाजिक	Psychosocial
मानवतावाद	Humanistic
योग्यता	Ability
लैंगिक	Phallic
लिबिडो	Libido
व्यवहारवाद	Behaviourism
वातावरण	Environment
वासस्थली	Ethology
वास्तविकता का नियम	Reality principle

विकेन्द्रण	Decentering
वासस्थलीपरक	Ethological
विकृत	Distortion
स्थिरीकरण	Fixation
स्वरति	Autioeroticism
संज्ञानात्मक विकास	Cognitive Development
समञ्जन	Accommodation
संक्रिया	Operation
सूचना प्रक्रमण	Information Processing
संभावित विकास	Potential Development
सुखवादी परम्परा	Pleasure principle
स्वतन्त्र साहचर्य	Free Association
समग्रता	Integrity
स्कीमा	Schema
संधारण	Conservation
स्थायित्व	Permanance
समेलन	Matching
सम्पोषण	Maintenance
सम्बद्धता	Belongingness
संस्थागत	Institutional
हतोत्साहित	Discouraged

अनुभाग-2
(Section – II)

गर्भाधान से शैशवावस्था के अन्त तक
(Conception to End of Infancy)

5 गर्भाधान से जन्म तक : विकास
Conception to Birth : Development

जीवन एक सुनिश्चित पृष्ठभूमि के साथ प्रारम्भ होता है। गर्भाधान के क्षण से ही बच्चा किसी सामाजिक एवं मनोवैज्ञानिक संदर्भ का अंश हो जाता है। हर देश की अपनी संस्कृति, परम्पराएँ सीमाएँ एवं जीवन शैलियाँ होती है जिनमें वह (शिशु) जन्म लेता है और विकसित होता है। पारिवारिक समस्याएँ, चिन्ताएँ, बाधाएँ, वंचनाएँ, समृद्धियाँ, स्वास्थ्य एवं बीमारियाँ इत्यादि शिशु पर जन्म के बाद ही नहीं, अपितु उसके गर्भकालीन विकास में भी प्रभाव डालती हैं।

गर्भधारण के प्रति गर्भवती महिला की अभिवृत्ति किस प्रकार की है, उससे उसका स्वास्थ्य देख-रेख प्रभावित होता है। माँ द्वारा पोषणयुक्त भोजन एवं स्वास्थ्य सम्बन्धी सलाह का प्रयोग उसकी सांस्कृतिक एवं आर्थिक पृष्ठभूमि से प्रभावित होता है। साथ ही पारिवारिक आचार-विचार परम्पराओं, अन्धविश्वासों एवं माँ की उदासीनता आदि का भी प्रभाव गर्भस्थ शिशु के स्वास्थ्य देख-रेख (Health Care) एवं तत्सम्बन्धी व्यवहार पर पड़ता है। परिवार, प्रत्याशित शिशु-जन्म (Expected Child Birth) के साथ समायोजन हेतु तत्पर होता है परन्तु कभी-कभी प्रतिबल, पारिवारिक सन्दर्भो को प्रभावित करते हैं तो कभी माँ की पोषण सम्बन्धी स्थिति अथवा सांवेगिक दशा को। विविध समस्याओं से जूझ रहे पति-पत्नी के लिये शिशु-जन्म प्रत्याशा बोझ के रूप में प्रतीत होती है। जो नव-दम्पति गर्भधारण के लिए सहमत नहीं है अथवा कम आयु की एकाकी (अलग, तलाकशुदा) माँ के लिए भी गर्भस्थ शिशु बोझ लगने लगता है। ये परिस्थितियाँ गर्भस्थ शिशु के विकास पर प्रभाव डालती है। दूसरी ओर शिशु की इच्छा रखने वाले पति-पत्नी का गर्भस्थ शिशु के प्रति धनात्मक अभिवृत्ति, उन्हें सतत् सक्रिय स्वास्थ्य की देख-रेख के प्रति सजग व्यवहार के लिए तत्पर करती है। इसका गर्भस्थ शिशु के विकास पर धनात्मक प्रभाव पड़ता है। गर्भकालीन अवस्था विकास की तीव्रतम अवस्था है एवं परिपक्वता (वंशागति क्षमता) का उदाहरण प्रस्तुत करती है। गर्भकालीन परिपक्वता अत्यन्त नियंत्रित परिवेश (माँ के गर्भ) में, क्रमबद्ध रीति से सम्पन्न होती है। फिर भी इस चरण में परिपक्वता के अतिरिक्त परिवेशीय कारक विकास प्रक्रिया को प्रभावित करते हैं। अर्थात् गर्भकालीन विकास परिपक्वता के साथ-साथ परिवेशीय कारकों द्वारा भी सवंर्द्धित होता है। इन कारकों का विवरण आगे प्रस्तुत किया जा रहा है।

गर्भाधान (Conception)

गर्भाधान के क्षण से ही विकास की प्रक्रिया शुरू हो जाती है। एक गर्भित कोशिका जो डिम्ब (ovum) एवं शुक्राणु (sperm) के सम्मिलन से निर्मित होती है, उसमें समस्त आनुवंशिक सूचनाएँ कूट संकेतित (coded) रहती हैं जिससे कुछ समयान्तराल के पश्चात् एक पूर्ण मानव (जीव) का निर्माण होता है।

गर्भकालीन विकास की अवस्थाएं (Stages of Prenatal Development)

गर्भकालीन विकास की कुल अवधि 9 माह की होती है। इसे तीन अवस्थाओं में विभाजित किया गया है। शुक्राणु से गर्भित डिम्ब (Zygote) से बीजावस्था आरम्भ होती है। यह एक सप्ताह तक चलती है। इस अवधि में दूसरी कोशिका विभाजन की क्रिया बड़ी तीव्र गति से चलती है। भ्रूणावस्था में विकास की अवस्था प्रारम्भ होती है। यह 1–7 सप्ताह तक की होती है। इस अवधि में भ्रूण का संरचनात्मक विकास पूर्ण हो जाता है। तीसरी अवस्था गर्भस्थ शिशु की अवस्था (Fatal period) है। यह अवस्था 3 माह से लेकर शिशु जन्म के पहले तक की है। इसमें शरीर के विभिन्न अंगों एवं मांसपेशियों का विकास पूर्ण हो जाता है और सभी शारीरिक अंग क्रियाशील हो जाते हैं। शिशु को जीवित रहने के लिए आवश्यक प्रक्रियायें विकसित हो जाती हैं। गर्भकालीन अवधि को तीन चरणों (Three trimeters) में विभाजित कर शिशु के समुचित विकास की जानकारी माता-पिता एवं चिकित्सक की होती। इन अवस्थाओं के विकास को 'मील के तीन पत्थर' (three milestones) कहा जाता है।

गर्भकालीन अवस्था कुल 38 सप्ताह की होती है। इसे विकास के तीन चरणों में विभाजित किया जाता है। इसमें विकास के विस्तृत रूप को दर्शाया गया है।

1. बीजावस्था (Germinal Period) (जन्म से - 2 सप्ताह)

गर्भाधान से लेकर दो सप्ताह की अवधि तक होने वाला विकास, इस अवस्था के अन्तर्गत आता है। गर्भाधान के 30वें घंटे से प्रथम कोशिका विभाजन की प्रक्रिया आरम्भ होती है। इससे दो कोशिकाएँ निर्मित होती हैं। दूसरी कोशिका विभाजन दूसरे दिन होता है जिनसे चार कोशिकाएँ बन जाती हैं। तीसरी कोशिका विभाजन में आठ कोशिकाएँ पैदा होती हैं। कोशिका विभाजन की गति क्रमशः बढ़ती जाती है। चौथे दिन तक 60–70 कोशिकाएँ निर्मित हो जाती हैं। यह एक खोखले तरल (फ्लूड) से भरी गेंद जैसा जिसे ब्लेस्टोसिस्ट (blastocyst) कहा जाता है, की भाँति आकार प्राप्त कर लेता है। इसके बाद कोशिका विभेदन (cell differentiation) की प्रक्रिया प्रारम्भ हो जाती है। अन्दर की कोशिकाएं भ्रूण के रूप में विकसित होने लगती हैं एवं बाहरी कोशिकाएँ सुरक्षा कवच के रूप में भ्रूण सुरक्षा हेतु, विकसित होने लगती हैं।

कभी-कभी प्रथम कोशिका विभाजन के दौरान गर्भित डिम्ब (Zygote) से दो समान

गर्भकालीन विकास के प्रमुख मील के पत्थर (Milestones of Prenatal Development)

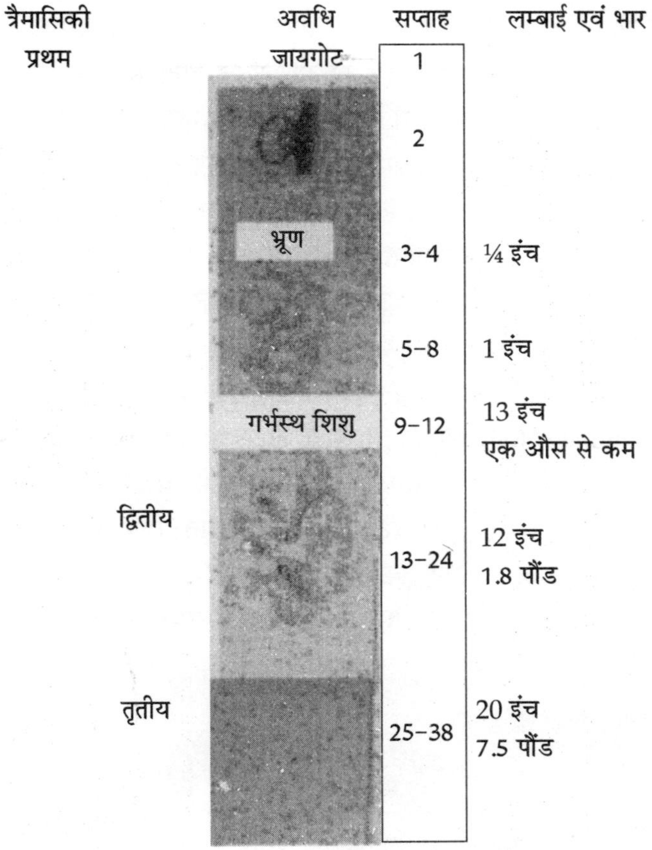

चित्र 5.1 : गर्भकालीन विकास की अवस्थाएं

कोशिकाएँ उत्पन्न हो जाती हैं एवं अलग-अलग दो भ्रूणों के रूप में विकसित होने लगती हैं, परिणामत: अभिन्न जुड़वे (identical or monozygotic) बच्चे पैदा होते हैं। एक ही गर्भित कोशिका (zygote) से अलग होकर विकसित होने के कारण इन जुड़वों में लिंग तथा दूसरी अन्य विशेषताओं में समानता पायी जाती हैं। कभी-कभी एक के स्थान पर दो परिपक्व डिम्ब डिंबाशय से स्खलित हो जाते हैं तथा दो अलग-अलग शुक्राणुओं से गर्भित होकर गर्भाशय में दो भ्रूणों के रूप में विकसित होने लगते हैं। परिणामस्वरूप बंधुल जुड़वें (fraternal or dizygotic twin) पैदा होते हैं। चूंकि ये दो अलग-अलग शुक्राणुओं से दो डिम्बों के साथ गर्भित होकर विकसित होते हैं अत: इनमें लिंग अथवा वंशानुगत विशेषताओं की पूर्ण समानता नहीं होती। अत: ये अपने दूसरे भाई-बहनों की भाँति भिन्न विशेषताओं वाले होते हैं।

डिम्ब एवं शुक्राणु का संयोजन (Union of Ovum and Sperm): पुनरूत्पादन प्रक्रिया के अन्तर्गत जीवन के निर्माण में, डिंब एवं शुक्राणु के संयोजन की अद्वितीय भूमिका है।

स्त्री में, मासिक धर्म प्रारम्भ होने के 10 वें दिन दोनों डिंबाशय में से किसी एक में डिंब उद्दीप्त होकर 3, 4 दिन में परिपक्व हो जाता है।

13वें-14वें दिन डिंब का फोलिकल (Follicle) कवच टूट जाता है जिससे डिंब स्खलित होकर दोनों में से किसी एक फैलोपियन ट्यूब की ओर बढ़ने लगता है। जिस डिंबाशय (corpus luteum) से वह निकला होता है, उसमें से हारमोन्स निकलने लगते हैं जिनसे गर्भाशय को संकेत मिलता है कि गर्भित डिंब अपनी यात्रा प्रारम्भ कर चुका है। यदि गर्भाधान अर्थात् डिम्ब एवं शुक्राणु का संयोजन नहीं हो पाता है तो डिम्बाशय सिकुड़ जाते हैं और गर्भाधान की रेखा मासिक धर्म के साथ-साथ सप्ताह के अन्दर समाप्त हो जाती है। स्त्री-पुरुष समागम के समय पुरुष द्वारा बहुत अधिक संख्या में शुक्राणु स्खलित होते हैं जिनकी संख्या करीब 300 करोड़ (Million) होती है। परिपक्वता की अन्तिम प्रक्रिया में शुक्राणु में एक पूँछ विकसित हो जाती है जिससे शुक्राणु लम्बी दूरी तक तैर करके फैलोपियन ट्यूब की ओर शीघ्रता से बढ़ता है, जहाँ सामान्यतया गर्भाधान सम्पादित होता है। शुक्राणुओं की यह यात्रा जटिल होती है। करोड़ों शुक्राणुओं में से मात्र 300 से 500 तक शुक्राणु ही डिंब (यदि फैलोपियान ट्यूब में विद्यमान है) तक पहुँच पाते हैं। शुक्राणुओं की औसत आयु दो दिन (48 घंटे) की होती है। अत: डिंब की प्रतीक्षा में ये तभी तक पड़े रह सकते हैं। चूंकि डिंब 24 घंटे तक जीवित रहता है इसीलिए प्रत्येक मासिक चक्र में सर्वाधिक प्रजनन काल 72 घंटे का होता है (निल्सन एवं हैम्बर्गर, 1990)।

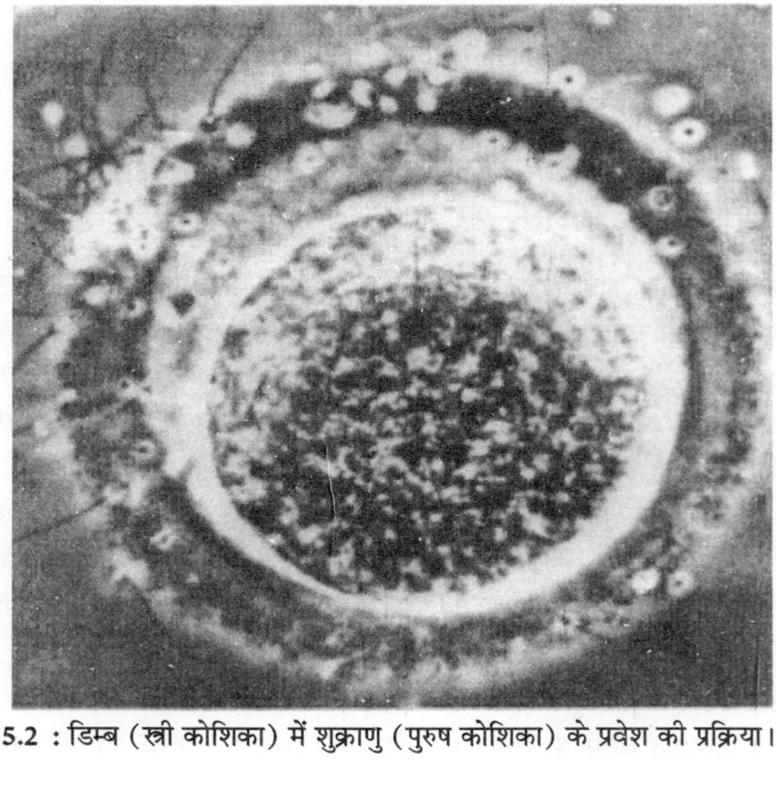

चित्र 5.2 : डिम्ब (स्त्री कोशिका) में शुक्राणु (पुरुष कोशिका) के प्रवेश की प्रक्रिया।

शिशु पुत्र होगा या पुत्री? उसकी वंशागत विशेषताएं क्या होंगी? आदि इस पर निर्भर करता है कि डिंम्ब किस शुक्राणु कोशिका से गर्भित हुआ है? यद्यपि गर्भाधान एवं गर्भावस्था विकास प्रक्रिया की व्याख्या तो की जा सकती है, फिर भी बहुत से ऐसे अनुत्तरित प्रश्न रह जाते हैं जिनकी पूर्ण जानकारी हेतु शोधकर्ता अद्यावधि प्रयासरत हैं। जैसे 100 पुत्री जन्म पर 160 पुत्र (100F : 160M) का जन्म औसतन पाया जाना चाहिए परन्तु वास्तव में शिशु जन्म-अनुपात 100 पुत्री पर 105 पुत्र का ही है। ऐसा क्यों? अनुसंधान दर्शाते हैं कि (1) स्त्री कोशिका (X) की तुलना में पुरुष कोशिका (Y) का आकार छोटा, गोल सिर एवं लम्बी पूँछ युक्त होता है तथा इनके जीवित रहने की अवधि भी कम होती है (रोजेन फेल्ड, 1974)। (2) दूसरा प्रश्न यह है कि जन्म के समय लड़कों की मृत्यु, लड़कियों की तुलना में क्यों अधिक होती है ? इसकी पर्याप्त जानकारी नहीं हो पायी है। यद्यपि बहुत से शुक्राणु डिंब की दीवार तक पहुँचते हैं तथापि किसी एक ही शुक्राणु से डिम्ब गर्भित होता है, शेष शुक्राणुओं का कैसे प्रवेश नहीं हो पाता ? यह प्रश्न भी अनुत्तरित है। इस दिशा में अनुसंधान की आवश्यकता है।

प्लेसेन्टा एवं अम्बिलिकल कार्ड का विकास (Development of Placenta and Umbilical Card) : दूसरे सप्ताह के अन्त में कोरियन (रक्षात्मक झिल्ली) विकसित हो जाता है जो एमिआन (Amion) को चारों ओर से घिरे रखता है। गर्भाशय की दीवार पर प्लेसेन्या विकसित होने लगता है जो माँ एवं भ्रूण के विकास के लिये अपेक्षित पोषण, आक्सीजन इत्यादि भ्रूण तक पहुँचने एवं व्यर्थ पदार्थों (मल-भ्रूण) के बाहर निकालने की क्रिया को सुनिश्चित करता है। प्लेसेन्या के मध्य एक झिल्ली होती है इससे व्यर्थ पदार्थों को बाहर निकालने में सहायता मिलती है तथा यह माँ एवं भ्रूण के रक्त को सीधे-सीधे एक में मिलने से रोकती है। प्लेसेन्या भ्रूण के अम्बिलिकल कार्ड से जुड़ा होता है। बीजावस्था में यह शरीर के प्राथमिक हिस्से जैसा उत्पन्न होता है एवं गर्भकालीन विकास के साथ 1-3 फीट तक लम्बा विकसित हो जाता है। इसमें दो धमनियाँ होती हैं जो भ्रूण में पोषण-समृद्ध रक्त पहुँचाती है तथा दो शिराएँ व्यर्थ पदार्थों को बाहर निकालती है। बीजावस्था के अन्त तक भ्रूण माँ के गर्भ में सुरक्षित रूप से विकसित होने लगता हैं। इस अवधि तक कुछ महिलाओं को गर्भ का आभास नहीं हो पाता।

2. भ्रूणावस्था : (Embryonic Period) (2 से 8वाँ सप्ताह 12 माह)

ब्लेस्टूला के गर्भाशय की दीवार पर आरोपण से लेकर आठवें सप्ताह तक अर्थात् दो माह तक की अवधि भ्रूणावस्था कहलाती है। इस अवधि में गर्भकालीन विकास तीव्रतम होता है तथा यह अवधि शारीरिक संरचनाओं एवं आंत्यंगों के विकास की आधारशिला बन जाती है। चूंकि शरीर का सर्वांग विकास एक साथ होता है अत: भ्रूण के स्वस्थ विकास के बाधित होने का भय रहता है फिर भी किसी भी अल्पावधि के कारण हानि की सम्भावना स्वत: नियंत्रित हो जाती है। प्रथम मासान्त के दो सप्ताहों में विकास तीव्रतर गति से होता है। आरोपण के पश्चात् भ्रूण तीन प्रमुख

सतहों में विभाजित होकर, विकसित होने लगता है। अर्थात् भ्रूणगत तश्तरी (Embryo Disc) में कोशिकाओं की तीन सतहें निर्मित हो जाती हैं :

1. **वाह्य भाग** (Ectoderm): कोशिकाओं का वाह्य सतह स्नायुसंस्थान एवं त्वचा के रूप में निर्मित एवं विकसित होने लगता है।
2. **मध्यभाग** (Mesoderm): मध्य सतह की कोशिकाओं से मांसपेशियाँ, हड्डियों का ढाँचा, रक्त संचार संस्थान एवं अन्य अन्त्यांग निर्मित होते हैं।
3. **आन्तरिक भाग** (Endoderm): कोशिकाओं की आन्तरिक सतह से पाचन संस्थान, फेफड़े, मूत्राशय एवं अन्य ग्रन्थियों का निर्माण होता है।

सर्वप्रथम स्नायु संस्थान का विकास सर्वाधिक तीव्र गति से शुरू होता है। एक्टोडर्म से स्नायविक ट्यूब अथवा प्राक् स्पाइनल कार्ड का निर्माण होता है। ऊपरी कोशिका मस्तिष्क के रूप में साढ़े तीन सप्ताह में विकसित हो जाती है। न्यूरल ट्यूब के आंतरिक हिस्से में सूचना सम्प्रेषण का कार्य करने वाले न्यूरान्स (मस्तिष्क कोशिकाएं) विकसित होने लगते हैं। एक बार निर्मित हो जाने के पश्चात् ये न्यूरान्स सूक्ष्म धागे के समान अपनी स्थायी दिशा की ओर अग्रसर होते हैं जिनसे कालान्तर में बड़े मस्तिष्क का निर्माण होता है (नोवाकास्की, 1987)। स्नायु संस्थान के विकास के साथ ही अन्य संस्थान अपना कार्य शुरू कर देते हैं। भ्रूण में रक्त संस्थान से रक्त संचालन हृदय द्वारा मांसपेशियों, रीढ़ की हड्डियों एवं रिब्स में प्रारम्भ हो जाता है। पाचन तंत्र भी स्पष्ट होने लगता है। पहले माह के अन्त तक लाखों कोशिकाएं विशिष्ट प्रकार्यों सहित निर्मित हो जाती हैं। भ्रूण की लम्बाई 1/4 इन्च हो जाती है।

दूसरा माह (The Second Month): दूसरे माह में भी भ्रूण का तीव्र विकास नियमित रूप से चलता रहता है। शरीर की विभिन्न संरचनाओं जैसे आँख, कान, नाक, जबड़ा एवं गले आदि का निर्माण हो जाता है। छोटी कलियाँ, टाँग, अँगुली, भुजा एवं घुटने के रूप में, निर्मित हो जाती है। आंतरिक अंग जैसे आँतें विकसित हो जाती है एवं हृदय के विविध कक्ष विकसित हो जाते हैं। अब लीवर एवं स्पृन, रक्त कोशिकाओं को स्वतः उत्पन्न करने लगते हैं जिससे याक कोशिकाओं की अब आवश्यकता नहीं होती। शारीरिक परिवर्तन स्पष्ट होने लगता है। भ्रूण का ऊपरी हिस्सा अधिक विकसित हो जाता है। इसकी लम्बाई 1 इन्च एवं भार 1/7 औंस हो जाता है। मुँह एवं तलवे की सहायता से वह संवेदना महसूस करने लगता है परन्तु उसका वजन इतना हल्का होता है कि माँ शायद ही इसे महसूस कर पाती हों (निल्स एवं हैमवर्गर, 1990)।

गर्भस्थ शिशु अवस्था (Fetal Period) (3-9 माह तक): गर्भकालीन विकास की यह अन्तिम अवस्था है । यह अवस्था सर्वाधिक लम्बी होती है एवं गर्भकालीन विकास को अन्तिम चरण तक पहुँचाती है। विशेष रूप से 9वें – 20वें सप्ताह के मध्य, विकास तीव्रतम गति से होता है। विशेष रूप से इस अवधि में शरीर के आकार एवं भार में अतिशय वृद्धि होती है।

तीसरे माह में भ्रूण के शारीरिक अंग, मांसपेशियाँ एवं स्नायु संस्थान आपस में संगठित एवं

सम्बद्ध होने लगते हैं। गर्भस्थ शिशु, मस्तिष्क से संकेत प्राप्त करने लगता है एवं अनेक अनुक्रियाएं (जैसे घूमना, भुजाओं एवं घुटनों का मोड़ना, मुँह खोलना, अंगूठा चूसना इत्यादि) करने लगता है। उसके छोटे-छोटे फेफड़े फैलने सिकुड़ने लगते हैं। श्वसन क्रिया के प्रारम्भिक चरण की शुरुआत हो जाती है । 12वें सप्ताह तक, जननेन्द्रियाँ विकसित हो जाती हैं जिससे बच्चे के यौन के बारे में अल्ट्रासाउन्ड द्वारा जाना जा सकता है। शेष अंग जैसे जबड़े और नाखून विकसित हो जाते हैं। पलकें (eyelids) खुलने और बन्द होने लगती हैं। प्रथम तिमाही (First trimester) (तीसरे माह) के अन्त तक विकास पूरा हो जाता है। शेष दो त्रैमासिकी (trimester) में शिशु का विकास इस स्तर का हो जाता है कि वह माँ के गर्भ के बाहर भी जीवित रह सकता है।

द्वितीय त्रैमासिकी (second trimester) : (17-20 सप्ताह) के मध्य तक गर्भस्थ शिशु इस स्तर तक विकसित हो जाता है कि माँ को उसकी गतिशीलता का अनुभव हो जाता है। गर्भस्थ शिशु का पूरा शरीर वर्निक्स (vernex) से पूरी तरह ढका होता है, जो बच्चे की त्वचा को एम्निआटिक तरल (Fluid) के चिपकने से रक्षा करता है। पूरे शरीर में एक तरह का बाल (downy hair covering) जिसे डाऊनी हेयर कहते हैं, उग जाता है जो वर्निक्स स्टिक की सहायता से त्वचा की रक्षा करता है।

द्वितीय त्रैमासिकी के अन्त तक बहुत से अंग पूरी तरह से विकसित हो जाते हैं एवम् मस्तिष्क के विकास में एक महत्वपूर्ण चरण सम्पन्न होता है। अब न्यूरान्स अपने स्थान पर स्थिर हो जाते हैं तथा गर्भकालीन विकास के शेष महीनों में जन्म के उपरान्त भी; निरन्तर विकसित होते रहते हैं (नोवाकोवस्की, 1987)।

मस्तिष्क वृद्धि के साथ, नयी व्यवहार क्षमता में भी विकास होता है। 20 सप्ताह की आयु के गर्भस्थ शिशु, शोर के प्रति उद्दीप्त/परेशान होता है एवं प्रकाश के प्रति अनुक्रिया कर सकता है (निल्सन एवं हैमवर्गर, 1990)।

इस क्षमता की प्राप्ति के बावजूद इस आयु में जन्में बच्चे जीवित नहीं रह पाते क्योंकि अभी उनके फेफडों का विकास परिपक्व नहीं हो पाता है। इससे उनकी श्वसन गति एवं तापमान-नियंत्रण की क्षमता विकसित नहीं हो पाती है।

तृतीय त्रैमासिकी (third trimester) या अन्तिम त्रैमासिकी (22-26 सप्ताह) में समय से पूर्व जन्में शिशु के जीवित रहने की सम्भाव्यता पायी जाती है, इसे जीवन क्षमता की आयु (Age of Viability) कहा जाता है (मूर एवं प्रसाद, 1993)। परन्तु 7वें-8वें माह में जन्मे बच्चे को अतिरिक्त ऑक्सीजन प्रदान करने की आवश्यकता होती है। भले ही मस्तिष्क का श्वसन तंत्र परिपक्व हो गया रहता है तथापि फेफड़ों में ऑक्सीजन ग्रहण करने एवं कार्बन मोनोआक्साइड को बाहर निकालने की पूर्ण क्षमता नहीं आ पाती है। अन्तिम 3 महीनों में मस्तिष्क के विकास में महत्वपूर्ण प्रगति पायी जाती है। उच्च मस्तिष्क (Cerebral Cortex) जो बुद्धि का केन्द्र होता है, विकसित हो जाता है। गर्भस्थ शिशु वाहरी ध्वनि के प्रति अनुक्रिया करने लगता है। वह निकट की आवाज के प्रति अनुक्रिया कर सकता है (बर्नहोल्ज एवं वेनसेरफ, 1983) तथा अन्तिम माह तक माँ की लय एवं आवाज को वरीयता से सुनना पसन्द करता है। इस तथ्य की पुष्टि अध्ययनों से

होती है। डिकैस्पर एवं स्पेन्स (1986) ने कुछ गर्भवती माताओं को डॉ० स्यूस द्वारा लिखित पुस्तक दि कैट इन दि हैट (The Cat in The Hat), शिशु जन्म के 6 सप्ताह पूर्व पढ़ने को दिया, जन्म के पश्चात् उन शिशुओं को विभिन्न कहानियाँ सुनाने के साथ दुग्ध का बोतल (निप्पल) पीने को दिया गया। शिशुओं ने उन कहानियों को सुनते समय अधिक दुग्ध (का बोतल) पान किया, जिन कहानियों को उनकी माताओं ने अधिक रूचि से पढ़ा था। अन्य अनुसंधानों से भी इस तथ्य की पुष्टि होती है।

आठवें माह में गर्भस्थ शिशु की लम्बाई 7 इंच एवं भार 5 पौंड का हो जाता है। त्वचा पर वसायुक्त सतह जम जाती है जो तापमान को नियंत्रित करने में सहायक होती है। माँ से प्राप्त प्रतिरोधक, बीमारियों से गर्भस्थ शिशु की रक्षा करते हैं। अन्तिम सप्ताह में, गर्भस्थ शिशु का ऊपरी भाग (सिर की ओर का भाग) नीचे की ओर मुड़ जाता है (सम्भवतः गर्भाशय के आकार एवं पैर की तुलना में सिर के भारी होने के कारण), शिशु की वृद्धि धीमी हो जाती है तथा जन्म का समय निकट आने लगता है एवं शिशु-जन्म के लक्षण शुरु हो जाते हैं।

गर्भकालीन विकास की प्रवृत्ति
(Prenatal Developmental Trends)

गर्भकालीन विकास की प्रक्रिया यद्यपि क्रमबद्ध एवं पूर्वकथानात्मक होती है तथापि प्रत्येक शिशु के गर्भ कालीन विकास में वैयक्तिक भिन्नताऐं पायी जाती है। यह भिन्नता, शिशु के आकार, त्वचा के रंग, अनुपात, क्षमता एवं विकास की गति के रूप में परिलक्षित होती है। उदाहरणार्थ ; गर्भकाल की पूर्ण अवधि 40 सप्ताह की होती है। परन्तु शिशु का जन्म 37-43 सप्ताह के बीच कभी भी हो सकता है यह वैयक्तिक भिन्नता का उदाहरण है। विकास की सामान्य प्रवृत्ति पायी जाती है अर्थात् यह शरीर के ऊपरी अंगों से होकर निचले भाग (Head to Tail) की ओर अग्रसर होता है जिसे सिफेलो-काडल प्रवृत्ति (Cephalo-Cadal Trend) कहते हैं। विकास की एक अन्य प्रवृत्ति भी पायी जाती है जिसे निकट-दूर प्रवृत्ति (Proximo Distal Trend) कहते हैं (चित्र संख्या 5.3)। अर्थात् विकास मध्य भाग से वाह्य भाग की ओर अग्रसरित होता है। ये संरूप भ्रूण तथा गर्भस्थ शिशु में एवम् जन्म लेने के बाद भी शिशु की वृद्धि में पाये जाते हैं (सान्डर्स, 1965)। उदाहरणार्थ शिशु की आँख एवं सिर का नियंत्रण पहले भुजाओं एवं हाथ में उसके बाद, पैरों एवं टांगों में सबसे बाद में पाया जाता है।

गर्भस्थ शिशु स्पर्श करने से पूरे शरीर में गति करता है परन्तु जन्म के पश्चात् यह अनुक्रिया स्थानगत (localized) हो जाती है। इसे विकास की 'सामान्य से विशिष्ट प्रवृत्ति' (Gross to Specific Trend) कहा जाता है। इसके अतिरिक्त विकास क्रम में "विभेदन एवं एकीकरण" (Differentiation and Integration) की प्रवृत्ति भी पायी जाती है। जैसे- कोशिकाएं सर्वप्रथम तीन भागों में विभाजित होकर, शरीर के विभिन्न अंगों के रूप में विकसित होने लगती है। तत्पश्चात् शीघ्र ही एक साथ संयोजित होकर पूर्ण अंग या संस्थान का रूप धारण कर लेती हैं। आगे ये दोनो प्रक्रियाएं साथ-साथ चलने लगती हैं।

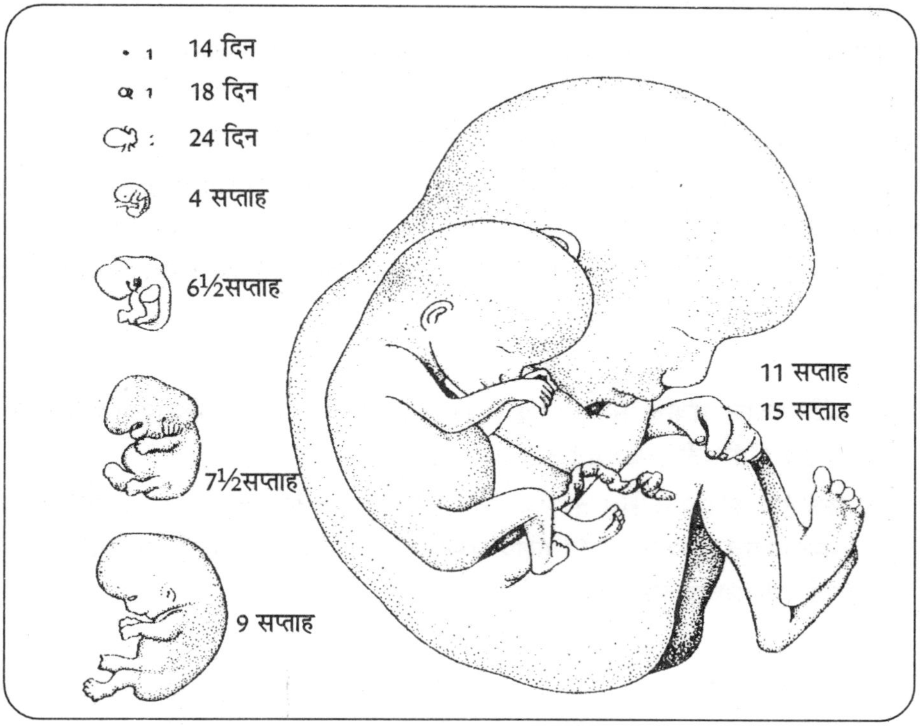

चित्र 5.3 : मानव भ्रूण एवं गर्भस्थ शिशु (14 दिन से 15 सप्ताह तक के विकास का संरुप

गर्भकालीन विकास पर परिवेशीय कारकों का प्रभाव (Effect of Environmental Factors on Prenatal Development)

गर्भकालीन विकास पूर्वकथनात्मक एवं पूर्वनिर्धारित क्रमानुसार चलता है। शिशु माँ के गर्भ में, एम्निआटिक सैक में निहित एम्निआटिक फ्लूड कुशन के अन्दर सुरक्षित रहता है। वह प्लेसेन्या एवं अम्बिलिकल कार्ड के माध्यम से, माँ द्वारा ऑक्सीजन एवं पोषण प्राप्त करते हुए विकसित होता है। इतने सुरक्षित परिवेश के बावजूद कुछ परिवेशीय कारक एवं टेरेटोजेनिक अभिकर्त्ता उसके गर्भकालीन विकास को प्रभावित करने में अहम भूमिका निभाते हैं। शिशु में जन्मगत असामान्यताओं का कारण वंशानुगत होता है, परन्तु इन पर परिवेशीय टेरेटोजेन्स (Teratogens) के प्रभावों की भी पुष्टि होती है।

परिवेशीय प्रभाव (Environmental Effect): गर्भकालीन अवस्था में माँ का चिन्तन, सांवेगिक दशाएं, प्रतिबल इत्यादि का गर्भस्थ शिशु पर कोई प्रभाव नहीं पड़ता है यह धारणा भ्रान्तिपूर्ण है। वर्तमान अनुसंधानों एवं भारतीय धर्मशास्त्रों एवं दन्त कथाओं से भी इस तथ्य की पुष्टि होती है कि माँ का परिवेश, सूचना सम्प्रेषण प्रक्रम (चिन्तन, उद्दीपन का अवसर इत्यादि) गर्भस्थ शिशु के विकास को सीधे-सीधे प्रभावित करते हैं। अनुसंधान (मोन्ताग, 1950) दर्शाते

हैं कि तीव्र एवं दीर्घकालिक सांवेगिक प्रतिबल के कारण एंडोक्राइन संस्थान से हारमोन्स का स्खलन अधिक मात्रा में होता है जिससे विकास पर हानिकारक प्रभाव पड़ता है। प्रतिबल से ग्रसित माँ पोषण एवं स्वास्थ्य देख रेख (Health Care) के प्रति लापरवाह हो जाती है। इधर हारमोन स्खलन से हानिकारक तत्व, अम्बिलिकल कार्ड के माध्यम से शिशु तक पहुँच जाते हैं।

क्रान्तिक एवं संवेदनशील अवधि (Critical and Sensitive Period): गर्भकालीन विकास कई चरणों में आगे बढ़ता है। इस अवधि में कुछ अवसर अत्यन्त संवेदनशील एवं महत्वपूर्ण होते हैं जिनमें होने वाले परिवर्तन विकास के स्वरूप को प्रबल रूप से प्रभावित करते हैं, इनमें से प्रमुख हैं :

1. संवेदनशील अवधि (Sensitive Period): वह समय जब गर्भस्थ शिशु किसी विशिष्ट प्रभाव (परिवर्तन) के प्रति अनुक्रियाशील होता है।
2. क्रान्तिक अवधि (Critical Period): का तात्पर्य है वह अवसर जब कोई विशेष अंग, संरचना एवं संस्थान किसी विशिष्ट प्रभाव के प्रति संवेदनशील होते हैं। ये प्रभाव जन्म के पूर्व एवं पश्चात् भी प्रभावी होते हैं।

प्रथम त्रैमासिकी (First Trimester) के अन्तर्गत, गर्भ कालीन विकास पर परिवेशीय प्रभाव सर्वाधिक पाया जाता है क्योंकि इस अवधि में आन्तरिक अंग (लिम्ब), संरचनाएं जैसे- आँख, कान इत्यादि शीघ्रता से निर्मित होते हैं। प्रायः स्त्री को गर्भवती होने का तब तक आभास भी नहीं हो पाता। यह अवधि अंगों एवं तन्त्रों के विकास की क्रान्तिक एवं संवेदनशील अवधि होती है। इसमें परिवेशीय क्षतिकारक (Teratogens) उद्दीपन सहजता से प्रभाव डाल सकते हैं। माँ में रूबेला बीमारी के कारण शिशु में अंधापन, हृदय दोष, बहरापन, मस्तिष्क विकास में क्षति या लिम्बदोष पाया जाता है। अधिकांश अंगों के विकास के लिए प्रथम त्रैमासिकी अति संवेदनशील एवं क्रान्तिक अवधि होती है (ग्रीनवर्ग एवं अन्य, 1957 ; शिवर, 1967)। प्रमुख अनुसन्धान जो 1960 के दशक में किये गये, वे दर्शाते हैं कि क्रांतिक अवधि में थैलिडोमाइड दवाओं का गर्भस्थ शिशु के विकास पर हानिकारक प्रभाव पड़ता है। इन दवाओं का उपयोग प्रायः उल्टी (Morning Sickness) के नियंत्रण हेतु किया जाता है। एक सर्वेक्षण के अनुसार 2 वर्ष के अन्दर 10,000 दोषयुक्त / अविकसित (Deformed) बच्चे पैदा हुए। ऐसा इस औषधि के उपयोग के कारण हुआ। दवा का प्रभाव कितना तीव्र होगा, यह इस बात पर निर्भर करता है कि गर्भ की किस अवधि में दवा का उपयोग किया गया है। गर्भाधान के 34वें से 38वें दिन के बीच यदि दवा ली गयी तो बच्चे का कान अविकसित पाया गया, 38–47 दिन के बीच दवा के उपयोग से उसकी बाँह नहीं थी, 42–47 दिन के बीच दवा के उपयोग से पैर नहीं था, परन्तु 50 दिन या बाद दवा लेने पर कोई दोष (deformity) नहीं पाया गया, (शार्डिन, 1976) अर्थात् दवा का प्रभाव उन अंगों पर अधिक पाया गया जो विकास की क्रान्तिक (Critical) अवधि में थे।

अन्य परिवेशीय कारक (Other Environmental Factors)

गर्भकालीन अवस्था में शिशु माँ के गर्भ में सर्वाधिक सुरक्षित होता है तथापि कुछ परिवेशीय कारक उसे प्रभावित भी करते रहते हैं जिसके फलस्वरूप बालक का गर्भकालीन विकास दोषपूर्ण हो सकता है। अतः प्रत्येक माता-पिता का यह दायित्व होता है कि वे इन परिवेशीय कारकों की पहचान करके इनसे शिशु को सुरक्षित रखें जिससे गर्भस्थ शिशु का स्वस्थ विकास हो सके। गर्भकालीन विकास को प्रभावित करने वाले कुछ महत्त्वपूर्ण परिवेशीय कारक निम्न हैं-

पोषण (Nutrition)

माँ द्वारा ग्रहण किए जा रहे खाद्य पदार्थों में पोषक तत्वों की कमी के कारण अनेक क्षतिकारक प्रभाव जैसे- उच्च शिशु मृत्युदर, शिशु में अपरिपक्वता, मन्द बृद्धि जैसी जटिलतायें पायी जाती हैं। माँ को पर्याप्त पोषण न मिल पाने के कारण फेमिन (Famine) रोग उत्पन्न होता है जो गर्भकाल के प्रारम्भिक 3-4 महीनों में अति तीव्र गति से प्रभाव डालता है। अनेक अध्ययनों से पुष्टि होती है कि इसके प्रभाव के कारण बच्चों का भार निम्न एवं सिर का आकार छोटा हो जाता है (स्टाइन, 1975)। कुपोषण के कारण अन्य जटिलतायें जैसे केन्द्रीय स्नायु संस्थान का अपेक्षित विकास न हो पाना, अल्प मस्तिष्क कोशिकायें निम्न मस्तिष्क भार एवं प्रकार्यात्मक दोष इत्यादि शिशुओं में पाये जाते हैं (पारिख एवं अन्य, 1970; रामालिंगस्वामी, 1973; जैमनाफ एवं अन्य, 1971)। कुपोषण एक कारक के रूप में जन्म पूर्व एवं पश्चात् शिशु के संरचनात्मक एवं प्रकार्यात्मक विकास को प्रभावित करता है, अथवा नहीं इसकी पूर्णतः पुष्टि तो नहीं हो पायी है, परन्तु कुपोषण का दुष्प्रभाव प्रभाव शिशु के विकास को सर्वथा प्रभावित करता है। कुपोषण की सर्वाधिक समस्या विकासशील देशों के निम्न वर्गों में तथा 20 से 25% मध्यमवर्गीय परिवारों में भी पायी जाती है जहाँ बच्चे अनेक प्रकार की विकास सम्बन्धी समस्याओं के शिकार पाये जाते हैं।

टेरेटोजेन्स (Teratogens)

जो भी परिवेशीय कारक गर्भकालीन विकास को हानि पहुँचाते हैं, उन्हें टेरेटोजेन्स कहते हैं। यह शब्द ग्रीक भाषा टेरस (Taras) से निर्मित है जिसका अर्थ है कुनिर्माण (Malformation or Moustrosity) अर्थात् गर्भस्थ शिशु के विकास को गम्भीर रूप से हानि पहुँचाना । हानि की मात्रा निम्नलिखित कारकों से निर्धारित होती है।

1. टेरेटोजेन्स की मात्रा एवं प्रदर्शन काल की अवधि जितनी अधिक होगी, प्रभाव उतना ही तीव्र एवं हानिकारक होगा।
2. माँ एवं शिशु की आनुवांशिक संरचना की भूमिका भी कम महत्त्वपूर्ण नहीं होती। कोपिंग (coping) की क्षमता कुछ लोगों में अधिक पायी जाती है।

3. अनेक निषेधात्मक कारकों की एक साथ उपस्थिति जैसे कुपोषण, औषधीय देखरेख का अभाव जैसे हानिकारक अभिकर्ता अधिक प्रबल होकर विकास को अवरुद्ध करते हैं।
4. विकास के कुछ चरणों में इन अभिकर्ताओं का प्रदर्शन अधिक हो जाता है। जैसे संवेदी अवधि (sensitive period) में शारीरिक विकास एवं व्यवहार का विकास तीव्रतम गति से होता है। अतः हानिकारक अभिकर्ता यदि वातावरण में प्रभावी हुआ तो विकास क्षतिग्रस्त हो जाता है जिससे पुनरावर्तन कठिन अथवा असम्भव हो जाता है। चित्र 5.4 में इसके हानिकारक प्रभाव की अवधि दर्शायी गयी है। बीजावस्था (Germinal Period) में टेरेटोजेन्स का प्रभाव नही के बराबर होता है परन्तु यदि प्रभाव पड़ जाय तो भ्रूण में गंभीर दोष उत्पन्न हो जाता है जिससे शारीरिक संरचना पर प्रत्यक्ष प्रभाव पड़ता है। गर्भ में इसके प्रभाव से मस्तिष्क, आँख एवं जननेन्द्रियों का विकास बाधित हो जाता है एवं शिशु में तीव्र मानसिक क्षति पायी जाती है। माँ द्वारा नशीले पदार्थों का सेवन बच्चे में अनुक्रियात्मक दोष पैदा कर देता है। इससे अन्तः क्रियात्मक, अन्तः वैयक्तिक सम्बन्धों के निर्माण में अयोग्यता आ जाती है तथा अन्वेषण क्षमता भी बाधित हो जाती है। कालान्तर में संज्ञानात्मक, सांवेगिक एवं सामाजिक विकास बाधित हो जाते हैं। अनुसंधान कर्ताओं ने कतिपय हानिकारक टेरेटोजेन्स के बारे में विस्तृत जानकारी हासिल की जिसका संक्षिप्त विवरण चित्र 5.4 में प्रस्तुत है।

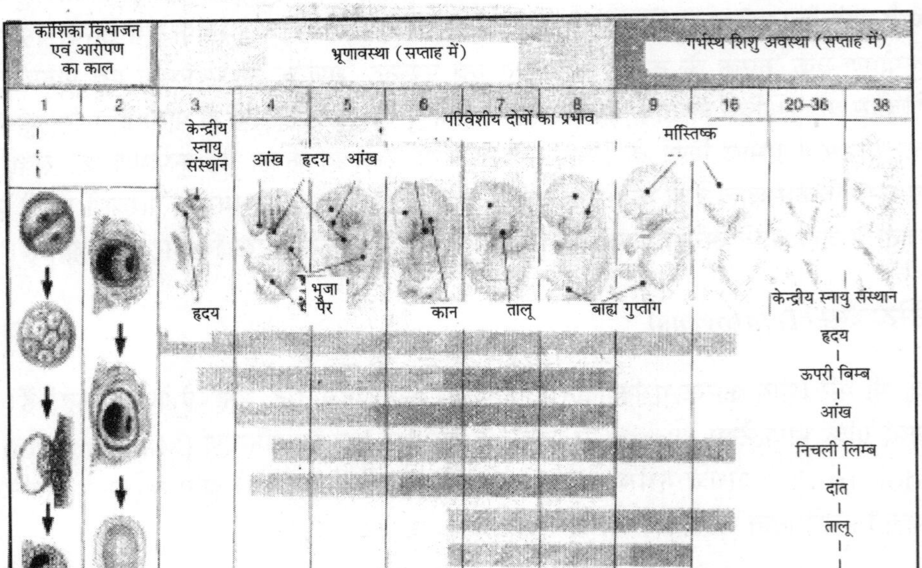

चित्र 5.4 : गर्भकालीन विकास की संवेदनशील अवधि (काल)। प्रत्येक अंग या संरचना के विकास में कुछ संवेदनशील काल आते हैं जो सामान्य विकास में गड़बड़ी या दोष उत्पन्न कर सकते हैं।

दवाएँ (Drugs)

गर्भवती स्त्री द्वारा सेवित दवाएं भ्रूण अथवा गर्भस्थ शिशु के रक्तस्रोत में प्रवेश कर जाती है जिससे विकास प्रदूषित हो जाता है। दवाओं का सेवन करने वाली माताओं के गर्भस्थ शिशु के विकास में आये दुष्परिणामों की अनेक घटनायें सामने आयी हैं। जैसे थेलिडामाइड दवा भ्रूण के विकास को क्षतिग्रस्त कर देती है। इसके चलते शिशु/बच्चे में निम्न बौद्धिक स्तर एवं केन्द्रीय स्नायु संस्थानीय दोष पाये गये (मूर एवं प्रसाद, 1993)। बिना चिकित्सकीय परामर्श के एस्प्रिन का लगातार सेवन के कारण मृत शिशु जन्म (still birth) या शिशु का औसत से कम शारीरिक भार तथा निम्न बौद्धिक स्तर जैसे दोष पाये गये (बार एवं अन्य, 1990)। इसके अतिरिक्त काफी, चाय या चाकलेट में पाये जाने वाले कैफीन के प्रभाव के कारण गर्भपात एवं जन्मे शिशु में चिड़चिड़ापन आदि समस्याएं मिलीं। अन्य अध्ययनों से यद्यपि इस तथ्य की पूर्णतः पुष्टि नहीं होती तथापि गर्भवती स्त्रियों द्वारा दवाओं के सेवन का परिहार श्रेयस्कर है।

नशीली दवाएं (Illegal Drugs)

दिन प्रतिदिन नशीली दवाएं जैसे कोकीन और हेरोइन का प्रभाव बढ़ता जा रहा है। इनका उपयोग प्रतिबल, तनाव एवं विषाद से मुक्ति पाने हेतु किया जाता है। पाश्चात्य देशों में करीब 25% महिलाएं नशीली दवाओं का प्रयोग करती है। भारत जैसे विकासशील देश में भी, इसके उपयोग से महिलाएं अछूती नहीं हैं। एलेन एवं अन्य (1991) के अनुसार "कोकीन से शिशु जन्म दर" में पिछले वर्षों में भारी वृद्धि हुई है जिसके परिणामस्वरूप अपरिपक्व, कम शारीरिक भारयुक्त श्वसन क्रिया में कठिनाई अनुभव करने वाले शिशु एवं मृत शिशु (Still birth) पैदा होते हैं, बच्चे में जननेद्रिय, गुर्दे, हृदय एवं मस्तिष्क के विकास में दोष की घटनाएं भी पायी जाती हैं। हेरोइन, मेथाडोन इत्यादि के प्रभाव से बच्चे में अवधान दोष एवं मन्द विकास गति पायी गयी (वारीस एवं माल्नो, 1987)। पिता द्वारा नशीली दवाओं का सेवन भी गर्भस्थ शिशु के लिए हानिकारक होता है। लोग मेरिजुआना (Merijiuna) का उपयोग भी बहुतायत से करते हैं परिणामस्वरूप अनेक दोष जैसे- नवजात द्वारा अधिक रोना, चिल्लाना, अवधान क्षमता में बाधा, प्रात्यक्षिक एवं व्यवहारपरक दोष पाये गये (फ्रीड एवं ओकोनेल, 1987; ज्यूकरमैन एवं अन्य, 1987) तथा शिशु के बाद का विकास भी प्रभावित होता गया।

मादक द्रव्य (शराब) (Alchohol)

शराब के सेवन का गर्भस्थ शिशु पर अत्यन्त घातक प्रभाव पड़ता है। "फिटल अल्कोहल सिड्रोम" (FAS) के शिकार बच्चों में मानसिक मन्दता, बाधित अवधान एवं अतिसक्रियता जैसे दोष पाये जाते हैं। प्रभाव की तीव्रता इस बात से निर्धारित होती है कि गर्भकाल में कब से एवं कितनी बार शराब का प्रयोग किया गया है (हाँसिथ एवं जोन्स, 1989) फिटल अल्कोहल सिंड्रोम के शिकार

(FAS) मृत बच्चों पर किये गये अनुसंधानों से पता चलता है कि इनमें कोशिकाओं की संख्या कम थी एवं वृहद संरचनात्मक दोष भी पाये गये (नोवाकोस्की, 1987)। शराब के सेवन से आक्सीजन का क्षय होता है जिसकी पूर्ति गर्भस्थ शिशु के आक्सीजन से होता है। फलस्वरूप शिशु के विकास पर हानिकारक प्रभाव पड़ता है। प्रश्न यह उठता है कि शराब के सेवन की कितनी मात्रा सुरक्षित है ? अध्ययन दर्शाते हैं कि मात्र दो औंस अल्कोहल का उपयोग भी बच्चे में फिटल अल्कोहल सिंड्रोम (FAS) के समान आकृति दोष विकसित कर देता है (एट्स्ली एवं अन्य, 1992)। इन बच्चों में निम्न गत्यात्मक संयोजन, निम्न बौद्धिक स्तर एवं निम्न उपलब्धि स्तर पायी गयी (वार एवं अन्य, 1990; कोल्स एवं अन्य, 1992)। अतः गर्भकाल में शराब का सेवन पूर्णतः निषिद्ध होना चाहिए।

सगरेट का उपयोग (Use of Cigarette)

धूम्रपान गर्भस्थ शिशु के लिये अत्यन्त हानिकारक होता है। तम्बाकू में निहित निकोटिन एवं अन्य तत्व प्लेसेन्टा के विकास को अवरुद्ध कर देते हैं। साथ ही माँ एवं बच्चे के रक्तस्रोत में कार्बन मोनोआक्साइड जमा होने लगता है। परिणामतः केन्द्रीय स्नायु संस्थान क्षतिग्रस्त हो जाता है तथा बच्चे का शारीरिक भार अति निम्न हो जाता है (नाग एवं प्रसाद, 1988), इसके अतिरिक्त गर्भपात, मृत शिशु जन्म एवं बाल्यावस्था में कैंसर होने की संभावना पायी जाती है। निष्क्रिय धूम्रपानकर्ता (Passive Smoker), अर्थात् वह गर्भवती माँ जो पति एवं सगे सम्बन्धियों के धूम्रपान की शिकार होती हैं, इसका प्रभाव परोक्षतः गर्भस्थ शिशु पर भी पड़ता है। ऐसे शिशुओं में अधिक विकास सम्बन्धी दोष पाये गये। अतः माँ एवं परिजनों का दायित्व है कि वे इन कारकों के दुष्प्रभाव से बच्चे को बचाएं।

हारमोन्स (Harmons)

गर्भपात को रोकने के लिये कृत्रिम हारमोन्स का उपयोग महिलाओं द्वारा किया जाता रहा है परन्तु इसके निषेधात्मक प्रभाव भी पाये गये हैं। जैसे किशोरावस्था में लड़कियों में योनि कैंसर, अपरिपक्वता, बच्चे में निम्न भार एवं गर्भपात की घटनायें पायी जाती हैं।

आधुनिक अनुसंधान स्पष्ट करते हैं कि अज्ञानतावश जो स्त्रियां गर्भकाल में गर्भ निरोधकों का उपयोग करती रहीं, उनके शिशुओं में अविकसित हृदय एवं लिंग पाया गया। तथापि आगे और अनुसंधान अपेक्षित है (ग्राइमन एवं मशेल, 1988)।

विकिरण (Radiation)

आयोनाइजिंग विकिरण के प्रभाव से डी. एन. ए. क्षतिग्रस्त हो जाता है। गर्भकाल में इसके प्रदर्शन (Exposure) से भ्रूण एवं गर्भस्थ शिशु का विकास तीव्र रूप से बाधित हो जाता है। हिरोशिमा एवं नागासाकी में द्वितीय विश्व युद्ध में प्रलयंकारी विकिरण प्रभाव कई दशकों तक बना रहा।

इसके कारण गर्भपात, निम्न शारीरिक विकास, अविकसित मस्तिष्क एवं शारीरिक ढाँचा तथा आँखों की बनावट दोषपूर्ण पायी गयी (मिशेल, 1989)। यदि सामान्य शिशु का जन्म हो गया हो तो भी बाल्यावस्था में ही उसमें कैंसर होने की संभावना बढ़ जाती है (स्मिथ, 1992)।

प्रदूषण (Pollution)

प्रदूषण का तीव्रगतिक प्रसार औद्योगीकरण का दुष्परिणाम है। यह वातज (Air) जलीय एवं अन्य माध्यमों में जीवन को क्षत-विक्षत कर रहा है। कारखानों से निकले जहरीले रासायनिक तत्व, पारा और सीसा आदि ऐसे टेरेटोजेन्स हैं जिनके परिणामस्वरूप गर्भस्थ शिशु में मानसिक मन्दता, गंभीर विकासात्मक दोष, असामान्य वाणी विकास, चबाने एवं निगलने में कठिनाई, क्षतिग्रस्त मस्तिष्क, समंजित गति दोष पाये जाते हैं (वारिस एवं मालो, 1987)।

माँ की बीमारी (Mother's Illness)

गर्भकाल में कुछ महिलाएं किसी न किसी संक्रामक रोग से प्रभावित होती हैं। यद्यपि जुकाम, फ्लू, इत्यादि का गर्भस्थ शिशु पर कोई खास प्रभाव नहीं पड़ता तथापि कुछ बीमारियाँ उसे तीव्र रूप से प्रभावित करती है। इनमें से प्रमुख हैं-एड्स, रूबेला इत्यादि (सारणी 5.1)। रूबेला से प्रभावित शिशु में हृदय रोग, आँख, कान, मूत्र एवं पेट सम्बन्धी समस्याएँ पायी जाती हैं। यद्यपि इन्हें आधुनिक उपचार पद्धति द्वारा नियंत्रित किया जा सकता है तथापि 10% से 20% घटनाओं (cases) का उपचार नहीं हो पाता।

सारणी 5.1 : गर्भकालीन विकास पर कुछ संक्रामक रोगों का प्रभाव

क्र० सं०	रोग	गर्भपात	शारीरिक कुगठन	मानसिक मन्दता	अपरिपक्वता या निम्न जन्म भार
1.	एक्वायड इम्यून डेफिसिएन्सी सिंड्रोम (AIDS)	0	?	.	?
2.	चिकेन पाक्स	0	+	+	+
3.	साइटोमेगेलो वाइरस	+	+	+	+
4.	हर्प्स सिम्पलेक्स (जननेन्द्रिय हर्प्स)	+	+	+	+
5.	मम्प्स (गलसूआ)	+	?	0	0
6.	रूबेला	+	+	+	+
7.	वैक्ट्रियल				
8.	सिफिलिस (Syphilis)	+	+	+	+
9.	ट्यूबर क्यूलोसिस (T.B.)	+	?	+	+
10.	पैरा साइटिक (Parasitic)				
11.	मलेरिया	+	0	+	+
12.	टाक्सोप्लासमोसिस	+	+	+	+

सांवेगिक प्रतिबल (Emotional Stress)

माँ द्वारा तीव्र प्रतिबल का अनुभव गर्भस्थ शिशु के लिए अत्यन्त हानिकारक होता है। तीव्र स्तर की चिन्ता से गर्भपात, अपरिपक्वता, निम्न भार एवं श्वांस सम्बन्धी रोग शिशुओं में पाये जाते हैं। ह्यूटूमैन एवं निस्नेन (1978) ने अपने अध्ययन में दर्शाया कि पति की मृत्यु के कारण तीव्र प्रतिबल से गर्भवती महिलाओं का स्वास्थ्य प्रभावित हुआ एवं बच्चे में तीव्र सांवेगिक दोष पाये गये। तीव्र प्रतिबल की दशा में हारमोन्स रक्तस्रोत में हानिकारक क्रियाशीलता (Poised Fraction) उत्पन्न करते हैं। इससे मस्तिष्क, हृदय, भुजाओं, पैर, कमर आदि की मांसपेशियों में रक्त का बहाव मन्द हो जाता है। ये हारमोन्स प्लेसेन्त्य को पार कर गर्भस्थ शिशु की हृदय गति एवं क्रियाशीलता को प्रभावित करते हैं। परन्तु सामाजिक सहयोग (Social support) द्वारा प्रतिबल के दुष्प्रभाव को नियंत्रित किया जा सकता है।

माँ की आयु (Mother's Age)

आजकल बदलती जीवनशैली एवं जीवनवृत्ति (Career) के प्रति बढ़ते रुझान के कारण महिलाएं पूर्णतः कैरिअर में व्यवस्थित हो जाने के पश्चात् विवाह एवं शिशु जन्म के प्रति निर्णय लेती हैं जिससे अनेक समस्याऐं उत्पत्र हो जाती हैं। इसी प्रकार कम उम्र की महिलाओं में भी अनेक समस्याएं पायी जाती हैं। जैसे- कम आयु की स्त्री में बच्चे के जन्म के समय समस्या का प्रमुख कारण है, कमर एवं हिप में फैलाव का जारी रहना ताकि स्त्री गर्भधारण एवं जन्म देने योग्य हो सके। इसके अतिरिक्त, गरीबी, कुपोषण इत्यादि भी स्वास्थ्य सम्बन्धी समस्यायें उत्पत्र करते हैं, जिनके कारण गर्भस्थ शिशु का विकास अवरुद्ध होता है।

आर० एच० कारक (R. H. Factor)

माँ एवं बच्चे के रक्त प्रोटीन में असमानता के कारण भी आक्सीजन वंचना सम्भव है। यदि माँ में आर० एच० निगेटिव (आर. एच. कारक का अभाव) प्रबल है एवं पिता में आर० एच० पाँजिटिव, तो सम्भव है कि शिशु आर० एच० पाजिटिव [Rh(+ve)] युक्त हो इससे तीसरे त्रैमासिकी में माँ एवं गर्भस्थ शिशु की रक्त कोशिकाओं का प्लेसेन्त्य को पार करके मिलने की सम्भावना होती है। यदि आर० एच० कारक का थोड़ा अंश है तो कोई क्षति नहीं होती है परन्तु यदि बच्चे की आर० एच० निगेटिव कोशिका थोड़ी भी माँ के (आर० एच० पाजिटिव) रक्त स्रोत में प्रविष्ट हुई तो माँ के रक्त में वाह्य आर० एच० (Foreign, R. H.) के प्रति एन्टीबाडीज निर्मित होने लगते हैं। यदि ये एन्टीबॉडीज बच्चे के संस्थान में प्रवेश कर गए तो इससे लाल रक्त (कणिकाएं) कोशिकाएं क्षत हो जाती है, जिससे आँक्सीजन वंचना की सम्भावना बढ़ जाती है। परिणामस्वरूप बच्चे में मानसिक मन्दता, हृदय की मांसपेशियों का क्षतिग्रस्त होना एवं शिशु की मृत्यु तक हो सकती है। चूँकि माँ में एटीबॉडीज विकसित होने में समय लगता है। अतः प्रथम शिशु पर इसका शायद ही प्रभाव पड़ता हो। परन्तु बाद के गर्भ पर खतरा बढ़ता जाता है। वैसे

उपयुक्त औषधीय देखरेख द्वारा इस समस्या का निदान सम्भव हो सकता है। आर० एच० निगेटिव का टीका (rhogam) माँ को नियमित लगवाकर, असंतुलन को दूर किया जा सकता है (सिंकिन एवं अन्य, 1984)। ऑक्सीजन वंचना का प्रभाव क्या आगे के विकास पर भी पड़ता है ? इस प्रश्न का उत्तर अनेक अनुसंधानों के आधार पर प्राप्त किया गया है जिनसे प्रमाणित होता है कि पूर्व वाल्यावस्था तक इन बच्चों का अन्य बच्चों की तुलना में बौद्धिक एवं गत्यात्मक विकास मन्द होता है परन्तु कुछ वर्ष पश्चात् ये सामान्य बच्चों जैसी गति प्राप्त कर लेते हैं (कोराह एवं अन्य, 1965 ; ग्रैहम एवं अन्य, 1962)। परन्तु अत्यधिक ऑक्सीजन वंचना के कारण समस्याएं अधिक तीव्र हो जाती हैं। गर्भकाल की पूर्वावधि (6 सप्ताह पूर्व ही) में जन्मे बच्चों में श्वसन रोग या हेलीन मेम्ब्रेन्स रोग (Respiratory Distress Syndrome or Hayline Membrance Disease) पाया जाता है। फेफड़े अविकसित होने से सांस लेने में कठिनाई आती है। आजकल वेन्टिलेटर मशीन का उपयोग करके शिशु को जीवित रखा जाता है। इसके बाद भी ऑक्सीजन की कमी के कारण, कुछ बच्चे सदा के लिए क्षत मस्तिष्क के शिकार हो जाते हैं (वोहर एवं कार्सिया काल, 1988)।

शिशु जन्म (Child Birth)

शिशु-जन्म के प्रति, विभिन्न संस्कृतियों में यद्यपि भिन्न-भिन्न प्रकार की अभिवृत्तियाँ पायी जाती हैं तथापि शिशु-जन्म की प्रक्रिया, प्रत्येक समाज में समान समय -सारिणी के अनुरूप ही घटित होती है। इस प्रक्रिया का प्रथम चरण प्रसव वेदना (Labor) कहलाता है जो सभी के लिये अत्यन्त कठिन समय होता है। जटिल हारमोनयुक्त प्रक्रिया द्वारा शिशु जन्म प्रथम का प्रारम्भ होता है। इसे तीन चरणों में विभाजित किया जा सकता है। (1) लेबर (2) जन्म (3) जन्मान्तर प्रक्रिया।

लेबर (Labor)

शिशु जन्म का प्रथम चरण लेबर कहलाता है। इसकी अवधि प्रथम शिशु के जन्म में, 12-14 घंटे तथा दूसरे और बाद वाले शिशु के जन्म में 4-6 घंटों की होती है। समय वृद्धि के साथ गर्भाशय में आकुंचन, क्रमशः अधिक तेज एवं आवृत्ति के साथ होने लगता है जिससे सर्विक्स ढीली होकर शिशु जन्म के लिये रास्ता प्रदान करती है। पूरी अवधि 12-18 घंटे तक की होती है वैसे इसमें कुछ मिनट से लेकर 30 घंटे तक लग सकते हैं। प्रारम्भ में गर्भाशय में हल्का आकुंचन प्रत्येक 15-20 मिनट पर आरम्भ होता है। जैसे-जैसे अवधि बढ़ती है, आकुंचन की तीव्रता एवं आवृत्तियों में वृद्धि होती जाती है। अन्ततः प्रत्येक 3 से 5 मिनट पर आकुंचन होने लगता है। आकुंचन चूँकि स्वतः चालित अनुक्रिया से निर्धारित होता है अतः इस अवधि में माँ को सहज रहना चाहिए। कुछ स्त्रियों को कृत्रिम दर्द (False Labor) महसूस होता है जो वास्तविक लेबर जैसा ही होता है तथापि दोनों में अन्तर किया जा सकता है। यदि स्त्री लेबर में टहलती है तो वास्तविक लेबर की स्थिति में दर्द बढ़ जाता है, परन्तु कृत्रिम लेबर की दशा में समाप्त हो जाता है। लेबर के समय प्रायः दो प्रकार की घटनाएँ घटित होती है। (1) प्रथम सर्विक्स को ढ़कने वाला म्यूकस प्लग हट

जाता है। इस प्रक्रिया को प्रदर्शन (Showing) के नाम से जाना जाता है। इसमें थोड़ा रक्त भी आ सकता है एवं (2) एम्निआटिक सैक (पानी की थैली) जिसमें बच्चा सुरक्षित रहकर माँ के गर्भ में विकसित होता है, फट जाता है एवं अम्निआटिक फ्ल्यूड स्त्री के शरीर से बाहर आने लगता है अर्थात् बच्चे के जन्म के लिये रास्ता तैयार हो चुका है।

शिशु का जन्म (Birth of a baby)

सर्विक्स के पूर्णत: खुलने एवं माँ के शरीर से बच्चे के बाहर आ जाने की अवधि (जो 15 मि० से 2 घंटे की भी हो सकती है) शिशु जन्म का दूसरा चरण कहलाता है। यह अवधि लेबर की भाँति प्रथम शिशु जन्म में लम्बी होती है। जन्म के समय 10-20 आकुंचन लम्बे एवं तीव्र होते हैं। प्रत्येक आकुंचन करीब 1 मिनट का होता है। इस आकुंचन के दौरान माँ अपनी एब्डॉमिनल माँसपेशियों की सहायता से प्रयास करके शिशु जन्म को सहज बना सकती है। जन्म-- नाल (कैनाल) में सामान्यतया शिशु के सिर का भाग पहले प्रकट होता है एवं प्रत्येक आकुंचन के साथ क्रमश: बाहर आने लगता है। माँ के पिछले टिसू (योनि एवं रेक्टम के मध्य का स्थान) में फैलाव से (stretch) शिशु के सिर का भाग पहले निकलता है। प्राय: अस्पतालों में चिकित्सक एपिसियोटेमी (episiotomy) चिकित्सा देकर योनि द्वार में फैलाव उत्पन्न कराती हैं जिससे शिशु जन्म सहज में हो सके। कभी-कभी फारसेप (forcep) का उपयोग किया जाता है परन्तु वह हानिकारक होता है। सामान्य शिशु जन्म में सिर पहले एवं चेहरा नीचे की ओर निकलता है। जैसे ही सिर बाहर आ जाता है शिशु का चेहरा बाहर ऊपर की ओर हो जाता है ताकि कम प्रयास में ही धड़ का हिस्सा बाहर आ सके एवं अन्त में पैर का हिस्सा निकलता है। शिशु जन्म तब जटिल हो जाता है जब ब्रीच स्थिति (Breech or posterior presentation) में शिशु होता है अर्थात् शिशु का पिछला भाग (buttocks) पहले निकलता है एवं शेष भाग बाद में। ऐसी दशा में माँ एवं शिशु को कष्ट झेलना पड़ता है एवं शिशु को चोट भी लग सकती है।

प्लेसेन्टा का बाहर आना (Delivery of Placenta)

शिशु जन्म का अन्तिम चरण है प्लेसेन्ट्या का माँ के गर्भ से बाहर आना । यह चरण पीड़ा रहित होता है एवं जन्म के 5-10 मिनट के अन्दर, कुछ आकुंचन के पश्चात् प्लेसेन्ट्या गर्भाशय (uterus) की दिवार से अलग होकर बाहर निकल आता है।

प्रसवपीड़ा और जल के साथ शिशु का अनुकूलन : (Baby's Adaptation to Labor and Delivery)

जन्म का क्षण बच्चे के लिए लेबर एवं डिलेवरी के साथ सही अनुकूलन का होता है। जन्म प्रक्रिया के अन्तर्गत, घंटों आकुंचन एवं दबाव के पश्चात् माँ के गर्भ (अत्यन्त सुरक्षित वातावरण) से

बाह्य परिवेश, जो भिन्न तापमान एवं तीव्र प्रकाशयुक्त होता है, में शिशु जन्म लेता है। तीव्र आकुंचन के कारण उसके सिर पर अधिक दबाव पड़ता है जिससे प्लेसेन्टा एवं अम्बिलिकल कार्ड बार बार दबते हैं एवं इससे आँक्सीजन वितरण भी घटता है। यद्यपि ये स्थितियाँ खतरनाक हो सकती हैं तथापि एक स्वस्थ शिशु आसानी से जन्म आघात (Birth Trauma) के साथ अनुकूलित हो जाता हैं। इस आकुंचन के परिणामस्वरूप, बच्चे में प्रतिबल हारमोन्स उत्पन्न हो जाते हैं जो अनुकूलन में सहायक होते हैं। इसके विपरीत गर्भकाल में माँ में उत्पन्न ये हारमोन्स शिशु विकास को कई प्रकार से बाधित करते हैं। तथापि बच्चे में उत्पन्न इन प्रतिबल हारमोन्स के कई लाभ हैं: (1) आँक्सीजन वंचना (कमी) की स्थिति में हारमोन्स मस्तिष्क एवं हृदय को पर्याप्त रक्त सम्प्रेषित करने में सहायक होते हैं एवं (2) इनकी सहायता से शिशु तरल-पदार्थ (liquid) अवशोषित करके फेफड़े से श्वसन क्रिया स्वतंत्र रूप से आरम्भ कर देता है, (3) प्रतिबल हारमोन्स के कारण शिशु में सक्रियता बनी रहती है एवं वह जागृतावस्था में जन्म लेता है जिससे वाह्य परिवेश (वातावरण) के साथ अन्तःक्रिया सहज हो जाती है (इमोरी एवं टूमी 1988 ; लेजरक्रान्ज एवं स्लाकिन, 1986)।

जन्म के पश्चात् शिशु की वाह्य आकृति (Appearance) माता-पिता की प्रत्याशा के विपरीत भद्दी एवं बेढंगी दिखती है। एक सामान्य शिशु की लम्बाई 20 इंच एवं भार साढ़े सात पौंड का होता है। लड़कियों की तुलना में लड़के थोड़े लम्बे होते हैं। मध्य भाग एवं पैर की तुलना में सिर का हिस्सा अधिक बड़ा होता है, परन्तु यह संयोजन आरम्भिक दिनों में तीव्र गति से अर्जन की क्षमता प्रदान करता है। शिशु का गोल चेहरा, बड़ा ललाट व बड़ी-बड़ी आँखें, सबको आकर्षित करती हैं (बर्मन, 1980 ; लारेंज, 1943), एवं माता-पिता और शिशु के बीच सहज अन्तःक्रिया स्थापित होने में भी सहायक होती हैं।

जन्म के तुरन्त बाद, अपगर (Apgar, 1953) द्वारा निर्मित मापनी से शिशु के स्वास्थ्य की स्थिति की जानकारी की जा सकती है। सारणी 5.2 से स्पष्ट है कि जन्म के पश्चात् 1-5 मिनट

सारणी 5.2 : अपगर मापनी

	प्राप्तांक		
लक्षण	0	1	2
हृदय गति	कोई हृदय गति नहीं	प्रतिमिनट 100 बार धड़कन	प्रतिमिनट 100 से 140 बार धड़कन
श्वसन प्रभाव	60 सेकेण्ड तक श्वसन नहीं	अनियमित, संकरी श्वसन	सशक्त श्वसन एवं रुदन
चेष्टाए, अनुक्रिया और उत्तेजना	कोई अनुक्रिया नहीं	प्रतिवर्ती अनुक्रियाओं का कमजोर होना	सशक्त चेष्टाओं की अनुक्रियाएं
माँसपेशीय गति	पूर्णतः निस्तेज	हाथों एवं पैरों में धीमी गति	हाथों एवं पैरों में प्रबलप्रबल गत्यात्मकता
रंग	शरीर, हाथ तथा पैर का नीला होना	शरीर गुलाबी पड़ जाना तथा हाथ-पैर नीला पड़ना	शरीर, हाथ एवं पैरों का पूर्णतः गुलाबी होना

के अन्दर शिशु की 5 प्रमुख विशेषताओं को 3 बिन्दु मापनी (0, 1 & 2) पर निर्धारित किया जा सकता है। इस मापनी पर अधिकतम प्राप्तांक 10 एवं न्यूनतम 0 हो सकता है। प्राप्तांक 7 एवं 8 का तात्पर्य है : शिशु का शारीरिक स्वास्थ्य अच्छा हैं । 4–6 प्राप्तांक इस बात का सूचक है कि शिशु को श्वसन एवं अन्य अनुकूलन सम्बन्धी क्रियाओं में सहायता की आवश्यकता है। यदि प्राप्तांक 3 या उससे कम है तो शिशु के स्वास्थ्य को खतरा है एवं उसे आपात (emergency) देख-रेख की आवश्यकता है। कुछ बच्चे प्रारम्भ में समस्याग्रस्त होते हैं परन्तु बाद में सामान्य रूप से विकसित होने लगते हैं।

शिशु जन्म के उपागम (Approaches to Childbirth)

शिशु जन्म पारिवारिक जीवन का अति महत्वपूर्ण पक्ष होता है। प्राय: प्रत्येक स्त्री जन्म प्रक्रिया से परिचित होती है। किसी-किसी समाज में लड़कियों को इस प्रक्रिया का प्रत्यक्ष अवलोकन एवं भूमिका निर्वहन (role playing) का अवसर अधिक प्राप्त होता है। उदाहरणार्थ : दक्षिण अमेरिका की जरारा एवं पेसिफिक आइस लैंड के पुकापुकन (Pukapukan) समुदाय की महिलायें शिशु जन्म प्रक्रिया को खेल समझते हुए, आसानी से किसी खुले स्थान पर सबके समक्ष शिशु को जन्म देती हैं। भारतीय एवं अन्य संस्कृतियों में भी गोपनीय और सुरक्षित स्थान पर कुछ परिपक्व महिलाओं के सानिध्य में शिशु का जन्म होता है। अत: शिशु जन्म की प्रक्रिया भिन्न-भिन्न समाज, समुदाय एवं संस्कृतियों में भिन्न-भिन्न रूपों में अपनायी जाती है (जार्डन, 1980; गीड एवं न्यूटन, 1967)। शिशु जन्म की प्रक्रिया में समय के साथ परिवर्तन आया है।

18वीं सदी से पूर्व, शिशु-जन्म घर पर ही होता था। परन्तु 19वीं सदी में औद्योगीकरण के परिणामस्वरूप अनेक महत्वपूर्ण परिवर्तन हुए। शहरों में भीड़ बढ़ी। समस्याएं बढ़ी और जागरुकता भी बढ़ी। इनका प्रभाव जन्म-प्रक्रिया पर भी पड़ा। शिशु जन्म प्रक्रिया घर से अस्पताल की ओर उन्मुख हुई। इस प्रक्रिया से संलग्न स्त्रियों का व्यक्तिगत ज्ञान घटता गया और इसकी पूरी जिम्मेदारी तथा निर्भरता अस्पताल एवं डाक्टरों तक सीमित होता गया। 1950-1960 के मध्य, लेबर एवं डिलेवरी के समय उपयोग में लाई जाने वाली दवाओं, उनकी उपयोगिता तथा सीमाओं के सन्दर्भ में अनेक प्रश्न उठे। महसूस किया गया कि नशीली दवाओं एवं उपकरणों के प्रयोग से शिशु को क्षति पहुँच सकती है। साथ ही साथ माँ शिशु जन्म के रोमांचक अनुभव से वंचित रह जाती है। इधर स्वाभाविक जन्म-प्रक्रिया (Natural birth Process) के प्रति लगाव फिर से विकसित होने लगा है। कुछ प्रचलित शिशु जन्म के ऐसे उपागमों का वर्णन प्रस्तुत है।

घर में शिशु जन्म (Home Delivery)

शिशु जन्म परिवार के सदस्यों एवं सम्बन्धियों की देख-रेख में प्रारम्भ से ही प्रचलित रहा है। इससे अत्यधिक औषधि प्रयोग का परिहार हो जाता है। माँ शिशु जन्म के गौरवयुक्त अनुभव से

वंचित नहीं हो पाती। कभी-कभी घर में ही चिकित्सक या प्रशिक्षित नर्स की सहायता से शिशु-जन्म सम्पन्न कराया जाता है। क्या घर में शिशु जन्म कराना सुरक्षित होता है ? यदि डाक्टर या नर्स की देख-रेख में स्वस्थ स्त्री घर में शिशु को जन्म दे तो शायद ही कोई समस्या खड़ी हो। यह प्रक्रिया कम खर्चीली एवं माँ तथा बच्चों के लिये अधिक सुरक्षित होती है। परन्तु जन्म के समय प्रशिक्षित सहायक के अभाव में नवजात की मृत्यु की सम्भावना अधिक हो जाती है। शिशु जन्म में निहित खतरे को ध्यान में रखते हुए प्रायः शिशु जन्म अस्पतालों में कराना पसन्द किया जाता है।

अस्पताल में शिशु जन्म (Hospital Delivery)

यद्यपि शिशु जन्म के समय दर्द को नियंत्रित करने के लिये औषधियों का उपयोग असुरक्षित होता है, तथापि कुछ दवाओं का उपयोग प्रायः चिकित्सकों द्वारा किया ही जाता है। यथाः एनेस्थिसिया एक प्रकार की दर्दनाशक दवा है जो दर्द की संवेदना को अवरुद्ध कर देती है। इसे रीढ़ (spinal) के भाग में अन्तःक्षेपित (inject) करके माँ के शरीर के निचले हिस्सों को दर्द की संवेदना से शून्य कर दिया जाता है। परन्तु इसके ऋणात्मक प्रभाव भी देखे जाते हैं। एनेस्थिसिया से लेबर के द्वितीय चरण में, आकुंचन अनुभव की क्षमता शिथिल हो जाती है। शिशु जन्म हेतु जन्मनाल की ओर दबाव नहीं बन पाता जिससे जन्म प्रक्रिया को सहज बनाने के लिये यंत्र (Forcep or Vaccum Extractor) का उपयोग अनिवार्य हो जाता है। यन्त्र प्रयोग से कभी-कभी बच्चों को क्षति पहुँच सकती है। (हैनिगन एवं अन्य, 1990)। इस बात की भी सम्भावना होती है कि ये दवाएं शीघ्रता से प्लेसेन्टा को पार कर शिशु पर प्रतिकूल प्रभाव डालें। रिपोर्टें दर्शाती हैं कि इन दवाओं के कुप्रभाव से नवजात में उनीदापन, प्रत्याहार, दुग्धपान में निष्क्रियता अथवा कमी एवं चिड़चिड़ापन जैसी समस्याएँ पैदा हो जाती हैं। माँ की रिपोर्ट के अनुसार प्रसव के एक सप्ताह बाद तक एनेस्थिसिया के प्रभाव के कारण शिशु की देखभाल में उसे अत्यधिक कठिनाई महसूस हुई (मेरे एवं अन्य, 1981)। कुछ अध्ययन इस तथ्य की भी पुष्टि करते हैं कि जन्म-प्रक्रिया में दवाओं के प्रयोग के कारण बच्चे का शारीरिक एवं मानसिक विकास अवरुद्ध हो जाता है (ब्रैकविल एवं अन्य, 1985)। परन्तु इसके विपरीत तथ्य भी प्राप्त हुए हैं (ब्रोमैन, 1983)। अतः इस प्रभाव की पूर्णतः अभिपुष्टि नहीं हो पाती। इस दिशा में आगे अनुसंधान की आवश्यकता है। परन्तु औषधीय दुष्प्रभाव के कारण माँ एवं बच्चे के बीच, आरम्भिक अवधि की अन्तःक्रिया अवश्य बाधित होती है। अतः प्राकृतिक अथवा तैयारी के साथ (Natural or Prepared) प्रसूति पर सभी देशों में बल दिया जाने लगा है।

स्वभाविक या प्रबन्धित शिशु जन्म (Natural or Prepared Child birth)

शिशु जन्म की यह प्रक्रिया माँ को इस विचार से मुक्त कराती है कि शिशु जन्म एक पीड़ादायक घटना है तथा पीड़ा निवारण हेतु औषधियों का उपयोग आवश्यक है। शिशु जन्म अनुभव

पीड़ायुक्त होता है तथा यह अभिवृत्ति संस्कृति प्रदत्त होती है जिससे प्रसव के समय भयाक्रान्त स्त्री की मांसपेशियों एवं यूट्रस में अकड़न (Tension) आ जाती है। इससे धीमी पीड़ा भी होती है परन्तु कभी-कभी आकुंचन के साथ यह तीव्र पीड़ा में परिवर्तित हो जाती है। अतएव विभिन्न देशों में स्वाभाविक शिशु जन्म परियोजनाएं चलायी जा रही है जिसके माध्यम से चिकित्सक एवं सम्बद्ध कार्यकर्त्ता गर्भवती स्त्रियों (expected mothers) को पूरी प्रक्रिया के बारे में स्पष्ट जानकारी देते हैं। स्वाभाविक शिशु जन्म परियोजना के तीन प्रमुख चरण होते हैं।

1. प्रशिक्षण कक्षाएं (Training Classes): लेबर एवं डिलेवरी से सम्बन्धित जानकारी हेतु कक्षाएं चलायी जाती हैं। प्रत्याशित माता-पिता को कक्षाओं में लेबर एवं डिलेवरी के सन्दर्भ (anatomy) में शरीर रचना एवं दैहिक विज्ञान (Physiology) की जानकारी दी जाती है। इस जानकारी से माँ के अन्दर निहित जन्म-प्रक्रिया से जुड़ा भय कम हो जाता है।

2. शिथिलीकरण एवं श्वसन प्रविधि (Relaxation and Breathing Technique): स्त्रियों को, गर्भाशय आकुंचन का अनुभव होने पर शिथिलीकरण एवं श्वसन के लिये व्यायाम का प्रशिक्षण दिया जाता है जिससे वह लेबर (पीड़ा) के प्रति सहज ढंग से अनुक्रिया कर सके। साथ ही दर्द के बारे में सोचने के स्थान पर आनन्दकारी चाक्षुष प्रतीकों के बारे में कल्पना करने का अभ्यास कराया जाता है जिससे ध्यान पीड़ा से हटकर सृजनात्मक भावों की ओर उन्मुख हो सके।

3. लेबर कोच (Labor Coach): जहाँ माँ को श्वसन एवं शिथलीकरण का अभ्यास कराया जाता है, वहीं पति या सहायक को लेबर कोच का प्रशिक्षण दिया जाता है जो आसन्नप्रसवा को आकुंचन के समय शिथिलन अथवा साँस लेने को कहे और लेबर अथवा डिलेवरी के समय प्रसूता की पीठ या पिछले भाग की मालिश करने अथवा सहलाने में सहयोग करे। साथ ही उसे प्रोत्साहन दें और उसका साहस बढ़ायें। अध्ययन दर्शाते हैं कि इस कार्यक्रम में प्रशिक्षण प्राप्त महिलाओं ने अप्रशिक्षित महिलाओं की तुलना में, लेबर के प्रति धनात्मक अभिवृत्ति दर्शायी एवं कम पीड़ा का अनुभव किया (लिंडेल, 1988)। अतः सामाजिक सहयोग (Social support) की भूमिका, स्वाभाविक जन्म प्रक्रिया की सफलता में अत्यन्त महत्वपूर्ण होती है। इसकी पुष्टि अनुसंधानों द्वारा प्रदत्त आँकड़ों से होती है (कैनेल एवं अन्य, 1991; सोसा एवं अन्य, 1980।

जन्म पश्चात् विकास को प्रभावित करने वाले कारक (Factors Affecting After Birth Development)

शिशु जन्म का समय अत्यन्त नाजुक होता है अतः कुछ कारक या दशायें विकास पर प्रभाव डालती हैं।

(1) आँक्सीजन वंचना (Oxygen Deprivation): जन्म के समय कुछ शिशुओं को एनाक्सिया (anoxia) या आँक्सीजन अल्पता की समस्या से ग्रस्त होना पड़ता है। कभी-कभी जन्म के तुरन्त बाद श्वसन क्रिया प्रारम्भ न होने के कारण ऐसा होता है। यद्यपि नवजात, वयस्कों

की तुलना में ऐसी स्थिति में अधिक समय तक जीवित रह सकता है परन्तु तीन मिनट से अधिक होने पर आक्सीजन के अभाव में मस्तिष्क के क्षत होने का भय रहता है। आक्सीजन वंचना (anoxia) लेबर के समय भी सम्भव है। इसका मुख्य कारण अम्बिलिकल कार्ड में ऐठन है जो गर्भ में ब्रीच संस्थिति (breech position) में, शिशु के उल्टे रहने के कारण होती है। ऐसी दशा में जन्म के समय, पैर या पीछे का हिस्सा पहले निकलता है। चूँकि यह प्रक्रिया अत्यन्त खतरनाक होती है अत: चिकित्सक द्वारा सिजेरियन (cesarean) शिशु का जन्म कराया जाता है। आक्सीजन वंचना का तीसरा कारण है, प्लेसेंटा प्रिविया (Placenta Previa) अर्थात् प्लेसेंटा का समय से पूर्व ही अलग हो जाना। ऐसी दशा में जन्म का तुरन्त होना आवश्यक हो जाता है। इस अलगाव के स्पष्ट कारण तो प्राप्त नहीं हैं परन्तु गर्भकाल में धूम्रपान को एक प्रमुख कारण बताया गया है (क्रेमर एवं अन्य, 1991)।

(2) समय से पूर्व शिशु का जन्म (Preterm Child Birth): गर्भकाल की पूर्ण अवधि के तीन सप्ताह पूर्व जन्मे एवं साढ़े पाँच पौंड या उससे भी कम शारीरिक भार वाले शिशुओं को अपरिपक्व (premature) शिशु कहा जाता है। जन्म के समय शिशु के भार के आधार पर उसके जीवित रहने की संभावना व्यक्त की जा सकती है। ऐसे शिशुओं में विभिन्न प्रकार की समस्याएं, बीमारियाँ, अतिसक्रियता, गत्यात्मक संयोजन एवं स्थूल अधिगम दोष पाये जाते हैं। कुछ समस्याएं बाल्यावस्था तक जारी रहती है (मैकार्मिक एवं अन्य, 1990 , सिगेल एवं अन्य, 1991)। इसका कारण कुपोषण, हानिकारक परिवेश (Teratogens) का असर, औषधीय देखरेख का अभाव इत्यादि हो सकता है। यदि गर्भ में जुड़वें बच्चे हैं तो भी अपरिपक्वता पायी जाती है। गर्भाशय में 20 सप्ताह के पश्चात् जुड़वे बच्चे का भार एवं विकास सामान्य से कम होता है एवं गर्भाशय में स्थान के अभाव के कारण समय से 3 सप्ताह पूर्व ही इनका जन्म हो जाता है।

(3) निम्न जन्म-भार (Low Birth Weight): निम्न जन्म भार वाले शिशुओं को स्वास्थ्य सम्बन्धी विविध समस्याओं का सामना करना पड़ता है परन्तु 50% शिशु सामान्य शिशुओं की भाँति, सामान्य ढंग से विकसित होने लगते हैं। समय पूर्व (preterm) शिशुओं की भाँति, एक श्रेणी उन शिशुओं की होती है जो पूर्ण अवधि पर जन्म लेने के बावजूद निम्न शारीरिक भार (Low Birth Weight) वाले होते हैं। इन बच्चों में गंभीर स्वास्थ्य समस्याएं उत्पन्न हो सकती है, जैसे प्रथम वर्ष में ही मृत्यु की सम्भावना, या छूआछूत का रोग या मस्तिष्क के क्षतिग्रस्त होने का भी भय होता है (टिवर्ग एवं अन्य, 1988)। मध्य बाल्यावस्था तक ये निम्न बौद्धिक स्तर, निम्न अवधान क्षमता एवं निम्न उपलब्धि वाले पाये जाते हैं। कुपोषण, प्लेसेन्टा का प्रकार्य रहित होना एवं शिशु में स्वत: दोष, इसके प्रमुख कारण हो सकते हैं।

इन बच्चों का वाह्य आकार-प्रकार एवं विकास सामान्य बच्चे की तुलना में अटपटा एवं भद्दा होता है। इनकी निम्न अनुक्रियाशीलता के कारण देखभाल अरुचिकर एवं जटिल होती है। ऐसे बच्चे माता-पिता द्वारा बाल दुर्व्यवहार (child abuse) के शिकार हो सकते हैं। इसके प्रति निम्न सामाजिक एवं आर्थिक स्तर (Low S.E.S.) की माताएं अपनी दिनचर्या के बाधित होने के

कारण इन्हें अलग-थलग करके, इनके प्रति निषेधात्मक व्यवहार दर्शाती है। इससे बच्चे का संज्ञानात्मक एवं व्यवहारपरक विकास अवरुद्ध हो जाता है (कोहेन एवं पार्म्ली, 1983) ।

माँ बच्चे का सम्बन्ध जो उपरोक्त कारणों से निषेधात्मक होता है, उचित हस्तक्षेप (Intervention) की सहायता से दूर किया जा सकता है।

उद्दीपन (Stimulation)

उपयुक्त उद्दीपन की सहायता से बच्चे का विकास बेहतर हो सकता है। अतः गहन देखरेख (Intensive care) में बच्चे को वाटर वेड्स, जिसमें माँ के गर्भ जैसा कृत्रिम परिवेश होता है, उसमें रखकर गति उत्पन्न किया जाता है। इसके अतिरिक्त आकर्षक मोबाइल, हृदय गति रिकार्ड किया हुआ टेप, मधुर संगीत एवं माँ की आवाज प्रस्तुत कर बच्चे को उद्दीपन प्रदान किया जा सकता है। अनुसंधान इस प्रक्रिया की उपयोगिता की पुष्टि करते हैं। इस प्रक्रिया के उपयोग करने के पश्चात् शिशु में, जन्म के आरम्भिक सप्ताह में शीघ्र भार वृद्धि, बेहतर, निद्रा संरूप एवं अधिक एकाग्रता (alretness) पायी गयी (कार्नेल एवं गाटफ्रीड, 1976, शेफर एवं अन्य, 1980)।

स्पर्श एक प्रमुख उद्दीपन का कार्य करता है। इसकी उपयुक्तता मानव एवं मानवेतर शिशुओं पर प्रमाणित की गयी। फ्रीड एवं सहयोगयों (1986) ने प्रदर्शित किया कि बार-बार मालिश करने से बच्चों के भार में शीघ्रता से वृद्धि पायी गयी। कई विकसित देशों में त्वचा से त्वचा (skin to skin) कंगारू शिशु देखरेख (kangaroo baby care) विधि अर्थात् माँ शिशु को कपड़े में ढंककर अपने शरीर से पूर्णतः सटाकर उद्दीपन प्रदान करती है, इसे गहन देखरेख (intensive care) के स्थान पर उपयोग में लाया जाता है। इससे शिशु के विकास के साथ-साथ माँ शिशु के बीच धनात्मक भाव भी विकसित होने लगता है। ऐसे कार्यक्रमों में नर्स या अन्य मध्यस्थ शिशु की देखरेख के लिए माँ को प्रोत्साहन अथवा जानकारी देने के साथ साथ, उसे बच्चे के प्रति अधिक लगाव के लिए प्रेरित करते हैं ।इस ढंग के परामर्श का उत्साहवर्धक एवं धनात्मक परिणाम पाये गये हैं।

विकसित एवं विकासशील देशों में निम्न जन्म भार एवं शिशु मृत्यु दर के बीच उच्च धनात्मक सहसम्बन्ध पाया गया है। परन्तु उपयुक्त प्रयासों की सहायता से इस समस्या को दूर करके ऐसे शिशु को सामान्य स्वास्थ्य से सम्पन्न बनाया जा सकता है। यहां प्रश्न उपस्थित होता है कि जन्म सम्बन्धी जटिलताओं के संदर्भ में क्या कोई ऐसा सामान्य सिद्धान्त है, जिसकी सहायता से पता लगाया जा सके कि ऐसे बच्चों का जीवन एवं विकास की सम्भावना किस स्तर की होती है। हावर्ड विश्वविद्यालय में किये गये अनुसंधान के आधार पर महत्वपूर्ण जानकारियां मिली हैं। वार्नर एवं स्मिथ (1955) ने कवाई (kavai) समुदाय के 670 शिशुओं पर दीर्घकालीन अनुसन्धान (longitudinal study) किया। शिशुओं में आंशिक, मध्यम-स्तरीय और तीव्र जन्मगत समस्याएं विद्यमान थीं। जाति एवं वर्ग के आधार पर इन्हें सुमेलित (matched) किया गया। इस अध्ययन के दो लक्ष्य थेः (1) जन्मगत जटिलताओं के दीर्घ कालिक प्रभावों की जाँच एवं (2) बच्चे के पूर्ण विकास में पारिवारिक वातावरण के सहयोग का आंकलन। परिणामों में पाया गया कि तीव्र

जन्मगत समस्याओं वाले समूह में विकास सम्बन्धी दोष होता है। 18 वर्ष की आयु में इस समूह के अन्य शिशुओं की तुलना में दोगुनी मानसिक मन्दता, पाँच गुनी मानसिक स्वास्थ्य समस्याएं एवं दो गुनी शारीरिक विकलांगता पायी गयी। परन्तु निम्न एवं मध्यम जटिलता वाले समूहों में उपयुक्त पारिवारिक वातावरण का धनात्मक प्रभाव पाया गया। गरीबी, असंगठित पारिवारिक वातावरण एवं मानसिक रोग से ग्रस्त माता-पिता एवं शिशु के बीच के असंतुलित सम्बन्ध का प्रभाव बच्चे के विकास पर ऋणात्मक पड़ा। इन प्रभावों के कारण वाल्यावस्था एवं किशोरावस्था में अधिगम जटिलता, व्यवहारगत समस्यायें तथा सांवेगिक गड़बड़ियाँ पायी गयीं। पारिवारिक वातावरण के अतिरिक्त व्यक्तित्व सम्बन्धी विशेषताएं, सामाजिक सहयोग (social support) सम्बन्धियों के साथ सहृदयतापूर्ण सम्बन्ध भी जन्म पश्चात् विकास में सहायक होते हैं (वर्नर, 1989, वर्नर एवं स्मिथ, 1992)।

सारांश (Summary)

गर्भकालीन विकास में जैविकीय कारकों का महत्व तो है ही, परिवेशीय कारकों के प्रभाव को भी नकारा नहीं जा सकता। गर्भाधान के क्षण से ही एक सुनिश्चित पृष्ठभूमि के साथ जीवन का प्रारम्भ होता है। गर्भकालीन अवस्था में विकास की गति तीव्रतम होती है। इस काल को विकास के तीन प्रमुख चरणों में विभाजित किया जा सकता है। प्रथम चरण को बीजावस्था या जायगोट (zygote) की अवधि कहते हैं। इसकी अवधि गर्भाधान काल से दो सप्ताह तक होती है अर्थात् शुक्राणु तथा डिंब संयोजन (zygote) से ब्लैस्टुला के गर्भाशय की दीवार में आरोपित होने तक की अवधि होती है। दूसरा चरण भ्रूणावस्था कहलाता है। यह चरण दूसरे से आठवे (2-8) सप्ताह तक का होता है। इस अवधि में शरीर की सारी संरचनाएं पूर्ण हो जाती है। गर्भकालीन अवस्था के विकास का तीसरा एवं अंतिम चरण गर्भस्थ शिशु की अवस्था (period of the fetus) कहलाता है। यह अवधि तीसरे से नौवें माह तक (अर्थात् शिशु के जन्म के पहले तक) होती है। इस अवधि में शरीर के आकार एवं शारीरिक संरचनाओं का पूर्ण विकास हो जाता है। गर्भकालीन विकास की अवधि को तीन त्रैमासिकी (Trimesters) में विभाजित किया जाता है। अन्तिम त्रैमासिकी के 22-26वें सप्ताह की आयु का गर्भस्थ शिशु माँ के गर्भ से बाहर होने पर भी जीवित रह सकता है। इस अवधि को जीवन क्षमता की आयु (age of virigility) कहा जाता है।

तीव्र प्रतिबल की दशा में माता में अधिक मात्रा में हारमोन्स स्खलित होकर प्लेसेन्टा पार करके गर्भस्थ शिशु को क्षति पहुँचा सकते हैं। यद्यपि माँ की आयु एवं परवर्ती गर्भ धारण की संख्या का प्रभाव पड़ना भी बताया जाता है तथापि अनुसंधानों से प्राप्त परिणाम इस तथ्य की पूर्णतः पुष्टि नहीं करते। अस्तु इन कारकों को गर्भस्थ शिशु के विकास में, समस्यामूलक होना सुनिश्चित तौर पर नहीं कहा जा सकता है।

गर्भकालीन विकास प्रक्रम यद्यपि क्रमबद्ध एवं पूर्वकथनात्मक होता है तथापि प्रत्येक शिशु के गर्भकालीन विकास में वैयक्तिक भिन्नताएं पायी जाती हैं। विकास में सामान्य प्रवृत्तियाँ निहित

हैं। अर्थात् विकास सिर से पैर की ओर अग्रसर होता है जिसे निकट-दूर प्रवृत्ति (Proximo-Distal Trend) कहा जाता है। इसी प्रकार विकास की अन्य प्रवृत्तियाँ जेसे- "सामान्य से विशिष्ट प्रवृत्ति" तथा "विभेदन से एकीकरण की प्रवृत्ति" भी पायी जाती है।

यद्यपि गर्भकालीन विकास में आनुवांशिक कारकों की अहम् भूमिका होती है तथापि अनेक परिवेशीय कारक इस अवधि में विकास को प्रभावित करते हैं। इन प्रमुख परिवेशीय कारकों के अन्तर्गत कुपोषण, टेरेटोजेन्स, विकास की संवेदनशील एवं क्रान्तिक अवधि, नशीली दवाएं, मादक द्रव्य, धूम्रपान का प्रयोग, हारमोन्स, विकिरण, प्रदूषण, माँ की आयु, तीव्र सांवेगिक प्रतिबल, आर० एच० कारक एवं माँ की आयु जैसे अनेक कारकों का प्रभाव गर्भकाल में गर्भस्थ शिशु के विकास पर पड़ता है।

गर्भकालीन अवधि शिशु जन्म के साथ ही पूर्ण हो जाती है तथा शिशु जन्म की (child birth) प्रक्रिया प्रारम्भ हो जाती है। इसके तीन प्रमुख चरण होते हैं तथा प्रारम्भ गर्भाशय में आकुंचन (contraction) से होता है। निरन्तर आकुंचन से गर्भाशय का निचला भाग खुलने लगता है एवं शिशु जन्मनाल (birth canal) की ओर खिसकना शुरू हो जाता है। इस चरण को लेबर (labor) कहते हैं। स्त्री पीड़ायुक्त आकुंचन को महसूस करती हुई शिशु-जन्म के लिए दबाव (support) बनाती है। इसी समय प्रतिबल हारमोन्स ऑक्सीजन वंचना की स्थिति में, अनुकूलन प्रदान करते हैं जिससे जन्म के समय शिशु की सक्रियता बनी रहती है। दूसरा चरण जन्म (birth) तथा तीसरा जन्मोत्तर चरण (After birth) कहलाता है। इस चरण में शिशु जन्म के उपरान्त प्लेसेन्या बाहर आ जाता है। बड़ा सिर एवं शेष शरीर के छोटे होने के कारण प्रायः नवजात शिशु अच्छा नहीं दिखाई देता। परन्तु उसका आकर्षक चेहरा एवं भोली आँखें सबको आकर्षित कर लेती हैं। शिशु की शारीरिक दशाओं के मापन हेतु अपगर मापनी (apgar scale) का उपयोग किया जाता है। शिशु जन्म के विविध उपागम है। इनमें से प्रमुख है : घर में जन्म (home delivery), अस्पताल में जन्म और स्वाभाविक अथवा पूर्ण तैयारी के साथ शिशु जन्म। यदि माँ स्वस्थ है, सहायक धाय अथवा परिवार के सदस्य प्रशिक्षित है तो घर में शिशु जन्म उपयुक्त होता है। परन्तु जटिल गर्भ सम्बन्धी समस्याओं के निराकरण हेतु प्रसव पीड़ा निवारक दवाओं की सहायता से एवं अस्पताल में आपरेशन द्वारा (cesarian) सुरक्षित शिशु जन्म कराया जाता है। आजकल स्वाभाविक अथवा पूर्ण तैयारी युक्त शिशु जन्म पर बल दिया जा रहा है। इसकी योजनाओं से लाभान्वित माताएं, प्रसव वेदना, के प्रति तनाव रहित होकर स्वाभाविक शिशु जन्म, हेतु तत्पर रहती हैं।

शिशु जन्म से जुड़ी समस्याओं में एनाक्सियाँ (ऑक्सीजन वंचना) एक गंभीर समस्या है। यह शिशु के मस्तिष्क एवं अन्य अंगों को क्षति पहुंचाती है। तथापि वाल्यावस्था तक आते आते इससे प्रभावित बच्चे सामान्य विकास गति प्राप्त कर लेते हैं। दूसरी समस्या है अपरिपक्व (premature) शिशु का जन्म। ऐसे शिशु निम्न आर्थिक स्तर या जुड़वे बच्चों के सन्दर्भ में पाया जाता है। कुछ शिशु गर्भ में पूरे समय तक रहने के बाद भी सामान्य से कम लम्बाई और भारयुक्त

होते हैं। इन्हें अल्प विकसित (small for date) शिशु कहा जाता है। अपरिपक्व बच्चों की तुलना में ऐसे बच्चों के विकसित होने की संभावना अधिक होती है। अतः उचित हस्तक्षेप द्वारा, विशिष्ट उद्दीपन प्रदान करके इन्हें सामान्य विकास के योग्य बनाया जा सकता है। ऐसे शिशुओं की देखरेख हेतु माता-पिता को प्रशिक्षित किया जा सकता है। कुआई (Kauai) अध्ययन दर्शाते है कि किस प्रकार जन्म सम्बन्धी समस्याओं के शिकार शिशुओं को "सहयोगात्मक पारिवारिक परिवेश" (supportive home environment) द्वारा सामान्य विकास की ओर उन्मुख किया जा सकता है।

तकनीकी पद	**(Technical Term)**
अन्तःक्षेपित	Injected
अविकसित	Deformed
अनुकूलन	Adaptation
ऑक्सीजन वंचना	Anoxia
आन्तरिक भाग	Endoderm
एकाग्रता	Alertness
कुनिर्माण	Malformation or Moustrosity
क्रान्तिक	Critical
गर्भपात	Prematurity
गर्भित डिम्ब	Zygote
गर्भाधान	Conception
गहन देख-देख	Intensive Care
गर्भकालीन विकास	Prenatal Development
डिम्ब	Ovum
डिंबाशय	Carpus luteum
परिपक्वता	Maturation
प्रतिरोधक	Resistence
पोषण	Nutrition
प्रदर्शन	Exposure
प्रसव	Labor
फैलाव	Stretch
बंधुल	Dizygotic
बाह्य भाग	Ectoderm

भ्रूणावस्था	Embryo
मध्य भाग	Mesoderm
मील के पत्थर	Milestone
वंचना	Deprivation
विकिरण	Radiation
संवेदनशील	Sensitive
स्वाभाविक	Natural
श्वसन रोग	Respiratory Distress Syndrome
शिथिलीकरण	Relaxation
श्वसन	Breathing
शुक्राणु	Sperm
हलीन मेम्बब्रेन्स	Haylen Membrance

6 शैशवावस्था : शारीरिक, पेशीय एवम् स्नायविक विकास

Infancy : Physical, Motor and Neural Development

भाग-1 (Part-1)

नवजात शैशवावस्था (जन्म से एक माह तक)
(Neonatal Period Birth to 1 month)

विकास (Development)

जन्म से लेकर एक माह तक की अवधि को नवजात शैशवावस्था कहा जाता हैं। अति अल्प होने पर भी विकास की दृष्टि से इस अवधि का महत्त्व बहुत अधिक है। शिशु जन्म के बाद का एक महीना, विकास एवं परिवेश के साथ समायोजन के लिए अत्यन्त महत्त्वपूर्ण होता है इसीलिए यह अवधि नवजात शिशु अवस्था (Neonate) कही जाती है।

पूर्व धारणा थी कि नवजात अत्यन्त सुकुमार, अक्षम एवं निष्क्रिय होते हैं जिनका अपना पुष्पित, गुंजित एवं भ्रान्तिपूर्ण (a blooming, buzzing and confusing) संसार होता है (विलियम जेम्स, 1889) परन्तु समय बदलने के साथ नवजात शिशु के प्रति अभिवृत्तियों में परिवर्तन हुए। अनुसंधानों से प्रमाणित हुआ है कि जन्म के साथ ही शिशु में अपार क्षमताएँ विद्यमान रहती हैं। शैशवावस्था के अन्त तक उसमें स्वाग्रह (Self-assertion), सामाजिकता एवं उद्देश्य मूलक क्रिया-कलापों की अभिव्यक्ति देखी जा सकती है। साथ ही उसकी भाषा अर्जन क्षमता के प्रति उन्मुखता भी दृष्टिगत होने लगती है।

नवजात शैशवावस्था में विकास बड़ी तेजी से होता है। शिशु में इतनी कम अवधि में इतनी अधिक क्षमताओं का आ जाना अनुसंधानकर्ताओं की जिज्ञासा का विषय है। नवजात में विद्यमान अपार क्षमताओं में कौन-कौन सी विशेषताएं पहले अभिव्यक्त होती हैं तथा किन क्षमताओं की अभिव्यक्ति परिपक्वता के उपरान्त होती है? वे कौन-कौन सी क्षमतायें हैं, जिनका विकास भौतिक

एवं सामाजिक जगत के साथ अन्तःक्रिया के पश्चात् होता है? इन सभी प्रश्नों का उत्तर, प्रस्तुत अध्याय के अन्तर्गत शोध साक्ष्यों के आधार पर दिया गया है ।

नवजात शिशु का विवरण (The Description of Neonates)

जन्म से एक माह तक का शिशु नवजात कहलाता है। यह अवधि महत्त्वपूर्ण समायोजन की अवधि कही जाती है क्योंकि गर्भ में शिशु का विकास अत्यन्त सुरक्षित एवं नियंत्रित परिवेश में होता है, परन्तु गर्भ से बाहर आ जाने पर उसे विभिन्न स्तरों पर समायोजन स्थापित करना पड़ता है।

समायोजन की अवधि (The Period of Adjustment)

यद्यपि नवजात शिशु अति कोमल होता है तथापि उसमें समायोजन की अद्भुत क्षमता होती है। गर्भ में जहाँ उसके समस्त प्रकार्य माँ के माध्यम से सम्पादित होते रहे, उन्हें अब वह स्वतः सम्पादित करता है। अतः श्वसन, रक्त संचार, पाचन, एवं तापमान नियमन आदि प्रकार्यों के साथ उसे समायोजन करना पड़ता है।

जन्म के साथ रुदन (Birth cry) नवजात के बाह्य जीवन के प्रारम्भ के संकेत के साथ-साथ, उसके विकास का पहला चरण होता है। इसी से सर्वप्रथम शिशु के फेफड़े वायु के प्रवेश के साथ क्रियाशील होते हैं। अर्थात् श्वसन क्रिया का प्रारम्भ उसके प्रथम रुदन से होता है। जन्म रुदन (Birth cry) के कुछ मिनट बाद से ही नवजात कफ से ग्रसित हो जाता है। माँ चिन्तित हो उठती है, परन्तु इस प्रथम रुदन से शिशु की श्वास नली से आया म्यूकस (Mucus) एवं एम्निआटिक फ्लूड बाहर आ जाता है।

श्वसन क्रिया के प्रारम्भ के साथ ही, रक्त संचार संस्थान (circulatory system) क्रियाशील हो जाते हैं। अब, ऑक्सीजन की प्राप्ति एवं कार्बनडाइआक्साइड को बाहर निकालने के लिए फेफड़े में रक्त संचार होने लगता है (प्रेट, 1954; पुलिएमी, 1973)। यद्यपि जन्म के कुछ ही देर बाद श्वसन एवं रक्त संचार संस्थान कार्य करने लगते हैं, परन्तु इसके सही ढंग से कार्य करने में कई दिन लग जाते हैं। जन्म के पश्चात् कुछ मिनट या दिनों तक आक्सीजन के न मिलने पर मस्तिष्क के पूर्णतः क्षत होने का भय बना रहता है।

गर्भ काल में शिशु को आक्सीजन प्लेसेन्त्य द्वारा प्राप्त होता है, परन्तु माँ के गर्भ से बाहर आ जाने पर उसका अपना पाचन संस्थान कार्य करना आरम्भ कर देता है परन्तु श्वसन एवं रक्त संचार की अपेक्षा यह संस्थान अधिक देर से शुरु होने वाली एक लम्बी एवं समायोजनात्मक प्रक्रिया होती है। नवजात को तापमान नियमन (Temperature regulation) संस्थान के साथ भी समायोजन स्थापित करना पड़ता है। गर्भ में उसका शरीर एक स्थिर तापमान में रहता है, परन्तु जन्म के पश्चात् तापमान में थोड़े-थोड़े परिवर्तन होने से उसकी त्वचा भी प्रभावित होती है।

इसलिए जन्म के एक सप्ताह तक शिशु के शरीर को ढककर रखना आवश्यक होता है। जल्दी ही शिशु शरीर एवं तापमान के बीच समायोजन स्थापित कर लेता है।

नवजात शिशु की विविध दशाएँ (Neonates States)

शारीरिक दशा (Physical State): नवजात शिशु का वजन प्रायः 5.5 – 9.5 पौंड (2.5 – 4. 3 किग्रा०) एवं लम्बाई 19–22 इंच (48–56 सेमी०) की होती है। उसका पूरा शरीर वर्निक्स केसोसा (एक ग्रीसी पदार्थ जो गर्भकाल में विकसित होता है) से ढका होता है जो सिजेरिअन ढंग से जन्में शिशुओं में अधिक होता है। जबकि सामान्य ढंग से जन्मे शिशुओं में जन्म प्रक्रिया के अन्तर्गत दबाव के कारण, यह पदार्थ शरीर से अलग हो जाता है। नवजात शिशु की पेशियां मुलायम परन्तु अनियन्त्रित होती हैं । उसकी त्वचा एवं चेहरे पर मुलायम रोम पाये जाते हैं जो एक माह के अन्दर गिर जाते हैं। प्रदर्शन (Molding) प्रक्रिया के कारण शिशु का सिर लम्बा एवं बेडौल दिखता है, क्योंकि कार्टिलेज से जुड़ी खोपड़ी की हड्डियाँ जन्म कैनाल में दबने के कारण टेढ़ी हो जाती हैं। शिशु (लड़के-लड़कियों) के सीने एवं जननेद्रिय का भाग लम्बा/उभरा होता है। ऐसा माँ में उत्पन्न हारमोन्स का प्लेसेन्टा को पार कर गर्भस्थ शिशु तक पहुंचने के कारण होता है। सब मिलाकर, नवजात शिशु का आकार-प्रकार विचित्र होता है। किसी-किसी शिशु (प्रति 2000 पर एक) में जन्म के समय ही एक-दो दांत पाये जाते हैं जो बाद में गिर जाते हैं।

जन्म के समय के भार का 6–7% वजन प्रथम 7 दिनों में घट जाता है परन्तु 10वें दिन तक अधिकांश शिशु अपना पूर्व वजन प्राप्त कर लेते हैं। भारी शिशुओं की तुलना में हल्के शिशुओं का भार कम घटता है। अपने घटे भार का कुछ अंश वे जल्द ही प्राप्त कर लेते हैं। मौसम एवं अन्य कारकों का प्रभाव भी वजन के घटने-बढ़ने पर पड़ता है।

शारीरिक अनुपात (Body Proportion) : नवजात शिशु का शारीरिक (अंगीय) अनुपात, प्रौढ़ों की तुलना में भिन्न होता है। शिशु के सिर का आकार पूरे शरीर का 1/4 होता है, जबकि प्रौढ का सिर पूरे शरीर का 1/10वां हिस्सा होता है। आँख के ऊपर का भाग बड़ा होता है जबकि ठोढ़ी का हिस्सा अत्यन्त छोटा, गर्दन अत्यन्त छोटी परन्तु आँखे परिपक्व होती हैं। पेशियों की दुर्बलता के कारण आँखें कोटरों में अनियमित रूप से घूमती हैं। कंधे सकरे, उदर बड़ा और आगे की ओर निकला होता है। बाँह और पैर अनुपाततः छोटे तथा हथेली लघु होते हैं।

अंगो की क्रियायें/चेष्टाएं (Reflexes): रोने से शिशु के फेफड़ों में हवा भर जाती है। इसके साथ ही उसकी श्वसन क्रिया आरम्भ हो जाती है। भूख लगने पर उसकी चूसने की चेष्टायें (Reflexes) प्रारम्भ हो जाती हैं। पहले तो दूध पीने की गति अनियमित एवं मन्द होती है, परन्तु जन्म के दो तीन सप्ताह बाद उसकी भूख नियमित हो जाती है। अतः उसे समय-सारिणी के अनुसार दूध इत्यादि (Feeding) देना चाहिए। मलोत्सर्जन की क्रिया जन्म के कुछ घण्टे बाद शुरू होती है, जब नवजात दूध पीकर चुप हो जाता है। शिशु का हृदय स्पन्दन जन्म के समय 130–150

तक होता है, जो कुछ दिनो बाद घटकर 118 प्रति मिनट हो जाता है। श्वसन क्रिया प्रति मिनट 40–45 बार होती है जबकि प्रौढ़ों में मात्र 18 बार होती है। स्वस्थ शिशु का शारीरिक तापमान शीघ्रता से परिवर्तित होता रहता है। आमाशय 4–5 घण्टे में खाली हो जाता है। छोटी आँतें 7–8 घण्टे एवं बड़ी आँतें 12–14 घण्टों में खाली हो जाती हैं। भूख के समय आमाशय आकुंचन, प्रौढ़ों की अपेक्षा अधिक समृद्ध होता है।

निद्रा (Sleep)

चूँकि नवजात शिशु का, निद्रा से सम्बन्धित व्यवहार संगठित एवं संरुपित होता है, अत: निद्रा की स्थिति के आधार पर केन्द्रीय स्नायु संस्थान सम्बन्धित असामान्यताओं की पहचान सम्भव है। वे नवजात शिशु जिन्हें जन्म संताप (Birth Trauma) का अनुभव होता है उनमें निद्रा चक्र अनियमित पाया जाता है (थियोरेक एवं अन्य, 1974)।

निद्रा के अन्तर्गत दो प्रमुख दशाएँ पायी जाती हैं; अनियमित निद्रा [Rapid-Eye-Movement or REM] इस स्थिति में शरीर के अंग एवं मस्तिष्क सक्रिय हो जाते हैं, जागृतावस्था की भांति इस अवस्था में भी, विद्युत – मस्तिष्क – तरंगी क्रियायें (Electrical Brain-Wave Activity) घटित होती हैं। आँख की भौहें (eyelid), हृदय गति, रक्त चाप एवं श्वसन अनियमित होते हैं एवं धीमी शारीरिक गति दर्शाते हैं । इसके विपरीत नियमित निद्रा की स्थिति [Non Rapid Eye Movement (NREM)] में शरीर शांत होता है एवं हृदय गति, श्वसन, मस्तिष्क तरंगी क्रियायें धीमी एवं नियमित होती हैं (डिट्रिचोव एवं अन्य, 1982)। बच्चों की भाँति वयस्कों में भी अनियमित (REM) निद्रा एवं नियमित (NREM) निद्रा की दशाएं पायी जाती हैं। परन्तु आयु वृद्धि के साथ शुरु में 50% तत्पश्चात् 20% एवं अंतत: 3–5% REM में परिवर्तन पाया जाता है। (चित्र 6a.1)।

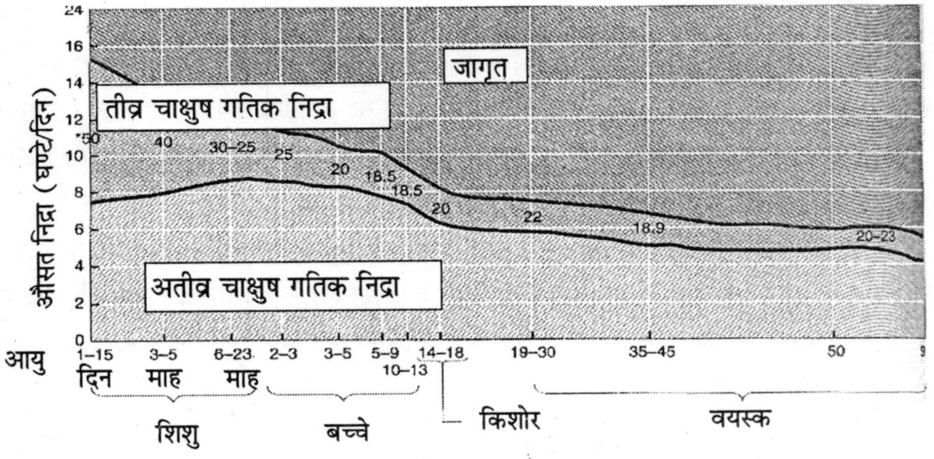

चित्र 6a.1: जन्म से प्रौढ़ावस्था तक तीव्र चाक्षुष गतिक निद्रा अतीव्र चाक्षुष गतिक निद्रा एवम् जागृतावस्था की संस्थिति वक्र।

नवजात शिशु का निद्रा चक्र (sleep cycle) अनियमित निद्रा से आरम्भ होता है जबकि बड़े बच्चों या वयस्कों में आरम्भ के 70-100 मिनट तक NREM की दशा होती है तत्पश्चात् REM की स्थिति आती है (बर्ग एवं बर्ग, 1987)।

शिशु में अनियमित निद्रा (REM) की दशा बड़े बच्चों एवं वयस्कों में अधिक पायी जाती है। इसकी व्याख्या आटोस्टिमुलेटेड सिद्धान्त (Autostimulated Theory) के आधार पर किया जाता है (राफवर्ग एवं अन्य, 1966)। चूँकि बड़े बच्चों एवं वयस्कों में REM की दशा एवं स्वप्न की स्थिति में सहसम्बन्ध पाया जाता है परन्तु शिशुओं में बड़े बच्चों की भाँति स्वप्न नहीं आते एवं शिशुओं को अनियमित, नियमित निद्रा के लिए पर्याप्त उद्दीपन की आवश्यकता होती है, क्योंकि उनकी सक्रिय दशा (Alert-state) बहुत कम समय की होती है। अनुसंधानों से प्रमाणित है कि केन्द्रीय स्नायु संस्थान के विकास के लिए उद्दीपन महत्त्वपूर्ण होता है। इस विचार की पुष्टि इससे भी होती है कि जब शिशुओं को जगने के लिए प्रोत्साहित किया जाता है तो REM में कमी आती है परन्तु NREM ज्यों का त्यों बना रहता है (पार्मेली एवं अन्य, 1967)।

शिशु का 80% समय सोने अथवा ऊंघने में बीतता है। यह कालान्तर में घटता हुआ एक वर्ष की आयु में 49% रह जाता है जो आन्तरिक उद्दीपनों यथा; भूख, पीड़ा, बेचैनी एवं बाह्य कारक जैस-तीव्र कोलाहल एवं तापमान आदि के कारण होता है। नवजात शिशु की पहले घण्टे की नींद गहरी होती है, परन्तु बाद की नीद हल्की होती है जो आसानी से टूट जाती है (प्रैट, 1954)।

दूध पीने के बाद (feeding) निद्रा की मध्यवर्ती अवस्था आती है। उस समय शिशु के शरीर में कम्पन एवं अनियमित गतियाँ दिखाई देती हैं। 5 से 20 मिनट तक गहरी निद्रा के बाद, पुनः मध्यवर्ती अवस्था आ जाती है। इसके बाद शिशु पूर्णतः जागृत अवस्था में आ जाता है। गहरी नींद की दशा में शिशु को जगाना कठिन होता है। पेट के बल सोये शिशु की अवस्था गर्भस्थ शिशु की भाँति होती है परन्तु एक माह के अन्त तक यह स्थिति पेशीयतन्त्र में संकुचन के कारण समाप्त हो जाती है और नवजात में नींद की अवस्था तथा जागृत अवस्था में भी होने वाली शारीरिक गतियों में क्रमशः वृद्धि होने लगती है।

इस प्रकार दिन-रात मिलाकर, नवजात शिशु निद्रा एवं जागृत अवस्था के बीच 6 भिन्न प्रकार की उद्वोलन स्थितियों (state of arousal) में रहता है। प्रथम माह में ये दशाएँ बार-बार परिवर्तित होती रहती हैं। सामान्यतया शिशु 16 से 18 घण्टे तक सोता है। जन्म से 2 वर्ष की आयु तक निद्रा एवं जागरण की दृश्य परिवर्तित होती रहती है। 2 वर्ष की आयु के शिशु से भी 12-13 घण्टे की नींद अपेक्षित है। दूसरे वर्ष में, शिशु दिन में अधिक घण्टों तक जागता रहता है। उसकी निद्रा की स्थिति, माता-पिता के साथ जुड़ने लगती है (बर्क एवं बर्क, 1987)। यह परिवर्तन मस्तिष्क की परिपक्वता के कारण आता है परन्तु इस पर सामाजिक परिवेश का भी प्रभाव पड़ता है। शिशु की निद्रा की स्थिति पर सांस्कृतिक प्रभाव भी पड़ता है। अमेरिकन संस्कृति में माता-पिता शिशु को भोजन (दूध इत्यादि) कराने के बाद अलग एकान्त कमरे में सुलाते हैं। ऐसा

करने से बच्चे को अपनी स्नायुविक क्षमताओं की सीमा निर्धारण का प्रशिक्षण मिलता है। अन्य संस्कृतियों में माता-पिता द्वारा ऐसा प्रयास नहीं होता, जिससे 3 वर्ष की आयु तक पूर्व की भाँति उसकी नींद के घण्टे स्थिर रह जाते हैं। यद्यपि सभी शिशुओं में उद्दोलन स्थिति समान होती है तथापि माता-पिता एवं शिशु की अन्त:क्रियात्मक दशाओं में भिन्नता के कारण, वैयक्तिक भिन्नता भी पायी जाती है। बच्चों के प्रति माता-पिता के धनात्मक भाव एवं सहज ढंग बहुत रोने वाले बच्चों को चुप कराने में, सहायक होता है। कई घण्टे तक सोने वाले शिशु उद्दीपन के अवसरों से प्राय: वंचित हो जाते हैं जिससे उनके संज्ञानात्मक विकास पर ऋणात्मक प्रभाव पड़ता है (मोंस एवं अन्य, 1980)।

नवजात शिशु की चेष्टाएं (New Born Reflexes)

चेष्टायें/स्वचालित क्रियाएं, वे अनुक्रियायें हैं जो विशिष्ट उद्दीपक के प्रति घटित होती हैं। ये चेष्टाएं. (Reflexes) नवजात शिशु में संगठित रूप में पायी जाती हैं। माँ शिशु के गाल पर धीरे से स्पर्श करती है तो शिशु अपना सिर माँ की तरफ मोड लेता है, वह अपनी अंगुली शिशु की हथेली पर जैसे ही रखती है वह उसे मजबूती से पकड़ लेता है, ऐसी अनेक क्रियायें प्रदर्शित करता है। श्वसन एवं चूसने की क्रिया की भांति अन्य चेष्टएं भी शिशु के जीवन एवं सुरक्षा की दृष्टि से सर्वथा अनुकूल होती है।

माँ से दूध पीने की क्रियायें, चूसना, तैरना इत्यादि चेष्टायें शिशु की आवश्यकताओं की पूर्ति के अनुकूल ही घटित होती है। इसी प्रकार शिशु की कुछ चेष्टाएं उसकी रक्षा में भी सहायक होती हैं जैसे- पलक झपकाने (Blinking) की क्रिया अति उद्दीपन से आँखों की रक्षा करती है। शिशु की कुछ चेष्टायें माता/पिता एवं उसके बीच सहज धनात्मक अन्त:क्रिया स्थापित करने में सहायक होती हैं।

चेष्टायें एवं गत्यात्मक कौशलों का विकास (Development of Reflexes and Motor Skills): अधिकांश चेष्टायें शिशु में 6 माह की आयु तक समाप्त होने लगती हैं क्योंकि मस्तिष्क की परिपक्वता के साथ व्यवहार पर नियंत्रण भी विकसित होने लगता है (टबेना, 1984)। ऐच्छिक क्रियाओं के विकास में अनैच्छिक क्रियाओं की भूमिका को कुछ शोधकर्ताओं ने अस्वीकार किया है। क्या ये चेष्टायें ऐच्छिक क्रियाओं के उत्पन्न होने के साथ समाप्त हो जाती हैं या ऐच्छिक कौशलों के आरम्भिक विकास में इनका महत्त्व होता है ? ऐसे अनेक प्रश्न उपस्थित होते हैं। प्राप्त तथ्यों से स्पष्ट होता है कि इन चेष्टओं से जटिल उद्देश्य मूलक क्रियाओं को आधार मिलता है (टवेन, 1978) परन्तु कुछ चेष्टायें अनैच्छिक रूप से घटित होती हैं। जैसे गर्दन घुमाना (Tonic Neck), इन्हें उद्देश्यपूर्ण क्रियाओं के साथ सम्बद्ध किया जा सकता है। कुछ चेष्टायें यद्यपि कालान्तर में समाप्त हो जाती है तथापि ये अगले गत्यात्मक विकास से सम्बद्ध होती हैं। जिलेजा एवं सहयोगियों (1972) ने शिशुओं को प्रारम्भिक दो महीनों तक, पदक्रम (Stepping

Reflex) का उद्दीपन प्रदान किया। परिणामों में पाया गया कि ये शिशु अन्य बच्चों की तुलना में शीघ्र चलने लगे थे। इन उद्दीपनों की भूमिका गत्यात्मक विकास में किस प्रकार की होती है ? इस पर जिलेजा (1983) का मानना है कि पदक्रम (Stepping) के अभ्यास द्वारा कार्टेक्स (cortex) का वह क्षेत्र जिससे गति नियंत्रित होती है, तेजी से विकसित होता है। परन्तु थेलेन (1983) ने ऐसे विकास में अन्य मध्यवर्ती कारकों की भूमिका को रेखांकित किया है।

रुदन (Crying)

नवजात शिशु रुदन द्वारा माता-पिता तक अपनी आवश्यकताए, उद्दीपन एवं कष्ट/पीड़ा आदि सम्प्रेषित करता है। जन्म से प्रथम सप्ताह तक शिशु को चुप कराने में कठिनाई होती है परन्तु धीरे-धीरे माता-पिता, इस संकेत द्वारा शिशु की आवश्यकता को समझने लगते हैं। रुदन सिसकी से लेकर चीख के रूप में व्यक्त हो सकता है (गस्यपसन एवं हेरिस, 1990)। शारीरिक आवश्यकतायें विशेषतः भूख के कारण, शिशु रुदन करता है। तापमान, तेज आवाज अथवा पीड़ादायक उद्दीपकों की उपस्थिति भी रुदन के कारण हो सकते हैं। सक्रिय अवस्था में भी वह रंगीन खिलौनों आदि को देखकर सामान्य ढंग से अनुक्रिया करता है (टेनिस एवं अन्य, 1972)। अन्य बच्चों के रोने की आवाज पर भी शिशु रोने लगता है परन्तु जब उसे उसके रुदन का टेपरिकार्ड सुनाया गया तो उसने वैसे दुःखदायी भाव (रुदन) नहीं प्रदर्शित किये अतः इनका सही विभेदन शिशु ने कैसे कर लिया यह समझ सकना कठिन है (हाफमैन, 1988; मार्टिन एवं क्लार्क, 1982)।

रुदन के प्रति वयस्कों की अनुक्रिया का स्वरूप भी शिशु के लिए अनुकूलन स्थापन हेतु महत्त्वपूर्ण होता है। अधिक समय तक रोता हुआ शिशु थक जाता है। रुदन के अन्य कारण जैसे गीले डाइपर, अपच अथवा शिशु की गोद में जाने की इच्छा आदि भी हो सकती हैं। इन अनुकूलनात्मक अनुक्रियाओं से शिशु को शीघ्र ही आराम मिल जाता है।

चुप कराना (Soothing): शिशु को चुप कराने के पर्याप्त उपाय के बावजूद, यदि वे चुप नहीं होते तो विविध तरीकों का अनुप्रयोग किया जाता है।

शिशु का रुदन सुनकर यथा शीघ्र माता-पिता उसकी सहायता (देखरेख) के लिए तत्पर हो जाते हैं। क्या माता-पिता की यह अनुक्रिया बच्चे में आत्मविश्वास एवं भविष्य की आवश्यकता पूर्ति के प्रति आश्वस्तता का विकास कराती है या बच्चे में रुदन प्रवृत्ति को समृद्ध बनाती हैं। एक अध्ययन में सिल्विया वेल एवं मैरी एन्सवर्थ (1972) ने दर्शाया है कि वे माताएं जो रुदन पर अनुक्रिया नहीं करतीं या देर से अनुक्रिया करती हैं, उन बच्चों में अपनी आवश्यकता व्यक्त करने के विकल्प सीमित पाये गये इसकी व्याख्या वासस्थलीपरक सिद्धान्त (ethological theory) के आधार पर किया गया है। माँ का व्यवहार बच्चे में परिवेश के साथ अनुकूलन क्षमता को विकसित कराने में सहायक होता है। इस प्रकार दोनों के बीच धनात्मक सम्बन्ध निर्मित होता है। इस सिद्धान्त के विपरीत व्यवहारवादी दृष्टिकोण के अनुसार, रुदन पर शीघ्रता एवं बारम्बारता से

अनुक्रिया करने के कारण, शिशु को पुनर्बलन प्राप्त होता है अतः शिशु में रुदन प्रवृत्ति विकसित होती है (जैकोव, गेटिज एवं एलिजाबेथ वांड, 1977)।

इन विरोधी व्याख्याओं के बावजूद रुदन के प्रति अनुक्रिया एवं उसके परिणाम की व्याख्या करना एक जटिल कार्य है। चित्र (6अ-2) से स्पष्ट है कि जन्म से 3 माह के मध्य शिशु सर्वाधिक रोता है तत्पश्चात् रोने की आवृत्ति क्रमशः घटती जाती है। इस पर सांस्कृतिक रीति-रिवाजों एवं अभ्यासों का भी प्रभाव पड़ता है। बड़े बच्चों में बाल रुदन का कारण मनोवैज्ञानिक होता है, अर्थात् ध्यान आकृष्ट करना, कुण्ठा की अभिव्यक्ति इत्यादि। शिशु के रुदन से केन्द्रीय स्नायु संस्थान से सम्बन्धित रोगों के बारे में भी जानकारी मिल सकती है। हाईग्टन एवं सहयोगियों (1990) के अनुसार समय से पूर्व जन्में अथवा बीमार शिशु अधिक रुदन करते हैं।

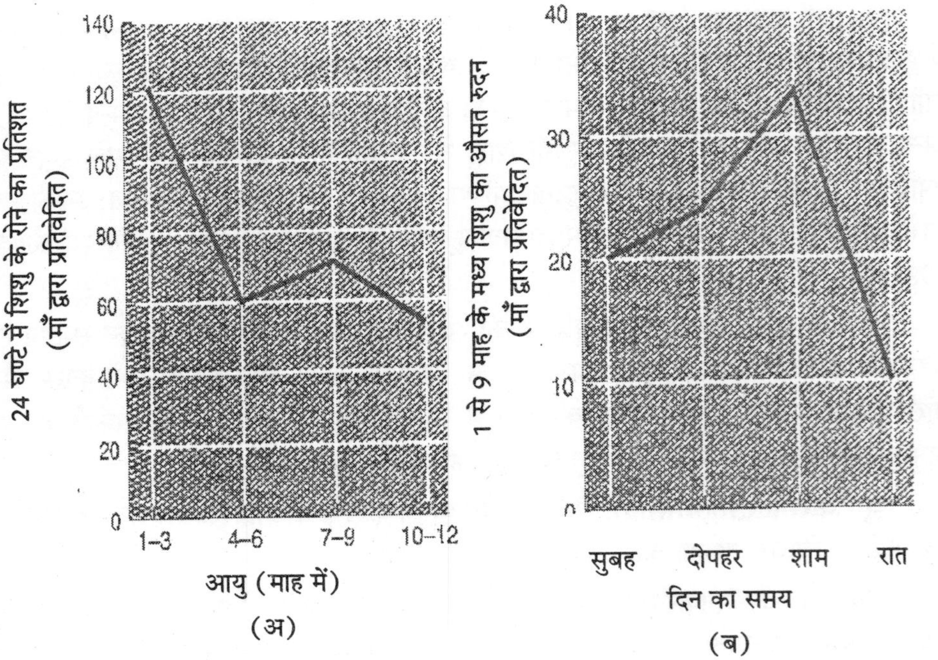

चित्र 6अ-2 : जीवन के प्रथम वर्ष में रुदन का संरूप (अ) आरम्भ के तीन माह तक सर्वाधिक रुदन, तत्पश्चात् ह्रास (ब) आरम्भ के नौ माह तक सायंकाल में रुदन सर्वाधिक।

नवजात का व्यवहारपरक मूल्यांकन (Behavioural Assessment of Neonate)

नवजात शिशु की व्यवहारगत विशेषताओं के मापन हेतु विभिन्न मापकों का निर्माण हुआ है। इनमें से बेरी ब्रेजेल्टन (1984) द्वारा निर्मित निओनेटल विहैवरल एसेसेमेंट स्केल (Neonetal

Behavioural Assessment Scale) का उपयोग सर्वाधिक प्रचलित है। मापन की उपयुक्तता विभिन्न कारणों से महत्व रखती है–

1. इस मापनी पर प्राप्त प्राप्ताकों एवं शारीरिक जाँच को एक साथ सम्बद्ध करके केन्द्रीय स्नायु संस्थान सम्बन्धी दोषों की पहचान (diagnosis) किया जाता है। ताकि समय से कमजोर बच्चों का उपचार किया जा सके (ब्रेजल्टन एवं अन्य, 1987)।
2. इस मापनी का विस्तृत उपयोग विभिन्न देशों में बच्चों की व्यवहारगत विशेषताओं के मापन हेतु किया गया। इन अनुसंधानों से ज्ञात हुआ है कि बच्चों के व्यवहार पर वैयक्तिक एवं सांस्कृतिक भिन्नताओं का प्रभाव पड़ता है। इसके अतिरिक्त बच्चे का पालन पोषण किस प्रकार किया जा रहा है , इसका प्रभाव भी उसके व्यवहारों के विकास पर पड़ता है। वे बच्चे जिन्हें माता–पिता से प्रोत्साहन मिलता है, वे कम चिड़चिड़े या शान्त स्वभाव वाले पाये गये। फिर भी इन प्राप्तांकों के आधार पर बच्चों के भावी व्यवहार के बारे में विश्वास पूर्वक पूर्वकथन नहीं किया जा सकता। क्योंकि पालन–पोषण के ढंग एवं नवजात शिशु का व्यवहार, दोनों का संयुक्त रूप से प्रभाव विकास पर पड़ता है। अतएव प्रारम्भ के दो सप्ताहों में लिये गये आकड़ों द्वारा बुद्धि एवं सफलता के बारे में पूर्वकथन किया जा सकता है।

नवजात की क्षमताएँ (Competencies)

1. **अधिगम की क्षमता (Competene of Learning) :** अधिगम के विभिन्न क्रिया तंत्रों की सहायता से यह पता लगाया गया है कि शिशु में व्यवहार अर्जन की क्षमता विद्यमान होती है यथा,

(i) **प्राचीन अनुबंधन (Classical Conditioning) :** दो उद्दीपकों के समसामयिक रूप से साथ–साथ घटित होने के कारण तटस्थ उद्दीपक (घंटी) (CS) की उपस्थिति में भी वही अनुक्रिया (लार स्राव) होती है जो अनानुबंधित (UCS) उद्दीपक (भोजन) की उपस्थिति में होती है। रेनरेप पावलॉव ने पाया कि कालिक निकटता के परिणामस्वरूप कुछ प्रयासों के पश्चात् दोनों के बीच अनुबंधन स्थापित हो गया (पावलॉव, 1927)। शिशु अधिगम के सन्दर्भ में, अनानुबन्धित अनुक्रिया दूध पीना (UCR) को उत्पन्न करने वाले उद्दीपकों (मां का दूध) के साथ तटस्थ उद्दीपक (स्पर्श) यदि कालिक निकटता के साथ प्रस्तुत होता है तो कुछ प्रयासों के बाद, अनुबंधित उद्दीपक स्वतः वही अनुक्रिया उत्पन्न करने लगता है जो अनानुबन्धित (माँ का दूध) उद्दीपक की प्रस्तुति के बाद होता रहा है। नीचे प्राचीन अनुबन्धन का प्रारूप प्रस्तुत किया गया है।

अनानुबंधित उद्दीपक (UCS)	अनानुबंधित अनुक्रिया (UCR)
(माँ का दूध)	(दूध पीना)
अनुबन्धित उद्दीपक (CS)	अनुबंधित अनुक्रिया (CR)
(ललाट पर स्पर्श)	(दूध पीना)

नवजात शिशु में यद्यपि अनुबन्धन द्वारा सीखने की क्षमता होती है तथापि अनानुबंधित उद्दीपकों का जीवन मूल्य युक्त (संतोषदायी) होना आवश्यक है। कुछ अनुक्रियाओं का अनुबंधन प्रारम्भ में जटिल होता है जैसे 'भय'। इसकी अनुक्रिया "पलायन" हेतु शिशु को माता-पिता पर ही निर्भर होना पड़ता है क्योंकि वह शारीरिक रूप से अक्षम होने के कारण पलायन स्वतः नहीं कर पाता। इसके अतिरिक्त, परिस्थितियों का भी प्रभाव पड़ता है जैसे- रोता हुआ शिशु माँ का पदचाप सुनकर, रोना बंद कर देता है और अंगूठा चूसने लगता है।

(ii) **नैमित्तिक अनुबंधन (Instrumental conditioning)** : व्यवहार प्रबलनकारी उद्दीपक की प्राप्ति के निमित्त घटित होता है-यथाः

अनुक्रिया (सिर घुमाना/ या चूसना)	प्रबलनकारी उद्दीपक (मीठा पानी)	अनुक्रिया के घटित होने की बारम्बारता समृद्ध
—	उद्दीपक	अनुक्रिया साहचर्य निर्मित

नवजात शिशु इस क्रियातन्त्र द्वारा सीमित व्यवहारों का ही अर्जन कर पाते हैं जैसे सिर घुमाना एवं चूसना। अध्ययनों से स्पष्ट होता है कि शिशु ने मीठे पानी की ओर सिर घुमाने की अनुक्रिया व्यक्त किया (सेक्युलैण्ड एवं लिप्सिट्ट, 1966; लिप्सिट एवं वर्नर, 1981) परन्तु आयु वृद्धि के साथ-साथ बच्चा इस विधि द्वारा विस्तृत व्यवहारों के प्रति अनुक्रिया करना सीख लेता है, जैसे- बच्चा जब माता-पिता की ओर टकटकी लगाकर देखता है। उसे देखकर माता-पिता मुस्कराते हैं, शिशु उन्हें फिर देखता है तत्पश्चात् मुस्कराता है। इस प्रकार वह एक नया व्यवहार मुस्कराना सीख लेता है। परन्तु यदि शिशु का परिवेश प्रतिकूल एवं अव्यवस्थित है तो वहाँ विकास सम्बन्धी अनेक समस्यायें पायी जाती हैं जैसे ; शिशु में बौद्धिक मन्दता, विषाद आदि (सिन्नेटी एवं एवर 1986; सेलिगमैन, 1975) तथा मस्तिष्क में प्रकार्यात्मक दोष भी शिशुओं की जीवन रक्षक अनुक्रियाओं के अधिगम को बाधित करते हैं जैसे मृत्यु सिंड्रोम (death syndrome) प्रायः शिशु की मृत्यु का कारण बन जाता है (काटन, 1990; विल्सन एवं निडिच, 1991)।

आदतीकरण एवं अनादतीकरण
(Habituation and Dishabituation)

जन्म से ही मानव मस्तिष्क नवीनता के प्रति उन्मुख होता है। बार-बार एक ही उद्दीपन की प्राप्ति से अनुक्रिया क्षमता में कमी आती है, इसे आदतीकरण कहा जाता है। परन्तु जैसे ही नया उद्दीपक

सामने आता है, नूतनता या परिवेश में परिवर्तन की अनुभूति होती है जिससे अनुक्रियाशीलता में एकाएक वृद्धि हो जाती है, इसे अनादतीकरण (dishabituation) कहा जाता है। अतएव आदतीकरण एवं अनादतीकरण प्रक्रिया शिशु के ध्यान को परिवेश में निहित उद्दीपकों के प्रति उन्मुख कराते हैं।

अनुसंधान स्पष्ट करते हैं कि शिशु आदतीकरण-अनादतीकरण अधिगम द्वारा विशिष्ट दृश्यों, ध्वनियों एवं गन्धों में विभेदन करना सीख लेते हैं। चाक्षुष उद्दीपकों की स्मृति 6 दिन के शिशुओं में पायी गयी (वर्नर एवं सिक्युलैण्ड, 1978)। यह क्षमता आयु वृद्धि के साथ उत्तरोत्तर विकसित होती है। यद्यपि अनादतीकरण से (dishabituation) चाक्षुष उद्दीपकों के प्रति आरम्भिक स्मृति विकास का स्पष्ट स्वरूप तो नहीं मिल पाता तथापि इसके द्वारा परवर्ती संज्ञानात्मक विकास के सम्बन्ध में पूर्व कथन अवश्य किया जा सकता हैं (रोज एवं अन्य, 1988; 1992)।

अनुकरण (Imitation)

विस्तृत अनुसन्धानों से पुष्टि होती है कि शिशुओं में वयस्कों के व्यवहारों की नकल करने की क्षमता पायी जाती है (वेली, 1969; पियाजे, 1945/51)। चित्र 6अ-3 से स्पष्ट होता है कि दो दिन से लेकर कई सप्ताह के शिशुओं में मुखाकृतियों के अनुकरण की क्षमता पायी गयी (फिल्ड एवं अन्य 1982; जाफ एवं मूर, 1977)। जन्म के समय उपयोग में लायी गयी दवाओं, नशीले पदार्थों से शिशु की यह क्षमता बाधित हो सकती है। शिशु में अनुकरण की क्षमता के संदर्भ में परस्पर विरोधी परिणाम प्राप्त हुए हैं। नवजात शिशुओं के व्यवहारों का जब 2-3 माह बाद मापन किया गया तब उनकी इस क्षमता में कमी पायी गयी। अतः इन्हें नवजात की अनुकरण क्षमता न कह कर उसमें नीहित निश्चित क्रिया संरूप कहा जा सकता है। यह विशिष्ट उद्दीपक के प्रति जन्मजात एवं स्वचालित अनुक्रिया के रूप में विद्यमान रहता है। इसलिए आयु वृद्धि के साथ ये अनैच्छिक अनुक्रियायें कम होती जाती हैं।

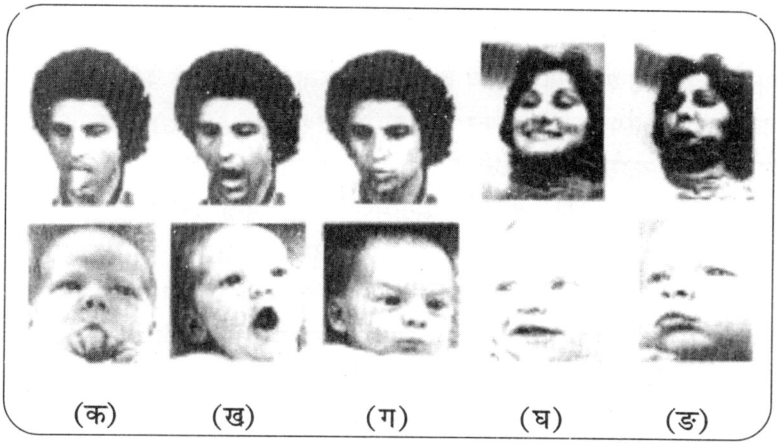

चित्र 6अ-3 : प्रौढ़ प्रयोगकर्ताओं (प्रथम पंक्ति) मुखाभिव्यक्तियों का नवजात शिशुओं (0-1 माह) द्वारा अनुकरण

अन्य अनुसंधानों से शिशु में अनुकरण की क्षमता की पुष्टि होती है (मेट्ज़ाफ, मेट्ज़ाफ एवं मूर, 1989; 92)। अनुकरण की यह क्षमता शिशु एवं माता-पिता के बीच धनात्मक भाव विकसित कराने में सहायक होती है।

अपरिपक्व शिशु (The Pre-Mature Infant)

गर्भकाल के 37वें सप्ताह या उससे कम अवधि में जन्में बच्चे विकास की दृष्टि से अपरिपक्व होते हैं। इसके अतिरिक्त सामान्य से कम भार वाले (5.5 पौंड से कम) नवजात भी अपरिपक्व शिशु कहलाते हैं। अपरिपक्व शिशु के जन्म का कारण जुड़वें, गर्भस्थ शिशु, गर्भस्थ शिशु में असमानताए, माँ द्वारा धूम्रपान अथवा नशीले पदार्थों का सेवन, कुपोषण, बीमारियाँ यथा डाइविटीज, पोलियो आदि भी हो सकता है। ऐसे बच्चों को जन्म के पश्चात् समायोजन में कठिनाई होती है। विकास पर लम्बे समय तक इनका असर बना रहता है। ऐसे बच्चों में बीमारियाँ, निम्न बौद्धिक स्तर तथा व्यवहारिक दोष पाये जाते हैं (हार्पर एवं अन्य, 1959; क्नोब्लास एवं अन्य, 1959)। इनमें अधिगम दोष, अवधान-व्यवधान तथा अतिसक्रियता पायी जाती है। ऐसे शिशुओं के साथ माता-पिता के भावात्मक सम्बन्धों के विकास में कठिनाई होती है। चूँकि ऐसे शिशु गहन चिकित्सकीय इकाई (ICU) में निश्चित तापमान पर रखे जाते हैं अतः अपरिपक्व शिशु के साथ माँ के भावात्मक लगाव की प्रक्रिया बाधित हो जाती है। कालान्तर में ये शिशु कम आकर्षक लगने लगते हैं, तथा ऐसे बच्चे ही बाल दुर्व्यवहार एवं निरादर (Child abuse and neglect) के शिकार होते हैं।

अचानक शिशु मुत्यु सिन्ड्रोम (Sudden Infant Death Syndrome SIDS)

कभी-कभी रात को सोये शिशु की अचानक (चुपचाप) मृत्यु हो जाती है, इसे अचानक शिशु मृत्यु सिन्ड्रोम कहा जाता है। यह घटना 1 माह से 12 माह के शिशुओं के साथ पायी जाती है। माता-पिता के लिए शिशु की अकारण या अचानक मृत्यु अत्यन्त दुःखदायी होती है। इसके कारण क्या हो सकते हैं ? यह शोध का विषय है एवं शोधकर्ता इसे समझने का प्रयास कर रहे हैं भले ही इसके कारण पूर्णतः स्पष्ट नहीं हैं फिर भी अपरिपक्व (Premature) शिशु जन्म से सम्बन्धित असामान्यताएं प्रमुख कारण हो सकती हैं । इसके अतिरिक्त असामान्य हृदय गति, श्वसन में व्यवधान, असामान्य निद्रा तथा श्वसन में संक्रमण आदि प्रमुख कारण हो सकते हैं (वक एवं अन्य, 1989; लियासिट एवं अन्य 1979; रोनान एवं अन्य, 1987)। चूँकि मस्तिष्क में प्रकार्यों की समस्या के कारण शिशु जन्मजात संकट के प्रति सतर्क नहीं हो पाते या अक्षम होते हैं अतः 4 से 5 माह के शिशुओं में ऐसी मृत्यु (SIDS) का एक कारण ऐच्छिक क्रियाओं की अभिव्यक्ति में अक्षमता हो सकता है अर्थात् निद्रा में श्वसन सम्बन्धी कठिनाई महसूस होने पर वे सही ढंग से लेटने या रोने जैसी अनुक्रियायें नहीं कर पाते। इसकी रोकथाम के लिए, किये गये अनुसंधानों से पता चलता है कि माताओं में शिशुओं की तुलना में अचानक शिशु मृत्यु सिंड्रोम (SIDS) की घटना तीन गुनी पाई गयी। गर्भकाल में भी नशीले पदार्थ शिशु के विकसित होते मस्तिष्क की

केन्द्रीय स्नायु संस्थान की क्रियाओं को बाधित करते हैं (कैण्डल एवं गेन्स, 1991)। जो शिशु पेट के बल सोते हैं और जिन्हें कम्बल या गर्म कपड़ों में नहीं लपेटा जाता, उनमें भी इस दुर्घटना की सम्भावना अधिक पायी जाती है। परन्तु सावधानी और देखरेख से इस समस्या से छुटकारा पाया जा सकता है। वस्तुतः इस सिंड्रोम के कारणों की स्पष्ट व्याख्या अपूर्ण है अतः इस विषय पर विस्तृत अनुसंधान की आवश्यकता है।

सारांश (Summary)

नवजात शिशु में जन्म से ही अपने परिवेश के साथ समायोजन एवं प्रतिक्रिया करने की क्षमता विद्यमान रहती है। उसकी चेष्टायें ही उसके व्यवहार का संगठित संरूप होती हैं। 'चूसना' जहाँ उसके जीवन मूल्यों से सम्बद्ध होता है तो अन्य चेष्टायें यथा पद चालन (stepping) उसके भावी गत्यात्मक विकास एवं कौशल का द्योतक होता है। नवजात शिशु में उद्दोलन की छः दशाएँ पायी जाती हैं। आयु वृद्धि के साथ ये अधिक संगठित एवं पूर्वकथनीय होती जाती हैं। निद्रा अत्यन्त प्रबल दशा है। आरम्भ में नवजात शिशु की आर० ई० एम० (REM) निद्रा अवधि सर्वाधिक होती है जो आयु वृद्धि के साथ उत्तरोत्तर कम होती जाती है। शिशु का रुदन वयस्कों के लिए, परेशानी का कारण होता है। फिर भी उन्हें धैर्य पूर्वक विभिन्न ढंगों से चुप कराया जाता है। नवजात शिशु की क्षमताओं का मापन सम्भव है। इससे प्राप्त जानकारी के आधार पर चिकित्सक एवं विकास मनोवैज्ञानिक नवजात के विकास के सन्दर्भ में, विस्तृत विवरण या पूर्वकथन कर सकते हैं।

नवजात शिशु जन्म के तत्काल बाद से ही सीखने की अद्वितीय क्षमता प्रकट करने लगता है। वह अनुबंधन अधिगम विधि द्वारा जीवन मूल्य वाले (संतोषदायी) उद्दीपकों के प्रति अनुक्रिया करना सीखता है तथा नैमित्तिक अनुबंधन द्वारा परिवेश के प्रति नियंत्रण सीखता है।

आदतीकरण-अनादतीकरण क्रियातन्त्र द्वारा वह नये उद्दीपकों के प्रति आकर्षित होता है। पुनरावृत्ति द्वारा उपस्थित उद्दीपकों के प्रति वह कम ध्यान देता है। आयु वृद्धि के साथ इस प्रक्रिया द्वारा उसमें प्रतिभिज्ञा (स्मृति) का विकास होता है। नवजात शिशु, माता-पिता की मुखाभिव्यक्तियों को देखकर अनुकरण द्वारा प्राथमिक सामाजिक अन्तःक्रिया का संरूप सीखता है।

अपरिपक्व शिशु में अनेक प्रकार की शारीरिक, मानसिक एवं व्यवहारपरक समस्यायें पायी जाती हैं। इसका प्रभाव उसके भावी विकास पर होता है। अपरिपक्व शिशुओं का अपने माता-पिता से भावात्मक लगाव भी सही ढंग से विकसित नहीं हो पाता है। इसका प्रमुख कारण है गहन चिकित्सा इकाई (ICU) में शिशु को जन्म के तुरन्त बाद रखने के कारण उसके साथ सम्पर्क का बाधित होना, पालन-पोषण में कठिनाई एवं शिशु के प्रति कम आकर्षण आदि । ऐसे बच्चे बाल दुर्व्यवहार एवं निरादर (child abuse and neglect) के शिकार हो जाते हैं।

अचानक शिशु मृत्यु सिंड्रोम (Sudden Infant Death Syndrome) की दुर्घटना अर्थात् सोते-सोते अचानक शिशु की मृत्यु हो जाना माता-पिता के लिए अत्यन्त पीड़ादायी होती है। अपरिपक्व बच्चों में सिंड्रोम (SIDS) अधिक पायी जाती है। इसके अतिरिक्त गर्भकाल में नशीले पदार्थों का सेवन करने वाली माताओं के शिशुओं में भी इस सिंड्रोम की आशंका तीन गुनी

अधिक होती हैं। भविष्य में एतद्विषयक व्यापक शोध द्वारा इसके कारकों की पूर्ण एवं स्पष्ट व्याख्या की जा सकेगी।

तकनीकी पद	Technical Terms
अनुबन्धित उद्दीपक	Conditioned Stimulus
अनुबन्धित अनुक्रिया	Conditioned Response
अपरिपक्व शिशु	Premature Baby
अनानुबन्धित उद्दीपक	Unconditioned Stimulus
अनुकूलन	Adaptation
अचानक शिशु मृत्यु लक्षण	Sudden Infant Death Syndrome (SIDS)
आदतीकरण	Habituation
अनादतीकरण	Dishabituation
उद्दोलन	Arousal
कफ	Mucus
चेष्टाएं	Reflexes
जन्म रुदन	Birth Cry
गुंजित	Buzzing
तीव्र नेत्र गति निद्रा	Rapid Eye Movement (REM) Sleep
तापमान नियमन	Temperature Regulation
निकट–दूर प्रवृत्ति	Proximo-distal Trend
नैमित्तिक अनुबंधन	Instrumental Conditioning
नेत्र गति रहित निद्रा	Non Rapid Eye Movement (NREM)
नवजात व्यवहारपरक मापक	Neonatal Behavioral Assessment
पदक्रम	Stepping
प्रदर्शन	Molding
पुनर्वलक	Reinforcer
पुष्पित	Blooming
बाल दुर्व्यवहार एवं निरादर	Child Abuse and Neglect
भ्रान्तिपूर्ण	Confusing
माता पिता शिशु संबंध	Parent-Infant Bonding
मृत्यु सिंड्रोम	Death Syndrome
रहस्य	Mysterious
वासस्थलीपरक सिद्धान्त	Ethological Theory
स्वाग्रह	Assertion
सिर से पैर की ओर प्रवृत्ति	Cephalo-Caudal Trend

भाग-2 (Part - 2)

शैशवावस्था (1 माह-2 वर्ष तक) : शारीरिक, गत्यात्मक एवं स्नायविक विकास (Infancy : (1 month-2 years) : Physical, Motor and Neural Development)

जैसाकि पिछले अनुभाग में वर्णित है, एक नवजात शिशु जन्म से ही अपने परिवेश के प्रति संवेदना और अनुक्रिया की क्षमता रखता है। उसमें चयनात्मक अवधान एवं अधिगम की भी क्षमता होती है परन्तु वह शारीरिक रूप से अपरिपक्व एवं पराश्रित होता है। उसमें संज्ञानात्मक क्षमता सीमित होती है। परन्तु बाद के दो वर्षो में उसमें महत्वपूर्ण परिवर्तन बड़ी तेजी से आते हैं यथा ; रेंगना या खिसकना, बैठना, चलना और बोलना। इसके अतिरिक्त अन्य परिवर्तन भी आते हैं जिन्हे स्पष्टतः नहीं देखा जा सकता। ऐसे परिवर्तन शिशु में आन्तरिक स्तर पर घटित होते हैं। यद्यपि विकास आयु के प्रतिमानों के अनुरूप ही होता है तथापि प्रत्येक शिशु अपने ढंग से अपनी गति एवं सीमा में विकसित होता है। शिशु की आयु वृद्धि के साथ ही उसकी वैयक्तिकता : अधिक नियमित एवं सुस्पष्ट होती जाती है।

इस अध्याय में शैशवकाल में होने वाले महत्वपूर्ण शारीरिक, पेशीय एवं स्नायविक विकास का वर्णन किया गया है। प्रसिद्ध विकास मनोवैज्ञानिक गैसल ने शिशुओं पर किये गये दीर्घकालिक अनुसंधान से प्राप्त ज्ञान के आधार पर उनके विकास का संरूप तथा विशिष्टताओं की विशद व्याख्या अपनी दो पुस्तकों 'द फर्स्ट फाइव इयर्स आफ लाइफ' (1940), एवं 'द चाइल्ड फ्राम फाइव टू टेन एंड यूथ : द इयर्स फ्राम टेन टू सिक्सटीन (1956)' में किया है, जिससे शिशु में निहित विकास के विविध संरूपों एवम् क्षमताओं पर प्रकाश पड़ता है।

शारीरिक विकास (Physical Development)

मानव शरीर में 20 वर्ष की आयु तक निरन्तर महत्वपूर्ण परिवर्तन होते रहते हैं। शरीर की लम्बाई और भार में वृद्धि हो जाती है। शरीर के आकार, अनुपात एवं संयोजन में जटिल परिवर्तन आ जाते हैं । शिशु में होने वाली शारीरिक वृद्धि का वर्णन आयु के विभिन्न चरणों के साथ किया जा रहा है।

शारीरिक वृद्धि (Physical Growth)

जन्म से 4 माह की आयु तक (Age upto 4 months)

जन्म से 4 माह तक की अवधि में महत्त्वपूर्ण शारीरिक परिवर्तन आ जाते हैं। शरीर का भार दो गुना अर्थात् 6-8 पौंड के स्थान पर 12-15 पौंड का हो जाता है। लम्बाई में भी 4 इंच की वृद्धि हो

जाती है। त्वचा का स्वरूप परिवर्तित हो जाता है। सिर पर नये बाल आ जाते हैं। जन्म के समय सिर की लम्बाई पूरे शरीर की लम्बाई की एक चौथाई होती है। अतएव सिर की तुलना में शरीर के अन्य अंग अधिक शीघ्रता से बढ़ते हैं। (चित्र 6ब-1) से यह परिवर्तन बिल्कुल स्पष्ट होता है कि 12 वर्ष की आयु के बच्चे का सिर पूरे शरीर का 1/8 भाग लम्बा रह जाता है तथा वयस्क होने तक (25 वर्ष) सम्पूर्ण शरीर का 1/10वाँ हिस्सा रह जाता है।

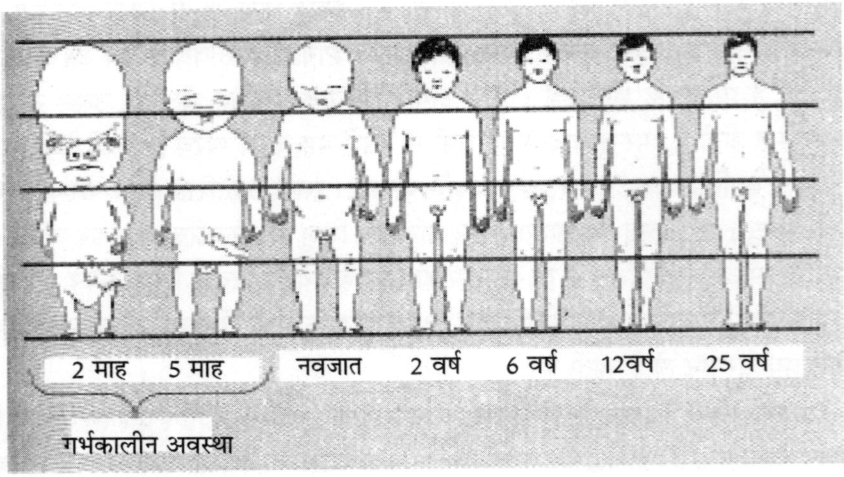

चित्र 6ब-1 : गर्भकालीन अवस्था से प्रौढ़ावस्था तक होने वाले शरीरिक अनुपातों में परिवर्तन।

शिशु के दांतों एवं हड्डिया में भी परिवर्तन होने लगता है। पहला दाँत 4 या 5 माह में आ जाता है। कभी-कभीं 6-7 माह लग सकते हैं। हड्डियाँ कड़ी होने लगती हैं, फिर भी अभी कार्टिलेज बना रहता है। इसलिए मांसपेशिया ढीली होने के कारण आसानी से खिंच जाती हैं जिससे घाव भी हो सकता है। शिशु का हाथ या पैर यदि शीघ्रता से खींचा जाय तो उसके खिंच जाने मुड़ जाने या का भय रहता है (स्टोन एवं अन्य, 1973)।

4-8 माह की आयु तक : इन चार महीनों में शिशु का शारीरिक भार 4-5 पौंड बढ़ जाता है। लम्बाई 3 इंच अधिक हो जाती है। दो-तीन दाँत भी आ जाते हैं। बाल लम्बे एवं घने हो जाते हैं। पैरों के तलवे अब भी एक दूसरे की ओर नहीं मुड़ते।

12 माह की आयु : 1 वर्ष की आयु तक शिशु की लम्बाई में 9-10 इंच की वृद्धि हो जाती है और भार तीन गुना हो जाता है। लड़कों की तुलना में लड़कियों का वजन कम होता है।

18 माह की आयु तक : 18 माह की आयु का शिशु वत्स (Toddler) कहलाता है। इस चरण में यद्यपि उसका चलना प्रारम्भ हो जाता है परन्तु अभी पूर्ण शारीरिक संतुलन नहीं आ पाता। 18 माह के बच्चे का भार 22-27 पौंड तथा लम्बाई 31-33 इंच हो जाती है। शिशु प्राय: अकेले चलना पसंद करते हैं। चलते समय कुछ वस्तुओं को खींचते या धक्का देते रहते हैं। वे हाथ में कुछ

न कुछ लिए रहते हैं। अब उनमें संतुलन आ जाता है और वे खड़े रहते हैं। वैसे चलने में उन्हे अधिक समय एवं प्रयास लगाना पड़ता है। कुछ बच्चे अभी सीढ़ी पर नहीं चढ़ पाते। उन्हें पैर से गेंद मारने में कठिनाई होती है क्योंकि एक पैर जमीन से उठाकर गेंद-मारने की क्षमता अभी विकसित नहीं हो पाती। वे अभी तिपहिया साईकिल नहीं चला पाते। इनके अधिकांश क्रियाकलाप अनुकरण द्वारा ही संचालित होते हैं। अब ये दो शब्दों के अधूरे वाक्य बोलने लगते हैं।

18 माह से दो-वर्ष (24 माह) की आयु तक : दो वर्ष की आयु तक शिशु की लम्बाई में 2 इंच तथा भार में 2-3 पौंड की वृद्धि हो जाती है। वह आस-पास घूमने लगता है एवं नयी-नयी क्रियाओं के करने में उसे मजा आता है यथा: चलना, दौड़ना, साइकिल चलाना, सीढ़ी चढ़ना, फर्नीचर के नीचे, ऊपर, चारों ओर चक्कर काटना आदि। अब वह चीजों को ढोने, पकड़ने, धक्का देने, खींचने जैसी क्रियायें करता है। डब्बे में चीजों को डालने और उसमें से निकालने जैसे क्रियाकलाप करता है। इस प्रकार खोज-बीन (अन्वेषण) द्वारा वह वस्तुओं के बारे में जानकारी प्राप्त करता है।

मनुष्य में अन्य प्रजातियों की अपेक्षा शारीरिक परिपक्वता देर से आती है अर्थात् संपूर्ण जीवनकाल का 1/5 भाग इसके लिए प्रत्याशित होता है। शिशु के शारीरिक विकास का प्रभाव प्रत्यक्ष एवं परोक्ष रूप से, व्यवहार तथा अन्य प्रकार के विकास पर पड़ता है। शारीरिक विकास निरन्तर न होकर चरणों में होता है। इसलिए इसे शारीरिक वृद्धि चक्र (Physical Growth Cycle) के नाम से जाना जाता है। वृद्धि चक्र एक निश्चित क्रम में घटित होता है। यद्यपि इसका पूर्व कथन किया जा सकता है। तथापि विकास में वैयक्तिक भिन्नतायें भी पायी जाती हैं। शिशु वृद्धि के चार प्रमुख चरण होते हैं। इनमें से पूर्ववर्ती दो चरण तीव्र विकास के तथा परवर्ती दो, मन्द विकास के चरण कहे जाते हैं।

गर्भावस्था एवं जन्मोपरान्त 6 महीनों की अवधि तीव्रतम विकास की अवधि होती है। एक वर्ष की आयु के बाद से विकास की यह गति क्रमशः धीमी होती जाती है। यह स्थिति वयः सन्धि (Puberty) तक विद्यमान रहती है। पुनः 15-16 वर्ष की आयु में विकास की गति तीव्र हो जाती है। इसे वयः सन्धि प्रवेग (Puberty growth spurt) कहा जाता है। तत्पश्चात् परिपक्वता आने पर लम्बाई का विकास तो रुक जाता है, परन्तु भार वृद्धि की सम्भावना बनी रहती है।

यद्यपि वृद्धि चक्र एक निश्चित क्रम में होता है, जिसका पूर्वकथन सम्भव है, तथापि प्रत्येक शिशु की वृद्धि में वैयक्तिक भिन्नता पायी जाती है। जान्सन एवं सहयोगियों के अनुसार प्रत्येक बच्चे के विकास की 'समय घड़ी' (Time clock), व्यक्तिगत होती है। यह घड़ी धीमी, तीव्र एवं सामान्य चलेगी यह इस बात पर निर्भर करता है कि कौन सा कारक इसे प्रभावित कर रहा है । विकास दर को प्रभावित करने वाले कुछ प्रमुख कारक हैं ; शारीरिक आकार एवं स्वरूप, स्वास्थ्य स्तर, पोषण, अवरोधक क्षमता, पारिवारिक दशाएँ, संवेग, मानसिक समस्यायें, मौसम, एकल या जुड़वे बच्चे तथा बच्चे का लिंग। उपर्युक्त सभी कारकों द्वारा शारीरिक विकास का स्वरूप तथा भिन्नता का निर्धारण होता है।

शारीरिक आकार में परिवर्तन (Change in Body Size)

शारीरिक वृद्धि का महत्त्वपूर्ण लक्षण है शिशु के सम्पूर्ण शारीरिक आकार में परिवर्तन। शैशवावस्था में यह परिवर्तन तीव्र गति से होता है। एक वर्ष की आयु के शिशु की लम्बाई में 50% की वृद्धि होती है, तथा दूसरे वर्ष 75% की। इसी संरूप से शारीरिक भार में भी वृद्धि होती है। अर्थात् 5वें माह में दो गुनी, 1 वर्ष में तीन गुनी तथा बाद के दो वर्षों तक चार गुनी वृद्धि हो जाती है। वृद्धि का यही संरूप यदि अनवरत रहता है तो 10 वर्ष की आयु तक बच्चे की लम्बाई 100 इंच एवं भार 200 पौंड हो जाता है। पूर्व एवं मध्य बाल्यावस्था में विकास धीमी गति से चलता है, पुनः किशोरावस्था में विकास की गति तीव्र हो जाती है।

चित्र 6ब–2 एवं 6ब–3 में लम्बाई एवं भार में आयु वृद्धि के साथ होने वाले परिवर्तनों को दर्शाया गया है। प्रथम रेखा चित्र को दूरी रेखाचित्र (Distance Curve) कहा गया है क्योंकि इसमें प्रतिवर्ष का विकास परिपक्व शारीरिक आकार की ओर उन्मुख दर्शाया गया है। वृद्धि मानक के आधार पर बच्चे के विकास के स्तर का तुलनात्मक अध्ययन किया जाता है। शैशवावस्था एवं बाल्यावस्था तक लड़के एवं लड़कियों के विकास की गति प्रायः समान होती है। परन्तु 11 वर्ष की आयु या वयः सन्धि के आरम्भ के कारण लड़कियाँ लड़कों की अपेक्षा लम्बी, स्वस्थ एवं भारी हो जाती है, क्योंकि उनमें वयः सन्धि दो वर्ष पूर्व ही आ जाता है परन्तु कुछ ही समय पश्चात् लड़कों के भार में वृद्धि तीव्र गति से शुरु हो जाती है। प्रायः लड़कियाँ 16 वर्ष की आयु में तथा लड़के 17 या 18 वर्ष की आयु में परिपक्व हो जाते हैं।

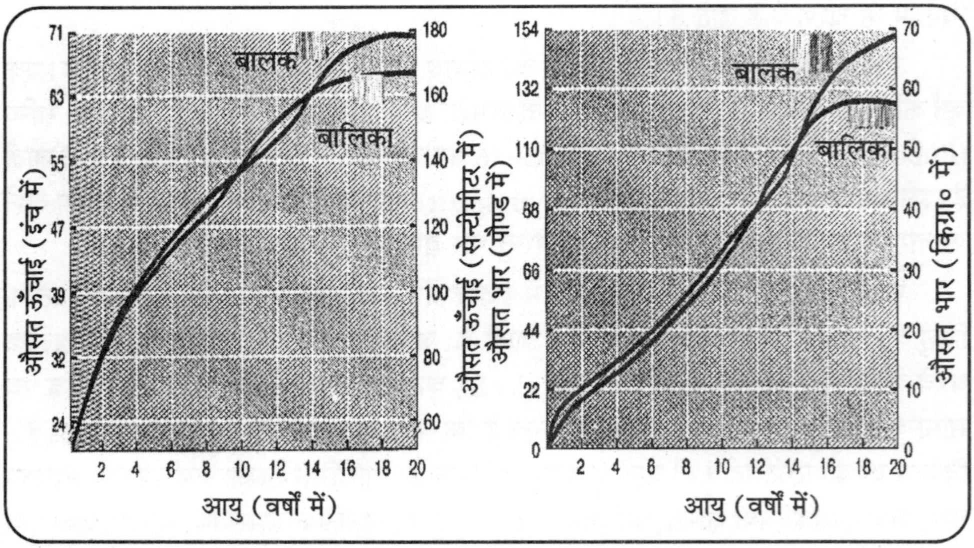

चित्र 6ब–2 : बालक एवं बालिकाओं की लम्बाई एवं भार का अन्तर वाक्र।

दूसरा चित्र विकास की गति रेखा (Velocity curve) को प्रस्तुत कर रहा है जिसमें प्रतिवर्ष के अन्तराल पर औसत वृद्धि दर्शायी गयी है। इसकी सहायता से निश्चित समय पर वृद्धि प्रवेगों को प्रदर्शित किया गया है। अनुसन्धान यह प्रदर्शित करते हैं कि शैशवावस्था में तीव्र परन्तु अवत्वरित (deacclerating) वृद्धि पायी जाती है तथा बाल्यावस्था में वृद्धि मन्द परन्तु स्थिर गति से होती है एवं किशोरावस्था के आरम्भिक वर्षों में विकास परिपक्वता को प्राप्त करता है। विकास के चरणों में वृद्धि दर सदैव एक जैसा नहीं होता। अनुसंधानों से स्पष्ट है कि 7 से 63 दिन के बीच कोई वृद्धि नहीं हुई परन्तु अचानक 24 घण्टों में ही 1/2 इंच वृद्धि हो गयी। वृद्धि प्रवेग के दौर में बच्चे परेशान, चिड़चिड़े और (भोजन से अरुचि) या भूखे रहते हैं (लैम्पल एवं सहयोगी, 1992) । एक अन्य अध्ययन में पाया गया कि 3 एवं 10 वर्ष की आयु में तीव्रतम वृद्धि प्रवेग होता है। लड़कियों में यह प्रवेग 3.5, 4.5 और 6.5 वर्ष की आयु में तथा लड़कों में 4.5, 7.5 एवं 10.5 वर्ष की आयु में तीव्रतर होता है (बटलर एवं अन्य, 1990)।

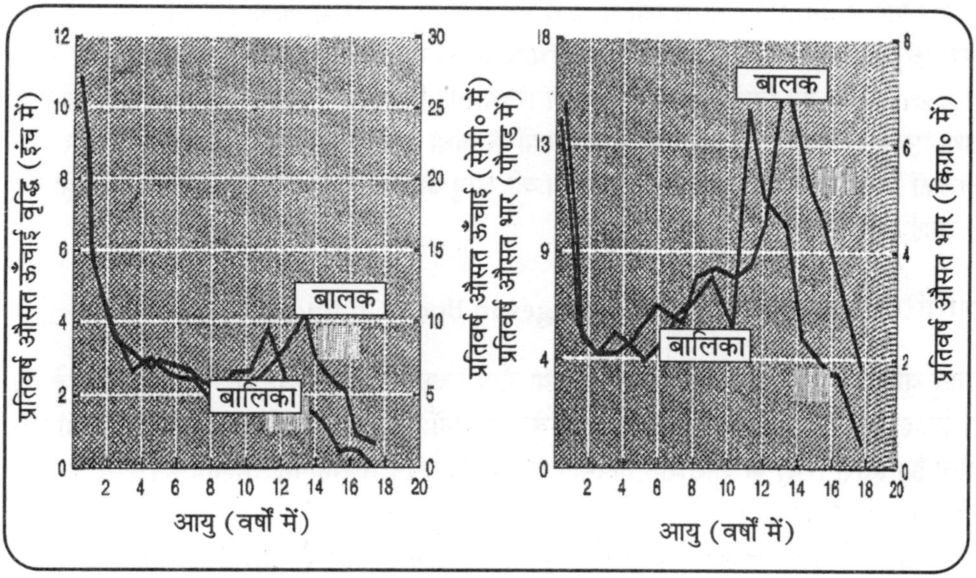

चित्र 6ब-3 : विकास क्रम में विभिन्न आयुवर्ग के लड़के एवं लड़कियों की ऊँचाई एवं भार का वेग (**स्रोत:** आर० एम० मोलिना, 1975)।

शारीरिक अनुपात में परिवर्तन (Changes in Body Proportion)

बच्चे के आकार में वृद्धि के साथ, शरीर के विभिन्न अंगों में वृद्धि भिन्न-भिन्न गति से होती है। पिछले अध्यायों में कहा जा चुका है कि गर्भकालीन अवस्था के प्रथम चरण में, सर्वप्रथम भ्रूण के सिर का विकास तीव्र गति से होता है तथा अन्य अंगों का उसके बाद। जन्म से शैशवावस्था तक,

सिर और अन्य अंगों का विकास तो तेजी से होता रहता है परन्तु शरीर के बीच वाला भाग (Trunk) तथा पैरों के हिस्से का विकास काफी मन्द गति से हो पाता है। ऐसा सिफैलो कॉडल प्रवृत्ति (Cephalo Caudal Trend) अर्थात् 'सिर से पाँव की ओर' विकास के नियम के अनुसार होता है। गर्भावस्था में सम्पूर्ण शरीर से पैरों का अनुपात 1:4 से भी कम होता है। जन्म के समय यह अनुपात 1:3 तथा वयस्कावस्था तक 1:2 का हो जाता है। शैशवावस्था एवं बाल्यावस्था में विकास, निकट-दूर (Proximo-distal Trend) नियम का अनुसरण करता है, अर्थात् मध्य से शुरु होकर विकास शरीर के बाहरी भागों की ओर उन्मुख होता है। सबसे पहले भुजाओं के ऊपरी भाग का तत्पश्चात् निचला भाग और अन्त में हाथ का विकास होता है। परन्तु किशोरावस्था में विकास का यह संरूप विपरीत ढंग का हो जाता है। सर्वप्रथम हाथ पैर तथा टांगों का और अन्त में धड़ (Torso) विकसित होता है (ह्वीलर, 1991)। इसलिए पूर्व किशोरावस्था में किशोर का आकार-प्रकार बेढंगा प्रतीत होता है।

यद्यपि शैशवास्था एवं बाल्यावस्था में लड़के/लड़कियों के शारीरिक अनुपात में समानता पायी जाती है तथापि किशोरावस्था में दोनों समूहों में भिन्नता पायी जाती है। ऐसा यौन हारमोन्स का, हड्डियों के कंकाल पर पड़ने वाले प्रभाव के कारण होता है। स्त्री यौन हारमोन इस्ट्रोजेन (Oestrogen) की क्रियाशीलता के कारण स्त्रियों का पिछला भाग (Hips) भारी होता जाता है तथा एन्ड्रोजेन (Androgen) के कारण पुरुषों के कंधों के पिछले भागों में फैलाव पाया जाता है। लड़कों में लड़कियों की अपेक्षा वयः सन्धि की आयु अधिक होने के कारण लड़कों के हाथों की लम्बाई अधिक होती है (टैनर, 1990)।

शारीरिक संयोजन में परिवर्तन (Changes in Body Composition)

आयु वृद्धि के साथ शरीर की मांसपेशी तथा मेदा (चर्बी) की बनावट में भी परिवर्तन होते हैं। गर्भकाल के अन्तिम सप्ताह से जन्मोपरान्त के 9 महीनों तक मांसपेशियों का विकास तीव्र गति से होता है। इससे शिशु के शारीरिक तापमान को बनाये रखने में सहायता मिलती है। दूसरे वर्ष से, शिशु पतला/छरहरा होने लगता है।

यह संरूप बाल्यावस्था के मध्य तक चलता रहता है। 8 वर्ष की आयु तक लड़कों की तुलना में लड़कियों की भुजाओं, टांगों एवं धड़ का भाग अधिक भारी हो जाता है। यही क्रम किशोरावस्था तक जारी रहता है। इसके विपरीत किशोरावस्था में लड़कों की भुजाओं और टांगों की चरबी में कमी आ जाती है (टैनर एवं ह्वाइट हाउस, 1975)। मेंदा (चरबी) की अपेक्षा, मांसपेशियों के विकास के संरूप में भिन्नता पायी जाती है। ये शैशवावस्था एवं बाल्यावस्था में धीमी गति तथा किशोरावस्था में तीव्रगति से विकसित होती है। यद्यपि वयः सन्धि में लड़के-लड़कियों की मांसपेशियों में वृद्धि तीव्र होती है तथापि लड़कों के कंकाल (skeletal) एवं हृदय की मांसपेशियों में तीव्रतम वृद्धि पायी जाती है। फेफड़ों की क्षमता में भी तीव्र वृद्धि होती है। इसलिए लड़कों में लड़कियों की अपेक्षा, लाल रक्त कोशिकाओं की संख्या तथा फेफड़ों से मांसपेशियों तक आक्सीजन संवहन की क्षमता अधिक पायी जाती है।

कंकाल में वृद्धि (Skeletal Growth)

वृद्धि के स्तर पर वैयक्तिक भिन्नता पायी जाती है। इसलिए शारीरिक परिपक्वता के मापन के लिए प्रमाणीकृत मापकों का निर्माण किया गया है, जिनसे शारीरिक वृद्धि में वैयक्तिक भिन्नता का अध्ययन सम्भव हो सका है। कंकाल की आयु के आधार पर शारीरिक परिपक्वता का अध्ययन किया जा सकना सम्भव है। भ्रूण की हड्डी अत्यन्त लचीली होती है, इसे कार्टिलेज कहा जाता है। छठे सप्ताह से कार्टिलेज कठोर होकर हड्डी के रूप में परिवर्तित होने लगता है। किशोरावस्था तक यह परिवर्तन क्रमशः जारी रहता है तब तक हड्डियाँ अपना अधिक आकार प्राप्त नहीं कर लेती है। जन्म पूर्व से बाल्यावस्था तक एपीफाइसिस (हड्डियों का वृद्धि केन्द्र) हड्डियों को कठोर बनाने की क्रिया जारी रखता है। लम्बी हड्डियों में एपीफाइसिस (Epiphysis) केन्द्र दो स्थानों पर प्रकट होता है (चित्र 6ब-4)। विकास के साथ ये केन्द्र स्वतः मिट जाते हैं।

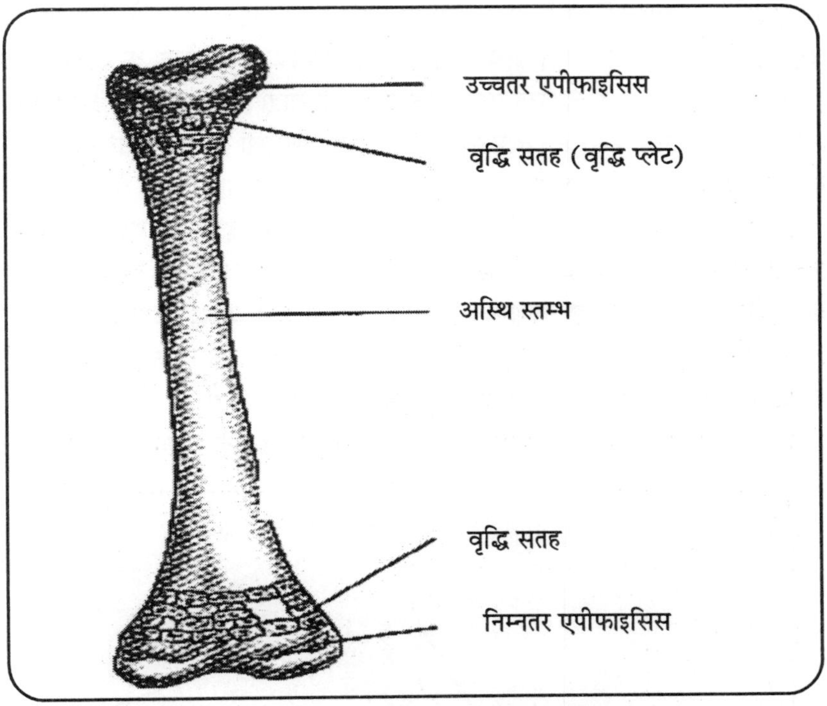

चित्र 6ब-4 : दीर्घ अस्थि का ऊपरी एवं निचला भाग (कार्टिलेज कोशिकाओं का धीरे-धीरे कठोर अस्थियों के रूप में परिवर्तन)।

हड्डियों के एक्सरे द्वारा भी कंकाल की आयु की जानकारी प्राप्त की जा सकती है। दांतों के विकास के आधार पर भी कंकाल के विकास की गति का अनुमान लगाया जा सकता है। जिन बच्चों में दांत जल्दी आते हैं उनमें शारीरिक परिपक्वता शीघ्र आती है (माट एवं अन्य, 1990)। लड़कों की तुलना में लड़कियों के विकास की गति तीव्र होती है।

खोपड़ी की वृद्धि (Growth)

जन्म से 2 वर्ष की आयु तक खोपड़ी में वृद्धि तीव्र गति से होती है, क्योंकि इस अवधि में मस्तिष्क का विकास त्वरित गति से होता है। जन्म के समय खोपड़ी की हड्डियों में 6 रिक्त भाग होते हैं जिन्हे हल्का धब्बा (Soft spot or Fontanels) कहा जाता है। यह भाग माँ की गर्भ नली (Birth canal) से शिशु को बाहर आने में सहायक होता है। कालान्तर में यह हिस्सा समाप्त होने लगता है तथा एक दूसरे से सम्बद्ध होकर सटर्स (Sutures) का निर्माण करते हैं जो हड्डियों की वृद्धि के साथ–साथ खोपड़ी के विस्तार में सहायक होते हैं। वय: सन्धि के बाद जब वृद्धि पूरी हो जाती है, तो ये समाप्त हो जाते हैं।

शारीरिक विकास में विविधता (Asynchronies in Physical Growth)

शारीरिक वृद्धि में असहकालिक प्रक्रिया निहित होती है। अर्थात् शरीर के विभिन्न अंगों की परिपक्वता अवधि भिन्न–भिन्न एवं प्रत्येक अंगे निजी समयबद्ध रूप रेखा के अनुरूप विकसित होते हैं। रेखा चित्र (6ब–5) में दर्शाया गया है कि शरीर के वाह्य तथा आन्तरिक अंगों का विकास एक संरूप का अनुसरण करते हैं। विकास की गति शैशवावस्था में तीव्र, बाल्यावस्था में धीमी तथा किशोरावस्था में पुन: तीव्र होती है। परन्तु इसमें अपवाद भी पाया जाता है। आरम्भिक आयु में मानसिक विकास तीव्रतम् तथा लैंगिक विकास अत्यन्त धीमा होता है। यह क्रम बाल्यावस्था तक चलता है, परन्तु किशोरावस्था में विकास की गति तीव्रतम हो जाती है। इसके विपरीत लिम्फ का विकास शैशवावस्था एवं बाल्यावस्था में तीव्र गति से होता हुआ किशोरावस्था के पूर्व ही अभीष्ट स्तर को प्राप्त कर लेता है, पुन: अवनति पायी जाती है। संक्रामक रोगों के प्रतिरोध एवं पोषण तत्वों के अवशोषण में लिम्फ की भूमिका महत्त्वपूर्ण होती है, अत: इसका उपयुक्त विकास, बच्चे के स्वस्थ जीवन के लिए अत्यन्त महत्त्वपूर्ण होता है (सील्ड्स, 1972)।

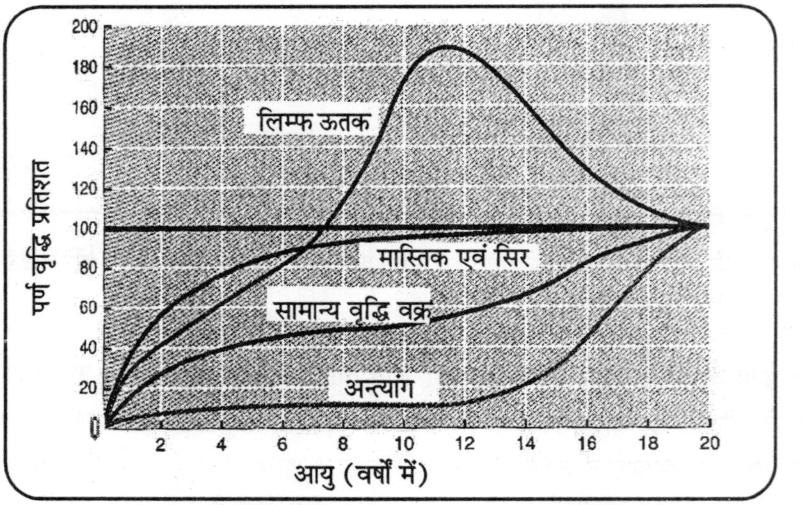

चित्र 6ब–5 : सामान्य वृद्धि वक्र के अतिरिक्त तीन भिन्न आंगिक संस्थानों एवं ऊतकों का वृद्धि वक्र।

शारीरिक विकास पर विभिन्न कारकों का प्रभाव (Influence of Various Factors on Physical Development)

शारीरिक विकास का संरूप सभी बच्चों में सामान्य होते हुए भी इसमें भिन्नता पायी जाती है। यह विविधता अलग-अलग देशों के निवासियों में अलग-अलग पायी जाती है। टैनर (1990) ने इस विविधता का कारण पोषण, गरीबी, बीमारी, जलवायु इत्यादि को माना है। प्रभावित करने वाले कुछ अन्य प्रमुख कारक हैं :

(i) कालिक प्रवृत्ति (Secular Trends) : शारीरिक वृद्धि में कालिक प्रवृत्ति का प्रभाव पाया जाता है, अर्थात् शारीरिक आकार में वृद्धि की गति, विकसित देशों में एक पीढ़ी से दूसरी पीढ़ी में पृथक पायी जाती है। इनमें ज्यादातर बच्चे अपने माता-पिता, दादा-दादी की तुलना में अधिक लम्बे एवं अधिक भार वाले पाये गये। यह प्रवृत्ति यूरोपीय देशों, जापान और अमेरिका आदि में दिखाई देती है। यह वैभिन्य पूर्व बाल्यावस्था में प्रकट होकर, किशोरावस्था में तीव्र गति से घटित होता हुआ परिपक्वता के पश्चात् कम होने लगता है। नयी पीढ़ी के बच्चों में अधिक लम्बाई का कारण तीव्रगति से परिपक्वता का आना है। चित्र 6ब-6 में विभिन्न अवधि में प्रथम मासिक धर्म का आरम्भ वर्ष दर्शाया गया है। 1960-1970 के पश्चात् प्रति दशक, परिपक्वता की अवधि 3-4 माह पूर्व प्रारम्भ होता गया है।

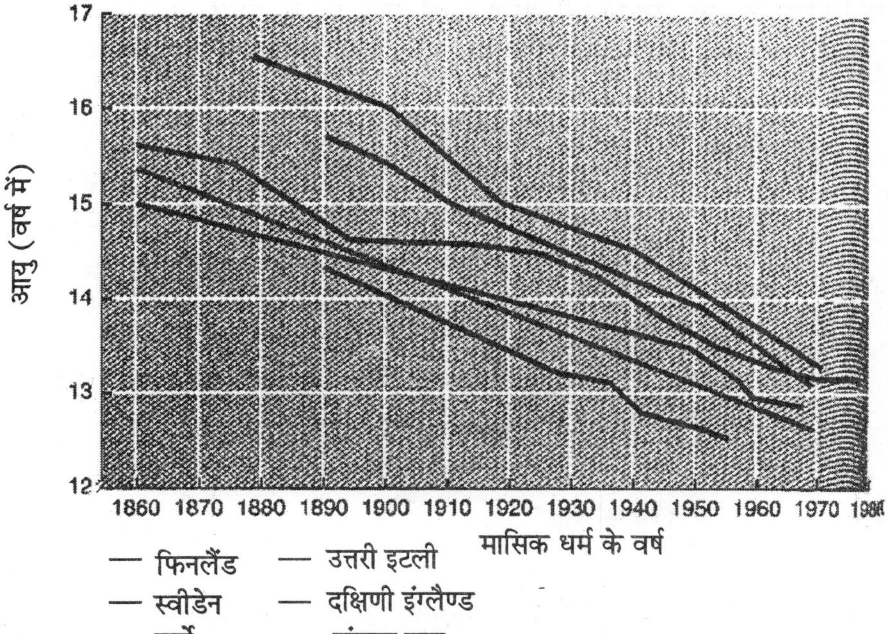

चित्र 6ब-6 : विभिन्न अद्यौगिक राष्ट्रों में 1860 से 1980 तक प्रथम मासिक धर्म के आरम्भ की आयु की कालिक प्रवृत्ति।

कालिक संप्राप्ति (Secular gain) का कारण विकसित पोषण एवं स्वास्थ्य सुविधा है। यह प्रवृत्ति निम्न आर्थिक स्तर के बच्चों में नहीं पायी जाती है। कुपोषण या बीमारी से ग्रसित बच्चों में शारीरिक आकार के विकास में कमी पायी गयी (टेबायस, 1975)।

परन्तु आनुवंशिक विशेषताओं को भी अस्वीकार नहीं किया जा सकता है। लम्बाई या भार वृद्धि, आनुवंशिक गुणसूत्रों की परिधि में ही संवर्द्धन पाते हैं। समृद्ध पोषण एवं उपयुक्त सामाजिक दशाओं का प्रभाव प्रत्येक अवधि में देखा गया है।

शारीरिक वृद्धि पर हारमोन्स का प्रभाव (Harmonal Influence on Physical Development)

बाल्यावस्था एवं किशोरावस्था में शारीरिक परिवर्तनों के नियंत्रण में, एन्डोक्राइन ग्रन्थियों की भूमिका अत्यन्त महत्त्वपूर्ण होती है। इन ग्रन्थियों से स्रवित हारमोन्स, विशिष्ट कोशिकाओं से स्रवित होकर, एक कोशिका से अन्य कोशिकाओं तक पहुँचते हैं। इन कोशिकाओं में से कुछ एक के ही संग्राहक (receptors) इन हारमोन्स के प्रति क्रियाशील होते हैं। पिट्यूटरी ग्रन्थि जो हाइपोथैलमस के निकट पायी जाती है, से इनका स्राव होता है (चित्र 6ब–7)। ये हारमोन रक्त स्रोत में प्रवेश कर शरीर के टिशू को क्रियाशील करते हैं जिससे गतिशील क्रिया होती है। इस ग्रन्थि के विशिष्ट संग्राहक, रक्तस्राव में हारमोन्स को खोज लेते हैं (चित्र 6ब–8)।

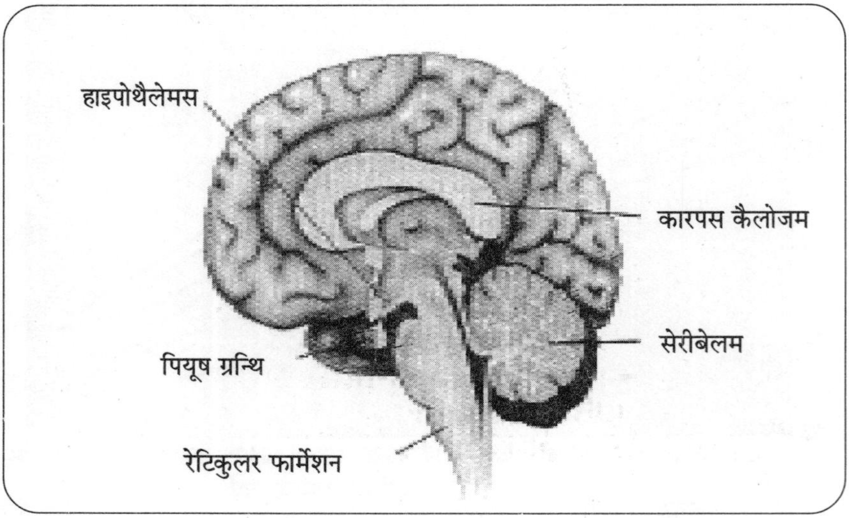

चित्र 6ब–7 : मानव मस्तिष्क में निहित हाइपोथैलेमस एवं पियूष ग्रन्थि इत्यादि का स्थान।

वृद्धि हारमोन (Growth Hormones [GH]) एक मात्र पिट्यूटरी स्राव है जो जीवन पर्यन्त चलता रहता है। यह स्राव केन्द्रीय स्नायु संस्थान, सम्भवतः एड्रीनल ग्रन्थि तथा लैंगिक क्षेत्र

(Genitals) के अतिरिक्त शरीर के सारे भाग को प्रभावित करता है। इस क्रिया में एक अन्य हारमोन जिसे सोमैटोनेडीन कहते हैं, भी सहायक की भूमिका निभाता है। हाइपोथैलमस एवं पिट्यूटरी ग्रन्थियाँ सामूहिक रूप से गले में निहित थायराइड ग्रन्थि को सक्रिय करती हैं। इनका प्रभाव मस्तिष्क की स्नायु कोशिकाओं एवं सामान्य शारीरिक विकास पर पड़ता है। थायराक्सिन की न्यूनता के कारण मानसिक मन्दता की सम्भावना होती है। थायराक्सिन की कमी के शिकार बच्चों की शारीरिक वृद्धि औसत से धीमी गति से होती है। चूँकि मस्तिष्क का विकास शीघ्र ही हो जाता है अतएव केन्द्रीय स्नायु संस्थान पर इसका प्रभाव नहीं पड़ पाता। टैनर के अनुसार यदि ऐसे बच्चों की सही देखभाल की जाय तो वे शीघ्र ही औसत वृद्धि की गति पा लेते हैं। पिट्यूटरी स्राव द्वारा यौन हारमोन्स (एण्ड्रोजेन तथा एस्ट्रोजेन) का नियंत्रण होता है। ये हारमोन्स लड़के लड़कियों के यौन विकास में महत्त्वपूर्ण भूमिका निभाते हैं। (चित्र 6ब-8)।

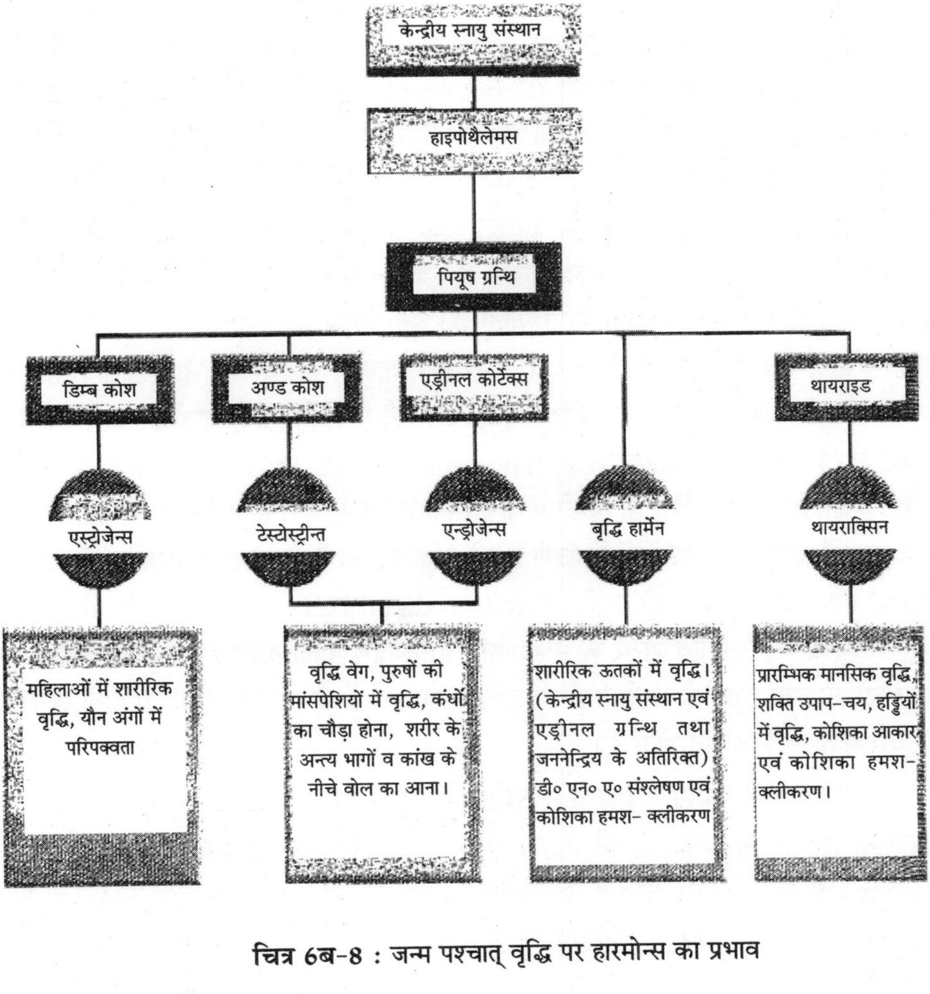

चित्र 6ब-8 : जन्म पश्चात् वृद्धि पर हारमोन्स का प्रभाव

गत्यात्मक विकास (Motor Development)

शिशु में विभिन्न कौशलों का विकास माता-पिता के लिए आह्लादकारी होता है। चीजों को हाथ में लेना, स्वतः बैठना, घुटनों के बल चलना एवं स्वतः चलना, विकास क्रम में ये उपलब्धियां मील का पत्थर (Milestone) साबित होती हैं। शिशु की गत्यात्मक उपलब्धियों का प्रभाव उसके सामाजिक सम्बन्धों पर भी पड़ता है। जैसे शिशु की गतिविधियों को देखकर माता-पिता उसके साथ खेलने एवं बोलने में अधिक समय व्यतीत करते हैं। बच्चे का हँसना, मुस्कुराना एवं बलबलाना, दूसरों को अच्छा लगता है। इससे उसका गत्यात्मक कौशल, सामाजिक क्षमताएं, संज्ञानात्मक एवं भाषिक विकास समृद्ध होता है।

गत्यात्मक विकास का संगठन एवं क्रम (Organization and Sequence of Motor Development)

1. सकल गत्यात्मक विकास (Gross motor development) इसका तात्पर्य उन क्रियाओं पर नियन्त्रण से है जो शिशु को परिवेश के साथ समायोजन में सहयोग देती हैं जैसे ; घुटने के बल चलना, खड़ा होना एवं पूर्णतः चलना इत्यादि। इसके बाद उत्कृष्ट गत्यात्मक विकास जैसे- वस्तुओं तक पहुचना या पकड़ने जैसी क्रियाओं की शुरुआत होती है। प्रायः शिशु इसी क्रम में गत्यात्मक योग्यता प्राप्त करता है एवं उनकी अभिव्यक्ति भी करता है। तथापि विकास क्रम में वैयक्तिक भिन्नता पायी जाती है। यह आवश्यक नहीं कि एक चरण में यदि विकास विलम्बित (delayed) है तो दूसरे चरण का विकास भी विलम्ब से ही होगा। शिशु की गत्यात्मक उपलब्धियों में संगठन एवं दिशा निर्दिष्टता की विशेषता पायी जाती है। अर्थात् सिर से पैर की ओर जिसे सिफैलो काडल (Cephalo caudal trend) प्रवृत्ति कहा जाता है, पाया जाता है। इस रुझान के अन्तर्गत सिर के हिस्से में गत्यात्मक नियंत्रण पहले होता है, उसके बाद भुजा एवं मध्य भाग में तथा पैर के अंगों में नियंत्रण सबसे अंत में होता है। गत्यात्मक विकास में, केन्द्र से वाह्य की ओर जिसे 'निकट-दूर प्रवृत्ति (Proximo-distal Trend)' कहते हैं, दृष्टिगत होता है। शिशु की भुजाओं, सिर एवं शरीर के मध्य भागों में नियंत्रण पहले आता है, उसके बाद हाथ एवं अंगुलियों की बारी आती है। यही प्रवृत्ति शारीरिक विकास में भी पायी जाती है। ये दोनों प्रवृत्तियाँ आनुवंशिकता से निर्धारित होती हैं।

2. गत्यात्मक कौशल (Motor Skills): आधुनिक अनुसंधानों से स्पष्ट होता है कि गत्यात्मक विकास में क्रियाओं की जटिल व्यवस्था अर्जित होती है। जब ये कौशल, संस्थान (system) के रूप में कार्य करते हैं तो परिवेश के साथ समायोजन एवं नियंत्रण सम्भव हो पाता है। संस्थानों का सतत विकास शैशवावस्था में चलता रहता है जैसे- बैठना, इस क्रिया के लिए

सिर एवं वक्ष का संयुक्त नियंत्रण अपेक्षित है। इसी प्रकार घुटने के बल चलने में उछलना, खिसकना एवं पहुँचना आदि क्रियायें सम्मिलित होती हैं।

सूक्ष्म कौशल के विकास में सक्रियता निहित है। जैसे एक स्थान से दूसरे स्थान तक पहुँचना (reaching), अंगीकृत करना (grasping), देखना, भुजाओं को घुमाना इत्यादि। इनसे शिशु परिवेश में निहित वस्तुओं के बारे में जानकारी प्राप्त करता है। एक बार सफल हो जाने के पश्चात् वह अन्य कौशलों से स्वयं को सम्बद्ध करना सीख जाता है (कोनाली एवं इंग्लिश, 1989)।

3. गत्यात्मक विकास में परिपक्वता एवं अनुभव की भूमिका (Role of Maturation and Learning in Motor Development) : 1930–1940 ई० के मध्य के अनुसंधान दर्शाते हैं कि गत्यात्मक विकास में परिपक्वता की भूमिका महत्त्वपूर्ण होती है (वेल व डेनिस, 1940)। इन्होंने होपी भारतीयों के बच्चों पर अध्ययन किया। कुछ माताएँ अपने बच्चों को पालने (Cradle-Board) में दिन-रात बाँधे रहती हैं, परन्तु कुछ माताओं ने इस प्रचलन को त्याग दिया है। बँधे बच्चे यद्यपि अपना हाथ, पैर, भुजाओं को स्वच्छन्दता से गतिशील नहीं कर पाते थे फिर भी वे सामान्य समूह (बिना बँधे) की ही भांति, समय से चलने-दौड़ने लगे। इससे सिद्ध हुआ कि अनुभव की भूमिका महत्त्वहीन है। इस कारक को सार्वभौमिक स्वीकृति नहीं मिली। वैसे बँधे बच्चों को भी अपने ऊपरी भाग के खुले होने के कारण अथवा रात को बाहर निकलने के कारण दिनभर के बन्धन के बावजूद गति करने का अवसर प्राप्त हुआ। इसलिए अन्य प्रेक्षणों के आधार पर डेनिस (1960) ने पाया कि पेशीय विकास में आरम्भिक अनुभवों की भूमिका अत्यन्त महत्त्वपूर्ण होती है। यतीम ईरानी बच्चे जो विस्तर पर पड़े रहते हैं, खिलौनो अथवा अन्य उद्दीपनो के अभाव के कारण खेलने से वंचित रहते हैं, ये शिशु प्रायः 2 वर्ष की आयु तक चल नहीं पाते। 3-4 वर्ष की आयु में इनके चलने की क्रिया विकसित हो पाती है। अफ्रीका एवं वेस्टइंडीज के बच्चों के पेशीय विकास में सांस्कृतिक प्रभाव विषय पर किये गये अनुसंधान उपयुक्त तथ्य की पुष्टि करते है। अतः सिद्ध होता है कि प्रारम्भिक पेशीय विकास में प्रकृति एवं पोषण (Nature & Nuture) की अन्तःक्रिया का महत्वपूर्ण प्रभाव होता है।

4. सूक्ष्म पेशियों का विकास : ऐच्छिक पहुँचना (Fine Motor Development : Voluntary Reaching): ऐच्छिक पहुँच (voluntary reaching) की भूमिका, संज्ञानात्मक विकास प्रक्रिया के अध्ययन में महत्त्वपूर्ण होती है क्योंकि इससे परिवेशीय अन्वेषण को प्रथम एवं नवीन माध्यम मिलता है (पियाजे, 1936, 1952)। वस्तुओं को पकड़ने (grasping) पलटने देखने के पश्चात् क्या होता है ? शिशु जब वस्तुओं को छूता है या पकड़ता है तो इससे दृश्यों, ध्वनियों एवं त्वक् अनुभवों (Tactual sensations) को अर्जित करता है एवं वस्तुओं का प्रत्यक्ष अनुभव करता है (चित्र 6ब-9)।

चित्र 6ब–9 : ऐच्छिक पहुंच की कुछ महत्वपूर्ण घटनाएँ।

5. पूर्व प्रसरण (पहुँच) (Pre-reaching) : हाथ उठाकर किसी वस्तु की ओर जाने की क्रिया को पूर्व पहुँच (Pre-reaching) कहा जाता है। नवजात में नेत्र–हस्त संयोजन (Eye-Hand coordination) की क्षमता विकसित नहीं होती। उसकी यह चेष्ठा 7 सप्ताह की आयु के पश्चात् स्वतः समाप्त हो जाती है। पुनः 3 माह की आयु में ऐच्छिक पहुँच (reaching) उत्पन्न होकर धीरे–धीरे उपयुक्तता को प्राप्त कर लेता है। 5 माह की आयु तक शिशु एक बार जब चीजों तक पहुंचने लगता है तो यह क्रिया परिमार्जित होने लगती है। 4 से 5 माह के अन्दर चीजों को ढूंढने में दोनों हाथों का प्रयोग करने लगता है। वह वस्तुओं को दोनों हाथों में लेकर एक दूसरे में हस्तान्तरित करता रहता है (रोचट, 1989)। प्रथम वर्ष के अन्त तक शिशु से एक अन्य गति, जिसे पिन्सर ग्रैस्प (Pincer grasp) कहते हैं (हाल्बर्सन, 1931) विकसित होता है, इसमें शिशु का अंगूठा एवं मध्य की अंगुलियां,पूर्णतः संयोजित हो जाती है। इससे उसमें वस्तुओं के साथ प्रहस्तन की योग्यता विकसित होती है। 8–11 माह के मध्य तक पहुँच (reaching) एवं अंगीकरण

(grasping) पूर्णतः विकसित हो जाते हैं जो उसके संज्ञानात्मक विकास में सहायक होते हैं जैसे- शिशु प्रथम वर्ष की आयु तक छिपी हुई वस्तुओं को खोजने का प्रयास करने लगता है (वुशलेन, 1985)।

शोध अध्ययन दर्शाते हैं कि आरम्भिक अनुभव ऐच्छिक पहुच (reaching) को प्रभावित करते हैं। ह्वाइट एवं हेल्ड (1966) ने देखा कि बच्चे जिन्हें आरम्भ में सामान्य और बाद में अधिक उद्दीपन दिया गया वे सामान्य बच्चों की तुलना में ऐच्छिक पहुँच (voluntary reaching) में बेहतर पाये गये। तीसरा समूह जिसे अति उद्दीपन दिया गया, उन्होंनें भी अन्य सभी समूह की तुलना में शीघ्रता से क्रियाएं प्रदर्शित की। परन्तु उनकी अनुक्रिया प्रथम समूह से कम थी। अस्तु अध्ययनों से यह प्रमाणित हुआ है कि परिपक्वता के अनुरूप ही अनुभव की भूमिका उपयोगी होती है।

स्नायविक विकास (Neural Development)

जन्म से पूर्व एवं बाद के 3-4 वर्ष की आयु पर्यन्त स्नायविक संस्थान का विकास अत्यन्त शीघ्रता से होता है। गर्भकाल में स्नायुकोशिकाओं की संख्या एवं आकार में तीव्रता से वृद्धि होती है तथा जन्म लेने तक कोशिकाओं का विकास शीघ्रता से होता रहता है। 3 या 4 वर्ष की आयु के पश्चात् स्नायु संस्थान सापेक्षिक रूप से धीमी गति से विकसित होने लगता है।

जन्म के समय मस्तिष्क का भार पूरे शरीर के भार का 1/18, 10 वर्ष की आयु तक 1/10, 15 वर्ष की आयु में 1/13 एवं वयस्क होने तक 1/14वाँ भाग हो जाता है। यह संरूप प्रमस्तिष्क (cerebrum) एवं अनुमस्तिष्क (celebellum) के विकास में भी समान रूप से पाया जाता है। शैशवावस्था में इन दोनों मस्तिष्क का विकास अत्यन्त तीव्रता से होता है। अनुमस्तिष्क, जिसकी भूमिका शारीरिक एवं अन्य भागों के नियंत्रण में अहम् होती है, प्रथम वर्ष की आयु तक सर्वाधिक (तीन गुना) विकसित हो जाती है। 8 वर्ष की आयु तक मस्तिष्क पूर्णतः परिपक्व हो जाता है परन्तु आन्तरिक प्रमस्तिष्क अभी पूरी तरह विकसित नहीं होता । चूंकि वृद्धि आन्तरिक होती है, अतः आकार एवं भार के आधार पर इसका मापन अनुपयुक्त होगा (गेसेल, 1954; हैलेहन एवं अन्य, 1975)। मस्तिष्क एवं स्नायु संस्थान की वृद्धि एवं विकास का प्रभाव बाल विकास के विविध पक्षों पर पड़ता है। शरीर के अन्य अंगों की तुलना में मानव मस्तिष्क का विकास तीव्रतर होता है। तंत्रिका कोश तीन चरणों में विकसित होते हैं : 1. उत्पादन, 2. प्रवर्जन एवं 3. विभेदन। यद्यपि प्रमस्तिष्क कार्टेक्स (cerebral cortex) का पार्श्वीकरण (lateralization) जन्म से ही प्रारम्भ हो जाता है तथापि प्रथम वर्ष की आयु तक लचीलापन (Plasticity) बना रहता है। हस्त प्रबलता (Handedness) की प्रवृत्ति शैशवावस्था में व्यक्त होती है तथा पूर्व बाल्यावस्था में समृद्ध होती है, यह पार्श्वीकरण का एक उदाहरण है। वाम हस्त प्रबलता (Left handedness) को विकासात्मक दोष का सूचक माना जाता है, परन्तु ज्यादातर ऐसे बच्चों में कोई दोष नहीं पाया जाता है। अवमस्तिष्क, रेटुकुलर, कार्पस कैलोजम आदि का विकास पूर्व बाल्यावस्था में तीव्र गति

से होता है। इनके द्वारा मस्तिष्क के विभिन्न भागों के बीच संयोजन स्थापित करने में सहायता मिलती है। शैशवावस्था से किशोरादस्था तक विभिन्न अन्तरालों के मस्तिष्क वृद्धि प्रवेग (Brain growth spurt) के शोध साक्ष्य प्राप्त हुए हैं जिनसे स्पष्ट होता है कि संवेदी पेशीय (Sensory Motor) अवधि में पर्याप्त उद्दीपन की आवश्यकता होती है जिससे बौद्धिक विकास अभीष्ट हो सके।

मस्तिष्क का विकास (Development of Brain)

मानव मस्तिष्क अनेक जटिल संरचनाओं से युक्त महत्वपूर्ण अंग है। जन्म के समय ही यह अन्य अंगों की तुलना में अधिक परिपक्व हो चुका होता है। मस्तिष्क के विकास सम्बन्धी जानकारियों में दो बिन्दुओं को प्रमुखता दी गयी है। प्रथम, अतिसूक्ष्म मस्तिष्क कोशिकाएँ, द्वितीय, प्रमस्तिष्क कार्टेक्स-मस्तिष्क की वे जटिल संरचनाएं जो बौद्धिक क्षमताओं के विकास के लिए जिम्मेदार हैं। इन दोनों की व्याख्या आवश्यक है।

1. तंत्रिका कोशिय (न्यूरोंस) का विकास (Development of Neurones)

मानव मस्तिष्क में 100 से 200 बिलियन तंत्रिका कोश पाये जाते हैं। इनमें सूचनायें संरक्षित तथा स्थानान्तरित होती रहती हैं। कुछ तंत्रिका कोश सहस्त्रों तंत्रिका कोशों से सम्बद्ध होते हैं। ये शरीर की अन्य कोशिकाओं से भिन्न होते हैं। इनमें परस्पर संधि स्थल (synapses) होती है। फलतः एक साथ होने पर भी आपस में स्पर्श नहीं हो पाता। तंत्रिका कोश से एक द्रव निकलता है जिससे सूचनाएं रिक्तता (gap) को पार कर एक कोश से दूसरे कोश तक सम्प्रेषित होती है।

तंत्रिका कोशों की संम्प्रेषण व्यवस्था का निर्माण मस्तिष्क विकास के स्वरूप में निहित होता है, प्रत्येक तंत्रिका कोश के तीन विकासात्मक चरण होते हैं ; (1) कोशिका उत्पादन (2) कोशिका प्रवर्जन एवं (3) कोशिका विभाजन (नोवोकोस्की 1987)। जैसा कि पूर्व वर्णित है, भ्रूण के स्नायविक ट्यूब से तंत्रिका कोश उत्पन्न होते हैं एवं द्वितीय त्रैमासिकी अर्थात् 6 माह के गर्भस्थ शिशु में यह प्रक्रिया पूर्णतः सम्पन्न हो जाती है।

इसके बाद इनकी विभेदन प्रक्रिया प्रारम्भ होती है, अर्थात् निकटस्थ कोशिकाओं से सम्बद्ध होकर विशिष्ट प्रक्रियायें सम्पादित होती हैं। सन्धि स्थल (Synapses) की निर्माण प्रक्रिया में अनेक कोशिकाओं की (cell dead) क्षय हो जाती है। मस्तिष्क के किसी हिस्से के विकास की उत्कृष्ट अवधि में कोशिका मृत्यु (cell dead) की सर्वाधिक घटनाएं होती हैं। चूंकि भ्रूणावस्था में स्नायविक ट्यूब अतिरिक्त कोशिकाओं का निर्माण करते हैं, इसलिए कोशिका मृत्यु (cell dead) के बावजूद तंत्रिका कोशिकाएँ पर्याप्त पायी जाती हैं (सूमी, 1982)।

प्रत्येक तंत्रिका कोश की दिशा और स्थान स्पष्ट होता है। इनमें फाइबर्स (Fibers) का विस्तार होता है, इनका निर्धारण आनुवांशिक रूप से होता है। इनसे तंत्रिका कोश संयोजित हो जाते

हैं। उद्दीपन (stimulation) एक नये कारक के रूप में प्रमुख हो जाता है। ये परिवेशीय उद्दीपनों से उद्दीप्त होकर नयी सन्धिस्थल का निर्माण करते हैं जो कभी मृत नहीं होते। अतः सन्धिस्थल निर्माण की उत्कृष्टतम् अवधि में बच्चे के लिए पर्याप्त उद्दीपन बहुत ही महत्त्वपूर्ण होता है। (ग्रीनाध एवं अन्य, 1987)। तंत्रिका फाइवर की वृद्धि से मस्तिष्क के भार में भी वृद्धि होती है। मस्तिष्क का करीब आधा भाग ग्लेल कोशिकाओं से निर्मित होता है। ये सूचनाओं का संवहन तो नहीं करतीं परन्तु मिलिनाइजेशन (milinization) की प्रक्रिया के लिए आवश्यक है। इस प्रक्रिया में स्नायविक फाइबर मिलीन (fatty sheeth) से ढका होता है। यह सूचना प्रक्रमण को सक्षम बनाता है। गर्भकाल के चौथे माह से जन्म के दो वर्ष तक, ये कोशिकाएं विकसित होती रहती हैं (स्प्रीन एवं अन्य, 1984)। मिलीनाइजेशन प्रक्रिया मस्तिष्क के पूर्ण विकास में महत्त्वपूर्ण भूमिका निभाती है (चित्र 6ब-10)। शैशवावस्था के अन्त तक मस्तिष्क का भार वयस्कों की तुलना में 70/100 हो जाता है एवं 6 वर्ष की आयु तक 90/100 तक वृद्धि (लगभग) सम्पन्न हो जाती है।

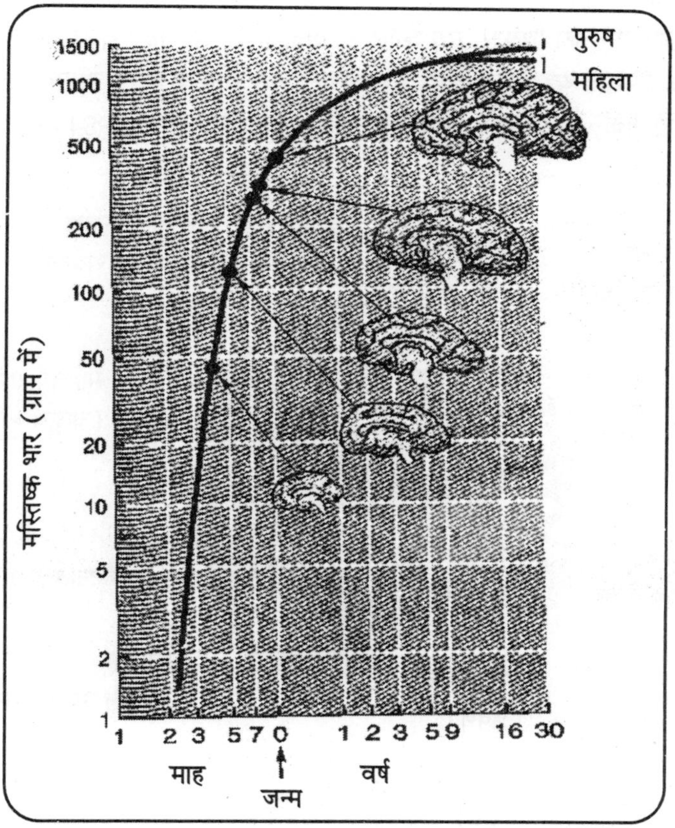

चित्र 6ब-10 : गर्भावस्था से प्रौढ़ावस्था तक मानव मस्तिष्क के भार में वृद्धि। गर्भस्थ शिशु अवस्था एवम् जन्म के दूसरे वर्ष में मस्तिष्क में तीव्र गति से वृद्धि। जैसे--जैसे मस्तिष्क का भार बढ़ता है, प्रमस्तिष्क लिपटता एवं मुड़ता जाता है।

प्रमस्तिष्क-कार्टेक्स का विकास (Development of Cerebral Cortex)

मस्तिष्क का करीब 85% भाग प्रमस्तिष्क होता है। यही भाग बौद्धिक क्षमता के विकास के लिए उत्तरदायी होता है। मस्तिष्क विकास प्रक्रिया का यह अन्तिम प्रक्रम होता है। इसीलिए परिवेश इसके विकास को सर्वाधिक प्रभावित करता है (सुमी, 1982)।

चित्र 6ब-11 से स्पष्ट होता है कि प्रमस्तिष्क के विभिन्न भागों से विशिष्ट प्रक्रियायें सम्पादित होती हैं। जैसे- ज्ञानेन्द्रियों से सूचनाओं का अवशोषण तथा शारीरिक अंगों को अनुक्रिया करने के लिए आदेश प्रदान करना आदि। इन क्षेत्रों के विकास के विश्लेषण के लिए, मृत बच्चों के मस्तिष्क का अध्ययन, रसायनिक तत्वों तथा मिलीनाइजेशन प्रक्रिया के आधार पर किया गया। अनुसंधानों से पता चलता है कि कार्टेक्स के विकास क्रम एवं शैशवावस्था तथा बाल्यावस्था में विकसित क्षमताओं के मध्य सम्बन्ध (correspondance) पाया जाता है। वे तंत्रिका कोश जो सिर, वक्ष एवं भुजाओं को नियंत्रित करते हैं, पहले परिपक्व होते हैं तथा मध्य एवं पैरों को नियंत्रित करने वाले तंत्रिका कोश बाद में। अर्थात् यहाँ विकासात्मक नियम कार्य करता है। कार्टेक्स के पिछले भाग का विकास एवं मिलिनेट प्रक्रिया का सम्पादन सबसे अन्त में होता है। दो वर्ष की आयु के उपरान्त यह क्षेत्र अधिक प्रभावशाली ढंग से कार्य करने लगता है तथापि (20 से 30 वर्ष की आयु तक) इसमें वृद्धि होती रहती है (स्प्रीन एव अन्य, 1984)।

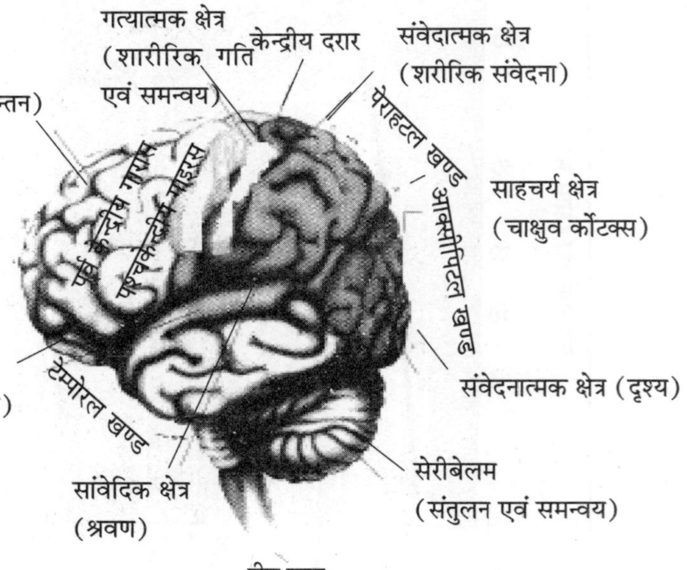

चित्र 6ब-11 : मानव मस्तिष्क के बायें भाग से प्रमस्तिष्क कार्टेक्स की प्रमुख संरचनाओं का प्रदर्शन। कार्टेक्स अनेक लोब्स से विभाजित होता है जिसमें भिन्न-भिन्न प्रकार्यों के लिए विभिन्न क्षेत्र पाये जाते हैं।

कार्टेक्स का पार्श्वीकरण (Lateralization of the Cortex)

मस्तिष्क में दो गोलार्द्ध (Hemisphere) पाये जाते हैं : वाम गोलार्द्ध एवं दक्षिण गोलार्द्ध। यद्यपि ये एक समान दिखाई देते हैं परन्तु इनकी प्रक्रियाओं का सम्पादन एक जैसा नहीं होता। कुछ संकार्य बायें गोलार्द्ध से सम्पादित होते हैं तो दूसरे कार्य दक्षिण गोलार्द्ध से। प्रत्येक गोलार्द्ध सांवेदिक सूचनाएँ प्राप्त करता है तथा शरीर के एक हिस्से अर्थात् अपने विपरीत भाग को नियंत्रित करता है। प्रायः वाम गोलार्द्ध वाचिक योग्यताओं, लिखने, बोलने एवं धनात्मक संवेगों यथा प्रसन्नता की अभिव्यक्ति के लिए उत्तरदायी होता है तो दक्षिण गोलार्द्ध, स्थानगत योग्यताओं, दूरी मूल्यांकन, मानचित्र पठन, अथवा रेखा चित्रों की पहचान तथा संवेगों यथा दुःख, कष्ट आदि की अभिव्यक्ति के लिए उत्तरदायी होता है। दक्षिण हस्त प्रबल (Right handed) लोंगों में पार्श्वीकरण ज्यादा स्पष्ट होता है।

दोनों गोलार्द्धों की विशेषज्ञता (Specialization) पार्श्वीकरण (Lateralization) कहलाती हैं। अनुसंधानकर्ताओं की रुचि मस्तिष्क सुनम्यता (Brain Plasticity) से सम्बन्धित विस्तृत ज्ञान प्राप्त करने में अधिक है। बच्चे के सुनम्य (Plastic) मस्तिष्क से अनुकूलन आसानी से होता है क्योंकि वहाँ अभी विशिष्ट प्रक्रियाओं का पूर्ण विकास नहीं हुआ रहता है एवं संक्रियाओं का सम्पादन अन्य क्षेत्रों द्वारा हो जाता है, परन्तु पार्श्वीकरण के बाद क्षतिग्रस्त क्षेत्र से नियत्रित होने वाली क्षमता सदा के लिए समाप्त हो जाती है। पूर्व शोध तथ्यों के अनुसार कार्टेक्स का पार्श्वीकरण जन्म के दो वर्ष पश्चात् ही आरम्भ होता है परन्तु आधुनिक अनुसंधानों द्वारा स्पष्ट है कि गोलार्द्ध विशिष्टीकरण (specialization) की प्रक्रिया जन्म से ही प्रारम्भ हो जाती है (ग्रेटन एवं अन्य, 1992) । वयस्कों की भांति बच्चे की मस्तिष्क तरंगे (Brain wave) वाचिक ध्वनि को सुनते समय अधिक सक्रिय पायी गयी वहीं (अवाचिक आवाज) ध्वनि एवं निषेधात्मक संवेगों तथा कड़वे स्वाद के प्रति दक्षिणी गोलार्द्ध की तरंगे अधिक सक्रिय पायी गयी (फाक्स एवं डेविडसन, 1986; हेन, 1987)।

यद्यपि गोलार्द्ध विशिष्टीकरण जन्म के पश्चात् ही शुरु हो जाता है तथापि इसके पूर्ण होने में समय लगता है। मस्तिष्क सुनम्यता पर किये गये आरम्भिक अनुसंधानों से ज्ञात होता है कि बच्चों के मस्तिष्क के एक गोलार्द्ध के पूर्ण या अंश भाग को शल्य क्रिया द्वारा निकाल दिया गया। अवशिष्ट गोलार्द्ध (वाम अथवा दक्षिण) द्वारा बच्चे की परिपक्वता के साथ-साथ भाषा अथवा स्थानगत संक्रियायें सम्पादित तो होती रही फिर भी पूर्ण सुधार नहीं हो पाया। मध्य बाल्यावस्था अथवा किशोरावस्था तक इन बच्चों में सामान्य योग्यता तो पायी गयी परन्तु जटिल संक्रियाओं के सम्पादन में कठिनाई पायी गयी (गुडमैन एवं ह्वीटेकर, 1985)। एक वर्ष की आयु के पूर्व, शिशु का मस्तिष्क अधिक सुनम्य (Plasticity) होता है। क्योंकि इसके अनेक सन्धिस्थल (synapses) का निर्माण अभी नहीं हुआ रहता जिससे गोलार्द्ध का विशिष्टिकरण हो सके। पार्श्वीकृत मस्तिष्क में निश्चित रूप में अनुकूलन क्षमता विद्यमान रहती है। दोनो गोलार्द्धों में विभिन्न क्षमताएँ विभिन्न स्तर पर विकसित होती हैं।

पार्श्वीकरण का विकास (Development of Lateralization)

हस्त प्रबलता के अध्ययन स्पष्ट करते हैं कि गोलार्द्धों के विशिष्टिकरण यद्यपि आरम्भिक आयु में ही शुरु हो जाता है तथापि पार्श्वीकरण की प्रक्रिया आयु के साथ विकसित होती है। हस्त प्रबलता पर किये गये अनुसंधानों से शैशवावस्था एवं बाल्यावस्था में पार्श्वीकरण विकास प्रक्रियाओं के बारे में जानकारी मिलती है। इस प्रकार हस्त प्रबलता उस प्रबल मस्तिष्क गोलार्द्ध का सूचक है, जिससे गत्यात्मक कौशल प्रबलता से विकसित होता है। 90% दक्षिण हस्त प्रबल (Right handed people) लोगों में हस्त नियंत्रण के साथ भाषा की क्षमता का स्थान बायें गोलार्द्ध से निर्देशित होता है परन्तु शेष 10% वाम हस्त प्रबल लोगों में (Left handed) ये क्षमताएँ किसी एक गोलार्द्ध में स्थित न होकर दोनो के मध्य पायी जाती है, अर्थात् वाम हस्त प्रबल लोग, यद्यपि वायें हाथ का प्रयोग सर्वाधिक करते हैं तथापि दाहिने हाथ के प्रयोग में भी वे कुशल होते हैं (मैकमेनस एवं अन्य, 1988)। क्या हस्त प्रबलता एवं मस्तिष्क प्रक्रियाओं का विशिष्टीकरण आनुवांशिक होता है? इस पर शोधकर्ताओं में मतभेद है तथापि प्राप्त परिणाम आनुवांशिक विश्लेषण के विपरीत तथ्य प्रस्तुत करते हैं। अभिन्न जुड़वों (Identical Twins) में ये शोध स्पष्ट करते हैं कि परस्पर भिन्न हस्त प्रबलता पायी गयी जबकि आनुवंशिक कारणों से इनमें अधिक साम्यता पायी जानी चाहिए। गर्भ में शिशु की स्थिति (दाहिने या वायीं ओर) हस्त प्रबलता का एक कारण होती है। जुड़वे, गर्भ में परस्पर विपरीत दिशा में स्थित होते हैं, अतः पार्श्वीकरण गर्भकालीन घटनाओं का परिणाम होता है। शिशु गर्भाशय में स्थिर रहता है पुनः बायीं ओर मुड़ता है। इस प्रकार शरीर के दाहिने भाग द्वारा भंगिमाओं (Postural) का नियंत्रण विकसित होता है (प्रिविक, 1991)। पाँचवें से छठें माह तक हस्त प्रबलता शिशु में स्पष्ट होने लगती है परन्तु दो वर्ष की आयु तक स्थिर नहीं हो पाती है (मैकार्गिक एवं मारर, 1988)। हस्त प्रबलता के विकास की भाँति भाषा विकास की प्रक्रिया के आरम्भ होते ही बायें गोलार्द्ध से अतिरिक्त क्षमता की मांग बढ़ जाती है, जिससे गत्यात्मक प्रबलता का ह्रास (Loss) होता है। नयी क्षमताएँ जैसे- बलबलाना, प्रथम शब्द एवं बाद के शब्दों का संयोजन आदि, विकसित होती हैं (रैम्से, 1985; रैम्से एवं मैक्ने, 1984)। वाल्यावस्था में हस्त प्रबलता पुनः विकसित होने लगती है, क्योंकि अब मस्तिष्क विशिष्टीकरण का क्षेम प्रबल एवं समृद्ध हो गया रहता है (मैक्कन्स एवं अन्य, 1988)।

क्या हस्त प्रबलता एवं मानसिक प्रकार्यों के असामान्य संगठन के बीच कोई सम्बन्ध होता है? क्या मानसिक रूप से दुर्बल बच्चों का विकास सामान्य होता है? प्रायः मानसिक मन्दता के शिकार बच्चों में वाम हस्त प्रबलता पायी जाती है। यद्यपि इनके बीच कारण प्रभाव (Cause-effect) सम्बन्धों को पूर्णतः स्थापित नहीं किया जा सकता तथापि दोनों के मध्य धनात्मक सहसम्बन्ध पाया जाता है। आरम्भिक चरण में ये बच्चे वाम गोलार्द्ध की क्षति के शिकार हो जाते हैं। इसलिए इनकी क्षमता एवं तत्कालीन विकसित होने वाली हस्त प्रबलता भी प्रभावित हो जाती है। वामहस्त एवं मिश्रित हस्त प्रबल बच्चे सामान्य बच्चों की तुलना में वाणी एवं गणितीय

योग्यता में अद्वितीय होते हैं। इन बच्चों की अद्वितीय योग्यता का कारण संज्ञानात्मक क्षमता की जैविकीय विशेषताओं, जो दोनो गोलार्द्धों में निहित होती है, को माना जाता है (वेन्त्रों, 1986)। परिवेशीय कारणों यथा; दायें हाथ के प्रयोग के प्रशिक्षण द्वारा वाम हस्त प्रबल बच्चे मिश्रित हस्त प्रबल बनाये जा सकते हैं।

मस्तिष्क विकास में अन्य प्रगतियों का उल्लेख मिलता है। कार्टेक्स के अतिरिक्त मस्तिष्क के वे भाग जो एक दूसरे से जुड़े होते हैं, आयु वृद्धि के साथ आपस में समंजित (Coordination) होने लगते हैं। अवमस्तिष्क (Cerebellum) शारीरिक गति को संतुलित एवं नियंत्रित करता है। यह मस्तिष्क का आधार होता है। जन्म के पश्चात् रेशे (Fiber) अवमस्तिष्क से प्रमस्तिष्क तक मिलिनेट होने लगते हैं जो 4 वर्ष के पहले तक पूर्ण नहीं होते (टैनर, 1990)। इस प्रक्रिया के कारण बच्चे में गत्यात्मक नियंत्रण की अद्‌भुत क्षमता विकसित होती है, जिससे वह विभिन्न प्रकार के खेल खेलता है।

मस्तिष्क तन्तुओं (stem) में एक संरचना जिसे रेटिकुलर फार्मेशन (Reticular Formation) कहते हैं, विकसित होने लगती है जो पूर्व बाल्यावस्था से किशोरावस्था तक सक्रियता एवं चेतना इत्यादि प्रक्रियाओं को बनाए रखने में सहायक होती है। रेटिकुलर फार्मेशन में निहित तंत्रिका कोश (Neurons) रेशों (Fibers) को मस्तिष्क के अन्य भागों में प्रेषित करते हैं। अधिकांश रेशे (Fibers) कार्टेक्स के फ्रन्टल लोब (Frontol Lobe) में पहुचते हैं जो संधृत अवधान तथा नियंत्रित अवधान प्रक्रमों में सहायक होते हैं। कार्पस केलोजम (Corpus callosum) मस्तिष्क की एक दूसरी संरचना है। पूर्व बाल्यावस्था में इसमें व्यापक विकास एवं परिवर्तन होता है। यह रेशों (Fibers) का एक बड़ा बंडल होता है जो दोनो गोलार्द्धों को एक दूसरे से जोड़ता है, ताकि एक दूसरे में सूचनाएं सम्प्रेषित हो सकें। इस भाग की मिलियनाइजेशन प्रक्रिया 1 वर्ष के पहले शुरु नहीं होती। 4-5 वर्ष तक इसका विकास होता रहता है (स्प्रीन एवं अन्य, 1984; विटेलसन एवं काइगर, 1988)। तत्पश्चात् दो उद्दीपकों के स्थानान्तरण एवं तुलनात्मक अंत:सम्बन्धी संक्रियाओं के सम्पादन में शिशु सक्षम हो जाते हैं। मध्य बाल्यावस्था में इस भाग का विकास मन्द गति से होता है। इनके विकास की प्रक्रियाओं की जानकारी द्वारा मस्तिष्क के विभिन्न प्रक्रमों जैसे- अमूर्त चिन्तन एवं सृजनात्मकता के बारे में विस्तृत ज्ञान मिल सकता है।

मस्तिष्क वृद्धि प्रवेग एवं विकास की संवेदनशील अवधि (Brain Growth Spurts and Sensitive Periods of Development)

मस्तिष्क के तीव्र विकास के दौरान जब सन्धिस्थल का निर्माण होता है, तब समृद्ध उद्दीपन की आवश्यकता पड़ती है। पशुओं पर किये गये अनुसंधानों से स्पष्ट होता है कि कार्टेक्स के विकास की संवेदी अवधि (Sensitive period) में सांवेदिक वंचना के कारण, विकास में अनेक प्रकार के दोष पाये गये। वहीं समृद्ध परिवेश में मस्तिष्क के चाक्षुष केन्द्र (visual centre) को पर्याप्त उद्दीपन प्राप्त होता है। इससे सामान्य मानसिक विकास होता है, परन्तु सांवेगिक वंचना की दशा

में मानसिक दोष या गड़बड़ी उत्पन्न हो जाती है। दुवैल तथा निसेल (1980) ने बिल्ली के बच्चे को जन्मोपरान्त 3–4 दिनों तक प्रकाश से वंचित रखा। परिणामों में पाया गया कि इन बिल्लियों के मस्तिष्क के चाक्षुष केन्द्र का विकास दोषपूर्ण (degeneration) हो गया। लगातार दो माह तक वंचना की दशा में रखने पर उसमें पूर्ण दृष्टिदोष पाया गया। अस्तु तीव्र सांवेदिक वंचना के कारण मस्तिष्क का पूर्ण विकास दोषयुक्त (distorted) हो जाता है। एक अन्य अध्ययन (ग्रीनाथ एवं अन्य 1987) में समृद्ध परिवेश में पले पशु शावक का मस्तिष्क एकाकी परिवेश में पले पशु शावक की तुलना में सघन एवं अधिक भार युक्त पाया गया। परन्तु मानव शिशु के मस्तिष्क के विकास पर संवेदनशील अवधि (sensitive period) के प्रभाव का अध्ययन, पूर्व अध्ययनों की भाँति न तो सम्भव है और न ही नीतिगत। परन्तु अप्रत्यक्ष विधियों द्वारा प्राप्त साक्ष्यों के आधार पर इस अवधि के प्रभाव की पुष्टि होती है। शोधकर्ताओं ने शैशवावस्था से किशोरावस्था के मध्य मस्तिष्क वृद्धि प्रवेग (Spurt)) की जानकारी, मस्तिष्क भार, खोपड़ी के आकार में वृद्धि एवं कार्टेक्स की विद्युतीय क्रियाओं में परिवर्तन के आधार पर प्राप्त की है (एप्सटाइन, 1974, 80, पैन्नर एवं अन्य 1987)। इस वृद्धि को बच्चे की बुद्धि लब्धि (I.Q.) तथा पियाजे के संकार्य प्रवणता (Task mastery) से सम्बन्धित किया जा सकता है। बन्दर के बच्चों में छिपायी गयी वस्तुओं को ढूंढने की क्षमता का आना कार्टेक्स के फ्रन्टल लोब (Frontal Lobe) में सन्धि स्थलों के विकास का सूचक होता है (डायमंड एवं गोल्डमैन–टेकिक, 1989)। विकास का यह स्वरूप मानव शिशुओं में भी पाया जाता है। वेल एवं फाक्स (1992) ने प्रदर्शित किया कि मानव शिशु में एक वर्ष की आयु तक मस्तिष्क प्रक्रियाओं में परिवर्तन पाया गया क्योंकि इन बच्चों ने छिपी वस्तुओं को ढूंढने की क्षमता दर्शायी। उपर्युक्त अध्ययनों से स्पष्ट होता है कि तंत्रिका कोश संधियों (synopses) का निर्माण मस्तिष्क वृद्धि प्रवेग की आरम्भिक स्थिति में होता है। अतिरिक्त तंत्रिका कोशों की संधियों का उत्पादन एवं मिलीनाइजेशन की प्रक्रिया बाद में होती है (फिशर, 1987)। परन्तु मस्तिष्क के विकास में अनुभवों की कितनी भूमिका होती है ? इसकी पर्याप्त जानकारी हेतु आगे अनुसंधान अपेक्षित है।

सारांश (Summary)

अन्य प्राणियों की अपेक्षा, मनुष्य के शारीरिक विकास की गति धीमी होती है। शैशवावस्था में शारीरिक वृद्धि एवं परिवर्तन तीव्रतम गति से होता है। बाल्यावस्था में यह गति धीमी हो जाती है पुनः किशोरावस्था में विकास तीव्रतम् गति से होता है। शैशवावस्था एवं बाल्यावस्था में शारीरिक विकास 'सिर से पैर की ओर' (Cephalo Caudal) एवं 'निकट से दूर की ओर' (Proximo Distal) के नियमानुसार होता है। शारीरिक अनुपात में परिवर्तन एवं मासंपेशीय वसा (Fat) आगे चलकर किशोरावस्था के दौरान एथलेटिक कौशल के विकास में सहायक होते हैं।

गेसल ने शैशवावस्था के शारीरिक विकास को चार प्रमुख चरणों में विभाजित किया है। प्रथम चरण जन्म से 4 माह की आयु तक जो विभिन्न प्रकार के शारीरिक विकास एवं

परिवर्तनों को व्यक्त करता है। दूसरे चरण; 4 से 8 माह की अवधि में होने वाले शारीरिक परिवर्तनों, जिसमें लम्बाई और भार का बढना शामिल है तथा शिशु के दो दांत भी आ जाते हैं। तीसरे चरण (8 से 12 माह की आयु) में होने वाले परिवर्तनों में मुख्य रूप से लड़के, लड़कियों के भार में अन्तर पाया जाता है। चौथे चरण (12 से 18 माह की आयु) में होने वाले परिवर्तनों में भार एवं लम्बाई में सार्थक वृद्धि पायी जाती है जिससे बच्चों में चलने की क्षमता, सीढ़ी चढ़ना, पैर उछालना एवं दो शब्दों वाले वाक्यों को बोलने की क्षमता विकसित हो जाती है। 18 से 24 माह (दो वर्ष) की आयु में विभिन्न प्रकार के परिवर्तनों के अतिरिक्त बच्चों में अन्वेषण की प्रवृत्ति पायी जाती है। वह चीजों को छिपाने अथवा ढूढने जैसी क्रियायें करने लगता है।

शारीरिक परिपक्वता की जानकारी खोपड़ी की आयु (skeltal age) के आधार पर भी की जा सकती है। जन्म के समय लड़कियाँ अधिक विकसित होती हैं।यह विकास क्रम उम्र के साथ परिवर्तित होता रहता है। शारीरिक वृद्धियों में विविधता पायी जाती है। विभिन्न शारीरिक संस्थान निजी एवं विशिष्ट संरूप के अनुसार परिपक्व होते हैं। शारीरिक वृद्धि पर आनुवंशिक एवं पर्यावरणीय कारकों का भी प्रभाव पड़ता है। शारीरिक वृद्धि में कालिक प्रवृत्ति का प्रभाव पाया गया है। विकसित देशों के बच्चे पहले की तुलना में जल्दी परिपक्व एवं लम्बे होने लगे हैं। पिट्युटरी ग्रन्थि के हारमोन्स स्राव द्वारा शारीरिक वृद्धि पर नियंत्रण होता है एवं इसकी नियमितता (regulation) में हाइपोथैलमस की भूमिका काफी महत्त्वपूर्ण होती है।

शारीरिक विकास की भाँति शिशु के गत्यात्मक विकास में भी 'सिर से पैर की ओर' (Cephalo-Caudal) एवं 'निकट–दूर' (proximo-distal) के नियम कार्य करते हैं। यद्यपि विकास का क्रम सभी बच्चों में समान रूप से ही होता है, तथापि विकास गति में वैयक्तिक भिन्नतायें पायी जाती हैं। नये कौशल के विकास में जटिल क्रियाओं के संस्थानों की भूमिका होती है। यद्यपि कौशलों के विकास में परिपक्वता की भूमिका प्रमुख होती है तथापि विभिन्न परिवेशीय कारक, जैसे – उपयुक्त अवसर, पालन पोषण के ढंग एवं समृद्ध परिवेश का प्रभाव प्रमुख रूप से पड़ता है। यद्यपि शिशु में ऐच्छिक प्रयास का आरम्भ असंयोजनात्मक होता है, परन्तु धीरे–धीरे एक वर्ष बीतते–बीतते परिष्कृत हो जाता है। एक बार जब पहुँचने (reaching) की प्रवृत्तियाँ पूर्ण का अभ्यास हो जाता है तब वह गत्यात्मक कौशलों के समाकलन में सहायक तो होता ही है, नये संज्ञानात्मक विकास में भी सहायक होता है।

अन्य विकास प्रक्रमों की भांति स्नायुविक विकास में भी सामान्य संरूप पाया जाता है। स्नायुविक संस्थानों का विकास गर्भावस्था में एवं जन्म के बाद तीन चार वर्षों तक तीव्रतम गति से होता है। तत्पश्चात इनका विकास धीमी गति से होने लगता है। जन्म के समय मस्तिष्क का भार अधिक होता है परन्तु आयु वृद्धि के साथ मस्तिष्क भार तथा शरीर के भार के बीच का अनुपात घटता जाता है। यह संरूप प्रमस्तिष्क एवं अनुमस्तिष्क के विकास में भी समान रूप से पाया जाता है। 8 वर्ष की आयु तक मस्तिष्क विकास में पूर्णतया परिपक्वता आ जाती है परन्तु आन्तरिक प्रमस्तिष्क पूरी तरह विकसित नहीं होता है। तंत्रिका तंत्र (Nervous System) तीन

चरणों में विकसित होते हैं (1) उत्पादन (2) प्रवर्जन तथा (3) विभेदन। प्रमस्तिष्क कार्टेक्स का पार्श्वीकरण जन्म से ही शुरु हो जाता है परन्तु प्रथम वर्ष तक की आयु तक लचीलापन बना रहता है।

हस्त प्रबलता की प्रवृत्ति शैशवावस्था में व्यक्त होती है एवं पूर्व बाल्यावस्था में समृद्ध होती है जो पार्श्वीकरण का एक उदाहरण है। प्रायः वाम हस्त प्रबलता को विकासात्मक दोष का सूचक माना जाता है जो निराधार है। शैशवावस्था से किशोरावस्था तक अनेक अन्तरालों में मस्तिष्क वृद्धि प्रवेग पाये जाते हैं।

अतिसूक्ष्म मस्तिष्क कोशिकाएं एवं प्रमस्तिष्क कार्टेक्स, मस्तिष्क के महत्वपूर्ण अंग हैं। तंत्रिका तंत्र में सूचनाएं संरक्षित एवं स्थानान्तरित होती रहती हैं। इसमें परस्पर सन्धि स्थल पाये जाते हैं। प्रमस्तिष्क कार्टेक्स मस्तिष्क का लगभग 85% भाग होता है जो बौद्धिक क्षमता के विकास के लिए उत्तरदायी होता है। मस्तिष्क का यह अन्तिम भाग होता है। अतः इस पर परिवेशीय कारकों का सर्वाधिक प्रभाव पड़ता है।

मस्तिष्क में बाम (Left) एवं दक्षिण (Right) गोलार्द्ध पाये जाते हैं। प्रत्येक गोलार्द्ध सांवेदिक सूचनाओं को प्राप्त करता है तथा शरीर के विपरीत हिस्सों को नियंत्रित करता है। दक्षिण हस्त प्रबल (Right Handed) लोगों में पार्श्वीकरण सबसे ज्यादा स्पष्ट होता है। पार्श्वीकरण की प्रक्रिया आयु के साथ विकसित होती है। 90% लोग दक्षिण हस्त प्रबल पाये जाते हैं जबकि 10% लोग ही बाम हस्त प्रबल (Left Handed) होते हैं। उपयुक्त प्रशिक्षण द्वारा बाम हस्त प्रबल को मिश्रित हस्त प्रबल (Mixed Handed) बनाया जा सकता है।

कार्टेक्स के अतिरिक्त अवमस्तिष्क (Cerebellum) शारीरिक गति को संतुलित एवं नियंत्रित करता है। इसी प्रकार रेटिकुलर फार्मेशन का विकास सक्रियता एवं चेतना को बनाये रखने में सहायक होता है।

स्नायुविक विकास में परिपक्वता के अतिरिक्त, परिवेश की भूमिका कितनी महत्त्वपूर्ण होती है? इसके बारे में जानकारी अपर्याप्त है एवं आगे अनुसंधान अपेक्षित है।

तकनीकी पद	**Technical Terms**
अंगीकरण	Grasping
इस्ट्रोजेन्स	Oestrogens
एंड्रोजेन्स	Androgen
ऐच्छिक	Voluntary
ऐच्छिक पहुँच	Voluntary Reaching
कंकाल आयु	Skeletal Age
कालिक प्रवृत्ति	Secular Trend

कार्पस कैलोसम	Corpus Collosum
गत्यात्मक विकास	Motor Development
गत्यात्मक कौशल	Motor Skills
ग्लेल-कोशिकाएं	Glial Cells
गर्भ नली	Birth Canal
तन्त्रिका कोश	Neurons
थायराक्सिन	Thyroxine
दूरी वक्र	Distance Curve
न्यूरान्स	Neurons
नेत्र-हस्त समन्वय	Eye-Hand Coordination
निकट दूर प्रवृत्ति	Proximo-Distal trend
पिट्टयूरी ग्रन्थि	Pitutary Gland
प्रमस्तिक वल्कुट	Cerebral Cortex
पार्श्वीकरण	Lateralization
प्रबल गोलार्द्ध	Dominant Hemisphere
पालना	Cradle
परिपक्वता	Maturation
पूर्व प्रसरण	Pre-reaching
भंगिमा	Postural
मस्तिष्क सुनम्यता	Brain Plasticity
रेटिकुलर फार्मेशन	Reticular Formation
रेंगना	Crawling
लघु मस्तिष्क	Cerebellum
लचीला	Plasticity
वृद्धि प्रवेग	Growth Spurt
वृहद मस्तिष्क	Cerebrum
वृद्धि हारमोन्स	Growth Hormones
वेग वक्र	Velocity Curve
वृद्धि चक्र	Growth Cycle
वत्स	Toddler
सामान्य विकास वक्र	General Growth Curve
स्नायविक	Neural

सन्धिस्थल	Synapses
संकार्य प्रवणता	Task Mastery
सांस्कृतिक भिन्नता	Cultural Differences
स्वरूप/प्रकृति	Nature
सिर से पाव की ओर की प्रवृत्ति	Cephalo caudal Trend
सकल गत्यात्मक विकास	Gross motor Development
हल्का धब्बा	Fontanls
हाइपोथैलमस	Hypothalamus
हस्त प्रबलता	Handedness

7 शैशवावस्था : सांवेदिक, प्रत्यक्षपरक एवं संज्ञानात्मक विकास

Infancy : Sensory, Perceptual and Cognitive Development

प्रस्तुत अध्याय में शिशु में पायी जाने वाली सांवेदिक, प्रत्यक्षपरक एवं संज्ञानात्मक क्षमताओं के विकास का स्वरूप एवं तत्सम्बन्धित प्रमुख प्रक्रमों का वर्णन एवं विश्लेषण किया गया है।

इस अध्याय के प्रथम अनुभाग में विविध सांवेदिक क्षमताओं के विकास के संरूपों का वर्णन किया गया है। शिशु की सांवेदिक क्षमताओं के विकास प्रक्रम को समझने के लिए मनावैज्ञानिकों ने कुछ प्रश्न उठाए हैं। जैसे–जन्म के समय शिशु की संवेदनाओं (श्रवण, दृष्टि, घ्राण, स्वाद एवं संस्पर्श) का विकास किस स्तर का होता है? क्या सभी संवेदनायें क्रियाशील होती हैं, एवं कुछेक जन्म के समय ही पूर्णतः परिपक्व भी होती है? इन प्रश्नों की समीक्षा इस अध्याय में की गयी है। इस अध्याय के दूसरे अनुभाग में शिशु की प्रत्यक्षपरक क्षमताओं से सम्बन्धित प्रश्नों का उत्तर देने का प्रयास किया गया है। जैसे–क्या शिशु लक्षित वस्तुओं का प्रत्यक्षीकरण, ज्ञानेन्द्रियों से प्राप्त सूचनाओं के आधार पर करता है, या उसकी ज्ञानेन्द्रियाँ भी अनैच्छिक क्रियाओं की भाँति कार्य करती है? क्या यह संभव है कि शिशु में कुछ उद्दीपकों के प्रति अनुक्रिया करने की क्षमता जन्म से ही विद्यमान रहती हो? एवम् जन्म के प्रथम माह से लेकर वर्ष के अन्त तक सांवेदिक एवं प्रत्यक्षपरक तन्त्रो (Systems) के विकास का स्वरूप कैसा होता है?

अध्याय के अन्तिम भाग में शिशु के संज्ञानात्मक विकास का स्वरूप एवम् इसके विविध प्रक्रमों का उल्लेख किया गया है। शिशु के ज्ञान एवं चिन्तन का क्या स्वरूप होता है? तथा वाचिक अभिव्यक्ति के अभाव में शिशु के बौद्धिक विकास एवं चिन्तन जैसे संज्ञानों के विकास का अध्ययन कैसे संभव है? इन प्रश्नों का समाधान करने का प्रयास किया गया है।

सांवेदिक विकास (Sensory Development)

विकास मनोवैज्ञानिकों ने अनेक मापन विधियों की सहायता से सांवेदिक प्रक्रमों के बारे में महत्वपूर्ण जानकारियाँ प्राप्त की है। इस अनुभाग में इन सांवेदिक प्रक्रमों का वर्णन किया गया है।

दृष्टि संवेदनशीलता (Visual Sensitivity)

मनोवैज्ञानिकों के लिए सदैव जिज्ञासा का विषय रहा है कि क्या सद्य:जात शिशु वस्तुओं को देख सकता है अथवा जन्म के पश्चात् कब उसमें देखने की क्षमता आती है? आरम्भिक अनुसन्धानों द्वारा नवजात शिशु को देख सकने की क्षमता का अनुमान उसकी दो प्रकार की अनुक्रियाओं के आधार पर किया गया है। प्रथम, जब शिशु वस्तु की ओर घूमता है एवं द्वितीय जब वह गतिमान वस्तु की ओर या पीछे अपनी आँखें घुमाता है। फैट्ज (1961) ने चाक्षुष संवेदनाओं को जानने के लिए वैज्ञानिक प्रविधि का विकास किया, जिसे 'चाक्षुष वरीयता प्रविधि' (Visual Preference Technique) कहा जाता है। इसके अतिरिक्त अन्य प्रविधियों की सहायता से शिशु में रंग विभेदन, चमकीलापन, गहराई, संरूप विभेदन इत्यादि के बारे में जानकारी मिली है। उद्दीपक चयन हेतु शिशु किन प्रकार्यो का उपयोग करता है तथा इन क्षमताओं का विकास कैसे होता है ? इन प्रश्नों का समाधान महत्वपूर्ण अनुसन्धानों की सहायता से प्रस्तुत किया गया है। अनुसंधानों से पुष्ट होता है कि चाक्षुष क्षमताओं के विकास में भी परिपक्वता एवं वातावरण दोनों की भूमिका प्रमुख होती है।

दृष्टि संवेदना दो माह से कम आयु के शिशुओं में, वयस्कों की अपेक्षा दो तिहाई (2/3) पायी जाती है एवं दस माह की आयु तक वयस्कों की भाँति विकसित हो जाती है, यद्यपि सूचना प्रक्रमण क्षमता वयस्कों में अधिक विकसित होती है। रेनर (1978) के अध्ययन से पता चलता है कि 3-4 माह का शिशु परिधीय विभेदन कर लेता है। अर्थात् इस क्षमता के आरम्भिक दैहिक क्रियातन्त्र जन्म से ही विद्यमान होते हैं परन्तु इनका विकास आगे के महीनों में भी चलता रहता है।

उद्दीपक अन्वेषण क्षमता (Stimulus Exploration Capacity)

कुछ मनोवैज्ञानिकों का मानना है कि परिधीय उद्दीपकों की अनुपस्थिति में भी शिशु उद्दीपक अन्वेषण करने की क्षमता रखता है (ट्रोनिक एवं क्लेन्टन, 1971)। हेथ (1980) ने प्रायोगिक साक्ष्यों द्वारा प्रमाणित किया कि नवजात शिशु सक्रिय चाक्षुष अन्वेषक होते हैं परन्तु समोच्च रेखा के अभाव में उनमें अन्वेषण नियन्त्रण का अभाव पाया जाता है।

(अ) गतिमान उद्दीपक कों ढूंढ़ना (Trailing Moving Stimuli): अनेक अनुसन्धान दर्शाते हैं कि नवजात शिशु 90° पर घूमते हुए उद्दीपकों की खोज कर सकता है (ग्रेग एवं अन्य, 1996; ह्वाइट, 1971), परन्तु उद्दीपक का प्रदर्शन काल शिशु के लिए अधिक होना चाहिए। यद्यपि सहज अनुसरण क्षमता 6 से 8 सप्ताह की आयु में विकसित हो जाती है तथा भिन्न-भिन्न वेग से गतिमान उद्दीपकों के अनुसरण की योग्यता 6 माह के अन्दर विकसित हो जाती है (एस्लिन, 1981) अर्थात् शिशु जन्म से ही चाक्षुष उद्दीपकों के प्रति अनुक्रिया करते हैं एवं आयु वृद्धि के साथ इन क्षमताओं में वृद्धि होती है।

(ब) गतिमान वस्तुओं के प्रति नेत्र गति (Eye Movement Towards Moving Stimuli) : शिशु प्रथम नेत्र गति, आप्टो काइनेटिक निस्टेग्म्स [Optokinetic Nystagmus

(OKN)] के रूप में, तब पाया जाता है जब बड़ी वस्तु, बारम्बार व्यक्ति के समक्ष उपस्थित होती है या व्यक्ति गतिमान स्थिति में (कार इत्यादि में बैठा हो) बड़ी वस्तु की ओर देखता है। यह काफी हद तक अनैच्छिक अनुक्रिया है परन्तु इससे ऐच्छिक क्रिया का आरम्भ होता है। नवजात शिशु में ओ. के. एन. क्षमता जन्म से ही पायी जाती है। इस क्षमता के अभाव में शिशु स्नायविक दोष का शिकार होता है। अतः यह क्षमता जन्म से ही शिशु में विद्यमान होती है, जबकि सेकैडिक गति (Saccadic Movement) बाद में विकसित होती है। जब उद्दीपक नेत्र के परिधीय क्षेत्र में आता है तो सेकैडिक गति उत्पन्न होती है। यह एक प्रकार की सही तीव्र गति है जो आरम्भ से अन्तिम छोर तक उत्पन्न होती हुई उद्दीपक को केन्द्रीय भाग में लाती है। शिशु को इस प्रकार की गति के लिए सीखने की आवश्यकता नहीं पड़ती। शिशु वस्तु को केन्द्रीय क्षेत्र के होते हुए भी परिधीय क्षेत्र से ही देखता है। 7–8 सप्ताह के पहले, शिशु में यह गति अपरिपक्व रूप में अवश्य विद्यमान होती है (आस्लिन, 1987)। नवजात शिशु सेकैडिक गति द्वारा उद्दीपक की परिधीय उपस्थिति का विभेदन तो करता है परन्तु उसके प्रत्यक्षीकृत स्वरूप को व्यक्त करने में अक्षम होता है। शिशु में, फोबिया की अपेक्षा रेटिना की परिधीय कोशिकायें वयस्कों जैसी पायी जाती हैं परन्तु शोधकर्त्ताओं की रुचि यह जानने में है कि चमकीलापन एवं रंग का प्रत्यक्षीकरण कब एवं कैसे विकसित होता है?

चमकीलापन या वर्ण तीव्रता (Brightness or Intensity of Light)

नवजात शिशु सहजता से चमकीली वस्तुओं तथा तीव्र प्रकाश का विभेदन कर लेते हैं। इस क्षमता का विकास धीरे-धीरे होता है। पीपल्स एवं टेलर (1975) ने प्रदर्शित किया कि दो माह के शिशुओं ने दो उद्दीपकों के चमकीलापन का विभेदन पृष्ठभूमि के साथ कर लिया। जब उद्दीपकों को एक के बाद प्रस्तुत किया गया तो चार माह की आयु के बच्चों की विभेदन क्षमता निम्न पायी गयी। नवजात शिशु में प्रकाश के प्रति संवेदनशीलता बड़े बच्चों की तुलना में अधिक होती है। एडम्स (1987) ने रंग वरीयता के अध्ययन में पाया कि नवजात शिशु कम चमकीले रंगों के प्रति अधिक अनुक्रियाशील होते हैं।

रंग दृष्टि (Colour Vision)

चूँकि प्रकाश की तरंगे (Wave length) रंग के लिए भौतिक उद्दीपक होती है। अतः तरंगों की लम्बाई सतत रूप से लाल, पीला, हरा, नीला से पराबैंगनी की ओर परिवर्तित होती रहती है (चित्र 7.1)। शिशु में रंग विभेदन की क्षमता चूँकि विकसित नहीं होती अतः अनुसन्धानकर्त्ताओं ने (कोहेल एवं अन्य, 1979; टेलर एवं वार्नस्टीन, 1987) रंग समानता के स्थान पर रंग तीव्रता (चमकीलापन) के परिवर्तन पर अनुसन्धान किये। रंगीन वस्तुओं (लाल/पीला) के युग्म को बार-बार प्रस्तुत किया गया। शिशुओं ने प्रकाश उद्दीपकों के प्रति अनुक्रिया दर्शायी। परिघटना चमकीलापन की नहीं वरन् ह्यू (Hue) की थी। 8-12 सप्ताह के शिशुओं ने भी रंग वरीयता दर्शायी परन्तु 3-माह से कम उम्र के शिशुओं में यह क्षमता नहीं मिली। एडम्स (1987) के बाद

के अनुसंधान यह दर्शाते हैं कि वयस्कों के विपरीत, तीन माह के शिशुओं में नीले या हरे के स्थान पर, लम्बे तरंग वाले लाल एवं पीले रंगों के प्रति विभेदन करने की क्षमता अधिक पायी गयी।

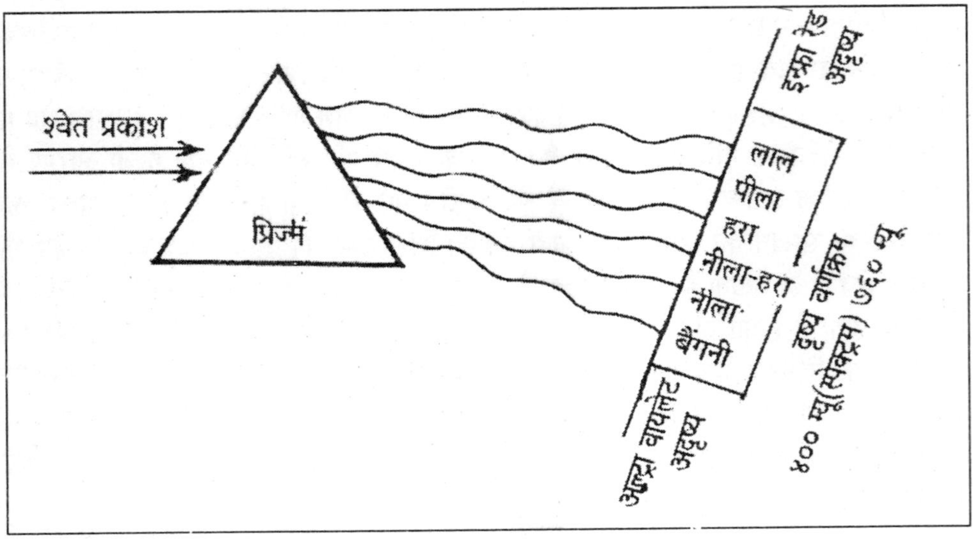

चित्र 7.1 : दृष्टि उत्पन्न करने वाले स्पेक्ट्रम की सभी लम्बाइयों वाले प्रकाश को प्रिज्म से निकालने पर प्रकाश तरंगों का पृथक्करण।

स्थिर संरूप का पर्यावलोकन (Scanning Stationary Patterns)

शिशु सामान्यतः वस्तु की समोच्च रेखा पर ध्यान केन्द्रित करते हैं। दो माह की आयु से पर्यावलोकन का विस्तार प्रारम्भ होता है अर्थात् अवधान त्रिकोंण के आस-पास, बगल में एवं बाहर की ओर केन्द्रित होता है। दो माह की आयु का शिशु संरूप को याद रखता है एवं जटिल चाक्षुष विभेदन की क्षमता प्रदर्शित करता है। बाह्य समोच्च रेखा के आधार पर आन्तरिक समोच्च रेखा की जाँच पर्यावलोकन विकास का एक अन्य उदाहरण है।

माइलेस्की (1976) ने 1 से 4 माह के शिशुओं को यौगिक आकृतियों का आदतीकरण (Habituation) विधि द्वारा अधिगम कराया। तत्पश्चात् नई आकृतियों को जब प्रस्तुत किया गया तो शिशुओं ने आन्तरिक या बाह्य समोच्च रेखा के आधार पर अनादतीकृत (Dishabituated) प्रभाव दर्शाया, जबकि कम आयु के शिशुओं ने मात्र बाह्य समोच्च रेखा के आधार पर अनुक्रिया दी। अर्थात् एक माह के शिशु क्रमवीक्षण में न तो आन्तरिक समोच्च रेखाओं को ध्यान में रखते हैं ना ही उन्हें याद रखने में सफल रहते हैं।

चाक्षुष सूचनाओं में विभेदन (Detecting Visual Information)

सूचनाओं को शिशु किस प्रकार ग्रहण करते हैं एवं इन सूचनाओं का प्रक्रमण कैसे होता है ? कुछ

सूचनायें वस्तु के रंग एवं चमकीलापन से प्राप्त होती हैं परन्तु ज्यादातर सूचनाएं वस्तु की बाह्य समोच्च (आकार) एवं आन्तरिक विशेषताओं से प्राप्त होती हैं। वस्तु के सन्दर्भ में स्थाई एवं जटिल प्रकार की सूचनाएं जैसे- स्थान या दिशा, के बारे में जानकारी प्राप्त होती है। फैंट्ज (1961, 1963) के अनुसन्धान दर्शाते हैं कि नवजात शिशु वस्तु के समजातीय क्षेत्रों के बजाय, संख्या पर अधिक ध्यान देते हैं। चाक्षुष सूचनाओं से वस्तु की त्रिविमात्मकता के बारे में जानकारी प्राप्त होती है। बोर्नस्टीन एवं सहयोगियों (1976) ने पाया कि 3-4 माह के शिशुओं ने श्रेणीगत रंग प्रत्यक्षीकरण में लाल रंग के अतिरिक्त अन्य रंगों के प्रति भी वरीयता प्रदर्शित की। रंग वरीयता अनुभवों पर आधारित न होकर स्वतः उत्पन्न होती है एवं जन्म के बाद शिशु में शीघ्र ही स्पष्ट होने लगती है, इसकी पुष्टि अध्ययनों से होती है (टेलर एवं वोर्नस्टीन, 1987)।

दृष्टि संरूप (Visual Patterns)

क्या शिशु का चाक्षुष निवेश (Visual input) संरूप प्रत्यक्षीकरण के लिए पर्याप्त होता है ? जैसा कि विलियम जेम्स ने माना कि शिशु मेंसंरूप प्रत्यक्षीकरण क्षमता अवरुद्ध गुंजित (Blocking Buzzing) एवं संशययुक्त (confusing) होती है। विकास मनोवैज्ञानिकों ने इस दिशा में अधिक जानकारी प्राप्त करने का प्रयास किया है।

दृष्टि तीक्ष्णता (Visual Acuity) : शिशु कितनी परिशुद्धता से देख सकता है, यही संरूप दृष्टि तीक्ष्णता कहलाती है। स्नेलेन चार्ट का उपयोग नेत्र की तीक्ष्णता के मापन हेतु किया जाता है। शिशु में दृष्टि तीक्ष्णता के मापन हेतु वरीयता परीक्षणों का उपयोग किया जाता है। ओ. के. एन. या वी. ई. पी. (OKN or VEP) या मस्तिष्क तरंगों की अनुक्रियाओं के आधार पर भी दृष्टि तीक्ष्णता का अध्ययन किया जाता है। नवजात शिशु समतल की तुलना में धारीदार उद्दीपकों के प्रति अधिक ध्यान देते हैं परन्तु इससे भिन्न परिणाम भी पाये गये हैं (हेल्थ एवं अन्य, 1979)। तीक्ष्णता आंकलन में विस्तृत प्रसरण (Variation) 6/69-6/400 पाया गया है (डोबोसन एवं अन्य, 1980)। ड्यूमिस (1980) ने नवजात शिशु की दृष्टि तीक्ष्णता का सर्वोत्तम आंकलन 20/500 किया है।

जन्म से 6 माह की आयु के बीच, दृष्टि तीक्ष्णता का विकास तीव्रता से होता है एवं वर्ष के अन्त तक तेजी से विकसित होकर 20/50 तक पहुँच जाता है तथा 4-5 वर्ष की आयु से पहले शिशु अच्छी तरह देख सकता है (20/20), वह चाक्षुष क्षेत्रों को ढूँढ सकता है एवं रंग तथा चमक युक्त संकेतों का उपयोग भी करता है। परिवेश में निहित उद्दीपकों को वस्तुओं की विशेषताओं के आधार पर छाँट सकता है। इस प्रकार उसमें तीन प्रकार की प्रात्यक्षिक क्षमतायें (गहराई/दूरी, संरूप एवं वस्तु) प्रत्यक्षीकरण के रूप में पायी जाती हैं।

श्रवण संवेदनशीलता (Auditory Sensitivity)

श्रवण संवेदना के बारे में अनेक प्रशन उपस्थित होते हैं। क्या नवजात शिशु ध्वनि सुन पाता है। क्या

गर्भस्थ शिशु सुन सकते हैं? यदि नही तो शिशु कबसे सुनना प्रारम्भ करते हैं और यदि सुनते हैं तो श्रवण उद्दीपक के किस पक्ष के प्रति अनुक्रिया करते है? मनोवैज्ञानिकों ने अध्ययनों के आधार पर ध्वनि की प्रमुख विशेषताओं जैसे- तीव्रता (Intensity), तारता (Pitch) एवं स्थानीकरण (Localization) के बारे में जानकारी प्राप्त की हैं।

अनुसंधान दर्शाते हैं कि ध्वनियों में विविधता पायी जाती है। इन ध्वनियों में परिशुद्ध तान (Tone) विभिन्न तानों का संयोजन, तानों के संयोजन में निहित संकरी या विस्तृत आवृत्तियाँ, कोलाहल एवं वाणी इत्यादि शामिल हैं।

अनुसन्धानकर्ताओं ने प्रमुख सांवेदिक अनुक्रियाओं जैसे - एकटक देखना (startles), पलक झपकाना, ध्वनि की ओर मुड़ना, इत्यादि का मापन किया है। इनसे स्पष्ट होता है कि शिशु न केवल आवाज ही सुन सकता है बल्कि ध्वनि के स्थान का अनुमान भी कर सकता है। बाह्य अनुक्रियाओं के अतिरिक्त आन्तरिक अनुक्रियाओं जैसे-हृदय गति में परिवर्तन, मस्तिष्क के उस भाग में परिवर्तन जो ध्वनि उद्दीपकों या अनुक्रियाओं के प्रक्रमण में महत्त्वपूर्ण है, के मापन से शिशु की श्रवण संवेदनाओं की क्षमता पर प्रकाश पड़ता है। स्पेटनर एवं ओल्सो (1990) ने पाया कि 3-6 माह के शिशु की 400 चक्र (ध्वनि) तान के प्रति संवेदना देहली निम्न पायी गई। अन्य अनुसंधान दर्शाते हैं कि 500 से 1000 चक्र तान के प्रति 3 माह के शिशु की अपेक्षा 6 माह के शिशु की अनुक्रिया अधिक परिष्कृत पायी गईं। शिशु की तुलना में वयस्कों में 10 से 30 डेसीबल निम्नतर संवेदना देहली पायी गयी है।

शिशु की ध्वनि संवेदना के सन्दर्भ में कुछ प्रश्न उपस्थित किये गये है। यथा; क्या बहरापन की समस्या जन्म से ही विद्यमान रहती है ? यदि हाँ तो तीन वर्ष के पूर्व, पूर्ण बहरापन की पहचान क्यों नहीं हो पाती ? उक्त प्रश्नों के समाधान का प्रयास इस अनुभाग में किया गया है।

प्राचीन शोध दर्शाते हैं कि जन्म के समय शिशु ध्वनि के प्रति अनुक्रिया करने में अक्षम होता है (ट्राइडमैन 1897,1927; प्रियर, 1980-1988; कुसमाँल, 1959) परन्तु बाद में फ्राडिंग (1960) के अनुसन्धानों से पुष्टि होती है कि 96% शिशुओं ने 126-132 डेसीबल ध्वनि के प्रति पलक झपकाने की अनुक्रिया दर्शायी। विभिन्न अध्ययनों में गर्भस्थ शिशुओं द्वारा उद्दीपकों के प्रति अनुक्रिया करने के साक्ष्य मिलते हैं (बर्नार्ड 1966)। अल्ट्रासाउण्ड की सहायता से किए गए अनुसन्धानों से पता चला है कि 24 सप्ताह के 50 प्रतिशत गर्भस्थ शिशु एवं 28 सप्ताह के 100 प्रतिशत गर्भस्थ शिशुओं ने 50-80 डेसीबल ध्वनि चक्र पर चौंकने की अनुक्रिया दर्शायी। चूंकि नवजात शिशु में श्रवण कोशिकायें एवं अवमस्तिष्क शाखायें (Lower brain) पूर्णत: संयोजित होती हैं। परन्तु शेष भागों का विकास आगे के वर्षों में होता रहता है (एगरमोंट, 1985)। इसका तात्पर्य है कि जन्म के समय श्रवण के प्रति कुछ अनुक्रियायें तो परिपक्व होती हैं परन्तु अधिकांश अनुक्रियायें बाद में विकसित होती है।

मार्क्विस (1931) ने पवलोवियन अनुबन्धन द्वारा नवजात शिशुओं को ध्वनि (Buzzer)

एंव भोजन को साथ-साथ प्रस्तुत करके अनुबन्धित कराया। 8 में से 7 शिशुओं ने 10वें दिन ध्वनि (Buzzer) के प्रति अनुबन्धित अनुक्रिया प्रदर्शित की। अन्य अनुसन्धान भी इस तथ्य की पुष्टि करते हैं।

ध्वनि तीव्रता (Loudness Intensity)

शिशु को ध्वनि के प्रति अनुक्रिया करने के लिए कितनी तीव्र ध्वनि प्रस्तुत हो ? क्या शिशु ध्वनि तीव्रताओं में भेद कर सकता है ? उपरोक्त प्रश्नों का उत्तर सरल नहीं है क्योंकि अनुक्रिया ध्वनि उद्दीपक के स्वरूप एवं मापक पर निर्भर करती है। शिशुओं में ध्वनि की निरपेक्ष देहली का मापन किया गया है। 40-50 डेसीबल ध्वनि का उपयोग इन अध्ययनों में किया गया। वेडेनबर्ग (1956) ने प्रदर्शित किया कि 70-75 डेसीबल की ध्वनि पर सोया हुआ शिशु जग जाता है। इसके विपरीत उन्होंने पाया कि पलक झपकाने की प्रवृत्ति 105 डेसीबल ध्वनि चक्र की प्रस्तुति पर पायी गई। बाद के अनुसन्धान दर्शाते हैं कि विभिन्न प्रकार की अनुक्रियाओं के लिए भिन्न-भिन्न तीव्रता स्तर के ध्वनि उद्दीपक आवश्यक है (बाहेर्शिक 1964; स्टाइन-श्नाइडर एवं अन्य, 1966) अतः नवजात शिशु ध्वनि के प्रति अनुक्रियाशील होते हैं परन्तु उनकी तीव्रता के प्रति, संवेदनशीलता में शीघ्रता से सुधार आता है। 3-8 माह के मध्य श्रवण संवेदना देहली में तीव्र गति से कमीं आती है।

स्थानीकरण (Localization)

ध्वनि की ओर शिशु का आँख घुमाना या सिर मोड़ना स्थानीकरण का सूचक है। यह विशेषता एक सप्ताह के शिशु में पायी जाती है। मूर एवं क्लिफ्टन (1985) नें शिशु में ध्वनि स्थानीकरण सम्बन्धी अनुसन्धानों की पुष्टि की है। यद्यपि 1961 में बर्दाइमर ने अपने अध्ययन में शिशु में स्थानीकरण विशेषता का उल्लेख किया परन्तु मनोवैज्ञानिकों में आम सहमति नहीं बन सकी। एक सेकेण्ड तक, धीमी ध्वनि को सुनने पर शिशु के सिर एवं आँख में गति पायी गई (म्यूर एवं फिल्ड, 1979)। कार्ल्सटन एवं साथियों (1989) के अध्ययन के परिणाम इस प्रकार थे : (1) शिशु ने एक सेकेण्ड के ऊपर ध्वनि प्रस्तुतीकरण पर उन्मुखता प्रदर्शित की, परन्तु निम्न ध्वनि (69 से 71 डेसीबल) पर संवेदनशीलता नहीं पायी गयी। (2) ध्वनि पुनरावृत्ति के कारण परिष्कृत उन्मुखताकारी अनुक्रियायें पायी गई। परन्तु सिर घुमाने की क्रिया को सुननें की क्षमता का मापक मानना पर्याप्त नहीं है (वेली, 1969; कैटेल, 1940)। अतः अन्य प्रविधियों का उपयोग ध्वनि क्षमता के अध्ययन हेतु किया गया है। अध्ययन दर्शाते हैं कि 28 से 80 सप्ताह की आयु तक ध्वनि संवेदना देहली एवं आयु के बीच सीधा सहसम्बन्ध होता है। फेनविक एवं सहयोगियों (1991) ने भी ध्वनि के प्रति शिशु के सिर घुमाने की अनुक्रिया की पुष्टि की है। स्थानीकरण का विकासात्मक स्वरूप मोटेनगिलो एवं टोक्सा (1987) द्वारा सम्पादित 6, 9 12, 15 एवं 18 माह के शिशुओं पर अध्ययन करनें के पश्चात स्पष्ट किया कि नौ माह के शिशु में श्रवण

त्रुटि 16 डेसीबल से घटकर 18 माह तक 6 डेसीबल हो गयी। जिस दशा में श्रवण एवं चाक्षुष दोनों ही संकेत उपलब्ध थे, शिशु में श्रवण परिशुद्धता अधिक पायी गई। 7 माह के शिशुओं में ध्वनि स्थानीकरण की गणना अन्धेरे में पहुँचने (Reaching) जैसी अनुक्रियाओं के आधार पर किया गया है। क्लिफ्टन (1988) के परिणाम स्पष्ट करते है कि 77% शिशुओं में यह अनुक्रिया पायी गयी । सिर घुमाने की अनुक्रिया प्रकाश में शत-प्रतिशत बार हुई। अन्धकार में भी ध्वनि युक्त वस्तु के प्रति, अधिक (60%) अनुक्रिया पायी गई। क्लिफ्टस एवं सहयोगियों (1991) तथा हेवेट्ट एवं कार्नलिस (1991) ने प्रस्तुत किया कि 6-12 माह के शिशु अपना सिर घुमाकर ध्वनियुक्त वस्तु या दिशा के मध्य विभेदन कर सकता है। शिशु की ध्वनि स्थानीकरण क्षमता के विकास के सन्दर्भ में विस्तृत जानकारी के लिए विस्तृत शोध की आवश्यकता है।

तारता एवं जटिलता (Pitch and Complexity)

ध्वनि में विविध प्रकार की तारता एवं जटिलता पायी जाती है। ध्वनि के प्रति अनुक्रियायें इन विशेषताओं से प्रभावित होती है। तारता का मापन हर्ट्ज (Hertz) अर्थात् ध्वनि तरंगों की आवृत्ति द्वारा किया जाता है। वयस्क 20 से 20,000 हर्ट्ज की तारता सुन सकते हैं।

'जटिलता' से तात्पर्य है, एक ध्वनि में कितनी आवृत्तियाँ विद्यमान है? बाँसुरी की ध्वनि एक आवृत्तियुक्त होती है परन्तु अन्य वाद्य, आवाज या कोलाहल इत्यादि में अधिक आवृत्तियाँ पायी जाती है।

अनुसन्धानों में जटिल ध्वनियों को प्रस्तुत कर पाया गया कि शिशु विविध ध्वनियों के प्रति अनुक्रियाशील होते हैं। प्रयोगशाला में किए गए परिष्कृत अनुसन्धान दर्शाते हैं कि यद्यपि नवजात शिशु विविध जटिलता एवं तारता वाले ध्वनि पर अनुक्रिया करते हैं परन्तु यह परिस्थितियों पर भी निर्भर करता है। नवजात शिशु की ध्वनि अनुक्रिया की उद्दीपक देहली के निर्धारण के लिए अनेक अध्ययन किये गये। परन्तु उद्दीपक देहली अनियमित पायी गयी (क्लार्कन एवं बर्क, 1978; बर्नर एवं गिलेनवाटर, 1990)। दो (2) से पांच (5) सप्ताह के शिशु की ध्वनि संवेदना देहली 55 से 60 डेसीबल पायी गई। अतः प्रात्यक्षिक क्रियाओं में ध्वनि उद्दीपक के विस्तार की सीमा भी परिणाम को प्रभावित करती है। नवजात शिशु सामान्यतः 200 से 500 हर्ट्ज (Htz) की ध्वनि, जो मानव आवाज की (आवृत्तियों) तारता के समान होती है, के प्रति अधिक अनुक्रियाशील होते हैं।

शिशु की ध्वनि के प्रति वरीयता एवं अनुक्रिया के बीच सहसम्बन्ध होता है। कोलम्बो एवं बण्डी (1981) ने प्रदर्शित किया कि कोलाहल या शान्ति की अपेक्षा शिशु मानव ध्वनि को अधिक पसन्द करते हैं। माँ की आवाज पर शिशु दूध पीना बन्द करके उसकी आवाज सुनने को तत्पर हो जाते हैं परन्तु पिता की आवाज पर ऐसा नहीं पाया गया (डिकैस्पर एवं प्रिस्काट, 1984)।

श्रवण या चाक्षुस संवेदना सम्बन्धी अनुसन्धानों से प्राप्त परिणामों से पुष्ट होता है कि गर्भकाल में श्रव्य या दृश्य उद्दीपकों के प्रस्तुतीकरण (अनुभव) के कारण सद्यःजात शिशुओं में संवेदना के प्रति वरीयता पायी गई (एस्लिन, 1987)। एक अन्य अध्ययन (कूपर एवं एस्लिन, 1990) में पाया गया कि माँ द्वारा शिशु से विशिष्ट लय एवं तान में बोली जाने वाली भाषा, (Mother's spoken language) के प्रति नवजात शिशुओं में वरीयता पायी गई परन्तु वरीयता अनुक्रिया 2 से 4 माह के शिशुओं में स्पष्ट रूप से देखी गई।

स्नाइडर एवं अन्य (1980) ने नैमित्तिक अनुबन्धन अधिगम द्वारा 6 माह के शिशुओं में संवेदना का अधिगम कराया। ये शिशु उच्चतर ध्वनि के प्रति वरीयता से अनुक्रिया कियें। एक अन्य अध्ययन (ओल्शो, 1984) में पाया गया कि वयस्कों की भाँति शिशुओं ने दो तानों (tones) के बीच सही विभेदन किया परन्तु शिशुओं में निम्न तान के प्रति त्रुटियाँ पायी गईं।

उद्दीपन की निरन्तरता एवं पुनरावृत्ति (Continuity or Repetitiveness of Stimulation)

लयात्मक श्रवण उद्दीपन के प्रति शिशु अधिक अनुक्रियाशील होता है। बाल चिकित्सक डॉ० ली० साल्क (1962) ने परिकल्पना प्रस्तुत किया कि माँ की हृदयगति सुनकर शिशु का रोना कम हो जाता है एवं भार (Body weight) में वृद्धि शीघ्रता से होती है। टुलाँक एवं अन्य (1964) ने साल्क की परिकल्पना की जाँच प्रायोगिक अनुसन्धानों से किया। नवजात शिशुओं की हृदय की धड़कन के प्रति अनुक्रिया की तुलना अन्य ध्वनियों जैसे- मेट्रोनोम की ध्वनि, लोरी की आवाज तथा खामोशी के प्रति अनुक्रिया से की गई। परिणामों में पाया गया कि तीनों ध्वनियों का प्रस्तुतीकरण शिशु को शान्त कराने एवं रोने में कमी लाने में सहायक पाया गया, परन्तु खामोशी की दशा में नहीं। परिणाम से इसकी पुष्टि नहीं हो पाती कि माँ के हृदयगति के प्रति शिशु की अनुक्रियाशीलता, जन्मजात होती है या अर्जित। परन्तु बाद के अनुसन्धानों से साल्क की इस परिकल्पना के अनुरूप ही परिणाम पाये गये (डिटरमैन, 1978)। अनुसन्धानों से प्राप्त जानकारियाँ, विकास के प्रारम्भिक चरण में ही उत्पन्न बहरापन सम्बन्धी दोष को समझने एवं निदान के लिए अत्यन्त उपयोगी हैं।

त्वक् संवेदना (Tactual Sensation)

त्वचा के भीतर स्थित स्नायु छोर (Nerve endings) सांवेदिक क्रियात्मक शक्तियों को विद्युत आवेगों में परिवर्तित कर मस्तिष्क को संप्रेषित कर देते हैं। शरीर के कुछ अंग जैस-जिह्वा, ओठ, अंगुली की नोक इत्यादि अत्यन्त संवेदी भाग माने जाते हैं। त्वक संवेदना, गर्भावस्था से हीं विकसित होती है। 8 वें सप्ताह के गर्भस्थ शिशु में विशेष रूप से मुँह के हिस्सों में संवेदना के प्रति अनुक्रिया-शीलता पायी जाती है (गाँटलिब, 1971; विर्नोल्ज, 1988)। शिशु में स्वयं एवं दूसरे के स्पर्श के

बीच विभेदन की क्षमता की पुष्टि अध्ययनों से होती है। त्वक् संवेदना सम्बन्धी अनुसन्धान में रुचि यद्यपि बहुत पहले से ही मनोवैज्ञानिकों ने दर्शायी परन्तु 1920 के बाद नवजात शिशु में, त्वक् संवेदना सम्बन्धी अनुसन्धान प्रारम्भ हुए (डाकरे एवं रीस, 1934; केसन एवं अन्य 1970)।

परिहार्य उद्दीपन के प्रति अनुक्रियाशीलता (Responding to Aversive Stimulation)

नवजात शिशु को पीड़ा की अनुभूति होती है या नहीं, इसकी जानकारी के लिए पीड़ादायी अनुक्रियाओं का मापन किया गया। 1987 में '*न्यू इंग्लैण्ड जरनल ऑफ मेडिसिन*' में यह प्रकाशित हुआ कि शिशु को पीड़ा का अनुभव नहीं होता परन्तु इस सूचना में सार्वभौमिकता का अभाव है। परिहार्य उद्दीपकों (खुजलाने व जलने वाले) के साथ नवजात शिशुओं को अनुबन्धित किया गया परन्तु तीव्र पीड़ादायी अनुक्रियायें (चीखना, रोना या कष्ट के अन्य लक्षण) नहीं पायी गयी। परन्तु वैयक्तिक स्तर पर भिन्नतायें पायीं गईं। वास्तव में शिशु, वयस्क की भाँति पीड़ा का अनुभव नहीं करते, परन्तु उन्हें पीड़ा का अनुभव होता है।

एक दीर्घकालिक अध्ययन में 2, 4, 6 एवं 19 माह के शिशुओं को प्रतिरक्षण के टीके लगवाये गए। प्रत्येक आयु के शिशओुं ने पीड़ा एवं क्रोध की मुखाभिव्यक्ति प्रदर्शित की। 75% केस में इनका स्पष्ट कूट संकेतन किया जा सकता था (इजार्ड एवं अन्य, 1987)। परन्तु पीड़ा की अभिव्यक्ति में वैयक्तिक भिन्नता पायी गई। संवेदनशीलता आयु वृद्धि के साथ परिपक्व होती है (सर्मन एवं सर्मन, 1925; सर्मन एवं अन्य, 1936)। मनोवैज्ञानिकों ने सिर से पैर की ओर (Cephalo-caudal) विकास के नियम के अनुरूप यह व्याख्या की है कि सिर का भाग अधिक संवेदनशील तथा नीचे का भाग कम संवेदनशील होता है। परन्तु डाकरे एवं रीस (1934) ने सिफैलोकाँडल संरूप का संवेदनशीलता के साथ ऋणात्मक (Inverse) सहसम्बन्ध पाया तथा पैरों को सिर या भुजाओं की तुलना में अधिक संवेदनशील बताया। आधुनिक अनुसन्धानों में विद्युताघात का उपयोग पीड़ा संवेदना के मापन हेतु किया गया। परिणाम दर्शाते है कि पीड़ा संवेदना जन्म के पाँचवें दिन से विकसित होने लगती है (ग्रेहम एवं सहयोगी, 1956; लिप्सिट एवं लेवी, 1959)। चूंकि त्वचा पसीना ग्रन्थियों की प्रक्रियाओं से सम्बद्ध होती है एवं विविध प्रकार के कारकों जैसे- सक्रियता स्तर एवं जागृतावस्था की दशाओं से भी प्रभावित होती है, ये दोनों ही दशायें जन्म के कुछ दिनों बाद से विकसित होने लगती हैं तथा पसीने की क्रियाशीलता को प्रभावित करती है। इनसे संवेदना में वृद्धि भी होती है। अन्य अध्ययनों से भी पुष्टि होती है कि संवेदनशीलता आयु के साथ विकसित होती है। कुछ अध्ययनों से सांवेदिक क्षमता में लैंगिक भिन्नता की पुष्टि भी होती है (लिपिट्ट एवं लेवी, 1959), परन्तु कुछ भिन्न परिणाम भी मिले हैं। जैसे- स्वस्थ शिशु की त्वचा कम संवेदनशील पायी गई परन्तु जब प्रतिरोधक टीके लगे तो लड़कियों की तुलना में लड़कों में दो गुनी पीड़ा की संवेदना पायी गई (इजाई एवं अन्य, 1987)। अतः शिशु में पीड़ा संवेदना की उपस्थिति को सभी स्वीकार करते हैं।

अपरिहार्य उद्दीपकों के प्रति अनुक्रिया (Responsivity to Non-aversive Stimuli)

त्वचा संवेदना के मापन के लिए उपयुक्त उद्दीपकों का चयन एक कठिन कार्य है तथापि बेल एवं कास्टेलो (1964) ने तीन प्रकार के उद्दीपकों जैसे- शिशु के शरीर से कम्बल हटाना, एअर पफ एवं एस्थीसियोमीटर का उपयोग किया गया। परिणामों से स्पष्ट होता है कि त्वचा संवेदना का विश्वसनीय मापक एस्थिसियोमीटर होता है। त्वचीय संवेदना का स्पष्ट प्रमाण जिह्वा उद्दीपन में पाया गया है। वीफेनवैक (1972) ने त्वचा संवेदना की पुष्टि परीक्षण-पुर्नपरीक्षण विधि द्वारा किया है (थैच एवं वीफेनवैक, 1976)। शिशु की जिह्वा संवेदना वयस्क की जिह्वा के ऊपरी भाग के समान पायी गयी (थेंट, 1961)। अतः गर्भकालीन अवस्था एवं जन्म के पश्चात् की अवस्थायें अनुक्रियाशीलता को प्रभावित करती है। नवीनतम अध्ययनों में (रोचट, 1984) शिशु के मुख एवं मौखिक क्रियाओं को मापक के रूप में उपयोग किया गया है।

संक्षिप्त रूप से कहा जा सकता है कि नवजात शिशु विभिन्न प्रकार के त्वचीय उद्दीपकों (कुछेक पूर्णतः त्वचीय होती हैं) के प्रति अनुक्रिया करते हैं। आरम्भिक दिनों में संवेदनशीलता में परिवर्तन स्वाभाविक रूप से होता है परन्तु क्रियाशीलता के प्रकार एवं खान-पान के ढंग भी प्रभाव डालते हैं। लैंगिक भिन्नता अस्पष्ट पायी गई। नवजात शिशु अपने शरीर के दो स्थानों की संवेदनशीलता के अनुभव में विभेदन कर सकता है एवं त्वचीय तथा श्रवण संवेदना के बीच अन्तर भी कर सकता है।

स्वाद संवेदनशीलता (Taste Sensitivity)

स्वाद संवेदना सम्बन्धी अध्ययन अन्य संवेदनाओं की तुलना में बहुत पहले से लोकप्रिय रहीं हैं परन्तु इस क्षेत्र में मनोवैज्ञानिकों ने कम रुचि दिखाई है। कुसमॉल (1859) ने विभिन्न पेय पदार्थों को ग्रहण करते समय मुखाभिव्यक्ति एवं चूसने की गति का मापन किया। शिशुओं ने एसिड, नमकीन, कुनैन (तीखी) के प्रति परिहार एवं मीठे (चीनी चूसने) के प्रति अधिक गति दिखायी। प्रेयर (1980-88) ने प्रदर्शित किया कि (आठ माहों) समय से पूर्व जन्में (अपरिपक्व) शिशुओं ने शक्कर के प्रति रुचि एवं कुनैन के प्रति अरुचि प्रदर्शित की तथा उनकी मुखाभिव्यक्तियों में भी भिन्नता पायी गई। इस प्रकार के परिणामों को समर्थन बाद के अनुसन्धानों से भी मिलता है (रोजेनस्टाइन एवं आस्टर, 1988) । स्वाद संवेदना के प्रति यद्यपि वैयक्तिक भिन्नता पायी गई परन्तु अध्ययनों से पुष्टि होती है कि नवजात शिशुओं में स्वाद संवेदना पूर्णतः विकसित होती है। कैनेस्ट्रिनी (1913) ने विभिन्न उद्दीपकों के स्वाद के प्रति भिन्न नाड़ी गति एवं श्वसन क्रियाओं में भिन्नता पायी। प्रेट्ट एवं अन्य (1930) ने अपने मोनोग्राफ के अन्तर्गत, उद्दीपकों के प्रति शिशु के व्यवहार, शारीरिक गति, चूसने की क्रियायें एवं मुखीय गतियों का आँकड़ा प्रस्तुत किया है। 15 दिन के शिशुओं ने जल के अतिरिक्त अन्य सभी उद्दीपकों (पेय) के प्रति 85% प्रयासों में किसी न किसी प्रकार की अनुक्रिया दिखाई एवं 30% प्रयासों में चूसने का व्यवहार दिखाया। शक्कर, नमक, तीखापन एवं एसिड जैसे उद्दीपकों के प्रति भिन्न-भिन्न अनुक्रियायें दर्शायी।

स्टाइनर (1977) ने फिल्म, फोटोग्राफ या वीडियो टेप्स से प्रदर्शित की गई मुखाभिव्यक्तियों को, जो खाद्य पदार्थों के प्रति अभिव्यक्त थीं, प्रयोज्यों को दिया एवं उनके आधार पर शिशु के भावों को व्यक्त करने को उनसे कहा गया। स्टाइनर ने परिणामों के आधार स्पष्ट किया कि स्वाद संवेदना का विभेदन अनुभवों पर आधारित नहीं होता है वरन् ये अनैच्छिक क्रियायें होती हैं। बाद के अनुसन्धान भी स्पष्ट करते हैं कि नमक के स्वाद के प्रति शिशु की मुखाभिव्यक्ति का स्पष्ट कूट संकेतन नहीं हो पाता परन्तु मीठे उद्दीपक के प्रति शिशु की अनुक्रिया का अनुमान मुखाभिव्यक्ति से स्पष्ट होता है (रोसेनस्टाइन एवं ओस्टर, 1988)।

डिओसर एवं अन्य (1977) ने नवजात शिशुओं में अन्य उद्दीपकों की तुलना में मीठापन के प्रति वरीयता पायी। मीठापन के प्रति पसंदगी मानव जाति की विशेषता है। यह वरीयता विशेष सांवेदिक गुणों के कारण है जो अन्य उद्दीपकों के प्रति नहीं होती। अन्य अध्ययनों में भी मीठापन के प्रति वरीयता का आंकलन श्वसन क्रिया, हृदयगति एवं चूसने की क्रियाओं को कम्प्यूटर पर रिकार्ड करके प्रति मिनट चूसने की संख्या एवं अन्तरालों की गणना की गई (लिपिट्ट, 1977; लिपिट्ट एवं वेटन, 1990)। नवजात शिशुओं में स्वाद अनुकूलन के साक्ष्य भी पाये गए हैं (कोव एवं लिपिट्ट, 1972)। मीठापन की भाँति, नमकीन के प्रति शिशुओं में अनुक्रिया सम्बन्धी अध्ययन किए गए। वाइफनवैक एवं अन्य (1980) ने नवजात शिशुओं में नमकीन के प्रति निषेधात्मक अनुक्रिया पायी। मीठे स्वाद के प्रति जन्मजात वरीयता के विपरीत, नमकीन स्वाद जन्म के पश्चात् विकसित होता है। संक्षेप में कहा जा सकता है कि नवजात शिशु विविध अनुक्रियाओं द्वारा भिन्न-भिन्न स्वादों के बीच विभेदन कर लेते हैं। मुखाभिव्यक्ति, चूसने की गति, मात्रा के अतिरिक्त हृदय गति इत्यादि प्रमुख अनुक्रियायें विविध स्वाद के विभेदन में सहायक होती हैं परन्तु मुखाभिव्यक्ति की तुलना में चूसना एवं हृदयगति इसके अधिक प्रबल सूचक है। परन्तु इस क्षेत्र में आगे अनुसन्धान की आवश्यकता है।

गन्ध संवदेनशीलता (Smell Sensitivity)

मानव के अतिरिक्त विभिन्न प्रजातियों के लिए भी गन्ध संवेदना, परिस्थितियों के साथ उपयुक्त अनुकूलन हेतु महत्त्वपूर्ण होता है। भोजन, गन्ध संवेदना से सीधे प्रभावित होते हैं (ब्लास, 1990)। अन्य प्राणियों की तुलना में मानव मस्तिष्क में गन्ध का स्थान बहुत छोटा होता है, जिससे स्पष्ट होता है कि मानव के लिए यह संवेदना उतनी महत्त्वपूर्ण नहीं होती। प्राप्त साक्ष्यों से स्पष्ट होता है कि नवजात शिशुओं में गन्ध संवेदना स्पष्ट रूप से व्यक्त नहीं होती। उद्दीपकों से अनुकूलन एवं अन्तःक्रिया घ्राण या गन्ध संवेदना पर ऋणात्मक प्रभाव डालते हैं।

यद्यपि पूर्व अध्ययनों में, नवजात शिशुओं की विभिन्न गन्धों (odors) के प्रति अनुक्रियाओं का मापन किया गया है। परिणामों में पाया गया कि ये शिशु न केवल गन्ध के प्रति अनुक्रिया ही दर्शाये अपितु कुछ गन्धों के प्रति वयस्कों की भाँति विभेदनकारी अनुक्रिया भी प्रस्तुत किये। अध्ययन स्पष्ट करते हैं कि गन्ध संवेदना में विकास (सुधार) जीवन के प्रारम्भिक दिनों में शीघ्रता

से होता है (इंजेन एवं बासैम, 1969; लिप्सिट्ट एवं अन्य 1963; सेल्फ एवं अन्य, 1972; पॉर्टर एवं अन्य, 1988)।

स्टाइनर (1977) का सुझाव है कि नवजात शिशु जन्मजात "हिडोनिक मानीटर" (Hidonic Monitor) के आधार पर अच्छे एवं बुरे स्वादयुक्त खाद्य पदार्थों के प्रति अनुक्रिया दर्शाते हैं। 'हिडोनिक टोन' (प्रसन्नतादायी-अप्रसन्नतादायी) के जन्मजात आधार को पूर्णतः स्वीकृति नहीं मिलती। क्योंकि मानव / मानवेतर शोध प्रदत्तों के आधार पर परस्पर विरोधी परिणाम मिले हैं। मानव शिशुओं में हिडोनिक टोन परिकल्पना के सन्दर्भ में एन्जेन (1986) का मानना है कि 'यह टोन जन्मजात न होकर अर्जित होता है' (एन्जेन, 1986)। स्वाभाविक उद्दीपकों के प्रति वरीयता अनुक्रियाओं के आधार पर हिडोनिक टोन परिकल्पना की पुष्टि हुई है। मैक्फर्लेन (1975) ने वास्तविक जीवन में गन्ध के प्रति मनोवैज्ञानिक गोचरों के प्रभाव का अध्ययन किया। इन अध्ययनों में 6 दिन के शिशुओं ने अपनी माँ के दूध की गन्ध से युक्त कपड़े के प्रति अनुक्रिया वरीयता दर्शायी एवं अन्य कपड़े की गन्ध के साथ विभेदनात्मक अनुक्रिया किया। परन्तु दो दिन के शिशुओं में स्पष्ट विभेदनात्मक अनुक्रिया के साक्ष्य नहीं मिले। किसी वस्तु के प्रति परिचितता का प्रभाव नवजात बच्चियों में अधिक विकसित रूप में पाया गया (वेलाँघ एवं पार्टर, 1986)। यह यौनगत भिन्नता जीवन पर्यन्त देखनें को मिलती है। अन्य परिणाम दर्शातें हैं कि अधिगम या पूर्व प्रस्तुति का सम्बन्ध, गन्ध संवेदना के साथ होता है।

यद्यपि गन्ध संवेदना के सन्दर्भ में विकासात्मक अध्ययन कम हुए है परन्तु प्राकृतिक प्रेक्षण दर्शाते हैं कि 6 वर्ष से कम आयु के बच्चों में गन्ध संवेदना वयस्कों की अपेक्षा कम विकसित होती है। अतएव यह स्पष्ट है कि अनुभव, गन्ध विभेदन की योग्यता एवं हिडोनिक टोन पर प्रभाव डालता है, इसके जन्मजात होने की स्पष्ट व्याख्या नहीं हो पाती। परन्तु प्रबल तीखी गन्ध ट्राइजेमिनल स्नायु (Trigeminal Nerve) को सक्रिय करती हैं, जो गन्ध के जन्मजात प्रभाव का प्रमाण है।

प्रत्यक्षीकरण (Perception)

जन्म के समय ज्ञानेन्द्रियों की सहायता से शिशु क्या-क्या प्रत्यक्षीकृत कर सकता है एवं प्रथम वर्ष में प्रत्यक्षीकरण प्रक्रिया में कैसे परिवर्तन होता है? इन प्रश्नों का उत्तर जानने का प्रयास किया गया है। प्रथम, क्या प्रत्यक्षीकरण का निर्धारण प्रकृति-पोषण विरोधाभास (controversy) पर आधारित है? क्या शिशु का प्रात्यक्षिक जगत वयस्कों की भाँति होता है, या यह क्षमता आयु वृद्धि के साथ अनुभवों के आधार पर अर्जित की जाती है? मनोवैज्ञानिकों का मत है कि शिशु में प्रत्यक्षीकरण की क्षमता जन्म से विद्यमान होती है एवं इसमें परिवर्तन परिपक्वता एवं अनुभव के परिणाम स्वरूप होता है। अर्थात् प्रात्यक्षिक क्षमता का विकास प्रकृति पोषण (Nature - Nurture) की अन्तःक्रिया का परिणाम है। शुरु से ही यह क्षेत्र शोधकर्त्ताओं के लिए रुचि का विषय रहा है। इसके रोचक होने का एक अन्य कारण यह भी है कि शिशु की प्रत्यक्षीकरण क्षमता का प्रभाव

विकास के अन्य क्षेत्रों पर भी पड़ता है। अर्थात् संस्पर्श, दृष्टि, श्रवण आदि संवेदनाएं एक दूसरे से अन्त:क्रिया करती हुई विकसित होती हैं। श्रवण द्वारा भाषा का विकास होता है। प्रत्यक्षीकरण से संज्ञानात्मक विकास की पृष्ठभूमि निर्मित होती है क्योंकि परिवेश के बारे में प्रथम जानकारी संवेदी अंगों द्वारा ही होती है।

चूंकि शिशु भाषागत अभिव्यक्ति में अक्षम होता है अतएव उद्दीपन की दशा में शिशु की क्रियाओं जैसे- देखना, चूसना, सिर घुमाना इत्यादि में परिवर्तन के आधार पर उनकी प्रात्यक्षिक क्षमताओं का मापन किया जाता है। शिशु के प्रात्यक्षिक विभेदन की क्षमता की जानकारी हेतु, आदतीकरण-अनादतीकरण प्रविधि या नैमित्तिक अनुबन्धन की विधियों का उपयोग भी किया जाता है।

वरीयता संरूप एवं विकासात्मक परिवर्तन की व्याख्या दैहिक परिपक्वता के आधार पर अधिक स्पष्ट ढंग से की जा सकती है। प्रत्यक्षीकरण प्रक्रम के अनेक प्रकार होते हैं। आगे कुछ प्रमुख रूपों (Forms) का वर्णन किया गया है।

संरूप प्रत्यक्षीकरण (Pattern Perception) : क्या शिशु सभी संरूपों या आकार के प्रति संवेदनशील होते हैं या कुछ ही संरूपों के प्रति वरीयता से उन्मुख होते हैं। चित्र 7.2 से स्पष्ट होता है कि नवजात शिशु भी समतल वस्तुओं की तुलना में संरूप वाले उद्दीपकों को देखना

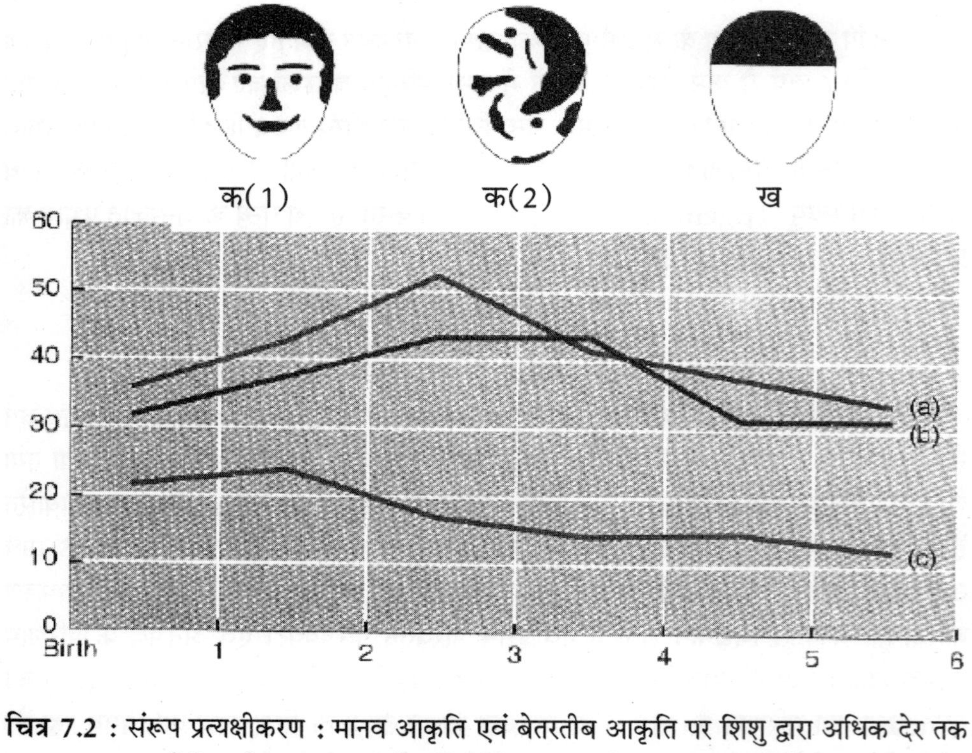

चित्र 7.2 : संरूप प्रत्यक्षीकरण : मानव आकृति एवं बेतरतीब आकृति पर शिशु द्वारा अधिक देर तक ध्यान केन्द्रित किया गया, जबकि आकृति (ख) पर शिशु द्वारा न्यूनतम् केन्द्रण पाया गया।

अधिक पसन्द करते हैं। फैन्ट्ज (1961, 63) ने प्रदर्शित किया कि मानव चेहरा या विभिन्न विशेषताओं से युक्त वस्तुओं के प्रति शिशु अधिक संवेदनशील पाये गए। ब्रेनैन एवं अन्य (1966) ने पाया कि सफेद काले चेकरबोर्ड (checkerboard) में निर्मित सबसे बड़ी आकृति पर तीन सप्ताह के शिशु ने अधिक समय तक दृष्टि केन्द्रित किया जबकि 8 एवं 14 सप्ताह के शिशुओं ने विभिन्न आयतों पर अपना ध्यान अधिक समय तक केन्द्रित रखा। इसके अतिरिक्त, शिशु वरीयता पूर्वक कुछ उद्दीपक संरूपों जैसे– टेढ़ी बनाम सीधी रेखायें, सम्बद्ध बनाम असम्बद्ध तत्वों या केन्द्रीय क्षेत्र में संगठित संरूपों पर वरीयता से अनुक्रिया करते हैं।

विरोधी संवेदनशीलता (Contrast Sensitivity)

कई वर्षों तक शोधकर्त्ताओं के लिए यह पहेली बनी रही कि विभिन्न आयु के बच्चे कुछ संरूपों के प्रति क्यों अधिक आकर्षित रहते हैं? आगे चलकर विरोधी संवेदनशीलता सिद्धान्त (Contrast Sensitivity Theory) का विकास हुआ (बैंक्स एवं गिन्सवर्ग, 1985; बैंक्स एवं सलपैटेक, 1981)। इस सिद्धान्त के अनुसार पूरे संरूप में प्रकाश–अन्धकार परिवर्तन की सम्पूर्ण मात्र विरोधी संवेदनशीलता कहलाती है (चित्र 7.3)।

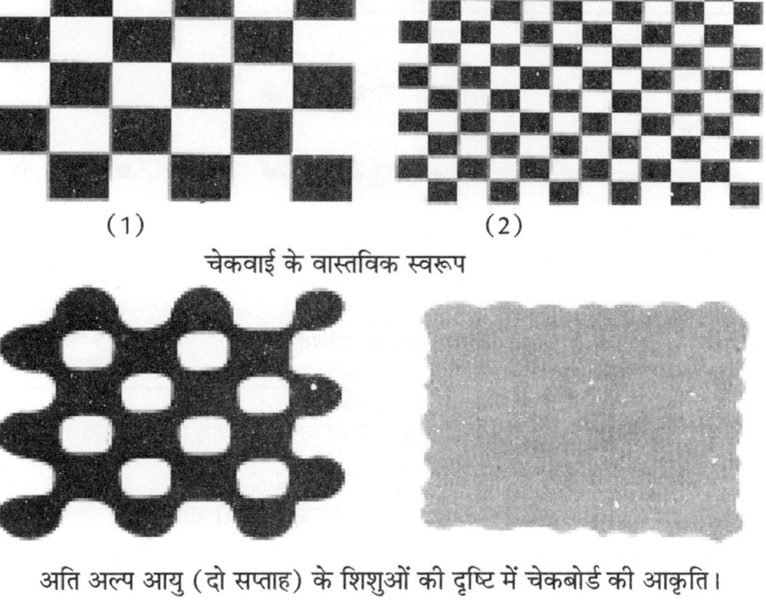

अति अल्प आयु (दो सप्ताह) के शिशुओं की दृष्टि में चेकबोर्ड की आकृति।

चित्र 7.3 : अत्यन्त छोटे शिशु (कुछ सप्ताह के) अविकसित दृष्टि क्षमता के कारण चित्र (2) के संरूप प्रत्यक्षीकरण में अक्षम पाये गये, वहीं चित्र (1) के आकार में, बड़े चेक होने के कारण भेद अधिक स्पष्ट था। अतः शिशु ने इन पर अधिक दृष्टि केन्द्रित किया।

इस चित्र से स्पष्ट होता है कि प्रारम्भिक दिनों में चेकरबोर्ड, शिशु को कैसी दिखती है ? निम्नस्तरीय चाक्षुष क्षमता के कारण शिशु जटिल संरूपों के प्रति अनुक्रिया नहीं कर पाते परन्तु दो माह की आयु से बेहतर प्रात्यक्षिक क्षमता विकसित होने लगती है। परिणामस्वरूप जटिल संरूपों में अधिक विरोधाभास की दशा में उच्च संवेदनशीलता पायी जाती है एवं शिशु वरीयता पूर्वक अनुक्रिया भी करते हैं (डाड्वेल एवं अन्य, 1987)।

संरूप तत्वों का संयोजन (Combining Pattern Elements):

जन्म के आरम्भिक सप्ताहों में शिशु संरूपों के अलग-अलग हिस्सों पर ध्यान केंद्रित करता है। त्रिभुज या मानव चेहरे को प्रस्तुत करने पर शिशु का ध्यान बाह्य हिस्से पर अधिक होता है अर्थात् त्रिभुज का बाहरी कोना या चेहरे की ठुड्डी इत्यादि विशेष रूप से ध्यान के केंन्द्र में होती हैं। 2 माह के शिशु जिसमें छानबीन की क्षमता एवं विरोधी संवेदनशीलता विकसित हो चुकी रहती है, ज्यामितिक आकार के पूरे तत्वों पर अनुक्रिया व्यक्त करते हैं एवं जटिल उद्दीपकों की आन्तरिक विशेषताओं, उदाहरणार्थ-चेहरे की आकृति इत्यादि के प्रमुख हिस्सों पर दृष्टि केन्द्रित करते हैं एवं अनुक्रिया करते हैं (ब्रान्सन, 1991; सलपैटेक, 1975)। इस प्रकार शिशु संरूप के विविध पक्षों को अवधान के केन्द्र में रखकर उन्हें, क्रमशः संयोजित करके सम्पूर्ण के रूप में एकीकृत करने लगता है।

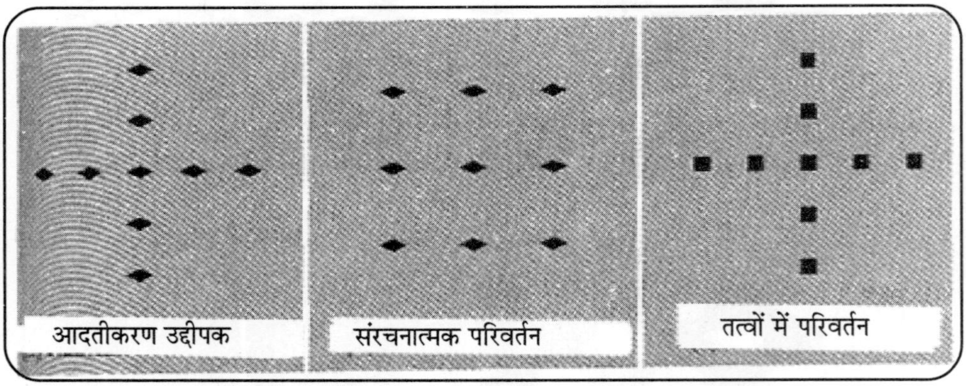

चित्र 7.4 : शिशु की क्षमताओं के मापन के लिए प्रयुक्त विविध उद्दीपक

चित्र 7.4 से तीन संरूप स्पष्ट है : (अ) स्पष्ट रूप से दो अतिरिक्त संरूप हैं। (ब) पूरी संरचना में एक परिवर्तन है। (स) संरचना में कोई परिवर्तन नहीं है केवल संरूप तत्वों में परिवर्तन है। शिशु आकार संरूप 'ब' के प्रति संवेदनशील है या 'स' के प्रति। क्या परिवर्तित संरूप के प्रति अनुक्रियाशील है?, 'ब' सही उत्तर है। अतः परिशुद्ध रूप से दो-तीन माह का शिशु किस प्रकार की अनुक्रिया करता है ?, इस उदाहरण से अधिक स्पष्ट होता है (वर्पिलाट एवं अन्य,

1977)। 6 माह की आयु का शिशु क्रमशः जटिल संरूपों का विभेदन करने लगता है एवं पूर्व में देखी गई वस्तुओं के साथ संरूप संगठन भी कर लेता है। उदाहरण के लिए चित्र 7.5 देखें।

चित्र 7.5 : 7 माह की आयु के शिशु द्वारा चाक्षुष संरूप में आत्मनिष्ठ किनारों का प्रत्यक्षीकरण

इस आकृति को सात माह की आयु के शिशुओं के सामने जब प्रस्तुत किया गया तो वयस्कों की भाँति उन्होंने केन्द्र में वृत्त का प्रत्यक्षीकरण किया (बर्टेन्थाल एवं अन्य, 1977)। नौ माह के शिशुओं ने गतिमान प्रकाश श्रृंखला के एक व्यवस्थित एवं अर्थपूर्ण संरूप के रूप में प्रत्यक्षीकृत किया (बर्टेन्थाल एवं अन्य, 1985), परन्तु तीन–चार माह के शिशुओं में यह क्षमता उस स्तर की नहीं पायी गयी (बर्टेन्थाल एवं अन्य, 1987), 12 माह के शिशु ने अधूरी (गतिमान प्रकाश) सूचना के आधार पर, एक पूर्ण आकार का प्रत्यक्षीकरण किया परन्तु 10 माह के शिशु अन्य आकारों के साथ विभेदन नहीं कर सके (रोज, 1988, स्काउटरिस एवं अन्य, 1992)।

अतः अनुसन्धान स्पष्ट करते हैं कि चाक्षुष व्यवस्था का विकास एवं विविध उद्दीपकों के प्रदर्शन में परिपक्वता एवं अनुभव अन्तःक्रियात्मक रूप से प्रभाव डालते हैं जो शिशु में सम्पूर्ण आकृति की विभेदन क्षमता के विकास में सहायक होते हैं (प्रोफिट एवं बर्टेन्थाल, 1990)। चाक्षुष तीक्ष्णता, छानबीन (Scanning) एवं विरोधी संवेदनशीलता प्रथम वर्ष की आयु के

आरम्भिक माह में तीव्रतम् गति से विकसित होती हैं एवं ये परिवर्तन जटिल उद्दीपकों के अन्वेषण में सहायक होते हैं (पिप एवं हेथ, 1984), तथा चाक्षुष कार्टेक्स के विकास से, मस्तिष्क कोशिकायें, विशिष्ट उद्दीपकों (उर्ध्वाकार क्षैतिज एवं टेढ़ी रेखाओं) के प्रति अनुक्रियाशील होते हैं। इसकी पुष्टि पशुओं एवं मानव शिशुओं पर किए गए अनुसन्धानों से होती है। इन संग्राहकों की संवेदनशीलता एवं संगठन में सुधार होता है जिसके फलस्वरूप शिशु में अधिक स्थायी संकेतों द्वारा संरूप संगठन परिष्कृत होता है (एक्रिडोलो एवं हेक, 1982)।

मुखाकृति का प्रत्यक्षीकरण (Perception of the Human Face)

क्या शिशुओं में मानव मुखाकृतियों को प्रत्यक्षीकृत करने की क्षमता जन्मजात रूप से पायी जाती है? यद्यपि प्राचीन अनुसन्धान (फैन्ट्ज 1961) इसकी पुष्टि करते हैं परन्तु आधुनिक अनुसन्धानों से इस तथ्य की पुष्टि नहीं हो पाती (मॉरर, 1985) अनुसंधानों में पाया गया कि दो माह के शिशु मानव मुखाकृति के रेखांकन (Drawing) पर ध्यान संधृत नहीं कर पाते हैं जबकि समान रूप से जटिल संरूप पर अधिक ध्यान देते हैं। एक माह का शिशु आकृति की आन्तरिक विशेषताओं पर ध्यान नहीं केन्द्रित करता। मानव मुखाकृति के प्रति वरीयता तीन माह की आयु में आती है परन्तु 6 माह की आयु से कम शिशुओं में संरूप की तुलना में मुखाकृति के प्रति वरीयता नहीं पायी गई। शिशु द्वारा मुखाकृति की पहचान प्रात्यक्षिक क्षमता, चाक्षुष प्रत्यक्षीकरण के अन्य पक्षों की भाँति समान विकासात्मक क्रम (Course) के साथ घटित होता है। शिशु द्वारा संरूप रचना के अन्वेषण की प्रवृत्ति मुखाकृति प्रत्यक्षीकरण में भी दृष्टिगत होती है। तीन माह का शिशु कई मुखाकृतियों में बेहतर विभेदन कर सकता हैं (बटेरा एवं मॉरर, 1981)। अब वह अपनी माँ का चेहरा, अन्य चेहरों से अलग छाँट सकता है। 5 माह की आयु का शिशु व्यक्ति के फोटो को जिसे दूसरे पोज में पहले देखा है, विभेदित कर लेता है एवं एक ही व्यक्ति के रंगीन फोटोग्राफ को वास्तविक चेहरे से जोड़ सकता है (बर्क एवं गिब्सन, 1977; फैगन, 1976)। मुखाकृतिक प्रत्यक्षीकरण के परिष्कृत होने के साथ ही शिशु दूसरों की मुखाभिव्यक्तियों के प्रति शीघ्रता से अनुक्रिया कर सकता है। आदतीकरण-अनादतीकरण (Habituation - Dishabituation) सम्बन्धी अनुसन्धानों के परिणाम दर्शाते हैं कि 4-7 माह के शिशुओं ने प्रसन्न एवं दुःखी (Happy and Sad) चेहरों में सफलतापूर्वक भेद किया, साथ ही एक ही मॉडल के चिन्तित एवं भयभीत चेहरे को भी विभेदित किया (नेल्सन, 1987), परन्तु अनुसन्धानकर्ताओं का मानना है कि इस आयु के शिशुओं में सांवेगिक विभेदन की क्षमता पर्याप्त रूप से विकसित नहीं हो पाती। परन्तु अब तक यह स्पष्ट हो चुका है कि आयु-वृद्धि के साथ पूर्ण विभेदन (Global distinction) की क्षमता परिष्कृत होती है। आधुनिक अनुसन्धान प्रदर्शित करते हैं कि पाँच माह की आयु का शिशु प्रसन्न एवं दुःखी सांवेगिक संरूप की मुखाकृतियों (Animated faces) में विभेदन कर लेता है परन्तु अन्य प्रकार के सांवेगिक विभेदन में समय लगता है (कैटेन एवं अन्यष 1988)। शिशु की मुखाभिव्यक्ति के प्रति संवेदनशीलता, आरम्भिक सामाजिक सम्बन्धों के विकास एवं परिवेश के साथ अनुकूलन के साथ आंशिक रूप से विकसित होती है।

वस्तु प्रत्यक्षीकरण (Object Perception)

परिवेश में स्थित वस्तु का रूप त्रिविमात्मक होता है परन्तु रेटिना पर (निकटस्थ उद्दीपक) उसकी छवि द्विविमात्मक बनती है तथापि उस वस्तु का प्रत्यक्षीकरण त्रिविमात्मक होता है। क्या वयस्कों की भाँति शिशु का प्रात्यक्षिक जगत संगठित होता है? या उससे भिन्न होता है ? इसका उत्तर प्रमुख अनुसन्धानों के आधार पर देने का प्रयास किया गया है। रूप एवं आकार, स्थैर्य प्रत्यक्षीकरण के प्रमुख प्रकार है। वस्तु एवं प्रत्यक्षकर्त्ता के बीच ज्यो-ज्यों दूरी बढ़ती जाती है वैसे-वैसे नेत्रपटल पर उस वस्तु का बनने वाला प्रतिविम्ब छोटा होता जाता है, परन्तु प्रत्यक्षीकृत आकार ज्यों का त्यों बना रहता है। इस गोचर को आकार स्थैर्य कहा जाता है।

(i) रूप स्थैर्य (Shape Constancy) : यद्यपि वस्तु का रूप नेत्रपटल पर निर्मित प्रतिबिम्ब में बदलता रहता है परन्तु उस वस्तु का प्रत्यक्षीकरण उसी रूप में किया जाता है, इसे रूप स्थैर्य कहा जाता है। स्लेटर एवं मारिसन (1984) ने प्रदर्शित किया कि शिशु में यह क्षमता जन्म से ही विद्यमान होती है, परन्तु वस्तु के रूप को विभिन्न दृष्टिकोणों से देखने परखने की योग्यता बाद में आती है।

(ii) आकार स्थैर्य (Size Constancy): जैसे-जैसे वस्तु की दूरी घटती--बढ़ती है, तद्नुसार नेत्रपटल पर निर्मित उसका प्रतिबिम्ब बड़ा या छोटा होता रहता है परन्तु उस वस्तु का प्रत्यक्षीकरण स्थिर आकार के रूप में ही किया जाता है। रूप स्थैर्य के विपरीत यह क्षमता शिशु में बाद में विकसित होती है। डे एवं मेकेन्जी (1981) ने प्रदर्शित किया कि 6-8 माह के शिशुओं में आकार स्थैर्य स्पष्ट रूप में पाया गया जबकि 4 माह के शिशु में अस्पष्ट रूप में पाया गया (चित्र 7.6)।

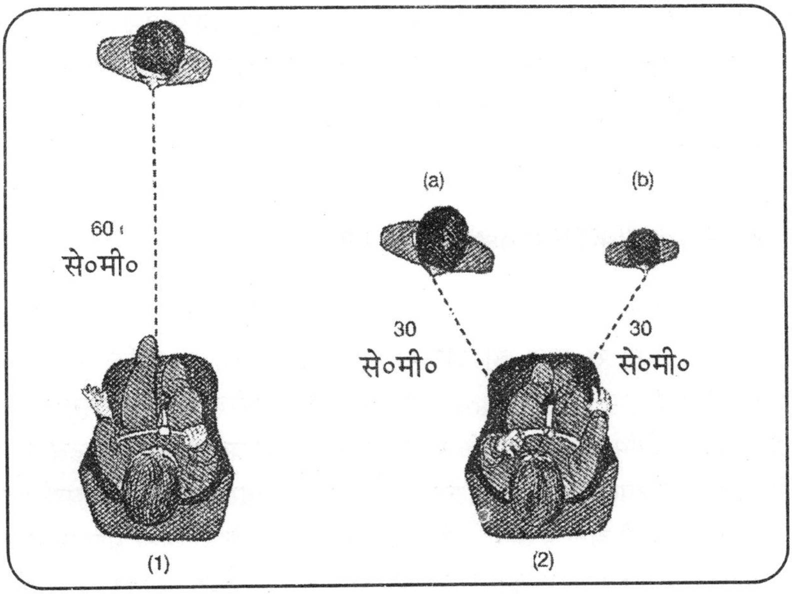

चित्र 7.6 : शिशु में आकार स्थैर्य क्षमता का परीक्षण

शिशु गतिशील संकेतों के प्रति सबसे पहले संवेदना प्रदर्शित करता है एवं गतिशील उद्दीपकों के प्रति आकार स्थैर्य भी दर्शाता है। 4 से 8 माह का शिशु द्विअक्षीय एवं चित्रात्मक (Pictorial) संकेतों के प्रति संवेदनशील होता है, ये संकेत आकार स्थैर्य में महत्त्वपूर्ण भूमिका निभाते हैं।

विशिष्ट, बद्ध एवं पूर्ण रूप में वस्तु का प्रत्यक्षीकरण (Perception of Object as Distinct, Bounded Wholes): उपरोक्त तथ्यों से स्पष्ट होता है कि शिशु में वस्तु प्रत्यक्षीकरण का स्वरूप, आकार स्थैर्य द्वारा आंशिक रूप से ही व्यक्त होता है परन्तु वह वयस्कों की भाँति अन्य विशेषताओं जैसे नियमितता (Regularity), रचनागुण एकरूपता के आधार पर आकृति एवं पृष्ठभूमि में विभेदन नहीं कर पाता। पियाजे ने 6 माह के शिशु के निकट आकर्षक छोटी वस्तु रखी। वह उसको पकड़ने के लिए उसके पास पहुँचा। परन्तु जब उस छोटी वस्तु को बड़ी वस्तु (पुस्तक या तकिया) पर रखा गया तो शिशु ने उस वस्तु को नहीं अपितु उसे जिस पर रखा गया था (मेज, तिपाई इत्यादि) उसे पकड़ने का प्रयास किया। इससे स्पष्ट होता है कि शिशु दो आकृतियों के बीच की सीमा रेखा, जो भिन्न रूप, आकार एवं रचनागुण से उत्पन्न होती है, को प्रत्यक्षीकृत नहीं कर पाते। अन्य अध्ययन भी दर्शाते हैं कि शिशु में वस्तुओं के प्रति चाक्षुष प्रात्यक्षिक प्रक्रमों को गति एवं पृष्ठभूमि निर्धारित करते हैं।

एक अन्य अध्ययन में पाया गया कि जब दो वस्तुओं का एक दूसरे की ओर घुमाया जाता था तो 5 माह के शिशु उन्हें पूर्ण (whole) आकृति के रूप में प्रत्यक्षीकृत करते थे एवं एक साथ पकड़ने का प्रयास करते थे परन्तु जब वे विपरीत दिशा में घुमायी गईं तो दोनों में से एक को पकड़ा अर्थात् इस उद्दीपकों को दो भिन्न वस्तुओं के रूप में प्रत्यक्षीकृत किया। अतः परिणामों से स्पष्ट होता है कि शिशु में वस्तु की पहचान हेतु गति (Motion) की भूमिका अन्य संकेतों जैसे- आकार, रचनागुण एवं रंग की अपेक्षा अधिक महत्त्वपूर्ण होती है। स्लेटर एवं अन्य (1985) ने बताया कि छः माह के पश्चात् ये स्थिर संकेत, वस्तु को अलग उद्दीपकों के रूप में पहचानने में भूमिका निभाते हैं।

दूरी या गहराई प्रत्यक्षीकरण (Distance or Depth Perception)

दूरी या गहराई प्रत्यक्षीकरण व्यक्ति की वह योग्यता है जिसकी सहायता से वह दो वस्तुओं के बीच की दूरी या अपने से वस्तु की दूरी का मूल्यांकन करता है। चूंकि व्यक्ति का परिवेश त्रिविमात्मक आकाश (Tridimensional Space) में संगठित है परन्तु मनुष्य का नेत्रपटल द्विविमात्मक स्तर पर निर्मित होता है, इसके बावजूद त्रिविमात्मक प्रत्यक्षीकरण वास्तव में प्रत्यक्षीकरण व्यवस्था की अद्‌भुत उपलब्धि है। नेत्रपटलीय प्रतिबिम्ब में किसी वस्तु की गहराई- दूरी या ठोस होने की कोई सूचना नहीं होती है अतः व्यक्ति इस सूचना को किन्ही अन्य स्रोत से प्राप्त करता है। वस्तु तक पहुँचने के लिए शिशु को गहराई का कुछ आभास होना चाहिए। बाद में जब बच्चा

घुटनों से चलता है (Crawling) तो गहराई प्रत्यक्षीकरण की क्षमता उसे गिरने या टकराने से सुरक्षित करती है। इस सन्दर्भ में दो प्रमुख प्रश्न उपस्थित होते हैं। क्या सभी शिशु गहराई को प्रत्यक्षीकृत कर पाते हैं ? एवं विकास के प्रथम वर्ष में गहराई के प्रमुख संकेतों के प्रति संवेदनशीलता कैसे विकसित होती है?

सर्वप्रथम गिब्सन एवं रिचर्ड ने शिशुओं में दूरी / गहराई प्रत्यक्षीकरण की क्षमता के अध्ययन हेतु चाक्षुष क्लिफ (Visual cliff) का निर्माण किया। यह यन्त्र शीशे से ढंके मेज जैसा होता है जिसका मध्य भाग समतल होता है। इसका एक भाग छिछला होता है जिस पर चेकबोर्ड संरूप निर्मित होता है एवं दूसरा हिस्सा जो गहरा होता, उसमें चेकबोर्ड शीशे के कई फीट नीचे होता है। इन शोधकर्त्ताओं ने शिशु को यन्त्र के समतल भाग पर रखा एवं बच्चे की माँ से कहा कि वह खिलौना दिखाते हुए बच्चे को छिछले एवं गहरे भागों की ओर से क्रमशः अपनी ओर बुलाये। परिणाम में यह पाया गया कि शिशु छिछले हिस्से की ओर तो आगे बढ़ा परन्तु गहरे भाग की ओर नहीं गया अर्थात् जहाँ घूमने से गिरने का प्रत्यक्षीकृत (आभासी) खतरा था उसका पूर्णतः परिहार किया। इससे स्पष्ट होता है कि शिशु भी कुशलतापूर्वक छिछले एवं गहरे हिस्से में भेद करते हैं। इस अध्ययन से घुटने के बल खिसकना (crawling) एवं गिरने से परिहार के मध्य सम्बन्ध तो होता है परन्तु ये दोनों क्रियायें एक दूसरे से किस प्रकार सम्बद्ध होती है ? एवं गहराई प्रत्यक्षीकरण की प्रक्रिया कब विकसित होती है ? इन प्रश्नों का उत्तर अभी नहीं मिल पाया है।

बाद के अनुसन्धानों में भिन्न विधियों का उपयोग करके शिशु में गहराई प्रत्यक्षीकरण की क्षमता के बारे में महत्त्वपूर्ण जानकारी प्राप्त की गयी है, जिससे स्पष्ट होता है कि तीन प्रमुख स्रोतों: द्विअक्षीय संकेत (Binocular cues), गतिक गहराई संकेत (Kinetic depth cues) एवं चित्रात्मक संकेतों (Pictorial cues) से शिशु गहराई एवं दूरी के बारे में संकेत प्राप्त करते हैं। इन संकेतों का संक्षिप्त विवरण नीचे प्रस्तुत किया जा रहा है।

द्विअक्षीय संकेत (Binocular cues): किसी वस्तु की छवि हमारे दोनों आँखों के नेत्रपटल पर किंचित भिन्न बनती हैं। क्योंकि हमारे दोनो नेत्र दो भिन्न स्थानों पर स्थित होते हैं एवं एक पुतली से दूसरी पुतली के बीच की दूरी लगभग 65 मिमी० होती है जिससे दोनो नेत्रों के अक्षपटलों पर एक ही चाक्षुष दृश्य के प्रक्षेपित प्रतिबिम्ब एक दूसरे से किंचित भिन्न होते हैं परन्तु प्रत्यक्षीकरण व्यवस्था इन भिन्न प्रतिबिम्बों को एकीकृत करके त्रिविमात्मक प्रत्यक्षण प्राप्त करती है। यह एकीकरण तब होता है जब - (1) चमक, आकार एवं समोच्च रेखा में दोनों नेत्रों के प्रतिबिम्ब एक दूसरे के समान है एवं (2) दोनों ही प्रतिबिम्ब दोनों ही अक्षपटलों के संवादी बिन्दुओं (Corresponding points) पर पड़ते हों। ये द्विअक्षीय संकेत बच्चों एवं वयस्कों में गहराई प्रत्यक्षीकरण के लिए उपलब्ध होते हैं। शोधकर्त्ताओं ने शिशु में द्विअक्षीय संकेतों के प्रति संवेदनशीलता के मापन हेतु 3-D प्रकार के चलचित्रों का उपयोग किया है। शिशु को विशिष्ट प्रकार का चश्मा पहनाकर उसके समक्ष दो आकृतियों को जो एक दूसरे को आच्छादित (overlap) करती थी, प्रस्तुत किया गया। इस चश्में से शिशु इन दोनों में से एक ही आकृति को स्पष्टतः देख

सकता था। यदि शिशु द्विअक्षीय संकेत का उपयोग कर सकता तो आकृति का प्रत्यक्षीकरण संगठित रूप में करता। परिणाम दर्शाते हैं कि द्विअक्षीय संवेदनशीलता का उद्भव दो से तीन माह के बीच होता है एवम् छठें माह तक धीरे धीरे विकसित होता रहता है तब तक शिशु इस क्षमता का उपयोग करके वस्तुओं को पकड़ना, दोनों हाथों में संभालना एवं दूर की वस्तुओं को हाथ से दिखाने की क्रियाएं करने लगता है।

चित्रात्मक गति संकेत (Pictorial Depth Cues): इसी प्रकार शिशु में चित्रात्मक गति संकेतों (Pictorial Depth Cues) की योग्यता का अध्ययन योनस एवं उनके सहयोगियों (1986) ने किया। अध्ययनों से पता चलता है कि 7 माह के शिशु अनेक चित्रात्मक संकेतों के प्रति संवेदनशील होते हैं परन्तु 5 माह के शिशुओं में यह क्षमता नहीं पायी गयी। अर्थात् चित्रात्मक गहराई प्रत्यक्षीकरण प्रक्रम का उदभव छठवें माह से होता है उसके पश्चात् विकसित होना आरम्भ होता है।

संज्ञानात्मक विकास (Cognitive Development)

संज्ञान वह मध्यस्तकारी प्रक्रम है जिसमें समस्त मानसिक प्रक्रम जैसे-अवधान, प्रत्यक्षीकरण, स्मरण, प्रतीक, निर्माण, सृजनात्मकता, कल्पना, चिन्तन, समस्या समाधान, भाषा एवं अनेक बौद्धिक क्रियाएँ सम्मिलित होती हैं। इनकी सहायता से हम वाह्य जगत एवम् अन्तःदशाओं के बारे में जानकारी प्राप्त करते हैं या उन्हें समझ पाते हैं। फ्लावेल (1985) के अनुसार, "संज्ञान वह आन्तरिक प्रक्रम एवं मानस की उत्पत्ति है, जो हमें ज्ञान की ओर अग्रसर करता है।" अन्य क्षमताओं की भाँति संज्ञान भी विभिन्न चरणों में विकसित होते हैं। विकास मनोवैज्ञानिक जब शिशु के संज्ञान के बारे में परिशुद्ध जानकारी पाने का प्रयास करते हैं तो इन प्रक्रमों के अध्ययन में कुछ महत्वपूर्ण समस्याएँ घटित होती हैं - यथा,

1. यह जान पाना कठिन होता है कि शिशु की समझ का स्तर क्या है? वह क्या-क्या जानता है ? एवम् वह चिन्तन कैसे करता है?
2. एक शिशु जब भाषा सीखता है तो कैसे यह जानकारी मिलती है कि उसका बौद्धिक विकास किस स्तर का हो रहा है? एवं
3. वाह्य परिवेश को शिशु कैसे समझता है? तथा अपने परिवेश को समझने की क्षमता उसमें किस प्रकार विकसित होती है?

मनोवैज्ञानिकों ने अपने शोध परिणामों के आधार पर इन समस्याओं का समाधान ढूँढने का प्रयास किया है। संज्ञानात्मक विकास के अन्तर्गत दो परस्पर भिन्न विचारधाराएँ विकसित हुई। नेटिविस्ट (Nativist) परम्परा से जुड़े विकास मनोवैज्ञानिकों ने दार्शनिक प्लेटों एवं कांट के इस

विचार को कि "किसी वस्तु का सम्प्रत्यय, स्थान एवं काल पूर्वनिर्धारित होता है", स्वीकार करते हुए यह माना है कि किसी वस्तु के बारे में संज्ञान शिशु में जन्मजात रूप से विद्यमान रहता है। इस परम्परा के अन्तर्गत इथॉलजिस्ट, गेस्टल्ट मनोवैज्ञानिक एवम् मनोभाषाविद् चॉम्स्की इत्यादि प्रमुख है। इसके विपरीत साहचर्यवादी (Associationist) परम्परा को मानने वाले मनोवैज्ञानिकों का कहना है कि ज्ञान का आधार अनुभव है जिन्हें ज्ञानेन्द्रियों द्वारा वाह्य परिवेश में निहित वस्तुओं के साथ साहचर्य स्थापित करके प्राप्त किया जाता है यद्यपि यह विचारधारा सर्वप्रथम अरस्तू ने दी। तत्पश्चात् हॉब्स, लॉक, जेम्समिल, जेम्स जॉन स्टुअर्ट मिल ने साहचर्यवादी दृष्टिकोण को आगे बढ़ाया। परन्तु दोनों ही दृष्टिकोण अतिवादी है। अतएव अन्तःक्रियावादी दृष्टिकोण प्रचलित हुआ। इसके अन्तर्गत ज्ञान (संज्ञान) के स्वरूप का विवेचन जैविकीय (Nativist) एवं परिवेशीय दोनों ही कारकों की अन्तःक्रिया के आधार पर किया जाता है। इस दृष्टिकोण को मानने वाले मनोवैज्ञानिक जीन पियाजे का संज्ञानात्मक विकास का सिद्धान्त "मील के पत्थर" के रूप में स्थापित हुआ। पियाजे के दृष्टिकोण में, मानव संज्ञान विविध अवयवों का एक जटिल समुच्चय है जो एक दूसरे से समृद्ध रूप से संयोजित होकर निर्मित होता है।

पियाजे का मानना है कि शिशु जन्मजात रूप से श्रेणीयन (categorization) की क्षमता रखते हैं एवं वाह्य जगत के साथ अन्तःक्रिया करके विविध उद्दीपकों के बारे में परिशुद्ध ज्ञान प्राप्त करने का प्रयास करते हैं। नवजात शिशु में अनेक चेष्याएँ (Reflex responses) भी पाई जाती हैं। इनके द्वारा वह वाह्य जगत के साथ अन्तःक्रिया कर सकता है। ये अनैच्छिक संरचनाएं आगे चलकर संज्ञानात्मक संरचना के रूप में विकसित होती है तथा इनसे भौतिक जगत के बारे में जानकारी एवं सामान्य नियमों की समझ विकसित होती है। पियाजे के अनुसार मनुष्य सक्रिय, सजग एवं सृजनात्मक क्षमता से युक्त होता है एवम् मानसिक संरचनाओं, जिन्हें मनोबन्ध (Schema) कहते हैं, को निर्मित करके, अपने परिवेश या वाह्य जगत को सुव्यवस्थित बनाता है। इस प्रकार बौद्धिक/ संज्ञानात्मक विकास गुणात्मक रूप से चार विभिन्न चरणों में सम्पादित होता है।

1. संवेदी–पेशीय अवस्था (Sensory-Motor Stage): जन्म से दो वर्ष की आयु तक
2. पूर्व संक्रियात्मक अवस्था (Pre-Operational Stage)
3. मूर्त संक्रियात्मक अवस्था (Concrete-Operational Stage)
4. औपचारिक संक्रियात्मक अवस्था (Formal-Operational Stage)

संज्ञानात्मक विकास का प्रारम्भ शैशवावस्था से होता है एवम् किशोरावस्था के अन्त तक इसका अन्तिम चरण पूरा होता है। संज्ञानात्मक विकास के प्रथम चरण को संवेदी–पेशीय अवस्था कहते हैं जिसकी अवधि जन्म से 2 वर्ष की आयु तक की होती है। शैशवावस्था में संज्ञानात्मक विकास के स्वरूप एवं प्रक्रमों का वर्णन इस अनुभाग में प्रस्तुत किया गया है।

संवेदी पेशीय अवस्था (Sensory-Motor Stage)

शिशु में कुछ नैसर्गिक क्रियाएं जैसे रोना, चूसना, फेंकना, इत्यादि चेष्टाएं विद्यमान रहती हैं। यह संरूप शिशु के अपने मनोबन्ध होते हैं जो उसके लिए परिवेश के साथ सूचना प्रक्रमण में सहायक होते हैं। शिशु व्यक्तियों तथा सम्बन्धों के बारे में क्या जानता है? शब्दों के अभाव में वह सूचनाओं को किस प्रकार कूट संकेतित एवं भण्डारित करता है? तथा शिशु की बुद्धि का स्वरूप क्या है? शिशु के मनोबन्धों के विभिन्न संरूप स्वयं अपने में, लोगों के बारे में या वस्तुओं के बारे में किस प्रकार शेष 18 माहों में विकसित होते हैं? इन सभी प्रश्नों का समाधान, विकासात्मक अध्ययनों के आधार पर किया गया है।

समंजन एवं अनुकूलन (Accommodation and Adaptation)

यद्यपि समंजन एवं अनुकूलन दो अलग-अलग क्रियाएं है लेकिन पियाजे का मानना है कि ये दोनों क्रियाएं एक साथ कार्य करती हैं। प्रत्येक परिवेशीय परिवर्तनों से निर्मित संरचनाओं के आधार पर व्यक्ति सूचनाओं को विश्लेषित करते हैं तथा अनुभवों के आधार पर इन्हे परिष्कृत भी करते हैं। परन्तु समंजन एवं आत्मसातन प्रक्रियाओं के बीच संतुलन समय-समय पर बदलता रहता है। जैसे- परिवर्तन जब अधिक नहीं होता तो उस अवधि में बच्चा समंजन की अपेक्षा आत्मसातन अधिक करता है इस अवस्था को पियाजे ने संज्ञानात्मक सामंजस्य (Equilibrium) की स्थिति कहा है जो स्थिर एवं आरामदायक स्थिति को दर्शाता हैं। तीव्र गति से संज्ञानात्मक परिवर्तन जब होता है तो वह स्थिति असामंजस्य (Disequilibrium) या संज्ञानात्मक जटिलता की होती है। शिशु महसूस करते हैं कि नई सूचना तात्कालिक मनोबन्ध के साथ मेल नहीं खाती। अतः वे आत्मसातन के स्थान पर समंजन की प्रक्रिया अपनाते हैं। एक बार जब उनके मनोबन्ध परिमार्जित हो जाते हैं तो आत्मसातन की प्रक्रिया तब तक चलती रहती है, जब तक परिमार्जन की आवश्यकता न हों । इस प्रकार सामंजस्य एवं असामंजस्य की स्थिति चलती रहती है। सामंजस्य की स्थिति में अधिक प्रभावशाली मनोबन्ध की उत्पत्ति होती है। पियाजे के संवेदी पेशीय अवस्था में समंजन की प्रक्रिया सर्वाधिक होती है। अतः इसे विकास के चरण की सर्वाधिक जटिल अवस्था मानी जाती है।

शिशु के मनोबन्धों का विकास, परिमार्जन एवं विस्तार अनुकूलन कहलाता है। पियाजे ने अपनी सात माह की बच्ची लुसिन द्वारा सिगरेट के पैकेट के साथ खेलने का उदाहरण प्रस्तुत किया है। लुसिन (Lucienne) पैकेट को किसी अन्य खिलौने की भाँति उठाती है। अर्थात् बच्ची द्वारा मुंह में डालने, चूसने जैसे मनोबन्ध वाह्य जगत के साथ अन्तःक्रिया के लिए उपयोग किए गए जिसे पियाजे ने खिलौना प्रहस्तन मनोबन्ध (Toy Manipulation Schemas) कहा है। अर्थात् नई वस्तु (सिगरेट पैकेट) को बच्चे ने न्यून परिवर्तन द्वारा अपने क्रिया संरूप या मनोबन्ध में शामिल किया। इस क्रिया को पियाजे ने समंजन कहा।

शैशवावस्था में एक अन्य प्रकार का अनुकूलन, जिसे वृत्तीय अनुक्रिया (Circular response) कहते हैं, भी पाया जाता है।

वस्तुओं के साथ खेलना (Play with Objects)

चार-पाँच माह का शिशु वस्तुओं तक पहुँचने तथा पकड़ने की क्रिया करने लगता है। ये सामान्य कौशल, विकसित प्रात्यक्षिक कौशलों के साथ मिलकर बच्चे को वस्तुओं के साथ अनेक ढंग से खेलने के योग्य बनाते हैं। खेल, चिन्तन एवं भाषा के विकास के लिए पृष्ठभूमि प्रदान करते हैं। वस्तुओं के साथ खेलने की क्रिया निश्चित चरणों में होती है। इसका आरम्भ पाँच माह की आयु से होता है जो सामान्य अन्वेषण प्रक्रिया से प्रारम्भ होकर तीन वर्ष के अन्त तक जटिल अनुकरण या स्वांग (बहाना) सम्बन्धी व्यवहार (Pretending behaviour) या क्रियाओं के रूप में सम्पादित होता है (गार्वे, 1977)। नौ माह का शिशु वस्तुओं को ढूँढता है, उन्हें घुमाता है एवं आसपास फेंकता है, परन्तु जो कुछ भी कर रहा है उसकी प्रक्रिया से वह अनभिज्ञ रहता है।

बारहवें माह (एक वर्ष) की उम्र के शिशु कोई भी वस्तु मुँह में डालने से पहले उसे देखते हैं एवं उसका निरीक्षण करते हैं। पन्द्रह से अट्ठारह माह की उम्र में, शिशु वस्तुओं का उपयोग जिस ढंग से चाहिए उसी ढंग से करते हैं। जैसे- कप को मुंह में लगाना, गुड़िया या गुड्डे को बैठाना इत्यादि क्रियाएं शामिल है। इक्कीस माह की उम्र के शिशु वस्तुओं का उचित प्रयोग करना सीख जाते हैं। वे गुड्डे को चम्मच से खिलाना, उसे खिलौना, ट्रक की ड्राइवर सीट पर बैठाना इत्यादि क्रियाकलाप करते हैं। उनका खेल 24 माह तक अधिक वास्तविक रूप ले लेता है। तीन वर्ष की आयु का बच्चा खिलौने को एक काल्पनिक व्यक्ति मानने लगता है। जैसे- उसे दरवाजे के बाहर जाने के लिए कहना या अन्दर बुलाना इत्यादि।

यद्यपि माता-पिता या अभिभावक बच्चों में होने वाले इन परिवर्तनों पर ध्यान नहीं देते परन्तु बच्चे के संज्ञानात्मक विकास में वस्तुओं से खेलने (Object Play) की भूमिका महत्वपूर्ण होती है। खेल के माध्यम से उनमें स्मृति, तुलना एवं सामाजिक जगत की समझ विकसित होती है।

अनुकरण (Imitation)

शिशु खेल द्वारा अपने परिवेश में निहित वस्तुओं एवं व्यक्तियों का अनुकरण करता है। सात माह की उम्र में शिशु हाव-भावों (Gestures) का अनुकरण कर सकता है जिसका आरम्भ उन भाव-भंगिमाओं से होता है, जिनका मनोबन्ध उसमें पूर्व निर्मित है। जैसे- चूसना, पहुंचना या खड़कना/लड़ाना (Banging) इत्यादि। नौ माह का शिशु समान परन्तु परिमार्जित भाव-भंगिमाओं जैसे- दो वस्तुओं को एक साथ लड़ाना या टकराना इत्यादि, को करने लगता है तथा दूसरे वर्ष के आरम्भ में वह अनेक घटना क्रमों एवं भंगिमाओं का अनुकरण करना आरम्भ कर देता है। शुरु में

कुछ एक क्रियाओं को चयनित करता है, बाद में उन क्रियाओं का अनुसरण करता है जो वयस्कों को करते देखता है। यथा- बड़े बच्चों को देखकर नहाने, बाल सवांरने, ब्रश करने जैसी क्रियाओं को करने का प्रयास। इसी प्रकार शिशु में आवाज एवं शब्दों का अनुकरण क्रमबद्ध रीति से घटित होता है। जैसे : 8 या 9 माह तक के शिशु अपनी आवाज या क्रियाओं के अतिरिक्त अधिक कुछ अनुकरण नहीं कर पाते हैं। अतः इस उम्र के बच्चों को अभिभावकों द्वारा नये शब्दों या क्रियाओं को सिखाना समय की बर्बादी है। कुछ बच्चे एक वर्ष की आयु तक शब्दों का अनुकरण नहीं कर पाते। प्रायः दूसरे वर्ष के आरम्भ में बच्चे एक शब्द में उत्तर देना शुरु कर देते हैं। यह क्षमता शिशु में आगे चलकर वस्तु के प्रतीकों एवं सम्बन्धन की क्षमता के रूप में व्यक्त होती है। दो वर्ष के अन्त तक दो शब्दों वाले वाक्यों को शिशु बोलने लगता है।

वस्तु स्थायित्व (Object Permanence)

वस्तु स्थायित्व का तात्पर्य है इसका ज्ञान होना कि प्रत्येक वस्तु किसी निश्चित काल एवं स्थान पर स्थित होता है। इसका संज्ञान आयु के साथ विकसित होता है। 18 वर्ष के पहले बच्चे में किसी वस्तु के स्पष्ट सम्प्रत्यय का विकास नहीं हो पाता है। पहले वर्ष में, वह वस्तु जो आंख के सामने नहीं है, शिशु के संज्ञान में नहीं होती। जैसे- यदि खिलौने को छिपा दिया जाय तो बच्चा उसमें रुचि नहीं दिखायेगा। बच्चे में सर्वप्रथम वस्तु स्थायित्व का विचार कब एवं कैसे आता है ? इस विषय में अनेक अनुसंधान किये गये। पियाजे (1952) ने पाया कि वे वस्तुयें जो बच्चे की आंख से ओझल कर दी गयीं, उन्हे ढूँढने में 18 माह से कम आयु के शिशु सफल नहीं हुए। अतः यह क्षमता आयु वृद्धि के साथ क्रमशः विकसित होती है। जैसे – सर्वप्रथम दो माह के शिशु में वस्तु की पहचान विकसित होती है। जैसे- माँ को देखकर या दूध की बोतल सामने पाकर उत्तेजित होना। इस आयु का शिशु ऐसी वस्तु जो एक छोर से ओझल होकर दूसरे छोर पर प्रकट होती है, उन पर ध्यान केन्द्रित कर लेता है। वहीं 5 माह का शिशु भांति-भांति की वस्तुओं का पीछा आसानी से कर लेता है।

पांच माह के ऊपर के शिशु में विभेदन की क्षमता स्पष्टतः दिखती है। कुछ अध्ययनों में पाया गया कि बच्चे में 'वस्तु स्थायित्व' की अपेक्षा 'व्यक्ति स्थायित्व' पहले विकसित होती है (बावर, 1971)। शिशु में अन्वेषण व्यवहार (Searching Behaviour) आयु के साथ क्रमशः विकसित होता है। पाँच माह की आयु में यह पुनः आरम्भ होता है। इसी प्रकार पीछा करना या तलाशने जैसे व्यवहार (Hunting behaviour) शिशु में 5 से 8 माह के बीच विकसित होते हैं। इस आयु का शिशु वस्तुओं को छुपाता है, ढूँढता है एवं आनन्दित होता है। तलाशने जैसे व्यवहारों में कुछ अनियमितता एक वर्ष के शिशु में देखने को मिलती है। जैसे- यदि खिलौने को एक स्थान पर छिपा दिया गया है तो वह उसी स्थान पर बार-बार ढूँढेगा जबकि पुनः वह खिलौना (वस्तु) उसके सामने ही दूसरे स्थान पर छुपाया गया है। इस आयु के शिशुओं में दो प्रकार की स्मृतियाँ

दृश्य स्मृति (Seeing Memory) एवं संक्रिया स्मृति (Action Memory) पायी जाती है। परन्तु इनमें संक्रिया स्मृति, दृश्य स्मृति की अपेक्षा अधिक प्रबल होती है। 18 माह की आयु तक वस्तु स्थायित्व का संज्ञान विकसित हो जाता है जो शिशु की संचलनशील योग्यता (Locomotive ability) से अभिव्यक्त होता है। जैसे- यदि गेंद को लुढ़काया जाता है तो शिशु उसका पीछा करता है एवं गेंद को पकड़ लेता है। इस प्रकार शिशु अपनी गत्यात्मक क्रियाओं द्वारा अपने अनुमानों/परिकल्पनाओं का परीक्षण करता है।

स्मृति (Memory)

स्मृति संज्ञान का एक प्रमुख प्रकार है, जो संवेदी-पेशीय अवस्था के शिशुओं में विभिन्न योग्यताओं के विकास के लिए आवश्यक है। यथा-चार माह का शिशु जब नयी वस्तुओं को देखता है तो वह उसे किसी परिचित वस्तु के साथ जोड़ता है। शिशु जब किसी वस्तु का पीछा करता है या अनुकरण करता है तो उसके स्मृति भण्डारण में किसी व्यक्ति की क्रिया एवं आवाज निहित होते हैं। जब वह किसी खिलौने को ढूँढता है तो खिलौने की दिशा को स्मृतिगत करता है। अतः इस अवस्था में स्मृति की भूमिका अत्यन्त महत्वपूर्ण होती है। शिशु में दो प्रकार की स्मृतियाँ पायी जाती हैं : दृश्य एवं संक्रिया स्मृति। जिरोम ब्रूनर (1973) ने सूचना भण्डारण के तीन प्रकारों को बताया है जो उनके द्वारा प्रतिपादित तीन विकासात्मक चरणों से सम्बन्धित है। संक्रियात्मक चरण (Enactive Stage) में शिशु उपयुक्त क्रियाओं को सम्पादित करके पूर्व घटनाओं को याद करता है। प्रतिचित्रात्मक अवस्था (Iconic Stage) में शिशु चाक्षुष प्रत्यक्षीकरण द्वारा पूर्व घटनाओं को याद करता है तथा प्रतीकात्मक अवस्था (Symbolic Stage) में वह शब्दों के रूप में उन सूचनाओं को भण्डारित करता है। अनेक विकास मनोवैज्ञानिकों का मानना है कि बहुत छोटे शिशुओं में सशक्त चाक्षुष स्मृति विद्यमान होती है। आदतीकरण अध्ययनों से भी स्पष्ट होता है कि दो माह का शिशु दृश्य संरूपों को भण्डारित करने की क्षमता रखता है वहीं पांच माह का शिशु संरूप अभिज्ञान की क्षमता प्रदर्शित करता है। अनेक अध्ययन इस बात की पुष्टि करते हैं कि 'चाक्षुष स्मृति', स्मृति प्रक्रम का एक प्रमुख रूप है।

प्रतीकात्मक प्रस्तुतीकरण (Symbolic Representation)

प्रतीकात्मक प्रस्तुतीकरण का तात्पर्य है, भौतिक रूप से अनुपस्थित वस्तुओं को प्रतीकों के माध्यम से प्रस्तुत करने की क्षमता या योग्यता। शैशवावस्था में चेष्टाएं प्रस्तुतीकरण का प्रारम्भिक रूप होती हैं। जैसे- दूध का बोतल मुँह तक ले जाने के पहले ही शिशु अपना होठ चलाने लगता है तथा समाप्त होने के पश्चात् भी अपने होठ को चलाते रहने की क्रिया करता है। बच्चा हाथ हिलाकर अपने भावों को प्रतीकों के माध्यम से व्यक्त करता है। ये क्रियाएं प्रतीकात्मक प्रस्तुतीकरण के आरम्भिक उदाहरण है। 6-12 माह का शिशु स्वांग या बहाना बनाने (Pretending) जैसी

क्रियाएं दर्शाता है। जैसे- दोनों हाथ को सिर के ऊपर रखकर सोने का बहाना करना। ये व्यवहार अग्रिम चरणों में भी विकसित होते हैं। इसका पहला चरण 12वें माह से आरम्भ होता है। ज्यादातर शिशु इस आयु में खाना-पीना या अनेक प्रकार की क्रिया कलापों की नकल उतारते हैं या बहाना करते हैं। 18वें माह के शिशु स्वाँग जैसे व्यवहारों (Pretending Behaviour) में, किसी एक व्यक्ति को अपने खेल में शामिल कर लेते हैं। 20-26वें माह में वे वस्तु को किसी अन्य रूप में प्रस्तुत करता है, जैसे झाड़ू को घोड़ा बनाकर प्रस्तुत करना। ये क्रियाएं संज्ञानात्मक विकास के अग्रिम रूप को प्रस्तुत करती हैं। अर्थात् शिशु द्वारा निकट (झाड़ू) एवं दूर (घोड़ा) स्थित वस्तु के बीच सम्बन्ध स्थापित करके प्रत्यक्षीकृत करने की योग्यता इसी प्रकार से शिशु में विकसित होती है। इस प्रकार के प्रतीकों का अन्तिम उदाहरण है भाषा का विकास जिसका वर्णन अध्याय-3 में किया गया है।

सारांश (Summary)

शिशु में संज्ञानात्मक, सांवेदिक एवं प्रत्यक्षपरक क्षमताओं के विकास से सम्बन्धित अनुसंधान मुख्यत: तीन प्रमुख उद्देश्योंकी पूर्ति के लिए किया जाता है। विकास के मानकों की जानकारी प्राप्त करना, विकास पर परिवेशीय प्रभावों का अध्ययन करना तथा अनुसंधानों की सहायता से भावात्मक, संज्ञानात्मक एवं भाषागत विकास के बारे में महत्वपूर्ण जानकारी प्राप्त करना इत्यादि।

शैशवावस्था में विभिन्न संवेदनाओं के संरूप अनुक्रम में विकसित होते हैं। दृष्टि संवेदना के अन्तर्गत बालक में उद्दीपक अन्वेषण की क्षमता का विकास होता है। उद्दीपक अन्वेषण क्षमता का तात्पर्य है कि शिशु गतिमान उद्दीपकों को ढूंढने का प्रयास करता है तथा यह क्षमता शैशवावस्था से प्रारम्भ हो जाती है तथा गतिमान वस्तुओं के प्रति उसके नेत्र गति में विकास प्रारम्भ हो जाता है। शिशु में रंग तीव्रता तथा चमकीलापन में विभेदन की क्षमता का विकास शैशवास्था में ही हो जाता है जिससे शिशु विभिन्न रंगों का प्रत्यक्षीकरण कर पाने में समर्थ हो पाता है। इसके अतिरिक्त इस अवस्था में चाक्षुष सूचनाओं में विभेदन करने की क्षमता शिशु में विकसित हो जाती है तथा एक दृष्टि संरूप निर्मित हो जाता है।

श्रवण संवेदना के अन्तर्गत यह प्रश्न उठता है कि जन्म के पश्चात् शिशु में श्रवण संवेदना विकसित होती है या गर्भस्थ शिशु में यह क्षमता पायी जाती है ? अनुसंधानों से इस बात की पुष्टि होती है कि श्रवण संवेदना अपरिपक्व रूप में विद्यमान रहती है परन्तु इस क्षमता में परिपक्वता जन्म के पश्चात् आती है। इसी अवस्था में तारता तथा स्थानीकरण के प्रति संवेदना का विकास प्रारम्भ हो जाता है। बच्चे किसी ध्वनि उद्दीपक के प्रति एक तरफ देखना, पलक झपकाना तथा ध्वनि की ओर मुड़ने की अनुक्रिया प्रदर्शित करते हैं।

शैशवावस्था में लयात्मक उद्दीपन के प्रति अनुक्रिया तत्परता पायी जाती है। माँ द्वारा लोरी सुनाने या मधुर आवाज के प्रति शिशु की अनुक्रिया में अधिक तत्परता पायी जाती है। शैशवावस्था

में त्वक् संवेदना भी दृष्टिगत होती है। स्वाद संवेदना के संदर्भ में अध्ययन दर्शाते हैं कि शिशु स्वाद संवेदना के प्रति अनुक्रियाएं व्यक्त करता है। शिशु में मीठे स्वाद के प्रति धनात्मक संवेदना तथा नमकीन स्वाद के प्रति ऋणात्मक संवेदना प्रदर्शित होती है।

परिस्थितियों के साथ उपयुक्त अनुकूलन हेतु शैशवावस्था अधिक महत्वपूर्ण अवधि होती है। इस अवधि में शिशु न केवल गंध संवेदना के प्रति अनुक्रिया करता है बल्कि वह वयस्कों की भांति उसमें विभेदन भी प्रदर्शित करता है।

शिशु में प्रत्यक्षीकरण क्षमता का विकास शैशवावस्था में ही प्रारम्भ हो जाता है। शिशु में दो माह की आयु से ही संरूप प्रत्यक्षीकरण प्रक्रिया को बेहतर प्रात्यक्षित क्षमता विकसित होने लगती है। शिशु का ध्यान संरूपों के अलग-अलग क्षेत्रों पर केन्द्रित होना प्रारम्भ हो जाता है तथा छानबीन की प्रक्रिया का विकास हो चुका रहता है। शैशवावस्था में बालक मानव मुखाकृति के रेखांकन पर अवधान केन्द्रित कर पाने में असमर्थ होता है परन्तु अपनी माँ का चेहरा अन्य चेहरों से अलग विभेदित कर सकता है।

वस्तु प्रत्यक्षीकरण में शिशु का प्रात्यक्षिक जगत संगठित होता है। बालक रूप स्थैर्य को सीख चुका रहता है। मनोवैज्ञानिकों के अनुसार शिशु में यह क्षमता जन्मजात होती है परन्तु वस्तु के रूप को विभिन्न दृष्टिकोंणों से देखने परखने का अवसर बाद में मिलता है।

दूरी या गहराई प्रत्यक्षीकरण का विकास शैशवावस्था में होता है या नहीं? यह प्रक्रिया कब घटित होती है ? इन प्रश्नों का उत्तर यद्यपि अभी नहीं मिल पाया है तथापि अध्यापक दर्शाते हैं कि शिशु छिछले व गहरे हिस्सें में विभेदन कर पाने में सक्षम होते है।

शिशु में संज्ञानात्मक विकास के संदर्भ में दो भिन्न विचारधारराएं विकसित हुई हैं। सहजवादी (Nativist) विचारधारा के अनुसार बालकों में यह योग्यता जन्म से ही विद्यमान होती है। इसके विपरीत साहचर्यवादी विचारधारा के अनुसार शिशु बाह्य परिवेश में निहित वस्तुओं के साथ अपने ज्ञान का साहचर्य स्थापित कर ज्ञानार्जन करता है। पियाजे के अनुसार शिशु में श्रेणियन क्षमता जन्मजात रूप से विद्यमान होती है। पियाजे ने संज्ञानात्मक विकास की चार अवस्थाओं का उल्लेख किया है। ये है : संवेदी-पेशीय अवस्था, पूर्व संक्रियात्मक अवस्था, मूर्त संक्रियात्मक अवस्था तथा औपचारिक संक्रियात्मक अवस्था। शैशवावस्था में संज्ञानात्मक विकास को पियाजे ने संवेदी-पेक्षीय अवस्था में होने वाले विकास के अन्तर्गत रखा है। इस अवस्था में बालक किसी उद्दीपक के प्रति समंजन एवं अनुकूलन स्थापित करता है। इसी अवस्था में शिशु समंजन एवंआत्मसातन प्रक्रियाओं के बीच समय-समय पर संतुलन स्थापित करता है। शैशवावस्था में एक अन्य प्रकार का अनुकूलन जिसे वृत्तीय अनुक्रिया कहते हैं, भी पाया जाता है। शिशु वस्तुओं के साथ खेलने का व्यवहार प्रदर्शित करता है। इसका आरम्भ चार से पांच माह की आयु से प्रारम्भ हो जाता है यह व्यवहार सामान्य अन्वेषण से प्रारम्भ होकर जटिल अनुकरण या स्वांग भरने की अनुक्रिया तक होती है।

इसके अतिरिक्त शिशु में अनुकरण, वस्तु स्थायित्व के प्रति संज्ञान, स्मृति (प्रतीकात्मक स्मृति तथा प्रतिचित्रात्मक स्मृति) तथा प्रतीकात्मक प्रस्तुति का संज्ञान विकसित हो जाता है। इसमें बच्चे भौतिक उद्दीपकों की अनुपस्थिति में प्रतीकों के माध्यम से प्रस्तुतिकरण की क्षमता विकसित कर लेते हैं। प्रतीकों के विकास का एक अन्य रूप भाषा का विकास है। इसमें शिशु किसी घटना को भाषा के माध्यम से व्यक्त करने की योग्यता विकसित कर लेता है।

तकनीकी पद	**Technical Terms**
अनुकरण	Imitation
अनुकूलन	Adaptation
आकार स्थैर्य	Size Constancy
आदतीकरण	Habituation
आच्छादित	Shadowing
उद्दीपक अन्वेषण	Stimulus Exploration
एकटक देखना	Startles
खड़कना	Banging
खिसकना	Crawling
गतिमान उद्दीपक	Moving Stimuli
गतिक गहराई संकेत	Kinetic Depth Cues
गन्ध	Smell
गहराई प्रत्यक्षीकरण	Depth Perception
चमकीलापन	Brightness
चाक्षुष वरीयता प्रविधि	Visual Preference Technique
चित्रात्मक संकेत	Pictorial Cues
चेष्टाएं	Reflex responses
छानबीन	Scanning
तारता	Pitch
दृष्टि तीक्ष्णता	Visual Acuity
दृष्टि संवेदनशीलता	Visual Sensitivity
दूरी प्रत्यक्षीकरण	Distance Perception
द्विअक्षीय संकेत	Binocular Cues
दृश्य स्मृति	Seeing Memory
परिहार्य उद्दीपक	Aversive stimulus
प्रकाश की तरंग	Wave Length

प्रतीकात्मक अवस्था	Symbolic Representation
प्रसरण	Variation
पहुंचने की अनुक्रिया	Reaching
मनोबन्ध	Schema
मूर्त	Concrete
रूप स्थैर्य	Shape Constancy
विभेदन	Detection
विरोधाभाष	Controversy
विरोधी संवेदनशीलता	Contrast Sensitivity
वस्तु प्रत्यक्षीकरण	Object Perception
वृततीय अनुक्रिया	Circular response
वस्तु स्थायित्व	Object Permanence
समंजन	Accomodation
सामंजस्य	Equilibrium
स्वांग	Pretention
संक्रिया स्मृति	Action Memory
संक्रियात्मक	Operation
संचलनशीलता	Locomotion
संवेदना	Sensation
संज्ञान	Cognition
सेक्केडिक गति	Saccadic Movement
स्थिर संरूप	Stationary Patterns
स्थानीकरण	Localization
स्नायु छोर	Nerve Endings
त्वक् संवेदनशीलता	Tactual Sensitivity
स्वाद	Taste
श्रेणीयन	Categorization
श्रवण संवेदना	Auditory Sensation
हाव-भाव	Gesture

8 शैशवावस्था : सामाजिक, सांवेगिक एवं व्यक्तित्व विकास

Infancy : Social, Emotional and Personality Development

मनुष्य एक सामाजिक प्राणी है। वह अपने सामाजिक परिवेश में आपसी सम्बन्धों एवं क्रियाकलापों द्वारा सामाजिक व्यवहारों को सीखता है। जन्म से व्यक्ति न तो सामाजिक (Social) होता है न ही असामाजिक (Unsocial) अपितु जन्म के पश्चात् सामाजीकरण प्रक्रम द्वारा वह सामाजिक व्यवहारों को अर्जित करता है। इस प्रक्रम में माता-पिता, परिवार, समाज एवं संस्कृति की भूमिका महत्वपूर्ण होती है।

नवजात शिशु को जीवित रखने के लिए पर्याप्त देखभाल की आवश्यकता पड़ती है। अत: वे लोग जो शिशु के पालन-पोषण में प्रमुख भूमिका निभाते हैं, उन सदस्यों (माता-पिता/परिवार) के साथ आसक्ति (Attachment) या भावात्मक सम्बन्ध निर्मित होता जाता है जो शिशु के सांवेगिक विकास को भी प्रभावित करता है सम्बन्ध संवेग भावनाओं को उद्वेलित करते हैं जिसमें प्रत्यक्षपरक व्यवहार एवं दैहिक उदोलन शामिल होते हैं।

शिशु के व्यक्तित्व एवं स्वभाव का विकास प्रत्यक्ष रूप में सामाजिक एवं सांवेगिक विकास की प्रक्रिया से सम्बन्धित होता है। एरिक एरिक्सन ने अपने मनो-सामाजिक विकास सिद्धान्त के अन्तर्गत यह प्रमाणित किया कि व्यक्तित्व का विकास आठ प्रमुख चरणों में सम्पादित होता है एवं प्रत्येक चरण में वह एक विशेष संकट का सामना करता है एवं उसका समाधान करते हुए विकास के अगले चरण की ओर अग्रसर होता है। इस प्रकार सामाजिक, सांवेगिक एवं व्यक्तित्व विकास के प्रक्रम साथ-साथ चलते रहते हैं।

प्रस्तुत अध्याय में शैशवावस्था में होने वाले सामाजिक, सांवेगिक एवं व्यक्तित्व विकास के स्वरूप का वर्णन किया गया है। अध्याय के प्रथम अनुभाग में शिशु के सामाजिक विकास पर प्रकाश डाला गया है। इसके अन्तर्गत शिशु के सामाजिक विकास के निर्धारण में परिवार की क्या भूमिका होती है? लोगों के प्रति बच्चा कैसे रुचि या अरुचि प्रकट करता है? शैशवावस्था की विभिन्न अवधि में बच्चे का सामाजिक विकास कैसे होता है? आदि प्रश्नों की समीक्षा इस अनुभाग में की गयी है।

अध्याय के दूसरे अनुभाग में शिशु के संवेगात्मक विकास का वर्णन किया गया है। जैसे - शिशु में संवेगों का प्रारम्भ कब से होता है? प्रारम्भिक अवस्था में कौन-कौन सी संवेगात्मक दशायें पायी जाती हैं? संवेगात्मक अवस्थायें किस प्रकार जागृत होती है? विभिन्न अवधियों में कौन-कौन सी संवेगात्मक दशायें कब परिलक्षित होती हैं? तथा उनके संवेगात्मक प्रतिक्रियाओं के संरूप क्या हैं? इन प्रमुख प्रश्नों का इस भाग में समुचित विवेचन करने का प्रयास किया गया है।

अध्याय का अन्तिम अनुभाग शिशु के व्यक्तित्व विकास पर प्रकाश डालता है। इसके अन्तर्गत शिशु में व्यक्तित्व सम्बन्धी लक्षण कब विकसित होते हैं? शिशु के व्यक्तित्व विकास में आनुवंशिकता एवं पर्यावरण की क्या भूमिका होती है? व्यक्तित्व का निर्धारण कैसे होता है? अहं प्रत्यय कैसा होना चाहिए? तथा इनमें होने वाले परिवर्तन से शिशु के व्यक्तित्व पर क्या प्रभाव पड़ता है? शैशवावस्था के अन्तर्गत होने वाले विकास के इन विभिन्न स्वरूपों का विवेचन प्रस्तुत किया गया है।

सामाजिक विकास (Social Development)

सामाजिक विकास का तात्पर्य उन योग्यताओं को अर्जित करने से है जो व्यक्ति को सामाजिक प्रत्याशाओं के अनुरूप व्यवहार करने में सहायक होती है। व्यक्ति सामाजिक व्यवहार को सामाजीकरण प्रक्रम द्वारा सीखता है जिसमें तीन भिन्न परन्तु परस्पर सम्बन्धित प्रक्रम निहित होते हैं। पहला, सामाजिक रूप से अनुमोदित तरीके से व्यवहार करना, दूसरा अनुमोदित सामाजिक भूमिकाओं को सीखना तथा तीसरा, सामाजिक अभिवृत्तियों का विकास।

सामाजिक विकास प्रक्रमों के सन्दर्भ में भिन्न मत प्रस्तुत किए गए हैं। पारम्परिक दृष्टिकोण के अनुसार, व्यक्ति जन्म से ही या तो सामाजिक होता है या असामाजिक। कुछ लोग स्वकेन्द्रित होते हैं तथा वे अपने तक ही सीमित रहते हैं, ऐसे लोग अन्तर्मुखी होते हैं। दूसरी ओर कुछ लोग बाहरी परिवेश में लोगों के साथ मेल-जोल में अधिक रुचि रखते हैं एवं अधिकांश समय लोगों के बीच व्यतीत करते हैं, ऐसे लोग वहिर्मुखी प्रवृत्ति वाले होते हैं। इसके विपरीत कुछ ऐसे भी व्यक्ति होते हैं जो असामाजिक होते हैं इनमें जन्म से ही अपराधिक गुणसूत्र (Criminal genes) आनुवंशिक रूप से विद्यमान होते हैं जिसके कारण वे आगे चलकर असामाजिक तत्व बन जाते हैं। परन्तु यह दृष्टिकोंण अतिवादी है इसमें सामाजिक परिवेशीय कारकों को पूर्णतः उपेक्षित किया गया है एवम् आनुवंशिक कारणों पर ही एक मात्र बल दिया गया है। इसके विपरीत व्यवहारवादी दृष्टिकोण के अन्तर्गत सामाजिक विकास में परिवेशीय कारकों को ही प्रमुख माना गया है एवम् व्यक्ति कारकों की उपेक्षा की गयी है। आधुनिक दृष्टिकोंण उपरोक्त दोनों ही मतों को अतिवादी मानते हैं। इसकी यह मान्यता है कि व्यक्ति जन्म से ही न तो सामाजिक (Social) होता है, न ही असामाजिक (Unsocial) बल्कि अवसामाजिक (asosical) होता है। व्यक्ति का सामाजिक होना उसके आनुवांशिक गुणों तथा परिस्थितियों की अन्तःक्रिया का परिणाम होता है।

शिशु सामाजिक व्यवहारों को अपने परिवेश में क्रमशः सीखता है। किसी व्यक्ति को

एकाएक सामाजिक व्यक्ति नहीं बनाया जा सकता बल्कि सामाजिक व्यवहारों का अधिगम एक सतत् रूप से जारी प्रक्रम है जो अनुक्रम में आयु वृद्धि के साथ विकसित होता है। शिशु आरम्भ में तीव्र गति से सामाजिक व्यवहारों को सीखता है, पुनः अधिगम में पठार की स्थिति आती है जिसमें सामाजिक व्यवहारों के सीखने की गति धीमी दिखती है। पुनः अधिगम की गति में तीव्रता या वेग आ जाता है। शिशु कितनी शीघ्रता से सामाजिक व्यवहारों को सीखता है, यह उसकी क्षमता एवं अभिप्रेरणा के स्तर पर भी निर्भर करता है। शैशवावस्था में सामाजिक व्यवहार कैसे विकसित होता है? किस अवधि में कौन सी सामाजिक अनुक्रियाएं एवं कब घटित होती हैं? इनके विकास में माता-पिता एवं शिशु के बीच आसक्ति (Attachment) माता-पिता की अभिवृत्ति या परिवार की क्या भूमिका होती है? इनके अतिरिक्त अन्य कौन से कारक सामाजिक विकास को प्रभावित करते हैं? इन प्रश्नों का विवेचन इस अनुभाग के अन्तर्गत किया गया है।

शैशवावस्था में सामाजिक विकास का संरूप (Pattern of Social Development in Infancy)

जब तक नवजात शिशु की शारीरिक आवश्यकताओं की पूर्ति होती रहती है तब तक उसके लिए इस बात का कोई महत्व नहीं होता कि उसकी आवश्यकताओं की पूर्ति करने वाला कौन है। चूंकि शिशु की आंखों की पेशियाँ अपरिपक्व अवस्था में होती हैं अतः उसमें यह क्षमता नहीं होती है कि वह अलग-अलग व्यक्तियों को पहचान सके अथवा व्यक्ति और वस्तु का अन्तर कर सके। इस काल में बच्चे को माँ का स्पर्श उतना ही अच्छा लगता है जितना कि मुलायम तकिये का स्पर्श। प्रारम्भ में नवजात शिशु जिसके सम्पर्क (यथा- माँ) में रहता है, यद्यपि उसे पहचान तो नहीं पाता फिर भी उसे किसी (वस्तु या प्राणी) के स्पर्श की संवेदना होने लगती है। कुछ लोगों का मानना है कि दो सप्ताह का शिशु माँ का चेहरा पहचानने लगता है। वहीं ब्रेकेनरीज (1955) का मानना है कि दो माह का शिशु व्यक्ति की आवाज सुनकर उसकी ओर देखने लगता है।

दूसरे और तीसरे माह के बीच शिशु के आंखों की पेशियाँ अपेक्षाकृत विकसित हो जाती हैं जिससे वह पहचानने के योग्य हो जाता है। इस आयु में जब तक वह लोगों के साथ रहता है तब तक प्रसन्न एवम् संतुष्ट रहता है और जब उसे अकेला छोड़ दिया जाता है तब असंतुष्ट होकर रोने एवं चिल्लाने लगता है। यहीं से सामाजिक व्यवहार का प्रारम्भ होता है। पहली सामाजिक अनुक्रियायें प्रायः प्रौढ़ों के प्रति होती हैं। शिशु तीसरे माह में लोगों के प्रति आकर्षित होने लगता है। यह उन्मुखता तब दिखती है जब वह अपने पास से माँ या घर के लोगों के चले जाने पर रोता है, जब वह किसी को अपनी ओर न देखने पर रुदन द्वारा नाराजगी प्रकट करता है तथा जब वह लोगों की मुख-मुद्राओं को ध्यान से देखता है।

गेसेल (1949) एवं स्पिज (1946) के अनुसार चौथे-पांचवे माह तक शिशु यह समझकर कि कोई मुझे गोद में उठाने वाला है, उस व्यक्ति की तरफ हाथ बढ़ाता है। बच्चा जिसे पहचानता

है उसके प्रति हँसकर या मुस्कुराकर अनुक्रिया प्रकट करता है तथा एक माह बाद नाराजगी या डांटे जाने पर मुस्कुराहट तथा रोष व्यक्त करने और अजनबी आवाजों के प्रति अलग-अलग प्रतिक्रियायें करने लगता है। अन्य बालकों का ध्यान खींचने के लिए वह पांव चलाता है, हंसता है या किलकारी भरता है। इस आयु में परिचित चेहरों के प्रति मुस्कुराकर और "अजनबी" के आने से शान्त होकर या डरकर, परिचित एवं अजनबी के बीच भेद करता है।

जब शिशु आठ या नौ माह का होता है तब वह दूसरों की बोली, सरल चेष्टाओं और हाव-भावों का अनुकरण करने की कोशिश करता है। एक वर्ष की आयु में वह 'नहीं', 'नहीं' या मत करो, कह कर सावधान किये जाने पर जो कुछ करता होता है उसे करते हुए रुक कर, तथा रोकर या दूर हटकर मना करने वाले व्यक्ति या अजनबियों के प्रति नापसंदगी या भय की अनुक्रिया करता है। इस तरह का व्यवहार जन्म के 66वें तथा 68वें सप्ताह के बीच विशेष रूप से पाया जाता है। दूसरे वर्ष के मध्य शिशु में नकारात्मक प्रवृत्ति बड़ों के आदेशों और मांगों का प्रतिरोध के रूप में दिखाई देने लगती है। बाल शिशु में, बालिका शिशु की अपेक्षा नकारवृत्ति अधिक दिखाई देती है। इस आयु में शारीरिक प्रतिरोध-चुप रहने, दूर हटने, अथवा 'खिचें-खिंचे' रहने की नकारवृत्ति शिशु प्रदर्शित करता है। लेकिन शैशवावस्था के अन्त तक बच्चा अनेक दैनिक क्रियाओं में प्रौढ़ों के साथ सहयोग कर सकता है। इस प्रकार वह "संतुलन" की अवस्था में आ जाता है जिससे उसका व्यवहार अधिक सामाजिक हो जाता है (गेसेल, 1949)।

विकास के क्रम में, शिशु में अन्य बालकों के प्रति सामाजिक प्रतिक्रियायें प्रौढ़ों की अपेक्षा बहुत कम होती है। वह अन्य शिशुओं की ओर ध्यान देने का पहला संकेत चार से छह माह की आयु के बीच करने लगता है। एक-दो माह के बाद अन्य शिशुओं को देखकर मुस्कुराता है और उनके रोने पर स्वयं रोने लगता है या उनमें रुचि प्रदर्शित करने लगता है। नवें तथा तेरहवें माह के बीच अन्य शिशुओं के प्रति उसकी रुचि बढ़ जाती है। इसकी अभिव्यक्ति उनके कपड़ों और बालों को पकड़ने तथा छूने से, उनके व्यवहार तथा बोली की नकल करने से, उनके साथ खिलौने खेलने से, और दूसरे शिशु द्वारा खिलौना छीनने जैसी क्रियाओं से प्रदर्शित होता है। तेरहवें से लेकर अठारहवें माह तक शिशु की रुचि खेलने की चीजों से हटकर साथ खेलने वाले बच्चों में हो जाती है जिसके फलस्वरूप खिलौनों के लिए छीना-झपटी घट जाती है और खेलने में उसका सहयोग बढ़ जाता है। ब्रेकनरीज (1955) का मानना है कि शैशवावस्था के अन्तिम छह माह में शिशु की रुचि दूसरों के साथ खेलने में निश्चित रूप से हो जाती है तथा वह खेल की चीजों का प्रयोग दूसरों के साथ सामाजिक सम्बन्ध स्थापित करने के लिए करने लगता है। इस प्रक्रिया से वह अनेक सामाजिक व्यवहारों को अधिगत करता है।

सामाजिक व्यवहारों के प्रकार (Types of Social Behaviour)

बुहलर (1936) ने शिशु के प्रारम्भिक सामाजिक अनुक्रियाओं के प्रकार एवं प्रदर्शन की अवधि निर्धारित किया है जो सारणी 8.1 में प्रस्तुत है।

सारणी 8.1. प्रारम्भिक सामाजिक अनुक्रिया एवं प्रदर्शन का समय

क्रमांक	सामाजिक प्रतिक्रियायें	प्रदर्शन की आयु
1.	वयस्कों के हट जाने पर रोना	1½ माह
2.	स्पर्श से चुप हो जाना	3½ माह
3.	वयस्कों के आने पर खेलना बन्द करना	4½ माह
4.	अन्य बच्चों को देखकर मुस्कुराना	4½ माह
5.	वयस्कों की तरफ गोद में जाने के लिए हाथ फैलाना	7½ माह
6.	वयस्कों के बात बन्द करने पर रोना	7½ माह
7.	वयस्कों के कपड़े खींचना	8½ माह
8.	वयस्कों को वस्तुएं देना	9½ माह
9.	खिलौने हटाकर अन्य बच्चों की ओर मुड़ना	10½ माह

तालिका 8.1 में शैशवावस्था में विकसित होने वाली सामाजिक अनुक्रियाओं का संरूप प्रस्तुत किया गया है। इससे स्पष्ट होता है कि शिशु के भीतर सामाजिक व्यवहारों का प्रादुर्भाव उस समय से हो जाता है जब वह दूसरों को देखकर सर्वप्रथम मुस्कुराता है। शिशु माता-पिता की या वयस्कों की आवाज सुनकर उधर मुड़ जाता है तथा उसके व्यवहार से व्यक्तियों एवं निर्जीव वस्तुओं में भेद परिलक्षित होने लगता है। ये क्षमताएं आयु के दूसरे-तीसरे माह में उत्पन्न होती हैं। इस अवस्था में वे व्यक्ति जो उसकी आवश्यकता की पूर्ति करते हैं या उनकी देखरेख करते हैं उन लोगों को पहचानने लगता है। जैसे- भूख लगने पर मां उसे दूध पिलाती है अतः शीघ्र ही वह माँ को पहचानने लगता है। माता-पिता या अन्य लोगों की उपस्थिति में शिशु शान्त रहता है परन्तु अकेले रहने पर रोने, चीखने या चिल्लाने लगता है। ये सभी सामाजिक व्यवहार के लक्षण हैं। चौथे-पांचवे माह के बीच शिशु वयस्कों को देखकर उसकी तरफ हाथ फैलाने या गोद में जाने की चेष्टाएं करता है तथा दूसरों के मुस्कराने या आवाज देने पर स्वतः मुस्कराने लगता है। परन्तु अपरिचित व्यक्ति के आवाज देने पर उसकी ओर से मुंह मोड़ लेता है, शांत हो जाता है या रोने लगता है। 6-7 माह का शिशु लोगों का ध्यान आकर्षित करने के लिए हाथ-पांव पटकना, बिस्तर से उछलना या कपड़ा पकड़कर खींचने जैसी क्रियाएं करता है। 8-9 माह का शिशु लोगों की आवाज एवं हाव-भाव का अनुकरण करना प्रारम्भ कर देता है। 9-10 माह का शिशु कोई चीज दूसरों को देना या खिलौना अलग फेंककर दूसरे बच्चे की ओर मुड़ने जैसी क्रियाएं करता है अर्थात् उसकी रुचि खिलौने में न होकर, साथ खेलने वाले बच्चों या व्यक्तियों में होती है। अब वह अजनबी को देखकर शर्माने एवं भय का भाव व्यक्त करते हुए उससे परिहार करता है।

सामाजिक विकास के क्रम में शिशु 13वें 14वें माह में खिलौनों के लिये छीना- झपटी या न मिलने पर रोने चिल्लाने जैसी अनुक्रियाएं करता है। वहीं 18 माह के शिशु में खेलने में परस्पर सहयोग की भावना दिखाई पड़ती है तथापि उसका खेल स्वकेन्द्रित (self centered) होता है।

सबका ध्यान अपनी ओर आकर्षित करने के लिए शिशु भाँति-भाँति की अनुक्रियायें करता है। दूसरे वर्ष के प्रारम्भ में शिशु में नकारात्मक प्रवृत्ति (Negativism) देखने को मिलती है। अर्थात् 13-14 माह का शिशु किसी काम को न करने के लिए मना करने के बावजूद उस कार्य को करता है। जैसे- किसी चीज को पटकना, तोड़ना इत्यादि। शैशवावस्था के अन्त तक शिशु का व्यवहार अधिक संतुलित हो जाता है। जैसे माता-पिता या वयस्कों द्वारा कोई चीज मांगने पर वह उठाकर देता है। इस प्रकार उसमें सहयोगात्मक व्यवहार की प्रवृत्ति विकसित होने लगती है।

सामाजिक/सांवेगिक विकास के निर्धारक (Determinants of Social Development)

सामाजिक व्यवहार अनुक्रम में विकसित होते हैं। इन व्यवहार संरूपों के बारे में पूर्व कथन किया जा सकता है तथापि अनेक कारक सहज विकास को बाधित करते हैं, जैसे अनुपयुक्त परिवेशीय दशाएं, माता-पिता की बच्चों के प्रति नकारात्मक अभिवृत्ति तथा उनके द्वारा बाल दुर्व्यवहार एवं निरादर (Child Abuse and Neglect), प्रोत्साहन का अभाव, बीमारियाँ इत्यादि। ये कारक शैशवावस्था में सामाजिक विकास की गति को मंद कर देते हैं। यहाँ कुछ प्रमुख कारक जो सामाजिक/सांवेगिक विकास को प्रभावित करते हैं, उनका विवरण प्रस्तुत किया गया है।

आसक्ति का विकास (Development of Attachment)

शिशु और अभिभावक के बीच आसक्ति का विकास शिशु के सामाजिक विकास में मील का पत्थर (Mile Stone) साबित होता है। 'आसक्ति' माता/पिता एवं शिशु के बीच प्रगाढ़ संवेगात्मक बंधन (Emotional Bond) है। इसकी पुष्टि मानवेतर प्राणियों पर भी किये गये अध्ययनों से होता है। बन्दरों पर किये गये हैरी हार्लो के अध्ययन से स्पष्ट होता है कि आसक्ति में शिशु के लिए सम्पर्क सूत्र (Contact Comfort) महत्वपूर्ण होता है।

हार्लो ने अपने अध्ययन में नवजात शिशु बन्दरों को उनकी माताओं के पास से हटाकर दो तरह की कृत्रिम माताओं (तारों की बनीं तथा कपड़ों की बनीं) द्वारा देख-रेख करने की परिस्थिति उत्पन्न की। तारों एवं कपड़ों से बनी कृत्रिम माताओं के साथ बन्दरों द्वारा व्यतीत किये गये समय की मात्रा को अंकित किया गया। परिणाम में हार्लो ने पाया कि कपड़े की बनी माँ के साथ शिशु बन्दरों ने, तारों से बनी माँ की अपेक्षा अधिक समय व्यतीत किया क्योंकि शिशु बन्दरों की कपड़े वाली माता के साथ स्पर्श अधिक सुखद थीं।

शिशु बन्दरों की भाँति मानव शिशु भी संपर्क सुख चाहता है। इस क्षेत्र में बोल्बी (Bowlby, 1968) का कार्य अग्रणी है। बौल्बी का मानना है कि शिशु में माँ के साथ आसक्ति का विकास होता है। यही आसक्ति शिशु के सामाजिक, सांवेगिक एवं बौद्धिक विकास में सहायक होती है। बच्चे अपने माता-पिता /अभिभावक के साथ सुरक्षित या असुरक्षित रूप से जुड़ जाते हैं। सुरक्षित रूप से आसक्त शिशु अभिभावक के प्रति ज्यादा सहज अनुभव करते हैं जबकि असुरक्षित रूप

से आसक्त शिशु में भय, चिंता तथा आक्रामकता का भाव प्रदर्शित होता है। शिशु की अभिभावक के साथ आसक्ति (सुरक्षित तथा असुरक्षित) जैसी होगी आगे के चरणों में उसका समायोजन भी उसी के अनुरूप होगा । यथा- सुरक्षित शिशु आगे चलकर अधिक सकारात्मक स्व प्रत्यय वाले, धनात्मक व्यवहार तथा निश्चय वाले होते हैं। जीवन के प्रारम्भिक काल में सुरक्षित तथा असुरक्षित आसक्ति प्रौढ़ावस्था में अवसाद-विषाद की प्रकृति एवं तीव्रता को निर्धारित करती है। अतः माता-पिता एवं शिशु के बीच आसक्ति का स्वरूप, उसके सामाजिक विकास की दशा एवं दिशा के निर्धारण में अत्यन्त महत्वपूर्ण भूमिका निभाता है।

माता-पिता की अभिवृत्ति एवं परिवार की भूमिका (Parental Attitude and Role of Family)

सामाजिक सम्बन्धों के प्रति अभिवृत्तियों एवं व्यवहारों को निर्मित करने में प्रारम्भिक अनुभवों की भूमिका अत्यन्त महत्वपूर्ण होती है। चूंकि शिशु का जीवन घर के अन्दर तक ही केन्द्रित होता है अतः बाद के सामाजिक व्यवहारों और अभिवृत्तियों की नींव घर में ही पड़ती है। अतः सम्पूर्ण घरेलू वातावरण बच्चे के विकास को प्रभावित करता है एवम् उसके सामाजिक विकास में भी महत्वपूर्ण भूमिका निभाता है। बेन (1954) के अनुसार व्यक्ति के सामाजिकीकरण (socialization) में परिवार का महत्वपूर्ण योगदान होता है। सामाजिक समायोजनों से सम्बन्धित अध्ययनों से पता चलता है कि आयु वृद्धि के साथ यदि सामाजिक व्यवहार एक ही तरह का बना रहता है, तो उससे अच्छी नीव का महत्व सामने आता है।

यद्यपि शिशु के पहले सामाजिक सम्बन्ध घर में बनते हैं, अतः घर के लोगों की भूमिका यह निर्धारित करने में महत्वपूर्ण होती है कि सामाजिक परिस्थितियों में बालक का रुझान और व्यवहार क्या होगा? बालक भविष्य में जिन समूहों में प्रवेश करेगा उनमें घुलने-मिलने की उत्सुकता और अपने को उन समूहों का स्वीकृत अंग समझने की भावना उसे परिवार से मिलनी चाहिए। यदि वह परिवार में स्वीकृत शिशु है तो यह भावना तब भी उसके अन्दर पैदा होगी जब वह किसी अन्य समूह में प्रवेश करेगा। शिशु में लोगों को समझने तथा आंकने की योग्यता सम्बन्धियों और पड़ोसियों के सम्पर्क में आने से आती है। जीवन के पहले वर्ष में एक ओर जब अपनी निःसहायता (Helplessness) के कारण शिशु प्रिय लगता है, उसके अपने परिवार के लोगों से सम्बन्ध अधिकांशतः अनुकूल होते हैं। वहीं दूसरे वर्ष तक स्वतंत्रता की चाह और बड़ो की आज्ञा का प्रतिरोध करने के कारण उतना प्रिय नहीं लगता, और इसके फलस्वरूप उसके प्रति परिवार के लोगों की अभिवृत्तियाँ बदलने लगती हैं।

(1) परिवार का प्रभाव (Influence of Family): जन्म के पश्चात् शिशु सर्वप्रथम अपनी माँ या परिवार के सदस्यों के सम्पर्क में आता है। अतः पारिवारिक संदर्भ की अहं भूमिका होती है। इस संदर्भ में शिशु के पालन-पोषण की शैली, पारिवारिक संरचना तथा सहोदर सम्बन्ध की भूमिका सामाजिक विकास में महत्वपूर्ण होती है।

(i) पालन शैली (Child Rearing Practices): बच्चा जब जन्म लेता है तो उसका

पहला सम्बन्ध माता-पिता से बनता है। ऐसे सम्बन्ध में माता-पिता की विशेष भूमिका होती है क्योंकि शिशु अपने जीवन के लिए माता-पिता पर पूर्णतः निर्भर होता है। शिशु का सम्पूर्ण परिवेश उसके माता-पिता तथा परिवार के अन्य सदस्य मिलकर निर्मित करते हैं। माता-पिता तथा अन्य सदस्य शिशु की देखभाल करते हैं तथा उसके साथ अन्तःक्रिया करते हैं। जो शिशु की बुद्धि एवं विकास को प्रभावित करता है। बौल्बी का मत है कि शिशु अपनी माँ के साथ आसक्ति (Attachment) विकसित करता है। इसके अभाव में शिशु में किसी भी प्रकार का विकास होना असम्भव है। विभिन्न परिवारों एवं संस्कृतियों के बीच बच्चों की पालन शैली में अन्तर पाया जाता है। इसका कारण यह है कि विभिन्न संदर्भों में बच्चों से क्या व्यवहार अपेक्षित है, यह अलग-अलग होता है। यथा- पश्चिमी संस्कृति में बच्चों में स्वतंत्रता, स्वायत्तता और अभिव्यक्ति के विकास पर बल दिया जाता है। दूसरी ओर भारतीय समाज में आज्ञा पालन, सेवा एवं परोपकार, परिवार या समाज के लिए अपनी इच्छाओं और रुचियों के त्याग पर बल दिया जाता है। माता-पिता अनुशासन लागू करने के ढंग में एक दूसरे से अलग हो सकते हैं। यथा, प्रोत्साहन एवं दण्ड के लिए उचित व्यवहार के चयन में, शिक्षण शैली तथा बच्चों के प्रति स्नेह प्रदर्शन इत्यादि में भी भिन्नता पायी जाती है।

(ii) परिवार की संरचना (Family Structure): माता-पिता के अतिरिक्त अन्य सदस्यों जैसे- दादा-दादी या अन्य लोग या बड़े भाई-बहनों का शिशु के प्रति किस ढंग का व्यवहार है, यह भी उसके सामाजिक विकास को प्रभावित करता है। अतः परिवार की संरचना जैसे- बच्चा एकल परिवार का सदस्य है या संयुक्त परिवार का, जहाँ उसे समाजीकृत करने में परिवार के अन्य सदस्यों की भी अहम् भूमिका होती है एवम् इसका भी प्रभाव पड़ता है। अतः परिवार की संरचना न केवल आरम्भिक अनुभवों को प्रभावित करती है बल्कि इसका प्रभाव सामाजिक अभिवृत्तियों एवम् सामाजिक व्यवहारों के विकास पर भी पड़ता है। वे शिशु जिन्हें परिवार में स्वीकृति मिलती है, वे बाहरी परिवेश से भी स्वीकृति की प्रत्याशा करते हैं। वही बालक आगे चलकर प्रत्याशा के अनुरूप बाहरी लोगों से व्यवहार न मिलने पर आहत होता है। कभी-कभी उग्र भी हो जाते हैं। वे शिशु जो घर के अन्दर एवम् बाहर अस्वीकृति पाते हैं, अन्तर्मुखी प्रवृत्ति के हो जाते हैं। वहीं यदि माता-पिता या परिवार के सदस्यों का प्रोत्साहन मिलता है तो बच्चों में बहिर्मुखता विकसित होती है। इस प्रकार बच्चा अनेक सामाजिक व्यवहारों को अर्जित करता है।

(iii) सहोदर सम्बन्ध (Sibling Relationship): शिशु के सहोदर (भाई या बहन) उसके विकास को प्रभावित करने में महत्वपूर्ण भूमिका निभाते हैं। सहोदर भाई या बहन शिशु की समस्याओं को समझने में सक्षम होते हैं तथा माता-पिता की अपेक्षा वे शिशु के साथ संवाद करने में अधिक उद्यत होते हैं। अग्रज सहोदर (बड़ा भाई/बहन) की भूमिका बच्चे के देखरेख में महत्वपूर्ण होती है। चूँकि प्रथम शिशु को अपने माता-पिता का विशेष ध्यान प्राप्त होता है तथा उस शिशु से माता-पिता की अपेक्षाएं भी ऊंची रहती हैं। माता-पिता उत्तरदायित्वपूर्ण व्यवहार और उच्च उपलब्धि के लिए उस पर ज्यादा दबाव डालते हैं। बड़े सहोदर से यह अपेक्षा की जाती है

कि अपने से छोटे सहोदर के साथ संयमित व्यवहार तथा उत्तरदायित्वपूर्ण संवाद बनायें। प्रायः देखा गया है कि जन्म क्रम में पहले और बाद वाले बच्चों की विशेषताएं भिन्न-भिन्न होती हैं। अपने छोटे भाई या बहन की अपेक्षा, बड़े भाई/बहन अधिक परिपक्व, संयमी तथा पारिवारिक एवं सामाजिक मानकों का पालन करने वाले होते हैं। अतः पारिवारिक पृष्ठभूमि, आपसी अन्तःक्रिया का स्वरूप ऐसे अनेक कारक शिशु/बच्चे के सामाजिक विकास को प्रभावित करते हैं।

सांवेगिक विकास (Emotional Development)

व्यक्ति के जीवन में संवेगों की भूमिका अत्यन्त महत्वपूर्ण होती है। ये संवेग कैसे विकसित होते हैं? इनके विकास में किन कारकों की भूमिका महत्वपूर्ण होती है? संवेगों का व्यक्तिगत एवं सामाजिक समायोजन पर क्या प्रभाव पड़ता है?, इनकी जानकारी के लिए संवेगों का अध्ययन आवश्यक होता है।

नवजात शिशुओं के संवेगों का मापन यद्यपि एक जटिल कार्य है तथापि प्रत्यक्ष प्रेक्षण, मुखाभिव्यक्तियों एवम् हाव-भाव द्वारा शिशु के संवेगों के बारे में अनुमान लगाया जा सकता है।

चूँकि नवजात शिशु की क्रियाओं में समन्वय का जो अभाव पाया जाता है उसके कारण जन्म के समय उसकी संवेगात्मक अवस्थायें इतनी स्पष्ट नहीं होती कि उन्हे विशिष्ट संवेगों के रूप में पहचाना जा सके। नवजात की अनुक्रियाओं को एक मात्र 'प्रिय या अनुकूल' और 'अप्रिय या प्रतिकूल' अनुक्रियाओं के दो समूहों में बांटा जा सकता है। शिशु की स्थिति को एकाएक बदलने, अचानक शोर करने, उसकी गतियों में रूकावट डालने और त्वचा से गीली तौलिया या कोई ठंडी वस्तु स्पर्श कराने से उसमें अप्रिय या प्रतिकूल अनुक्रिया पैदा की जा सकती है। शिशु रोकर इन अनुक्रियाओं का प्रारम्भ करता है। प्रिय अनुक्रियायें थपथपाने, कपड़े या गोद में लेकर गरमाहट पहुंचाने, तथा स्तन पान कराने से उत्पन्न होती है। स्पिज (1949) के अनुसार, प्रिय अनुक्रियायें उतनी स्पष्ट और निश्चित नहीं होतीं जितनी अप्रिय अनुक्रियायें होती है। अपरिपक्व (Premature) शिशुओं के प्रेक्षण से पता चलता है कि संवेगात्मक प्रतिक्रियाशीलता जन्म के पूर्व से विद्यमान रहती है। यह स्पष्ट नहीं है कि गर्भ में कोई संवेगात्मक प्रतिक्रिया होती है या नहीं, किन्तु सम्भावना इस बात की है कि श्वसन क्रिया की तरह संवेगात्मक अनुक्रियायें भी जन्म के समय तक सुप्तावस्था में रहती हैं । बैक्विन (1947) का मानना है कि, "संवेगात्मक अनुक्रिया करने की योग्यता नवजात शिशु के अन्दर विकासात्मक प्रक्रिया के अंश के रूप में रहती है और उसे सीखने की आवश्यकता नहीं होती। यदि स्वास्थ्य को अच्छा रखना है तो परिपक्व होते हुए संवेगों को तृप्त करना आवश्यक है।" शिशु के संवेगात्मक गठन की सबसे प्रमुख विशेषता यह है कि उसमें तीव्रता को प्रकट करने वाली अनुक्रियाओं के उतार-चढ़ाव की तीव्रता का बिल्कुल अभाव होता है।

प्रसिद्ध व्यवहारवादी वाट्सन ने अपने अध्ययनों के आधार पर प्रस्तुत किया कि शिशुओं के भीतर आरम्भ से ही तीन प्रकार के संवेग अर्थात् भय, क्रोध तथा प्रेम पाये जाते हैं। ये तीन संवेग

मौलिक होते हैं तथा इन्हीं मौलिक संवेगों से ही अन्य संवेगों का प्रादुर्भाव होता है। तेज ध्वनि, तेज हवा आदि से बच्चे में भय की अभिव्यक्ति देखी जा सकती है जबकि नवजात के हाथ-पैर की क्रियाओं को रोक दिया जाय तो वह क्रोध का अनुभव करता है। जब बच्चे को सहलाया, थपथपाया तथा गुदगुदाया जाता है तो बच्चे में प्रेम के संवेग की प्रतिक्रियाएं देखने को मिलती हैं। वाटसन तथा रेनर ने यह भी स्पष्ट किया कि संवेग के विकास में परिपक्वता तथा अधिगम दोनों का महत्व होता है। परन्तु वाटसन के तीन मौलिक संवेगों के सम्प्रत्ययन की तीव्र आलोचना हुई एवं सुखद तथा दु:खद दो संवेगात्मक दशाओं को स्वीकार किया गया जो आरम्भ से ही शिशुओं के भीतर दृष्टिगोचर होते हैं। संवेगात्मक अवस्थाओं को विभिन्न प्रकार के उद्दीपन जागृत कर सकते हैं। आयु वृद्धि के साथ संवेगात्मक अनुक्रियायें कम व्यापक, कम यादृच्छिक तथा अधिक स्पष्ट होती है। जन्म के समय दिखायी देने वाली व्यापक संवेगात्मक उत्तेजना से धीरे-धीरे भय, क्रोध, जुगुप्सा, क्लेश, प्रसन्नता, उल्लास तथा स्नेह का विकास होता है। शिशुओं के एक बड़े प्रतिदर्श पर संवेगात्मक विकास का अध्ययन किया गया। अध्ययनों से स्पष्ट होता है कि सांवेगिक विकास अनुक्रम में होता है जिसकी मुख्य विशेषताएं सबके लिए समान रूप में होती हैं। बासफिल्ड (1952) एवं जेरसिल्ड (1954) के अनुसार इस अनुक्रम में विभिन्न संवेगात्मक प्रतिक्रियायें विशेष अवधि में दिखायी देती हैं और आयु वृद्धि के साथ अनुक्रियाओं का रूप बदल जाता है। संवेगात्क परिवर्तनों के जननिक सिद्धान्त की योजना बेनहम (1978) ने प्रस्तुत किया है जिसका संरूप रेखाचित्र संख्या 8.1 में प्रस्तुत किया गया है।

अविविक्त प्रतिक्रिया यादृच्छिक व्यवहार	**विविक्तीकरण और एकीकरण की प्रतिक्रियायें**
क्लेश	आकुलता, भय, लज्जा, क्रोध, जुगुप्सा, निराशा
उत्तेजना	अशांतिजनक उद्विग्नता
प्रसन्नता	हर्ष, उल्लास, स्नेह, लैंगिक प्रेम

चित्र 8.1: संवेगात्मक परिवर्तनों के जननिक सिद्धान्त की योजना (बेनहम, 1978)

उदाहरणार्थ –रोना और चीखना जन्म के साथ ही दृष्टिगत होते हैं। चार से आठ माह तक की आयु तक रोने के साथ पुकारना (माँ, बा, पा इत्यादि) भी आ जाता है। सोलह से बीस माह के बीच 'नहीं', के साथ मांगना भी आ जाता है। परन्तु डरने पर 'दूर भागने' की अनुक्रिया सोलह माह की आयु तक शिशु में नहीं दिखायी देती। मुह छिपाना भी सोलह से बीस माह की आयु तक स्पष्ट नहीं होता। शैशवावस्था में भय और क्रोध जैसे संवेग अनुपातत: अधिक पाये जाते हैं। इन संवेगों की अवधि तो कम लेकिन तीव्रता अधिक होती है। वे बार-बार प्रकट होते हैं परन्तु कम समय तक बने रहते हैं और शिशु का ध्यान बंट जाने पर उनकी जगह अन्य संवेग प्रकट होने लगते हैं।

आगे शैशवावस्था में उत्पन्न होने वाले कुछ महत्वपूर्ण संवेगों का वर्णन किया गया है।

1. क्रोध (Anger): शैशवावस्था में क्रोध का विकास एक स्वाभाविक संवेग के रूप से घटित होता है क्योंकि शिशु के परिवेश में क्रोध उत्पन्न करने वाले अनेक उद्दीपक होते हैं और शिशु जल्दी ही यह सीख लेता है कि अपनी ओर ध्यान खींचने तथा अपनी इच्छाओं को पूरा कराने के लिए क्रोधित होना एक सहज तरीका है। शैशवावस्था में क्रोध प्रकट करने वाले उद्दीपन हैं : बाधा अर्थात् शिशु जो कुछ करना चाहता है, उसमें बाधा डालना। जैसे-जब वह अपनी माँ की गोद में खेलना चाहता है परन्तु माँ उसे गोद से उतार कर कोई आवश्यक कार्य करने चली जाती है, अर्थात् शिशु की इच्छा को माँ का समर्थन न होना आदि क्रोध के कारण हो सकते हैं। शैशवावस्था के अन्तिम महीनों में क्रोध उत्पन्न करने वाली अनेक परिस्थितियाँ आती हैं जैसे- शिशु को नहलाया जाना, मुँह धोया जाना, कमरे में अकेला छोड़ देना या शिशु का खिलौना छिन जाना, आदि।

कोई भी दो शिशु एक ही कारणों से क्रुद्ध नहीं होते, लेकिन क्रुद्ध होने का सामान्य क्रम सबके लिए समान होता है। किसी इच्छा की पूर्ति न हो पाना या शिशु जो करना चाहता है उसमें रुकावट डालना सदैव शिशु के क्रोध को उद्वेलित करता है। बड़े बच्चों के क्रोध की अनुक्रियाओं में जितनी विविधता होती है उतनी शिशुओं की अनुक्रियाओं में नहीं होती। क्रोध उद्वेग में उसकी शक्ति का प्रवाह किसी लक्ष्य की दिशा में नहीं होता। वह अपनी शक्ति चीखने तथा टांगों और बाहों को निरुद्देश्य चलाने में खर्च करता है। इन चेष्टाओं (Reflexes) के साथ कई शिशु और भी चेष्टाएँ करते हैं, जैसे- सांस रोक लेना, ऊपर-नीचे कूदना, फर्श पर लुढकना तथा पहुंच के अन्दर की किसी भी चीज को ठोकर मारना। शैशवावस्था की इच्छाओं की पूर्ति में विफलता के कारण आक्रामक अनुक्रिया बढ़ जाती है ।

2. भय (Fear): क्रोध के विपरीत भय को पैदा करने वाले उद्दीपन शिशु के परिवेश में अपेक्षाकृत कम पाये जाते हैं। शिशुओं के जीवन के सामान्य खतरों (जैसे- किसी ऊँची जगह से गिरने से, अपरिचित लोगों तथा अपरिचित जगहों से या जानवरों से माता-पिता अभिभावक या वयस्क यथा शक्ति शिशु की रक्षा करते हैं। परन्तु कुछ घटनाएं जैसे माता-पिता की अक्षमता या पिता की नौकरी छूट जाने से आर्थिक असुरक्षा का भाव या प्राकृतिक आपदा से स्वास्थ्य के लिए उत्पन्न खतरा इत्यादि तीव्र प्रतिबलकारी होते हैं जिन्हें शिशु अपनी सीमित बौद्धिक क्षमता के कारण यद्यपि महसूस नहीं कर पाता तथापि वे अपने सीमित दायरे में भय व्यक्त करना सीख जाते हैं। जेरसिल्ड (1954) के अनुसार शिशु ऊँचे स्थान से गिरने, तीव्र शोर का भय के साथ साहचर्य

होने से, डरे लोगों का अनुकरण करने से, अथवा अप्रिय अनुभवों की स्मृतियों से, वे अपने आस-पास के लोगों और वस्तुओं से डरना सीख जाते हैं। शैशवावस्था में सांवेगिक वृद्धिक्रम में बच्चे अजनबी लोगों से भयभीत होना सीख लेते हैं। इसकी पुष्टि स्कार एवम् सलपाटेक (1970) के अध्ययनों से होती है। रेखाचित्र 8.2 से स्पष्ट होता है कि बचपनावस्था/ शैशवावस्था के अन्तिम माह में अजनबी व्यक्ति से भय की प्रवृत्ति तीव्र गति से बढ़ती है।

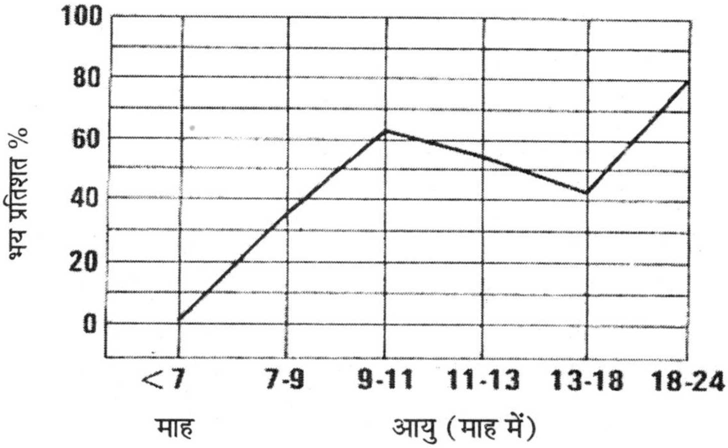

रेखाचित्र 8.2 : शैशवावस्था के अन्तिम चरण में, 'अपरिचितों से भय' में तीव्रतम् वृद्धि।

शैशवावस्था के भय की तीव्रता में वैयक्तिक भिन्नता पायी जाती है। इस अवस्था के अन्तिम काल में, शिशु में जानवरों, अंधेरी जगहों और अकेले होने का भय स्पष्ट होने लगता है। कभी-कभी उद्दीपन अचानक अप्रत्याशित रूप से प्रकट होते हैं जिससे शिशुओं को उससे साहचर्य एवं समायोजन करने का कम ही अवसर मिलता है। यथा, अपरिचित चेहरों को देखकर भय शिशु में नौ से बारह माह की आयु के बीच बहुत ही सामान्य होता है। मुख्य रूप से उसे भय इस बात से होता है कि जिस परिचित व्यक्ति के आने की आशा शिशु को थी उसकी जगह अचानक कोई अपरिचित व्यक्ति प्रकट हो जाता है। भय उद्दीपनों की दूसरी विशेषता उस उद्दीपक में नयापन या अजनबीपन का होना है। यदि एक परिचित व्यक्ति भी अपरिचित पोशाक पहने हो, जैसे- परिवार के सदस्य अपने सामान्य पहनावे (कुर्त्ता-पैजामा या धोती) के स्थान पर सूट एवं हैट लगाकर यदि सामने आते है तो छोटा शिशु डर सकता है। ज्यों ही नयापन (Stimulus Novelty) हट जाता है, त्यों ही भय समाप्त हो जाता है।

शैशवावस्था में भय की विशिष्ट अनुक्रिया में भयानक उद्दीपन से परिहार की कोशिश होती है। रोना, सांस का थोड़ी देर के लिए रुक जाना तथा जिस क्रिया में शिशु लगा हुआ हो उसका वहीं रुक जाना शामिल होता है। यदि भय के साथ-साथ उसकी जिज्ञासा भी सम्मिलित हुई, तो उसका भय अधिक तीव्र हो जाता है।

3. जिज्ञासा (Curiosity): जीवन के आरम्भिक दो या तीन माह तक, जब तक कि आँखों

का समन्वय भली-भांति विकसित नहीं हो जाता, केवल शिशु की ओर आने वाले तीव्र उद्दीपन (तेज प्रकाश या आवाज) ही उसके ध्यान को आकर्षित कर सकते हैं। लेकिन जब वस्तुओं को स्पष्ट और अलग-अलग देखने की योग्यता विकसित हो जाती है तब कोई भी नई या असामान्य वस्तु शिशु को छानबीन करने के लिए अभिप्रेरित करती है, बशर्ते उसका नयापन इतना न हो कि भय पैदा करे। जैसे ही शिशु का भय कम होता है वैसे ही जिज्ञासा जागृत हो जाती है। छोटे बच्चों में जिज्ञासा की अभिव्यक्ति चेहरे की पेशियों में तनाव, मुंह के खुलने और जिह्वा के बाहर निकालने तथा कपाल पर शिकन के पड़ने से होती है। पहले वर्ष के मध्य तक शिशु जिज्ञासा जागृत करने वाली वस्तु की ओर झुकने लगता है तथा उसे पकड़ने की कोशिश करने लगता है। जब वह उस चीज तक पहुंचता है तब वह उसे पकड़ कर खींचता, हिलाता है। ज्ञानेन्द्रियों और पेशियों के द्वारा छानबीन करने के इस तरीके से प्राय: वस्तुएं टूट-फूट जाती हैं, और शिशु को चोट भी पहुंचती है।

4. हर्ष (Joy): हर्ष, सुख या प्रसन्नता (Pleasure) का सहज रूप है, जो आरम्भ में शारीरिक स्वास्थ्य से सम्बद्ध होता है। जीवन के दूसरे-तीसरे माह तक सामाजिक परिस्थितियों में भी मुस्कराना और हंसना शुरु होने लगता है, तथा कुछ और माह बाद शिशु गुदगुदाये जाने पर हर्ष प्रकट करने लगता है। दूसरे वर्ष में हास्य पैदा करने वाली सबसे सामान्य परिस्थितियाँ होती हैं; शिशु के साथ खेलना, शिशु का खिलौनों के साथ खेलना, दूसरे बालकों को साथ खेलते देखना तथा ऐसी ध्वनियाँ पैदा करना जो थोड़ी बहुत संगीतमय हो। शिशु का हर्ष तब बहुत बढ़ जाता है जब कोई क्रिया उसके लिए कठिन होती है या जब वह किसी बाधा को पार करके, उस क्रिया को सफलतापूर्वक कर लेता है।

हर्ष (Joy) मुस्कुराने और हंसने में प्रकट होता है। इस आयु में हंसने के साथ टांगों और बांहों में गतियाँ होती हैं तथा कुछ श्वांस सम्बन्धी परिवर्तन होता है जैसा कि उदर के स्पन्दनों से प्रकट होता है। जब हर्ष तीव्र होता है तब शिशु खिलखिलाता है या हर्षातिरेक से चिल्लाता है और उसकी शारीरिक गतियाँ अधिक तीव्र हो जाती हैं। अठारह माह की आयु में शिशु अधिकांशत: अपनी ही चेष्टाओं पर मुस्कुराता है। उसका विनोद सबसे अधिक जिस बात से होता है, वह है उसकी अपनी अटपटी गतियाँ या किसी व्यक्ति से सामाजिक व्यवहार करने का उसका अपना तरीका। दो वर्ष की आयु में दूसरे व्यक्ति को देखकर मुस्कुराना तो कम होता है लेकिन वह मुस्कुराने के साथ बोलना शुरु कर देता है। अपनी ही चेष्टाओं पर मुस्कुराना इसके बाद आता है।

5. स्नेह (Affection): लोगों के प्रति स्नेहपूर्ण अनुक्रियायें क्रमिक रूप से विकसित होती हैं। शिशु के स्नेहपूर्ण व्यवहार जिस व्यक्ति से स्नेह होता है उसकी ओर जाने से प्रकट होता है। शिशु व्यक्ति के चेहरे को ध्यान से देखता है, टांगे चलाता है, बांहों को फैलाता है, हिलाता है, मुस्कुराता है तथा अपने शरीर को ऊपर उठाने की कोशिश करता है। चूंकि शुरु में ये गतियाँ बहुत ही असमन्वित होती हैं इसलिए वह उस व्यक्ति के पास नहीं पहुंच पाता लेकिन छह माह की आयु तक प्राय: शिशु जिसके पास जाना चाहे, पहुंच सकते हैं। पहले वर्ष के उत्तरार्द्ध में परिचित व्यक्तियों के प्रति स्नेह का व्यवहार होता है, हालांकि अपरिचित लोग भी शीघ्र ही शिशु के स्नेह

के पात्र बन सकते हैं। स्नेह अनुबन्धित होता है अर्थात् किसी व्यक्ति से सुखद या ऐषणात्मक (Appetitive) अनुभव होने के फलस्वरूप उत्पन्न होता है विशेषरूप से उनसे जो शिशु की शारीरिक आवश्यकताओं की पूर्ति करते हैं, उनके साथ खेलते हैं अथवा उसका मनोरंजन किया करते हैं। शिशु का स्नेह मुख्य रूप से व्यक्तियों तथा गौण रूप से वस्तुओं से होता है (बैनहम, 1951)।

शिशु जिनसे स्नेह करता है उनमें वह स्वयं होता है और उसके खिलौने भी शामिल होते हैं। यह अभिव्यक्ति दूसरे वर्ष में पायी जाती है। बैनहम ने मनुष्य की जगह इन खिलौनों को ही शिशु के स्नेह का पात्र माना है। शिशु की अन्य शिशुओं के प्रति स्नेहपूर्ण अनुक्रिया बहुधा नहीं होती परन्तु प्रौढ़ों के प्रति वह स्नेह प्रदर्शित करता है और माता-पिता की अनुपस्थिति में अपने को बहलाने वाले बड़ी आयु के बालक या किशोर के प्रति भी स्नेह प्रदर्शित कर सकता है। जब परिवार में कोई ऐसा पालतू जानवर होता है जिसके साथ वह बिना डरे खेल सके, तब उसके प्रति उसका स्नेह अभिव्यक्त हो जाता है।

शिशुओं का स्नेह बर्हिगामी होता है तथा विस्तृत तरीकों से प्रकट होता है। शैशवावस्था में स्नेह प्रकट करने का विशिष्ट तरीका स्नेह करने वाले से चिपकना, उसे थपथपाना या चूमना है।

ब्रिजेज ने अपने विकासात्मक संवेग के सम्प्रत्यय में स्पष्ट किया है कि दो वर्षों के भीतर बच्चों में प्रायः सभी प्रमुख संवेगों का आविर्भाव हो जाता है। आयु और अनुभव में वृद्धि के साथ उनमें क्रमशः विकास और उसकी अभिव्यक्ति में परिवर्तन आता है। इस संवेग के संरूप को रेखाचित्र 8.3 द्वारा दर्शाया गया है। इस रेखाचित्र से स्पष्ट होता है कि शिशुओं के भीतर प्रारम्भ में केवल उद्दीप्तावस्था ही होती है। तीन माह की अवस्था के पूर्व ही यह उद्दीप्तावस्था स्पष्ट होने लगती है और विशिष्ट भावनाओं अर्थात् क्लेश और प्रसन्नता का उद्भव होता है। छठे माह से पहले ही क्लेश से क्रमशः क्रोध, घृणा और भय के संवेगों की उत्पत्ति होती है। इसी प्रकार छठे माह से एक वर्ष के बीच प्रसन्नता से उल्लास और बड़ों के प्रति स्नेह के संवेग विकसित हो जाते हैं।

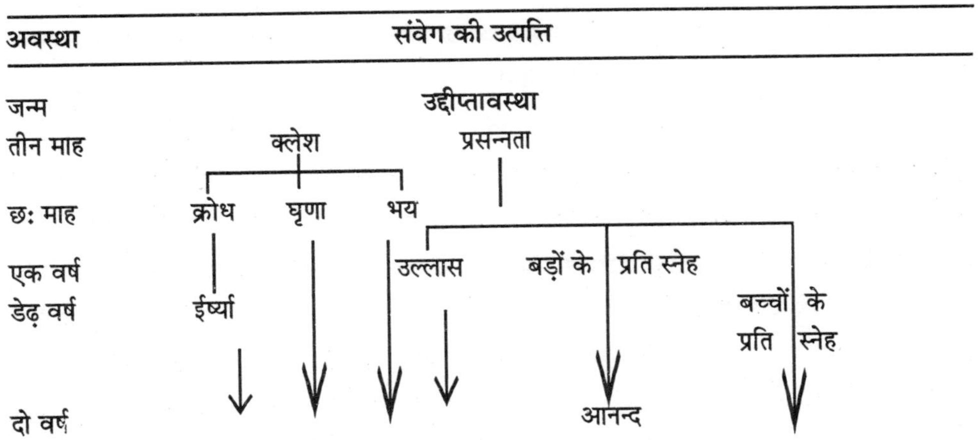

चित्र : 8.3. ब्रिजेज के संवेग-विकास सम्प्रत्यय का रेखांकन

बच्चों के प्रति स्नेह का भाव लगभग चौदह महीने में व्यक्त होता है और उसी अवस्था में क्लेश से ईर्ष्या भी उत्पन्न होती है। प्रायः बीस माह की आयु में शिशु की प्रसन्नता से आनन्द का आविर्भाव होता है। इस प्रकार दो वर्षों के भीतर लगभग सभी प्रमुख संवेग बच्चों में उत्पन्न हो जाते हैं। दो वर्ष के बाद परिपक्वता और अधिगम के आधार पर इन संवेगों की अभिव्यक्ति में धीरे-धीरे परिवर्तन, परिमार्जन और संशोधन होने लगता है तथा सांवेगिक प्रबलता (Emotional Dominance) एवम् सांवेगिक नियंत्रण (Emotional Control) की प्रवृत्ति के संरूप विकसित होते हैं।

सांवेगिक विकास के निर्धारक
(Determinants of Emotional Development)

शिशु के सांवेगिक विकास को अनेक कारक प्रभावित करते हैं। इसमें से प्रमुख निर्धारक हैं; माता-पिता के साथ आसक्ति एवम् बन्धन का विकास, माता-पिता की शिशु के प्रति अभिवृत्तियाँ एवम् परिवार की भूमिका, पालन-पोषण की शैली, पारिवारिक वातावरण, परिवार के अन्य सदस्यों एवम् बड़े भाई-बहनों का स्नेह एवम् सम्बन्धों का स्वरूप। ये कारक, सामाजिक विकास को भी निर्धारित करते हैं अतः इनका उल्लेख इस अध्याय के प्रथम अनुभाग में सामाजिक विकास के निर्धारकों के अन्तर्गत, विस्तृत रूप से किया गया है।

व्यक्तित्व विकास (Personality Development)

व्यक्तित्व एक जटिल सम्प्रत्यय है तथा मनोवैज्ञानिकों के लिए सदैव जिज्ञासा तथा शोध का विषय रहा है। व्यक्तित्व को अनेक ढंग से परिभाषित किया गया है। व्यक्तित्व शब्द की उत्पत्ति रोमन शब्द 'परसोना' (Persona) से हुई है जिसका तात्पर्य है 'मुखौटा'। परन्तु मनोविज्ञान के अन्तर्गत व्यक्तित्व को विशिष्ट एवं अपेक्षाकृत स्थायी शीलगुण के रूप में स्वीकार किया जाता है, जो भिन्न-भिन्न दशाओं में तथा निश्चित अन्तराल में व्यवहार प्रतिरूपों को व्यक्त करता है।

व्यक्तित्व का समुचित सम्प्रत्ययन एक जटिल कार्य है तथापि अनेक उपागमों के आधार पर इसके स्वरूप का विश्लेषण किया गया है। मनोवैज्ञानिकों का एक वर्ग व्यक्ति के वाह्य गुणों एवं व्यवहारों के आधार पर व्यक्तित्व की व्याख्या करता है तो दूसरा समूह आन्तरिक संगठन की भूमिका को महत्वपूर्ण मानता है जिसके अन्तर्गत व्यक्ति की अभिप्रेरणाएं, रुचियां, भावनाएं, अभिवृत्ति एवं मूल्य निहित हैं। मनोवैज्ञानिकों का एक वर्ग व्यक्तित्व की व्याख्या व्यक्तियों के विशिष्ट प्रकारों (Types) या शीलगुणों (Traits) के आधार पर करते हैं। अतः व्यक्तित्व के स्वरूप का निर्धारण अनेक उपागमों/ दृष्टिकोणों की समीक्षा के आधार पर किया गया है। इनमें आलपोर्ट द्वारा प्रस्तुत व्यक्तित्व की परिभाषा अपेक्षाकृत अधिक सर्वमान्य है। आलपोर्ट के अनुसार- "व्यक्तित्व व्यक्ति के मनोदैहिक गुणों का वह गत्यात्मक संगठन है जो परिवेश के साथ

उसके समायोजन को निर्धारित करता है।" आलपोर्ट ने अपनी इस परिभाषा में यह स्पष्ट किया है कि व्यक्ति के समस्त शीलगुण आपस में संगठित होते हैं। व्यक्तित्व सम्बन्धी जितने भी शीलगुण हैं चाहे वे शारीरिक हों या मानसिक, उनका संगठन इस प्रकार होता है कि वे निरन्तर गतिशील रहते हैं जिसके कारण व्यक्ति में विशेष प्रकार की अनन्यता पायी जाती है। व्यक्तित्व और समायोजन के सम्बन्ध में आलपोर्ट का मानना है कि किसी व्यक्ति के व्यक्तित्व में यह क्षमता पायी जाती है कि वह परिस्थितियों में परिवर्तन ला दे और उन्हें अपने अनुकूल बना ले। व्यक्ति की केवल शारीरिक विशेषताएं ही व्यक्तित्व को प्रदर्शित नहीं करती और न ही किसी व्यक्ति के मात्र मानसिक गुण ही व्यक्तित्व को निर्मित करते हैं। इसी प्रकार व्यक्ति का व्यक्तित्व केवल उसके सामाजिक गुणों के आधार पर प्रदर्शित नहीं होता बल्कि व्यक्तित्व में व्यक्ति की शारीरिक, मानसिक एवं सामाजिक विशेषताएं एक दूसरे के साथ अन्त:क्रियात्मक रूप से संगठित होती हैं।

अन्य मानसिक विशेषताओं की तरह व्यक्तित्व भी आनुवंशिक गुणों से निर्धारण होता है। जन्म के समय से ही व्यक्तित्व सम्बन्धी गुणों का विकास आरम्भ हो जाता है। उन पर सीखने, प्रत्यक्ष सामाजिक सम्पर्कों और उद्दीपन का प्रभाव पड़ता है, तथापि उनके विकास में आनुवंशिकता की प्रमुख भूमिका होती है। जन्म के समय व्यक्तित्व संरूप के निश्चित संकेत मिलते हैं। शिशुओं के व्यक्तित्व में वैयक्तिकता उनकी विविध अनुक्रियाओं जैसे- खाने की अनुक्रियाओं, रोने और गत्यात्मक चेष्ट्याओं से प्रकट होती हैं। ये अन्तर व्यक्तित्व का निर्माण करते हैं। विकास मनोवैज्ञानिकों ने दीर्घकालिक अध्ययन विधि से पता लगाया कि शिशुओं में कुछ लक्षण या विशेषताएं जन्म के आरम्भिक माह से लेकर दो वर्ष के अन्त तक स्थिर पायी गयी। इससे स्पष्ट होता है कि व्यक्तित्व का केन्द्रक जन्म के साथ विद्यमान होता है। स्टैनर (1948) के अनुसार शिशुओं के कुछ गुणों में स्थिरता (Consistency) आरम्भ से दूसरे वर्ष के अन्त तक पायी जाती है एवम् इससे स्पष्ट होता है कि व्यक्तित्व का केन्द्रक (Core) जन्म के साथ विद्यमान होता है।

जन्म पूर्व पर्यावरण के अध्ययनों से स्पष्ट होता है कि माँ के संवेगात्मक या उपापचयात्मक प्रक्रियाओं के फलस्वरूप जन्मपूर्व परिवेशीय गड़बड़ी या दोष से नवजात शिशु का व्यवहार प्रभावित हो सकता है। पेकास (1957) का मानना है कि गर्भस्थ शिशु के लिए परिवेशीय असामान्यताओं का विशेष महत्व होता है और इनसे नवजात शिशु में अति सक्रियता और चिड़चिड़ापन की स्थिति पैदा हो सकती है। सोन्टैगं ने व्यक्तित्व पर जन्मपूर्व पर्यावरण के पड़ने वाले प्रभाव को महत्व देते हुए कहा है कि-"ऐसे नवजात शिशु जिसके जन्मपूर्व पर्यावरण में गड़बड़िया रही हों उनकी पेशियों की सक्रियता का स्तर उसकी कुछ अन्य शारीरिक क्रियाओं के स्तर से उच्च होता है। उसके अन्दर आंतों की सक्रियता अत्यधिक हो सकती है और हृदय की गति भी सामान्य से अधिक घट-बढ़ सकती है। शारीरिक क्रियाओं की इन गड़बड़ियों में उदर (पेट) की ऐंठन भी एक समस्या हो सकती है जो शिशु उल्टी कर देते हैं उनके जन्मपूर्व पर्यावरण में प्राय: इस तरह के दोष होने का प्रमाण मिला है।"

गर्भवती माँ की अत्यधिक थकावट, उसका लम्बे एवं स्थिर शोल गुल के बीच रहना और

गर्भ के पर्यावरण में कम्पन इत्यादि, जन्म पश्चात् शिशु की पाचन क्षमता को घटाकर उस शिशु के पाचनसंस्थान की क्षमता को घटा सकते हैं एवम् उसमें मानसिक समस्याएं जैसे- घबड़ाहट, चिड़चिड़ापन और बात-बात पर रोने की आदत बन सकती है। इसके फलस्वरूप शिशु माता-पिता की दृष्टि में कम वांछनीय हो जाता है जिससे जीवन के शुरु से ही बच्चे एवम् माता-पिता के बीच का भावात्मक लगाव (Attachment) प्रभावित हो सकता है। प्राय: ऐसे शिशु बाल दुर्व्यवहार एवम् निरादर (Child Abuse and Neglect) के शिकार हो जाते हैं।

जन्म के समय माँ से अलग होने से शिशु को जो मानसिक आघात पहुंचता है उसका उसके व्यक्तित्व पर कोई स्थायी प्रभाव नहीं पड़ता। परन्तु स्पिज (1949) ने इस बात को प्रमाणित किया हैं, कि जो शिशु जन्म के बाद माँ से अलग कर दिये जाते हैं वे अपने परिवेश से इतना अच्छा समायोजन नहीं कर पाते जितना माँ के साथ रहने वाले शिशु कर लेते हैं। इस बात के भी प्रमाण मिलते हैं कि शिशु के प्रति माँ की अभिवृत्ति, जो उसके व्यवहार से प्रकट होती है, शिशु के व्यक्तित्व को प्रभावित करती है। उदाहरण के लिए- यदि माँ बच्चे के पैदा होने से प्रसन्न नहीं है या वह उसके मनचाहे लिंग का नहीं है तो माँ के अन्दर छुपी पीड़ा या अप्रसन्नता शिशु के प्रति किसी न किसी रूप में व्यक्त हो जाती है। कैरिथर्स (1951) के अनुसार यदि माँ को बच्चे में किसी कमी की आशंका हो, तो उसकी शिशु के प्रति अनुक्रिया प्राय: अस्पष्ट और अस्थिर होती है, जो दिनों-दिन बदलती रहती है। इस तरह की माँ की प्रतिक्रियायें बालक के व्यवहार को प्रभावित करती हैं जो शिशु के व्यक्तित्व विकास में बाधक होती हैं।

यद्यपि जन्मपश्चात् ही शिशु में व्यक्तित्व सम्बन्धी लक्षण कतिपय देखने को मिलते हैं तथापि जन्म के कुछ दिनों के पश्चात् ही ये लक्षण धीरे-धीरे स्पष्ट होने लगते हैं। शिशु के जीवन में आने वाले प्रमुख अभिकर्ता (Agents) माता-पिता, भाई-बहन, परिवार के अन्य सदस्य, जैसा व्यवहार करते हैं उसी के अनुरूप शिशु अपने आप को समायोजित करता है एवम् तदनुसार उसका आत्म प्रत्यय निर्मित होता है जो उसके व्यक्तित्व को विकसित करने में मदद करता हैं। इसके अतिरिक्त बालक के परिवेश में रहने वाले महत्वपूर्ण व्यक्तियों (आरम्भ में माता-पिता, भाई-बहन और बाद में परिवार के बाहर के प्रमुख व्यक्ति) और बालक के बीच होने वाली परस्पर अन्त:क्रिया से भी व्यक्तित्व निर्मित होता है (रेनवाटर, 1956)। बालक अपने साथ एक शारीरिक संरचना, कुछ आवश्यकताओं, अन्तर्नोद तथा बौद्धिक सामर्थ्य लेकर अपने सामाजिक परिवेश के साथ अन्त:क्रिया में शामिल होता है। इन्हीं कारकों से यह निर्धारित होता है कि बालक उन व्यवहारों के प्रति क्या प्रतिक्रिया करेगा, जो अन्य व्यक्ति उसके साथ करते हैं।

व्यक्तित्व के विकास में शैशवावस्था प्रमुख चरण होती है क्योंकि इसी समय व्यक्तित्व की आधारशीला का निर्माण होता है तथा इसी पर पूर्ण व्यक्तित्व का ढांचा बनता है। चूंकि शिशु का परिवेश प्राय: घर तक ही सीमित होता है और उसके माता-पिता, विशेषत: माता निरन्तर उसके साथ रहती हैं। अत: यह बात निर्विवाद रूप से सत्य है कि माता-पिता और शिशु का जैसा सम्बन्ध होता है उसका प्रभाव आगे चलकर उसके व्यक्तित्व विकास पर पड़ता है। पेशीय नियंत्रण के

विकास के साथ ज्यो-ज्यों शिशु के लिए आत्माभिव्यक्ति के नए रास्ते खुलते हैं, त्यों-त्यों वह माता-पिता द्वारा किसी बात के लिए मना करने पर प्रतिरोध व्यक्त करता है। परन्तु व्यक्तित्व के विकास के लिए यदि अनुकूल वातावरण मिले, तो शिशु विकसित होकर एक सहयोगशील और अनुक्रियाशील व्यक्ति बनेगा।

संस्थागत शिशुओं (Institutionalized Infants) के अध्ययनों से पता चलता है कि परिवेशीय बाधाएं शिशु के व्यक्तित्व के विकास को अवरुद्ध करती हैं। जीवन के आरम्भिक तीन वर्षों तक संस्था (Institution) में रहने से बच्चे के व्यक्तित्व में होने वाले दोष स्थायी होते हैं या अस्थायी, यह तो निश्चित रूप से नहीं कहा जा सकता लेकिन यह बात स्पष्ट है कि यदि शिशु इससे अधिक समय तक संस्था में रहा तो व्यक्तित्व में विकृति स्थायी रूप में विकसित हो जायेगी। ऐसी स्थिति तब भी उत्पन्न होती है जब एक माँ द्वारा बच्चे को मिलने वाले स्नेह से वंचित रखा जाय। यह भी महत्वपूर्ण है कि जब शिशु में दूसरे वर्ष में स्वतंत्रता का विकास हो रहा होता है तब माता-पिता द्वारा दिया जाने वाला अतिसंरक्षण (Overprotection) विशेष रूप से उसके लिए हानिकारक होता है। माँ का समुचित प्रेम शिशु के व्यक्तित्व के विकास में महत्वपूर्ण भूमिका निभाता है।

व्यक्तित्व विकास के निर्धारक (Determinants of Personality)

व्यक्तित्व का विकास अनुक्रम में होता है जिसका आरम्भ जीवन शुरु होने के साथ ही हो जाता है तथा आयु वृद्धि के साथ चलता रहता है। विकास की इस प्रक्रिया को अनेक तत्व प्रभावित करते हैं। कुछ निर्धारक व्यक्तित्व की धूरी (core) अर्थात् आत्म प्रत्यय (Self concept) को प्रभावित करते हैं तो कुछेक कारक शीलगुणों को। परन्तु कोई भी कारक व्यक्तित्व के किसी एक ही पक्ष को प्रभावित नहीं करता अपितु सम्पूर्ण व्यक्तित्व इनसे प्रभावित होता है।

कौन से कारकों का प्रभाव अधिक होगा यह इस पर निर्भर करता है कि बच्चे में उस कारक के प्रभाव को समझने की योग्यता कितनी है ? जैसे- किसी तीव्र बुद्धि के बच्चे को यदि यह समझ है कि लोग उसकी प्रसंशा करते हैं, तो इसका व्यक्तित्व पर धनात्मक प्रभाव पड़ेगा। व्यक्तित्व विकास को अनेक जैविकीय (Biological) एवम् परिवेशीय (Environmental) कारक निर्धारित करते हैं कुछ प्रमुख कारकों का उल्लेख आगे किया जा रहा है।

जैविकीय निर्धारक (Biological Determinants)

व्यक्तित्व के स्वरूप एवं विकास प्रक्रमों को समझने में व्यक्तित्व सम्बन्धी अध्ययनों की भूमिका अत्यन्त महत्वपूर्ण पायी गयी है। जुड़वे बच्चों पर किये गये अनुसन्धानों से व्यक्तित्व निर्माण के प्रमुख जैविकीय कारकों पर प्रकाश पड़ता है।

1. स्वभाव (Temperament): प्रत्येक व्यक्ति का स्वभाव भिन्न-भिन्न होता है। कोई क्रोधी स्वभाव का होता है तो किसी व्यक्ति का स्वभाव हंसमुख होता है। कुछ लोगों का स्वभाव

दूसरों के प्रति सहानुभूतिपूर्ण होता है और ये लोग दूसरों की सहायता के लिए सदा तत्पर रहते हैं। इस प्रकार 'स्वभाव' व्यक्तित्व का एक आवश्यक अंग है जो व्यक्ति के भावात्मक पक्ष को प्रदर्शित करता है। स्वभाव आनुवांशिक होता है इसलिए हम इसे जैविक निर्धारक के रूप में स्वीकार कर सकते हैं। शारीरिक बनावट और स्वभाव में गहरा सम्बन्ध होता है।

2. बौद्धिक स्तर (Intellect level): बुद्धि एक जन्मजात क्षमता होती है। विभिन्न आयु स्तर के लोग प्रतिभावान, सामान्य या जड़मति, बौद्धिक स्तर से भिन्न होते हैं। जिन बालकों की बुद्धि लब्धि 50 से कम होती है उनके भीतर विशिष्ट प्रकार की शारीरिक विकृतियाँ विकसित हो जाती है। जैसे- मंगोलिज्म, क्रेटीनिज्म, अक्षमता या मानसिक मन्दता आदि। जिस बालक की बुद्धिलब्धि सामान्य से ऊपर (120 से ऊपर) होती है वह स्वयं को अपने परिवेश के साथ समायोजित कर लेता है साथ ही साथ उनमें विशिष्ट प्रकार की मौलिकता अन्तर्दृष्टि की क्षमता तथा सृजनशीलता पायी जाती है। यद्यपि बुद्धि जैविक प्रक्रम है तथापि हम इसे विभिन्न माध्यमों से अर्जित एवम् परिमार्जित भी करते हैं।

3. ग्रन्थियाँ (Glands): व्यक्तित्व का विकास एण्डोक्राइन ग्रन्थियों से अत्यधिक प्रभावित होता है। उदाहरण के लिए- थाइराइड ग्रंथि में एक प्रकार का स्राव बनता है जिसे आयोडीन कहते हैं। आयोडीन शरीर तथा मस्तिष्क के स्वाभाविक विकास के लिए अत्यन्त आवश्यक है। यदि बाल्यकाल में इस रस की कमी होती है तो शरीर और मस्तिष्क का उचित विकास नहीं हो पाता जिसके कारण व्यक्ति नाटे कद का तथा अत्यन्त दुर्बल होता है। जब थाइराइड ग्रंथि अधिक सक्रिय होती है तब आयोडीन रस अधिक निकलता है जिसके कारण भी व्यक्ति को मानसिक अशान्ति का अनुभव होता है। जब उसे आयोडीन उचित मात्रा में मिलता है तब उसका स्वास्थ्य ठीक रहता है।

व्यक्तित्व के जैविक निर्धारकों में पिट्यूटरी ग्रंथि का महत्वपूर्ण स्थान है क्योंकि यदि इसे व्यक्ति के शरीर से निकाल दिया जाय तो शरीर की वृद्धि नहीं होगी। यदि पिट्यूटरी ग्रन्थि से निकलने वाले हारमोन्स की व्यक्ति के शरीर में अधिकता हो जाती है तो शरीर अत्यधिक लम्बा हो जाता है। इस प्रकार पिट्यूटरी ग्रन्थि व्यक्तित्व के विकास को प्रभावित करती है। इसी प्रकार एस्ट्रोजेन और एण्ड्रोजन जो यौन ग्रन्थि से निकलने वाले हारमोन्स होते हैं, के संतुलित मात्रा में उपलब्ध होने पर बालक के भीतर उसके यौन के अनुरूप सामान्य कोटि का शारीरिक गठन और व्यवहार विकसित हो पाता है।

4. शारीरिक संरचना (Body Structure): व्यक्तित्व के जैविक निर्धारकों का प्रभाव व्यक्ति के शरीर की संरचना या बनावट में दिखायी पड़ता है। अभिन्न जुड़वे (Identical Twins) अथवा बंधुल जुड़वे (Fraternal Twins) बच्चों में आनुवंशिकता और जीन पैटर्न (Gene Pattern) की दृष्टि से समानता होती है। अभिन्न जुड़वों (Identical Twins) का अध्ययन वास्तव में ऐसे दो शिशुओं का अध्ययन है जिनकी आनुवंशिक विशेषताएं एक सी हैं और जिनका जन्म एक ही संषेचित कोशिका (Fertilized cell) से होता है। बन्धुल जुड़वे

(Fraternal) की आनुवंशिकता एक सी नहीं होती क्योंकि इनका जन्म दो अलग संषेचित कोशिकाओं से होता है। अभिन्न जुड़वे और बन्धुल जुड़वे के व्यक्तित्व में अन्तर का अध्ययन होल जिंगर ने किया था। यह अध्ययन 50 जोड़े अभिन्न जुड़वे तथा 52 जोड़े बन्धुल जुड़वे बच्चों का आधार लेकर किया गया तथा परिणामों में पाया गया कि अभिन्न जुड़वों में बन्धुल जुड़वों की तुलना में अधिक समानता पायी गयी। समानताएं शरीर की लम्बाई, अंगुलियों, मानसिक आयु, शैक्षिक क्षमता आदि की दृष्टि से मापी गयी थी। इस मापन के परिणाम स्वरूप यह ज्ञात हुआ कि शारीरिक तथ्यों की दृष्टि से अभिन्न एवं बन्धुल जुड़वों में अन्तर अधिक था।

लिण्डजे ने स्पष्ट किया है कि जिस बालक का शरीर सुगठित और आकर्षक नहीं होता उसके भीतर हीन भावना विकसित हो जाती है जो उसके समायोजन तथा व्यवहार को प्रभावित करती है। परिणामस्वरूप बालक का व्यक्तित्व उपयुक्त ढंग से विकसित नहीं हो पाता है। वस्तुतः व्यक्तित्व विकास में शारीरिक रचना को महत्वपूर्ण कारक के रूप में स्वीकार किया गया है तथा व्यक्तित्व के स्वरूप में स्पष्टता आयु वृद्धि के साथ परिलक्षित होती है।

परिवेशीय निर्धारक (Environmental Determinants)

व्यक्तित्व के परिवेशीय निर्धारकों के अन्तर्गत आरम्भिक अनुभव, परिवार एवम् संस्कृति प्रमुख हैं।

(1) आरम्भिक अनुभव (Early Experiences): व्यक्तित्व के विकास में आरम्भिक वर्षों (जन्म से 5 वर्ष तक) के अनुभवों का विशेष महत्व होता है जिसका प्रभाव आगे के वर्षों के विकास पर भी पड़ता है। जन्म के बाद शिशु माता-पिता तथा परिवार के सदस्यों से जो अनुभव प्राप्त करता है उससे शिशु के आत्म प्रत्यय (Self Concept) का निर्माण होता है। फ्रायड (1900) ने अपने 'मनोलैंगिक विकास के सिद्धान्त' के अन्तर्गत स्पष्ट किया है कि शैशवावस्था पूर्व बाल्यावस्था के अनुभवों का बहुत गहरा प्रभाव उसके व्यक्तित्व पर पड़ता है। अतः शिशु का अनुभव जैसा होगा उसका व्यक्तित्व भी वैसा ही विकसित होगा प्रारम्भिक अनुभव यदि निषेधात्मक होते हैं तो इनका प्रभाव व्यक्तित्व विकास पर प्रतिकूल पड़ता है। इस सम्बन्ध में, 'रैंक' ने 'जन्म आघात' (Birth Trauma) सम्प्रत्यय का प्रयोग किया है। अर्थात् बच्चे जब माँ के सम्पर्क से अलग किये जाते हैं तब उन्हें यह घटना आघात के रूप में लगती है जिससे शिशु में असुरक्षा की भावना विकसित होती है।

शैशवावस्था के अनुभव स्व तथा संज्ञानों के विकास को भी प्रभावित करते हैं अतः व्यक्तित्व के विकास में शिशु के प्रति अभिभावकों की सांवेगिक अनुक्रियाएं, अभिवृत्तियाँ, परिवेशीय एवम् सांस्कृतिक संदर्भ की महत्वपूर्ण भूमिका होती है।

(2) परिवार का प्रभाव (Family Influence): व्यक्तित्व के विकास पर माता-पिता एवं परिवार के सदस्यों का पर्याप्त प्रभाव पड़ता है। यदि शिशु को माता-पिता से पर्याप्त स्नेह

मिलता है तो उसका आत्मप्रत्यय धनात्मक रूप में विकसित होता है जिससे व्यक्तित्व का विकास भी उपयुक्त होता है। शैशवावस्था के अनुभव व्यक्तित्व के विकास की दृष्टि से अत्यन्त महत्वपूर्ण होते हैं। यदि माता-पिता अपनी सन्तान के प्रति अत्यधिक स्नेह का प्रदर्शन करते हैं तो शिशु में पराश्रयता (dependancy) की भावना विकसित होती है जो आगे चलकर बालक को आत्मनिर्भर नहीं बनने देती। दूसरी ओर जब बालक को माता-पिता का स्नेह नहीं मिलता तब उसकी भावनात्मक अनुक्रियाओं की आवश्यकता अपूर्ण रह जाती है जिससे व्यक्ति आत्मकेन्द्रित हो जाता है। इसके अतिरिक्त जिन बच्चों को अपने माता-पिता का पर्याप्त स्नेह नहीं मिलता वे अकेलापन की समस्या से ग्रस्त हो जाते हैं एवं कालान्तर में असामाजिक व्यवहार करने लगते हैं और कभी-कभी तो वे अपराधी बन जाते हैं। अपराधी बालकों का गहन अध्ययन करने वाले मनोवैज्ञानिकों का मानना है कि कोई बालक अपराधी उस समय बनता है जब उसके जीवन की परिस्थितियाँ दुःखद होती हैं। इस प्रकार बालक के व्यक्तित्व के विकास पर माता-पिता के स्नेह का सशक्त प्रभाव पड़ता है (हरलॉक, 1984)।

व्यक्तित्व के विकास पर घर के परिवेश का भी प्रभाव पड़ता है। व्यक्तित्व के समुचित विकास के लिए घर का वातावरण भी शान्त और स्नेहपूर्ण होना चाहिए। परिवार का प्रभाव न केवल व्यक्तित्व के विकास पर पड़ता है वरन् व्यक्तित्व समायोजन की दृष्टि से भी यह महत्वपूर्ण होता है। व्यक्तित्व समायोजन से तात्पर्य है, "व्यक्ति जैविक, सांस्कृतिक एवं सामाजिक निर्धारकों से प्राप्त क्षमताओं एवं विशेषताओं का अपने जीवन तथा समाज में वांछनीय दृष्टि से उपयोग करता है अथवा नहीं।" प्रायः उस व्यक्ति को समायोजित माना जाता है जो जीवन की विभिन्न परिस्थितियों का सामना धैर्य, साहस एवं उत्साह से करता है।

परिवार में बच्चे के साथ जैसा व्यवहार माता-पिता करते हैं उसी के अनुरूप बालक के व्यक्तित्व का समायोजन होता है। अनेक अध्ययनों में यह ज्ञात करने का प्रयास किया गया कि माता-पिता अपनी सन्तान को कैसे प्रभावित करते हैं यह पाया गया है कि जिन परिवारों का वातावरण असंगठित होता है, उनमें रहने वाला बालक दब्बू एवं असुरक्षा की भावना से ग्रस्त होता है। उसे समायोजन सम्बन्धी अनेक समस्याओं का सामना करना पड़ता है। जबकि अतिरक्षणपरक (over protective) परिवार में पलने वाले बालक को व्यक्तित्व समायोजन में अनेक प्रकार की कठिनाइयाँ होती हैं। शारीरिक आयु में वृद्धि होने के साथ-साथ ऐसे बालक का मानसिक, भावात्मक एवं सांवेगिक विकास संतोषप्रद नहीं होता है। यह भी ज्ञात हुआ कि जो माता-पिता स्वयं बच्चों को दबाकर रखते हैं और उन्हें किसी प्रकार की स्वतंत्रता नहीं देते उनके बच्चे का समायोजन उपयुक्त नहीं होता एवम् जिन परिवारों में अनुशासन उपयुक्त नहीं होता है उन परिवारों के बालकों का समायोजन भी संतोषप्रद नहीं होता है।

3. सांस्कृतिक कारक (Cultural Factors): व्यक्ति का व्यक्तित्व विकास संस्कृति के अनुरूप होता है। इसका कारण यह है कि जन्मकाल से ही शिशु का सामाजिकीकरण और पालन पोषण उन विधियों तथा रीतियों के अनुसार होता है जो सांस्कृतिक परम्परा के अनुकूल है। प्रत्येक संस्कृति में शिशु के सामाजिकीकरण की शैली भिन्न होती है क्योंकि इसी विधि के द्वारा संस्कृति

को सुरक्षित रखा जाता है। माता-पिता शिशु का पालन पोषण करते समय उसकी शारीरिक एवं मानसिक आवश्यकताओं की पूर्ति करते हैं। इसी के साथ-साथ वे शिशु को ऐसी आदतें, नियम आदि सिखाते हैं जो उसके सामाजिक तथा सांस्कृतिक जीवन के लिए आवश्यक है।

संस्कृति और व्यक्तित्व एक दूसरे के पूरक हैं। आरम्भ में शिशु अपनी भावात्मक अनुक्रिया की प्रतिपूर्ति के लिए उन कार्यों को करता है जो उसके माता-पिता चाहते हैं। इस प्रकार शिशु यह सीख लेता है कि उसे किस समय भोजन चाहिए, सोना चाहिए तथा अन्य क्रियाएं कब तथा कैसे करनी चाहिए। शिशु प्रत्यक्ष और परोक्ष रूप से कई प्रकार के व्यवहार सीख लेता है और कालान्तर में उसे अनेक कार्यों की आदत पड़ जाती है। इन व्यवहारों और आदतों की अभिव्यक्ति व्यक्तिगत स्तर पर व्यक्तित्व की परिचायक है और सामाजिक स्तर पर संस्कृति को परिचायक है। प्रत्येक समाज की विभिन्न संस्कृतियाँ होती हैं तथा विभिन्न संस्कृतियों के साथ-साथ व्यक्तित्व भी विभिन्न प्रकार के होते हैं तथा व्यवहार और आदतें संस्कृति और व्यक्तित्व के बीच की कड़ी हैं।

व्यक्तित्व के आधार (Basis of Personality)

हरलॉंक ने व्यक्तित्व के संरचनात्मक संरूप का विवेचन करते हुए बताया है कि व्यक्तित्व के निर्माण में दो तत्वों की महत्वपूर्ण भूमिका होती है। पहला आत्म सम्प्रत्यय (Self-concept) तथा दूसरा शीलगुण (Traits)। यही दोनों मिलकर व्यक्तित्व की आधारशिला निर्मित करते हैं।

(i) आत्म प्रत्यय (Self concept): अध्ययनों से स्पष्ट होता है कि वे विशेषताएँ जो जीवन के आरम्भ में ही समृद्ध हो जाती हैं, वे बालक की आयु वृद्धि के साथ प्राय: परिवर्तित नहीं होती। यद्यपि व्यक्ति के व्यक्तित्व में कुछ परिवर्तन होता है लेकिन व्यक्तित्व की धूरी (Core) जो आत्म सम्प्रत्यय कहलाता है (जिसके विकास की शुरुआत शैशवावस्था से होती है) वह मूलत: जैसी बनी रहती है। जब आत्म सम्प्रत्यय को बदलने वाले कदम उठाये जाते हैं अर्थात् जब व्यक्तित्व की धूरी को बनाने वाले परिवेशीय कारकों में तीव्र परिवर्तन होता है तभी जीवन के आरम्भ में बने हुए आत्म सम्प्रत्यय में कोई परिवर्तन हो सकता है। अत: व्यक्तित्व का रूप निर्धारित करने में प्रारम्भिक अनुभवों का जो महत्व होता है वह और भी बढ़ जाता है।

ब्रेकेनरिज और विन्सेट (1955) ने स्पष्ट किया है कि "कुछ व्यक्ति दूसरों की अपेक्षा कहीं अधिक लचीले होते हैं और परिवेश में मौलिक परिवर्तन होने से मूलत: बदल जाते हैं परन्तु कुछ चट्टान की तरह दृढ़ होते हैं जो मौलिक परिवर्तनों के आघात को भी झेल लेते हैं। जिन व्यक्तित्व लक्षणों को सबसे अधिक स्थायी पाया गया है, वे शारीरिक विकास, बुद्धि और स्वभाव से सम्बद्ध होते हैं। जो सबसे कम स्थाई होते हैं वे सामाजिक अनुभवों से सम्बन्धित होते हैं जैसे- अभिवृत्ति, मूल्य, इत्यादि" मन्न (1955) का मानना है कि सबसे अधिक परिवर्तनशील लक्षण वे हैं जो सामाजिक सम्बन्धों में काम आते हैं।

यद्यपि व्यक्तित्व परिवर्तन बहुत हद तक परिवेशीय परिवर्तन पर निर्भर होता है तथापि शैशवावस्था में घर के वातावरण में परिवर्तन होने की सम्भावना कम होती है। इसलिए प्रारम्भिक

जीवन में व्यक्तित्व की नींव पड़ चुकी होती है, तथा शिशु की आयु वृद्धि के साथ इसके स्थायी बने रहने की सम्भावना बनी रहती है।

जिस समय शिशु के आत्म सम्प्रत्यय का स्थायित्व हो रहा होता है उस समय शिशु के अन्दर जिस तरह की प्रवृत्ति विकसित हो जाती है, बड़े होने पर उस प्रवृत्ति के बने रहने की प्रबल सम्भावना रहती है। यथा- जो बालक दो वर्ष की आयु में आक्रामक होता है उसके बड़े होने पर निरन्तर आक्रामक बने रहने की सम्भावना रहती है। हरलॉक (1984) ने दीर्घकालिक उपागम द्वारा शैशवावस्था से लेकर किशोरावस्था तक एक ही समूह के बालकों पर अध्ययन किया जिसमें पहले वर्ष के व्यवहार-लक्षणों की "भविष्यसूचकता" प्रकट हुई। अर्थात् जीवन के पहले वर्ष में व्यक्तित्व के जो प्रधान प्रतिमान स्थिर हो जाते हैं वे सदा बने रहते हैं। अध्ययन से यह भी स्पष्ट होता है कि शिशु का जैसा व्यक्तित्व होगा उसका पूर्वकथन पहले वर्ष में ही कर लेना सम्भव है। अतः "शैशवावस्था में बने हुए व्यक्तित्व लक्षणों को जब तक बदलने के लिए प्रबल एवं नियोजित उपाय न किये जाएं, अपेक्षाकृत वे आजीवन बने रहते हैं। इसलिए यह स्पष्ट होता है कि शैशवावस्था व्यक्तित्व विकास की एक 'नाजुक आयु' (Critical Period) है (हरलॉक, 1984)।

(ii) शीलगुण (Trait): एक व्यक्ति दूसरे व्यक्ति से जिन अर्थों में अपेक्षाकृत स्थायी रूप से भिन्न होता है, उसे शीलगुण (Trait) कहते हैं। शीलगुण सामान्यीकृत क्रिया प्रवृत्तियों की तरह कार्य करते हैं। ये संभावित व्यवहारों के विस्तृत प्रसार को इंगित करते हैं जो एक सीमा तक परिस्थितियों की अपेक्षाओं के अनुरूप प्रकट होते हैं। शीलगुण (i) काफी समय तक स्थिर होते हैं, (ii) विभिन्न परिस्थितियों में संगत होते हैं तथा (iii) शीलगुणों के संगठन व प्रबलता में होने वाले परिवर्तन के कारण ही व्यक्तित्व में वैयक्तिक भिन्नताएं पाई जाती हैं। यद्यपि शीलगुण अर्जित होते हैं तथापि ये व्यक्ति की आनुवंशिक विशेषताओं पर आधारित होते हैं। इन शीलगुणों की रूप रेखा व्यक्ति के आत्मप्रत्यय द्वारा निर्मित और नियंत्रित होती है। व्यक्तित्व का संगठन इन्हीं शीलगुणों के आधार पर होता है। शीलगुणों में मुख्यतः दो विशेषताएं पायी जाती हैं- (i) वैयक्तिकता (Individuality) तथा (ii) स्थिरता (Consistency)।

(अ) वैयक्तिकता (Individuality): आत्म प्रत्यय द्वारा शीलगुणों का संगठन प्रभावित होता है। आलपोर्ट के अनुसार बालक के भीतर एक विशिष्ट प्रकार के व्यक्तित्व का स्वरूप उभरता है। व्यक्तित्व की इस विशिष्टता को आलपोर्ट ने 'वैयक्तिकता' कहा है। वैयक्तिकता व्यक्तित्व का सबसे महत्वपूर्ण गुण है जो लोगों को एक दूसरे से अलग करती है। चाहे व्यक्ति का चिन्तन हो, संज्ञान हो, समायोजन हो या फिर व्यवहार हो, ये सभी वैयक्तिकता के कारण ही प्रत्येक व्यक्ति में अलग-अलग पाये जाते हैं। आलपोर्ट भी इस मान्यता को स्वीकार करते हैं कि "किन्हीं दो व्यक्तियों की वैयक्तिकता एक नहीं हो सकती क्योंकि वैयक्तिकता कभी भी दोहराया जाने वाला प्रक्रम नहीं है।" स्पष्टतः दो व्यक्तियों के बीच पाया जाने वाला अन्तर मात्रात्मक नहीं बल्कि गुणात्मक होता है। वस्तुतः किसी व्यक्ति के भीतर उसकी वैयक्तिकता के निर्माण व विकास में उसकी निजी आनुवांशिक क्षमताओं, व्यक्तिगत अनुभवों और सामाजिक परिवेश का

विशिष्ट योगदान होता है। दो व्यक्ति किसी शीलगुण का प्रदर्शन एक ढंग से नहीं करते क्योंकि शीलगुणों का संगठन और प्रदर्शन व्यक्ति के निजी आत्म प्रत्यय का प्रतिबिम्ब होता है। भिन्न-भिन्न व्यक्तियों के व्यवहार अपनी रूचियों, मनोवृत्तियों, पसंदगियों और निजी प्रेरकवृत्तियों को ही प्रदर्शित करते हैं। अतः प्रत्येक व्यक्ति में उसकी निजी वैयक्तिकता विद्यमान रहती है।

(ब) स्थिरता (Consistency): वाल्टर मिशेल ने इस तथ्य की ओर ध्यान आकर्षित किया है कि शीलगुणों से सम्बन्धित व्यवहारों की संगति में परिस्थितियों के साथ परिवर्तन होता है। अतः लोग सभी परिस्थितियों में समान रूप से ईमानदार या निरंकुश नहीं होते। व्यक्ति शीलगुणों के आधार पर व्यवहारों का पूर्वानुमान करना चाहता है लेकिन यह बता पाना कठिन होता है कि किसी विशिष्ट परिस्थिति में कोई व्यक्ति क्या और कैसा व्यवहार करेगा। केवल विभिन्न परिस्थितियों में व्यवहार करने के कुछ विशिष्ट तौर तरीकों (strategies) की एक सामान्य प्रवृत्ति का अनुमान लगाया जा सकता। अतः बहुल कारकों के आधार पर व्यक्तित्व के स्वरूप की व्याख्या सम्भव है।

सारांश (Summary)

जन्म से व्यक्ति न तो सामाजिक होता है, न ही असामाजिक बल्कि सामाजीकरण प्रक्रम द्वारा वह सामाजिक व्यवहारों को सीखता है। सामाजिक, सांवेगिक एवम् व्यक्तित्व विकास के प्रक्रम साथ-साथ चलते रहते हैं। सामाजिक विकास का तात्पर्य उन योग्यताओं को अर्जित करने से है जो व्यक्ति को सामाजिक प्रत्याशाओं के अनुरूप व्यवहार करने में सहायक होती है। शिशु के सामाजिक विकास की नीव घर में ही पड़ती है तथा सामाजीकरण प्रक्रम में माता-पिता, परिवार इत्यादि की भूमिका महत्वपूर्ण होती है।

नवजात शिशु में व्यक्तियों को पहचानने की क्षमता नहीं होती है, लेकिन दो या तीन बाद वह लोगों को पहचानने लगता है तथा लोगों में रुचि दर्शाने लगता है। दो माँह बाद वह अजनबी को देखकर स्वयं को असुरक्षित महसूस करता है। पांच माँह का बालक लोगों के साथ घुलमिल जाता है। एक वर्ष का शिशु हम उम्र बच्चों के प्रति रुचि प्रदर्शित करने लगता है तथा उनके साथ समय बिताना पसंद करता है।

सामाजिक विकास के जो कारक प्रभावित करते हैं। वे कारक हैं : आसक्ति का विकास, माता-पिता की अभिवृत्ति एवं परिवार की भूमिका, परिवार में पालन शैली, पारिवारिक संरचना, सहोदर सम्बन्ध आदि। ये सभी कारक सामाजिक विकास में महत्वपूर्ण योगदान देते हैं।

सामाजिक विकास के साथ-साथ सांवेगिक विकास अनुक्रम में घटित होता है। प्रारम्भ में शिशु में प्रिय और अप्रिय अनुक्रिया सम्बन्धी संवेग पाये जाते हैं। श्वसन क्रिया की तरह ही संवेगात्मक अनुक्रिया भी जन्म के समय तक सुप्तावस्था में विद्यमान रहती है। जन्म के पश्चात् उक्त दो संवेगात्मक अनुक्रियाएं परिलक्षित होती हैं। जबकि वाट्सन के अनुसार शिशु के भीतर

जन्म से ही तीन संवेग ; (भय, प्रेम तथा क्रोध) विद्यमान रहते हैं। वाटसन तथा रेनर संवेग के विकास में परिपक्वता तथा अधिगम दोनों को महत्वपूर्ण मानते हैं।

जन्म के समय दिखायी देने वाली व्यापक उत्तेजना के बाद धीरे-धीरे आयु वृद्धि के साथ अन्य संवेगों का विकास होता है। बेनहम ने अपने संवेगात्मक परिवर्तन की जननिक अवधारणा में यह स्पष्ट किया है। उनमें मुख्यतः क्रोध, भय, जिज्ञासा, हर्ष एवं स्नेह की चर्चा की गयी है। आगे चलकर ब्रिजेज ने बताया कि पहले शिशु में क्लेश व प्रसन्नता का उद्भव होता है। पांचवें माह में क्लेश, क्रोध, घृणा, भय आदि संवेग उत्पन्न होते हैं। चौदहवें माह में ईर्ष्या उत्पन्न होती है। बीस माह की आयु में आनन्द की उत्पत्ति होती है। दो वर्ष बाद परिपक्वता और अधिगम के आधार पर इन संवेगों की अभिव्यक्ति में धीरे-धीरे परिवर्तन, परिमार्जन एवं संशोधन होने लगता है।

व्यक्तित्व विकास के लिए शैशवास्था अत्यन्त महत्वपूर्ण 'नाजुक आयु' होती है। इस अवस्था में शिशु की प्रवृतित जैसी प्रवृत्ति होती है, सम्भावना व्यक्त की जाती है कि वैसी ही प्रवृत्ति उसकी आगे भी रहेगा।

व्यक्तित्व का विकास अनुक्रम में होता है जिसमें आनुवांशिक कारकों की भूमिका महत्वपूर्ण होती है। इसकी पुष्टि जुड़वे बच्चों पर किये गये अनेक अध्ययनों से होती है। परन्तु परिवेशीय कारकों की भूमिका को नकारा नहीं जा सकता। अतः एक ओर जहाँ स्वभाव, बौद्धिक स्तर, ग्रंथियाँ एवं शारीरिक संरचना जैविकीय कारकों के रूप में व्यक्तित्व को प्रभावित करते हैं वहीं कुछ परिवेशीय कारक जैसे शिशु के आरम्भिक अनुभव, परिवार की संरचना एवं स्वरूप तथा संस्कृति भी व्यक्तित्व विकास के निर्धारण में महत्वपूर्ण भूमिका निभाते हैं।

शैशवावस्था में ही बच्चे में अहं प्रत्यय विकसित होता है। अहं प्रत्यय उसके व्यक्तित्व विकास में मूल (core) का कार्य करता है। बच्चे का अहं प्रत्यय जितना ही स्थायी होगा उसके व्यक्तित्व में परिवर्तन की सम्भावना कम होती है। व्यक्तित्व विकास में शीलगुणों की भी महत्वपूर्ण भूमिका होती है। वैयक्तिकता तथा स्थिरता शीलगुण की दो महत्वपूर्ण विशेषताएं हैं। ये भी व्यक्तित्व विकास में मील के पत्थर साबित होती हैं।

तकनीकी पद	Technical Terms
अतिरक्षणपरक	Over Protective
अन्तर्मुखी	Introvert
अनुकरण	Imitation
अपरिपक्वता	Immaturity
अभिन्न जुड़वे	Identical Twins
अभिवृत्ति	Attitude

आक्रामकता	Aggression
आत्म प्रत्यय	Self concept
आनुवंशिक	Heridity
आरम्भिक अनुभव	Early Experiences
आसक्ति	Attachment
ईर्ष्या	Jealousy
उत्तेजना	Excitation
क्रोध	Anger
ग्रन्थि	Gland
जन्म आघात	Birth Trauma
नवजात	Neonate
निःसहायता	Helplessness
पर्यावरण	Environment
प्रतिमान	Paradigm
प्रवृत्ति	Tendency
प्रसन्नता	Happiness/ Pleasure
प्रेम	Love
बाल निरादर	Child Neglect
बाल दुर्व्यवहार	Child Abuse
बहिर्मुखी	Extrovert
बन्धुल जुड़वे	Fraternal Twins
भय	Fear
व्यक्तित्व	Personality
वैयक्तिकता	Individuality
शील गुण	Traits
शैशवावस्था	Infancy
स्थिरता	Consistency
सामाजिक बन्धन	Social Bond
समायोजन	Adjustment
सांवेगिक विकास	Emotional Development
सुख	Pleasure
स्नेह	Affection

स्वभाव	Temperament
सहोदर	Sibling
संषेचित कोशिका	Fertilized Cell
हाव-भाव	Gestures

अनुभाग-3
(Section – III)

बाल्यावस्था
(Childhood)

9 बाल्यावस्था : शारीरिक एवं पेशीय विकास
Childhood : Physical and Motor Development

बाल्यावस्था, जीवनकालिक विकास (Life Span Development) का अत्यन्त महत्वपूर्ण चरण है। इस अवस्था में बच्चों में वृद्धि एवं विकास अत्यन्त त्वरित गति से होता है। अवस्था विस्तार 2 वर्ष से लेकर 12 वर्ष तक का होता है। अतः विकास के स्वरूप को ध्यान में रखते हुए बाल्यावस्था को दो भागों में विभाजित किया गया है : (1) पूर्व बाल्यावस्था (2–6 वर्ष तक) एवं (2) उत्तर बाल्यावस्था (6–12 वर्ष तक)। प्रस्तुत अध्याय में बाल्यावस्था के दोनों चरणों में होने वाले शारीरिक और पेशीय विकास प्रक्रमों का वर्णन किया गया है।

अध्याय के प्रथम अनुभाग में बाल्यावस्था में होने वाले शारीरिक विकास का वर्णन किया गया है। इसके अन्तर्गत पूर्व बाल्यावस्था में शारीरिक विकास का संरूप कैसा होता है? पूर्व बाल्यावस्था और अन्य अवस्थाओं के बीच शारीरिक अनुपात क्या है? पूर्व बाल्यावस्था में शारीरिक आदतें कौन–कौन सी होती है? शारीरिक वृद्धि के साथ बच्चों में कौन सी बीमारियाँ होती हैं एवम् इनका कारण क्या होता है? उत्तर बाल्यावस्था में शारीरिक विकास का संरूप क्या होता है? तथा इस अवस्था में वृद्धि के साथ–साथ कौन सी बीमारियाँ प्रायः बालकों में होती हैं? इन प्रमुख प्रश्नों का उत्तर उपयुक्त साक्ष्यों के साथं देने का प्रयास किया गया है।

अध्याय के दूसरे अनुभाग में, बाल्यावस्था में होने वाले पेशीय विकास का उल्लेख किया गया है। पूर्व बाल्यावस्था में गत्यात्मक/पेशीय विकास, क्रियात्मक कौशलों का विकास, हाथ के कौशल, पैर के कौशल कैसे विकसित होते हैं? विलम्बित गति का विकास क्यों और कैसे होता है? अन्त में, उत्तर बाल्यावस्था में गत्यात्मक विकास, विभिन्न कौशलों (skills) के प्रकार, हस्त प्रबलता आदि प्रमुख पक्षों का विवेचन उपयुक्त साक्ष्यों के आधार पर किया गया है।

शारीरिक विकास (Physical Development)

पूर्व बाल्यावस्था में शारीरिक विकास (2–6 वर्ष) (Physical Development in Early Childhood)

पूर्व बाल्यावस्था दो से छह वर्ष की आयु (2–6 वर्ष तक) की होती है। शैशवावस्था में शारीरिक विकास जिस गति से होता है उसकी तुलना में पूर्व बाल्यावस्था में वृद्धि की गति धीमी होती है।

इसकी जानकारी लम्बाई और भार वृद्धि के अनुपात (प्रतिशत) के तुलनात्मक विश्लेषण से होता है। पहले वर्ष में लम्बाई में जहाँ 50% की वृद्धि होती है, वही तीसरे व चौथे वर्ष के मध्य घटकर 8% रह जाती है। पांचवे तथा छठवें वर्ष लम्बाई में मात्र 5% की ही वृद्धि होती है। पहले वर्ष में भार में जहाँ 200% की वृद्धि होती है, घटकर दूसरे वर्ष में 25 से 30% के बीच रह जाती है और तीसरे और छठे वर्ष के बीच और भी घटकर 12% रह जाता है।

थाम्पसन (1954) के अनुसार- "प्रारम्भिक बाल्यावस्था में वृद्धि अपेक्षाकृत समान रूप से होती हैं, हालांकि ऋतुओं के अनुसार थोड़े उतार चढ़ाव होते हैं, जैसे- जुलाई और दिसम्बर माह के बीच भार अधिक बढ़ता है तथा अप्रैल एवं अगस्त के बीच के समय में लम्बाई अधिक बढ़ती है।"

पूर्व बाल्यावस्था में प्रतिवर्ष औसतन 3 इंच की दर से लम्बाई में वृद्धि होती है। छह वर्ष की आयु तक बालक की औसत लम्बाई 46.5 इंच हो जाती है। सामान्यत: छठे वर्ष में बालक की लम्बाई 44.5 से 48.5 इंच के बीच हो जाती है। क्रॉगमैन (1957) का मानना है कि इस अवधि में लम्बाई में व्यक्तिगत अन्तर तो होता है किन्तु लड़के-लड़कियों की लम्बाई के बीच कोई विशेष अन्तर नहीं होता है। औसत बुद्धि के बालकों की अपेक्षा उत्कृष्ट बुद्धि के बालकों की लम्बाई स्कूल पूर्व अवधि में प्राय: अधिक होती है। बेली (1952) एवं गोल्डस्टीन (1983)ने यह स्पष्ट किया है कि बालक के हाथ की हड्डियों के एक्सरे द्वारा यह बताया जा सकता है कि उसकी आयु क्या होगी (चित्र 9.1.)।

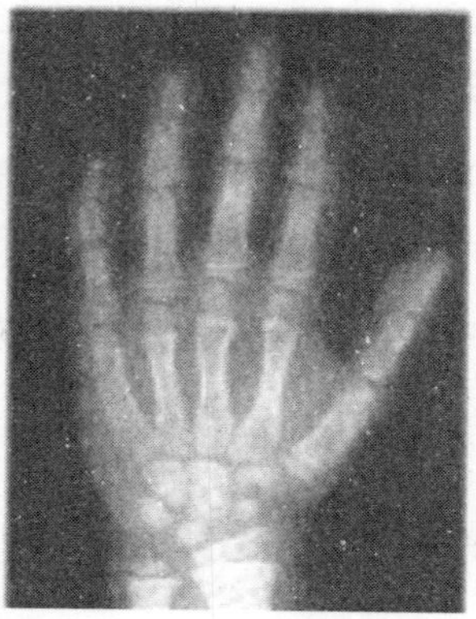

6½ वर्ष

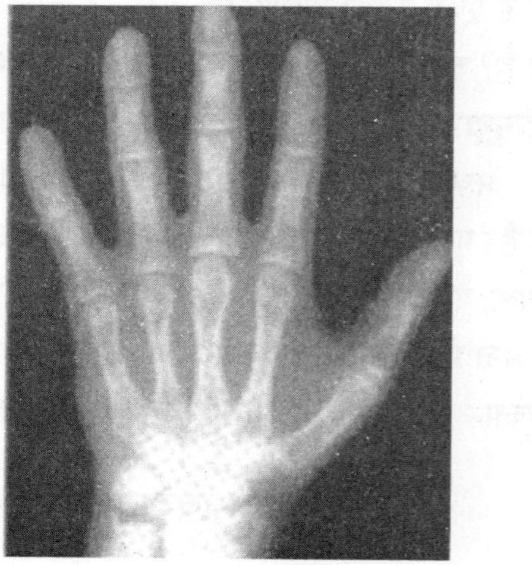

14½ वर्ष

चित्र 9.1: दो आयु वर्ग की बालिकाओं के हाथ के एक्सरे चित्र द्वारा कंकाल की परिपक्वता का प्रदर्शन।

लम्बाई की तरह भार भी इस अवधि में धीमी गति से बढ़ता है और यह वृद्धि प्रतिवर्ष औसतन 2 से 3 किग्रा० तक होती है। छह वर्ष की आयु में बालक का भार जन्म के समय के भार के लगभग सात गुना होना चाहिए। इस आयु में लड़कियों का भार 20.25 किग्रा० से 28.25 किग्रा० तक होता है अर्थात् औसतन 24.25 किग्रा० होता है। लड़कों का भार 21.5 से 27.5 किग्रा० तक होता है तथा औसतन 24.5 किग्रा० होता है। पूर्व बाल्यावस्था के अन्त तक भार का विस्तार (20.25 से 28.25 किग्रा०) लम्बाई के विस्तार से अधिक होता है। इसका कारण पारिवारिक प्रभाव है क्योंकि बालक का शारीरिक गठन जो कि उसके भार को प्रभावित करता है, प्रायः उसके माता-पिता के गठन के समान होता है (बेली,1954)। टाल्सट्रप (1953) के अनुसार प्रायः पूर्व बाल्यावस्था में घर के लोगों की अधिक खाने की आदतों और माँ-बाप द्वारा बालक को इच्छा या आवश्यकता से अधिक खिलाने का फल यह हो सकता है कि बच्चा अत्यधिक मोटा हो जाता है।

शारीरिक अनुपात (Body Proportion): पूर्व बाल्यावस्था में शरीर के अनुपात परिवर्तित हो जाते हैं और शैशवावस्था का रूप अस्पष्ट होने लगता है। शारीरिक अनुपात में परिवर्तन विकासात्मक नियम के अनुसार होते हैं (चित्र 9.2)। उदाहरण के लिए 5.5 वर्ष की आयु में ये अनुपात इतने बदल चुके होते हैं कि बाल्यावस्था से लेकर प्रौढ़ावस्था तक भुजाओं के विस्तार में जहाँ 50% से अधिक की वृद्धि होती है वहीं सिर की परिधि में केवल 7 प्रतिशत की वृद्धि होती है। जन्म के समय सिर की सतह का क्षेत्रफल सम्पूर्ण शरीर की सतह के क्षेत्रफल का 21% होता है जबकि इस समय वह शरीर की सतह के क्षेत्रफल का मात्र 13% ही होता है। चेहरे के अनुपात

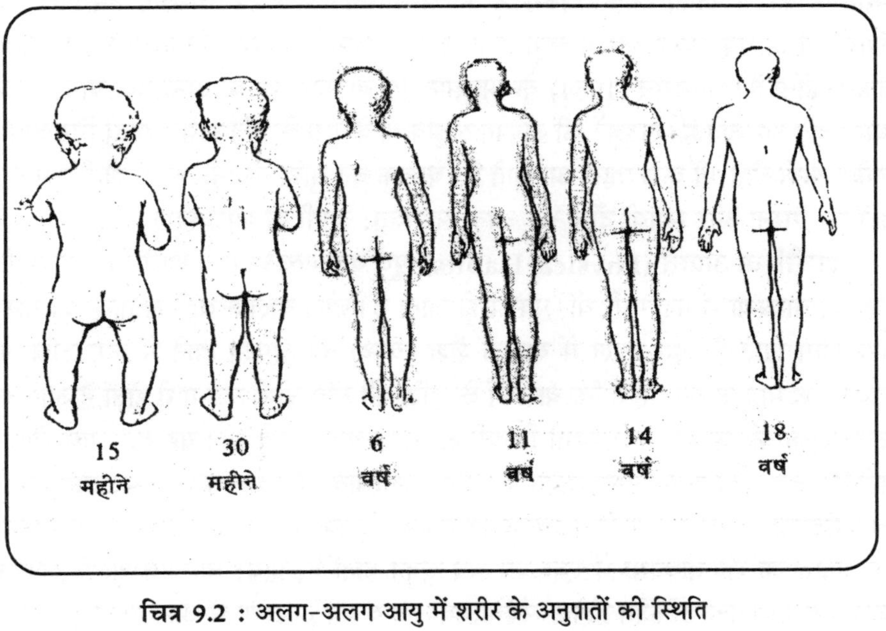

चित्र 9.2 : अलग-अलग आयु में शरीर के अनुपातों की स्थिति

से सिर क्षेत्र का अनुपात जन्म के समय 1: 8 होता है जबकि 5 वर्ष की आयु में 1:5 होता है। 6 वर्ष की आयु में सिर की परिधि प्रौढ़ावस्था में सिर के भार का 90% होता है। दूसरे और पांचवे वर्ष के बीच सिर की लम्बाई और चौड़ाई दोनों में ही तीव्र वृद्धि होती है और इसके बाद धीरे-धीरे घटती हुई रुक जाती है। प्रौढ़ के सिर की अपेक्षा छोटे बालक का सिर लम्बाई के हिसाब से अधिक चौड़ा होता है। पाँच वर्ष की आयु के बाद चौड़ाई की अपेक्षा लम्बाई की वार्षिक वृद्धि अधिक होती है जिससे सिर धीरे-धीरे प्रौढ़ के सिर के अनुपातों के अनुसार होता जाता है। पूर्व बाल्यावस्था में छोटे एवं संकरे सिरों के आकार में वृद्धि लंबे और चौड़े सिर की अपेक्षा अधिक होती है।

पूर्व बाल्यावस्था में चेहरे के अंग छोटे बने रहते हैं। चेहरे की सतह के ऊपर नाक खास तौर से छोटी और कुछ चपटी होती है। मुंह भी छोटे दांतों के कारण अनुपातत: बहुत छोटा होता है लेकिन ठोड़ी निचले जबड़े के विकास के कारण बड़ी होती है और गर्दन लम्बी हो जाती है। शिशु के मुलायम रोम (रोओं) की जगह धीरे-धीरे अधिक बड़े बाल उग जाते हैं जो इस आयु में प्राय: संवारे नहीं जा सकते।

छह वर्ष की आयु तक धड़ जन्म के समय की तुलना में दो गुना लम्बा और चौड़ा हो जाता है। तीसरे वर्ष तक बालक का आगे निकला हुआ पेट चपटा हो जाता है और कंधे चौड़े हो जाते हैं। बाँह तथा टांगें लम्बी होने के कारण हाथ तथा पैर भी बड़े हो जाते हैं। पूर्व बाल्यावस्था में पाँवों के आकार और रूप में बहुत अधिक अन्तर होता हैं हालाँकि बालकों के पाँव बालिकाओं के पाँवों से हर आयु में कुछ बड़े होते हैं। पांच वर्ष की आयु तक पैरों की चापें अच्छी तरह विकसित हो जाती हैं। मोटे बालकों की चापें प्राय: उसी आयु के हल्के बालकों की चापों की अपेक्षा कुछ चपटी होती हैं।

पूर्व बाल्यावस्था में हड्डियाँ धीरे-धीरे कड़ी हो जाती हैं जिससे दबाव पड़ने या गलत अंग स्थिति के कारण उनकी आकृति बिगड़ने की सम्भावनाएं प्रति वर्ष उत्तरोत्तर कम होती जाती हैं। पेशियाँ भी अधिक कड़ी और मजबूत होती जाती हैं जिससे बालक में काम करने की क्षमता का विकास होता है। थाम्पसन (1954) के अनुसार पूर्व बाल्यावस्था के अन्त तक प्राय: एक या दो स्थायी दांत आ जाते हैं। लड़कों की अपेक्षा लड़कियों के दूध के दांत प्राय: जल्दी गिर जाते हैं और उनके स्थायी दाँत भी कुछ पहले आ जाते हैं। बालक की बुद्धि जितनी ज्यादा होगी उसके दूध के दाँतों का गिरना और स्थायी दाँतों का आना सम्भवत: उतनी ही शीघ्र होगा।

शारीरिक आदतें (Physical Habits) : पूर्व बाल्यावस्था में वे शारीरिक आदतें, जिसकी नींव शैशवावस्था में पड़ गयीं थीं, पक्की हो जाती हैं। छोटा बालक वही खाता है जो परिवार के अन्य लोग खाते हैं। इस काल में बालक शैशवावस्था की अपेक्षा खाने में कम रुचि लेता है। इसका एक मात्र कारण यह है कि बालकों के वृद्धि की गति धीमी पड़ गयी होती है और अब उसे उतने पोषक की जरूरत नहीं पड़ती जितनी शैशवावस्था में होती थी। यह वह आयु होती है जब खाने के लिए बालक के ऊपर परिवार के लोगों का दबाव और बालक का इस दबाव का जिद के साथ प्रतिरोध करने से "खाने न खाने की समस्यायें" पराकाष्ठा पर पहुंच जाती हैं। सोने के तरीके एवं आदत जो शैशवावस्था में एक बार बन चुकी होती हैं, प्राय: बाल्यावस्था में व्यतिक्रम के कारण छोटा बालक उत्तेजित होकर संवेगात्मक तनाव की अवस्था में आ जाता है। तीन वर्ष का

बालक 24 घंटे में लगभग 12 घंटे सोता है। बाल्यावस्था में हर नए वर्ष प्रतिदिन सोने की औसत मात्रा पिछले वर्ष की अपेक्षा लगभग आधे घण्टे कम हो जाती है। लड़के अपनी आयु की लड़कियों की अपेक्षा एक घण्टा कम सोते हैं।

तीन-चार वर्ष की आयु तक बालक में मूत्र-नियंत्रण आ जाता है, फिर भी कभी-कभी बच्चों का रात्रि में विस्तर पर मूत्र स्राव हो जाता है। निम्न बुद्धि स्तर इसका एक कारण होता है। लेकिन अधिकांश स्थितियों में इसका कारण बालक में स्वयं के प्रति अनुपयुक्तता की भावना के कारण बढ़ा हुआ संवेगात्मक तनाव होता है, जो गीला करने के कारण माता-पिता के द्वारा डांटे जाने या पीटे जाने के भय से उत्पन्न होता है।

बीमारियाँ (Diseases) : छोटे बालक बहुत जल्दी बीमार पड़ते हैं। पाचन सम्बन्धी गड़बड़ियाँ, जुकाम, कफ, न्यूमोनिया, डायरिया पेट या आँख का दर्द तथा बड़ी आयु के बच्चों को खसरा, चेचक आदि रोग प्रायः हो जाते हैं। अनेक बीमारियाँ शरीर क्रिया की गड़बड़ी से शुरु होती हैं, लेकिन कुछ बीमारियाँ मनोःशारीरिक (Psycho-Somatic) भी होती हैं जो माता-पिता तथा बालक के बीच तनाव विकसित होने से पैदा होती हैं। बच्चों के कुछ प्रमुख रोग हैं- भूख न लगना, वृहद आंत्रशोथ, अनैच्छिक मूत्र स्राव, ऐलर्जी की प्रतिक्रियायें, दमा तथा मधुमेह।

बीमारियों के अलावा अधिकांश बालकों में दुर्घटनाओं के कारण छोटी-मोटी समस्याएं भी आ जाती हैं, जैसे-कट जाना, खरोंच, हाथ-पाँव टूट जाना आदि। लड़कियों की अपेक्षा लड़के इस प्रकार की दुर्घटना के शिकार अधिक होते हैं तथा छोटे बालक बड़े बालकों की अपेक्षा अधिक दुर्घटना के शिकार होते हैं। यद्यपि पूर्व बाल्यावस्था की अधिकांश दुर्घटनायें घातक नहीं होतीं हैं, तथापि कई दुर्घटनायें शरीर या मन पर स्थायी प्रभाव छोड़ती हैं। चित्र 9.3 में प्रारम्भिक बाल्यावस्था की सामान्य दुर्घटनाओं को दर्शाया गया है।

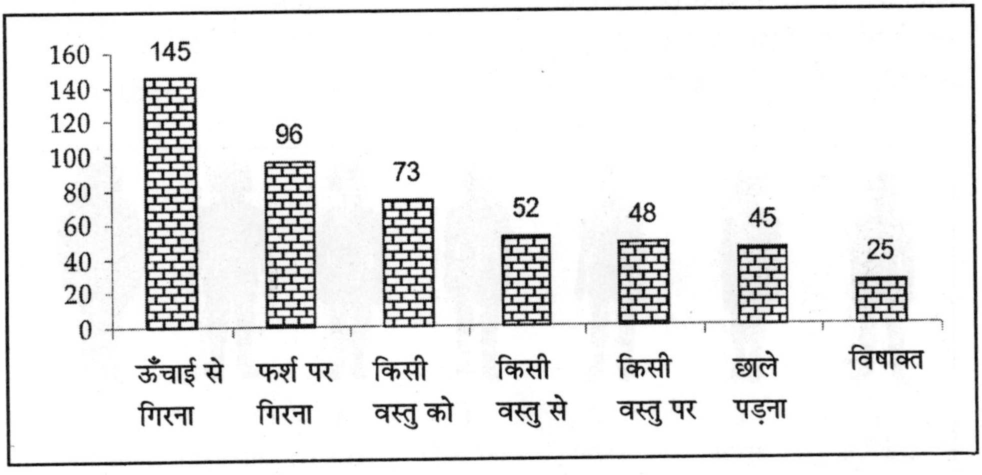

चित्र 9.3 : बाल्यावास्था में होने वाली दुर्घटनाओं की संख्या एवं प्रकार

उत्तर बाल्यावस्था में शारीरिक विकास (Physical Development in Late Childhood)

उत्तर बाल्यावस्था प्राय: छह वर्ष की आयु से प्रारम्भ होती है और वय: सन्धि अर्थात् बारह वर्ष तक चलती रहती है। उत्तर बाल्यावस्था धीमी और अपेक्षाकृत एक समान वृद्धि की आयु होती है। यौवनारम्भ (Puberty) में 11 वर्ष की औसत लड़की की लम्बाई 58 इंच और इस आयु के औसत लड़के की लम्बाई 57.5 इंच होती है क्योंकि लड़कों का यौवनारम्भ लड़कियों की अपेक्षा लगभग एक साल बाद शुरु होता है इसलिए वे अपनी आयु की लड़कियों से औसतन कुछ कम लम्बे होते हैं। (चित्र 6ब-2)। मैकआर्थर (1955) के अनुसार उत्तर बाल्यावस्था में लम्बाई में वृद्धि लगभग 3 इंच प्रतिवर्ष की धीमी और समान दर से होती है। ज्यों-ज्यों वर्ष बीतते जाते हैं, त्यों-त्यों बालक की लम्बाई में वृद्धि माता-पिता की लम्बाई के अनुरूप स्पष्ट होती जाती है जिससे लम्बाई के बारे में अनुमान और भी सही हो जाता है (बेल एवं वाल्टर्स, 1953)।

इस आयु में लम्बाई की तरह ही भार में भी वृद्धि धीमी और एक समान गति से होती है। यौवनारम्भ में ग्यारह साल की औसत लड़की का भार 44.25 किग्रा० होता है और इसी आयु के औसत लड़के का भार 44.25 किग्रा० होता है। बारह साल की आयु में औसत लड़की का भार 100.5 पौण्ड और औसत लड़के का भार लगभग 48 किग्रा० होता है। वर्तमान समय में बालकों का भार, 10 वर्ष पहले के बालकों से अधिक पाया जाता है, लेकिन लम्बाई में इस अनुपात से कोई वृद्धि नहीं हुई है। फ्रीमैन (1953) के अनुसार लड़कों की अपेक्षा लड़कियाँ अधिक मोटी होती हैं, विशेष रूप से उत्तर बाल्यावस्था के उत्तरार्द्ध में लड़कियाँ लड़कों की अपेक्षा मोटी होती हैं। पावेल (1955) का मानना है कि इस अवधि में शरीर के समग्र भार का 21% से 29% तक अंश वसा ऊत्तक के कारण होता है। बालक के भार पर उसके शारीरिक गठन का बहुत प्रभाव होता है। उदाहरणार्थ- लम्बे बालक का भार मुलायम शरीर वाले बालक के भार से अधिक हो सकता है। बालकों के शारीरिक गठन की भिन्नता चित्र 9.4 में दर्शायी गयी हैं। एक ही आयु के बालकों के भार में भिन्नता उनके बौद्धिक स्तर, परिवार की सामाजिक-आर्थिक स्थिति, जन्म के समय की स्थिति में भिन्नता के कारण अलग-अलग हो सकता है, (हरलॉक, 1984)।

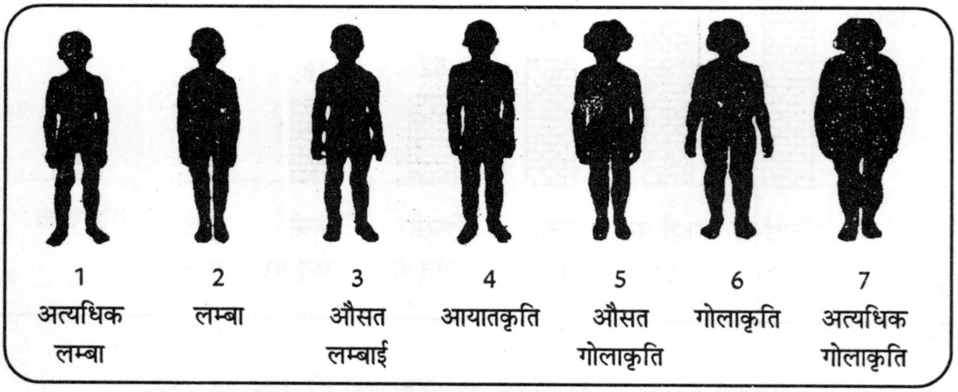

चित्र 9.4 : बालकों के शारीरिक गठन के प्रकार

सामाजिक समायोजन की समस्या से ग्रस्त बालक समाज द्वारा अनुमोदन न पाने के कारण, प्रतिपूर्ति के तौर पर अधिक खाना शुरु कर देते हैं। यह बात विशेष रूप से उन बालकों पर लागू होती है जो निम्न सामाजिक-आर्थिक स्तर वाले परिवारों में पैदा हुए हैं (गेविट्ज, 1956)। शुरु के वर्षों में माता-पिता के दबाव के कारण अधिक खाने की जो आदतें पड़ जाती हैं वे भी मोटापे का कारण होती हैं। मोटापे के फलस्वरूप कम सक्रियता के कारण बालक खेलों में पिछड़ जाता है जिससे वह उन सामाजिक कौशलों की प्राप्ति का अवसर खो बैठता है जो सामाजिक सफलता के लिए बहुत आवश्यक होते हैं।

उत्तर बाल्यावस्था में शारीरिक अनुपात बदल जाते हैं (चित्र 9.5)। यद्यपि सिर अब भी शेष शरीर की तुलना में बहुत बड़ा होता है तथापि इस अवधि में अनुपात की विषमता कुछ घट जाती है। उदाहरण के लिए 12 वर्ष की आयु में सिर की सतह का क्षेत्रफल सारे सतह के क्षेत्रफल के लगभग 10% होता है। उत्तर बाल्यावस्था में स्थायी दांतों के धीरे-धीरे आ जाने से मुंह की आकृति बदल जाती है और चेहरे के निचले हिस्से का आकार बड़ा हो जाता है जिससे शुरु में चेहरे के अन्दर जो आनुपातिक विषमता होती है वह दूर हो जाती है (ड्यूसेनबेरी, 1952)। दूध के दाँत और स्थायी दांतों के बीच के संक्रमणकाल में, ऊपर और नीचे की दंत-पंक्तियों के परस्पर सम्पर्क के रूप में परिवर्तन होता है और इसका बालक के चेहरे के अधोभाग की आकृति पर बहुत प्रभाव पड़ता है। जब दोनों जबड़े ठीक तरीके से नहीं मिलते तब चेहरे के अधोभाग की शक्ल बहुत बदल जाती है। उत्तर बाल्यावस्था में कपाल चपटा हो जाता है होंठ समुचित रूप से बड़े हो जाते हैं, तथा उपास्थि के ढाँचे के विकास के कारण नाक पहले से बड़ी और तीक्ष्ण हो जाती है। इन परिवर्तनों के कारण छोटे बालक की शिशु जैसी आकृति का विलोप हो जाता है।

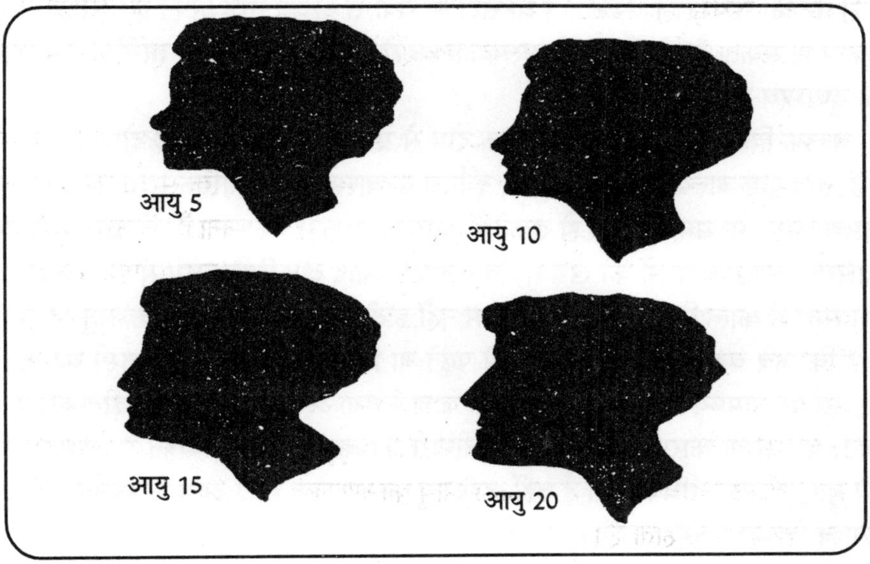

चित्र 9.5 : विभिन्न आयु में सिर के आकार में परिवर्तन का संरुप

बाल्यावस्था की अवधि ज्यों-ज्यों बढ़ती है त्यों-त्यों धड़ लम्बा और अधिक पतला होता जाता है। छाती चपटी और चौड़ी हो जाती हैं एवम् गर्दन लम्बी हो जाती है जिससे कंधे नीचे हो जाते हैं तथा श्रोणि-प्रदेश (Hip gurdle) बड़ा हो जाता है। आठ वर्ष की आयु तक बाँहें और टांगे, दो वर्ष की आयु की अपेक्षा लगभग 50 प्रतिशत ज्यादा लम्बी हो जाती है परन्तु पेशियों का अधिक विकास न होने के कारण बहुत पतली लगती है। यही वजह है कि बड़ा बालक दुबला लगता है और उसकी टांगे और बांहें मात्र दिखायी देती हैं। स्टॅंगडिल (1948) के अनुसार - हाथ और पैर उत्तर बाल्यावस्था में बहुत धीमी गति से बढ़ते हैं परन्तु लड़के के हाथ-पैर प्राय: लड़कियों की अपेक्षा बड़े होते हैं।

उत्तर बाल्यावस्था कुरूपता की आयु होती है। बहुत सुन्दर शिशुओं और छोटे बालकों को भी इस कुरूपता की अवस्था से गुजरना पड़ता है। सुन्दर शिशु और छोटे बालक प्राय: इस अवस्था से निकलकर आकर्षक लड़के, लड़की बन जाते हैं। बड़े बालक की शक्ल-सूरत के अनाकर्षक होने के कुछ प्रमुख कारक हैं : दूध के दांतों की जगह स्थायी दांतों का आना, उलझे-उलझे बाल, जो छोटे बालक के मुलायम बालों और किशोर के कड़े बालों के बीच के संक्रमण काल की वजह से, होते हैं, दुबली टाँगें जिनसे बालक छोटे बछड़े जैसा लगता है, तथा बालों को अच्छी तरह न सवारना, जो कि बालक के अपने शक्ल सूरत में रुचि न लेने और सौन्दर्य तथा स्वच्छता के लिए देखभाल को लड़कीनुमा व्यवहार मानते हुए उनका विरोध करने से होता है।

बीमारियाँ (Diseases): उत्तर बाल्यावस्था के प्रारम्भ में अधिकतर बालक अनेक प्रकार के बाल रोगों से ग्रस्त हो जाते हैं, जैसे- खसरा, छोटी माता (Small Pox) तथा काली खांसी। इसके बावजूद उत्तर बाल्यावस्था सामान्यतया उत्तम स्वास्थ्य की आयु है। कभी-कभी अनाप-शनाप खाने से पेट की गड़बड़ी हो सकती है या सर्दी या वर्षा से अच्छी तरह अपने को सुरक्षित न रखने से जुकाम हो सकता है। ये बीमारियाँ अल्पकालिक होती हैं और बालक के शारीरिक-स्वास्थ्य पर इनका दुष्प्रभाव गंभीर नहीं होता है।

बालक किसी भी प्रकार के शारीरिक दोष से ग्रस्त हो सकता है। कुछ दोष जन्म से मौजूद रहते हैं, तथा कुछ बाल्यावस्था में बीमारी, दुर्घटना या बालक की शारीरिक सुरक्षा का ध्यान न देने के कारण किसी भी समय उत्पन्न हो सकते हैं। बोसार्ड (1953) का मानना है कि उत्तर बाल्यावस्था में दंतक्षरण, आंखों व कानों की खराबी, विकलांगता आदि दोष विशेष रूप से पाये जाते हैं। उत्तर बाल्यावस्था में काल्पनिक बीमारियाँ भी कम नहीं होती। जैसे- बालक शुरु के अनुभवों से सीख लेता है कि जब वह बीमार होता है तो उसे पढ़ने या नित्यप्रति के कार्यों को करने को नहीं कहा जाता, उस पर सामान्य से अधिक ध्यान दिया जाता है तथा अनुशासन में काफी ढ़ील कर दी जाती है, अत: वह इसके कारण सदैव छोटी सी बीमारी को बढ़ा-चढा कर व्यक्त है। शैशवावस्था में यद्यपि मृत्यु दुर्घटना अधिक होती है वहीं बड़ी आयु का बालक छोटी आयु के बालकों की अपेक्षा दुर्घटना का शिकार कम होता है।

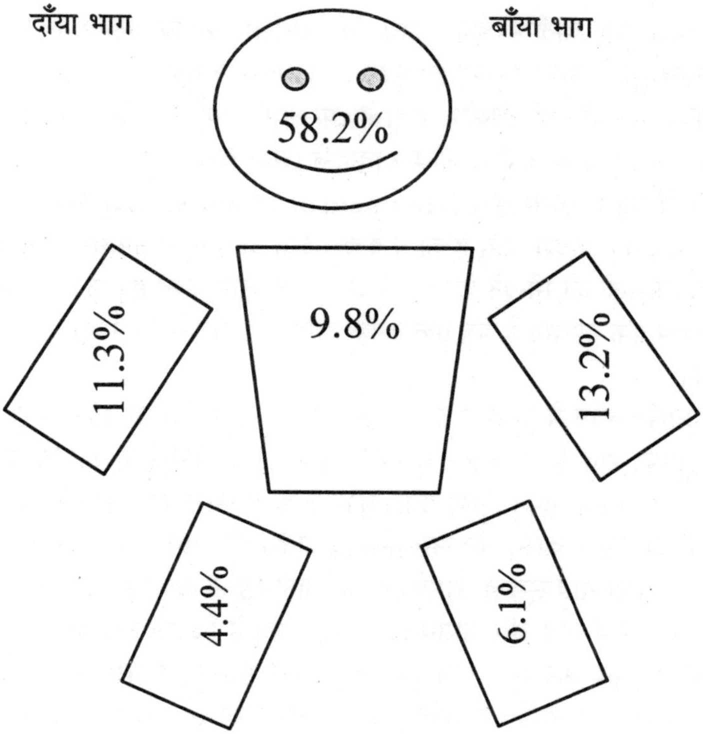

चित्र 9.6 : बाल्यावस्था में दुर्घटनाओं से प्रभावित अंग

यथा– यह देखा गया है कि बालकों के साथ जितनी दुर्घटनाएं होती हैं उनका लगभग 66% नौ वर्ष की आयु से पहले होती हैं। बड़े बालक के साथ दुर्घटनायें घर के बाहर अपेक्षाकृत अधिक होती हैं तथा लड़कों के साथ अपेक्षाकृत अधिक दुर्घटना घटित होती है। गुडएनफ (1957) के अनुसार "जो बालक दुर्घटना में अधिक पड़ते हैं, उन्हे अतिक्रियाशील, चंचल तथा जोखिमपसंद कहा जाता है। वहीं जो बालक दुर्घटना में सबसे कम पड़ते हैं, उन्हे डरपोक, दब्बू और सुनियंत्रित पाया गया है। शरीर के जिन अंगों पर दुर्घटना में चोट पहुंचती है उसका प्रतिशत चित्र 9.6 में प्रदर्शित है। इस चित्र से स्पष्ट होता है कि चेहरे का हिस्सा दर्घटना से सर्वाधिक प्रभावित होता है वहीं दायीं टाँग सबसे कम प्रभावित होती हैं।"

पेशीय विकास (Motor Development)

पूर्व बाल्यावस्था में पेशीय विकास (Motor Development in Early Childhood)

पूर्व बाल्यावस्था के प्रारम्भ होने से पहले तक अर्थात् शैशवावस्था तक क्रियात्मक क्षमताओं की गति, शक्ति, शुद्धता एवं स्थिरता का सामान्यतः विकास हो जाता है। पूर्व बाल्यावस्था में मांसपेशियाँ और स्नायुतंत्र पर बालक नियंत्रण प्राप्त कर लेता है जिसके कारण क्रियात्मक

क्षमताओं में पर्याप्त वृद्धि देखी जाती है। यथा- हाथ, पैर, अंगुलियों की क्रियाओं में किसी भी त्रुटि का प्रभाव पूर्व बाल्यावस्था में नहीं रह जाता है। गुडएनफ (1957) ने यह स्पष्ट किया कि बालकों की लम्बाई और वजन में ज्यो-ज्यों विकास होता है त्यों-त्यों उनकी प्रतिक्रिया कालों में कमी आती जाती है अर्थात् वे क्रिया कलापों में शीघ्रता दिखाने लगते हैं।

पेशीय कौशलों का विकास (Development of Motor Skills): पूर्व बाल्यावस्था ऐसे कौशलों के विकास की आदर्श आयु है जो न केवल इसी आयु में ही उपयोगी होते हैं बल्कि बाद की आयु में पूर्ण कौशलों को सीखने के लिए ये आधार का काम करते हैं। छोटा बालक किसी क्रिया को बार-बार तब तक दुहराता है जब तक उसके अन्दर उसे कार्य को अच्छी तरह करने की योग्यता न आ जाये।

कौशलों को अर्जित करने में अभ्यास तभी सफल हो सकता है जब वह सौद्देश्य हो, क्योंकि अभ्यास अधिक संतोषप्रद होता है। चित्र 9.7 में किसी चीज को दूर फेंकने के कौशल को अर्जित करने में अभ्यास के प्रभाव का मापन किया गया। कौशल के विकास की प्रारम्भिक अवस्थाओं में बालक की गति उलझी, अस्त-व्यस्त और असमन्वित होती है। धीरे-धीरे अनायास हिलना-डुलना बन्द हो जाता है और उसकी गति सुडौल, समन्वित और तालबद्ध हो जाती है। अर्थात् आयु वृद्धि एवं अभ्यास द्वारा कौशलों में गति और यथार्थता भी बढ़ जाती है जिससे बालक काम को कम समय में, कम शक्ति लगाकर और कम ध्यान देकर कर सकता है (ड्यूसेनबेरी, 1952)। कौशल सीखने की कोशिश करने और सीखने में बालक की आकांक्षा का स्तर अंशत: उसकी जिज्ञासा पर और आंशिक रूप से उसके पिछले अनुभव पर निर्भर होता है। असफल होने पर वह अपने लक्ष्यों को निम्न कर देता है तथा सफलता मिलने पर उसकी आकांक्षा का स्तर उच्च हो जाता है। चूंकि आकांक्षाओं का स्तर शक्ति से बहुत ऊपर रखने के कारण बालक प्राय: कौशल सीखने में निराश हो जाते हैं इसलिए कौशल को सीख लेने तक अभ्यास जारी रखने के लिए उन्हें प्रोत्साहन की जरूरत होती है।

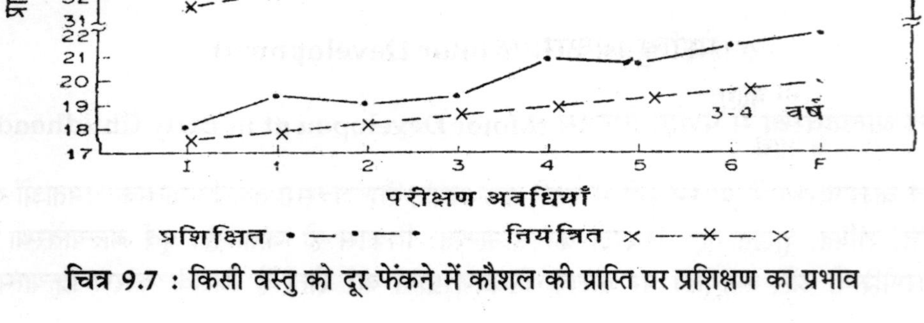

चित्र 9.7 : किसी वस्तु को दूर फेंकने में कौशल की प्राप्ति पर प्रशिक्षण का प्रभाव

कौशलों को सीख लेना बालक के लिए बहुत उपयोगी होता है। वह जितना अधिक कौशल सीखेगा उतना ही कम उसे दूसरों पर निर्भर रहना पड़ेगा। जब बालक आत्मनिर्भरता की इच्छा जाहिर करता है और बड़े लोगों द्वारा अपनी चेष्ठाओं पर रोक लगाने पर विरोध करता है तब इस बात का बड़ा महत्व होता है कि उसे स्वयं कई काम करने तथा सीखने का अवसर दिया जाए। इसके अलावा कौशल सीखा हुआ बालक दूसरे बालकों के साथ सामाजिक सम्पर्क बनाने में अधिक सफल रहता है। चूंकि उसके प्रारम्भिक सामाजिक सम्पर्क अधिकांशतः खेल द्वारा बनते हैं इसलिए वह खेल के कौशल को जितना अधिक सीखेगा उतनी ही अधिक सफलतापूर्वक अपने समवयस्कों के साथ सम्पर्क बनायेगा।

हाथ के कौशल (Hand Skills): प्राथमिक कौशल जैसे– स्वयं खाने और कपड़े पहनने के कार्य, जिनकी शुरुआत शैशवावस्था में हो जाती है, पूर्व बाल्यावस्था में और परिपक्व हो जाते हैं। तीन वर्षीय बालक खाने के लिए रोटी या स्लाइस के ऊपर चम्मच से मक्खन या जैम फैला सकता है। काटने के लिए चाकू का प्रयोग पांचवें वर्ष की आयु में करने लगता है। खाने के कौशल इस आयु में भी निर्माण की अवस्था में होते हैं इसलिए बालक पर बहुत ध्यान देने की आवश्यकता होती है। यदि बच्चे का ध्यान खाते समय कहीं दूसरी जगह गया तो खाना गिर सकता है। खाने को बर्बाद होना प्रायः तीन और चार वर्ष के आयु के बीच सबसे अधिक होता है। चूंकि चार वर्ष की अवस्था के बालक के खाने की योग्यता का विकास इतना नहीं हुआ रहता है कि वे खाते समय दूसरों की भी बात सुन सकें। जैसे-जैसे खाने के कौशल में सुधार आता जाता है वैसे–वैसे बालक खाना खाने के साथ–साथ सुन या देख भी सकता है, जिसके फलस्वरूप वह खाना कम गिराता है।

कपड़े पहनते समय बालक के लिए उस समय के काम पर एकाग्रचित्त होकर ध्यान देना जरूरी होता है। चूंकि कपड़े पहनने के कौशल में सबसे अधिक सुधार प्रायः 1.5 और 3.5 वर्ष की आयु के बीच होता है, इसलिए छोटे बालक को इस बात के लिए पर्याप्त अवसर और समय देना जरूरी है कि वह दूसरों की कम से कम मदद लेकर स्वयं कपड़े पहन सकने के लिए आवश्यक कौशलों का विकास कर सके। अधिकांश बालक दो वर्ष की आयु के बाद शर्ट के बटन जो रंगीन तथा आकर्षक होते हैं, उनसे खेलना शुरु कर देते हैं। तीन–चार वर्ष की आयु में बच्चे स्वतः कपड़े पहन सकते हैं तथा शीशे में देखकर कंधे और गले के बटन भी लगा सकते हैं। वहीं 6 वर्ष के बच्चों को कपड़े पहनने तथा बटन खोलने एवं बन्द करने में कोई कठिनाई नहीं होती।

बाल सवांरना तथा नहाना ऐसे कौशल हैं, जिन्हे पूर्व बाल्यावस्था में आसानी से सीखा जा सकता है। शुरु में सीधी मांग निकालने तथा नहलाने में बच्चे को मदद की जरूरत पड़ती है लेकिन अभ्यास से धीरे–धीरे वह यह सब स्वयं करने लगता है। इल्ग, लर्नेड एवं लॉंकवुड (1949) का मानना है कि लड़कियों को पार्टियों की विशिष्ट पोशाक पहनने में या बालों को आकर्षक शैली से सजाने में काफी समय तक दूसरों पर निर्भर रहना पड़ता है।

गेंद फेंकने तथा पकड़ने में पांच और छह वर्ष के बालक कुशलता हासिल कर लेते हैं। तीन वर्ष का बालक हथौड़े से लकड़ी में कील गाड़ सकता है तथा छह वर्ष का बालक मोटी-मोटी चीजें जैसे-नाव और डिब्बा बना सकता है। ये बालक विद्यालय में कैंची से काटकर तस्वीरें निकाल सकते हैं तथा गीली मिट्टी से मूर्तियाँ बना सकते हैं। रंगों की सहायता से छोटे बालक रेखाचित्रों में रंग भर सकते हैं। एम्स एवं इल्ग (1951) का मानना है कि पांचवें और छठे वर्ष के बीच बालक पहचाने जा सकने योग्य लिख सकते हैं, यद्यपि उनकी लिखावट इस आयु में धीमी, श्रमसाध्य और खराब होती है।

हस्तप्रबलता (Handedness): यद्यपि किसी एक हाथ की प्रबलता तो शैशवावस्था में ही प्रकट होने लगती है, लेकिन उस समय यह प्रबलता निश्चित और पक्की नहीं होती। 2.5 और 3.5 वर्ष के बीच की आयु में द्विपार्श्विकता की ओर पुनः काफी झुकाव हो जाता है। चौथे से लेकर छठे वर्ष तक हस्तप्रबलता की प्रधानता होती है। सात वर्ष की आयु के आस पास एक छोटी अवधि को छोड़कर द्विपार्श्विकता फिर नहीं दिखती। अतः यह जरूरी है कि जिन बच्चों में दायें हाथ की अपेक्षा बायें हाथ के अधिक प्रयोग का झुकाव दिखे, उन्हें जब भी सम्भव हो दायें हाथ के प्रयोग की कोशिश करने के लिए प्रोत्साहन देना चाहिए। हिल्ड्रेथ (1950) के अनुसार, "हाथ विशेष के प्रयोग की आदत प्रशिक्षण से आनी चाहिए, उसे संयोग पर नहीं छोड़ना चाहिए, क्योंकि हाथ की निपुणता व्यक्ति की शैक्षणिक एवं व्यावसायिक सफलता को प्रभावित कर सकती है।"

पैरों के कौशल (Leg Skills) : चलने का कौशल आ जाने के बाद छोटा बालक ऐसी कौशलपूर्ण गतियाँ भी सीखने की ओर ध्यान देता है जिसमें पैरों के प्रयोग की जरूरत हो। गुटरिज का कहना है कि पांच वर्ष की आयु तक बच्चा कूदना, लांघना, दौड़ना तथा छलांग लगाना सीख जाता है। इस समय वह न केवल कहीं बिना गिरे दौड़ सकता है बल्कि खेल भी सकता है। पूर्व बाल्यावस्था में चढ़ने के कौशल भी पक्के हो जाते हैं, हालांकि अनेक शरारती बच्चे अपने सीमित परिवेश की सभी चढ़ने योग्य चीजों (सीढ़ी इत्यादि) पर चढ़ने में दक्ष हो जाते हैं। यदि चढ़ने की क्रिया के लिये काफी अवसर दें तो पांच-छह वर्ष का बालक चढ़ने में भली भाँति समर्थ हो जाता है और दौड़ प्रतियोगिता में भाग लेने में सक्षम हो जाता है। तीन वर्ष की आयु में बालक सीढ़ियाँ चढ़-उतर लेता है।

चार वर्षीय बालकों में तैरने की क्षमता बहुत कम देखी जाती है। इसका कारण यह है कि बच्चों को इस तरह के जटिल कौशलों को सीखने के लिए आवश्यक अभ्यास करने के अवसर नहीं मिलते। तीन और चार वर्ष की आयु के बीच में ट्राई सायकिल चलाना बच्चे सीख लेते हैं। रस्सी के ऊपर से कूदना, दीवार पर बिना हिले खड़े रहना, पक्के फर्श पर स्केटिंग करना तथा नाचना आदि को पूर्व बाल्यावस्था के प्रमुख कौशलों के रूप में पाया गया है।

विलम्बित गति विकास (Delayed Movement Development): पेशियों के कौशल सीखने की दृष्टि से पूर्व बाल्यावस्था अत्यन्त नाजुक अवस्था है। कुछ बच्चे अन्य बच्चों की तुलना में पेशीय कौशलों में अक्षम एवं अकुशल होते हैं। यह पिछड़ापन माता-पिता द्वारा अतिसंरक्षण प्रदान करने के कारण, या बार-बार रोक-टोक करने से, परिवेशीय बाधाओं के

कारण हतोत्साहित होने या कौशल सीखने तक अभ्यास न करते रहने के कारण होता है। बालक जब उस काम को करने की कोशिश करता है, जो अन्य बालक करते हैं, तब वह उनके साथ-साथ नहीं चल पाता। इसके फलस्वरूप वह उनके खेल से अलग-थलग पड़ जाता है। अतः इसके कारण बच्चे के सीखने के अवसर में कमी पायी जाती है तथा वह सामाजिक सम्पर्कों की दृष्टि से उत्तरोत्तर पिछड़ता जाता है। ज्यों-ज्यों बच्चा बड़ा होता जाता है त्यों-त्यों उसके दैनिक जीवन में अन्य बालकों के साथ खेलने को हर वर्ष उत्तरोत्तर अधिक महत्व मिलना चाहिए। हरलॉक (1984) का मानना है कि ऐसे बालकों को कौशलों को अर्जित करने के लिए जब तक घर पर या स्कूल में विशिष्ट प्रशिक्षण न मिले तब तक वह स्वयं को पिछड़ा पायेगा एवं अपनी मित्र मण्डली या समूह में अलग-थलग पड़ जायेगा।

उत्तर बाल्यावस्था में पेशीय विकास (Motor Development in Late Childhood)

विद्यालय में गति सम्बन्धी कौशलों के विकास में विद्यालय एवं मित्र मण्डली (Peer group) का बहुत बड़ा हाथ होता है, इसलिए जिस बालक का पेशीय विकास अपनी आयु के अन्य बालकों की तुलना में पिछड़ा हुआ होता है, उसका जीवन अत्यधिक बाधाग्रस्त होता है। जो कौशल अन्य बालक जानते हैं परन्तु वह नहीं जानता, तब उसमें टोली से अलग-थलग रहने की और वह अपने प्रति तथा सामाजिक जीवन के प्रति ऋणात्मक अभिवृत्तियाँ अपनाने की आशंका हो जाती है। जो बालक अपने समवयस्कों से पिछड़ा हुआ होता है, उसको शायद छोटी आयु में कौशल सीखने के बहुत कम ही अवसर मिले होंगे अथवा मोटापे के कारण भी इस क्षेत्र में पिछड़ना सम्भव है। मोटे बालक जो कौशल नहीं सीख पाते, प्रायः सामाजिक समायोजन में कठिनाई अनुभव करते हैं। ये प्रायः एकाकी मनोरंजन के साधन जैसे-पढ़ना, सिनेमा देखना, रेडियो सुनना, टेलीविजन देखना या कम्प्यूटर से खेलना इत्यादि, को अपनाते हैं।

अगर अवसर दिया जाय, तो अधिकांश बालक सभी तरह की पेशीय क्रियाओं में खूब रुचि लेते हैं। वे स्वस्थ्य होते हैं, शक्ति से भरपूर होते हैं, और सदैव कुछ न कुछ करते रहने को बेचैन रहते हैं। वे सफलता प्राप्त करने के उद्देश्य से असीमित अभ्यास करने के लिए तैयार रहते हैं और अपनी उपलब्धियों पर उन्हें बहुत गर्व होता है, विशेष रूप से तब जब उनके दोस्त उनको सम्मान देते हैं। अभ्यास से गति में तेजी आती है और यथार्थता में वृद्धि होती है। व्यर्थ गतियाँ धीरे-धीरे लुप्त हो जाती हैं और निष्पादन की ओर बालक के ध्यान देने की आवश्यकता बहुत कम हो जाती है। इससे बालक का आत्म विश्वास बढ़ जाता है, वह अधिक साहसी हो जाता है और प्रायः अपने दोस्तों का ध्यान आकर्षित करने के लिए "कलाबाजियाँ" दिखाता है, (ब्रेकेनरिज, 1955)।

कौशलों के प्रकार (Types of Skills)

बालक कौन सा कौशल सीखेगा, यह बात अंशतः इस बात पर निर्भर करता है कि उसके सहपाठियों का रूझान किस ओर एवम् कितना है। उत्तर बाल्यावस्था में न केवल खेल के कौशलों

में, बल्कि इन कौशलों में प्राप्त पूर्णता की मात्रा में भी लिंगगत अन्तर सार्थक रूप से पाये जाते हैं। लड़कियाँ सामान्यतया लड़कों से सूक्ष्म पेशियों के कौशलों में, जैसे- चित्रकला, सिलाई, बुनाई, कढ़ाई आदि में आगे होती हैं। लड़के बड़ी पेशियों के कौशलों में, जैसे- बास्केटबाल फेंकने, फुटबाल पर लम्बी किक मारने और खड़े-खड़े या दौड़ते हुए लम्बी छलांग लगाने में, लड़कियों से आगे होते हैं।

खाने, पहनने और नहाने के काम स्वयं करने से सम्बन्धित कौशल छह साल की आयु तक काफी अच्छी तरह से विकसित हो जाने चाहिए, ताकि बालक को इसमें सहायता की अपेक्षा कभी-कभी ही हो। सम्भव है कि, आरम्भ में प्रौढ़ों के मानक के अनुरूप परिणाम न हों, फिर भी अभ्यास से ये कौशल इतनी अच्छी तरह आ जाते हैं कि बालक प्रौढ़ों के समान तेजी और दक्षता के साथ उन्हें कर लेता है। विद्यालय में बालक लिखने, रंगीन चित्र बनाने, सादे चित्र बनाने, नृत्य, संगीत, यंत्रों से चीजों को बनाने में आवश्यक कौशल सीख लेता है। दूसरों की सहायता करने से सम्बद्ध कौशल जैसे धूल पोंछना, झाड़ू लगाना, बर्तन धोना, बिस्तर बिछाना, खाना बनाना इत्यादि घरेलू कामों को सीखे जाते हैं, ये काम बालक को प्रसन्नता ही नहीं देते बल्कि आत्म विश्वास की भावना भी पैदा करते हैं। गेंद फेकना और पकड़ना, साइकिल चलाना, स्केटिंग, तैरना, लकड़ी, मिट्टी या अन्य किसी चीज से कुछ बनाना आदि खेल के कौशल बालक खेल के सिलेसिले में सीख लेता है। ब्राम (1950) के अनुसार "जिन बालकों को उत्कृष्ट प्रकार के कौशल आते हैं वे स्कूल में और स्कूल के बाहर के समाज में ऐसे बालकों की अपेक्षा, जिनके कौशल अपने समवयस्कों की अपेक्षा हीन होते हैं, अच्छा समायोजन कर लेते हैं।"

हस्तप्रबलता (Handedness) : बालक का कौशल बहुत कुछ इस बात से प्रभावित होता है कि उसमें दक्षिण हस्तप्रबलता (Right handedness) है या वाम हस्तप्रबलता (Left handedness) है। छठे वर्ष तक प्रायः बालक में किसी एक हाथ की प्रधानता परिपक्व हो चुकी होती है और वह उसे छोड़कर दूसरे हाथ का प्रयोग बहुत ही कम करता है। अगर वह दायें हाथ का प्रयोग सीख चुका है तो उसका समायोजन कुछ आसान रहेगा, न केवल इसलिए कि अधिकतर उपकरण और सामग्रियाँ दाहिने हाथ के प्रयोग के लिए बनी होती हैं, बल्कि इसलिए भी कि शिक्षण के माँडल भी इन्हीं के अनुरूप बनाये गये होते हैं। वाम हस्त प्रबल बालक उस समय उलझन में पड़ जाता है और निराश होता है जब वह इन सामग्रियों का प्रयोग करने की कोशिश करता है, या जब वह पूर्व निर्मित माँडलों का अनुकरण करके नए कौशल सीखने की कोशिश करता है, (बैकविन, 1950)।

जो बालक विद्यालय प्रवेश की आयु तक किसी एक हाथ का प्रयोग पूरी तरह से नहीं सीखे होते और फलतः कुछ कौशलों में एक हाथ का और कुछ में दूसरे हाथ का प्रयोग करते हैं, वे न केवल हाथों को बदलने में उलझन महसूस करते हैं बल्कि उसमें कौशल उतने अधिक विकसित नहीं हो सकते, जो तब होते हैं जब वह अधिकांश कौशलों को एक ही हाथ से सीखता है (हिल्ड्रेथ, 1950)।

बालक के उत्तर बाल्यावस्था में पहुंचने तक इतनी देर हो चुकी रहती है कि किसी एक हाथ के प्रयोग को प्रधान बनाने की कोशिश करना या बायें हाथ का प्रयोग छोड़कर दायें हाथ का प्रयोग सीखने का प्रयास व्यर्थ होता है। उस समय तक कौशल काफी अच्छी तरह सीख लिये जाते हैं फलतः उनमें परिवर्तन करने से उलझन या कठिनाई हो सकती है, अतः बालक परिवर्तनों का विरोध करता है। "बालक के कौशलों में परिवर्तन करने से प्रायः तंत्रिकाओं में तनाव उत्पन्न हो जाता है, जिससे वाणी में दोष, पढ़ने की अक्षमता और व्यवहारगत समस्याओं के रूप में प्रकट होते हैं (बैकमैन, 1950 ; हरलॉक, 1984)।"

पेशीय विकास को प्रभावित करने वाले कारक (Factors Affecting Motor Development)

पेशीय विकास अनुक्रम में होता है एवं पूर्वकथनीय भी होता है। बालक के पेशीय विकास की गति अन्य बालकों की अपेक्षा मन्द होती है तो वह बालक कुंठित हो जाता है। अतः विकास के संरूप में समानता के बावजूद विभिन्नता के कुछ प्रमुख कारण होते हैं। इन कारकों का संक्षिप्त वर्णन किया गया है।

1. कुपोषण/पोषण का अभाव (Lack of Nutrition): पेशीय विकास के लिए पोषक तत्वों का सेवन आवश्यक होता है। उचित मात्रा में पौष्टिक भोजन बालक की मांसपेशियों को विकसित कर पूरे शरीर को सक्रिय बनाता है। लेकिन कुपोषण या बालक के शरीर में पोषक तत्वों (प्रोटीन, विटामिन, मिनरल्स, कार्बोहाइड्रेट्स) की यदि कमी हो जाती है तो बालक अत्यधिक दुर्बल हो जाता है जिससे पेशीय विकास का क्रम धीमा पड़ने लगता है। वस्तुतः बच्चे के पेशीय विकास में पोषण तत्वों की महती भूमिका होती है।

2. शारीरिक भार और आकार (Weight and Size of body): बालक की लम्बाई तथा उसका भार भी क्रियात्मक विकास को प्रभावित करते हैं। यदि बच्चों के शरीर के विभिन्न अंगों का अनुपात सही नहीं होता है तो उस पेशीय गतिविधियों की अभिव्यक्ति अपेक्षाकृत अधिक देर से होती है। शार्ली ने अपने अध्ययन के आधार पर स्पष्ट किया है कि जिन बालकों के शरीर का भार तथा मोटापा अधिक होगा, वे बालक सामान्य बच्चों की अपेक्षा देर से बैठना, खड़ा होना तथा चलना प्रारम्भ करेगा।

3. बीमारी (Disease): शारीरिक विकास तथा पेशीय विकास के मध्य धनात्मक सहसम्बन्ध होता है। वे बच्चे जो बचपन की गंभीर बीमारियों यथा रक्ताल्पता, टायफायड और निमोनिया से लम्बे समय तक प्रभावित रहे हैं एवं इन बीमारियों का प्रभाव यदि बालक की मांसपेशियों पर पड़ता है तो बालक हाथ तथा पैर का उचित ढंग से प्रयोग नहीं कर पाता। अतः जो बच्चे शरीर से स्वस्थ होते हैं उनमें पेशीय कौशलों का विकास तीव्र गति से होता है।

4. भय (Fear): अपरिपक्व स्नायुकोषों के बावजूद भी जब बच्चा उन स्नायुकोषों से सम्बद्ध क्रियाओं को करता है तथा उसे चोट लग जाती है तो उनमें भय या असुरक्षा का भाव

विकसित हो जाता हैं इस भय से सशंकित होकर बच्चा कभी भी उन क्रियाओं को करने से कतराता हैं इस प्रकार उसके मन में कुण्ठा भाव उत्पन्न हो जाता है। इससे स्पष्ट है कि असुरक्षा का भाव एवं भय पेशीय क्षमताओं को प्रभावित करते हैं।

5. सीखने के अवसर में कमी (Lack of Opportunity for Learning): यद्यपि पेशीय कौशलों का विकास बहुत कुछ स्नायविक परिपक्वता पर आधारित होता है तथापि स्नायुविक परिपक्वता के बाद भी यदि बच्चे को उचित परिस्थितियाँ तथा सीखने का अवसर नहीं मिलता तो बालक कुंठित हो जाता है। परिपक्वता के बाद शिक्षण और प्रशिक्षण बालक के सभी प्रकार के विकास में महत्वपूर्ण भूमिका निभाते हैं।

6. प्रोत्साहन का अभाव (Lack osf Encouragement): जिन परिवारों में कई बच्चे होते हैं उनमें होने वाला पेशीय विकास परिवार में अकेले रहने वाले बच्चों की अपेक्षा अधिक तीव्र गति से होता है। इसका सबसे महत्वपूर्ण कारण यह है कि छोटे बालक अपने परिवार के बड़े बच्चों का अनुकरण करते हैं। बालकों को जब प्रोत्साहन दिया जाता है तो वह अपने निष्पादन में तीव्रता लाते हैं। वस्तुतः उचित पेशीय विकास के लिए उपयुक्त प्रतिरूप (Model) और प्रोत्साहन के लिए आकर्षक प्रलोभन (Incentive) महत्वपूर्ण होते हैं।

7. शीलगुण (Trait): पेशीय विकास में शीलगुणों की भूमिका महत्वपूर्ण होती है। वोल्फ का मानना हे कि बालक की क्रियात्मक क्षमताओं और कौशलों के विकास पर उसके शीलगुणों का स्पष्ट प्रभाव पड़ता है आक्रामकता, निर्भरता, संकोच या लज्जालु प्रवृत्ति आदि शीलगुण पेशीय क्षमताओं को प्रभावित करते हैं। जो बालक दब्बू होते हैं, वे खेल-कूद में भाग नहीं लेते। ऐसे बालक आगे चलकर अन्तर्मुखी हो जाते हैं। इसके विपरीत जो बच्चे खेल-कूद में सदैव रुचि लेते हैं उनके भीतर शारीरिक कौशल शीघ्र ही विकसित हो जाते हैं, ऐसे ही बालक आगे चलकर बर्हिमुखी प्रवृत्ति के होते हैं।

8. मन्द बुद्धि (Low Intelligence): जीवन के आरम्भिक चरणों में, पेशीय विकास पर बौद्धिक क्षमताओं का अत्यधिक प्रभाव पाया गया है। टरमन ने अपने बुद्धि परीक्षणों के आधार पर यह स्पष्ट किया है कि क्रियात्मक विकास पर बालक के बौद्धिक विकास का विशेष प्रभाव पड़ता है। मीड़ ने विशेष रूप से दो से तीन वर्ष की आयु के बच्चों के पेशीय विकास की तुलनात्मक समीक्षा की तथा परिणाम में पाया कि सामान्य बुद्धि के बालकों में इस क्षमता का विकास 14 माह की आयु में ही हो जाता है जबकि दुर्बल बुद्धि के बालकों में यह विकास 25 माह की आयु में पाया गया।

सारांश (Summary)

बाल्यावस्था में शारीरिक एवम् पेशीय विकास शैशवावस्था की अपेक्षा मन्द गति से होता है। पूर्व बाल्यावस्था (2-6वर्ष) एवं उत्तर बाल्यावस्था (6-12 वर्ष) में शारीरिक एवं पेशीय विकास के

संरूपों में स्पष्ट अन्तर दिखायी पड़ता है। पूर्व बाल्यावस्था में शारीरिक विकास की दर शैशवावस्था की अपेक्षा बहुत ही धीमी होती है। जहाँ शैशवावस्था में बच्चा 27 से 29 इंच लम्बा होता है वहीं पूर्व बाल्यावस्था के अन्त तक मात्र 44.5 से 48.5 इंच की लम्बाई प्राप्त कर पाता है। इसी प्रकार शैशवावस्था में शिशु का वजन 12.5 किग्रा० होता है जबकि पूर्व बाल्यावस्था के उत्तरार्द्ध (छठे वर्ष) में बालक का वजन 24.5 किग्रा० होता है। जन्म के समय सिर और सम्पूर्ण शरीर का अनुपात 1:5 होता है जबकि पूर्व बाल्यावस्था में यह अनुपात 1:8 हो जाता है। छह वर्ष की आयु तक धड़, जन्म के समय की अपेक्षा दोगुना लम्बा और चौड़ा होता है। पूर्व बाल्यावस्था में हड्डियाँ कड़ी हो जाती हैं। इस अवस्था के अन्त तक एक या दो स्थायी दाँत निकल आते हैं। पूर्व बाल्यावस्था में बालक में "खाने की समस्या" पराकाष्ठा पर पहुंच जाती है। इस अवस्था में बच्चे 24 घंटे में लगभग 10–12 घंटे तक सोते हैं। इसी अवस्था में बच्चे में मूत्र नियंत्रण आ जाता है। पूर्व बाल्यावस्था में बच्चों को आमाशय सम्बन्धी समस्याएं उत्पन्न हो सकती है। इस अवस्था में बच्चे दुर्घटना के शिकार अधिक होते हैं तथापि ये घातक नहीं होतीं।

उत्तर बाल्यावस्था (6 से 12 वर्ष) के अन्तिम पड़ाव में बालक की लम्बाई 57.5 इंच तथा वजन 48 किग्रा० होता है। इस अवधि में शरीर में समग्र भार का लगभग 25% वसा का होना बालक के शरीर के गठन को प्रभावित करता है। उत्तर बाल्यावस्था में बालक के चेहरे में आमूल-चूल परिवर्तन होता है जिसके कारण छोटे बालक की शिशु जैसी आकृति का लोप हो जाता है। उत्तर बाल्यावस्था में धड़ लम्बा, छाती चौड़ी तथा कंधा नीचे हो जाता है और गर्दन लम्बी हो जाती है। उत्तर बाल्यावस्था को 'कुरुपता की आयु' भी कहते हैं। इस आयु में बालक अनाकर्षक दिखता है। उत्तर बाल्यावस्था में कभी-कभी बालक घातक रोगों यथा- खसरा, कनफेड़ आदि से ग्रसित हो जाते हैं तथा बालक के शारीरिक स्वास्थ्य पर दुष्प्रभाव पड़ता है। इसी अवस्था में प्रायः आंखों के दोष, विकलांगता आदि बच्चों में प्रमुखता पाये जाते हैं। पेशीय विकास के लिए बाल्यावस्था अत्यन्त महत्वपूर्ण अवधि मानी जाती है। शैशवावस्था में पेशीय क्षमता विकसित हो जाती है। पूर्व बाल्यावस्था में बालक अपने पेशियों तथा स्नायुतन्त्रों पर नियंत्रण प्राप्त कर लेता है। सोद्देश्य प्रयास कौशल को सीखने में प्रमुख भूमिका निभाते हैं। अध्ययन भी स्पष्ट करते हैं कि प्रयास के द्वारा हम कौशल को पूरी तरह सीख सकते हैं। पूर्व बाल्यावस्था का बालक स्वयं खाना सीख लेता है लेकिन अभी उसकी पेशियाँ इतनी विकसित नहीं हुई रहती हैं कि वे खाते समय कहीं दूसरे जगह ध्यान दे सकें। 6 वर्षीय बालक को अपने से कपड़े पहनने में समस्या नहीं होती। वे पहचान सकने योग्य अक्षर लिखना, रंग भरना, मिट्टी की मूर्तियाँ बनाना सीख जाते हैं। चार वर्ष की आयु में बालक का झुकाव द्विपार्श्विकता की ओर हो जाता है। पांच वर्ष का बालक दौड़ना, लांघना, कूदना, छलांग मारना आदि सीख लेता है। तीन वर्ष का बालक सीढ़िया चढ़ उतर सकता है। कभी-कभी माता-पिता द्वारा अतिसंरक्षण के कारण बच्चा कौशलों को अच्छी तरह नहीं सीख पाता जिसके कारण वह उत्तरोत्तर पिछड़ता जाता है।

उत्तर बाल्यावस्था में बालक अद्भुत शक्ति से भरपूर होते हैं, उनमें असीम ऊर्जा होती है

और वे उस ऊर्जा का प्रयोग कौशलों को सीखने में करते हैं। इस अवस्था में बालक अपने निष्पादन पर ध्यान देते हैं। उत्तर बाल्यावस्था में कौशलों में प्राप्त पूर्णता के स्तर में लिंगगत अन्तर पाये जाते हैं। जहाँ लड़कियाँ सूक्ष्म पेशीय कौशल में आगे होती हैं वही बड़े लड़के पेशियों के कौशल को अपनाते हैं। छठे वर्ष तक बालक में एक हाथ की प्रधानता पक्की हो जाती है। यदि बालक अपने कार्यों को करने में बायें हाथ का प्रयोग करता है तो उस हाथ का प्रयोग बन्द कराकर दूसरे हाथ का प्रयोग कराना हो तो माता-पिता को पूर्व बाल्यावस्था में ही ध्यान देना होगा क्योंकि उत्तर बाल्यावस्था में कराये जाने वाले परिवर्तन बच्चे में विभन्न प्रकार के विकास सम्बन्धी दोषों का कारण बन सकता है। पेशीय विकास यद्यपि अनुक्रम में होता है तथापि इसको अनेक कारक प्रभावित करते हैं। इनमें से प्रमुख हैं ; कुपोषण, शारीरिक भार तथा आकार, बीमारी, सांवेगिक दशा (भय), सीखने के अवसर में कमी, प्रोत्साहन का अभाव, शीलगुण तथा मन्द बुद्धि।

तकनीकी पद	Technical term
अभ्यास	Practice
अवसर	Opportunity
उत्तर बाल्यावस्था	Late Childhood
कौशल	Skill
दक्षिण हस्तप्रबलता	Right Handedness
दुर्घटना	Accident
पेशीय विकास	Motor Development
पोषण	Nutrition
पूर्व बाल्यावस्था	Early Childhood
प्रशिक्षण	Training
प्रोत्साहन	Encouragement
बाल्यावस्था	Childhood
बीमारियाँ	Diseases
मनो-शारीरिक	Psycho-Somatic
मन्द बुद्धि	Low Intelligence
भय	Fear
वाम हस्तप्रबलता	Left Handedness
विलम्बित गति	Delayed Movement
शारीरिक अनुपात	Body Proportion
शारीरिक आदतें	Physical Habits
शारीरिक विकास	Physical Development

शीलगुण	Trait
शैशवावस्था	Babyhood
संवेगात्मक तनाव	Emotional Stress
हस्तप्रबलता	Handedness

10 बाल्यावस्था : संज्ञानात्मक तथा बौद्धिक विकास
Childhood : Cognitive and Intellectual Development

संज्ञानात्मक विकास, बालक की बौद्धिक एवं अन्य मानसिक क्षमताओं की परिपक्वता का द्योतक है जिसे वह उपार्जित ज्ञान द्वारा विकसित करता है। अतः संज्ञानात्मक एवं बौद्धिक प्रक्रमों को एक दूसरे से भिन्न नहीं किया जा सकता है क्योंकि बौद्धिक क्रियाएं संज्ञानात्मक प्रक्रमों का ही रूप हैं। बालक अपने बाह्य जगत से अन्तःक्रिया करता है तथा सूचना प्रक्रमण प्रणाली (Information Processing System) का उपयोग करते हुए परिवेश की सूचनाओं को संकलित करता है। इन प्रक्रियाओं के अन्तर्गत अनेक मानसिक क्रियाकलाप जैसे- संवेदना, अवधान, प्रत्यक्षीकरण, स्मरण, सम्प्रत्यय निर्माण, चिन्तन एवं समस्या समाधान, कल्पना, भाषा, सृजनात्मकता तथा बौद्धिक क्रियाकलाप सम्मिलित होते हैं जिनका प्रयोग करके बालक अपने संज्ञानात्मक जगत को व्यवस्थित करता है। इस प्रक्रिया में वह मनोबन्धों (Schemas) का निर्माण करता है तथा अपने अर्जित ज्ञान को इन मनोबन्धों द्वारा सुव्यवस्थित तथा सुसंगठित करता है।

इस अध्याय के अन्तर्गत बाल्यावस्था में होने वाले संज्ञानात्मक तथा बौद्धिक विकास का वर्णन किया गया है। बाल्यावस्था विकास की अत्यन्त महत्वपूर्ण अवधि है। इस अवस्था में घटित होने वाले विकास प्रक्रमों का प्रभाव जीवन पर्यन्त होने वाले विकास पर पड़ता है। इस संदर्भ में अनेक प्रश्न उपस्थित किये गये हैं। जैसेः संज्ञान का स्वरूप क्या है? बाल्यावस्था में कौन-कौन से प्रमुख संज्ञानात्मक प्रक्रम घटित होते हैं तथा इन प्रक्रमों के विकास की व्याख्या किन सैद्धान्तिक उपागमों द्वारा किया गया है? अतः इन प्रश्नों की समीक्षा इस अध्याय के प्रथम अनुभाग में किया गया है।

अध्याय के दूसरे अनुभाग में बौद्धिक विकास के संदर्भ में विस्तृत चर्चा की गयी है। बौद्धिक क्षमताओं के आधार पर संज्ञानात्मक विकास के स्तर को किसी सीमा तक निर्धारित किया जा सकता है। इस अनुभाग के अन्तर्गत बौद्धिक विकास से सम्बन्धित अनेक प्रश्न प्रस्तुत किये गये हैं, जैसे बुद्धि का स्वरूप क्या है? बुद्धि के प्रमुख सिद्धान्त कौन-कौन से हैं? इसके अन्तर्गत प्राचीन से लेकर आधुनिकतम् दृष्टिकोणों को प्रस्तुत किया गया है। इसके अतिरिक्त, इस भाग में

बुद्धि के मापन की विभिन्न तकनीकों का उल्लेख किया गया है तथा बुद्धि विकास को निर्धारित करने वाले प्रमुख कारकों का उल्लेख करते हुए अन्त में विशिष्ट बालकों (बौद्धिक रूप से प्रतिभाशाली बालक) की विशेषताओं का विवेचन किया गया है।

संज्ञानात्मक विकास
(Cognitive Development)

संज्ञानात्मक विकास का तात्पर्य व्यक्ति की समस्त मानसिक प्रक्रियाओं के विकास से है जो उसकी ज्ञान वृद्धि में सहायक होती है। संज्ञानात्मक विकास के अन्तर्गत समस्त मानसिक क्रियाकलाप जैसे- अवधान, प्रत्यक्षीकरण, प्रतीक निर्माण, स्मरण, वर्गीकरण, चिन्तन, समस्या समाधान, सृजनात्मकता, कल्पनाशीलता, भाषा एवं बौद्धिक क्रिया-कलाप आदि सम्मिलित हैं। इन क्रियाओं द्वारा बालक ज्ञान अर्जित करता है (फ्लेवेल, 1985)।

संज्ञानात्मक विकास, बालक की बौद्धिक क्षमता में परिपाक का द्योतक है जिसे वह उपार्जित ज्ञान द्वारा विकसित करता है। जन्म के पश्चात् शिशु अपने परिवेश से अन्त:क्रिया करता है तथा विभिन्न प्रकार का अनुभव अर्जित करते हुए प्राप्त ज्ञान के आधार पर अपने सीमित संज्ञान का विकास करता है। शिशु बेचैनी में रोता है, चीखता है तथा जब उसे उपयुक्त सहायता मिल जाती है तो वह यह संज्ञान विकसित कर लेता है कि "रोने से उसे सहायता मिलेगी।" थोड़ी परिपक्वता आने पर बालक अपनी ज्ञानेन्द्रियों से प्राप्त सूचनाओं के आधार पर देखकर, सुनकर, घ्राण संवेदना से, स्वाद से तथा अन्य अर्थपूर्ण संकेतों से अपने संज्ञानात्मक जगत को विकसित करता है।

संज्ञान का महत्व (Importance of Cognition)

संज्ञान एक ऐसी योग्यता है जिसकी सहायता से व्यक्ति किसी वस्तु का स्वरूप, महत्व तथा विश्लेषण की क्षमता अर्जित करता है एवं उस वस्तु के बारे में स्पष्ट विचार निर्मित करता है। व्यक्ति नए संज्ञान के विकास में पुराने विचारों तथा अनुभवों का उपयोग करता है।

परिवेश के बारे में संज्ञानों का विकास, बच्चों में अपने पर्यावरण के साथ समायोजन स्थापित करने में सहायक होता है। दूसरों के बारे में अभिवृत्ति भी संज्ञानात्मक विकास से ही निर्धारित होती है। संज्ञानात्मक विकास का महत्वपूर्ण लाभ यह है कि इससे बालकों में व्यक्तिगत तथा परिवेशीय परिवर्तनों के प्रति अनुकूलन क्षमता विकसित होती है। दूसरी ओर इन परिवर्तनों से उत्पन्न भय, चिन्ता आदि से सुरक्षा की योग्यता के विकास में भी संज्ञानात्मक विकास का महत्वपूर्ण योगदान होता है।

बाल्यावस्था में संज्ञानात्मक विकास के संरूप (Patterns of Cognitive Development in Childhood)

संज्ञानात्मक विकास एक जीवन-कालिक प्रक्रम है। जन्म के अनन्तर काफी अर्से तक मनोवैज्ञानिक संज्ञानात्मक योग्यता को जन्मजात मानते थे। परन्तु कालान्तर में संज्ञानवादी मनोवैज्ञानिकों ने बताया कि बालक पर्यावरणीय सूचनाओं को प्रत्यक्षीकृत करते समय विभिन्न प्रतीकों, चिह्नों के माध्यम से स्वीकार करता है तथा अमूर्त चिन्तन के द्वारा अपने अन्दर संज्ञानात्मक क्षमता विकसित करता है। ये संज्ञानात्मक क्षमताँए जीवन क्रम में विभिन्न संरूपों के रूप में विकसित होती है। पियाजे ने बालकों के संज्ञानात्मक विकास को चार अवस्थाओं में वर्गीकृत किया है। इसीलिए इस सिद्धान्त को अवस्था सिद्धान्त (Stage Theory) भी कहा जाता है। ये अवस्थायें हैं- 1. संवेदी-पेशीय अवस्था (Sensory-Motor Stage), 2. पूर्व-संक्रियात्मक अवस्था (Pre-Operational Stage), 3. स्थूल-संक्रियात्मक अवस्था (Concrete Operational Stage), एवं 4. औपचारिक संक्रियात्मक अवस्था (Formal Operational Stage)

संज्ञानात्मक विकास की प्रथम अवस्था की अवधि जन्म से दो वर्ष तक की होती है जिसे संवेदी-पेशीय अवस्था कहा जाता है। इस अवस्था में होने वाले संज्ञानात्मक विकास के संरूपों का विशद वर्णन अध्याय 7 के तृतीय अनुभाग में किया जा चुका है।

प्रस्तुत अध्याय में पूर्व बाल्यावस्था तथा उत्तर बाल्यावस्था में संज्ञानात्मक विकास के संरूपों का वर्णन किया जा रहा है। बाल्यावस्था में संज्ञानात्मक विकास के संरूप निम्नवत् हैं -

भाषा एवं विचार (Language and Thought)

जन्म के तीसरे वर्ष की शुरुआत से ही बालक के भाषा-विकास में आश्चर्यजनक वृद्धि होती है। पियाजे के अनुसार भाषा-विकास मानसिक क्षमता का विकास है। भाषा हमारी मानसिक क्षमता का बोध कराती है। भाषा और विचार के माध्यम से बालक अतीत, वर्तमान एवं भविष्य के बारे में सोचता है और विविध प्रतिमाओं के सृजन में समर्थ होता है (मिलर, 1989)।

बालक में विविध विकासात्मक परिवर्तनों के साथ-साथ भाषा एवं विचारात्मक विकास भी दृष्टिगत होने लगता है। वह जैसे-जैसे बड़ा होता है उसके अनुभव भी बढ़ते जाते हैं, फलतः उसकी संज्ञानात्मक क्षमता व्यापक होने लगती है। साथ ही साथ भाषा में अभिनव विशिष्टताएं भी परिलक्षित होने लगती हैं। पूर्व बाल्यावस्था एवं उत्तर बाल्यावस्था में बालक की भाषा में गुणात्मक और मात्रात्मक (Qualitative and Quantitative) वैभिन्य दृष्टिगत होता है। बड़े बालकों के शब्द भण्डारण की क्षमता (Vocabulary), बातचीत में स्पष्टता (Clarity of Conversation), बातचीत में पटुता, वाक्यों की जटिलता, भाषात्मक परिवर्तन प्रत्यक्ष हो जाते हैं (इनकी विकासात्मक प्रक्रियाओं का सविस्तार वर्णन अगले अध्याय में किया गया है)।

आत्मकेन्द्रितता और आत्मवाद (Egocentricity and Animism)

पूर्व संक्रियात्मक अवस्था में बालक संज्ञानात्मक विकास के दौरान चिह्नों का सर्वाधिक प्रयोग करता है। चिह्नों के साथ-साथ चिह्नात्मक खेलों एवं भाषिक चिह्नों का अधिक प्रयोग करता है उसके पूर्ववर्ती विचार सीमित होते हैं तथा विचार परिवेशजन्य अधिक होते हैं। बातचीत के दौरान बालक स्वयं के बारे में सर्वाधिक बातचीत करता है। यह अवस्था स्वप्रेम या आत्मकेन्द्रित संज्ञान की अवस्था कहलाती है। इस अवस्था में शब्दों का इस्तेमाल ये विचारों के संचार के लिए करते हैं। वे जिन वस्तुओं को संज्ञान में लाते हैं उनका नामकरण भी करते हैं परन्तु मानसिक, दैहिक और सामाजिक यथार्थ में विभेद नहीं कर पाते हैं। उनके अनुसार जो भी गतिमान वस्तुएँ हैं, वे सभी सजीव हैं जैसे- चाँद, बादल आदि। उनकी समझ में पूरा विश्व उनके द्वारा प्रस्तुत किए गए विचारों को सर्वथा सत्य मानता है तथा उनके द्वारा किए गए समस्त कार्य नैतिक होते हैं। बच्चों के सारे व्यवहार आत्मिक सुख के लिए होते हैं। वे वास्तविकता और नैतिकता में विभेद नहीं कर पाते तथा वैयक्तिक विभेदन का अर्थ समझने में नाकाम होते हैं (ब्राउन, 1965)।

इस अवस्था को अन्तः प्रज्ञात्मक अवस्था अथवा संक्रमण की अवस्था भी कहते हैं जो पाँच वर्ष की आयु तक चलती है। संक्रमण के चरण से गुजरने वाला बालक सामाजिक मानकों की सहायता से अलग संज्ञान विकसित करता है। अन्तः प्रज्ञात्मक अवस्था के बालक सम्बन्धित सम्प्रत्ययों के बीच विभिन्न दृष्टिकोंण विकसित करते हैं। परन्तु ये दृष्टिकोण अपूर्ण होते हैं। उनके विचार ज्ञान-अज्ञान के बीच विकसित होते हैं। शब्द भण्डार, वाक्य रचना, आकार एवं स्थानगत वर्गीकरण भी अपूर्ण होते हैं। बच्चे किसी मानसिक प्रक्रिया को करने में अक्षम होते हैं।

प्रस्तुतीकरण (Representation)

नवजात शिशु में जहाँ सीमित संज्ञानात्मक लक्षण प्रकट होते हैं। वहीं पूर्व वाल्यावस्था में आने पर वह अपने अनुभवों को संकेतों, क्रियात्मक कौशलों, प्रतिमाओं तथा घटनाओं को शब्दों के माध्यम से प्रस्तुत करता है। विकास मनोवैज्ञानिकों (फेन, 1981; जेकोविटज एवं वाट्सन, 1980; निकोलिक, 1981) ने इसे स्वांग भरना, नकल करना या प्रतीकात्मक खेल (Symbolic Play) आदि नाम दिया। दो वर्ष का बालक अनुकरण करते हुए, स्वांग भरते हुए तथा हावभाव प्रदर्शित करते हुए पुरानी घटनाओं को व्यक्त करता है। पूर्व बाल्यावस्था के बच्चे कार की ड्राइविंग करने तथा उसे बन्द करने का नकल या स्वांग करते हैं। वे अलग खाने, बस में यात्रा करने अथवा रिश्तेदारों की नकल उतारने आदि का स्वांग करते पाये जाते हैं।

संकेतों द्वारा अभिव्यक्ति की यह क्रिया संवेदी पेशीय अवस्था से शुरु होकर आयु वृद्धि के साथ-साथ क्रमशः चलती रहती है तथा इन क्रियाओं में क्रमशः परिमार्जन आता है। चार वर्ष का बालक दो वर्ष के बच्चे की अपेक्षा क्रियाओं की अभिव्यक्ति बेहतर ढंग से करता है। एक अध्ययन में एलडर तथा पेडरसन (1978) ने पाया कि दो वर्ष के बालक कार (खिलौने) को

सीधा ड्राइव करने का स्वांग करते हैं। जबकि 3-3½ वर्ष का बालक कार को चलाने एवं घुमाने दोनों प्रकार की प्रक्रियाओं को प्रदर्शित करते हैं।

जब बच्चे विचारों को संकेतों के माध्यम से व्यक्त करने लगते हैं तब उनके विचार जटिल होते चले जाते हैं (पियाजे, 1950-51) और वे दो समान वस्तुओं को एक समान प्रत्यक्षीकृत करना प्रारम्भ कर देते हैं। वे भूत और भविष्य के प्रति जागरूक हो जाते हैं। वे स्वयं तथा अन्य लोगों में विभेदन करना सीख जाते हैं। फेन (1981) ने स्पष्ट किया कि ये संकेताश्रित अनुक्रियाएं बच्चों के संज्ञानात्मक विकास में दो तरह की भूमिकाएं निभाती हैं - (1) ये अनुक्रियाएं बच्चों को अनुभवी तथा संवेदनशील बनाती है तथा (2) ये अनुभव कराती हैं कि कोई वस्तु किस प्रकार भिन्न-भिन्न परिस्थितियों में भिन्न-भिन्न आकृति वाली हो जाती है। संज्ञानात्मक विकास में संकेतों के प्रयोग का विकास अत्यन्त महत्वपूर्ण होता है।

चित्रात्मक प्रस्तुतीकरण (Pictorial Representation): बच्चों द्वारा की गई चित्रकला (Drawing), प्रतीकात्मक अभिव्यक्ति की महत्वपूर्ण प्रविधि है। उनके द्वारा खींची गई आड़ी-तिरछी रेखायें उनके प्रयोगात्मक प्रस्तुतीकरण (Experimental Representation) की द्योतक हैं (विनर, 1986)। बच्चे चित्रों के माध्यम से अपनी संज्ञानात्मक क्षमता की अभिव्यक्ति करते हैं। उदाहरणार्थ, 18 माह का एक बालक खरगोश के चित्र को बिन्दुओं के सम्मिश्रण (Series of dots) से व्यक्त करता है और 3 वर्ष का बालक उसी चित्र को अधिक स्पष्टता से प्रदर्शित करता है।

अनेक विद्वान चित्रात्मक प्रस्तुतीकरण को संज्ञान से सम्बद्ध नहीं मानते परन्तु दूसरे इसे संज्ञानात्मक और क्रियात्मक विकास में सहायक मानते हैं। उनके अनुसार बच्चे वास्तविकता को चित्रों के माध्यम से सीखते हैं। 6 वर्ष का बालक प्रतिबिम्बात्मक अन्तर को व्यक्त नहीं कर पाता परन्तु 9 वर्ष के बच्चों के बनाए चित्रों में गहराई व दूरी की अभिव्यक्ति भी मिल जाती है, (निकोलस एवं कैनेडी, 1992)।

संरक्षण (Conservation) : के अध्ययनों का मुख्य उद्देश्य संरक्षण (Conservation) की समस्या का अध्ययन करना था। इस प्रक्रिया में बालक उद्दीपक के रूप तथा मात्रा में परिवर्तन के बावजूद उद्दीपक के अपरिवर्तित स्वरूप का प्रत्यक्षीकरण करता है। वस्तुओं के बारे में संज्ञान हेतु यह जानकारी काफ़ी उपयोगी है। पियाजे ने संरक्षण को स्पष्ट करने के लिए अनेक प्रायोगिक अध्ययन किया। इन्होने प्रयोज्यों के दो समूहों से विभिन्न आकार वाली गिलासों में भरे जल का अवलोकन करवाया। यद्यपि सभी गिलासों में समान मात्रा में जल था, परन्तु गिलास में जल का स्तर भिन्न (ऊँचा-नीचा) होने के कारण पूर्व बाल्यावस्था के बच्चों ने असमान मात्रा में जल का प्रत्यक्षीकरण किया जबकि बड़े बच्चों ने सही आकलन करते हुए, दोनों गिलासों में जल की मात्रा बराबर बताया। अतः मूर्त संक्रियात्मक अवस्था के बालकों में दोनों आयतनों की वास्तविक तुलना की क्षमता विकसित हो जाती है। पियाजे ने स्पष्ट किया कि 12 वर्ष के बच्चों में कन्जर्वेशन क्षमता पूर्णतः विकसित हो जाती है। अतः वे विभिन्न आकार वाले समान उद्दीपकों की पहचान

करने में सक्षम हो पाते हैं। पूर्व संक्रियात्मक अवस्था में, संरक्षण की क्षमता न होने के प्रमुख कारण हैं-

(1) इस अवस्था के बालकों में मात्रात्मक विभेदन की क्षमता का विकास नहीं हुआ रहता है जिससे वे समान ऊँचाई वाले जल को समान आयतन के रूप में प्रत्यक्षीकृत नहीं करते हैं। उनका यह संज्ञान एकविमात्मक (Unidimensional) होता है। परन्तु स्थूल संक्रियात्मक अवस्था में बालक ऊँचाई के साथ-साथ मोटाई का भी प्रत्यक्षीकरण कर सकता है फलतः वह मात्रत्मक अन्तर की अभिव्यक्ति कर लेता है।

(2) पूर्व संक्रियात्मक अवस्था के बालकों के संज्ञान में केन्द्रीयता का गुण पाया जाता है, दूसरे शब्दों में वे उद्दीपक के स्थितिपरक संज्ञान को तो व्यक्त कर पाते हैं परन्तु उसके अन्य परिप्रेक्ष्य को प्रत्यक्षीकृत नहीं कर पाते। जैसे जल के कन्जर्वेशन की समस्या में बच्चे जल की केवल ऊँचाई पर चिन्तन कर पाते हैं परन्तु उसके आयतन का प्रत्यक्षीकरण करने में वे असफल रहते हैं।

(3) पूर्व संक्रियात्मक अवस्था में बच्चों में संज्ञानात्मक विकास स्थितिपरक होता है परन्तु मूर्त संक्रियात्मक अवस्था में बच्चों के संज्ञान में गत्यात्मक परिवर्तन उत्पन्न होने लगते हैं। पूर्व संक्रियात्मक अवस्था में बालक उद्दीपक के प्रारम्भिक एवं अन्तिम परिवर्तनों को देख तो पाते हैं परन्तु उसमें सम्बन्ध विकसित नहीं कर पाते हैं।

पियाजे के अनुसार मूर्त संक्रियात्मक अवस्था में कन्जर्वेशन का विकसित होना, इस अवस्था की एक महत्वपूर्ण उपलब्धि है। यह इस अवस्था के बालकों में किसी भी उद्दीपक के प्रति स्पष्ट दृष्टिकोंण विकसित करने में मदद करती है। उदाहरण के लिए पियाजे के उपर्युक्त अध्ययन में गिलास के पानी की मात्रा के आकलन में बच्चे इस अवस्था तक यह सीख जाते हैं कि बर्तन में वस्तुतः जल की मात्रा में परिवर्तन नहीं हो रहा है अपितु आकार मात्र ही बदल रहा है। बच्चे अनुक्रिया में यह प्रदर्शित करते हैं कि यद्यपि पानी की ऊँचाई कम है तथापि जल के तल का क्षेत्रफल बड़ा है अतः इसका आयतन अपरिवर्तित रहेगा। यदि इस जल को पुनः वापस उसी बर्तन में डाला जाय तो वह पुनः पुरानी ऊँचाई को प्राप्त कर लेगा। इस अवस्था में बालक का संज्ञान केन्द्रित न होकर विकेन्द्रित (decentralization) हो जाता है तथा उनकी संज्ञानात्मक क्षमता बहुविमात्मक (Multi-dimensions) हो जाती है।

उत्क्रमणशीलता (Reversibility)

पूर्व संक्रियात्मक अवस्था के बच्चों में उलटे क्रम में चिन्तन की क्षमता का अभाव होता है। बालक सिर्फ आगे का चिन्तन कर सकता है पीछे की सूचनाओं से उसका संयोजन नहीं कर पाता।

उपर्युक्त प्रयोग में बालक यह सोच पाने में अक्षम होता है कि यह वही जल है जो पुराने बर्तन में रखा था। इस अवस्था में बालक उद्दीपक के पुराने स्वरूप के प्रत्यक्षीकरण को संचित नहीं रख पाता है।

जबकि मूर्त संक्रियात्मक अवस्था में बालक के अन्दर उलटे क्रम में चिन्तन की क्षमता विकसित हो चुकी रहती है। अतः बालक यह संज्ञान विकसित कर लेता है कि द्वितीय गिलास का जल वही है जो प्रथम गिलास में था। अतः वह वस्तु की ऊँचाई के साथ-साथ तल के क्षेत्रफल का अनुमान भी कर लेता है। साथ ही वह यह भी जान चुका होता है कि यदि इस जल को पुनः पुराने गिलास में डाला जाय तब उसकी ऊँचाई पुरानी वाली हो जायेगी। इस प्रकार स्पष्ट है कि बालक में पुराने स्वरूप के संज्ञान को धारण करने की क्षमता का विकास हो चुका रहता है।

ट्रान्सडक्टिव तर्कणा (Transductive Reasoning)

वस्तुओं को विपरीत या उलटे क्रम में व्यवस्थित करने सम्बन्धी विचार या चिन्तन लचीला एवं पूर्णतः संगठित होता है एवम् ऐसे संकृत्यों को पूर्व संक्रियात्मक अवस्था का बालक सीख पाने में असमर्थ होता है। पियाजे ने इसके कारणों का विश्लेषण किया तथा इस निष्कर्ष पर पहुँचे कि इस अवस्था के बच्चों की कारणात्मक तर्कणा में असंगठन तथा विरोधी विचारों का सम्मिश्रण होता है। अतः वे किसी भी सम्प्रत्यय की स्पष्ट व्याख्या प्रस्तुत करने में असमर्थ होते हैं। वे जिस प्रविधि से व्याख्या प्रस्तुत करते हैं उसे पियाजे ने ट्रान्सडक्टिव तर्कण (Transductive Reasoning) का नाम दिया है। इसका तात्पर्य है कि बच्चे उस तर्कणा को प्रस्तुत करते हैं, जो विषय केन्द्रित होती है अर्थात् बच्चे उन वस्तुओं में सम्बन्धन व्यक्त करते हैं जो सीधे ही उद्दीपक से जुड़े हैं तथा लक्षित उद्दीपक के सहसामयिक और समान होते हैं। इस सम्प्रत्यय के प्रायोगिक अध्ययन के लिए पियाजे (1926) ने बच्चों से पूछा कि "बादल क्यों तथा किस प्रकार चलते हैं।" इसका उत्तर बच्चों ने दिया, "जिस प्रकार हम चलते हैं, बिल्ली, कुत्ता आदि सभी जानवर चलते हैं उसी प्रकार बादल भी चलते हैं।"

सारणीयन (Seriation)

बालकों के संज्ञान में सारणीयन की क्षमता का विकास नहीं हुआ रहता है, अतः वे वस्तुओं को व्यवस्थित रख पाने में असमर्थ होते हैं। बच्चों की वह योग्यता जिसकी सहायता से बच्चे लम्बाई तथा भार के आधार पर वस्तुओं को श्रेणीबद्ध कर पाते हैं, 'सारणीयन (Seriation) कहलाती है। पियाजे ने उक्त योग्यता के अध्ययन के लिए बच्चों को विभिन्न लम्बाईयों की कुछ छड़ियां प्रदान की तथा उन्हे क्रमानुसार व्यवस्थित करने को कहा परिणाम में इन्होंने पाया कि पूर्व बाल्यावस्था के निष्पादन में अधिक मात्रा में त्रुटियाँ हुईं तथा कार्य सम्पादित करने में बच्चों में अधिक समय लिया जबकि उत्तर बाल्यावस्था (6 से 7 वर्ष) के बालकों ने अपनी अनुक्रियायें

निश्चित व्यपदेशों (strategies) की सहायता से दिया एवम् डण्डों को छोटे से बड़े क्रम में व्यवस्थित करने में सफल हुए (फ्लेवेल, 1963)। इससे स्पष्ट होता है कि मूर्त संक्रियात्मक अवस्था के बच्चों में मात्रात्मक विभेदन भी विकसित हो चुका रहता है। सारणीयन एक अत्यन्त महत्वपूर्ण प्रविधि है जिसमें बालक मानसिक क्रियाओं द्वारा सारणीयन करता है। इस योग्यता को संक्रामी अनुमान (Transitive inference) कहा जाता है। इस प्रकार की योग्यता को पियाजे ने विभिन्न रंगों के विभिन्न लम्बाई के कई डण्डों (जिसमें डण्डा–'अ', डण्डा–'ब' से लम्बा था तथा डण्डा–'ब', डण्डा–'स' से बड़ा था) को बच्चों के सामने क्रमशः प्रस्तुत किया तथा बच्चों से डंडों की लम्बाई का अनुमान करने को कहा। यह देखा गया कि उत्तर बाल्यावस्था (7 से 8 वर्ष) के बच्चों ने दोनों अनुक्रियाओं को एक साथ जोड़कर ज्ञात कर लिया कि डण्डा–'अ', 'स' से बड़ा होगा (लिण्डेनबर्गर 1988, पियाजे, 1967)।

पियाजे ने इन समस्त प्रक्रियाओं जैसे; संरक्षण (कन्जर्वेशन), वर्गीकरण एवं सारणीयन को 'तार्किक गणितीय संक्रिया' (logico-arithmatic operation) नाम दिया। उनके अनुसार ये समस्त योग्यतायें बच्चों में मात्रात्मक संकृत्यों के निष्पादन के लिए महत्वपूर्ण होती हैं। ये समस्त योग्यतायें उत्तर बाल्यावस्था में विकसित होती हैं। यही कारण है कि अधिकतर गणितीय ज्ञान उत्तर बाल्यावस्था में ही विकसित होते हैं, अतः प्राथमिक विद्यालयों में बच्चों से अधिक से अधिक मात्रात्मक तथा मापन सम्बन्धी संकृत्यों का निष्पादन कराना चाहिए (फ्यूजन, 1988)।

स्थानगत संक्रिया (Spatial operation)

बच्चों में स्थानगत संक्रियात्मक योग्यता का विकास उत्तर बाल्यावस्था में होता है। इस अवस्था में बालक स्थानगत विशेषताओं को व्यक्त करने वाले शब्दों के भावार्थ को समझता है। ये शब्द हैं – अन्दर, (in, inside), बाहर (out, outside), को (to), से (from), नजदीक (near), दूर (Far), ऊपर (over up), नीचे (under, down) इत्यादि। यद्यपि इन शब्दों का प्रयोग वह पूर्व संक्रियात्मक अवस्था से ही करता है यह प्रयोग वह केवल अनुकरण के माध्यम से करता है जबकि उत्तर बाल्यकाल में वह इन शब्दों को समझकर उपयोग करता है (विकर्ट, रोजर्स एवं एडऑक, 1971)। विकर्ट के अनुसार इन शब्दों के प्रति सर्वप्रथम संक्रिया वह अपने शरीर के साथ वस्तु को सम्बद्ध करके सीखते हैं। जैसे– "मैं मेज के अन्दर हूँ" या "मैं कमरे से बाहर हूँ" इत्यादि वाक्यों को बोलकर अपनी परिचितता (Familiarity) को व्यक्त करते हैं। इसके पश्चात् अन्य वस्तुओं के प्रति शब्दों को साहचर्यित (Associate) करने की योग्यता विकसित कर पाते हैं। जैसे– खिलौना मेज के नीचे है'।

दूरी, समय तथा वेग प्रत्यक्षीकरण (Distance, Time & Speed Perception)

पियाजे ने अपने अध्ययनों से यह ज्ञात किया कि बच्चे दूरी के प्रति संज्ञान, मध्य बाल्यकाल

(Middle Childhood) में विकसित करते हैं पियाजे ने इसकी पुष्टि प्रायोगिक अध्ययन के आधार पर की है। उन्होंने दो पेड़ों का प्रतिरूप (Modelling trees) निर्मित किया तथा उसे मेज पर क्रमानुसार बढ़ती दूरी के क्रम में रखकर व्यवस्थित किया इसके पश्चात् दोनों पेड़ों के बीच एक मोटी लकड़ी का टुकड़ा रखकर इनके बीच दूरी का प्रत्यक्षीकरण बच्चों से करवाया। परिणाम में यह पाया कि पूर्व बाल्यावस्था के बच्चों में दूरी प्रत्यक्षण निम्न तथा अस्पष्ट रूप से होता है जबकि उत्तर बाल्यावस्था के बच्चे यह बताने में सफल रहे कि कौन सा पेड़ लकड़ी के टुकड़े से दूर है तथा कौन पास है (पियाजे, इनहेल्डर एवं जेमिन्स्का ,1960)। जब दोनों वस्तुओं के मध्य की दूरी को स्पष्ट किया गया तथा दूरी प्रत्यक्षण में मदद दिया गया तो चार वर्ष के बालक यह बताने में सफल रहे कि कौन सा पेड़ पास है एवम् कौन सा दूर। फिर भी उनका संज्ञान उतना सुस्पष्ट नहीं था जितना उत्तर बाल्यावस्था के बच्चों का था (फेब्रिसियस एवं वेलमेन, 1993; मिलर एवं बैलेरजियान, 1990)।

पियाजे के अनुसार स्थूल संक्रियावस्था में बच्चों में दूरी तथा दूरी से सम्बन्धित विशिष्ट भौतिक सम्प्रत्ययों जैसे समय व वेग में सम्बन्ध स्थापित करने की क्षमता विकसित हो जाती है। सर्वप्रथम बच्चे वेग व दूरी में सम्बन्ध स्थापित करते हैं (उदाहरणार्थ- दो बच्चे आपस में यह तुलना करते हैं कि मै तुमसे तेज चलता हूँ या मैं तुमसे धीमे चलता हूँ। तत्पश्चात् वे वेग तथा समय के बीच उपयुक्त (ऋणात्मक) सम्बन्ध विकसित करते हैं जैसे "यदि तुम तेज चलोगे तब समय कम लगेगा)। पियाजे के इस सैद्धान्तिक प्रक्रम की पुष्टि अनुसन्धानों से होती है (एक्रिडोलो, एडमस तथा स्मिद, 1984)"।

इस अवस्था में बालक हालांकि समय से सम्बन्धित सम्प्रत्ययों का प्रयोग करता है परन्तु उसका वास्तविक अर्थ समझने में वह असमर्थ होता है। जैसे दोपहर का अर्थ 'लंच टाइम' से सम्बद्ध) करके लगाता है। यदि लन्च के समय लन्च नहीं मिला, तो जब भी लन्च दिया जायेगा, उसे ही वह दोपहर समझेगा। जिस दिन लन्च नहीं मिलता है तो उसके लिए उस दिन दोपहर नहीं होता है। इसी प्रकार वह माह, दिन तथा सप्ताह के लिए भी सम्प्रत्यय विकसित करता है परन्तु उत्तर बाल्यावस्था में वह उपरोक्त सभी सम्प्रत्ययों के वास्तविक अर्थ के प्रति संज्ञान विकसित कर लेता है।

संज्ञानात्मक मानचित्र (Cognitive Map)

उत्तर बाल्यावस्था में बालकों में स्थानगत संज्ञान परिपक्व हो चुका रहता है तथा इसका विकसित रूप उसके चित्रकला में भी परिलक्षित होता है। जब बालक परिवेश से सम्बन्धित चित्र जैसे- विद्यालय या पड़ोस का चित्र बनाता है तब वह स्थानगत भिन्नता को अच्छी तरह प्रकट करता है। 6 वर्षीय बालक अपने घर के दरवाजों, खिड़कियों तथा स्कूल के ब्लैकबोर्ड, कक्षा इत्यादि को सटीक ढंग से चित्रित कर सकता है तथा वह उनके आयतन को भी सही सही विभेदित करता है। उदाहरण के लिए वह स्कूल के खेल के मैदान को, कार्यालय से बड़ा बनाता है। बच्चे द्वारा घर या

स्कूल का यह मानसिक चित्रात्मक प्रदर्शन, 'संज्ञानात्मक मानचित्र' कहलाता है। उनके पास विभिन्न परिप्रेक्ष्य में चित्रात्मक संज्ञान मौजूद रहता है अतः वह जिस भाग को एक बार में नहीं बना पाते उसको अलग से थोड़ा दूरी पर बनाते हैं।

बच्चों में संज्ञानात्मक विकास उत्तर बाल्यावस्था में परिपक्व हो चुका रहता है। पियाजे के इस परिकल्पना का प्रायोगिक सत्यापन विभिन्न मनोवैज्ञानिकों ने किया है (पियाजे एवं इन्हेल्डर, 1948, 1956)। यद्यपि पूर्व बाल्यावस्था में बालक संज्ञानात्मक मानचित्र निर्मित करते हैं परन्तु उनके मानचित्र का रूप असंगठित व बिखरे हुए होते हैं। 6 से 7 वर्ष के बालक संगठित व सुगठित मानचित्र में स्पष्ट रास्तों (माध्यमों) तथा सीमाओं का प्रयोग करने लगते हैं तथा वे उन्ही राहों का मानचित्र बनाते हैं जिनका वे सामान्यतया उपयोग करते हैं। यद्यपि मानचित्र में माध्यम तथा अन्य विशिष्टताओं के बीच कोई तारतम्यता नहीं होती है तथापि मध्य बाल्यावस्था में बालक मानचित्र की सभी विशिष्टताओं को एक दूसरे से जोड़ करके प्रदर्शित करते हैं (न्यूकाम्ब 1982; सेगेल, 1981)।

स्थानगत प्रस्तुति की योग्यता बच्चों में अनायास नहीं उत्पन्न होती है। अनुसन्धान दर्शाते हैं कि 3 वर्ष के बच्चे भी अस्पष्ट मानचित्र का निर्माण करते हैं तथा उनका उपयोग करते हैं (उत्तल एवं वेलमैन, 1989)। अतः जहाँ पूर्व बाल्यावस्था में 'संज्ञानात्मक मानचित्र की जानकारी' का उद्‌भव होता है वहीं उत्तर बाल्यावस्था में इनका विकास होता है। (लिबेन एवं डाउन्स,1986; स्पेन्सर, ब्लेद्‌स एवं मॉर्सले, 1989)।

प्राक्कल्पनात्मक-निगमनात्मक तर्कणा (Hypothetico-Deductive Reasoning)

उत्तर बाल्यावस्था के उत्तरार्द्ध तथा किशोरावस्था के प्रारम्भ में बालक में प्राक्कल्पनात्मक-निगमनात्मक तर्कणा विकसित हो जाती है। इस अवस्था में किशोर किसी भी समस्यात्मक स्थिति के बारे में परिकल्पनात्मक चिन्तन करता है तथा उस समस्या का समाधान प्राप्त करता है। समस्या के समाधान हेतु वह संभावित सिद्धान्तों के प्रयोग द्वारा निर्मित परिकल्पनाओं की सम्पुष्टि करता है। तत्पश्चात् अपनी परिकल्पना को वास्तविकता से संयोजित करता है। इसके विपरीत स्थूल संक्रियात्मक अवस्था के बालक सर्वप्रथम अपनी परिकल्पनाओं को वास्तविकता से जोड़ते हैं तथा 'प्रयत्न एवं भूल' (Trial and Error) विधि द्वारा परिकल्पनाओं की पुष्टि करते हैं। पियाजे द्वारा किया गया प्रसिद्ध पेन्डुलम प्रयोग से उक्त परिकल्पना की पुष्टि होती है। इन्होने विभिन्न लम्बाई की रस्सियों को लेकर उसमें कोई भारी वस्तु बाँधकर किसी ऊँचाई पर स्थित स्थिर बिन्दु पर लटका दिया। तत्पश्चात् बच्चों से पूछा गया कि इसको घुमाने पर इसकी चाल (गति) को कौन-कौन से कारक प्रभावित करेंगे तथा किस पेन्डुलम का वेग सर्वाधिक पाया जायेगा। उत्तर बाल्यावस्था के बच्चे के समाधान के लिए उन्होंने चार परिकल्पनाओं को निर्मित किया। इनके अनुसार दोलन गति को चार कारक प्रभावित करेंगे-(1) रस्सी की लम्बाई (2) लटकायी गयी वस्तु का भार (3) वस्तु को विस्थापित करके छोड़ने के लिए विस्थापन की

लम्बाई (आयाम) तथा (4) कितने वेग से वस्तु को छोड़ा जा रहा है। ये परिकल्पनाएँ तब निर्मित की गईं जब इनको विस्थापित करके छोड़ा नहीं गया था। अन्त में इन्होंने पाया कि मात्र रस्सी की लम्बाई दोलन की गति को प्रभावित करती है। इसके विपरीत पूर्व बाल्यावस्था में यह प्रक्रिया चूँकि बेहतर ढंग से विकसित नहीं होती इसलिए बालक सभी परिकल्पनाओं को एक साथ प्रशासित करने योग्य नहीं होता। वे यह भी सोच पाने में असमर्थ होते हैं कि वेग में यह अन्तर वास्तव में किसके प्रभाव से उत्पन्न हो रहा है या वेग में वृद्धि वस्तु की ऊँचाई बढ़ाने से हो रही है या वस्तु को तेजी से धक्का देने से हो रहा है? तात्पर्य यह है कि प्राक्कल्पनात्मक निगमन का वास्तविक विकास औपचारिक संक्रियात्मक अवस्था (Formal Operation Stage) में ही होता है।

स्मृति का विकास (Development of Memory)

बच्चों में स्मृति क्षमता का विकास यद्यपि जन्म के पश्चात् ही प्रारम्भ हो जाता है परन्तु इसका सर्वाधिक विकास बाल्यकाल में होता है क्योंकि इसी अवस्था में बच्चों में अन्य संज्ञानात्मक प्रक्रमों का विकास त्वरित गति से होता है। स्मृति के विकास को निम्न चरणों में विश्लेषित किया जा रहा है-

(अ) सांवेदिक एवं अल्पकालिक स्मृति (Sensory and Short-Term Memory)
(ब) दीर्घकालिक स्मृति (Long-term Memory) एवम्
(स) स्मृति के व्यपदेश (Memory Strategies)

(अ) सांवेदिक एवं अल्पकालिक स्मृति (Sensory and Short-Term Memory)

सामान्यतया सांवेदिक स्मृति के संदर्भ में किये गये अनुसन्धान दर्शाते हैं कि सांवेदिक स्मृति क्षमता जिस प्रकार बच्चों में पायी जाती है उसी प्रकार वयस्कों में भी पायी जाती है (एंगल एवं अन्य, 1981, होविंग एवं अन्य, 1978)। सांवेदिक स्मृति का भण्डारण एवं विस्मरण भी लगभग एक समान होता है (केल एवं सीगल, 1977)। परन्तु अल्पकालिक स्मृति में पर्याप्त अन्तर दिखाई देता है।

अल्पकालिक स्मृति के अन्तर्गत पदों को याद करवाने के पश्चात् तुरन्त पुनः स्मरण कराया जाता है। इसका परीक्षण आयु वर्ग को ध्यान में रखकर किया जाता है क्योंकि अल्पकालिक स्मृति उम्र बढ़ने के साथ-साथ बढ़ती है। (डेम्पसटर, 1985; हैरिस, 1978)। उदाहरण के लिए दो वर्ष के सामान्य बालक के लिए परीक्षण में दो पद रखे जाते हैं जबकि 12 वर्षीय बालक के लिए सात पद रखे जाते हैं (डेम्पसटर, 1981)। छोटे बच्चों में चाक्षुष अल्पकालिक स्मृति बड़े बच्चों की अपेक्षा अधिक होती है। केयर्न्स एवं वैल्सिनर (1984) ने बताया कि छोटे बच्चों की अपेक्षा बड़े बच्चों तथा वयस्कों में अल्पकालिक स्मृति उच्च स्तरीय होती है।

(ब) दीर्घकालिक स्मृति (Long-Term Memory)

दीर्घकालिक स्मृति पर हुए अनुसन्धानों के आधार पर केल (1990) एवं स्माल (1990) ने बताया कि छोटे बच्चों का स्मृति संज्ञान काफी उच्च होता है परन्तु प्रत्याह्वान में निम्न स्तर का होता है। ब्राउन तथा स्कॉट (1971) ने बताया कि एक चार वर्ष का बालक अपने सम्पूर्ण जीवन का 75% समय चित्रों के संज्ञान में लगा देता है जबकि अन्य अध्ययन दर्शाते हैं कि बच्चों में कुछ समय पश्चात् ही स्मृति का पर्याप्त विकास हो जाता है। पेटर्स (1987) ने 3 वर्ष से 8 वर्ष के मध्य बच्चों की दीर्घकालिक स्मृति के विकास का अध्ययन किया तथा अपने अध्ययनों के आधार पर यह बताया कि उम्र का बालकों के संज्ञानात्मक स्मृति पर कोई प्रभाव नहीं पड़ता है।

सामान्यतया बच्चों तथा वयस्कों की संज्ञानात्मक स्मृति की अपेक्षा प्रत्याह्वान (Recall) में अन्तर दिखाई देता है। उदाहरण के लिए मॉयर्स एवं पर्लम्यूटर (1978) के अध्ययन यह इंगित करते हैं कि स्थूल संक्रियात्मक अवस्था के बच्चों ने पूर्व संक्रियात्मक अवस्था के बच्चों की अपेक्षा अधिक प्रत्याह्वान किया। अवस्था की भिन्नता का प्रभाव वास्तविक अनुश्रवण क्षमता पर भी पाया गया।

वास्तविक अनुश्रवण (Reality Monitory) एक ऐसी प्रक्रिया हे जिसमें व्यक्ति सभी काल्पनिक स्मृतियों को वास्तविक स्मृतियों से जोड़ने का प्रयास करता है। अनुसन्धान यह दर्शाते हैं कि छोटे बच्चों में यह क्षमता बड़े बच्चों की तुलनाा में अपेक्षाकृत कम पायी जाती है तथा वे वास्तविक एवं काल्पनिक स्मृति में विभेद करने में अक्षम होते है। फोली एवं सहयोगियों (1987) तथा हैरिस एवं फोली (1992) ने अध्ययनों के आधार पर स्पष्ट किया कि छोटे बच्चे, बड़े बच्चों की अपेक्षा वास्तविक अनुश्रवण प्रक्रिया में निम्न पाये गये, अर्थात् इन बच्चों ने निम्नतर अनुश्रवण क्षमता प्रदर्शित की।

(स) स्मृति के व्यपदेश (Memory Strategies)

आयु में वृद्धि के साथ-साथ शरीर के वाह्य व आन्तरिक विशेषताओं में भी सहसामयिक रूप से वृद्धि होती है तथा अनेक क्षमताओं में विकास होता है। अवधान (Attention) एक प्रकार की स्मृति प्रक्रिया है अतः अवधान के विकास के साथ-साथ स्मृति का भी विकास होता है। अवधान हमारे लघुकालिक स्मृति से जुड़ा है अतः लघुकालिक स्मृति का विकास अवधानात्मक विकास के फलस्वरूप होता है। यह विकास पूर्व संक्रियात्मक अवस्था से शुरु हो जाता है एवम् शुरुआत में यह पूर्ण रूप से परिपक्व नहीं होता है परन्तु मूर्त संक्रियात्मक अवस्था तथा औपचारिक संक्रियावस्था जो स्कूल जाने की होती है इन अवस्थाओं में 'स्मृति का विकास' तीव्रतर गति से होता है (केल, 1990)।

अनुसन्धान दर्शातें हैं कि स्मृति का विकास तीन सम्प्रत्ययों के आधार पर होता है। ये हैं : अभ्यास (Rehearsal), संगठन (Organisation) एवं प्रतिमा निर्माण (Imagery)। इन सम्प्रत्ययों का संक्षिप्त विवरण आगे प्रस्तुत किया जा रहा है।

अभ्यास (Rehearsal): स्मृति को समृद्ध बनाने के लिए किसी सूचना को बार-बार दुहराना अभ्यास या रिहर्सल कहलाता है। पूर्व बाल्यावस्था के बच्चों में अभ्यास की मात्रा कम पायी जाती है। अतः इनकी स्मृति बहुत दुर्बल होती है (बाकर-वार्ड, आर्नस्टीन एवं होल्डेन, 1984)। जब उत्तर बाल्यावस्था के बालकों को नयी सूचनायें दी जाती हैं तब उनके मानसिक स्तर पर अभ्यास की क्रिया प्रारम्भ हो जाती है। 6 से 10 वर्ष के बालकों में चित्रात्मक स्मृति अधिक होती है अर्थात् वे चित्रों को अधिक याद रखते हैं, जबकि 10 वर्ष से अधिक आयु के बच्चे वस्तुओं के नाम हमेशा दुहराते हैं। अतः उनकी स्मृति अपेक्षाकृत उच्चतर होती है (केनी, कैनिजो एवं लेवेल, 1967) क्योंकि छोटे बच्चे दुहराने में असमर्थ होते हैं इसका कारण वृद्धि की अपरिपक्वता है या अपूर्ण नियन्त्रण? अध्ययन बताते हैं कि ये दोनों ही कारण इसके लिए जिम्मेदार होते हैं। बड़े बच्चे अधिक अभ्यास करते हैं। पूर्व संक्रियात्मक अवस्था में बच्चे कुछ शब्द ही दुहरा पाते हैं जबकि बड़े बच्चे शब्दों के समूहों को भी आसानी से दुहरा लेते हैं (केल, 1990)। अन्य अध्ययनों से ज्ञात हुआ है कि छोटे बच्चे स्मृति व्यपदेशों के प्रति समझ विकसित कर चुके होते हैं परन्तु उनका समयानुसार प्रयोग कर पाने में अक्षम होते है (बेकर-वार्ड एवं अन्य, 1984; लेवेल, 1985 तथा लिबेन, 1982)।

संगठनात्मक व्यपदेश (Organisational Strategies)

स्मृति प्रक्रमों में व्यक्ति संगठनात्मक प्रक्रमों का उपयोग करता रहता है। यह प्रक्रम बच्चों में आयु वृद्धि के साथ-साथ बढ़ता है। बच्चे उद्दीपकों के स्मरण के लिए श्रेणीकरण तथा समूहीकरण प्रविधियों का उपयोग करते हैं। वे किस प्रकार की संगठनात्मक प्रविधियों का उपयोग करते हैं तथा अनुकूलन किस प्रकार करते हैं इसका प्रायोगिक अध्ययन मौली एवं उनके सहयोगियों (1969) ने किया। इन्होंने विभिन्न आयु के बच्चों को प्रयोज्य के रूप में लिया तथा इनसे कुछ चित्रों को प्रत्यक्षीकृत करवाया जैसा चित्र 10.1 में प्रदर्शित है। ये चित्र चार प्रमुख वर्गों में विभाजित थे। ये वर्ग जानवरों, कपड़ो, फर्नीचर तथा वाहनो से सम्बन्धित थे। बच्चों से कहा गया कि वे उन चित्रों को पुनः अपनी सुविधानुसार व्यवस्थित करें। परिणामों में यह पाया गया कि पूर्व संक्रियात्मक अवस्था के बच्चों ने कम संगठनात्मक संज्ञान प्रदर्शित किया जबकि मूर्त संक्रियात्मक अवस्था के बच्चों ने अपेक्षाकृत अधिक संगठनात्मक स्मृति प्रदर्शित किया। यह भी पाया गया कि जो बालक संगठनात्मक स्मृति व्यपदेशों का उपयोग करते हैं उनकी पुनः स्मरण क्षमता काफी समृद्ध होती है। अतः यह योग्यता बालकों के संज्ञानात्मक विकास को उच्च बनाती है।

बच्चे स्थानगत संगठनात्मक प्रक्रम को भी स्मृति के लिए प्रयोग करते हैं। एक अध्ययन में जार्कलैण्ड एवं जीमैन (1982) ने प्रदर्शित किया कि बच्चे अपने सहपाठियों को उस स्थान के नाम से याद रखते हैं जिस स्थान पर वे बैठते हैं। यह संगठनात्म्क स्मृति आकस्मिक रूप से घटित होती हुई देखी गई। बच्चों ने अपने सहपाठियों के नामों का पुनः स्मरण उत्तरोत्तर दूरी के क्रम में किया। यह परिघटना बच्चे की संज्ञानात्मक क्षमता को विकसित करती है तथा वे खुश होते है कि वे सभी बच्चों को, क्रमानुसार (स्थान के क्रम में) याद कर सकते हैं।

अन्त में, अभ्यास के बारे में कहा जा सकता है कि बच्चे इस प्रक्रम का प्रयोग स्वतंत्र रूप से 7 वर्ष की उम्र से करने लगते हैं। जबकि केल (1990) ने बताया कि 9–10 वर्ष की उम्र के पहले बच्चे संगठनात्मक स्मृति का उपयोग कर पाने में अक्षम होते हैं।

प्रतिमा निर्माण (Imagery)

अध्ययन दर्शाते हैं कि प्रतिमा निर्माण का प्रक्रम वयस्कावस्था से प्रारम्भ होता है तथा यह प्रक्रम बच्चों द्वारा प्रयुक्त नहीं किया जाता है (रीज, 1977)। परन्तु कासलिन (1976) ने पाया कि इस प्रविधि का प्रयोग बच्चा 6 वर्ष की उम्र से ही करता है। यूली तथा कैचपोल (1977) ने पाया कि बच्चे उन प्रतिमाओं की तरफ ज्यादा ध्यान देते हैं जो अधिक आकर्षक होते हैं।

चित्र 10.1 : बच्चों में स्मृति संगठन के व्यपदेशों के मापन का उदाहरण

सम्प्रत्यय अधिगम (Concept Learning)

किसी भी बालक के संज्ञानात्मक विकास के लिए सम्प्रत्ययों का विकास आवश्यक होता है। बालकों में दो प्रकार के सम्प्रत्ययों का विकास होता है- धनात्मक सम्प्रत्यय (Positive concept) तथा ऋणात्मक सम्प्रत्यय (Negative concept)। धनात्मक सम्प्रत्यय किसी बच्चे के अन्दर किसी अन्य सम्प्रत्यय के प्रति धनात्मक अभिवृत्ति उत्पन्न करती है, जैसे यदि किसी बच्चे में स्कूल के प्रति धनात्मक सम्प्रत्यय निर्मित होता है तब उसका शैक्षणिक गतिविधि उच्च होता है जबकि ऋणात्मक सम्प्रत्यय से उसका शैक्षणिक निष्पादन निम्न होता है। बच्चों के सम्प्रत्यय निर्माण में निम्न विशेषतायें पायी जाती हैं-

(1) **सम्प्रत्यय वैयक्तिक होता है :** दो बच्चों का बौद्धिक विकास भिन्न भिन्न होने के कारण उनके सम्प्रत्ययों का विकास भी अलग अलग रूप में होता है अतः किन्ही दो बालकों का सम्प्रत्ययात्मक विकास अलग अलग होता है।

(2) **सम्प्रत्यय का विकास एक निश्चित मानदण्ड द्वारा निर्धारित होता है :** अन्य विकासात्मक प्रक्रमों की भाँति सम्प्रत्यय का विकास सरल संकृत्य से जटिल संकृत्य की तरफ होता है। यह विकास भी बच्चों के बौद्धिक स्तर से प्रभावित होता है।

(3) **सम्प्रत्यय विकास वंशानुगत होता है :** सम्प्रत्यय विकास पर वंशानुगत कारकों का भी प्रभाव पड़ता है। उस बालक का संप्रत्यय विकास अच्छा होगा जो स्कूल में सभी के साथ सम्बन्ध जल्दी विकसित कर पाता है और यह विकास वंशानुगत कारकों द्वारा भी निर्धारित होता है।

(4) **सम्प्रत्यय विकास असंरचित से संरचित रूप में विकसित होता है:** पूर्व बाल्यकाल में बच्चों में सम्प्रत्यय असंरचित रूप में पाया जाता है जबकि उत्तर बाल्यावस्था में सम्प्रत्यय विशिष्ट रूप में विकसित होता है तथा ये बच्चे दो सम्प्रत्ययों में विभेदन कर पाने में सक्षम होते हैं।

(5) **सम्प्रत्यय विशिष्ट से सामान्य की तरफ विकसित होते हैं :** प्रारम्भ में उद्दीपकों के प्रति बच्चों में विशिष्ट संज्ञान विकसित होता है परन्तु बाद के सम्प्रत्यय सामान्यीकृत रूप में हो जाता है तथा इनकी सहायता से वे उन सभी अन्य सम्प्रत्ययों के बारे में जानकारी प्राप्त कर लेते हैं जो इससे सम्बद्ध होते हैं।

(6) **सम्प्रत्यय संवेग (प्रधान) निर्देशित होता है :** बच्चों के सभी सम्प्रत्यय उसके संवेगों से जुड़े होते हैं। बच्चे सम्प्रत्यय विशेष की पुरानी तथा नयी परिभाषाओं को जोड़ते हैं तथा उनका नया भावार्थ निर्मित करते हैं।

(7) **सम्प्रत्यय में परिवर्तनों के प्रति प्रतिरोध पाया जाता है :** बच्चे संवेगात्मक सम्प्रत्ययों के परिवर्तनों के प्रति प्रतिरोध प्रदर्शित करते हैं क्योंकि ये सम्प्रत्यय बच्चों को सन्तुष्ट करते हैं। अतः वे परिवर्तनों को जल्दी स्वीकार नहीं करते हैं।

(8) **सम्प्रत्यय व्यवहारों से प्रभावित होते हैं :** सम्प्रत्यय व्यक्ति के व्यक्तिगत व्यवहारों से तथा मनपसन्द क्रियाकलापों से प्रभावित होते हैं तथा वे अपने व्यवहारों के अनुकूल सम्प्रत्ययों का निर्माण करते हैं।

बच्चों के कुछ सामान्य सम्प्रत्यय

1. जीवन का सम्प्रत्यय (Concept of life)
2. मृत्यु का सम्प्रत्यय (Concept of death)
3. मृत्यु के पश्चात् जीवन का सम्प्रत्यय (Concept of life after death)
4. दुर्भाग्य का सम्प्रत्यय (Concept of causality)
5. जन्म का सम्प्रत्यय (Concept of Birth)
6. शारीरिक प्रकार्यों का सम्प्रत्यय (Concept of Bodily functioning)
7. जीवाणुओं के बारे में सम्प्रत्यय (Concepts of Germs)
8. स्थानगत सम्प्रत्यय (Space Concept)
9. भार सम्प्रत्यय (Weight Concept)
10. समय सम्प्रत्यय (Time Concept)
11. धन के बारे में सम्प्रत्यय (Money Concept)
12. सुन्दरता के बारे में सम्प्रत्यय (Beauty Concept)
13. हास्य सम्प्रत्यय (Comic Concept)
14. स्व सम्प्रत्यय (Self Concept)
15. समाज सम्प्रत्यय (Social Concept)

समझ का विकास (Development of Understanding)

किसी बालक में समझ के विकास का तात्पर्य है उस बालक में किसी वस्तु के स्वरूप के बारे में, उपयोगिता के बारे में तथा उसके बारे में सम्पूर्ण जानकारी का संज्ञान। बच्चों में जानकारी का विकास पूर्व ज्ञान से निर्धारित होता है तथा वे पूर्व ज्ञान से नई समझ विकसित करते हैं। बालकों में समझ का विकास बौद्धिक विकास के परिपक्व हो जाने के पश्चात् होता है। जब बालक समय के साथ ज्ञान अर्जित करता है तब उसमें किसी सम्प्रत्यय के प्रति ज्ञान का विकास होता है तथा समझ निर्मित होती है। 'विलियम जेम्स' के अनुसार बालक लम्बे समय तक वाह्य जगत के अनेक तत्वों से अपने संज्ञान को जोड़ते हैं तथा समझ निर्मित करते हैं।

समझ का विकास, पूर्व निर्धारित प्रविधियों द्वारा होता है। पियाजे के अनुसार, "संज्ञानात्मक विकास समझ के विकास पर आधारित होता है" तथा यह मुख्यतः चार चरणों में सम्पन्न होता है। ये चरण हैं–संवेदनात्मक–क्रियात्मक अवधि, पूर्व संक्रियात्मक अवस्था, मूर्त संक्रियात्मक अवस्था तथा औपचारिक संक्रियात्मक अवस्था। ये अवधियाँ बालक के संज्ञानात्मक विकास के विशिष्ट

लक्षणों को व्यक्त करती हैं। संवेदी-पेशीय अवस्था में बच्चों में किन्ही दो वस्तुओं में विभेदन की योग्यता का विकास होता है तथा विभेदन के साथ-साथ समय व स्थान के बारे में समझ का विकास होता है। यह अवस्था जन्म से दो वर्ष तक की होती है।

पूर्व संक्रियात्मक अवस्था में बच्चों में भाषा की समझ तथा संकेताश्रित चिन्तन की समझ का विकास होता है। इस अवस्था में खेल की समझ तथा स्वकेन्द्रितता (Egocentricity) विकसित होती है जिससे बालक में किसी समस्यात्मक स्थिति को सुलझाने की योग्यता का विकास होता है।

स्थूल संक्रियात्मक अवस्था में बालकों में अमूर्त सम्प्रत्ययों की समझ का विकास शुरु हो जाता है। समय व स्थान के संज्ञान में बच्चे आगमनात्मक चिन्तन प्रारम्भ कर देते हैं। इनमें विभिन्न वस्तुओं के श्रेणीयन की प्रक्रिया प्रारम्भ हो जाती है तथा बच्चे अपने विचार को यथार्थ से जोड़ना शुरु कर देते हैं। बच्चों में किसी समस्या को सुलझाने की प्रवृत्ति विकसित होती है तथा वे समस्यात्मक स्थिति में एक साथ कई समाधानों पर चिन्तन प्रारम्भ कर देते हैं तथा कई परिकल्पनाओं पर एक साथ कार्य करना शुरु कर देते हैं। इस अवस्था में बच्चों में समझ का विकास परिपक्व हो जाता है तथा वे गणितीय संक्रिया में भी कई प्रकार के चिन्तन का प्रयोग करते हैं।

अधि-संज्ञान का विकास (Development of Meta-Cognition)

अधि-संज्ञान से तात्पर्य है किसी संज्ञान के प्रति बोध जागरुकता तथा विचारों का विकसित होना, अर्थात् बच्चे अपने विगत अनुभव के माध्यम से किसी संज्ञानात्मक प्रक्रिया के प्रति अधि-संज्ञान तथा विचार प्रस्तुत करते हैं। अति-संज्ञान के दो महत्वपूर्ण पक्ष हैं-अधिस्मृति (Meta-Memory) एवम् अधिबोध (Meta-Comprehension)। अधि-स्मृति का तात्पर्य है किसी स्मृति को बनाये रखने के लिए तरह-तरह के व्यपदेशों का उपयोग करना तथा अधिबोध का तात्पर्य है कि किसी परिभाषा या व्याख्या को किसी अन्य व्याख्या से जोड़ कर प्रस्तुत करना। उदाहरण के लिए जब किसी परिभाषा की व्याख्या व्यक्ति अन्य परिभाषा के आधार पर करने का प्रयत्न करता है तब यह अधिबोधात्मकता की श्रेणी में आता है।

पिछले दो दशकों से बच्चों में अधि-संज्ञान के विकास पर अनुसन्धान किए जा रहे हैं फ्लेवेल (1971) ने अपने अध्ययनों से प्रमाणित किया है कि छोटे बच्चों में अधि-संज्ञान बहुत सीमित मात्रा में पाया जाता है जबकि उम्र के साथ-साथ उनकी इस क्षमता में भी विकास होता है। ये अधि-संज्ञान स्मृति के क्षेत्र में, भाषा-विकास के क्षेत्र में तथा निर्णय क्षमता के क्षेत्र में परिलक्षित होते हैं (फ्लेवेल, 1979)।

अधिस्मृति (Meta Memory)

अधि-संज्ञान का एक पक्ष अधिस्मृति है। इसका तात्पर्य है कि व्यक्ति में यह समझ विकसित होना

कि कोई स्मृति कैसे कार्य करती है तथा इसके आधार पर हम किन-किन स्मृतियों का भण्डारण कर पाते हैं। अधि-स्मृति का विकास 6 वर्ष की अवस्था से प्रारम्भ हो जाता है तथा वे इस अवस्था से ही किसी अपरिचित वस्तु की स्मृति किसी परिचित वस्तु के साथ जोड़कर करते हैं (क्रेजर एवं अन्य, 1975)। जब बालक पूर्व संक्रियात्मक अवस्था (लगभग 3 या 4 वर्ष के बालक) में होते हैं तब वे छोटे-छोटे चित्रों को याद रखकर उनके माध्यम से अधि-स्मृति को प्रदर्शित करते हैं। यूसेन एवं बर्ड (1979) ने अध्ययनों में पाया कि संक्रियात्मक अवस्था में बालक वैयक्तिक सम्प्रत्ययों का भी प्रयोग करते थे (हायेस एवं अन्य, 1987)। 5 वर्ष के बालकों ने कठिन सम्प्रत्ययों के अधिगम में जटिलता प्रदर्शित की क्योंकि उनके अन्दर इस क्षमता में वृद्धि नहीं हुई रहती है (ब्राउन, 1975; क्रेजर एवं अन्य, 1975)।

जागरुकता (Awareness) अधि-स्मृति का एक अन्य महत्वपूर्ण सम्प्रत्यय है। वास्तव में बच्चे किसी वस्तु को जानने के लिए सूचनाओं को याद करते हैं, स्मरण करते हैं, इसके लिए अतिरिक्त प्रयास करते हैं (फ्लेवेल एवं वेलमैन, 1977)। सभी छोटे बच्चे इस प्रविधि का प्रयोग करते हैं जबकि बड़े बच्चे जागरुकता के बारे में तथ्य विकसित कर लेते हैं।

छोटे बालक किसी स्मृति प्रक्रिया में कोई व्यपदेश निर्मित करने में असमर्थ होते हैं जबकि पूर्व बाल्यावस्था के बालक सीमित व्यपदेशों का उपयोग करते हैं तथा वे प्रयोगकर्ता द्वारा निर्देशित तथ्यों पर ध्यान देने में भी समर्थ होते है, (ग्रासे, 1985)।

सामान्यतया किशोर छोटे बच्चों की तुलना में किसी भी वस्तु के बारे में पूर्व कथन अत्यधिक शुद्धता से करते हैं तथा उनका निष्पादन उच्च होता है। येसन तथा लेवी (1975) के अध्ययन यह इंगित करते हैं कि छोटे बच्चे बड़े बच्चों या कालेज जाने वाले छात्रों की अपेक्षा कम अधि-स्मृति का प्रयोग करते हैं।

अधि-स्मृति तथा स्मृति निष्पादन में सम्बन्ध (Relationship between Meta-Memory and Memory Performance)

अधि-स्मृति से (स्मृति) निष्पादन में वृद्धि होती है तथा साथ ही साथ यह निष्पादन को अत्यधिक प्रभावशाली भी बनाती है। किसी बच्चे की स्मृति उस समय पूर्णरूपेण विकसित नहीं होती है जब वह-

1. किसी स्मृतिगत सूचना की वास्तविकता को समझ नहीं पाता है।
2. किसी स्मृति के लिए पर्याप्त व्यपदेशों का सहसामयिक रूप से उपयोग नहीं कर पाता है। तथा
3. अन्य बच्चों की तुलना में उसकी स्मृति विस्तार निम्नतर होती है।

उक्त तथ्यों से स्मृति तथा स्मृति विस्तार में निम्न प्रकार्यात्मक सम्बन्ध दृष्टिगत होते हैं–यथा;

अधिस्मृति	→	व्यपदेशों का उपयोग	→	स्मृति निष्पादन
Metamemory		Strategy Use		Memory performance

दोषपूर्ण अधि–स्मृति के विकास में बच्चे स्मृतिगत सूचनाओं का वास्तविक जीवन से सम्बन्ध स्थापित कर पाने में अक्षम होते हैं तथा वे उचित व्यपदेशों का निर्माण नहीं कर पाते हैं। अतः उनका स्मृति निष्पादन निम्न हो जाता है। एक अध्ययन में केवनाघ तथा बार्केवस्की (1980) ने छोटे बच्चों के अतिस्मृति का परीक्षण किया तथा पाया कि बच्चे अपनी स्मृति के विकास के लिए अधिक से अधिक प्रश्न पूछते हैं तथा उनका अधिगम करते हैं। इस प्रकार वे सीखने की प्रविधि विकसित करते हैं।

अधिबोधात्मकता (Meta-Comprehension)

इसके अन्तर्गत वे प्रक्रियायें आती है जिसमें यह बोध विकसित होता है कि वे क्या सीख (पढ़) रहे हैं तथा उसका तात्पर्य क्या है। अर्थात् किसी भी ज्ञान या विचार के बारे में बोधात्मक प्रक्रिया अधिबोधात्मकता (Meta-comprehension) कहलाती है। छोटे बालक प्रायः यह समझते हैं कि पढ़ने तथा याद करने की प्रक्रिया सबसे महत्वपूर्ण होती है जबकि बड़े बच्चे इसके विपरीत याद की गई सामग्री के प्रति बोध या जानकारी (knowledge or comprehension) को महत्वपूर्ण मानते हैं। उदाहरण के लिए पूर्व संक्रियात्मक अवस्था के बालक यह समझते हैं कि जो अधिक पढ़ने वाले होते हैं उनका अन्य शैक्षणिक निष्पादन भी अच्छा होता है जबकि मूर्त संक्रियात्मक अवस्था या वयस्कावस्था में यह समझ विकसित हो जाती है कि पढ़ना ही जानकारी का आधार नहीं है वरन् उसके बारे में बोध होना वास्तविक जानकारी है। जान्स (1986) ने बड़े बच्चों पर अध्ययन किया जिसमें बच्चों ने कहा कि 'खड़े होने' का तात्पर्य है 'जब बच्चों से अध्यापक कोई प्रश्न पूछते हैं तब कहते हैं' खड़े हो जाओ' तथा 'बैठना' के सन्दर्भ में कहा हैं कि 'जब वे उत्तर दे देते हैं तब बोलते हैं 'बैठ जाओ'। इस प्रकार वे किसी भी सूचना के भावार्थ के सन्दर्भ में अपनी जानकारी विकसित करते हैं।

अधिबोध व्यक्ति की जागरुकता (Awareness) को व्यक्त करता है। जब व्यक्ति कुछ पढ़ता है तब वह पढ़ी हुई सामग्री के प्रति जागरुकता प्रदर्शित करता है तथा पढ़ी हुई जानकारी के प्रति संवेदना की उत्पत्ति उसमें बोधात्मक प्रवृत्ति उत्पन्न करती है।

शैक्षणिक प्रगति में उच्च निष्पादन या निम्न निष्पादन, बोधात्मक स्तर में, अन्तर के कारण ही परिलक्षित होता है। ब्रान्सफोर्ड एवं सहयोगियों (1982) ने दो लेखांश तैयार किया तथा एक लेखांश में रोबोट की प्रकार्यात्मक विशेषताओं का वर्णन किया तथा दूसरे लेखांश में इन्हीं

विशेषताओं को धुँधले रूप में वर्णित किया गया। यह पाया गया कि अच्छे शैक्षणिक स्तर वाले बच्चों ने उन विशेषताओं को अधिक कठिन तथा विशिष्ट रूप से वर्णित किया। जबकि निम्न शैक्षणिक स्तर वाले बच्चे उन विशेषताओं का वर्णन करने में असमर्थ रहे।

उपर्युक्त विश्लेषण से स्पष्ट होता है कि अधि-स्मृति के मापक स्मृति निष्पादन के साथ सदैव सहसम्बन्धित नहीं होते हैं। क्रास एवं पेरिस (1988) ने अपने अध्ययन के आधार पर बताया कि पूर्व बाल्यावस्था में ये दोनों सम्प्रत्यय परिलक्षित नहीं होते हैं जबकि उत्तर बाल्यावस्था में बच्चे इन दोनों संज्ञानात्मक विशिष्टताओं का उपयोग शुरु कर देते हैं परन्तु अतिबोधात्मकता का उपयोग किसी संज्ञानात्मक प्रक्रम के रूप में उत्तर बाल्यावस्था के पश्चात् होता है। दोनों विशेषताओं का विकास उम्र वृद्धि के साथ-साथ होता है। परन्तु बौद्धिक विकास के पश्चात् अधि ास्मृति के सन्दर्भ में यह परिकल्पना सिद्ध नहीं होती है। एक अध्ययन यह प्रदर्शित करता है कि इस अवस्था के पश्चात् अधिस्मृति के विकास पर उम्र का कोई विशेष प्रभाव नहीं पड़ता है। (क्रेवनाघ एवम् बार्केवस्की, 1980)।

बौद्धिक विकास
(Intellectual Development)

संज्ञानात्मक विकास का मनोमितिक उपागम (Psychometric Approach) बुद्धि परीक्षणों की विशिष्टता का आधार है जिसमें बच्चों के मानसिक योग्यताओं के मूल्यांकन पर बल दिया गया है। व्यक्तियों में पायी जाने वाली वैयक्तिक भिन्नता का एक प्रमुख कारण उनके बौद्धिक योग्यता में भिन्नता को माना जाता है। बुद्धि को प्रत्यक्ष रूप से देखा नहीं जा सकता, अतः हम कह सकते हैं कि बुद्धि एक परिकल्पनात्मक शक्ति (Hypothetical Power) है। बौद्धिक क्षमता के कारण ही बालक अनेक मानसिक क्रियायें जैसे- अधिगम, चिन्तन, सम्प्रत्ययों का निर्माण, प्रत्यक्षीकरण, समस्याओं का समाधान करने एवं परिवेश के साथ समायोजन स्थापित करने में सक्षम होता है।

यद्यपि बुद्धि की परिभाषाओं में संगति का अभाव है तथापि सभी मनोवैज्ञानिक इस तथ्य से पूरी तरह सहमत हैं कि 'बुद्धि एक अमूर्त योग्यता है'। सर्वप्रथम बुद्धि को परिभाषित करते हुए बिने (Binet, 1905) ने कहा कि "बुद्धि सही निर्णय लेने, अच्छी तरह समझने तथा तर्क करने की योग्यता है।" बिने द्वारा प्रस्तुत यह परिभाषा अपर्याप्त है क्योंकि इस परिभाषा में मात्र बुद्धि के घटकों का उल्लेख किया गया। वहीं वेश्लर (Wechsler, 1944) द्वारा दी गयी परिभाषा से बुद्धि का स्वरूप अधिक स्पष्ट होता है। वेश्लर के अनुसार- "तर्कपूर्ण चिन्तन करने, उद्देश्यपूर्ण क्रिया करने एवं अपने पर्यावरण के साथ प्रभावशाली ढंग से समायोजन करने की व्यक्ति की सम्पूर्ण योग्यता ही बुद्धि है।"

बुद्धि अनुसंधान के क्षेत्र में अग्रणी राबर्ट स्टर्नबर्ग (Robert Sternberg, 1997) ने बुद्धि

को परिभाषित किया है। स्टर्नबर्ग के अनुसार, "बुद्धि के अन्तर्गत किसी भी पर्यावरणीय संदर्भ से अनुकूलन स्थापित करने, उसको अपने अनुरूप ढालने तथा चयन के लिए आवश्यक मानसिक क्षमताएं सम्मिलित है।" स्टर्नबर्ग द्वारा प्रस्तुत परिभाषा में मात्र पर्यावरण के मांगों के प्रति प्रतिक्रिया ही नहीं (अनुकूलन के रूप में) बल्कि पर्यावरण को सक्रिय रूप से परिवर्तित करना तथा चयन करना भी नीहित है (स्टर्नबर्ग, 1977)।

बुद्धि के सिद्धान्त
(Theories of Intelligence)

बुद्धि का सम्प्रत्ययन अनेक सिद्धान्तों के अधार पर किया गया है। कुछ प्रमुख सिद्धान्तों का वर्णन यहाँ प्रस्तुत किया गया है–

अल्फ्रेड बिने का एक कारक सिद्धान्त (Uni-Factor Theory of Alfred Binet)

अल्फ्रेड बिने (1905) का मानना है कि बुद्धि एक अविभाज्य ईकाई है। इन्होंने बुद्धि को एक शक्ति या कारक के रूप में माना है। अल्फ्रेड बिने के अनुसार बुद्धि वह मानसिक योग्यता है जो व्यक्ति के समस्त मानसिक कार्यों का संचालन करती है और व्यक्ति के समस्त व्यवहारों को प्रभावित करती है। किसी कार्य विशेष को सम्पन्न करते समय सम्पूर्ण बुद्धि एक समय में सम्पन्न हो जाती है। वर्तमान समय में बिने के एक कारक सिद्धान्त की मान्यता नहीं है।

कारकीय विश्लेषण : एक बहुआयामी दृष्टिकोण (The Factor Analysis : A Multidimensional View)

(i) ब्रिटिश मनोवैज्ञानिक **चार्ल्स स्पीयरमैन** (Charles Spearman, 1904-1927) ने बुद्धि का द्विकारकीय सिद्धान्त प्रस्तुत किया है। स्पीयरमैन के अनुसार सभी प्रकार के मानसिक कार्यों में दो प्रकार की मानसिक योग्यताओं (सामान्य मानसिक योग्यता (General mental ability -'s'- Factor's) तथा विशिष्ट मानसिक योग्यता (Specific mental ability–'s'-Factor) की आवश्यकता होती है। स्पीयरमैन का मानना है कि सामान्य मानसिक योग्यता (g-Factor) प्रत्येक व्यक्ति के मानसिक कार्यों में पायी जाती है, जो एक प्रकार की मानसिक ऊर्जा है। जबकि विशिष्ट मानसिक योग्यता (s-Factors) केवल विशिष्ट कार्यों से ही सम्बद्ध होती है। प्रत्येक व्यक्ति में कुछ न कुछ विशिष्ट योग्यताएं होती हैं तथा ये योग्यताएं विशिष्ट (S) कारकों से प्रभावित होती है, यथा– चिकित्सक या साहित्यकार बनना विशिष्ट मानसिक योग्यता का परिणाम होता है। स्पीयरमैन का यह विचार है कि एक व्यक्ति में सामान्य योग्यता की मात्रा जितनी ही अधिक होगी, वह व्यक्ति उतना ही अधिक बुद्धिमान होगा (चित्र 10.2)।

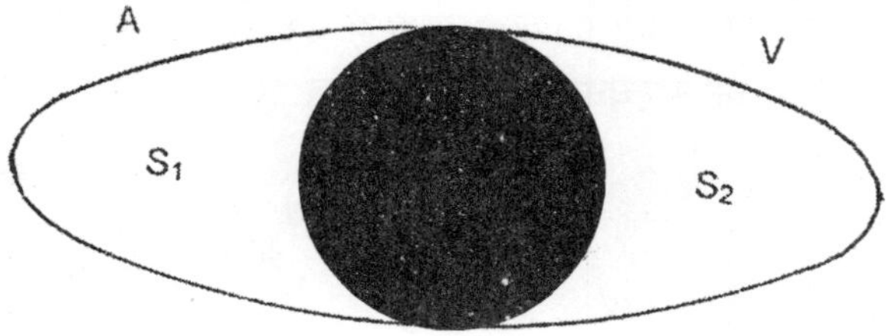

चित्र 10.2 : स्पियरमैन द्विकारक सिद्धान्त

(ii) थार्नडाइक (Thorndike, 1926) ने बुद्धि का बहुतत्व सिद्धान्त, प्रस्तुत किया। इस सिद्धान्त के अनुसार बुद्धि का निर्माण अनेक योग्यताओं से होता है न कि मात्र सामान्य तथा विशिष्ट मानसिक योग्यताओं से। थर्नाडाइक ने तीन प्रकार के बौद्धिक घटकों की चर्चा की है। ये घटक हैं; यांत्रिक बुद्धि (Mechanical), अमूर्त बुद्धि (Abstract) तथा सामाजिक बुद्धि (Social)। थार्नडाइक के अनुसार व्यक्ति में 'सामान्य बुद्धि' नहीं होती है। सामान्य बुद्धि को अलग करना असम्भव है। अतः बुद्धि का विश्लेषण कई घटकों के आधार पर ही किया जा सकता है।

(iii) लुइस थर्स्टन (Louis Thurstone, 1938) ने बुद्धि के संदर्भ में 'प्राथमिक मानसिक योग्यता का सिद्धान्त (Theory of Primary Mental Abilities, P.M.A.) प्रतिपादित किया। थर्स्टन के अनुसार बुद्धि सात मुख्य कारकों (वाचिक बोध, वाचिक प्रवाह, आगमनात्मक तर्कणा, स्थानिक चित्रण, योग्यता एवं प्रात्यक्षिक गति) से मिलकर बनी है। प्रत्येक कारक एक दूसरे से स्वतंत्र होते हैं। थर्स्टन ने इन योग्यताओं का मापन करने के लिए पी० एम० ए० (PMA) परीक्षण का निर्माण किया। यद्यपि थर्स्टन का सिद्धान्त काफी लोकप्रिय हुआ तथा फिर हिलगार्ड (1975) ने इस सिद्धान्त की यह आलोचना भी की कि प्राथमिक मानसिक योग्यताएं स्वतंत्र नहीं हैं बल्कि उनमें सहसम्बन्ध पाया जाता है।

आधुनिक युग में मानसिक योग्यता के कुछ महत्वपूर्ण सिद्धान्तों का प्रतिपादन किया गया है जो बुद्धि के पूर्व कारकीय विश्लेषणात्मक सिद्धान्तों की अपेक्षा अधिक प्रभावी है। इनमें प्रमुख नाम गिलफोर्ड (J.P. Guilford, 1967, 1985, 1988) का है। गिलफोर्ड ने स्पीयरमैन एवं थर्स्टन के विचारों को अस्वीकृत करते हुए बहुतत्व विश्लेषण (Multiple factor analysis) विधि के अधार पर बुद्धि के स्वरूप को स्पष्ट करने के लिए बुद्धि का संरचनात्मक मॉडल (Structural Model of Intellect) प्रस्तुत किया। यह सिद्धान्त बौद्धिक विशेषताओं को तीन विमाओं पर व्यवस्थित करता है, (i) संक्रियाएं (operation) जिनका उपयोग व्यक्ति करता है, (ii) विषय वस्तु (content) या सूचनाओं का स्वरूप, जिसपर क्रियाएं सम्पादित की जाती हैं तथा (iii) उत्पाद (products) व्यक्ति के द्वारा जिस तरह सूचनाओं का प्रक्रमण किया जाता है। प्रत्येक विमाओं में क्रमशः 6, 5 तथा 6 योग्यताएं पायी जाती हैं। अतः गिलफोर्ड के वर्गीकरण में 6 x 5 x 6 श्रेणियां होती हैं। जिससे कुल 180 कोश (cell) बनते हैं। प्रत्येक कोश में कम से कम एक

कारक या क्षमता की प्रत्याशा की जाती है। कुछ कोश में एक से अधिक कारक या क्षमता भी हो सकते हैं। गिलफोर्ड के बुद्धि का संरचनात्मक मॉडल चित्र 10.3 में प्रस्तुत किया गया है।

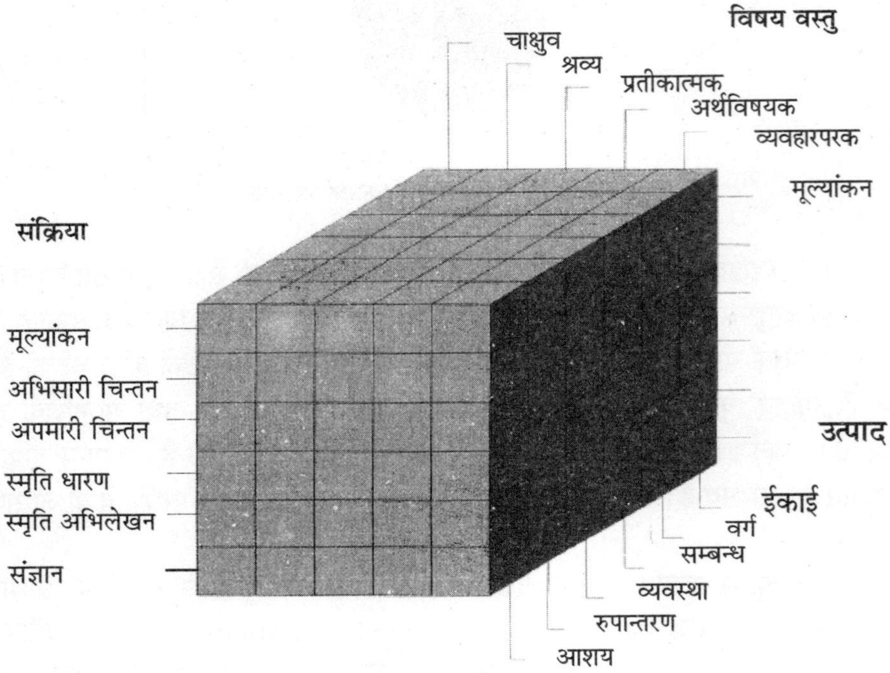

चित्र 10.3 : गिलफोर्ड के बुद्धि का संरचनात्मक मॉडल

(iv) रेमण्ड बी० कैटेल (Raymond B. Cattel, 1987) ने सामान्य मानसिक योग्यता के दो प्रकारों को स्पष्ट किया है। सामान्य तरल मानसिक योग्यता (General Fluid Mental Abilities, 'gf) तथा सामान्य ठोस मानसिक योग्यता (General Crystallized Mental Abilities' gc) तरल बुद्धि, gf के अन्तर्गत सृजनात्मक चिन्तन, अमूर्त रूप से तर्क करने, आंकड़ों से अनुमान लगाने तथा सम्बन्धों को समझने की क्षमताएं सम्मिलित हैं। इसके विपरीत ठोस बुद्धि (gc) के मापन के लिए शब्द भण्डारण तथा सामान्य सूचना के परीक्षणों का उपयोग किया जा सकता है। कैटल के अनुसार ठोस बुद्धि की अपेक्षा तरल बुद्धि कम उम्र में ही घटित होने लगती है।

बुद्धि के समकालीन दृष्टिकोण (Contemporary views of Intelligence)

बुद्धि के समकालीन दृष्टिकोण की मान्यता यह है कि बुद्धि एक एकल अवधारणा नहीं है बल्कि बुद्धि कई प्रकार की होती है। इस क्षेत्र में **हावर्ड गार्डनर** (Howard Gardner, 1983) ने **'बहुबुद्धि सिद्धान्त'** का प्रतिपादन किया। गार्डनर के अनुसार बुद्धि एकल योग्यता नहीं है बल्कि

व्यक्ति में एक दूसरे से भिन्न अनेक प्रकार की बुद्धि पायी जाती है। यद्यपि ये बुद्धि एक दूसरे से स्वतंत्र होती हैं तथापि ये आपस में अन्त:क्रिया भी करती हैं। गार्डनर ने 7 तरह की बुद्धियों को बताया है। सभी व्यक्तियों में ये समान रूप से विद्यमान नहीं होतीं। ये बुद्धियाँ हैं: भाषिक, तार्किक, गणितीय, देशगत, संगीतपरक, शारीरिक-गति संवेदनापरक, अन्तर्वैयक्तिक तथा वैयक्तिक। तालिका 10.1 में बुद्धि के प्रकारों की प्रक्रियात्मक संक्रियाओं तथा उनसे उत्पन्न होने वाली सम्भावित योग्यताओं का संक्षिप्त वर्णन प्रस्तुत किया गया है।

तालिका 10.1 : गार्डनर के बुद्धि सिद्धान्त का संक्षिप्त विवरण।

बुद्धि	प्रक्रियात्मक संक्रियाएं	व्यवसाय/पेशा
भाषिक	आवाज-लय और शब्दों के अर्थों के साथ-साथ भाषा के विभिन्न प्रकार्यों का सांवेदीकरण।	कवि, पत्रकार
तार्किक गणितीय	संवेदनाओं और क्षमताओं को पहचानने तथा तार्किक और अंकीय प्रतिमानों को पहचानने की योग्यता के साथ-साथ तार्किक तर्कणा की लम्बी श्रृंखला को संचालित करने की योग्यता।	गणितज्ञ, वैज्ञानिक
संगीतपरक	तारतम्य, लय को प्रोत्साहित करने तथा उत्पन्न करने की योग्यता और धार्मिक संगीतों की ध्वनि तथा संगीत के प्रभावशीलता के विभिन्न रूपों की समझदारी।	सितारवादक, लेखक
देशगत	दृश्य-स्थानगत संसार को प्रत्यक्षीकृत करने की, इन प्रत्यक्षीकरणों पर रूपान्तरण को निष्पादित करने की और प्रासंगिक उद्दीपकों की उपस्थिति में दृश्य अनुभवों के पक्षों को पुन: सृजन करने की योग्यता।	वास्तुकार
शारीरिक गति संवेदनापरक	शरीर के प्रभावी विकास के लिए, उसे कुशलता पूर्वक उपयोग करने की योग्यता होनी चाहिए जैसे- लक्ष्य निर्देशित उद्देश्यों में वस्तुओं को कुशलतापूर्वक संचालित होने की योग्यता होती है।	नर्तकी, एथलीट
अर्न्त वैयक्तिक	पहचानने की योग्यता और मन: स्थिति, मनोदशा, संप्रेरणा और दूसरे मंतव्यों की अनुक्रिया लेने की योग्यता।	चिकित्सक, व्यापारी
वैयक्तिक	जटिलतम आन्तरिक अनुभव के विभेदन की तथा उन्हे प्रयोग करने की योग्यता जिससे व्यक्ति अपने व्यवहार को निर्देशित भी करता है तथा साथ ही साथ व्यक्ति अपनी योजनाओं, कमजोरियों, इच्छाओं और ज्ञान की जानकारी भी प्राप्त करता है।	दस्तावेज के साथ व्यक्ति, पूर्णत: स्व की जानकारी

सन् 1988 में **राबर्ट जे० स्टर्नवर्ग** (Robert J. Sternberg) ने '**त्रितात्विक सिद्धान्त**' प्रतिपादित किया। त्रितात्विक सिद्धान्त (Triarchic Theory) व्यक्ति के सूचना प्रक्रमण, कौशलों तथा संकृत्यों के प्रारम्भिक अनुभवों को स्पष्ट करता है। साथ ही साथ यह सिद्धान्त इस पर भी बल देता है कि व्यक्ति के संदर्भ (सांस्कृतिक कारक) बौद्धिक विकास को कैसे निर्धारित करते हैं, तथा बौद्धिक विकास से किस तरह अन्त:क्रिया करते हैं? स्टर्नबर्ग ने बुद्धि के तीन उपसिद्धान्तों

(subtheories) घटकीय (componential), अनुभवपरक उपसिद्धान्त (Experiential) तथा संदर्भात्मक उपसिद्धान्त (contextual sub theory) को प्रतिपादित किया है।

घटकीय उपसिद्धान्त में बुद्धि के तीन प्रमुख घटकों का उल्लेख किया गया है : अभिघटक, निष्पादन घटक तथा ज्ञानार्जन घटक। अनुभवपरक उपसिद्धान्त के अन्तर्गत व्यक्ति की सृजनशीलता व स्वचालन की योग्यता पर विशेष बल दिया गया है। संदर्भात्मक उपसिद्धान्त का सम्बन्ध उन व्यपदेशों (strategies) से है जिनके द्वारा लोग वातावरण को अपने अनुकूल बनाते हैं। उच्च संदर्भात्मक बुद्धि स्तर वाले लोग जीवन में यथार्थवादी एवं व्यावहारिक होते हैं। स्टर्नबर्ग के त्रितात्विक सिद्धान्त को चित्र 10.4 में प्रस्तुत किया गया है।

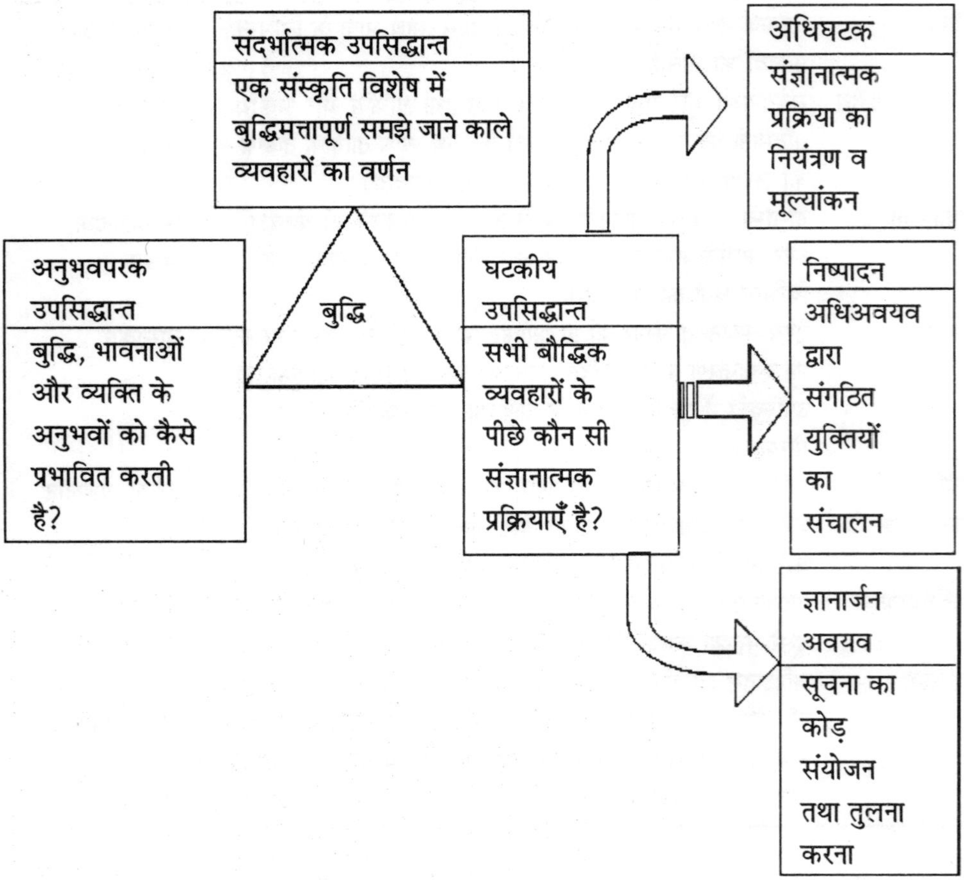

चित्र 10.4: स्टर्नबर्ग के त्रितात्विक सिद्धान्त का निरूपण।

संवेगात्मक बुद्धि सिद्धान्त (Theory of Emotional Intelligence)

गोलमैन (1995) ने संवेगात्मक बुद्धि (Emotional Intelligence) के सिद्धान्त का प्रतिपादन

किया। उन्होंने 'संवेगात्मक बुद्धि' के सम्बन्ध में कहा है कि "ये ऐसी क्षमताएं हैं जो बुद्धि लब्धि से भिन्न तो अवश्य होती है परन्तु जीवन में सफलता पाने के लिए आवश्यक होती है" संवेगात्मक पहलू की कुछ ऐसी क्षमताएं होती हैं जिनके माध्यम से व्यक्ति अपने संवेगों को पहचानता है तथा उसे ठीक ढंग से प्रबंधित करता है। इस प्रकार व्यक्ति स्वयं को सही ढंग से अभिप्रेरित करता है तथा अपने आवेगों पर नियंत्रण रखता है। साथ ही वह दूसरे लोगों के संवेगों को भी ठीक से समझता है तथा समग्र रूप से वह उस व्यक्ति के साथ एक उत्तम अन्तर्वैयक्तिक सम्बन्ध कायम करता है।

सांवेगिक बुद्धि के 5 तत्व होते हैं जो चित्र 10.5 में प्रदर्शित हैं। वुड एवं वुड (1999) ने स्पष्ट किया है कि सांवेगिक बुद्धि के 5 तत्वों में आशावादिता का तत्व सम्मिलित नहीं किया गया है जबकि आशावादिता सांवेगिक बुद्धि का एक महत्वपूर्ण तत्व है।

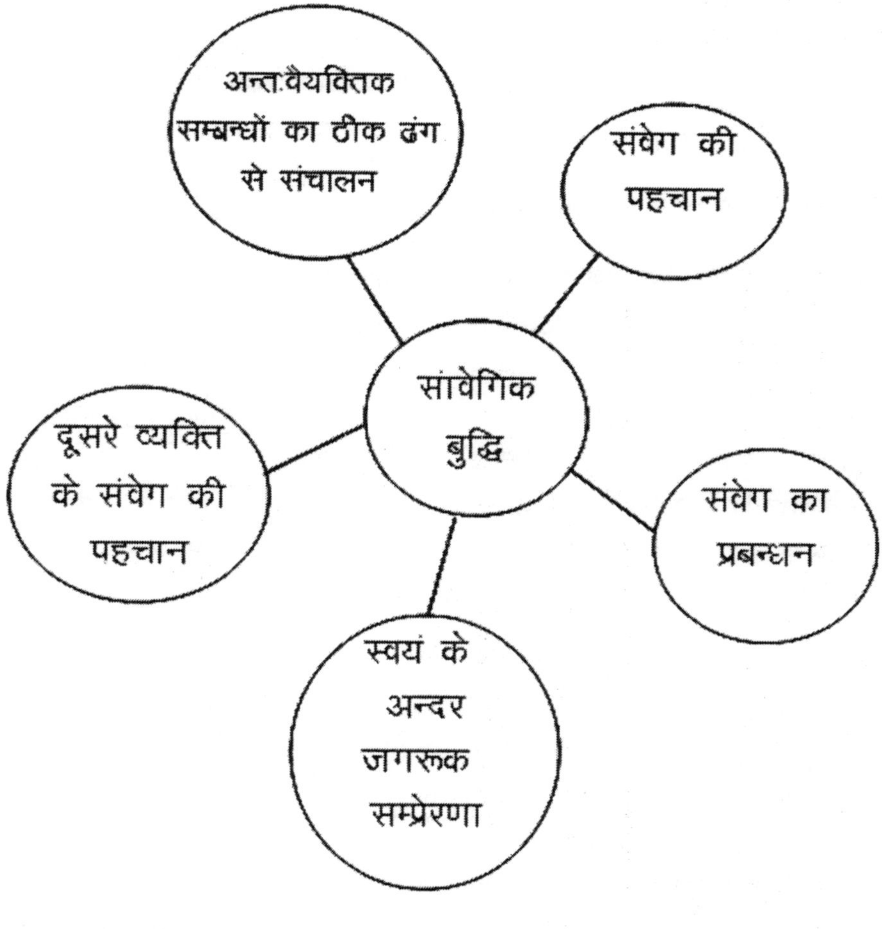

चित्र 10.5 : सैलोवी एवं मेयर (1990) द्वारा प्रस्तुत सांवेगिक बुद्धि (Emotional Intelligence) के 5 मुख्य तत्व

लगभग 17 वर्षों तक किये गये महत्वपूर्ण शोधों के आधार पर बॉर-आन (1997) ने बॉर-आन सांवेगिक बुद्धि अविष्कारिका (Bar-on Emotional Intelligence Inventory) का प्रतिपादन किया। भारतीय संदर्भ में दिल्ली विश्वविद्यालय के प्रोफेसर एन० के० चढ्ढा ने सांवेगिक बुद्धि को मापने के लिए सांवेगिक लब्धि परीक्षण (Emotional Quotient Test) विकसित किया है, जो काफी लोकप्रिय हुआ है।

मानसिक योग्यता/ बुद्धि का मापन
(Measurement of Mental Abilities /Intelligence)

मानसिक योग्यताओं के मापन के लिए अनेक मापकों का निर्माण किया गया। विश्व के सभी देशों में मानसिक योग्यताओं का मापन कार्य अत्यधिक लोकप्रिय रहा है। सर्वप्रथम गाल्टन (Sir Francis Galton) ने मानसिक योग्यताओं के मापन का कार्य शुरु किया। उनका विश्वास था कि उच्च्व बुद्धि का सम्बन्ध श्रेष्ठ शारीरिक क्षमता से है। यद्यपि गाल्टन द्वारा मानसिक योग्यता के मापन कार्य में किया गया प्रयास कुछ हद तक सफल था किन्तु उनके कार्यों को मान्यता नहीं मिली।

बिने का योगदान (Binet's Contribution)

बिने (Binet, 1905) ने सर्वप्रथम बुद्धि परीक्षण का निर्माण किया। इनके परीक्षण में 30 प्रश्न थे तथा इस परीक्षण की सहायता से 3 से 16 वर्ष के लोगों की बुद्धि का मापन होता था। बिने के इस परीक्षण का 1908, 1911 में संशोधन हुआ है। तत्पश्चात् टरमन (Terman, 1916) ने इस परीक्षण में संशोधन किया जो स्टैनफोर्ड-बिने परीक्षण के नाम से जाना जाता है। इस परीक्षण को 1936 तथा 1961 में पुनः संशोधित किया गया। 1986 में स्टैनफोर्ड-बिने का चौथा एवं नवीनतम् संशोधन प्रकाशित किया गया। बिने ने मानसिक आयु तथा शारीरिक आयु के सम्प्रत्यय को परिभाषित किया तथा बताया कि श्रेष्ठ बालकों की मानसिक आयु उनकी शारीरिक आयु से अधिक और मन्द बालक की मानसिक आयु उनकी शारीरिक आयु से कम होती है।

वेश्लर बुद्धि परीक्षण (Wechsler's Intelligence Test)

वेश्लर (D. Wechsler, 1949) ने बालकों की बुद्धि के मापन के लिए एक परीक्षण का निर्माण किया जिसे Wechsler Intelligence Scale for Children (WISC) कहते हैं। यह परीक्षण 5 वर्ष तक के बालकों के लिए अधिक उपयोगी है। वेश्लर (1955) ने Wechsler Adult Intelligence Scale (WAIS) का निर्माण वयस्कों की बुद्धि मापने के लिए किया। वेश्लर की दोनों मापनियों में दो प्रकार के परीक्षण शामिल है। इन्हें क्रमशः वाचिक मापनी (Verbal Scale) एवं निष्पादन मापनी (Performance Scale) कहते हैं। वेश्लर द्वारा प्रस्तुत बुद्धि परीक्षण बहुत ही लोकप्रिय हुआ।

इसके अतिरिक्त कुछ अन्य महत्वपूर्ण बुद्धि परीक्षणों का निर्माण हुआ जो निम्नांकित है-

1. रेवेन्स प्रोग्रेसिव मैट्रिक्स (Raven's Progressive Matrics, 1938)
2. काफमैन एसेसमेण्ट बैटरी फार चिल्ड्रेन (Kaufman Assessment Battery for Children (K-ABC)
3. संस्कृति मुक्त बुद्धि परीक्षण – आर० बी० कैटल (Culture Free Test of Intelligence – R.B. Cattell)
4. अलेक्जैण्डर का पास एलांग परीक्षण (Alexander's Pass Along Test, 1932)

बालकों की बुद्धि के प्रमुख मापक (Intelligence Tests for children)

यद्यपि वेश्लर एवं स्टेनफोर्ड-बिने द्वारा प्रतिपादित बुद्धि परीक्षण, बुद्धि के व्यापक परीक्षण हेतु महत्वपूर्ण हैं परन्तु कुछ महत्वपूर्ण परीक्षण भी निर्मित किए गए हैं। जैसे: बच्चों के बुद्धि परीक्षण के लिए काफमैन एसेसमेण्ट बैटरी फार चिल्ड्रेन (Kaufman Assessment Battery for Children; K-ABC) प्रतिपादित किया गया। जो सूचना प्रक्रमण सिद्धान्त पर आधारित है। यह 2½ वर्ष से लेकर 12 वर्ष के बच्चों के बुद्धि परीक्षण हेतु उपयुक्त है। काफमैन एवं काफमैन (1983) का यह सिद्धान्त दो विस्तृत सूचना प्रक्रमण योग्यताओं का परीक्षण करता है। पहला प्रक्रमण सहसामयिक प्रक्रिया है जिसके अन्तर्गत प्रयोज्य अपूर्ण चित्रों को पूर्ण करने में या विभिन्न उद्दीपकों को प्रत्याह्वान (recall) करने में, उद्दीपकों में एकीकरण (integrate) की प्रक्रिया अपनाता है। दूसरा क्रमिक प्रक्रमण (sequential processing) कहलाता है। इसमें बच्चे किसी समस्या को क्रमिक रूप से सुलझाते हैं।

यद्यपि बच्चों की बुद्धि परीक्षण के लिए यह मापनी पर्याप्त थी परन्तु कुछ मनोवैज्ञानिकों ने इसकी आलोचना में कहा कि यह परीक्षण सूचना संसाधन प्रक्रिया के संकीर्ण दृष्टिकोण को व्यक्त करता है (कोनोली 1990; स्टर्नबर्ग 1984,a)।

बुद्धि लब्धि : गणना एवं वितरण
(Intelligence Quotient : Scoring and distribution)

सर्वप्रथम अल्फ्रेड बिने ने बुद्धि का मापन करने का प्रयास किया। बिने बुद्धि के मूल्यांकन हेतु दो महत्वपूर्ण सम्प्रत्ययों [मानसिक आयु (Mental Age) तथा कालक्रमिक आयु (Chronological Age)] की व्याख्या की है। बिने ने मानसिक आयु (M.A.) के संदर्भ में कहा है कि 'मानसिक आयु' परीक्षण द्वारा प्राप्त सम्पूर्ण प्राप्तांकों का औसत होता है। बिने ने यह स्पष्ट किया है कि मानसिक आयु दूसरों की तुलना में लक्षित व्यक्ति के मानसिक विकास के स्तर को इंगित करता है। कालक्रमिक आयु (C.A.) शारीरिक या जन्म से निर्धारित आयु होती है।

विलियम स्टर्न (1912) ने बुद्धि लब्धि (I.Q.; Intelligence Quotient) का प्रतिपादन किया। बुद्धि लब्धि किसी व्यक्ति की मानसिक आयु एवं कालक्रमिक आयु के बीच का अनुपात होता है। इसकी गणना के लिए सर्वप्रथम परीक्षण से प्राप्त सम्पूर्ण प्राप्तांकों को संगणित किया जाता है। तत्पश्चात् प्राप्तांकों को बुद्धि लब्धि में परिवर्तित करने के लिए निम्न सूत्र का उपयोग किया जाता है।

$$IQ = \frac{M.A.}{C.A.} x100$$

IQ = बुद्धि लब्धि

MA = मानसिक आयु

CA = कालक्रमिक आयु

बुद्धि लब्धि प्राप्तांक यह स्पष्ट करता है कि बच्चा सामान्य बुद्धि का है, कुशाग्र बुद्धि का है या निम्न बुद्धि का हैं। यदि किसी बच्चे की मानसिक आयु तथा कालक्रमिक आयु बराबर है तब उसकी बुद्धि लब्धि प्राप्तांक 100 होगा। ऐसी स्थिति में बच्चा सामान्य बुद्धि का कहलायेगा। 100 से ऊपर कुशाग्रता तथा निम्न प्राप्तांक क्रमशः बच्चे की मूढ़ता को प्रदर्शित करते हैं। उदाहरणार्थ : 6 वर्ष का एक बच्चा जिसकी मानसिक आयु 8 वर्ष की है तो उसकी बुद्धि लब्धि 8/6x100 = 133 होगी जो उस बच्चे की कुशाग्रता को दर्शाता है जबकि 6 वर्ष का एक दूसरा बच्चा जिसकी मानसिक आयु 5 वर्ष है तो उसकी बुद्धि लब्धि 5/6x100 = 83 होगी जो उस बच्चे की निम्न मानसिक क्षमता को निरूपित करता है। बुद्धि लब्धि के प्राप्तांकों के विवरणात्मक मानक सारणी 10.2. में प्रदर्शित किया गया है।

सारणी 10.2 : बुद्धि लब्धि प्राप्तांकों के लिए विवरणात्मक मानक

बुद्धि लब्धि प्राप्तांक	श्रेणी
130 से ऊपर	अतिश्रेष्ठ
120 - 130	श्रेष्ठ
110 - 119	सामान्य मेधावी
90 - 109	औसत
80 - 89	सामान्य मंद
70 - 79	मंदता की सीमा पर
70 से नीचे	मानसिक रूप से चुनौतीग्रस्त

यद्यपि प्राप्तांकों के आधार पर प्राप्त मानसिक आयु बच्चों की बुद्धि लब्धि के तुलनात्मक अध्ययन के लिए सर्वथा उपयुक्त है तथापि इसमें दो महत्वपूर्ण कमियाँ भी दृष्टिगत होती हैं। (1) पहली कमी यह है कि इससे व्यक्ति उन दो बच्चों के बुद्धि के विकास का तुलनात्मक

अध्ययन नहीं कर पाता जिनकी मानसिक आयु तो समान होती है परन्तु कालक्रमिक आयु भिन्न-भिन्न होती है। उदाहरणार्थ एक 8 वर्षीय बालक जिसकी मानसिक आयु 12 वर्ष है तथा एक 10 वर्षीय बालक जिसकी मानसिक आयु भी 12 वर्ष है, तो बुद्धि के विकास में पहला, दूसरे बच्चे से किस प्रकार भिन्न है ? अत: किसी 4 वर्षीय बालक को उसी आयु वर्ग वाले बच्चों के साथ किसी शैक्षणिक या सामाजिक परिस्थिति में रखने की आवश्यकता अतार्किक प्रतीत होती है [सेटेलर, (1988)]। (2) दूसरी कमी यह है कि बच्चे का मानसिक विकास शुरु में तीव्र गति से होता है तथा बाद में इसकी गति मन्द पड़ जाती है परन्तु गति के उतार चढ़ाव का मापन सम्भव नहीं हो पाता है। उदाहरणार्थ: किसी बच्चे की दो या तीन वर्ष की आयु में मानसिक आयु, 8 से 20 वर्ष के बीच की मानसिक आयु से अधिक होती है। यही कारण है कि आज कल बुद्धि लब्धि की गणना हेतु अन्य उपागमों की सहायता ली जा रही है।

आधुनिक बुद्धि लब्धि प्राप्तांक (The Modern IQ Scores)

आधुनिक विधियों से बुद्धि लब्धि की गणना में बच्चों के सम्पूर्ण प्राप्तांक को सीधे कालक्रमिक आयु से तुलना की जाती है। इसे बुद्धि लब्धि विचलन कहा जाता है क्योंकि यह समान आयु वर्ग के बच्चों के निष्पादन के विचलन पर आधारित होता है। जब परीक्षण का निर्माण किया जाता है तो किसी एक प्रतिदर्श का प्रतिनिधित्व करने वाले विभिन्न आयु वर्ग के लोगों के निष्पादन का रेखाचित्र तैयार किया जाता है। यह सामान्य सम्भाव्यता वक्र या घंटी के आकार का होता है जिसमें अधिकाधिक प्राप्तांक केन्द्र के नजदीक (औसत प्राप्तांक) होता है तथा ये प्राप्तांक अन्य दोनों विन्दुओं की ओर उत्तरोत्तर कम होते जाते हैं। इसका मानक विचलन, मध्यमान से औसत विचलन को दर्शाता है।

यदि विभिन्न परीक्षणों से प्राप्त प्राप्तांकों के मध्यमानों को इस प्रकार व्यवस्थित किया जाय कि उनका मध्यमान 100 आये एवं उनका विचलन 15 आये तो इसको चित्र 10.6 द्वारा प्रदर्शित किया जा सकता है।

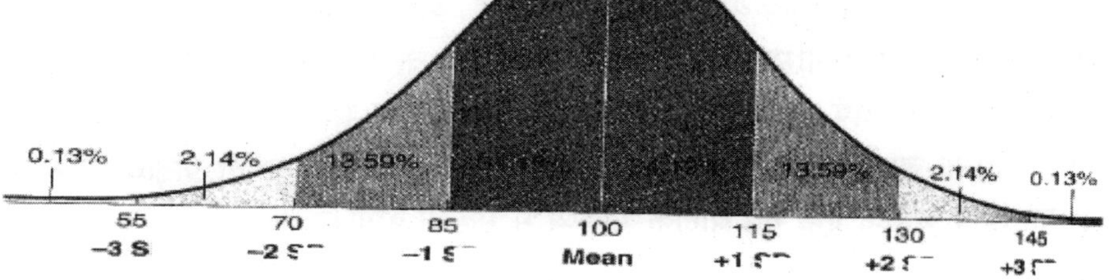

चित्र 10.6 : सम्भाव्यता वक्र में रेखा बुद्धि लब्धि के विचलन (IQ) तथा मानक विचलन (S.D.) को दर्शाता है। वक्र के क्षेत्रफल उक्त बुद्धि लब्धि वाले लोगों के प्रतिशत को इंगित करता है। इसके आधार पर हम निश्चित आयु वर्ग के व्यक्तियों की बुद्धि लब्धि के शतांशीय अनुपात को ज्ञात कर सकते हैं।

प्रस्तुत चित्र बुद्धि लब्धि के मध्यमान एवं मानक विचलन को प्रदर्शित करता है जिससे प्रत्येक आयु वर्ग के लोगों की मानसिक योग्यता को बुद्धि लब्धि के आधार पर निर्धारित कर सकते हैं। तत्पश्चात् चित्र के आधार पर यह ज्ञात किया जा सकता है कि विभिन्न बुद्धि लब्धि वाले लोगों का प्रतिशत क्या होगा। सारणी 10.3 से यह स्पष्ट होता है कि वे बच्चे जिनकी बुद्धि लब्धि 100 तक है, पूरी समष्टि के 50% भाग का प्रतिनिधित्व करते हैं। इसी प्रकार वे बच्चे जिनकी बुद्धि लब्धि 70 तक पायी जाती है उनकी संख्या पूरी समष्टि का सिर्फ 2% है जबकि वे बच्चे पूरी समष्टि के 98% तक बच्चे इसके ऊपर के पाये जाते हैं।

सारणी 10.3 : विभिन्न IQ प्राप्तांको का अर्थ

प्राप्तांक	शतांशीय कोटिक्रम
70	2
85	16
100 (औसत IQ)	50
115	84
130	98

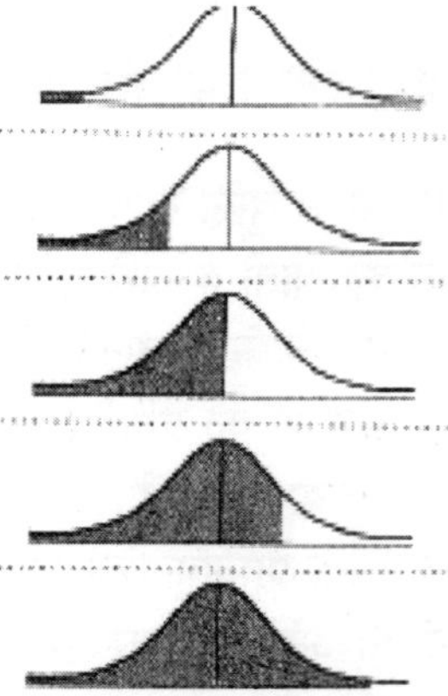

बुद्धि लब्धि की स्थिरता (Constancy of IQ)

यद्यपि बालकों की बुद्धि लब्धि समयानुसार परिवर्तित होती रहती है तथापि विभिन्न मनोवैज्ञानिकों का मानना है कि यह परिवर्तन अत्यल्प होता है। अत: बुद्धि लब्धि को स्थिर माना जा सकता है। बुद्धि लब्धि एक महत्वपूर्ण सम्प्रत्यय है जिसके आधार पर विकासशील बालक के बौद्धिक विकास के सम्प्रत्यय का पूर्वकथन किया जा सकता है। बौद्धिक स्थिरता से तात्पर्य यह है कि यदि 8 साल के बालक की मानसिक आयु 10 वर्ष है तथा जब वह बालक 12 वर्ष का होगा तब उसकी मानसिक आयु 15 वर्ष होगी। बुद्धि लब्धि की स्थिरता के सम्प्रत्यय के आधार पर यह भी पूर्वकथन किया जा सकता है कि एक कुशाग्र बुद्धि वाला बालक अपनी प्रौढ़ावस्था में कुशाग्र बुद्धि का होगा जबकि एक मूढ़ बालक भविष्य में मूढ़ ही होगा।

बौद्धिक परिवर्तन : विकास एवं ह्रास (Intellectual Changes : Development and Decline)

बुद्धि को एक जन्मजात क्षमता के रूप में परिभाषित किया गया है। जन्म के समय बच्चों में बुद्धि

का प्रदर्शन संभव नहीं होता है परन्तु आयु में वृद्धि के साथ-साथ बुद्धि के स्तर में भी वृद्धि होती है। बुद्धि के विकास के कारण ही बालकों का दैनिक व्यवहार समयोचित तथा समायोजित होता जाता है। इनमें बोध का विस्तार होता है। वे अधिगम कर सकते हैं तथा सीखी हुयी सामग्री की आवश्यकता पड़ने पर पुनरावृत्ति या पुनर्स्मरण कर सकते हैं। वे नवीन कार्यों को सीखते हैं तथा पुरानी क्रियाएं परिमार्जित होती है। इससे स्पष्ट होता है कि आयु में वृद्धि के साथ-साथ मानसिक योग्यता में भी वृद्धि होती है। बाल्यावस्था के प्रारम्भिक वर्षों में बौद्धिक विकास की गति तेज होती है परन्तु 12 या 13 वर्ष की आयु होने पर इसकी गति कम हो जाती है और इसमें होने वाली वार्षिक वृद्धि (Yearly increaments) कम होती जाती है। विकास की गति मन्द पड़ने की प्रक्रिया, वृद्धि (Growth), आयु के अन्त तक चलती रहती है। यद्यपि प्रत्येक वर्ष में बौद्धिक क्षमता बढ़ती है परन्तु वृद्धि की मात्रा कम होती जाती है। विकास मनोवैज्ञानिकों (जुबेक एवं सालबर्ग, 1950; वाल्डविन तथा स्टेचर, 1922, बेली, 1970; हिलगार्ड, 1975) का मत है कि औसत तथा श्रेष्ठ दोनों प्रकार के बालकों में बुद्धि के विकास की प्रक्रिया 14 वर्ष तक चलती रहती है। वैसे इस बात पर लोगों में मतभेद है कि बौद्धिक विकास वास्तव में किस अवस्था (आयु) में बन्द हो जाता है। टरमन एवं मेरिल (1937) के अनुसार स्टैनफोर्ड-बिने परीक्षण पर सर्वाधिक फलॉक 16 वर्ष की आयु में मिलता है जबकि फ्रीमैन एवं क्लोरी (1937) का निष्कर्ष है कि अधिकतम बौद्धिक फलॉक 20 वर्ष की आयु में प्राप्त होते हैं। यह अन्तर वास्तव में कई कारण से हो सकता है जैसे, परीक्षणों का स्वरूप और व्यक्ति की योग्यता इत्यादि। यदि विभिन्न आयु स्तरों (Age levels) पर बालकों की बुद्धि का मापन किया जाय तथा फलॉकों को वक्र (curve) द्वारा प्रदर्शित किया जाय तो पता चलेगा कि प्राय: 18 वर्ष के बाद बौद्धिक विकास अभीष्ट स्तर को प्राप्त कर लेता है। उसमें लम्बी अवधि तक स्थिरता बनी रहती है और उसके बाद उसमें ह्रास आने लगता है। बेली ने आयु में वृद्धि तथा बुद्धि के विकास का एक वक्र प्रस्तुत किया है जिसे चित्र 10.7 में दिखाया गया है।

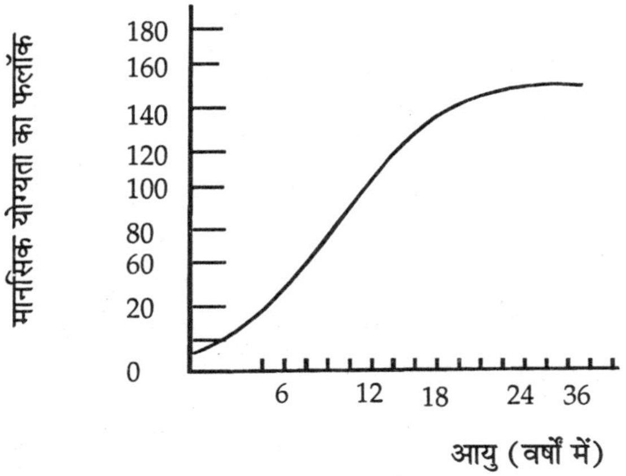

चित्र 10.7 : बुद्धि विकास का वक्र आयु (वर्षों में) (स्रोत: बेली, 1970)।

बेली के चित्र से स्पष्ट हो रहा है कि लगभग 18 वर्ष के बाद बुद्धि में वृद्धि लगभग स्थिरता आ जाती है। इसके बाद बुद्धि की मात्रा में वृद्धि प्रदर्शित नहीं होती है। बुद्धि में लगभग 14 वर्ष तक तीव्र गति से वृद्धि होती है। इसके बाद गति मन्द पड़ जाती है और 18 वर्ष बाद इसमें स्थैर्य आ जाता है। बेली का कहना है कि कुछ व्यक्तियों में 26 वर्ष के बाद भी बौद्धिक वृद्धि पायी जा सकती है। लगभग 40 वर्ष के बाद बुद्धि में ह्रास प्रदर्शित होता है और 60 वर्ष के बाद ह्रास की गति बढ़ जाती है। शाई तथा स्ट्राथर (1968) के अनुसार 40 वर्ष बाद ह्रास प्रारम्भ हो सकता है और 60 से 70 वर्ष के बीच ह्रास की गति बढ़ जाती है। इनके अध्ययन में प्राप्त परिणामों से यह भी पता चलता है कि मध्यावस्था एवं वृद्धावस्था में बुद्धि में होने वाला ह्रास वैयक्तिक कारकों तथा योग्यताओं के प्रकार पर भी निर्भर करता है। शाई तथा स्ट्राथर के परिणामों को चित्र संख्या 10.8 में प्रदर्शित किया गया है परन्तु यह भी पाया गया कि जिनका स्वास्थ्य अच्छा बना रहता है तथा स्वयं को कार्यों में व्यस्त किये रहते हैं उनमें ह्रास की गति कम मिलती है। शारीरिक दोषों तथा रक्त की कमी से उत्पन्न प्रभावों के कारण ह्रास तीव्र हो जाता है। विशिष्ट योग्यताओं के ह्रास पर व्यवसायों का अधिक प्रभाव पड़ता है। श्रेष्ठ व्यक्तियों में बौद्धिक विकास की गति तीव्र तथा ह्रास की गति मन्द होती है।

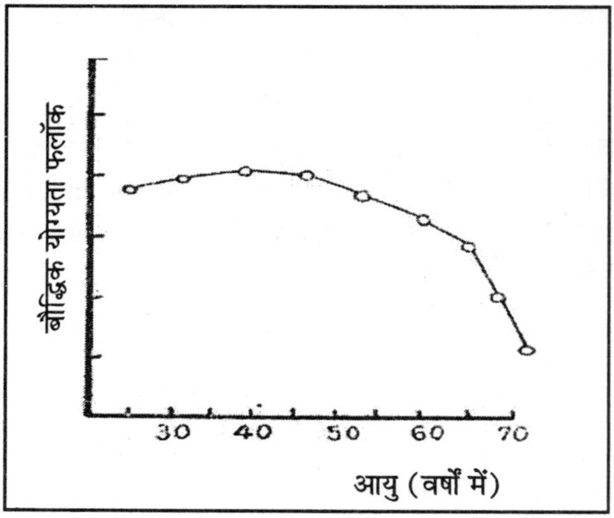

चित्र 10.8 : बौद्धिक योग्यता एवं आयु वृद्धि में सम्बन्ध। लगभग 40 वर्ष बाद बुद्धि में ह्रास प्रारम्भ हो जाता है और 60 वर्ष की आयु के बाद ह्रास अचानक बहुत बढ़ जाता है (स्रोतः साई एवं स्ट्राथर, 1968)।

मन्द बुद्धि के बालकों में बौद्धिक विकास की चरम सीमा पहले ही आ जाती है और तीव्र बुद्धि के बालकों में बौद्धिक परिपक्वता कुछ समय बाद प्रदर्शित होती है। मानसिक योग्यता में

ह्रास का विस्तृत अध्ययन अनुदैर्ध्य विधि से किया गया है (साई एवं सहयोगी, 1973)। उक्त विवेचन से स्पष्ट होता है कि परिपक्व प्रौढ़ या मध्यावस्था का व्यक्ति बौद्धिक ह्रास के कारण अपनी भूमिकाओं का निर्वाह नहीं कर सकता है। परन्तु यह अनुमान सत्य नहीं है। आयु वृद्धि के साथ-साथ व्यक्ति के ज्ञान में तथा पुर्वानुभवों में लगातार वृद्धि होती है जो उसकी दक्षता तथा क्षमता को बढ़ाते हैं। इस कारण परिपक्व प्रौढ़ में बौद्धिक ह्रास कोई विशेष महत्व नहीं रखता है। दूसरी तरफ नवयुवक या युवा शक्ति जिसका ज्ञान भण्डार सीमित है तथा अनुभवों से विहीन है, अपेक्षाकृत कम सफल होगा तथा मानसिक योग्यता फलांक भी कम मिलेगें। इससे स्पष्ट होता है कि मानसिक योग्यता एवं क्षमता का पूर्वानुभवों से सीधा सम्बन्ध होता है।

बुद्धि के निर्धारक
(Determinants of Intelligence)

व्यक्तियों की बौद्धिक क्षमता में अन्तर पाया जाता है। अनेक अध्ययनों से स्पष्ट होता है कि एक ही माता-पिता के बच्चों की बौद्धिक योग्यता भिन्न-भिन्न स्तर की होती है। समृद्ध परिवेश के बालकों की बुद्धि सामान्य या वंचना (Deprived) वाले परिवेश के बच्चों से उच्चतर होती है। अर्थात् बुद्धि के विकास में अनेक कारकों की भूमिका महत्वपूर्ण होती है। कुछ प्रमुख कारकों का उल्लेख किया गया है।

आनुवंशिकता एवं पर्यावरण (Heredity and Environment)

यदि आनुवंशिकता एवं पर्यावरण में से किसी एक को स्थिर करके दूसरे कारक को परिवर्तित किया जाए तो यह पता लगाया जा सकता है कि बौद्धिक क्षमता पर इस कारक का कितना प्रभाव पड़ रहा है? यदि समरूप युग्मों (Identical twins) का अध्ययन करने पर उनकी मानसिक क्षमता में अन्तर मिलता है तो निश्चित रूप में प्राप्त अन्तर दोनों के पर्यावरण में अन्तर के कारण है। न्यूमैन, फ्रीमैन एवं हालजिंग (1937) ने अपने अध्ययन में समरूप युग्मों पर किये गये अध्ययनों से प्राप्त परिणामों के आधार पर स्पष्ट किया है कि उनके बौद्धिक फलांक पूर्णतया समान थें। ऐसा लगता था जैसे एक ही व्यक्ति का परीक्षण दो अवसरों पर किया गया हो। इस अध्ययन के निष्कर्ष से आनुवांशिकता की भूमिका महत्वपूर्ण लगती है।

कुछ लोगों ने बुद्धि के निर्धारक के रूप में परिवेश के महत्व को प्रदर्शित किया है। शील्ड्स (1962) का विचार है कि बुद्धि के निर्धारण में आनुवंशिकता के अतिरिक्त पर्यावरण का भी विशेष महत्व होता है। यदि उत्तम कोटि के गुणसूत्र (Genes) के साथ-साथ बच्चों को उत्तम परिवेश भी प्राप्त हो तो बच्चे निःसन्देह बहुत ही मेधावी होंगे। इर्लेनमेयर, किमलिंग तथा जारविक (1963) ने एक विस्तृत अध्ययन करके निष्कर्ष दिया है कि बुद्धि के निर्धारक के रूप में आनुवंशिकता की भूमिका अधिक होती है। आनुवंशिक सम्बन्धों (Genetic relationships) के भिन्नताओं (variations) का बुद्धि पर पड़ने वाले प्रभाव का अध्ययन इन लोगों ने किया है। अध्ययन में चार प्रकार के आनुवंशिक तथा परिवेशीय स्थितियों का प्रभाव ज्ञात किया गया।

(i) विभिन्न परिवारों के परिवेश में अन्तर (Environmental differences between different families)
(ii) परिवारों में आनुवंशिक अंतर (Genetic differences between families)
(iii) परिवार के सदस्यों में परिवेशीय अंतर (Environmental differences between individuals within families)
(iv) परिवार के सदस्यों में आनुवंशिक अन्तर (Genetic differences between individuals family members within families)

अध्ययन से प्राप्त परिणामों से पता चलता है कि बुद्धि लब्धि के 75% वितरण का कारण आनुवंशिकता एवं 25% कारण पर्यावरण एवं मापन सम्बन्धी त्रुटियाँ थीं। जेन्सन (1973) का निष्कर्ष है कि बुद्धि को आनुवंशिक अनुमान (Heretability estimates for intelligence) का प्रसार (Range 0.45 से 0.87 तक पाया गया है। हिलगार्ड एवं सहयोगियों (1975) का निष्कर्ष है कि बुद्धि के निर्धारण में आनुवंशिकता का महत्व अवश्य है परन्तु परिवेश के महत्व को भी अस्वीकृत नहीं किया जा सकता है।

आनुवंशिकता एवं परिवेश के महत्व को स्पष्ट करते हुए यह कहा जा सकता है कि आनुवंशिक विशेषताओं के विकास के लिए उचित परिवेश का होना आवश्यक है। उदाहरण के लिए चयापचयी विघटन या दोष (Metabolic disorder) जिसे फेनिलकिटोनूरिया (Phenylketonuria-PKU) कहते हैं, बच्चों में आनुवंशिकता द्वारा आता है। यदि जन्म के तुरन्त बाद इसका पता नहीं लगता है और उपचार नहीं होता है तो मानसिक विकास पर इसका घातक प्रभाव पड़ता है और मानसिक मन्दता (Mental retardation) बच्चों में उत्पन्न हो सकती है। साधारण मूत्र परीक्षण (Urin test) कराकर बच्चों को ऐसा भोजन देना चाहिए जिसमें फेनिलालेनाइन (Phenylalanine) की मात्रा कम हो। ऐसा करने से मानसिक विकास सामान्य गति से चलेगा। इस प्रकार स्पष्ट है कि आनुवंशिकता द्वारा निर्धारित विशेषताएं परिवेशीय कारकों द्वारा स्पष्ट रूप में प्रभावित होती है। बेली (1970) ने भी यही कहा है कि पर्यावरणीय परिस्थितियों का महत्व बौद्धिक विकास में निर्विवाद रूप से होता है।

उपर्युक्त शोध निष्कर्षों में बुद्धि के विकास में आनुवंशिकता एवं पर्यावरण की भूमिका का महत्व स्पष्ट हो रहा है।

प्रजातीय अन्तर (Racial Differences)

कुछ अध्ययनों में यह पता लगाने का प्रयास किया गया है कि प्रजातीय अन्तरों के कारण बुद्धि लब्धि में अन्तर आता है अथवा नहीं। हिलगार्ड एवं सहयोगियों (1985) के अनुसार श्वेत अमेरिकियों (White Americans) की तुलना में काले अमेरिकीयों (Black Americans) की बुद्धि लब्धि (IQ) लगभग 10 से 15 कम पायी गयी। अमेरिका में 1955 के पहले श्वेत तथा काले अमेरिकियों की शिक्षा तथा पर्यावरण में काफी अन्तर था। इस कारण भी बुद्धि लब्धि (IQ) में अन्तर पाया जाता रहा होगा। परन्तु इसके बाद दोनों प्रजातियों के लिए समान अवसर उपलब्ध कराने के प्रयास किए गये हैं, फिर भी इनमें अन्तर मिलता है। जेन्सन (1969) के अनुसार समान व्यवस्था के बाद भी इन समूहों में जन्मजात अन्तरों (अनुवांशिक गुणों की भिन्नता) के कारण बुद्धि लब्धि में भी अन्तर मिलता है। जेन्सन (1973) ने निष्कर्ष निकाला है कि शैक्षिक कार्यक्रमों के निर्धारण के समय जन्मजात विशेषताओं पर अवश्य ध्यान देना चाहिए। बिलरमैन एवं अन्य (1970) के अनुसार यदि माँ अधिक बुद्धिमान हो तो अन्तर-प्रजातीय विवाहों (Interracial marriage) से उत्पन्न बच्चे अधिक बुद्धि-लब्धि वाले होते हैं। इस विवाद पर लोहलिन एवं सहयोगियों (1975) ने भी एक विस्तृत अध्ययन किया है। जेन्सेन के निष्कर्षों से कुछ लोग सहमत तथा कुछ लोग असहमत भी हैं। कुछ लोगों का यह आक्षेप है कि जेन्सन के अध्ययन में विधिपरक एवं सांख्यिकीय दोष थे। कामिन (1947) ने उन्हीं प्रदत्तों का विश्लेषण करके कहा है कि श्वेत तथा काले अमेरिकियों के बुद्धि लब्धि में अन्तर नहीं होता है। लेजर (1974) का विचार है कि इन अध्ययनों से बुद्धि-लब्धि के बारे में प्रजातीय कारकों का महत्व स्पष्ट नहीं होता है। प्रजातीय कारकों की तुलना में सांस्कृतिक एवं मनोवैज्ञानिक पर्यावरण का प्रभाव अधिक पड़ता है।

सांस्कृतिक कारक (Cultural Factors)

ऐसा अनुमान है कि सांस्कृतिक परिस्थितियों में अन्तर के कारण कुछ योग्यताओं के विकास तथा अभिव्यक्ति में भिन्नता आ सकती है। स्ट्रास (1951) ने कालेज शिक्षा के लिए प्रवेश के समय सिलोन (Ceylon) तथा अमेरिकी (U.S.A.) छात्रों के बुद्धि स्तर की जाँच की और पाया कि सिलोन के छात्रों का अंक अधिक तथा अमेरीकी छात्रों का अंक कम था। इस अध्ययन में भी रोचक बात यह थी कि अंग्रेजी भाषा के कथनों (Items) के परीक्षण में सिलोन के छात्रों का फलांक अमेरीकी छात्रों से कहीं अधिक था जबकि अंग्रेजी उनकी मातृभाषा नहीं है। स्ट्रास ने यह व्याख्या दिया है कि सिलोन में प्रारम्भ में भाषा पर अधिक बल दिया जाता है, इसलिए उनके फलॉक अधिक थे।

लैंगिक भिन्नता (Sexual Differences)

मानसिक योग्यता एवं लैंगिक भिन्नता से सम्बन्धित प्रारम्भिक अध्ययनों में महत्वपूर्ण अन्तर नहीं

प्राप्त हो सके हैं। परन्तु कुछ आधुनिक अध्ययनों में इस कारक का महत्व ज्ञात हुआ है। हाबसन (1947) के अध्ययन में बालिकाओं की तुलना में बालकों ने दिक योग्यता (Spatial ability) पर अधिक अंक प्राप्त किया एवं बालिकाओं ने रटन योग्यता (Rote Memory), तर्क (Reasoning) एवं शब्द प्रवाह (Word fluency) में अधिक अंक प्राप्त किया। वाचिक बोध (Verbal comprehension) में बालकों का फलाँक अपेक्षाकृत अधिक था परन्तु आंकिक योग्यता (Numerical ability) में लैंगिक भिन्नता के कारण अन्तर नहीं प्राप्त हो सका। थर्सटन की प्राथमिक मानसिक योग्यता परीक्षण माला (Thurstone battery of D.M.A.) का उपयोग करके हैविंगघ्रर्स्ट तथा ब्रीज (1947) ने भी ऐसा ही परिणाम पाया । स्विनी (1973) के अनुसार महिलाओं की अपेक्षा पुरुष समस्या समाधान में अधिक सफल होते हैं। परन्तु मेयर एवं बेन्डिग (1961) के अध्ययन में लैंगिक भिन्नता के कारण मानसिक योगयता में अन्तर नहीं प्राप्त हो सका। इन अध्ययनों के आधार पर यही कहा जा सकता है कि दिक्, योग्यता तथा समस्या समाधान में बालक तथा स्मृति, तर्क और शब्द प्रवाह इत्यादि में बालिकाएँ अधिक सफल होती हैं।

स्वास्थ्य (Health)

ऐसे बालक जिनका स्वास्थ्य प्रारम्भ में अच्छा रहता है तथा बीमारियों के प्रभाव से मुक्त रहते हैं उनमें मानसिक विकास की गति रोगग्रस्त बालकों की तुलना में अच्छी रहती है। टरमन (1925) के अनुसार स्वास्थ्य एवं बुद्धि में धनात्मक सम्बन्ध होता है। रच (1970) के अनुसार यदि शिशु में थायराइड (Thyroid) की न्यूनता (Deficiency) है तो इसका मानसिक विकास पर घातक प्रभाव पड़ता है। दो वर्ष की आयु के बाद भी यह कमी होने पर मानसिक विकास प्रभावित होता है परन्तु उपयुक्त उपचार द्वारा इसे ठीक किया जा सकता है। हैरेल, वुडयार्ड एवं गेट्स (1955) के अनुसार गर्भावस्था में माँ के आहार (Diet) का शिशु की मानसिक क्षमता पर प्रभाव पड़ता है।

पारिवारिक पृष्ठभूमि (Family Background)

कुछ अध्ययनों में यह पाया गया है कि निम्न आर्थिक स्तर के परिवारों में यदि बच्चे अधिक हैं तो उनकी मानसिक योग्यता कम होगी (गिली, 1954; हयूमर, 1950)। इसका सम्भावित कारण यह हो सकता है कि इन परिवारों में बच्चों की संख्या अधिक होने पर उनके पालन-पोषण, शिक्षा तथा खेलकूद की समुचित व्यवस्था नहीं हो पाती है और साथ ही उन्हें अनुकूल मनोवैज्ञानिक विकास की प्रक्रिया को सुविधाजनक परिस्थितियाँ नहीं मिल पाती हैं एवं मानसिक योग्यता कम हो जाती है। मैक्नीमर (1942) का निष्कर्ष है कि बच्चों की बुद्धि लब्धि पर उनके माता-पिता की व्यावसायिक पृष्ठभूमि का भी प्रभाव पड़ता है। उच्च व्यवसाय में कार्यरत लोगों के बच्चों की

योग्यता प्रायः अधिक पाई जाती है। बिने परीक्षण का संशोधन (1937) करते समय पाया गया था कि ग्रामीण बच्चों की अपेक्षा शहरी बच्चे अधिक अंक प्राप्त करते हैं।

बौद्धिक रूप से प्रतिभाशाली बच्चे
(Intellectually Gifted Children)

जैसाकि बुद्धि के सम्प्रत्यय से स्पष्ट है किसी बच्चे की मानसिक योग्यता उसके विद्यालयीय निष्पादन को प्रदर्शित/व्यक्त करता है तथापि कुछ विद्वानों का यह भी मानना है कि यह केवल विद्यालयीय योग्यता ही नहीं वरन् अन्य योग्यताओं यथाः सृजनशीलता, प्रतिभा इत्यादि को भी व्यक्त करता है। वे बच्चे जिनकी बुद्धि लब्धि (I.Q.) 130 से ऊपर होती है उनके निष्पादन में उनकी प्रतिभा परिलक्षित होती है (हारोविट्ज एवं ओब्रेन, 1986)। उच्च बुद्धि लब्धि वाले बच्चों में प्रखर स्मृति पायी जाती है तथा उनमें चुनौतीपूर्ण समस्याओं के विश्लेषण तथा सही समाधान करने की पर्याप्त क्षमता विद्यमान होती है। पिछले दो दशकों से मनोवैज्ञानिकों ने इस बात पर बल दिया है कि बुद्धि परीक्षण से न केवल मानसिक योग्यताओं का ही मापन होता है बल्कि अन्य विशिष्ट प्रतिभाओं का भी मूल्यांकन होता है। इनमें से कुछ प्रमुख योग्यताओं का उल्लेख किया जा रहा है।

सृजनात्मकता (Creativity)

उच्च बुद्धि लब्धि के साथ-साथ उच्च सृजनात्मकता अर्थात् दोनों योग्यताओं के मध्य धनात्मक सम्बन्ध पाया गया है। कुछ बच्चों में योग्यता समन्वित रूप में दृष्टिगत होती है। उच्च बुद्धि लब्धि एवं उच्च सृजनशीलता दोनों मिलकर बच्चे को प्रतिभाशाली बनाते हैं। बच्चों में यह सृजनशीलता विशिष्ट उपलब्धि तथा सार्थक क्रियाकलापों जैसे- लेखन, संगीत, चित्रकारिता, वैज्ञानिक एवं गणितीय योग्यता आदि के रूप में परिलक्षित होती है (स्टर्नबर्ग एवं डेविडसन्, 1986; वालेक, 1985)। यद्यपि इस तरह की क्रियाएं बच्चों में अपरिपक्वता के कारण नहीं दिखती फिर भी यह सृजनात्मकता बच्चों में आगमनात्मक (Divergent) और निगमानात्मक (Convergent) चिन्तन के रूप में दृष्टिगत होती है। निगमानात्मक चिन्तन के अन्तर्गत परीक्षण के आधार पर किसी समस्या के एक निश्चित समाधान पर बल दिया जाता है जबकि आगमनात्मक चिन्तन के अन्तर्गत समस्या के सभी सम्भावित समाधानों पर एक साथ बल निहित होता है। वाचिक एवं चित्रात्मक परीक्षणों में आगमनात्मक चिन्तन समाहित होता है। इस क्षेत्र में टॉरेन्स (Torrance) (1980) का अध्ययन महत्वपूर्ण है। इन्होंने बच्चों को कुछ गोलाकृतियाँ दीं जिससे बच्चों को दैनिक जीवन में प्रयुक्त होने वाली वस्तुओं को दर्शाना था जैसे- कुर्सी, गेंद, चश्मा इत्यादि। इस प्रकार बच्चों की समस्त अनुक्रियाओं को अंकित कर लिया जाता था। उदाहरण के लिए बच्चों से वाचिक परीक्षण में यह पूछा गया कि समाचार पत्रों का उपयोग किन-किन रूपों में हो सकता है

तब बच्चों ने भिन्न–भिन्न प्रकार की अनुक्रियायें दीं। कुछ बच्चों ने इसका उपयोग पढ़ने के लिए बताया तथा इसके अन्य उपयोग के अन्तर्गत उपयोगी वस्तुओं की सुरक्षा तथा स्वच्छता बताया। चित्र 10.9 में बच्चे की सृजनात्मकता की अनुक्रिया को प्रदर्शित किया गया है।

चित्र 10.9: आठ वर्ष के एक बालक द्वारा सृजनात्मकता परीक्षण पर व्यक्त की गयी अनुक्रियाओं की सारणी, बच्चों से जब यह कहा गया कि वृत्ताकार आकृतियों में कुछ तस्वीरों को बनायें तो उन्होंने तरबूज, पहिए वाली कुर्सी, चश्मा, पृथ्वी, ग्रह, दुःखी व सुखी चेहरा, कैमरा इत्यादि बनाया।

इस प्रकार स्पष्ट होता है कि आगमनात्मक चिन्तन, सृजनात्मक क्षमता का एक संकेतक है जो बुद्धि लब्धि से निम्न स्तर पर सम्बन्धित होता है। इस प्रकार यह परीक्षण उन तमाम पारम्परिक परीक्षणों द्वारा प्राप्त प्राप्तांकों की महत्ता को कम करता है जो बच्चों के सृजनात्मकता के मापन हेतु प्रयुक्त किये गये (कॉगेन, 1983; रेंज, 1989)। पेजल, थार्सन एवं मेडस (1972) ने अपने अध्ययनों से स्पष्ट किया कि बंधुल जुड़वा बच्चों और अभिन्न जुड़वा बच्चों के आगमनात्मक चिन्तन पर आनुवंशिकता का प्रभाव बहुत ही नगण्य होता है। प्रस्तुत परिणाम यह दर्शाता है कि सृजनात्मकता माता-पिता एवं अध्यापकों के साथ बच्चों के संवेदनात्मक सम्बन्धों से निर्धारित होती है। अध्यापकों एवं अभिभावकों से यह सम्बन्धन उनके अन्दर बौद्धिक इच्छाशक्ति को जन्म देती है। वे बच्चे जिन्होंने आगमनात्मक चिन्तन मापनी पर उच्च प्राप्तांक अर्जित किया है, वे औपचारिक सामाजिक मानकों से विमुख रहते हैं एवं जटिल संकृत्यों से जुड़े होते हैं (अलबर्ट एवं रुनकों, 1986; वैलेस, 1985)। पारिवारिक पृष्ठभूमि एवं माता-पिता का बच्चे के साथ अन्तःक्रिया के प्रकार, उद्दीपन के अवसर इत्यादि का भी सार्थक प्रभाव सृजनात्मकता पर पड़ता है। बाल दुर्व्यवहार एवं निरादर (Child Abuse and Neglect) के शिकार बच्चों में निम्न स्तर की सृजनात्मकता पायी गयी (पाण्डेय, 2006)।

प्रतिभा (Talent)

किसी बच्चे का प्रतिभाशाली होना उसकी असाधारण योग्यता व उच्च बुद्धि लब्धि को इंगित करता है। प्रतिभाशाली बच्चों की संज्ञानात्मक योग्यताओं के मापन हेतु लेविस टरमन (1925) ने बुद्धि परीक्षण का निर्माण किया। उन बच्चों को इन्होंने प्रतिभाशाली कहा जिन्होंने इस परीक्षण पर उच्च अंक प्राप्त किया। आधुनिक विचारधारा के अनुसार प्रतिभा को दैहिक, भावनात्मक, नैतिक, सामाजिक, बौद्धिक तथा श्रेष्ठ योग्यता के रूप में परिभाषित किया जाता है। इस बात के पर्याप्त साक्ष्य हैं कि प्रतिभाशाली बच्चों में कुछ विशिष्ट योग्यतायें (Specialized talent) जैसे- साहित्य ज्ञान, गणितीय ज्ञान, वैज्ञानिक विधि के प्रयोग की योग्यता, कला, खेल प्रेम, नेतृत्व जैसी क्षमताएँ बचपन से ही विद्यमान रहती हैं (गार्डनर, 1983; गार्डनर एवं हच, 1989)। हाल ही में हुए अध्ययन दर्शाते हैं कि प्रतिभाशाली बच्चे शीघ्रता से प्रासंगिक ज्ञान को ग्रहण कर लेते हैं तथा उनकी संज्ञानात्मक क्षमता काफी विस्तृत होती है (शाध्नेसी, 1990; स्टर्नबर्ग एवं डेविडसन, 1986)।

यद्यपि जन्मजात योग्यतायें प्रतिभा के विकास में महत्वपूर्ण भूमिका निभाती हैं परन्तु इन्ही योग्यताओं से प्रतिभा का विकास संभव नहीं हो सकता है। इसमें वांछित सामाजिक व परिवेशीय कारकों का भी योगदान होता है (अल्बर्ट एवं रुनकों, 1986)। बच्चों में गणितीय, कला एवं वैज्ञानिक तथा खेल-कूद की योग्यताओं का विकास माता-पिता या कुशल प्रशिक्षक के प्रशिक्षण के फलस्वरूप ही संभव हो सकता है (ब्लूम, 1985; फेल्डमैन एवं गोल्डस्मिथ, 1991)। अतः

प्रतिभा के सही विकास के लिए योग्य बच्चों को विशेष प्रशिक्षण दी जानी चाहिए। ये प्रशिक्षण उन्हें उपयुक्त दिशा में आगे बढ़ाने में सहायक सिद्ध होते हैं।

जोसेफ रेंजुली ने प्रतिभा के तीन कारकों का उल्लेख किया है तथा स्पष्ट किया है कि प्रतिभा के विकास में उच्च बुद्धि, सृजनात्मकता तथा उच्च अभिप्रेरणा के परस्पर क्रियाओं का प्रभाव होता है।

प्रतिभाशाली बच्चों की पहचान (Identification of Talented Children)

प्रतिभाशाली बच्चे आरम्भ से ही असाधारण होते हैं। बचपन में इनकी धारणाशक्ति, नएपन के प्रति अत्यधिक अभिरुचि, उच्च अवधान विस्तार, उच्च प्रत्यभिज्ञा स्मृति, संवेदनाओं के प्रति सक्रियता, विशुद्ध भाषिक क्षमता इत्यादि अद्वितीय होती है। इनका बुद्धि लब्धांक काफी उच्च (130 के ऊपर) होता है। वर्तमान समय में प्रतिभा के सात संसूचक पाये गये हैं-

1. सामूहिक बुद्धि परीक्षण पर उच्च प्राप्तांक।
2. शिक्षकों के विचार।
3. उपलब्धि परीक्षण एवं विद्यालयी परीक्षणों में उच्च प्राप्तांक।
4. वैयक्तिक बुद्धि परीक्षण के प्राप्तांक।
5. सामाजिक एवं भावनात्मक परिपक्वता तथा समायोजन।
6. माता-पिता की अभिवृत्ति।
7. विद्यार्थी की महत्वाकांक्षायें एवं अभिप्रेरणायें।

शैक्षणिक रूप से प्रतिभाशाली बच्चे (Educationally Gifted Children)

शैक्षणिक रूप से प्रतिभाशाली बच्चों की क्षमताएं बहुत व्यापक होती हैं। इनमें नियमित कक्षाओं में उपस्थित रहना तथा अन्य बौद्धिक क्रियाकलापों की उच्चतर अभिव्यक्ति पायी गयी। पिछले कुछ दशकों में हुए शोध अध्ययनों के आधार पर यह माना जा रहा है कि बच्चों के शैक्षणिक विकास के लिए उपयुक्त तरीकों को अपनाया जाना चाहिए परन्तु यह मान्यता अप्रभावी सिद्ध हुई क्योंकि समान एवं विशिष्ट सभी प्रकार के बच्चों को समान स्तर के प्रशिक्षण प्रदान किये गये। अत: विशिष्ट बच्चों के अवमूल्यांकित (underestimation) होने की सम्भावना पायी जाती है। इसलिए मापन सम्बन्धी समस्या का हल आवश्यक होता है।

आधुनिक विचारधारा के अनुसार बच्चे में श्रेष्ठ शैक्षणिक योग्यता के विकास के लिए बच्चे की विशिष्ट क्षमताओं को विकसित करने पर बल दिया जा रहा है। एक उपागम के अनुसार श्रेष्ठ शैक्षणिक योग्यता के लिए बच्चों को त्वरित शैक्षणिक अवसर प्रदान करना चाहिए (Provided accelerated learning opportunities) जिससे बच्चों में आधुनिकतम शैक्षणिक विशिष्टता

का विकास हो सके। यह उपागम प्रतिभाशाली बच्चों के लिए उस स्थिति में उतनी महत्वपूर्ण नहीं होती है जब वे अपने से अधिक योग्यता वाले बच्चों के साथ रखे जाते हैं। यदि परिपक्वता के आधार पर बच्चों का चयन किया जाए तब यह प्रविधि अधिक प्रभावी हो सकती है। अनुदैर्ध्यात्मक उपागम द्वारा सम्पादित अनुसंधान यह प्रदर्शित करते हैं कि इस प्रशिक्षण के कारण शैक्षणिक एवं सामाजिक विकास निरन्तर होता रहता है जब वे शिक्षणेत्तर कार्यों में भी रुचि प्रदर्शित करते हैं (बूडी एवं बेन्को, 1987)। स्कूल के अतिरिक्त अन्य प्रयास जैसे प्रशिक्षित वयस्क शिक्षकों द्वारा बच्चों को विषय ज्ञान में सहयोग करना या सप्ताह के अन्त में अतिरिक्त कक्षाएं (Extra classes) चलाना इत्यादि शामिल है।

गार्डनर का बहु–बुद्धि सिद्धान्त यहाँ प्रासंगिक है जिसमें बच्चों के शैक्षणिक विकास के लिए विभिन्न मॉडलों पर जोर दिया गया है जो बच्चों के विशिष्ट बुद्धि के लिए आवश्यक होते हैं। इन सभी अध्ययन पद्धतियों की उपयोगिता कितनी है ? इस सन्दर्भ में पर्याप्त साक्ष्य नहीं मिलते हैं फिर भी ये प्रशिक्षण कार्यक्रम अपने उद्देश्यों में सफल रहे हैं [गार्डनर एवं हैच (1984)]।

सारांश (Summary)

संज्ञानात्मक विकास का सम्बन्ध विभिन्न मानसिक प्रक्रियाओं के विकास से है जिसके द्वारा बालक विभिन्न प्रकार के अनुभवों को ग्रहण करते हुए ज्ञानार्जन करता है। बालक का संज्ञानात्मक विकास उसकी अभिवृत्ति, अनुकूलन क्षमता, परिवेशीय परिवर्तनों से उत्पन्न होने वाले भय व चिंता से सुरक्षा की योग्यता के विकास को निर्धारित करता है।

आरम्भ में मनोवैज्ञानिकों ने संज्ञान को एक जन्मजात योग्यता के रूप में स्वीकार किया जबकि संज्ञानवादी मनोवैज्ञानिकों ने इसे एक जीवन–कालिक प्रक्रम के रूप में स्वीकार किया है। पियाजे ने संज्ञानात्मक विकास की चार अवस्थाओं को बताया है। ये हैं : संवेदी–प्रेशीय अवस्था, पूर्व संक्रियात्मक अवस्था, मूर्त संक्रियात्मक अवस्था तथा औपचारिक संक्रियात्मक अवस्था। अर्थात् संज्ञानात्मक विकास अनुक्रम में चलता रहता है। संवेदी–पेशीय अवस्था के पश्चात् तथा संक्रियात्मक अवस्था के आरम्भ में (तीसरे वर्ष के प्रारम्भ से ही) बालक के भाषा विकास में आश्चर्यजनक वृद्धि होती है। भाषा से बालक की मानसिक क्षमता का बोध होता है। बालक की शब्द भण्डारण क्षमता, बातचीत में स्पष्टता, भाषा की जटिलता आदि में प्रत्यक्ष परिवर्तन दृष्टिगत होते हैं। पूर्व बाल्यावस्था आत्म केन्द्रित संज्ञान की अवस्था होती है। बालक अपने सभी व्यवहार आत्मिक सुख के लिए प्रदर्शित करता है। पूर्व संक्रियात्मक अवस्था में बालक का संज्ञान एक विमात्मक होता है तथा उसमें विभेदन की क्षमता का विकास नहीं हुआ रहता है। उत्तर बाल्यावस्था में बालक अपने अनुभवों को प्रतीकों, कौशलों, प्रतिमाओं आदि के माध्यम से प्रस्तुत करता है। इस स्थिति में बालक के विचार अत्यन्त जटिल हो जाते हैं तथा स्वयं में और अन्य लोगों में विभेद करना सीख जाते हैं। बच्चे चित्र के माध्यम से अपने ज्ञान का प्रदर्शन करते हैं जो उसके

संज्ञानात्मक व क्रियात्मक विकास में सहायक होता है। मूर्त संक्रिया अवस्था में पहुंच कर बालक विभेदन करना सीख लेता है। मूर्त संक्रियात्मक अवस्था में ही बालक के अन्दर उत्क्रमणशीलता के प्रति चिन्तन (उल्टे क्रम में चिन्तन) का विकास होता है। उत्तर बाल्यावस्था का बालक विषय केन्द्रित तर्कणा को प्रस्तुत करता है। साथ ही साथ परिकल्पनात्मक तथा आगमनात्मक तर्कणा करने की क्षमता भी उत्तर बाल्यावस्था में विकसित हो जाती है।

लम्बाई तथा भार के आधार पर वस्तुओं को श्रेणीबद्ध करना, सारणीयन कहलाता है, जिसका विकास 6ठें तथा 7वें वर्ष में दृष्टिगत होता है। पियाजे ने कन्जर्वेशन (संधारण), वर्गीकरण एवं सारणीयन जैसी समस्त प्रक्रियाओं को 'तार्किक-गणितीय संक्रिया' का नाम दिया है। 'स्थानगत संक्रियाओं' यथा- अन्दर, बाहर, नजदीक, दूर आदि का विकास उत्तर बाल्यावस्था में होता है। यद्यपि बालक इस तरह के शब्दों का प्रयोग पूर्व संक्रियात्मक अवस्था से ही करने लगता है तथापि उत्तर बाल्यावस्था में इन शब्दों की समझ विकसित होती है। बालक में दूरी, समय तथा वेग के वास्तविक अर्थ के प्रति संज्ञान भी इस अवस्था में विकसित हो जाते हैं। बालक जब स्थानगत संक्रियाओं के बारे में पूरी समझ विकसित कर लेता है तो वह अपने परिवेश का मानसिक चित्रात्मक प्रदर्शन करता है जिसे हम संज्ञानात्मक मानचित्र (Cognitive Map) की संज्ञा देते हैं।

बच्चों में स्मृति का विकास यद्यपि जन्म के पश्चात् ही शुरु हो जाता है तथापि स्मृति के समुचित विकास हेतु बाल्यकाल उचित अवस्था है। सांवेदिक स्मृति क्षमता बच्चों तथा वयस्कों में एक समान पायी जाती है किन्तु अल्पकालिक स्मृति का विकास उम्र बढ़ने के साथ-साथ होता है। चाक्षुष अल्पकालिक स्मृति क्षमता बड़े बालकों की अपेक्षा छोटे बालकों में अधिक पायी जाती है। छोटे बालकों में स्मृति संज्ञान काफी उच्च होता है परन्तु प्रत्याह्वान स्मृति निम्न होती है। कुछ अध्ययन यह स्पष्ट करते हैं कि बालकों के संज्ञानात्मक स्मृति पर उम्र का कोई प्रभाव नहीं पड़ता है। मेयर्स एवं पर्लम्यूटर ने स्पष्ट किया है कि मूर्त संक्रियात्मक अवस्था के बच्चे पूर्व संक्रियात्मक अवस्था के बच्चों की अपेक्षा अधिक पुनः स्मरणात्मक स्मृति व्यक्त करते हैं। 'अवधान' हमारे लघुकालिक स्मृति से जुड़ा होता है जिसका पूर्ण रूप से विकास मूर्त संक्रिया अवस्था के अन्तिम चरण में तीव्र गति से होता है। स्मृति के विकास में तीन सम्प्रत्ययों की अहम् भूमिका होती है जो स्मृति को समृद्ध बनाती हैं। वे हैं : अभ्यास, संगठन तथा प्रतिमा निर्माण।

बालक में सम्प्रत्यय का विकास वंशानुगत होने के साथ-साथ वैयक्तिक कारकों से भी निर्धारित होता है। बालक में किसी वस्तु के स्वरूप की समझ पूर्व ज्ञान से निर्धारित होता है तथा पूर्व ज्ञान से नयी समझ विकसित होती है। पियाजे के संज्ञानात्मक विकास की चारों अवस्थाओं में समझ का विकास दृष्टिगत होता है। पूर्व तथा मूर्त संक्रिया अवस्था में बालक में खेल की समझ, समस्या को सुलझाने की समझ, अमूर्त सम्प्रत्ययों की समझ आदि का विकास होता है।

बाल्यावस्था से ही अधि-संज्ञान (किसी संज्ञान के प्रति बोध, जागरुकता तथा विचारों का

विकास) का विकास आरम्भ होता है। अधि संज्ञान के दो महत्वपूर्ण पक्ष हैं- अधिस्मृति तथा अधिबोध। 'अधिस्मृति' स्मृति को बनाये रखने के लिए प्रयुक्त व्यपदेशों के उपयोग से सम्बद्ध है जबकि 'अधिबोध' का तात्पर्य किसी तथ्य को अन्य व्याख्या से जोड़कर प्रस्तुत करना होता है।

पियाजे के अनुसार संज्ञान व्यक्ति को अपने वातावरण के साथ समायोजित होने के लिए आवश्यक तत्व है। पियाजे ने संज्ञानात्मक विकास की चार अवस्थाओं का वर्णन किया है जिसमें पूर्व संक्रियात्मक अवस्था तथा मूर्त संक्रियात्मक अवस्था बाल्यावस्था के विकास को प्रदर्शित करती हैं। ब्रूनर (1973) ने भी पियाजे की तरह संज्ञानात्मक विकास के सिद्धान्त को प्रतिपादित किया है। किन्तु ब्रूनर 'भाषा' के विकास को मूर्त अवस्था में होने वाले विकास से जोड़ते हैं तथा यह मानते हैं कि पहले भाषा विकसित होती है तब विचार उत्पन्न होते हैं। जबकि पियाजे भाषा को मूर्त संक्रिया अवस्था से नहीं जोड़ते। उनका मानना है कि भाषा का विकास विचारों के विकास के पश्चात् होता है। यह मतभेद ब्रूनर की तीसरी अवस्था से सम्बद्ध है। ब्रूनर ने संज्ञानात्मक विकास की तीन अवस्थाओं को स्पष्ट किया है। वे हैं : संक्रियात्मक अवस्था (Enactive Stage), प्रतिमात्मक अवस्था (Iconic Stage) तथा प्रतीकात्मक अवस्था (Symbolic Stage)।

संज्ञानात्मक विकास के मनोमीतिक उपागम के अन्तर्गत बच्चों की मानसिक योग्यताओं के मूल्यांकन पर बल दिया गया है। बुद्धि एक ऐसी परिकल्पनात्मक शक्ति है जो विभिन्न मानसिक क्रियाओं को स्पष्ट करने के साथ-साथ व्यक्ति के परिवेश के साथ समायोजन स्थापित करने में मदद करती है। 'अल्फ्रेड बिनें' ने बुद्धि को एक ऐसी मानसिक क्षमता के रूप में स्वीकार किया है जो व्यक्ति के समस्त मानसिक क्रियाओं का संचालन करती है।

स्पीयरमैन ने बुद्धि के 'द्विकारक सिद्धान्त' को प्रस्तुत करते हुए मानसिक कार्यों को 'विशिष्ट' और 'सामान्य' दो मानसिक योग्यताओं के रूप में विभाजित किया है। स्पीयरमैन ने सामान्य योग्यता को महत्वपूर्ण माना है। थार्नडाइक ने बुद्धि के तीन घटकों यांत्रिक बुद्धि, अमूर्त बुद्धि तथा सामाजिक बुद्धि, की चर्चा की है। लुइस थर्स्टन ने बुद्धि के 'प्राथमिक मानसिक योग्यता के सिद्धान्त' का प्रतिपादन किया है। इसके अन्तर्गत थर्स्टन ने बुद्धि के सात कारकों की चर्चा किया है जिसमें से प्रत्येक कारक एक दूसरे से स्वतंत्र होते हैं।

गिलफोर्ड ने प्रारम्भिक सिद्धान्तों को अस्वीकृत किया तथा बुद्धि के स्वरूप को स्पष्ट करने के लिए 'बहुतत्व विश्लेषण विधि' के आधार पर बुद्धि का संरचनात्मक मॉडल प्रस्तुत किया। गिलफोर्ड ने बुद्धि की तीन विमाओं (संक्रिया, उत्पाद तथा विषय-वस्तु) को स्पष्ट करते हुए बुद्धि के बहुतत्वों की चर्चा की है। कैटेल ने बुद्धि के दो प्रकारों को प्रस्तुत किया है। पहला 'तरल बुद्धि' तथा दूसरा 'ठोस बुद्धि'। तरल बुद्धि का विकास ठोस बुद्धि की अपेक्षा कम उम्र में ही होने लगता है।

आगे चलकर हावर्ड गार्डनर ने 'बहुबुद्धि सिद्धान्त' का प्रतिपादन किया। उनके अनुसार बुद्धि एकल योग्यता नहीं है बल्कि कई प्रकार की बुद्धियों का संगठन है। जो एक दूसरे से अन्तःक्रिया करती रहती हैं। गार्डनर ने सात प्रकार की बुद्धियों को स्पष्ट किया है। वे हैं : भाषिक,

तार्किक, गणितीय, देशगत, संगीतपरक, शारीरिक गति संवेदनापरक, अन्तवैयक्तिक तथा वैयक्तिक। हाल ही में स्टर्नबर्ग ने बुद्धि के 'त्रितात्विक सिद्धान्त' का प्रतिदान किया है। स्टर्नबर्ग ने बुद्धि के तीन उपसिद्धान्तों घटकीय, अनुभवपरक तथा संदर्भात्मक सिद्धान्तों की चर्चा की हैं। गोलमैन ने 'संवेगात्मक बुद्धि के सिद्धान्त' का विकास किया। इन्होंने यह स्पष्ट किया है कि संवेगात्मक बुद्धि, बुद्धि लब्धि से भिन्न है परन्तु सफलता प्राप्ति हेतु सहायक भी है।

बुद्धि

'मानसिक योग्यताओं' के मापन के लिए अनेक प्रकार के मापकों का निर्माण मनोवैज्ञानिकों ने किया जिसमें बिने का बुद्धि परीक्षण का नाम सर्वप्रथम आता है। इसके अतिरिक्त WISC, WAIS रेवेन्स प्रोग्रेसिव मैट्रिक्स, काफमैन एसेसमेण्ट बैटरी कार चिल्ड्रेन आदि प्रमुख मापक मानसिक योग्यताओं के मापन में सहायक होते हैं।

विलियम स्टर्न ने बुद्धि लब्धि (IQ) का प्रतिपादन किया तथा बताया कि बुद्धि लब्धि किसी व्यक्ति की मानसिक आयु एवं कालक्रमिक आयु के बीच अनुपात होती है। वर्तमान समय में बुद्धि लब्धि के स्थान पर बुद्धि लब्धि विचलन का प्रयोग किया जा रहा है जो अपेक्षाकृत बुद्धि का अधिक शुद्ध मापन करता है। यद्यपि बुद्धि लब्धि में समयानुसार परिवव्रन होता रहता है तथापि यह परिवर्तन अत्यल्प होता है। अतः बुद्धि लब्धि को स्थिर माना जा सकता है।

यद्यपि बुद्धि एक जन्मजात क्षमता है तथापि उसका प्रदर्शन आयु वृद्धि के साथ-साथ जारी रहता है। अर्थात् बुद्धि का विकास एक अनुक्रम में चलता है। बालक का बौद्धिक विकास न केवल उसे अधिगम करने, सीखी गयी सामग्री का पुनःस्मरण करने में सक्षम बनाता है बल्कि परिवेश के साथ समायोजन स्थापित करने की क्षमता को भी प्रभावित करता है। बालकों में बुद्धि विकास की प्रक्रिया 14 वर्ष तक तीव्र गति से चलती रहती है। उसके बाद विकास की गति मंद पड़ जाती है। 18 वर्ष तक जाते-जाते बालक बौद्धिक विकास के अभीष्ट स्तर को प्राप्त कर लेता है। मन्द बुद्धि के बालकों में बौद्धिक विकास की चरम सीमा पहले ही आ जाती है। बौद्धिक विकास में ह्रास सम्बन्धी महत्वपूर्ण अध्ययन यह इंगित करते हैं कि 40 वर्ष के पश्चात् बुद्धि में ह्रास दृष्टिगत होता है और 60 वर्ष के बाद ह्रास की गति बढ़ जाती है।

व्यक्ति के बौद्धिक विकास को अनेक कारक प्रभावित करते हैं। इनमें से प्रमुख हैं : आनुवांशिकता एवं पर्यावरण, प्रजातीय अन्तर, सांस्कृतिक कारक, लैंगिक भिन्नता, स्वास्थ्य तथा पारिवारिक पृष्ठभूमि।

कुछ बच्चे बौद्धिक रूप से प्रतिभाशाली होते हैं। उनकी बुद्धि लब्धि 130 से ऊपर होती है। ऐसे बच्चे सर्वगुण सम्पन्न होते हैं। प्रतिभाशाली बच्चे शीघ्रता से प्रासंगिक ज्ञान को ग्रहण कर लेते हैं। इन बच्चों में सृजनशीलता एक महत्वपूर्ण योग्यता के रूप में परिलक्षित होती है। उच्च्व बुद्धि लब्धि वाले बालकों में सृजनात्मकता भी उच्च्व होती है। बालक में सृजनशीलता आगमनात्मक व निगमनात्मक

चिन्तन के रूप में दृष्टिगत होती है। बच्चों को प्रोत्साहन, उद्दीपन तथा सही प्रशिक्षण देकर उनकी सृजनात्मक क्षमता को बढ़ाया जा सकता है।

तकनीकी पद	**Technical Terms**
अनुभवपरक	Experiential
अभिन्न जुड़वे	Identical Twins
अमूर्त	Abstract
अवमूल्यांकन	Underestimation
अधि–संज्ञान	Meta-Cognition
अधि–स्मृति	Meta-Memory
अधि–बोध	Meta-Comprehension
आगमनात्मक	Divergent
आत्मकेन्द्रित	Egocentric
आत्मवाद	Animism
उत्क्रमणशीलता	Reversibility
उत्पाद	Product
एकीकरण	Integration
क्रमिक प्रक्रिया	Sequential Processing
घटक	Component
जागरूकता	Awareness
तार्किक संक्रिया	Logical Operation
निगमनात्मक तर्कणा	Convergent Reasoning
पूर्वसंक्रियात्मक अवस्था	Pre Operational Stage
प्रस्तुतीकरण	Representation
प्रतिमा निर्माण	Imagery
प्रतिमात्मक	Iconic
प्रतीकात्मक	Symbolic
प्रजातीय	Racial
प्रतिभाशाली	Talented
बुद्धि	Intelligence
बुद्धि लब्धि	Intelligence Quotient (I.Q.)
भाषा	Language
मानसिक मंदता	Mental Retardation

यांत्रिक	Mechanical
वास्तविक अनुश्रवण	Reality Monitory
विषय वस्तु	Content
विचार	Thought
विकेन्द्रीकरण	Decentralization
स्थूल संक्रियात्मक अवस्था	Concrete Operational Stage
सारणीयन	Seriation
स्थानगत संक्रिया	Spatial Operation
संवेदी–पेशीय अवस्था	Sensory-Motor Stage
संरक्षण	Conversation
संज्ञान	Cognition
संज्ञानात्मक मानचित्र	Cognitive Map
स्मृति	Memory
स्मृति व्यपदेश	Memory Strategies
सम्प्रत्यय अधिगम	Concept Learning
समझ	Understanding
संक्रियात्मक	Enactive
संदर्भ	Context
संवेगात्मक बुद्धि	Emotional Intelligence
स्थिरता	Constancy
सृजनशीलता	Creativity
स्वांग	Pretention
ह्रास	Decline

11 भाषा विकास

Language Development

भाषा मानव की वह विशिष्ट क्षमता है जो उसे समस्त जीवों में श्रेष्ठतम् बना देती है। व्यक्ति ने जिस संस्कृति तथा सभ्यता को विकसित किया है, वह बहुत कुछ भाषा की सुदृढ़ पृष्ठभूमि पर आधारित है। डमविल ने भाषा विकास के महत्त्व को प्रस्तुत करते हुए कहा है कि "किसी जाति भाषा के विकास का इतिहास उसकी बुद्धि के विकास का इतिहास है। अन्य प्रजातियों (species) की अपेक्षा मानव भाषा के कारण ही अधिक श्रेष्ठ है। भाषा तथा संस्कृति का विकास साथ-साथ होता है। प्रारम्भ में शिशु स्थूल वस्तुओं (concrete object) का ही प्रयोग करता है एवं बाद में वह भाषा का प्रयोग करने लगता है। शिक्षा का एक प्रमुख उद्देश्य बालक को भाषा का समुचित ज्ञान कराना है तथा किसी भी व्यक्ति की बौद्धिक योग्यताओं का सर्वश्रेष्ठ माप उसका शब्द भण्डार होता है।" क्रन्दन भाषा की अभिव्यक्ति का आदि स्वरूप है। आरम्भिक वर्षों में भाषा का विकास तीव्रतम् गति से होता है। एक वर्ष का शिशु शब्द का उच्चारण करता है एवं उसके प्रयोग से अपने भावों को व्यक्त करता है, वहीं तीन वर्ष का बच्चा अपने वाक्यों में व्याकरण का प्रयोग करने योग्य हो जाता है जबकि 4 वर्ष के बालक का वाक्य अधिक सही एवं परिमार्जित होता है। यद्यपि बच्चों में व्याकरण सम्बन्धी त्रुटियाँ पायी जाती हैं किन्तु ये जो भी बोलते हैं, उनके आधार पर वाक्य के भावों (आगमनात्मक प्रक्रम (Inductive Process)) को समझा जा सकता है। यथा – "पानी" के उच्चारण में 'मुझे पानी चाहिए' भाव निहित होता है।

बच्चों की भाषा सम्बन्धित क्रियाएं आत्मकेन्द्रित भी होती हैं। मनोवैज्ञानिकों का विचार है कि बालक भाषा का प्रयोग अपने अहं की तुष्टि के लिए करता है तथा वह भाषा के माध्यम से दूसरों का ध्यान अपनी तरफ आकर्षित करता है। जीन पियाजे का विचार है कि "बालक में सात या आठ वर्ष की अवस्था तक सामाजिक परिपक्वता का अभाव होता है। इसलिए इस अवस्था तक उनकी भाषा आत्मकेन्द्रित होती है। पियाजे के अनुसार बालक में सात या आठ वर्ष की अवस्था तक सामाजिक परिपक्वता का अभाव होता है, इसलिए इस अवस्था तक बच्चे एक साथ समूह में खिलौनों/ गुड़ियों से खेलते हैं परन्तु उनमें से कोई भी एक दूसरे की तरफ ध्यान नहीं देता।"

भाषा सामाजीकरण का साधन भी है। सामाजिक चेतना के आरम्भ होने के साथ बालक की भाषा परिपक्व हो जाती है। सात या आठ वर्ष तक की अवस्था तक भाषा का विकास ऐसी अवस्था में पहुंच जाता है कि दूसरों को ऐसा प्रतीत होता है जैसे बालक का ठीक ढंग से सामाजीकरण हो गया हो। इस अवस्था तक बालक की सामाजिक चेतना इतनी विकसित हो जाती है कि वह कुछ सामाजिक सम्बन्धों तथा क्रियाओं को समझने लगता है। बालक भाषा का प्रथम पाठ वार्तालाप के आधार पर सीखता है तथा यह सोचना प्रारम्भ कर देता है कि समाज के विभिन्न व्यक्तियों से उसका किसी प्रकार का सामाजिक सम्बन्ध है, इस प्रकार की समझ बालक के व्यक्तित्व व सामाजिक समायोजन के लिए आवश्यक है।

यद्यपि बालक की भाषा आरम्भिक वर्षों में आत्मकेन्द्रित होती है लेकिन जब वह प्रश्न पूछने व उत्तर देने में समर्थ होता है, दूसरों से किसी कार्य को करने के सम्बन्ध में सहमत होता है तथा दूसरों को सुझाव प्रस्तुत करता है तब यह प्रतीत होता है कि वह भाषात्मक व्यावहारिक परिपक्वता की ओर अग्रसर है। पियाजे के अनुसार सामाजीकरण से सम्बन्धित भाषात्मक विकास के कुछ प्रमुख चरण होते हैं। यथा- दूसरों के व्यवहार की आलोचना करना, प्रार्थना करना, धमकाना, सूचना हेतु प्रश्न पूछना, लोगों के प्रश्नों का उत्तर देना आदि।

भाषा में संज्ञानात्मक विकास के साथ-साथ सामाजिक विकास के पक्ष भी निहित होते हैं। अर्थात् जब वह वाक्य विचार (Syntax) एवं शब्द भण्डार (Vocabulary) सीखता है तो सामाजिक मूल्यों जैसे-आज्ञापालन, विनम्रता आदि भी अंगीकृत करता है। इस प्रकार भाषा में संज्ञानात्मक तथा सामाजिक विकास दोनों का सम्मिश्रण पाया जाता है। यह चरण शैशवावस्था तथा बाल्यावस्था के मध्य सेतु का कार्य करता है।

बच्चे की भाषागत क्षमता एवं उसके विकास की गति को देखते हुए अनेक प्रश्न स्वतः उपस्थित होते हैं। यथा-भाषा की कौन-कौन सी विमाएं है? भाषा तथा वाणी में क्या अन्तर है? भाषा विकास के सैद्धान्तिक उपागम कौन से है? भाषा विकास की अवस्थायें कौन सी हैं? भाषा विकास को कौन-कौन से कारक प्रभावित करते हैं? भाषा तथा वाणी में क्या अन्तर है? वाणी दोष कौन-कौन से होते हैं ? तथा भाषा एवं चिन्तन में क्या सम्बन्ध है? आदि प्रश्नों की समीक्षा प्रस्तुत अध्याय के अन्तर्गत की गयी है।

भाषा अधिगम अत्यन्त महत्त्वपूर्ण प्रक्रम है जो मानव की विशिष्टतम् क्षमता के रूप में अभिव्यक्त होता है। इसलिए भी भाषा-विकास मनोवैज्ञानिकों के लिए शोध का महत्त्वपूर्ण विषय रहा है। सर्वप्रथम भाषा को समझने के लिए इसके मूलभूत तत्वों की जानकारी आवश्यक है। चित्र 11.1 में इन तत्वों की संक्षिप्त रूपरेखा प्रस्तुत की गयी है।

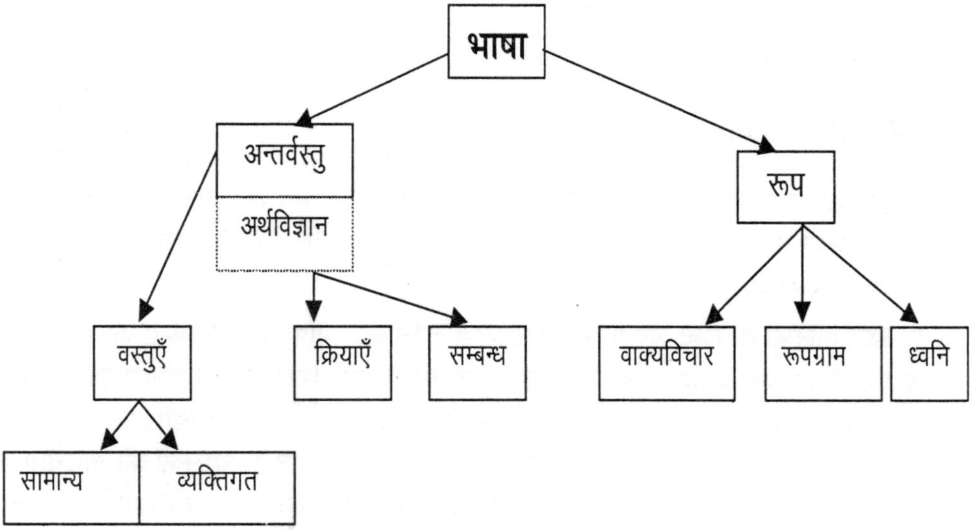

माता	:	मम्मी/माँ	होना	अधिभार सूचक सम्बन्ध	मम्मी	स्वतन्त्र	
पिता	:	डैडी	बैठना	मम्मी की टोपी	(कर्ता)	मम्मी	/म/
लड़कियाँ	:	मंजू	सोचना	क्रिया		गर्म करना	गर्म/म/
कुत्ते	:	टोनी	सोना	घेरे के चारों ओर दौड़ना	(क्रिया)	the	/मी/
हीरा	:	जड़ित	हीरा	गर्म होना	बोतलों को गर्म करना	बोतल	/ग/
पेड़	:	बरगद	उगना	स्थान	(The definite article)	बंधन	/र्मी/
–	:			कोने में कुर्सियाँ	बोतलें	या	–
				रसोई घर में बोतलें	(प्रत्यक्ष क्रिया)	ता है	–

चित्र 11.1: भाषा की संरचना : (*स्रोत* : एल० ब्लूम एवं एम० लेवी (1978) द्वारा प्रस्तुत 'भाषा और भाष्य विकृति')

भाषा के प्रमुख घटक (Major Components of Language)

मनोवैज्ञानिकों ने भाषा के तीन प्रमुख घटकों का उल्लेख किया है –

1. अन्तर्वस्तु (Content)

2. रूप (Form)
3. उपयोग (Use)

अन्तर्वस्तु (Content)

अन्तर्वस्तु का तात्पर्य है लिखित या मौखिक सूचना या संदेश का अर्थ स्पष्ट होना। संदेश के अन्तर्गत सजीव तथा निर्जीव वस्तु (पिता, मेज, कुर्सी), क्रियायें (खाना, खेलना) एवं सम्बन्ध (मेरा भाई, अध्यापक, मेरी गुड़िया/खिलौना) निहित है।

छोटे बालकों के शब्द भण्डार का ज्ञान प्राप्त करने और भाषा की अन्तर्वस्तु को भली भाँति समझने के लिए यह आवश्यक है कि उनके द्वारा बोली गयी भाषा का विश्लेषण किया जाय। बालकों की भाषा में हमें जिस प्रकार की सामग्री मिलती है उसके आधार पर हम उनकी आवश्यकताओं, रुचियों और अभिवृत्तियों को सही ढंग से समझ पाते हैं। बालकों की बातचीत का अध्ययन कई मनोवैज्ञानिकों ने किया है और उसका विश्लेषण करके बच्चों की भाषा में पाई जाने वाली अनेक विशेषताओं पर प्रकाश डाला है। बाल भाषा में पायी जाने वाली मुख्य अर्न्तवस्तुओं का विवरण यहाँ प्रस्तुत है।

(अ) स्व-केन्द्रितता (Ego-Centricity) : छोटी अवस्था के बालक अपनी बातचीत में प्रायः स्वयं के विषय में सबसे अधिक चर्चा करते हैं। यह अवस्था 'स्व प्रेम' की होती है। इसलिए उनकी भाषा में 'मैं', 'मेरा', 'तेरा', 'मुझे', आदि शब्दों का बाहुल्य पाया जाता है। कुछ बड़े हो जाने पर वे दूसरे के विषय में भी बातचीत करते हैं। परन्तु उस समय भी वे अपने अहं भाव से पूर्णतः मुक्त नहीं हो पाते। अतः वे अपनी भाषा में प्रायः प्रश्न सूचक वाक्यों का प्रयोग करते हैं।

(ब) संवेगात्मक अर्न्तवस्तु (Emotional Contents): बालकों की भाषा में जो दूसरी बात बहुलता से पायी जाती है वह है संवेग का प्रदर्शन। वे अपनी बातचीत में अधिकतर अपनी आकुलता, क्रोध, भय, प्रेम, आशा और निराशा को व्यक्त करते हैं। वे अपने माता-पिता, भाई-बहन तथा घर का जिक्र अपनी बातचीत में इसलिए करते हैं क्योंकि ये संवेगात्मक परिस्थिति में उसकी सुरक्षा करते हैं। बालकों की भाषा का अध्ययन करने वाले मनोवैज्ञानिकों का मानना है कि बच्चों की बातचीत से यही पता चलता है कि वे हर समय किसी न किसी संवेग का अनुभव करते रहते हैं या तो प्रसन्न रहेंगे या दुःखी। ऐसी संवेगात्मक परिस्थितियों में निरन्तर बने रहने का प्रभाव उनकी भाषा पर बहुत अधिक पड़ता है।

(स) बाल प्रश्न (Child Questions) : बालक की बातें प्रश्नों से भरी हुई होती है। बच्चा अपने बड़ों से अनेक प्रश्न करता है। ऐसे प्रश्न वह अपनी जिज्ञासा को तृप्त करने के लिए करता है। परन्तु कभी-कभी चार-पांच वर्ष का बालक अन्य लोगों के ध्यान को अपनी ओर आकर्षित करने के लिए प्रश्न पूछता है। यदि सबेरे से रात्रि में सोने से पहले तक किसी बालक की बातचीत का अध्ययन किया जाय तो लगभग 50% वाक्य प्रश्न सूचक पाये जायेंगे। प्रायः सुबह उठते ही बालक कोई न कोई प्रश्न पूछ बैठता है और इसी प्रकार रात्रि में सोने से पूर्व तक कोई न

कोई प्रश्न पूछता रहता है! "They start the day with a question and probably drop off to sleep just before the last question is answered" (Thompson) । वयस्कों द्वारा दिये गये निर्णय में बालकों को बहुत अधिक विश्वास होता है और इसलिए वे लगभग 80% प्रश्नों को बड़ों से ही पूछते हैं।

(द) शब्दों की पुनरावृत्ति (Repetition of Words): बालकों की भाषा में प्राय: एक ही शब्द की कई बार पुनरावृत्ति देखी जाती है। आयु में छोटा व अनुभव में कम होने के कारण उसके विचार स्पष्ट व्यक्त नहीं हो पाते। अत: वह एक ही शब्द बार-बार दोहराता है। इस दिशा में डेविस का अन्वेषण प्रसिद्ध है। डेविस ने 2-5 वर्ष के बीच की आयु के कुल 62 खेलते हुए बालकों का एक घंटे तक निरीक्षण किया। इस अवधि में उनका विश्लेषण करने पर पता चला कि प्रति चार शब्दों में एक शब्द बालकों द्वारा अवश्य दोहराया गया था। डेविस ने बताया कि बातचीत में निपुण न होने के कारण ही बालक शब्दों और वाक्यांशों को दोहराता है। जब वह किसी विचार को शीघ्रता से व्यक्त नहीं कर पाता और जब वह यह नहीं समझ पाता कि आगे उसे क्या बोलना है, तो वह तुरन्त बोले गये शब्दों को दोहरा देता है।

रूप (Form)

रूप एक प्रकार का विशिष्ट संकेत होता है जो अन्तर्वस्तु का प्रतिनिधित्व करता है। इसके कुछ महत्वपूर्ण पक्ष अधोलिखित हैं।

(अ) वाणी ध्वनियाँ (Phonemes): वाणी ध्वनियों का तात्पर्य प्राथमिक ध्वनियों से है। किसी भी भाषा के अक्षरों से इनकी उत्पत्ति होती है। अधिकांश भाषाओं में इनकी संख्या सौ से कम ही है। अंग्रेजी में लगभग 45 वाणी ध्वनियाँ (Speech Sounds) हैं। वाणी-ध्वनियों का अलग से कोई अर्थ नहीं होता परन्तु संयुक्त रूप में अर्थपूर्ण ध्वनि उत्पन्न करती है । भाषा की विशेषता के अन्तर्गत इनका उल्लेख किया जा चुका है।

(ब) मार्फीम्स (Morphemes): किसी भी भाषा में सबसे छोटी अर्थपूर्ण इकाई (Unit) को मार्फीम्स कहते हैं। यह कोई शब्द या शब्द का खण्ड हो सकता है (डार्ली एवं सहयोगी, 1981)। इसका आशय पूर्व प्रत्यय (Prefix), पश्चात् प्रत्यय (Suffix) या मूल शब्द (Root word) से है तथा इसमें एक या एक से अधिक वाणी ध्वनियाँ सन्निहित हो सकती हैं (हिलगार्ड एवं सहयोगी, 1975)। कुछ शब्द जैसे, कर एवं डर विशिष्ट मार्फीम हैं क्योंकि इसमें पश्चात् प्रत्यय एक गुण का द्योतक है।

(स) शब्द (Words): मार्फीम की ही भाँति 'शब्द' भी अक्षरों (स्वर तथा व्यंजनों) से निर्मित किए जाते हैं। शब्दों की रचना में मार्फीम को एक दूसरे के साथ संयुक्त करना पड़ता है। ऐसी अवस्था में प्राप्त शब्द को आबद्ध मार्फीम (Bound Morphemes) कहते हैं। इसके अतिरिक्त मुक्त मार्फीम्स (Free morphemes) भी भाषा में प्रयुक्त होते हैं। इनका स्वरूप शब्दों जैसा ही होता है। उदाहरणार्थ- व्यक्ति, पृष्ठ इत्यादि शब्द मार्फीम एवं शब्द दोनो रूपों में प्रयुक्त होते हैं। कुछ शब्द ऐसे भी होते हैं जिनमें अनेक मार्फीम्स सन्निहित होते हैं : - जैसे प्रति

आक्रमण, प्रतिसंतुलन, सड़नयुक्त इत्यादि। ऐसे शब्द आबद्ध (Bound) एवं मुक्त (Free), दोनो ही प्रकार के मार्फीमो में पाये जाते हैं। व्यावहारिक दृष्टि से मार्फीम एवं शब्द समान प्रतीत होते हैं। अर्थात् दोनो इकाइयाँ परस्पर अन्तर विनिमयी हैं।

(द) वाणी (Speech): भाषा की संरचना के अन्तर्गत वर्णित तीनों इकाइयों को वाणी (Speech) का नाम दिया जा सकता है। शिशु प्रारम्भ में इन्हें ही सीखता है और आगे चलकर उसे भाषा के ऊपर नियंत्रण अनुभव होने लगता है। वाणी को वाक्शक्ति भी कहा जाता है। परन्तु इसके साथ यह आवश्यक शर्त है कि वाणी उसे ही कहेंगे जिसका अर्थ अन्य लोग शीघ्रता से समझ सकें एवं बच्चे जिन्हें वस्तु विशेष से सम्बद्ध करना जानते हों। जैसे, यदि आम कहते हैं तो उन्हें आम का स्वरूप स्पष्ट होना चाहिए। वाणी भी विचार सम्प्रेषण का माध्यम है तथा भाषा की पूरक इकाई है। हरलॉक (1950) के अनुसार, "वाणी, भाषा का ही एक रूप है जिसमें स्पष्ट ध्वनियों या शब्दों का उपयोग करके विचारों की अभिव्यक्ति की जाती है। किसी ध्वनि को वाणी का रूप प्रदान करने के लिए उसे स्पष्ट होना चाहिए तथा अर्थ भी जोड़ा जाना चाहिए। इन योग्यताओं में आयु तथा अनुभव के साथ वृद्धि होती रहती है।"

उपयोग (Use)

उपयोग (use) भाषा की तीसरी विमा है। भाषा दो व्यक्तियों के बीच सामाजिक आदान-प्रदान के रूप में उपयोग में लायी जाती है जिसमें एक वक्ता होता है तथा दूसरा श्रोता। इसका उपयोग परिस्थिति एवं आशय दोनो पर निर्भर करता है। अर्थात् वक्ता श्रोता के बारे में कितना जानता है, वह क्या कहना चाहता है तथा श्रोता से वह कौन सी सूचना अर्जित करना चाहता है, यथा- 'तुम कल यह स्थान छोड़ रहे हो', यह एक आदेश के रूप में हो सकता है या अविश्वास के लिए भी हो सकता है। यह इस पर भी निर्भर करता है कि बात कैसे कही गयी है।

भाषा की तीनों उक्त विमायें आरम्भ से ही भाषा विकास में प्रयुक्त होती हैं। प्रायः भाषा एवं वाणी को एक दूसरे के पर्याय के रूप में समझ लिया जाता है परन्तु इन दोनों सम्प्रत्ययों में भिन्नता पायी जाती है।

भाषा तथा वाणी में अन्तर (Differences between Language and Speech)

भाषा और वाणी (Language and Speech) दो ऐसे प्रत्यय हैं जिनको सामान्य बोलचाल में एक-दूसरे का पर्यायवाची मान लिया जाता है। परन्तु इन दोनो पदों में अन्तर करना आवश्यक है। भाषा (language) का प्रत्यय वाणी (speech) के प्रत्यय की अपेक्षा अधिक व्यापक है और इसके अन्तर्गत विचारों के आदान-प्रदान के सभी माध्यम सम्मिलित हैं। लिखना, पढ़ना, बोलना, संकेतों का प्रयोग करना (use of symbols), मुखाभि-व्यक्तियाँ (Facial expressions), हाव-भाव (Gestures) तथा अनेक कलात्मक अभिव्यक्तियाँ आदि भाषा के विविध रूप हैं। वाणी भाषा का केवल एक विशिष्ट रूप कहा जायेगा। वाणी में हम भाव को व्यक्त करने के लिए मुख

से ध्वनि निकालते हैं या शब्दों को उच्चारित करते हैं। विकास क्रम में बालक द्वारा पहले ये शब्द अस्पष्ट एवं अनियंत्रित ढंग से उच्चारित किये जाते हैं, किन्तु धीरे-धीरे उनमें स्पष्टता आने लगती हैं। वाणी विकास के अन्तर्गत वस्तुतः इस बात का अध्ययन किया जाता है कि बच्चे के भीतर किस प्रकार, किस गति से तथा किस अवस्था में अस्पष्ट और अनियंत्रित ध्वनियां स्पष्ट और शब्दोच्चारण में परिवर्तित हो जाती हैं। बालक द्वारा उत्पन्न की गयी प्रत्येक ध्वनि को वाणी नहीं कहा जा सकता है, केवल उन ध्वनियों को ही वाणी कहना उचित होगा जिनका प्रयोग वह विशिष्ट वस्तुओं को सूचित करने के लिए करता है। (1) जब कोई ध्वनि या शब्द किसी वस्तु अथवा घटना के साथ सम्बन्धित (Associated) हो जाता है या जब ध्वनियों और वस्तुओं के बीच साहचर्य स्थापित हो जाता है तब ही उसे वाणी का अंग माना जा सकता है। (2) वाणी की एक दूसरी कसौटी यह है कि बच्चे द्वारा बोले गये शब्द समाज के अन्य व्यक्तियों की समझ में आने योग्य हों। केवल इतना ही पर्याप्त नहीं है कि उसके शब्दों को केवल उसके सम्पर्क में रहने वाले ही समझते हों। बच्चे के भीतर वास्तविक वाणी कब प्रारम्भ होती है इसका अनुमान लगाना कठिन है क्योंकि वाणी का विकास एक क्रमिक प्रक्रिया है। प्रारम्भ में बच्चे की वाणी उपर्युक्त दोनों कसौटियों में से किसी पर खरी नहीं उतरती, किन्तु धीरे-धीरे उसमें शब्दों और वस्तुओं के बीच साहचर्य स्थापित होने लगता है। आयु वृद्धि के साथ-साथ उसकी वाणी समाज के अन्य लोगों के लिए भी ग्राह्य होने लगती हैं। सम्पूर्ण भाषा-विकास के प्रक्रम में बच्चे के वाणी विकास पर विशेष ध्यान दिया जाता है।

भाषा विकास के सैद्धान्तिक उपागम
(Theoretical Approaches of Language Development)

भाषात्मक विकास कैसे होता है ? दूसरे शब्दों में व्यक्ति में शब्दों का अर्थ और उसका उपयोग समझने का कौशल कैसे विकसित होता है यह एक अत्यन्त रोचक और महत्वपूर्ण प्रश्न है। मनोवैज्ञानिकों का मत है कि भाषा को वैयक्तिक उपलब्धि (Individual Achievement) के साथ ही सामूहिक उपलब्धि (Collective Achievement) भी समझना चाहिए। वस्तुतः व्यक्ति जो भाषा सीखता है तथा उपयोग में लाता है, वह सामाजिक उद्‌विकास (social evolution) का परिणाम होता है। यह सच है कि मानव-भाषा का इतना विशाल भण्डार अकेले किसी एक व्यक्ति द्वारा नहीं निर्मित किया जा सकता। कोई व्यक्ति किसी विशिष्ट भाषा, जैसे- अंग्रेजी या हिन्दी के सभी शब्दों को नहीं सीख सकता। कोई भी व्यक्ति अपने सीमित सामाजिक परिवेश में रहते हुए उसमें प्रचलित भाषा को किसी सीमा तक अवश्य अर्जित कर लेता है जिससे वह समाज में समायोजित होकर जीवनयापन कर सके।

मनोवैज्ञानिकों नें मानव में भाषात्मक कौशल के विकास को तीन भिन्न-भिन्न दृष्टिकोंणों से समझाने का प्रयास किया है। अतः तीन प्रमुख सैद्धान्तिक उपागमों के आधार पर भाषा-विकास के स्वरूप की व्याख्या की गयी है।

सहजवादी उपागम (Nativist Approach)

भाषा-विकास के लिए सम्बन्धित शारीरिक अवयवों का परिपक्व होना आवश्यक है। परिपक्वता एक आन्तरिक जैविक प्रक्रिया है जो आनुवंशिक क्षमता द्वारा नियंत्रित होती है। ध्वनियों की उत्पत्ति या शब्दोच्चारण में शरीर के अंगों का योगदान होता है। यथा - गला, फेफड़ा, जीभ, तालू, होंठ, मुँह, नाक, दाँत, स्वरयंत्र (Larynx) तथा मस्तिष्क में स्थित वाणी केन्द्र (Speech Centre)। सभी वाणी के विकास के साथ सम्बन्धित होते हैं। समुचित भाषा-विकास के लिए इन सभी अवयवों का पूर्णरूप से परिपक्व होना आवश्यक है। परन्तु ये सभी अवयव एक ही समय या एक ही साथ परिपक्व नहीं हो पाते। इन अवयवों के अपरिपक्व होने के कारण ही छोटे बच्चों में अस्पष्ट ध्वनियाँ सुनने को मिलती हैं। परिपक्वता की प्रक्रिया सार्वभौमिक होती है और सभी सामाजिक, सांस्कृतिक परिवेश में विकसित होने वाले बच्चों में समान रूप से पायी जाती है। अतः भाषा के संदर्भ में शारीरिक अवयवों की परिपक्वता का महत्व सभी बच्चों के लिए समान है। एक बार आवश्यक परिपक्वता आ जाने के बाद कोई भी बच्चा अपने परिवेश में प्रचलित किसी भी भाषा को सरलतापूर्वक सीख सकता है।

चॉम्स्की का सहजवादी दृष्टिकोण (Chomsky's Nativist Approach)

भाषा सीखने एवं भाषा का प्रयोग करने की क्षमता जन्मजात प्रक्रियाओं पर निर्भर करती है। ऐसे सिद्धान्तवादियों में 'नोम चाम्स्की' (NeomChomsky) प्रमुख हैं। इनके अनुसार बच्चे जन्म से ही रूप भाषा सीखने की एक व्यवस्था के साथ पैदा होते हैं। चाम्स्की ने संक्षेप में इसे एल० ए० डी०, (LAD : Language Acquisition Device) कहा है, जो सार्वभौम व्याकरण अथवा समस्त मानवीय भाषाओं के व्याकरण को प्रस्तुत करता है। भाषा सीखने की यह व्यवस्था भाषिक सूचनाओं का प्रक्रमण करती है और बड़ी तीव्र गति से बालक उस भाषा के व्याकरण के नियमों का ज्ञान प्राप्त करता है। इसके बाद इन्हीं नियमों की सहायता से वह उन वाक्यों का निर्माण करता है, जो स्वीकृत होते हैं और जिस तरह के उदाहरण वह अपने वयस्कों से प्राप्त करता रहता है उससे आगे जाकर उक्त भाषा के अनगिनत वाक्यों की अभिव्यक्ति करता है। इस दृष्टिकोण की पुष्टि इससे भी होती है कि बच्चों के लिए भाषा सीखना जीवन की एक अवस्था विशेष में बड़ा ही सरल एवं तात्कालिक होता है। यह अवस्था शैशवकाल से वय:सन्धि तक की होती है जिसे क्रान्तिक अवधि (Critical Period) कहा जाता है। कोई भी सामान्य बच्चा जो प्रौढ़ों के द्वारा प्रयुक्त भाषा अथवा भाषाओं के सम्पर्क में थोड़ा भी रहता है, उसमें इस क्रान्तिक अवस्था में मूल भाषा की दक्षता विकसित हो जाती है तथा उसकी भाषा भी ठीक रहती है। इसके लिए बच्चे को न तो कोई विशेष प्रयास करना रहता है और न ही किसी प्रशिक्षण की जरूरत पड़ती है। वय:सन्धि की अवस्था के बाद किसी भाषा को सीखना तथा उस भाषा के मूल ज्ञाता की तरह क्षमता प्राप्त कर पाना कठिन होता है। क्रान्तिक अवस्था के पक्ष में अनेक प्रमाणों के अतिरिक्त जन्मजात भाषा-क्षमता के दृष्टिकोण को भी बहुत समर्थन प्राप्त है। विशेषतः बच्चे भाषा कैसे सीखते हैं एवं प्रौढ़ व्यक्ति उसका प्रक्रमण कैसे करते हैं, इसके विषय में अधिक प्रमाण उपलब्ध हैं। इन

परिणामों से इस बात को बल मिलता है कि भाषा विकास को केवल जैविकीय आधार पर ही नहीं समझा जा सकता।

यद्यपि भाषा अर्जन में सहजवादी जन्मजात क्षमता उपागम भाषिक दक्षता को व्याकरण के नियमों पर आधारित मानता है, तथापि मूलभाषा बोलने वाले द्वारा नियमों के स्वरूप के विषय में ठीक से कह पाना कठिन है कि वे कैसे उसको उत्पन्न करते हैं और इसे विस्तार देते हैं। चाम्स्की ने उत्पादन क्षमता व्याकरण (Generative grammer) का एक प्रारूप प्रस्तुत किया है, जो सम्भवतः भाषा बोलने वालों के मानस (Mind) में पाया जाता है। परन्तु ऐसे व्याकरण के बारे में कई शंकायें हैं। जन्मजात क्षमता उपागम के समर्थकों ने भाषा सीखने को एक तीव्र गति से होने वाली प्रक्रिया माना है। आधुनिक अध्ययनों के अनुसार बच्चों द्वारा भाषा सीखना एक क्रमिक प्रक्रिया है। व्याकरणपरक संरचनाओं की दक्षता बाल्यावस्था के अन्त तक आ जाती है।

व्यवहारवादी उपागम (Behaviouristic Approach)

इस सिद्धान्त के अनुसार भाषात्मक विकास अधिगम का परिणाम होता है। बच्चा भाषात्मक कौशल भी उसी प्रकार अर्जित करता है जिस प्रकार अन्य शारीरिक क्रियायें। अनेक अधिगम सिद्धान्त यथा पावलॉव और स्किनर का अनुबन्धन सिद्धान्त, बैण्डूरा का सामाजिक-अधिगम सिद्धान्त एवम् अधिगम हैं। विभिन्न नियमों की सहायता से व्यवहारवादी बच्चे में भाषा-विकास की व्याख्या करते हैं।

शब्दों और अर्थों के बीच साहचर्य निर्मित हो जाना ही अनुबन्धन का केन्द्रीय आधार है। बालक के सामने जब कोई खिलौना (गुड्डा) रखा जाता है और साथ ही गुड्डा शब्द बोला भी जाता है तो वह उस शब्द और वस्तु के बीच सम्बन्ध को कुछ प्रयासों के बाद समझने लगता है। जब यह बात कई बार दुहराई जाती है तो गुड्डा 'शब्द' सुनकर बच्चे के मानस पटल पर उस वस्तु की प्रतिमा (Visual image) अंकित हो जाती है। इसी प्रकार जब बच्चे को खिलौना दिखाया जाता है तो वह गुड्डा शब्द उच्चारित करने लगता है। इस प्रकार बच्चा अनेक नये शब्दों का अर्थ सीख लेता है और अनुबन्धन प्रणाली के आधार पर उन्हें बोलना भी सीख लेता है।

अधिकांश परिस्थितियों में बच्चे वयस्कों (Adults) द्वारा बोले गये शब्दों का अनुकरण कर उन्हें सीखते हैं। यह इस तथ्य से प्रमाणित होता है कि जिन शब्दों का माता-पिता बच्चों के सामने गलत उच्चारण करते हैं, बच्चों द्वारा भी उन शब्दों का उच्चारण गलत ढंग से ही किया जाता है। बैण्डूरा का मत है कि बच्चे अपने परिवेश के महत्वपूर्ण व्यक्तियों, जैसे माता-पिता, भाई-बहन, अध्यापक, सहपाठी एवं मित्रों के अनेक व्यवहारों का अवलोकन एवं अनुकरण करते हैं। अन्य व्यवहारों की भांति वे भाषा का भी अनुकरण करते हैं। यही कारण है कि बच्चे दूसरों से शिष्टाचार के शब्दों, और निषिद्ध शब्दों (गाली) को सरलता से अर्जित कर लेते हैं। इस प्रकार के सीखने को सामाजिक अधिगम (Social Learning) कहा जाता है क्योंकि इसमें समाज के महत्वपूर्ण व्यक्ति 'प्रतिरूप (Model)' के रूप में अपनाये जाते है। सामाजिक अधिगम के फलस्वरूप व्यक्ति न केवल विशाल शब्द भण्डार, शब्दों का उच्चारण और शब्दों का अर्थ एवं अनुप्रयोग

सीखता है बल्कि वह बोलने की शैली तथा वार्तालाप की कला (Art of Conversation) भी सीख लेता है।

अन्तःक्रियात्मक उपागम (Interactional Approach)

भाषा विकास के जो नये सिद्धान्त विकसित हुए हैं उनमें बच्चे की आन्तरिक क्षमताओं एवं परिवेशीय निवेशों के बीच अन्तःक्रियाओं को विकास की प्रक्रिया में महत्वपूर्ण माना गया है जो स्किनर एवं चाम्स्की के सिद्धान्तों का सम्मिश्रण है। यद्यपि अनेक अन्तःक्रियात्मक सिद्धान्त विकसित हुए जिनमें मूलभूत क्षमता के अतिरिक्त भाषा अधिगम के सामाजिक संदर्भों को महत्वूपर्ण माना गया है। यथा- भाषा अधिगम की क्षमताओं से सम्पन्न एक सक्रिय बालक अपने सामाजिक परिवेश में अनेक उद्दीपकों के साथ अन्तःक्रिया करता है एवम् अपने अनुभवों के आधार पर वह उनके बारे में एक संचार व्यवस्था निर्मित करता है जो भाषा की अन्तर्वस्तु एवं उसके सामाजिक अर्थों के साथ जोड़ने में सहायक होता है। इस विचारधारा के अनुसार जन्मजात क्षमतायें, दूसरों के साथ अन्तःक्रिया करने की इच्छा एवं भाषिक समुदाय (linguistic community) तथा सामाजिक परिवेश सम्मिलित रूप से बच्चे के भाषागत प्रकार्यों एवं क्रियाकलापों को निर्देशित करते हैं (Bohannon & Warrenlubeckar, 1989)। यद्यपि सभी अन्तःक्रियावादी सैद्धान्तिक बच्चे को एक सक्रिय सम्प्रेषणशील प्राणी मानते हैं तथापि बच्चे के जन्मजात क्षमता को कम महत्वूपर्ण नहीं माना जा सकता। कुछ सिद्धान्त चॉम्स्की के दृष्टिकोण के परिमार्जित रूप को स्वीकार करते हैं। उनका मानना है कि यद्यपि बच्चों में भाषा के अर्थ को समझने की आरम्भिक क्षमता (Primes) होती है परन्तु उसके परिष्कृत संरचना की परिकल्पना वह अपने वातावरण से प्राप्त अनुभवों के आधार पर निर्मित करता है।

वास्तव में अन्तःक्रियात्मक सिद्धान्त की भी कुछ सीमाएं हैं जिसके कारण भाषा विकास की पूर्ण व्याख्या नहीं हो पाती। अन्तःक्रियावादी यह मानते हैं कि भाषा की क्षमता संचारात्मक अनुभवों से विकसित होती है। अनेक अध्ययन बताते हैं कि मानसिक मंदता से ग्रस्त बच्चों में अर्थपूर्ण (सार्थक) वार्तालाप की योग्यता सामान्य बच्चों की अपेक्षा कम पायी जाती है तथा ये क्षमतायें जन्मजात कारकों से निर्धारित होती है। परिणामस्वरूप, यह स्वीकार किया जाने लगा है कि भाषा के प्रत्येक अवयव, जैविक, संज्ञानात्मक एवं सामाजिक अनुभवों द्वारा क्रियाशील होते हैं एवं ये सभी कारक एक साथ मिलकर अन्तःक्रिया के आधार पर भाषा विकास को प्रभावित करते हैं। तथापि आज भी भाषा विकास को पूर्णतः परिभाषित करने वाले सिद्धान्त का अभाव है एवम् इस दिशा में आगे प्रयास जारी है।

भाषा विकास की अवस्थायें
(Stages of Language Development)

बच्चों में भाषा विकास की योग्यता पर पिछले 4-5 दशकों में इतने अधिक अध्ययन हुए हैं कि

इनसे भाषा विकास के विभिन्न पक्षों पर महत्त्वपूर्ण प्रकाश पड़ा है। इन अध्ययनों से प्राप्त परिणामों के आधार पर भाषा विकास को विभिन्न अवस्थाओं में विभाजित करने में सुविधा हुई है। अध्ययनों के आधार पर भाषा विकास की प्रक्रिया को दो प्रमुख भागों में विभक्त किया गया है।

भाषा विकास के प्रारम्भिक रूप (Preliminary Form of Language Development)

बच्चों में शब्दों के स्पष्ट उच्चारण तथा उसके महत्त्व को समझने की योग्यता के प्रदर्शित होने के पहले उनमें कुछ ऐसे व्यवहार देखने को मिलते हैं जिन्हे भाषा-विकास का प्रारम्भिक रूप माना जाता है। इनमें से प्रमुख हैं :-

(अ) क्रन्दन (Crying): भाषा विकास के दृष्टिकोंण से बच्चों में जन्म के समय तथा उसके बाद भी रोने वाला क्रन्दन काफी महत्वपूर्ण है। शिशु जन्म के साथ क्रन्दन करता है। इस कार्य हेतु श्वसनतंत्र (Respiratory system) का उपयोग सर्वप्रथम होता है। इसी अवधि में बच्चे स्वयं अपनी ध्वनियाँ सुनते हैं जिसका भाषा के विकास में महत्वपूर्ण योगदान होता है। जन्म के प्रारम्भिक महीनों में शिशु क्रन्दन अधिक करता है। जन्मोंपरान्त तीसरे सप्ताह में प्रदर्शित होने वाला क्रन्दन व्यवहार प्रथम सप्ताह के क्रन्दन से भिन्न होने लगता है। इसके बाद आयु बढ़ने के साथ-साथ क्रन्दन के स्वरूप में अन्तर आने लगता है और क्रन्दन के साथ हाव-भाव तथा शारीरिक गतियाँ भी प्रदर्शित होने लगती हैं। रोते समय उनके चेहरे तथा शारीरिक गति में भी परिवर्तन दिखाई देता है। रोने की आवृत्ति प्रारम्भ में अधिक होती है परन्तु बाद में कम होती जाती है (एम्सवर्थ, बेल, एवं स्टेटन, 1972)। इस संरूप को चित्र 11.2 में प्रस्तुत किया गया है।

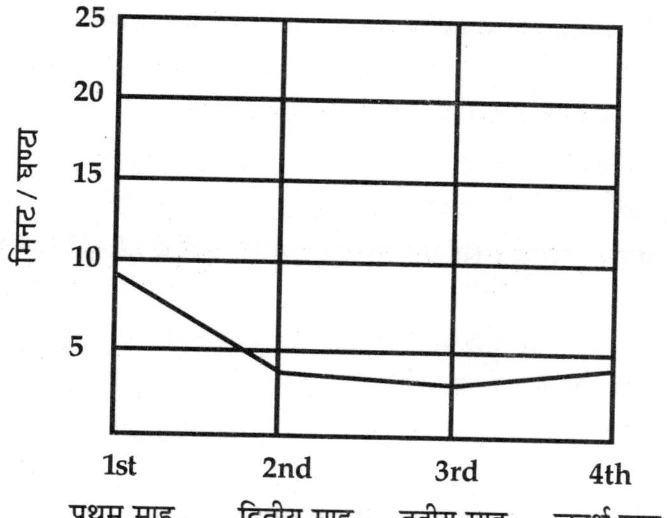

चित्र 11.2 : जन्म के प्रथम वर्ष में, क्रन्दन के संरूप में क्रमशः ह्रास।

बच्चों में क्रन्दन व्यवहार अनेक कारणों से उत्पन्न हो सकता है। भूख के कारण बच्चे अधिक रोते हैं और ध्वनि या प्रकाश के कारण कम रोते हैं। इन कारकों के अतिरिक्त कष्ट, मल-मूत्र विसर्जन, कब्ज, बीमारी, उच्च या निम्न तापमान एवं स्नान आदि के कारण रोने का व्यवहार प्रदर्शित होता है। माता-पिता को यथासम्भव प्रयास करना चाहिए कि बच्चे अनावश्यक दीर्घ समय तक रोने न पायें, क्योंकि इससे वे स्वभाव में जिद्दी हो सकते हैं और उनका स्वास्थ्य भी गिर सकता है परन्तु भाषा विकास के लिए क्रन्दन आवश्यक भी है। रेबेल्स्की एवं ब्लैक (1972) तथा केल्टिंग (1938) के अध्ययन दर्शाते हैं कि भोजन करने के पहले और रात्रि में सोने के पहले बच्चे प्राय: अधिक रोते हैं। बुहलर (1930) के अनुसार बच्चे में रोने का व्यवहार शारीरिक कष्ट, तीव्र उत्तेजना, असुविधाजनक शारीरिक स्थिति (Body Position), निद्रा व्यवधान, थकान, गति में बाधा, खेल सामग्री को हटाने (5वें माह से), भय (8वें माह से) एवं अन्य व्यक्तियों से सम्पर्क (contact) समाप्त होने के कारण प्रदर्शित होता है। लगभग तीसरे माह के पूरा होने के पहले बच्चे अपनी तरफ ध्यान आकर्षित करने के लिए रोने लगते हैं। विभिन्न कारणों से उत्पन्न क्रन्दन की तीव्रता में अन्तर होता है एवं भिन्न-भिन्न बच्चों के भी क्रन्दन का स्वरूप भिन्न-भिन्न होता है (केल्टिंग, 1934)। डरविन (1941) के अनुसार क्रन्दन में स्वरों (Vowels) से मिलती जुलती ध्वनियाँ अधिक एवं व्यंजन से मिलती जुलती ध्वनियाँ कम मिलती हैं। क्रन्दन में शरीर गतिशील रहती है और अधिक अवधि तक क्रन्दन करने से थकान भी आती है।

(ब) बलबलाना (Babbling): जन्मोपरान्त प्रथम माह में ही क्रन्दन के अतिरिक्त शिशुओं में अनेक प्रकार की साधारण ध्वनियाँ उत्पन्न होने लगती हैं। ब्लैन्टन (1917) इस अवधि में उत्पन्न होने वाली ध्वनियों को रिकार्ड करके इस निष्कर्ष पर पहुंचे कि प्रारम्भ में बच्चे माँ के साथ आ, द के साथ आ, च, अ आदि का प्रयोग करते हैं। बाद में इन्हीं से अनेक शब्दों का निर्माण होता हैं। प्राय: 3-4 माह की आयु में बच्चा अ, आ, अ:, अं, ई, ऊ आदि ध्वनियाँ उच्चारित करता है। यदि ध्यान से सुना जाय तो इनकी ध्वनियाँ बहुत रोचक होती हैं जिन्हें विस्फोटक ध्वनियाँ (Explosive Sound) कहते हैं क्योंकि इनकी उत्पत्ति स्वर प्रणाली (Vocal Mechanism) में संयोगवश होने वाली गतियों के कारण होती है। बहरे (Deaf) बच्चों में भी इस प्रकार की ध्वनियाँ पायी जाती हैं। ये ध्वनियाँ अधिगम से प्रभावित नहीं होती। यह प्रत्येक जाति एवं वर्ग के बच्चों में पाई जाती हैं। इस प्रकार धीरे-धीरे ध्वनियों की संख्या बढ़ती और बच्चों में वाणी विकास की प्रक्रिया प्रारम्भ होती है। शिशु 3-4 माह में इच्छानुसार बोलना प्रारम्भ करते हैं एवं छठवें माह तक वे स्वर तथा व्यंजनों को मिलाकर कुछ कहने की योग्यता प्रदर्शित करने लगते हैं। उदाहरण के लिए ; वे मा-मा, दा-दा, ना-ना, पा-पा आदि बोलने लगते हैं। इसे ही बलबलाने की अवस्था कहते हैं जिसमें बच्चे स्वर व्यायाम (vocal exercise) करते हैं परन्तु वे इसका अर्थ समझने में असमर्थ होते हैं।

बलबलाने की अवस्था तीसरे माह से आठवें माह तक मानी जाती हैं। इसमें शिशु को स्वयं द्वारा उच्चारित ध्वनियों को सुनने में बहुत आनन्द आता है। जब वे अकेले होते हैं तो ऐसा व्यवहार प्राय: करते हैं। सामान्य बच्चों में बलबलाना अधिक एवं गूंगे बच्चों में कम प्रदर्शित होता है। इस

अवस्था में बच्चे प्राय: ऐसी ध्वनियाँ करते हैं जो उन्हें ज्यादा अच्छी लगती हैं, इस प्रकार वे आत्म अनुकरण (Self-Imitation) करते हैं। बलबलाने में पहले स्वर व्यक्त होते हैं एवं व्यंजन बाद में प्रस्फुटित होते हैं। माता-पिता द्वारा शिशु के बलबलाने पर ध्यान देने से इसमें वृद्धि होती है तथा वाणी विकास पर सकारात्मक प्रभाव पड़ता है (वहलर 1969)।

(स) हाव-भाव (Gestures):भाषा विकास के प्रारम्भिक रूपों में हाव-भाव का भी विशेष महत्व होता है। बच्चे शीघ्र ही हाव-भाव व्यक्त करना सीख लेते हैं तथा उनके माध्यम से दूसरों को अपने विचारों से अवगत कराना चाहते हैं। यथा- यदि उन्हें भूख नहीं है तो वे दूध पिलाते समय सिर टेढ़ा कर लेते हैं, मुँह में से चम्मच बाहर कर लेते हैं या पिलाया हुआ दूध बाहर कर देते हैं। हाथ ऊपर करते हैं ताकि उन्हें उठा लिया जाय। चूंकि अपनी प्रतिक्रिया व्यक्त करने में बच्चे इन व्यवहारों को सरल पाते हैं, अत: इन्हीं का प्राय: उपयोग करते हैं। शिशु के हाव-भाव तथा वयस्कों के हाव-भाव में मात्र यह अन्तर होता है कि बच्चे शब्दों का उपयोग नहीं कर पाते हैं और वयस्क अपने विचारों को व्यक्त करने के लिए शब्दों का उपयोग करने के साथ-साथ इन्हें पूरक संकेतों के रूप में प्रयुक्त करते हैं परन्तु जब शिशुओं में शब्द एवं वाक्य सीखने तथा बोलने की योग्यता आ जाती है तो वे भी हाव-भावों का उपयोग कम कर देते हैं। इस अवस्था में माता-पिता एवं अन्य सदस्यों को चाहिए कि वे शिशु को शब्दों तथा वाक्यों को सीखने के लिए प्रेरित करें ताकि वाणी विकास की प्रक्रिया में तेजी आ सके।

(द) सांवेगिक अभिव्यक्ति (Emotional Expression): भाषा/वाणी विकास के प्रारम्भिक रूपों का एक प्रकार है मुखीय या शारीरिक परिवर्तनों द्वारा भावों को संप्रेषित करना। सुखद भावों को वह किलकारी, हँसी या ध्वनियों से व्यक्त करता है वहीं क्रोध या दु:खद भावों को हाथ-पाँव पटक कर, चीख-चिल्लाकर या रो करके व्यक्त करता है (बेक, 1975 ; लेविस, वोलमैन एवं किंग, 1971)।

भाषा विकास के निर्धारक
(Determinants of Language Development)

शिशु में बोलने की क्षमता लगभग पन्द्रह माह की आयु में परिलक्षित होती है।यदि इस योग्यता का प्रदर्शन दो वर्ष तक नहीं हो रहा है तो यह समझना चाहिए कि उनमें भाषा-विकास की प्रक्रिया विलम्बित हो रही है। इस प्रकार स्पष्ट है कि भाषा-विकास की योग्यता हर बच्चों में समान नहीं होती है, बल्कि इसमें वैयक्तिक भिन्नता पायी जाती है। अत: यहाँ पर कुछ ऐसे कारकों का उल्लेख किया गया है जो भाषा विकास को प्रभावित करते हैं।

मानसिक योग्यता (Mental Ability)

अनेक अध्ययनों से प्रमाणित हुआ है कि भाषा विकास एवम् बुद्धि के बीच धनात्मक सम्बन्ध होता है। मीड (1913) के अनुसार, औसत मानसिक योग्यता के बच्चों में वाणी योग्यता का

प्रदर्शन 15.8 (15 माह 8 दिन) माह में एवं मन्द बुद्धि (Mentally Retarded) के बच्चों में औसतन 34.44 माह में परिलक्षित होती है। टरमन (1925) का निष्कर्ष है कि प्रतिभाशाली (Gifted) बच्चों में प्रथम शब्द मात्र 11.74 माह में प्रस्फुटित होता है तथा प्रतिभाशाली बालिकाओं में यह समय केवल 11.01 माह ही होता है। इरविन (1942) ने भी उपर्युक्त कथन को प्रमाणित किया है। अतः स्पष्ट है कि भाषा विकास तथा मानसिक योग्यता में घनिष्ठ सहसम्बन्ध है।

सामाजिक पर्यावरण (Social Environment)

बच्चों में भाषा विकास तथा सामाजिक पर्यावरण में सम्बन्धों को ज्ञात करने के लिए जो अध्ययन हुए हैं उनसे यह निष्कर्ष निकलता है कि निम्न स्तरीय परिवेश के बच्चों में भाषा विकास विलम्ब से होता है और उच्चस्तरीय परिवेश के बच्चों में भाषा विकास शीघ्र होता है। उदाहरण के लिए, डे (1932), वान अल्सटाइन (1929) तथा डेविस (1937) के अध्ययनों से इस निष्कर्ष की पुष्टि हुई है। स्कील्स इत्यादि (1938) ने अध्ययनों में पाया कि अनाथ बच्चों में भाषा का विकास देर से हुआ। ऐसे बच्चों का शब्द भण्डार अत्यधिक सीमित होता है। गैसेल तथा लार्ड (1927) ने भी पर्यावरण को एक प्रमुख निर्धारक के रूप में प्रमाणित किया है। इस प्रकार स्पष्ट है कि भाषा विकास पर सामाजिक परिस्थितियों, पारिवारिक वातावरण, पास-पड़ोस, माता-पिता के व्यावसायिक स्तरों एवं ग्रामीण तथा शहरी वातावरण का प्रभाव पड़ता है। ग्रामीण क्षेत्रों के स्कूलों में पढ़ने वाले बच्चों में शब्द भण्डार सीमित एवं नर्सरी स्कूलों के बच्चों में शब्द भण्डार विस्तृत होता है। लिनीबर्ग (1967) का निष्कर्ष है कि यदि 14-15 वर्ष की आयु के बाद भाषा-विकास कराया जाय तो भाषा की योग्यता प्रदर्शित नहीं होगी।

शारीरिक स्वास्थ्य (Physical Health)

भाषा विकास पर बच्चे के स्वास्थ्य स्तर का भी प्रभाव पड़ता है। ऐसे बच्चे जो प्रायः बीमार रहते हैं उनमें भाषा का विकास समुचित रूप से नहीं हो पाता। बीमारी के कारण बच्चे अन्य लोगों के सम्पर्क में नहीं आ पाते तथा भाषा विकास की प्रक्रिया अवरुद्ध हो जाती है। स्मिथ (1930) ने बच्चों के भाषा विकास पर बीमारियों के प्रभाव का अध्ययन किया। उन्होंने पाया कि जो बच्चे प्रारम्भिक वर्षों में बीमार नहीं पड़े थे उनमें प्रथम शब्द 10.26 माह में अभिव्यक्त हुआ जबकि बीमारी से ग्रस्त बच्चों में 11.13 माह में पाया गया। शब्दों के अतिरिक्त, वाक्यों या वाक्यांशों के प्रदर्शन की योग्यता में यह अन्तर और भी स्पष्ट रूप में पाया गया। इससे स्पष्ट है कि बीमारी के कारण भाषा विकास की प्रक्रिया में अवरोध उत्पन्न हो सकता है।

अनुपयुक्त प्रतिरूप (Inadequate Model)

बच्चे अधिकांश व्यवहार एवं कौशल अनुकरण (Imitation) के द्वारा सीखते हैं। चूंकि प्रारम्भ में बच्चों में भाषा का विकास भी अनुकरण द्वारा नियंत्रित होता है, इसलिए यह आवश्यक है कि जिन

प्रतिरूपों (Models) का वे अनुकरण करते हैं वे उपयुक्त तथा सक्षम हों। यदि प्रतिरूप की भाषा स्वयं कमजोर है तो इसका शिशु के भाषा विकास पर अच्छा प्रभाव नहीं पड़ेगा। जीवन के प्रारम्भिक वर्षों में, जब बच्चे स्कूल जाना प्रारम्भ करते हैं तो स्कूल के पर्यावरण का उनके भाषा विकास पर अवश्य प्रभाव पड़ता है। यदि शिक्षकों का बौद्धिक एवं भाषिक स्तर ऊंचा है तो भाषा विकास की प्रक्रिया उपयुक्त ढंग से चलेगी अन्यथा भाषा विकास विलम्बित होगी एवं स्तर में ह्रास पाया जायेगा।

नकारात्मक अभिवृत्ति (Negative Attitude)

कभी-कभी ऐसा भी होता है कि बच्चे बोलना नहीं चाहते हैं या उन्हे पढाया जाय तो वे उच्चारण करने के प्रति असहमति व्यक्त करते हैं। इस अवस्था में यदि दबाव डाला जाए तो वे दबाव के प्रति प्रतिरोध प्रदर्शित करते हैं तथा कुछ भी वार्ता करने या उच्चारण करने से इनकार करते हैं। इस प्रकार की आदत से भाषा विकास की प्रक्रिया अवरुद्ध होती है। यदि बच्चों में इस गलत आदत का विकास हो गया हो तो माता-पिता तथा शिक्षकों को चाहिए कि पुनर्बलन या प्रोत्साहनों का उपयोग करके इस नकारात्मक अभिवृत्ति को समाप्त करें अन्यथा भाषा का विकास बाधित हो जायेगा। नकारात्मक प्रवृत्ति के उत्पन्न होने का कारण पढ़ने/बोलने के लिए अत्यधिक दबाव, गलत उच्चारणों पर उपहास या दण्ड देना अथवा समय से पहले बोलने का अभ्यास कराना हो सकता है।

बहरापन (Deafness)

जिन बच्चों में बहरापन की समस्या होती है या जो कठिनाई से सुन पाते हैं उनमें भाषा विकास विलम्बित हो जाता है। उनमें उच्चारण क्षमता का स्तर निम्न होता है तथा शब्द भण्डार काफी सीमित होता है। चूंकि भाषा विकास या वाणी विकास में अनुकरण का विशेष महत्व है, अतः श्रवण कठिनाई के कारण उच्चारणों या ध्वनियों को सुन पाना कठिन होगा और इसके परिणामस्वरूप अनुकरण की क्षमता निषेधात्मक रूप से प्रभावित होगी।

लैंगिक भिन्नता (Sexual Differences)

वाणी विकास, शब्द भण्डार तथा उच्चारण पर लैंगिक भिन्नता का भी प्रभाव पाया गया है। एक अध्ययन में (इर्विन एवं चेन, 1946) 95 बच्चों की ध्वनियों का विश्लेषण किया गया। इनकी आयु 1-30 माह के बीच थी। अध्ययन में पाया गया कि प्रथम वर्ष में बालकों एवं बालिकाओं की ध्वनियों में अन्तर नहीं था परन्तु द्वितीय वर्ष की अवधि तथा उसके बाद बालिकाओं ने बालकों की अपेक्षा दक्षता (Mastery) का उच्चतर प्रदर्शन किया। बोलचाल में बालिकायें अधिक तेज पायी गयी। मीड (1913) के अनुसार, बालक 15.8 माह में और बालिकायें 14.9 माह में बोलना

शुरु कर देती हैं। मैक्कार्थी (1930) के शोध परिणामों के अनुसार, मात्र 14% बालकों ने समझ का प्रदर्शन 18 माह की आयु में किया जबकि इसी उम्र की बालिकाओं में से 34% ने इस योग्यता का प्रदर्शन किया। इससे प्रमाणित होता है कि बालिकाओं का शब्द भण्डार प्राय: विस्तृत होता है तथा उनमें बालकों की अपेक्षा वाणी दोष भी कम मिलते हैं।

बहुल जन्म (Multiple Birth)

ऐसे अध्ययन जो जुड़वे बच्चों पर किये गये हैं, उनसे प्रमाणित होता है कि यदि एक साथ एक से अधिक सन्तानें उत्पन्न होती हैं तो उनमें भाषा का विकास विलम्ब से होता है। ऐसा इसलिए क्योंकि वे परस्पर एक दूसरे का अनुकरण करते हैं और उन्हें अनुकरण के लिए उपयुक्त प्रतिमान (Adequate Model) नहीं मिल पाता है। इसके विपरीत एक बार में यदि एक ही सन्तान पैदा हो तो उसमें भाषा का विकास समय से प्रारम्भ हो जाता है। इस प्रकार जुड़वा बच्चों में भाषा का विकास विलम्बित हो जाता है और दो से पांच वर्ष के सामान्य बच्चों की अपेक्षा विकास में ह्रास बढ़ता जाता है परन्तु उचित सामाजिक वातावरण मिलने पर नौ वर्ष की आयु से भाषा–ह्रास की मात्रा घटने लगती है। अन्य अध्ययनों से भी इस परिणाम की पुष्टि होती है (डेविस 1937; होवर्ड, 1946)।

द्विभाषावाद (Bilangualism)

बच्चों की वाणी तथा भाषा विकास पर इसका भी प्रभाव पड़ता है कि वे एक साथ कितनी भाषायें सीख रहे हैं। यदि मातृभाषा (Native language) के अतिरिक्त कोई अन्य भाषा भी बच्चों को सिखाई जाती है तो उसका उनके बोलने पर नकारात्मक प्रभाव पड़ता है। ऐसा इसलिए होगा क्योंकि दोनों भाषाओं को साथ–साथ सीखने के कारण बच्चों को भ्रम होगा और भाषा विकास की प्रक्रिया पर बुरा प्रभाव पड़ेगा। ऐसा होने के कारण बच्चे बोलने में अत्यधिक सावधानी रखेंगे और उनमें प्रवाह (Fluency) नहीं आ पायेगा। उदाहरणार्थ–अपने देश में हिन्दी मातृभाषा के अतिरिक्त बच्चों के माता–पिता उन्हें अंग्रेजी भाषा भी सिखाना चाहते हैं। परिणामत: बच्चे न तो हिन्दी में और न ही अंग्रेजी में संतोषजनक सुधार कर पाते हैं। स्मिथ (1939) ने अपने अध्ययन में पाया कि अंग्रेजी एवं चीनी भाषा पढ़ने वाले बच्चे बोलते समय दोनों भाषाओं का प्रयोग करते थे तथा त्रुटियाँ भी अधिक करते थे। इसलिए प्रारम्भ में दो भाषा का प्रशिक्षण देना हानिकारक है। आयु सीमा बढ़ने पर दो भाषा एक साथ सिखाई जा सकती है।

परिपक्वता एवं अधिगम (Maturation and Learning)

भाषा विकास के लिए परिपक्वता एवं अधिगम दोनों ही कारक महत्वपूर्ण होते है। परिपक्वता के अभाव में भाषा का प्रशिक्षण देने पर भी प्रत्याशित परिणाम प्राप्त नहीं होते हैं तथा बच्चों में

नकारवृत्ति (Negativism) भी उत्पन्न होने का संकट रहता है। हरलॉक (1950) का विचार है कि भाषा का प्रशिक्षण देते समय यह ध्यान अवश्य देना चाहिए कि बच्चों में आवश्यक परिपक्वता आ चुकी है अथवा नहीं। इसी प्रकार अधिगम की अनुकूल परिस्थितियाँ भी उत्पन्न कराना जरूरी है अन्यथा बच्चों के भाषा विकास में विलम्ब होता है। इससे स्पष्ट है कि भाषा विकास में परिपक्वता के आवश्यक स्तर तथा अधिगम की उपलब्धता का महत्वपूर्ण स्थान है।

भाषा विकास के उत्कृष्ट रूप
(Advanced Forms of Language Development)

शिशु में वाणी विकास का उत्कृष्ट रूप (जिसका अर्थ प्रत्येक व्यक्ति समझे) प्रारम्भिक अवस्था के बाद ही देखने को मिलता है। इनमें वाणी तथा भाषा के विकास की प्रमुख प्रक्रियाएं है-

बोध या समझ (Comprehension)

अन्य व्यक्तियों के कथन या निर्देशों को समझने की योग्यता बच्चों में शब्द प्रयोग (use of word) के पहले ही प्रदर्शित होने लगती है। ऐसे शब्द जिनका बोध बच्चों या किसी को भी होता है, उनकी संख्या अधिक तथा अपने शब्दकोष में ज्ञात शब्दों की संख्या कम होती है, एवं इस तरह की विशेषता हर आयु के लोगों में पायी जाती है। उदाहरणार्थ, अपने देश में अंग्रेजी भाषा थोड़ा या ज्यादा सभी शिक्षित व्यक्ति जानते हैं। यदि वार्तालाप हो रहा है तो हम दूसरे व्यक्ति की बातों को समझ तो लेते हैं परन्तु उतना स्वयं नहीं बोल पाते। इससे स्पष्ट है कि भाषा या शब्दों की समझ पहले ही विकसित हो जाती है जबकि शब्दों के उच्चारण या विचारों की वाचिक अभिव्यक्ति की क्षमता बाद में प्रदर्शित होती हैं। बोध या समझ में हाव-भाव तथा चेहरे की अभिव्यक्ति से भी सहायता मिलती है, इसलिए बोलने की अपेक्षा समझना सरल होता है। उदाहरण के लिए, दो-तीन माह का शिशु अन्य व्यक्तियों के मुस्कराहट से प्रभावित होकर स्वयं भी मुस्कराता हैं। इस प्रकार स्पष्ट है कि बोध के दृष्टिकोंण में विभिन्न शारीरिक अभिव्यक्तियों (Bodily Expressions) का विशेष महत्व है। इस अवस्था (13 से 18 माह) में शिशु को निर्देश के साथ-साथ, हाव-भाव का भी प्रदर्शन (exposure) आवश्यक होता है ताकि वे निर्देश एवं हाव-भाव में साहचर्य के आधार पर समझ की योग्यता विकसित कर सके। इस संदर्भ में टरमन मेरिल (1937) ने महत्वपूर्ण कार्य किया है। इनके द्वारा निर्मित बुद्धि परीक्षणों की मापनी बच्चों में 'बोध विकास' का मापन करने में सहायक है। इस परीक्षण में मेज पर अनेक सामान रख दिये जाते हैं तथा बच्चों को कोई एक सामान उठाने को कहा जाता है। इनके अनुसार 2 वर्ष की आयु के बच्चों में कम से कम दो और 3.5 वर्ष में अधिक निर्देश को समझ लेते हैं। कुलमैन (1922) एवं (होल्म्से, 1932), हिलगार्ड (1975) ने भी इस विषय पर विषद अध्ययन किया। इन मनोवैज्ञानिकों के अनुसार शब्दों के सीखने तथा समझने में प्राचीन तथा नैमित्तिक अनुबन्धन महत्वपूर्ण क्रियातंत्र के रूप में कार्य करते हैं।

शब्द भण्डार का निर्माण (Building of Vocabulary)

आयु में वृद्धि तथा अधिगम प्रक्रम का लाभ मिलने के कारण बच्चे धीरे-धीरे शब्दों को सीखना, बोलना प्रारम्भ करते हैं। इस प्रकार वे स्वयं के लिए शब्द भण्डार का निर्माण करते हैं, अपने विचारों व आवश्यकताओं को प्रदर्शित करने के लिए वे शब्द भण्डार में उपलब्ध शब्दों का ही प्रयोग करते हैं। बच्चे जो शब्द सीखते या बोलते हैं, उन्हें दो वर्गों में विभक्त किया जा सकता है-

(i) **सामान्य शब्द भण्डार** (General Voabulary): सामान्य शब्द भण्डार के विकास की अवधि में बच्चे वाणी या कथन के सभी भागों का अधिगम नहीं करते हैं बल्कि अपने उपयोग की दृष्टिकोण से महत्वपूर्ण शब्दों का ही अर्जन करते हैं। इस प्रकार उनके शब्द भण्डार (vocabulary) में संज्ञा शब्दों की अधिकता होती है। सर्वप्रथम, बच्चे संक्षिप्त संज्ञा पदों यथा-पापा, मामा आदि, का ही अधिगम करते हैं। इन शब्दों के अधिगम पर घर के अन्य सदस्यों के द्वारा बोले जाने वाले कथनों का भी प्रभाव पड़ता है। संज्ञा पदों के बाद बच्चों के शब्द कोष में क्रिया (Verbs), विशेषण (Adjectives), क्रिया विशेषण (Adverbs), उपसर्ग (Preposition) आदि का क्रमशः विकास होता है परन्तु सर्वनामों का विकास सबसे बाद में होता है। विशेषणों के प्राथमिक रूप में पहले अच्छा, बुरा, शरारती, गर्म, आदि का अधिगम होता है और क्रिया विशेषण के रूप से 'यहाँ' एवं 'वहाँ' आदि का अर्जन होता है। प्रारम्भ में बच्चों को अपने लिए प्रयुक्त होने वाले शब्दों जैसे- मैं, मुझे, मेरा, का अधिगम करने में काफी कठिनाई होती है। अतः बच्चे ऐसे शब्दों के अधिगम का परिहार करते हैं।

सामान्य शब्द भण्डार (General Vocabulary)

बच्चों के सामान्य शब्द भण्डार में अनेक प्रकार के शब्द होते हैं। इस पर अनेक विकास मनोवैज्ञानिकों (गेसेल एवं थामसन, 1930; स्मिथ, 1926; मैकार्थी, 1930; कैराल, 1939; यंग, 1941 एवं यंग 1942; हिलगार्ड, 1975) ने इस विषय पर महत्वपूर्ण कार्य किया है। गैसेल एवं थामसन ने 52 सप्ताह की आयु के बच्चों के शब्द भण्डार का विश्लेषण करके निष्कर्ष दिया कि उनके शब्द भण्डार में निम्नलिखित पक्षों से सम्बद्ध शब्द मिलते हैं।

(i) भोज्य पदार्थ - Things to eat
(ii) वस्तुओं के गुण - Qualities of objects
(iii) क्रियायें या सम्बन्ध - Activities or relationships
(iv) निर्जीव पदार्थ - Inaniment objects
(v) व्यक्ति - Persons
(vi) ध्यानाकर्षण हेतु तेज आवाज - Exclamations
(vii) स्व - Self
(viii) पशु - Animals

(ix) विस्मयादिबोधक शब्द – Interjections
(x) सामाजिक व्यवहार – Social Behaviour

विशेष शब्द भण्डार (Special Vocabulary)

बच्चों की आयु तथा सामाजिक सम्वन्धों में वृद्धि होने के कारण विचारों को संप्रेषित करने के लिए सामान्य शब्द भण्डार से कार्य नहीं हो पाता है। अतः वे विशिष्ट शब्द भण्डार का निर्माण करते हैं। आरम्भिक दो वर्षों में उसमें इस योग्यता का अभाव होता है किन्तु तीसरे वर्ष में विशिष्ट भण्डार का निर्माण प्रारम्भ हो जाता हैं। प्रारम्भ में उसे कठिन व विस्तृत शब्दों को सीखने में काफी कठिनाई होती है परन्तु मानसिक योग्यता में वृद्धि, स्वरयंत्र की परिपक्वता तथा अधिगम के परिणामस्वरूप विशिष्ट शब्दों का सीखना सरल होता रहता हैं। विशिष्ट शब्द भण्डार के निर्माण की प्रक्रिया तथा उसके पक्षों का अध्ययन अनेक लोगों ने किया है। इनमें टरमन (1922); कुक (1931); कैसर (1933), एवं मेलबिले (1912) इत्यादि प्रमुख हैं। यह योग्यता तीसरे वर्ष से परिलक्षित होने लगती है। विभिन्न अध्ययनों से प्राप्त परिणामों के आधार पर विशिष्ट शब्द भण्डार के पक्ष तथा उनके अभिव्यक्त होने की आयु, सारणी 11.1 में प्रस्तुत है।

सारणी 11.1 : शब्द भण्डार के प्रकार एवम् उनके अभिव्यक्त होने की आयु

क्रमांक	शब्द भण्डार के प्रकार	प्रदर्शित होने की आयु (वर्ष में)	उदाहरण
1.	जटिल या कलात्मक शैली	1.2 वर्ष (हरलॉक, 1960)	कठिन शब्दों का उच्चारण
2.	शिष्यचार (Etiquette)	5.5 (हरलॉक, 1950)	श्रीमान, धन्यवाद, माफ करें
3.	रंग (Colour)	2.5 (कुक, 1934)	लाल, पीला, हरा, नीला
4.	अंक (Number)	6 (हरलॉक, 1950)	1, 2, 3, ...10 1
5.	समय (Time)	6 (हरलॉक, 1950)	सुबह, सायंकाल, दिन, माह
6.	मुद्रा (Money)	6 (स्टैनफर्ड रिविजन, 1922)	रूपये, पैसे
7.	गंदे या गंवारू शब्द (Slang Words)	7.3 (हरलॉक, 1950)	गाली, निषिद्ध शब्दों का प्रयोग (Taboo Words)
8.	गुप्त भाषा (Secret Language)	8.15 (ब्राउनस्टेन, 1940)	बच्चों या किशोरों के सांकेतिक, (codes) प्रतीक जिसके द्वारा वे अपने विचार दूसरों तक पहुंचाते हैं।

बच्चों की आयु तथा अधिगम के अवसरों में वृद्धि के परिणामस्वरूप शब्द भण्डार का आकार भी बढ़ता है। स्मिथ एवं टरमन (1926, 1922) ने विभिन्न आयु स्तरों पर शब्दभण्डार के आकार का अध्ययन किया है तथा प्राप्त परिणामों सारणी 11.2 में प्रदर्शित किया गया है।

सारणी 11.2 : आयु वृद्धि के साथ शब्द भण्डारण में वृद्धि

आयु (वर्षों में) (शब्दों में)	शब्द भण्डार का आकार
1 वर्ष	2-3 शब्द
2 वर्ष	272 "
3 वर्ष	896
4 वर्ष	1,540
5 वर्ष	2,072
6 वर्ष	2,562
8 वर्ष	3,600
10 वर्ष	5,400
12 वर्ष	7,200
18 वर्ष	15,000-19,000

वाक्य निर्माण (Sentence Formation)

प्रारम्भ में बच्चे प्राय: एक ही शब्द से अपने मनोभावों को व्यक्त करते हैं। यथा- यदि कोई बच्चा 'दीजिए' कहता है, तो इसका तात्पर्य यह हुआ कि 'मुझे यह वस्तु दीजिए'। इस प्रकार के शब्दों के साथ वह संकेत व हाव भाव भी करता है। यह योग्यता (वाक्य निर्माण) द्वितीय वर्ष के प्रारम्भ में उपत्न्न होती है और धीरे-धीरे इसकी क्षमता बढ़ती ही रहती है। 12 से 18 माह तक उनमें एक ही तरह के वाक्य परिलक्षित होते हैं परन्तु इसके बाद वे दो या इससे अधिक शब्दों को जोड़कर वाक्य बना लेते हैं। इस प्रकार उसमें भाषा विकास की प्रक्रिया पूर्णता की ओर अग्रसर होती हैं। दूसरे वर्ष के अन्त तक वह छोटे-छोटे वाक्यों को बना लेता है, फिर भी संकेतों तथा हाव-भाव का उपयोग चलता रहता है।

वाक्य निर्माण की प्रक्रिया को चार भागों में विभक्त किया जा सकता हैं।

(अ) एकल शब्द के वाक्य की अवस्था (Stage of Single Word Sentences)— बच्चा द्वितीय वर्ष के आरम्भ में एक शब्द का वाक्य बोलता है और यह रूप लगभग 17 माह तक चलता है।

(ब) प्रारम्भिक वाक्य अवस्था (Early Sentence Stage): यह अवस्था 18वें माह में उत्पन्न होती है तथा 25वें माह तक चलती है। इसके वाक्य अधूरे होते हैं एवं प्राय: संज्ञा, क्रिया एवं विशेषण आदि का प्रयोग होता है।

(स) लघु वाक्य अवस्था (Short Sentence Stage): इस प्रकार के वाक्यों में 3-4 शब्द पाये जाते हैं। यह अवस्था द्वितीय वर्ष से तृतीय वर्ष के बीच उत्पन्न होती है। इसमें भी 20-60% वाक्य अधूरे होते हैं। वाक्य लघु होते हैं तथा इनमें संज्ञा एवं क्रिया की अधिकता होती है।

(द) पूर्ण वाक्य अवस्था (Complete Sentence Stage): बच्चे इस अवधि में प्रौढ़ों की भांति कथन के सभी भागों (All parts of speech) का प्रयोग करके पूर्ण वाक्य बना सकते हैं। इस अवस्था की उत्पत्ति 3–4 वर्षों में होती है। 6 वर्ष की आयु में बच्चों में इस अवस्था का पूरा प्रदर्शन होने लगता है। इस अवस्था में अभ्यास द्वारा वाक्य निर्माण की योग्यता और भी बढ़ायी जा सकती हैं।

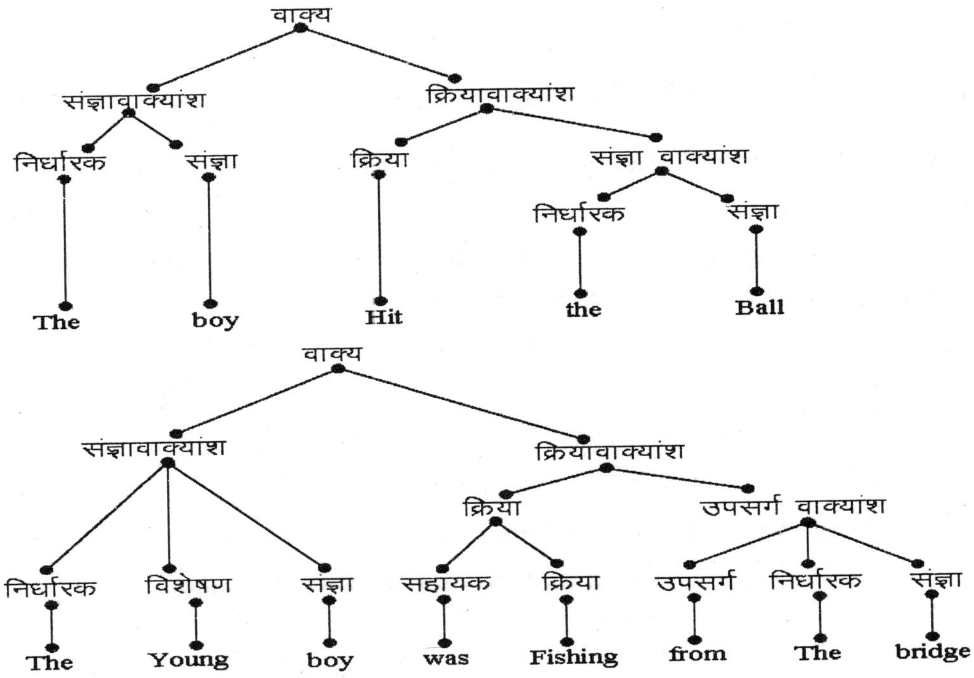

चित्र 11.3 : दो वाक्यों के वाक्यांशों का प्रतिनिधित्व करने वाले वृक्ष चित्र (Tree diagrams)(प्रस्तुत चित्र हिलगार्ड इत्यादि (1975) की पुस्तक से परिमार्जित रूप से लिया गया है)।

भाषा तथा वाणी में अन्तर
(Differences between Languages and Speech)

वाणी के दोष (Disorders of Speech)

भाषा के विकासक्रम में बालक में वाणी या भाषा–दोष पाया जाना स्वाभाविक है किन्तु बाद में यह दोष यदि जारी है तो न केवल बालक के व्यक्तिगत विकास में हानिकारक तथा कष्टकर है बल्कि परिवार, पड़ोस, विद्यालय एवम् समाज सभी के लिए एक जटिल समस्या है। भाषा सम्बन्धी दोष होने पर बालक को सामाजिक समायोजन सम्बन्धी कठिनाई उठानी पड़ती है और प्राय: पड़ोसियों तथा मित्रों द्वारा परिहास का पात्र बनना पड़ता है। जब वह विद्यालय में प्रवेश करता है तो उसकी

पढ़ाई लिखाई ठीक से नहीं चल पाती है। शिक्षकों को ऐसे बालक को पढ़ाने में कठिनाई का अनुभव होता है। आगे जब वे व्यावहारिक जीवन में प्रवेश करते हैं तो माता-पिता तो हमेशा दु:खी रहते ही हैं, उसे अनेक विरोधी परिस्थितियों का सामना भी करना पड़ता है। भाषा सम्बन्धी दोषों के अनेक कारण हो सकते हैं जैसे- आंगिक विकृतियाँ, होठ, जबड़ों, दांतों, जिह्वा, तालू, बहरापन आदि में दोष, संरचनात्मक दोष या समुचित प्रशिक्षण का अभाव, उत्तेजना के कारण शीघ्र बोलने का प्रयास करना, संवेगात्मक तनाव, प्रारम्भ से गलत बोलने की आदत पड़ जाना, होठों एवं जिह्वा की मांसपेशियों का दुर्बल होना, अन्त:स्रावी ग्रन्थियों के सन्तुलन का अभाव।

वाणी दोष के प्रकार (Kinds of Language/Speech Disorders)

भाषा दोष के अनेक प्रकार हो सकते हैं। किन्तु सामान्य रूप से चार प्रमुख प्रकार के दोष अधिक पाये जाते हैं-

अस्पष्ट बोलना (Slurring): प्राय: देखा जाता है कि कुछ बालक इस प्रकार शब्दोच्चारण करते हैं कि उनका कोई स्पष्ट अर्थ समझ में नहीं आता है। भाषा सम्बन्धी इस दोष के अनेक कारण हो सकते हैं। जैसे-

(क) स्वरयंत्रों का गतिहीन होना।
(ख) जबड़े, होठ या जिह्वा में क्रियाशीलता की कमी।
(ग) अत्यधिक भय के कारण संवेगात्मक तनाव।
(ङ) उत्तेजनात्मक या निषिद्ध शब्दों को जल्दी बोलने का प्रयास करना।

ध्वनि परिवर्तन (Lisping): ध्वनि परिवर्तन सम्बन्धी दोष अनेक रूपों में पाया जाता है- जैसे (1) ध्वनि का स्थान बदलना - 'देलही -देहली', 'मतबल - मतलब' आदि। (2) ध्वनि बदल देना - 'आनी-पानी', 'उत्ता-कुत्ता', 'ओती-रोटी' आदि। भाषा सम्बन्धी इस दोष का कारण आंगिक दोष' (organic defect) जैसे जबड़े में विकार, होठों या दांतों में गड़बड़ी आदि। जिस बालक में भाषा सम्बन्धी यह दोष पाया जाता है उस बालक को टोकने या उसकी हंसी उड़ाने से वह इस दोष को छोड़ देता है। इसीलिए किशोरावस्था में या उच्च स्तर के विद्यालयों के छात्रों में यह दोष नहीं पाया जाता है।

अक्षर लोप (Elision): प्राय: छोटी उम्र के बालक जब कोई शब्द बोलते हैं तो वे पूरा शब्द न बोलकर एक न एक अक्षर को बोलने में छोड़ देते हैं। प्राय: वे प्रथम अक्षर को ही बोलकर रह जाते हैं - जैसे- दाल के लिए 'दा' और पानी के लिए 'पा'। यह दोष आमतौर पर 18 माह या 1.5 वर्ष से पूर्व तक रहता है। प्राय: इस उम्र के बालक प्रत्येक सुनी हुई बात को दोबारा कहना चाहते हैं किन्तु पूरा-पूरा कह नहीं पाते हैं जिसके कारण कुछ ध्वनियाँ छूट जाती हैं। इस दोष का कारण या तो कुछ आंगिक विकृतियाँ हैं या पूर्ण शब्द का विकास न हो पाना।

हकलाना (Stuttering or Stammering)

(अ) हकलाने का स्वरूप (Nature) : भाषा सम्बन्धी इस दोष में बालक बोलते-बोलते या तो किसी शब्द का उच्चारण करने से पूर्व कोई अवरोध अनुभव करता है अथवा उसके प्रथम स्वर या अक्षर को बार-बार दोहराता है जैसे- 'पानी' शब्द कहते समय दो तीन बार 'पा-पा-पा' कहना या बिल्कुल बोल ही न पाना हकलाने के सम्बन्ध में एक बड़ी महत्वपूर्ण बात यह है कि एक बालक सभी परिस्थितियों में आवश्यक नहीं कि हकलाये। जो बालक बात-चीत के समय हकलाता है वह गाते समय नहीं हकलायेगा। हकलाते समय बालक के चेहरे पर कई बार अनेक प्रकार के परिवर्तन आते हैं-यथा-माथे पर लकीरें या सिकुड़न पड़ जाना, गाल फूलना, मुह टेढ़ा हो जाना, आंखे झपकना आदि। बालक जब तीन वर्ष का होता है उस समय उसके हकलाने की प्रवृत्ति अधिक पायी जाती है तथा बाद में यह कम होती चली जाती है।

(ब) हकलाने के कारण (Causes) : बालकों में हकलाने के अनेक शारीरिक, मानसिक, संवेगात्मक तथा सामाजिक कारण होते हैं, जिनमें से प्रमुख हैं :

(क) वंशानुगत दोष (Genetic Disorder)

(ख) मस्तिष्क के दो गोलार्धों में आपसी सन्तुलन का अभाव (Imbalance between Two Hemispheres)

(ग) अन्तःस्रावी ग्रंथियों का असन्तुलन (Endocrine Imbalances)

(घ) आंगिक विकृति (Organic Disorders)

(ङ) मस्तिष्क को आघात पहुंचाना (Brain Injury)

(च) ध्वनियों की स्मृतिलोप (Auditory Amnesia)

(छ) रक्त में पोटैशियम और प्रोटीन की कमी शर्करा या चूने की अधिकता (Decrease in the Pottasium and Protein Content of Blood and Increase in Sugar and Calcium Content)

(ज) संवेगात्मक तनाव (Emotional Tension)

(झ) बायें हाथ को छोड़कर दायें हाथ से कार्य करने के लिए बाध्य करना (Forcing the Child to Change Hand Preference from Left to Right)

(ञ) दोषपूर्ण प्रशिक्षण (Defective Training)

(स) हकलाने का परिणाम (Result of Stuttering): बालक पर हकलाने का बहुत बुरा प्रभाव पड़ता है। इससे उसका सामान्य विकास अवरुद्ध हो जाता है और वह 'हीनता की भावना' (Inferiority complex) से पीड़ित हो जाता है। प्रायः ऐसे बालकों की समाज में हंसी उड़ाई जाती है जिससे उनमें अकेलापन की प्रवृत्ति विकसित हो जाती है। हकलाने के सम्बन्ध में

अधिक जानकारी के लिए अभी आगे शोध कार्यों की आवश्यकता है। ऐसा कोई समाज न होगा जिसमें एक बड़ी संख्या में हकलाने वाले बालक न पाये जाते हों। अनुमान किया गया है कि भारत में लगभग 25 लाख लोग इस समस्या के शिकार हैं।

भाषा एवं चिन्तन (Language and Thought)

भाषा तथा चिन्तन के सम्बन्ध को तीन प्रमुख दृष्टिकोणों के आधार पर रेखंकित किया गया है।

(अ) भाषा चिन्तन को निर्धारित करती है,
(ब) चिंतन भाषा को निर्धारित करता है एवम्
(स) भाषा एवं चिन्तन का मूल भिन्न-भिन्न होता है तथा बच्चों के विकास के साथ-साथ वे एक साथ हो जाते हैं।

भाषा/चिन्तन को निर्धारित करती है (Language Determines of Thinking)

बेंजामिन ली वोर्फ का विचार है कि भाषा चिन्तन को प्रभावित ही नहीं करती बल्कि निर्धारित भी करती है। इस विचारधारा को भाषिक सापेक्षवाद की परिकल्पना कहते हैं। व्यक्ति की भाषा जितनी ही समृद्ध होगी उसका चिन्तन भी उतना ही प्रभावी होगा यथा- अंग्रेजी भाषा में रंग के लिए दर्जनों शब्द है जबकि न्यूगीनिया की एस्किमों जाति में रंगों के लिए मात्र दो शब्द प्रयोग में लाये जाते हैं। अतः हम भाषिक सापेक्षवादी सिद्धान्त के आधार पर कह सकते हैं कि एस्किमों जाति की तुलना में अंग्रेजी भाषी लोगों में रंगों के प्रति विचार/चिन्तन अधिक प्रभावी होगा।

चिन्तन/भाषा को निर्धारित करता है (Thinking Determines Language)

जीन पियाजे का मानना है कि चिन्तन भाषा मात्र का निर्धारण ही नहीं करता बल्कि इसकी उत्पत्ति पहले होती है। पियाजे का मानना है कि बच्चे चिन्तन की सहायता से संसार की एक आंतरिक छवि निर्मित करते हैं। भाषा चिन्तन के वाहकों में से एक है। जब क्रियाओं को आत्मसात कर लिया जाता है, तो भाषा बच्चों के प्रतीकात्मक चिन्तन का विस्तार करती है, किन्तु भाषा चिन्तन के मौलिक विकास के लिए आवश्यक नहीं है। अतः भाषा के मूल को समझने के लिए चिन्तन आवश्यक है।

भाषा एवं चिन्तन की अलग-अलग व्युत्पत्ति एवं इनकी अन्तःक्रिया (Independent Origin of Language and Thinking and Their Interactions)

रूसी मनोवैज्ञानिक लिव वाइगाट्स्की का मत है कि भाषा तथा चिन्तन का मूल अलग-अलग

होता है तथा इनका विकास चरणों में समान्तर रूप से चलता रहता है। यद्यपि इनकी अन्त:क्रिया एक दूसरे को प्रभावित करती है।

वाइगाटस्की के अनुसार भाषा विकास के प्रथम चरण में चिन्तन शून्य वाक् सहज अवस्था (Naïve stage) में विकसित होती है, इसमें शब्दों के प्रतीकात्मक आशय सीखे जाते हैं। दूसरी अवस्था आत्मकेन्द्रित भाषा (Egocentric speech) की अवस्था होती है जहाँ बच्चे बड़ी प्रसन्नता के साथ बातों को कहते हैं। इसके पश्चात् भाषा विकास की तीसरी अवस्था जिसे आन्तरिक भाषा (Inner speech) की अवस्था कहा जाता है, आती है जिसमें बच्चे ध्वनि रहित वाणी का उपयोग करते हुए विचारों में स्वेच्छया परिवर्तन करने के योग्य हो जाते हैं।

वाइगात्स्की के अनुसार जब बच्चे एक अवस्था से दूसरी अवस्था की ओर जाते हैं तो इन दोनों के संधि काल में मौलिक संरचनायें नष्ट हो जाती हैं तथा नई संरचनाओं का निर्माण होता है। अन्तिम अवस्था में भाषा तथा चिन्तन का विकास एक दूसरे से स्वतंत्र रूप में होता है। जब दोनों प्रकार्य एक दूसरे में व्याप्त रहते हैं तो इन्हें साथ-साथ उपयोग किया जा सकता है जिससे कि शाब्दिक चिन्तन तथा तार्किक भाषा उत्पन्न हो सके (चित्र 11.4)।

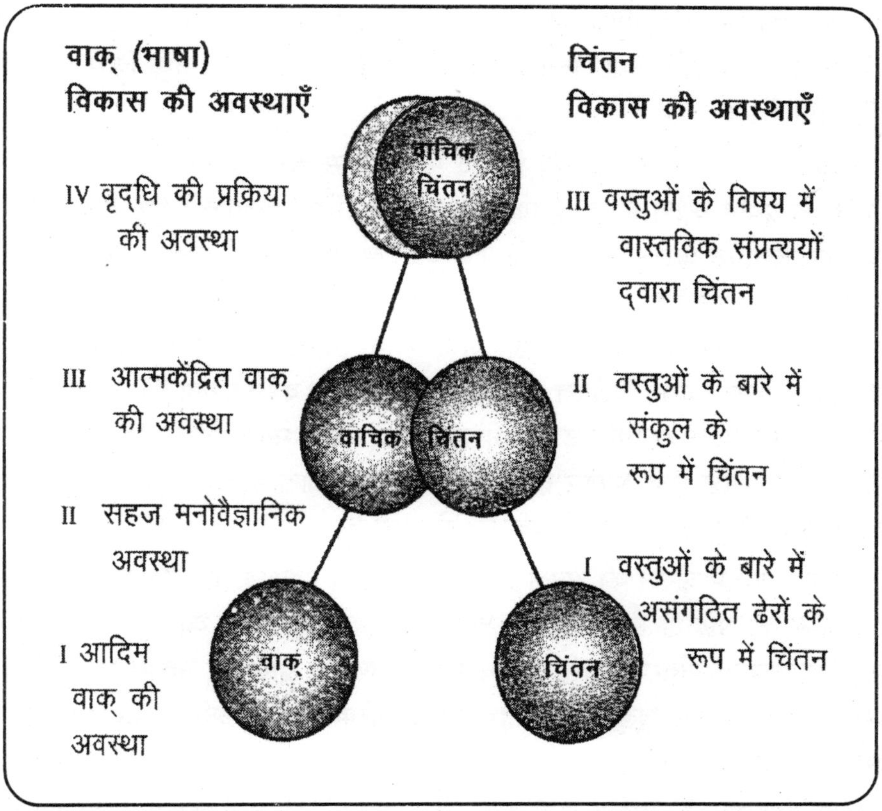

चित्र 11.4 : वाइगात्स्की की दृष्टि में भाषा एवं चिन्तन के बीच विकास के परिप्रेक्ष्य में बदले संबंध।

सारांश (Summary)

भाषा मानव की एक विशिष्ट क्षमता है जो आयु वृद्धि के साथ अनुक्रम में विकसित होती है। भाषा विकास का शुभारम्भ क्रन्दन से होता है। आरम्भिक वर्षों में भाषा विकास आश्चर्यजनक रूप से तीव्रतम गति से होता है तथा 4 वर्ष तक जाते-जाते बालक व्याकरण का प्रयोग करने लगता है। पियाजे (1926) का मानना है कि प्रारम्भिक अवस्था में बच्चे की भाषा आत्म केन्द्रित होती है किन्तु बच्चे में सामाजिक चेतना के आरम्भ होने के पश्चात् उसकी भाषा परिपक्व हो जाती है तथा वह अपनी भाषा के आधार पर अपने सामाजिक परिवेश में स्वयं को समायोजित कर लेता है।

भाषा के तीन प्रमुख घटक हैं। पहला है "अन्तर्वस्तु" (contents); जिनके द्वारा हम सूचनाओं का अर्थ एवं उसका स्पष्टीकरण करते हैं। आत्मकेन्द्रितता, सांवेगिक अन्तर्वस्तु, बाल प्रश्न, शब्दों की पुनरावृत्ति आदि अन्तर्वस्तु के महत्वपूर्ण पक्ष है। इसका दूसरा घटक है 'रूप' (Form); जो अन्तर्वस्तु का प्रतिनिधित्व करता है। वाणी ध्वनियाँ, रूपग्राम, शब्द तथा वाणी ये सभी, रूप के विभिन्न प्रकार हैं एवम् तीसरा घटक है 'उपयोग' जिसका तात्पर्य है वक्ता तथा श्रोता के मध्य भाषा के संचार की आवश्यकता एवं आशय।

वाणी, भाषा का एक विशिष्ट रूप है। वाणी विकास के अन्तर्गत यह देखने का प्रयास किया जाता हैं कि बच्चे में ध्वनि तथा शब्दोंच्चारण किस तरह, किस गति से तथा किस अवस्था में परिवर्तित होते हैं।

नवजात शिशु भाषा विकास की प्रक्रिया में सर्वप्रथम क्रन्दन करता है जिसके लिए वह श्वसनतंत्र का प्रयोग करता है। 3-4 माह की आयु का शिशु बलबलाते हुए कुछ विस्फोटक ध्वनियों को उच्चारित करता है। साथ ही साथ वह हाव-भाव का भी सहारा लेता है। इसी के साथ-साथ बच्चे में शब्दों की समझ विकसित हो जाती हैं। आयु में वृद्धि तथा अधिगम परिस्थिति का लाभ मिलने के कारण बच्चे अपने लिए शब्द भण्डार निर्मित करते हैं। 52 सप्ताह का बच्चा अपनी भाषा में संज्ञा, क्रिया, विशेषण, उपसर्ग आदि का प्रयोग करने लगता है। जब बच्चा तीसरे वर्ष में प्रवेश करता है तो वह विशिष्ट शब्द भण्डार का निर्माण करता है। जैसे-जैसे बच्चे की आयु में वृद्धि होती है उसके शब्द भण्डार का आकार भी बढ़ता जाता है तथा 6 वर्ष तक जाते-जाते उसमें पूर्ण वाक्य-निर्माण की क्षमता विकसित हो जाती है।

यद्यपि बच्चों में बोलने की क्षमता लगभग 15 माह में प्रदर्शित होती है तथापि कभी-कभी भाषा विकास की प्रक्रिया विलम्बित हो जाती है। अर्थात् कुछ ऐसे कारक यथा- मानसिक योग्यता, सामाजिक पर्यावरण, शारीरिक स्वास्थ्य, अनुपयुक्त प्रतिमान, नकारात्मक अभिवृत्ति, बहरापन, लैंगिक भिन्नता, जुड़वे बच्चे, द्विभाषावाद, परिपक्वता एवं अधिगम आदि हैं जो भाषा विकास को प्रभावित करते हैं।

भाषा विकास की व्याख्या करने वाले तीन उपागमों की चर्चा की गयी है। सहजवादी उपागम के एक तरफ समर्थक नोम चाम्स्की का मत है कि भाषा विकास जन्मजात कारकों से

निधारित होती है जबकि दूसरी तरफ व्यावहारवादी उपागम में, पावलाँव, स्किन्नर तथा बैण्डूरा आदि का मानना है कि बच्चा भाषात्मक कौशल अर्जित करता हैं। इसके अतिरिक्त अन्त:क्रियावादी उपागम अपने दृष्टिकोण से भाषा विकास को परिभाषित करता है। इस उपागम का मानना है कि बच्चे की आन्तरिक क्षमताओं एवं परिवेशीय निवेशों के बीच अन्त:क्रिया ही भाषा-विकास का मुख्य आधार है।

सामान्यत: भाषा विकास के दौरान बच्चों में बहुत सारी भाषागत त्रुटियाँ पायी जाती हैं किन्तु बाद में भाषा तथा वाणी दोष का पाया जाना, बच्चे के व्यक्तित्व को दोषपूर्ण बनाता है। अस्पष्ट बोलना, ध्वनि परिवर्तन, अक्षर लोप, हकलाना आदि भाषा/वाणी दोष के अनेक प्रकार हैं।

भाषा तथा चिन्तन के सम्बन्ध को तीन विचारधारायें स्पष्ट करती हैं। होर्फ का मानना है कि भाषा चिन्तन को प्रभावित करता है जबकि पियाजे का मानना है कि चिन्तन ही भाषा को प्रभावित करता है। वहीं वाइगाटस्की का मानना है कि भाषा तथा चिन्तन का मूल भिन्न-भिन्न होता है तथा बच्चों के विकास के साथ-साथ वे एक साथ हो जाते हैं।

तकनीकी पद	**Technical Terms**
आकर्षण	Attraction
आगमनात्मक	Inductive
आघात	Injury
आन्तरिक भाषा	Inner Speech
आत्मकेन्द्रितता	Ego-centricity
आबद्ध	Bond
अन्तर्वस्तु	Content
अन्त:क्रियावादी	Interactionist
अभिवृत्तियाँ	Attitude
आत्म-अनुकरण	Self-Imitation
अस्पष्ट बोलना	Slurring
अक्षर लोप	Elison
असन्तुलन	Imbalance
उपयुक्त प्रतिमान	Adequate model
उपलब्धि	Achievement
उत्पादन क्षमता	Generative Capacity
क्रान्तिक अवधि	Critical Period
क्रन्दन	Crying

गुप्त भाषा	Secret Language
द्विभाषावाद	Bilingualism
ध्वनि परिवर्तन	Lisping
ध्वनियों की स्मृति लोप	Auditory Amnesia
नकारवृत्ति	Negativism
निर्जीव पदार्थ	Inaniment Objects
प्रवाह	Fluency
पुनरावृत्ति	Repetition
पुनर्बलन	Reinforcement
परिपक्वता	Maturation
बलबलाना	Babbling
बहरापन	Deafness
भाषा	Language
मातृभाषा	Native Language
वार्तालाप	Conversation
वंशानुगत दोष	Genetic Disorders
वाणी ध्वनियाँ	Phonemes
व्यवहारवादी	Behaviorist
विस्मयादिबोधक	Interjection
वैयक्तिक	Individual
विस्फोटक ध्वनियाँ	Explosive Sound
श्वसन तंत्र	Respiratory System
शब्द भण्डार	Vocabulary
शिष्टाचार	Etiquette
सामूहिक	Collective
स्वरयंत्र	Larynx
स्वर प्रणाली	Vocal Mechanism
सहजवादी	Nativist
सहज अवस्था	Naïve Stage
हकलाना	Stuttering or Stammering
हाव-भाव	Gesture
हीनता की भावना	Inferiority Complex

12 बाल्यावस्था : सामाजिक, सांवेगिक एवं व्यक्तित्व विकास

Childhood : Social, Emotional and Personality Development

बाल्यावस्था जीवनकालिक विकास की महत्वपूर्ण अवस्था है। इस अवस्था को दो भागों में विभाजित किया गया है — पूर्व बाल्यावस्था (Early childhood) एवं उत्तर बाल्यावस्था (Late childhood)। आरम्भिक 2 से 6 वर्ष की आयु पूर्व बाल्यावस्था कहलाती है जिसमें बच्चे की आत्म निर्भरता में उत्तरोत्तर वृद्धि होती है। यह अवधि पाठशाला में प्रवेश की होती है। इसलिए इसे 'स्कूल पूर्व आयु' भी कहा जाता है और 'टोली पूर्व आयु' भी कहा जाता है। इस अवधि में बालक सामाजिक व्यवहारों के आधारभूत तत्वों को सीखना आरम्भ करता है। उत्तर बाल्यावस्था का आरम्भ 6 वर्ष की आयु से होता है तथा वय:सन्धि के प्रारम्भ अर्थात् 12 वर्ष तक चलता रहता है। बालक स्कूल में प्रवेश पा चुका रहता है। इस अवस्था को 'टोली की अवस्था' भी कहा जाता है। इसे 'प्रारम्भिक स्कूल अवस्था' भी कहा जाता है। अत: जीवन के अनेक पक्षों के विकास की दृष्टि से यह आयु अत्यन्त महत्व रखती है। प्रस्तुत अध्याय के अन्तर्गत बाल्यावस्था में होने वाले सामाजिक, सांवेगिक तथा व्यक्तित्व विकास संरूपों का क्रमश: वर्णन किया गया है।

इस अध्याय के प्रथम अनुभाग में बाल्यावस्था में होने वाले सामाजिक विकास का वर्णन किया गया है। इसके अन्तर्गत पूर्व तथा उत्तर बाल्यावस्था में सामाजिक विकास का क्या संरूप होता है? इस अवधि में कौन-कौन से सामाजिक व्यवहार परिलक्षित होते हैं? तथा सामाजिक व्यवहारों के विकास में पारिवारिक कारकों की क्या भूमिका होती है एवं अन्य परिवेशीय कारकों की भूमिका कितनी महत्वपूर्ण होती है? इन प्रश्नों की समीक्षा इस भाग के अन्तर्गत किया गया है।

अध्याय के दूसरे अनुभाग में, बालक में होने वाले संवेगात्मक विकास का वर्णन किया गया है। इसके अन्तर्गत यह जानने का प्रयास किया गया है कि पूर्व तथा उत्तर बाल्यावस्था में सांवेगिक विकास का संरूप क्या होता है? सामान्यत: कौन-कौन से संवेग अभिव्यक्त होते हैं? तथा सांवेगिक विकास के निर्धारण में किन कारकों की भूमिका महत्वपूर्ण होती है?

अध्याय के अन्तिम अनुभाग में बाल्यावस्था में व्यक्तित्व विकास का विवेचन किया गया

हैं। इसके अन्तर्गत व्यक्तित्व विकास से जुड़े कुछ महत्वपूर्ण प्रश्नों जैसे व्यदितत्व का संरूप क्या है? स्व तथा शीलगुणों का विकास किस प्रकार होता है? व्यक्तित्व की कौन-कौन सी विशेषतायें मुख्य रूप से बाल्यावस्था में परिलक्षित होती हैं? व्यक्तित्व के विकास में किन कारकों की भूमिका महत्वपूर्ण होती है? की समीक्षा की गयी है। अन्त में, व्यक्तित्व विकास के स्वरूप की व्याख्या प्रमुख सैद्धान्तिक उपागमों के आधार पर की गयी है।

सामाजिक विकास (Social Development)

सामाजिक व्यवहारों का विकास यद्यपि शैशवावस्था से ही आरम्भ हो जाता है परन्तु बाल्यावस्था में, सामाजिक विकास के संरूपों में गुणात्मक तथा मात्रात्मक परिवर्तन तीव्रतर गति से परिलक्षित होने लगते हैं। पूर्व बाल्यावस्था तथा उत्तर बाल्यावस्था में होने वाले सामाजिक विकास के संरूपों का विवेचन आगे किया जा रहा है।

पूर्व बाल्यावस्था में सामाजिक विकास (Social Development in Early Childhood)

बच्चों के सामाजीकरण की बुनियाद परिवार से पड़ती है। सामाजीकरण की इस प्रक्रिया में माता-पिता, परिवार के अन्य सदस्य, रिश्तेदार प्रमुख अभिकर्त्ता के रूप में महत्वपूर्ण भूमिका निभाते हैं। तत्पश्चात् बाल्थावस्था में आस-पड़ोस, मित्रमण्डली (Peer group) एवं विद्यालय की भूमिका भी सामाजिक विकास प्रक्रम में महत्वपूर्ण हो जाती है। जैसे-जैसे बालक परिवार के दायरे से निकलकर बाहरी लोगों से सम्पर्क बनाता है वैसे-वैसे उसकी सामाजिक दुनिया विस्तृत होती जाती है। माता-पिता पर बच्चे की निर्भरता (Dependency) कम होने लगती है तथा उसके स्थान पर परिवार के बाहरी व्यक्तियों से सम्बन्ध बनते जाते हैं। हीथर्स (1957) का मानना है कि घर के बाहर की आरम्भिक सामाजिक अनुभव संवेगों की दृष्टि से बालक के लिए प्रायः समस्या उत्पन्न करने वाले होते हैं, विशेषतः तब जब वह अपने से बड़े बालकों के सम्पर्क में आता है। बाहरी लोगों से समायोजन करने में उसकी सफलता बहुत कुछ इस बात से प्रभावित होती है कि घर के अन्दर उसे किस प्रकार के अनुभव प्राप्त हुए है। यथा- जनतांत्रिक (Democratic) ढंग से पले-बढ़े बच्चों का समायोजन घर के बाहर सामाजिक समायोजन तथा पालन-पोषण की शैली से भी निर्धारित होता है। ये बच्चे सत्तावादी (Authoritarian), घरेलू परिवेश (Family environment) वाले बालकों की तुलना में अधिक समायोजनशील होते हैं। इसी प्रकार परिवार में बालक की संस्थिति (यथा- बच्चा अपने माता-पिता की इकलौती संतान है या उसके सहोदर है, इत्यादि) भी उसके घर के बाहर के सामाजिक समायोजन को प्रभावित करती है (बोसार्ड, 1953)।

बच्चे का जन्मक्रम, माता-पिता द्वारा पालन पोषण की शैली, बच्चे के प्रति उनकी अभिवृत्तियाँ, परिवार का वातावरण सभी कुछ बच्चे के प्रारम्भिक अनुभवों को प्रभावित करते हैं।

यदि ये अनुभव धनात्मक हैं तो बाहरी लोगों से उसका समायोजन ठीक होगा। इसके विपरीत आरम्भिक नकारात्मक अनुभव, बाहरी परिवेश के साथ बच्चों के समायोजन की क्षमता को घटाते हैं। प्रारम्भिक बाल्यावस्था सामाजिक विकास की 'टोली पूर्व' अवस्था (Pre-gang age) है। यदि किसी कारणवश पूर्व बाल्यावस्था में बच्चे को अन्य बालकों के सम्पर्क में रहने का अवसर नहीं मिलता तो वह उन अनुभवों से बंचित रह जाता है जो तात्कालिक एवं भविष्य में सामाजिक समायोजन के लिए आवश्यक होते हैं। छोटे बालकों के सामाजिक विकास में सामाजिक व्यवहारों की संख्या के अतिरिक्त उनके प्रकारों की भूमिका अत्यन्त महत्वपूर्ण होती है। यदि उसे दूसरों के सम्पर्क से आनन्द आता है, तो चाहे ये संपर्क कभी-कभी ही क्यों न हों, बावजूद इसके अग्रिम सामाजिक सम्पर्कों के प्रति उनमें धनात्मक अभिवृत्ति विकसित करते हैं।

शिशु जहाँ वयस्कों के साथ अधिक संतुष्ट रहते हैं, वहीं उसके लिए छोटे बच्चों का सम्पर्क संतोषप्रद नहीं होता, परन्तु तीन वर्ष की आयु के बालक अन्य बालकों की ओर देखने में रुचि लेते हैं और यह उनसे सम्पर्क बनाने की प्रथम कोशिश होती है। इस अवस्था में बालक समानान्तर खेल (Parallel play) खेलता है जिसको दो बालक साथ होते हुए भी स्वतन्त्र रूप से स्वांतः सुखाय, खेलते हैं। इसके बाद 'सहचारी खेल' का चरण आता है जिसमें बालक अन्य बालकों के साथ खेलता है तथा एक जैसी क्रियाएं करता है। अन्ततः 'सहयोगी खेल' का चरण आता है जिसमें बालक समूह का एक अंग बन जाता है। मार्शल (1961) के अनुसार 3-4 वर्ष की अवस्था में बालक में समूह के प्रति लगाव (Attachment) विकसित होता है जो आयु में वृद्धि के साथ-साथ बढ़ता जाता है। इस उम्र का बालक प्रायः तटस्थ द्रष्टा की तरह होता है जो अन्य बालकों को मात्र खेलते हुए देखता है, अन्य बालकों से बातें करता है, लेकिन समूह के खेल में प्रत्यक्ष रूप से शामिल नहीं होता। 4 वर्ष की आयु तक बालक में 'संगठित खेल' का आरम्भिक रूप परिलक्षित होने लगता है। वह दूसरों के प्रति सचेत हो जाता है और आत्म प्रदर्शन द्वारा दूसरों का ध्यान आकर्षित करने की कोशिश करता है।

I

सामाजिक व्यवहार (Social Behaviour)

पूर्व बाल्यावस्था में सामाजिक व्यवहार के कुछ रूप तो शैशवावस्था में सीखे गये व्यवहार के अवशेष होते हैं परन्तु वे व्यवहार, जो सफल समायोजन के लिए सर्वाधिक महत्वपूर्ण होते हैं इसी समय प्रकट होते हैं और विकसित होने लगते हैं। बाल्यावस्था के आरम्भिक वर्षों में वे इतनी अच्छी तरह तो विकसित नहीं होते हैं तथापि यह समय इन व्यवहारों के विकास का निर्णायक काल होता है, क्योंकि इस काल में आधारभूत सामाजिक व्यवहारों के रूप निर्धारित होते हैं (फ्रीमैन, 1953)। तीन वर्ष से कम के बच्चों की सामाजिक अन्तःक्रिया (Social Interaction) निम्न स्तर की होती है, तत्पश्चात् सामाजिक अन्तःक्रिया में तीव्रता से वृद्धि होती है। बालक में विकसित

सामाजिक व्यवहार का स्वरूप और परिमाण (जैसे बालक में प्रभुत्व का विकास, नेतृत्व के गुण, अधीनता, आज्ञापलन का गुण या अनुपालन की संस्थिति एवं मात्रा), बहुत कुछ इस पर निर्भर करता है कि उसका परिवेश कैसा है? और बालक का लोगों के साथ सम्बन्ध कैसा है? रेयान (1949) ने विकासशील सामाजिक व्यवहारों का अन्वेषणात्मक अध्ययन (Exploratory studies) किया तथा परिणामों में पाया कि 'स्कूल पूर्व आयु' में जो सामाजिक अभिवृत्तियाँ निर्मित हो चुकी होती हैं वे थोड़े से सुधार और परिवर्तन के साथ आगे भी बनी रहती है।

इस आयु में प्रकट होने वाले कुछ सामाजिक व्यवहार हैं; अनुकरण, प्रतिस्पर्धा, नकारवृत्ति, आक्रामकता, कलह, सहयोग, प्रभुता, स्वार्थपरता, सहानुभूति तथा सामाजिक अनुमोदन की इच्छा। बालक में सामाजिकता के साथ-साथ अनेक असामाजिक (Unsocial) व्यवहार भी विकसित होते हैं। विकास मनोवैज्ञानिकों ने कुछ प्रमुख सामाजिक व्यवहारों को रेखांकित किया है जिनका उद्‌भव या विकास पूर्व बाल्यावस्था में होता है।

अनुकरण (Imitation)

बच्चे माता-पिता को आदर्श मानते हैं। अतः बच्चे उनका अनुकरण करके अनेक सामाजिक व्यवहारों को सीखते हैं। माता-पिता के अतिरिक्त जब बालकों की रुचि दूसरे बालकों में पैदा होने लगती है, तब वे उनकी बोली, क्रियाओं और संवेगों का अनुकरण करने लगते हैं। इस तरह से आगे चलकर वे समूह के साथ तादात्म्य स्थापित करते हैं। अल्बर्ट बैण्डूरा ने सामाजिक अधिगम सिद्धान्त के अन्तर्गत प्रतिरूप (Model) के व्यवहारों के अनुकरण द्वारा सामाजिक विकास के प्रक्रम को पुष्ट किया है। एक अध्ययन में बैन्डूरा, राँस एवं राँस (1961) ने बताया कि बालक का सामाजिक विकास अनुकरण प्रविधि द्वारा होता है। इसमें इन्होंने बच्चों में आक्रामकता के अध्ययन के लिए एक 'बोबो गुड्डा (खिलौना)' बच्चों के सामने प्रस्तुत किया तथा उनके सामने दो प्रकार के आक्रामक व्यवहार प्रस्तुत किये। पहली दशा में प्रतिरूप (Model) ने गुड्डे के प्रति केवल वाचिक आक्रामकता जैसे- मारो, पीटो, फेंको इत्यादि की ध्वनि प्रस्तुत की तथा दूसरी दशा में शारीरिक आक्रामकता प्रदर्शित किया। बच्चों ने प्रतिरूप के व्यवहारों का अवलोकन किया तत्पश्चात् इन बच्चों को स्वतंत्र रूप से खिलौनों से खेलने के लिए छोड़ दिया गया। इन खिलौनों में बोबो गुड्डा भी था। परिणामों में पाया गया कि यद्यपि दोनों दशाओं में बालकों ने अनुकरण द्वारा आक्रामकता प्रदर्शित की परन्तु शारीरिक आक्रामकता (Physical expression of Aggression) की दशा में अधिक आक्रामकता प्रदर्शित की । इन प्रयोगों के आधार पर निष्कर्ष निकाला गया कि बच्चे अनुकरण द्वारा अधिकांश सामाजिक व्यवहारों को सीखते हैं।

प्रतिस्पर्धा (Competition)

दूसरों से आगे बढ़ जाने की इच्छा चौथे वर्ष (4 वर्ष) की आयु में दिखाई देने लगती है। छोटे बालकों का अपनी चीजों की तारीफ करना प्रतिस्पर्धा का ही एक रूप है। ऐसा प्रायः दूसरे की

उपस्थिति में होता है, सामान्यत: ऐसे वयस्क या वृद्ध की उपस्थिति में जिसका ध्यान बालक आकर्षित करना चाहता है। गेविट्ज (1954) का मानना है कि छोटा बालक अपने समवयस्कों के बजाय किसी प्रौढ़ का ध्यान आकर्षित करने के लिए अधिक व्यग्र होता है तथा उनके ध्यान केन्द्र को पाने के लिए कोई भी तरीका अपना सकता है। प्रतिस्पर्धा परिवार के अन्दर बहुत होती है, विशेष रूप से तब जब सहोदरों में ईर्ष्या होती है। ऐसे घरों में प्रतिस्पर्धा अधिक पायी जाती है जहाँ बालक, और बालिकाएं दोनों होते हैं या जहाँ माँ किसी बालक के प्रति अधिक अनुराग प्रकट करती है (बोसार्ड, 1953)।

नकारवृत्ति (Negativity)

नकारवृत्ति अर्थात् बड़ों की आज्ञा का प्रतिरोध करना शैशवावस्था के अन्त में होता है। इसका कारण घर के अन्दर अभिभावकों द्वारा बच्चें को अनुशासित करने के लिए दबाव बनाना या दबाव पूर्वक अनुशासन को लागू किया जाना, शामिल है। दो या तीन वर्ष की आयु में नकारवृत्ति अहं के विकास में महत्वपूर्ण भूमिका निभाती है। शुरु के अहं सम्प्रत्यय को त्यागने की आवश्यकता के प्रति यह एक अतिरंजित प्रतिक्रिया होती है। माता-पिता की आज्ञा का प्रतिरोध तीसरे और चौथे वर्ष के बीच पराकाष्ठा पर पहुंच जाता है और उसके बाद यह प्रवृत्ति अधिकतर अन्य बालकों या दूसरे व्यक्तियों की आज्ञा न मानने का रूप ले लेता है। मॉस्टेक्स (1955) के अनुसार सुसमायोजित बालक भी नकारवृत्ति प्रकट करते हैं, लेकिन उनकी नकारवृत्ति कुसमायोजित बालकों की अपेक्षा कम अवसरों पर तथा कम तीव्रता के साथ प्रकट होती है।

नकारवृत्ति का रूप विभिन्न आयु में, एवं अलग-अलग बालकों में भिन्न-भिन्न होती है। प्राय: इसके जो रूप देखने में आते हैं उनमें कुछ शाब्दिक अनुक्रियाएं तथा गति सम्बन्धी अनुक्रियाएं होती है। बालक जब बड़े हो जाते हैं, तब वे बातों को न सुनने या समझने का प्राय: बहाना करते हैं, दिनचर्या में समय नष्ट करते हैं या उसकी बिल्कुल उपेक्षा कर देते हैं। सुसमाोजित बालक अपनी नकारवृत्ति को प्राय: सीधे तरीके से व्यक्त करते हैं जबकि कुसमायोजित बालक व्यापक, सामान्यीकृत तरीके अपनाते हैं। चार और छह वर्ष के बीच में प्राय: शारीरिक प्रतिरोध घट जाता है और प्रतिरोध का शाब्दिक रूप बढ़ जाता है।

आक्रामकता (Aggression)

आक्रामकता कुण्ठा के प्रति एक सामान्य प्रतिक्रिया है, जिसे डोलार्ड एवं मिल्लर ने एक परिकल्पना के रूप में स्थापित किया। अत्यधिक आक्रामकता प्रदर्शित करने वाला बालक वह होता है जिसे बहुत ही कुण्ठा हो या जिसको आक्रामकता के कारण बहुत दण्डित किया जाता है। लेविन (1956) ने अपने प्रयोगों के आधार पर स्पष्ट किया है कि ऐसे बालकों में आक्रामकता विशेष रूप से प्रबल होती है जो शक्ति और प्रभाव चाहते हैं या किसी आक्रामक प्रौढ़ से अपना तादात्म्य

स्थापित किये होते हैं। बाल्टर्स (1957) ने प्रदर्शित किया है कि बालक, बालिकाओं की अपेक्षा सामन्यतः अधिक आक्रामक होते हैं (चित्र 12.1)।

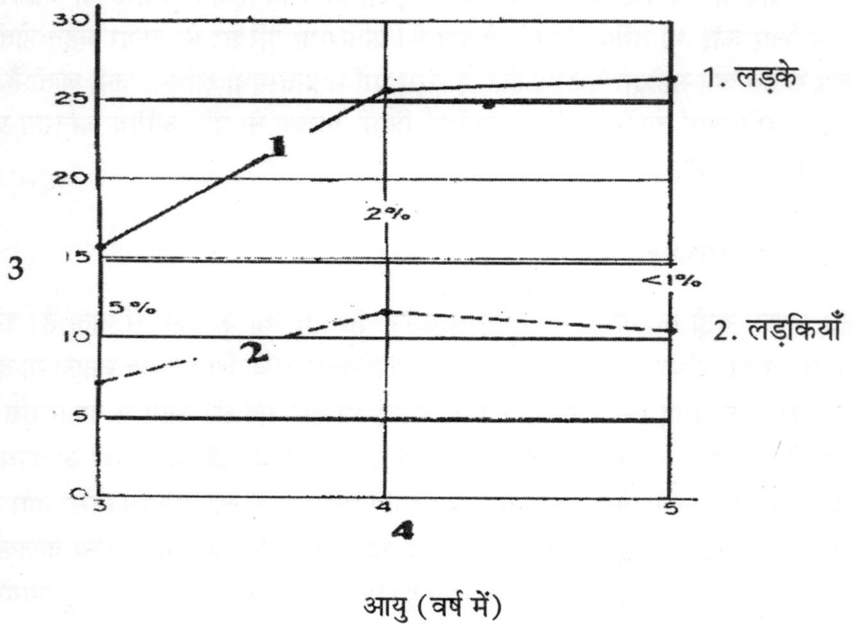

चित्र 12.1 : स्कूल जाने से पहले के वर्षों में अग्रघर्षण में लैगिक भेद। 1. लड़के। 2. लड़कियाँ। 3. माध्य अग्रघर्षी अनुक्रियाएँ। 4. वर्ष।

लोकप्रिय बालक अपनी आक्रामकता को खेल के संदर्भ में प्रकट करते हैं और उनका लक्ष्य कोई निश्चित व्यक्ति नहीं होता है, लेकिन अलोकप्रिय बालक किसी भी व्यक्ति पर जो भौतिक रूप से पास होता है, आक्रमण कर देता है। चाहे उस व्यक्ति ने उनका अहित किया हो या न किया हो। बालक की आक्रामकता दिन के समय, खेल के समय और अन्य बालकों से उसके परिचय के स्तर के अनुसार बदलती है। बालक का, अन्य बालकों से जितना परिचय होगा बालक में उसी के अनुरूप आक्रामकता होगी। यद्यपि थोड़ी बहुत आक्रामकता सभी प्रकट करते हैं, तथापि बालक और बालिकाएं दोनों ही आक्रामक व्यवहार के बजाय स्नेहपूर्ण व्यवहार से सामाजिक सम्पर्क अधिक बनाते हैं। बच्चों में आक्रामकता दूसरे वर्ष से चौथे वर्ष तक बढ़ती है और फिर घटने लगती है।

आक्रामकता के रूप आयु के साथ परिवर्तित होते हैं। पहले बालक आक्रामक होने पर रोता है और अन्य बालकों पर हमला करता है जबकि बाद में आक्रामकता का रूप परिवर्तित होकर गाली गलौज करना, दूर हट जाना तथा वयस्कों से शिकायत करना इत्यादि के रूप में परिलक्षित हो जाता हैं। पांच वर्ष के बालक की आक्रामकता का प्रदर्शन शारीरिक न होकर मौखिक हो जाती

है। बालक जितना छोटा होगा उतना ही अधिक सीधे तौर पर अपने आक्रामक भावों को व्यक्त करेगा और रोएगा, जो बालक अन्य बालकों के द्वारा पसंद किये जाते हैं, वे नापसंद किये जाने वाले बालकों की अपेक्षा प्रौढ़ का ध्यान अपनी ओर आकर्षित करने के लिए शाब्दिक आक्रामकता का प्रयोग कम करते हैं। वहीं अलोकप्रिय बालक शारीरिक या शाब्दिक आक्रमण के द्वारा माता-पिता या वयस्कों का ध्यान अपनी ओर उतना ही अधिक आकर्षित करने का प्रयत्न करते हैं।

स्वार्थपरता (Selfishness)

छोटे बच्चे आत्मकेन्द्रित होते हैं तथा स्वार्थपरता 4 वर्ष से 6 वर्ष के बीच अपनी चरमोत्कर्ष पर होती है। जीवन के प्रारम्भिक वर्षों में ही सबके ध्यान का केन्द्र होने से छोटा बालक आत्मकेन्द्रित हो जाता है और प्रत्येक बात को अपने ही ढंग से करना या मनवाना चाहता है। दूसरे बालकों के साथ खेलते हुए यदि बालक सीख जाता है कि स्वार्थपरता उसके रास्ते की रूकावट है, तभी वह अपने स्वार्थों को समूह के स्वार्थों के साथ एकाकार करने की कोशिश करता है। जब वह अपनी चीजों के बारे में अधिक उदार बनने लगता है तो अपने खेल के साथियों को भी उनका उपयोग करने देने के लिए तैयार रहता है फिर भी, उदारता प्रारम्भिक बाल्यावस्था में अविकसित होती है।

कलह (Quarrelling)

पूर्व बाल्यावस्था में कलह (Quarrelling) सहयोगी खेल के अनुभव के अभाव में उत्पन्न होता है। जब बालक झगड़ता है तब वह दूसरे बालकों के खेल खिलौने को छीनना, हाथ पैर चलाना, दांतों से काटना इत्यादि व्यवहार प्रदर्शित करता है। यद्यपि इस समय बालक अत्यधिक उद्वेलित होता है तथापि उद्वेलन की यह अवस्था बच्चे में प्रायः थोड़ी देर तक ही रहती है। शांत होने के पश्चात् बालक अपने समूह के बालकों (जिसके साथ वह खेल रहा है) से मित्रवत् व्यवहार करने लगता है। बालक जितना ही छोटा होगा अन्य बालकों से होने वाले झगड़े की सम्भावना उतनी ही कम होगी। तीन वर्ष की आयु में यह कलह अपनी पराकाष्ठा पर पहुंच जाता है। कालान्तर में सामाजिक समायोजन में सुधार के कारण झगड़ों की तीव्रता और आवृत्ति में कमी आ जाती है। सीयर्स (1972) ने स्पष्ट किया है कि लड़के, लड़कियों की अपेक्षा अधिक झगड़ालू होते हैं। चार वर्ष के बालक, दो वर्ष के बालकों की अपेक्षा अधिक लड़ते हैं तथा वे झगड़े में डराना या भयभीत करने का प्रयास करते हैं, किन्तु जैसे-जैसे वे बड़े होते जाते हैं उनके झगड़े की आवृत्ति कम होती जाती हैं (सीगल एवं लावेन, 1984)। अन्य बालकों से सामाजिक सम्पर्क जितना ही अधिक होगा झगड़े की सम्भावना उतनी ही अधिक होगी। इसके बावजूद सामाजिकीकरण में झगड़े का विशेष महत्व होता है क्योंकि उससे बालक सीखता है कि अन्य बालक किस बात को सहन करेंगे और किस बात को नहीं सहन करेंगे।

सहयोग (Cooperation)

छोटे बालक आत्मकेन्द्रित होते हैं अत: दूसरे बालकों के साथ खेलने में वह कम ही सहयोग करने वाले होते हैं। बड़ों के साथ भी वे कम सहयोग करते हैं। तीसरे वर्ष के अन्त तक सहयोगी खेल और सामूहिक कार्य, संख्या और अवधि की दृष्टि से बढ़ जाते हैं। अभ्यास से बालक अन्य बालकों से सहयोग करना और अधिकाधिक शांत तरीके से खेलना सीख लेता है। बॉल (1954) के अनुसार छोटे बालकों में दोस्ती जितनी पक्की होती है उनका खेल उतना ही सहयोगपूर्ण होता है।

प्रभुत्वशाली व्यवहार (Dominant Behaviour)

प्राय: सभी बालकों में अपना प्रभुत्व दिखाने की जबर्दस्त प्रवृत्ति पायी जाती है। तीन वर्ष के बाद सामाजिक सम्पर्क बढ़ने से बालक के अन्दर प्रभाविता भी बढ़ती है। पाँचवे वर्ष के आस-पास बालक का प्रभावी व्यवहार अपने चरमोत्कर्ष पर होता है। जैसे-जैसे बालक का प्रभावी व्यवहार बढ़ता है वैसे-वैसे उसके एकाकी व्यवहार में घटोत्तरी होती जाती है किन्तु अधीनता के व्यवहार में होने वाला परिवर्तन नाम मात्र ही होता है (चित्र 12.2)।

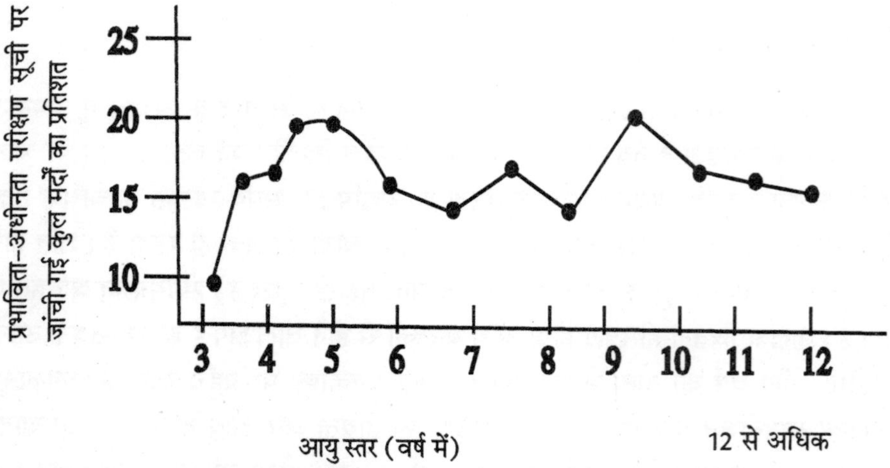

चित्र 12.2 : पूर्व बाल्यावस्था में प्रभुत्वशाली व्यवहार का प्रदर्शन

प्रभुत्वशाली व्यवहार जैसे-रौब दिखाना, नेतृत्व या प्रभुत्व का प्रदर्शन आदि का विकसित होना या न होना बालक के पर्यावरण पर निर्भर करता है। मन्मरी (1950) ने प्रयोगों के आधार पर यह स्पष्ट किया है कि 'स्कूल पूर्व आयु में', दूसरों के साथ खेलते समय लड़कियाँ लड़कों से अधिक प्रभावी व्यवहार व्यक्त करती हैं।

सहानुभूति (Sympathy)

दो से तीन वर्ष का बालक दूसरों की पीड़ा, दुःख, दुखांत कहानियों, दुर्घटनाओं आदि के प्रति सहानुभूति प्रदर्शित करने की योग्यता नहीं रखता। तीन वर्ष के बाद बालक व्यक्ति की वेदना को पहचानने लगता है। बालक अपनी सहानुभूति दूसरों की सहायता करने की कोशिश करके, कष्ट के कारण को हटाने की कोशिश करके, दूसरों को यह खबर देकर कि अमुक व्यक्ति विपत्ति में पड़ा हुआ है तथा उपाय का सुझाव देकर प्रकट करता है। लेकिन, कभी-कभी बालक असहानुभूतिपूर्ण अनुक्रियाएं भी करता है; जैसे विपत्ति में पड़े हुए व्यक्ति को देखकर हंसना (ग्यूरेल एवं सेमिन, 1952)।

सामाजिक अनुमोदन (Social Approval)

शिशु की तरह छोटा बालक भी दूसरों से अनुमोदन/स्वीकृति प्राप्त करना चाहता है। शुरु में उसके लिए वयस्कों के अनुमोदन का अन्य बालकों के अनुमोदन से अधिक महत्व होता है। छोटा बालक प्रश्न पूछकर, टिप्पणी देकर और तत्काल अनुक्रिया करके बड़ों का ध्यान खींचकर उनका अनुमोदन प्राप्त करने का प्रयत्न करता है। लड़के पुरुषों की अपेक्षा स्त्रियों का ध्यान अधिक चाहते हैं (चित्र 12.3)।

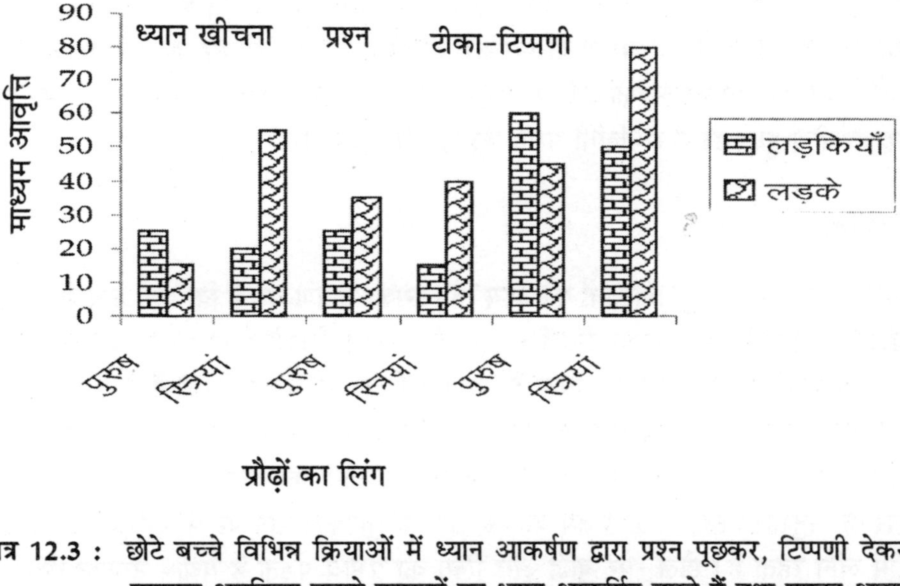

चित्र 12.3 : छोटे बच्चे विभिन्न क्रियाओं में ध्यान आकर्षण द्वारा प्रश्न पूछकर, टिप्पणी देकर या तत्काल अनुक्रिया करके वयस्कों का ध्यान आकर्षित करते हैं तथा उनका अनुमोदन प्राप्त करने का प्रयास करते हैं। लड़के पुरुषों की अपेक्षा स्त्रियों का ध्यान अधिक चाहते हैं।

आयु वृद्धि के साथ, ज्यो-ज्यों समूह के साथ रहने में रूचि बढ़ती जाती है त्यो-त्यों बालक के लिए साथियों का अनुमोदन बड़ो के अनुमोदन से अधिक महत्वपूर्ण होता जाता है। इसका परिणाम यह हो सकता है कि बालक शरारती और उपद्रवी हो जाता है। प्रायः बड़ों के अनुमोदन के बजाय अपने साथियों के अनुमोदन को पसंद करना बालक के समाज द्वारा स्वीकृत व्यवहार को अभिप्रेरित करता है।

साथी या मित्रमंडली (Peer group)

छोटे बालकों के साथियों की संख्या और विविधता सीमित होती है। उसके साथियों में अधिकतर परिवार के बड़े लोग, सहोदर और निकट पड़ोस के बच्चे शामिल होते हैं। बालक जब विद्यालयीय वातावरण में प्रविष्ट करता है तो उसके साथियों की संख्या में वृद्धि होती है। विद्यालयीय वातावरण में होने वाली मित्रता तथा उनसे समायोजन में घर परिवार में होने वाली मित्रता का बहुत प्रभाव पड़ता है। जब बालक के सहोदर समलिंगी होते हैं तब बालक को विपरीत लिंग के साथियों से हिलने-मिलने में कठिनाई अधिक होती है। यदि बालक अपने साथियों से आयु में छोटा होता है तो वह उनसे दबा रहता है तथा यदि वह अपने साथियों या सहोदरों से बड़ा होता है तो वह प्रायः प्रभावी होता है। चार वर्ष की आयु तक बालक लड़के या लड़की किसी के भी साथ खेलना पसंद करता है लेकिन जैसे-जैसे वह बड़ा होता जाता है अपने ही लिंग को पसंद करने की उसकी प्रवृत्ति बढ़ती जाती है। बालकों के मित्र सच्चे मित्र नहीं बल्कि खेल के मित्र होते हैं अतः इनकी मित्रता में स्थायित्व नहीं होता है। अध्ययनों के परिणाम दर्शाते हैं कि दस सप्ताह की अवधि के भीतर बालकों ने बालिकाओं की अपेक्षा अधिक दोस्त बदले तथा सबसे ज्यादा परिवर्तन चौथे और छठे सप्ताह के बीच हुए। इसमें समलिंगी पसंद की शुरुआत दिखाई दी।

खेल (Play)

पूर्व बाल्यावस्था की आयु 'खिलौनों की आयु' है। इसका कारण यह है कि इस आयु में बालक के खेलने का सबसे प्रमुख साधन खिलौना होता है। बालक खिलौनों को सजीव मानता है तथा उनके साथ सजीवों जैसा व्यवहार करता है। सात वर्ष तक ही बच्चा खिलौनों के साथ खेलना पसंद करता है उसके बाद खिलौनों के साथ खेलने की प्रवृत्ति घटने लगती है। मॉयर (1955) तथा विल्सन (1956) ने यह सिद्ध किया है कि जब खिलौनों का चुनाव आयु के और विकास के स्तर के अनुसार किया जाता है तब बालक खेल के मुश्किल होने पर भी अधिक समय तक खेल में लीन रहता है। खेल पर बुद्धि और लिंग का प्रभाव पड़ता है यथा- उत्कृष्ट बुद्धि के बालक रचनात्मक खेल या कार्य करना और ज्ञानवर्धक पुस्तकें न कि मनोरंजक पुस्तकों को पढ़ना अधिक पसंद करते हैं। रेनवाटर (1956) ने पूर्व बाल्यावस्था में लड़कों की खेल सम्बन्धी रुचियों को लड़कियों की अपेक्षा अधिक विस्तृत बताया है।

जीववाद (Animism)

तीन वर्ष के बालकों में जीववाद का उद्‌भव होता है। खेल के दौरान बालक अपने खिलौनों को सजीव मानते हुए उनके साथ वास्तविक जीवन की चीजों की छोटे पैमाने पर नकल कर, नाटकीकरण का प्रदर्शन करते हैं। तीन वर्ष के बालक गुड़िया या जानवरों से बातें करने का स्वांग या खाली कप से झूठमूठ में चाय पीना। चार वर्षीय बालक के नाटकीय खेल में परिस्थितियों की झूठी नकल होती है जिसमें साथी तथा चीजें शामिल होती हैं। यथा, पुस्तकों के सुने हुए अंशों के दृश्यों का नाटक करना। अति बुद्धिमान बालक निम्न स्तर की बुद्धि के बालकों की अपेक्षा नाटकीय खेल अधिक करते हैं (एमेन एवं रेनीसन, 1954)।

नेतृत्व (Leadership)

पूर्व बाल्यावस्था में नेता अपने समूह में बौद्धिक एवं आयु की दृष्टि से बड़ा होता है। बड़ी आयु और श्रेष्ठ बुद्धि के कारण वह खेल के बारे में सुझाव देने में समर्थ होता है जिन्हें अन्य बालक आसानी से मान लेते हैं। पूर्व बाल्यावस्था में अधिकतर नेता दूसरों की इच्छाओं का ध्यान न रखते हुए उनको धमकी देकर उनके व्यवहार पर काबू पाने की कोशिश करते हैं। जब नेता अधिक सख्ती करने लगता है तो उसका पद छिन जाता है और उसकी जगह पर दूसरे नेता का चयन किया जाता है। पूर्व बाल्यावस्था में लड़कियाँ प्राय: ऐसे समूह का नेतृत्व करती हैं जिनमें लड़के भी होते हैं तथा लड़कियाँ अपने इस समूह में प्रभुत्वपूर्ण व्यवहार प्रदशित करती हैं (सीगल तथा बैरेली, 1985)।

अध्ययन (Study)

बच्चे पढ़ने योग्य होने से पहले अपनी कहानी की पुस्तकों में तस्वीरें देखना और किसी से पढ़वाकर कहानियाँ सुनना पसंद करने लगते हैं। इस आयु में वह परियों, प्राकृतिक चीजों यथा पेड़, पक्षी, पशु आदि से सम्बन्धित कहानियों में अधिक रूचि लेता है। बालक काल्पनिक कहानियों को वास्तविक कहानियों की अपेक्षा अधिक पसंद करता है साथ ही वह भविष्य की घटनाओं से सम्बद्ध कहानियों को भी सुनना पसंद करता है। छोटे बालक कॉमिक्स की तश्वीरें देखना तथा उसे पढ़ाकर सुनना पसंद करते हैं। ये क्रियायें अध्ययन व्यवहार (Study behaviour) के उद्‌भव की सूचक होती हैं।

संचार के साधनों में रुचि (Interest in Media)

पूर्व बाल्यावस्था में बालक टेलीविजन के मात्र वही कार्यक्रम देखते हैं जो विशेष रूप से बच्चों के लिए ही बनाये गये होते हैं। बच्चे जो कार्यक्रम पसंद करते हैं वे उन कहानियों से मिलते जुलते हैं

जिन्हे पढ़ना वे पसंद करते हैं अर्थात् ऐसी कहानियों को जिसमें आदमियों और जानवरों से सम्बन्धित कपोल कल्पनाएं होती हैं, उन्हें पसन्द करते हैं। वे बालक जिन्हें खेलने में कम अवसर मिलते हैं तथा जिन्हें खेलने में आनन्द नहीं आता वे अपना खेलने से सम्बन्धित समय टेलीविजन देखने में देते हैं। अत्यधिक रेडियो सुनने या टेलीविजन देखने के दुष्परिणाम बालकों के दुःस्वप्नों और मानसिक तनावों के रूप में प्रकट होते हैं।

II

उत्तर बाल्यावस्था में सामाजिक विकास
(Social Development in Late Childhood)

उत्तर बाल्यावस्था में बालक विद्यालय जाना प्रारम्भ कर देता है। जहाँ उसके सहपाठी, मित्र एवं अध्यापकों के साथ अन्तःक्रिया होती है। अतः वह इस अवस्था में अपने मित्रों के साथ रहना पसंद करता है। इनमें संघीय प्रवृत्ति (Gregariousness) अधिक प्रबल हो जाती है जिसके कारण इन बालकों में सामाजिक चेतना का विकास तीव्र गति से होने लगता है। बच्चे अपनी इच्छा के अनुरूप समूहों का निर्माण करते हैं। वस्तुतः इस अवस्था में बालक प्रायः टोलियों (Gang) में रहना पसंद करता है। इसी कारण इस अवस्था को 'टोली की अवस्था' (Gang Age) कहते हैं। हैटलिप (1983) का मानना है कि उत्तर बाल्यावस्था में बालकों का सामाजिक विकास इन टोलियों से होता है जिसमें रहकर बालक सामाजिक व्यवहार सीखता है। इस अवस्था में बालक का सामाजिक विकास तीव्र गति से होता है। परिणामस्वरूप पूर्व बाल्यावस्था का आत्मकेन्द्रित, स्वार्थी बालक, उत्तर बाल्यावस्था में समवयस्कों की टोली का सुसमायोजित सदस्य बन जाता है। बालक के पारिवारिक वातावरण से समायोजन स्थापित करने में मिलने वाली सफलता उसके उत्तर बाल्यावस्था में होने वाले सामाजिक व्यवहार को प्रभावित करता है (बुहलर, 1952)।

मित्र मण्डली या टोलियाँ (Peer group or Gang)

इस अवस्था की मित्र मण्डली अर्थात् लड़कों की एक साथ एवम् लड़कियों की अलग टोलियाँ बन जाती हैं तथा बच्चे आपस में खेलना पसन्द करते हैं। प्रारम्भ में केवल तीन चार सदस्य ही टोली में होते हैं किन्तु खेल में रुचि बढ़ने से टोली में सदस्यों की संख्या अधिक हो जाती है। बेल तथा हॉल (1954) ने स्पष्ट किया है कि टोली का आकार इस बात पर निर्भर करता है कि कितने बालक उपलब्ध हैं तथा किन कामों को करने में उनकी रुचि है। यद्यपि ये टोलियाँ खेल या आपसी सम्बन्ध विकसित करने के लिए बनती हैं तथापि लड़कों की टोलियाँ कभी-कभी असामाजिक व्यवहार (जैसे ; लोगों को तंग करना, तम्बाकू खाना या नशा करना, जुआ खेलना या गंदी बैठकें करना) को प्रदर्शित करती हैं। जबकि लड़कियाँ अपना अधिकांश समय खेल खेलने, अध्यापकों,

माता-पिता तथा सहोदरों के संदर्भ में बातें करने में व्यतीत करती हैं। क्रेन (1955) ने यह सिद्ध किया है कि लड़कियों की अपेक्षा लड़के प्रौढ़ों की बँधी हुई मर्यादाओं को तोड़ने का अधिक प्रयत्न करते हैं।

टोली का एक केन्द्रीय स्थान होता है जहाँ उसके सभी सदस्य एकत्रित होते हैं प्रायः यह स्थान बालकों के घरों से दूर होता है ताकि उनके माता-पिता उन्हें न देख सकें जिससे उनके कार्यों में हस्तक्षेप न हों जिस समय बालक के अन्दर यौवनारम्भ या वयः सन्धि शुरु होने लगता है (11-12 वर्ष) उसी समय से बालक की टोली के काम से रूचि हट जाती है और वह टोली छोड़ देता है।

टोली का प्रभाव (Influence of Gang)

बालक टोली का सदस्य बने रहने में आनन्द की अनुभूति करता है तथा वह समूह के अन्य सदस्यों के सुझावों के प्रति अत्यधिक ग्रहणशील होता है। वैलेलरॉप तथा हालवर्सन (1975) के अनुसार बच्चे दूसरों से अपने समूह के क्रिया कलापों को गुप्त रखना चाहते हैं। टोली के सदस्य बनने के लिए जो निर्धारित मानक होते हैं, उन मानकों पर खरा उतरने के लिए बालक समूह के अनुरूप व्यवहार करना शुरु कर देता है। टोली का अनुसरण करते हुए स्वयं को एक व्यक्ति के रूप में देखते हैं तथा इसी को आधार मानकर अपने आत्मसम्प्रत्यय (self-concept) को विकसित करते हैं (लेविस, 1954)।

मित्र (Friends)

उत्तर बाल्यावस्था को फ्रायड ने मनोलैंगिक विकास की अव्यक्त अवस्था (Latent Stage) कहा है जिसमें बालक तथा बालिकाएं अपने-अपने समूह के साथ रहना (समलिंगी) पसंद करते हैं। इस अवस्था में लड़कियाँ लड़कों को ऊधमी समझती हैं, उनकी हुल्लड़वाजी और अशिष्टता उन्हें असह्य होती है तथा उनसे उनका प्रायः विद्वेष रहता है। लड़कियों की लड़कों के प्रति अभिवृत्तियाँ लड़कों की अपेक्षा अधिक संवेगयुक्त होती हैं। चित्र 12.4 में लड़कों और लड़कियों की समलिंगीय और विषमलिंगीय साथियों के प्रति अभिवृत्तियाँ का स्तर प्रस्तुत है। इस अवस्था में बालक अपने मित्रों के चुनाव में कुछ महत्वपूर्ण बातों को अहमियत देता है। यथा- उसका मित्र उसके समान हो, जो उसकी रुचियों या आवश्यकताओं की पूर्ति हो, बालक का मित्र उसके पड़ोस या स्कूल का हो, हंसमुख हो, सहयोगी हो, खेल में साथ दे आदि। बाल्यावस्था के अन्त तक जाते-जाते बालक ऐसे दोस्त बनाना अधिक पसंद करते हैं जो उसके अपने सामाजिक-आर्थिक वर्ग के, अपने धर्म तथा जाति के हों (हैविंगघ्रस्ट, 1970)।

बालक जो किसी भी टोली का सदस्य नहीं है उसके साथ अन्य बच्चे अनुचित व्यवहार करते हैं। बालकों की यह प्रवृत्ति प्रायः ग्यारहवें वर्ष के आस-पास अपनी पराकाष्ठा पर होती है

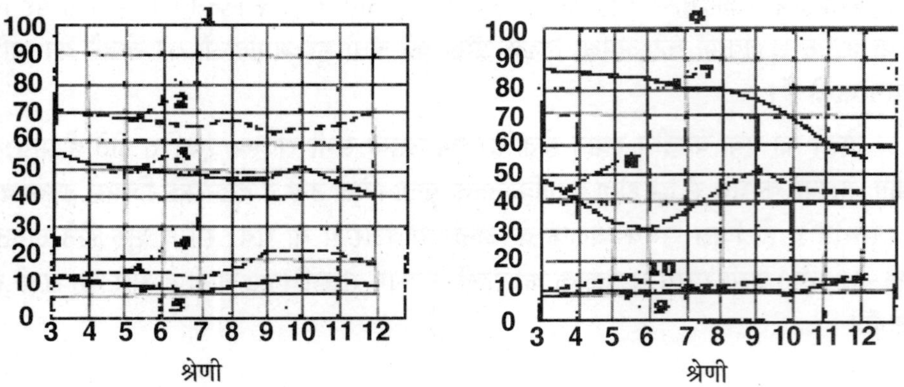

1. लड़कों की अभिवृत्तियाँ 6. लड़कियों की अभिवृत्तियाँ 2, 8. लड़कों के अनुकूल 3, 7. लड़कियों के अनुकूल 4, 10. लड़कों के प्रति तटस्थ 5, 9. लड़कियों के प्रति तटस्थ

चित्र 12.4 : विभिन्न आयु-स्तरों पर लड़कों और लड़कियों की अपने समलिंगीय और विषमलिंगीय साथयों के प्रति अभिवृत्तियाँ।

(गेसेल, 1956)। यदि कोई बालक किसी समूह का सदस्य बनना चाहता है तो टोली में स्वीकृति पाने के लिए उसी को पहल करनी पड़ती है। प्रारम्भ में प्रायः उसे झिड़क दिया जाता है। यदि वह बार-बार टोली का सदस्य बनने का प्रयत्न करता है और यदि वह टोली के किसी एक बालक में अपने प्रति रुचि पैदा कर सकता है तो अन्ततः वह टोली का सदस्य बन जाता है। गेसेल (1956) का मानना है कि यद्यपि टोलियाँ सुगठित होती हैं तथापि टोली के बालक अपने दोस्तों से बोलना बन्द कर देते हैं। इस अवस्था में बालक में होने वाली मित्रता अस्थायी होती है। बालक मामूली बात को लेकर दुश्मनी तथा मामूली परिचय को बढ़ाकर घनिष्ठ मित्रता में बदल देता है। बोनी (1954) के अनुसार लोकप्रिय बालक भी प्रायः दोस्त बदलते हैं। भिन्न-भिन्न आयु में मित्रता में होने वाला परिवर्तन चित्र 12.5 में प्रदर्शित है।

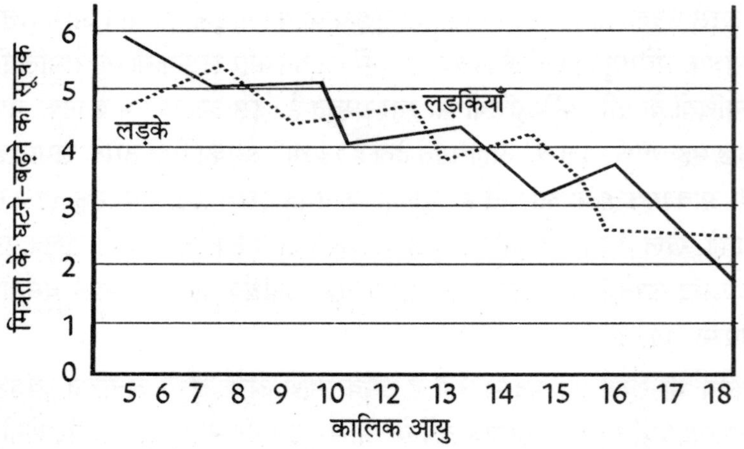

चित्र 12.5 : बढ़ती उम्र के साथ मित्रता स्तर में परिवर्तन।

सामाजिक स्वीकृति (Social Acceptance)

बालक यह जानता है कि उसका मित्र उसे पसंद करता है या नहीं। यदि बच्चा लोकप्रिय होगा तो वह टोली का सदस्य बन जाता है। परन्तु तीव्र बुद्धि वाले बालक स्वेच्छा से कभी-कभी एकाकी बन जाते हैं जो कि उसके समवयस्कों की अभिवृत्ति के विपरीत होता है।

ग्रांलुड (1955) ने अपने अध्ययनों से यह निष्कर्ष निकाला कि जो बालक लोकप्रिय होते हैं वे हंसमुख होते हैं, स्वेच्छा से किसी कार्य में भाग लेते हैं, कम आक्रामक होते हैं, सहायतापरक व्यवहार प्रदर्शित करते हैं तथा कक्षा की आवश्यकताओं और प्रत्याशाओं के अधिक अनुरूप होते हैं। वस्तुतः लोकप्रिय बालक सुसमायोजित होते हैं। तीव्र बुद्धि वाले बालकों को, औसत या निम्न बुद्धि वाले बालकों की अपेक्षा अधिक पसंद किया जाता है। इस आयु में सामाजिक स्वीकृति न मिलने पर बालक स्वयं को संतोषजनक ढंग से समायोजित नहीं कर पाते है।

नेतृत्व (Leadership)

पूर्व बाल्यावस्था में वही बालक नेता बनता है जो आक्रामक हो, लेकिन उत्तर बाल्यावस्था में टोली का नेता वह बनता है जो टोली का आदर्श प्रतिरूप होता है। टोली के नेता को विशेष रूप से बुद्धि में, रूपरंग में, आत्मविश्वास, खेल एवं संवेगों की स्थिरता की दृष्टि से श्रेष्ठ होना चाहिए (बेल, 1954)। क्रेच, क्रचफिल्ड तथा वैलेशी (1962) के अनुसार "किसी समूह या संगठन का नेता वह सदस्य होता है जो समूह के सदस्यों के व्यवहारों को अत्यधिक प्रभावित करता है तथा समूह के लक्ष्यों को परिभाषित करने तथा समूह की विचारधारा को निर्धारित करने में मुख्य भूमिका निभाता है।" बर्हिमुखता नेता की एक अहम् विशेषता होती है।

नेतृत्व का विकास (Development of Leadership) : जब दो या दो से अधिक बालक एक साथ खेलते हैं तो उनमें जो शक्तिशाली होता है वह दूसरे को प्रभावित करके उसपर प्रभुत्व प्रदर्शित करना चाहता है। इस प्रकार बच्चों में नेतृत्व की उत्पत्ति इस तरह की घटनाओं से होती है जो उत्तर बाल्यावस्था में स्पष्ट दिखायी देती है। बालक समूह का नायक (Hero) होता है तथा समूह के सदस्यों की उसमें पूरी आस्था होती है। इस अवस्था में नेतृत्व की उत्पत्ति तथा विकास पर व्यक्तिगत, सामाजिक, आर्थिक तथा अनेक आन्तरिक (अभिप्रेरणा) कारकों का स्पष्ट प्रभाव पड़ता है।

खेल (Play)

हरलॉक ने उत्तर बाल्यावस्था को 'खेल की आयु' कहा है। इस अवस्था में बालक जहाँ खिलौनों में रुचि लेता है वहीं वह विद्यालय के संगठित खेलों में भी सक्रिय रुचि लेना शुरु कर देता है। लड़के लड़कियों की अपेक्षा ऐसे खेल खेलना पसंद करते हैं जो श्रम साध्य हों। पार्क तथा वैलिन

(1953) ने अध्ययनों से स्पष्ट किया है कि अधिकतर बालकों की खेल में रुचि बाल्यावस्था के बढ़ने के साथ घटती जाती है तथा उनके लिए जनसंचार अर्थात् सिनेमा, रेडियो आदि मनोरंजन के साधन अधिक महत्वपूर्ण हो जाते हैं। उत्तर बाल्यावस्था में कुछ प्रमुख लोकप्रिय खेल उल्लिखित हैं:

(अ) सृजनात्मक खेल (Creative Play): उत्तर बाल्यावस्था में बालकों को औंजारों की मदद से वस्तुओं का निर्माण करने में (यथा- लकड़ी का प्रयोग कर कोई चीज बनाना) एक विशेष प्रकार के आनन्द की अनुभूति होती है। वे इस बात पर किंचित विचार नहीं करते कि उसका उपयोग क्या होगा। लड़कों की अपेक्षा लड़कियाँ सूक्ष्म रचनाएं अधिक पसंद करती हैं: जैसे बुनाई करना, रंगीन चित्र बनाना, मिट्टी की मूर्तियाँ बनाना आदि (गेसेल, 1956)। यद्यपि ऐसे कार्य करने में उन्हे आनन्द मिलता है तथापि बाल्यावस्था की समाप्ति के साथ-साथ इन कार्यों में रुचि घटने लगती है। उत्तर बाल्यावस्था में 'गाना' एक प्रकार का रचनात्मक खेल है जिसमें संगीत की योग्यता रखने तथा न रखने वाले, दोनो ही इसका आनन्द लेते हैं

(ब) प्रतियोगी एवं खुले मैदान में खेले जाने वाले खेल (Competitive Play): विद्यालय जाने वाला बालक सीधे साधे पूर्व बाल्योचित खेल खेलता है। पीछे दौड़ने, आंख मिचौली, चोर-सिपाही आदि का खेल इस अवस्था में आम है। फिर भी, अब बालक बड़े बालकों के खेल जैसे हाँकी, क्रिकेट, फुटबाल आदि में उत्सुकता दिखाना प्रारम्भ कर देता है। बालक की दिलचस्पी मात्र मनोरंजन तक ही सीमित नहीं रहती बल्कि वह स्वयं को कौशल तथा श्रेष्ठता प्राप्त करने में केन्द्रित कर लेता है।

जब बालक किसी टीम का सदस्य बनता है तो वह पहले की तरह व्यक्ति प्रधान खेल तो खेलता ही है साथ ही साथ टीम के अन्य सदस्यों से आगे बढ़ने की कोशिश भी करता है। इस अवस्था में बालक में प्रतियोगिता की भावना तीव्र होती है। गैरीसन (1983), न्यूकाम्ब तथा हारटूप (1983) के अनुसार इस अवस्था के बालक एक दूसरे को पीछे करने का प्रयास करते हैं। बालक के सामाजिकीकरण में प्रतियोगिता वाले और खुले मैदान में खेले जाने वाले खेलों का बड़ा महत्व होता है। इन्हीं से वह सहयोग करना, दूसरों का साथ निभाना, नेता तथा अनुयायी की भूमिका आदि सीखता है। डूबाइस (1952) का मानना है कि "जब बालक खेलों में भाग नहीं लेते, तब प्राय: भविष्य में मुसीबतें उठानी पड़ती हैं, क्योंकि उन्हें जीतने पर नम्र बने रहना, हारने पर प्रसन्न होना, तथा किसी लक्ष्य की प्राप्ति के लिए शारीरिक क्लेश सहना सीखने का अवसर नहीं मिलता। ऐसे बालकों में समायोजन सम्बन्धी समस्यायें पायी जाती हैं।

मनोरंजन (Entertainment)

यद्यपि बालक के सक्रिय जीवन में मनोरंजन का कोई अवसर नहीं मिलता तथापि जब भी उसे खाली समय मिलता है तो उसका उपयोग वह अपना मनोरंजन करके करता है। इस अवस्था में

बच्चों के लिए मित्रता इतनी महत्वपूर्ण होती है कि वे अपने मित्रों के साथ मनोरंजन करना पसंद करते हैं तथापि उसे कभी–कभी अकेले भी संतोष करना पड़ता है। मनोरंजन के कुछ प्रकार हैं:

(अ) पढ़ना (Reading): इस अवस्था तक जाते–जाते बालक की काल्पनिक कहानियों (परियों की कहानी इत्यादि) में रुचि समाप्त हो जाती है। इस अवस्था में वह साहसपूर्ण घटनाओं से सम्बन्धित किताबें पढ़ता है। बालक आम लोगों के लिए लिखी गयी वैज्ञानिक कहानियाँ पसंद करते हैं जबकि बालिकाएं प्रकृति विषयक किताबे पढ़ती हैं (ब्रेकेनरीज, 1955)। इसके अतिरिक्त बालक पत्रिकाएं तथा अखबार भी पढ़ना पसन्द करते हैं। अखबार में बालक सबसे पहले कॉमिक्स के पृष्ठ में दिलचस्पी लेते हैं। यह रुचि संवेगात्मक होती है तथा उनकी वास्तविकता की ओर झुकाव होने के कारण वे वास्तविक व्यक्तियों को काल्पनिक परिस्थितियों में तथा काल्पनिक व्यक्तियों को वास्तविक परिस्थितियों में चित्रित करते हैं। सेवेल (1956) ने यह पुष्ट किया है कि छोटे बालकों को रोचक लगने वाले कॉमिक्स में पशु–पात्र अधिक होते हैं और बड़े बालकों को पसंद आने वाले कॉमिक्स में मानव पात्र प्रमुख रूप से होते हैं। विभिन्न विषयों की लोकप्रियता चित्र 12.6. में प्रदर्शित है।

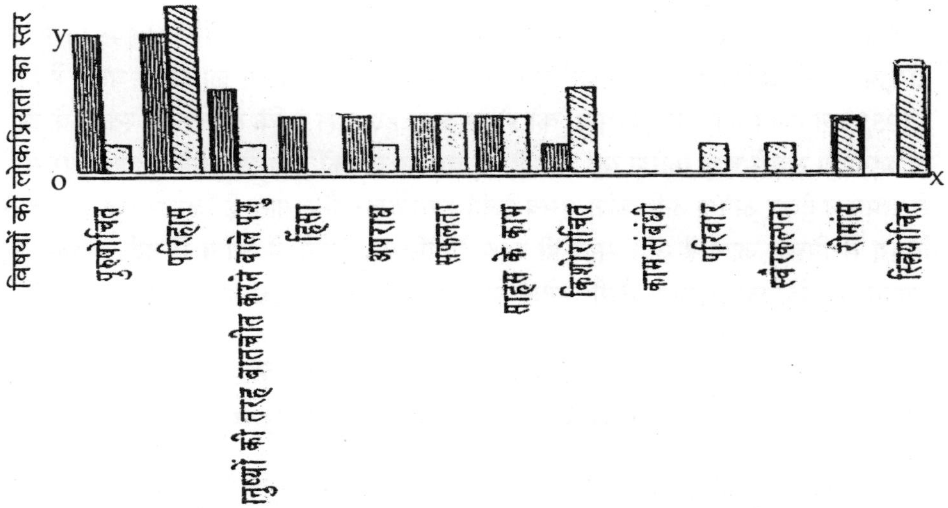

चित्र 12.6 : लड़कों और लड़कियों के लिए कॉमिक्स के विभिन्न कथानकों की लोकप्रियता। (लड़कियों की रुचियाँ तिरछी रेखाओं से दिखाई गई हैं।)

लड़कों का आकर्षण उन कॉमिक्स की तरफ होता है जिनका विषय, घटना क्रम तथा कथा प्रवाह प्रधानत: पुरुषोचित होता है और जो पुरुष के दृष्टिकोंण से लिखे गये होते हैं जिसमें हिंसा का वर्णन होता है अथवा जिनका मुख्य विषय खेल–कूद से सम्बद्ध होता है। इसके विपरीत लड़कियाँ स्त्री–पात्रों से सम्बन्धित कॉमिक्स पढ़ना अधिक पसंद करती हैं (वटरवर्थ एवं थाम्पसन, 1957)।

(ब) सिनेमा (Cinema): नौ-दस वर्ष की आयु तक बच्चों को हास्य-व्यंग्य सम्बन्धी चित्र सबसे अच्छे लगते हैं। इसके बाद वे साहस से सम्बन्धित चित्र पसंद करते हैं। सिनेमा का प्रभाव अंशतः उसकी आयु तथा बुद्धि पर निर्भर होता है। बड़े बालकों की अपेक्षा छोटे बालकों पर और उच्च बुद्धि लब्धि वालों की अपेक्षा निम्न बुद्धि लब्धि के बालकों पर अधिक प्रभाव पड़ता है। वैण्डूरा (1973) ने यह सिद्ध किया है कि अत्यधिक मार-धाड़ की फिल्में देखने से बालक आक्रामक होता है।

(स) रेडियो तथा टेलीविजन (Radio and Television): यद्यपि बाल्यावस्था में बालक मनोरंजन के साधन के रूप में पत्र पत्रिकाएँ, रेडियो तथा टेलीविजन दोनों का प्रयोग करता है। टेलीविजन में रेडियो और सिनेमा दोनों की अच्छी लगने वाली बाते सम्मिलित होती हैं इसलिए किशोरावस्था तक जाते-जाते बालक रेडियों की अपेक्षा टेलीविजन देखना अधिक पसंद करते हैं। जिन बालकों को खेलों के अवसर सुलभ नहीं होते वे अपेक्षाकृत अधिक टेलीविजन देखते हैं। गेसेल (1956) ने स्पष्ट किया है कि दस वर्ष की आयु तक बालक रेडियो तथा टेलीविजन के कार्यक्रमों की अधिक आलोचना करने लगते हैं तथा यह आलोचनात्मक अभिवृत्ति आयु के साथ बढ़ती जाती है। आयु वृद्धि के साथ-साथ बालक गंभीर प्रकार के प्रोग्राम यथा विज्ञान सम्बन्धी नाटक आदि पसन्द करते हैं। लड़के विशेषतः खेल सम्बन्धी कार्यक्रमों में दिलचस्पी लेते हैं जबकि लड़कियाँ कल्पना प्रधान कार्यक्रमों में अधिक रुचि लेती हैं। काँर्सली (1957) ने प्रयोगों द्वारा यह प्रदर्शित किया है कि टेलीविजन देखने से बालक के खेलने का समय घटता है। विट्टी (1955) ने टेलीविजन के दुष्प्रभावों को इंगित करते हुए कहा है कि बालक के स्कूल के काम में पिछड़ने का सबसे बड़ा कारण यह होता है कि वह अध्यापकों द्वारा दिये गये गृहकार्य पर गंभीरता से समय न देकर अपना अधिकांश समय टेलीविजन देखने में लगाता है जिससे एक तो वह अपने विषय में पिछड़ जाता है और साथ ही साथ टेलीविजन देखने से आंख में दर्द, तंत्रिका तनाव, थकान व सांवेगिक उत्तेजना जैसी अनेक स्वास्थ्य समस्याएं बालक विकसित कर लेता है।

सामाजिक विकास के निर्धारक
(Determinants of Social Development)

बच्चे के सामाजिक विकास को अनेक कारक प्रभावित करते हैं। कुछ प्रमुख कारकों का विवेचन किया जा रहा है।

परिवार (Family)

जन्म के पश्चात् शिशु सर्वप्रथम अपनी माँ या परिवार के सदस्यों के सम्पर्क में आता है। अतः सामाजिक विकास में पारिवारिक संदर्भ की अहं भूमिका होती है। इस संदर्भ में शिशु के पालन पोषण की शैली, पारिवारिक संरचना तथा सहोदर सम्बन्ध की भूमिका अत्यन्त महत्वपूर्ण होती है।

(अ) पालन शैली (Child Rearing Practices): बच्चा जब जन्म लेता है तो उसका

पहला सम्बन्ध (Bond) माता-पिता से बनता है एवम् ऐसे सम्बन्ध में माता-पिता की विशेष भूमिका होती है, क्योंकि वह जीवनयापन के लिए माता-पिता पर पूर्णत: निर्भर होता है। बच्चे का सम्पूर्ण परिवेश उसके माता-पिता तथा परिवार के अन्य सदस्य मिलकर निर्मित करते हैं। माता-पिता तथा अन्य सदस्य बच्चे की देखभाल करते हैं तथा उसके साथ अन्त:क्रिया करते हैं। विभिन्न परिवारों एवं संस्कृतियों के बीच बच्चों की पालन शैली में अन्तर पाया जाता है। इसका कारण यह है कि विभिन्न संदर्भों में बच्चों से क्या व्यवहार अपेक्षित है, यह अलग-अलग होता है। यथा-पश्चिमी संस्कृति में बच्चों में स्वतंत्रता, स्वायत्तता और अभिव्यक्ति के विकास पर बल दिया जाता है। दूसरी ओर भारतीय समाज में आज्ञा पालन, सेवा एवं परोपकार या परिवार या समाज के लिए अपनी इच्छाओं और रुचियों के त्याग पर बल दिया जाता है। माता-पिता अनुशासन लागू करने के तरीके से एक दूसरे से अलग हो सकते हैं। यथा : प्रोत्साहन एवं दण्ड के लिए उचित व्यवहार के चयन में अपनी शिक्षण शैली तथा बच्चों के प्रति स्नेह प्रदर्शन इत्यादि में भी भिन्नता पायी जाती है।

(ब) पारिवारिक संरचना एवं आकार (Family Structure and Size): माता-पिता के अतिरिक्त अन्य सदस्यों जैसे दादा-दादी या अन्य लोग, बड़े भाई-बहनों के साथ बच्चे का किस ढंग का सम्बन्ध है, यह भी उसके सामाजिक/ सांवेगिक विकास को प्रभावित करता है। अत: परिवार की संरचना; जैसे बच्चा एकल परिवार का सदस्य है या संयुक्त परिवार, जहाँ उसे समाजीकृत करने में परिवार के अन्य सदस्यों की भी अहम् भूमिका होती है, इसका भी प्रभाव पड़ता है। अत: परिवार की संरचना न केवल आरम्भिक अनुभवों को प्रभावित करती है वल्कि इसका प्रभाव सामाजिक अभिवृत्तियों एवम् व्यवहारों के संरूपों के विकास पर भी पड़ता है। वे बच्चे जिन्हे परिवार में स्वीकृति मिलती है वे बाहरी परिवेश से भी स्वीकृति की प्रत्याशा करते हैं। परन्तु प्रत्याशा के अनुरूप बाहरी लोगों से व्यवहार न मिलने पर बालक आहत होता है। कभी-कभी उग्र भी हो जाता है। वे बच्चे जो घर के अन्दर एवम् बाहर अस्वीकृति पाते हैं, अन्तर्मुखी प्रवृत्ति के हो जाते हैं। वहीं यदि माता-पिता या परिवार के सदस्यों का प्रोत्साहन मिलता है तो बच्चों में बहिर्मुखता विकसित होती है। इस प्रकार बच्चा अनेक सामाजिक व्यवहारों को अर्जित करता है।

(स) सहोदर सम्बन्ध (Sibling Relationship): बच्चों के सहोदर भाई या बहन, उसके विकास को प्रभावित करने में महत्वपूर्ण भूमिका निभाते हैं। सहोदर भाई या बहन बच्चे की समस्याओं को समझने में सक्षम होते हैं तथा माता-पिता की अपेक्षा वे शिशु के साथ संवाद करने में अधिक सहमत होते हैं। अग्रज सहोदर (भाई/बहन) की भूमिका बच्चे के देखरेख में महत्वपूर्ण होती है। चूँकि प्रथम शिशु को अपने माता-पिता का विशेष ध्यान प्राप्त होता है तथा उस बच्चे से माता-पिता की अपेक्षाएं भी ऊंची रहती हैं। माता-पिता उत्तरदायित्वपूर्ण व्यवहार और उच्च उपलब्धि के लिए उस पर ज्यादा दबाव डालते हैं। बड़े सहोदर से यह अपेक्षा की जाती है कि अपने से छोटे सहोदर के साथ संयमित व्यवहार तथा उत्तरदायित्वपूर्ण संवाद बनायें। प्राय: देखा गया है कि जन्म क्रम में पहले और बाद वाले बच्चों की विशेषताएं भिन्न-भिन्न होती हैं। अपने छोटे भाई या बहन की अपेक्षा, बड़े भाई/बहन अधिक परिपक्व, संयमी तथा पारिवारिक एवं सामाजिक

मानकों का पालन करने वाले होते हैं। अतः पारिवारिक पृष्ठभूमि, आपसी अन्तःक्रिया का स्वरूप ऐसे अनेक कारक बच्चे के सामाजिक विकास को प्रभावित करते हैं। इसके अतिरिक्त अन्य परिवेशीय कारक भी सामाजिक विकास के लिए महत्वपूर्ण होते हैं।

मित्र मण्डली (Peer Group)

जब बच्चा पारिवारिक परिवेश से बाहर निकलता है तो वह अपनी उम्र के बच्चों के साथ अन्तःक्रिया करता है। मित्रमण्डली बच्चे के सामाजिक/ सांवेगिक विकास को महत्वपूर्ण रूप से प्रभावित करती है। यह वाह्य जगत सूचना व्यवस्था के स्रोत के रूप में कार्य करता है। बच्चे भी हम उम्र बच्चों के साथ अन्तःक्रिया करके अपनी योग्यताओं के बारे में सूचना एवं प्रतिपूर्ति (Feedback) प्राप्त करते हैं। वे एक मानक की तरह कार्य करते हैं, जिससे बच्चे आपसी क्रियाकलापों की तुलना करते हैं। बड़े होने पर बच्चे मित्र मण्डली के साथ अधिकाधिक समय बिताना पसंद करते हैं इसीलिए इस आयु को (Gang age) भी कहा गया है। अतः मित्र मण्डली की भूमिका सामाजिक विकास के लिए महत्वपूर्ण होती है दूसरी ओर सामाजिक एकाकीपन अनेक समस्यात्मक व्यवहारों को जन्म देता है।

खेल (Play) की भूमिका

बचपन में मित्र मण्डली के बीच पारस्परिक अन्तःक्रिया अपरिवर्तनीय रूप से खेल से जुड़ी होती है। खेल या क्रीड़ा एक आनन्ददायक कार्य है जिसमें जुड़ाव अपने लिए होता है। यह एक छोटे बच्चे के सर्वांगीण विकास के लिए आवश्यक है। इसके अतिरिक्त खेल, मित्रमण्डली के सदस्यों के बीच जुड़ाव, तनाव से मुक्ति, संज्ञानात्मक विकास तथा अन्वेषण की प्रवृत्ति को प्रोत्साहित करता है। खेल इस सम्भावना को बढ़ाता है कि बच्चे एक दूसरे के साथ परस्पर अन्तःक्रिया करेंगे। खेल अतिरिक्त शारीरिक ऊर्जा तथा तनाव से बच्चे को मुक्त भी करता है। अतः खेलों की भूमिका सही सामाजिक एवं सांवेगिक विकास में महत्वपूर्ण होती है।

जनसंचार माध्यम (Mass Media)

पिछले कुछ वर्षों में जनसंचार माध्यमों का विस्तार, विशेषकर टेलीविजन का प्रचलन व्यापक स्तर पर हुआ है। टेलीविजन शैक्षणिक कार्यक्रमों के प्रोत्साहन, स्वस्थ मनोरंजन, भाँति-भाँति की सूचनाओं को उपलब्ध कराने तथा समाजोपयोगी व्यवहार के लिए प्रतिरूप उपलब्ध कराने में महत्वपूर्ण भूमिका अदा करता है। वहीं बच्चों में पढ़ायी के प्रति अरुचि, निष्क्रियता, अवज्ञा एवम् स्वच्छन्दता के साथ-साथ हिंसा तथा आक्रामक व्यवहारों के विकास में भी टेलीविजन की अहम् भूमिका होती है। अतः माता-पिता या परिवार के सदस्यों का दायित्व बनता है कि बच्चों को अच्छे कार्यक्रमों को ही देखने का अवसर दें।

सांवेगिक विकास (Emotional Development)

बाल्यावस्था के आरम्भ से ही संवेग विस्तृत रूप में दृष्टिगत होने लगते हैं। यद्यपि संवेगों का विकास एक निश्चित अनुक्रम में होता है तथा विकास के प्रत्येक चरण में कुछ नये रूप परिलक्षित होते हैं।

पूर्व बाल्यावस्था में सांवेगिक विकास (Emotional Development in Early Childhood)

पूर्व बाल्यावस्था में सांवेगिक अनुभूतियों का विस्तार होता है। मुख्य रूप में उद्वेग, तीव्र भय एवम् ईर्ष्या, अतिरंजित रूप से व्यक्त होते हैं। शैशवावस्था की अपेक्षा इस अवस्था में संवेगों के विविक्तिकरण की परिपूर्णता के साथ-साथ उनकी अभिव्यक्ति भी स्पष्ट होने लगती है। चूंकि इस अवस्था में बच्चे अतिक्रियाशील होते हैं, अत: खेलने, दौड़ने, कूदने तथा उछलने के कारण उत्पन्न थकान से बच्चों में तीव्र संवेगशीलता उत्पन्न होती है। बालक अपने को अतिसक्षम आँकते हैं तथा माता-पिता द्वारा उनकी क्षमता से परे के कार्यों को करने के लिए मना करने पर अपने ऊपर लगाये गए अंकुश का विरोध करते हैं। इसके अतिरिक्त वे जब किसी कार्य को सफलता पूर्वक सम्पन्न नहीं कर पाते तो क्रुद्ध हो जाते हैं।

इस अवस्था में बालक का सामाजिक परिवेश विस्तृत हो जाता है। अब वह पास पड़ोस के बच्चों के साथ खेलना आरम्भ कर देता है। अत: बच्चे में समायोजन की समस्या उत्पन्न होने की प्रबल सम्भावना होती है जिससे वह तनाव का अनुभव करता है। बालक जितना छोटा और अनुभवहीन होगा, तनाव के उत्पन्न होने की सम्भावना उतनी ही अधिक होगी।

संवेगों का विकास यद्यपि अनुक्रम में चलता है तथापि इसके संरूप में भिन्नता विभिन्न अन्तरालों तथा वैयक्तिक भिन्नताओं के कारण पायी जाती है। वे बालक जिसका पालन पोषण शैशवावस्था में शान्त परिवेश में हुआ हो तथा जिनकी आवश्यकताएं तुरन्त पूरी कर दी जाती रही हों, वे बच्चे समृद्ध परिवेश में पले-बढ़े बालकों की अपेक्षा कम संवेगात्मक अनुभूतियाँ प्रदर्शित करते हैं। वे बालक जिनको माता से अति वात्सल्य मिला होता है, वे अपनी माता द्वारा नवजात सहोदर की देख-रेख करते देखकर क्रोध और ईर्ष्या की तीव्र संवेगात्मक अनुभूतियाँ प्रकट करते हैं। इसे बाल बैमनस्यता (Child rivalery) भी कहा जाता है।

परिवार में जन्मक्रम (Birth order) बालक की संवेगशीलता को प्रभावित करता है। प्रथम जन्म क्रम वाले बालक की अपेक्षा द्वितीय क्रम वाले को माता-पिता द्वारा अधिक प्रोत्साहन मिलता है साथ ही साथ उसको अपनी रक्षा के लिए माता-पिता से हमेशा बल मिलता रहता है। यही कारण है कि दूसरे बालक को अपना क्रोध प्रकट करने और सीधा आक्रमण करने में कम संकोच होता है। बालकों पर संवेगात्मक दबाव उस स्थिति में अधिक होता है जब सहोदर विपरीत लिंग के होते हैं या उनके बीच आयु का अन्तर इतना अधिक होता है कि माता-पिता द्वारा एक समय में दोनो बालकों पर समान ध्यान न दिया जा सके। एक अन्य अध्ययन में जेरसिल्ड ने यह

निष्कर्ष निकाला है कि लिंग या जन्मक्रम चाहे जो भी हों, जिस बालक से उसके माता-पिता अपनी प्रत्याशाओं की पूर्ति की उम्मीद रखते हैं, उन बालकों में संवेगात्मक तनाव का अनुभव, अधिक होता है।

सामान्य संवेग (General Emotion)

पूर्व बाल्यावस्था में क्रोध, भय, ईर्ष्या, स्नेह, जिज्ञासा और हर्ष जैसी संवेगात्मक दशाओं का अनुभव बच्चे को होता है। इनमें से प्रत्येक संवेग की अभिव्यक्ति यद्यपि शैशवावस्था में हो जाती है तथापि इस अवस्था में कुछ नये संवेग विकसित हो जाते हैं और प्रत्येक संवेग को उकसाने वाले ऐसे उद्दीपन भी उत्पन्न हो जाते हैं जिनका अनुभव अधिकांशतः छोटे बालकों को सामान्य रूप से होता है।

क्रोध (Anger)

प्रारम्भिक बाल्यावस्था में 'क्रोध' संवेग का सामान्य रूप होता है। एक ओर छोटे बालकों के जीवन में क्रोध को उद्दीप्त करने वाली परिस्थितियाँ बहुत होती हैं और अंशतः इस कारण कि छोटे बालक को जल्दी ही मालूम हो जाता है कि क्रोध चाही हुई चीज को तुरन्त पाने, किसी का ध्यान आकृष्ट करने या किसी इच्छा की पूर्ति करने का एक आसान तरीका है। जेरसिल्ड ने उन परिस्थितियों का जिक्र किया है, जो छोटे बालकों को सबसे अधिक क्रोधित करती हैं। ये दशाएं हैं : खिलौनों को लेकर लड़ाई, कपड़े पहनने के बारे में झगड़ा, इच्छानुसार कार्यों को करने में बाधा उत्पन्न होना, इच्छाओं की पूर्ति में बाधा, दूसरे बालक का जोरदार हमला, किसी मनपसन्द चीज का दूसरे बालकों द्वारा ले लिया जाना, दूसरे बालक से मार-पीट या गाली गलौज करना।

छोटे बालक के क्रोध की आवृत्ति और तीव्रता में सामाजिक पर्यावरण की भूमिका महत्वपूर्ण होती है। उदाहरण के लिए, जिन घरों में अतिथि अधिक आते हैं और जहाँ दो से अधिक प्रौढ़ होते हैं वहाँ छोटे बालकों का मचलना अधिक पाया गया है।

गुडएनफ ने अपने अध्ययन में बताया कि जिस बालक के सहोदर होते हैं उसमें क्रोध का स्तर इकलौते बालक की अपेक्षा उच्च होता है। इसके अलावा, माता-पिता जिस प्रकार का अनुशासन चाहते हैं और जिस प्रकार की पालन-पोषण विधियों का प्रयोग करते हैं उसका भी प्रभाव बालक के क्रोध की आवृत्ति और तीव्रता पर पड़ता है। उदाहरण के लिए, जब माता-पिता बालक की नैसर्गिक अनुक्रियाओं (जैसे खाने का तौर तरीका) को समाज में स्वीकृत तरीकों से ढालना चाहते हैं, तो बालक के अन्दर क्रोध की अनुक्रिया हो सकती है। इसी प्रकार की संवेगात्मक प्रतिक्रयाओं के निरन्तर उत्पन्न होते रहने से स्थायी भावात्मक अनुक्रियाएं पैदा हो सकती हैं।

जब छोटा बालक क्रोधित होता है तब अपने क्रोध की अभिव्यक्ति तीव्र संवेगों या मचलने से प्रकट करता है। मचलने में बालक रोता है, चिल्लाता है, पैर पटकता है, लात मारता है, ऊपर-नीचे उछलता है, हाथ चलाता है, फर्श पर लोटता है, साँस रोक लेता है, शरीर को कड़ा कर

लेता है या उसे बिलकुल ढीला छोड़ देता है। चार वर्ष की आयु तक क्रोध की अनुक्रिया किसी निर्दिष्ट लक्ष्य की ओर उन्मुख होने लगती है। तब क्रोध उत्पन्न करने वाली भावनाओं या शरीर को चोट पहुँचा कर (सिर पटकना) बदला लेने की कोशिश अधिक होती है। तीन और चार वर्ष के बीच मचलना तीव्रता की पराकाष्ठा पर पहुँच जाता है। प्रारम्भिक बाल्यावस्था के अंतिम दिनों में मचलने की अवधि घट जाती है और रूठना, सोच में डूबना और ठिनकना उसकी जगह ले लेता है। मचलना ज्यादातर एक से तीन मिनट तक होता है। एच० एस० ब्रेट्स ने स्पष्ट किया कि कुछ बालकों का प्रारम्भिक बाल्यावस्था के अंत तक अपने क्रोध पर नियन्त्रण हो जाता है, लेकिन अधिकांश का नहीं होता। फलतः वे अपना क्रोध विभिन्न स्तर की तीव्रता वाले उद्रेकों से प्रकट करते हैं। हरमन ने अध्ययन द्वारा पुष्ट किया कि तीन वर्ष की आयु तक संख्या और तीव्रता की दृष्टि से लड़के और लड़कियों के मचलने में कोई स्पष्ट अंतर नहीं होता। इस आयु के बाद लड़कियों की अपेक्षा लड़कों के मचलने में अधिक आवृत्ति और तीव्रता होती है (चित्र 12.7)।

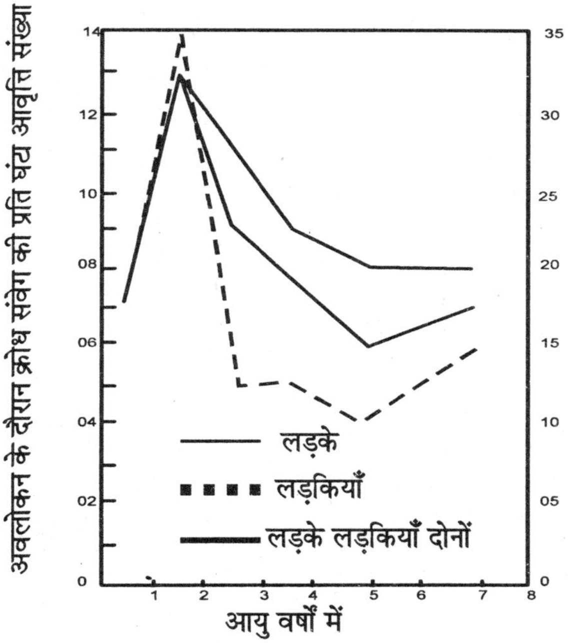

चित्र 12.7 : आयु वृद्धि के साथ लड़कियों की अपेक्षा लड़कों के मचलने की अधिक आवृत्ति और तीव्रता।

भय (Fear)

छोटा बालक, बड़े बालकों की अपेक्षा अधिक चीजों से डरता है। विकसित बुद्धि के कारण उसके लिए उन परिस्थितियों में छिपे खतरों को पहचानना संभव हो जाता है जिन्हें पहले वह खतरनाक नहीं समझता था। उदाहरण के लिए, साँपों का भय 3½ वर्ष की आयु से पहले अधिक नहीं दिखाई देता, लेकिन 4 वर्ष की आयु तक यह भय निश्चित रूप से स्पष्ट होने लगता है। इनलव ने अपने अध्ययनों के आधार पर स्पष्ट किया कि शारीरिक खतरे वाली परिस्थिति जैसे एक तंग पटरे के

ऊपर चलने में, छोटे बालक शुरु में परिस्थिति की नवीनता से डरते हैं, लेकिन जेसे-जैसे नवीनता समाप्त होती जाती है वैसे-वैसे डर भी घटता जाता है। शुरु में भय व्यापक होता है, विशिष्ट नहीं। वह भय के बजाय आतंक की अवस्था से अधिक मिलता-जुलता है। ज्यों-ज्यों बालक बड़े होते जाते हैं त्यों-त्यों भय की अनुक्रियाएँ अधिकाधिक विशिष्ट होती जाती हैं।

छोटे बालकों की भय की अनुक्रियाओं में शामिल होती हैं - भागना और छिप जाना, डरावनी परिस्थितियों से बचना, तथा यह कहना कि "इसे हटाओ", "मैं नहीं पकड़ना चाहता", या "मैं यह नहीं कर सकता" इत्यादि। केसलर ने पाया कि इन अनुक्रियाओं के साथ प्रायः रोना और ठिनकना भी सम्मिलित होता है। छोटे बालकों के भय के विकास में अनुबधन या अनुकरण द्वारा सीखने तथा अप्रिय स्मृतियों का बड़ा हाथ होता है। कुछ विशिष्ट घटनाओं के भय के कारण उनसे मिलती-जुलती या सहचारी घटनाओं से भी भय उत्पन्न हो सकता है, जैसे तीव्र ध्वनि या शोर होने से बच्चा उस वस्तु (जहाज इत्यादि) से भयभीत हो जाता है। डरावनी घटनाओं वाली कहानियों और तस्वीरें, रेडियो और टेलीविजन के प्रोग्राम या सिनेमा इत्यादि छोटे बालकों के भय के स्रोत हो सकते हैं, विशेष रूप से तब जब उनकी बातों का बाल जीवन के अनुभवों से साम्य रहता है। कितने ही भय किसी भयभीत व्यक्ति के अनुकरण से पैदा हो जाते हैं। स्कूल पूर्व बालकों का उन चीजों से डरना जिनसे उनकी मातायें डरती हैं बहुत सामान्य बात है। अंत में, बहुत से भय किसी अप्रिय अनुभव के अनुप्रभाव के रूप में पैदा होते हैं। ज्यों-ज्यों बालक बड़ा होता जाता है, त्यों-त्यों भय की संख्या और तीव्रता घटती जाती है (चित्र 12.8)।

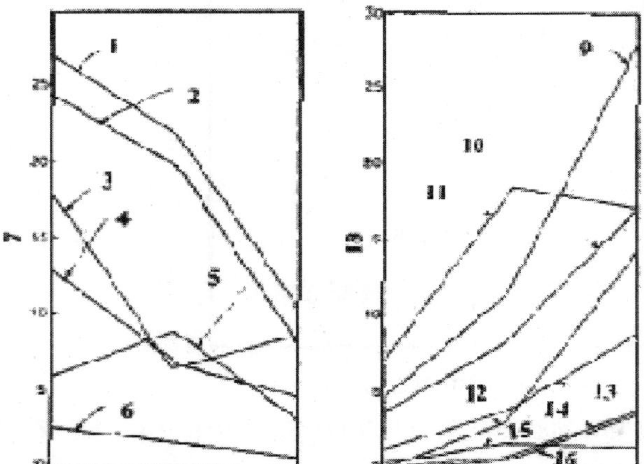

छोटे बच्चों में विभिन्न परिस्थितियों की सापेक्ष आवृत्ति संख्या।

चित्र 12.8 : शोर और शोर के साधन। 2. विचित्र वस्तुएँ, स्थितियाँ और व्यक्ति। 3. पीड़ा 4. गिरना। 5. आकस्मिक, अप्रत्याशित हरकत और प्रकाश। 6. विशिष्ट वस्तुएँ एवं स्थितियाँ (कारण अतात)। 7. भय प्रतिशत में। 8. आयु महीनों में। 9. काल्पनिक के 10. अंधेरा, एकांत और अंधेरे में काल्पनिक जीव जंतु। 11. पशु। 12. यातायात। 13. काल्पनिक जीवजंतु। 14. स्वप्न। 15. चेतावनी। 16. दूसरों में भय के चिह्न। 17. आयु महीनों में। 18. भय प्रतिशत में।

भय की तीव्रता में कमी के अनेक कारण होते हैं जैसे- बच्चा यह समझ जाता है कि जिस चीज से वह पहले डरता था उसमें डर की कोई बात नहीं है। इसके अतिरिक्त सामाजिक दबावों का फल होता है जिनसे वह उपहास का पात्र बनने से बचने के लिए अपने भय को छिपाना सीख जाता है, अंशत: सामाजिक अनुकरण का फल है, और अंशत: बड़ों के निर्देशन का, जिससे वह पहले जिन चीजों से डरता था उनको पसन्द करने लगता है या उनके प्रति नकारात्मक अभिवृत्ति अपना लेता है। जेरसिल्ड ने स्पष्ट किया कि बालक का अपरिचित लोगों, पर्यावरण और अनुभवों से जब भली भाँति परिचय हो जाता है तब उनके प्रति उसका भय मिट जाता है।

ईर्ष्या (Jealousy)

ईर्ष्या किसी व्यक्ति के प्रति क्रोधपूर्ण अमर्ष की भावना है। यह सदैव सामाजिक परिस्थितियों में पैदा होती है, विशेष रूप से ऐसी परिस्थितियों में जिनमें बालक के प्रिय या चाहे हुए लोग शामिल होते हैं। छोटे बालकों में ईर्ष्या का उद्रेक तब होता है जब माता-पिता या वे लोग जो बालक की देख-रेख करते रहे हैं प्रकटत: अपनी रुचि या ध्यान किसी दूसरे की ओर, विशेष रूप से नवजात शिशु की ओर कर देते हैं। ईर्ष्या का आरम्भ प्राय: दो से पाँच वर्ष के बीच की आयु में छोटे सहोदर का जन्म होने पर बहुत होता है।

छोटा बालक अपने से बड़े ऐसे सहोदर के प्रति ईर्ष्यालु हो सकता है जिसे उससे अधिक संसाधन या सुविधाएँ प्राप्त हों। ऐसी परिस्थिति को वह प्राय: माता-पिता का पक्षपात समझता है। वह ऐसे सहोदर के प्रति भी ईर्ष्यालु हो सकता है जिसे खराब स्वास्थ्य के कारण देख-रेख की अधिक जरुरत होती है। इस बात की संभावना बहुत कम होती है कि बालक अपने सहोदरों की तरह ही घर के बाहर के बच्चों से भी ईर्ष्या करें क्योंकि बाहरी बच्चों से उसका संपर्क बहुत सीमित होता है और प्राय: ऐसे समय होता है जब माँ या अन्य लोग जिन्हें बालक प्यार करता है उपस्थित नहीं होते। लेकिन छोटे बालक प्राय: अपने पिता से भी ईर्ष्या रखते हैं। उनका माँ के प्रति ममत्व हो जाता है क्योंकि वह सदैव उनके साथ रहती है, और इसलिए माँ का पिता को प्यार करना उन्हें बुरा लगता है। जेरसिल्ड तथा वोल्मर का मानना है कि ऐसी ईर्ष्या दो और तीन वर्ष के बीच पराकाष्ठा को प्राप्त होती है और तब ज्यों-ज्यों बालक की रुचियों का दायरा बढ़ता है त्यों-त्यों वह घटती जाती है।

प्रारंभिक बाल्यावस्था में ईर्ष्या की अभिव्यक्ति बहुत कुछ उसी तरह होती है जिस तरह क्रोध की। अंतर केवल यह होता है कि उसका लक्ष्य प्राय: दूसरा व्यक्ति होता है-वह व्यक्ति जिसे बालक समझता है कि उसने प्यार करने वाले व्यक्ति से उसका हक छीन लिया है। कभी-कभी ईर्ष्या के कारण बालक इस तरह के शैशवोचित व्यवहार करने लगता है जैसे, अंगूठा चूसना, बिस्तर में पेशाब कर देना, बहुत शैतानी करने लगना, या खाने से इंकार करके अथवा बीमारी या भयभीत होने का बहाना करके दूसरों का ध्यान आकर्षित करने की कोशिश करना। लड़कों की

अपेक्षा लड़कियों में ईर्ष्या अधिक होती है। पहला बच्चा अपने बाद में पैदा होने वाले सहोदरों की अपेक्षा ईर्ष्या अधिक बार और अधिक तीव्रता के साथ प्रकट करता है। बड़े परिवारों की अपेक्षा छोटे परिवारों में ईर्ष्या अधिक सामान्य होती है। जो माताएँ बच्चों के लिए आवश्यकता से अधिक आकुल रहती हैं या जिनका अनुशासन एक सा नहीं होता उनके बच्चों में ईर्ष्या अधिक समस्याजनक होती है तब जो माताएँ बच्चों पर कम ध्यान देती हैं उनके बच्चों में कम इर्ष्या होती है। बोसार्ड एवं जेरसिल्ड ने स्पष्ट किया कि जिन बालकों की आयु का अंतर 18 और 42 महीनों के बीच का होता है उनमें ईर्ष्या इससे कम या अधिक अंतर वाले बालकों की अपेक्षा अधिक होती है।

जिज्ञासा (Curiosity)

छोटे बालकों में हर चीज माँगने की उत्कंठा होती है। घर में, भण्डार में, या दूसरों के घर में कोई भी चीज जिसे उन्होने पहले नहीं देखा हो उनके ध्यान से नहीं बच पाती। वे दूसरों के कपड़ों तक को छूकर देखते हैं। अपने, दूसरे बालकों के, और बड़ों के शरीर के बारे में उन्हे बड़ी जिज्ञासा होती हैं। वे कैसे काम करते हैं? चूँकि पहले इंद्रियों और पेशियों के द्वारा बालक जितनी अधिक क्रियाओं की छानबीन करता था उसमें से कुछ के ऊपर चेतावनीं और दण्ड के रूप में सामाजिक दबाव पड़ने के कारण रोक लग जाती है, इसलिए शब्दों से सार्थक वाक्य बनाने की योग्यता आते ही बालक ऐसे सवाल पूछने लगता है जिनका कोई अंत नहीं होता, जैसे, "यह कैसे काम करता है?", "यह कहाँ से आया", "यह यहाँ कैसे आया" इत्यादि। प्रश्न पूछने की आयु दूसरे और तीसरे वर्ष के बीच शुरु होती है और छठे वर्ष में अपनी पराकाष्ठा पर होती है। जब बालक को सवालों का जवाब मिल जाता है तब उसकी जिज्ञासा शांत हो जाती है क्योंकि उसे ऐसी जानकारी मिल जाती है जो उसकी अपनी छानबीन से संभव नहीं थी। लेकिन जब उसे संतोषजनक उत्तर नहीं मिलता है या बिल्कुल ही नहीं मिलता तब उसकी जिज्ञासा घट जाती है और फल यह होता है कि अपनी आयु और बुद्धि स्तर के अन्य बालकों की तुलना में उसकी जानकारी सीमित रह जाती है।

हर्ष (Joy)

मुस्कराने और हँसने की मात्रा में तथा इन अनुक्रियाओं को पैदा करने वाले उद्दीपनों में आयु के अनुसार निश्चित अंतर होते हैं। छोटे बालक अधिक प्रकार के उद्दीपनों के प्रति अनुक्रिया करता है, और ऐसी परिस्थितियों का उस पर अधिक प्रभाव पड़ता है जिनमें दूसरे बालक मौजूद रहते हैं। बालक नई खोजों से प्रसन्न होता है, विशेष रूप से तब जब उनके अन्वेषण के रास्ते में रुकावटें डाल दी जाती हैं या जब उसकी सफलताएँ दूसरे बालकों की अपेक्षा ज्यादा होती हैं। दूसरों को चिढ़ाना, बच्चों या बड़ों से छेड़छाड़ करना तथा जानवरों या दूसरे बालकों को परेशानी में डाल देना उसके अन्दर श्रेष्ठता की भावना पैदा करता है जिससे उसे प्रसन्नता होती है। वह बेतुकी बातों

को और ओछे ढंग के मजाकों को परिहास के अन्य तरीकों की अपेक्षा अधिक अच्छी तरह समझ सकता है और वास्तविक जीवन की परिस्थितियों में हास्य प्रसंगों, सिनेमा या टेलिविजन में खूब रुचि लेता है। हर्ष की अनुक्रिया में मुस्कराना, हँसना या प्रायः खूब ऊँचे स्वर से खिलखिलाना, ताली बजाना, उछलना, कूदना या हर्षजनक वस्तु या व्यक्ति से लिपटना शामिल होता है, जिस ढंग से बालक हर्ष प्रकट करता है वह न केवल हर्ष की तीव्रता पर बल्कि उसे मर्यादा के अन्दर रखने के लिए उस पर जो सामाजिक दबाव पड़ते हैं, उन पर भी निर्भर होता है।

स्नेह (Love)

बालक सुख एवं संतोष देने वालों से स्नेह करना सीखता है। छोटा बालक न केवल मनुष्यों से बल्कि जानवरों और बेजान चीजों से भी स्नेह प्रकट करता है। बालक प्रायः अपने पसन्द के खिलौने से उसी प्रकार प्रेम प्रकट करता है जिस तरह अपने घर के लोगों से। छोटा बालक स्नेहपूर्ण व्यवहार, हार्दिक सम्मान, मित्रता, सहानुभूति या निस्सहायता प्रकट करता है। स्नेह की अभिव्यक्ति वाणी की अपेक्षा शरीर की गतिविधियों से अधिक होती है। एमेन और रेनसन ने स्पष्ट किया कि लड़कियाँ, लड़कों की अपेक्षा अधिक स्नेहशील होती हैं और दोनो ही विपरीत लिंगों के व्यक्तियों से अधिक अपने ही लिंग के बच्चों और बड़ों के प्रति स्नेह की अनुक्रिया करते हैं। हीथरस का कहना है कि चौथे वर्ष के आस-पास बालक की संवेगात्मक निर्भरता परिवार से हट कर दूसरे बालकों पर हो जाती है। अलेक्जेन्डर ने स्पष्ट किया कि जिस बालक को दूसरों का, घर वालों का या घर के बाहर वालों का स्नेह नहीं मिलता उसके "आत्म-केन्द्रित" हो जाने की संभावना अधिक हो जाती है जिससे उसके लिए दूसरों के साथ संवेगों के आदान-प्रदान करने में रुकावट हो जाती है।

छोटे बालक संवेगों के अन्य प्रकारों की भाँति स्नेह को भी अमर्यादित ढंग से प्रकट करते हैं। वे प्रिय व्यक्ति या वस्तु से चिपटते हैं, उसे चूमते हैं और सहलाते हैं। वे हमेशा प्रिय व्यक्ति के साथ रहना चाहते हैं ताकि उनका प्रिय व्यक्ति जो कुछ करता है वही वे भी करें, भले ही इससे उसके काम में मदद मिलने के बजाए रुकावट पैदा हो। प्रिय व्यक्ति के साथ, बालक प्रिय जानवर या खिलौने को बराबर अपने ही साथ रखना चाहता है, यहाँ तक कि सोते समय भी उसे नहीं छोड़ता। स्नेह की अभिव्यक्ति का स्तर एवम् आवृत्ति अन्य कारकों से प्रभावित होती है।

उत्तर बाल्यावस्था में सांवेगिक विकास
(Emotional Development in Late Childhood)

इस अवस्था के बालकों के संवेगों की अभिव्यक्ति अधिक नियंत्रित रूप में पायी जाती है। बड़े बालक अपने अप्रिय संवेगों को उग्र रूप से प्रदर्शित करके अपनी नापसन्दगी शीघ्र ही जाहिर कर देते हैं। इसलिए बालक को अपने संवेगों को प्रकट करने से संयम सीखने की प्रबल अभिप्रेरणा

मिलती है। संवेगात्मक व्यवहार में परिवर्तन चित्र 12.9 में प्रदर्शित हैं। घर के अंदर अपने संवेगों पर नियन्त्रण करने की इतनी प्रबल अभिप्रेरणा नहीं मिलती। इसलिए वहाँ वह अपने संवेगों को स्वाभाविक तरीके से प्रकट करता है।

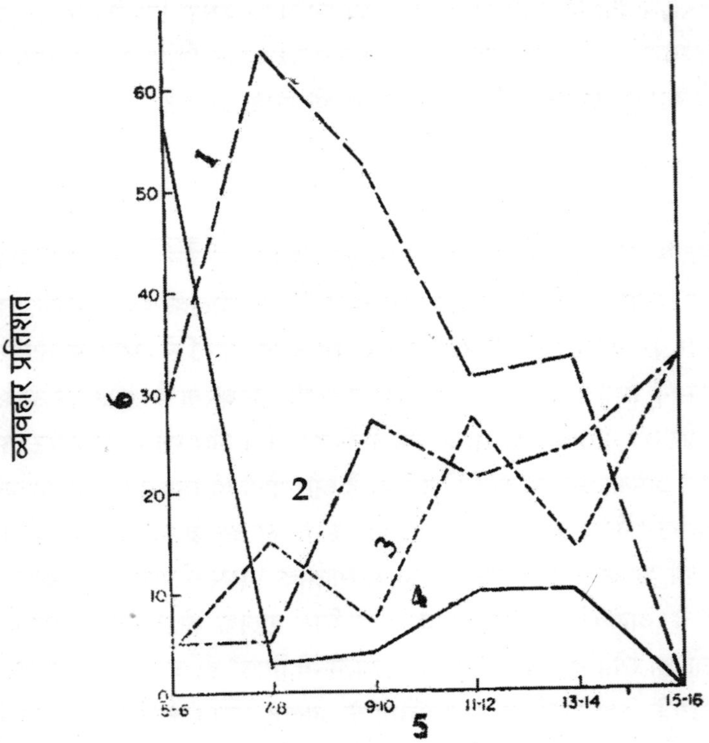

1. लड़ना-झगड़ना 2. गुस्ताखी 3. नाराजगी 4. भीरुता
5. कालिक आयु 6. व्यवहार प्रतिशत-।

चित्र 12.9 : उम्र बढ़ने के साथ बच्चों के संवेगात्मक व्यवहार में होने वाले परिवर्तन।

उत्तर बाल्यावस्था में संवेगों की अभिव्यक्ति लाक्षणिक रूप से सुखकर होती हैं। बालक खिलखिलाता या ठहाका मारकर हँसता है, ऐंठता है, फड़कता है या जमीन पर लोटता भी है और सामान्य रूप से रुकी हुई स्वस्थ शक्ति को उन्मुक्त रूप से प्रकट करता है। प्रौढ़ मानकों की तुलना में अपरिपक्व होने पर भी ये संवेगात्मक अभिव्यक्तियाँ स्पष्ट करती हैं कि बालक प्रसन्न है और अच्छा समायोजन कर रहा है। लेकिन इस आयु की संवेगशीलता केवल सुखकारी ही नहीं होती। क्रोध का उद्रेक भी अनेक बार होता है और बालक को आकुलता और कुण्ठा का अनुभव भी होता है। लड़कियाँ प्रायः रो पड़ती है या स्कूल पूर्व दिनों की तरह का क्रोधाद्रेक प्रदर्शित करती हैं, लड़के अपनी आकुलता प्रायः रूठकर और उदासीन बनकर प्रकट करते हैं जो बालक अपने सहपाठियों के मुकाबले में बहुत तेज या बहुत मंद होने के कारण अपने को बेमेल महसूस करते

हैं, जिसके घर के लोग अधिक रोकटोक करने वाले होते हैं और जिसके माता-पिता जितना वह कर सकता है उससे अधिक प्रत्याशा करते हैं, अथवा जिसकी महत्वाकांक्षाएँ इतनी अयथार्थ होती है कि उनका असफल होना अनिवार्य होता है, इन बच्चों के संवेगों के सुखकर से अधिक दुःखकर होने की सम्भावना अधिक रहती है। जेरसिल्ड ने स्पष्ट करते हुए कहा कि बच्चे में दुःखकर स्थिति होने से घर के अन्दर और बाहर बालक का समायोजन अच्छा नहीं हो पाएगा और उसकी अनिष्टकारी संवेगशीलता में वृद्धि होगी।

सामान्य संवेग (General Emotion)

उत्तर बाल्यावस्था में पाये जाने वाले सामान्य संवेग संभवतः पूर्व बाल्यावस्था के ही होते हैं। फिर भी पूर्व बाल्यावस्था के संवेगों से उनका दो बातो में अंतर होता है : (1) उद्दीप्त करने वाली परिस्थिति का प्रकार तथा (2) उनकी अभिव्यक्ति का रूप। ये परिवर्तन परिपक्वता के बजाय अनुभव के बढ़ने और सीखने के परिणाम होते हैं। जब बालक की बुद्धि बढ़ जाती है और उसका अनुभव विस्तृत हो जाता है, तब वह परिस्थितियों का भिन्न तरीके से अर्थ लगाता है अर्थात् बालक के संवेगात्मक व्यवहार उम्र वृद्धि के साथ परिवर्तित हो जाते हैं। इसके फलस्वरूप वह उनके प्रति अलग तरह से अनुक्रिया करता है। इसके अलावा घर के बाहर के लोगों से सम्पर्क अधिक होने के कारण अनुभव बढ़ने से वह जान लेता है कि अलग-अलग लोग अलग-अलग संवेगात्मक अभिव्यक्तियों के बारे में क्या सोचते हैं। सामाजिक अनुमोदन पाने की इच्छा से वह संवेगात्मक अभिव्यक्ति के समाज द्वारा अनुमोदित तरीकों को सीखने की तथा अति अभिव्यक्ति को समाज द्वारा अनुमोदित तरीको से रोकने की कोशिश करता है। उत्तर बाल्यावस्था के सामान्य संवेग प्रमुख रूप से हैं ; जिज्ञासा (Curiosity), स्नेह (Love), भय (Fear), हर्ष (Joy), ईर्ष्या (Jeolousy), तथा क्रोध (Anger)।

जिज्ञासा (Curiosity)

जिज्ञासा का तात्पर्य सम्प्रत्ययों को जानने की इच्छा से है। बच्चों में बड़ों की अपेक्षा जानने की इच्छा, अर्थात् जिज्ञासा अधिक होती है क्योंकि बड़े बालक अपने दैनिक जीवन की सामान्य चीजों से पहले ही परिचित हो चुके होते हैं और इसलिए उसकी छानबीन के लिए कम ही चीजें बाकी रहती हैं, और अनुभव से सीख चुका होता है कि जिज्ञासा के कारण वह संकट में पड़ सकता है और इसलिए सबसे अच्छा जिज्ञासा को रोकना ही है। बचपन में जिस काम को न करने के लिए बच्चों को रोका जाता है उस काम के प्रति बच्चे बड़े होकर अधिक जिज्ञासा पूर्ण भाव रखते हैं जब उसका परिवेश विस्तृत होकर आस-पास पड़ोस के परिक्षेत्र से जुड़ता है तब उसकी जिज्ञासा और बढ़ जाती है और नई-नई तथा अपरिचित वस्तुओं को भी जानने के लिए प्रेरित होता है।

बड़ा बालक अपनी जिज्ञासा को बहुत कुछ उसी तरीके से प्रदर्शित करता है जिस तरीके से

पूर्व बाल्यावस्था में वह घर की अन्य छोटी-बड़ी चीजों के प्रति करता था। वह रहस्यमय लगने वाली चीजों की बारीकी से जाँच करता है और बहुधा यह देखने के लिए कि वे किस तरह काम करती है उनके हिस्से अलग-अलग कर देता है। सीधी छानबीन के अलावा वह जो अपने अनुभव से जान चुका है उसमें वृद्धि करने के लिए असंख्य प्रश्न पूछता है; प्रश्न पूछना अपने माता-पिता तक ही सीमित नहीं रखता बल्कि वह शिक्षकों से, संबंधियों से, जो कोई प्रौढ़ उसे मिलता है उससे, यहाँ तक कि अपने से बड़े बालकों से भी सवाल पूछकर अपनी जानकारी बढ़ाता है, और अंत में पुस्तकों से जानकारी ले सकता है और तीसरी कक्षा में पहुँचने तक वह अच्छी तरह पढ़ने और पढ़े हुए विषय को समझने लगता है। तब से जानकारी प्राप्त करने के लिए पढ़ना उसके लिए उत्तरोत्तर महत्वपूर्ण होता जाता है।

स्नेह (Love)

बड़े बालक स्नेह का प्रदर्शन बहुत कम करते हैं। लड़के समझते हैं कि अब हम बड़े हो चुके हैं चूमने-चाटने तथा अंगुली पकड़कर सिखाने की जरुरत नहीं है तथा अगर लोग ऐसा व्यवहार उनके प्रति करते हैं तो बच्चे में झिझक उत्पन्न होती है। इसी तरीके का व्यवहार बालिकाओं में भी उत्पन्न होता है तथा बालिकाओं की अपेक्षा लड़के अधिक झिझकते हैं। इसलिए वे स्वयं भी दूसरों के प्रति स्नेह प्रदर्शन नहीं करते। किसी व्यक्ति से स्नेह प्रकट करने की अपेक्षा किसी पालतू जानवर से स्नेह प्रकट करना वे कहीं अधिक पसंद करते हैं। फिर भी व्यक्तियों के प्रति उनका स्नेह प्रिय व्यक्ति के साथ सदैव रहने की इच्छा, उसकी सहायता के लिए कोई काम करने, हर संभव उपाय से उसकी मदद करने इत्यादि, परोक्ष रूप से प्रकट होता है। ऐसा अपने दोस्तों के प्रति बालक की प्रतिक्रियाओं में विशेष रूप से दिखाई देता है। वह प्रायः अपने दोस्तों के साथ बना रहना चाहता है। जब दोस्त दूर होता है तब वह टेलिफोन या पत्र व्यवहार से उससे घनिष्ठ सम्पर्क बनाए रखने की कोशिश करता है। बोसार्ड (1953) ने बताया कि सहोदरों और माँ-बाप में बड़े बालक का प्रायः कोई 'प्रिय' होता है और प्रिय के लिए उसके परिवार के अन्य लोगों से जो ''प्रिय' ' नहीं है अधिक स्नेह होता है। जब कभी वह स्नेह प्रकट करता ही है तब स्नेह अप्रत्याशित समय में 'उद्गार' की तरह होता है, (गेसेल एवं एमेस 1956) ।

भय (Fear)

छोटे बालकों की अपेक्षा बड़े बालकों में भय संवेग सामान्यतः कम होता है। बेल और हाल (1954) ने पुष्ट किया है कि कई वस्तुओं, परिस्थितियों, जानवरों और लोगों को बड़े बालक शांत होकर देखते हैं, जबकि छोटे बालक उनसे बहुत डरते हैं। इस आयु में आग, अँधेरा, बीमारी, डाक्टर, शल्य चिकित्सा, कार से टकराने तथा कुत्ते के काटने का डर सबसे आम होता है। लड़कियाँ, लड़कों की अपेक्षा अधिक डरती है। ठोस चीजों से पैदा होने वाले डर तो उम्र के साथ घटते जाते हैं, लेकिन काल्पनिक, अलौकिक या दूरस्थ खतरों के, अंधेरा और अंधेर में रहने वाली काल्पनिक चीजों से पैदा होने वाले डर तो उम्र के साथ घटते जाते हैं। बड़े बालक "बदल जाने",

उपहास का पात्र बनने या चिढ़ाए जाने, अपने काम में असफल होने से भी डरते हैं क्योंकि बड़ा बालक जानता है कि उसका भय प्रकट करना उसके दोस्त पसन्द नहीं करते, इसलिए भय पैदा करने वाली परिस्थिति से वह बचने की कोशिश करता है ताकि भयग्रस्त होने की हालत में दिखाई देने की अपमानजनक स्थिति से वह अपने को बचा सके। शर्म, जो सामाजिक परिस्थितियों में होने वाले भय का एक रूप है, प्रायः इस तरह के अधीरता सूचक व्यवहार–वैचित्र्यों में प्रकट होता है, जैसे सिर को एक तरफ किए रहना, नाक, कान या कपड़े को खींचना या कभी एक पाँव पर कभी दूसरे पाँव पर टिके रहना, इन लक्षणों को जेरसिल्ड (1954) ने अध्ययनों से स्पष्ट किया।

काल्पनिक बातों से होने वाले भय या आकुलता इस आयु में दिखाई देने लगती है। बड़े बालकों को सबसे अधिक आकुलता पारिवारिक या स्कूली समस्याओं से, व्यक्तिगत और सामाजिक समायोजन से संबंधित समस्याओं से या स्वास्थ्य की समस्याओं से होती है। स्कूल के बाहर की आकुलताओं की अपेक्षा स्कूल–संबंधी आकुलताएँ, अधिक सामान्य होती है। लड़कियों को लड़कों की अपेक्षा अधिक आकुलताएँ होती हैं, विशेष रूप से स्कूल और सुरक्षा के बारे में बालक के दोस्तों का उसकी आकुलताओं की संख्या और तीव्रता पर बहुत प्रभाव पड़ता हैं। उदाहरण के लिए, जब टोली में स्कूल के काम के बारे में बातचीत होती है तथा एक बालक कहता है कि उसे अध्यापक द्वारा चेतावनी दिया गया है अच्छे ढंग से पढ़ने के लिए अन्यथा वह फेल हो सकता है, इस डर से वह मन में पास होने या आगे फिर पढ़ाए जाने की आशंकाएं लिए "परीक्षा की तैयारी सम्बन्धी सोच विकसित करता है।" प्राट्ट (1945) ने स्पष्ट करते हुए कहा कि इस प्रकार का सामाजिक दबाव टोली के प्रत्येक बालक की आकुलताओं को बढ़ा देता है।

व्यापक आकुलता जो कि "आसन्न या प्रत्याशित विपत्ति के सम्बन्ध में मन की एक कष्टदायक और बेचैनी की अवस्था" होती है तथा जो किसी एक विशिष्ट आकुलता से अधिक सामान्य होती है। ब्रोइडा एवं थामसन (1954) का मानना है कि बालक प्रायः अपनी आकुलता का कारण नहीं जानता और यह भी नहीं समझता कि वह किसी बाहरी परिस्थिति के बजाय असुरक्षा की भावना से उत्पन्न होती है। अपने लोकप्रिय बच्चों को समवयस्कों द्वारा 'अपना लेना' अलोकप्रिय बालक के मन में आकुलता उत्पन्न करती है। सामान्यतः लड़कियाँ लड़कों की अपेक्षा ज्यादा आकुलतापूर्ण व्यवहार प्रदर्शित करती हैं और आयुवृद्धि के साथ दबाव बढ़ने पर इसमें वृद्धि होती है। आकुलताशील बालक सीखने में अक्षम होता है, विशेष रूप से तब जब सीखने का काम मुश्किल होता है, जैसे पढ़ना और गणित के प्रश्न हल करना। वह इन संकार्यों को करने में सामान्य बच्चे आकुलताशील बालक की अपेक्षा कम गलतियाँ करते हैं और आकुलता के मूल में जो असुरक्षा की भावना होती है वह उसकी असंतोषजनक उपलब्धि के कारण बढ़ जाती है (मैककैन्डलेस, कास्टेंडा और पालेरमो, 1956)।

हर्ष (Joy)

जब बालक बड़े हो जाते हैं तब भी उन्हीं बातों से प्रायः उन्हें हर्ष होता है, जिनसे छुटपन में होता

था। असंगत परिस्थितियों पर परिपाटी के उल्लंघन से, असंबद्धताओं को देखकर हल्की विपत्तियों से, अप्रत्याशित आवाजों को सुनकर अथवा किसी भी ऐसी बात से जो परिस्थिति में अनुपयुक्त लगती हैं उनका मुस्करा पड़ना या हंस पड़ना अवश्यंभावी होता है। जब वे अपने को शरीर से स्वस्थ महसूस करते हैं तब उनकी हँसी बहुत तीव्र हो जाती है। शब्दों को समझने की योग्यता के बढ़ने पर बालक क्लेष और मजाकों से छुटपन की अपेक्षा अधिक आनन्द लेता है। अब वह अपने ही संकटों पर हँसने के काविल हो जाता है। खास तौर से अपने को दूसरों की नजर में 'अच्छा खिलाड़ी' सिद्ध करने के लिए वह ऐसा करता हो। ब्रेकनराइड्ज और विन्सेट (1955) के अनुसार कोई भी ऐसी चीज जो उसमें दूसरों से श्रेष्ठ होने की भावना पैदा करती हो, जैसे मजाक, निषिद्ध वस्तुएँ खाना, सिगरेट पीना, या नशा तो उसे बहुत ही आनन्द आता है।

हर्ष की अभिव्यक्तियाँ छोटे बालकों की अपेक्षा बड़े बालकों में कहीं अधिक संयत होती है। छोटे बालक हर्ष के लिए शारीरिक गतियों का ज्यादा प्रदर्शन करता है लेकिन बड़े बालक ऐसा प्रदर्शन न करके जोर से हंसने वाली प्रक्रिया पर विशेष प्रदर्शन करते हैं। ऐसा इसलिए करते हैं क्योंकि समवयस्क उन व्यवहारों को 'शैशवोचित' व्यवहार न कहें। लड़के विशेष रूप से हर्षित होने पर अपने साथियों की पीठ या सिर पर धौल जमा देते हैं, और लड़कियाँ अपनी सहेली के इर्द-गिर्द बाँहे डाल देती हैं।

ईर्ष्या (Jealousy)

बालक का सहोदरों से ईर्ष्या करना उत्तर बाल्यावस्था में भी बंद नहीं होता। बल्कि, कभी-कभी तो वह और भी तीव्र हो जाती है, क्योंकि बालक को लगता है कि जब वह घर से बाहर रहता है तब उसकी माँ का सारा प्यार उसके छोटे भाई को मिलता है और उस समय वह सहानुभूति न रखने वाले अजनबियों के बीच होता है। स्कूल जाने वाला बालक अगर घर में ईर्ष्यालु रहा है तो सहपाठियों से भी ईर्ष्या कर सकता है विशेष रूप से ऐसे सहपाठियों से जो लोकप्रिय हैं या पढ़ाई या खेल में आगे हैं। छोटे बालकों की तरह प्रौढ़ो के ध्यान का केन्द्र बने हुए बालक पर आक्रमण करने के बजाए बड़ा बालक ईर्ष्या को सीधे तरीके से झगड़े के द्वारा, चुगलखोरी करके, हँसी उड़ाकर, चिढ़ाकर, सताकर, अपमानजनक टीका टिप्पणी करके या झगड़ा कराकर प्रकट करता है।

जेरसिल्ड (1954) के अनुसार बालक अपनी ईर्ष्या को व्यक्ति की उपेक्षा करके, व्यंगपूर्ण टीका-टिप्पणी के द्वारा परोक्ष तरीके से भी प्रकट कर सकता है। गेसेल और एमेस (1956) के अनुसार बाल्यावस्था में वृद्धि के साथ ईर्ष्या की अभिव्यक्ति के परोक्ष तरीके बढ़ते जाते हैं और सीधे तरीके घटते जाते हैं।

क्रोध (Anger)

उत्तर बाल्यावस्था में क्रोध को उकसाने वाली परिस्थितियाँ पूर्व बाल्यावस्था की अपेक्षा अधिक

होती हैं क्योंकि बड़ा बालक स्वतन्त्रता की तीव्र इच्छा रखता है। इसलिए स्वतन्त्रता प्राप्त करने के प्रयत्न में उसे छोटे बालक की अपेक्षा असफलता अधिक मिलती है। सामान्यत: बड़े बालक काम में बाधा उत्पन्न होने पर अत्यधिक क्रुद्ध हो जाते हैं तथा अगर उन्हे लगातार आलोचना मिले तथा उन्हें हीन बताया जाए, लम्बा उपदेश दिया जाए तो अत्यधिक क्रोधी हो जाते हैं। बालक बहुधा अपनी सामर्थ्य से अधिक महत्वाकांक्षी होता है और जब वह अपनी उपलब्धियों को लक्ष्य से कहीं नीचे देखता है तब वह क्रुद्ध हो जाता है। गेसेल तथा एमेस (1956) के अनुसार उत्तर बाल्यावस्था में क्रोध सबसे तीव्र संवेगों में से एक होता है। छोटे बालकों की तरह मचल कर बेकाबू हो जाने के बजाय बड़ा बालक अपने क्रोध की अभिव्यक्ति रुठने, नकारवृत्ति, बोलना छोड़ने, झगड़ालूपन, तुच्छ बातों को महत्व देने और बात-बात पर हर आदमी से उलझकर करता है। झगड़ा करने की, विशेष रूप से सहोदरों के साथ झगड़ने की प्रवृत्ति दसवें और बारहवें वर्ष के बीच पराकाष्ठा पर पहुँच जाती है और उसके बाद घट जाती है। जब कोई बड़ी आयु का बालक अपने क्रोध को छोटे बालक के प्रति लाक्षणिक तरीके से प्रकट करता है तब वह प्राय: अन्य बालकों द्वारा नापसन्द किया जाता है और टोली उसको आगे स्वीकार नहीं करती। वेलर (1953) के अनुसार बड़ी आयु के बालकों को क्रोध प्रकट करने का तरीका मुख्य रूप से सामाजिक दबावों के कारण बदल जाता है। जेरसिल्ड (1956) के अनुसार बालक का फुर्तीला खेल जोकि संवेगों की अवरुद्ध शक्ति का विरेचन (Catharsis) कर देता है, और विकसित बुद्धि भी क्रोध की अभिव्यक्ति के तरीके को बदलने के लिए अंशत: उत्तरदायी होती है।

जब कोई अंतर्नोद अवरुद्ध हो जाता है तब बड़े बालक को कुंठा या निस्सहायता की भावना का अनुभव छोटे बालक की अपेक्षा अधिक होता है। अवरोध कभी उसके सामाजिक पर्यावरण में रहने वाले लोग, जैसे माता-पिता या शिक्षक पैदा करते हैं, जो उसे अपनी इच्छाओं के अनुसार नहीं चलने देते, या उसकी ही अयथार्थ महत्वकांक्षाओं के कारण पैदा होते हैं जिन्हें वह अपनी पहुँच के बाहर पाता है। कुछ बालक अवरोध के प्रति आक्रामक तरीके से प्रतिक्रिया करते हैं और गुस्सा दिलाने वाली वस्तु या व्यक्ति को ठोकर से हटा देते हैं जबकि अन्य बालक निष्क्रिय तरीके से प्रतिक्रिया करते हैं और अवरोध से हट जाते हैं। जुक (1956) के अनुसार मुक्त, प्रतिबंधहीन सामाजिक परिस्थितियों में, जिनमें कि प्रौढ़ों के शासन और अनुशासन का अभाव रहता है, आक्रामक प्रतिक्रियाएँ अधिक बार और अधिक उग्र पायी जाती हैं।

सांवेगिक विकास के निर्धारक (Determinants of Emotional Development)

बालक के सांवेगिक विकास को प्राय: वही कारक प्रभावित करते हैं जो सामाजिक विकास को प्रभावित करते हैं। इनमें से कुछ प्रमुख कारक हैं : माता-पिता के साथ शिशु की आसक्ति, माता-पिता की शिशु के प्रति अभिवृत्ति, पारिवारिक वातावरण, मित्रमण्डली, खेल, जनसंचार माध्यम आदि। (इन कारकों का विस्तृत वर्णन सामाजिक विकास के अन्तर्गत किया गया है।)

व्यक्तित्व विकास (Personality Development)

व्यक्तित्व के संरूप (Patterns of Personality)

बालकों में उत्पन्न होने वाले विकासात्मक परिवर्तनों के फलस्वरूप व्यक्तित्व के प्रतिमानों का भी विकास होता है। प्रतिमान का अर्थ स्वरूप या आकृति से होता है। इस प्रकार बालकों के व्यक्तित्व संरचना में पायी जाने वाली विभिन्न मनोदैहिक प्रणालियाँ परस्पर अन्त:सम्बन्धित होती हैं और एक-दूसरे को आन्तरिक रूप से प्रभावित करती रहती हैं। इस प्रकार व्यक्तित्व के संरूप में दो घटकों का समावेश होता है, जिन्हे क्रमश: 'स्व' की अवधारणा (Concept of self) एवं शीलगुण (Traits) के रूप में माना जाता है।

'स्व' का सम्प्रत्यय (Concept of Self)

बालक स्वयं के बारे में जो सोचता है तथा अपने बारे में जो अवधारणा विकसित करता है, उसे 'स्व' की अवधारणा कहते हैं। यह दो रूपों में हो सकता है ; 'वास्तविक स्व' (Real Self) एवं 'आदर्शात्मक स्व' (Ideal Self)। 'वास्तविक स्व' का तात्पर्य है बच्चा अपने बारे में क्या सोचता है या प्रत्यक्षीकृत करता है ; जैसे वह कौन है ? उसमें क्या-क्या विशेषताएँ हैं ? आदि। 'आदर्शात्मक स्व' का आशय वह कैसा होना चाहता है' तथा 'आगे चलकर कैसा बनना चाहता है', इस प्रकार 'स्व' के दोनों रूपों में से प्रत्येक का सम्बन्ध शारीरिक एवं मनोवैज्ञानिक पहलू से होता है। शारीरिक दृष्टिकोंण में शारीरिक अनुभव, यौन एवं शारीरिक क्षमता तथा मनोवैज्ञानिक दृष्टिकोंण में बुद्धि, कौशल एवं अन्य लोगों के साथ मानसिक क्षमताओं का प्रदर्शन आदि से स्व सम्बन्धित होता है।

शीलगुण (Traits)

व्यक्तित्व की संरचना अनेक शीलगुणों से मिलकर बनी होती है। यद्यपि इनका विकास अधिगम एवं अनुभूतियों पर निर्भर होता है। शीलगुण से तात्पर्य व्यवहार की विशेषता या समायोजन के प्रतिमान से है। जैसे संवेगात्मक स्थिरता, आक्रामकता, दयालुता, सहिष्णुता, विश्वसनीयता आदि गुण विशिष्ट होते हैं, कुछ समान होते हैं तथा एक दूसरे से सम्बन्धित होते हैं। इनमें शीलगुण संलक्षण (Trait Syndrome) निर्मित होता हैं। जैसे शान्त, एकान्तप्रिय, संकोची एवं दब्बू होने पर व्यक्ति को अन्तर्मुखी (Introvert) कहा जाता है। इसी प्रकार अनेक संलक्षणों की रचना हो सकती है। किसी व्यक्ति में जिन गुणों में प्रभुत्व एवं स्थायित्व की स्थिति पायी जाती है, उन्हें ही व्यक्तित्व का शीलगुण समझना चाहिए। शीलगुणों में भिन्नता के परिणामस्वरूप हम बालकों के व्यक्तित्व को भिन्न-भिन्न रूपों में प्रत्यक्षित करते हैं। इस प्रकार सभी बालकों के व्यवहार में अलग-अलग शीलगुणों का स्थायित्व प्रदर्शित होता है।

व्यक्तित्व संरूपों के स्थायी संगठन में 'स्व' की भूमिका प्रमुख होती है। यदि 'स्व' की

वस्तुस्थिति में परिवर्तन होता है तो प्रतिमानों का स्वरूप भी परिवर्तित होता है। यदि स्वयं के बारे में बच्चे द्वन्द्व का अनुभव करते हैं तो संरूप के संगठन में स्थायित्व (Stability) नहीं आ पाता। जैसे: माता-पिता बच्चे को अच्छा कहते हैं परन्तु मित्रमण्डली अस्वीकार करती है। इस प्रकार 'वास्तविक स्व' एवं 'आदर्शात्मक स्व' में अधिक विसंगति होती है। कैटेल एवं ड्रिगल (1974) के अनुसार यदि बालक स्वयं को सुयोग्य समझता है तो उसका समायोजन यथोचित ढंग से होता है परन्तु उसके मन में निषेधात्मक भावनाएं उत्पन्न होने पर उसमें व्यक्तिगत तथा सामाजिक समायोजन की समस्याएं उत्पन्न होने लगती हैं।

व्यक्तित्व संरूपों का विकास (Development of Personality Patterns)

व्यक्तित्व के विकास में आनुवांशिक कारक तथा परिवेशीय कारक दोनों की महत्वपूर्ण भूमिका होती है। थाँमस एवं सहयोगियों (1970) का मानना है कि यदि आनुवांशिकता तथा पर्यावरण के बीच सही ढंग से समायोजन स्थापित नहीं होगा तो संगठित व्यक्तित्व का विकास होना असम्भव है। व्यक्तिगत अनुभव भी व्यक्तित्व विकास को प्रभावित करते हैं। शाल (1960) के अध्ययनों से स्पष्ट होता है कि जिन बच्चों की कष्टदायक अनुभूतियाँ अधिक होती हैं वे सुखद अनुभव रखने वाले बच्चों की तुलना में कम समायोजित होते हैं।

(1) 'स्व' का विकास (Development of Self): 'स्व' के विकास में सामाजिकीकरण की अहम् भूमिका होती है। बच्चों के प्रारम्भिक 'स्व' के स्वरूप पर माता-पिता तथा सहोदरों का अधिक प्रभाव पड़ता है, क्योंकि वे प्रारम्भिक वर्षों में उन्ही के सम्पर्क में सर्वाधिक रहते हैं। बोसार्ड (1956) का मानना है जिस बालक के छोटे भाई-बहन होते हैं उनकी भूमिका परिवार में एक जिम्मेदार बालक की हो सकती है। इसका भी प्रभाव बालक के स्व के विकास पर पड़ता है। बालक जब स्कूल में प्रवेश करता है तब उसका सामाजिक दायरा बढ़ता है जिससे उसका स्व एकांगी हो जाता है। बालक की विभिन्न वस्तुओं, व्यक्तियों एवं घटनाक्रमों के प्रति अभिवृत्तियाँ उन अभिवृत्तियों से प्रभावित होती हैं जो उसके जीवन में प्रमुख अभिकर्ता जैसे शिक्षक, माता-पिता, पड़ोसी, मित्र के रूप में महत्वपूर्ण होती हैं। अतः उसका स्व सम्प्रत्यय 'प्रतिविम्वित मूल्यांकनों' से बना होता है। यदि वे मूल्यांकन अनुकूल हुए तो बालक का 'स्व' अनुकूल होगा, अन्यथा वह अपना अवमूल्यांकन (underestimation) करेगा। अतः 'स्व' के विकास में मानसिक क्षमताएं, जो विभिन्न परिस्थितियों को समझने तथा उपयुक्त व्यवहार करने में सहायक होती हैं, की भूमिका महत्वपूर्ण होती है।

शीलगुणों का विकास (Development of Traits): आनुवंशिकता की भूमिका शीलगुणों के विकास में महत्वपूर्ण होती है। शीलगुणों के विकास में अनुकरण प्रमुख क्रियातन्त्र के रूप में कार्य करता है। इसमें बालक अपने माता-पिता, शिक्षक, मित्रों आदि को आदर्श (model) मानकर उनका अनुकरण करता है तथा उनके व्यवहारों को अपने जीवन में उतारता है।

यथा- जो बच्चे कठोर अनुशासन में पलते हैं वे प्रायः आक्रामकता के गुण अर्जित कर लेते हैं। एरिक्सन (1964) के अनुसार बच्चों से अन्य लोगों की प्रत्याशाएं और उनके प्रति बच्चों का दृष्टिकोंण शीलगुणों को विकसित करने में मदद करते हैं। इमरिच (1974) ने अध्ययनों के आधार पर पुष्ट किया कि ज्यों-ज्यों बालक की आयु और अनुभव में वृद्धि होती है, शीलगुणों में भी परिवर्तन होता जाता है। शीलगुणों के अन्तर्गत 'वैयक्तिकता' तथा 'स्थिरता' दो महत्वपूर्ण घटक पाये जाते हैं।

(i) वैयक्तिकता (Individuality): 'वैयक्तिकता' शीलगुण की एक महत्वपूर्ण विशेषता है। हरलाँक के अनुसार शीलगुण की प्रकार्यात्मक भिन्नता वैयक्तिकता कहलाती है। वैयक्तिकता प्रत्येक बालक में अलग अलग होती है, अर्थात् लोगों के व्यवहारों में समानता के साथ-साथ असमानता भी पायी जाती है। आनुवांशिकता, व्यक्तिगत तथा सामाजिक कारक वैयक्तिकता के विकास में महत्वपूर्ण भूमिका निभाते हैं, जिसकी अभिव्यक्ति बाल्यावस्था में परिलक्षित होने लगती है (गार्डनर, 1972)।

स्थिरता (Persistence): व्यक्तित्व की विशेषताएँ सापेक्षिक रूप से स्थायी होती हैं (आलपोर्ट, 1961) अतः व्यक्तित्व में स्थायित्व/ स्थिरता का आशय यह नहीं है कि व्यक्तित्व में परिवर्तन असम्भव है तथापि व्यक्तित्व के मूलगुणों का स्वरूप पूर्णतः समाप्त नहीं होता। हरलॉक (1978) ने पूर्व बाल्यावस्था के कुछ बालकों पर जननिक अध्ययन (Genetic study) किया तथा पाया कि पूर्व बाल्यावस्था में जो व्यक्तित्व का रूप बन जाता है उसके आधार के बारे में पूर्व कथन किया जा सकता है। हरलॉक (1978) का मानना है कि यद्यपि व्यक्तित्व में परिवर्तन लाना अपेक्षाकृत सरल होता है तथापि परिवर्तन में तब स्थिरता आ जाती है जब व्यक्तित्व सम्बन्धी शीलगुण दृढ़ हो जाते हैं।

बालक जैसे-जैसे बड़ा होता जाता है वैसे-वैसे उसके व्यक्तित्व में स्थिरता आती जाती है। उत्तर बाल्यावस्था के अन्त तक व्यक्तित्व में स्थिरता प्रबल हो जाती है। परिपक्वता के अतिरिक्त प्रशिक्षण, संरक्षकीय शैली, भूमिका निर्वाह एवं सामाजिक वातावरण आदि व्यक्तित्व में स्थिरता लाने में महत्वपूर्ण भूमिका अदा करते हैं।

व्यक्तित्व में परिवर्तन (Changes in Personality)

व्यक्तित्व में यद्यपि स्थायित्व का गुण पाया जाता है किन्तु कभी-कभी विभिन्न कारणों से इन विशेषताओं के स्वरूप में परिवर्तन दृष्टिगत होता है। यहाँ परिवर्तन का आशय 'बदल जाना' या भिन्न लगने से है। निश्चित रूप से यह आशय पूर्ण परिवर्तन से नहीं लिया जाएगा। पर्याप्त साक्ष्यों से पुष्टि होती है कि 'स्व' सम्प्रत्यय और शीलगुण दोनों व्यक्तित्व में परिवर्तन तथा परिमार्जन करते हैं। इस सन्दर्भ में शीलगुणों के द्वारा व्यक्तित्व में गुणात्मक परिवर्तन होते हैं। बच्चों द्वारा अवांछित गुणों का परित्याग करके वांछित गुणों को अर्जित करना गुणात्मक परिवर्तन कहलाता है। इसके विपरीत कम वांछित व्यवहार को अधिक वांछित व्यवहार में परिवर्तित करना मात्रात्मक परिवर्तन कहलाता है। थामस और उनके साथियों (1970) ने यह व्याख्या करते हुए बताया कि

"एक बच्चे की मानसिकता अपरिवर्तनीय है, तथापि मानसिकता के विकास में पर्यावरणीय परिस्थितियाँ या तो बढ़ सकती है या कम हो सकती है जिससे बच्चे की प्रतिक्रियाओं और व्यवहारों में परिमार्जन होता है।"

परिस्थितियाँ और व्यक्तित्व के समायोजन से यह स्पष्ट होता है कि व्यक्तित्व संरूपों में परिवर्तन वास्तविक रूप से होता है, यह केवल 'अग्रणी' बच्चों में होता है जबकि वयस्कों में यह परिवर्तन कम होता है। बच्चों का व्यवहार परिमार्जित तब होता हैं जब उन पर सामाजिक दबाव पड़ता है। ये सामाजिक दबाव, सामाजिक अनानुमोदन से बचाव करने के फलस्वरूप और सामाजिक अनुमोदन को पाने की आशा के फलस्वरूप निर्मित होते हैं। लेकिन जब सामाजिक दबाव बच्चे के ऊपर नहीं होता है तब वे अपने व्यवहार के अगले संरूपों को बनाते हैं। इस प्रकार से यह अनुपयोगी भी है उदाहरणार्थ आक्रामक प्रवृत्ति के बच्चों में उनके आक्रामक व्यवहार को नियन्त्रित करने के लिए जब हम सामाजिक दबाव को प्रत्यक्षतः प्रयोग में लाते हैं तब बच्चे की आक्रामकता अनानुमोदित सामाजिक प्रतिक्रियाओं के रूप में बढ़ जाती है। इस सन्दर्भ में आलैण्ड एवं एलिस (1976) ने अध्ययनों द्वारा यह बताया कि जिन अवसरों पर बच्चों को अनानुमोदन नहीं दिया जाता है, उन बच्चों में आक्रामकता विकसित हो जाती है।

व्यक्तित्व संरूप की धूरी 'आत्म प्रत्यय' सापेक्षिक रूप से स्थायी होती है। तथापि अनेक कारक व्यक्तित्व को परिवर्तित करने में प्रमुख भूमिका निभाते हैं।

व्यक्तित्व में परिवर्तनों के कारण (Causes of Change in Personality): अनेक कारक व्यक्तित्व में परिवर्तन के लिए जिम्मेदार होते हैं, इनमें से कुछ प्रमुख हैं–

- **दैहिक परिवर्तन (Physical Changes):** मस्तिष्क में संरचनात्मक विकृति, आंगिक विकृति, अंतःस्रावी विकृतियाँ, कुपोषण, चोट-चपेट, बीमारी, मादक पदार्थ आदि का प्रभाव बच्चों के 'स्व' सम्प्रत्यय पर पड़ता है। जो व्यक्तित्व परिवर्तन को प्रभावित करता है।
- **परिवेशीय परिवर्तन (Environmental Changes):** पर्यावरण में परिवर्तन से बच्चों की स्थिति में भी परिवर्तन होता है। यद्यपि 'स्व सम्प्रत्यय' पर अनुकूल प्रभाव पड़ना पर्यावरणीय परिवर्तनों से नहीं आता है, फिर भी बच्चों के व्यक्तित्व के परिवर्तन तथा परिमार्जन में पर्यावरणीय कारकों का विशेष योगदान होता है।
- **सामाजिक दबाव (Social Pressure):** व्यक्तित्व परिवर्तन में बच्चों के ऊपर सामाजिक दबावों की भूमिका महत्वपूर्ण होती है जो आन्तरिक तथा वाह्य दोनों रूपों में प्रभावी होता है।
- **क्षमता में वृद्धि (Increase in Competence):** सक्षमता में वृद्धि अर्थात् पेशीय रूप में या मानसिक क्षमताओं में वृद्धि का प्रभाव 'स्व' सम्प्रत्यय पर अनुकूल पड़ता है तथा ये पेशीय तथा मानसिक कौशल, बच्चों में उपयुक्तता की भावना से लेकर अनुपयुक्तता की भावनाओं को विकसित कराने में भूमिका अदा करते हैं।

- **भूमिका परिवर्तन (Role Changes):** बच्चे अपने 'स्व' के सम्प्रत्यय में सुधार तथा परिमार्जन अनेक भूमिकाओं को करके करते हैं। जैसे- बालक घर में, पड़ोसी से, तथा स्कूल में अलग-अलग संदर्भों में नेतृत्व की अलग अलग शैलियों को अपनाता है तथा अनुभव भी करता है। इस प्रकार का परिवर्तन बच्चा दिन में कई बार करता है अर्थात् स्कूल में छात्र के रूप में, घर में एक पुत्र के रूप में व्यवहार तथा पड़ोसी के घर औपचारिक ढंग से, व्यवहार प्रदर्शित करता है।
- **व्यवसायिक सहायता (Professional Help):** व्यवसायिक सहायता द्वारा भी बच्चों के व्यक्तित्व में परिवर्तन सम्भव है। मनोचिकित्सा एक ऐसी व्यवसायिक प्रविधि है जिसमें प्रतिकूल 'स्व' सम्प्रत्ययों के कारणों को मनोचिकित्सक् (Psychiatrist) समझता है तथा रोगी के अनुकूल व्यवहार के लिए उचित मार्गदर्शन देता है, जो मनोग्रसित बच्चों के भविष्य में व्यक्तित्व निर्माण हेतु सहायक होता है।

बाल्यावस्था में व्यक्तित्व विकास का स्वरूप (Nature of Personality Development in Childhood)

व्यक्तित्व का स्वरूप विभिन्न आयु चरणों में भिन्न-भिन्न संरूपों में परिलक्षित होता है।

1. पूर्व बाल्यावस्था में व्यक्तित्व विकास (Personality Development in Early Childhood): व्यक्तित्व का विकास अनुक्रम में होता रहता है तथा विभिन्न चरणों में व्यक्तित्व के संरूप में भिन्नता दृष्टिगत होती है। शैशवास्था में व्यक्तित्व की जो संरचना बनती है, पूर्व बाल्यावस्था में उसका विस्तार होता है। पूर्व बाल्यावस्था के आरम्भ से ही बच्चे के संबंधों, परिस्थितियों तथा प्रत्यक्ष ज्ञान आदि में परिवर्तन आता है जो उसके व्यक्तित्व विकास में सहयोग प्रदान करता है। माता-पिता तथा अन्य लोग जो बालक के लिए महत्वपूर्ण भूमिका निभाते हैं, वे जैसा व्यवहार प्रदर्शित करते हैं, उसका प्रभाव बच्चे के व्यक्तित्व विकास पर पड़ता है, साथ ही साथ उसका अहं सम्प्रत्यय भी वैसा ही विकसित होता है। फ्रैंक के मतानुसार स्वस्थ व्यक्तित्व का केंन्द्र 'धनात्मक अहं सम्प्रत्यय' (Self concept) होता है, जिसे बालक सहर्ष स्वीकार कर लेता है। बालक के जीवन में माँ की भूमिका सर्वाधिक महत्वपूर्ण होती है। अतः बालक के प्रति उसकी अभिवृत्ति, उसकी सोच, उसका व्यवहार बालक के व्यक्तित्व विकास को प्रभावित ही नहीं बल्कि निर्धारित भी करता है। बालक के अहं सम्प्रत्यय के विकास में 'परिवार में सहोदर के उपस्थिति, की भूमिका भी महत्वपूर्ण होती है, जो बच्चे को एक जिम्मेदार या गैरजिम्मेदार बालक के रूप में स्थापित करने में अहम् भूमिका निभाते हैं।

विद्यालय में प्रवेश के दौरान ही बालक के व्यक्तित्व संरूप को पहचाना जा सकता है। कुछ बालक दबंग प्रवृत्ति के होते हैं तो कुछ दब्बू, कुछ बच्चे क्रूर होते हैं, तो कुछ विनम्र । एकांतप्रियता या सौहार्दपूर्णता भी बालक अपने प्रारम्भिक विद्यालयीय जीवन में प्रदर्शित करता है। व्यक्तित्व के संरूप में लिंगगत अन्तर भी दृष्टिगत होता है। बालक प्रायः झगड़ालू, निर्दयी, फुर्तीले, बहानेबाज होते हैं जबकि बालिकाएं प्रायः आज्ञाकारी, स्नेहशील तथा उत्तरदायित्वपूर्ण व्यवहार प्रदर्शित

करती हैं। बालक का किसी अन्य बालक से पहला सम्पर्क जैसा होगा (सुखद अथवा दुःखद), उसी के अनुसार बालक भविष्य में सामाजिक सम्पर्क स्थापित करेगा, जो व्यक्तित्व के विकास में एक महत्वपूर्ण भूमिका निभाता है।

प्रारम्भिक बाल्यावस्था में व्यक्तित्व का जो संरूप बन जाता है उसके आधार पर भविष्य में बालक का व्यक्तित्व कैसा होगा? इसके बारे में भविष्यवाणी की जा सकती है। व्यक्तित्व का रूप स्थायी तौर पर समान बना रहता है। यद्यपि प्रारम्भिक बाल्यावस्था में ही व्यक्तित्व में स्थायित्व परिलक्षित होने लगता है तथापि इस अवस्था में अभी बच्चे का व्यक्तित्व इतना परिपक्व नहीं हुआ रहता कि उसमें परिवर्तन न किया जा सके। यह परिवर्तन बालक के व्यक्तित्व के संतुलन में कोई गड़बड़ी उत्पन्न नहीं करता।

इस अवस्था में व्यक्तित्व में परिवर्तन द्वारा यह सुनिश्चित किया जा सकता है कि बच्चे में कोई ऐसी बातें न रहें जिनसे अवांछनीय अभिवृत्तियाँ सुदृढ़ हो जाएं। बालकों में व्यक्तित्व के कुछ पहलू निश्चित ही बदलते हैं। इसका कारण कुछ परिपक्व होने में, कुछ अनुभव में, कुछ भौगोलिक परिवेश में तथा कुछ बालक के अन्दर रहने वाले कारक यथा- संवेगात्मक दबाव के साथ सम्बद्ध होते हैं। आत्मविश्वास और सहयोगपूर्ण व्यवहार के विकास का प्रशिक्षण व्यक्तित्व में परिवर्तन लाता है, बशर्ते यह प्रशिक्षण उस सीमा से पहले दे दिया जाय जहाँ व्यक्तित्व के अवांछनीय लक्षणों को बदलना असम्भव हो जाए।

2. उत्तर बाल्यावस्था में व्यक्तित्व विकास (Personality Development of Late Childhood)

उत्तर बाल्यावस्था की अवधि 7 से 12 वर्ष तक की होती है जब परिवार के दायरे से निकलकर बालक स्कूल या विद्यालय में प्रवेश लेता है, उसके बाद उसका सामाजिक दायरा बड़ा हो जाता है जिसके कारण व्यक्तित्व को कई बातें प्रभावित करती हैं। अतः बालक के अहं सम्प्रत्यय में बार-बार परिमार्जन की आवश्यकता होती हैं। चूंकि शैशवावस्था में शिशु पूरी तरह से अपने माता-पिता पर निर्भर रहता है इसलिए बालक का अहं सम्प्रत्यय एकांगी हो जाता है। परन्तु इस अवस्था में बालक माता-पिता के प्रति नये ढंग से प्रतिक्रिया करने लगता है क्योंकि उसका सम्पर्क पड़ोसी, शिक्षक तथा सहपाठियों से अपेक्षाकृत अधिक होने लगता है। अतः बालक के प्रारम्भिक अहं सम्प्रत्यय का स्वरूप परिवर्तित होने लगता है तथा बालक में एक नये अहं सम्प्रत्यय का विकास होता है जो बालक के 'प्रतिविम्वित मूल्यांकनों' से बना होता है। यदि ये मूल्यांकन अनुकूल हुए तो बालक का अहं सम्प्रत्यय भी अनुकूल होगा। रेमी (1955) ने इस तथ्य को स्पष्ट किया है कि जब बालक का मूल्यांकन कुछ और होता है और बालक उससे भिन्न समझता है तो बालक का अहं सम्प्रत्यय उसी के अनुरूप निर्मित होता है, जिससे बालक का व्यक्तित्व पूरी तरह प्रभावित होता है।

इस अवस्था में बालक स्वयं को अन्य लोगों से पृथक समझता है। वह अपनी योग्यताओं और अयोग्यताओं के बारे में स्पष्ट विचार निश्चित नहीं कर पाता। अनिश्चयता की इस भावना के कारण वह अपने समूह के स्वीकृत तरीके का अनुसरण करता है और स्वयं को उसी के अनुसार ढाल लेता है।

बाल्यावस्था के अन्तिम चरण में बालक ऐतिहासिक या काल्पनिक कथाओं के नायक (Hero) होते हैं। इसके अतिरिक्त वह किसी न किसी को अपना प्रतिरूप या मॉडल (Model) चुनता है। वह प्रतिरूप नाटक या सिनेमा के पात्रों अथवा खेल की दुनिया या राष्ट्र के नायकों को मानने लगता है तथा स्वयं वैसा ही बनने की कोशिश करता है। प्रारम्भ में इनके आदर्श माता-पिता, शिक्षक आदि होते हैं। परन्तु जब बालक का सामाजिक दायरा बढ़ता है तो वह अपना आदर्श काल्पनिक कथाओं, इतिहास अथवा इस चकाचौंध की दुनिया (Glamours World) के आधार पर निर्मित करता है। बहुत कम ही बालक ऐसे होते हैं जो वास्तविक दुनिया (Real World), जिसे वे देख रहे हैं तथा जिसमें अन्तःक्रिया कर रहे हैं, से अपने आदर्श का चुनाव करते हैं तथा उस तक न पहुंचने पर असमर्थता की भावना से पीड़ित होते हैं।

इस आयु में मित्र मण्डली (Peer group) की भूमिका अहम् होती है। जैसे-जैसे बालक की अन्तःक्रिया अन्य बालकों के साथ बढ़ती जाती है वैसे-वैसे बालक व्यक्तित्व के कुछ लक्षणों को पसंद करता है तथा कुछ को नापसंद। बड़े बालक के व्यक्तित्व को ढालने में समाज की महती भूमिका होती है। बालक इस अवस्था में सामाजिक मान्यता और स्वीकृति की कामना रखता है तथा उसे पाने की आशा में अपने व्यक्तित्व को समूह द्वारा अनुमोदित प्रतिमान के अनुसार ढालने की कोशिश करता है। सामाजिक वर्गों (Social class) के अनुसार भी व्यक्तित्व की विशेषताओं में अन्तर दृष्टिगत होता है। निम्न सामाजिक-आर्थिक स्तर के बालक अपेक्षाकृत अधिक आक्रामक होते हैं। शीलगुण सम्पन्न होते हैं।

व्यक्तित्व में स्थायित्व (Consistency in Personality)

आयु वृद्धि के साथ-साथ बालक का व्यक्तित्व क्रमशः स्थिर होता जाता है। जो बालक शर्मीले, एकांतप्रेमी तथा स्वयं को तुच्छ समझते हैं वे अपनी इन विशेषताओं की परिणति को जानने के बाद भी इसमें परिवर्तन करने में अक्षम होते हैं। इसके अतिरिक्त वे बालक जो अपने माता-पिता द्वारा अस्वीकृत होने के कारण आक्रामक हो जाते हैं, आयु बढ़ने के साथ-साथ उनके और भी आक्रामक होने की सम्भावना प्रबल होती है। अर्थात् उत्तर बाल्यावस्था को व्यक्तित्व विकास में एक ऐसी क्रान्तिक अवस्था (Critical Period) के रूप में स्वीकार किया जा सकता है, जहाँ व्यक्तित्व के शीलगुणों का निर्माण होने के पश्चात् उसके व्यक्तित्व में परिवर्तन की सम्भावना नगण्य होती है। एकांतप्रियता, अति उत्तेजनशीलता, प्रभुत्व के प्रति अत्यधिक रोष, दीर्घकालिक अवसाद एवं दीर्घकालिक आकुलता आदि ऐसे लक्षण हैं जो भविष्य में बालक के व्यक्तित्व को प्रभावित करते हैं तथा उनके रूपों को विकृत करने में महत्वपूर्ण भूमिका निभाते हैं। बालक को अपने तथा दूसरों के बारे में उचित मार्गदर्शन दिया जाय तो उसमें बेहतर समायोजनशीलता विकसित हो सकती है।

व्यक्तित्व विकास के निर्धारक
(Determinants of Personality Development)

व्यक्तित्व विकास की प्रक्रिया को अनेक तत्व प्रभावित करते हैं, कुछ निर्धारक व्यक्तित्व की धूरी (Core) अर्थात् 'आत्म-प्रत्यय' (Self concept) को प्रभावित करते हैं तो कुछ कारक शीलगुणों को, परन्तु कोई भी कारक व्यक्तित्व के किसी एक ही पक्ष को प्रभावित नहीं करता अपितु सम्पूर्ण व्यक्तित्व इससे प्रभावित होता है। कौन से कारकों का प्रभाव अधिक होगा यह इस पर निर्भर करता है कि बच्चे में उस कारक के प्रभाव को समझने की योग्यता कितनी है ? जैसे-किसी खूबसूरत बच्चें को यदि यह समझ है कि लोग उसकी प्रसंशा करते हैं तो उसके व्यक्तित्व पर इसका धनात्मक प्रभाव पड़ेगा।

चित्र 12.10 में बाल्यावस्था में आत्म प्रत्यय को प्रभावित करने वाले कारकों को प्रदर्शित किया गया है। ये कारक आत्म प्रत्यय तथा व्यक्तित्व के विकास में प्रत्यक्ष एवं परोक्ष रूप से महत्वपूर्ण भूमिका निभाते हैं। व्यक्तित्व विकास को प्रभावित करने वाले प्रमुख कारकों का वर्णन क्रमशः आगे किया जा रहा है-

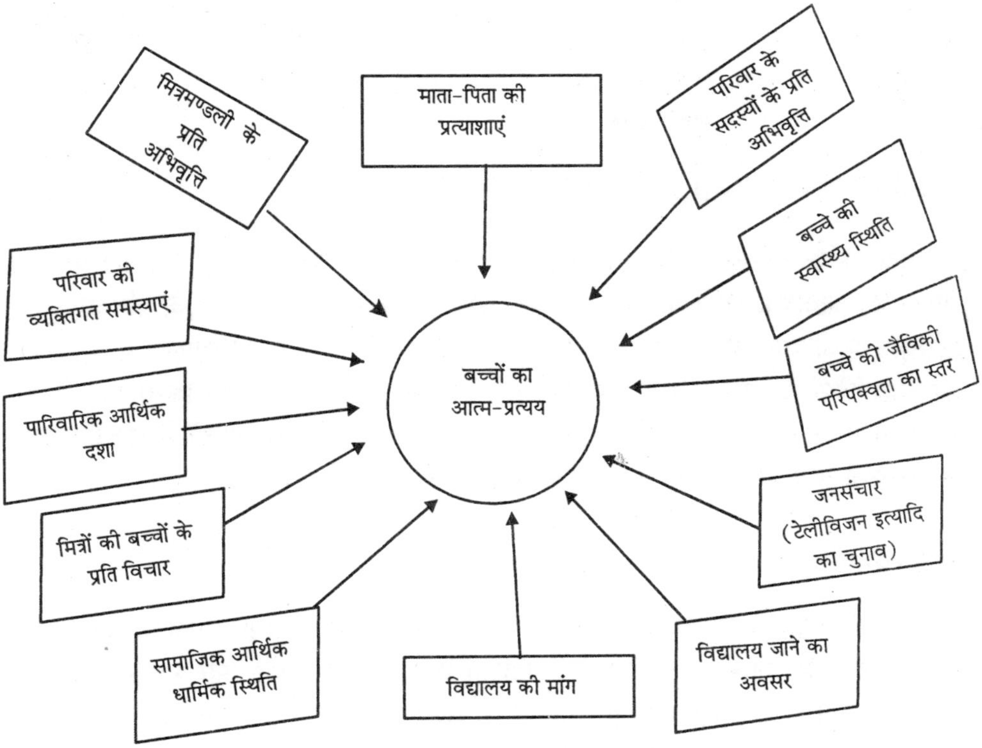

चित्र 12.10 : आत्म प्रत्यय के विकास में परिवेशीय कारकों की भूमिका (*स्रोत* : क्रो एवं क्रो, 1962)

शारीरिक संरचना (Physical Structure)

व्यक्ति की शारीरिक संरचना उसके व्यक्तित्व को प्रत्यक्ष रूप से प्रभावित करती है। यदि व्यक्ति की शारीरिक संरचना में कोई दोष होता है तो वह व्यक्ति अपना आत्मविश्वास खो बैठता है। इस सम्बन्ध में शेल्डन (Sheldan, 1940) का कार्य प्रसिद्ध है। शेल्डन ने शरीर रचना को तीन वर्गों में विभाजित किया है। पहला, एण्डोमार्फिक (Endomorphic), दूसरा मीसोमार्फिक (Mesomorphic) तथा तीसरा एक्टोमार्फिक (Actomorphic)। एण्डोमार्फिक व्यक्ति मोटे, कोमल तथा गोल होते हैं। ये स्वभाव से निश्चित एवं मिलनसार होते हैं। 'मीसोमार्फिक' व्यक्तियों की मांसपेशियाँ सुगठित होती हैं। ये शरीर रचना में आयताकार तथा मजबूत होते हैं। ऐसे व्यक्ति ऊर्जस्वी, कर्मठ तथा साहसी होते हैं। 'एक्टोमार्फिक' व्यक्ति शरीर रचना में दुबले पतले, लंबे तथा कमजोर होते हैं ऐसे व्यक्ति बुद्धिमान, कलाकार अन्तर्मुखी होते हैं (सारणी 12.1)। वाकर (1963) ने शेल्डन के इस वर्गीकरण का समर्थन किया है।

सारणी 12.1 : शारीरिक संरचना

लक्षण	शारीरिक प्रकार	स्वभाव	सहसम्बन्ध
मोटे	एण्डोमार्फिक	निश्चिन्त	+ 0.79
पुष्ट/मांसल	मीसोमार्फिक	कर्मठी व साहसी	+ 0.82
दुबला पतला	एक्टोमार्फिक	संकोची व बुद्धिमान	+ 0.83

आकर्षक व्यक्तित्व (Attractive Personality)

आकर्षक व्यक्तित्व सबको प्रिय लगता है। चाहे बच्चा हो या बड़ा उसे इस विशेषता का लाभ मिलता है। आकर्षक लोगों के प्रति धनात्मक अभिवृत्ति तथा बदसूरत लोगों के प्रति ऋणात्मक अभिवृत्ति पायी जाती है। आकर्षक बच्चे परिवार के सदस्यों के बीच, विद्यालय में अध्यापकों तथा विद्यार्थियों के बीच अधिक लोकप्रिय होते हैं। उन्हें अधिक अनुमोदित किया जाता है, यह अनुमोदन बच्चे के आत्म प्रत्यय पर सकारात्मक प्रभाव डालता है। ऐसे बच्चों में आत्मविश्वास, सामाजिकता तथा बर्हिमुखता जैसी विशेषताएँ विकसित होती हैं।

बुद्धि (Intelligence)

बालक की बौद्धिक क्षमता का व्यक्ति के जीवन पर प्रभाव पड़ता है तथा उसका व्यक्तित्व इससे निर्धारित होता है। गाल्टन एवं गोगार्ड ने प्रदर्शित किया है कि प्रतिभा और मानसिक दुर्बलता व्यक्ति के आनुवांशिक गुण हैं जो वंश परम्परा से संक्रमित होती हैं। उच्च स्तरीय बौद्धिक क्षमता वाले लोग मौलिक, सृजनशील, समायोजित होते हैं। गेट्जेल के अनुसार, "व्यक्ति की बौद्धिक क्षमता जितनी ही अधिक होगी व्यक्ति उतना ही अधिक सृजनशील होता है। सृजनशीलता स्वयं में विकसित व्यक्तित्व का द्योतक है।" हिलगार्ड (1957) ने 70 से कम बुद्धि लब्धि वाले लोगों

को मंद बुद्धि की श्रेणी में रखा है। मानसिक मन्दता से पीड़ित बालकों की शरीर प्राय: बौना होता है तथा ये मंगोलियन, लघुशीर्षता (Microcephaly) तथा जलशीर्षता (Hydrocephaly) आदि रोगों से ग्रसित होते हैं। वस्तुत: व्यक्तित्व के संगठन पर बुद्धि का महत्वपूर्ण प्रभाव पड़ता है।

अन्तःस्त्रावी ग्रथियों की भूमिका (Role of Endocrine System)

अन्तःस्त्रावी ग्रथियाँ सीधे रक्त धारा में जटिल रासायनिक पदार्थ का स्त्राव करती हैं, जिन्हें हारमोन्स कहा जाता है। हारमोन्स की समुचित मात्रा व्यक्ति के व्यक्तित्व को प्रभावी बनाती हैं। लेकिन इसकी अधिकता या कमी प्राय: व्यक्ति के व्यवहार में प्रभावशाली परिवर्तन लाते हैं। 'पीयूष ग्रंथि' को 'मास्टर ग्रंथि' कहा जाता है, जो पूरे शरीर के विकास को निर्धारित करती है। पीयूष ग्रन्थि से निकलने वाले हारमोन्स (वृद्धि हारमोन्स) की अधिकता से शरीर का आकार बड़ा तथा बेडौल हो जाता है तथा इस ग्रन्थि की अल्पसक्रियता व्यक्ति की शारीरिक वृद्धि को अवरुद्ध करता है। अत: व्यक्ति कायर, संकोची व झगड़ालू प्रवृत्ति का हो जाता है। थायराइड ग्रन्थि से निकलने वाला थायराक्सिन हारमोन्स शरीर के उपापचयी क्रिया को नियंत्रित करती है। इसकी अधिकता उपापचय दर को तीव्र करती है जिसके कारण शरीर के भार में कमी आ जाती है। थायराक्सिन की शरीर में कमी, व्यक्ति के वजन में वृद्धि कर उसमें निष्क्रियता पैदा करती है। निम्न थायराक्सिन स्तर में बौनापन होता है। एड्रिनल ग्रंथि से निकलने वाले एड्रिनल हारमोन्स बालक को सुखवादी, सक्रिय और चंचल बनाते हैं, जबकि इसकी अल्पसक्रियता बालक को चिड़चिड़ा, कमजोर व कुसमायोजित बना देती है। यौन ग्रन्थियों का प्रभाव भी शरीर के मानसिक एवं सामाजिक दशा पर पड़ता है। पुरुष ग्रन्थि में टेस्टोस्टेरोन नामक हारमोन्स का उत्पादन होता है जो कि शारीरिक बदलाव, यथा- वाणी में भारीपन, लैंगिक उन्मुख व्यवहार में वृद्धि, आक्रामकता में वृद्धि आदि में महत्वपूर्ण भूमिका निभाते हैं। एस्ट्रोजेन एवं एण्ड्रोजेन यौन ग्रन्थि से उत्पन्न द्रव पदार्थ के संतुलित मात्रा में उत्पन्न होने पर बालक/बालिका में यौन के अनुरूप सामान्य कोटि का शारीरिक गठन और व्यवहार विकसित होता है। परन्तु जब इन दोनों की मात्रा का संतुलन बिगड़ जाता है तो पुरुषों में स्त्रियोचित तथा स्त्रियों में पुरुषोचित गुण दृष्टिगत होता है। मार्क्स (1976) के अनुसार लैंगिक भिन्नता के कारण व्यक्तित्व की संरचना में अन्तर मिलता है।

सांवेगिक दशाएं (Emotional States)

बच्चों की सांवेगिक दशाएं उतनी परिपक्व नहीं होती हैं। तीव्र एवं अनुपयुक्त सांवेगिक उद्‌गार बच्चे की अपरिपक्वता का सूचक होता है। यदि सांवेगिक अभिव्यक्तियों को अधिक नियंत्रित किया जाय तो बच्चे में मनमानापन (moodiness) आ जाता है जिसके परिणामस्वरूप इनका व्यवहार कठोर, असहयोगपूर्ण तथा अभिनतिपूर्ण हो जाता है। इसके अतिरिक्त संवेगों के अतिनियन्त्रण की स्थिति में बच्चा अनेक प्रकार के सांवेगिक एवं मानसिक रोगों से ग्रस्त हो जाता है। सांवेगिक दशाओं में भिन्नता विभिन्न आयु के चरणों में परिलक्षित होता है। वय: सन्धि (Puberty) में मासिक धर्म (Menarche) प्रारम्भ होने के समय लड़कियों में तीव्र सांवेगिकता पायी जाती है।

प्राय: लोग उन बच्चों को ज्यादा अच्छा समझते हैं जो सांवेगिक रूप से नियन्त्रित होते हैं तथा अपने संवेगों की अभिव्यक्ति उनके वयस्कों में मानदण्डों के अनुरूप करते हैं। बच्चों का संवेग किस रूप में उनके आत्म प्रत्यय (Self concept) को प्रभावित करता है, यह इस पर निर्भर करता है कि वयस्क उनके संवेगों का मूल्यांकन किस ढंग से कर रहे हैं। इस प्रकार संवेग अप्रत्यक्ष रूप से आत्मप्रत्यय तथा व्यक्तित्व को प्रभावित करता है। अति तीव्र सांवेगिक दशा का व्यक्तित्व पर प्रतिकूल प्रभाव पड़ता है, जिससे इन बच्चों का सामाजिक समायोजन उपयुक्त नहीं होता है (एलेन्ड एवं एलिस, 1976)।

सफलता तथा असफलता के अनुभव (Experiences of Success and Failure Unsuccess)

दिन प्रतिदिन के क्रियाकलापों में बच्चे को सफलता एवं असफलता का अनुभव होता रहता है। इसका सीधा प्रभाव उसके आत्म प्रत्यय के विकास पर पड़ता है। कभी-कभी बच्चे को समाज तो सफल मानता है, लेकिन बच्चा स्वयं को सफल नहीं मानता अत: वह अपनी सफलता और असफलता के प्रति द्वन्द्व की स्थिति में रहता है। बालक अपनी सफलता तथा असफलता के प्रति कैसी प्रतिक्रिया करता है यह भी उसके व्यक्तित्व के विकास को प्रभावित करता है तथा इससे व्यक्तिगत एवं सामाजिक समायोजन भी प्रभावित होता है। यद्यपि बच्चे सफलता एवं असफलता के प्रति भिन्न-भिन्न तरह से प्रतिक्रिया करते है तथापि इन प्रतिक्रियाओं का कुछ रूप सभी बच्चों में समान रूप से पाया जाता है। असफलता न केवल 'आत्म प्रत्यय' को प्रभावित करती है बल्कि व्यक्तिगत एवं सामाजिक समायोजन पर भी इसका प्रभाव हानिकारक होता है। इसके विपरीत सफलता का प्रभाव 'आत्म प्रत्यय' के विकास पर अनुकूल पड़ता है। ऐसे बच्चे व्यक्तिगत एवं सामाजिक जीवन में अत्यधिक समायोजित होते हैं।

प्रारम्भिक अनुभव (Early Experiences)

व्यक्तित्व विकास में जीवन के प्रारम्भिक वर्षों के अनुभवों की भूमिका महत्वपूर्ण होती है। व्यक्ति का प्रारम्भिक अनुभव जैसा होगा उसी के अनुरूप उसके व्यक्तित्व की संरचना होगी। फ्रायड (1900) ने अपने मनोलैंगिक विकास में यह स्पष्ट किया है कि प्रारम्भिक वर्षों में व्यक्ति के पूर्व अनुभव, बाद के वर्षों में उसके समूचे व्यक्तित्व को प्रभावित करती है। बालक का पूर्व अनुभव जैसा होगा वैसा ही उसका व्यक्तित्व होगा। अर्थात् यदि प्रारम्भिक अनुभव सुखद होते हैं तो उसका बालक के व्यक्तित्व के विकास पर अच्छा प्रभाव पड़ता है। बालक अपने सामाजिकीकरण के दौरान उचित तथा अनुचित में भेद करना सीख लेते हैं तथा सामाजिक मानकों के अनुरूप व्यवहार करते हैं। यही अनुभव आगे चलकर बालक के व्यक्तित्व विकास में आधारशिला प्रदान करते हैं।

परिवार का प्रभाव (Influence of Family)

बच्चे के जन्म के वाद उसके सामाजिकीकरण में सबसे पहली और महत्वपूर्ण भूमिका परिवार की

होती है। इस क्षेत्र में हार्लो (1966) के अध्ययन में बन्दर के नवजात शिशु को 1 वर्ष तक पूर्ण एकान्त में रखा गया तथा पाया गया कि बन्दर का बच्चा असामान्य व्यवहार प्रदर्शित करने लगा। छोटे बच्चे परिवार के वरिष्ठ सदस्यों के साथ तादात्मीकरण एवं अनुकरण करके अपना अलग अस्तित्व बनाने का प्रयास करता है। स्टैसी (1967) ने यह विचार प्रस्तुत किया है कि बच्चों में 'आत्म नियंत्रण', माता-पिता के सम्पर्क में रहने तथा उनके प्रभाव के कारण होता है। एक अन्य अध्ययन में ऐरो (1963) ने पाया कि बच्चों का संवेगात्मक और बौद्धिक विकास का प्रत्यक्ष सम्बन्ध बालक की माँ के साथ अन्तःक्रिया की मात्रा तथा विशेषता से प्रत्यक्षतः सम्बन्धित है।

ग्लैसनर (1962) के अनुसार, "जिस प्रकार जीव का शुभारम्भ गर्भाशय में होता है उसी प्रकार व्यक्तित्व का विकास 'पारिवारिक सम्बन्धों के गर्भाशय' (Womb of Family Relationship) से ही प्रारम्भ होता है। बालक माता-पिता के अलावा परिवार के अन्य सदस्यों से अन्तःक्रिया करता है। यदि माता-पिता एवं परिवार के अन्य सदस्य बालक के साथ स्नेहपूर्ण व्यवहार करते हैं तो निश्चित रूप से बालक के शीलगुणों में धनात्मक वृद्धि होगी। बालक परिवार में रहकर उचित-अनुचित, नैतिक-अनैतिक आदि मान्यताओं को सीख लेता है जो उसके व्यक्तित्व विकास को निर्धारित करता है। परिवार का आकार, परिवेश तथा जन्म का क्रम भी व्यक्तित्व को प्रभावित करता है। परिवार में सदस्यों की संख्या अधिक होने से संसाधानों की कमी अवश्यम्भावी है। उस स्थिति में परिवार के आकार का व्यक्तित्व पर ऋणात्मक प्रभाव पड़ता है। पितृविहीन परिवारों में बच्चा भौतिक सुविधाओं के साथ-साथ स्वाभाविक प्यार-दुलार से वंचित रह जाता है जिसके परिणामस्वरूप वह कुसमायोजित हो जाता है। हरलॉक (1975) ने जन्म के क्रम को स्वीकार करते हुए कहा है कि प्रथम क्रम में आने वाली सन्तान में असुरक्षा की भावना अधिक होती है। अतः वह स्वयं को जल्द ही परिवार के साथ समायोजित कर स्वयं को परिपक्व बना लेता है। अन्तिम क्रम के बालक में यद्यपि स्वतंत्रता की भावना अधिक होती है तथापि उनमें उत्तरदायित्व की भावना कम होती है, इसलिए उसका सामाजिक समायोजन अच्छा नहीं होता है। परिवार की आर्थिक स्थिति व्यक्तित्व को प्रभावित करती है। यथा- अत्यधिक गरीब परिवार से जुड़े बच्चों में हीनता और असुरक्षा की भावना अपेक्षाकृत अधिक दिखायी देती है।

नाम का प्रभाव (Influence of Name)

यद्यपि नाम का प्रत्यक्ष प्रभाव 'आत्म प्रत्यय' पर नहीं पड़ता, परन्तु बच्चे जब यह महसूस करने लायक हो जाते हैं कि लोग उसके नाम को सुनकर किस प्रकार की प्रतिक्रिया करते हैं तब उनका प्रभाव 'आत्म सम्प्रत्यय' पर पड़ता है। यदि नाम सुखद साहचर्यों के रूप में प्रकट होता है तो 'आत्म प्रत्यय' पर अनुकूल प्रभाव पड़ता है और यदि दुःखकर साहचर्यों के रूप में प्रकट होता है तो आत्म प्रत्यय पर प्रतिकूल प्रभाव पड़ता है। नाम, बच्चे के सामाजिक सम्बन्ध (मित्र मंडली) को प्रभावित करते हैं। चूँकि नाम का महत्व बच्चों के लिए सांवेगिक रूप से महत्वपूर्ण होता है तथा वे अपने नाम के अच्छा या खराब का आंकलन इस आधार पर करते हैं कि अन्य लोग उसके नाम को किस प्रकार महत्व देते हैं। यदि धनात्मक आकलन होता है तो उसका प्रभाव अनुकूल

होता है। अनाम या बच्चे के पुकार के नाम (उपनाम) का भी अत्यधिक महत्व होता है, तथा ये व्यक्तित्व पर गहरी छाप छोडते हैं।

विद्यालय का प्रभाव (Influence of the School)

हरलॉक (1974) ने व्यक्तित्व के निर्धारकों में परिवार के बाद विद्यालय को दूसरा स्थान दिया है। बच्चा जब विद्यालयीय परिवेश में प्रविष्ट होता है तो उसका सामाजिक परिवेश और भी विस्तृत हो जाता है। माता-पिता के अलावा उसके लिए अब अध्यापक तथा मित्र भी प्रतिरूप (Model) का रूप ले लेते हैं। बालक इनका अनुकरण कर उसे अपने जीवन में उतारता है तथा वैसा बनने की कोशिश करता है। विद्यालय में वह शैक्षिक सफलता व असफलता का अनुभव प्राप्त करता है। डेविडसन तथा लैंग (1960) ने प्राथमिक स्कूल के अनुभवों तथा बच्चों के स्वयं के प्रति प्रत्यक्षीकरण में घनिष्ट सम्बन्ध पाया है। इन्होंने अध्ययन में पाया कि जो बच्चे स्वयं को शैक्षिक दृष्टि से अच्छा समझते हैं, उन बच्चों का व्यवहार अधिक उपयुक्त होता है। बच्चे के व्यक्तित्व विकास पर स्कूल के साथी समूह का महत्वपूर्ण योगदान होता है। जहाँ पर बच्चों और शिक्षकों के पारस्परिक सम्बन्ध मैत्रीपूर्ण होते हैं, मनोरंजन व खेल-कूद के साधन उपलब्ध हैं तथा पाठ्यक्रम में बालक रुचि लेता है तो उन विद्यालयों के बच्चों में प्रायः अच्छे गुणों का विकास होता है। बेयर तथा हैविंगग्रस्ट (1953) का सुझाव है कि स्कूल भेजने के पहले बच्चों में स्वतंत्रता तथा निर्भीकता का भाव विकसित करना चाहिए तथा बालक का व्यक्तित्व अच्छा हो सके इसके लिए अच्छे विद्यालयों में बालक को प्रवेश दिलाना चाहिए।

सामाजिक स्वीकृति (Social Acceptance)

वे बच्चे जिन्हें सामाजिक स्वीकृति अधिक प्राप्त होती है उनमें सामाजिक अनुमोदन जैसे शीलगुणों का विकास होता है। इससे बच्चे का 'आत्म प्रत्यय' भी प्रभावित होता है। छोटे बच्चों में माता-पिता से अनुमोदन पाने की तीव्र लालसा होती है अतः वे ऐसी विशेषताएं विकसित करना चाहते हैं ताकि माता-पिता उनसे प्रसन्न रहें। जब बच्चे विद्यालय जाने योग्य हो जाते हैं तो अपनी मित्र मण्डली के सदस्यों का अनुमोदन पाना चाहते हैं। अतः अपने अन्दर ऐसी विशेषताएं विकसित करते हैं ताकि मित्रों की सराहना उन्हें मिले। इस प्रकार सामाजिक स्वीकृति 'आत्म प्रत्यय' के विकास में महत्वपूर्ण भूमिका निभाती है।

संस्कृति का प्रभाव (Influence of Culture)

संस्कृतियाँ व्यक्तित्व विकास को प्रभावित करती है। क्रच, क्रचफिल्ड तथा बैलेशी (1962) के अनुसार "सांस्कृतिक वातावरण में भिन्नता के कारण लोगों के आचार-विचार में भी भिन्नता आती है। जिस संस्कृति की जैसी मान्यता तथा विचारधारा होगी, उसमें पोषित लोगों में उसी प्रकार के गुणों का विकास भी होता है।" व्यक्तित्व संस्कृति का दर्पण होता है। अलग-अलग राष्ट्रों के व्यक्ति का व्यक्तित्व भिन्न-भिन्न होता है। यही नहीं एक ही राष्ट्र की विभिन्न उपसंस्कृतियाँ

बच्चों के व्यक्तित्व को अलग-अलग ढंग से प्रभावित करती है। ब्रानफेनब्रेनर (1970) ने अमेरिका और रूस के बच्चों के पालन पोषण सम्बन्धी कार्य प्रणाली का अध्ययन किया तथा पाया कि रूस के बच्चों की फिजिकल हैण्डलिंग अमेरिका के बच्चों की तुलना में अधिक होती है। सांस्कृतिक मान्यताओं का ही परिणाम है कि कुछ समाज के व्यक्ति अधिक धर्मान्ध, शान्त और विनम्र होते हैं जबकि कुछ समाज के सदस्य ईर्ष्यालु एवं आक्रामक होते हैं (मीड, 1937)। डेवोस एवं हिपलर (1969) का मानना है कि सांस्कृतिक तत्वों का प्रभाव बालक के व्यक्तित्व विकास पर बड़े विचित्र ढंग से पड़ता है।

व्यक्तित्व विकास की सैद्धान्तिक व्याख्या
(Theoretical Interpretation of Personality Development)

व्यकित्त्व के विकास की व्याख्या के लिए फ्रायड (Fraud, 1856-1939) ने सर्वप्रथम मनोविश्लेषणात्मक सिद्धान्त का प्रतिपादन किया। फ्रायड ने व्यक्ति के मनोलैंगिक विकास के संदर्भ में मुख्य रूप से पांच अवस्थाओं का उल्लेख किया है। फ्रायड के अनुसार व्यक्ति के भीतर कामुकता तथा व्यक्तित्व का विकास साथ-साथ चलता रहता है और भावी व्यक्तित्व विकास पर बाल्यकालीन भावनाओं का सशक्त प्रभाव पड़ता है। बालक के प्रारम्भिक वर्षों (जन्म से पांच वर्ष) में व्यक्तित्व की जो संरचना निर्मित हो जाती है, वह बाद के वर्षों में सम्पूर्ण व्यक्तित्व को प्रभावित करती है। मनोलैंगिक विकास की अवस्थाओं को सारणी 12.2 में प्रदर्शित किया गया है।

सारणी 12.2 : मनोलैंगिक विकास की अवस्थाएं

अवस्थाएं	अवधि	प्रमुख व्यवहार
मुखीय अवस्था	जन्म से एक वर्ष तक	अंगूठा चूसना
गुदीय अवस्था	1-2 वर्ष तक	मलमूत्र का स्पर्श
लैंगिक अवस्था	3-5 वर्ष तक	लैंगिक अंगों को स्पर्श करना
अदृश्यावस्था	6-13 वर्ष तक	लैंगिक भावनाओं पर नियंत्रण
जननेन्द्रियावस्था	किशोरावस्था	विषमलिंगियों के प्रति आकर्षण

इन अवस्थाओं में सुखद अनुभूति होने पर समायोजित एवं दुःखद अनुभूति होने पर व्यक्ति में विघटित व्यक्तित्व विकसित होता हैं। इसके अतिरिक्त व्यक्तित्व विकास के स्वरूप की व्याख्या एरिक्सन (1950, 1963) ने सामाजिक अनुकूलन पर केन्द्रित 'मनो-सामाजिक विकास को सिद्धान्त' को अपनी पुस्तक **'चाइल्डहुड एण्ड सोसाइटी'** (*Childhood and Society*) में वर्णित किया है। एरिक्सन ने व्यक्तित्व विकास के आठ चरणों की व्याख्या प्रस्तुत की है जो सारणी 12.3 में वर्णित है। एरिक्सन का मानना है कि विकास के प्रत्येक चरण में एक संकट उत्पन्न होता है जो सामाजिक अनुकूलन की समस्याओं की ओर ध्यान आकृष्ट करता है तथा में संकट की स्थिति का समाधान करते हुए मानव अगले चरण की ओर विकसित होता है। एरिक्सन

ने व्यक्तित्व विकास में सामाजिक अन्त:क्रिया के योगदान पर विशेष बल दिया है। मानव व्यक्तित्व का विकास व्यक्ति के बढ़ते हुए सामाजिक दायरें की ओर आकर्षित होने, उसको जानने तथा उसके साथ अन्त:क्रिया करने की तैयारी में संलग्न पूर्व निर्धारित चरणों के अनुसार होता है।

सारणी 12.3 : एरिक्सन द्वारा प्रतिपादित मनोसामाजिक विकास के चरण

क्रम सं०	अवधि	समस्याएँ	समुचित समाधान	अपर्याप्त समाधान	सफल विकास को द्योतित करने वाली विशेषता
1.	0 से 0.5 वर्ष	विश्वास बनाम अविश्वास	सुरक्षा तथा निश्चय का मौलिक भाव, स्वयं के अतिरिक्त बाहरी बलों पर भरोसा	असुरक्षा, चिन्ता	आशा
2.	0.5 से 3 वर्ष	स्वायत्तता बनाम शर्म एवं संदेह	कर्ता के रूप में 'स्व' का प्रत्यक्षीकरण, अपने स्वयं के शरीर को नियंत्रित करने की क्षमता तथा कार्यों को करना	आत्म नियन्त्रण से सम्बन्धित अपर्याप्त अनुभूति, घटनाओं का नियन्त्रण	इच्छाशक्ति
3.	3 से 6 वर्ष	उपक्रम बनाम ग्लानि	सृजन या पहल करने के लिए अपने ऊपर विश्वास	'स्व' के महत्व की कमीं का भाव	उद्देश्य
4.	6 से यौवनारंभ	उद्यम बनाम हीनता	मौलिक सामाजिक तथा बौद्धिक कार्यों में प्रवीणता, मित्र मण्डली द्वारा स्वीकृति	आत्मविश्वास की कमी, असफलता की अनुभूति	सक्षमता
5.	किशोरावस्था	पहचान बनाम भूमिका की अस्पष्टता	एक व्यक्ति के रूप में 'स्व' का सहज भाव विशिष्ट एवं सामाजिक रूप से स्वीकृत व्यक्ति के रूप में	विखंडित 'स्व' का अनुभव, बदलता हुआ एवं अस्पष्ट भाव	निष्ठा
6.	प्रारंभिक प्रौढ़ावस्था	अंतरंगता बनाम अलगाव	आत्मीयता एवं दूसरों के प्रति प्रतिबद्धता की योग्यता	एकाकीपन, अकेलापन, अलगाव, अंतरंगता की आवश्यकता को झुठलाना,	प्रेम
7.	मध्य प्रौढ़ावस्था	उत्पादकता बनाम गतिरोध	अपने से पूरे परिवार समाज, भविष्य की पीढ़ी पर ध्यान	सुश्रुषा भविष्योन्मुखता की कमी, आत्मकेन्द्रित	
8.	उत्तर प्रौढ़ावस्था	समग्रता बनाम निराशा	संपूर्णता का भाव एवं जीवन से मूल संतुष्टि	व्यर्थता एवं निराशा की अनुभूति	बुद्धि

व्यक्तित्व विकास की व्याख्या अल्वर्ट बैन्डूरा द्वारा प्रतिपादित 'सामाजिक अधिगम सिद्धान्त' के आधार पर किया, गया है। परिवेशीय दशाएँ व्यक्तित्व विकास को महत्वपूर्ण ढंग से प्रभावित करती है। इस सिद्धान्त के प्रतिपादक बैण्डूरा एवं वाल्टर्स (1963) ने अपनी पुस्तक **'सोशल लर्निंग एण्ड पर्सनालिटी डेवलपमेन्ट'** (*Social Learning and Personality Development*) में व्यक्तितव विकास में पर्यावरणीय परिस्थिति के महत्व को प्रदर्शित किया है। डोलार्ड तथा मिलर (1941) के अनुसार, विकास मूलतः व्यक्ति (organism) एवं पर्यावरण (Environment) की अन्तःक्रिया का परिणाम है। वैण्डूरा का मानना है कि व्यक्तित्व के विकास में सामाजिक, संज्ञानात्मक एवं प्रेक्षणात्मक कारक महत्वपूर्ण भूमिका अदा करते हैं। परिवेश हमारे व्यवहार का नियमन करता है। इसमें प्रेरकों, अन्तर्नोदों या किसी के व्यक्तिगत जीवन में अन्तर्द्वन्द्वों के स्थान पर वर्तमान परिस्थिति में लोगों के क्रियाकलापों पर बल दिया गया है (बैण्डूरा, 1973)।

व्यक्तित्व संरचना के विकास की व्याख्या, प्रमुख मानवतावादी मनोवैज्ञानिक कार्ल रोजर्स (1902–1987) ने 'स्व सिद्धान्त' (Self Theory) के आधार पर प्रस्तुत किया। रोजर्स का मानना है कि प्राणी के सभी प्रकार के अनुभवों का केन्द्र उसका शरीर होता है। अर्थात् मानव के साथ जो कुछ घटित होता है उसके लिए वह बहुत कुछ स्वयं जिम्मेदार है। रोजर्स ने व्यक्तित्व के विकास में 'स्व' (Self) तथा व्यक्ति की अनुभूतियों की संगति को महत्वपूर्ण बताया है। जब 'स्व' तथा अनुभूतियों के बीच अन्तर उत्पन्न हो जाता है तो व्यक्ति में चिन्ता उत्पन्न हो जाती है जिससे वह कुसमायोजित हो जाता है। रोजर्स का विश्वास था कि यदि व्यक्ति का 'स्व' उस व्यक्ति के वास्तविक अनुभवों के अनुरूप होता है तब व्यक्ति का समायोजन अच्छा होता है। इस प्रकार व्यक्तित्व के विकास में स्व की भूमिका अत्यन्त महत्वपूर्ण होती है (चित्र 12.11)।

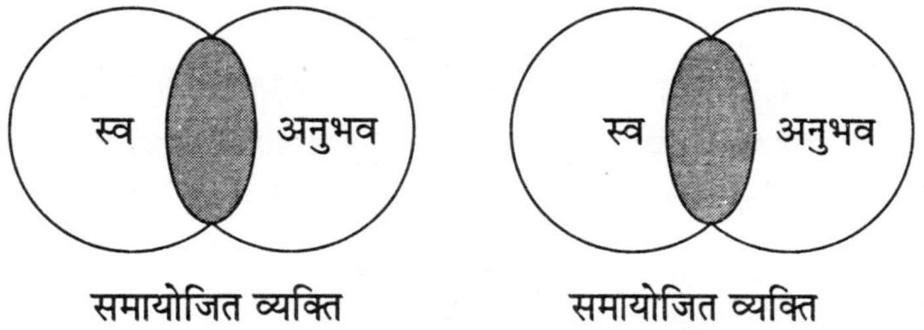

चित्र 12.11 : समायोजन का स्वरूप तथा 'स्व'

उपरोक्त सिद्धान्तों के अतिरिक्त विकास के अन्य सिद्धान्तों के आधार पर व्यक्तित्व विकास की व्याख्या किया जा सकता है। इन सिद्धान्तों का विस्तृत उल्लेख अध्याय 4 के अन्तर्गत किया गया है।

सारांश (Summary)

सामाजिक विकास का आरम्भ यद्यपि शैशवावस्था से होता है, परन्तु सामाजिक व्यवहारों के संरूपों की अभिव्यक्ति एवं व्यवहारों के प्रकार में वृद्धि क्रमशः आयु वृद्धि के साथ दृष्टिगत होती है। बालक के सामाजीकरण का आरम्भ परिवार से होता है। परिवार में माता-पिता, भाई-बहन तथा अन्य सदस्यों के साथ बच्चा अन्तःक्रिया करता है, इससे उसके सामाजिक विकास की प्रक्रिया आरम्भ होती है। बच्चे का सामाजिक विकास उसकी परिवार में स्थिति, पालन पोषण की शैली तथा सामाजिक समायोजन से निर्धारित होती है।

पूर्व बाल्यावस्था बालक की 'टोली पूर्व अवस्था' (Pre gang age) कहलाती है। बच्चे स्वतंत्र खेल प्रदर्शित करते हैं। ये वयस्कों के साथ अधिक संतुष्ट रहते हैं तथा उनके साथ सामाजिक सम्पर्क रखने के प्रति अधिक रुचि दर्शाते हैं। पूर्व बाल्यावस्था के आरम्भ में, बच्चे समानान्तर खेल का संरूप प्रदर्शित करते हैं अर्थात् दो बच्चे साथ रहकर भी स्वतन्त्र रूप से (स्वान्तः सुखाय) खेल खेलते हैं। 'स्वतन्त्र खेल' के पश्चात् 'सहचारी खेल' का संरूप दिखता है तथा बालक इसके अन्तर्गत अनेक सामाजिक व्यवहार सीखता है। इन व्यवहारों के फलस्वरूप बालक में आधारभूत सामाजिक अभिवृत्तियाँ विकसित होती हैं। इस अवस्था के प्रमुख सामाजिक व्यवहार है- अनुकरण, प्रतिस्पर्धा, नकारवृत्ति, आक्रामकता, कलह, सहयोग, प्रभाविता, स्वार्थपरता, सहानुभूति तथा सामाजिक अनुमोदन इत्यादि। बालक में प्रसामाजिक तथा समाज विरोधी दोनों प्रकार के व्यवहार परिलक्षित होते हैं। धनात्मक सामाजिक अभिवृत्तियाँ समाजोपयोगी व्यवहारों जैसे अनुकरण, प्रतिस्पर्धा, सहयोग, सहानुभूति, प्रभाविता तथा सामाजिक अनुमोदन आदि के विकास में सहयोगी होती हैं जबकि ऋणात्मक सामाजिक अभिवृत्तियाँ समाज विरोधी व्यवहारों जैसे- नकारवृत्ति, कलह, स्वार्थपरता, आक्रामकता आदि को बालकों में उत्पन्न करती है। बालक में सामाजिक व्यवहारों के विकास में परिवार की भूमिका के अतिरिक्त उनकी मित्रमण्डली तथा उनके साथ अन्तःक्रिया का महत्वपूर्ण योगदान होता है। खेल तथा नाटकीकरण (जीववाद) के माध्यम से बालक सामाजिक व्यवहार सीखता है। खेल में उपयोग होने वाले निर्जीव खिलौने को सजीव मानकर व्यवहार प्रदर्शित करते हैं तथा नाटकीकरण के दौरान वास्तविक जीवन की घटनाओं की नकल कर सामाजिक व्यवहार प्रदर्शित करते हैं।

पूर्व बाल्यावस्था में बालकों में विभिन्न सामाजिक व्यवहार जैसे नेतृत्व शैली, पठन-पाठन, मनोरंजन (सिनेमा, रेडियो तथा टेलीविजन) इत्यादि प्रविधियों के माध्यम से प्रदर्शित होते हैं। सामाजिक व्यवहारों के विकास का क्रम उत्तर बाल्यावस्था में भी जारी रहता है। इस अवस्था में बालक प्रायः समूहों का निर्माण करते हैं तथा समूह में अपनी अन्तःक्रिया करते हैं जिससे उनकी विकास गति अबाध रूप से चलती रहती है। इस अवस्था को 'टोली अवस्था' (gang age) भी कहते हैं। इस अवस्था में बालक सभी सामाजिक व असामाजिक व्यवहार जैसे खेल, आपसी सहयोग प्रदर्शित करना, लोगों को तंग करना, तम्बाकू खाना, भद्दे या गन्दे वार्तालाप करना इत्यादि

समूह से ही सीखते हैं। बच्चे टोली के अन्य बच्चों के सुझावों तथा व्यवहारों के प्रति अत्यधिक ग्रहणशील होते हैं तथा टोली के व्यवहार के अनुसार अपने अहं का विकास करते हैं। ये बालक मित्रों के व्यवहारों से अत्यधिक प्रभावित रहते हैं तथा अपने सामाजिक स्वीकृति को मित्र की स्वीकृति से जोड़ कर देखते हैं। इसी अवस्था में नेतृत्व के गुण का विकास होता है। टोली में जो बालक अत्यधिक प्रभुत्व प्रदर्शित करता है उसे सभी अपने टीम का नेता स्वतः चुन लेते हैं तथा वह समूह का नायक बन जाता है। वह समूह के अन्य सदस्यों से अधिक लोकप्रिय होता है।

उत्तर बाल्यावस्था में विभिन्न प्रकार के खेलों का भी विकास होता है। ये खेल मुख्यतया दो प्रकार के होते हैं – (1) रचनात्मक खेल – इसमें बालक विभिन्न यन्त्रों (औजारों) तथा वस्तुओं की सहायता से अन्य वस्तुओं का निर्माण करता है। (जैसे- मिट्टी के खिलौने आदि)। (2) प्रतियोगिता एवं खुले मैदान में खेले जाने वाले खेलों का विकास भी इसी अवस्था में होता है। बालकों में 'मनोरंजन की आवश्यकता' भी विकसित होती है। बच्चे में अध्ययन व्यवहार (Study Behaviour) (पाठ्य-पुस्तक को पढ़ना, अखबार, कॉमिक्स इत्यादि पढ़ना) इसी अवस्था में दिखाई देते हैं। मनोरंजन के अन्य साधनों जैसे – सिनेमा, रेडियो तथा टेलीविजन के प्रति झुकाव भी उत्तर बाल्यावस्था में अत्यधिक दृष्टिगत होता है।

सामाजिक विकास के साथ-साथ सांवेगिक विकास का प्रक्रम भी जारी रहता है। पूर्व बाल्यावस्था में विभिन्न संवेग जैसे ; भय, ईर्ष्या, क्रोध, जिज्ञासा तथा हर्ष इत्यादि प्रकट होने लगते हैं।

बच्चों के संवेगात्मक विकास पर विभिन्न कारकों जैसे- पारिवारिक वातावरण, परिवार की संरचना, बालक का लिंग इत्यादि का प्रभाव पड़ता है। ये कारक बालकों के संवेगात्मक व्यवहारों के विकास में महती भूमिका निभाते हैं। क्रोध का संवेग छोटे बालकों में प्रायः दिखाई देता है। ये क्रोध छोटी-छोटी बातों जैसे खेलने तथा खाने की चीजों को न पाने से उत्पन्न होते हैं। बालक खतरे वाली परिस्थिति से डर जाते हैं। भय पूर्व बाल्यावस्था में सामान्य क्रियाओं के प्रति होता है जबकि उत्तर बाल्यावस्था में ये क्रियायें विशिष्ट परिस्थितियों के प्रति उत्पन्न होती हैं। इसी प्रकार पूर्व बाल्यावस्था में अन्य संवेग जैसे ईर्ष्या, जिज्ञासा, स्नेह, हर्ष इत्यादि सामान्य रूप से दृष्टिगत होते हैं।

उत्तर बाल्यावस्था में संवेग अत्यधिक तीव्र रूप में दृष्टिगत होते हैं। इस अवस्था में ये संवेग लाक्षणिक रूप में दिखाई देते हैं। बालक खुशी के समय ठहाका लगाता है, क्रोध के समय चिल्लाता है तथा भय के समय रोता है। इस अवस्था के बालक अत्यधिक जिज्ञासा प्रकट करते हैं। इसी प्रकार स्नेह का भाव, भय का संवेग, हर्ष तथा ईर्ष्या के संवेग भी स्पष्ट रूप में परिलक्षित हैं। इस आयु में भय काल्पनिक न होकर यथार्थ उद्दीपकों के प्रति (शैक्षणिक समस्याओं के प्रति या स्वास्थ्य के प्रति) उत्पन्न होते हैं। हर्ष का संवेग छोटे बालकों की अपेक्षा बड़े बालकों में अत्यधिक संयत रूप में होते है। ईर्ष्या का संवेग उत्तर बाल्यावस्था में परोक्ष रूप से विकसित होता

जाता है। बालक जिस प्रकार बढ़ता है उसके अन्दर ईर्ष्या का भाव भी बढ़ता जाता है। इसी प्रकार क्रोध के संवेग में बड़ा बालक छोटे बालकों की तरह बेकाबू होने के बजाय रूठना, नकारवृत्ति, बोलना छोड़ देना, झगड़ालूपन, तुच्छ बातों को महत्व देना तथा बात-बात पर झगड़ने की प्रवृत्तियाँ प्रकट करने लगता है।

सामाजिक तथा सांवेगिक विकास का सीधा सम्बन्ध बालक के व्यक्तित्व विकास के साथ अभिव्यक्त होता है। व्यक्तित्व के संरूप में दो प्रमुख घटकों 'स्व' तथा 'शीलगुण' का समावेश होता है। 'स्व' व्यक्तित्व का वह अन्तरतम् रूप है जो व्यक्ति विशेष के संज्ञान में ही होता है। 'स्व' दो प्रकार के होते हैं। 'वास्तविक स्व' तथा 'आदर्शतम् स्व'। वास्तविक 'स्व' व्यक्ति की विशेषताओं का परिचायक है जबकि आदर्शतम् 'स्व' व्यक्ति के भविष्य के व्यक्तित्व सम्बन्धी आशय को व्यक्त करता है। शीलगुण से तात्पर्य व्यवहार की विशेषताओं से है। शीलगुणों के द्वारा ही व्यक्तित्व संरचित होता है।

व्यक्तित्व प्रतिमानों का विकास आनुवांशिकता तथा पर्यावरण की अन्तःक्रिया का परिणाम होता है। बच्चों के प्रारम्भिक 'स्व' के विकास में परिवार की महत्वपूर्ण भूमिका होती है। बच्चा जब विद्यालयीय परिवेश में कदम रखता है तो उसका सामाजिक दायरा बढ़ता है तथा वह अब अपने 'स्व' सम्प्रत्यय का विकास प्रतिविम्बित मूल्यांकनों के आधार पर करने लगता है। जहाँ तक शीलगुण के विकास का प्रश्न है तो पूर्व बाल्यावस्था में बालक शीलगुणों को अनुकरण के माध्यम से सीखता है। अन्य लोगों की बच्चों से प्रत्याशाएं और उनके प्रति बच्चों का दृष्टिकोंण भी शीलगुणों को विकसित करने में मदद करते हैं।

'वैयक्तिकता' शीलगुण का एक महत्वपूर्ण प्रकार है जिसमें शीलगुण की प्रकार्यात्मक भिन्नता दृष्टिगत होती है। 'व्यक्तित्व में स्थिरता' शीलगुण का दूसरा महत्वपूर्ण प्रकार है। यद्यपि प्रारम्भिक आयु में बालक के व्यक्तित्व में परिवर्तन दिखता है किन्तु उत्तर बाल्यावस्था में जब बालक का शीलगुण दृढ़ हो जाता है तो 'व्यक्तित्व में स्थिरता' आ जाती है।

व्यक्ति का 'स्व' तथा 'शीलगुण' दोनों मिलकर व्यक्तित्व में परिवर्तन लाते हैं। शीलगुणों के द्वारा व्यक्तित्व में गुणात्मक तथा मात्रात्मक परिवर्तन होते हैं। यह तथ्य पुष्ट है कि व्यक्तित्व में परिवर्तन वास्तविक रूप से होता है लेकिन यह परिवर्तन पूर्व बाल्यावस्था में अधिक होता है। वयस्कों में यह परिवर्तन नाम मात्र का होता है। व्यक्तित्व प्रतिमान में वास्तविक परिवर्तन का होना असम्भव है। व्यक्तित्व में परिवर्तन के लिए उत्तरदायी परिस्थितियाँ हैं : शारीरिक परिवर्तन, पर्यावरणीय परिवर्तन, सामाजिक दबाव, सक्षमता में वृद्धि, भूमिका निर्वहन सम्बन्धी परिवर्तन तथा व्यावसायिक सहायता।

व्यक्तित्व विकास को कई कारक निर्धारित करते हैं। आनुवांशिक कारकों में शारीरिक संरचना, अन्तःस्रावी ग्रथियों की भूमिका, बुद्धि, संवेग, आकर्षणता आदि महत्वपूर्ण हैं जो बच्चों के जन्म से जुड़ी विशेषताएँ होती हैं। परिवेशीय कारकों में परिवार की भूमिका, विद्यालय की भूमिका, संस्कृति की भूमिका, सफलता तथा असफलता का प्रभाव, नाम का प्रभाव, सामाजिक

स्वीकृति तथा प्रारम्भिक सामाजिक अनुभव आदि प्रमुख हैं। आनुवांशिक तथा परिवेशीय कारक मिलकर व्यक्तित्व विकास की प्रक्रिया को सम्पन्न करते हैं।

व्यक्तित्व विकास की व्याख्या सर्वप्रथम फ्रायड (1956-1939) ने मनोलैंगिक विकास के सिद्धान्त के अन्तर्गत किया जिसमें फ्रायड ने अवधियों के साथ पांच जिन अवस्थाओं का उल्लेख किया है, वे हैं : मुखीय अवस्था, गुदीय अवस्था, लैंगिक अवस्था, अदृश्यावस्था तथा जननेन्द्रियावस्था। इन समस्त अवस्थाओं की व्यक्ति के व्यक्तित्व विकास पर जबरदस्त छाप पड़ती है। एरिक एरिक्सन ने व्यक्तित्व विकास की व्याख्या के लिए मनोसामाजिक विकास का सिद्धान्त प्रस्तुत किया। एरिक्सन ने व्यक्तित्व विकास को 8 चरणों में विभक्त करते हुए प्रत्येक चरण में उत्पन्न होने वाले संकटों को प्रमुख रूप से प्रस्तुत किया है। बैन्डूरा (1963) ने अपने सामाजिक अधिगम सिद्धान्त के अन्तर्गत यह सिद्ध किया है कि व्यक्तित्व विकास में पर्यावरणीय कारकों की अहम् भूमिका होती है। तत्पश्चात् कार्ल रोजर्स (1902-1987) ने व्यक्तित्व विकास में स्व तथा अनुभूतियों की संगति को महत्वपूर्ण माना है।

तकनीकी पद	**Technical Terms**
अंगूठा चूसना	Thumbing
अभिप्रेरणा	Motivation
अहं सम्प्रत्यय	Ego Concept
असामाजिक व्यवहार	Anti Social Behaviour
अदृश्य	Latent
अव्यक्त	Latent
अनुकरण	Imitation
अनुमोदन	Approval
अनुशासन	Discipline
अन्तःस्रावी ग्रन्थि	Endocrine System
अन्तर्मुखता	Introvert
अन्तर्नोद	Drive
आकर्षणता	Attractiveness
आदर्शतम स्व	Ideal Self
आक्रामकता	Aggression
आत्म विश्वास	Self Confidence
आत्म सम्प्रत्यय	Self Concept
आत्मकेन्द्रित	Ego Centric

आनुवांशिकता	Heredity
आन्तरिक आवश्यकता	Internal Needs
ईर्ष्या	Jealousy
उपलब्धि	Achievement
कुण्ठा	Frustration
कौशल	Skills
कलह	Quarrelling
क्रोध	Anger
गुणात्मक परिवर्तन	Qualitative Change
गुदीय	Anal
जननिक	Genetic
जलशीर्षता	Hydrocephaly
जिज्ञासा	Curiosity
टोली आयु	Gang Age
तंत्रिका तनाव	Neuro Stress
तादात्मीकरण	Identification
दण्ड	Punishment
नकारवृत्ति	Negativity
नैतिक	Moral
नेतृत्व	Leadership
नेतृत्व शैली	Leadership Style
पर्यावरणीय परिवर्तन	Environmental Change
परिस्थिति	Situation
परिपक्व	Mature
पीयूष ग्रन्थि	Pitutary Gland
पारिवारिक वातावरण	Family Environment
पुनर्बलन	Reinforcement
प्रतिरूप	Model
प्रतिस्पर्धा	Competition
प्रभावी व्यवहार	Dominant Behaviour
प्रारम्भिक अनुभव	Early Experiences
प्रत्यक्षीकरण	Perception
बर्हिमुखता	Extrovert

बुद्धि	Intelligence
भूमिका निर्वहन	Role Enactment
भय	Fear
मात्रात्मक परिवर्तन	Quantitative Change
मानसिक क्षमता	Mental Ability
मानसिक मन्दता	Mental Retardation
मुखीय	Oral
मनोविश्लेषणवादी	Psychoanalytic
मनोरंजन	Recreation
मनोसामाजिक	Psycho Social
मनोदैहिक प्रणाली	Psychophysical System
मनोलैंगिक	Psycho-Sexual
मनोलैंगिक विकास	Psycho-Sexual Development
रचनात्मक खेल	Constructive Play
लघुशीर्षता	Microcephaly
लैंगिक	Phallic
विद्यालयी वातावरण	School Environment
व्यक्तित्व	Personality
व्यावसायिक सहायता	Vocational Assistance
वास्तविक स्व	Real Self
वैयक्तिकता	Individuality
शीलगुण	Traits
शीलगुण संलक्षण	Trait Syndrome
शारीरिक	Ailment
शारीरिक परिवर्तन	Physical Change
शारीरिक संरचना	Physical Structure
शोर	Noise
सृजनशील	Creative
सक्षमता	Competence
संरूप	Pattern
संघप्रवृत्ति	Gregariousness
संवेग	Emotion
संवेगात्मक दबाव	Emotional Pressure

संवेगात्मक व्यवहार	Emotional Behaviour
संवेगात्मक अभिव्यक्ति	Emotional Expression
संगीत	Music
समायोजन	Adjustment
स्थायित्व	Consistency
स्थायित्व	Persistence
सहयोग	Cooperation
सहायतापरक व्यवहार	Helping Behaviour
सहोदर	Sibling
सहानुभूति	Sympathy
सामाजिक पर्यावरण	Social Environment
सामाजिक समायोजन	Social Adjustment
सामाजिक स्वीकृति	Social Acceptance
सामाजिक स्वीकृति	Social Acceptance
सामाजिक दबाव	Social Pressure
सामाजिक अभिवृत्ति	Social Attitude
सामाजिक अनुमोदन	Social Approval
सामाजिक अनुभव	Social Experience
सामाजिकीकरण	Socialization
स्वार्थपरता	Selfishness
स्वतंत्रता	Freedom
सुखद अनुभूति	Pleasure Feeling
स्नेह	Love
संस्कृति	Culture
स्व	Self
स्वार्थी	Selfish
हर्ष	Joy

13 नैतिक विकास
Moral Development

मनुष्य एक विवकेशील प्राणी है, उसमें विवेक के साथ-साथ नैतिकता के गुण भी पाये जाते हैं। विवेक तथा नैतिकता एक दूसरे के पूरक हैं। अतः मनुष्य में विवेक का विकास उसके नैतिक विकास से सम्बद्ध होता है। नैतिकता जन्मजात नहीं होती अपितु इसका विकास अन्य लोगों के साथ अन्तःक्रिया के फलस्वरूप होता है। शिशु जिन लोगों के सम्पर्क में रहता है उनके व्यवहारों का अनुकरण करता है तथा उनके द्वारा अनुमोदित तरीके से व्यवहार करना सीखता है। शिशु अपने जन्म के दो वर्ष पश्चात् से ही बालक नैतिकता की अभिव्यक्ति वाचिक व अवाचिक रूप से प्रकट करने लगता है (कैगन, 1987; लैम्ब, 1992)। यद्यपि नैतिक विकास सतत चलने वाली प्रक्रिया है फिर भी इसकी तीव्रता किशोरावस्था तक अधिक होती है। नैतिक विकास के फलस्वरूप शिशु एक आचार संहिता (आदि रूप) का निर्माण करता है जो बड़े होकर उसके व्यवहार को निर्धारित करते हैं।

बच्चा आवेगों के अनुसार अपने व्यवहार प्रदर्शित करता है। बुद्धि का पर्याप्त विकास न हो पाने के कारण वह अपने व्यवहारों का प्रत्यक्षीकरण एवं मूल्यांकन आत्मोन्मुख (Self oriented) अर्थात् दूसरे लोग उससे कैसा व्यवहार कर रहे हैं, उसके अनुरूप करता है परन्तु शिशु इस पक्ष पर ध्यान नहीं देते कि वे दूसरों के साथ कैसा व्यवहार कर रहे हैं। बच्चा उसी व्यवहार को गलत समझता है जिसका प्रभाव उस पर ऋणात्मक पड़ता है। किसी भी व्यवहार के लिए उसके अन्दर अपराध बोध की भावना नहीं होती । शिशु में नैतिकता का विकास उनके जैविकीय कारकों से निर्धारित होती है।

1970 के दशक से ही जैविकीय सिद्धान्तों से जुड़े हुए अध्ययन इंगित करते हैं कि बहुत से नैतिकता से सम्बद्ध समाजोपयोगी व्यवहार जैसे-सहायतापरक व्यवहार, परोपकारिता, पारस्परिक सहयोग की भावना इत्यादि व्यक्ति को आनुवंशिकीय विरासत के रूप में प्राप्त होते हैं (विल्सन, 1975)। इस तथ्य का प्रायोगिक समर्थन वासस्थलीपरक मनोवैज्ञानिकों ने अपने अध्ययनों के आधार पर किया। अपने अध्ययन में इन्होंने विभिन्न जानवरों के व्यवहारों का निरीक्षण किया। उदाहरण के लिए : चिम्पान्जी अपना भोजन एक साथ मिल-बाँटकर खाते हैं तथा किसी शिशु चिम्पान्जी के मृत्यु होने की दशा में एक साथ संवेदना को प्रकट करते हैं

(गुडआल, 1990)। इन साक्ष्यों के आधार पर समाज-जैविकीय (Socio-biologist) मनोवैज्ञानिकों ने यह स्पष्ट किया कि मानव की नैतिकता के विकास में जैविकीय कारकों का महत्वपूर्ण योगदान होता है।

नैतिक विकास के चरण
Steps of Moral Development

शिशु में अन्तर्विवेक नहीं होता जिससे वह न तो नैतिक होता है और न अनैतिक। लोगों के सम्पर्क में आने पर शिशु उनके व्यवहार का अनुकरण करता है परन्तु शैशवावस्था में व्यक्ति इस मानक के अनुरूप व्यवहार करना नहीं सीख पाता। फिर भी इस अवस्था में ही सामाजिक मानक के अनुरूप व्यवहार की नींव पड़ जाती है। इसी नींव पर बालक में एक मानक निर्मित होता है जो कालान्तर में बड़े होने पर उसके व्यवहार का निर्धारण करता है।

पूर्व बाल्यावस्था में नैतिक विकास (Moral Development in Early Childhood)

दूसरे वर्ष के अन्त से ही बालक सामाजिक मानकों का प्रयोग शुरु कर देता है। परिस्थिति विशेष में बालक को नैतिक विकास की प्रविधि सीखनी पड़ती है। प्राय: छोटे बालक से आशा की जाती है कि अपने आवेगात्मक व्यवहार को बदल कर सामाजिक मानकों के अनुरूप व्यवहार प्रदर्शित करेगा। डामेरॉन (1955) के अनुसार, मध्यम वर्गीय माता-पिता, निम्न तथा उच्च वर्गीय माता-पिता की अपेक्षा बालक से सामाजिक मानकों के अनुरूप व्यवहार कराने में अधिक सख्ती बरतते हैं।

यद्यपि पूर्व बाल्यावस्था में ही बालक में सामाजिक नियमावलियों के अनुरूप व्यवहार (नैतिक व्यवहार) दिखायी पड़ने लगता है तथापि उसे यह नहीं मालूम रहता है कि वह ऐसा क्यों और किस लिए कर रहा है। पूर्व बाल्यावस्था के अन्त तक यदि बच्चे को अनुशासन में रखा जाय तो उसमें आज्ञा-पालन की आदतें सुदृढ़ हो जाती हैं। माता-पिता द्वारा बालक को अच्छे बुरे व्यवहारों के सम्बन्ध में दी गयी हिदायतों की वह जांच भी करता रहता है। इस संदर्भ में यह भी सम्भव है कि बालक बुरे विचारों की जांच के तारतम्य में पकड़े जाने पर भी स्वयं को दोषी न माने। फिर भी वह दण्ड पाने की आशंका से सद्व्यवहारोन्मुख हो जाता है।

सामान्यत: बालकों में यह आम धारणा पायी जाती है कि शरारत अथवा आज्ञोलंघन द्वारा वे अधिकतम लोगों का ध्यान आकृष्ट कर सकते हैं इसीलिए वे इसके दण्ड की पीड़ा को कुछ नहीं समझते। "बदनाम भी होंगे तो क्या नाम न होगा"। (तिवारी, 2007) चित्र 13.1. से स्पष्ट है कि पूर्व बाल्यावस्था में बालक किस प्रकार के अवांछित व्यवहार को कितना अधिक उपयोगी समझाता है।

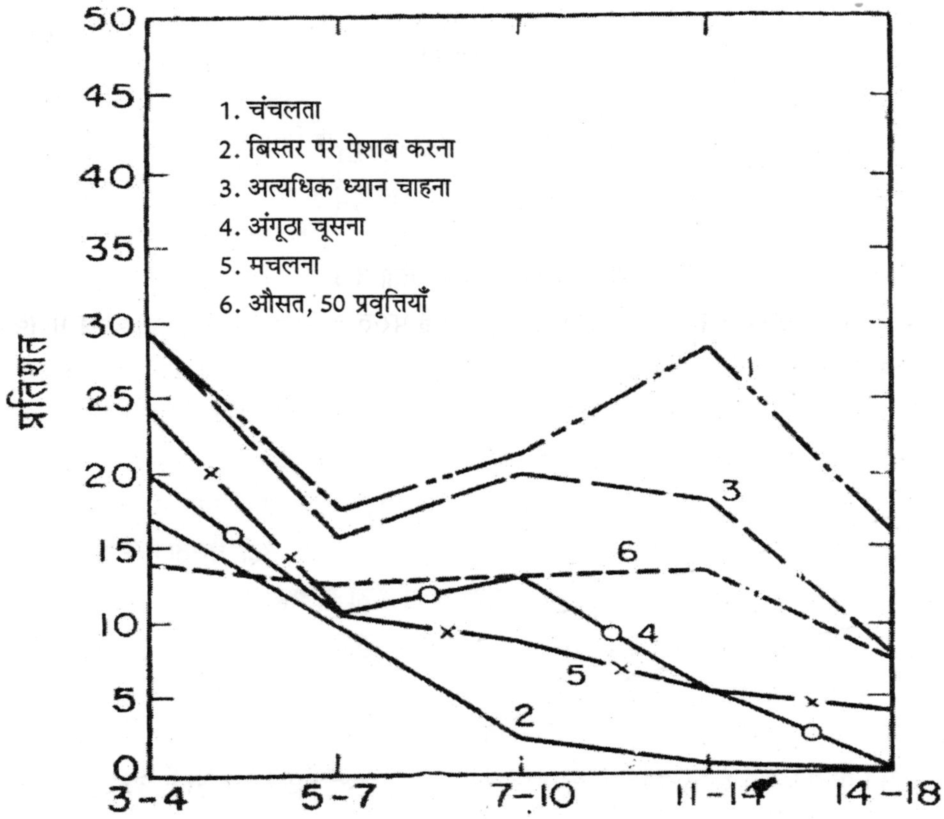

चित्र 13.1 : आयु वृद्धि के साथ-साथ बालकों में अवांछित व्यवहार का प्रदर्शन

लांग (1941) का मत है कि ऐसे आचरण अपरिपक्वता के कारण होते हैं तथा उम्र बढ़ने के साथ-साथ ही इनमें कमी आती जाती है। इस आयु में लड़कों की अपेक्षा लड़कियों के ऐसे व्यवहार अधिक होते हैं! पूर्व बाल्यावस्था में बालक को अनुशासित करना कठिन होता है। अतः ऐसे व्यवहार इस अवस्था में आम बात है।

पूर्व बाल्यावस्था में बालक विद्यालय के नये समूह में प्रवेश पाकर वहाँ के समूह द्वारा अनुमोदित नये कार्य सम्पादन की प्रविधि सीखता है। सामान्यतः देखा जाता है कि प्रायः माता-पिता अनुशासन के शैक्षिक पहलू की अपेक्षा दण्ड को प्रमुखता देते हैं और पुरस्कार की अपेक्षाकृत उपेक्षा कर देते हैं। हरलॉक का मानना है कि बालक पर इससे नकारात्मक प्रभाव पड़ता है जिससे वह दुःखी होकर असमायोजित हो जाता है। अतः अनुशासन हेतु माता-पिता को शैक्षिक पहलू पर विशेष ध्यान देना चाहिए फिर भी दण्ड को नजर अंदाज नहीं किया जा सकता है।

उत्तर बाल्यावस्था में नैतिक विकास (Moral Development in Late Childhood)

जैसे-जैसे बालक की आयु बढ़ती जाती है, उसके सम्पर्क का दायरा बढ़ता जाता है। बालक यह अनुभव करता है कि जो बात घर में अच्छी या बुरी मानी जाती है, कोई जरूरी नहीं कि वह घर से बाहर भी वैसी ही हो। परिणामस्वरूप नए सामाजिक मानकों का निर्माण होता है। नौ से बारह वर्ष की आयु तक बालकों के ईमानदारी के आदर्श पहले की अपेक्षा ऊँचें हो जाते हैं। इसी तरह झूठ को भी बालक बुरा समझने लगता है। जोन्स (1954) के अनुसार बाल्यावस्था की समाप्ति तक बालक में नैतिकता पूर्ण रूप से विकसित हो चुकी होती है।

बाल्यावस्था के प्रारम्भिक चरण में बालक गलत व्यवहार करने पर चिन्तित नहीं होता परन्तु बाल्यावस्था के अन्त में बालक का व्यवहार जब सामाजिक मानक के अनुरूप नहीं होता तो वह शर्म महसूस करता है। वह अपने समवयस्कों के मानकों से नीचे नहीं गिरना चाहता। अत: वह सच्चाई की अपेक्षा अपने बचाव में अधिक सचेष्ट रहता है। आसबेल (1955) के अनुसार, "नैतिक लज्जा, नैतिक व्यवहार के विकास में एक शक्तिशाली कारक है।" उत्तर बाल्यावस्था में बालक, अभिभावक द्वारा मिलने वाले दण्ड को चुपचाप स्वीकार नहीं करता। क्योंकि इस अवस्था में बालक की बुद्धि का समुचित विकास हो चुका होता है अत: यदि बच्चे को अनुचित दण्ड मिलता है तो वह शिकायत करने में भी नहीं हिचकिचाता। लर्नर एवं मर्फी (1941) के अनुसार, "इस अवस्था में बालक माँ के प्रति आज्ञाकारिता का जो विशेष व्यवहार प्रदर्शित करता है वह पिता की आज्ञा के पालन के दौरान प्रदर्शित व्यवहार से भिन्न होता है। बच्चे माँ की बातों का उल्लंघन तो कर लेते हैं परन्तु पिता की बातों का उल्लंघन कम करते हैं क्योंकि उन्हें पिता की आज्ञा के उल्लंघन में दण्ड पाने का भय अधिक रहता है। परन्तु माता के वत्सल एवं उदार दृष्टिकोण के कारण वे आज्ञाओं का उल्लंघन करते हैं और चोरी करने जैसे कामों को कर लेते हैं। गलत मानते हुए भी बालक को उन्ही कार्यों के सम्पादन में आनन्द मिलता है जिन्हें वह बुरा समझता है क्योंकि ऐसा करने से उसे अपने भीतर आत्म महत्ता का एहसास होता है। स्यफर एवं ओवेन (1955) का मानना है कि बालक समूह में अधिक शरारतें या अवांछनीय व्यवहार प्रदर्शित करते हैं यथा- शोर मचाना, अश्लील भाषा का प्रयोग, छेड़खानी और प्रौढ़ों की आज्ञा का उल्लंघन आदि। स्यफर (1955) ने बालिकाओं की अपेक्षा बालकों में ऐसे व्यवहार अधिक पाये जाने का उल्लेख किया है।

कम आयु के बच्चों तथा उत्तर बाल्यावस्था के (10 वर्षीय) बच्चों को अनुशासन में रखने के तरीके अलग-अलग होते हैं। प्राय: कम आयु के बच्चों को अंकुश में रखकर अनुशासित किया जाता है परन्तु 10 वर्ष के बालक को उसके अच्छे व्यवहार के लिए प्रशंसित करना, पुरस्कार देना, दी जाने वाली सुविधाओं में कमी करना अथवा उन्हे हटा देना, उसे एकान्त कमरे में आत्म चिन्तन के लिए भेजना तथा जरूरत पड़ने पर उसे शारीरिक दण्ड भी देना आदि के द्वारा अनुशासित होने के लिए प्रेरित किया जा सकता है। रेनवाटर के अनुसार "उच्च तथा निम्न वर्गों

से आने वाले बालकों की अपेक्षा मध्यम वर्ग के बालक माता-पिता के निर्देशों का अधिक पालन करते हैं।"

बालक को उसके अच्छे व्यवहारों और बुरे व्यवहारों का अभिज्ञान कराना बहुत जरूरी है। पूर्व बाल्यावस्था में बने हुए बालक के नैतिक सम्प्रत्यय का सीख द्वारा अधिक विस्तार किया जाना चाहिए जिससे उसमें अच्छे और बुरे के नैतिक सम्प्रत्ययों का निर्माण हो सके। परन्तु इस आयु में नैतिकता के शैक्षिक पहलू पर बहुत कम ध्यान दिया जाता है अथवा उसे नजर अंदाज कर दिया जाता है तथा किसी परिस्थिति का सफलतापूर्वक सामना करने वाले बालक को पुरस्कृत नहीं किया जाता। डुबोस (1952) का मानना है कि पुरस्कार का शैक्षिक महत्व बहुत अधिक होता है। क्योंकि जिस व्यवहार के लिए बालक को पुरस्कृत किया जाता है उस व्यवहार के साथ बालक की अनुक्रिया अनुबन्धित हो जाती है। अनुशासन के द्वारा बालक सीमाओं, बंधनों तथा आजादी के बारे में सीखता है। अनुशासन बालक में आत्मविश्वास पैदा करता है जो बालक के सम्यक विकास के लिए अत्यावश्यक है। बाल्यावस्था की समाप्ति तक बालक को एहसास हो जाता है कि उसके व्यवहार पर घर वालों का नियंत्रण न तो भयकारी है और न वह अनुचित बन्धन ही है। गार्डनर (1957) के अनुसार, "बाल्यावस्था के अन्त तक बालक पर अभिभावकों द्वारा लगाये हुए प्रतिबन्धों से उत्पन्न प्रभाव प्रायः शामिल हो जाते है।"

सामाजिक मानकों से अधिगृहीत नैतिकता (Morality as the Adaptation of Societal Norms)

बच्चों में नैतिक विकास कैसे विकसित होता है? इसकी व्याख्या दो भिन्न-भिन्न सैद्धान्तिक परिप्रेक्ष्यों ; मनोविश्लेषणात्मक सिद्धान्त (Psychoanalytic Theory) एवं सामाजिक अधिगम सिद्धान्त (Social Learning Theory) के अन्तर्गत की गई है। परन्तु दोनों सिद्धान्तों में एक उभयनिष्ठ तथ्य है कि यह विकास अधिगृहीत (Adaptation) किया गया विकास है। इस अधिगृहीत विकास को आन्तरिकीकरण (internalization) कहा गया है। आन्तरिकीकरण, नैतिक विकास की वह प्रक्रिया है जिसमें बच्चे बने-बनाये मानकों को समाज द्वारा ग्रहण करते हैं तथा अनुक्रियायें (action) व्यक्त करते हैं (गिब्स एवं स्नैल, 1985)।

नैतिक विकास के सिद्धान्त

(Theories of Moral Development)

बालक के नैतिक विकास को ठीक-ठीक समझने के लिए (हेलेन, 1981) ने इसके तीन पक्षों का उल्लेख किया है, जो निम्न हैं-

1. नैतिक व्यवहार (Moral Behaviour)

2. नैतिक भावना (Moral Feelings)
3. नैतिक निर्णय (Moral Judgement)

विकास मनोवैज्ञानिकों ने नैतिक विकास के सिद्धान्तों की व्याख्या उपर्युक्त तीन प्रमुख पक्षों के आधार पर की है। फ्रायड ने नैतिक विकास के संदर्भ में नैतिक व्यवहार तथा नैतिक भावना पर विशेष बल दिया है। फ्रायड के अनुसार बच्चा प्रारम्भ में अपने माता-पिता के व्यवहारों का अनुकरण करता है और आगे चलकर उनका आन्तरिकीकरण (internalization) कर लेता है। इस प्रकार स्थापित नैतिक भावना उनकी अन्तरात्मा (conscience) का अंग बन जाती है और उसका व्यवहार उसके द्वारा संचालित होने लगता है। नैतिक व्यवहार सम्पन्न करने के लिए बालक में प्रबल अहंशक्ति (Ego Strength) की भी आवश्यकता होती है। बालक अपने मजबूत अहंभाव के कारण ही विवेक की आवाज सुन पाता है और अपराध भावना से बचने के लिए नैतिक व वांछनीय आचरण सम्पन्न करता है। अर्थात् ऐसे बच्चे जिन्हे सुखद एवं संतुलित अनुभूतियाँ बचपन में ही होती रहती हैं, उनमें अन्य बच्चों की अपेक्षा नैतिक विकास का प्रक्रम अपेक्षाकृत अधिक सुदृढ़ रूप में चलता है।

मावरर (1960), बैण्डूरा (1973), मिशेल (1973), सीयर्स तथा ह्वाइटिंग (1953) आदि ने नैतिक विकास में व्यक्तिगत अनुभूतियों की अपेक्षा सामाजिक परिस्थितियों को अधिक महत्व दिया है। इनका मानना है कि नैतिक विकास का प्रक्रम अनुकरण द्वारा प्रारम्भ होता है। बच्चे जिन व्यवहारों का प्रेक्षण करते हैं वे उनके लिए आदर्श होते हैं। यदि किये गये व्यवहार की प्रशंसा मिलती है तो उसकी पुनरावृत्ति की संभावना प्रबल होती है और दण्ड मिलने पर सम्भावना घटती है। वस्तुतः सामाजिक अधिगम सिद्धान्त अधिकांश नैतिक और अनैतिक व्यवहारों की व्याख्या अनुकरण के पदों में प्रस्तुत करता है। इन सभी मनोवैज्ञानिकों ने नैतिक विकास की व्याख्या नैतिक व्यवहार के पक्ष में की है।

नैतिकता मूल्यों, विश्वासों तथा गलत अथवा सही के बारे में निर्णय कर सकने की एक व्यवस्था है। जीन पियाजे एवं लारेंस कोहलबर्ग जैसे मनोवैज्ञानिकों ने व्यक्ति के नैतिक प्राणी बनने की प्रक्रिया की विस्तार से व्याख्या की हैं। इनके द्वारा प्रस्तावित सिद्धान्त का वर्णन अधोलिखित है–

पियाजे का नैतिक विकास का सिद्धान्त (Piagetian Theory of Moral Development)

पियाजे ने अपने नैतिक विकास के संज्ञानात्मक पक्ष की व्याख्या सन् 1932 में प्रकाशित अपनी पुस्तक "द मोरल जजमेण्ट आफ द चाइल्ड" *(The Moral Judgement of the Child)* में की है। जीन पियाजे (Jean Piaget) के अनुसार नैतिकता 'न्याय की भावना' एवं सामाजिक व्यवस्था के नियमों तथा आचारों के लिए आदर से जुड़ी होती है। नैतिकता के सम्यक विकास के लिए संज्ञानात्मक योग्यताओं का विकास अत्यन्त महत्वपूर्ण है। नैतिक विकास की प्रथम अवस्था

परकेन्द्रित नैतिकता (Heteronomous Morality) की अवस्था है जबकि दूसरी अवस्था स्वायत्त नैतिकता (Autonomous Morality) की अवस्था है।

परकेन्द्रित नैतिकता (Heteronomous Morality)

परकेन्द्रित नैतिकता तीन से छः वर्ष की आयु के बीच के बच्चों में पायी जाती है। छह साल के बच्चे यह विश्वास करते हैं कि नैतिकता के नियम निश्चित एवं अपरिवर्तनीय हैं। इस अवधि में बच्चे यह मानते हैं कि नियम माता-पिता या अधिकार सम्पन्न व्यक्तियों द्वारा बनाये जाते हैं जो अमूर्त होते हैं। इसका कारण यह है कि छोटे बच्चों की सोच आत्मकेन्द्रित होती है तथा माता-पिता स्वयं द्वारा निर्धारित नियमों को अपनाने के लिए बच्चों पर दबाव भी डालते हैं। परकेन्द्रित नैतिकता की अवस्था में बच्चे किसी कार्य के परिणामों के आधार पर उसे अच्छा या बुरा मानते हैं, न कि उसे करने वाले व्यक्ति के इरादों के आधार पर। अर्थात् वत्स अपने व्यवहार का मूल्यांकन अपने ऊपर पड़ने वाले प्रभाव से करता है।

स्वायत्त नैतिकता (Autonomous Morality)

नैतिक विकास के संज्ञानात्मक सिद्धान्त की दूसरी अवस्था को स्वायत्त नैतिकता कहते हैं। यह अवस्था लगभग सात वर्ष के बाद की है। इस उम्र के बालकों में संज्ञान विकास अधिक हो चुका रहता है और वे स्वकेन्द्रित न रहकर दूसरों के सम्बन्ध में सोचना शुरु कर देते हैं। अब बच्चे दूसरों के नजरिए को स्वीकार करने लगते हैं इस आयु के बच्चे यह महसूस करने लगते हैं कि नैतिकता के नियम कुछ हद तक परिवर्तनशील हैं और अन्य लोगों की सहायता से उनमें कुछ न कुछ परिवर्तन सम्भव है। वे स्वतंत्र रूप से सोचने एवं तर्क करने की क्षमता भी विकसित कर लेते हैं। बच्चे जानते हैं कि नियम लोगों के आपसी सहयोग से बनते हैं तथा वे किसी सत्ता से नहीं प्राप्त होते। इस उदार व लचीले दृष्टिकोंण के कारण इस अवस्था का बालक किसी कार्य की अच्छाई या बुराई स्वयं उस कार्य को करने वाले की नीयत, उसके इरादों के आधार पर आंकता है।

पियाजे द्वारा प्रतिपादित नैतिकता के परकेन्द्रित एवं स्वायत्त नैतिकता के शोध परिणाम पूरी तरह समर्थन नहीं करते। बच्चे सत्ता के अधिकार को हमेशा ठीक नहीं मानते। वे उन लोगों की आलोचना भी करते हैं जो अपने निर्णयों का स्वयं खण्डन करते हैं।

लारेंस कोलबर्ग का नैतिक विकास का सिद्धान्त (Lorence Kohlberg's Theory of Moral Development)

लारेंस कोलबर्ग (Kohlberg, 1963) के 'नैतिक विकास के सिद्धान्त' पर जीन पियाजे (Jean Piaget, 1932) द्वारा प्रस्तुत नैतिकता तथा संज्ञानात्मक विकास की विभिन्न अवस्थाओं पर किये गये कार्यों का अत्यधिक प्रभाव है। कोलबर्ग ने अपनी पुस्तक "द डेवलपमेंट आफ चिल्ड्रेन्स ओरिएन्टेशन्स टूवर्ड ए मोरल आर्डर: सिक्वेन्स इन द डेवलपमेण्ट आफ मोरल थाट," (1963) में नैतिक विकास के स्तरों का विधिवत वर्णन किया है।

कोलबर्ग का विश्वास है कि अधिकांश परिस्थितियों में बालक पुरस्कार के प्रलोभन अथवा दण्ड के भय के कारण व्यवहार प्रदर्शित करता है, स्वकीय नैतिक चिंतन अथवा नैतिक निर्णय के कारण नहीं। कोलबर्ग का मानना है कि बालक निश्चित अवस्थाओं में स्वयं अपने नैतिक आदर्श को विकसित करता है। कोलबर्ग ने व्यवहार- वादियों का पुरजोर विरोध करते हुए कहा है कि, ''पर्यावरण के उद्दीपक से प्रभावित होकर बच्चे नैतिक विकास नहीं करते बल्कि नैतिकता पर्यावरण के साथ होने वाली अन्त:क्रिया का परिणाम है। जब संज्ञानों का आन्तरिक पुनर्संगठन होता है, तो उसमें नैतिकता का विकास होता है। इस प्रकार नैतिक विकास में बौद्धिक पक्ष (Intellectual aspect) एवं आवेगात्मक पक्ष (Impulsive aspect) निहित होते हैं।"

कोलबर्ग के नैतिक विकास के सिद्धान्त को प्राणीगत उपागम कहा गया है क्योंकि बालक स्वयं अपनी तर्कशक्ति के आधार पर नैतिकता को विकसित करता है। कोलबर्ग के नैतिक विकास के सिद्धान्त को पियाजे के सिद्धान्त की ही भांति अवस्था सिद्धान्त (Stage Theory) कहा जाता है। कोलबर्ग का सिद्धान्त तीन स्तरों में विभक्त है। प्रथम दो स्तरों में दो-दो और तीसरे स्तर में तीन अवस्थायें सन्निहित हैं। कोलबर्ग का मानना है कि नैतिक विकास क्रमश: उच्चस्तरीय एवं जटिल रूप धारण करता है तथा नैतिकता एवं मूल्यों का विकास साथ ही साथ होता है। नैतिक विकास की अन्तिम अवस्था हेतु उच्च संज्ञानात्मक क्षमता एवं अमूर्त चिन्तन की आवश्यकता पड़ती है। शायद यही कारण है कि नैतिक विकास के इस तीसरे स्तर तक कम ही लोग पहुंच पाते हैं। मिशेल (1974) एवं कोलबर्ग (1974) का विचार है कि, "नैतिकता का विकास एक सार्वभौमिक घटना है क्योंकि सामाजिक प्राणी बनने के लिए मान्य व्यवहार संहिता को आत्मसात करना ही पड़ता है। इस कार्य में पुरस्कार एवं दण्ड और अनुकरण का भी विशेष महत्व होता है।"

कोलबर्ग ने एक तकनीक का उपयोग किया है, जिसमें परिकल्पनात्मक नैतिक दुविधा (Moral Dilemma) से सम्बन्धित प्रश्नों के उत्तर का विश्लेषण किया जाता है। इन प्रश्नों का कोई सही या गलत उत्तर नहीं होता है। यद्यपि ये दुविधाएं (धर्मसंकट) बच्चों के दैनिक जीवन के भाग नहीं होते तथापि उनमें से अधिकांश बच्चे समस्याओं को अच्छी तरह समझते हैं तथा उस पर चर्चा कर सकते हैं। यथा- एक बच्चे को बताया गया कि, "एक दिन की बात है कि एक व्यक्ति दूसरे व्यक्ति को जान से मारने के लिए दौड़ रहा था। उसके हाथ में एक चाकू था। असहाय व्यक्ति भागते-भागते अपने एक मित्र के घर के सामने पहुंचा। वहाँ उसका मित्र खड़ा था। उसने मित्र से जान बचाने का निवेदन किया। इतने में पीछा कर रहा व्यक्ति भी आ गया। उसके मित्र ने बीच बचाव करना चाहा परन्तु उसने उसकी बात नहीं सुनी और ललकारा कि यदि तुम्हे भी मरना है तो इसका साथ छोड़ दो और जान प्यारी है तो सामने से हट जाओ।"

ऐसी कहानी बच्चों को धर्मसंकट (द्वन्द्व) में डाल देती हैं। उन्हें यह सोचना पड़ता है कि वे क्या प्रतिक्रिया दें। वह खूंखार व्यक्ति के सामने से हट जाय या मित्र की जान बचाने के लिए झगड़े में कूद पड़े। विभिन्न आयु के बच्चों पर अध्ययन करके कोलबर्ग ने निष्कर्ष दिया है कि योग्यता एवं अनुभव में वृद्धि होने से बच्चों की प्रतिक्रियाओं में परिवर्तन आता है। उपर्युक्त समीक्षा के बाद विकास की अवस्थाओं का उल्लेख आगे किया गया है जो सारणी 13.1 में प्रस्तुत हैं।

सारणी 13.1 : कोहलबर्ग के नैतिक विकास की अवस्थाएं

अवस्थायें		नैतिक व्यवहार के कारण
1. पूर्व कन्वेन्शनल स्तर		
अवस्था 1.	आज्ञा एवं दण्ड की अवस्था	पुरस्कार को स्वीकार करना, प्राप्त करना,
अवस्था 2.	अहंकार की अवस्था	पारस्परिकता
2. कन्वेन्शनल स्तर		
अवस्था 1.	प्रशंसा की अवस्था	स्वीकृति को प्राप्त करना, अस्वीकृति से बचाव
अवस्था 2.	सामाजिक व्यवस्था के प्रति सम्मान की अवस्था	नियमों का पालन करना तथा दण्ड से परहेज
3. पश्च कन्वेन्शनल स्तर		
अवस्था 1.	सामाजिक समझौता की अवस्था	अपने समाज के कल्याण को प्रोत्साहित करना।
अवस्था 2.	विवेक की अवस्था	न्याय को प्राप्त करना, अपने से नकारने की प्रवृत्ति से बचना।
अवस्था 3.	ब्रह्मांडीय उन्मुखता, दुःख को नकारने तथा पकड़े जाने से बचाव की अवस्था	सार्वभौमिक नियमों के प्रति सच्चा बना रहना, अपने को ब्रह्मांडीय दिशा के एक अंश के रूप में अनुभव करना, सामाजिक प्रतिमानों से आगे जाना।

नैतिक विकास की अवस्थाएं
(Stages of Moral Development)

पूर्व कन्वेन्शनल स्तर (Pre-conventional Level)

नैतिक विकास के प्रारम्भिक स्तर में बच्चे अपने व्यवहार में नैतिकता का निर्धारण अन्य व्यक्तियों या घटनाओं के परिप्रेक्ष्य में करते हैं। उनमें स्वयं चिन्तन करके उचित अनुचित के निर्धारण की योग्यता कम पाई जाती है। वे जिन कार्यों के लिए प्रशंसित होते हैं उसे उचित या नैतिक मानते हैं और दण्डित किये जाने पर सम्बन्धित व्यवहार को अनैतिक मानकर परित्याग करते हैं। इस स्तर पर नैतिक विकास से सम्बद्ध अवस्थायें निम्नांकित हैं।

आज्ञा एवं दण्ड की अवस्था (Stage of Obedience and Punishment)

कोलबर्ग के अनुसार इस अवस्था में बच्चे व्यवहार तथा कार्य की वांछनीयता मिलने वाले प्रतिफल (outcome) से निर्धारित करते हैं। यदि वे बच्चे अपने से वरिष्ठ बच्चों की आज्ञा का पालन करते हैं तो उनकी प्रशंसा होती है तथा वे दण्ड से बचते हैं। इसके विपरीत अवज्ञा करने पर बच्चे की हंसी उड़ाई जाती है तथा वह दण्ड का भागी होता है। इस विभेदनात्मक सामाजिक प्रशिक्षण से उनमें गलत-सही, उचित-अनुचित की अवधारणा विकसित होती है। यथा- झूठ

बोलने, चोरी करने एवं झगड़ा आदि करने पर बच्चे प्राय: दण्डित होते रहते हैं जिसके कारण वे इन कार्यों को अवांछित मानकर उनका परित्याग करने का प्रयास करते हैं। वस्तुत: नैतिक विकास की इस अवस्था में नैतिकता की अवधारणा के विकसित होने में पुरस्कार एवं दण्ड की ही भूमिका होती है।

अहंकार की अवस्था (Stage of Egocentricity)

इस अवस्था में यद्यपि बालक कुछ बड़ा हो जाता है इसलिए बालक का चिन्तन भी परिवर्तित होता है। अत: बच्चे अब वस्तुओं, घटनाओं, कार्यों एवं मान्यताओं के बारे में सोचना प्रारम्भ करते हैं। किन्तु अब भी वह अपनी इच्छाओं को ही सर्वोपरि मानता है और उनकी पूर्ति हेतु अवांछनीय व्यवहार भी कर सकते हैं। यथा- बच्चे जानते हैं कि चोरी एक अवांछनीय व्यवहार है, फिर भी मौका मिलने पर वे कभी-कभी चोरी करते हैं क्योंकि ऐसा करने से उसकी आवश्यकताओं की पूर्ति होती है, भले ही वे इस अवांछनीय कार्य हेतु दण्डित हों। अत: नैतिक विकास की इस अवस्था में बालक का स्वकेन्द्रितता (ego centrity) अर्थात् उसकी अपनी इच्छायें और आवश्यकतायें उसकी नैतिक तर्क शक्ति का आधार बन जाती है।

कन्वेन्शनल स्तर (Conventional Level)

इस स्तर पर पहुंचने पर बच्चों में सामाजिक प्रत्याशाओं एवं मान्यताओं में रूचि दिखायी पड़ने लगती है और वे सामाजिक मर्यादा को ध्यान में रखकर व्यवहार करने का प्रयास करते हैं। इस समय उनमें अहंकार की भावना कमजोर पड़ जाती है तथा उनमें उचित-अनुचित की समझ काफी हद तक आ जाती है। इस स्तर को भी दो अवस्थाओं में विभाजित किया गया है।

प्रशंसा की अवस्था (Stage of Praise)

इस अवस्था में बालक का व्यवहार सामाजिक प्रशंसा एवं अनुमोदन द्वारा अधिक प्रभावित होता है तथा वह उनके लिए सक्रिय प्रयास भी करता है। उसमें यह समझ आ चुकी रहती है कि समाज उनसे अनेक प्रकार की प्रत्याशाएं करेगा और सामाजिक सम्मान की प्राप्ति हेतु उसे उन प्रत्याशाओं को पूरा करना पड़ेगा। यदि बालक प्रत्याशाओं का निर्वहन भली प्रकार करता है तो लोगों से उसे स्वीकृति मिलती है। एवं बालक के नैतिक चिन्तन के स्वरूप का निर्माण बालक के परिवेश तथा समाज से संदर्भित होता है।

सामाजिक व्यवस्था के प्रति सम्मान की अवस्था (Stage of Honour about Social Systems)

कोलबर्ग का मानना है कि समाज में अधिकांश लोग नैतिक विकास की इस अवस्था तक पहुंच पाते हैं। इस अवस्था में बालक के मन में सामाजिक मान्यताओं के अनुरूप व्यवहार करने की

भावना रहती है तथा वह सामाजिक अधिगम के आधार पर आचार विचार सीखता है ताकि वह सामाजिक मान्यताओं, आदर्शों, मूल्यों एवं रीति रिवाजों के अनुरूप व्यवहार कर सके। अर्थात् बालक समाज को स्वयं में एक लक्ष्य मानने लगता है। बालक तर्क एवं मूल्यांकन के आधार पर अपने व्यवहार का औचित्य तय कर सकता है और वह सामाजिक आदर्शों तथा प्रत्याशाओं के साथ सामन्जस्य बनाये रखना चाहता है। बच्चा यह मानता है कि जो व्यवहार सामाजिक मानकों के विरुद्ध है वह निश्चित रूप से अनैतिक है।

पश्च कन्वेन्शनल स्तर (Post-Conventional Level)

नैतिक विकास के तीसरे और अन्तिम स्तर में आने हेतु उच्च संज्ञानात्मक योग्यता एवं अमूर्त चिन्तन शक्ति की आवश्यकता पड़ती है। सभी वयस्कों के लिए इस स्तर तक पहुंच पाना सम्भव नहीं हो पाता है। सामान्यत: केवल 10% लोग ही इस स्तर तक पहुंच पाते हैं, जिसमें व्यक्तिगत लाभ की अपेक्षा सामाजिक अच्छाई का अधिक सम्बन्ध होता है। इसे तीन अवस्थाओं में विभक्त किया गया है।

सामाजिक समझौता की अवस्था (Stage of Social Agreement)

कोलबर्ग के अनुसार, वांछनीय व्यवहार के विकास की इस अवस्था में व्यक्ति का दृष्टिकोण काफी व्यापक हो जाता है। उसमें आत्म कल्याण के साथ-साथ परमार्थ की भावना जागृत हो उठती है तथा सामाजिक व्यवस्थाओं के प्रति गहरी आस्था बनने लगती है। अब व्यक्ति सोचता है कि अवांछनीय व्यवहार अनैतिक हैं क्योंकि ऐसा करने से व्यक्ति तथा समाज के बीच का समझौता भंग होता है। वस्तुत: अपने नियमों, प्रथाओं, कानूनों के द्वारा समाज को स्वतंत्रता, अधिकार और सुरक्षा प्रदान करता है।

विवेक की अवस्था (Stage of Conscience)

विवेक की अन्तिम अवस्था में पहुंचने पर व्यक्ति नैतिकता के निर्धारण के लिए सामाजिक मान्यताओं के अतिरिक्त निजी मान्यताएं विकसित करने लगता है। इस अवस्था में व्यक्ति नैतिकता के सम्बन्ध में आत्मनिष्ठ (Subjective) दृष्टिकोंण विकसित कर लेता है। अब व्यक्ति का विवेक (conscience) ही उसके नैतिक निर्णय का एक मात्र आधार बन जाता है। एक अवस्था का व्यक्ति भेदभाव, छुआछूत की धारणा को मानवता के प्रति अन्याय मानता है तथा इसका विरोध करता है। अब वह अपने विवेक के सहारे ही जीवित रहता है और केवल वे आचरण ही उसके लिए नैतिक होते हैं जिन्हें उसके विवेक का समर्थन प्राप्त होता है।

तीसरे चरण की अन्तिम अवस्था, जो भारतीय संदर्भ के ब्रह्मांडीय दृष्टिकोंण से सम्बद्ध है, तक पहुंचना वयस्कों के लिए अति दुर्लभ है, जिसे कोलबर्ग (Kohlberg) आदर्श के उच्चतम् स्तर के रूप में स्वीकार करते हैं।

भारतीय संदर्भ में किये गये आधुनिक शोध स्पष्ट करते हैं कि नैतिक निर्णय में सांस्कृतिक भिन्नता पायी जाती है। हिन्दू परम्परा के अनुसार मानव का अस्तित्व उसके नैतिकता एवं नैतिक मूल्यों में निहित होता है। इस संदर्भ में कर्म सिद्धान्त जो अच्छे (धर्म) तथा बुरे (अधर्म) कार्यों को एकत्र करता है, जो पूर्व जन्मों के भी हो सकते हैं, को महत्वपूर्ण स्थान है। भारतीय संदर्भ में कुछ विचारधारायें जो नैतिकता से सम्बद्ध हैं, कोलबर्ग के सिद्धान्त को त्रुटिपूर्ण मानते हैं। ये विचारधाराएं निम्नांकित हैं-

1. प्राकृतिक व्यवस्था को एक नैतिक व्यवस्था के रूप में स्वीकार किया गया है तथा यह माना गया है कि व्यक्तियों की अपेक्षा सम्बन्ध अधिक महत्वपूर्ण होते हैं।
2. महात्मा गांधी ने अहिंसा पर विशेष जोर दिया है जो नैतिकता के एक नये आयाम के रूप में दृष्टिगत होता है।
3. बौद्ध परम्परा के अनुसार अन्य व्यक्तियों की पीड़ा का अनुभव सभी प्राणियों के अन्दर करुणा के भाव के रूप में फलित होता है। नैतिकता की यह अवस्था ब्रह्मांडीय दृष्टिकोंण से सम्बन्धित है।
4. सूफी परम्परा में नैतिक मूल्यों के रूप में न्याय की आन्तरिक संवेदना की आवश्यकता को स्वीकार किया गया है। सूफी संतों का मानना है कि नैतिकता का आधारभूत नियम प्रेम है।

अनुशासन (Discipline)

नैतिक विकास का एक प्रमुख क्रियातंत्र अनुशासन है। 'अनुशासन' एक महत्वपूर्ण सम्प्रत्यय है जिसे प्रायः 'दण्ड' का पर्याय भी कहा जाता है। यह प्रक्रिया बच्चों के सर्वांगीण विकास हेतु माता-पिता, अभिभावक तथा अध्यापकों द्वारा सामान्यतया उपयोग में लायी जाती है। अनुशासन के अन्तर्गत, अभिभावक या अध्यापक बच्चों के सामाजिक तथा नैतिक मूल्यों के अनुरूप व्यवहार करने के लिए दण्डात्मक प्रक्रिया अपनाते हैं।

अनुशासन शब्द की व्युत्पत्ति 'डिसाइपल (Disciple)' शब्द से हुई है जिसका अर्थ है 'शिष्य'। अर्थात् जिस प्रकार अनुयायी अपने नेता को प्रतिमान मानकर उनके द्वारा बताए गए नियमों का अनुकरण करते हैं उसी प्रकार बच्चे माता-पिता या अध्यापक को आदर्श मानकर उनके नियमों व व्यवहारों का अनुकरण करते हैं। इस प्रकार अनुशासन, नैतिक विकास की एक कड़ी है एवं प्रमुख क्रियातंत्र है (हॉफमैन, 1970)।

अनुशासन के प्रति सामाजिक अभिवृत्ति (Social Attitudes towards Discipline)

अनुशासन, बच्चे के नैतिक विकास के लिए आवश्यक एवं मूलभूत प्रक्रम है, जो सामाजिक संरचना से प्रभावित होती है। सामाजिक अभिवृत्ति भी अनुशासन की विकास प्रक्रिया से प्रभावित होती है। बैकविन एवं बैकविन (1972) ने इसके कुछ महत्वपूर्ण कारणों को बताया है ;

1. औपचारिक धार्मिक प्रभावों की मान्यता में कमी।
2. मनोविश्लेषणात्मक दृष्टिकोण की लोकप्रियता तथा इसका दुष्प्रभाव तथा प्रतिरोध पर कुप्रभाव।
3. आध्यात्मिक विकास के स्थान पर संवेगात्मक विकास पर अवधान केन्द्रित करना।
4. अभिभावकों द्वारा प्रताड़ित होने का भय समाप्त होना तथा अभिभावकों का स्वयं के प्रभाव के विश्वास का लोप होना।
5. बच्चों के पालने की प्रविधियों की अपूर्ण समझ।

कुछ अभिभावक अनुशासन की प्रक्रिया के विकास हेतु अतिरिक्त प्रयास को आवश्यक नहीं मानते हैं, उनका यह विश्वास होता है कि अतिरिक्त अनुशासन से आगे चलकर बच्चों के साथ उनके सम्बन्ध दुष्कर एवं असुखकर होते हैं (बैकविन एवं बैकविन, 1972)।

वर्तमान समय में यह अवधारणा विकसित है कि बच्चों के गलत व्यवहार उसके अनुशासन में कमी को व्यक्त करते हैं। बच्चों के व्यवहार मूलतः दो प्रकार के अनुशासनात्मक प्रक्रमों से विकसित होते हैं। पहले प्रक्रम के अन्तर्गत कुछ लोग यह मानते हैं कि बच्चों को दो तरह से पालना चाहिए। अतिबर्जनात्मक (overpermissiveness) विधि से, जिसमें बच्चों की उद्दण्डता तथा शरारत के प्रति दण्डात्मक प्रक्रिया अपनानी चाहिए जिससे बालकों में उचित नैतिकता का विकास हो सके या बच्चों पर कोई वर्जना न लगाया जाय। जिससे बालक स्वयं अनुशासन के महत्व को समझे तथा उसका विकास करें। इन्हें सामान्यतया धनात्मक तथा ऋणात्मक अनुशासन की श्रेणी में विभक्त किया गया है।

अनुशासन के लिए आवश्यक तत्त्व (Needed Elements for Discipline)

बच्चों के लिए अनुशासन आवश्यक है। परन्तु लोगों के मन में हमेशा ही एक प्रश्न उत्पन्न होता है कि अनुशासन के लिए क्या आवश्यक होता है? इस सन्दर्भ में पिछले कुछ वर्षों में यह माना जाता रहा है कि अनुशासन के ही परिणामस्वरूप बच्चे सामाजिक तथा नैतिक मूल्यों को सीखते हैं।

बच्चों के लिए अनुशासन की आवश्यकता – बच्चों के लिए अनुशासन की आवश्यकता निम्न कारणों से आवश्यक है –

1. अनुशासन से बच्चों के अन्दर सुरक्षा की भावना विकसित होती है तथा उनको यह ज्ञान हो जाता है कि वे क्या करें क्या न करें।

2. यह बच्चों को अपराध बोध की भावना से सुरक्षित करता है तथा साथ ही बच्चों में शर्म तथा दुर्व्यवहार जैसी भावनाओं से भी बचाता है। यह बच्चों के अन्दर खुशी तथा समायोजन क्षमता में वृद्धि करता है तथा समाज द्वारा स्वीकृत मानकों को उत्पन्न करता है।
3. अनुशासन की सहायता से बच्चे उन व्यवहारों को सीखते हैं जिससे समाज से उनका लगाव बढ़ता है तथा उनको आवश्यक सफलता प्राप्त करने की क्षमता तथा खुशी प्राप्त होती है।
4. विकासात्मक अवस्था के अनुकूल अनुशासन बालकों में अहं के विकास को प्रेरित करता है तथा उनके अन्दर 'स्व' का विकास होता है जिससे बच्चे वे सभी कार्य अच्छे ढंग से निष्पादित करते हैं जिनकी आवश्यकता होती है।
5. अनुशासन बच्चों की चेतना के विकास में सहायक होता है। अनुशासन एक ऐसी "आन्तरिक आवाज (Internal Voice)" है जिसकी सहायता से बच्चे अपने निर्णय क्षमता पर नियन्त्रण स्थापित कर लेते हैं।

अनुशासन के लिए अनिवार्य तत्व (Essentials for Discipline)

यदि किसी बच्चे की अनुशासन की शिक्षा पूर्ण हो चुकी है तब हम उसके व्यवहार का पूर्वकथन कर सकते हैं उसके व्यवहार समाज के मानकों के अनुरूप होते हैं। इस प्रकार से अनुशासन के कुछ अनिवार्य तत्व होते हैं जिसके कारण अनुशासनात्मक तकनीकों का प्रयोग किया जाता है, यथा :

(i) व्यवहार के लिए सामाजिक नियम (Social Rules)
(ii) व्यवहार के लिए दण्ड (Punishment)
(iii) व्यवहार के लिए पुरस्कार (Rewards)
(iv) व्यवहार के लिए स्थिरता (Consistency)

1. सामाजिक नियम (Social Rules)

अनुशासन के लिए सबसे अनिवार्य तत्व सामाजिक नियम हैं। सामाजिक नियम लोगों को मानक (Norms) तथा संरूप (Pattern) प्रदान करता है। यह बच्चों के किसी विशिष्ट परिस्थिति में किए जाने वाले व्यवहार को निर्देशित करता है तथा व्यवहार के लिए समुचित अनुमोदन प्रदान करता है। उदाहरण के लिए : सामाजिक नियम, बच्चों को स्कूल की परिस्थिति में कैसे व्यवहार प्रदर्शित करने चाहिए? कक्षा के अन्दर शिक्षक की उपस्थिति तथा अनुपस्थिति में कैसे व्यवहार

प्रदर्शित करने चाहिए ? खेल के मैदान में किए जाने वाले व्यवहारों को कैसे प्रदर्शित करना चाहिए, इत्यादि को बताता है। साथ ही साथ, इन नियमों की सहायता से ही घर की परिस्थिति के अन्तर्गत व्यवहार निर्धारित किए गए हैं। इसकी सहायता से बालक घर के तथा बाहर के नियमों को सीखता है तथा उसके अनुरूप व्यवहार प्रदर्शित करता है।

नियमों के प्रकार्य (Functions of Rules) : ये नियम बच्चों के विकास में दो महत्वपूर्ण प्रकार्यों को सम्पादित करते हैं।

(i) बच्चे नियमों की सहायता से शैक्षिक मूल्यों को समझते हैं तथा इन नियमों के द्वारा बच्चों में यह भी समझ विकसित होती है कि समूह के अन्य लोगों की उनसे क्या अपेक्षायें हैं? वे अपने समस्त कार्य उन्हीं नियमों से करते हैं जो सामाजिक नियमों द्वारा निर्धारित होते हैं।

(ii) नियमों का दूसरा प्रकार्य यह है कि बालक के अमर्यादित या अवांछित (undesirable) व्यवहारों पर रोक लगाया जाए। उदाहरण के लिए : यदि बालक गलत व्यवहार प्रदर्शित करता है तब घर के अन्य सदस्य उसके इस कृत्य के लिए रोक लगाते हैं। इस प्रकार बालक यह धीरे-धीरे सीख लेता है कि कार्य उसके लिए अहितकर है।

नियमों के ये दोनों प्रकार्य बच्चों के अनुशासनात्मक महत्व को सिखाते हैं। बच्चा धीरे-धीरे यह सीख जाता है कि कौन से नियम उसके लिए उपयुक्त हैं तथा कौन से नियम त्याज्य हैं। जब बच्चे किसी नियम को स्वीकार करते हैं तब वे उसके पीछे यह तर्क देते हैं कि यह नियम उनके लिए क्यों इतना महत्वपूर्ण है तथा जब बच्चे किसी नियम को अस्वीकृत करते हैं तब उसके कुछ प्रासंगिक कारणों की खोज करते हैं। उदाहरण के लिए : यदि किसी बच्चे ने गृहकार्य (Homework) किया है तथा दूसरा बच्चा यदि नहीं किया है और अध्यापक के पूछने पर यह तर्क देता है कि उसके माता-पिता ने होमवर्क करने में उसकी मदद नहीं की या प्रश्न बहुत कठिन थे तथा होमवर्क करने वाले बच्चे के लिए कहते हैं कि उनके अभिभावक ने उनकी सहायता की होगी। इरविन एवं मूर (1971)।

नियमों की संख्या (Number of Rules) : बच्चों के व्यवहारों को निर्धारित करने के लिए नियमों की कितनी संख्या होनी चाहिए यह इस बात से निर्धारित होता है कि बच्चे किसी विशेष परिस्थिति में कितने नियमों का प्रयोग करते हैं। सामान्यतया बच्चे स्कूल की परिस्थिति में घर की अपेक्षा अधिक नियमों के अनुसार व्यवहार प्रदर्शित करते हैं क्योंकि स्कूल का समूह घर के समूह से बड़ा होता है तथा स्कूल में नियमों का प्रयोग अनिवार्य होता है क्योंकि यह अव्यवस्थित परिस्थितियों से बचाव करता है।

नियमों का मूल्यांकन (Evaluation of Rules) : नियम नैतिक मूल्यों के विकास में सहायक होते हैं, नियम की सहायता से ही बालक समाज में गलत तथा सही की पहचान करता

है तथा बालक ऐसे विशिष्ट ज्ञान को अर्जित करता है जिससे वह स्कूल में, घर में, तथा खेल के मैदान में एक विशिष्ट पहचान बनाता है।

नियमों की सहायता से ही बालक में बौद्धिक क्षमता का उपयुक्त विकास होता है जिससे वह एक ही उद्दीपक का विभिन्न परिस्थितियों में अलग-अलग मूल्यांकन प्रस्तुत कर पाता है। ये विशिष्ट मूल्यांकन उसके सामान्य नैतिक मूल्य के रूप में परिलक्षित होते हैं।

2. दण्ड (Punishment)

अनुशासन के लिए दूसरा महत्वपूर्ण घटक दण्ड है। दण्ड लैटिन भाषा के 'प्यूनायर-Punire' से बना है जिसका शाब्दिक अर्थ है किसी को गलती के लिए कष्ट पहुँचाना अर्थात् बच्चों में अनुशासन के विकास के लिए दण्ड आवश्यक है। उस परिस्थिति में जब छोटे बच्चे सामाजिक नियमों एवं मानकों के प्रति असम्मान प्रदर्शित करते हैं तब उस प्रविधि का अभिभावकों एवं शिक्षकों द्वारा प्रयोग किया जाता है। यह प्रविधि बच्चों में समाज द्वारा अनुमोदित मूल्यों को सीखाता है तथा असामाजिक व्यवहारों को रोकता है।

दण्ड के प्रकार्य (Functions of Punishment): दण्ड बच्चों में नैतिक विकास के लिए तीन महत्वपूर्ण भूमिकाएँ सम्पादित करता है।

1. इसका प्रथम महत्वपूर्ण प्रकार्य, किसी अवांछित व्यवहार पर प्रतिबन्ध लगाना है, जब बच्चे अवांछित व्यवहारों को प्रदर्शित करते हैं तब वे दण्ड प्राप्त करते हैं। इस प्रकार वे गलत और सही में पहचान करना सीख जाते हैं। अत: वे वही व्यवहार प्रदर्शित करते हैं जो उनके लिए धनात्मक अभिवृत्ति वाला होता है।
2. दण्ड का दूसरा महत्वपूर्ण प्रकार्य, शैक्षणिक व्यवहारों से सम्बन्धित है। जब बच्चे किसी भी शैक्षणिक निष्पादन में असफल होते हैं तब उन्हें दण्ड मिलता है। इस प्रकार वे दण्ड के माध्यम से अपने निष्पादन में सुधार करते हैं। जब बालक बड़े होते हैं तब वे वाचिक अधिगम द्वारा सामाजिक मूल्यों को सीखते हैं। यद्यपि वे अनुभवों के माध्यम से सीखते हैं। परन्तु जब कभी वे असफल होते हैं तब उनके लिए दण्ड पुर्नबलन का काम करता है।
3. दण्ड का तीसरा महत्वपूर्ण प्रकार्य, किसी सामाजिक रूप से अवांछनीय व्यवहार को दूर करने के लिए प्रेरणा प्रदान करना है। किसी अवांछनीय कार्य के प्रभावस्वरूप उत्पन्न खतरे का संज्ञान, बालक के उस कृत्य को रोक देता है तथा वांछनीय कार्यो को प्रेरित करता है।

दण्ड के प्रकार (Kinds of Punishment): आरम्भिक विचारधारा के अनुसार दण्ड का तात्पर्य केवल 'शारीरिक दण्ड' से था जैसे : थप्पड़ मारना, डण्डे से मारना इत्यादि। लोगों का

मत था कि यह दैहिक दण्ड बच्चों के विकास में सहायक होते हैं। एक पुरानी कहावत है "डण्डा छूटा बालक विगड़ा (Spare the rod and Spoil the child)" के अनुसार इस मान्यता को समर्थन मिलता है। पुराने समय में अध्यापकों और अभिभावकों का विश्वास था कि दण्ड बच्चों के कर्त्तव्यों और उत्तरदायित्वों को सीखाता है।

द्वितीय विश्वयुद्ध के पश्चात् इस मान्यता में परिवर्तन हुआ। फ्रायड और इनके सहयोगियों ने शिक्षण के इस मान्यता का विरोध किया। अमेरिका के लोगों ने इसे 'वर्जनहीनता' का युग कहा।

सत्तर के दशक से इसमें कुछ और बदलाव हुआ तथा बच्चों के दैहिक दण्ड के प्रति कुछ महत्वपूर्ण विधि नियम प्रतिपादित हुए जो दैहिक दण्ड को कम करते हैं। अतः इस समय दैहिक दण्ड निषेध कर दिया गया है।

दण्ड का मूल्यांकन (Evaluation of Punishment): दण्ड को दो तरह से मूल्यांकित किया गया है-

1. दण्ड से बच्चों का समुचित विकास होता है। उदाहरण के लिए : बच्चा यह समझ जाता है कि उसे क्या करना चाहिए एवं क्या नहीं करना चाहिए? इस तरह से उसके अन्दर यह बौद्धिक विकास उत्पन्न होता है कि किस व्यवहार के प्रति उसे दण्ड नहीं मिलता हैं। इस प्रकार वह दण्ड वाले व्यवहार को वह त्याग देता है।
2. दण्ड तीन उद्देश्यों की प्रतिपूर्ति के लिए दिया जाता हैं। ये उद्देश्य है : शिक्षा में सुधार, अवांछित व्यवहारों में रोकथाम तथा वांछित व्यवहारों हेतु प्रेरणा। दण्ड प्रक्रिया इन उद्देश्यों की पूर्ति हेतु दिया जाता है।

यद्यपि दण्ड प्रक्रिया का प्रयोग अवांछित व्यवहारों की रोकथाम के लिए किया जाता है तथापि बच्चों के मन में अवधारणा विकसित हो जाती है कि बड़ों का अधिकार छोटे बच्चों को दण्ड देने का है। यह विश्वास उनको आक्रामक बनाता है अतः दण्ड प्रक्रिया का सोच विचार कर उपयोग करना चाहिए।

अच्छे दण्ड के लिए अनिवार्य तत्व (Essentials of Good Punishment)

1. दण्ड हमेशा नियमों के उल्लंघन पर देना चाहिए तथा यह दण्ड नियम के उल्लंघन के तत्काल बाद देना चाहिए जिससे बच्चे दण्ड एवं उल्लंघन में साहचर्य स्थापित कर सकें।
2. दण्ड हमेशा एक समान होना चाहिए तथा नियमबद्ध होना चाहिए ताकि बच्चे अवांछित व्यवहार के प्रति मिलने वाले दण्ड को समझ सकें।

3. दण्ड की कौन सी प्रक्रिया अपनायी जाय यह दण्ड देने वाले को निर्धारित करनी चाहिए तथा इसमें छात्रों के सुझाव को नहीं मानना चाहिए।
4. दण्ड हमेशा संरचनात्मक होना चाहिए जिससे वह भविष्य के अन्य व्यवहारों को भी निर्धारित कर सके।
5. बच्चों को दण्ड के वास्तविक कारणों को भी समझाना चाहिए ताकि वह दण्ड और दण्ड के कारणों में सम्बन्ध स्थापित कर सके।
6. दण्ड हमेशा चेतना के विकास के लिए, भविष्य के निर्धारण के लिए तथा व्यवहारों के आन्तरिक नियन्त्रण के लिए होना चाहिए।
7. दण्ड कभी भी बच्चे को नीचा दिखाने के लिए नहीं देना चाहिए।

3. पुरस्कार (Reward)

अनुशासन के लिए तीसरी महत्वपूर्ण विमा पुरस्कार है। किसी भी व्यवहार के लिए पुरस्कार पुनर्बलन का कार्य करता है। विभिन्न मनोवैज्ञानिकों ने कहा है कि पुरस्कार, रिश्वत की भाँति ही कार्य करता है। अन्तर सिर्फ इतना होता है कि पुरस्कार कार्य के पश्चात् दिया जाता है जबकि घूस कार्य के पहले।

पुरस्कार के प्रकार्य (Functions of Rewards) : पुरस्कार सीखने की प्रक्रिया में तीन महत्वपूर्ण प्रकार्य सम्पादित करता है। पहला ; यह शिक्षा के मूल्य को निर्धारित करता है। यदि कोई व्यवहार पुरस्कार द्वारा अनुमोदित होता है तो बच्चे उसे अच्छे व्यवहार के रूप में स्वीकार करते हैं। इसका दूसरा प्रकार्य है कि यह बच्चों को किसी व्यवहार के प्रति अभिप्रेरित करता है। क्योंकि बच्चे वही व्यवहार प्रदर्शित करते हैं जिसके प्रति उन्हें विश्वास होता है कि इस व्यवहार के लिए पुर्नबलन या पुरस्कार अथवा अनुमोदन प्राप्त होगा। तीसरा प्रकार्य यह है कि पुरस्कार वांछित व्यवहार को पुर्नबलित करता है अर्थात् यदि बच्चे समाज द्वारा अनुमोदित व्यवहार को प्रदर्शित करते हैं तब उन्हें पुरस्कार की प्राप्ति होती है। इस प्रकार पुरस्कार बच्चों में वांछनीय व्यवहारों के प्रति सकारात्मक अभिवृत्ति विकसित कराता है। जिस प्रकार दण्ड अवांछित व्यवहारों के प्रति निषेधात्मक अभिवृत्ति विकसित करता है उसी प्रकार पुरस्कार समाज द्वारा अनुमोदित व्यवहारों के प्रति सकारात्मक दृष्टिकोंण प्रदर्शित करता है। अतः पुरस्कार एवं दण्ड दोनों नैतिक व्यवहारों के लिए अनिवार्य घटक है।

पुरस्कारों के प्रकार (Kinds of Reward): यदि वांछनीय व्यवहारों को अनुमोदित न किया जाए तो इसकी प्रभावोत्पादकता कम हो जाती है। अतः नैतिकता के विकास में पुरस्कार का महत्व सर्वाधिक है। पुरस्कार निम्न प्रकार के होते हैं–

सामाजिक पहचान (Social Recognition)

प्रायः लोग किसी व्यवहार की प्रशंसा के लिए कहा करते हैं कि, "तुमने यह काम बहुत अच्छे ढंग से किया। मैं स्वयं ऐसा काम नहीं कर सकता था जैसा तुमने किया"। इसका तात्पर्य यह है कि लोग प्रायः प्रशंसात्मक शब्दों के माध्यम से लोगों के व्यवहारों को अनुमोदित करते है जिससे उस व्यक्ति की स्वतन्त्र पहचान बनती है, तथा व्यक्ति में इस प्रकार के व्यवहारों के घटित होने की संभावनाएं बढ़ जाती हैं।

उपहार (Gift): किसी व्यवहार में दिया जाने वाला उपहार उस व्यवहार को अनुमोदित करता है। उपहार उस व्यवहार के सम्बन्धन के लिए एक टोकेन का काम करता है जो बच्चे की योग्यता तथा उपलब्धि का प्रतिनिधित्व करता है। यह अमुक व्यवहार को प्रोत्साहित तथा समृद्ध करता है तथा बालक के आत्मविश्वास में वृद्धि के लिए टोकेन का काम भी करता है।

विशिष्ट व्यवहार (Special Treat): बच्चों के प्रति किया जाने वाला विशिष्ट व्यवहार उनके प्रयासों एवं भावनाओं को अनुमोदित करता है। जहाँ छोटे बच्चों में उपहार व्यवहार का महत्वपूर्ण अनुमोदक होता है उसी प्रकार बड़े बच्चों के विशिष्ट व्यवहारों के प्रति किया जाने वाला व्यवहार उनके व्यवहारों को अनुमोदित करता है तथा उनको अन्दर से अभिप्रेरित करता है।

पुरस्कार का मूल्यांकन (Evaluation of Reward): सामान्यतया पुरस्कार अच्छे व्यवहारों को अनुमोदित करता है तथा बच्चों में व्यवहारों के लिए धनात्मक अभिवृत्ति का विकास करता है। ये धनात्मक अभिवृत्तियाँ उनके व्यवहारों में परिलक्षित होती हैं। जब बच्चे बड़े हो जाते हैं तब ये पुरस्कार उनके अभिप्रेरणा स्तर में वृद्धि लाते हैं तथा उन्हें किसी भी प्रत्याशा के प्रति कार्य करने के लिए अभिप्रेरित करते हैं। पुरस्कार बाल्यावस्था में शिक्षा के लिए एक मूल्य निर्धारित करता है जिससे बच्चे शिक्षा के प्रति अभिप्रेरित होते है तथा समाज द्वारा अनुमोदित व्यवहारों को करने के लिए बाध्य होते हैं।

4. स्थिरता (Consistency)

अनुशासन का चौथा अनिवार्य घटक स्थिरता है यह किसी भी व्यवहार के स्थिर मूल्य को व्यक्त करता है, अर्थात् वह प्रवृत्ति जिससे बच्चे किसी भी व्यवहार के स्थिर मूल्यों को सीखते हैं।

स्थिरता अनुशासन की एक महत्वपूर्ण विशेषता है। किसी भी निश्चित व्यवहार के दिशा निर्देशन के लिए एक स्थिर मूल्य होना चाहिए। उदाहरण के लिए ; अवांछनीय व्यवहारों के प्रति दण्ड तथा वांछनीय व्यवहारों के प्रति पुरस्कार प्रदान करना व्यवहार की स्थिरता को व्यक्त करता है। यदि किसी अवांछनीय व्यवहार के लिए बच्चों को एक दिन दण्ड दिया जाता है तथा दूसरे दिन कोई प्रतिक्रिया नहीं दी जाती है तब उस व्यवहार के स्थिरमूल्यों में ह्रास उत्पन्न हो जाता है तथा बच्चों के व्यवहारों में अपेक्षित विकास नहीं हो पाता है।

स्थिरता के प्रकार्य (Functions of Consistency) : स्थिरता अनुशासन के विकास में तीन महत्वपूर्ण भूमिकाओं का निर्वाह करती है।

(1) यह शिक्षा के मूल्य को निर्धारित करती है, यदि किसी शैक्षणिक निष्पादन के लिए नियमों में स्थिरता होती है तब यह स्थिरता उस व्यवहार के लिए पुर्नबलन का काम करती है।

(2) किसी व्यवहार की स्थिरता उसके लिए प्रबल अभिप्रेरणात्मक मूल्य प्रदान करती है। बच्चे स्थिरता के गुण के कारण ही यह समझ पाते हैं कि अनुमोदित व्यवहार के प्रति पुरस्कार और अनानुमोदित व्यवहारों के प्रति दण्ड मिलता है। अतः वे वही व्यवहार प्रदर्शित करते हैं जिनके लिए पुरस्कार अनुमोदित होता है।

(3) स्थिरता किसी भी नियम के प्रति आदर भाव प्रदर्शित करती है तथा व्यक्तियों के अधिकारों को व्यक्त करती हैं। छोटे बच्चे उनकी बातों को कोई महत्व नहीं देते जिनकी बातों में कोई स्थिरता नहीं होती है। बड़े बच्चे उन लोगों के प्रति अत्यधिक धनात्मक अभिवृत्ति रखते हैं जो किसी व्यवहार के प्रति स्थिर मूल्य रखते हैं।

स्थिरता का मूल्यांकन (Evaluation of Consistency) : अनुशासन के विकास में स्थिरता की महत्वपूर्ण भूमिका होती है। यह अधिगम प्रक्रिया को बढ़ाता है तथा बच्चों में नियमों तथा सम्प्रत्ययों के अधिगम तथा नैतिक विकास में सहायक होता है, परिणामस्वरूप किसी व्यवहार के प्रति स्थिर मूल्य नैतिक प्रशिक्षण प्रवृत्ति को उत्पादित करता है।

किसी व्यवहार के प्रति स्थिरता का महत्वपूर्ण कार्य यह होता है कि बच्चे उन व्यवहारों से अधिक अभिप्रेरित होते हैं जो सामाजिक रूप से अत्यधिक स्थिर मूल्य वाले होते हैं। किसी बच्चे के अच्छे नैतिक विकास के लिए अध्यापक एवं अभिभावक को स्थिर एवं आदर्श व्यवहार प्रस्तुत करने की आवश्यकता होती है जिससे बच्चे उस व्यवहार के बारे में जाने और धनात्मक अभिवृत्ति रखें।

अनुशासन की तकनीकें (Techniques of Discipline)

प्राचीन काल से ही अनुशासन की केवल एक अनुमोदित तकनीक को स्वीकार किया गया जिसे आज की परिस्थितियों में हम अधिनायकवादी अनुशासन के नाम से जानते हैं। जैसा कि नाम से ही स्पष्ट होता है कि बच्चे वही व्यवहार प्रदर्शित करते हैं जो उनके माता-पिता, अध्यापक एवं अभिभावक प्रस्तुत करते हैं। वे व्यवहार उनके लिए अधिनियमित होते हैं।

इसके विपरीत आधुनिक युग में अनुशासन के दूसरी विधा को अधिक महत्व दिया गया यह विधा 'वर्जनहीन अनुशासन (Permissive Discipline) की विधा' कहलाई। आधुनिक

परिभाषा के अनुसार अनुशासन की तकनीकि न तो अधिकानयकवादी है और न ही वर्जनहीन हो अपितु लोकतन्त्रात्मक अनुशासन के रूप में दी जानी चाहिये।

उपरोक्त तीनों अनुशासन की तकनीकों का संक्षिप्त विवरण प्रस्तुत है।

(1) अधिनायकवादी शैली (Authoriterian): अधिनायकवादी तकनीक के अन्तर्गत अनुशासन के लिए कठोर नियम तथा जबरदस्ती अनुशासन के नियमों का पालन करवाया जाता है। इस तकनीक के अन्तर्गत कठोर दण्ड, प्रसंशा करना या अनुमोदन की अन्य सारी तकनीकों का भरपूर उपयोग किया जाता है।

(2) वर्जनहीन शैली (Permissive Style): वर्जनहीन तकनीक वास्तव में कोई तकनीक नहीं है यह बच्चों के मार्गदर्शन हेतु कोई निश्चित संरूप नहीं है। इसमें अमर्यादित व्यवहार के लिए दण्ड या वांछनीय व्यवहार के लिए पुरस्कार की कोई व्यवस्था नहीं है। अपितु बच्चों को परिस्थितियों का सामना करने के लिए स्वयं छोड़ दिया जाता है और कोई निश्चित मार्गदर्शन नहीं दिया जाता है।

(3) जनतांत्रिक शैली (Democratic Style): इस तकनीक के अन्तर्गत बालकों को अनुशासन के महत्व को समझाया जाता है, इसके विकास हेतु सहायता प्रदान की जाती है तथा वे सारी सुविधाएं दी जाती है जो बच्चों के अनुशासनात्मक विकास हेतु आवश्यक होती हैं।

अनुशासनात्मक तकनीकों के चुनाव में निम्न कारक महत्वपूर्ण भूमिका अदा करते हैं –

1. अभिभावकों का चयनित अनुशासनात्मक तकनीक से समानता
2. समूह द्वारा अनुमोदित तकनीकों के प्रति समरुपता
3. अभिभावक या अध्यापक की उम्र
4. शिक्षण एवं पारिवारिक दायित्वों के निर्वहन हेतु प्रशिक्षण
5. अनुशासनकर्ता का लिंग
6. सामाजिक–आर्थिक स्थिति
7. वयस्क भूमिका का सम्प्रत्यय
8. बच्चों का लिंग
9. अनुशासनात्मक परिस्थितियाँ

अनुशासनात्मक तकनीकों को चुनने के अनेक कारण हो सकते हैं क्योंकि अभिभावक या अध्यापक भिन्न–भिन्न तकनीकों को महत्व देते हैं अतः जो अभिभावक या अध्यापक जिस तकनीक को अधिक महत्व देते हैं उसकी उपयोगिता को अधिक स्वीकार करते हैं तथा उसी तकनीक का चयन करते हैं या कुछ अलग तकनीकों का अन्वेषण करते हैं।

अनुशासनात्मक तकनीकों का मूल्यांकन (Evaluation of Disciplinary Techniques)

यद्यपि अलग-अलग व्यक्तियों द्वारा अनुशासन की विभिन्न तकनीकों की विशेषताओं का अलग-अलग विश्लेषण किया गया है तथापि इनका सम्पूर्ण विश्लेषण निम्नानुसार हैं।

अधिनायकवादी तकनीक में बालकों के प्रति क्रूरतापूर्ण रवैया अपनाया जाता है जिससे बच्चों में शारीरिक एवं मानसिक विकृतियां उत्पन्न होने लगती हैं जिसका स्पष्ट प्रभाव उसके व्यक्तित्व पर परिलक्षित होता है। किशोरावस्था में दण्ड के प्रभाव का प्रायोगिक मूल्यांकन ब्रेकरिज एवं विन्सेंट (1965) ने किया तथा निम्न संरूप को प्रतिपादित किया (चित्र 13.2)।

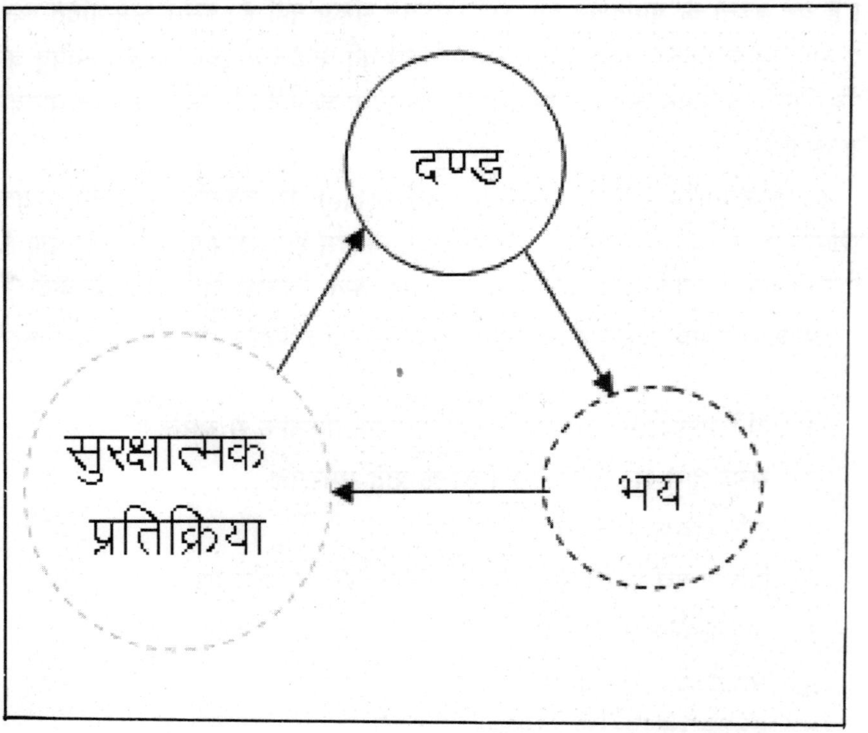

चित्र 13.2 : किशोरावस्था में दण्ड के प्रभाव का संरूप

पाल्या और फोलिय (1975), स्पोक (1974), हैमर (1964) के अध्ययन दर्शाते हैं कि वे बच्चे अधिक मनोवैज्ञानिक समस्याओं से ग्रसित होते हैं जिन्हें अधिक शारीरिक दण्ड मिलता रहता है तथा उनके व्यक्तित्व का विकास विघटित रूप से होता है। यदि बच्चे वर्जनहीन अनुशासनात्मक तकनीक द्वारा प्रशिक्षित किए जाते हैं तब वे हमेशा असमंजस वाली स्थिति में रहते हैं तथा असुरक्षा की भावना विकसित करते हैं, क्योंकि उनका सीमित मानसिक विकास होता है तथा उनका विकास अपरिपक्व होता है।

इसी क्रम में 'लोकतन्त्रात्मक अनुशासन' बच्चों के अच्छे वैयक्तिक एवं सामाजिक समायोजन को बढ़ाता है। इसका परिणाम यह होता है कि बच्चे स्वतंत्र चिन्तन, किसी कार्य के प्रति तुरन्त पहल करने वाले, स्वस्थ धनात्मक आत्मविश्वास, सक्रिय स्व सम्प्रत्यय तथा सहसामयिक व्यवहार प्रदर्शित करने वाले होते हैं। ऐसे बच्चे स्वतन्त्र विचारों वाले होते हैं तथा स्वस्थ सामंजस्य रखते हैं।

नैतिक विकास में संकट
(Hazards in Moral Development)

आधुनिक समाज में अपराधों का तेजी से बढ़ता हुआ ग्राफ यह इंगित करता है कि आधुनिक युवा वर्ग में नैतिकता का ह्रास द्रुत गति से हो रहा है। इस ह्रास के लिए कौन-कौन से कारक जिम्मेदार है यह अनुसंधान का विषय है। आधुनिक विचारधारा के अनुसार नैतिकता का दूषित विकास इस तरह के संकटों को जन्म देते हैं। नैतिक विकास में कमी से बच्चों में अनुशासनहीनता प्रकट होती हैं। शायद अनुशासनहीनता वर्जनहीन अनुशासनात्मक पद्धति के कारण दृष्टिगत होती है। अनुशासन व दण्ड एक दूसरे के पर्याय है। इस दृष्टिकोण के अनुसार एक अच्छा अनुशासनकर्ता वही होता है जो दण्ड का भरपूर उपयोग करता हैं तथा वे बच्चे जो दण्डात्मक अनुशासन के अनुरूप पलते हैं उनके नैतिक विकास में विभिन्न कठिनाइयाँ होती हैं। जैसे ;—

(1) बच्चों का निम्न बौद्धिक विकास (Low Intellectual Development of Children): बच्चों में निम्न बौद्धिक स्तर के फलस्वरूप उनका बौद्धिक विकास प्रभावित होता है।

(2) अध्यापन के प्रकार (Kinds of Teaching): अध्यापन के विभिन्न प्रकार भी बच्चे के नैतिक विकास में कठिनाई उत्पन्न करते हैं। इसमें बच्चे यह नहीं समझ पाते हैं कि क्या सही है और क्या गलत है।

(3) सामाजिक मूल्यों में परिवर्तन (Changes in Social Values): बच्चे का नैतिक मूल्य सामाजिक मूल्यों पर निर्भर होता है जिस प्रकार सामाजिक मूल्यों में परिवर्तन होता है उसी प्रकार नैतिक मूल्यों में भी परिवर्तन होता है जिसके कारण बच्चों में असमंजस की स्थिति उत्पन्न होती है अत: उनके नैतिक विकास में कठिनाईयाँ उत्पन्न होती हैं।

(4) नैतिक संकेतों में विभिन्नता (Different Moral Codes): बच्चे उस समय असमंजसपूर्ण स्थिति में अपने आपको पाते हैं जिस स्थिति में उनमें विभिन्न नैतिक संकेत प्राप्त होते हैं। यदि किसी नैतिक सम्प्रत्यय पर उनके अभिभावक व अध्यापक अलग-अलग दृष्टिकोण प्रस्तुत करते हैं तब उनमें नैतिक संकट की स्थिति उत्पन्न हो जाती है।

(5) विभिन्न परिस्थितियों के साथ विचलन (Variations with Different Situations): छोटे बच्चे उस समय असमंजसपूर्ण परिस्थिति में आते हैं, जब एक ही सम्प्रत्यय

की अलग–अलग परिस्थिति में अलग–अलग व्याख्या प्रस्तुत की जाती है। उदाहरण के लिए किसी खिलौने से खेलते समय दूसरे बच्चों के साथ खेलने को प्रेरित किया जाता है जबकि गृह कार्य की दशा में मिलकर कार्य करने से रोका जाता है। इससे उनका नैतिक विकास प्रभावित होता है।

सामाजिक दबाव के प्रति अर्न्तद्वन्द (Conflict towards Social Pressure)

विभिन्न सामाजिक परिस्थितियों में नैतिकता के अलग–अलग मूल्य बालक में अर्न्तद्वन्द उत्पन्न करते हैं जिससे उनका समुचित विकास नहीं हो पाता है।

(i) नैतिक ज्ञान एवं नैतिक व्यवहार के मध्य विसंगति (Discrepancies Between Moral Knowledge and Moral Behaviour): बच्चों में, तथा वयस्कों को नैतिक ज्ञान एवं नैतिक व्यवहार के मध्य अनेक विसंगतियाँ दृष्टिगत होती है। यथा –

(ii) भ्रान्ति (Confusion): बच्चों में भ्रान्तिपूर्ण विसंगति उत्पन्न होने के पाँच महत्वपूर्ण कारक हैं। (1) जब बच्चा किसी परिस्थिति के अनुसार नए विचार का उपयोग करता है (2) जब किसी विसंगतिपूर्ण नैतिकता के प्रति अभिभावक या अध्यापक उसकी उपयोगिता को बताते हैं। (3) जब उनके विचार संचार माध्यमों से प्राप्त मूल्यों के विपरीत हो । (4) जब उनके विचार पड़ोसियों के विचार से असंगत हों एवं (5) जब उनके नैतिक सम्प्रत्यय किसी सम्प्रदाय, समुदाय के सम्प्रत्यय से दुविधा (Dilemma) उत्पन्न करते हों।

(iii) संवेगात्मक कारक (Emotional Factors) बच्चों के संवेगात्मक कारक भी नैतिक विकास में विसंगति उत्पन्न करते हैं। बच्चे क्रोधपूर्ण स्थिति में यह भूल जाते हैं कि उनके व्यवहार नैतिक है या अनैतिक वे क्रोधपूर्ण परिस्थिति में अपने हम उम्र बच्चों के प्रति अवांछित व्यवहार प्रदर्शित करते हैं।

(iv) अभिप्रेरणात्मक कारक (Motivational Factor) बच्चों के अभिप्रेरणात्मक कारक भी उनमें नैतिकता के प्रति विसंगति उत्पन्न करते हैं। परीक्षाओं में नकल के प्रति स्कूल के अध्यापकों तथा अभिभावक की ऋणत्मक अभिवृत्ति तथा अच्छे अंक लाने का दबाव बच्चों में अन्तःद्वन्द उत्पन्न करता है। अतः यह दुविधा की स्थिति बच्चों के नैतिक व्यवहार एवं नैतिक मूल्यों में विसंगति उत्पन्न करती है।

इस विसंगति के कारण बच्चों में अपराध की भावना विकसित होती है। फलस्वरूप बच्चों में सामान्य अपराध जैसे–झूठ बोलने की प्रकृति (Lying), धोखेबाजी (Cheating), चोरी (Stealing), विध्वंसात्मक व्यवहार (Destructiveness), कर्त्तव्य–त्याग की प्रवृति (Truancy) पायी जाती है। अनेक अध्ययनों से इन बातों की पुष्टि होती है कि ये सभी प्रवृत्तियाँ सार्वभौमिक होती हैं, परन्तु इनकी आवृत्ति परिवर्तित होती रहती है (जेनकिन्स, 1969; जाँसन एवं गारमली, 1972); मार्शल, 1972); रेडी, 1975)।

सारांश (Summary)

नैतिक विकास सतत् चलने वाली प्रक्रिया है। नैतिक सम्प्रत्ययों के विकास के कारण ही व्यक्ति समाजोपयोगी व्यवहार प्रदर्शित करता है। शिशु जन्म के पश्चात् से ही समाज द्वारा अनुमोदित व्यवहार को सीखता है तथा उसका अनुकरण करता है।

नैतिक विकास को विभिन्न चरणों में विभक्त किया गया है। यथा, पूर्व बाल्यावस्था में नैतिकता के विकास के अन्तर्गत बालक सामाजिक नियमावलियों के अनुसार व्यवहार प्रस्तुत करता है तथा उत्तर बाल्यावस्था में नैतिकता के विकास के अन्तर्गत बालकों में नए सामाजिक मानकों का निर्माण होता है तथा बालक नए सामाजिक मानक व पुराने नियमावलियों में सामंजस्य स्थापित करता है।

उत्तर बाल्यावस्था में बालक अच्छे व बुरे व्यवहारों में विभेदन करना सीख जाता है तथा उन्हें अनुशासन का ज्ञान होता है जिससे उनके अन्दर आत्मविश्वास की भावना विकसित होती है और वे अनुशासन को दण्ड से अलग विभेदित करने में सक्षम हो जाते हैं। मनुष्य में नैतिकता का विकास सामाजिक मानकों से अधिगृहीत होता है। नैतिक मूल्य बालक को सामाजिक बनाते हैं अतः सामाजिक पर्यावरण के साथ होने वाली अन्तःक्रिया के आधार पर बालक व्यवहार सम्बन्धी प्रतिमान बनाता है एवं विकसित करता है। ये मूल्य दो प्रकार के हो सकते हैं- विधेयात्मक मूल्य तथा निषेधात्मक मूल्य। विधेयात्मक मूल्य वांछित व्यवहार तथा निषेधात्मक मूल्य अवांछित व्यवहार के प्रति उत्तरदायी होते हैं।

नैतिक विकास के कई सिद्धान्तों के आधार पर विश्लेषित किया गया है। ये सिद्धान्त हैं – 'पियाजे का नैतिक विकास का सिद्धान्त' तथा 'लारेन्स कोलबर्ग का नैतिक विकास का सिद्धान्त'। पियाजे ने अपने सिद्धान्त के अन्तर्गत नैतिक विकास को संज्ञानात्मक विकास माना है। इनके अनुसार नैतिक विकास दो स्वरूपों में घटित होती है। पहला 'परकेन्द्रित नैतिकता' तथा दूसरा 'स्वायत्त नैतिकता'।

कोलबर्ग के नैतिक विकास के सिद्धान्त को प्राणीगत उपागम कहा गया है क्योंकि इनके अनुसार बालक अपने तर्क शक्ति के आधार पर नैतिकता को विकसित करता है। इनके सिद्धान्त को भी 'अवस्था सिद्धान्त' कहा जाता है। इनके अनुसार नैतिकता का विकास तीन अवस्थाओं में होता है – पूर्व कन्वेन्शनल स्तर, तथा पश्च कन्वेन्शनल स्तर।

नैतिक विकास मुख्यतया निम्न संज्ञानात्मक स्तरों में विभाजित है। पहला; पूर्व कन्वेन्शनल स्तर–यह स्तर बालक की प्रारम्भिक अवस्था कहलाती है। इसमें दो अवस्थाएं आती हैं, आज्ञा एवं दण्ड की अवस्था तथा अहंकार की अवस्था। दूसरा; कन्वेन्शनल स्तर–इस अवस्था को भी दो भागों में विभक्त किया गया है – प्रशंसा की अवस्था तथा सामाजिक व्यवस्था के प्रति सम्मान की अवस्था। तीसरा; पोस्ट कन्वेंशनल स्तर– इसे तीन अवस्थाओं में विभक्त किया गया है– सामाजिक

समझौता की अवस्था, विवेक की अवस्था तथा ब्रह्मांण्डीय उन्मुखता की अवस्था अर्थात् दु:ख को नकारने तथा पकड़े जाने से बचाव की अवस्था।

अनुशासन नैतिक विकास का महत्वपूर्ण चरण है। इसे नैतिक विकास के अनिवार्य घटक के रूप में स्वीकार किया जाता है। कुछ लोग इसे दण्ड का पर्याय भी स्वीकार करते हैं। अनुशासन की प्रक्रिया सामाजिक संरचना से प्रभावित होती है तथा यह व्यक्ति के नैतिक विकास को दिशा प्रदान करती है। अत: नैतिक विकास के लिए अनुशासन के नियमों की उपयोगिता को महत्व दिया गया है।

अनुशासन के कुछ अनिवार्य तत्व (Essentials) हैं –सामाजिक नियम, दण्ड, पुरस्कार तथा स्थिरता। ये समस्त तत्व अनुशासन को निर्धारित करते हैं तथा व्यक्ति के अनुशासन के महत्व को व्यक्त करते हैं।

बच्चों में अनुशासन को तीन तकनीकों की सहायता से प्रशासित किया जाता है। ये तकनीकें हैं – अधिनायकवादी अनुशासन तकनीक, वर्जनहीन अनुशासन तकनीक तथा लोकतन्त्रात्मक अनुशासन तकनीक। अनुशासनात्मक तकनीक को कई कारक प्रभावित करते हैं जैसे– अनुशासनात्मक प्रशिक्षण, अनुशासनकर्ता की सामाजिक आर्थिक स्थिति, उम्र इत्यादि।

रुग्ण नैतिक विकास से बालकों के व्यवहारों में विकृतियाँ उत्पन्न हो सकती हैं तथा बच्चों में असामाजिक व्यवहार जैसे– झूठ बोलने की प्रवृत्ति, धोखेबाजी, चोरी, कर्त्तव्य त्याग की प्रवृत्ति, विध्वंसात्मक व्यवहार इत्यादि उत्पन्न होते हैं।

अनुशासनात्मक व्यवहार में कभी–कभी कठिनाईयाँ भी परिलक्षित होती हैं यथा– बच्चों के बौद्धिक विकास में कमी, सामाजिक मूल्यों में गिरावट, असमंजसपूर्ण व्यक्तित्व, परिस्थितिजन्य विचलन जिसके फलस्वरूप बालक में भ्रान्ति या दुविधा की स्थिति दृष्टिगत होती हैं।

तकनीकी पद	**Technical Terms**
अधिगृहीत	Adoption
अधिनायकवादी	Authoriterian
अनुशासन	Discipline
अनुमोदन	Approval
अन्तरात्मा	Conscience
अपरिपक्वता	Immaturity
अहंशक्ति	Ego Strength
आत्मकेन्द्रितता	Egocentricity
आन्तरिकीकरण	Internalization

आन्तरिक संज्ञानात्मक पुर्नसंगठन	Internal Cognitive Reorganization
आज्ञापालन	Obedience
उत्तर बाल्यावस्था	Late Childhood
उपहार	Gift
कदाचरण	Misconduct
कर्त्तव्यत्याग की प्रवृत्ति	Truancy
चोरी	Stealing
झूठ बोलने की प्रवृत्ति	Lying
डर	Fear
दण्ड	Punishment
धोखेबाजी	Cheating
दुविधा	Dilemma
निषेधात्मक मूल्य	Negative Value
नैतिकता	Morality
नैतिक निर्णय	Moral Judgement
नैतिक विकास	Moral Development
नैतिक भावना	Moral Feelings
परकेन्द्रित नैतिकता	Heteronomous Morality
पश्च-कन्वेन्शनल स्तर	Post-conventional Stage
परोपकारिता	Altruism
पुरस्कार	Reward
पूर्व बाल्यावस्था	Early Childhood
पूर्व-कन्वेन्शनल स्तर	Pre-conventional Stage
प्रलोभन	Incentive
आवेगात्मक/प्रवाह पक्ष	Impulsive Aspect
प्रशंसा	Praise
प्राणिगत उपागम	Organismic Approach
बिशिष्ट व्यवहार	Special Treat
बौद्धिक पक्ष	Intellectual Aspect
ब्रह्माण्ड	Universe
लोकतन्त्रात्मक अनुशासन	Democratic Discipline
वर्जनहीन अनुशासन	Permissive Discipline
विवेक	Conscience

विधेयात्मक मूल्य	Positve Value
विध्वंशात्मक व्यवहार	Destructiveness
विसंगति	Discrepancy
मनोविश्लेषण	Psychoanalytic
समायोजन	Adjustment
समझौता	Agreement
सामाजिक पहचान	Social Recognition
सामाजिक अभिवृत्ति	Social Attitude
सामाजिक अधिगम	Social Learning
सामाजिक नियम	Social Rule
सार्वभौमिक घटना	Universal Event
सुरक्षात्मक प्रक्रिया	Defensive Reaction
संकट	Hazards
संवेदना	Sensation
स्थिरता	Consistency
स्वायत्त नैतिकता	Autonomous Morality

मानव विकास
का
मनोविज्ञान

लेखक परिचय

प्रो० लाल बचन त्रिपाठी, भूतपूर्व विभागाध्यक्ष मनोविज्ञान विभाग, दीन दयाल उपाध्याय गोरखपुर विश्वविद्यालय में 1957-1996 तक कार्यरत रहे। डॉ० त्रिपाठी ने 1957 में प्रवक्ता पद पर कार्यभार ग्रहण करने के पश्चात् 'कामनवेल्थ शोध छात्रवृत्ति' अर्जित कर मैक्गिल विश्वविद्यालय, मांट्रियाल, कनाडा से शोध कार्य सम्पन्न किया। सन् 1963 में पुनः गोरखपुर विश्वविद्यालय वापस आकर उपाचार्य एवं अध्यक्ष पद पर तत्पश्चात् 1968 में आचार्य एवं अध्यक्ष पद पर आसीन हुए। अपने दीर्घकालिक सेवा काल (1957-1996) में इन्होंने विभाग को एकेडमिक क्षेत्र में राष्ट्रीय स्तर की पहचान दिलायी। पठन-पाठन, शोध कार्य एवं पुस्तक लेखन के क्षेत्र में उत्कृष्ट विकास के साथ, प्रो० त्रिपाठी ने अपने कुशल नेतृत्त्व में मनोविज्ञान विभाग को विश्वविद्यालय अनुदान आयोग द्वारा सन् 1989 में डी० एस० ए० की विशिष्ट सुविधा से सम्पन्न कराया। आज भी अनवरत रूप से यह सुविधा जारी है।

प्रो० त्रिपाठी अपने लंबे कार्यकाल में अनेक उच्च प्रशासनिक तथा एकेडमिक पदों को सुशोभित करते हुए सन् 1996 में सेवानिवृत्त हुए। तत्पश्चात् 1996-2001 तक अनेक विश्वविद्यालयों में विजिटिंग प्रोफेसर रहे एवं पुनः अक्टूबर 2002 में मनोविज्ञान विभाग इलाहाबाद विश्वविद्यालय के अन्तर्गत 'सेन्टर ऑफ बिहेवरल एण्ड कागूनिटिव साइंसेज (सी०बी०सी०एस०)' में विजिटिंग प्रोफेसर के रूप में वर्षों कार्य किया तथा अपने उत्कृष्ट ज्ञान से सेन्टर को समृद्ध पहचान दिलायी। अनेक शैक्षणिक संस्थानों में शीर्ष पदों की सदस्यता का निर्वहन करने के साथ अनेक राष्ट्रीय स्तर के 'मनोवैज्ञानिक शोध जर्नल्स' के एडिटोरियल बोर्ड में अग्रणी सदस्य रहे।

प्रो० त्रिपाठी की विशेषज्ञता-संज्ञानात्मक मनोविज्ञान (आधुनिक प्रायोगिक मनोविज्ञान), शोध पद्धतियाँ, सामाजिक एवं अनुप्रयुक्त मनोविज्ञान के साथ ही मनोविज्ञान का कोई भी क्षेत्र इनके योगदान से अछूता नहीं है। अंग्रेजी भाषा के अतिरिक्त उत्कृष्ट स्तर की हिन्दी में इनकी लिखी पुस्तकें, यथा- "आधुनिक प्रायोगिक मनोविज्ञान, आधुनिक सामाजिक मनोविज्ञान, मनोवैज्ञानिक अनुसंधान पद्धतियाँ एवं अधिगम का मनोविज्ञान (अनुदित)", मनोविज्ञान के छात्रों एवं अध्यापकों के लिए परम उपयोगी है। प्रो० त्रिपाठी के बहुआयामी योगदान मनोविज्ञान विषय के क्षेत्र में 'मील का पत्थर हैं' जिससे युगों-युगों तक मनोवैज्ञानिकों को दिशा निर्देश मिलता रहेगा।

डॉ० (श्रीमती) सुषमा पाण्डेय, उपाचार्य, मनोविज्ञान विभाग, दीन दयाल उपाध्याय गोरखपुर विश्वविद्यालय में कार्यरत हैं। इन्होंने अपना शोध कार्य, 'इन्फ्लुएन्स ऑफ टाइम पर्सपेक्टिव ऑन सम जजमेंटल प्रासेसेज' शीर्षक पर किया है। ये श्री वेंकटेश्वर विश्वविद्यालय (एस०वी० युनिवर्सिटी) तिरूपति में शोध वैज्ञानिक के रूप में कार्य कर चुकी हैं।

डॉ० पाण्डेय की विशेषज्ञता - विकासात्मक, सामाजिक एवं संज्ञानात्मक मनोविज्ञान के क्षेत्र में है। इनकी शोध रुचि के क्षेत्र हैं - बाल शोषण (चाइल्ड एब्यूज), घरेलू हिंसा, एवं लिंग भेद के मनोवैज्ञानिक आधार, प्रतिबल, स्वास्थ्य एवं संज्ञानात्मक प्रक्रम इत्यादि। इनके अनेक शोध पत्र राष्ट्रीय एवं अन्तर्राष्ट्रीय स्तर की मनोवैज्ञानिक शोध पत्रिकाओं (जर्नल्स) में प्रकाशित हो चुके हैं। इन्होंने अनेक दीर्घकालिक एवं लघुकालिक शोध परियोजनाओं को सफलतापूर्वक पूर्ण किया है।

डॉ० पाण्डेय की पुस्तकें, 'साइकोलॉजिकल कॉसिक्वेंसेज ऑफ चाइल्ड एब्यूज' एवं 'साइको-सोसल आसपेक्ट ऑफ डोमेस्टिक वायलेन्स' पिछले वर्षों में प्रकाशित हो चुकी हैं। 'मानव विकास का मनोविज्ञान' के अतिरिक्त ये एक दर्जन पुस्तकों में सहलेखिका तथा दो पुस्तकों में सहसम्पादक हैं। इन्होंने दो पुस्तकों का हिन्दी अनुवाद भी किया है तथा अनेक मनोवैज्ञानिक मापकों का निर्माण किया है। सम्प्रति बाल शोषण/घरेलू हिंसा के शिकार बच्चों एवं स्त्रियों में उत्पन्न मनोवैज्ञानिक समस्याओं के नियंत्रण हेतु उपयुक्त हस्तक्षेप प्राविधियों के विकास की दिशा में कार्य कर रही है। डॉ० पाण्डेय एक सक्रिय परामर्शदात्री (काउन्सलर) की भूमिका का निर्वहन करने के साथ अनेक एकेडमिक संस्थाओं की सदस्या भी हैं।

मानव विकास
का
मनोविज्ञान

प्रोफेसर लालबचन त्रिपाठी
अध्यक्ष (सेवानिवृत्त), मनोविज्ञान विभाग,
दीन दयाल उपाध्याय गोरखपुर विश्वविद्यालय, गोरखपुर
एवम्
डॉ० (श्रीमती) सुषमा पाण्डेय
रीडर, मनोविज्ञान विभाग,
दीन दयाल उपाध्याय गोरखपुर विश्वविद्यालय, गोरखपुर

खण्ड - 2

कॉनसेप्ट पब्लिशिंग कम्पनी, नई दिल्ली–110059

Cataloging in Publication Data—DK
Courtesy: D.K. Agencies (P) Ltd. <docinfo@dkagencies.com>

Tripathi, L. B. (Lal Bachan), 1935-
Mānava vikāsa kā manovijñāna / Lālabacana Tripāṭhī evaṃ Suṣamā Pāṇḍeya. — 1. saṃskaraṇa.
2 v. cm.
In Hindi.
On the psychology of human development.
Includes bibliographical references.
Includes index.
ISBN 13: 9788180695933 (hb) (set)
ISBN 10: 818069593X (hb) (set)
ISBN 13: 9788180695940 (pbk.) (set)
ISBN 10: 8180695948 (pbk.) (set)
ISBN 13: 9788180695988 (v. 1)
ISBN 10: 8180695980 (v. 1)
ISBN 13: 978 8180695995 (v. 2)
ISBN 10: 8180695999 (v. 2)

1. Developmental psychology. I. Pāṇḍeya, Suṣamā, joint author. II. Title.

DDC 155 22

ISBN : 13-978-81-8069-593-3 (HB) (Set)
ISBN : 13-978-81-8069-598-8 (HB) (Vol. I)
ISBN : 13-978-81-8069-599-5 (HB) (Vol. II)
ISBN : 10-81-8069-593-X (HB) (Set)
ISBN : 10-81-8069-598-0 (HB) (Vol. I)
ISBN : 10-81-8069-599-9 (HB) (Vol. II)

प्रथम संस्करण 2009

प्रकाशक एवं मुद्रक
अशोक कुमार मित्तल
कॉनसेप्ट पब्लिशिंग कम्पनी
ए/15-16, कमर्शियल ब्लॉक, मोहन गार्डेन
नई दिल्ली-110 059

फोन : 25351460, 25351794
फैक्स : 091-11-25357109
Email : publishing@conceptpub.com
Website: www.conceptpub.com

Title: Manav Vikas ka Manovigayan

परम पूज्य पिताजी स्वर्गी राम अधार तिवारी जी

को

सादर समर्पित

– सुषमा पाण्डेय

प्राक्कथन

मानव विकास के स्वरूप का विवेचन एक जटिल कार्य है तथापि विकास मनोवैज्ञानिकों ने विशिष्ट शोध उपागमों की सहायता से मानव विकास के सन्दर्भ में महत्त्वपूर्ण जानकारी प्राप्त की है। मनोविज्ञान की विभिन्न शाखाओं के अन्तर्गत विकासात्मक मनोविज्ञान एक प्रमुख क्षेत्र रहा है जो इस अवधारणा पर आधारित है कि व्यक्ति के शारीरिक, मानसिक एवं व्यवहारपरक प्रक्रमों की सम्यक् जानकारी हेतु अध्ययन की यात्रा 'यात्रा जीवन के आरम्भ (गर्भाधान) से जीवन के अन्त तक', संचालित रखी जाय तभी विकास के वास्तविक स्वरूप का विश्लेषण सम्भव हो सकता है।

'मानव विकास का मनोविज्ञान' जीवनकालिक विकास के दृष्टिकोण से विविध प्रक्रमों के विकास को प्रस्तुत करने का एक सम्यक् प्रयास है। यद्यपि विकास निरन्तर चलने वाला प्रक्रम है तथापि विकास के प्रत्येक चरण में गुणात्मक एवं मात्रात्मक परिवर्तन घटित होते हैं। अत: इन परिवर्तनों का व्यापक अध्ययन विकासात्मक अध्ययन के उपागमों द्वारा किया गया है जिनसे जीवनकालिक विकास के बारे में समुचित जानकारी मिलती है। प्रस्तुत पुस्तक में जीवन के विभिन्न चरणों (गर्भाधान से जीवन के अन्त तक) में पाये जाने वाले विकास संरूपों एवं प्रक्रमों का वर्णन एवं विश्लेषण उपयुक्त अनुसन्धानों एवं सैद्धान्तिक उपागमों के परिप्रेक्ष्य में किया गया है। यह पुस्तक हिन्दी माध्यम से पढ़ने वाले छात्रों की आवश्यकता को ध्यान में रखकर लिखी गयी है। चूँकि विकासात्मक मनोविज्ञान अत्यन्त लोकप्रिय शाखा होने के कारण प्राय: सभी विश्वविद्यालयों एवं महाविद्यालयों में पढ़ाया जाता है। अत: विषय की प्रासंगिकता एवं बोधगम्यता को समुचित बनाने के लिए इस पुस्तक का लेखन किया गया है।

पुस्तक की प्रमुख विशिष्टताएँ

'मानव विकास का मनोविज्ञान' जीवनपर्यन्त (प्रारम्भ से अन्त तक) होने वाले विकास संरूपों एवं प्रक्रमों को रेखांकित करता है। पुस्तक में कुल इक्कीस अध्याय हैं जिन्हें पाँच प्रमुख अनुभागों में व्यवस्थित किया गया है। अत: छात्रों एवं अध्यापक गणों को विकास प्रक्रमों के बारे में चरणें के अनुरूप (stage wise) के साथ-साथ विशिष्ट प्रक्रमों के बारे में भी व्यापक जानकारी सुलभ हो जायेगी। प्रत्येक अध्याय में, विकास प्रक्रमों की समीक्षा उपयुक्त शोध परिणामों, सिद्धान्तों एवं वास्तविक जीवन में घटित उदाहरणों की सहायता से किया गया है।

विषय को रूचिकर एवं बोधगम्य बनाने के लिए चित्रों एवं रेखाचित्रों को प्रस्तुत किया गया है। अध्याय के प्रारम्भ में विषयवस्तु की रूपरेखा तथा अन्त में सारांश दिया गया है। इसके अतिरिक्त तकनीकी पदों (Technical terms) को हिन्दी एवं अंग्रेजी दोनों ही भाषाओं में प्रत्येक अध्याय के अन्त में प्रस्तुत किया गया है।

पुस्तक के प्रथम अनुभाग के अन्तर्गत कुल चार (1-4) अध्याय हैं जिनमें क्रमश: मानव विकास का स्वरूप, नियम एवं अवस्थाएँ, अध्ययन पद्धतियाँ, विकास की आधारशिला एवं मानव विकास के सैद्धान्तिक उपागमों का वर्णन किया गया है।

द्वितीय अनुभाग के अन्तर्गत अगले चार अध्यायों (5-8) में गर्भाधान से लेकर शैशवावस्था के अन्त (0-2 वर्ष) तक होने वाले शारीरिक, पेशीय, तथा स्नायविक, सांवेदिक, प्रत्यक्षपरक एवं संज्ञात्मक, सामाजिक, सांवेगिक एवं व्यक्तित्व सम्बन्धी विकास प्रक्रमों का विवेचन किया गया है।

तृतीय अनुभाग में बाल्यावस्था में होने वाले शारीरिक एवं पेशीय, संज्ञानात्मक एवं बौद्धिक, भाषा, विकास, सामाजिक, सांवेगिक एवं व्यक्तित्व, तथा नैतिक विकास का वर्णन पाँच अध्यायों (9-13) के अन्तर्गत किया गया है।

चतुर्थ अनुभाग के तीन अध्यायों (14-16) के अन्तर्गत किशोरावस्था में होने वाले शारीरिक एवं पेशीय, संज्ञानात्मक तथा सामाजिक, सांवेगिक एवं व्यक्तित्व विकास का वर्णन किया गया है।

पुस्तक के अन्तिम (पाँचवे) अनुभाग में कुल पाँच अध्याय (17-21) समाहित हैं। प्रारम्भ में दो अध्यायों (17-18) में प्रौढ़ावस्था में होने वाले, शारीरिक, संज्ञानात्मक तथा सामाजिक एवं व्यक्तित्व विकास का वर्णन किया गया है जबकि 19वें एवं 20वें अध्याय में वृद्धावस्था (अन्तर प्रौढ़ावस्था) में घटित होने वाले शारीरिक, संज्ञानात्मक तथा सामाजिक एवं व्यक्तित्व सम्बन्धी विकासात्मक परिवर्तनों का विवेचन किया गया है। इस अनुभाग के अन्तिम अध्याय (21वें) में 'मृत्यु एवं वियोग' के सैद्धान्तिक उपागमों एवं मनोवैज्ञानिक प्रक्रमों का वर्णन एवं विश्लेषण किया गया है। इस प्रकार जीवन कालिक विकास का अन्तिम पड़ाव इस अध्याय में आकर समाप्त होता है।

यह प्रयास किया गया है कि पुस्तक की भाषा एवं कथन शैली सरल एवं सुग्राह्य हो। हमें आशा एवं विश्वास है कि मनोविज्ञान के छात्र एवं अध्यापकगण अपनी मौलिक समालोचना द्वारा हमें लाभान्वित करायेंगे ताकि अगले संस्करण में उन पक्षों को समाहित किया जा सके।

आभार ज्ञापन

हिन्दी भाषा में पुस्तक लेखन अत्यन्त दुरूह कार्य है अत: अनेक मूर्धन्य विद्वानों एवं ख्यातिलब्ध मनोवैज्ञानिकों के प्रत्यक्ष एवं परोक्ष सहयोग से यह जटिल कार्य सम्भव हो सका है। हम उनके हृदय से आभारी हैं।

विषय को बोधगम्य बनाने में अभूतपूर्व सहयोग हेतु हिन्दी के मूर्धन्य विद्वानों - स्वर्गीय श्री राम आधार तिवारी एवं डॉ० कन्हैया ओझा को हम हृदय से आभार ज्ञापित करते हैं।

हमारे परिजनों एवं छात्रों ने अपना बहुमूल्य योगदान दिया है इसके लिए हम उनके प्रति कृतज्ञ हैं।

हम उन बच्चों एवं वयस्कों के प्रति आभारी हैं जिनके प्रतिवेदन एवं अनुभव विकास प्रक्रमों की समझ में सहायक हुए। कम्प्यूटर कम्पोजिंग एवं टंकण कार्य के लिए हम श्री रमाशंकर शुक्ला के आभारी हैं। जिनके प्रयास से पाण्डुलिपि (Manuscript) इस रूप में प्रस्तुत हो सकी है।

लाल बचन त्रिपाठी
सुषमा पाण्डेय

विषय-सूची

खण्ड - 1

अनुभाग-1
प्रक्रम, परिप्रेक्ष्य एवं आधारशिला
(Process, Perspectives and Foundations)

अनुभाग-2
गर्भाधान से शैशवावस्था के अन्त तक
(Conception to End of Infancy)

अनुभाग-3

बाल्यावस्था (Childhood)

खण्ड - 2

अनुभाग - 4

किशोरावस्था (Adolescence)

अनुभाग - 5

प्रौढ़ावस्था एवं वृद्धावस्था

(Adulthood and Ageing)

अनुभाग-4
(Section – IV)

किशोरावस्था
(Adolescence)

14 किशोरावस्था : शारीरिक एवं पेशीय विकास
Adolescence : Physical and Motor Development

बाल्यावस्था की समाप्ति के साथ ही नवकिशोर में अनेक प्रकार के शारीरिक परिवर्तन घटित होने लगते हैं जिनसे किशोरावस्था के आगमन का संकेत मिलता है अत: इस स्थिति (अवधि) को वय: सन्धि या यौवनारंभ कहा जाता है। इन परिवर्तनों के परिणामस्वरूप किशोर का शरीर परिपक्व दिखने लगता है। परिवार या समाज में उसकी भूमिका परिवर्तित हो जाती है तथा उसके संज्ञान या चिंतन प्रक्रिया के विषय एवम् जटिलताओं के स्तर में परिवर्तन दिखता है। किशोर में होने वाले विभिन्न प्रकार के शारीरिक परिवर्तनों के अतिरिक्त पेशीय विकास की गति भी तीव्र हो जाती है। इस अध्याय के अंतर्गत किशोरावस्था में होने वाले शारीरिक एवं पेशीय विकास के संदर्भ में विवेचन प्रस्तुत किया गया है।

अध्याय के प्रथम अनुभाग में शारीरिक विकास से संबंधित अनेक प्रश्नों यथा किशोरावस्था में शारीरिक विकास का संरूप कैसा होता है? शारीरिक परिवर्तनों के मनोवैज्ञानिक प्रभाव क्या होते हैं? पूर्व तथा विलम्बित परिपक्वता क्यों और कैसे घटित होती है तथा इसके क्या प्रभाव होते हैं तथा इन प्रभावों के प्रति किशोरों की प्रतिक्रियाएं क्या होती हैं? की समीक्षा की गयी है।

अध्याय के दूसरे अनुभाग में, किशोरावस्था में होने वाले पेशीय विकास का वर्णन किया गया है। जैसे किशोरावस्था में गत्यात्मक / पेशीय विकास तथा क्रियात्मक कौशलों का विकास कैसे होता है? पेशीय बल में विकास कैसे होता है? पेशीय कौशल के विकास में क्या लिंगगत भिन्नताएं भी पाई जाती हैं? जैसे प्रश्नों का उत्तर दिया गया है। अंत में, किशोरावस्था में पेशीय निष्पादन की व्याख्या उपयुक्त साक्ष्यों के आधार पर की गई है।

किशोरावस्था : एक विकासात्मक परिवर्तन
(Adolescence : Period of Developmental Transition)

किशोरावस्था की शुरुआत वय:सन्धि (Puberty) से मानी जाती है। इसे यौवनारम्भ भी कहा जाता है। यौवन विकास की एक ऐसी प्रक्रिया है जिसके द्वारा व्यक्ति लैंगिक परिपक्वता को प्राप्त करता है अर्थात् इस प्रक्रिया में किशोर संतानोत्पत्ति की क्षमता का अर्जन कर लेता है। जीवन के इन चरणों में जहां पुनरुत्पादक अंगों (reproductive organs) का विकास तीव्रतम गति से होता है वहीं जीवन के आरंभिक वर्षों में इसके विकास की गति धीमी होती है।

यौवनारंभ एक लंबी एवं जटिल प्रक्रिया है जो जन्म के पूर्व से ही शुरु हो जाती है। किशोर की लंबाई एवं भार में तीव्र वृद्धि जैविकीय परिवर्तन का परिणाम है जो बाल्यावस्था के अंत को इंगित करने के साथ-साथ शारीरिक रूप एवं अनुपात तथा लैंगिक परिपक्वता की प्राप्ति का द्योतक है। कोंगा एवं पीटरसन (1984) का भी मानना है कि "किशोरावस्था का प्रारंभ जैविकीय कारकों के अनुरूप होता है तथापि सांस्कृतिक कारकों से भी प्रभावित होता है।"

बीसवीं शताब्दी से पूर्व यह मान्यता थी कि बालक का वयस्कों की दुनियां में प्रवेश तब होता है जब उसका शरीर परिपक्व हो जाता है या जब वह व्यावसायिक दक्षता प्राप्त कर लेता है। परंतु वर्तमान समय में, वयस्कावस्था में प्रवेश का समय निर्धारित नहीं है क्योंकि कभी-कभी यौवनारम्भ अपने निर्धारित समय से पूर्व घटित हो जाता है और कभी-कभी विलम्ब से। आज के समाज में लंबी शिक्षा प्रक्रिया के कारण भी वयस्कावस्था की शुरुआत में अधिक समय लगता है।

विकासवादियों ने एक सेकुलर ट्रेंड (Secular Trend) के अस्तित्व को स्वीकार करते हुए स्पष्ट किया है कि न्यूनतम आयु में जब यौवनारम्भ शुरु होता है तब वयस्क की ऊँचाई एवं लैंगिक परिपक्वता उच्चतम् स्तर तक पहुँच जाती है (च्युम्लिया, 1982) ; अर्थात् सेकुलर ट्रेंड जीवन का एक उच्चतम स्तर है। वे बालक जो प्रारंभ से ही स्वस्थ होते हैं, अच्छी तरह पालित-पोषित होते हैं एवं बेहतर देखरेख से रहते हैं, वे जल्दी परिपक्व होते हैं एवं अधिक लंबे होते हैं। इस व्याख्या की पुष्टि साक्ष्यों एवं अनुसंधानों द्वारा हुई हैं। एक अध्ययन में यह पाया गया है कि विकसित देशों की अपेक्षा कम विकसित देशों में लैंगिक परिपक्वता की आयु देर से घटित होती है (एवीलेथ एवं टैनर, 1976)।

किशोर में वृद्धि वेग (The Adolescent Growth Spurt)

परिपक्वता का एक आरम्भिक लक्षण किशोर के विकास (लम्बाई एवं भार) में आकस्मिक वृद्धि से है। सामान्यतः इसका आरंभ लड़कियों में 9½ से 14½ वर्ष की आयु के मध्य (सामान्यतः 10 वर्ष की आयु में) एवं लड़कों में 10½ एवं 16 वर्ष की आयु (सामान्यतः 12 या 13 वर्ष की आयु) में दृष्टिगत होता है.(स्टुअर्ट, 1946 ; टैनर, 1971) प्रतीकात्मक रूप से यह दो वर्ष में समाप्त हो जाती है। यह वृद्धि दर समाप्त होने के तुरन्त बाद युवा व्यक्ति लैंगिक परिपक्वता को प्राप्त कर लेता है। लड़कियां अपनी वास्तविक लंबाई की 14 या 15 वर्ष की आयु तक एवं लड़के 18 वर्ष की उम्र तक प्राप्त कर लेते हैं (एलकिंड, 1984)। भार की वृद्धि में भी यही क्रम रहता है। 16 वर्ष की आयु की सामान्य लड़की का वजन 131 पौंड होता है जबकि प्रौढ़ स्त्रियों का औसत वजन 135 पौंड होता है और 16 वर्ष के सामान्य लड़के का वजन 142 पौंड होता है जबकि सामान्य प्रौढ पुरुष का वजन 152 पौंड होता है। इस प्रवृत्ति को चित्र 14.1 में प्रस्तुत किया गया है।

वृद्धि वेग (Spurt) की अवधि से पूर्व लड़के लड़कियों से मात्र 2% लंबे होते हैं। चूंकि लड़कियों की वृद्धि दर लड़कों की अपेक्षा लगभग दो वर्ष पहले आरम्भ होती है। इसलिए किशोरावस्था के प्रारंभिक चरण के अंत तक जहां लड़कियां अधिक भारी, लंबी तथा मजबूत दिखती हैं वहीं इस वृद्धि दर के पश्चात् अर्थात् किशोरावस्था के अंत तक लड़के लड़कियों की

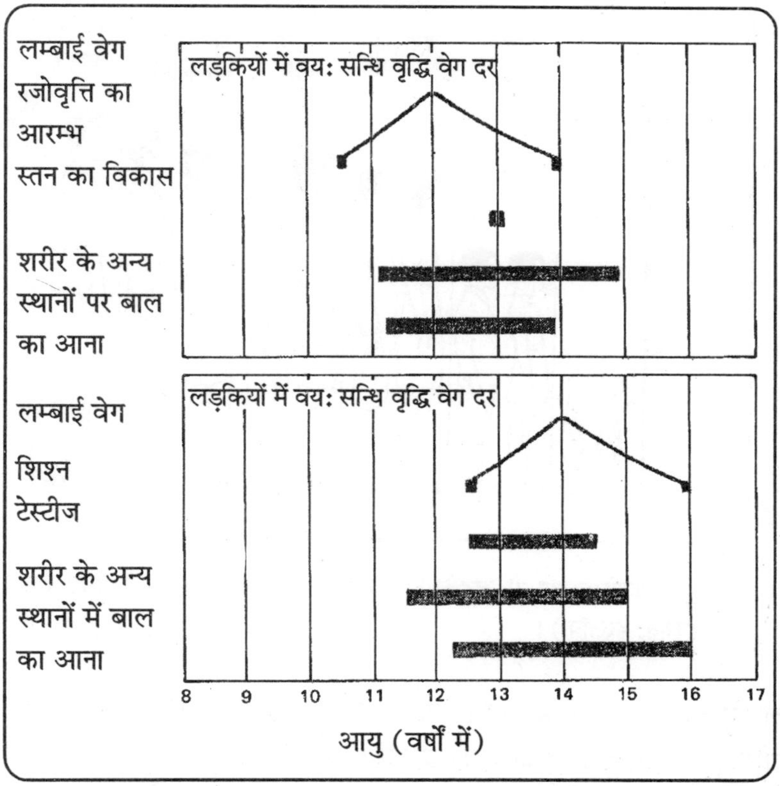

चित्र 14.1 : लड़के तथा लड़कियों में वयः सन्धि में वृद्धि दर तथा लैंगिक विकास

तुलना में लगभग 8% अधिक लंबे हो जाते हैं। हरलॉक (1981) का मानना है कि 18 वर्ष का किशोर, किशोरियों की तुलना में 2½ से 3 इंच तक लंबा हो जाता है और बढ़ता रहता है जबकि लड़कियों का कद बढ़ना अब रुक जाता है (चित्र 14.2)।

किशोरावस्था के दौरान लड़के एवं लड़कियों में भिन्न-भिन्न स्तर की वृद्धि प्रदर्शित होती है। लड़के लड़कियों की अपेक्षा अधिक लंबे होते हैं। उनके कंधे चौड़े, पैर, धड़ के अनुपात में लम्बे तथा उनके अग्रबाहु एवं प्रगण्ड लंबाई के अनुपात में बड़े होते हैं। किशोरावस्था में ही लड़कियों की श्रोणि प्रदेश (pelvis) में प्रसार हो जाता है जिससे उसका शरीर जनन योग्य हो जाता है तथा त्वचा के अंदर वसा की सतह का निर्माण प्रारंभ हो जाता है। अब उसके शरीर की आकृति गोलाकार होनी शुरू हो जाती है।

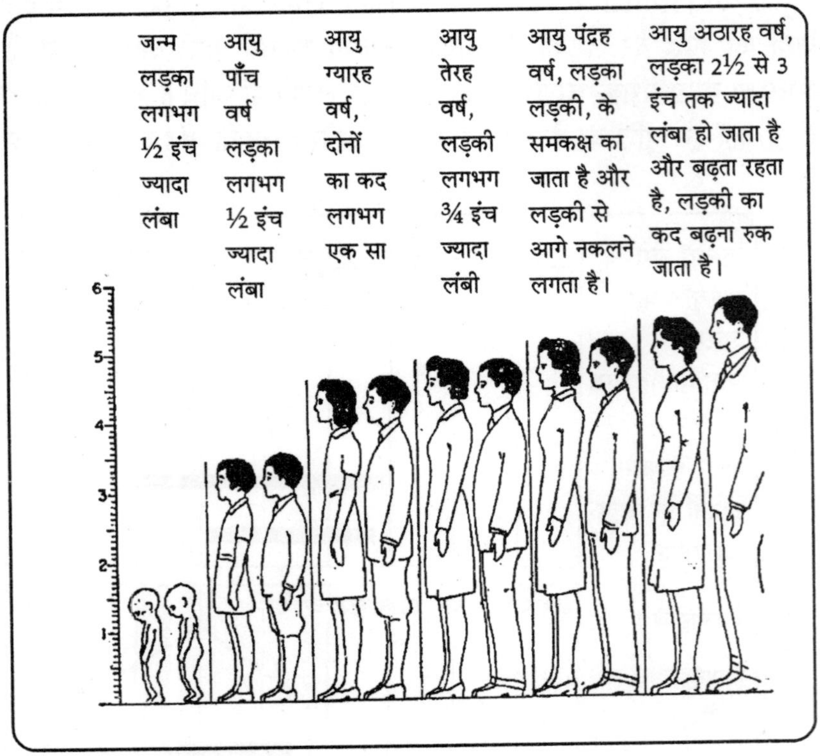

चित्र 14.2 : पूर्व किशोरावस्था से लड़के-लड़कियों से कद और वजन में आगे निकलने लगते है। *(स्रोत: हरलॉक)*।

लड़के तथा लड़कियों में किशोरवय का विकास वेग (दर) सभी कंकालीय (skeletal) एवं पेशीय (muscular) विकास को प्रभावित करता है। ये परिवर्तन लड़कियों की अपेक्षा लड़कों में अत्यधिक होते हैं। सभी परिवर्तन एक निश्चित अनुक्रम में होते हैं, फलस्वरूप शरीर के विभिन्न अंगों का विकास भी क्रमानुसार होता है परंतु कभी–कभी इन अंगों का विकास एक निश्चित अनुपात में नहीं होता है जिसके परिणामस्वरूप किशोरावस्था में शारीरिक अनुपात में भद्दापन या भोंडापन आ जाता है जो असंतुलित तथा त्वरित वृद्धि के साथ–साथ घटित होता है।

प्राथमिक यौन विशेषताएं (Primary Sex Characteristics)

प्रजनन के लिए आवश्यक अंग ही 'प्राथमिक यौन विशेषताएं' कहलाते है। महिलाओं में – अण्डाशय (overies), गर्भाशय (uterus) एवं योनि (vagina) तथा पुरुषों में टेस्टीस (Testes), प्रोस्टेट ग्रथि (Prostate gland), शिश्न (Penis) एवं शुक्रय कोश (Seminal vesicles) प्रजनन अंग होते हैं (चित्र 14.3)।

लैंगिक परिपक्वता की ओर उन्मुख इन अंगों का क्रमिक विकास वयः सन्धि (Puberty) के दौरान घटित होता है।

लड़कियों में लैंगिक परिपक्वता का मुख्य संकेत रजःस्राव (menstruation) होता है वहीं

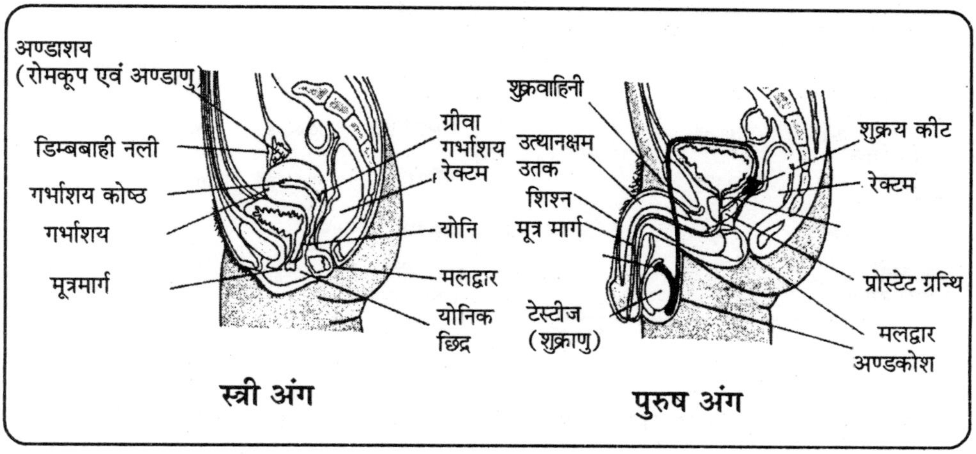

चित्र 14.3 : मानव निषेचन तंत्र का प्रदर्शन

लड़कों में प्रमुख चिन्ह होता है – मूत्र (urine) में शुक्राणु (sperm) की उपस्थिति। रजःस्राव एवं मूत्र में शुक्राणु की शुरुआत की आयु सीमा में अत्यधिक परिवर्तन होता है। पुरुषों में प्रजनन विकास पर यद्यपि कम अनुसंधान हुए हैं तथापि रिचर्डसन एवं शार्ट (1978) द्वारा किये गए एक अनुदैर्ध्य अध्ययन में पाया गया कि 11 से 12 वर्ष के बालकों में जहां केवल 2% लड़कों के मूत्र में शुक्राणु प्रदर्शित हुए वहीं 15 वर्षीय नवकिशारों में से 24% किशोरों में शुक्राणु प्राप्त हुए।

लड़के में यौवनारम्भ का एक अन्य लक्षण है सोने के समय वीर्य स्खलन, जिसे स्वप्नदोष (Nocturnal emission) के नाम से भी जाना जाता है। अधिकतर किशोरों में यह दोष परिलक्षित होता है चाहे वह लैंगिक अंतःक्रिया (Sexual intercourse) अथवा हस्तमैथुन (Masturbating) किये हो या न किये हो। यह एक सामान्य प्रक्रिया है तथा यह परिघटना यौन संबंधी स्वप्न के संदर्भ में घटित होती है अथवा नहीं घटित होती है।

गौण यौन विशेषताएं (Secondary Sex Characteristics)

लैंगिक परिपक्वता के दैहिक संकेत (Physiological Signs) ही गौण यौन विशेषताएं हैं, जिसमें प्रत्यक्षतः (directly) यौन अंग (sex organs) शामिल नहीं होते। इसके अंतर्गत महिलाओं के वक्ष स्थल एवं पुरुषों के चौड़े कन्धे आते है। वाणी में परिवर्तन, त्वचा की बनावट, एवं शरीर के आंतरिक क्षेत्रों में बाल (Body hair) आदि भी गौण यौन विशेषताओं के अंतर्गत आते हैं (चित्र 14.4)।

इन संकेतों (signs) की निश्चित अवधि नहीं होती तथा ये परिवर्तनशील होते हैं परंतु इनका क्रम स्पष्टतः समरूप रहता है।

लड़कियों के लिए यौवनारम्भ का प्रथम संकेत स्तन (Breast) का विकसित होना है।

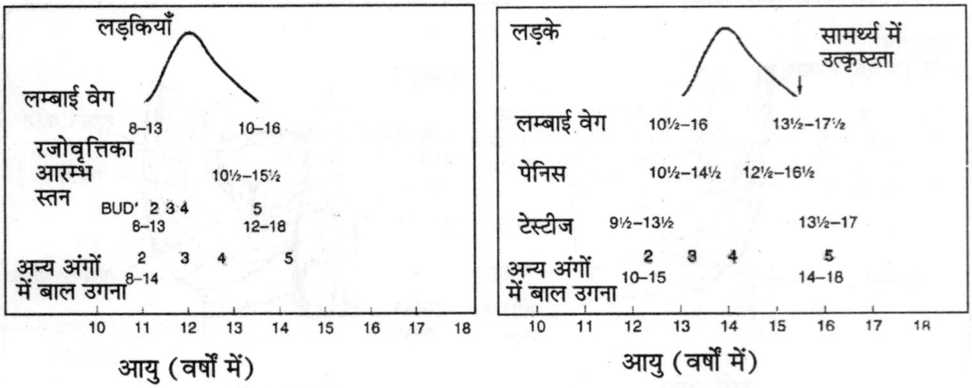

चित्र 14.4 : वयः सन्धि में लड़के लड़कियों में होने वाले प्रमुख परिवर्तनों की आयु एवं अनुक्रम

स्तनाग्र परिवर्धित होकर बाहर निकल आते हैं एवं स्तनाग्र के आस-पास का क्षेत्र बड़ा हो जाता है तथा स्तन पहले शंक्वाकार (Conical) तत्पश्चात् गोल रूप ग्रहण कर लेता है। रजःस्राव से पूर्व स्तन सामान्यतः पूर्ण रूप से विकसित हो जाता है। कुछ किशोर लड़कों में दुःख (distress) के कारण सीना परिवर्द्धन का अनुभव होता है जो कि अल्पकालिक होता है एवं 12 से 18 माह में समाप्त हो जाता है।

शरीर के विभिन्न अंगों के बालों के विकास का रूप भी परिपक्वता को प्रदर्शित करता है। लड़कों में जहां चेहरे एवं सीने के बालों की उपस्थिति (appearance) से सुखद अनुभूति होती है वहीं यदि लड़कियों में थोड़ी मात्रा में भी चेहरे अथवा स्तनाग्र के आस-पास बाल उपस्थित होते हैं तो वे परेशान हो जाती हैं। हालांकि विकास के इस क्रम में इस प्रकार का परिवर्तन एक सामान्य घटना है।

किशोर लड़के एवं लड़कियों की त्वचा मोटी (coarser) एवं तैलीय (oilier) हो जाती है तथा वसामय ग्रन्थियों (Sebaceous glands) की क्रियाशीलता बढ़ जाने के कारण चेहरे पर मुंहासे (pimples) एवं काले मस्से (Blackheads) का निकलना आरंभ हो जाता है। लड़कियों की अपेक्षा लड़कों में मुंहासे (ocane) ज्यादा निकलते है जो पुरुषों के टेस्टोस्टेरोन (Tetosterone) हारमोन की बढ़ी मात्रा से सम्बन्धित होता है। स्वरयंत्र में वृद्धि के परिणामस्वरूप लड़के एवं लड़कियों की वाणी भारी (deepen) हो जाती है। विशेषकर ऐसा लड़कों में कुछ अंश तक पुरुष हारमोन्स के निर्माण के कारण होता है।

रजःस्राव का आरंभ (Menarche)

लड़कियों में लैंगिक परिपक्वता का प्रमुख चिन्ह प्रथम रजःस्राव (menarche) होता है। लड़कियों के विकास संबंधित संकेतो के क्रम में मासिक धर्म की शुरुआत (menarche) संभवतः देर से होती है (सारणी 14.1)।

एक लड़की के स्तन विकसित होने के लगभग 2 वर्ष बाद औसतन 12½ वर्ष की आयु में प्रथम बार रजःस्राव होता है और उसी समय उसका गर्भाशय भी विकसित होने लगता है तथा लड़की की वृद्धि दर धीमी हो जाती है।

सारणी 14.1 : किशोरावस्था में होने वाले शारीरिक परिवर्तनों का संभावित क्रम

लड़कियों की विशेषताएं	प्रथम उपस्थिति की आयु
शरीर के विभिन्न हिस्सों में बालों का आना	8–14 वर्ष
शारीरिक वृद्धि	9.5–14.5 (औसतन 12 वर्ष)
प्रथम रजःस्राव	10–16.5 (औसतन 12.5 वर्ष)
अंतरांग बालों में वृद्धि	शरीर के अंतरांगों में बाल निकलने के 2 वर्ष बाद
विभिन्न हारमोन्स के स्राव की तीव्रता (जिसका परिणाम हो सकता है)	अंतरंग बालों की उपस्थिति के साथ

लड़कों की विशेषताएं	प्रथम उपस्थिति की आयु
टेस्टीज, अण्डकोश में वृद्धि	10–13.5
शरीर के विभिन्न हिस्सों में बालों की वृद्धि	10 – 15
शारीरिक वृद्धि	10.5–16 (औसतन 14 वर्ष)
शिश्न, प्रोस्टेट ग्रंथि, शुक्रय कोश में वृद्धि	11–14.5 (औसतन 12.5)
वाणी में परिवर्तन	शिश्न में वृद्धि के लगभग
प्रथम वीर्य स्खलन	शिश्न में वृद्धि के लगभग एक वर्ष बाद
चेहरे एवं अंतरांगों में बालों का आना	म्यूबिक हेयर के उपस्थिति के लगभग 2 वर्ष बाद
विभिन्न हारमोन्स के स्राव में तीव्रता (जिसका परिणाम हो सकता है)	अंतरंग बालों की उपस्थिति के साथ

यद्यपि कई संस्कृतियों में एक लड़की से एक महिला बनने का संकेत रजःस्राव आरम्भ (menarche) को माना जाता है तथापि आरम्भिक रजःस्राव में अण्डोत्सर्ग (ovulation) शामिल नहीं होता एवं रजःस्राव आरंभ होने के 12 से 18 माह बाद भी लड़कियां गर्भवती (conceive) नहीं हो पाती। चूंकि कभी-कभी अण्डोत्सर्ग एवं गर्भधारण (conception) इन आरम्भिक महीनों

में घटित हो जाता है अतः उन लड़कियों का जिनका रजःस्राव शुरु हो चुका है, मान लेना चाहिए कि यदि वे लैंगिक सम्पर्क (sexual intercourse) करती है तो वे गर्भवती हो सकती हैं।

शारीरिक परिवर्तनों का मनोवैज्ञानिक प्रभाव
(Psychological Impact of Physical Changes)

किशोरावस्था में होने वाले दैहिक परिवर्तनों के अनेक मनोवैज्ञानिक प्रभाव (Ramifications) भी होते है। इनमें से कुछ प्रमुख प्रभावों का वर्णन नीचे किया गया है-

पूर्व (शीघ्र) एवं विलम्बित परिपक्वता के प्रभाव (Effects of Early and Late Maturation)

किशोरावस्था की प्रमुख जटिल स्थितियों (Paradoxes) में से एक है- व्यक्ति में वैयक्तिक पहचान (Individual identity) बनाने की ललक (yearning), एक विशिष्ट एवं दृढ़ स्व का निर्माण तथा अपने मित्रों की तरह दिखने की प्रबल इच्छा। स्पष्टतः ऐसा कुछ भी जो एक किशोर को भीड़ से अलग करता है, उसे अस्थिर (unsettling) करने वाला हो सकता है एवं यदि युवा अपने मित्रों की अपेक्षा लैंगिक रूप से जल्दी अथवा विलम्ब से परिपक्व होता है तो वह प्रायः विक्षुब्ध (disturbed) हो जाता है। यद्यपि पूर्व अथवा विलम्बित परिपक्वता का न तो लाभ है और न ही हानि परन्तु परिपक्व होने का समय व्यक्ति को मनोवैज्ञानिक रूप से प्रभावित कर सकता है।

लड़कों में पूर्व एवं विलम्बित परिपक्वता (Early and Late Maturation in Boys)

कुछ अनुसंधानों में यह पाया गया है कि जल्दी परिपक्व हुए लड़के, देर से परिपक्व लड़कों की अपेक्षा अधिक शान्त, शिथिल तथा अच्छे स्वभाव के होते हैं। वे समकक्ष व्यक्तियों में लोकप्रिय, नेतृत्व करने के योग्य तथा कम प्रभावशाली होते हैं। एक अन्य अध्ययन में जल्दी परिपक्व बालक अपनी छवि (स्वयं को पसंद किये जाने) के प्रति अधिक चिंतित, सतर्क, नियमों तथा दिनचर्या से बंधे हुए पाए गए। वहीं देर से परिपक्व किशोर स्वयं को अयोग्य, अस्वीकृत एवं प्रभुत्वहीन अनुभव करते हैं। वे दूसरों पर अधिक आश्रित, आक्रामक एवं असुरक्षित होते हैं। ये अपने माता-पिता के प्रति विद्रोही होने के साथ-साथ अपने बारे में भी कम सोचने वाले हो सकते है (मुसेन एवं जोन्स, 1957; सिगेल, 1982; पेस्किन, 1973)। शीघ्र तथा विलम्बित परिपक्वता को प्राप्त किशोरों की विशेषताओं में भिन्नताएं उत्तर किशोरावस्था या वयस्कावस्था में बहुत कम पायी गयी है (ग्रास एवं ड्यूक, 1980; जोन्स, 1957; टैनर, 1978)।

शीघ्र एवं विलम्बित परिपक्वता का किशोरों के व्यवहारों पर ऋणात्मक एवं धनात्मक दोनो ही प्रकार के प्रभाव पाए जाते हैं। लड़के जल्दी परिपक्व होना पसंद करते हैं तथा इसे वे एक गुण

के रूप में स्वीकार करते हैं। ये खेल एवं डेटिंग में भाग लेकर अपने आत्म सम्मान में वृद्धि का अनुभव करते हैं। चूंकि ये स्वस्थ तथा हट्टे-कट्टे (Muscular) होते हैं इसलिए खेलों के लिए बेहतर एवं मजबूत होते हैं। इस प्रकार इनमें एक सकारात्मक आत्म छवि (self body image) विकसित होती है।

प्रायः शीघ्र परिपक्व बालक को देर से परिपक्व बालकों की अपेक्षा बड़ों द्वारा अधिक जिम्मेदारियां दे दी जाती हैं तथा दूसरी अन्य प्रत्याशाओं यथा वह जैसा दिखता है उसे वैसा ही व्यवहार करना चाहिए आदि को पूरा करने में उसे कभी-कभी अनेक कठिनाइयों का सामना करना पड़ता है। इसके अतिरिक्त किशोरावस्था में होने वाले शारीरिक-मानसिक परिवर्तनों के साथ समायोजन करने के लिए उसे अल्प समय प्राप्त होता है। जबकि देर से (विलम्बित) परिपक्व किशोर बच्चों जैसी (childish) हरकतें करते हैं तथा बाल्यावस्था के लंबे अवधि का लाभ प्राप्त करते हैं। उन्हें किशोरावस्था की विभिन्न मांगों एवं चुनौतियों का सामना कम करना पड़ता है (लिवसन एवं पेस्किन, 1980)।

लड़कियों में पूर्व एवं विलम्बित परिपक्वता (Early and Late Maturation in Girls)

लड़कों की भांति लड़कियों में परिपक्वता शीघ्र या देर से आ सकती है तथापि शीघ्र एवं विलम्बित परिपक्वता के गुण एवं अवगुण लड़कों की अपेक्षा लड़कियों में कम स्पष्ट होते हैं। लड़कियां जल्दी परिपक्व नहीं होना चाहतीं। सामान्यतः वे खुश होती हैं जब अपनी हमउम्र लड़कियों की अपेक्षा न तो जल्दी और न ही देर से परिपक्व होती हैं। शीघ्र परिपक्व लड़कियां कम सामाजिक अंतःक्रिया करती है। वे शांत अभिव्यक्तियुक्त, अंतर्मुखी एवं शर्मीली होती हैं। उनमें रजःस्राव (menarche) के प्रति ऋणात्मक भाव पाया जाता है (स्यूबल एवं अन्य, 1980) तथा विलम्बित परिपक्व लड़कियों की अपेक्षा ये निम्न आत्मछवि (low self image) एवं निम्न आत्म सम्मान से युक्त रहती हैं (सिमोन्स एवं अन्य, 1979)।

शीघ्र परिपक्व लड़की स्वयं को कम आकर्षक मानती है। इसका एक मुख्य कारण हमारा सामाजिक-सांस्कृतिक प्रतिमान है जिसमें दुबलेपन (slim) को सुन्दरता की कसौटी माना जाता है। किशोरी के शरीर का आकार नवीन तथा घुमावदार (curviness) हो जाता है जिससे कामुकता (sexuality) व्यक्त होती है। वह लोगों की गंभीर दिलचस्पी के प्रति प्रतिक्रिया भी व्यक्त कर सकती है। प्रायः माता-पिता या अभिभावक यह मान लेते हैं कि शारीरिक रूप से परिपक्व लड़कियां लैंगिक रूप से भी पूर्णतः परिपक्व होती हैं क्योंकि वे शारीरिक रूप से ऐसी दिखती हैं इसीलिए अभिभावक या वयस्क (adults) व्यक्ति कम विकसित लड़कियों की अपेक्षा शीघ्र परिपक्व लड़कियों को अधिक नियंत्रण में रखते हैं। प्रायः शीघ्र परिपक्व लड़कियों पर डाला गया दबाव उन्हें आभास कराता है कि उनमें उपयुक्त बनने की योग्यता का अभाव है।

एक लड़की जो अपने हमउम्र लड़कों से काफी बड़ी दिखती है एवं अन्य लड़कियों की अपेक्षा विकसित वक्षों वाली (bosomy) है, प्रायः अपने शारीरिक संरचना के प्रति परेशान

(uncomfortably conspicuous) रहती है। लेकिन इन कठिनाइयों का सामना करते हुए उसे जो बहुमूल्य अनुभव प्राप्त होते हैं वह उसके आगे के जीवन में आने वाली अन्य समस्याओं का सामना करने के प्रति उपयोगी होते हैं। अध्ययनों में पाया गया है कि पूर्व विकसित लड़कियां प्रौढ़ावस्था में बेहतर सामंजस्य स्थापित कर लेती है (लिवसन एवं पेस्किन, 1980; जोन्स एवं मुसेन, 1958)। किशोर जब अपने हमउम्र वालों से अधिक अलग नजर आते हैं तो इसका ऋणात्मक प्रभाव भी पड़ता है। ऐसा तब होता है जब उनका विकास उम्र के अनुसार ज्यादा या कम हुआ हो तथा जब वे इन परिवर्तनों के प्रति ऋणात्मक भाव रखते हों (साइमन्स एवं सहयोगी, 1983)।

यौवनावस्था के समय में होने वाले मनोवैज्ञानिक प्रभावों को बताना सामान्यतया कठिन होता है क्योंकि यह प्रभाव इस बात पर निर्भर करता है कि किशोर एवं अन्य व्यक्ति अपनी दुनिया में परिपक्वता की व्याख्या किस प्रकार करते हैं? अभिभावकों को इन प्रत्याशित मनोवैज्ञानिक प्रभावों के प्रति अत्यधिक संवेदनशील होना चाहिए ताकि वे युवकों की यथास्थिति सहायता कर सकें।

मासिक धर्म के आरम्भ एवं रजःस्राव के प्रति प्रतिक्रिया (Reactions to Menarche and Menstruation)

किशोरियों के लिए मासिक धर्म का आरंभ (menarche) सिर्फ एक शारीरिक घटना नहीं बल्कि यह 'बालिका से महिला बनने का एक प्रत्यक्ष प्रतीक' होता है (रुबेल एवं ब्रूक्स-गन, 1982)। जिन लड़कियों में मासिक धर्म नहीं होता, उनमें अपने स्त्रीत्व के प्रति अधिक चिन्ता होती है। किशोरियां प्रायः अपने शरीर को सजाने-संवारने में अधिक रुचि रखती हैं तथा जब पूर्णतः परिपक्व हो जाती हैं तो प्रायः अपने शारीरिक उभार को प्रदर्शित करने में रुचि लेती हैं। ये अपनी इन वैयक्तिक विशेषताओं के कारण अधिक परिपक्व दिखती हैं (ग्रीफ एवम् उलमैन, 1982)।

मासिक धर्म (menarche) के प्रति ऋणात्मक अभिवृत्तियों को प्रबलित करने का मुख्य कारण सांस्कृतिक वर्जना है। ये अभिवृत्तियां युवा लड़की में नारीत्व के औपचारिक विकास को अवरोधित करती है (ग्रिफ एवं उलमैन, 1982)। अध्ययनों से यह निष्कर्ष निकाला गया है कि हमारी संस्कृति में मासिक धर्म के आरंभ (menarche) को एक अवतरण की प्रक्रिया न मानकर एक संक्रमण काल (hygienic crisis) माना जाता है जो लड़कियों में स्वच्छ बने रहने के प्रति चिंता को बढ़ाता है (विस्नैट एवं जेगन्स, 1975)।

कुछ लड़कियां रजःस्राव के प्रति मिश्रित भाव का अनुभव करती हैं एवं अधिकांश किशोरियां इन घटनाओं को अब सहज रूप में स्वीकार करती हैं एवं सामना करती हैं। एक लड़की रजःस्राव के प्रति जितनी सहजता से तैयार रहती है वह उतना ही अधिक धनात्मक भाव महसूस करती है। दुर्भाग्यवश कुछ लड़कियों को अधूरी अथवा गलत सूचना दी गई रहती है इसलिए इन्हे प्रथम रजःस्राव का अनुभव दुखद लगता है (रीरडैन, कॉफ एवं फ्लाहरटी, 1986)। वे लड़कियाँ जिनमें रजःस्राव जल्दी आ जाता है वो इसे विघटनकारी (disruptive) मानती हैं (रूबल एवं ब्रूक-गन,

1982)। संभवतः वे इस घटना के लिए मानसिक रूप से तैयार नहीं होती हैं एवं अपने बचपन के मित्रों से अलग होने की आशंका से ग्रसित होती हैं ।

अतः प्रथम रजःस्राव के प्रति धनात्मक अनुभव प्राप्त हो इसके लिए युवा लड़की को सही समय पर पूर्ण एवं सही सूचना की आवश्यकता होती है। अतः उन्हे शारीरिक अंगों एवं प्रक्रियाओं के बारे में जानकारी देनी चाहिए जिससे वे परिवर्तनों के प्रति जागरूक हो सकें। उन्हें यह जानकारी होनी चाहिए कि रजःस्राव कोई घाव या बीमारी नहीं वरन् महिलाओं के लिए एक विशिष्ट सार्वभौमिक (universal) अनुभव होता है। अतः सर्वप्रथम माता/पिता को इस अवस्था में होने वाले विविध परिवर्तनों के विषय में लड़कियों को समय से पूर्व जानकारी देनी चाहिए। उन्हें यह विश्वास दिलाना चाहिए कि रजःस्राव एक सामान्य प्रक्रिया है एवं स्वस्थ विकास का सूचक भी है तथा वे इस अवस्था में भी अपने सभी सामान्य क्रियाकलापों जैसे : खेल, तैराकी एवं स्नान इत्यादि को जारी रखने में सक्षम रहेंगी। उन्हें लड़कियों को इस संदर्भ में प्रश्न पूछने के लिए प्रोत्साहित करना चाहिए एवं परिवार के सभी सदस्यों (पिता एवं भाईयों सहित) को इस घटना के प्रति वास्तविक तथा तथ्यपरक भाव रखना चाहिए। माता-पिता को पारिवारिक औपचारिकता के साथ-साथ लड़की के भावी जीवन की सफलता में मासिक धर्म की उपयोगिता को सकारात्मक ढंग से प्रस्तुत करना चाहिए ताकि वे प्रथम रजःस्राव की घटना के प्रति धनात्मक अभिवृत्ति विकसित करें। दक्षिण भारत के कुछ समुदायों में पुत्री के प्रथम रजःस्राव पर खुशियाँ मनायी जाती हैं एवं समारोह आयोजित किया जाता है।

शारीरिक आकृति के प्रति संवेदनाएं
(Feelings about Physical Appearance)

अधिकांश युवक अपने रूप (looks) के प्रति अधिक संवेदनशील रहते हैं, एवं उस रूप को पसंद नहीं करते जिसे वे आइने में देखते हैं (सीगल, 1982)। लड़के अपने आप को लंबे, चौड़े कंधों वाले एवं मजबूत तथा लड़कियां खूबसूरत, सुंदर एवं अच्छे बालों एवं त्वचा वाली छरहरी लेकिन सुडौल शरीर वाली बनना चाहती हैं (टोविन एवं सहयोगी, 1983)। कोई ऐसा परिवर्तन जिससे लड़कों को लगता है कि वे स्त्रीवत् (feminine) दिखते हैं एवं लड़कियों को लगता है कि वे पुरुषवत् (masculine) लगती हैं, उन्हें दुःखी कर देता है। अतः किशोर लड़के एवं लड़कियां अपने वजन, स्वरूप एवं सौदर्य के अभिलक्षणों के प्रति अत्यधिक चिंतित रहते हैं।

लड़कियां अपने हमउम्र लड़कों की अपेक्षा अपने रूप के प्रति अधिक चिंतित रहती हैं क्योंकि हमारी संस्कृति में अधिकतम बल स्त्रियों के दैहिक गुणों (physical attributes) पर दिया जाता है। जब किशोरों से पूछा जाता है कि उन्हें अपने शरीर में सबसे कम पसंद क्या है तो लड़के प्रायः "कुछ भी नहीं" कहते हैं जबकि अधिकतर लड़कियां अपने पैरों तथा कूल्हों (hips) के बारे में शिकायत करती है (टोबिन-रिर्चड्स व अन्य, 1983)।

चित्र 14.5 : नवकिशोर में अपने बाह्य रूप रंग (शक्ल-सूरत) के प्रति अति संवेदनशीलता पायी जाती है।

किशोरावस्था में स्वास्थ्य समस्याएं (Health Problems in Adolescence)

यौवनारम्भ (Puberty) में होने वाले परिवर्तनों के पूर्ण हो जाने के बाद किशोर का स्वास्थ्य सुधरने लगता हैं। हालांकि थोड़ी सी असावधानी के कारण पेट संबंधी अथवा सर्दी-जुकाम संबंधी रोग से नव किशोर ग्रसित हो जाता है किन्तु ये अधिकांशतः थोड़े और हल्के समय तक ही चलने वाला होता है। नवकिशोरों को जो छोटी या लंबी चलने वाली बीमारियां प्रायः हो जाती हैं उनमें से प्रमुख है : दांत दोष, आंख की तकलीफें, पेट की गड़बड़ियां, सिर दर्द, कान दर्द और दमा। प्रायः किशोर अपने स्वास्थ्य में कम ही दिलचस्पी लेता है। परन्तु जिनका स्वास्थ्य अच्छा नहीं होता या जिनमें कोई शारीरिक दोष होता है वे अपने स्वास्थ्य में इतनी दिलचस्पी लेते हैं कि मामूली खतरों के प्रति भी सचेत रहें।

क्षुधा-अभाव या अरोचकता एवं क्षुधातिशयता (Anorexia Nervosa and Bulimia)

किशोर विभिन्न समायोजनात्मक समस्याओं का अनुभव करते हैं। क्षुधा अभाव एक भोजन संबंधी दुखद विचलन है जिसमें युवा व्यक्ति (विशेषकर लड़कियाँ) मोटे होने के बाध्यकारी भय (compulsive fear) के कारण स्वयं को भोजन से वंचित रखते हैं। अधिकांश लड़कियों एवं नवयुवतियों में यह बीमारी पायी गयी है। (ब्रमबर्ग, 1988)। लगभग एक प्रतिशत मध्यमवर्गीय महिलाएं (12 से 25 वर्ष के मध्य) इससे प्रभावित हैं।

एनॉराक्सिक किशोर अत्यंत विकृत शारीरिक प्रतिमा वाले होते हैं तथा अत्यंत कम वजन (under weight) होने के बाद भी स्वयं को मोटा मानते हैं। उपयुक्त छरहरापन प्राप्त करने के इस प्रयास की शारीरिक स्थिति अत्यंत गंभीर हो जाती हैं। क्षुधा-अभाव से ग्रसित लोग अपने शारीरिक भार को 25 से 50 प्रतिशत घटा देते हैं जिससे अत्यधिक दुबले-पतले नजर आते हैं। चूंकि एक सामान्य रजःस्राव चक्र में लगभग 15% शारीरिक वसा की आवश्यकता होती है अतः क्षुधा-अभाव से पीड़ित लड़कियों में रजःस्राव न होने या अनियमित होने जैसी समस्याएं आती हैं। कुपोषण के कारण इनमें अन्य दैहिक लक्षण जैसे : पीली त्वचा (pale skin), नाजुक एवं रंगहीन नाखून (brittle and discoloured nail), पूरे शरीर पर दिखने वाले काले बाल एवं ठंड के प्रति अत्यधिक संवेदनशीलता दिखाई पड़ती है। क्षुधा-अभाव को यदि जारी रहने दिया जाए तो इसके कारण हृदय, मांसपेशियों में संकचन एवं वृक्क असफल हो जाते हैं। इस बीमारी से पीड़ित लोगों में लगभग 5 प्रतिशत की असमय मृत्यु हो जाती है (हैरिस, 1991)।

एक तिहाई क्षुधा-अभाव से पीड़ित किशोर क्षुधातिशयता (bulimia) के शिकार होते हैं। क्षुधा-अभाव की अपेक्षा क्षुधातिशयता कम गंभीर बीमारी है जिसमें युवा व्यक्ति, विशेषकर महिलाएं जबरन उल्टी कर देती हैं तथा अन्य शोधन तकनीकों जैसे मृदु-विरेचक (laxatives) की अत्यधिक मात्रा एवं कठोर नियंत्रित आहार (strict dieting) में व्यस्त रहती हैं। फिर भी क्षुधातिशयता (bulimia) क्षुधा-अभाव (Anorexia Nervosa) से अधिक सामान्य बीमारी है। मात्र 5 प्रतिशत क्षुधातिशयता से पीड़ित लड़कियां पहले एनॉराक्सिक पायी गयी (जॉनसन एवं अन्य, 1983)। ऐसे रोगी अधिक भोजन ग्रहण करने वाले ही नहीं बल्कि जीवन के अन्य क्षेत्रों में भी इनमें आत्म-नियंत्रण का अभाव पाया जाता है। छरहरेपन के सांस्कृतिक मानक पारिवारिक एवं मनोवैज्ञानिक समस्याओं के साथ मिलकर किशोरियों में क्षुधा-अभाव एवं क्षुधातिशयता के गंभीर समस्या को जन्म देती है।

किशोर लड़कियां हमउम्र लड़कों की अपेक्षा अधिक अवसादगस्त होती हैं। इसका एक प्रमुख कारण है अपने शारीरिक संरचना के प्रति चिंतित होना। वे अपनी आकृति (feature) को अत्यधिक मोटा, बौना अथवा अत्यधिक लंबा मानकर, अपने खराब बालों के कारण अपने रूप से घृणा करके, अपने आप को कुरूप या बदसूरत अनुभव करती हैं। यौवनारम्भ के पूर्व लड़के एवं लड़कियों में अवसाद की दर समान होती है। परंतु लगभग 12 वर्ष की आयु से लड़कियों में यह दर अधिक होने लगती है एवं 14 वर्ष की लड़कियों में यह दर लड़कों की तुलना में दोगुनी हो जाती है (लेविन्सन, 1990; रियर्डन एवं अन्य, 1989)।

प्रौढ़ प्रायः किशोरावस्था में होने वाले अपने रूप के प्रति जागरूकता एवं तन्मयता (preoccupation) को समाप्त कर देते हैं। लेकिन एक ऐसे समाज जहाँ व्यक्तित्व का आंकलन रूप के द्वारा किया जाता है वहाँ आत्म-प्रतिमा (self-image) के दूरगामी प्रभाव होते हैं। प्रौढ़ जो यह मानते हैं कि वे अपनी युवावस्था के दौरान आकर्षक थे, वे अधिक सुखी रहते हैं एवं उनका आत्म-सम्मान (self-esteem) उच्च होता है, उनकी अपेक्षा जो ऐसा नहीं सोचते है (बरशाइड, वाल्स्टर एवं वार्नस्टेड, 1973)।

शारीरिक विकास का सीधा संबंध पेशीय विकास के साथ होता है। इस भाग में किशोरों में होने वाले पेशीय विकास के संरूपों का उल्लेख किया गया है।

पेशीय विकास (Motor Development)

पेशियों के आकार में वृद्धि होने के पश्चात् उनकी मजबूती में भी वृद्धि हो जाती है। परन्तु पेशीय कौशल के लिए शक्ति के अतिरिक्त समुचित प्रशिक्षण, अभ्यास के लिए पर्याप्त अवसर, पर्यावरणीय बाधाओं का निराकरण एवं प्रबल अभिप्रेरणा भी प्राप्त होनी चाहिए। किशोरावस्था में अपने समवयस्कों की अपेक्षा गतिक विकास का स्तर निम्न होना व्यक्ति को बुरा लगता है। जब तक उसके पेशीय कौशल समवयस्कों के समान नहीं होते तब तक नवकिशोर स्वयं को इस क्षेत्र में इतना अधिक पिछड़ा हुआ मानते हैं कि वे उन खेलों में भाग लेना पसंद नहीं करते जिसका आनन्द उनके साथी उठाते हैं। इस पिछड़ापन का प्रभाव उसके सामाजिक समायोजन एवं अहं-सम्प्रत्यय (ego-concept) के विकास पर भी पड़ता है। खेलकूद तथा व्यायाम में सक्रिय लड़के व्यक्तिगत एवं सामाजिक समायोजन तथा शैक्षणिक निष्पादन में भी श्रेष्ठ पाए जाते हैं। लड़कों के लिए खेल-कूद प्रतिष्ठावर्द्धक होता है एवं इसीलिए जो इनमें श्रेष्ठ होते हैं वे अन्य की अपेक्षा संभवत: अधिक लोकप्रिय होते हैं। चित्र 14.6 में नवकिशोरों के सामाजिक समायोजनों पर शारीरिक बल के प्रभाव को प्रस्तुत किया गया है।

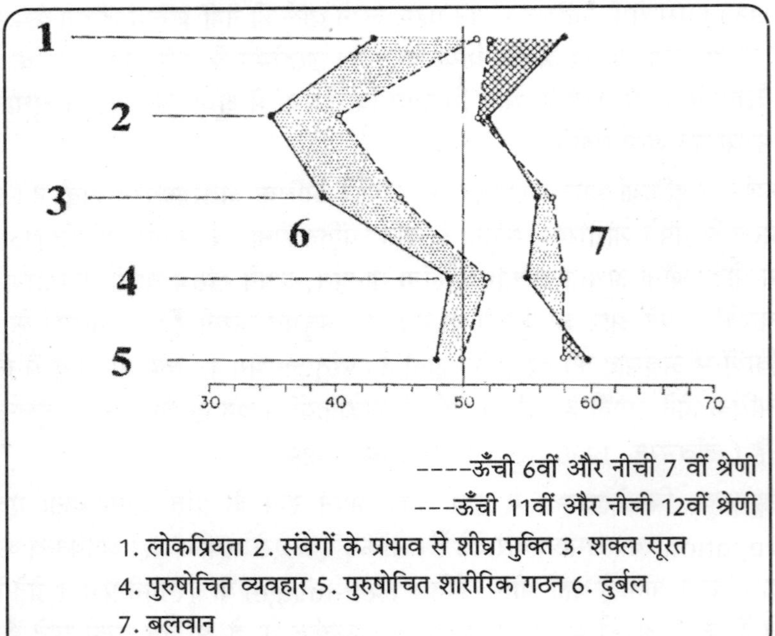

चित्र 14.6 : सामाजिक समायोजन पर शारीरिक बल का प्रभाव। दो विभिन्न आयु के बलवान और दुर्बल लड़कों के पार्श्व चित्र।

किशोरों का भोंडापन (Aukwardness of Adolescents)

सभी नवकिशोर भोंडे नहीं होते, लेकिन बहुत कम ही लोग ऐसे होते हैं जिनमें बिल्कुल भी भोंडापन नहीं होता। जिन किशोरों में लैंगिक परिपक्वता धीमी गति से होती है या जिन्होंने उच्च स्तर की प्रवीणता प्राप्त कर ली है, उनमें ऐसे किशोरों की अपेक्षा कम भोंडापन आने की संभावना रहती है जो तीव्रतम गति से परिपक्व हुए हैं या जिनकी गति संबंधी प्रवीणता समवयस्कों से पिछड़ी हुई है। कुछ नवकिशोरों की सभी अंगों की गतियां भोंड़ी नहीं होती। यथा- कुछ की प्रधानतः टांगों की गतियां भोंडी होती है जबकि कुछ लोगों की हाथों की गतियां भोंडी होती है। पूर्व किशोरावस्था में सामान्य क्षेत्रों का भोंडापन शरीर के सीमित क्षेत्रों के विशिष्ट भोंडेपन की अपेक्षा कम पाया जाता है।

किशोर का भोंडापन पेशियों की वृद्धि के उस स्वरूप के कारण होता है जो यौवनारम्भ एवं पूर्व किशोरावस्था में लाक्षणिक रूप से पाया जाता हैं। बाल्यावस्था में पेशियां धीरे-धीरे एवम् अपेक्षाकृत समान रूप से बढ़ती है। इससे बालक के पेशीय विकास में जैसे-जैसे परिवर्तन होते हैं वैसे-वैसे वह अपने शरीर को नियंत्रित करने में समर्थ होता जाता है। फलस्वरूप, उसका पेशीय समन्वय अच्छा हो जाता है। पूर्व किशोरावस्था में न केवल पेशियां और हड्डियां तेजी से बढ़ती है बल्कि उनका पारस्परिक अनुपात भी परिवर्तित हो जाता है। पेशियां लम्बाई में बढ़ जाती हैं एवं उनमें खिंचाव के कारण उनकी स्थितियों में परिवर्तन दृष्टिगत होने लगता है। परिणामतः बाल्यावस्था में प्राप्त गति-संबंधी क्रियाएं असन्तुलित हो जाती है एवं इससे भोंडेपन की अवस्था आ जाती है। यह अवस्था तब तक बनी रहती है जब तक नवकिशोर में नए नियंत्रण के कौशल न आ जाए एवं नई उपलब्धियां प्राप्त न हो जाए।

लड़के एवं लड़कियां दोनों में ही किशोरावस्था में यद्यपि भोंडापन दिखता है तथापि यह लड़कों में लड़कियों की अपेक्षा प्रायः अधिक होता है। लड़कियों का वृद्धि वेग लड़कों से कम होने के कारण, वे कम भोंडी दिखती हैं क्योंकि लड़कों की संरचना सामान्यतः लड़कियों की संरचना से बड़ा होता है। इसके अलावा, लड़कों में लड़कियों से कम वसा रहती है इसलिए इस आयु में वे लड़कियों से अधिक भद्दे एवं भोंडे दिखाई देते हैं। इसी कारण उनकी गतियों का भोंडापन भी बढ़ जाता है। लड़कों में भोंडापन यौवनारंभ के आरंभ में सबसे अधिक होता है और फिर घटता जाता है। अतः पेशियों का समन्वय प्राप्त करने में किशोर को कई वर्ष लग सकते हैं। जब तक ऐसा नहीं होता, वह परेशान रहता है, न केवल इसलिए कि वह भोंडे तरीके से काम करता है, बल्कि इसलिए भी कि वह स्वयं को प्रौढ़ समझता है एवं जब लोग उसके भोंडेपन का मजाक उड़ाते हैं या उस पर हँसते हैं तब उसके अभिमान को चोट पहुँचती है।

किशोरावस्था के आरम्भिक वर्षों में जो सामान्य बेडौलपन होता है वह किशोरावस्था के अंत में लगभग समाप्त हो जाता है तथा वह सामान्यतः अतीत की बात लगती है। अब किशोर अपने विकसित शरीर पर नियंत्रण स्थापित कर लेता है तथा अपने शारीरिक अंग का उपयोग उतनी ही सफलता के साथ करना सीख लेता है जितना वह बचपन में किया करता था। इसके

अलावा, पेशीयतंत्र की वृद्धि के साथ-साथ उसके शारीरिक बल में जो वृद्धि होती है उससे उसे अपने नए बल को उपयोग करने की अभिप्रेरणा मिलती है।

पेशीय बल (Muscular Strength)

किशोरावस्था में पेशियों में वृद्धि होने के साथ-साथ उनके बल में भी वृद्धि होती है। चूँकि पेशियों में सर्वाधिक वृद्धि यौवनारंभ में एवं उसके तुरंत बाद होती है, इसलिए यह वह समय भी होता है जब पेशीय बल में सर्वाधिक वृद्धि होती है। लड़कों में शारीरिक बल 12 एवं 16 वर्ष की आयु के मध्य दोगुना हो जाता है। तत्पश्चात् पेशील बल में सबसे अधिक वृद्धि लैंगिक परिपक्वता के पश्चात् अगले वर्षों में होती है। बल एवं परिपक्वता दोनों ही आयु से संबंधित होते हैं जिससे जल्दी परिपक्व होने वाले लड़के अपनी आयु के देर से परिपक्व होने वाले लड़कों से बल में अत्यधिक श्रेष्ठ होते हैं। यह श्रेष्ठता 17 या 18 वर्ष की आयु तक बनी रहती है (चित्र 14.7)।

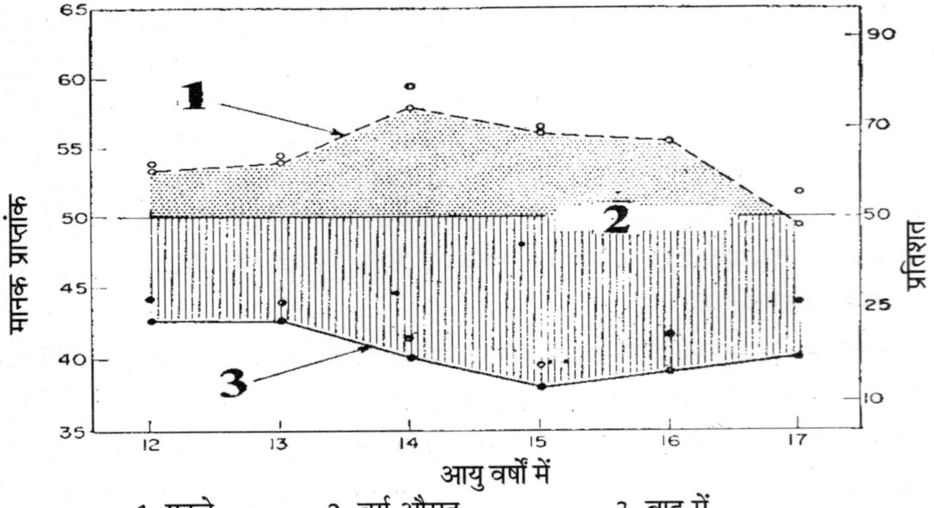

चित्र 14.7 : समय से पहले और बाद में परिपक्व होने वाले लड़कों की शक्ति की तुलनात्मक प्रस्तुतीकरण।

लड़कियों में, पेशीय बल के विकास का स्वरूप लड़कों से भिन्न होता है। पूर्व परिपक्व लड़कियों में 12 वर्ष की आयु तक बल की वृद्धि तीव्र होती है एवं उसके बाद यह वृद्धि धीमी हो जाती है। विलम्बित (देर से) परिपक्व लड़कियां बल-वृद्धि में अपेक्षाकृत पिछड़ी हुई होती है लेकिन आगे चलकर उनके बल का स्तर जल्दी परिपक्व हुई लड़कियों के स्तर का हो जाता है। लड़कियों में सर्वाधिक बल वृद्धि प्रथम रजःस्राव के आस-पास होती है। परन्तु यौवनारंभ के बाद सदैव लड़के बल में लड़कियों से आगे होते हैं एवं आयु वृद्धि के साथ वे और आगे होते जाते हैं। इस अंतर का एक कारण यह है कि किशोरावस्था में लड़कियों की पेशियां लड़कों की पेशियों की

तरह विकसित नहीं होती। लड़कियों में लगभग 17 वर्ष की आयु में अधिकतम बल/ सामर्थ्य आता है जबकि लड़के 21 या 22 वर्ष की आयु के बाद ही अपने पेशीय बल के अभीष्ट स्तर पर पहुँचते हैं।

तरूण होता बालक प्रायः पेशीय थकान का अनुभव करता है जिससे वह सुस्त लगता है तथा अधिक श्रम वाले कार्यों से यथाशक्ति बचता है लेकिन किशोरावस्था जैसे-जैसे बढ़ती है वैसे-वैसे ही थकान का स्तर कम होता जाता है। लड़कियों की अपेक्षा लड़कों में पेशीय थकान कुछ कम होता है जो किशोर लम्बे होते हैं उनमें कुछ झुकने की प्रवृत्ति दिखती है ताकि वे कम लम्बे एवं अलग दिखाई दे। इसलिए उन्हें उन किशोरों से कम थकान होती है जो अपनी लम्बाई को ठीक समझते हैं। किशोरियों में ऐसा विशेष रूप से होता है।

लड़कों में पेशीय बल लड़कियों की अपेक्षा अधिक होता है जिसके फलस्वरूप वे उन कठिन कौशलों को करने के लिए तत्पर हो जाते हैं जिन्हें वे बचपन में कर सकने में असमर्थ थे। शारीरिक बल की दृष्टि से लड़के एवं लड़कियों में अंतर उत्तर किशोरावस्था तक अधिक हो जाता है। यह अंतर व्यायाम के कारण नहीं बल्कि लड़कों की पेशियों के परिपक्व होने के कारण होता है। लड़कों में सामान्यतः पेशीय-बल की प्रबलता स्वाभाविक विकास का परिणाम होता है और विकास की उत्कृष्टता के कारण, उनके अंदर लड़कियों से श्रेष्ठ होने की भावना आ जाती है। इसके विपरीत लड़कियां उन परिस्थितियों से बचती हैं जिनमें पेशीय बल का प्रदर्शन अपेक्षित है। इसी कारण वे सामान्यतः खेल-कूद, व्यायाम संबंधी कार्यों में रुचि नहीं लेती।

कौशलों का विकास (Development of Skills)

गति संबंधी कौशल, चाहे वे खेलों में हो अथवा नृत्य इत्यादि सामाजिक क्रिया कलापों में, नवकिशोर उन्हें सीखने में अधिक रुचि लेते हैं तथा जब तक वे सीख न जाएं तब तक अभ्यास करते रहने के लिए तैयार रहते हैं। किशोर को यह भी सुविधा रहती है कि इन कौशलों को सिखाने वाले प्रशिक्षक भी मिल जाते हैं चाहे वे माता-पिता हो या व्यायाम-शिक्षक हो, नृत्य शिक्षक हो, या ऐसा कोई अन्य समवयस्क (किशोर) हो जो उन कौशलों में पहले ही दक्षता प्राप्त कर चुका हो, जिन्हें वह सीखना चाहता है। सीखने की इस प्रक्रिया में अनेक क्रियातंत्र जैसे- प्रयत्न एवं भूल द्वारा तथा अनुकरण द्वारा सीखना शामिल होता है।

प्रतियोगिता वाले खेल या व्यायाम संबंधी कौशल से लड़कों को सामाजिक सम्मान प्राप्त होता है। इसी कारण अधिकांश किशोर प्रतियोगिता वाले खेलों में अधिक रुचि रखते हैं। इसके विपरीत उत्तर किशोरावस्था में किशोरियाँ खेलों में सक्रिय भाग लेने में रुचि कम परन्तु उन्हें देखने में अधिक रुचि लेती हैं। चूंकि हमारे समाज में पुरुष का पेशीय बल या शारीरिक सामर्थ्य उसकी सामाजिक प्रतिष्ठा के साथ जुड़ा होता है अतः ऐसे क्रियाकलापों के प्रति किशोरों में धनात्मक अभिवृत्ति पायी जाती है। लड़कियां अपना ध्यान ऐसे कौशल सीखने की कोशिश में लगाती हैं जिनमें पेशीय बल का उतना महत्व नहीं होता। लड़कियां अधिक से अधिक ऐसे खेलों में आनंद लेती है जिनमें बल से अधिक महत्व पेशीय समन्वयन का होता है जैसे : नृत्य, तैराकी, गोता

लगाना इत्यादि। जब उन्हें व्यायाम वाले खेलों की प्रतियोगिताओं में भाग लेना होता है तब वे अन्य लड़कियों से ही प्रतियोगिता करती है क्योंकि उनकी योग्यता लड़कों की अपेक्षा अन्य लड़कियों की योग्यताओं के बराबर होती है।

गतियुक्त कार्यों को करने की क्षमता में अधिकतम वृद्धि लड़कियों में 14 वर्ष की आयु में तथा लड़कों में 17 वर्ष की आयु में हो जाती है। फुर्ती, नियंत्रण, बल एवं स्थैतिक-संतुलन के मापन के लिए जो परीक्षण किये गये हैं, उनसे पता चलता है कि लड़कों की तत्संबंधी योग्यता में सर्वाधिक वृद्धि 14 वर्ष की आयु के बाद होती है। जबकि लड़कियों में 14 वर्ष तक उन्नति होती है और उसके बाद अवनति, जिसका कारण क्षमता की न्यूनता नहीं बल्कि रुचि परिवर्तन होता है। ऐच्छिक गति की रफ्तार पूर्व किशोरावस्था के शुरु से लेकर अंत तक क्रमशः लगातार बढ़ती रहती है, लेकिन इसकी वृद्धि की दर उत्तरोत्तर धीमी पड़ती जाती है। उदाहरण के लिए; तेरह वर्ष के किशोर की ऐच्छिक गति की रफ्तार सत्रह वर्ष के किशोर की रफ्तार से 6/7 गुना अधिक होती है।

पेशीय कौशल में लिंगगत विभिन्नताएं (Sex Related Differences in Motor Skills)

पेशीय विकास में लिंगगत विभिन्नताएं यौवनारंभ (Puberty) के समय से ही परिलक्षित होने लगती हैं। यौवनावस्था में, पाए जाने वाले शारीरिक अनुपात एवं पेशीय बल के कारण खेलकूद सम्बन्धी योग्यता में लिंगगत अंतर वृहद स्तर पर पाए जाते हैं। किशोरावस्था के दौरान लड़के-लड़कियां दोनों में सामान्य पेशीय कौशल (Gross Skills) दिखता है लेकिन लड़कियों में इसकी वृद्धि दर धीमी तथा क्रमिक होती है, जो 14 वर्ष की आयु में समान हो जाती है। इसके विपरीत लड़के ताकत, गति एवं धैर्य में तीव्र वृद्धि प्रदर्शित करते हैं, जो किशोरावस्था के अंत तक जारी रहती है। चित्र 14.8 में दौड़, लम्बी कूद एवं दूरी फेंक (throwing distance) जैसे : पेशीय कौशलों में लिंगगत भिन्नताओं को उदाहरण के माध्यम से स्पष्ट किया गया है।

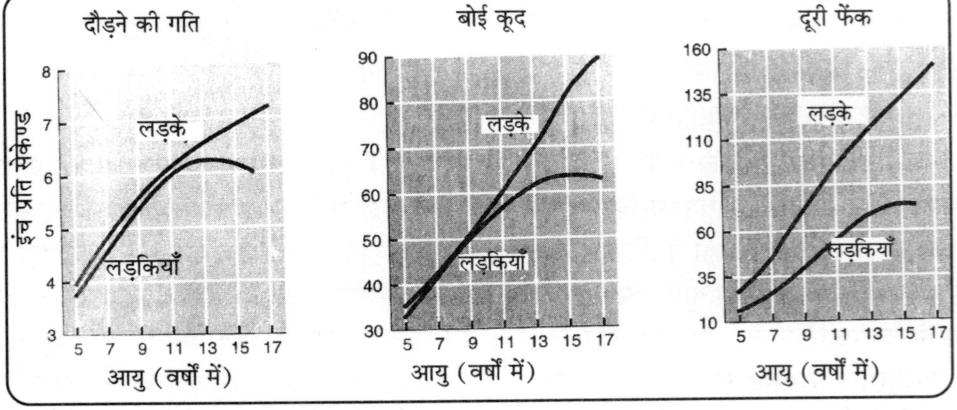

चित्र 14.7 : आयु वृद्धि के साथ-साथ लड़के तथा लड़कियों की पेशीय क्रियाएँ (दौड़ना, कूदना, गेंद फेकना, आदि) भिन्न-भिन्न स्तर से विकसित होती हैं।

इस चित्र को देखने से स्पष्ट होता है कि आयु वृद्धि के साथ ही पेशीय कौशलों में लिंगगत भिन्नताएं बढ़ती जाती हैं। मध्य किशोरावस्था तक बहुत कम लड़कियां ही एक औसत लड़के के बराबर निष्पादन कर पाती हैं एवं व्यवहारिक रूप से कोई भी लड़का एक औसत लड़की से कम निष्पादन नहीं करता (व्युनेन एवं सहयोगी, 1988 ; जोन्स, 1949) ।

किशोर इस अवस्था में अब दैहिक रूप से सुमेलित नहीं होते है, उनके अंदर प्रोत्साहन को बढ़ाया जा सकता है। स्कूल में खेल प्रतिस्पर्धा में हिस्सा लेना एवम् उत्कृष्ट प्रदर्शन पर समवयस्कों की प्रशंसा का धनात्मक प्रभाव होता है परंतु लड़कियों के लिए प्रशंसा एक महत्वपूर्ण कारक नहीं होता। स्थानीय समाचार पत्रों में भी स्कूल में लड़कियों की अपेक्षा लड़कों द्वारा खेले जाने वाले खेलों पर अधिक ध्यान दिया जाता है। लड़कियों की खेलकूद संबंधी घटनाएं विरले ही (rarely) प्रेक्षकों/दर्शकों (spectators) को आकर्षित कर पाती है (एडर एवं पारकर, 1987)। हाई स्कूल की उम्र तक लड़कों की अपेक्षा लड़कियों की खेलों में प्रतिभागिता बहुत कम हो जाती है। एक नवीन आंकलन के अनुसार 64% लड़के एवं मात्र 41% लड़कियां ही हाई स्कूल स्तर की खेल-कूद प्रतियोगिताओं में सक्रिय पायी गयी थीं (बर्क, 1992ब)।

खेल मात्र पेशीय निष्पादन को ही नहीं सुधारते बल्कि इससे संज्ञानात्मक एवं सामाजिक विकास भी होता है। विभिन्न स्कूलों के मध्य (Interschool atheletics) खेल कूद प्रतियोगिताएं आयोजित होती हैं। किशोरों में अनेक विशेषताएं जैसे: प्रतिस्पर्धा (competition), आग्रहिता (assertiveness) , समस्या-समाधान (problem-solving) एवं समूह में कार्य करने की प्रवृत्ति के विकास में खेल सहायक होता है। चूंकि लड़कियां खेलों में कम रुचि लेती हैं तथा उन्हें अवसर भी कम मिलता है जिससे ये विशेषताएं कम विकसित हो पाती हैं। परन्तु लड़कियों में यह आत्मविश्वास जगाने के लिए कि खेलकूद द्वारा वे बेहतर कर सकती है उन्हें प्रोत्साहित करने की जरूरत है। माता-पिता को किशोरवय लड़के एवं लड़कियों की दैहिक क्षमताओं में अल्प अंतर के बारे में जानकारी देनी चाहिये लड़कियों की खेलकूद संबंधी अभिनतियों (biases) को दूर करके सही ज्ञान विकसित कराना उपयोगी सिद्ध हो सकता है। माता-पिता या शिक्षकों द्वारा लड़कियों में खेलकूद सम्बन्धी उपलब्धियों पर विशेष ध्यान देने के साथ ही कौशल प्रशिक्षण पर बल देकर उनकी खेलकूद में प्रतियोगिता एवं निष्पादन को और भी बेहतर बनाया जा सकता है।

पेशीय निष्पादन (Motor Performance)

किशोरावस्था के दौरान पेशीय वृद्धि के कारण बल एवं पेशीय निष्पादन के स्तर पर लिंगगत भिन्नताएं पायी जाती हैं। बल एवं पेशीय निष्पादन तथा उसके अवयवों (Constituents) के मध्य अंत:संबंध होता है। एक औसत लड़की की किशोरावस्था में बल वृद्धि का स्तर सामान्य (linear growth) होता है जबकि 16 तथा 18 वर्ष की आयु के मध्य यह वृद्धि समतल हो जाती है। किशोरवय में बहुत ही कम वृद्धि दर 10 एवं 13 वर्ष के मध्य घटित होता है (मलिना, 1974;

1979)। जबकि बाल्यावस्था के दौरान लड़के लड़कियों की अपेक्षा अधिक शक्तिशाली होते हैं। लगभग 13 वर्ष तक एक सामान्य बालक की बल वृद्धि लड़कियों के बराबर ही होती है किंतु इसके बाद उसकी बल वृद्धि में स्पष्ट अंतर दिखाई पड़ने लगता है जो 18 वर्ष की आयु तक जारी रहता है (मलिना, 1974 ; 1979 ; मोंटपेटिट एवं अन्य, 1967)। लड़कों में बल वृद्धि लगभग समान आयु में ही घटित होती है ऐसा उनकी एल० बी० एम० (LBM) वृद्धि के पश्चात् ही होता है। एक पेशी (muscle) की शक्ति एवं उसका संकुचन बल सीधे तौर पर इसके प्रतिनिध्यात्मक क्षेत्र (Cross-sectional area) का सापेक्ष होता है। पेशीय फाइबर (fiber) एवं व्यास (diameter) में वृद्धि, दैहिक आकार (body size) एवं आयु का एक रेखीय प्रकार्य (linear function) होती है (एहर्ने, एय्यर, क्लार्क एवं वाल्टन, 1971 ; बाउडन एवं गोयर, 1960)। इस प्रकार लड़कों में अधिक बल का कारण बड़ी पेशियां होती हैं।

किशोरावस्था के दौरान लड़कियों की अपेक्षा लड़कों के कंधे, भुजाएं (arms) एवं धड़ (trunk) की हड्डियां एवं पेशियां अधिक बड़ी होती है, एवं लड़के इन क्षेत्रों में अधिक बल का अनुभव करते हैं (एस्क्यूसन, 1962 ; कैटन एवं बेली, 1974 ; मलिना, 1978ब)। पैरों में विकसित पेशीय बल के लिए भी समान परिणाम प्राप्त किये गये हैं किन्तु यदि कोई लम्बाई के साथ सामंजस्य स्थापित कर लेता है तो उस स्थिति में पैरों के बल में लड़के एवं लड़कियों के मध्य अत्यंत कम अंतर पाए जाते हैं। तथापि लड़कों के प्रवर अग्रांग (upper extremities) एवं धड़ में अत्यधिक बल बना रहता है (एस्क्यूसन, 1962 ; मलिना, 1978ब)। किशोरावस्था के दौरान पेशीय बल में होने वाले परिवर्तनों का एक बड़ा भाग पेशीय विशिष्ट (muscle specific) होता है जो पेशीय कार्यभार (muscle's work load) पर निर्भर करता है। इसके अतिरिक्त पेशीय बल वृद्धि तंत्रिकी पेशीय (neuro-muscular) अंत:क्रियाओं की परिपक्वता की आवश्यकता की प्रतिपूर्ति करता है (मलिना, 1978ब)।

एक लड़की की गति (speed) , फुर्ती (agility) एवं संतुलन (balance) के पेशीय प्रकार्यों पर अधिकतम निष्पादन लगभग 14 वर्ष की आयु तक होता है (मलिना, 1974) जबकि समान प्रकार्यों पर लड़कों के निष्पादन में नियंत्रित एवं स्थिर सुधार होता है (स्पेनशेड़, 1940 ; मलिना, 1974)।

संक्षेप में यह कहा जा सकता है कि जैविकीय कारकों (Biological Factors) जैसे शारीरिक संरचनाओं एवं क्षमता में भिन्नता के कारण पेशीय बल में भी स्पष्ट भिन्नता लड़के एवं लड़कियों के मध्य होना स्वाभाविक है तथा सामाजिक-सांस्कृतिक कारकों की भूमिका भी पेशीय कौशलों में लिंगगत भिन्नता के लिए कम महत्वपूर्ण नहीं होती। जैसे हमारे समाज में खेल-कूद या कोई बलयुक्त क्रियाकलापों के साथ लड़कों की छवि जुड़ी होती है जबकि नाजुक क्रियाओं के साथ लड़कियों की प्रतिमा (image) अंकित है। इसका एक प्रमुख कारण लिंग आधारित पालन-पोषण संबंधी समाजीकरण की प्रक्रिया है, इसके परिणामस्वरूप आगे चलकर स्त्रियोचित

या पुरुषोचित क्रियाओं का चयन किशोर तथा किशोरी करते हैं। इस प्रकार विकास के विविध पक्षों में लिंगगत भिन्नताएं परिलक्षित होती हैं।

सारांश (Summary)

किशोरावस्था का आरम्भ वयः सन्धि से माना जाता है जिसे यौवनारम्भ भी कहा जाता है। इस प्रक्रिया द्वारा व्यक्ति लैंगिक परिपक्वता को प्राप्त करता है।

आधुनिक युग में, किशोरावस्था के प्रारम्भ के समय का सही पूर्व कथन सम्भव नहीं है क्योंकि कभी-कभी यह अनेक परिवेशीय कारकों के कारण अपने निर्धारित समय से पूर्व और कभी-कभी विलम्ब से घटित होता है।

सेकुलर ट्रेंड किशोरावस्था की वह न्यूनतम आयु होती है जब यौवनारम्भ होता है। इस आयु में किशोर की ऊँचाई एवं लैंगिक परिपक्वता उच्चतम स्तर तक पहुँच जाती है।

परिपक्वता का आरंभिक लक्षण किशोर के विकास (लम्बाई एवं भार) में आकस्मिक वृद्धि से हैं। तीव्र शारीरिक परिवर्तन किशोरावस्था में परिलक्षित होता हैं। किशोरावस्था में वजन, लम्बाई, मांसपेशियों तथा कंकाल तंत्रों में आकस्मिक वृद्धि का अनुभव लड़के-लड़कियां दोनों ही करते हैं।

प्राथमिक यौन विशेषताएं जिसमें पुरुष तथा महिलाओं के प्रजनन अंग शामिल होते हैं, उनमें वृद्धि एवं परिपक्वता किशोरावस्था के दौरान आती है।

लैंगिक परिपक्वता के दैहिक संकेत जैसे : महिलाओं के वक्ष स्थल, पुरुषों के चौड़े कंधे, वाणी में परिवर्तन तथा अंतरंग बालों, में वृद्धि इत्यादि में तीव्र विकास एवं परिवर्तन किशोरावस्था के दौरान पाया जाता है।

लड़कियों में लैंगिक परिपक्वता का प्रमुख चिन्ह प्रथम रजःस्राव होता है जिसका आरम्भ लगभग 12-13 वर्ष की आयु में होता है तथा लड़को में प्रमुख चिन्ह होता है- मूत्र में शुक्राणु की उपस्थिति।

किशोर की शारीरिक बनावट एवं रूप रंग में परिवर्तन उसके व्यक्तित्व एवं आत्म सम्प्रत्यय को प्रभावित करता है। पूर्व अथवा विलम्बित परिपक्वता के प्रभाव प्रायः किशोरावस्था में प्रकट होते हैं तथा प्रौढ़ावस्था तक आते-आते ये प्रभाव समाप्त हो जाते हैं। जिन किशोरों को इन परिवर्तनों के बारे में पहले से जानकारी दे दी जाती है उन पर इन परिवर्तनों के प्रभाव कम पाए जाते हैं। किशोरों को प्रायः छोंटी-छोटी बीमारियां जैसे- दांत में दोष, आँख की तकलीफें, पेट की बीमारी, सिर दर्द, कान दर्द आदि हो जाती हैं परन्तु सही देखरेख तथा दवाओं के प्रयोग से इनमें शीघ्रता से सुधार हो जाता है। इसके अतिरिक्त किशोर अनेक समायोजनात्मक समस्याओं (क्षुधा-अभाव तथा क्षुधातिशयता) का भी अनुभव करते हैं।

किशोरावस्था के शारीरिक विकास का सीधा संबंध पेशीय विकास के साथ होता है। पेशियों के आकार में वृद्धि होने के पश्चात् उनकी शक्ति में भी वृद्धि हो जाती है।

विभिन्न पेशीय परिवर्तनों के कारण अधिकांश किशोर भोंडापन के शिकार हो जाते हैं। यद्यपि लड़के-लड़कियाँ दोनों में यह दिखता है तथापि लड़कों में लड़कियों की अपेक्षा प्राय: अधिक होता है।

किशोरावस्था में विभिन्न संवेगात्मक कौशलों का विकास होता है। किशोर नए-नए कौशलों को सीखने में अत्यधिक रुचि लेते हैं।

पेशीय विकास में लिंगगत भिन्नताएं भी पाई जाती हैं। शारीरिक अनुपात एवं पेशीय बल में अंतर के कारण खेलकूद संबंधी योग्यता में लिंगगत अंतर वृहद् स्तर पर पाए जाते हैं। पेशीय बल के अतिरिक्त पेशीय निष्पादन में भी लिंगगत भिन्नताएं पाई जाती हैं। लड़कों में पेशीय निष्पादन लड़कियों की अपेक्षा बेहतर पाया जाता है। जो शारीरिक संरचना एवम् क्षमता में भिन्नता के कारण होता है।

तकनीकी पद	**Technical Terms**
अण्डाशय	Ovaries
अभिनतियाँ	Biases
अवधान	Attention
आत्म-प्रतिमा	Self-Image
आत्म-सम्मान	Self-Esteem
आग्रहिता	Assertiveness
कंकालीय	Skeletal
कौशल	Skills
किशोर विकास वेग	The Adolescent Growth Spurt
किशोरावस्था	Adolescence
गर्भाशय	Uterus
गर्भाधान	Conception
गर्भ धारण	Conceive
जैविकीय कारक	Biological Factor
तंत्रिका पेशीय	Neuro Muscular
तन्मयता	Preoccupation
दु:ख	Distress

दैहिक चिन्ह	Physiological Signs
दूरी फेंक	Throwing Distance
धड़	Trunk
नियंत्रण बल	Grip Strength
पुरुषवत्	Masculine
पेशीय	Muscular
पेशीय बल	Motor Strength
पेशीय विकास	Motor Development
पेशीय विशिष्टि	Muscle Specific
पेशीय निष्पादन	Motor Performance
प्रथम रज:स्त्राव	Menarche
प्रतिस्पर्धा	Competition
फुंसी	Pimples
फुर्ती Agility	
बौद्धिक निष्पादन	Intellectual Performance
बाध्यकारी भय	Compulsive Fear
भोड़ापन/भद्दापन	Aukwardness
मुंहासा	Acne
यौवनारम्भ	Puberty
रज:स्त्राव	Menstruation
विघटनकारी	Disruptive
विक्षुब्ध	Disturbed
विलम्बित परिपक्वता	Late Maturation
वसामय ग्रंथि	Sebaceous Gland
वैयक्तिक पहचान	Individual Identity
शिशु जनन	Child bearing
शंक्वाकार	Conical
शारीरिक आकृति	Physical Appearance
शुक्रीय कोश	Sperm Cells
शुक्राणु	Sperm
स्त्रीवत	Feminine
समस्या समाधान	Problem Solving

सांस्कृतिक कारक	Cultural Factor
स्वप्न दोष	Nocturnal Emission
स्तन	Breast
संक्रमण काल	Hygeinic crisis
क्षुधा अभाव	Anorexia
क्षुधातिशयता या भस्मक रोग	Bulimia

15 किशोरावस्था : संज्ञानात्मक विकास
Adolescence : Cognitive Development

किशोरावस्था में संज्ञानात्मक विकास का संरूप
(Pattern of Cognitive Development in Adolescence)

किशोरावस्था को तीव्र आंधी एवम् तूफान की अवस्था कहा जाता है। इस अवस्था में किशोर में शारीरिक, प्रकार्यात्मक एवं व्यवहारपरक परिवर्तन तीव्रतम् गति से होते हैं। विकास के अन्य पक्षों की भांति इस अवस्था में संज्ञानात्मक विकास भी तीव्रतम् गति से होता है। अब किशोर किसी समस्या के समाधान की संभावनाओं पर चिंतन करने के योग्य हो जाते हैं। वास्तविकता से परे वे सम्पूर्ण जगत को जानने एवं उसके बारे में चिंतन करने हेतु उत्सुकता प्रदर्शित करते हैं। यद्यपि विभिन्न सम्प्रत्ययों जैसे- प्रेम, घृणा, इत्यादि की जानकारी बच्चा अभिभावकों से बाल्यावस्था में सुना रहता है तथापि इनकी समझ उन्हें किशोरावस्था में ही विकसित होती है। इस अवस्था में किशोर अमूर्त चिन्तन के साथ-साथ अनुमानात्मक परिकल्पनात्मक तथा तार्किक परिणतियों की कल्पना करने में सक्षम होते हैं। इसी अवस्था में वे अमूर्त विषयों जैसे- प्रेम, राजनीति, धर्म तथा जीवन दर्शन इत्यादि की विशद विवेचना (साथ ही वार्तालाप) करने में सक्षम हो जाते हैं।

किशोर साहित्य तथा दर्शन से नैतिकता सम्बन्धी सिद्धान्तों का निर्माण करने में सक्षम होते हैं। किशोरों में इतिहास की समझ इतनी हो चुकी होती है कि वह यह समझने में समर्थ होता है कि इतिहास अतीत की राजनीति है तथा वर्तमान की घटनाएं भविष्य को प्रभावित करती हैं। इस तरह की समझ के विकास के फलस्वरूप वे सामाजिक संस्थानों तथा व्यक्ति की क्रियाओं के लक्ष्य एवं वैधता से सम्बन्धित प्रश्न उठाते हैं तथा उसकी वैश्विक व्याख्या करने में सक्षम हो जाते हैं। यथा- "यह विश्व किस तरह का है ?", "यह विश्व कैसा होना चाहिए?" इत्यादि।

यद्यपि अमूर्त चिन्तन की योग्यता किशोरावस्था में परिलक्षित होती है तथापि यह अचानक उत्पन्न होने वाली घटना नहीं है। इसका प्रारम्भ औपचारिक संक्रियात्मक अवस्था से ही हो जाता है। पियाजे के अनुसार बालकों में अमूर्त चिंतन की क्षमता का विकास करीब 11 वर्ष की आयु से आरंभ होता है। औपचारिक संक्रियात्मक अवस्था पर एक किशोर उसी प्रकार तर्क करता है जैसे एक वैज्ञानिक प्रयोगशाला में वैज्ञानिक समाधानों की खोज के लिए उत्सुक रहता है। मूर्त

संक्रियात्मक अवस्था के बच्चे (Concrete operational children) केवल "वास्तविकता पर कारगर" (Operate on reality) हो सकते हैं लेकिन औपचारिक संक्रियात्मक किशोर (Formal operational adolescent) "संक्रियाओं पर कारगर" (Operate on operations) हो सकते हैं। दूसरे शब्दों में किशोरों के लिए मूर्त वस्तुएं एवं घटनाएं चिंतन की वस्तु के रूप में आगे अब आवश्यक नहीं है इन्हेल्डर एवं पियाजे (1955, 1958)। उसके स्थान पर किशोर आंतरिक परावर्तन (Internal reflection) द्वारा नये एवं अधिक सामान्य तार्किक नियमों को सोच सकता है। सारणी 15.1 में औपचारिक संक्रियात्मक अवस्था की दो प्रमुख विशेषताओं (features) का सारांश प्रस्तुत किया गया हैं।

सारणी 15.1: औपचारिक संक्रियात्मक अवस्था की प्रमुख विशेषताऐं

विशेषताऐं (Characteristic)	विवरण (Description)	उदाहरण (Example)
प्राक्कल्पनात्मक निगमनात्मक तर्कण (Hypothetico-deductive reasoning)	औपचारिक संक्रियात्मक अवस्था के किशोर किसी समस्या का जब सामना करते हैं, तो वे निर्गम को प्रभावित करने वाले सभी संभावित कारकों के बारे में सोचते हैं न कि परिस्थिति की मूर्त विशेषताओं द्वारा सद्यः प्रस्तावित की गई दशाओं को। तत्पश्चात् वे इनका क्रमबद्ध ढंग से प्रयोग यह जानने के लिए करते हैं कि कौन सा कारक वास्तविक जगत में कारगर होता है।	जीव विज्ञान की कक्षा में लक्ष्मण ने यह निर्धारित किया कि किन्हीं दो उर्वरकों में से कौन सा उर्वरक, फसलों के लिए उपयुक्त है। इन्होंने न केवल उर्वरक के प्रकार को लिया अपितु उर्वरक की तीव्रता, मात्रा तथा उपयोग के तरीकों को भी प्रभावक चर के रूप में लिया। अतः इसके मापन के लिए इन्होंने एक प्रयोग किया जिसमें इन्होंने उपर्युक्त सभी विभिन्नताओं को लिया। इस प्रकार इन्होंने इस अभिकल्प की सहायता से सभी कारकों के स्वतंत्र प्रभाव को निर्धारित करने में सफलता प्राप्त किया।
तर्कयुक्त विचार (Propositional Thought)	औपचारिक संक्रियात्मक अवस्था के किशोर उन समस्त कथनों के तर्कों को मूल्यांकित कर सकते हैं जो उनके स्वयं के कथन से उत्पन्न होते हैं। उन्हें अपने तर्कों को वास्तविक भौतिक घटनाओं से तुलना करने की आवश्यकता नहीं होती है।	लक्ष्मण ने विचारात्मक कथनों को तथा किशोरों की तार्किक क्षमताओं को प्रस्तुत किया तथा कहा कि वे इन कथनों के बारे में निष्कर्ष निकालें कि ये कथन सही हैं, गलत हैं या अनिश्चित हैं।

1. वैज्ञानिक एवं तार्किक विचार (Scientific and Logical Thought)

यद्यपि विकासात्मक मनोवैज्ञानिकों की बहुत दिनों तक यह मान्यता थी कि किशोरावस्था की

चिन्तन प्रक्रिया उत्तर बाल्यावस्था की चिन्तन प्रक्रिया से भिन्न होती है, तथापि इन भिन्नता के स्वरूप का क्रमबद्ध रूप से अध्ययन कर पाने में वे अक्षम रहे। सर्वप्रथम पियाजे ने अपने अनुसंधानों के आधार पर किशोरों की तार्किक क्षमताओं के विकास के स्वरूप को प्रस्तुत किया। अध्ययन के लिए पियाजे ने अनेक वैज्ञानिक संकृत्यों तथा समस्याओं का प्रतिपादन किया तथा इन संकृत्यों को विभिन्न उम्र के बच्चों पर प्रशासित किया। बच्चों के अतिरिक्त पियाजे ने किशोरों पर भी यही अध्ययन सम्पादित किया तथा परिणामों में पाया कि बच्चों तथा किशोरों के समस्या समाधान की प्रविधि तथा उनके चिन्तन करने की प्रक्रिया में पर्याप्त भिन्नता होती है। पियाजे ने अपने शोध कार्यों के माध्यम से किशोरों के विचार से सम्बद्ध अनेक विशिष्ट गुणों की जानकारी प्राप्त की (इन्हेल्डर एवं पियाजे, 1968)।

सम्भाव्यता से वास्तविकता का निर्धारण (Reality to Realm of the Possible)

पियाजे ने सम्भावना में वास्तविकता के रूप को किशोरों के विचारों के प्रथम गुण के रूप में बताया है। इस उम्र में किशोर अपनी योग्यताओं के कारण नवयुवकों से भिन्न दिखने लगते हैं। मध्य बाल्यावस्था से ही बालक कुछ-कुछ मूर्त एवं काल्पनिक विचारधाराओं को समझने की योग्यता प्राप्त कर लेते हैं परन्तु इनका पर्याप्त विकास किशोरावस्था में ही सम्भव हो पाता है। किशोर उन पक्षों के चिन्तन के साथ-साथ समस्या समाधान के सम्भावित योग्यताएँ भी विकसित कर लेते हैं। अब वे समस्या के व्यावहारिक उदाहरणों की सहायता से समाधान ढूंढने का प्रयत्न करते हैं। उदाहरणार्थ: पियाजे (1968) ने एक अध्ययन में किशोरों को वीकर में द्रव दिया। कुछ बीकरों में रंगहीन द्रव था तथा कुछ में रंगीन (हल्के पीले रंग का)। उन्हें बताना था कि दोनों में कैसा द्रव है ? किशोर इन दोनों प्रकार के द्रवों को देखकर समस्त सम्भावनाओं को समझा पाने में समर्थ हो सके कि या तो द्रव सिर्फ जल है या मिश्रित जल है। परन्तु इसी समस्याओं को बालक समझ पाने में असमर्थ पाये गये।

परिकल्पनात्मक-निगमनात्मक तर्कणा (Hypothetico-Deductive Reasoning)

किशोर में परिकल्पनात्मक-निगमनात्मक तर्कणा की योग्यता विकसित हो जाती है। पियाजे ने स्पष्ट किया कि किशोर अपनी उपरोक्त विशेषता के कारण उन समस्त सम्भावित समस्याओं के बारे में परिकल्पना निगमित कर सकते हैं। इस प्रकार पियाजे ने जो अभिकल्प निर्मित किया उसके समाधान के लिए किशोर वैज्ञानिक प्रविधि का उपयोग करने में सक्षम हुए जिसके अन्तर्गत समस्या समाधान के लिए किशोरों ने निम्न चरणों में अपनी अनुक्रियाओं को प्रदर्शित किया-

(1) समस्याओं का विश्लेषण।
(2) सही समाधान हेतु परिकल्पना का निर्माण

(3) परिकल्पनाओं को सही सिद्ध करने के लिए आवश्यक आनुभविक साक्ष्यों का संकलन।
(4) संकलित साक्ष्यों के आधार पर परिकल्पनाओं का परीक्षण, तथा
(5) साक्ष्यों द्वारा पहली परिकल्पना की पुष्टि न होने की दशा में अन्य वैकल्पिक परिकल्पनाओं का निर्माण करना तथा इन परिकल्पनाओं का भी उपरोक्त प्रविधियों द्वारा परीक्षण करना।

अतः किशोर प्राक्कल्पनात्मक-निगमनात्मक तर्कणा में समर्थ होते हैं। जब वे किसी समस्यात्मक स्थिति का सामना करते हैं तब वे सर्वप्रथम सरलतम समाधान की खोज प्रारम्भ करते हैं। वे समस्या से सम्बन्धित हर संभव सम्भावनाओं को ज्ञात करते हैं तथा धीरे-धीरे विशिष्ट परिकल्पनाओं (या पूर्व कथनों) को निगमित करते हैं। इसके पश्चात् वे समस्त परिकल्पनाओं का निश्चित क्रम में परीक्षण करते हैं कि क्या वे वास्तविक जीवन में अर्थपूर्ण हैं? इस प्रकार समस्या समाधान की क्षमता का निर्माण संभावित से वास्तविक की तरफ होता है। जबकि मूर्त संक्रियात्मक अवस्था में बच्चे इसके विपरीत वास्तविकता से किसी स्थिति का आँकलन करते हैं तथा जब तक वे उसके बारे में निश्चित नहीं होते हैं तब तक वे किसी अन्य विकल्प के बारे में नहीं सोच सकते हैं तथा वे किसी समस्या का समाधान करने में असफल होते हैं।

किशोरों के निष्पादन का प्रायोगिक अध्ययन पियाजे ने किया जो 'पेण्डुलम समस्या' के नाम से प्रसिद्ध है। इस अध्ययन को इन्होंने कुछ छोटे बच्चों तथा कुछ किशोर वय के बच्चों पर किया। इसमें इन्होंने विभिन्न लम्बाई की रस्सियाँ, अलग-अलग भार वाले कुछ चीजें जो रस्सी के साथ संलग्न थीं तथा एक लम्बा डंडा जिस पर समस्त रस्सियाँ लटकायी गयी थीं, को बच्चों के सामने प्रस्तुत किया तथा उनसे पूछा कि इन समस्त पेन्डुलम को अपने अक्ष पर घुमाने पर इसके आवर्तकाल पर कौन-कौन से कारक प्रभाव उत्पन्न करते हैं। औपचारिक-संक्रियात्मक अवस्था के किशोरों ने इसके लिए चार परिकल्पनाओं का निर्माण किया यथा ; इनके अनुसार आवर्तकाल को निम्न कारक प्रभावित करते हैं-

1. रस्सी की लम्बाई,
2. उस वस्तु का भार जो रस्सी के साथ बँधा था।
3. उस वस्तु की वह ऊँचाई जो उसे घुमाने के लिए उठाया गया था।
4. वह बल जिससे उसे छोड़ा गया था।

इन चारों परिकल्पनाओं का किशोरों ने क्रमशः एक-एक करके अध्ययन किया तथा अन्त में वे यह ज्ञात करने में सफल रहे कि केवल रस्सी की लम्बाई ही आवर्तकाल को प्रभावित करती है।

इसके विपरीत मूर्त संक्रियात्मक अवस्था (Concrete Operation Stage) के बच्चे अक्रमबद्ध रूप से इन परिकल्पनाओं पर साथ-साथ कार्य किये तथा अन्ततः वे इन चारों के प्रभावों को अलग-अलग विश्लेषित कर पाने में अक्षम पाये गये।

तर्कयुक्त चिंतन (Propositional Thought)

किशोरों की एक तीसरी विशेषता के रूप में जीन पियाजे ने तार्किक विचार को प्रस्तुत किया जिसमें किशोर कथन-कारण के मध्य तार्किक सम्बन्ध की सच्चाई का निर्णय करते हैं। पियाजे ने अपने अध्ययनों में पाया कि किशोर प्रस्तावक कथनों (Propositional Statements) के मध्य तार्किक सम्बन्धों का अनुमान कर सकने में सक्षम पाये जाते हैं। औपचारिक-संक्रियात्मक अवस्था की एक अन्य महत्वपूर्ण विशेषता है तर्कयुक्त विचार (Propositional Thought) । किशोर प्रायः तर्कयुक्त कथनों (वाचित कथन) को बिना किसी वास्तविक घटनाओं की सहायता से मूल्यांकित कर सकते हैं। जबकि मूर्त संक्रियात्मक अवस्था में बालक बिना किसी वास्तविक घटना के आधार पर मूल्यांकन नहीं कर पाते हैं।

ऑसर्सन एवम् मार्कमैन (1975) द्वारा प्रस्तुत तर्कयुक्त विचार से सम्बन्धित एक अध्ययन में यह पाया गया कि एक समान कथन पर औपचारिक संक्रियात्मक अवस्था के किशोरों तथा मूर्त संक्रियात्मक अवस्था के बालकों में समान कथन पर अलग-अलग परिणाम प्राप्त होते हैं। इन्होंने अपने प्रयोग में बच्चों से क्लिप के रंगों की पहचान करवाकर उनकी अनुक्रिया प्राप्त की। प्रयोगकर्त्ताओं ने अध्ययन की एक दशा में एक क्लिप अपने बालों में छिपा लिया तथा बच्चों से प्रश्न पूछा तथा कहा कि वे इन प्रश्नों का उत्तर तीन विकल्पों अर्थात् सही, गलत तथा अनिश्चित पर दें।

इन्होंने क्लिप के रंग के बारे में निम्न प्रश्न पूछे- "या तो क्लिप का रंग हरा है या हरा नहीं है" तथा "क्लिप का रंग जो हमारे बाल में है वह हरा है या वह हरा नहीं है।"

दूसरी दशा में इन्होंने हरा या लाल क्लिप अपने बाल में बच्चों को दिखाकर छुपाया तथा उपरोक्त प्रश्न पुनः पूछा।

अध्ययन के परिणामों में इन्होंने यह पाया कि स्कूल आयु (Concrete Operation Stage) के बच्चों ने मूर्त विशेषताओं पर तर्कयुक्त विशेषताओं से अधिक जोर दिया तथा पहली दशा में वे दोनों कथनों के लिए 'अनिश्चित' होने का उत्तर दिए परन्तु जब क्लिप को उनके सामने छुपाया गया तब उन्होंने कथन को 'सही' या 'गलत' बताया। जबकि किशोरवय के प्रयोज्यों ने कथनों को तर्कपूर्ण ढंग से विश्लेषित किया तथा यह बताया कि पहले कथन का अर्थ 'या तो' 'या' होने से हमेशा सत्य होगा जबकि परस्पर विरोधाभाषी उत्तर के कारण दूसरे कथन का उत्तर हमेशा 'गलत' होगा (ऑसर्सन एवम् मार्कमैन, 1975)।

पियाजे का विश्वास था कि बच्चों के संज्ञानात्मक विकास में भाषा की कोई महत्वपूर्ण भूमिका नहीं होती है। इन्होंने यह स्पष्ट किया कि इसका प्रभाव किशोरावस्था में पड़ता है क्योंकि

बाल्यावस्था में बच्चे मूर्त चिन्तन पर बल देते हैं तथा उस भाषा के वास्तविक मूल्य को समझ पाने में अक्षम होते हैं। यही कारण है कि 14-15 वर्ष की आयु के पहले वे गणितीय सूत्रों का व्यावहारिक अनुप्रयोग नहीं सीख पाते हैं जबकि 14-15 वर्ष की आयु के पश्चात् बच्चे गणितीय प्रविधियों जैसे बीजगणित, ज्यामितीय चित्रों का अनुप्रयोग सामान्य दिनचर्या में करना आरम्भ कर देते हैं। औपचारिक संक्रियात्मक विचारों में मूर्त सम्प्रत्ययों के बारे में वाचिक तर्कणा भी सम्मिलित होती है (ब्रेनर्ड, 1978)। किशोर वय में सोचने की क्षमता, समय, स्थान (देशगत) तथा भौतिक संरचनाओं के बारे में अमूर्त चिन्तन की प्रक्रिया आरम्भ हो जाती है। वह निर्णय के प्रति आश्चर्य एवं दर्शन में स्वतन्त्रता का भी अनुभव करने लगता है।

इस प्रकार पियाजे ने वैज्ञानिक एवं तार्किक चिंतन के प्रकारों को स्पष्ट किया जिसमें प्रथम औपचारिक संक्रियात्मक चिन्तन किशोरावस्था में घटित होती है। इसके अन्तर्गत मूर्त संक्रियात्मक चिन्तन, मूर्त वस्तुओं एवं वास्तविकता से सम्बद्ध सूचनाएं निहित होती हैं; साथ ही साथ औपचारिक संक्रियात्मक चिन्तन में कुछ अमूर्त चिन्तन जैसे प्रस्तावित कथन एवं परिकल्पनाएं आदि अन्तर्निहित होती हैं। एक व्यक्ति औपचारिक संक्रियात्मक चिन्तन से यह अनुभव करता है कि कथन एवं तार्किक विचार में मूलतः क्या अन्तर होता है? तथा वह यह समझने में सफल रहता है कि तार्किक विचार में चिन्तन निहित होता है जबकि कथन मूर्त होते हैं। इस प्रकार औपचारिक चिन्तन को द्वितीय प्रकार का चिन्तन कहते हैं तथा वस्तुओं के बारे में चिन्तन प्रथम प्रकार का चिन्तन कहलाता है। एक अन्य अध्ययन में शोधकर्त्ताओं ने पाया कि किशारों में आयु वृद्धि के साथ उनके तार्किक चिन्तन में भी वृद्धि होती है। इस अध्ययन में बड़ी संख्या में किशोरों को लिया गया तथा पेंडुलम समस्या पर कार्य कराया गया। परिणामों में यह पाया गया कि 12 वर्ष के 14% बालकों ने पेंडुलम समस्या पर सफलता हासिल की। जबकि 13 वर्ष के 18% बालक तथा 14 वर्ष के 22% बालकों ने सफलता प्राप्त की (शायर, कुचमान और वायलम, 1976; शायर एवं वायलम, 1978)। इन लोगों ने यह भी पाया कि तार्किक चिन्तन में वृद्धि आयु के साथ ही नहीं बल्कि बुद्धि में वैयक्तिक भिन्नताओं से भी सम्बन्धित होता है। पेंडुलम समस्या पर औसत बुद्धि के 14 वर्ष के बालकों में केवल 24% सफल हुए जबकि 19 वर्षीय उच्च बुद्धि स्तर के 85% बालकों ने सफलता प्राप्त की।

2. औपचारिक संक्रियात्मक चिंतन का स्तर (Levels of Formal Operational Thought)

औपचारिक संक्रियात्मक चिन्तन प्रारम्भिक किशोरावस्था में अचानक ही परिलक्षित नहीं होता। पियाजे के अनुसार औपचारिक संक्रियाओं का प्रथम स्तर विकल्पों, परिकल्पनाओं एवं सम्भावनाओं के बारे में चिन्तन है। चिन्तन का यह प्रकार सामान्यतया पूर्व किशोरावस्था से प्रारम्भ होता है (11 से 15 वर्ष के बीच)। औपचारिक संक्रिया का द्वितीय स्तर संभावनाओं के बारे में क्रमबद्ध चिन्तन है जिसका प्रारम्भ किशोरावस्था से होता है। उदाहरणार्थ : पेंडुलम समस्या के अध्ययन में नव किशोर बहुत सारी सम्भावनाओं का परीक्षण करता है तथा जब वह हल प्राप्त कर लेता है तब वह अन्य सम्भावनाओं पर परीक्षण करना रोक देता है जबकि एक परिपक्व किशोर पेंडुलम

समस्या में पेंडुलम की गति के लिए आवश्यक तत्वों की खोज के साथ-साथ गति को प्रभावित करने वाले अन्य कारकों की भी खोज करना प्रारम्भ कर देता है। तत्पश्चात् उन समस्त सम्भावनाओं में सम्बन्धों की खोज करता है। अनुसंधान यह प्रदर्शित करते हैं कि औपचारिक संक्रियात्मक चिंतन के विकास के उपरोक्त दोनों स्तरों के अतिरिक्त कई अन्य स्तर भी हो सकते हैं (केस, 1985)।

विभिन्न विषयों में भी हुए अब तक के अनुसंधान यह प्रदर्शित करते हैं कि प्राय: किशोर वय के प्रयोज्य औपचारिक संक्रियात्मक चिन्तन का उपयोग करते हैं परन्तु सभी किशोर ऐसा करते हों, यह आवश्यक नहीं है (पियाजे, 1972)। इन्होंने यह निष्कर्ष निकाला कि यद्यपि किशोरों में औपचारिक संक्रियात्मक चिन्तन की क्षमता होती है तथापि वे वास्तविक रूप में अपने उन अनुभवों का भी उपयोग करते हैं जो उनके गणित तथा विज्ञान की शिक्षा से प्राप्त होती है। पियाजे के अनुसार जिन बच्चों के पाठ्यक्रम में गणित तथा विज्ञान विषय सम्मिलित रहता है उन बच्चों का चिन्तन गणित तथा विज्ञान न पढ़ने वाले बच्चों की अपेक्षा बेहतर होता है (मैकक्लोस्की, करमाजा एवम् ग्रीन, 1980)। वास्तव में नव किशोर तभी सफल हो सकते हैं जब उन्हें वैज्ञानिक चिन्तन के लिए प्रशिक्षित किया जाए। एक अध्ययन में 6 से 8 वर्ष के बच्चों पर पियाजे द्वारा निर्मित संकृत्य को प्रशासित किया गया जिसमें से कोई भी बालक उन समस्याओं का समाधान कर पाने में सफल नहीं हुए। तत्पश्चात् उन बालकों को चार दिन तक पियाजे के संकृत्य की भाँति अन्य संकृत्यों के निष्पादन हेतु प्रशिक्षित किया गया तथा पुन: उन बच्चों का परीक्षण किया गया। परिणाम में यह पाया गया कि बालक जो प्रशिक्षित किये गये थे इनके द्वारा किये गये संकृत्यों का निष्पादन 75% तक रहा तथा कुछ बालक इसे पूर्णत: निष्पादित करने में सफल रहे (केस, 1974)। साधारणतया हमारे समाज के नवकिशोरों में औपचारिक संक्रियात्मक अवस्था की विशेषताओं की कमी दिखती है क्योंकि वे उस तरह से प्रशिक्षित नहीं हो पाते जिस तरह का प्रशिक्षण इस चिन्तन को बल प्रदान करती है।

3. औपचारिक संक्रियात्मक अहंकेन्द्रितता (Formal Operational Egocentrism)

किशोरों के दैहिक परिवर्तन के साथ-साथ सम्बन्धित अमूर्त चिन्तन की क्षमता के विकास का तात्पर्य है कि अब वे अपने बारे में चिन्तन करना आरम्भ कर चुके हैं। पियाजे का मानना है कि यह अवस्था औपचारिक संक्रियात्मक अहंकेन्द्रिता के साथ जुड़ी हुई है। इनहेल्डर तथा पियाजे (1955) के अनुसार "अहं केन्द्रितता का तात्पर्य किशोर एवं अन्य लोगों के अमूर्त दृष्टिकोणों में अन्तर करने की असमर्थता से है। किशोर प्राय: यह सोचते हैं कि लोग उनके बारे में क्या सोचते हैं जिसके कारण स्वयं एवं अन्य के सम्बन्धों के बीच दो प्रकार के विकृत प्रारूप प्रकट होते हैं।"

काल्पनिक श्रोता (Imaginary Audiance)

पहली विकृति को हम काल्पनिक श्रोता (Imaginary audiance) कहते हैं। इसके अन्तर्गत

किशोर (युवा) को लगता है कि वह दूसरों के ध्यान का केन्द्र बना हुआ है। परिणामतः वे अत्यधिक सचेत (Self-conscious) हो जाते हैं तथा घबराहट से बचने के लिए प्रायः कल्पनाशील हो जाते हैं। यह उनकी सार्वजनिक आलोचना के प्रति संवेदना के कारण को स्पष्ट करता है। ऐसे किशोर यह मानते हैं कि उनके आस-पास का प्रत्येक व्यक्ति उनके निष्पादन का मूल्यांकन कर रहा है तथा माता-पिता एवं शिक्षकों द्वारा उनके लिए कहा गया आलोचनात्मक वाक्य, अपमानजनक घटना हो सकती है।

वैयक्तिक भ्रम (Personal Fable)

दूसरी संज्ञानात्मक विकृति है वैयक्तिक भ्रम (Personal fable)। इसमें किशोर शुरु में यह मानते हैं कि लोग उसके बारे में सोच रहे हैं तथा उसके निष्पादन का अवलोकन कर रहे हैं। वे अपनी महत्ता के प्रति एक आडम्बरपूर्ण विचार विकसित कर लेते हैं। किशोर अब यह मानना शुरु कर देते हैं कि वे विशिष्ट एवं सबसे अलग हैं। अधिकतर किशोर स्वयं को इस प्रकार देखते हैं कि वे लक्ष्य की सर्वाधिक ऊँचाई को प्राप्त कर रहे हैं तथा उनकी निराशा का ह्रास हो रहा है। यथा- एक किशोरी ने अपनी डायरी में लिखा था, "मेरे माता-पिता की जिन्दगी अत्यधिक साधारण एवं मदकाल में उलझी हुई है। मेरी जिन्दगी इससे अलग होगी। मैं अपनी उम्मीदों एवं महत्वाकांक्षाओं को अनुभव कर रही हूँ।" वैयक्तिक भ्रम से ग्रसित किशोर अपेक्षाकृत अधिक खतरा मोल (Risk Taking) लेते हैं। वे किशोर जो अत्यधिक भीड़ वाली सड़क पर भी 80 मील प्रति घण्टा की रफ्तार से गाड़ी चलाते हैं, अपनी अद्वितीयता (uniqueness) एवं अभेद्यता (Invulnerability) के प्रति आश्वस्त रहते हैं।

पियाजे के सिद्धान्त के अनुकूल काल्पनिक श्रोता एवं वैयक्तिक भ्रम संक्रमण से औपचारिक संक्रियाओं के दौरान प्रभावशाली रहते हैं। एक नव किशोर जैसे-जैसे बड़ा होता जाता है वैसे-वैसे क्रमशः इन विकृतियों का पतन होता जाता है (एनराइट, लैप्स्ले एवम् शुक्ला, 1979 ; लैप्स्ले व अन्य, 1988)। फिर भी कुछ विशेषज्ञ मानते हैं कि 'स्व' की ये विकृत कल्पनाएं अहंकेन्द्रितता को स्पष्ट नहीं करती बल्कि अहंकेन्द्रिता में किशोर यह जानना चाहता है कि लोग क्या सोच रहे हैं। किशोर इस विचार से ग्रसित होते हैं कि लोग सांवेगिक कारणों से उनके व्यवहार एवं आर्विभाव के प्रति अभिनतियुक्त (Biased) रहते हैं। ऐसा करना उन्हें माता-पिता से अलग एक स्वतंत्र छवि को स्थापित करने में एवं महत्वपूर्ण रिश्तों को कायम रखने में मदद करता है (लैप्स्ले, 1990)।

4. सूचना प्रक्रमण की योग्यता (Information Processing Ability)

किशोरों और वयस्कों के चिंतन में तार्किकता, अमूर्त चिन्तन, वैज्ञानिकता और क्रमबद्धता आयु और अनुभव के साथ बढ़ती जाती है। लेकिन चिन्तन के उच्चतम् स्तर को प्राप्त करने के लिए कौन-कौन से कारक महत्वपूर्ण होते हैं? इस संदर्भ में कुछ मनोवैज्ञानिकों ने यह स्पष्ट किया है कि

किशोर में उनकी सूचना प्रक्रमण की योग्यता में सुधार आता है। उन मनोवैज्ञानिकों ने यह जानकारी प्रस्तुत किया कि किशोरों और बच्चों की तर्कणा में भिन्नता होती है। यह तर्कणा उनके सूचना प्रक्रमण की क्षमता से विकसित होती है। बच्चे समस्या के सम्भावित समाधान को देखकर रुक जाते हैं जबकि वयस्क अन्य समाधानों पर गहन विचार करते हैं। इस संदर्भ में मनोवैज्ञानिकों द्वारा यह सुझाव दिया गया कि, "क्योंकि किशोर की स्मृति अतिभारित (over loaded) हो जाती है, अत: वे समस्या समाधान करने के पश्चात् रुक जाते हैं" (स्टर्नबर्ग, 1977 ; स्टर्नबर्ग एवं निग्रो, 1980)। बच्चों की तुलना में किशोर की लघुकालिक स्मृति में बहुत सारी सूचनाएँ भण्डारित होती हैं। बच्चों की स्मृति उन सूचनाओं को धारण करने में समर्थ नहीं होती, जो उन्हें समस्या की विविध सम्भावनाओं का वर्णन करने के लिए या बताने के लिए उन्हें प्रेरित करती हैं। इस सुझाव के समर्थन के लिए अध्ययनों द्वारा साक्ष्य प्राप्त हुए, जिसमें अध्ययनकर्त्ताओं ने पाया कि बच्चों की आयु वृद्धि के साथ-साथ उसके लघुकालिक स्मृति में भी वृद्धि उसी अनुपात में होती है (केस, 1985)। किशोर में अच्छी स्मृति भण्डारण होने से वह अपने सूचना प्रक्रमण व्यपदेशों का चयन करता है तथा उसकी योजना भी तय करता है, जो बच्चों के व्यपदेश चयन और योजनाओं से उत्कृष्ट होता है (ब्राउन, 1975)।

विद्यालय में उपलब्धि (Achievement in School)

हमारे समाज में विद्यालयीय उपलब्धि तथा सफलता पर अधिक बल दिया जाता है और इस दृष्टि से बहुत सारे लोग अमूर्त चिन्तन के मूल्यों तथा तार्किक विश्लेषण और प्रभावशाली लेखन के संदर्भ में प्राय: असत्य बोलते हैं। किशोरावस्था के पहले बालक उपलब्धि की महत्ता को समझता है और अच्छे निष्पादन न होने का भय तथा परीक्षा के सन्दर्भ से असहज एवम् चिन्ताग्रस्त होता है (फेल्ड, 1967)। किशोरावस्था में उपलब्धि सम्बन्धी विषय बहुत ही महत्वपूर्ण होता है, क्योंकि सार्थक एवं अखण्ड (नियमित) शैक्षणिक क्षेत्र तथा व्यवसायिक क्षेत्र का चुनाव किशोर इसी अवस्था में करता है तथा इसी अवस्था में किशोर अपने इन चयनित विकल्पों (शैक्षणिक तथा व्यावसायिक विकल्प) को व्यापक ढंग से अनुप्रयुक्त (Apply) करता है। किशोर के अन्दर यह संज्ञानात्मक क्षमता विकसित हो जाती है कि वह अपने शैक्षणिक तथा व्यावसायिक गतिविधियों के प्रभावों को समझ सके तथा क्रमबद्ध रूप से उन्हें प्रस्तुत कर सके।

विद्यालयीय कारक (School Related Factors)

किशोर के पास कितनी जानकारी है, उनका चिन्तन कैसा है ? तथा उसकी लेखन शैली कैसी है? ये सभी विशिष्टतायें उसमें स्कूल द्वारा प्रदत्त शैक्षणिक योग्यता से निर्धारित होती है। ये शैक्षणिक योग्यतायें गणितीय सृजनात्मक क्रियाएं, कम्प्यूटर तथा जिम एवम् आर्थिक व्यवस्था सम्बन्धी ज्ञान के रूप में व्यक्त होती है।

नेशनल एसेसमेन्ट ऑफ एजुकेशन प्रोग्रेस (National Assessment of Education

Progress, 1983) द्वारा किए गए एक अध्ययन में 13 से 15 वर्ष की आयु वर्ग के 5000 किशोरों को लिया गया। इन किशोरों को 85 गणितीय समस्याओं को हल करने को दिया गया। किशोर की गणितीय कुशलता को प्रभावित करने वाले कारकों के रूप में जिन विशिष्टताओं को लिया गया वे हैं – किशोर का लिंग, जाति, अभिभावक की शिक्षा का स्तर, रोजगार, घर में पढ़ी जाने वाली सामग्रियों की मात्रा, तथा प्रकार, छात्रों का विद्यालय में पढ़ने का वर्ष तथा छात्रों का औसत ग्रेड, भौगोलिक जल परिक्षेत्र, सामुदायिक स्थल, हाईस्कूल स्तर में पढ़ाई जाने वाली ज्यामितिक तथा बीजगणित के पाठ्यक्रम इत्यादि। इस प्रकार परिणाम में पाया गया कि किशोर के गणितीय योग्यता का महत्वपूर्ण पूर्वकथक (Predictor) उसका विद्यालय में पढ़े गए वर्षों की संख्या तथा ज्यामितिक तथा बीजगणित में पढ़ा गया पाठ्यक्रम था। उन किशोरों का गणितीय परीक्षण में लब्धांक उच्च था जिन्होंने गणित को अपने पाठ्यक्रम में सम्मिलित किया था (जोन्स, 1984)।

इसी प्रकार एक अन्य अध्ययन में यह देखा गया कि किशोर प्रायः विद्यालय में दिए जाने वाले निर्देशों को कितना ग्रहण करते हैं ? शिकागो के एक शहरी विद्यालय में किए गए इस अध्ययन से यह परिणाम प्राप्त हुआ कि किशोर कक्षा में दी जाने वाली सूचनाओं में से मात्र 40% पर ही ध्यान देते हैं (किक्सजेन्टिनीहेली, लार्सन तथा प्रेसकॉट, 1977)। बाकी के समय में वे दिवास्वप्न में, कानाफूसी करने में, दूसरों के गृहकार्य को करने तथा फालतू बैठने में व्यतीत करते हैं।

वैयक्तिक कारक (Personal Factors)

वस्तुतः किशोर जो सूचनायें स्कूल से प्राप्त करता है उसकी गुणवत्ता तथा मात्रा किशोर द्वारा अर्जित उपलब्धि से प्रभावित होती है। उदाहरण के लिए–किशोर की व्यक्तिगत विशेषतायें उसके सूचना प्रकमण को निर्धारित करती हैं। अतः किशोरों की कुछ वैयक्तिक विशिष्टतायें, जो उसकी उपलब्धि को प्रभावित करती हैं निम्नानुसार है–

(i) उपलब्धि अभिप्रेरणा एवं मानक (Achievement Motivation and Standards)
(ii) नियन्त्रण की संस्थिति (Locus of Control)
(iii) लिंग (Gender)

(i) उपलब्धि अभिप्रेरणा एवं मानक (Achievement Motivation and Standards)

(अ) उपलब्धि की आवश्यकता (Need for Achievement): न्यूनः उपलब्धि प्राप्त कर्त्ता (underachievers) वे किशोर होते हैं, जिनका अपनी योग्यता के अनुरूप उपलब्धि प्राप्त नहीं हुआ रहता है। ऐसे किशोरों की बुद्धि लब्धि 120 या उससे अधिक होती है परन्तु उनका कक्षा

में ग्रेड बहुत निम्न स्तर का होता है। यद्यपि बच्चे प्राथमिक स्कूल (Elementry School) में अपनी क्षमता से अधिक निष्पादन नहीं कर सकते हैं तथापि यह अन्तर शायद उच्च प्राथमिक विद्यालय में स्पष्ट होने लगता है। क्योंकि इसी स्तर में शैक्षणिक आवश्यकतायें तीव्रतर होती हैं। न्यून उपलब्धि प्राप्तकर्त्ता में गृहकार्य को न करने की प्रवृत्ति पायी जाती है। उनमें शैक्षणिक उपलब्धि के प्रति अनिच्छा का भाव होता है तथा वे सामाजिक एवं बौद्धिक रूप से अपरिपक्व होते हैं (मैक्काल, 1986)। उनमें सफलता प्राप्त करने के लिए न्यून अभिप्रेरणा होती है तथा उपलब्धि के लिए न्यून आवश्यकता भी होती है। यदि उन्हें कोई वाह्य पुरस्कार न प्राप्त हो तब उपलब्धि की आवश्यकता ही अभिप्रेरणा का कार्य करती है (मैक्लीलैण्ड एवं अन्य, 1953)।

(ब) व्यक्तिगत उपलब्धि का स्तर (Level of Personal Achievement): उपलब्धि अभिप्रेरणा को प्रभावित करने वाला दूसरा कारक किशोर की अपनी व्यक्तिगत उपलब्धि का स्तर है। उदाहरण के लिए– दो किशोरों को एक ही परीक्षा में एक ही ग्रेड ('B') मिलने पर दोनों किशोरों की अलग-अलग प्रतिक्रिया हो सकती है। एक लड़का उस उपलब्धि के लिए स्वयं को हीन भावना से ग्रसित कर लेगा तथा सन्तुष्टि का भाव उसके अन्दर नहीं आयेगा जबकि दूसरा बालक उसी ग्रेड के लिए अपने आपको धन्य समझेगा तथा गौरवान्वित महसूस करेगा। अतः दोनों की उपलब्धि के प्रति प्रतिक्रिया दोनों में उपलब्धि अभिप्रेरणा को परिलक्षित करती है जिसके फलस्वरूप उसकी अन्य योग्यतायें प्रभावित होती हैं।

(स) सफलता/ असफलता का भय (Fear of Success or Failure): उपलब्धि अभिप्रेरणा का एक अन्य निर्धारक किशोर का किसी संकृत्य के प्रति सफलता/ असफलता के प्रति 'भय' है। जब किशोर किसी परीक्षा या साक्षात्कार में जाते हैं तो वे असफलता के भय से ग्रसित हो सकते हैं। यद्यपि यह भय कुछ हद तक उनके ध्यान को विषय वस्तु पर केन्द्रित करने में तथा अभिप्रेरणा स्तर में वृद्धि करने में सहायक होता है तथापि अत्यधिक भय चिन्ता को उत्पन्न करता है जिससे उनकी उपलब्धि पर ऋणात्मक प्रभाव पड़ता है। जब व्यक्ति किसी नए तथा कठिन संकृत्य का निष्पादन करता है तब यह गोचर अधिक परिलक्षित होता है (स्पैलबर्गर, 1966)। इसी प्रकार यही भय किशोर के स्कूल के निष्पादन को भी प्रभावित करता है। विद्यालय में तथा परीक्षा में किशोरों का अवधान प्रायः याद करने तथा उपलब्धि के लिए केन्द्रित होता है (हिल एवम् सारासन, 1966) जबकि किशोरों का सफलता के प्रति भय उनकी सफलता प्राप्ति में बाधक होता है तथा वे स्कूल परीक्षा के प्रति ऋणात्मक भाव व्यक्त करते हैं।

(ii) नियन्त्रण की संस्थिति (Locus of Control)

केवल सफलता या असफलता की अभिप्रेरणा ही किशोरों की उपलब्धि को प्रभावित नहीं करती है बल्कि सफलता या असफलता की व्याख्या भी किशोरों की उपलब्धि को प्रभावित करती है। किशोर अपनी सफलता तथा असफलता के कारणों के लिए स्वयं की योग्यता, किया गया प्रयास, भाग्य तथा कार्य के कठिनाई स्तर को गुणारोपित करते हैं (ड्वेक एवं वार्टमैन, 1980)।

प्राय: किशोर अपनी उपलब्धि के लिए अपनी योग्यता तथा प्रयास को निम्नानुसार व्यक्त करते हैं यथा : "मुझे इस परीक्षा (इतिहास की परीक्षा) में अधिक अंक मिले हैं क्योंकि मुझे इस विषय (इतिहास) में बहुत रुचि है तथा मैंने अत्यधिक परीश्रम भी किया था।"

परन्तु जो किशोर अपनी उपलब्धि के लिए भाग्य तथा कार्य के कठिनाई स्तर को गुणारोपित करते हैं। वे अपनी अनुक्रिया निम्नानुसार व्यक्त करते हैं।

"मैं पिछले साल भाग्यशाली था, तथा मुझे अध्यापक भी बहुत पसन्द करते थे अत: मैं अच्छे अंक प्राप्त कर सका परन्तु मैं यह जानता हूँ कि इस वर्ष मेरा अंक खराब हो जायेगा क्योंकि इस वर्ष मेरा भाग्य खराब है।"

अत: जो व्यक्ति सफलता के लिए उच्चतम स्तर का उद्देश्य रखते हैं तथा सफलता / असफलता के लिए व्यक्तिगत कारण को उत्तरदायी महसूस करते हैं उसमें सफलता प्राप्त करने की पर्याप्त संभावना पायी जाती है।

जब किशोर यह महसूस करते हैं कि वे अपनी सफलता तथा असफलता पर नियन्त्रण स्थापित कर चुके हैं तो इस स्थिति को आन्तरिक नियन्त्रण की स्थिति (Internal Locus of Control) कहा जाता है जबकि जो किशोर यह महसूस करते हैं कि घटनायें उनके नियन्त्रण से बाहर हैं तो यह स्थिति बाह्य नियन्त्रण की स्थिति (External Locus of Control) कहलाती है।

मनोवैज्ञानिकों ने नियन्त्रण की स्थिति के अध्ययन के लिए बौद्धिक उपलब्धि उत्तरदायित्व प्रश्नावली (Intellectual Achievement Responsibility Questionnaire) का उपयोग किया। इस प्रश्नावली में दो प्रकार के प्रश्न थे जैसे- आप परीक्षा में अच्छे अंक लाते हैं -

(a) क्योंकि आपने कठिन परिश्रम किया था (आन्तरिक नियन्त्रण में)
(b) क्योंकि प्रश्न पत्र बहुत आसान था। (बाह्य नियन्त्रण)

परिणाम में पाया गया कि जो बालक एवं किशोर अच्छे अंक के लिए आन्तरिक कारकों (व्यक्तिगत दायित्व) को बताये वास्तव में प्राय: वही सफल होते हैं जिनकी रुचि गणित तथा भाषा में अत्यधिक होती है तथा अपने अधिकतर समय को गृहकार्य करने में व्यतीत करते हैं (क्रेन्डाल, काटकोविशी एवं क्रेन्डाल, 1965 ; फ्रेंकलिन, 1963 ; मैकगी एवं क्रेन्डाल, 1968)। वे छात्र जो यह सोचते हैं कि घटनायें उनके नियन्त्रण के बाहर है उनका व्यवहार शिक्षकों के प्रति ऋणात्मक होता है और शिक्षक भी विद्यार्थी के प्रति नकारात्मक भाव रखते हैं (ब्रेयन्ट, 1974)।

(iii) लिंग (Gender)

उपलब्धि में कुछ भिन्नता लिंगगत भी होती है। लड़के विशेष रूप से भौतिकी के क्षेत्र में विशिष्टता अर्जित करते हैं। यह विशिष्टता उसकी विभिन्न अवस्थाओं में भिन्न-भिन्न होती हैं अर्थात् पूर्व

बाल्यावस्था की अपेक्षा मध्य बाल्यावस्था तथा किशोरावस्था में यह विशिष्टता अत्यधिक तीव्र होती है। प्रश्न यह उठता है कि ये भिन्नतायें क्यों होती हैं ? इसके उत्तर में कहा जाता है कि ये भिन्नतायें स्थानगत तथा जैविकीय कारणों से हो सकती हैं तथा इन भिन्नताओं का एक अन्य कारण उनके अनुभवों एवं रुचियों में होने वाली वृद्धि भी हो सकती है। एक अध्ययन में 40000 उच्च उपलब्धि वाले पुरुषों तथा स्त्रियों में SAT लब्धांक द्वारा यह प्रदर्शित हुआ कि गणित विषय में पुरुषों के लब्धांक महिलाओं के लब्धांकों से उच्च होता है। जबकि इस अध्ययन को सीमित करके किशोरों पर (हाईस्कूल स्तर तक) किया गया और तब परिणाम में पाया गया कि गणित विषय में रुचियाँ समान थीं (बैनबो तथा स्टेनली, 1983)।

माता-पिता, अभिभावक, शिक्षक तथा पड़ोसियों द्वारा सामाजिकीकरण, निःसंदेह किशोरों में लिंग भिन्नता को उत्पन्न करता है तथा यह भिन्नता उनके उपलब्धि में परिलक्षित होती है। अधिकतर किशोरियाँ यह जानती हैं कि उनके वे कार्य समाज एवं लोगों द्वारा अच्छे माने जायेंगे जिसमें स्त्रियोंचित गुण हों तथा आक्रामकता न हो तथा उनको उन उपलब्धियों के कारण दण्डित किया जा सकता है जिसमें उनके सम्बन्ध बालकों के साथ हों (बार्डविक एवम् डाडवन, 1971)। अधिकतर लड़कियों से यह प्रत्याशा की जाती है कि वे अपनी असफलताओं को उन कारणों द्वारा गुणारोपित करें जो उनके नियन्त्रण से परे हों। उदाहरण के लिए-योग्यता में कमी, अधिगम असहायता की स्थिति इत्यादि (ड्वेक एवम् रेपुची, 1973; ड्वेक एवं लीच, 1980; निकोल्स, 1975)। किशोर लड़कियों से यह भी अपेक्षा की जाती है कि वे अपनी सफलता हेतु कम प्रत्याशा रखें, अपनी उपलब्धि अभिप्रेरणा को न्यून रखें तथा असफलता के प्रति संभावित चिन्ता को भी बनाये रखें (स्टैन एवं बैली, 1973)। परन्तु बाद के अनुसंधान लिंगगत भिन्नता को प्रमाणित नहीं करते । इनसे समाजिकीकरण, उपलब्धि में लिंगगत भिन्नताओं की पूर्ण विवेचना पूर्णतः स्पष्ट नहीं होती, यद्यपि उच्च उपलब्धि वाले किशोरों में विज्ञान एवं गणित विषयों में लड़कियों की उपलब्धि लड़कों की अपेक्षा निम्न थी परन्तु अन्य साहित्यिक विषय एवं मौखिक क्रियाकलापों (गतिविधियों) में सामान्यतया उपलब्धि उच्च प्राप्त हुई (बैनबो तथा स्टेनले, 1980 ; राष्ट्रीय शैक्षणिक सांख्यिकी केन्द्र (National Centre for Educational Statistics, 1985)) उपरोक्त परिणामों की विवेचना में यह कहा गया कि गणित या विज्ञान विषयों के अध्ययन में निरन्तर नए-नए विषयवस्तु का समावेश होता है जबकि साहित्यिक अध्ययन में पढ़ने की कुशलता, शब्द, ज्ञान तथा शब्दोच्चार की कुशलता की आवश्यकता होती है। चूंकि लड़कियाँ असफलता के भय से ग्रस्त होती हैं अतः वे गणितीय तथा वैज्ञानिक उपलब्धि को प्राप्त करने में असफल होती हैं। जबकि लड़के नए नए विषयवस्तु को सीखने में अभ्यस्त होते हैं (लिच एवम् ड्वेक, 1984)।

एक अन्य विश्लेषण में कहा गया कि यह भिन्नता कक्षा में घटित होने वाले निष्पादन से प्रभावित होती है। एक अध्ययन यह इंगित करता है कि लड़के कक्षा में एक दूसरे से सम्प्रत्ययों पर विश्लेषण करने में निपुण होते हैं, सर्वाधिक शुद्ध उत्तर प्राप्त करने में सक्षम होते हैं तथा अध्यापकों से सम्पर्क कर अपनी समस्याओं के निराकरण करने में सफल होते हैं जबकि

लड़कियों को प्रेरित किया जाता है कि वे कक्षा में शान्ति से चुपचाप बैठी रहें (सैडकर एवम् सैडकर, 1985)।

निःसन्देह किशोरों में लिंगगत भिन्नता के कई कारण हैं जैसे – अभिक्षमतायें, योग्यतायें, रुचियाँ, अनुभव, सामाजिकीकरण, अभिप्रेरणा तथा अवधान इत्यादि। ये भिन्नतायें अनुसन्धानकर्त्ताओं को शोध कार्य करने हेतु महत्वपूर्ण दिशा प्रदान करती हैं।

पारिवारिक कारक (Familial Factors)

किशोरों की उपलब्धि में बहुत सारी भिन्नतायें जो लिंगगत भिन्नताओं से भी सम्बद्ध हैं पारिवारिक प्रभावों के रूप में लिया जा सकता है। पारिवारिक कारक, किशोरों के अवसरों की प्राप्ति में, योग्यताओं में तथा अभिप्रेरणाओं में महत्वपूर्ण भूमिका का निर्वहन करते हैं।

उपलब्धि प्राप्त करने के अवसर, परिवार की सामाजिक आर्थिक स्थिति एवं जाति पर निर्भर करती है। गरीब व अल्पसंख्यक विद्यार्थी स्कूल में निम्नतर उपलब्धि के अवसर प्राप्त करते हैं (फेदरमान, 1980)। प्रायः गरीब छात्र, जो कुशाग्र बुद्धि वाले होते हैं, वे स्कूली उपलब्धि मन्द बुद्धि वाले अमीर छात्रों से भी कम प्राप्त करते हैं क्योंकि वे स्कूल या कालेज जा पाने में तथा स्कूल का खर्च वहन कर पाने में अक्षम होते हैं (गारबियानों एवं एस्प, 1981)। अतः सामाजिक संरचना तथा सामाजिक आर्थिक स्थिति उपलब्धि को निर्धारित करते है (फेदरमान, 1981)।

मध्यम सामाजिक-आर्थिक परिवेश वाले किशोरों की उपलब्धि प्राप्ति की संभावना निम्न सामाजिक-आर्थिक स्थिति के किशोरों की तुलना में उच्च होती है। क्योंकि मध्यम सामाजिक-आर्थिक परिवेश के किशोर का पर्यावरण तथा वंशानुगत प्रकृति निम्न सामाजिक-आर्थिक स्थिति के किशोर की अपेक्षा बेहतर होती है। मध्यम सामाजिक-आर्थिक स्तर के किशोर की वुद्धि-लब्धि, बौद्धिक योग्यतायें तथा पोषण स्तर भी निम्न सामाजिक-आर्थिक स्तर वाले किशोरों से अच्छी होती है (फेदरमान, 1980)।

मध्यम वर्ग के अभिभावक अपने किशोरों को उच्च उपलब्धि प्राप्त करने हेतु प्रेरित करते रहते हैं। अतः जो अभिभावक अपने बच्चे को उच्च उपलब्धि प्राप्त करने हेतु प्रेरित करते हैं या उपलब्धि प्राप्त करने पर पुरस्कृत करते हैं, उन किशोरों में उपलब्धि मूल्य उच्च होता है (रोजेन एवं डी आन्ड्रेड, 1959 ; विन्टरबाटम, 1958)। एक प्रयोगशालीय अनुसन्धान में बेन्डूरा (1977) ने पाया कि जो किशोर प्रतिमान उद्दीपक को उपलब्धि प्राप्त करने पर पुरस्कृत होते हुए देखते हैं, उनमें भी उच्च उपलब्धि अभिप्रेरणा पायी जाती है।

5. बौद्धिक परिवर्तन (Intellectual Changes)

आयु में वृद्धि के साथ-साथ बौद्धिक योग्यताओं में भी वृद्धि होती है। यद्यपि बाल्यावस्था में बौद्धिक विकास की गति अत्यन्त तीव्र होती है लेकिन जब बालक किशोरावस्था में प्रवेश करता है (12-13 वर्ष) तो उसकी बौद्धिक योग्यता में होने वाली वार्षिक वृद्धि (Yearly increaments)

अपेक्षाकृत कम हो जाती है। विकास की गति मन्द पड़ने की प्रक्रिया, जीवन के अन्त तक चलती रहती है। यद्यपि प्रत्येक वर्ष में बौद्धिक क्षमता बढ़ती है तथापि वृद्धि दर क्रमशः कम होता जाता है। विकास मनोवैज्ञानिकों (बेली, 1970; हिलगार्ड, 1975) का मत है कि औसत तथा श्रेष्ठ बौद्धिक स्तर वाले दोनो ही प्रकार के बालकों में बुद्धि के विकास की प्रक्रिया 14 वर्ष तक चलती रहती है। परन्तु इस तथ्य को पूर्णतः स्वीकार नहीं किया जा सकता क्योंकि एक तरफ जहाँ टरमन एवं मेरिल (1937) स्टैनफोर्ड बिने परीक्षण के आधार पर बौद्धिक योग्यता का सर्वाधिक फलॉक 16 वर्ष को मानते हैं वहीं फ्रीमैन एवं क्लोरी (1937) का मत है कि अधिकतम् बौद्धिक फलॉक 20 वर्ष की आयु में प्राप्त होता है। यदि विभिन्न आयु स्तरों (Age levels) पर बालकों की बुद्धि का मापन किया जाये तथा फलॉकों को रेखाचित्र द्वारा प्रदर्शित किया जाए तो स्पष्ट होगा कि प्रायः 18 वर्ष के बाद बौद्धिक विकास अपने अभीष्ट स्तर को प्राप्त कर लेता है। इसके पश्चात् लम्बी अवधि तक इसमें स्थिरता बनी रहती है उसके बाद इसमें ह्रास दृष्टिगत होता है। बेली ने आयु में वृद्धि तथा बुद्धि के विकास का एक वक्र प्रस्तुत किया है जिसे चित्र संख्या 10.7 में प्रस्तुत किया गया है। (देखें अध्याय 10, चित्र 10.7)।

जैसा कि अध्याय 10 में प्रस्तुत बेली द्वारा दिये गये बुद्धि विकास सम्बन्धी वक्र से स्पष्ट है कि लगभग 18 वर्ष की आयु (पूर्णतया परिपक्व किशोर) के बाद बुद्धि की वृद्धि में लगभग स्थिरता आ जाती है। इसके बाद गति मन्द पड़ जाती है और 18 वर्ष बाद इसमें स्थैर्य आ जाता है।

संज्ञानात्मक परिवर्तन (Cognitive Changes)

एक शैक्षणिक संस्थान में प्रवेश के पूर्व तथा शिक्षण प्राप्त करके निकलने के पश्चात् किशोर के ज्ञान के स्तर को देखकर उसमें होने वाले परिवर्तनों को स्पष्टतः ज्ञात किया जा सकता है। परन्तु इस शैक्षणिक अवधि (Schooling) पर आधारित कोई भी अनुदैर्ध्यात्मक अध्ययनों (Longitudinal study) में तार्किक ज्ञान का मापन नहीं किया गया है (एलिसन एवम् सिनान, 1973)। कई अध्ययनों में विद्यार्थियों के सम्पूर्ण बौद्धिक क्षमता का मापन किया गया है। ऐसा देखा गया है कि यह कारक शैक्षणिक उपलब्धि के लिए एक सशक्त पृथक्करण क्रियातंत्र के रूप में कार्य करता है। फिर भी कुछ ऐसे बौद्धिक प्रबन्धन से (Intellectual disposition) सम्बन्धित कारक हैं जो शिक्षा के विभिन्न स्तर को प्राप्त करने वाले विद्यार्थियों के मध्य अन्तर स्थापित करते हैं।

बौद्धिक प्रवृत्ति (Intellectual Disposition)

वे विद्यार्थी जो विद्यालय में सदैव उपस्थित रहते हैं तथा स्नातक उपाधि ग्रहण करते हैं, वे सदैव उन विद्यार्थियों की तुलना में जो अनुपस्थित रहते हैं या बीच में ही पढ़ाई छोड़ देते हैं, बुद्धि प्रबन्धन

मापन पर अधिक अंक अर्जित करते हैं। स्नातक उपाधि ग्रहण किये हुए किशोर परावर्तक चिन्तन (Reflective Thought) को अधिक वरीयता देते हैं वहीं पढ़ाई बीच में ही छोड़ देने वाले किशोर अपनी व्यवहारिक महत्ता वाले विचारों का मूल्यांकन अधिक करते हैं (ट्रेंट एवं मेस्कर, 1969)। ऐसे किशोर बहुत कम बौद्धिक जिज्ञासा प्रदर्शित करने के साथ-साथ संरचित एवं स्पष्ट परिस्थितियों को वरीयता देते हैं। वहीं एक स्नातक किशोर नये विचारों एवं नयी परिस्थितियों को वरीयता देने के साथ-साथ उसे आत्मसात भी करते हैं (ट्रेंट एवंमेस्कर, 1969)।

पेरी का मनोबन्ध सम्बन्धी अध्ययन (Perry's Schema related Study)

किशोरावस्था के बुद्धि प्रबन्धन में होने वाले परिवर्तनों पर किये गये अध्ययन यह स्पष्ट करते हैं कि ज्ञान के उपागमों में एक विकासात्मक क्रम निहित होता है। विलियम पेरी (1970) ने कई वर्षों तक लगातार हारवर्ड कालेज के विद्यार्थियों का साक्षात्कार लिया तथा यह स्पष्ट किया कि किशोरों के संज्ञानात्मक मनोबन्ध आयु वृद्धि के साथ-साथ अधिक व्यापक एवं जटिल होते जाते हैं, अर्थात् पूर्व स्नातक छात्रों के बौद्धिक मनोबन्ध स्नातक स्तर एवं परास्नातक स्तर में अधिक जटिल हो जाते हैं।

'पेरी की स्कीमा' में विकास की प्रमुख धारा के तीन मुख्य चरण हैं : द्वैतवाद (Dualism), सापेक्षतावाद (Relativism) एवं प्रतिबद्धता (Commitment)। 'द्वैतवाद' के अन्तर्गत विद्यार्थी उन शिक्षकों के प्रति कुण्ठा का प्रदर्शन करते हैं जो उन्हें सही उत्तर नहीं दे पाते हैं। विकास के क्रम में विद्यार्थी कुछ समयान्तराल पश्चात् शैक्षणिक प्रकार्य के द्वैतवाद के सम्प्रत्यय को छोड़ देता है तथा 'सापेक्षतावाद चिन्तन' के सम्प्रत्यय को स्वीकार करता है। यह बौद्धिक प्रबन्धन केवल नृविज्ञान (Anthropology) के विषय वस्तु तक ही सीमित नहीं हैं बल्कि इसके अनुप्रयोग का विस्तार वृहद है। इसकी सहायता से किशोर विद्यालयीय वातावरण के परिवेश को समझना शुरु करता है।

कालेज के अन्तिम दिनों में अधिकांश विद्यार्थियों में इतनी समझ विकसित हो चुकी रहती है कि प्रतिबद्धताएं क्रमिक रूप से बनती है। इन प्रतिबद्धताओं की समझ मनोवैज्ञानिक पहचान एवं लगाव की सुखद अनुभूति को अग्रसारित करती हैं।

पेरी की उत्तर किशोरावस्था में होने वाले बौद्धिक विकास की पद्धति में तथा एरिक्सन के पहचान सम्बन्धी विकास (Identity development) में कई तरह की समानताएं पायी जाती हैं दोनों ही प्रारूप (Model) किशोरों को कई विकल्पों के मध्य खोज करने के रूप में देखते हैं तथा दोनों ही यह सम्भावना व्यक्त करते हैं कि किशोर उन विकल्पों में से किसी एक के साथ अपनी प्रतिबद्धता व्यक्त करेगा। यह प्रतिबद्धता उसके व्यक्तित्व को अभिव्यक्त करने का एक आवश्यक सम्प्रत्यय है जो परिवर्तनशील स्थिति से धीरे-धीरे एक दीर्घकालिक स्थिर प्रक्रिया बन जाती है।

उत्तर किशोरावस्था से सम्बन्धित विचारों के स्वरूप की प्रक्रिया में अत्यन्त अल्प मात्रा में

इन्द्रियानुभविक अध्ययन हुए हैं। ऐसा ही एक अध्ययन जो कि एक छोटे समूह के प्रतिभागियों पर किया गया। इसमें भी पेरी (Perry) की स्कीमा के समान सूचनाएं पायी गयी (कर्फिस, 1977)। पेरी की स्कीमा में परिस्थितियाँ यद्यपि क्रमबद्ध रूप में नजर आती हैं तथापि इनमें संरचनात्मक एकता की कमी भी परिलक्षित होती है जिसको शुद्ध विकासात्मक प्रक्रम से प्रत्याशित किया जाता है। पेरी की स्कीमा में इन्द्रियानुभविक वैधता में कमी के बावजूद भी इसका उपयोग विविध प्रकार के शैक्षणिक संस्थानों के कक्ष शैली (Classroom Style) की तुलना के लिए किया जाता है। ऐसे ही एक अध्ययन में पारंपरिक एवं विकासशील हाई स्कूल के विद्यार्थियों का तुलनात्मक अध्ययन पेरी की स्थितियों के आधार पर किया गया है (क्लीनची, लीफ तथा एवं, 1977)।

एक अन्य अध्ययन में एक ही स्कूल के विभिन्न कक्षाओं के बालकों को लिया गया तथा पेरी के विचार "शिक्षा के साथ बुद्धि परिवर्तन" के सन्दर्भ में अध्ययन किया गया। इसमें विद्यार्थियों के तीन समूहों को लिया गया। प्रायोगिक समूह के विद्यार्थियों को एक ऐसे शिक्षक द्वारा शिक्षा दिलायी गयी जो पेरी की विभिन्न दशाओं में प्रशिक्षित था। इस प्रशिक्षक ने विद्यार्थियों के विचारों में अत्यधिक संभव परिवर्तन उत्पन्न किया जो आनुभविक अधिगम से संबद्ध था तथा परम्परागत कक्षा में ऐसा शिक्षक नियुक्त किया गया जिसे पेरी की दशाओं के बारे में कोई जानकारी नहीं थी तथा वह शिक्षण की परम्परागत तकनीकों का उपयोग करता था एवं मिश्रित कक्षा में विद्यार्थियों को एक ऐसे शिक्षक ने पढ़ाया जो पेरी के कार्यों को जानता था लेकिन उसका उपयोग उसने पाठ्यक्रम को पढ़ाने में नहीं किया। चित्र संख्या 15.1 में तीनों कक्षाओं के औसत स्तरीय गति को दर्शाता है–

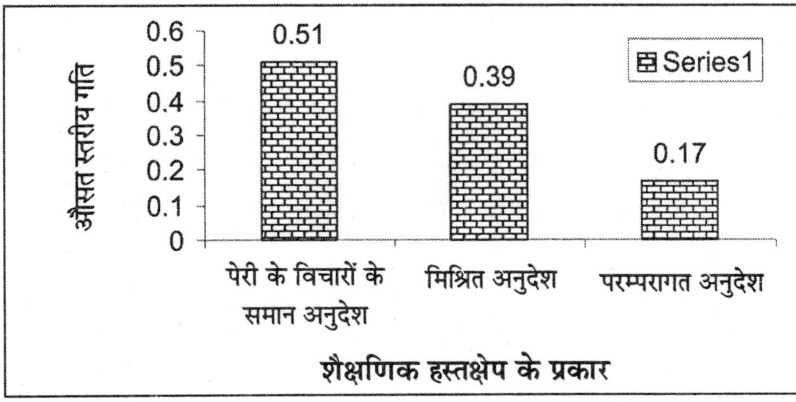

चित्र 15.1 : पेरी के विचारों के आधार पर बौद्धिक विकास की औसत स्तरीय गति का प्रदर्शन

चित्र को देखने से स्पष्ट होता है कि सर्वाधिक गति उस कक्षा में हुई जहाँ पेरी के संज्ञानात्मक विकास की स्कीमा को लागू किया गया। साथ ही जिस समूह के प्रशिक्षक पेरी के कार्यों से अवगत थे परन्तु उसका उपयोग कक्षा में नहीं किये, उन्होंने बुद्धि प्रबन्धन में अपेक्षाकृत

अधिक गति प्रदर्शित किया जबकि पेरी के कार्यों से अनभिज्ञ प्रशिक्षक ने अत्यधिक न्यून गति प्रदर्शित किया (टॉटन, बर्दाइमर, कार्नफेल्ड एवं हैरिसन, 1977)।

सारांश (Summary)

किशोरावस्था तीव्र मानसिक एवं शारीरिक परिवर्तन की अवस्था है। इस अवस्था में संज्ञानात्मक विकास के विविध पक्षों का विकास तीव्र गति से होता है। किशोर में चिन्तन, साहित्य व नैतिकता के संज्ञान का विकसित होना तथा विभिन्न अमूर्त विषय वस्तुओं जैसे प्रेम, राजनीति, धर्मदर्शन इत्यादि की जानकारी का तीव्रतम परिवर्तन दृष्टिगत होता है।

पियाजे के अनुसार अमूर्त चिन्तन की अभिक्षमता का विकास औपचारिक संक्रियात्मक अवस्था से प्रारम्भ हो जाता है। यह अभिक्षमता किशोर में दो रूपों में यथा प्राक्कल्पनात्मक निगमनात्मक तर्कणा तथा तर्कयुक्त विचार के रूप में पायी जाती है।

किशोरावस्था में विभिन्न प्रकार के संज्ञानात्मक विकास होते हैं। इस अवस्था में बालक किसी भी समस्या को वैज्ञानिक एवं तर्कपूर्ण प्रविधि से सुलझाने का प्रयत्न करता है तथा वह किसी समस्या के समाधान हेतु विभिन्न संभाव्यताओं को एक साथ परिकल्पित करता है एवं सहसामयिक रूप से उनकी सत्यता की परख करता है। वह परिकल्पनाओं को वैज्ञानिक प्रविधियों द्वारा चरणों में सत्यापित करता है एवं परिकल्पना का निगमन करता है।

किशोरावस्था की एक अन्य विशेषता तर्कयुक्त विचार है जिसमें किशोर कथन-कारण के मध्य तार्किक सम्बन्धों की सच्चाई की खोज करता है। किशोर प्रायः तर्कयुक्त कथनों को बिना किसी वास्तविक घटनाओं की सहायता से मूल्यांकित कर सकते हैं।

पियाजे ने यह बताया कि संज्ञानात्मक विकास में किशोरावस्था का महत्वपूर्ण योगदान होता हैं। हालांकि पूर्व बाल्यावस्था तथा बाल्यावस्था में संज्ञानात्मक क्षमता के विकास में भाषा का कोई योगदान नहीं होता है। क्योंकि बालक मूर्त चिन्तन पर बल देते हैं जबकि वे किशोरावस्था में अमूर्त चिन्तन की क्षमता अर्जित कर लेते हैं। किशोरों के तर्कयुक्त विचारों की क्षमता पर आयु का महत्वपूर्ण प्रभाव पड़ता है।

पियाजे के अनुसार औपचारिक संक्रियात्मक अवस्था में बालक का चिन्तन विकल्पों, परिकल्पनाओं एवं संभावनाओं से सम्बद्ध होता है तथा वह क्रमबद्ध चिन्तन की क्षमता का अर्जन कर लेता हैं।

अहंकेन्द्रिता किशोरावस्था की एक महत्वपूर्ण विशेषता है। इसका तात्पर्य है कि इस अवस्था में किशोर स्वयं के बारे में अत्यधिक सचेत (Self-consciousness) हो जाते हैं तथा उनमें कल्पनाशीलता का गुण विकसित हो जाता है। वे यह समझते हैं कि वे समस्त लोगों के ध्यान के केन्द्र बिन्दु हैं जिनके कारण कभी-कभी कुछ विकृतियाँ यथा काल्पनिक श्रोता, वैयक्तिक भ्रम इत्यादि उत्पन्न हो जाती हैं।

किशोरों में सूचना प्रक्रमण क्षमता का विकास आयु एवं अनुभव के साथ-साथ बढ़ता है। इस अवस्था में किशोर किसी समस्या के संभावित उत्तर प्राप्त हो जाने के पश्चात् भी खोज जारी रखते हैं क्योंकि किशोर के पास इस अवस्था में एक अच्छी स्मृति व्यपदेश अवधारित हो जाती है जिससे वह समस्त संभावनाओं का चिन्तन उपलब्धि कर लेना चाहते हैं।

किशोरावस्था की विद्यालयी उपलब्धि मुख्यतया कई कारकों से प्रभावित होती है। जैसे- विद्यालयी कारक, वैयक्तिक कारक, पारिवारिक कारक इत्यादि। विद्यालयी कारक के अन्तर्गत किशोर को विद्यालय में मिलने वाली सुविधायें, शिक्षा का स्तर, भौगोलिक जलवायु, पाठ्यक्रम का स्तर इत्यादि उसकी विद्यालयी उपलब्धि को प्रभावित करते हैं। इसी प्रकार वैयक्तिक कारक जैसे किशोर की उपलब्धि, अभिप्रेरणा, नियन्त्रण की संस्थिति, उपलब्धि की आवश्यकता, व्यक्तिगत उपलब्धि का स्तर, सफलता/असफलता का भय तथा लिंग इत्यादि भी विद्यालयी उपलब्धि को प्रभावित करते हैं। पारिवारिक कारकों के अन्तर्गत किशोर की पारिवारिक पृष्ठभूमि, माता-पिता की प्रत्याशा, आर्थिक व सामाजिक संस्थिति, अभिभावक द्वारा बच्चों को दी जाने वाली प्रेरणा निहित है जो किशोर के विद्यालयी उपलब्धि में महत्वपूर्ण भूमिका का निर्वहन करते हैं।

किशोरावस्था में होने वाला एक महत्वपूर्ण परिवर्तन है किशोर की बौद्धिक क्षमता में होने वाला परिवर्तन। इस अवस्था में किशोर की बुद्धि इस स्तर तक विकसित हो जाती है कि वह निर्णय लेने की क्षमता को प्राप्त कर लेता है। हालांकि यह वृद्धि अनवरत जीवन पर्यन्त चलती है तथापि इसकी गति किशोरावस्था में तीव्र होती है तथा यह गति उत्तरोत्तर मन्द होती जाती है।

किशोरावस्था में व्यक्ति संज्ञानात्मक विकास की अपनी चरम सीमा तक पहुँचता है तथा यह अवस्था संज्ञानात्मक विकास के लिए सशक्त क्रियातन्त्र के रूप में कार्य करता है। इस अवस्था में किशोर बौद्धिक प्रबन्धन में निपुण हो जाते हैं। बौद्धिक परिवर्तनों में एक निश्चित विकास क्रम होता हैं इस विकास क्रम को 'पेरी की स्कीमा' नाम दिया गया।

पेरी की स्कीमा के तीन मुख्य चरण है - द्वैतवाद, सापेक्षतावाद तथा प्रतिबद्धता। द्वैतवाद के अन्तर्गत विद्यार्थी शिक्षक की अन्तःक्रिया को लिया गया हैं। इसमें विद्यार्थी उन शिक्षकों के प्रति कुण्ठा प्रदर्शित करते हैं जो उन्हें सही उत्तर नहीं दे पाते हैं जबकि 'सापेक्षतावाद' में किशोर बौद्धिक क्षमता का सही भावार्थ समझना शुरु कर देते हैं तथा 'प्रतिबद्धता' के अन्तर्गत किशोर अपनी समझ के अनुसार मनोवैज्ञानिक पहचान एवं लगाव की सुखद अनुभूति को प्राप्त करते हैं।

पेरी की उत्तर किशोरावस्था की प्रतिबद्धता की स्कीमा एरिक्सन की पहचान सम्बन्धी विकास के समान प्रतीत होती है क्योंकि किशोर अपनी प्रतिबद्धता के माध्यम से अपनी पहचान निर्मित करने का प्रयत्न करता है तथा उसका बौद्धिक विकास मनोवैज्ञानिक पहचान एवं लगाव की ओर उन्मुख होता है।

तकनीकी पद	Technical Terms
अहंकेन्द्रिता	Egocentrism
अद्वितीयता	Uniqueness
अभेद्यता	Invulnerability
आत्म चेतना	Self-Consciousness
आन्तरिक परावर्तन	Internal Reflection
औपचारिक संक्रियात्मक चिन्तन	Formal Operational Thought
उपलब्धि	Achievement
उपलब्धि अभिप्रेरणा	Achievement Motivation
उपलब्धि की आवश्यकता	Need for Acheivement (n-ach)
काल्पनिक श्रोता	Imaginary Audience
तार्किक विचार	Logical Thought
तर्कयुक्त विचार	Propositional Thought
द्वैतवाद	Dualism
नियंत्रण की स्थिति	Locus of Control
परिकल्पनात्मक-निगमनात्मक तर्कणा	Hypothetico–Deductive Reasoning
प्रतिबद्धता	Commitment
पहचान सम्बन्धी विकास	Identity Development
बौद्धिक उपलब्धि उत्तरदायित्व	Intellectual Achievement Responsibility
बौद्धिक परिवर्तन	Intellectual Changes
बौद्धिक प्रबन्धन	Intellectual Disposition
मूर्त संक्रियांत्मक	Concrete Operational
मनोबन्ध	Schema
वार्षिक वृद्धि	Yearly Increaments
विद्यालयी कारक	School Factors
वैयक्तिक कारक	Personal Factors
वैयक्तिक भ्रम	Personal Fable
व्यक्तिगत उपलब्धि का स्तर	Level of Personal Achievement
सूचना प्रक्रमण	Information Processing
समस्या समाधान	Problem Solving
सफलता-असफलता का भय	Fear of Success or Failure
सापेक्षतावाद	Relativism

16 किशोरावस्था : सामाजिक, सांवेगिक एवं व्यक्तित्व विकास

Adolescence : Social, Emotional and Personality Development

किशोरावस्था एक ऐसी संक्रमण अवस्था है, जो बाल्यावस्था एवं प्रौढ़ावस्था के बीच सेतु का कार्य करती है। ऑसबेल (1960) ने अपनी पुस्तक **'थियरी एण्ड प्राँबलम ऑफ एडोल्सेन्स डेवलपमेन्ट'** के अन्तर्गत किशोरों के सामाजिक व्यवहार को उद्धृत करते हुए कहा है, "हमारी संस्कृति में किशोरावस्था को व्यक्ति की जैव-सामाजिक स्थिति का एक संक्रमण काल कहा जा सकता है। कर्त्तव्यों, जिम्मेदारियों, विशेषाधिकारों और अन्य लोगों के साथ सम्बन्धों में परिवर्तन, इस अवस्था की महत्वपूर्ण विशेषताएं हैं। यही कारण है कि किशोरों में अपने माता-पिता, साथियों और दूसरों के प्रति अभिवृत्तियों में परिवर्तन आ जाता है।" अतः विकास की दृष्टि से किशोरावस्था अत्यन्त महत्वपूर्ण चरण है जिसमें सामाजिक, सांवेगिक तथा व्यक्तित्व विकास स्पष्ट रूप से परिलक्षित होता है। हरलॉक ने किशोरावस्था को दो चरणों अर्थात् पूर्व-किशोरावस्था तथा उत्तर-किशोरावस्था में विभाजित किया है। इन दोनों अवस्थाओं में होने वाले सामाजिक, सांवेगिक एवम् व्यक्तित्व विकास का वर्णन क्रमशः प्रस्तुत किया गया है।

अध्याय के प्रथम अनुभाग में सामाजिक विकास के संरूप विकास को प्रभावित करने वाले कारक तथा किशोरवय में सामान्यतः पायी जाने वाली समस्याओं का वर्णन किया गया है।

अध्याय के दूसरे अनुभाग में किशोरावस्था में सांवेगिक विकास के प्रमुख पक्षों का विवेचन किया गया है। इसके अन्तर्गत पूर्व तथा उत्तर किशोरावस्था में संवेगों का स्वरूप किशोरों के सामान्य संवेगों की अभिव्यक्ति तथा किशोर में सांवेगिक परिपक्वता का उद्भव इत्यादि का विवेचन किया गया है।

किशोरावस्था में व्यक्तित्व विकास से सम्बन्धित विभिन्न पक्षों का विवेचन अध्याय के अन्तिम अनुभाग में प्रस्तुत किया गया है। इसके अन्तर्गत व्यक्तित्व विकास से जुड़े अनेक प्रश्नों जैसे किशोर के व्यक्तित्व का संरूप क्या होता है? किशोरावस्था में वैयक्तिकता किस प्रकार विकसित होती है? तथा वैयक्तिकता के विकास में किन कारकों की महत्वपूर्ण भूमिका होती है? का समुचित विवेचन किया गया है। अन्ततः किशोर में 'अस्मिता की खोज' की व्याख्या विविध सैद्धान्तिक उपागमों के आधार पर की गई है।

सामाजिक विकास (Social Development)

किशोर में तीव्र शारीरिक परिवर्तन के साथ ही उसकी सामाजिकता में भी मूल चूल परिवर्तन दृष्टिगत होता है। पूर्व तथा उत्तर किशोरावस्था में सामाजिक विकास के संरूप का वर्णन नीचे प्रस्तुत है।

1. पूर्व किशोरावस्था में सामाजिक विकास का संरूप (Pattern of Social Development in Early Adolescence)

आरम्भिक जीवन के सामाजिक समायोजन का प्रभाव नव किशोर के सामाजिक विकास पर सर्वाधिक पड़ता हैं। यद्यपि बाल्यावस्था तक सामाजिक विकास में निश्चित क्रम दृष्टिगत होता है तथापि पूर्व किशोरावस्था में विकास के इस क्रम में थोड़ा अवरोध उत्पन्न होता है जिससे किशोरों के लिए सामाजिक समायोजन अपेक्षाकृत कठिन हो जाता है। इसका मुख्य कारण यह है कि सर्वप्रथम इसी अवस्था में किशोर विषम लिंग के प्रति आकर्षण महसूस करता है। इसके अतिरिक्त तीव्र शारीरिक-मानसिक परिवर्तनों के कारण वह नई माँगों (चुनौतियों) को सफलतापूर्वक पूरा करने में स्वयं को असहाय महसूस करता है।

समूह प्रभाव में वृद्धि (Increasing Social Influence)

बालक जैसे-जैसे बड़ा होता जाता है, उसका सामाजिक दायरा भी बढ़ता जाता है। जब बालक किशोरावस्था में प्रविष्ट होता है तो उसके सामाजीकरण का केन्द्र समुदाय, मित्रमण्डली, पड़ोसी इत्यादि हो जाते हैं तथा इस अवस्था में होने वाले सामाजिक विकास में परिवार की भूमिका लगभग नगण्य हो जाती है (चित्र 16.1)। नव किशोर (Neo-adolescent) के सामाजिक जीवन में, पूर्व की अपेक्षा बहुत अधिक अन्तर देखने को मिलता है।

बाल्यावस्था में जहाँ वह घर से बाहर एक टोली में रहता था वहीं इस अवस्था में अपने सम्बन्धों का दायरा बढ़ा लेता है। होराक्स एवं बेनीमॉफ (1966) के अनुसार, 'समकक्ष समूहों के सानिध्य में आते ही किशोर अपने 'स्व' के विषय में नई धारणाएँ विकसित करता हैं। अब वह टोली में न रहकर एक विशाल समूह में रहकर अपने सामाजिक सम्पर्क को बढ़ाता है।' चित्र 16.1 से स्पष्ट है कि बाल्यावस्था की अपेक्षा पूर्व किशोरावस्था में बालक समूह में प्रतिदिन अधिक समय व्यतीत करता है। अधिक बड़े पैमाने पर सामाजिक सम्पर्क रखने के कारण किशोर अपने दिन-प्रतिदिन के क्रियाकलापों को व्यवस्थित करना तथा लोगों के साथ उचित ढंग से अन्तःक्रिया करना सीख लेता है। यद्यपि किशोर अति शर्मीले प्रवृत्ति के होते हैं तथापि अपने विस्तृत सामाजिक क्षेत्र के कारण वे विषम लिंगीय व्यक्तियों के साथ प्रौढ़ोचित सामाजिक क्रियाकलाप यथा- बातचीत करना, नृत्य करना, वार्तालाप करना तथा सामाजिक रूप से स्वीकृत ढंग से व्यवहार करना सीख लेता है (बेलिंन, 1960)।

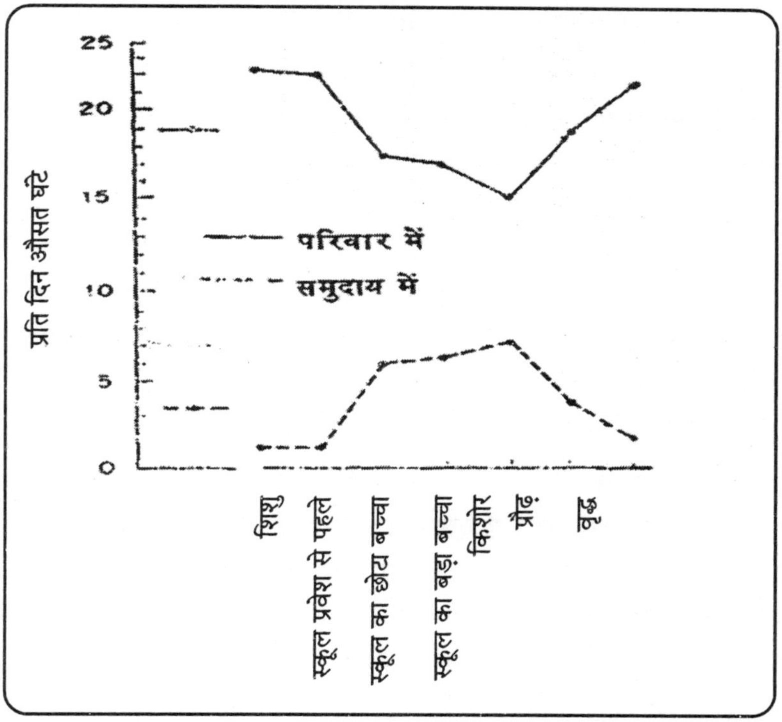

चित्र 16.1 : विभिन्न अवस्थाओं में परिवार और समुदाय में प्रतिदिन बिताये जाने वाले घंटों का औसत

नवयुवक की जिस समूह से अधिक घनिष्ठता होगी, उस समूह का प्रभाव उस पर उतना ही अधिक पड़ता है। समूह के विभिन्न सदस्यों के साथ नव किशोर की घनिष्ठता की मात्रा के आधार पर ब्राउन (1954) ने उनके सम्बन्धों को तीन उपवर्गों में विभाजित किया है।

1. प्राथमिक पारस्परिक क्रियाओं में नवकिशोर की जिन लोगों से घनिष्ठता सबसे अधिक होती है, वे उसके सबसे घनिष्ठ मित्र होते हैं। इनकी संख्या अपेक्षाकृत कम होती है।
2. द्वितीयक सम्बन्ध अपेक्षाकृत कम घनिष्ठ होता है।
3. तृतीयक पारस्परिक क्रियाएं बिल्कुल ही आकस्मिक सम्बन्ध को स्पष्ट करती हैं। इनका किशोरों के व्यवहार पर अल्प प्रभाव पड़ता है।

मित्र मण्डली का गठन (Formation of Peer Group)

बालक की तरह किशोर भी अपने समवयस्कों के साथ सम्बन्धन की आवश्यकता का अनुभव करता है। यद्यपि अब नव किशोर दौड़-भाग के खेलों से हटकर औपचारिक क्रियाकलापों

(Formal activities) को अपनाता है। किशोर एक समूह में इसलिए भी रहता है ताकि वह सुरक्षित रहे। अर्थात् समवयस्कों के सम्पर्क से वह स्वयं को सुरक्षित महसूस करता है।

नव युवक अपने समूह से मित्रों का चुनाव करता है। उसमें यह समझ आ गयी होती है कि कौन सा युवक उसके स्वभाव के अनुकूल है। सामान्यत: देखा गया है कि किशोर उन्हें ही सर्वाधिक पसंद करते हैं जो उनके स्वभाव के अनुकूल होते हैं। ब्राउन (1960) का मानना है कि दो किशोरों के बीच की घनिष्ठता की मात्रा एक दूसरे से सम्पर्क की आवृत्ति द्वारा निर्धारित होती है। पूर्व किशोरावस्था में मित्र प्रायः समान लिंग, समान योग्यता तथा समान रुचि वाले होते हैं। यद्यपि यदा-कदा इनके बीच मतभेद की स्थिति उत्पन्न हो जाती है तथापि उनकी मित्रता के बन्धन की गांठ इतनी मजबूत होती है कि वे झगड़े तथा मतभेद जल्दी ही भुला देते हैं।

आरम्भ में समूह में समलिंगीय तीन या चार घनिष्ठ मित्र होते हैं किन्तु किशोरावस्था के बढ़ने के साथ-साथ विपरीत लिंगीय मित्र भी मण्डली में शामिल होने लगते हैं। अब मण्डलियाँ प्राय: एक लड़का और उसका मित्र तथा एक लड़की तथा उसकी मित्र से मिलकर बनता है। एक मण्डली में रहने वाले लोग एक साथ घूमना, सिनेमा देखना, खेलना, पढ़ना, पार्टियों में जाना, बातचीत करना पसंद करते हैं। पूर्व किशोरावस्था में मंडली के निर्धारित मानक परिवार के मानकों से कतिपय भिन्न होते हैं। इस अवस्था में किशोर मित्र मण्डली को काफी महत्व देता है इसीलिए प्रायः देखा गया है कि किशोर का अपने परिवार के सदस्यों के साथ सामञ्जस्य सही ढंग से स्थापित नहीं हो पाता है।

पूर्व किशोरावस्था में समूह का आकार वृहद् होता है अत: इसमें सर्वाधिक भीड़ होती है। बड़ा समूह होने के कारण समूह के सदस्यों के बीच सामाजिक दूरी होती है। भीड़ से परिपूर्ण समूह की नींव मण्डली होती है। कालान्तर में इनमें कुछ अन्य नये सदस्य दूसरी मण्डलियों से आते हैं। प्रारम्भ में मण्डलियों की तरह भीड़ में पहले एक ही लिंग के लोग होते हैं। बाद में, जब विपरीत लिंग के प्रति किशोरों का आकर्षण बढ़ता है तो दोनों लिंगों के सदस्यों की संख्या बराबर-बराबर हो जाती है।

समूह का सदस्य बनने से किशोर में सुरक्षा की भावना आती है। इससे न केवल किशोर को विभिन्न कौशलों को सीखने का अवसर प्राप्त होता है अपितु विपरीत लिंगीय मित्रों से सामाजिक रूप से वांछनीय परिस्थितियों में मिलने और उन्हें जानने का मौका भी प्राप्त होता है। प्रायः युवक समूह में इतना तल्लीन हो जाता है कि वह अपने घर, विद्यालय एवं समाज के कर्त्तव्यों तथा उत्तरदायित्वों को भी भूल जाता है।

नेतृत्व (Leadership)

पूर्व किशोरावस्था में नेतृत्व के लिए लोकप्रियता पर्याप्त नहीं है बल्कि नेता वही होता है जो अपने समूह के सदस्यों से गुणों में सर्वश्रेष्ठ हो। किशोरावस्था में नेता सामाजिक क्रियाकलापों में

अत्यधिक सक्रिय होता है। समूह का नेता वही चुना जाता है जो समूह के प्रमुख उद्देश्यों को प्रभावी ढंग से पूर्ण करने की योग्यता रखता हो। अक्सर देखा गया है कि समूह के नेता आक्रामक होते हैं।

स्टागडिल (1950) ने भी स्पष्ट किया है कि किशोर अपने नेता को अच्छी वेश-भूषा में देखना पसंद करते हैं। उच्च बुद्धि लब्धि वाला, सुन्दर दिखने वाला, उच्च सामाजिक-आर्थिक स्थिति वाला किशोर ही अधिकांशतः अपने समूह में नेता बनता है। एक किशोर को नेता कहलाने के लिए यह आवश्यक है कि वह अच्छे व्यक्तित्व का स्वामी हो। विश्वसनीयता, बहिर्मुखता, आत्म विश्वास से परिपूर्ण, शक्तिशाली, धीर, बहुसंख्य रुचियों से परिपूर्ण, समाजप्रिय तथा सहयोगशीलता जैसे गुण एक नेता के लिए आवश्यक हैं। न्यूकाम्ब (1955) के अनुसार किशोर मय के नेता में अब इतनी समझ आ जाती है कि वह आत्मकेन्द्रित न होकर अपने समूह की रुचियों एवं समस्याओं की चिंता करता है। नव किशोर, चाहे वह लड़का हो या लड़की, अपने नेता के रूप में वे लड़कियों की अपेक्षा लड़कों को ही देखना पसंद करते हैं।

सामाजिक स्वीकृति (Social Acceptance)

प्रत्येक किशोर अपने समूह में लोकप्रिय होना चाहता है। कुछ विशेष शीलगुण व्यक्ति की प्रतिष्ठा के द्योतक हैं। यदि किशोर में उस प्रकार के शीलगुण विद्यमान होते हैं तो वह भी अपने समूह में लोकप्रिय हो सकता है। सामाजिक स्वीकृति किशोरों को भिन्न-भिन्न स्तर की मिलती है। यथा-जिसकी बहुत अधिक प्रतिष्ठा होती है वे लोगों से अधिक सम्बन्ध रखते हैं, साहसी होते हैं, आराम पसंद होने के साथ-साथ फुर्तीले भी होते हैं। क्रिक्सजेन्ट-मिसाल्जी एवं लार्सन (1984) के अनुसार जो सामाजिक व्यवहार में कुशल होते हैं तथा सामाजिक कार्य में रुचि लेते हैं वे बहिर्मुखी होते हैं। ऐसे व्यक्ति उदारवादी प्रवृत्ति के होते हैं। इसके विपरीत कुछ ऐसे व्यक्ति हैं जो समाज में कम प्रतिष्ठित हैं अथवा वे स्वयं को समाज से दूर कर लेते हैं। ऐसे किशोर मित्र तो बनाना चाहते हैं परन्तु इस बात से वे रुष्ट होने के साथ-साथ सशंकित भी होते हैं कि उनके साथी उसे नहीं अपनाते (मार्क्स, 1960)।

समूह द्वारा अपनाया जाना, उपनाम से सम्बोधित करना, गलतियों को क्षमा कर देना, समारोहों (पार्टियों) में अपेक्षाकृत अधिक आमंत्रित किया जाना किसी किशोर की प्रतिष्ठा को इंगित करता है। किशोरों में स्वयं के और अपने समूह के सभी सदस्यों की संस्थिति (status) का अनुमान लगाने की क्षमता विकसित हो जाती है।

बाल्यावस्था में जहाँ बालक की लोकप्रियता का आधार शोर मचाना, शैतानी करना, बड़ों को परेशान करना होता है वहीं किशोरावस्था में सामाजिक स्वीकृति के लिए बहिर्मुखी, सक्रिय और आक्रामक होना आवश्यक है। अपने मित्रों द्वारा मिलने वाली लोकप्रियता का धनात्मक सम्बन्ध किशोर के पारिवारिक संबंधों के प्रकार से है। बर्नाथ (1955) ने अपने अध्ययनों में पाया

कि लोकप्रिय किशोरों में अपने परिवार के प्रति स्नेह और मैत्री की भावना होती है। दिखावा करना, विरोध प्रकट करना, रोष प्रकट करना, पलायनवादिता, अन्तर्मुखता, जिद्दीपन, उदासीनता जैसे शीलगुण किसी भी किशोर को अलोकप्रिय बनाते हैं। पूर्व किशोरावस्था में समूह का एक निश्चित मानक होता है। समूह में लोकप्रियता के लिए यह आवश्यक है कि किशोर उस मानक पर ऊंचा हो। फिनबर्ग (1956) का मानना है कि अलोकप्रिय किशोरों का अपने परिवार के साथ सम्बन्ध प्रायः अनुकूल नहीं होता है तथा प्रतिकूल अभिवृत्ति उसके सामाजिक सम्बन्धों को प्रभावित करती है। शहर के उच्च विद्यालयों में, शहरी विद्यार्थियों द्वारा ग्रामीण क्षेत्र से आये छात्र तब तक नहीं अपनायें जाते जब तक कि वे शहरी आदर्शों व जीवन शैली को न अपना लें। अर्थात् सामाजिक स्वीकृति के लिए यह भी आवश्यक है कि किशोर उस परिवेश से जुड़ा हो जो उसके समूह का परिवेश हो।

अपने समूह में लोकप्रिय बालक आत्मविश्वास से परिपूर्ण होते हैं तथा अपने भविष्य के प्रति आशावान और आश्वस्त भी। इसके विपरीत जो किशोर अलोकप्रिय होते हैं इससे उनके व्यक्तित्व का विकास भी दुष्प्रभावित होता है।

रुचियाँ (Interests)

किशोरावस्था के आगमन के साथ शारीरिक एवं सामाजिक परिवर्तनों के साथ-साथ कुछ महत्वपूर्ण रुचियों का भी विकास होता है। किशोर की रुचियों का विकास बुद्धि, लिंग, योग्यता, वातावरण तथा सीखने के अवसर के अनुसार ही होता है। हरलाँक ने किशोर की रुचियों को मुख्य रूप से तीन श्रेणियों में वर्गीकृत किया है।

व्यक्तिगत रुचियाँ (Personal Interests)

तीव्र शारीरिक परिवर्तन के साथ-साथ नवयुवक स्वयं के प्रति अधिक रुचि लेने लगता है। किशोर समझते हैं कि उसका रूप रंग व आकृति ही उनको सामाजिक स्वीकृति प्रदान कर सकती है। अतः वह तरह--तरह के कपड़े पहनकर तथा भाँति भाँति से बाल संवार कर अपने आचार--विचार व अभिवृत्ति को व्यक्त करता है। वह स्वयं को एक प्रौढ़ की तरह देखता है। क्रो (1960) का मानना है कि प्रौढ़, किशोर के इस आचरण को उसका सनकीपन मानते हैं।

नवकिशोर की रुचि का केन्द्र शारीरिक संरचना, नक्शा, त्वचा, बाल और नाखून आदि होता है। जब किशोर में कोई भी विशेषता मानक के अनुकूल नहीं होती है तो वह बड़ा ही व्याकुल हो जाता है तथा अपने शारीरिक दोषों को छिपाने के लिए नयीं युक्तियों (strategies) का चयन करता है।

कपड़ों का चयन लड़कियों में आत्मविश्वास पैदा करने में सहायक होता है। जब वे लड़कों में रुचि लेने लगती हैं तो वे अब ऐसे कपड़ों का चुनाव करने लगती हैं जो अपेक्षाकृत लड़कों को अच्छा लगे। लड़कियों की तरह लड़के भी विशेष आयोजन पर कपड़े को अधिक महत्व देते हैं।

स्वायत्तता (Autonomy) की चाह पूर्व किशोरावस्था में परिलक्षित होती है। प्रौढ़ों के नियंत्रण, शासन का प्रतिरोध व समाज में अपना स्थान बनाने की कोशिश के कारण अक्सर माता-पिता तथा किशोर के बीच तनाव की स्थिति उत्पन्न हो जाती है। लड़कियों की तुलना में लड़के इस प्रकार की प्रवृत्ति अधिक अपनाते हैं। किशोरों की रुचि पैसों में बढ़ने लगती है और वे येनकेन प्रकारेण पैसे अर्जित करना चाहते हैं। गेसेल (1956) के अनुसार जेब खर्च की कमी पूरी करने के लिए अंशकालिक काम करने वाले किशोरों की संख्या में बहुत वृद्धि हो जाती है। अब उनकी रुचि कपड़े, घड़ी, गाड़ी, मोबाइल आदि में अधिक अभिव्यक्त होती है। धीरे-धीरे लड़कों के लिए लड़कियों की अपेक्षा, पैसे का अधिक महत्व हो जाता है (एमैटोरा, 1957)। चित्र 16.2 में किशोरों तथा किशोरियों द्वारा खर्च किये जाने वाले पैसों का विवरण प्रस्तुत है।

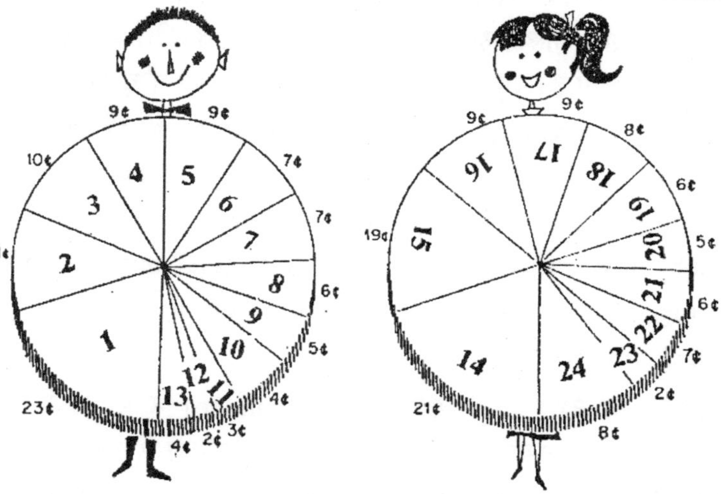

1. स्कूल का लंच 2. खेल-कूद 3. डेट्स 4. नाश्ता, सिनेमा, रिकार्ड 6. कपड़े-सस्ते 7. बचत 8. स्कून का सामान 9. पुस्तकादि 10. कार, पैट्रोल 11. रुचि 12. बनाव-सिंगार 13. अन्य खर्च 14. स्कूल का लंच 15. कपड़े और जेबर 16. सिनेमा, रिकार्ड 17. बचत 18. स्कूल का सामान 19. पुस्तकादि 20. नाश्ता 21. खेल-कूद 22. बनाव-सिंगार 23. रुचि 24. अन्य खर्च।

चित्र 16.2 : नव किशोरों तथा नवकिशोरियों द्वारा खर्च किये जाने वाले पैसे का विवरण

किशोर अपनी आजीविका के बारे में गंभीर रूप से चिंतन करते हैं। मध्यम वर्गीय परिवार के किशोरों को पहले से योजना बनाने के लिए निम्नवर्गीय परिवार से सम्बन्ध रखने वाले लोग प्रोत्साहित करते हैं। लड़कों की तुलना में लड़कियाँ भविष्य की योजना के प्रति सतर्क नहीं रहतीं। अब किशोर व्यवसाय हेतु योग्यता, शिक्षा, प्रशिक्षण आदि प्राप्त करने के लिए आकुल होते हैं। अल्पसंख्यक वर्ग के किशोर इस क्षेत्र में काफी यथार्थवादी होते हैं और वे ये समझते हैं कि बहुसंख्यक वर्ग की तुलना में उनका व्यावसायिक चुनाव सीमित है।

पढ़ाई में रुचि इस बात से भी प्रभावित होती है कि बच्चों का शिक्षकों के प्रति क्या भाव है? वे पढ़ाई में कितने अच्छे हैं? एक ओर जहाँ कुछ किशारों को विद्यालय की पाबन्दियों से शिकायत होती है वहीं अनेक किशोर विद्यालय को अपनी जीवन स्थिति को सुधारने का साधन मानते हैं। कूक (1956) का मत है कि हाई स्कूल के बच्चों की एक गंभीर समस्या यह होती है कि अधिकतर बच्चे अनेक कारणों से पढ़ाई पूरी करने से पहले ही स्कूल छोड़ देते हैं। पढ़ाई में रुचि न होने के कारण भी कुछ बच्चे स्कूल छोड़ते हैं। निम्न अभिप्रेणा स्तर, निम्न सामाजिक-आर्थिक स्थिति के अतिरिक्त अनेक परिवेशीय कारण अधूरी शिक्षा के लिए जिम्मेदार पाये गये हैं।

सामाजिक रुचियाँ (Social Interests)

यौवनारम्भ की समाप्ति के पश्चात् किशोर की सामूहिक कार्यों या लोगों से सम्पर्क बनाने में रुचि बढ़ जाती है। किशोर की यह रुचि इस बात पर भी निर्भर करती है कि उसे अमुक कार्य करने में कितना संतोष मिलता है। प्रमुख सामाजिक रुचियों का वर्णन नीचे किया गया है।

समारोहों में भाग लेना : जहाँ उत्तर बाल्यावस्था के बालकों को समारोहों या पार्टियों में कोई दिलचस्पी नहीं होती है वहीं पूर्व किशोरावस्था में विपरीत लिंग के प्रति आकर्षण के कारण पार्टियों के प्रति रुझान (झुकाव) देखने को मिलता है। किशोर विषमलिंगियों के साथ खेलना, नाचना आदि पसंद करते हैं। लड़कों की अपेक्षा लड़कियाँ पार्टियों में अधिक रुचि लेती हैं (जोन्स, 1954)। यदि लड़कों को अकेले छोड़ दिया जाए, तो वे लड़कियों से एक दो वर्ष बाद ही पार्टियों में रुचि लेंगे।

मद्यपान या नशा : पूर्व किशोरावस्था (Teenage) के युवकों में पार्टियों में नशा या, मद्यपान करना अधिक लोकप्रिय पाया गया है। कुछ संस्कृतियों में लड़कियाँ भी मद्यपान करती हैं परन्तु लड़कियाँ अपने समूह में कम मद्यपान करती हैं जबकि पार्टियों में अपेक्षाकृत अधिक मद्यपान करती हैं। कुछ अपवादों को छोड़कर किशोर मद्यपान को घर के बाहर सामाजिक जीवन के अंग के रूप में स्वीकार करते हैं। शहर के बाहर किसी शराबखाने का चुनाव कर वहीं पर वे मद्यपान करना पसंद करते हैं।

अपने समूह में बातें करना : अपने समूह के सदस्यों से वार्तालाप करना किशोर की रुचियों में सबसे महत्वपूर्ण है। वे अपने समूह में बात करके सुरक्षित अनुभव करते हैं जिससे उन्हें आकुलता में डालने वाली समस्याओं के सुलझाने में काफी मदद मिलती है। नवकिशोरियाँ प्रायः पार्टियों, सिनेमा, फिल्मी सितारों, शिक्षकों आदि के बारे में बातें करती हैं जबकि किशोर खेल, सिनेमा, राजनीति आदि से सम्बद्ध विषयों पर चर्चा करते हैं। कालान्तर में इनके बातचीत से सम्बन्धित विषयों में परिवर्तन दृष्टिगत होता है। अब उनकी बातचीत का केन्द्र विपरीत लिंग के लोगों, डेटिंग, सामाजिक क्रिया कलाप, आजीविका (Career) आदि होता है।

मनोरंजन सम्बन्धी रुचियाँ *(Recreational Interests)*

मनोरंजन करना किशोरावस्था में एक शौक के रूप में जाना जाता है। लड़कों की अपेक्षा लड़कियों में इस अवस्था में अधिक मनोरंजन सम्बन्धी परिवर्तन देखने को मिलता है। इनके कुछ मनोरंजन सम्बन्धी रुचियाँ इस प्रकार हैं।

खेल (Play): पूर्व किशोरावस्था में किशोर की रुचि उन खेलों में बढ़ जाती है जिनमें बहुत अधिक शारीरिक शक्ति की जरूरत होती है। स्केटिंग करना, बास्केटबाल, फुटबाल, क्रिकेट, टेनिस खेलना आदि किशोरों द्वारा सबसे अधिक पसंद किया जाता है। लड़कियाँ दर्शक बनकर लोगों के खेलते देखना अधिक पसंद करती हैं। यद्यपि वे भी रस्सी कूदने, तैरने जैसे खेलों में रुचि लेती हैं। हॉलिंगशीड के अनुसार इसी आयु में बौद्धिक खेल और जुआ विशेष रूप से लड़कों में लोकप्रिय हो जाता है।

पढना (Reading): यद्यपि बाल्यावस्था की अपेक्षा मनोरंजन हेतु पढ़ना पूर्व किशोरावस्था में कम हो जाता है तथापि लड़के विज्ञान और लड़कियाँ प्रेम सम्बन्धी कहानियाँ पढ़ना पसंद करती हैं। नवकिशोर समाचार पत्रों व कॉमिक्स में भी रुचि लेते हैं जो किशोर धीमें पढ़ने वाले होते हैं, वे संक्षिप्त और रोचक समाचार वाले पत्र पढ़ना अधिक पसंद करते हैं। स्कूल तथा घर के कामों के कारण नवकिशोरियों को मनोंरंजन मात्र के लिए कम समय मिलता है।

रेडियो, टेलीविजन एवं सिनेमा सम्बन्धी मनोरंजन (Radio, T.V. and Film related entertainments) : प्रेम प्रधान और साहसिक फिल्में देखना, नव किशोर अधिक पसंद करते हैं। फिर भी लड़कियाँ प्रेम सम्बन्धी कहानियाँ अधिक पसंद करने के कारण प्रेम-प्रधान सिनेमा को ज्यादे पसंद करती हैं जबकि किशोर के फिल्मों का चयन फिल्म के साहसिक, हिंसक और रहस्यमयी विशेषताओं पर आधारित होता है। सिनेमा में अभिनेता और अभिनेत्रियों का अनुकरण करना किशोरावस्था की प्रमुख विशेषता है। यह आवश्यक नहीं कि किशोर समूह में सिनेमा देखें, हर हाल में वह सिर्फ आनंद लेना चाहता है। 1970 के दशक में हुए मनोरंजन सर्वेक्षण (Recreation Survey) के आधार पर यह निष्कर्ष निकाला गया कि किशोर चूंकि फिल्मों में अधिक रुचि लेते हैं तथा फिल्मों में माता-पिता तथा समाज के अन्य लोगों का मानक, उसके निजी जीवन में उसके स्वयं के माता-पिता व अन्य लोगों के मानक से इतर होता है। शायद यही कारण है कि इस अवस्था में प्राय: किशोर अपने माता-पिता तथा परिवार के सदस्यों की आलोचना करते हैं।

जहाँ तक रेडियो और टेलीविजन का सवाल है तो आज के दौर में प्रत्येक किशोर चाहे वह किसी भी सामाजिक, आर्थिक वर्ग से जुड़ा हो, उसके घर में रेडियो तथा टेलीविजन सेट उपलब्ध हैं। अधिकांश किशोर इस तरह के मनोरंजन के प्रति कई घंटे समय बिताते हैं। ज्यों-ज्यों किशोरावस्था बढ़ती है त्यो-त्यों नृत्य और लोकप्रिय संगीत के प्रोग्राम अधिक पसंद किये जाते हैं।

2. उत्तर किशोरावस्था में सामाजिक विकास का संरूप (Pattern of Social Development in Late Adolescence)

उत्तर किशोरावस्था में विकास पूर्व किशोरावस्था की अपेक्षा अधिक तीव्रगति से होता है। अब किशोर प्रौढ़ के उत्तरदायित्व को सफलतापूर्वक ग्रहण करने के लिए उपयुक्त समझा जाता है तथा इस अवस्था में पहुंचने पर उसे युवक (youth) या युवती की संज्ञा दिया जाता है। अब वे स्वयं को पूर्व किशोरावस्था की अपेक्षा अधिक सुखी मानते हैं क्योंकि इस समय उनका अपने परिवार व समाज के अन्य लोगों से अच्छा समायोजन स्थापित हो चुका होता है और उनमें पहले से अधिक स्थिरता आ जाती है (लिंडजे एवं ॲर्डन, 1954)।

उत्तर किशोरावस्था एक ऐसी अवस्था है जिसमें किशोर की सामाजिकता का दायरा तो बढ़ जाता है परन्तु उसके अभिन्न मित्रों की संख्या में कमी आ जाती है। विषमलिंगियों से मित्रता की चाह बढ़ने के साथ-साथ समलिंगियों से भी मित्रता करना यद्यपि इस अवस्था की प्रमुख विशेषता है तथापि विषमलिंगियों के प्रति इनका झुकाव अपेक्षाकृत अधिक रहता है।

ऑसबेल (1960) के अनुसार इस अवस्था के किशोर की सूझबूझ पहले से अधिक अच्छी हो गयी होती है। अब वह कम आक्रामक होता है तथा उसे विभिन्न सामाजिक परिस्थितियों से समायोजन स्थापित करने में विशेष कठिनाई का सामना नहीं करना पड़ता है। किशोर सामाजिक कार्यों में भाग लेना शुरु कर देते हैं जिससे उसके सामाजिक व्यवहार, क्षमता, संभाषण कुशलता तथा आत्म विश्वास में वृद्धि होती है, जो उसके व्यक्तित्व विकास में 'मील का पत्थर' साबित होता है। सामाजिक विकास के इन धनात्मक प्रारूपों के अतिरिक्त इस अवस्था में सामाजिक कुरीतियों (यथा- सामाजिक भेद भाव) का विचार भी अपनी पराकाष्ठा पर पहुंच जाता है। यदि समूह का मत अनुकूल हो तो जाति, धर्म, वर्ण, सम्प्रदाय के आधार पर लोगों से भेद भाव की प्रवृत्ति इस अवस्था में स्वाभाविक रूप से अभिव्यक्त होती है।

सामाजिक समूह (Social Group)

उत्तर वयस्कावस्था में मित्रों की संख्या सीमित हो जाती है परन्तु वे अधिकांश समय मित्रों के साथ बिताना पसंद करते हैं। जरासिल्ड (1960) का मानना है कि "समलिंगियों के साथ सामाजिक क्रिया कलाप के बढ़ जाने पर, किशोर के सामाजिक जीवन में मित्रों और उनके मित्र मंडलियों का महत्व अधिक हो जाता है।" कई मंडलियाँ जिनकी सामाजिक-आर्थिक स्थितियाँ तथा रुचियाँ समान होती हैं, मिलकर एक ढीले-ढाले समूह (भीड़) का निर्माण करती हैं जिसका उद्देश्य पार्टियों व विभिन्न सामाजिक कार्यों में एक जगह एकत्रित होना होता है। समूह पर पर्यावरण का भी प्रभाव पड़ता है। यथा- यदि कोई किशोर कहीं नौकरी करता है और उसके आस-पास कहीं उसके स्कूल का मित्र नहीं रहता हो तो उसका समूह समवयस्कों का न रहकर, उस समूह में विभिन्न आयु वर्गों के लोगों की सहभागिता द्वारा निर्मित हो जाता है।

मित्र या सहयोगी (Friends or Companions)

उत्तर किशोरावस्था में मित्रों की संख्या का उतना महत्व नहीं होता है जितना कि उनके गुणों का होता है। किशोर अपने मित्रों के चयन में उसकी गुणवत्ता पर विशेष ध्यान देता है। किशोरावस्था के अन्त तक लड़के तथा लड़कियाँ दोनों ही समलिंगीय मित्रों की अपेक्षा विषम् लिंगियों के साथ अधिक समय बिताने लगते हैं। कैर तथा हिट्ट (1965) का मानना है कि इस अवस्था में किशोरों को विषमलिंगियों के साथ अन्तःक्रिया करना अच्छा लगता है। मित्रता के बन्धन गहरे होते जाते हैं तथा यह मित्रता अपने समान गुणों वाले व्यक्तियों से होती है। विषमलिंगियों में प्रबल रुचि होने के कारण किशोर ऐसे समलिंगीय मित्र चुनता है जो न केवल समान धर्म का हो बल्कि उनकी रुचियाँ व उनके मूल्य भी एक जैसे हो।

विभिन्न वर्ग के मित्र न बनाने सम्बन्धी पूर्वाग्रह इस आयु में और भी तीक्ष्ण हो जाते है। यद्यपि किशोर इस आयु में विभिन्न समुदाय के लोगों को अपना मित्र बनाते हैं तथापि एक विशिष्ट पूर्वाग्रह से ग्रसित होने के कारण उन्हें अपने घनिष्ठ मित्रों की मण्डली में न शामिल करना उनकी मजबूरी होती है।

उत्तर किशोरावस्था के अन्त तक जाते-जाते किशोर का अपने विषमलिंगियों के प्रति अभिवृत्ति मानक का नजरिया बदल जाता है। वे अब अपने विषमलिंगी मित्रों के शारीरिक आकर्षण को नहीं बल्कि उनके शीलगुणों को अधिक महत्व देते हैं। हालांकि अब भी किशोर अपने समूह द्वारा अनुमोदित मानक के आधार पर ही मित्रों को चुनता है। सभी आयु वर्ग में लड़कियाँ लड़कों का पौरुषयुक्त, साफ सुथरा और परिहास की प्रवृत्ति वाला होना पसंद करती हैं (जरसिल्ड, 1960)।

नेतृत्व (Leadership)

किशोर के मन में अपने नेता की एक छवि होती है। तद्नुसार उसका नेता सुन्दर, योग्य, समूह के अन्य सदस्यों से श्रेष्ठ, बौद्धिक क्षमता वाला तथा लोगों की आकांक्षाओं की पूर्ति हेतु कटिबद्ध इत्यादि विशेषताओं से युक्त होता है। तथापि मनोवैज्ञानिकों का मानना है कि "नेता समूह में लोकप्रिय हो सकता है लेकिन यह आवश्यक नहीं कि जो समूह में लोकप्रिय होगा, वही नेता होगा।" नेता में पहल करने की प्रवृत्ति कार्य करने की उत्सुकता, नए शक्ति का संचार, अनोखा करने का विचार, लोगों को अभिप्रेरित करने की प्रवृत्ति के अतिरिक्त बुद्धि, शैक्षणिक उपलब्धि और परिपक्वता के स्तर में नेता की समूह के अन्य सदस्यों से श्रेष्ठ होना आवश्यक है।

उत्तर किशोरावस्था में किसी किशोर में पनपने वाली नेतृत्व शैली उसके नेतृत्व शैली में स्थायित्व को दर्शाता है परन्तु यह बहुत कुछ इस बात पर भी निर्भर करती है कि समूह का स्थायित्व है अथवा नहीं या नेता की अनुकूलन क्षमता की प्रकृति क्या है? उच्चतर कक्षाओं की

किशोरियों में भी नेतृत्व के प्रति रूझान देखने को मिलता है। बॉस, बर्सटर, डाल एवम् क्लायर (1957) ने अपने अध्ययनों के आधार पर यह स्पष्ट किया है कि जो लड़कियाँ नेता बनती है, उनकी रूचियों में स्त्रियोचित गुण की अपेक्षा पुरुषोचित गुण कुछ अधिक होते हैं।

सामाजिक स्वीकृति (Social Acceptance)

किशोरों में यह समझ आ गयी होती है कि लोग उसके बारे में क्या सोचते हैं। वे भविष्य में अपने समाज के द्वारा स्वीकार किये जाने के योग्य होने की सम्भावना के बारे में अधिक यथार्थवादी दृष्टिकोंण रखते हैं। यदि किशोर अपने प्रारम्भिक जीवन में समाज द्वारा अनुमोदन नहीं प्राप्त कर पाता है तो वह सदैव सामाजिक अस्वीकृति के भय से चिन्तित रहता है तथा धीरे-धीरे पलायनवादी दृष्टिकोंण अपना लेता है। इस अवस्था में यदि किशोर को सामाजिक स्वीकृति मिलती है तो वह स्वयं को अच्छी तरह से समायोजित कर पाता है। अब वह अपने विषय में धारणा दूसरे व्यक्तियों के व्यवहार के आधार पर बनाता है (जॉन्सन, 1983)।

जब किसी व्यक्ति के बारे में एक बार कोई धारणा बन जाती है तो उससे व्यवहार भी प्रभावित होता है। यदि धारणा अनुकूल हुई तो उसके अपनाये जाने की सम्भावना बढ़ जाएगी, यदि प्रतिकूल हुई तो वह अस्वीकार कर दिया जाएगा या उसकी उपेक्षा की जाएगी।

अध्ययनों से स्पष्ट हुआ है कि किशोर सामाजिक या नैतिकता की दृष्टि से अवांछित भी होते हैं लेकिन उनके वांछनीय गुण कुछ अनैतिक गुणों की क्षतिपूर्ति कर देते हैं। प्राय: सामाजिक संरूप से स्वीकृत व्यक्तियों में सहायतापरक व्यवहार, सच्चाई, आत्मसम्मान और आत्म विश्वास, सुसमायोजित व्यक्तित्व आदि लक्षण उच्च स्तर पर व्यक्तियों में पाये जाते हैं। इसके विपरीत ग्रोनलुण्ड (1955) के अनुसार, "जो लोग समाज द्वारा अस्वीकृत होते हैं, उनके अन्दर आत्मविश्वास, आत्मसम्मान और अपनी तथा दूसरों की स्थिति पहचानने की योग्यता का अभाव होता है।"

रुचियाँ (Interests)

किशोर तथा किशोरियों से उनके लिंग के अनुरूप व्यवहार की प्रत्याशा की जाती है। अत: ऐसी स्थिति में किशोर तथा किशोरियों की रुचियों में अन्तर होना स्वाभाविक है। जैसे- किशोरों की जिम्मेदारियाँ अब पहले की अपेक्षा बढ़ जाती हैं जिससे उनकी रुचियाँ सीमित हो जाती हैं। पूर्व किशोरावस्था की रुचियाँ अब किशोरों के लिए गौड़ (Secondary) हो जाती हैं। किशोर अपनी रुचियों का अपने विवेक के साथ विवेचनात्मक मूल्यांकन करता है जिसके फलस्वरूप उसकी रुचियों में स्थिरता दृष्टिगत होती है। कुछ प्रमुख रुचियों का वर्णन आगे किया गया है।

व्यक्तिगत रुचियाँ (Personal Interests)

चूंकि इस अवस्था तक किशोर का सामाजिक विकास काफी हो चुका होता है तथा सामाजिक

अनुमोदन की प्राप्ति हेतु वह अपने आप को आकर्षक बनाना चाहता है। लड़कियों में इसकी चाह अपेक्षाकृत अधिक होती है। लड़कियाँ अपने आप को आकर्षक बनाने के लिए अपने जीवन की अनेक आवश्यक वस्तुओं का त्याग करने के लिए तैयार रहती हैं ताकि वे स्वयं के लिए अधिक आकर्षक दिखने वाले कपड़े व प्रसाधन सामग्री खरीद सकें। ऐसा होने से किशोरों का सामाजिक परिस्थितियों में संतुलन तथा आत्म विश्वास बढ़ा रहता है।

किशोरावस्था के अन्त तक किशोर तथा किशोरियों की रुचियाँ साधारण रंग तथा आभूषणों तक सीमित हो जाती हैं, क्योंकि अब किशोर यह समझ जाता है कि भड़कीले रंग के कपड़े व आभूषण कुरुचि के सूचक हैं, जो ध्यान तो खींचते हैं लेकिन साथ ही साथ व्यक्ति की अपरिपक्वता को भी दर्शाते हैं।

स्वायत्तता (Autonomy) की चाह भी उत्तर किशोरावस्था में बढ़ जाती है। स्वतन्त्रता हेतु बालक प्रायः अपने अभिभावकों से संघर्ष पर उतारू हो जाता है तथा वह सामाजिक कुसमायोजन का शिकार हो जाता है। उत्तर किशोरावस्था की अवधि में किशोरों को परिवार से प्राप्त विचारों तथा वर्तमान परिप्रेक्ष्य के विचारों में भिन्नता के कारण द्वन्द्व का अनुभव होता है। जब उन्हें किसी भूमिका को निभाने की चुनौती मिलती है तो उनकी रुचियों का रूझान व्यवसाय की दिशा में विकसित होता है तथा आर्थिक निर्भरता की तरफ किशोर तथा किशोरियाँ अग्रसर होती हैं (हिलगार्ड, 1973)। मध्यम वर्गीय युवक-युवतियाँ यद्यपि स्वतन्त्रता चाहते हैं तथापि माता-पिता द्वारा किये गये त्याग को सोचकर उनके अन्दर प्रायः ग्लानि का भाव उत्पन्न होता है जिससे उनमें आत्म नियन्त्रण का भाव आता है। माता-पिता द्वारा जब तक बच्चों को जेब खर्च दिया जाता है तब तक उनका बच्चों पर नियंत्रण रहता है। लेकिन जब किशोर स्वयं कमा कर पैसे प्राप्त करता है तो वह स्वयं स्वतंत्रता का आनन्द उठाना चाहता है।

व्यवसायिक रुचियाँ (Occupational Interests)

व्यवसायिक रुचियाँ जो पूर्व किशोरावस्था से ही परिलक्षित होने लगती है, बड़े होने पर किशोर प्रायः व्यवसाय के चयन को लेकर चिंतित रहने लगता है। जहाँ किशोरों में ये रुचियाँ जीवन भर के लिए होती हैं वहीं किशोरियों के लिए ये रुचियाँ विवाह से पूर्व तक के लिए ही होती हैं। परन्तु जीवन शैली में परिवर्तन के साथ प्रायः किशोर एवं किशोरियाँ दोनों में ही व्यावसायिक रुचियों के संरूप में स्थिरता देखने को मिलती है फिर भी हमारे सामाजिक मानक के अनुसार किशोर यह अच्छी तरह जानते हैं कि प्रौढ होने पर जब उनके ऊपर परिवार के भरण-पोषण का उत्तरदायित्व आ जाएगा तब उनसे क्या-क्या आशाएं की जाएंगी। अतः वे प्रायः अपनी व्यावसायिक महत्वाकांक्षाओं को वास्तविक रूप देने का हर सम्भव प्रयास करते हैं।

सामाजिक रुचियाँ (Social Interests)

इस आयु में पार्टी का विशेष महत्व होता है जिसमें विशेषतः विषमलिंगीय व्यक्ति शामिल होते हैं।

लड़कों के पसंद की पार्टी तभी होती है जब पार्टी अनौपचारिक हो। यदि पार्टी को रोचक बनाना है तो उसमें पीने पिलाने की व्यवस्था होनी चाहिएं।

लोगों से बहुत जल्द तादात्म्य स्थापित कर लेना इस आयु के किशोरों की सबसे महत्वपूर्ण विशेषता है। लोगों से बातें करना तथा अपने विचारों को शब्दों के माध्यम से प्रदर्शित करने में किशोरों को अत्यधिक संतोष मिलता है। अनेक युवक-युवतियाँ हास-परिहास तथा बातचीत करके दबी भावनाओं या संवेगों का विरेचन (Catharsis) करते हैं।

इस अवस्था में किशोर समलिंगियों के साथ प्रणय-मिलन, खेल-कूद, कपड़े और मद्यपान सम्बन्धी बातें करते हैं। किशोरों के बातचीत के विषय नवप्रौढ़ों के विषयों से बहुत समान होते हैं। किशोर अपना अधिकांश समय शिक्षण संस्थान में बिताता है तथा साम्प्रतिक सामाजिक गतिविधियों में विशेष रुचि लेता है।

किशोरावस्था की समस्याएँ (Hazards in Adolescence)

जब एक बालक किशोरावस्था में प्रवेश करता है तब उसमें अनेक परिवर्तनों के साथ-साथ उसके सामाजिक परिस्थितियों में व्यापक परिवर्तन परिलक्षित होता है। इस अवस्था में व्यक्ति विरोधों, अनिश्चितताओं और कभी-कभी अकेलापन तथा दलीय दबाव आदि को महसूस करता है अर्थात् किशोरावस्था व्यक्ति के जीवन की एक ऐसी क्रान्तिक (Critical) अवस्था होती है जिसमें किशोर अपने माता-पिता के साथ कम तथा अपने मित्रों के साथ अधिक रहना पसंद करते हैं। इसी अवधि के दौरान हम उम्रों का प्रभाव, नई आजादी और अनसुलझी समस्याएं व्यक्ति के लिए मुसीबतें पैदा कर सकती हैं। हम उम्रों से सम्बन्ध और रोमांटिक लगाव से भावनात्मक तनाव पैदा होता है जिनसे भावनात्मक समस्याएं उत्पन्न होती हैं। किशोरों को अक्सर इन समस्याओं का सामना माता-पिता के मार्गदर्शन के बिना ही करना पड़ता है। किशोरावस्था की इन समस्याओं को तीन वर्गो में विभाजित किया जा सकता है।

शारीरिक समस्याएँ (Physical Hazards)

किशोरावस्था में शारीरिक विकास के साथ-साथ अनियमित शारीरिक परिवर्तन भी दृष्टिगत होते हैं। किशोर के शरीर में होने वाला तीव्र परिवर्तन किशोर को चिंतित कर देता है जिससे उसके लिए समायोजन स्थापित करना मुश्किल हो जाता है। भद्दे दांतों, कमजोर दृष्टि तथा कम अथवा अधिक वजन सम्बन्धी समस्याओं से यद्यपि उसे विशेष शारीरिक कठिनाईयों का सामना तो नहीं करना पड़ता लेकिन इसके कारण उसे मनोवैज्ञानिक कठिनाईयों का सामना अवश्य करना पड़ता है। यथा- मोटापे से परेशान किशोर अपने समूह के लोगों में उपहास का पात्र बनता है। इसके कारण किशोर में मनोग्रंथि (Complex) विकसित हो जाती है तथा उसके व्यक्तित्व विकास में बाधा पहुंचती है।

सामाजिक विकास में शारीरिक स्वास्थ्य का विशेष स्थान होता है। किशोर का शारीरिक स्वास्थ्य जितना ही दोषपूर्ण होगा किशोर का सामाजिक समायोजन भी उतना ही जटिल होगा क्योंकि शारीरिक रूप से कमजोर किशोर अपने समकक्ष मित्रों से शारीरिक क्षमता में पीछे रहता है, जिससे उसमें हीन भावना विकसित हो जाती है जिसके कारण वह अपनी क्षमताओं को कम आंकने लगता है तथा अपने 'स्व' को भूल जाता है (हिलगार्ड एवं सहयोगी, 1975)।

मनोवैज्ञानिक समस्याएं (Psychological Hazards)

किशोरावस्था बहुत ही संवेदनशील अवस्था होती है जिसमें मनोवैज्ञानिक परिपक्वता प्राप्त करने के लिए अनेक समस्याओं का सामना करना पड़ता है। इस अवस्था में किशोर की रुचियों में परिवर्तन बहुत सारी समस्यायें उत्पन्न करती हैं। आइजेनबर्ग (1965) का मानना है कि जो बालक शैशवावस्था तथा बचपनावस्था में विकासात्मक कार्यों में अधिक सफलता प्राप्त कर चुके रहते हैं ते किशोरावस्था में भी अधिक सफल होते हैं। यदि बचपनावस्था में उचित विकास नहीं हुआ तो किशोरावस्था तो देर से आयेगी ही साथ ही साथ उसके जीवन में तूफानों तथा संकटों का क्रम जारी रहेगा तथा समायोजन की क्षमता भी अत्यधिक कम होगी। लड़कों से ज्यादा लड़कियों में मनोवैज्ञानिक समस्याएं दृष्टिगत होती हैं। विपरीत लिंगों के प्रति आकर्षण तथा उनके साथ प्रेम सम्बन्धी समस्याएं मनोवैज्ञानिक रूप से उन्हें परेशान करती हैं। ब्लॉस (1971) का मानना है कि किशोरावस्था में किशोर को बचकाने व्यवहार का परित्याग कर प्रौढ़ों की भांति मनोवैज्ञानिक परिपक्वता लाने का प्रयास करना चाहिए। प्रायः देखा गया है कि इस अवस्था में किशोर लैंगिक अपरिपक्वता के कारण विपरीत लिंग के साथ समायोजन स्थापित न कर पाना, लिंग अनुमोदित व्यवहार (Sex Approval behave) न कर पाना, विवाह पूर्व गर्भ धारण कर लेना आदि समस्याओं से घिर जाते हैं लेकिन वे अपने इस समाज विरोधी कार्यों को उचित बताते हैं (बेरी, 1971 ; गोल्डबर्ग एवं गिलफोर्ड, 1972)।

चूँकि किशोर माता-पिता पर निर्भर होता है तथा उसकी ज्यादातर समस्याएं पारिवारिक दशाएं तथा विद्यालयीय पर्यावरण से उत्पन्न होती हैं। इस अवस्था में चरित्र, व्यवहार एवं नैतिक निर्माण से सम्बद्ध समस्याएं भी देखी जाती हैं। ऐसा भी देखा जाता है कि यदि पारिवारिक सम्बन्ध अच्छा नहीं होगा तो किशोर बाहरी लोगों से भी संतुष्ट नहीं होंगे। अतः पारिवारिक सम्बन्धों का भी प्रभाव किशोरावस्था के सामाजिक समायोजन पर पड़ता है।

किशोरावस्था में समायोजन की समस्याओं तथा व्यक्तित्व सम्बन्धी कारकों के बीच सम्बन्धों का अध्ययन पाण्डेय (1968) ने किया। इन्होंने मूने समस्या जांच सूची (Moone Problem Check List) का हिन्दी भाषा में अनुकूलन किया। पाण्डेय ने प्रयोज्यों पर उक्त सूची को प्रशासित करते हुए यह निष्कर्ष निकाला कि समस्याओं के प्रति समायोजन पर व्यक्तित्व सम्बन्धी कारकों का प्रभाव पड़ता है। व्यक्ति किशोरावस्था में कुछ क्षेत्रों में अधिक तथा कुछ क्षेत्रों में कम

समस्या का अनुभव करता है। अर्थात् विभिन्न क्षेत्रों में समायोजन की क्षमता पर प्रभाव पड़ सकता है (गुप्ता एवं गुप्ता, 1978)।

अपराधी बालक (Juvenile Delinquents)

प्रायः सामाजिक मानकों/नियमों के विरुद्ध किया जाने वाला आचरण अपराध की श्रेणी में रखा जाता है। प्रारम्भ में ऐसा करने से उन्हें आनन्दानुभूति होती है तथा वह धीरे-धीरे समाज विरोधी कार्यों में लिप्त हो जाता है। यदि कोई व्यक्ति जो ऐसा कार्य करता है तथा उसकी आयु बालिग व्यक्ति से कम (18 वर्ष से कम) है तो उसे बाल-अपराधी (Juvenile Delinquent) कहा जाता है।

बाल अपराधियों में नैतिक अपरिपक्वता पायी जाती है। ऐसे बालकों में नैतिक विकास बाल्यावस्था में पूर्णतः विकसित नहीं हो पाता जिससे किशोरावस्था में एक किशोर से जितना नैतिक व्यवहार करने की प्रत्याशा की जाती है, उतनी नहीं करता है। मावरर का मानना है कि वह किशोर जो जानबूझ कर इरादे के साथ तथा आत्मचेतना में होते हुए अपने समाज की रूढ़ियों का उल्लंघन करता है तथा समाज द्वारा निर्मित मानकों की अवहेलना करता है वह बाल-अपराधी की श्रेणी में आता है।

'बाल-अपराध' (Juvenile Delinquency) पद, किशोरों की आपराधिक बहुवृत्तियों यथा- हत्या, चोरी करना, डकैती, वेश्यावृत्ति तथा बहुत सारी अन्य गलत क्रियाओं को प्रकट करता है। क्योंकि वे स्कूल छोड़ने, गलत संगति में पड़ने, कामुक क्रियाओं को करने, घर से भागने की प्रवृत्ति इत्यादि कृत्यों के प्रति अभ्यस्त हो जाते हैं। ज्यादातर किशोर उन कृत्यों को भी करते हैं जिसे वे जानते हैं कि वह गलत है।

एक सर्वेक्षण में 14 से 18 वर्ष के 3300 किशोरों को लिया गया तथा सम्बन्धित प्रश्न पूछा गया। परिणाम में यह पाया गया कि लगभग 73% किशोर स्कूल में धूर्ततापूर्ण व्यवहार करते हैं, 47% किशोर स्कूल छोड़कर भाग जाते हैं, 46% किशोरों ने स्वीकार किया कि वे शराब पीते हैं तथा 23% किशोरों ने कहा कि वे नशीले पदार्थ को भी खरीद चुके हैं (पुन्तिल, 1972)। कुछ किशोरो ने गम्भीर अपराध करने को भी स्वीकार किया। कुछ किशोर छोटी-छोटी चोरी, चेन खींचने तथा पाकेटमारी करने जैसी प्रवृत्तियों को विकसित कर लेते हैं। इस प्रकार उनमें बड़े अपराध करने की प्रवृत्ति निर्मित हो जाती है। इस प्रकार के किशोर प्रायः अपने शिक्षकों तथा सहपाठियों को नए-नए तरीकों से आघात पहुँचाते हैं। एक सर्वेक्षण से यह ज्ञात हुआ कि अमेरिका में सन् 1978 में छात्रों ने लगभग 6000 शिक्षकों के साथ मारपीट किया (ओ. टूले, 1978)। फेडरल गवर्नमेन्ट ने यह अनुमान लगाया कि 2,80,000 से अधिक छात्र प्रत्येक महीने आक्रामक व्यवहार प्रदर्शित करते हैं।

एक वयस्क अपराधी तथा बाल अपराधी में मूलभूत अन्तर यह पाया जाता है कि सामान्यतया

बाल अपराधी वयस्कों की तरह बन्दूक या अन्य विध्वंसात्मक हथियारों का उपयोग नहीं करते हैं तथा इनके अपराधों का स्तर वयस्कों की तरह अत्यधिक भयावह नहीं होता है। यद्यपि किशोरों में किशोरियों की अपेक्षा आपराधिक प्रवृत्ति अधिक होती है तथापि किशोरियों के भी कुछ अपराध धीरे-धीरे प्रकाश में आ रहे हैं। आजकल किशोरियों में भी अपराध दर में वृद्धि हो रही है। किशोरों तथा किशोरियों में आपराधिक प्रवृत्ति मुख्यतया 15 वर्ष की आयु में उच्चतम स्तर पर पायी जाती हैं।

बाल अपराध के कारण (Causes of Delinquency)

बाल अपराध के सामान्यतया कई कारण हैं उनमें से एक मुख्य कारण स्नायविक तथा मनोवैज्ञानिक असामान्यता है। सर्वेक्षकों ने पाया कि मिशिगन के वे किशोर जो अपराधों में ज्यादा लिप्त थे, सामान्य किशोरों की अपेक्षा लयबद्धता (एक स्नायविक परीक्षण न कि संगीतमय अभियोग्यता) दृश्य, प्रभावपूर्ण संभाषण, लिखावट, शिक्षण, गणितीय योग्यता और सामान्य बुद्धि के परीक्षणों में औसत लब्धांकों से भी निम्न लब्धांक प्राप्त किए (ब्रीकमैन, मैकमानस, ग्रापेन्टाइन और अलेस्सी, 1984)।

बाल अपराध का एक अन्य कारण किशोर का निम्न आत्मसम्मान (Low Self-Esteem) होता है। एक लम्बे समय से यह धारणा प्रचलित है कि जो बालक स्वयं के बारे में बुरा सोचते हैं वे प्रायः अत्यधिक बुरा बर्ताव भी करते हैं। एक अध्ययन में (मैक्कार्थी एवं होग, 1980) ने यह पाया गया कि निम्न आत्म सम्मान वाले छात्रों में उच्च आत्मसम्मान वाले छात्रों की तुलना में अधिक दुर्व्यवहार तथा अपराधिक गतिविधियों को प्रस्तुत किया।

एक अन्य अध्ययन फिलाडेल्फिया के गैंग सदस्यों (बाल अपराधियों) पर किया गया तथा परिणाम में पाया गया कि ऐसे किशोरों की यह प्रवृत्ति होती है कि ये घर पर भी विध्वंसात्मक तथा आपराधिक गतिविधियों को करते रहते हैं एवं अभिभावकों द्वारा पिटते भी रहते हैं। ऐसे बालकों का ऐसा स्वभाव ही निर्मित हो जाता है (फ्रीडमैन, मन्न एवं फ्रीडमैन, 1975)। एक अध्ययन में यह ज्ञात हुआ कि कक्षा 7 से लेकर कक्षा 10 तक के छात्रों में आपराधिक व्यवहारों का एक मुख्य कारण माता-पिता का बालकों के प्रति दोषपूर्ण अनुशासनात्मक तथा संचालन शैली है। यदि अभिभावक अपने बच्चों को प्रायः यह बताते रहते हैं कि वे अपने समय का सदुपयोग किस प्रकार करें तो 80% बालकों में आपराधिक प्रवृत्ति की कमी हो सकती है (पैटरसन एवं अन्य, 1984)। इसके विपरित, वे अभिभावक जो अत्यधिक दुर्व्यवहार एवं निरादर करते हैं उनके बच्चे अत्यधिक आक्रामक पाये गये वे आगे चलकर बालापराधी बन जाते हैं। (पाण्डेय, 2007)।

अन्त में निष्कर्ष के रूप में यह कहा जा सकता है कि आपराधिक व्यवहार के मुख्य कारणों में स्नायविक कारण, संज्ञानात्मक असामान्यता, विकर्षित पारिवारिक सम्बन्ध अनुपयुक्त अभिभावकत्व (inadequate Parenting) आपराधिक साथियों का दबाव, निम्न

सामाजिक-आर्थिक स्थिति तथा किशोर का निम्न आत्मसम्मान इत्यादि हैं ये सभी कारण बाल अपराध को बढ़ाने में अहम् भूमिका का निर्वहन करते हैं।

किशोरावस्था में सांवेगिक विकास
(Emotional Development in Adolescence)

सुप्रसिद्ध अमेरिकी बाल मनोवैज्ञानिक स्टैनलेहाल ने किशोरावस्था को गम्भीर 'तूफान एवं तनाव (Storm and Stress)', की संज्ञा दी है। संवेगशीलता से सम्बद्ध ये दोनों शब्द अर्थात् तूफान और तनाव किशोरावस्था में व्युत्पन्न संवेगात्मक जीवन को व्यक्त करता है। नवकिशोर में संवेगशीलता अत्यधिक स्पष्ट होती है क्योंकि इस अवस्था के पूर्व की अवस्था तथा पश्चात् की अवस्था में अर्थात् उत्तर बाल्यावस्था एवं पूर्व बयस्कावस्था में आश्चर्यजनक संवेगात्मक अस्थिरता दृष्टिगत होती है। किशोरों की भाँति इस प्रकार की संवेगात्मक अस्थिरता न तो एक बालक में और न ही एक वयस्क में दृष्टिगत होती है।

परम्परागत धारणा के अनुसार किशोरावस्था में पायी जाने वाली यह संवेगात्मक अस्थिरता मुख्यतया उसके शारीरिक परिवर्तनों तथा विभिन्न विशिष्ट ग्रन्थियों की सक्रियता के कारण उत्पन्न होती हैं। यह निर्विवाद रूप से सत्य है कि संवेगात्मक विकास किशोरावस्था के आरम्भिक वर्षों में तीव्र गति से चलता है परन्तु बाद के वर्षों में उत्तरोत्तर मन्द होता जाता है। इस अवस्था में जो विकास होता है वह मुख्य रूप से उस अनुक्रम को पूरा करता है जिसकी शुरुआत यौवनारम्भ में हो चुकी होती है। संवेगात्मक विकास के क्रम में किशोर संवेगात्मक तनाव की स्थिति से भी गुजरता है। अतः यह आवश्यक हो जाता है कि संवेगात्मक तनाव के प्रमुख कारणों को ढूँढा जाय। विभिन्न अनुसन्धानों से ज्ञात हुआ है कि आज का किशोर सामाजिक परिस्थितियों में व्याप्त अनेक समस्याओं से घिरा हुआ है जिसके फलस्वरूप उत्पन्न दबाव के कारण किशोर की संवेगशीलता प्रभावित होती है।

सामान्यतया सभी किशोर इस तूफान एवं तनाव की स्थिति को महसूस नहीं करते हैं परन्तु यह भी सत्य है कि अधिकतर किशोर इस संवेगात्मक अस्थिरता के दौर से गुजरते हैं इसका मुख्य कारण यह है कि सभी किशोर सामाजिक प्रत्याशाओं एवं समस्याओं का समायोजन अपने अनुसार करते हैं, जिसके कारण एक ही परिस्थिति किशोरों में भिन्न-भिन्न मनोदशायें उत्पन्न करती है। इस प्रकार किशोरावस्था में संवेगात्मक विकास आश्चर्यजनक रूप से दृष्टिगत होता है तथा किशोरों की संवेगात्मक अभिव्यक्ति में पर्याप्त अन्तर दृष्टिगत होने लगता है।

यद्यपि इस अवस्था में सांवेगिक तनाव एक सामान्य प्रक्रिया है तथापि संवेगात्मक तनाव की लम्बी अवधि सांवेगिक कुसमायोजन का द्योतक है। अध्ययनों से यह ज्ञात हुआ है कि किशोरों के परिपक्वता की आयु का, उसके संवेगों की तीव्रता पर प्रभाव पड़ता है। उदाहरण के लिए- देर से परिपक्व होने वाले किशोरों में, जल्दी परिपक्व होने वाले किशोरों की अपेक्षा उत्साह एवं उत्सुकता दोनो ही उच्च पाया गया है (जोन्स तथा बेली, 1950)।

किशोरों के संवेग प्रारम्भ में तीव्र, उथल-पुथल युक्त, अनियन्त्रित तथा विवेक रहित होते हैं परन्तु कालान्तर में उत्तरोत्तर सुधार होता जाता है। गेसेल एवं सहयोगियों ने 14 वर्ष के बालकों पर अपने किए गए अनुसंधानों के द्वारा यह प्रदर्शित किया कि इस उम्र के बालक अत्यधिक चिड़चिड़े तथा उत्तेजनशील होते हैं एवं वे अपने भावनाओं पर नियन्त्रण करने के बजाय संवेगोन्मुख हो जाते हैं। इसके विपरीत 16 वर्ष का किशोर 'चिन्ता से कोई लाभ नहीं' सोचकर पूर्व किशोरावस्था की अपेक्षा समस्याओं का सामना कुछ शान्त होकर करता है। इस आयु में अब वह अपने संवेगों पर नियन्त्रण करना सीख चुका रहता है, इस प्रकार ज्यों-ज्यों पूर्व किशोरावस्था समाप्ति की ओर अग्रसर होती है, त्यों-त्यों परम्परागत 'तूफान व तनाव' के प्रमाण कम मिलने लगते हैं। अर्थात् 'तूफान व तनाव' की स्थिति उत्तरोत्तर कम हो जाती है (गेसेल, 1956)। जबकि स्टेनलेहॉल ने किशोरावस्था को अत्यधिक दबाव, तूफान, तनाव तथा संघर्ष से परिपूर्ण माना है। अत: मनोवैज्ञानिक शोधों के आधार पर यह कहा जा सकता है कि किशोरावस्था, विकास की वह अवस्था है जो तारुण्य से प्रारम्भ होती है और परिपक्वता के आरम्भ होने पर समाप्त हो जाती है।

पूर्व किशोरावस्था में संवेगों की अभिव्यक्ति (Expression of Emotions in Early Adolescence)

किशोरावस्था में बाल्यावस्था की ही भाँति संवेग परिलक्षित होते हैं परन्तु बालकों के संवेगों से इस अवस्था के संवेग प्रकार एवं उनकी अभिव्यक्ति में भिन्न होते हैं हरलॉक (1984) ने इन संवेगों को पूर्व किशारोवस्था तथा उत्तर किशोरावस्था के संवेग के रूप में दो भागों में विभक्त किया है। साथ ही इन्होंने यह भी स्पष्ट किया है कि सत्रह वर्ष की आयु, दोनों अवस्थाओं का विभाजक बिन्दु होता है। पूर्व किशोरावस्था के कुछ प्रमुख संवेगों का संक्षिप्त विवेचन प्रस्तुत हैं-

क्रोध (Anger)

किशोरावस्था का क्रोध, बाल्यावस्था के क्रोध से भिन्न होता है तथा बाल्यावस्था के क्रोध से व्यापक भी होता है। नवकिशोर के रुचिपूर्ण कार्यों में यदि विघ्न उत्पन्न किया जाए तो वह कुण्ठित तथा असहायता का अनुभव करता है। साथ ही साथ वह यह भी अनुभव करता है कि वह किसी व्यवहार को स्वतंत्रतापूर्वक नहीं कर पा रहा है जिसके फलस्वरूप वह स्वतंत्र होने की इच्छा प्रकट करता है। कभी-कभी किशोर बच्चों की भांति अति क्रोधित एवं अनियंत्रित हो जाते हैं लेकिन वे क्रोध की अभिव्यक्ति दूसरों से खिंचा-खिंचा रहकर तथा रूखा व्यवहार करके करते हैं। वह माता-पिता या बड़ों के कहने पर कोई काम भी नहीं करता है। उसकी उद्दण्डता का विकृत रूप दूसरों के साथ कभी-कभी गाली गलौज के रूप में भी प्रदर्शित होता है। इस परिस्थिति में किशोर लक्षित व्यक्तियों की निन्दा करता है तथा हंसी भी उड़ाता है। गुस्सा होने पर तथा झल्लाने पर वह वस्तुओं को पैर से ठोकर मारकर अपने क्रोध को प्रकट करता है जबकि किशोरी क्रोधित होने पर

रोती हैं। कभी-कभी किशोर दूसरे व्यक्ति पर क्रोधित होने पर छोटे बच्चों को मारकर गुस्सा प्रकट करता है तथा निर्जीव वस्तुओं को पटक कर, फेंककर भी क्रोध को प्रकट करता है। लेकिन आगे चलकर नवकिशोर अपने इस क्रोधपूर्ण व्यवहार को अपरिपक्वता का संकेत समझने लगता है जिसके फलस्वरूप वह अपने क्रोधित व्यवहार पर नियंत्रण रखना सीखता है। इस प्रक्रिया में अब गाली-गलौज के स्थान पर प्राय: दरवाजा बंद करके बैठ जाता है और जब तक उसका गुस्सा शांत नहीं हो जाता, तब तक वह किसी से न तो बोलता है और न ही बाहर आता है। लेकिन पन्द्रह वर्ष की आयु तक अधिकांश किशोर इसे बच्चों जैसा व्यवहार समझकर छोड़ देते हैं तथा अपने क्रोध की अभिव्यक्ति को घूरकर (Staring) प्रकट करते हैं तथा कुछेक अपशब्दों को धीरे-धीरे बोलकर प्रस्तुत करते हैं। पूर्व किशोरावस्था के अंतिम वर्षों तक क्रोध की अभिव्यक्ति पर नियंत्रण हो जाता है। सोलह वर्ष का किशोर गुस्सा होने पर कभी-कभी ही उबलते, चिल्लाते तथा रोते हैं एवं दरवाजा जोर से बंद करते हैं (गेसेल, इल्ग तथा अगेस, 1956)। निम्न सामाजिक-आर्थिक वर्ग के नवकिशोर, उच्च सामाजिक-आर्थिक वर्ग के नवकिशोर की अपेक्षा ज्यादा क्रोधपूर्ण व्यवहार प्रदर्शित करते हैं। हालांकि नवकिशोरियों में यह बात लागू नहीं होती। जो किशोर अपने क्रोध की अनुक्रियाओं पर नियंत्रण कर चुक हैं वे भी अपनी माता पर कभी-कभी क्रोधित हो जाते हैं (मैक क्रे, 1950)।

भय (Fear)

बालक किशोरावस्था में पहुंचने से पहले यह सीख चुका होता है कि जिन चीजों से वह बाल्यावस्था में डरता था उसमें से बहुत सारी चीजें उसके लिए हानिकारक नहीं हैं, तत्पश्चात् उन चीजों के प्रति उनके अन्दर का भय समाप्त हो जाता है लेकिन बाल्यावस्था के भय के स्थान पर अन्य प्रकार के भय जो किशोरावस्था के अधिक परिपक्व अनुभवों के फलस्वरूप उत्पन्न होते हैं, विकसित हो जाते हैं। किशोरावस्था में उत्पन्न भय कुछ इस प्रकार होते हैं यथा- अंधेरे में अकेले होने से उत्पन्न भय, रात में बाहर अकेले होने पर भय, सामाजिक परिस्थितियों का भय तथा स्कूल या स्कूल के विषयों का भय आदि। इस प्रकार हम कह सकते हैं कि जब मूल्यों और अनुभवों में परिवर्तन होता है तब भय पैदा करने वाले उद्दीपकों में भी परिवर्तन हो जाता है क्योंकि बालक की अपेक्षा किशोर के लिए सामाजिक परिस्थितियों का महत्व अधिक होता है। भय की संख्या और तीव्रता बारहवें वर्ष के आस-पास सबसे अधिक होती है और फिर पूर्व किशोरावस्था में क्रमश: कम होती जाती है। सोलहवें वर्ष में बहुत से किशोर यह दावा करने लगते हैं कि उन्हें किसी भी चीज से भय नहीं लगता (गेसेल, 1956 ; ब्राउन, 1954)।

जहाँ बालकों में भय अतार्किक होता है वहीं नवकिशोरों में भय वास्तविक उद्दीपक के संदर्भ में उत्पन्न होता है। नवकिशोर घनिष्ठ मित्रों के अतिरिक्त अन्य सबके सामने शर्म का अनुभव करता है। वह अजनबियों तथा विपरीत लिंग वालों पर अच्छी छवि बनाने में स्वयं को अयोग्य मानता है जिसके कारण उनको भय, बेचैनी और शर्म का अनुभव होता है।

भय की स्थिति में अनेक प्रकार के दैहिक लक्षण किशोर में स्पष्ट होते हैं यथा- शरीर का पीला पड़ जाना, जड़ हो जाना या कम्पन तथा पसीना आना। किशोर भय उत्पन्न करने वाली परिस्थितियों का सामना करने से भागते हैं तथा अनेक प्रकार की अहम् सुरक्षा तंत्रों (Ego defense mechanism) को अपनाते हैं।

आकुलता (Restlessness)

आकुलता भय का ही एक रूप है जो काल्पनिक चीजों से उत्पन्न होती है। ज्यों-ज्यों भय की तीव्रता घटती जाती है त्यों-त्यों किशोर उनके स्थान पर आकुलताएं अपनाता जाता है जो कि ऐसे व्यक्तियों, वस्तुओं और परिस्थितियों के बारे में होती हैं जो मुख्य रूप से उसके कल्पना की उपज है। गेसेल और उनके सहयोगियों (1956) ने यह स्पष्ट किया कि भय के समान आकुलताएं भी अधिकतर किशोरों के अनुभव के उन क्षेत्रों से सम्बन्धित होती हैं जो उनके लिए महत्वपूर्ण होते हैं, जैसे विशेषतः स्कूल के कार्य, समूह के सामने भाषण देना तथा अन्य सामाजिक अनुभव। इस प्रकार किशोर का सामाजिक क्रिया कलापों के प्रति आकुलता उसके उस काल्पनिक भय से उत्पन्न होती है जिसमें वह सोचता है कि वह अपनी प्रतिष्ठा अन्य लोगों के सामने सही ढंग से स्थापित नहीं कर पाएगा या वह अन्य लोगों की प्रत्याशाओं को पूरा नहीं कर पाएगा। ये आकुलताएं भी व्यक्ति के शारीरिक और मानसिक स्वास्थ्य पर उतना ही प्रभाव डालती हैं जितना कि वास्तविक भय डालते हैं।

नव किशोरों में उत्पन्न आकुलता का सबसे सामान्य कारण होता है स्कूल का काम। जिन नवकिशोरों का स्कूली कार्य संतोषजनक नहीं होता उनमें आकुलता की मात्रा अधिक होती है तथा जिनका स्कूली कार्य संतोषजनक होता है उनमें आकुलता की मात्रा कम पायी जाती है। नवकिशोरियाँ भी कुछ बातों के प्रति आकुलता का प्रदर्शन करती हैं। जैसे- उनकी अपनी शारीरिक संरचना, अपने और माता-पिता के बीच अन्तर्द्वन्द्व, लड़के-लड़कियों के मध्य सम्बन्ध, मित्र बनाने में कठिनाई, मनोरंजन के उचित संसाधनों में कमी, व्यावसायिक चुनाव, धर्म, स्वास्थ्य की समस्याएं, कपड़े, पैसे तथा कुछ अन्य व्यक्तिगत समस्याएं आदि।

किशोरियों की अपेक्षा किशोर योग्यता और धन अर्जित करने के प्रति अधिक तत्परता प्रदर्शित करते हैं। प्रायः हमउम्र किशोरों की आकुलता देखकर भी तीव्र आकुलता प्रदर्शित करते हैं। उदाहरणार्थ- सभी किशोरों में आकुलता के स्तर पर सामाजिक-आर्थिक स्थिति का भी प्रभाव पाया गया है। यद्यपि सभी किशोरों में विद्यालय सम्बन्धी आकुलता होती है लेकिन निम्न सामाजिक-आर्थिक वर्ग के किशोर अपने शिक्षक के बारे में अधिक आकुल रहते हैं। कक्षा में बोलने के लिए कहे जाने पर होने वाली हिचक या भय भी आकुलता को प्रदर्शित करती है।

किशोरों की भाँति किशोरियों में भी आकुलता स्पष्ट तौर पर पायी जाती है तथा इनकी

अभिव्यक्ति पर सामाजिक-आर्थिक स्तर का स्पष्ट प्रभाव देखा गया है। मध्यम सामाजिक-आर्थिक स्तर की किशोरियाँ लोकप्रियता, अपनी प्रतिष्ठा और शादी के बारे में अधिक आकुल रहती हैं। वहीं उच्च सामाजिक-आर्थिक वर्ग की किशोरियाँ अपनी प्रतिष्ठा के प्रति कम आकुल होती हैं अपितु डेटिंग, लोकप्रियता तथा किशोर मित्रों के प्रति अधिक आकुल होती हैं। चित्र 16.3 में यह प्रदर्शित किया गया है कि किशोरियों के सामाजिक सम्बन्धों की आकुलता किशोरों की अपेक्षा दोगुनी होती है। निम्न सामाजिक-आर्थिक वर्ग की किशोरियाँ अपने कपड़ों तथा अपनी शारीरिक संरचना के प्रति ज्यादा सशंकित रहती हैं जबकि उच्च सामाजिक-आर्थिक वर्ग की किशोरियाँ तथा किशोर अपेक्षाकृत कम आकुलता दर्शाते हैं (एजंलिनो, डालिस एवं मेक, 1956)।

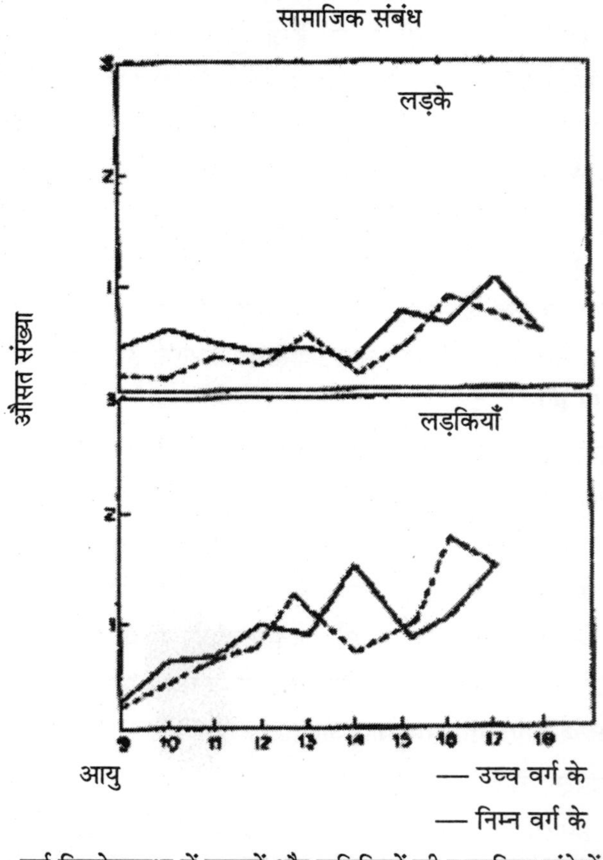

चित्र 16.3 : पूर्व किशोरावस्था में लड़कों और लड़िकियों की सामाजिक संबेधों के बारे में आकुलता।

ईर्ष्या (Jealousy)

प्रायः ईर्ष्या को शैशवोचित संवेग माना जाता है लेकिन यह पूर्व किशोरावस्था में भी तीव्र और छिपे रूप में दिखायी देती है। ईर्ष्यालु किशोर अपने प्रिय व्यक्तियों से भी अपने सम्बन्ध को लेकर असुरक्षित अनुभव करता है। नवकिशोर विपरीत लिंगीय व्यक्तियों में सामूहिक रूप से दिलचस्पी

रखता है और उनमें लोकप्रिय भी होना चाहता है। यदि वह लोकप्रियता हासिल कर लेता है तो अपने आपको ज्यादा प्रभुत्वसम्पन्न समझता है। गेसेल एवं सहयोगियों (1953) ने स्पष्ट किया है कि नवकिशोर को अपने उन साथियों से भी ईर्ष्या होती है जिन्हें अधिक सुविधाएं और अधिक स्वतंत्रता प्राप्त होती है अथवा जो स्कूल के काम या खेल कूद में अधिक सफल होते हैं।

किशोर जिससे ईर्ष्या करता है उसे शारीरिक उत्पीड़न के बजाय वाचिक उत्पीड़न देना अधिक पसंद करता है। वाचिक उत्पीड़न के अन्तर्गत प्राय: व्यंग्यात्मक टीका टिपण्णी करना, हंसी उड़ाना, किशोर की उसके माता-पिता, रिश्तेदारों तथा बड़े बुजुर्गों की उपस्थिति में ही निन्दा करना तथा व्यक्ति के पीठ पीछे भी निन्दा करना आदि रूपों में व्यक्त किये जाते हैं।

स्पर्धा (Competition)

स्पर्धा की भावना नवकिशोर में तीव्र स्तर की पायी जाती है। वह स्पर्धा किसी वस्तु या संस्थिति को पाने की अभिप्रेरणा से निर्दिष्ट होता है। बालकों के अन्दर सही मूल्यांकन करने की क्षमता का अभाव होता है जिसकी वजह से वह अपने मित्रों की चीजों को अपने चीजों के समान होने या न होने की परवाह नहीं करते जबकि किशोर वस्तु के गुण और मात्रा दोनों को महत्व देते हैं।

ईर्ष्या की भांति स्पर्धा की आरम्भिक प्रतिक्रिया भी वाचिक रूपों में होती है। किशोर तुलना करके या आलोचना द्वारा मोलभाव के आधार पर वस्तु के औचित्य का मूल्यांकन करता है तथा न मिलने पर उस वस्तु को व्यर्थ बताकर उसका परित्याग कर देता है।

स्नेह (Affection)

संवेगों के विवेचन में 'स्नेह' रूपी संवेग अहम् स्थान रखता है चाहे वह बाल्यावस्था में हो अथवा किशोरावस्था में। बालक का स्नेह व्यक्तियों (माता-पिता तथा परिवार के अन्य सदस्य) की अपेक्षा पालतू जानवरों और प्रिय खिलौनों से अधिक होता है जबकि किशोरों का स्नेह उन लोगों तक केन्द्रित होता है जिसके साथ उनका सुखद सम्बन्ध होता है अर्थात् जिनसे वह प्राय: मिलता है तथा स्वयं को सुरक्षित महसूस करता है।

पूर्व किशोरावस्था संकोच और शर्मीलेपन की आयु होती है। किशोर अपने प्रिय व्यक्तियों को एकाग्रचित्त ढंग से देखता है और उसकी बात को तन्मयता के साथ सुनता है तथा उसकी उपस्थिति में बराबर मुस्कुराता रहता है जिससे कि उसका स्नेह प्रकट होता रहे।

हर्ष (Joy)

हर्ष एक सामान्य संवेगात्मक अवस्था है जिसे मन्द प्रसन्नता के रूप में समझा जा सकता है। इसकी अभिव्यक्ति वांछित कार्य या वस्तु की प्राप्ति होने पर होती है। अर्थात् किशोरों को हर्ष तब

होता है जब उसका अपने काम से और उन सामाजिक परिस्थितियों, जिनके साथ उनका तादात्म्य होता है, से अच्छा समायोजन हो जाता है या जब वह किसी परिस्थिति के हास्योत्पादक पहलू को देखता है, आकुलता, भय, क्रोध या ईर्ष्या के बाद उसका अवरुद्ध संवेग ऊर्जायुक्त हो जाता है, तथा जब सफलतापूर्वक किसी काम को सम्पन्न करने के बाद अपनी उत्कृष्टता का आभास होता है। हर्ष की अभिव्यक्ति सबमें लगभग एक सी होती है।

जिज्ञासा (Curiosity)

जब व्यक्ति किशोरावस्था में पहुंचता है तो उसकी स्वाभाविक जिज्ञासा बाह्य प्रतिबन्धों से दब चुकी होती है। इसके अलावा, इस अवस्था तक आते-आते व्यक्ति लगभग अधिकांश वस्तुओं की छानबीन कर चुका होता है। फिर भी नव किशोर के जीवन में नई चीजें आती रहती हैं जो उनकी जिज्ञासा को उद्दीप्त करती रहती हैं। विषमलिंगीय व्यक्तियों के साथ उसका अनुभव नया होता है और काम सम्बन्धी सारा विषय नव किशोर के लिए नया सा होता है। इस प्रकार यह विषय जिज्ञासा का केन्द्र बिन्दु होता है, जिसमें नवकिशोर अपने ही शरीर के अन्दर अनवरत रूप से हो रहे परिवर्तन को देखकर चिन्तित रहता है। इस प्रकार का सोचना उस परिवर्तन के विषय में अल्प जानकारी का संकेत होता है जो निःसन्देह जिज्ञासा के रूप में अभिव्यक्त होता है।

ये विविध संवेग,पूर्व किशोरावस्था में अभिव्यक्त होते हैं। ये अपनी-अपनी विशेषताओं को लेकर उपस्थित होते हैं और मानव विकास के क्रम में इस अवस्था की क्रियाओं को सम्पादित करने में सहायता प्रदान करते हैं।

उत्तर किशोरावस्था में संवेगों की अभिव्यक्ति (Expression of Emotions in Late Adolescence)

किशोरावस्था के अन्तिम चरण में संवेगात्मक तनाव अधिक तीव्र स्तर का पाया जाता है। इस आयु में सामान्य रूप से अनेक समस्याएं उत्पन्न होती हैं जैसे-प्रौढ़ों द्वारा लगाये गए प्रतिबन्ध, प्रणय-व्यापार से सम्बद्ध समस्याएं, कैरियर के चयन से सम्बद्ध समस्याएं, भविष्य के बारे में अनिश्चितता से उत्पन्न कुण्ठा आदि। युंग ने विद्यार्थियों को लेकर एक अध्ययन किया तथा यह निष्कर्ष निकाला कि कालेज के विद्यार्थियों में तंत्रिकाओं का तनाव पाया जाता है जो अधीरता की आदतों, बोलने और मुखाभिव्यक्तियों से सम्बद्ध होता है।

पूर्व किशोरावस्था की भांति उत्तर किशोरावस्था में भी संवेगों का संरूप समान होता है परन्तु संवेगों की तीव्रता में भिन्नता पायी जाती है। नीचे कुछ प्रमुख संवेगों के स्वरूप एवम् अभिव्यक्ति का वर्णन किया गया है।

क्रोध (Anger)

किशोरावस्था में क्रोध रूपी संवेग की आवृत्ति अधिक तीव्र गति से घटित होती है। इस आयु में

क्रोध के दो प्रमुख कारण हैं: पहला- स्वाग्रह का बाधित होना तथा दूसरा अभ्यासिक क्रियाओं में बाधा पड़ना। स्वाग्रह से तात्पर्य है किशोर जो भी काम करने को उत्सुक होता है, उसमें बाधा उत्पन्न होना। जैसे- किसी कार्य के लिए अपमानित करना, गलत ढंग से टीका टिप्पणी करना तथा अनावश्यक परामर्श देना इत्यादि। जबकि अभ्यासिक क्रियाओं में बाधा पड़ने का तात्पर्य किशोर को अभ्यास के लिए पर्याप्त अवसर न मिल पाना। सामाजिक परिस्थितियों में लड़कियाँ लड़कों की अपेक्षा अधिक तीव्रता से क्रोध व्यक्त करती हैं जबकि लड़के, लड़कियों की अपेक्षा लक्षित वस्तुओं के प्रति अधिक क्रोधित होते हैं। किशोर में क्रोध का अनुभव काफी हद तक उसके वातावरण पर निर्भर होता है। बाधाएं जितनी तरह की एवं जितनी अधिक होंगी क्रोध उतना ही अधिक होगा (एनास्टासी, कोहेन एवं स्पाट्ज, 1948 ; जेरसिल्ड, 1957)। उत्तर किशोरावस्था में क्रोध पर नियंत्रण की योग्यता किशोर में देखने को मिलती है अर्थात् जो पहले उग्र प्रतिक्रियाएं करता था बजाय उनके वह अब अपने क्रोध पर नियंत्रण रखने की कोशिश करता है।

भय (Fear)

किशोर पहले की चीजों जैसे काल्पनिक परिस्थितियाँ या मूर्त वस्तुओं से कम डरता है तथा अब इस अवस्था में डरावनी परिस्थिति से दूर नहीं भागता, चाहे उसे भय कितना भी अधिक क्यों न लगे। जैसे : समूह के सामने भाषण देना हो या साक्षात्कार देना हो, कुछ अनजान महिलाओं से मुलाकात करने, विशेषज्ञ से बातचीत करने में संकोच या भय के बावजूद किशोर इन परिस्थितियों का सामना करने को तत्पर रहता है।

आकुलता (Restlessness)

पूर्व किशोरावस्था की भांति उत्तर किशोरावस्था में भी आकुलता का कारण विद्यालय से सम्बन्धित होता है जैसे -पढ़ाई-लिखाई, लोकप्रियता पाने की आकुलता किशोरों में देखी जाती है। इसके अतिरिक्त विवाह से सम्बद्ध आकुलता उस समय देखी जा सकती है जब उनसे जीवन साथी को पसंद करने की बात की जाती है। प्रेसी और जोन्स (1955) ने किशोर में आकुलता के कारण बिन्दु सामाजिक-आर्थिक स्थिति, पारिवारिक दशा, पूर्व में प्राप्त सफलताएं या असफलताएं तथा लोगों से भावनात्मक सम्बन्ध सहृदय पूर्ण बने रहना एवं किशोर की चिन्ताओं का स्तर और तीव्रता इत्यादि हैं। चित्र 16.4. में आयु के साथ आकुलताओं के स्तर में होने वाले परिवर्तन प्रदर्शित हैं।

ईर्ष्या (Jealousy)

उत्तर किशोरावस्था में किशोरों की किसी किशोरी में रूचि उत्पन्न हो जाती है, जो पूर्व किशोरावस्था में सामान्य रूप में थी। इस रूचि के साथ-साथ उसकी भावनाओं के बारे में अनिश्चयता का भाव भी रहता है। जैसे किशोर में यह संदेह हमेशा बना रहता है कि उसकी प्रेमिका उसकी नजर

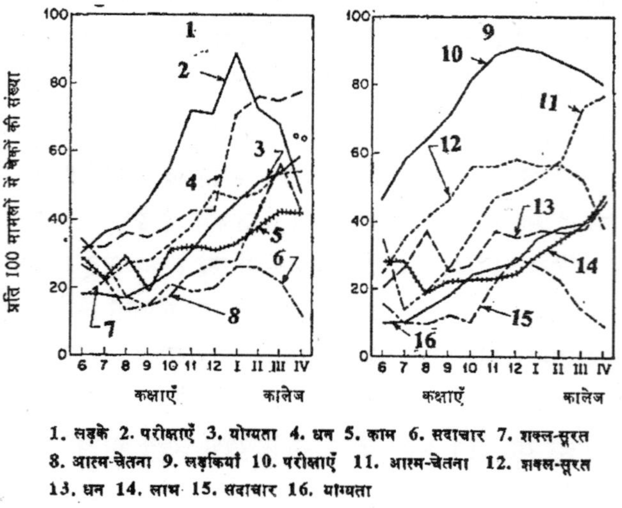

चित्र 16.4 : कशोरावस्था में परेशानियों और आकुलताओं की आयुउपनतियां।

से ओझल होने पर क्या करती है तथा किन-किन लड़कों से या लड़कियों से उनका विशेष सम्पर्क होता है। इस प्रकार की बातें होने पर किशोर एवं किशोरियों में एक दूसरे के प्रति ईर्ष्या का संवेग उत्पन्न होता है (जरसिल्ड, 1957)। अपनी ईर्ष्या की अभिव्यक्ति किशोर पीठ पीछे बुराई तथा ईर्ष्या के पात्र व्यक्ति पर चारित्रिक दोष या लांछन लगाकर प्रदर्शित करता है।

स्पर्धा (Competition)

किशोर भौतिक वस्तुओं को ज्यादा पसंद करते हैं तथा अपने से बड़े व्यक्ति या धनवान व्यक्ति के धन दौलत और बाह्य सामग्रियों को देखकर उसकी भांति ही स्वयं समस्त वस्तुओं को प्राप्त करना चाहते हैं जिसके लिए वे नौकरी करने से लेकर कोई भी गलत सही रास्ता अपनाने को तत्पर हो सकते हैं परन्तु जब वह चीजों को नहीं प्राप्त कर पाते हैं तब अपने भाग्य को कोसते हैं और जिन व्यक्तियों को उक्त चीजें प्राप्त हो जाती हैं उसे भाग्यशाली बताते हैं।

प्रसन्नता (Pleasure)

प्राय: चार तरह की परिस्थितियों में किशोर संवेगात्मक प्रतिक्रियाएं करता है। प्रथम व्यक्ति जिस परिस्थिति में रहता है उसमें अच्छा समायोजन करने का प्रयास करना। द्वितीय, किसी परिस्थिति के हास्यास्पद पहलू को देख लेना। तृतीय किसी दूसरे व्यक्ति का मजाक उड़ाना तथा चतुर्थ, अपने आप को श्रेष्ठ समझना है।

जरासिल्ड ने यह पाया है कि जब किशोर किसी परिस्थिति में सही ढंग से समायोजन स्थापित कर लेता है तो वह प्रसन्नता का अनुभव करता है।

स्नेह (*Affection*)

इस अवस्था में किशोर का स्नेह एक बार में एक ही व्यक्ति पर केन्द्रित होता है इसलिए पूर्व की अपेक्षा अधिक तीव्र होता है। वह जिसे स्नेह करता है वह समलिंगी हो सकता है या विषमलिंगी। उसके प्रति किशोर के विचार इस प्रकार के हो सकते हैं जैसे वह व्यक्ति आदर्शवादी है, पढ़ने में अच्छा है या वह निश्चित रूप से अच्छी नौकरी करेगा।

कुछ किशोर अपने समलिंगीय व्यक्तियों के प्रति स्नेह व्यक्त करते हैं तथा – 'नायक-पूजा' का भाव रखते हैं जबकि कुछ ऐसे भी होते हैं जो अपने माता-पिता, भाई-बहन के प्रति ज्यादा स्नेह का भाव प्रदर्शित करते हैं।

सांवेगिक परिपक्वता (Emotional Maturity)

किशोरावस्था की समाप्ति के पश्चात् धीरे-धीरे बालक तथा बालिकाओं में सांवेगिक परिपक्वता आ जाती है। जब दूसरे व्यक्ति उपस्थित होते हैं तब वे ज्यादा उत्तेजनापूर्ण व्यवहार या संवेग प्रदर्शित नहीं करते बल्कि उसे प्रदर्शित करने के लिए उचित समय का इन्तजार करते हैं तथा सामाजिक रूप से स्वीकृत ढंग से अपने सांवेगिक उफान को नियंत्रित कर दूसरे रूप में प्रदर्शित करते हैं। अर्थात् नकारात्मक संवेग को दूसरों की उपस्थिति में भी किशोर धनात्मक रूप से प्रस्तुत करते हैं।

सांवेगिक परिपक्वता का महत्वपूर्ण संकेत यह है कि किशोर, बच्चों या अपरिपक्व व्यक्ति की भांति प्रतिक्रिया करने के बजाय अनुक्रिया करने से पूर्व की क्रान्तिक परिस्थिति का मूल्यांकन करते हैं। अतः किशोरों में उन परिस्थितियों द्वारा उत्पन्न परिणाम भिन्न होते हैं जो किशोरावस्था के पूर्व सांवेगिक हिंसा का कारण बनते रहे हैं। किशोर उन परिस्थितियों का या उन उद्दीपकों के प्रति हिंसात्मक प्रतिक्रिया को अब रोक देता है। परिणामतः किशोर अपने सांवेगिक अनुक्रियाओं में स्थिरता प्रकट करते हैं।

सांवेगिक परिपक्वता के लिए किशोरों को परिस्थितियों के प्रति सही दृष्टिकोण विकसित करना सीखना चाहिए। ऐसे दृष्टिकोण को वे दूसरों से अपनी समस्याओं पर वार्तालाप करके अच्छी तरह सीख सकते हैं। इसके अतिरिक्त उन्हें सांवेगिक विरेचन (Emotional Catharisis) का उपयोग करना सीखना चाहिए।

किशोर जब अपने संवेगों पर नियंत्रण करना सीख जाता है तो उसके व्यक्तित्व संरूप में भी स्पष्ट परिवर्तन परिलक्षित होने लगता है।

किशोरावस्था में व्यक्तित्व विकास
(Personality Development in Adolesence)

व्यक्तित्व का स्वरूप विभिन्न आयु चरणों में भिन्न-भिन्न संरूपों में परिलक्षित होता है।

पूर्व किशोरावस्था में व्यक्तित्व विकास (Personality Development in Early Adolescence)

नव किशोर जब बड़े समूह से अन्तःक्रिया करने लगता है तब उसे बुरे व अच्छे लक्षणों की जानकारी अच्छी तरह हो जाती है तथा इसी के आधार पर वह अपना मूल्यांकन करता है। सामाजिक स्वीकृति पाने के लिए किशोर अपने व्यक्तित्व को सुधारने का हर सम्भव प्रयास करता है। ऐसे किशोर स्वयं को वातावरण के साथ अच्छी तरह समायोजित कर लेते हैं, जो धनात्मक अभिवृत्ति से संम्प्रेरित होते हैं तथा यह महसूस करते हैं कि दूसरे उनके धनात्मक शीलगुणों को पसंद करते हैं। जरसिल्ड (1957) का मानना है कि "ऐसे व्यक्ति आत्मविश्वासी होते हैं क्योंकि उनका आत्म सम्प्रत्यय (Self Concept) न केवल यथार्थ होता है बल्कि उनमें अपने 'आत्म' (self) को पहचानने की अपूर्व क्षमता होती है।"

किशोर की अन्तःक्रिया नए-नए लोगों से होती है जो उसके व्यक्तित्व को प्रभावित करते हैं, लेकिन उसका व्यक्तित्व काफी हद तक इस बात से प्रभावित होता है कि बचपन में उसके व्यक्तित्व की जड़े कितनी मजबूत थीं। यदि बाल्यावस्था में किशोर किसी हीन भावना का शिकार हुआ है तो निःसन्देह पूर्व किशोरावस्था में भी उसकी हीनता की भावनाएँ तीव्र हो जायेंगी। लेकिन इस स्थिति में यदि किशोर का अहं सम्प्रत्यय स्वयं को एक महत्वपूर्ण व्यक्ति के रूप में स्वीकार करने का हो तो इस बात की प्रबल सम्भावना है कि उसकी यह धनात्मक अभिवृत्ति उसके बाल्यावस्था की हीन भावना को अप्रभावी बना देगी।

नव किशोर द्वारा प्रदर्शित तीव्र संवेग आंशिक रूप से व्यक्तित्व के परिवर्तन पर प्रभाव डालता है। यद्यपि किशोरों के कुछ लक्षण समाज द्वारा स्वीकृत होते हैं तथा कुछ अस्वीकृत तथापि किशोर अपने समवयस्कों का ही नहीं बल्कि सारे समुदाय का अनुमोदन प्राप्त करना चाहता है वह इसलिए अपने व्यक्तित्व के अन्दर ऐसे लक्षण पैदा करने का प्रयत्न करता है जिससे उसे अनुमोदन और स्वीकृति प्राप्त हो। उदार मनस्यता, सहयोगशीलता और विश्वसनीयता व्यक्तित्व के ऐसे लक्षण हैं जिन्हें लड़के और लड़कियां दोनों ही अपने साथियों में देखना चाहती हैं (स्टीनर, 1958)।

किशोर अपने समूह द्वारा जिस प्रकार के शारीरिक गठन को अच्छा कहा जाता है, वह किशोर के लिए मानक बन जाता है जिसके अनुसार वह अपनी शक्ल सूरत को आंकता है। किशोर में यदि कोई शारीरिक दोष होता है, तो वह उसके लिए उलझन का कारण बन जाता है। इससे किशोर को समायोजन की समस्याओं से जूझना पड़ता है, उनमें और भी समस्याएं जुड़ जाती

है (नारिस एवं सहयोगी, 1955)। पहनावा भी किशोर के व्यवहार को प्रभावित करता है जिससे किशोर के अहं सम्प्रत्यय के लिए कपड़ों के महत्व का पता चलता है। किशोर अपने नाम को लेकर अपेक्षाकृत अधिक चिन्तित होता है। वह ऐसे किसी भी नाम को पसंद नहीं करता जिसके कारण उसे शर्म आये, उलझन हो या वह भावुक बने (हेल्पर एवं सहयोगी, 1958)।

किशोर अपने समवयस्कों से जब अन्त:क्रिया करता है तो उसका अहं सम्प्रत्यय उसके समूह की धारणा के अनुरूप बनता है साथ ही साथ उसके दल का दबाव भी उसके व्यक्तित्व के कतिपय लक्षणों को प्रतिबिम्बित करता है। नवकिशोर की महत्वाकांक्षा उसके व्यक्तित्व को और भी निखारती है। वे कपोल कल्पनाओं में अधिक जीते हैं तथा उनकी ये कल्पनायें उनके पहुंच से बाहर होती हैं क्योंकि वे अयथार्थवादी होते हैं तथा वे अपनी क्षमताओं को सही-सही आंकने में अक्षम होते हैं। अत: लक्ष्य तक न पहुंच पाने की स्थिति में वे दु:खी हो जाते हैं। फलत: स्वयं को असमर्थ मानते हुए अपनी असफलता का दोष किसी अन्य कारक पर आरोपित कर देते हैं।

व्यक्तित्व में कुसमायोजन (Maladjustment in Personality)

नैदानिक अध्ययन बताते हैं कि किशोरावस्था में कुसमायोजन किसी बड़े शारीरिक या ग्रंथीय परिवर्तन अथवा किसी तीव्र आघात के फलस्वरूप होता है। हांलाकि इस प्रकार के समस्याजनक व्यवहार की शुरुआत बाल्यावस्था के प्रारम्भ से ही हो जाती है। किशोरावस्था स्थिरता और शांति का काल होता है जिसमें व्यक्ति प्रौढ़ों का अनुकरण कर पर्यावरण के साथ समायोजन करने का सफल प्रयास भी करता है, जो काफी हद तक इस बात पर निर्भर करता है कि उसकी बाल्यावस्था की बुनियाद की जड़े कितनी गहरी हैं, उसके माता-पिता कितने धैर्यवान हैं तथा वे कितनी सूझ-बूझ के साथ उसका पथ प्रदर्शन करते हैं।

कुसमायोजित किशोर स्वयं को समाज में अकेला पाता है। अधिकांश नवकिशोरों को किसी न किसी मात्रा में दु:ख रहता है, किन्तु कुसमायोजित किशोर को दु:ख न केवल बहुत अधिक मात्रा में रहता है बल्कि उसे दु:ख का अनुभव अधिक बार भी करना पड़ता है। व्यक्तित्व सम्बन्धी जो दोष बाल्यावस्था में माता-पिता और शिक्षकों को इतने अल्प लगते थे एवम् जिनकी उपेक्षा कर दी गयी थी वे अब किशोरों के जीवन पर इस तरह प्रभाव डालना शुरु कर देते हैं कि हल्का और अस्थायी दु:ख भी अब बहुत बढ़ जाता है।

उत्तर किशोरावस्था में व्यक्तित्व विकास (Personality Development in Late Adolescence)

किशोर का व्यक्तित्व किशोरावस्था के उत्तरार्द्ध में स्थिर हो जाता है तथा एक ऐसा रूप ले लेता है जो जीवन के शेष वर्षों में बहुत थोड़े परिवर्तन के साथ बना रहता है (जरसिल्ड, 1957)। यह वह अवस्था है जिसमें व्यक्ति की जो आदतें व अभिवृत्तियाँ एक बार बन जाती हैं तो वह उसके जीवन का अंग बन जाती हैं।

किशोर अब यह जानकारी रखने लगते हैं कि एक उत्तम व्यक्तित्व हेतु व्यक्ति में कौन-कौन से गुणों का होना आवश्यक है तथा व्यक्ति के जीवन में व्यक्तित्व की महत्वपूर्ण भूमिका होती है। किशोर अब दूसरों की भावनाओं को समझने में अधिक समर्थ होता है तथा दूसरे उसके प्रति कैसी सोच रखते हैं इसके बारे में वह जान लेता है। लोगों द्वारा उसे स्वीकृति मिलती है तो उसका अहं सम्प्रत्यय और भी प्रबल हो जाता है। ब्रानफेन (1955) का मानना है कि जिस व्यक्ति का अहं सम्प्रत्यय स्थिर होता है उसके आत्मसम्मान का स्तर ऊँचा होता है, उसके अन्दर अनुपयुक्तता की भावनाएं कम होती हैं और वह प्रतिरक्षात्मक क्षतिपूरक व्यवहार कम प्रदर्शित करता है।

उत्तर किशोरावस्था और पूर्व किशोरावस्था यद्यपि दु:ख की आयु होती है तथापि दु:ख की अपेक्षाकृत कम या अधिक मात्रा इस बात की सूचक होती है कि किशोर को जीवन से समायोजन करने में कितनी सफलता या विफलता मिल रही है। किशोर के अन्दर दु:ख की मात्रा जितने अधिक समय तक बनी रहेगी और जितना अधिक तीव्र होगा किशोर का कुसमायोजित होना उतना ही अधिक निश्चित होगा।

सुखी किशोर वास्तविकता का सामना करने में और दूसरों की बातों में दिलचस्पी लेते हैं। इसके विपरीत दु:खी किशोर की अपनी व्यक्तिगत समस्याओं में, दूसरों के साथ अपने निकटतम सम्बन्धों में और अपनी अप्रसन्नता में ही केन्द्रित होती है। केभ एवं राँश (1986) के अनुसार - "व्यक्ति केवल तभी सुसमायोजित और सुखी बन सकता है जब वह अपनी संस्कृति की पाबन्दियों के अन्दर रहते हुए भी अपनी आवश्यकताओं को पूरा कर सके।"

किशोरावस्था में वैयक्तिक विकास के पक्ष (Aspects of Individual Development in Adolescence)

वैयक्तिकता के विकास में निहित उन मूलभूत पक्षों को ढूँढने की आवश्यकता है जिसमें किशोर अपने अभिभावक से अलग अपनी पहचान बनाने के लिए तत्पर रहता है तथा पहचान की यही तत्परता उसे अपने समवयस्क मित्र मण्डली से सम्बद्ध रखती है। पश्चिमी संस्कृति में "तूफान और तनाव" किशोरों के साथ ही जोड़ी जाती है जिसे हम किशोर विद्रोह के रूप में भी जानते हैं। यह विद्रोह परिवार में अन्तर्द्वन्द्व से नहीं उत्पन्न होता अपितु यह मूल्यों का उल्लंघन, वयस्क समाज से सामान्य विरोध तथा उनकी हर बातों को मानने के रूप में व्यक्त होता है। किशोर पारिवारिक मूल्यों का प्रतिरोध प्राय: आंशिक रूप से करते हैं। यद्यपि प्रतिरोध को अनेक कारक यथा: धर्म, जाति, लिंग, समुदाय एवं प्रतियोगिता आदि प्रभावित करते हैं परन्तु आयु सर्वाधिक महत्वपूर्ण कारक के रूप में प्रतिरोध के स्तर को प्रभावित करती है। किशोरावस्था में वैयक्तिकता के विकास को प्रभावित करने वाले कारकों का विवेचन किया गया है।

1. माता-पिता के साथ सम्बन्ध (Relationship with Parents)

प्राय: माता-पिता का दबाव या अनुशासन किशोर को पसंद नहीं होता। परिणामत: अभिभावक

तथा किशोर के बीच अन्तर्द्वन्द्व की स्थिति आती है। कुछ परिस्थितियों में अभिभावक और किशोर एक दूसरे को पसंद नहीं करते और बहुत समय तक दोनों में अच्छे सम्बन्ध नहीं बन पाते फिर भी वे अपने अभिभावक के प्रति निकटतम् सम्बन्धों को महसूस करते हैं तथा उनके साथ अपने धनात्मक सम्बन्धों को भी महसूस करते हैं। इसके साथ ही वे अपने अभिभावक के सकारात्मक मूल्यों को भी ग्रहण करते हैं एवम् अपने परिवार का अनुमोदन प्राप्त करते हैं (हाल, 1987 ; आफर तथा अन्य 1989)। किशोरों और उनके अभिभावकों में अन्तर्द्वन्द्व कैसे होता है? इस संदर्भ में महत्वपूर्ण शोध परिणाम प्राप्त हुए हैं। अतः यहाँ कुछ बिन्दुओं पर विवेचन आवश्यक है।

अन्तर्द्वन्द्व की जड़ (Root Causes of Conflict)

व्यक्ति में एक स्थिर तनाव व्याप्त रहता है जो उसे अपने परिजनों से सम्बन्ध समाप्त करने की सोच विकसित करता है। किशोर यह महसूस करते रहते हैं कि वास्तव में वे अपने परिवार पर आश्रित हैं परन्तु एक समय ऐसा होता है जब वे अपनी इस पहचान को दरकिनार करते हैं तथा पारिवारिक बंधनों को ध्यान में रखकर अपनी निजी पहचान स्थापित करते हैं (सीगेल, 1982)। किशोर प्रायः कई विषय बिन्दुओं पर द्वन्द्व की स्थिति का शिकार होता है जो परिवार के सदस्यों, माता-पिता या सहपाठियों के साथ आपसी द्वन्द्व के रूप में पाया जाता है। अनेक अध्ययनों में पाया गया कि मानसिक द्वन्द्व या अकुलाहट पर सांस्कृतिक भिन्नताओं का भी प्रभाव पड़ता है (स्टेनबर्ग, 1981, 1987 ; ब्रुकगन, 1988 एवं ऑफर एवं सहयोगी, 1989)। द्वन्द्व के शिकार किशोर अपने अनुजों के साथ नकारात्मक मनःस्थिति प्रदर्शित करते हैं।

अन्तर्द्वन्द्व का स्वरूप (Nature of Conflict)

सामान्यतया अभिभावकों और किशोरों में आर्थिक, सामाजिक अथवा राजनैतिक मूल्यों के प्रति टकराव की स्थिति नहीं बनती है बल्कि भौतिक जीवन से सम्बन्धित मुद्दे जैसे मित्रता, प्रणय, अध्ययन, कैरियर का चयन इत्यादि को लेकर माता-पिता तथा किशोर के मध्य अन्तर्द्वन्द्व की स्थिति उत्पन्न हो सकती है। इसी प्रकार किशोरावस्था के बाद अन्तर्द्वन्द्व सामान्यतया मदिरापान करते समय और मौज मस्ती करते समय ज्यादा उत्पन्न होती है (कैरलटन, फोर्ड एवं कालिंस, 1988)।

जहाँ किशोरों में 'तूफान एवं तनाव' का सम्प्रत्यय अतिश्योक्तिपूर्ण लगता है वहीं अन्तर्द्वन्द्व प्रत्येक सम्बन्धों का एक अभिन्न अंग होता है तथा किशोरावस्था में हो रहे परिवर्तनों को व्यक्त करता है, साथ ही साथ यह अन्तर्द्वन्द्व किशोर और अभिभावकों के मध्य अन्तःक्रिया को स्थापित करता है। इस प्रकार पारिवारिक अन्तर्द्वन्द्व जब अधिक हो जाते हैं और उस अन्तर्द्वन्द्व का आसानी से समाधान नहीं हो पाता है तो किशोरों को बहुत सारी समस्याओं का सामना करना पड़ता है। इस परिस्थिति में माता-पिता या अभिभावकों का दायित्व होता है कि वे उन्हें उचित परामर्श देकर या सही हस्तक्षेप द्वारा द्वन्द्व की स्थिति में सहायता प्रदान करें (आफर एवं अन्य, 1989)। कुल

मिलाकर अभिभावक अपने बच्चों के प्रति ज्यादा जागरूक होते हैं जिससे किशोरों में अपने समाज तथा संस्कृति के बारे में ज्ञान में वृद्धि होती है।

अभिभावक की जीवनशैली का प्रभाव (Influence of Guardian's Life Style)

अभिभावक का रोजगार (Occupation of Guardian) : किशोर के व्यक्तित्व संरूप तथा उसकी पहचान के निर्माण में अभिभावक का व्यवसाय/रोजगार कहीं न कहीं से प्रभाव डालता है। किशोर अपनी पहचान स्पष्ट करने के लिए अभिभावक के नाम के साथ-साथ उनकी नौकरी /व्यवसाय की चर्चा भी प्रमुख रूप से किया करता है। जैसे- समाज में किसी बड़े व्यक्ति या समकक्ष व्यक्ति से परिचय करते समय वह अपनी पहचान करवानें में यह कह सकता है कि मेरे पिता प्रोफेसर या प्रशासनिक अधिकारी हैं।

एक अध्ययन में यह देखा गया कि 10 में से 7 किशोरों ने अपनी संस्थिति को अपनी माता की नौकरी से जोड़कर व्यक्त किया (जनरल मिलस, 1981)।

इसके विपरीत एक अध्ययन में पाया गया कि कार्यकारी माताओं (working mothers) के बच्चे स्कूल द्वारा दिये गये गृह कार्य को करने में कम समय तथा ज्यादातर समय टेलीविजन देखने में व्यतीत करते हैं (मायर, रोजेनथाल और जिन्सवर्ग, 1986)। परन्तु इससे भिन्न परिणाम भी पाये गये हैं। अर्थात् ऐसे बच्चे कार्य एवम् कैरियर के प्रति अधिक सजग पाये गये।

अभिभावकों की भूमिका (Role of Guardians) : किशोरावस्था में शारीरिक विकास के साथ-साथ मानसिक विकास भी तीव्र गति से होता है। अतः इन परिवर्तनों का स्वीकार करने तथा सही संतुलन बनाये रखने में माता-पिता या अभिभावक की भूमिका अहम् होती है। किशोरों को अपने क्रियाकलापों के प्रति कितनी स्वतंत्रता होनी चाहिए। अथवा किशोरों को अपने पारिवारिक जिम्मेदारियों को कैसे निभाना चाहिए? ये सभी बिन्दु अभिभावकों को उद्वेलित करते हैं। अभिभावक अपने किशोर बच्चों के प्रति सकारात्मक दृष्टिकोण प्रदर्शित करने लगते हैं जिससे आगे चलकर किशोर मुखर हो जाते हैं और अपनी समस्याओं के प्रति ज्यादा जागरूक हो जाते हैं।

यदि परिवार या वयस्कों से सांवेगिक स्वतंत्रता या सांवेगिक अलगाव उत्पन्न होता है तो यह अलगाव किशोरों के लिए अनेक प्रकार की परेशानी उत्पन्न कर सकता है। जैसे-अति संवेदनशीलता, नशा का प्रयोग, गलत आदतों का विकास आदि (स्टर्नबर्ग, 1987)। अभिभावकों द्वारा सांवेगिक निरादर (emotional neglect) के शिकार बच्चों में अनेक व्यवहारपरक समस्यायें पायी गयीं (पाण्डेय, 2007)।

अभिभावक अपने बच्चों के शैक्षणिक निष्पादन को देखते हैं तथा आगे बेहतर करने के लिए सकारात्मक रूप से प्रेरित करते रहते हैं। अधिकांश अभिभावक अपने बच्चों को सर्वोत्तम देखना चाहते हैं।

मित्रों के साथ सम्बन्ध (Relationship with Peers)

किशोरावस्था में व्यक्तित्व विकास पर मित्र मण्डली का महत्वपूर्ण प्रभाव पड़ता है। प्रायः

अभिभावकों द्वारा अनुशासन या नियंत्रण के कारण किशोर अपना एक अलग समूह निर्माण करने लगते हैं तथा इस समूह का निर्माण समकक्ष आयुवर्ग के लोगों को मिलाकर होता है जिसमें वे अपने विचार, रूचियों तथा व्यवहारों का आदान-प्रदान करते हैं। इस प्रकार किशोरों के लिए उनकी मित्र मण्डली एक स्वतंत्र वातावरण प्रदान करती है जिसके द्वारा वे अपनी इच्छाएं, प्रत्याशाएं तथा रुचियों की प्रतिपूर्ति करने का अवसर प्राप्त करते हैं (कोलमैन, 1980 ; न्यूमैन, 1982)।

मित्र मण्डली का दबाव बनाम अभिभावकों का प्रभाव (Pressure of Peers Vs Effect of Guardian)

किशोर अपने मित्रों को मात्र आकर्षक कपड़े तथा सुन्दर बालों से ही प्रभावित नहीं करता है बल्कि वह सामाजिक क्रियाकलापों, उत्तेजक व्यवहारों और प्रभुत्व या दबाव के प्रयोग से भी लोगों को प्रभावित करता है। किशोर अपने साथियों की विशेषताओं से प्रभावित होते हैं तथा मित्र मण्डली के नियमों का पालन करते रहते हैं परन्तु किशोर के लिए माता-पिता के प्रति सकारात्मक दायित्व का महत्व भी कम नहीं होता है (हिल, 1987)। इस प्रकार वे दो समूहों अर्थात् अभिभावक वर्ग तथा मित्रों के साथ संतुलन भी स्थापित करते हैं।

किशोरों में स्वयं की देखभाल (Self-Care in Adolescents)

छोटे बच्चों की देखभाल माता-पिता या परिवार के अन्य सदस्य करते हैं परन्तु किशोर अपनी तथा दूसरों की देखभाल करने में सक्षम होते हैं। प्रायः किशोरों में असुरक्षा की भावना अपने समकक्ष व्यक्तियों या माता-पिता द्वारा अत्यधिक दबाव के कारण उत्पन्न होती है। स्टेनबर्ग (1986) ने 10-15 बर्ष की आयु के बच्चों से असामाजिक परिस्थितियों पर अनुक्रिया व्यक्त करने को कहा तथा यह परिणाम पाया कि जो बच्चे मित्रों की संगति में थे वे अपने मित्रों तथा समकक्षों से प्रभावित हुए और जो बच्चे अभिभावकों या वयस्क व्यक्तियों की संगति में थे वे अपने अभिभावकों से प्रभावित हुए। अध्ययन से स्पष्ट होता है कि असामाजिक परिस्थिति होने पर भी किशोर समकक्ष व्यक्ति तथा बड़ों का परामर्श लेकर समस्याओं के समाधान का प्रयास करते रहते हैं।

किशोरावस्था में व्यक्तित्व विकास : सैद्धान्तिक परिप्रेक्ष्य (Personality Development in Adolescence : Theoretical Perspectives)

किशोरावस्था में सांवेगिक परिवर्तन क्या प्रदर्शित करता है? 'किशोर एवं वयस्कों के मध्य प्रायः द्वन्द्व की स्थिति क्यों उत्पन्न होती रहती हैं? 'कैसे एक नवयुवक एक परिपक्व व्यक्तित्व वाला

व्यक्ति बन जाता है?' किशोरावस्था में विकास की क्या प्रकृति होती है?' इन प्रश्नों का समुचित उत्तर देने के लिए विकास मनोवैज्ञानिकों ने कुछ प्रमुख सिद्धान्तों को विकसित किया है।

स्टेनले हॉल : तूफान एवं तनाव की अवधि (Stanly Hall : The Period of Storm and Stress)

सर्वप्रथम स्टेनले हॉल (1904) ने किशोरावस्था को सैद्धान्तिक रूप से परिभाषित किया तथा स्पष्ट किया कि बहुत से शारीरिक परिवर्तन इसी अवस्था में परिलक्षित होते हैं जो मनोवैज्ञानिक परिवर्तनों के कारण बनते हैं। अर्थात् शारीरिक परिवर्तन मनोवैज्ञानिक परिवर्तनों का शुभारम्भ होता है। हॉल का मानना है कि नवयुवक अपने शारीरिक परिवर्तनों के साथ समायोजन स्थापित करने का प्रयास करते हैं। इन्होंने किशोरों के शारीरिक परिवर्तनों के फलस्वरूप उत्पन्न अन्य परिवर्तनों को देखते हुए किशोरावस्था को 'तूफान एवं प्रतिबल' की अवस्था कहा है। स्टेनले हॉल के अनुसार किशोरावस्था उत्तेजनापूर्ण अवधि है जिसमें उच्च सांवेगिक उतार-चढ़ाव परिलक्षित होता है, जिसके फलस्वरूप नवयुवकों में नैतिक मूल्य भी विकसित हो सकते हैं यद्यपि किशोरावस्था को तनाव से पूर्व अवस्था के रूप में बहुत दिनों तक स्वीकार किया जाता रहा परन्तु वर्तमान समय में सबसे प्रबल मत यह है कि 'तूफान व प्रतिबल' की स्थिति को पाना सभी किशोरों के लिए अनिवार्य नहीं है।

मारग्रेट मीड : सांस्कृतिक कारक (Margret Mead : Cultural Factors)

मारग्रेट मीड, एक ऐसे मानवशास्त्री थे जिन्होंने सामोआ (1928) के दक्षिण अटलांटिक द्वीप (South Pacific Island) में तथा न्यू गुयाना (1935) में किशोरों पर अध्ययन किया तथा किशोरों में होने वाले परिवर्तनों में सांस्कृतिक कारकों के महत्व पर बल दिया। उदाहरणार्थ : सामोआ प्रदेश में मीड ने 'तूफान एवं प्रतिबल' को प्रेक्षित न करके कुछ शान्तिपूर्ण अवस्थाओं का प्रेक्षण किया तथा स्पष्ट किया कि वयस्कों के सकारात्मक हस्तक्षेप से तनाव में कमी उत्पन होती है। इस प्रकार बाल्यावस्था से वयस्कावस्था तक परिवर्तन क्रमशः धीरे-धीरे होता है।

उन्होंने निष्कर्ष निकाला कि किशोरावस्था सापेक्षिक रूप से तनावरहित अवधि होती है, जिससे किशोर वयस्क व्यक्तियों की भाँति लैंगिक क्रियाओं तथा शिशु जन्म की प्रक्रिया का प्रेक्षण करने के लिए उद्यत होता है।

फ्रीमैन (1933) ने मीड के परिणामों की आलोचना करते हुए यह तर्क प्रस्तुत किया कि सामोआ द्वीप के किशोरों में भी उत्तेजना तथा तनावपूर्ण स्थितियाँ पायी जाती हैं। लेकिन दूसरी तरफ होल्मस (1987) ने मीड के कार्यों को समर्थन प्रदान किया। इस प्रकार मीड के क्षेत्र अध्ययन (जो 1925 में किए गए) के बाद लगभग 60 वर्षों तक किए गए शोध कार्यों में परस्पर

विरोधी परिणाम प्राप्त होते रहे। सम्प्रति मनोवैज्ञानिक इस सिद्धान्त के प्रभावों को पूर्णतः स्वीकार नहीं करते हैं।

मनोविश्लेषणात्मक विवेचना (Psychoanalytic Explanation)

सिग्मण्ड फ्रायड : जननेन्द्रियावस्था (Sigmund Freud : The Genital Stage)

सिग्मण्ड फ्रायड ने स्टेनले हॉल की भाँति 'अन्तर्द्वन्द्व' (conflict) को किशोरावस्था के शारीरिक परिवर्तनों के परिणाम के रूप में प्रस्तुत किया है। फ्रायड के अनुसार किशोर का यह अन्तर्द्वन्द्व "परिपक्व वयस्क कामुकता" को व्यक्त करता है।

वयः सन्धि के दैहिक परिवर्तन लिबिडो (Libido) के रूप में पुनर्जागृत हो जाते हैं तथा साधारण ऊर्जा के स्रोत के रूप में काम प्रणोद को बढ़ाते हैं। पूर्व लैंगिक अवस्था की कामुक उत्तेजनायें (Sexual urges) अर्थात् वे उत्तेजनायें जो मध्य बाल्यावस्था के अदृश्य अवधि के दौरान उसके अन्दर चलती है, पुनः दृश्य (व्यक्त) रूप में आ जाती है। लेकिन अब ये उत्तेजनायें सामाजिक अनुमोदित प्रक्रियाओं से निर्देशित होती है। जैसे परिवार के बाहरी व्यक्ति / सहभागी के साथ लैंगिक सम्बन्ध स्थापित करना।

परिपक्व कामुकता की स्थिति को प्राप्त करने के पश्चात् किशोरों में माता-पिता के प्रति अप्रस्तावित कामुक भावनायें उत्पन्न होती हैं। यह प्रतिक्रिया विधान (Reaction formation) के एक सुरक्षात्मक क्रियातन्त्र के रूप में परिलक्षित होता है अर्थात् किशोर विपरीत प्रतिक्रिया व्यक्त करके कामुकता की प्रवृत्ति को प्रदर्शित करता है। इस प्रकार फ्रायड ने 'तूफान एवं प्रतिबल' को किशोरावस्था के एक अनिवार्य घटक के रूप में स्वीकार किया है। इसे 'किशोर विद्रोह' (Adolescent Rebellian) भी कहा गया है।

माता-पिता पर किशोर की कामुक निर्भरता सम्बन्धी सोच उनके स्वयं की स्वतन्त्रता को स्पष्ट करती है। फ्रायड ने कहा है कि "सभी किशोर प्रतीकात्मक रूप से एक समलिंगीय अवस्था में पहुँच जाते हैं जिसमें किशोर समान लिंग के वयस्कों/मित्रों (नवयुवक एवं नवयुवती) की अत्यधिक प्रशंसा करते हैं।

फ्रायड के अनुसार किशोरावस्था का एक प्रमुख परिवर्तन है कामुकता में परिवर्तन जो केवल सुख की प्राप्ति के लिए उत्पन्न होता है तथा जिसका लक्ष्य कामुकता सम्बन्धी पुनरुत्पादित सुख की प्राप्ति करना होता है।

अन्य शोधकर्त्ताओं ने फ्रायड के सिद्धान्त के अनेक पक्षों की आलोचना की है। उदाहरण के लिए उम्र के साथ हस्तमैथुन और कामुक अनुभव में ह्रास के बीच स्पष्ट सम्बन्ध नहीं होता। बड़े किशोरों में (16-19 वर्ष) और अविवाहित पुरुष तथा महिलाओं में ज्यादा हस्तमैथुन की सम्भावना पायी जाती है जबकि छोटे किशोर (13-15 वर्ष) में और विवाहितों में हस्तमैथुन की कम सम्भावना पायी जाती है (सोरेन्सन, 1973)।

अन्ना फ्रायड : किशोरावस्था की अहं सुरक्षात्मक युक्ति (Anna Freud : Ego Defence of Adolescence)

सिग्मण्ड फ्रायड की पुत्री तथा एक प्रख्यात नव मनोविश्लेषणवादी अन्ना फ्रायड (1946) ने किशोरावस्था को व्यक्तित्व निर्माण के लिए महत्वपूर्ण माना है। जबकि इनके पिता फ्रायड ने बाल्यकालीन आरम्भिक अनुभव (Early Experiences) के प्रभाव पर बल दिया है। उनका विश्वास था कि लिबिडो जो अदृश्यावधि में शान्त होता है, वह किशोरावस्था में पुनः जागृत हो जाता है जो अहं (Ego) तथा इदम (Id) के स्पष्ट भिन्नता को कम करने का प्रयास करता है। परिणामी चिन्ता कुछ अन्य अहं रक्षात्मक युक्तियाँ जैसे बौद्धिकता (Intellectualization) तथा यतिधर्म (आत्म-त्याग) (Asceticism) को उत्पन्न करती है।

बौद्धिकता (Intellectuality)

अन्ना फ्रायड के अनुसार किशोरों के सामान्य विचारों (सम्पूर्ण प्रेम जीवन का अर्थ तथा राजनीति व धर्म के बारे में विचार) में कामुक आवेगों को स्पष्ट रूप से पाया जा सकता है। यद्यपि दूसरे शोधकर्ता किशोरों के वार्तालापों में उनके स्वयं की पहचान प्राप्त करने सम्बन्धी विचारों को जोड़ते हैं। अन्ना फ्रायड का विश्वास था कि नवयुवक वास्तविक समस्याओं का समाधान करने का प्रयास नहीं करते बल्कि अपने विचारों, कथनों को हस्तान्तरित करते रहते हैं। जो उनके शारीरिक परिवर्तन के मूल्यप्रवृत्त्यात्मक आवश्यकताओं को उत्पन्न करता है।

यतिधर्म (Asceticism)

अन्ना फ्रायड ने यतिधर्म (आत्म त्याग) को एक सुरक्षात्मक युक्ति के रूप में देखा है। क्योंकि किशोरों में खोये हुए आत्म नियन्त्रण और उनसे उत्पन्न आवेगों का भय होता है। कुछ लोग सामान्य सुख-सुविधाओं को प्रस्तुत करके किशोरों को नियन्त्रित कर सकते हैं। जैसे- अच्छे भोजन व आकर्षक कपड़े को पहनने से उत्पन्न सुखों द्वारा आत्म नियन्त्रण प्राप्त किया जा सकता है।

अन्ततः जीवन के सन्दर्भ में अन्ना फ्रायड कहती है कि ज्योंहि लोग भयावह आवेगों के नियन्त्रण क्षमता के प्रति आत्म-विश्वास प्राप्त करते हैं उनमें परिश्रान्ति की प्रवृत्ति उत्पन्न हो जाती है तथा वे अन्य लोगों के प्रति कम कठोर व्यवहार प्रदर्शित करने लगते हैं।

एरिक-एरिक्सन : 'पहचान संकट' बनाम 'पहचान संभ्रम' (Erik Erikson : Identity Crisis Vs. Identity Confusion)

एरिक्सन ने अपने मनोसामाजिक विकासात्मक सिद्धांत (Psycho-social Developmental

Theory) के अन्तर्गत विकास क्रम में घटित होने वाले आठ चरणों का उल्लेख किया है। किशोरावस्था एरिक्सन के पाँचवें चरण 'पहचान संकट' बनाम 'पहचान संभ्रम' को प्रस्तुत करता है।

एरिक्सन (1968) का यह विश्वास था कि किशोरावस्था का प्रमुख कार्य 'पहचान संकट' बनाम 'पहचान संभ्रम' के द्वन्द्व को प्रस्तावित करना है। एक व्यक्ति अपनी पहचान बनाने के लिए अपनी उन योग्यताओं, आवश्यकताओं ओर इच्छाओं को संगठित करता है जो समाज की मांगों के अनुरूप होती हैं।

अस्मिता की खोज (Search for Identity)

किशोरावस्था के दौरान किशोर स्वयं के सन्दर्भ में कुछ महत्वपूर्ण प्रश्नों : यथा मैं कौन हूँ? मेरी मर्यादा क्या है? मेरी निष्ठा व विश्वास क्या है? का उत्तर जानने के लिए उत्सुक रहते हैं। किशोरावस्था चूँकि मानवीय सम्बन्धों के व्यापक संजाल से सम्बद्ध है इसलिए इस अवस्था में किशोर समाज में अपनी पहचान को लेकर चिंतित रहता है। बाल्यावस्था में जहाँ बालक का आत्मसम्मान माता-पिता के आदर्शों और विश्वासों को आत्मसात करने की प्रक्रिया द्वारा संचालित होता है वहीं किशोरावस्था में किशोर अपने माता-पिता और अभिभावकों से इतर अपनी अलग पहचान बनाना चाहता है। आत्मविश्वास और सुरक्षा के बीच द्वन्द्व का सामना करता एक किशोर स्व पहचान (ego identity) बनाने की प्रक्रिया से अनभिज्ञ होता है। एरिक्सन ने मनोसामाजिक विकास सिद्धान्त के अन्तर्गत व्यक्ति के विकास को आठ अवस्थाओं में विभाजित किया है जिसमें प्रत्येक अवस्था में व्यक्ति एक विशेष संकट का सामना करता है। एरिक्सन ने विकास की पांचवी अवस्था "पहचान संकट बनाम पहचान संभ्रान्ति" को "किशोरावस्था" से सम्बद्ध बताते हुए कहा है कि , "अब तक किशोर को अपनी भूमिकाओं की पहचान हो चुकी होती है तथा वह समाज में अपना एक निश्चित लक्ष्य बना लेता है"।

प्रत्येक व्यक्ति में अपनी पहचान के लिए खोज जीवन भर चलता रहता है जिसकी शुरुआत किशोरावस्था में हो जाती है। किशोरों को 'स्व निर्माण' की संवेदना तथा जगत के प्रति स्वस्थ्य दृष्टिकोण उनके वयस्कावस्था के दौरान अहं निर्माण में महत्वपूर्ण योगदान प्रदान करता है। अन्तर्द्वन्द्व इस विकास में महत्वपूर्ण भूमिका निभाती है। 'अस्मिता की खोज' सम्बन्धी अनुसंधान एरिक्सन की कार्यविधि का महत्वपूर्ण विषय रहा हैं। एरिक्सन का मानना है कि बच्चे आवश्यक कला कौशलों की योग्यता प्रकृति से प्राप्त करते हैं तथा उनका उपयोग आगे चलकर विविध युक्तियों तथा क्रिया कलापों को अर्जित करने में करते हैं। शारीरिक परिपक्वता, नवयुवकों को अपने आसन्न वयस्कावस्था के प्रति सतर्क (conscious) करती है जिससे वे वयस्क समाज में अपनी भूमिकाओं की खोज करना प्रारम्भ कर देते हैं।

एरिक्सन वैचारिक प्रतिबद्धता (Ideological Commitment) को एक उपयोगी वृद्धि क्रियातंत्र के रूप में स्वीकार करते हैं। वयस्क लोग किशोंरो से ये अपेक्षा करते हैं कि वे उनके प्रति प्रतिबद्ध हों जिससे उनके प्रति वफादारी स्पष्ट हो सके (एरिक्सन, 1950)। किशोरवय में कुछ ऐसे भी मूलभूत गुणों का प्रादुर्भाव होता है जो संकटपूर्ण स्थितियों में उत्पन्न होते हैं यथा 'वफादारी का गुण' जो मित्रों, सहयोगियों, प्रेमियों के प्रति विस्तृत रूप में अभिव्यक्त होता है। जब नवयुवक आदर्शवादी और वफादार लोगों को चुनता है तथा उनके वफादारीपूर्ण कार्यों को स्वीकार करता है तो उनमें स्व की पहचान करने की क्षमता विकसित हो जाती है।

वफादारी, विश्वास या आस्था के उत्कृष्ट स्तर को प्रस्तुत करता है। वफादारी दूसरे और स्वयं के विश्वास की केवल क्षमता ही नहीं अपितु दूसरों के प्रति दृढ़ संकल्पित प्रतिबद्धता को भी दर्शाता है। किशोर अपने माता-पिता तथा परिवार से प्राप्त विश्वासों तथा आस्थाओं को अन्य लोगों को स्थानान्तरित करता रहता है यथा- सलाहकार, प्रिय व्यक्ति, मित्र आदि। एरिक्सन के अनुसार, स्नेह, पहचान का एक दूसरा पथ है। अन्य व्यक्ति से स्नेहपूर्ण सम्बन्ध तथा विचारों और भावनाओं के आदान-प्रदान द्वारा किशोरों/ किशोरियों के आत्म के स्वरूप की भी पहचान होती है। एरिक्सन ने व्यक्ति की घनिष्ठताओं (Intimacy) पर भी बल दिया। किशोर की घनिष्ठता का स्वरूप सच्ची घनिष्ठता से अलग होती है जिसमें प्रतिबद्धता, त्याग और आपसी सामञ्जस्य का समावेश होता है। एरिक्सन का मानना है जब तक स्थायी पहचान प्राप्त न हो जाए तब तक पुरुष घनिष्ठता का वास्तविक स्वरूप नहीं प्राप्त कर सकता है जबकि महिलाएं पहचान प्राप्त करने के पहले ही घनिष्ठता प्राप्त कर लेती हैं। जैसे- एक किशोरी जिस व्यक्ति से विवाह करना चाहती है अपने को उसी जैसा परिभाषित करने की चेष्ट्य करती है। फ्रायड की भाँति एरिक्सन भी पुरुष के विकास को एक मानक के रूप में प्रस्तुत करते हैं जो एरिक्सन के सिद्धान्त की आलोचनाओं का अहम् पक्ष है।

पहचान (अस्मिता) विषय पर विस्तृत अनुसंधान हुआ है। इस दिशा में जेम्स ई० मार्शिया (1980) का योगदान सराहनीय है। मार्शिया ने चार छात्रों; काटे, मार्क, निक तथा आन्द्रिया के अस्मिता (पहचान) के स्तर का मापन करने के लिए शोध किया। इन छात्रों की शैक्षिक प्रगति हाई स्कूल से स्नातक तक भिन्न-भिन्न रूपों में थी यथा: काटे अपने रुचि के अनुकूल पढ़ाई करता है तथा उसका भविष्य सुरक्षित है। इस प्रकार वह एक प्रतिभाशाली विद्यार्थी है। दूसरी ओर मार्क अपने परिवार के व्यवसायिक कार्यों को आगे बढ़ाने में रुचि रखता है तथा वह यह विचार नहीं करता कि उसे कितना पढ़ना है, कितना नहीं? 'निक' के पास कोई विचार नहीं है कि उसे क्या करना है? क्या नहीं करना है? तथा वह अपने भविष्य के प्रति चिन्तित नहीं है, लेकिन नित्य कालेज आता है। आन्द्रिया ने अपने भविष्य के बारे में कोई योजना नहीं बनाई है। वह विज्ञान विषय के साथ कोई व्यवसायपरक विषय (Professional course) पढ़ना चाहती है परन्तु वह अन्तर्द्वन्द्व में है कि वह प्री मेडिकल प्रोग्राम की तैयारी करे अथवा इंजिनियरिंग की तैयारी करे। अत: छात्रों पर किए गए अध्ययन पहचान निर्माण (Identity Formation) के स्वरूप की स्पष्ट रूपरेखा प्रस्तुत करते हैं।

अस्मिता (पहचान) की अवस्थाएँ (Stages of Identity)

जेम्स इ० मार्शिया (1980) ने 'पहचान' को एक आन्तरिक, स्वरचित, संरचित, अन्तर्नोदीय गत्यात्मक संगठन, योग्यताओं, विश्वासों और वैयक्तिक इतिहास के रूप में परिभाषित किया है। एरिक्सन के सिद्धान्त पर आधारित अपने शोध में मार्शिया ने चार स्थितियों को इंगित किया, जो व्यक्तित्व के अन्य पक्षों के साथ सहसम्बन्धित है। यथा : चिन्ता, स्व सम्मान, नैतिक तर्कणा और सामाजिक व्यवहार के प्रतिमान।

मार्शिया द्वारा प्रस्तुत पहचान की चारों स्थितियाँ दो तत्वों उपस्थिति तथा अनुपस्थिति द्वारा निर्धारित होती हैं। एरिक्सन ने पहचान के गठन में संकट एवं प्रतिबद्धता (Crisis and Commitment) की निर्णायक भूमिका को महत्वपूर्ण माना है। व्यक्ति की पहचान की स्थिति का मूल्यांकन करके मार्शिया ने एक अर्द्धसंरचित साक्षात्कार प्रश्नावली से प्राप्त अनुक्रियाओं के आधार पर पहचान संस्थिति को चार श्रेणियों में विभाजित किया (सारणी 16.1)।

1. पहचान की उपलब्धि (प्रतिबद्धता से संकट का बढ़ना) (Achievement of Identity) : पहचान प्राप्त करने के लिए व्यक्ति अपने निवास स्थानों के अधिकांश समय अपनी पसंद को चुनने एवं प्राप्त करने में व्यतीत कर चुके होते हैं । इस प्रकार वे अपनी पसंद (चयन) के प्रति प्रबल प्रतिबद्धता प्रदर्शित करने लगते हैं जैसे- कांटे के केस में।

सारणी 16.1 : पहचान संस्थितियों के मानदण्ड

विचारधारा और व्यवसाय की संस्थिति		
पहचान संस्थिति	**संकट (विकल्पों को सोचने की अवधि)**	**प्रतिबद्धता**
पहचान की उपलब्धि	उपस्थित	उपस्थित
(फोरक्लोजर) संकट रहित प्रतिबद्धता	अनुपस्थित	उपस्थित
पहचान का विसरण	उपस्थित/ अनुपस्थित	अनुपस्थित
निर्णय में विलम्बन	संकट में	उपस्थित परन्तु अस्पष्ट

2. संकट रहित प्रतिबद्धता (Crisis free Commitment): इस स्थिति के अन्तर्गत व्यक्ति वैयक्तिक विषयों पर विचार किये बिना दूसरों की पसंद (choice) को अपनी पसंद मानकर उसके प्रति प्रतिबद्धता प्रदर्शित करते हैं जैसे- मार्क के केस में।

3. पहचान का विसरण (Diffusion of Identity): लोगों में पहचान का विसरण संकटपूर्ण विकल्पों को सोचने से उत्पन्न हो सकता है लेकिन ऐसे लोग किसी भी स्थिति में प्रतिबद्धता नहीं प्रदर्शित कर पाते हैं। जैसे – निक के केस में ।

4. निर्णय में विलम्बन (Delaying in Decision): इस स्थिति के शिकार लोग निर्णय लेने में कठिनाई महसूस करते हैं जिससे निर्णय में विलम्बन की स्थिति बनी रहती है।

पहचान निर्माण में लिंगगत भिन्नताएं (Gender Differences in Identity Formation)

फ्रायड तथा एरिक्सन के सिद्धान्तों में पहचान के स्वरूप में लिंगगत भिन्नताएं अर्थात् महिलाओं और पुरुषों के पहचान निर्माण के विभिन्न तरीके परिलक्षित हुए। साम्प्रतिक शोधों में मनोवैज्ञानिक पहचान निर्माण में जैविकीय कारकों की अपेक्षा सामाजीकरण की भूमिका पर ज्यादा बल दिया जा रहा है। इस संदर्भ में व्यक्ति की पहचान को परिभाषित करने में लिंगगत भिन्नताओं को महत्व दिया जाता है।

एक अध्ययन में गिलिगन (1982) ने विभिन्न सन्दर्भों में महिलाओं पर अध्ययन किया तथा यह पाया कि महिलाएं अपनी स्वतंत्र पहचान (Independent identity) को कम तथा अन्तःवैयक्तिक पहचान को अधिक प्रमुखता देती हैं। महिलाएं दूसरे व्यक्तियों की देखभाल हेतु अपनी जिम्मेदारियों को अच्छे ढंग से समझती हैं। वे क्षमता के बल पर कम और अपने सहयोग के बल पर ज्यादा पहचान की प्राप्ति करती हैं।

मार्शिया (1979) ने महिला पहचान के विविध बिन्दुओं (Issues) की विस्तृत जानकारी के लिए महिला पहचान प्रश्नावली को परिमार्जित किया। परिणाम आश्चर्यजनक तरीके के मिले। यह पाया गया कि पुरुष संकट की स्थिति में पहचान प्राप्त कर चुके व्यक्ति के समान पाये गये जबकि महिलाएं पहचान के निकट की संस्थिति में पायी गयी। मार्शिया ने कुछ और बिन्दुओं को स्पष्ट करते हुए कहा कि समाज अपने सामाजिक नियमों और मूल्यों को अपनी अगली पीढ़ी में स्थानान्तरित करने के लिए महिलाओं पर ज्यादा दबाव देता है तथा पहचान को बनाए रखने में महिलाओं का महत्व अधिक है।

इस प्रकार यह स्वीकार्य योग्य है कि महिलाएं बिना किसी अतिरिक्त प्रयास या सघर्ष के कम उम्र में ही अपनी पहचान निर्मित कर लेती हैं। मार्शिया के अनुसार वे महिलाएं जो पहचान प्राप्त कर चुकी होती हैं वे अन्तरंगता पर विशेष बल नहीं देती हैं। जैसे– एरिक्सन के पुरुष आधृत प्रतिमान में महिलाओं के लिए पहचान और अंतरंगता दोनों एक साथ विकसित होती है। इस प्रकार यह निष्कर्ष निकलता है कि अंतरंगता लड़कों की अपेक्षा लड़कियों के लिए अत्यधिक महत्वपूर्ण होती है (ब्लायथ एवं क्लार्क, 1987 ; वुकोवस्की एवं क्रैमर, 1986)।

सारांश (Summary)

किशोरावस्था बाल्यावस्था तथा प्रौढ़ावस्था के मध्य एक संक्रमण काल है। इस अवस्था में किशोर की सामाजिकता में महत्वपूर्ण परिवर्तन दृष्टिगत होते हैं।

बाल्यावस्था की समाप्ति के पश्चात् जब बालक किशोरावस्था में प्रवेश करता है तो विपरीत लिंग के प्रति उसका रूझान बढ़ता है जिससे नवकिशोर का सामाजिक समायोजन अपेक्षाकृत कठिन हो जाता है।

नवकिशोर के सामाजीकरण का केन्द्र अब परिवार से हटकर बाह्य परिवेश यथा समुदाय एवम् मित्र मण्डली हो जाती है। अब इस अवस्था में पहुंचने पर किशोर प्रौढ़ों की भांति क्रियाकलाप करने की कोशिश करता है तथा विशाल समूह से अन्तक्रिया करने के पश्चात् अपने स्व के विषय में नई धारणाओं का विकास करता है।

नव किशोर के समूह में समलिंगी किशोरों की संख्या तीन या चार होती है तथा सदस्यों का स्वभाव व मानसिकता एक दूसरे से मिलती जुलती होती हैं किन्तु आयु वृद्धि के साथ-साथ इनका आकर्षण विषमलिंगियों के प्रति बढ़ता है। प्राय: देखा जाता है कि किशोरावस्था के मध्य तक जाते-जाते किशोरों के समूह में दोनों लिंग के लोगों की संख्या लगभग बराबर हो जाती है। समूह का सदस्य बनने से किशोर असुरक्षा की भावना से स्वयं को मुक्त पाता है।

प्रत्येक किशोर सामाजिक स्वीकृति चाहता है अर्थात् वह अपने समूह में लोकप्रिय होना चाहता है परन्तु लोकप्रिय वही होता है जो सामाजिक क्रियाकलापों में अधिक सक्रिय होने के साथ-साथ बहिर्मुखी व आत्मविश्वासी हो, वही किशोर समूह का नेता कहलाता है। अत: ऐसे लोगों को ही सामाजिक स्वीकृति मिलती है जो भविष्य के प्रति आशावान एवम् आश्वस्त होते हैं। नव किशोर यह समझता है कि उसे समाज द्वारा स्वीकृति तभी मिलेगी जब वह अपने व्यक्तित्व को आकर्षक बनायेगा। उसकी नजर में व्यक्तित्व में निखार विविध प्रकार के एवम् आकर्षक कपड़े पहनकर भाँति-भाँति से बाल सवांरकर लाया जा सकता है। इससे उनमें आत्मविश्वास विकसित होता है। इस अवस्था में स्वायत्तता (autonomy) हेतु किशोर की माता-पिता से अक्सर तनाव की स्थिति बन जाती है। किशोर तथा किशोरियां अपने जेब खर्च हेतु धन किसी न किसी माध्यम से प्राप्त करना चाहते हैं। पढ़ाई में रूचि तथा अरूचि की नींव यहीं से पड़ती है। यौवनारम्भ की समाप्ति तक किशोर व किशोरियाँ पार्टियों में दिलचस्पी लेते हैं तथा कुछेक पार्टियों में नृत्य एवम् मद्यपान भी करते हैं। इसके अतिरिक्त सिनेमा, खेल, राजनीति तथा विपरीत लिंग के लोगों से बातचीत किशोर की मुख्य रूचियों में शामिल है।

उत्तर किशोरावस्था में किशोर का समूह संकुचित हो जाता है तथा विपरीत लिंग के लोगों के प्रति आकर्षण तीव्र हो जाता है। सूझ-बूझ से परिपूर्ण किशोर अब सामाजिक परिस्थितियों से समायोजन स्थापित करने में, कम कठिनाई का सामना करता है। किशोरावस्था के अन्तिम पड़ाव

पर पहुंचता हुआ किशोर विषम लिंगियों के शारीरिक आकर्षण को नहीं बल्कि उनके शीलगुणों को अधिक महत्व देता है। किशोर को यदि सामाजिक स्वीकृति मिलती है तो वे स्वयं को परिवेश में अच्छी तरह समायोजित कर लेते हैं। इसके विपरीत जो किशोर समाज द्वारा अस्वीकृत होते हैं उनमें आत्मविश्वास की कमी पायी जाती है।

जिम्मेदारियाँ बढ़ने के साथ ही किशोरों की रूचियाँ सीमित हो जाती हैं। फिर भी स्वयं को आकर्षक दिखाने हेतु वे कपड़ों व आभूषणों का उपयोग करते हैं। उत्तर किशोरावस्था में किशोर में स्वतंत्रता की चाह तीव्र होती है जिससे वह प्रायः माता-पिता से बहस पर उतारू हो जाता है। अतः धनोपार्जन हेतु वह व्यवसाय का चयन करता है। कालान्तर में उसकी जीवनशैली में परिवर्तन के कारण वह पुनः अपने अभिभावकों के प्रति उदारवादी हो जाता है। इस आयु में भी किशोर पार्टी, नशा, हास-परिहास, आदि को महत्व देता है। इस अवस्था का किशोर शिक्षा के प्रति ज्यादा जागरूक हो जाता है तथा साम्प्रतिक सामाजिक गतिविधियों में विशेष रूचि लेता है।

किशोरावस्था में अनेक प्रकार की सामाजिक समस्याएं भी परिलक्षित होती हैं। इन समस्याओं से ग्रस्त किशोरों में अनेक प्रकार की विकृतियाँ आ जाती हैं। नव किशोरों की सामाजिक परिस्थितियों में होने वाले परिवर्तन के कारण किशोरों में कुछ महत्वपूर्ण परिवर्तन दृष्टिगत होते हैं यथा; शारीरिक समस्याएं, मनोवैज्ञानिक समस्याएं, बालापराध आदि। किशोरों में होने वाला तीव्र एवं अकस्मात् शारीरिक परिवर्तन उनकी चिंता को बढ़ा देता है साथ ही साथ किशोर शारीरिक दोषों जैसे- मोटापा, अतिदुबलापन, भद्दे दाँत, विकलांगता आदि के कारण स्वयं में हीन भावना विकसित कर लेता है। इससे उसके व्यक्तित्व विकास पर खराब प्रभाव पड़ता है। सामाजिक मानकों के प्रतिकूल क्रिया कलाप भी उसके समायोजन की स्थिति को प्रभावित करता है। किशोरावस्था में कोई गलत आचरण यथा- चोरी, हत्या या वेश्यावृत्ति आक्रामकता में लिप्त किशोर को बालापराधी कहा जाता है। बाल अपराधियों में नैतिक परिपक्वता की कमी पायी जाती है। इस प्रकार की आपराधिक प्रवृत्तियाँ 15 वर्ष की आयु में उच्चतम् स्तर पर पायी जाती है। बालापराध के अनेक कारण होते हैं जिनमें एक मुख्य कारण स्नायुविक अथवा मनोवैज्ञानिक असामान्यता है। निम्न 'आत्म सम्मान' भी बालापराध का कारण हो सकता है।

सामाजिक परिवर्तन के साथ ही, किशोर में सांवेगिक परिवर्तन भी तीव्र स्तर का होता है। इसीलिए इस अवस्था को तूफान एवं तनाव की अवस्था कहा गया है क्योंकि इस अवधि में घटित होने वाले तीव्र परिवर्तनों के कारण किशोर में तीव्र सांवेगिक अस्थिरता उत्पन्न होती है। अनुसंधानों से स्पष्ट है कि इस अवस्था में किशोर की सामाजिकता में होने वाले तीव्र परिवर्तन के कारण वह सांवेगिक तनाव का अनुभव करता है जिससे उसके स्वभाव में स्पष्ट परिवर्तन दृष्टिगत होता है।

प्रायः नवकिशारों में कुण्ठा देखने को मिलती है क्योंकि वे स्वतंत्रता चाहते हैं किन्तु माता-पिता का अनुशासन उनकी इस मनसा की पूर्ति नहीं करता। इस आयु में किशोर अति क्रोध तथा उद्दण्ड व्यवहार प्रदर्शित करते हैं। किशोर जब थोड़ा और परिपक्व होता है तो उसे सामाजिक

परिस्थितियों का भय सताने लगता है। यथा – सफलता या उपलब्धि का भय। जब भय की तीव्रता घटती जाती है तो किशोरों में आकुलता परिलक्षित होती है। नव किशोरों में प्रबल ईर्ष्या भाव भी परिलक्षित होता है। पूर्व किशोरावस्था के अन्त तक किशोर प्रतिस्पर्धा की भावना से अभिप्रेरित होने लगता है।

नव किशोर ईर्ष्या, भय, आकुलता रूपी संवेग के विकसित होने के बाद भी यदि सामाजिक परिस्थितियों के साथ सही ढंग से तादात्म्य स्थापित कर लेता है तो वह हर्ष का अनुभव करता है। बाल्यावस्था में जहाँ वह स्नेह पाता था वहीं किशोरावस्था में स्वयं लोगों के प्रति स्नेह प्रदर्शित करने लगता है। जहाँ तक जिज्ञासा का प्रश्न है, तो ऐसा होना स्वाभाविक ही है क्योंकि किशोरावस्था में होने वाला परिवर्तन उसे नये अनुभवों को सीखाने के लिए प्रेरित करता है तथा किशोर नयी–नयी चीजों को जानने के लिए आतुर रहता है।

उत्तर किशोरावस्था किशोर के लिए चुनौती भरा होता है जिसके कारण उसमें तीव्र स्तर का सांवेगिक तनाव उत्पन्न होता है। इस अवस्था में भी उसी प्रकार के संवेग विकसित होते हैं जिस प्रकार के संवेग पूर्व किशोरावस्था में विकसित हुए थे। अन्तर केवल उसकी तीव्रता का होता है। किशोरावस्था की समाप्ति तक युवक में सांवेगिक परिपक्वता आ जाती है जिससे वह अपने संवेगों पर नियंत्रण करना सीख लेता है तथा उसके व्यक्तित्व संरूप में भी परिवर्तन परिलक्षित होने लगता है।

नव किशोर जब समाज के साथ अर्न्तक्रिया करता है तो वह अपने आत्मविश्वास को और अधिक विकसित करने का प्रयास करता है तथा अपने परिवेश के साथ स्वयं को समायोजित करता है। किशोर का व्यक्तित्व कैसा होगा? यह इस बात पर निर्भर करता है कि उसके बचपन के अनुभव एवं व्यक्तित्व संरूप की जड़े कितनी मजबूत होंगी। किशोर सामाजिक स्वीकृति चाहता है। यह चाहत उसके व्यक्तित्व विकास में महती भूमिका निभाती है। किशोरावस्था के अन्तिम वर्षों में किशोर के व्यक्तित्व संरूप में स्थिरता स्पष्ट होती है एवम् थोड़े बहुत परिवर्तन के साथ यह संरूप जीवन–पर्यन्त बना रहता है।

प्रायः किशोर अभिभावक के अनुशासन को पसंद नहीं करता तथा दबाव की स्थिति में उनसे विद्रोह भी करता है लेकिन उनके साथ निकटम सम्बन्धों को भी महसूस करता है। माता–पिता से द्वन्द्व की स्थिति का कारण उसकी स्वतंत्रता की चाह होती है। किशोर समाज में अपनी पहचान (identity) को स्थापित करना चाहता है। चूंकि किशोर अभी उतना समझदार नहीं होता कि अपने जीवन के समस्त पहलुओं का निर्णय स्वयं ले सके इसलिए द्वन्द्व की स्थिति में भी अभिभावक किशोरों के प्रति अधिक जागरूक होते हैं। किशोर के व्यक्तित्व विकास पर अनेक कारक प्रभाव डालते हैं। यथा– अभिभावक का रोजगार, किशोर के प्रति उनका सकारात्मक नजरिया, मित्रों का दबाव तथा उनसे सम्बन्ध और किशोरों की खुद की समझ किशोर के व्यक्तित्व विकास को तथा उसके वैयक्तिक विकास के संरूप को निर्धारित करते हैं।

किशोरों के व्यक्तित्व विकास की व्याख्या हेतु मनोवैज्ञानिकों ने कुछ सैद्धान्तिक परिप्रेक्ष्यों की चर्चा की है। स्टेनले हॉल ने किशोरावस्था को 'तूफान और तनाव' की अवस्था के रूप में परिभाषित किया है जबकि मारग्रेट मीड का मानना है कि किशोर के व्यक्तित्व विकास में सबसे महत्वपूर्ण भूमिका संस्कृति की ही होती है। फ्रायड का मानना है कि किशोरावस्था के दैहिक परिवर्तन, लिबिडो (Libido) के रूप में पुनर्जागृत हो जाते हैं तथा साधारण ऊर्जा के स्रोत के रूप में काम प्रणोद को बढ़ाते हैं। किशोर की कामुक परिपक्वता उसकी स्वतंत्रता को दर्शाती है तथा वह आत्म निर्भर हो जाता है। अन्ना फ्रायड भी किशोरावस्था को व्यक्तित्व निर्माण के लिए महत्वपूर्ण मानती हैं।

एरिक्सन ने व्यक्तित्व के मनोसामाजिक विकास के सिद्धान्त की पांचवी अवस्था "पहचान बनाम पहचान संभ्रान्ति" के अन्तर्गत किशोरावस्था में 'व्यक्तित्व विकास संरूप' को स्पष्ट किया है। किशोरावस्था के प्रारम्भ से जीवन के अन्त तक व्यक्ति अपनी पहचान की खोज करता रहता है। पहचान विषय पर मार्शिया ने विस्तृत अनुसंधान किया है तथा उन्होंने स्पष्ट किया है कि पुरुषों की तुलना में स्त्रियाँ कम उम्र में ही बिना किसी अतिरिक्त प्रयास के अपनी पहचान निर्मित कर लेती हैं।

तकनीकी पद	**(Technical Terms**
अन्तर्द्वन्द्व	Conflict
अपराधी बालक	Juvenile Delinquents
अहं सुरक्षा	Ego Defences
ईर्ष्या	Jealousy
कुसमायोजन	Maladaptation
क्रान्तिक	Critical
क्रोध	Anger
कामुक उत्तेजनाए	Sexual urges
किशोर विद्रोह	Adolescent Rebellian
जीवनशैली	Life Style
जिज्ञासा	Curiosity
तूफान एवं तनाव	Strom and Stress
धूर्ततापूर्ण व्यवहार	Cheating Behaviour
निम्न आत्मसम्मान	Low Self Esteem
नेतृत्व	Leadership

प्रसन्नता	Pleasure
पहचान	Identity
पहचान संभ्रम	Identity Confusion
बौद्धिकता	Intellectuality
भीड़	Crowd
भय	Fear
मित्र मण्डली	Peer Group
मद्यपान	Drinking
मनोरंजन सर्वेक्षण	Recreation Survey
मनोग्रन्थि	Complex
मनोसामाजिक	Psycho-Social
यति धर्म	Ascenticism
रूचियाँ	Interests
लिंग अनुमोदित व्यवहार	Sex approved behaviour
सामाजिक स्वीकृति	Social Acceptance
समस्यायें	Hazards
स्नेह	Affection
सांवेगिक परिपक्वता	Emotional Maturity
सांस्कृतिक कारक	Cultural Factor
स्पर्धा	Competition
हर्ष	Joy

अनुभाग-5
(Section – V)

प्रौढ़ावस्था एवं वृद्धावस्था
(Adulthood and Ageing)

17 प्रौढ़ावस्था : शारीरिक एवं संज्ञानात्मक विकास

Adulthood : Physical and Cognitive Development

मानव विकास के क्रम में प्रौढ़ावस्था को अत्यन्त महत्वपूर्ण माना गया है। इस अवस्था में विकास की वृहद संभावना बनी रहती है। ये महत्वपूर्ण विकास पूर्व प्रौढ़ावस्था (20 से 40 वर्ष की आयु), मध्य प्रौढ़ावस्था या मध्यावस्था (40 से 65 वर्ष की आयु) तथा प्रौढ़ावस्था के अंत तक (65 वर्ष से अधिक) जारी रहता है। इनमें से कुछ सीमा तक विकास उन नई एवं सार्थक भूमिकाओं के कारण होता है जिनका निर्वहन व्यक्ति प्रौढ़ावस्था में भूमिका ग्रहण के साथ करता है। जैसे-कार्यस्थल पर कर्मचारी के रूप में, घर में पति/पत्नी या माता-पिता के रूप में। इन भूमिकाओं का प्रभाव व्यक्ति की सोच एवं क्रिया पर भी पड़ता है। वे किस प्रकार सोचते हैं तथा कार्य करते हैं यह सब कुछ उनकी भूमिकाओं के निर्वहन की योग्यता को प्रभावित करते हैं।

विकास के विविध पक्षों यथा शारीरिक, संज्ञानात्मक, सामाजिक एवं सांवेगिक विमाओं के मध्य आश्चर्यजनक रूप से अंतःक्रियाएं पायी जाती हैं। व्यक्ति जब 50 वर्ष की आयु का हो जाता है तब वे स्वयं को मध्य वय (Middle aged) का अनुभव करने लगता है। यह एक संक्रमण काल होता है जिसमें तीव्र परिवर्तन प्रायः किशोरावस्था की ही भाँति आकस्मिक रूप से होता है। युवा सहकर्मी अब मध्य वय के लोगों को आदरसूचक शब्दों जैसे महोदया/महोदय ("मैडम" या "सर") कहकर पुकारते हैं। अब मध्य वय के लोग हड्डियों में पीड़ा, संधि शोथ (Arthritis) अथवा प्रोस्टेट ग्रन्थि में पीड़ा महसूस करते हैं। ये सभी वृद्धावस्था के आगमन का सूचक होता है। आगे के कुछ वर्षों में परिवार के युवा सदस्यों का व्यवहार रूखा एवम् कटुतापूर्ण होने लगता है। पुत्र तथा पुत्रियाँ इन्हें दादा-दादी या नाना-नानी बना देती हैं एवं व्यक्ति अब यह अनुभव करने लगते हैं कि कार्यस्थल पर वे सबसे वयोवृद्ध व्यक्ति हैं। तथापि कुछ लोग मध्य वय को अपने जीवन का सर्वोत्तम समय मानते है। साधारणतया मध्य वय का व्यक्ति शारीरिक, आर्थिक एवं मनोवैज्ञानिक रूप में स्वयं को बेहतर मानता है क्योंकि वेः अपने अर्थोपार्जन के वर्षों में उत्कृष्ट स्तर पर होते हैं। प्रायः उनके बच्चे आर्थिक रूप से स्वतन्त्र हो चुके होते हैं अथवा होने वाले होते हैं। इसलिए अधिकांश वयस्क अपने जीवनकाल की अन्य अवधियों की अपेक्षा सर्वाधिक सुरक्षित आर्थिक स्थिति में होते हैं। उन्नत उपचार पद्धति का उपयोग, स्वास्थ्य देखभाल (Preventive care) के प्रति जागरुकता एवं उपयुक्तता उन्हें लम्बे समय तक शारीरिक रूप से स्वस्थ बनाए

रखती है। अतः मध्य वय सक्षमता से परिपूर्ण होता है। अपने जीवन के पिछले वर्षों में अर्जित महत्वपूर्ण सामाजिक एवं व्यवसायिक अनुभव तथा इन अनुभवों के उपयोग करने का अवसर प्राप्त होता है।

जीवन के इस "उत्कर्ष समय" (Prime time) में तनाव की स्थितियाँ भी उत्पन्न होती हैं। प्रौढ़ यह अनुभव करते हैं कि अब उनका शरीर वैसा नहीं है जैसा पहले था। एक युवा उन्मुख तथा उपयुक्तता उन्मुख समाज में झुर्रियाँ (Wrinkles), शरीर का झुकना (Sags), एवं ढीली मांसपेशियां (Stiff muscles) सन्निकट वृद्धावस्था (Ageing) का स्पष्ट संकेत देती हैं। ये संकेत जीविकोपार्जन करने वालों के लिए मानसिक आघात पहुंचा सकते हैं (चित्र 17.1)।

चित्र 17.1 : मध्य प्रौढ़ावस्था के बाह्य लक्षण (सफेद बाल, ढीली मांसपेशियाँ इत्यादि)

यह समय प्रौढ़ के लिए पुनः मूल्यांकन का होता है। प्रौढ़ अपने कैरियर की महत्वाकांक्षाओं को पुनर्मूल्यांकित करने एवं कितने सही ढंग से वे पूर्ण हुई हैं उन्हें जानने का प्रयास करता है। कभी-कभी लोग अपने लक्ष्यों में संशोधन करते हैं तो कभी वे एकदम ही नई दिशा में सोचने लगते हैं।

समय के साथ लोगों की उन्मुखता में परिवर्तन के कारण यह पुनर्मूल्यांकन अन्तर्वैयक्तिक संबंधों एवं जीवन के अन्य पक्षों तक विस्तृत हो जाता है। व्यक्ति अपने जीवन के बीते हुए वर्षों के बारे में सोचने की बजाय उन बचे हुए वर्षों के बारे में सोचने लगते हैं, जो कि उन्हें आगे जीना

है (न्यूगार्टन, 1967)। वे अब समझते हैं कि अपने जीवन में जो भी वे करना चाहते थे संभवतः वह सब कुछ तो नहीं कर सकते परन्तु कुछ अंश तक अवश्य पूरा कर सकते हैं। इसलिए कभी-कभी वे अपने शेष वर्षों में जीवन यापन के प्रति अत्यधिक उत्सुक एवं सक्रिय हो जाते हैं। यह अनुभूति कुछ लोगों को नौकरी बदलने, कुछ को अपना जीवन साथी बदलने एवं कुछ को सेवानिवृत्ति की ओर उन्मुख कर देती है।

विकास मनोवैज्ञानिकों में प्रौढ़ावस्था की अवधि को लेकर मतभेद है। अधिकांश ने इस अवधि को 20 से 65 वर्ष की आयु तक मानते हुए इसे पूर्व वयस्कावस्था (20-40 वर्ष) तथा मध्य वयस्कावस्था (40-65 वर्ष) में विभाजित किया है जबकि अन्य ने इसे तीन चरणों में विभाजित करते हुए पूर्व तथा मध्य वयस्कावस्था के अतिरिक्त उत्तर वयस्कावस्था (66 वर्ष से जीवन के अन्त तक) को भी महत्वपूर्ण माना है। उत्तर वयस्कावस्था को वृद्धावस्था (Ageing) भी कहा जाता है। अतः प्राय पूर्व एवम् मध्य प्रौढ़ावस्था को वयस्कावस्था (Adulthood) के अन्तर्गत सम्मिलित किया गया है। अतः प्रायः पूर्व एवम् मध्य प्रौढ़ावस्था को प्रस्तुत अध्याय के प्रथम अनुभाग में पूर्व एवं मध्य प्रौढ़ावस्था में होने वाले शारीरिक विकास एवं परिवर्तनों से संबंधित अनेक पक्षों के साथ-साथ उसकी स्वास्थ्य स्थिति का विवेचन किया गया है। अध्याय के द्वितीय अनुभाग में, पूर्व व मध्य प्रौढ़ावस्था में होने वाले संज्ञानात्मक विकास की चर्चा की गयी है। इसके अन्तर्गत प्रौढ़ों में सूचना प्रक्रमण कैसे होता है? इनकी स्मृति का संरूप क्या है? प्रौढ़ावस्था में नैतिक विकास तथा बौद्धिक विकास का स्वरूप क्या है? जैसे महत्त्वपूर्ण पक्षों का विवेचन किया गया है।

शारीरिक विकास (Physical Development)

व्यक्ति में पूर्व प्रौढ़ावस्था से लेकर मध्य आयु (Middle age) के दौरान विभिन्न दैहिक परिवर्तन क्रमिक रूप से घटित होते हैं जिनका प्रेक्षण कर पाना अत्यंत कठिन होता है। एक निश्चित चरण पर पहुंचकर ये परिवर्तन दिखते हैं यथा : 45 वर्षीय वयस्क यह अनुभव करता है कि चश्में के बिना वह टेलीफोन डायरेक्टरी नहीं पढ़ सकता अथवा एक 55 वर्षीया महिला यह स्वीकार कर लेती है कि अपने पैरों में वह अब पहले जैसी शक्ति का अनुभव नहीं करती है। शारीरिक प्रकार्य, क्षमताएँ एवं स्वास्थ्य स्थिति पूर्व प्रौढ़ावस्था में उत्तम होता है परन्तु आयु वृद्धि के साथ शारीरिक क्रियाएं एवम् स्वास्थ्य स्थिति में उत्तरोत्तर कमी आती जाती है जिससे मध्य प्रौढ़ावस्था में शारीरिक स्थिति उतनी अच्छी नहीं होती। मध्यावस्था में स्त्रियों में प्रजनन की क्षमताएं रजोनिवृत्ति के कारण समाप्त हो जाती हैं तथा पुरुष के संकट काल (Male Climacteric) में परिवर्तन होता है । कुछ लोग अप्रत्याशित रूप से लैंगिक पुर्नजागरण (Sexual Renaissance) का अनुभव करते हैं तथा इनमें विशेषकर महिलाओं में अपने शारीरिक आकर्षण में कमी का अनुभव होता हैं।

पूर्व प्रौढ़ावस्था के दौरान कई व्यक्ति उम्र ढलने का अनुभव अपने बाह्यरूप (Appearance) में परिवर्तन से करते हैं। इनकी त्वचा मुलायम एवं तनी होती है, बाल घने होते हैं तथा बालों का रंग पूर्व की भांति ही रहता है। कुछ प्रौढ़ बालों के सफेद होने अथवा झड़ने की समस्या का भी

सामना करते हैं तथा वो उम्र ढ़लने के इन प्रथम चिन्हों से आश्चर्यचकित हो जाते हैं। लोगों की ये प्रतिक्रियाएं उन्हें यह विश्वास दिलाती है कि अब वे वृद्ध हो रहे हैं। कुछ इन परिवर्तनों को सामान्य ढंग से लेते हैं जबकि अन्य इन्हें ढंकने के लिए विभिन्न तकनीकों का उपयोग करते है (केली, 1977)।

उम्र बढ़ने की प्रक्रिया बालों के रंग एवं संरचना (Texture) दोनों को प्रभावित करती हैं। लोगों के बालों का रंग विशिष्ट एंजाइम में कमी होने के कारण सफेद हो जाता है (रॉशमैन, 1977)। वृहद् वैयक्तिक भिन्नता होने के बावजूद भी बालों का सफेद होना उम्र बढ़ने का एक विश्वसनीय चिन्ह माना जाता है (डेमोन एवं सहयोगी, 1972)। शरीर के विभिन्न अंगों के बालों की संरचना में होने वाला परिवर्तन भी बढ़ती उम्र को दर्शाता है।

पूर्व वयस्कावस्था की मुलायम त्वचा अब धीरे-धीरे अपनी चमक खोने लगती है तथा रजोनिवृत्ति के पश्चात् हारमोन के स्तर में कमी आने से महिलाओं की त्वचा में झुर्रियां पड़ने लगती हैं। पुरुषों की त्वचा में यह परिवर्तन नई दाढ़ी निकलने के कारण धीमा होता है। 50 या उससे अधिक वर्ष की आयु में ऊपरी त्वचा के उत्तकों का स्थानान्तरण प्रक्रम मंद हो जाता है, जिस कारण क्षतिग्रस्त एवं मृत उत्तक त्वचा पर लंबे समय तक बने रहते हैं जिसके परिणामस्वरूप त्वचा में झुर्रियां पड़ने लगती हैं।

त्वचा तथा बालों के अतिरिक्त नाखून पर भी उम्र का प्रभाव पड़ता है। उम्र के अतिरिक्त भोजन, स्वास्थ्य, हारमोन स्तर, रक्त संचार तथा पर्यावरणीय दशाओं का भी प्रभाव नाखून के रंग, स्वरूप तथा वृद्धि पर पड़ता है। उम्र बढ़ने के कारण एक 80 वर्षीय वृद्ध व्यक्ति के नाखून की वृद्धि युवा व्यक्तियों की अपेक्षा 38% धीरे हो जाती है (रोजर तथा ऑरेन्ट्रिच, 1977)।

उम्र बढ़ने के साथ ही मांसपेशिय उत्तकों की संरचना तथा मांसपेशी एवं वसा के अनुपात में भी परिवर्तन होने लगता है। जब तक व्यक्ति 30 वर्ष का नहीं होता तब तक उसकी मांसपेशियां सघन एवं ठोस बनी रहती हैं लेकिन इसके बाद उसमें संकुचन होने लगता है तथा इसके तंतु का व्यास एवं विकास कम हो जाता है (बुल्क एवं सहयोगी, 1979)। प्रतिनिध्यात्मक अध्ययन यह दर्शातें हैं कि वो प्रौढ़ जो कद में छोटे होते हैं अन्य की अपेक्षा ज्यादा दिन तक जीवित रहते हैं (वेग, 1983)।

गर्भाधान के तुरंत बाद से मृत्यु तक मानव हृदय लगातार धड़कता रहता है। हृदय धड़कनों के मध्य मात्र कुछ पल के लिए आराम करता है तथा संपूर्ण जीवन में 3 बीलियन से भी अधिक बार धड़कता है (रिक्सटीन एवं सुसमैन, 1979)। हृदय की मांसपेशियां लगभग 75 गैलन रक्त प्रति घंटा प्रवाहित करती हैं तथा अत्यधिक श्रम के दौरान 750 गैलन तक रक्त प्रवाहित कर सकती हैं। उम्र के साथ मांसपेशियां कमजोर हो जाती हैं तथा यह प्रवाह गति धीमी हो जाती है (कोन, 1977)। तथा हृदयी उत्पादन (Cardioc Output) की यह दर 20 वर्ष के बाद 1% प्रतिवर्ष कम होती जाती है (चित्र 17.2)।

अंत:स्त्रावी तंत्र (Endocrine system) कई विभिन्न ग्रथियों जैसे : पीयूष ग्रथि (Pituitary gland), परावटु ग्रंथि (Parathyroid gland), अवटु ग्रंथि (Thyroid gland), अग्नाशय

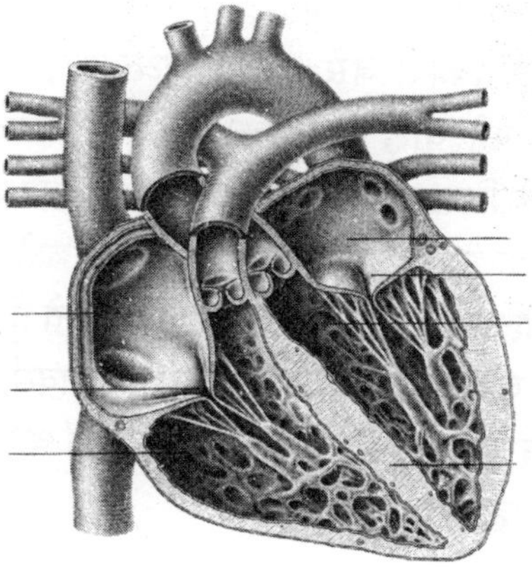

चित्र 17.2 : कार्डियोवेस्कुलर तंत्र हृदय तथा रक्त वाहिनियों से निर्मित होता है। वृद्धावस्था में परिवर्तन स्वाभाविक प्रक्रिया है तथा इससे सम्बद्ध समस्याओं का प्रायः निदान सम्भव है।

(Pancreas), अधिवृक्क ग्रंथि (Adrenal glands) तथा बाल्य ग्रंथि (Thymus gland) से बना होता है जिनसे विभिन्न हारमोन रक्तप्रवाह में मिलते हैं। (चित्र 17.3)।

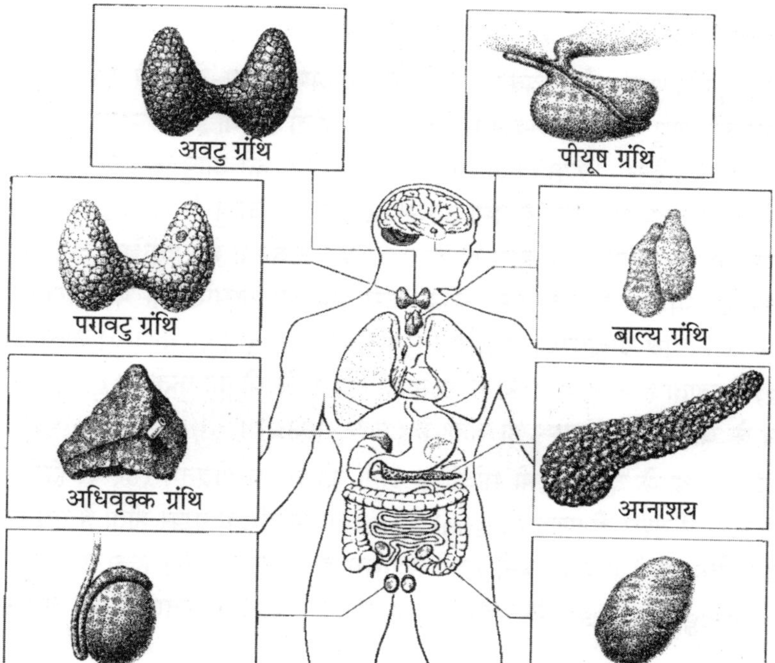

चित्र 17.3 : एण्डोक्राइन तंत्र की भूमिका लौंगिक प्रक्रिया, प्रतिबल तथा रोग का प्रतिरोध, वृद्धि, उपापचयी क्रियाएं तथा कोशिकाओं की परिपक्वता इत्यादि को नियंत्रित करने में होती है।

तंत्र विभिन्न गांठों (fededback loops) द्वारा संयमित एवं पीयूष ग्रंथि द्वारा नियंत्रित होता है। अंतःस्रावी ग्रंथियां विभिन्न प्रकार्यों जैसे : लैंगिक उत्पादन, तनाव एवं बीमारी से छुटकारा, चयापचय वृद्धि तथा उत्तकों की वृद्धि आदि को संचालित करती हैं। उम्र बढ़ने का प्रभाव अंतःस्रावी तंत्र पर भी पड़ता है जिस कारण हारमोन का स्राव कम हो जाता है। शरीर के विभिन्न भाग के उत्तक इन हारमोन्स के प्रति कम अनुक्रियाशील हो जाते हैं तथा रासायनिक सूचक में परिवर्तन हो जाता है, जो हारमोन को विभिन्न उत्तकों तक पहुँचाते हैं, जिस कारण एंजाइम का स्तर जो हारमोन के प्रति अनुक्रिया करता है परिवर्तित हो जाता है (मार्क्स, 1979)। अंतःस्रावी तंत्र स्वयं में इतना जटिल है कि उम्र के साथ इसमें होने वाले परिवर्तनों को विभिन्न अनुसंधानों द्वारा इसे समझने का प्रयास किया जा रहा है।

पूर्व प्रौढ़ावस्थाः सांवेदिक एवं मनोगतिकीय प्रकार्य (Early Adulthood Sensory and Psycho-Motor Functioning)

शारीरिक विकास का सर्वोत्तम उदाहरण युवा प्रौढ़ होता है। उसमें शक्ति, उर्जा एवं धैर्य अपने चरम पर होता है। 20 वर्ष की आयु (जब तक शारीरिक क्षमताएं लगभग पूर्णतया विकसित हो जाती हैं) से लेकर 50 वर्ष की आयु तक शारीरिक क्षमताओं में क्रमशः क्रमिक ह्रास होता है परन्तु यह इतना मन्द होता है कि इस ओर कम ध्यान जा पाता है।

एक 20 वर्षीय युवक तीव्र विकास दर के कारण अपने माता-पिता से लंबे हो जाते हैं परन्तु 30 से 45 वर्ष की आयु के मध्य लम्बाई में स्थिरता आ जाती है तथा इसके पश्चात् लम्बाई में ह्रास आरम्भ हो जाता है (टैनर, 1978)। लगभग 25 से 30 वर्ष की आयु के आस पास मांसपेशीय क्षमता अपने चरमोत्कर्ष पर होती है तथा 30 से 60 वर्ष की आयु के मध्य क्रमिक रूप से इस क्षमता में लगभग 10 प्रतिशत का ह्रास हो जाता है। इस अवस्था में सर्वाधिक कमजोरी, पीठ में तथा पैरों की मांसपेशियों में एवं उससे थोड़ा कम हाथ की मांसपेशियों में परिलक्षित होती है (ब्रोम्ली, 1974)। पूर्व प्रौढ़ावस्था में हस्त निपुणता (Manual Dexterity) अत्यधिक कुशल (efficient) हो जाती है परन्तु हाथ की गतिशीलता एवं उंगलियों की फुर्ती (Agility) में ह्रास 30 वर्ष की उम्र के बाद से ही आरम्भ हो जाता है (ट्राल, 1985)।

पूर्व प्रौढ़ावस्था के दौरान सभी सांवेदिक अंगों की क्षमता तीव्रतम स्तर पर होती है। यद्यपि 20 वर्ष की आयु में दृश्य तीक्ष्णता (Visual Acuity) अत्यधिक प्रखर होती है एवं लगभग 40 वर्ष की आयु तक इसमें स्थिरता बनी रहती है एवम् ह्रास आरम्भ नहीं होता है, तथापि दूरदृष्टि तीक्ष्णता (Farsightedness) के लिए अधिकांश लोग पढ़ने के लिए चश्मा लगाने लगते हैं (चित्र 17.4)।

जबकि श्रवण क्षमता में क्रमिक ह्रास मुख्य रूप से 25 वर्ष की आयु के पूर्व ही आरम्भ हो जाता है तथा 25 वर्ष के पश्चात् यह ह्रास अधिक स्पष्ट हो जाता है, विशेषकर कर्णभेदी ध्वनियों के लिए (चित्र 17.5)।

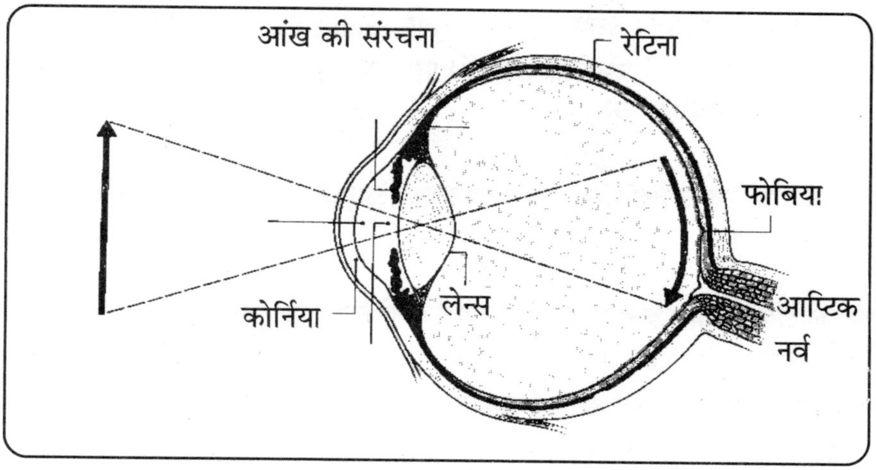

चित्र 17.4 : स्पष्ट दृष्टि के लिए उद्दीपक प्रतिमा का नेत्र के फोबिया क्षेत्र में होना आवश्यक होता है। यह रंग संग्राहकों से ढंका होता है। प्रौढ़ावस्था में आँख की संरचना में परिवर्तन स्वाभाविक होता है लेकिन दृष्टि तीक्ष्णता, रंग एवं गहराई प्रत्यक्षीकरण तथा चाक्षुष उद्दीपकों में परिवर्तन करने की संवेदशीलता में कमी आने लगती है।

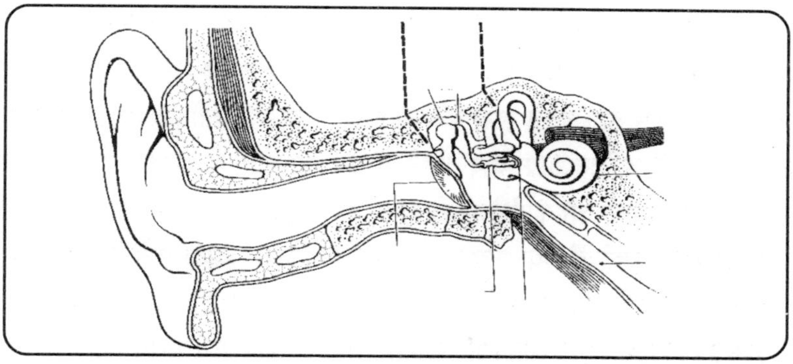

चित्र 17.5 : श्रवण क्षमता में आयु वृद्धि के साथ प्राय: ह्रास आता है।

लगभग 45 वर्ष से 50 वर्ष या उसके बाद की आयु तक अन्य संवेदनाएं जैसे स्वाद, गंध, पीड़ा एवं तापमान के प्रति संवेदनशीलता में सामान्यत: कोई ह्रास नहीं पाया जाता।

मध्य प्रौढ़ावस्था : सांवेगिक एवं मनोगतिकीय प्रकार्य (Middle age of Sensory and Psycho-Motor Functionig)

मध्यावस्था के दौरान होने वाले सांवेदिक एवं गतिकीय क्षमताओं में परिवर्तन वास्तविक होते हैं

एवं व्यक्ति में ये परिवर्तन उसके आत्म सम्प्रत्यय (Self concept) एवम् अन्य लोगों के साथ उनकी अंत:क्रिया को भी प्रभावित करते हैं। प्राय: ये परिवर्तन मन्द होते हैं तथा मध्य आयु के लोग इनकी क्षतिपूर्ति कर लेते हैं।

दृश्य, श्रवण, स्वाद एवं घ्राण संवेदनशीलता (Vision, Hearing, Taste and Smell Sensitivity)

जीवनकालिक विकास क्रम में वृद्धि के साथ आँखों की लेंस उत्तरोत्तर (Progressively) कम लचीली होती जाती है जिससे इसके केन्द्रक की क्षमता कम हो जाती है। प्राय: इसकी प्रथम जानकारी मध्यावस्था में होती है। कई व्यक्तियों को निकट दृष्टिदोष के कारण पढ़ने के लिए चश्में की आवश्यकता पड़ने लगती है। ऐसे लेंस जो निकट एवं दूर की वस्तुओं के मध्य सामंजस्य स्थापित करने में सहायक होते हैं, का उपयोग चश्में में किया जाता है। मध्यावस्था में व्यक्ति दृष्टि तीक्ष्णता में अल्प ह्रास का अनुभव करते हैं। चूंकि आंख की पुतली छोटी प्रतीत होने लगती है इसलिए इन्हें एक तिहाई के करीब ज्यादा चमक (Brightness) की आवश्यकता होती है जिससे कि रेटिना तक पहुँचने वाली चमक में हुई कमी की क्षतिपूर्ति हो सके (वोल्विन, 1967 ; ट्राल, 1985)।

मध्यावस्था के दौरान श्रवण क्षमता में भी क्रमिक ह्रास परिलक्षित होता है। विशेषकर उच्च आवृत्ति की ध्वनियों के संदर्भ में ऐसा प्रतीत होता है। लगभग 55 वर्ष की आयु के पश्चात् महिलाओं की अपेक्षा पुरुषों में श्रवण ह्रास अधिक घटित होता है (ट्राल, 1985)। फिर भी इन वर्षों के दौरान श्रवण में होने वाले ह्रास की जानकारी नहीं हो पाती। श्रवण क्षमता में ह्रास यूरोप एवं संयुक्त राज्य की अपेक्षा अफ्रीकन लोगों में अधिक होता है क्योंकि इस पर्यावरण में रहने वाले लोग तीव्र ध्वनि वाले वाहन जैसे ऑटो हार्न, जेट वायुयान एवं अन्य तीव्र ध्वनियों के सम्पर्क में अपेक्षाकृत अधिक रहते हैं तथा श्रवण समस्या के शिकार ज्यादा होते हैं (टिमिरस, 1972)। वहीं स्वादों में सूक्ष्म विभेदन शक्ति में ह्रास का आरम्भ लगभग 50 वर्ष की आयु में घटित होता है (ट्राल, 1985)। चूंकि स्वाद कलियाँ (Taste Buds) अब कम संवेदनशील हो जाती हैं जिस कारण युवा व्यक्ति को स्वादयुक्त लगने वाले भोजन भी मध्य आयु के व्यक्ति को साधारण लगने लगते हैं (ट्राल, 1985)। परन्तु घ्राण संवेदना सामान्य बनी रहती है तथा यह सबसे अंत में ह्रास होने वाली संवेदनाओं में से एक होती है (ट्राल, 1985)।

क्षमता, समन्वय एवं प्रतिक्रिया काल (Strength, Coordination and Reaction Time)

इस आयु के लोगों के लिए यह सूत्र "Use it or lose it" अधिक प्रासंगिक होता है। यह अधिकांशत: मध्यावस्था के लोगों पर सटीक बैठता है अर्थात् वे व्यायाम, रैकेट बाल, टेनिस,

ऐरोबिक नृत्य एवं अन्य प्रकार के शारीरिक व्यायाम शुरु कर देते हैं जो कि उन्हें युवावस्था की भांति चुस्त, शक्तिशाली एवं उर्जावान बनाते हैं। यद्यपि मध्यावस्था के दौरान बल तथा समन्वय में क्रमिक ह्रास होता है जो अत्यन्त सूक्ष्म होता है तथा आसानी से ज्ञात नहीं हो पाता है (स्पाइड्यूसो एवं मैक्रे, 1990)।

वास्तव में, कम लोग ही अपनी क्षमता के अनुरूप कार्य कर पाते हैं। उन व्यक्तियों में उर्जा एवं मांसपेशीय शक्ति में ह्रास होता है जो स्थानबद्ध जीवन व्यतीत करते हैं तथा इसीलिए वे शारीरिक श्रम के लिए कम प्रवृत्त होते हैं। स्थानबद्ध जीवनशैली हृदय आघात से होने वाली मृत्यु के एक प्रमुख कारक के रूप में सामने आया है (ब्राडी, 1990)। जो लोग अपने जीवन में जल्दी ही इसे क्रियान्वित करना शुरु कर देते हैं उसका लाभ उन्हें 60 वर्ष की आयु के पश्चात् अधिक ऊर्जस्विता (Stamina) एवं शक्ति के रूप में प्राप्त होता हैं ।

20 से 60 वर्ष की आयु के मध्य प्रतिक्रिया काल में औसतन 20 प्रतिशत की कमी आती है (बिरेन, बूड्स एवम् विलियम्स, 1980)। बाल्यावस्था एवं युवावस्था के दौरान विकसित होने वाले जटिल पेशीय कौशलों (जैसे गाड़ी चलाना) में क्रमिक ह्रास तब होता है जब व्यक्ति अपनी संपूर्ण वृद्धि को प्राप्त कर लेता है। लेकिन यह आवश्यक नहीं है कि इस ह्रास के कारण निष्पादन खराब हो। उदाहरणार्थ – गाड़ी चलाने के लिए आवश्यक कौशल जैसे समन्वय, त्वरित प्रतिक्रिया काल एव चमक/ तीव्र रोशनी को सहन करने की क्षमता आदि होते हैं। लगभग 30 से 35 वर्ष के पश्चात् इन सभी क्षमताओं में कमी आने लगती है। फिर भी मध्यावस्था के ड्राइवर युवा ड्राइवरों की अपेक्षा अधिक बेहतर ड्राइव करते हैं (मैक्फरलैण्ड एवम् अन्य, 1964)। 60 वर्षीय टाईपिस्ट 20 वर्षीय टाईपिस्ट की ही तरह कुशल होते हैं (स्पाइड्यूसो एवं मैक्रे, 1990)। आयु वृद्धि के साथ कम उपयोग किये गये कौशलों की अपेक्षा अधिक प्रयोग में लाये गये कौशल कम प्रभावित होते हैं।

प्रायः 40 एवं 50 वर्षों के दौरान कर्मचारी पहले से अधिक उत्पादन करते हैं क्योंकि सामान्यतः वे अधिक अंतविवेकशील एवं सावधान होते हैं (बेलबिन, 1967)। इसके अतिरिक्त मध्यावस्था के कर्मचारी अपने अनुभव एवं सही निर्णय के कारण युवा कर्मचारियों की अपेक्षा कम परेशानियों का सामना करते हैं। ये सभी पेशीय कौशलों एवं सामंजस्य में कमी की क्षतिपूर्ति करने में सहायक होते हैं (हंट एवं हंट, 1974)।

शारीरिक परिवर्तन (Physiological Changes)

मध्यावस्था के कुछ प्रमुख दैहिक परिवर्तन होते हैं यथा– रक्त संचलन, किडनी के प्रकार्य में कमी, जठरात्र परजीवी क्षेत्र से एनजाइम स्राव में कमी, जिसके परिणामस्वरूप अपच (Indigestion) एवं कब्ज (Constipation) होता है एवं डायाफ्रम में कमजोरी हो जाती है। पुरुषों में प्रोस्टेट ग्रंथि में वृद्धि होने के परिणामस्वरूप मूत्रीय (Urinary) एवं लैंगिक समस्याएं (Sexual problems) प्रकट होने लगती हैं।

लैंगिक क्रियाएं (Sexual Activity)

प्रायः मध्यावस्था में लैंगिकता के प्रति भ्रम लोगों के सुख में करते है। इनमें से अधिकांश मध्य-आयु के व्यक्ति द्वारा स्वयं मानते हैं। परंतु स्वास्थ्य एवं चिकित्सा में उन्नति, समाज में लोगों के सेक्स के प्रति स्वतंत्र विचार, एवं नये-नये अनुसंधान लोगों को अधिक जागरुक कर रहे हैं तथा जीवन के इन वर्षों में सेक्स जीवन का एक अनिवार्य अंग के रूप में स्वीकारते हैं। राष्ट्रीय सर्वेक्षण में यह पाया गया है कि मध्य आयु के व्यक्ति लैंगिक क्रियाकलापों में पहले से बेहतर तरीके से लिप्त होते हैं (ब्रिचर, 1984; स्टार, 1981)। वास्तव में, गर्भधारण की चिंता से मुक्त एवं अपने पति/पत्नी के साथ अधिक समय व्यतीत कर सकने के कारण कई मध्यवय यह मानते हैं कि उनके लैंगिक संबंध अब पहले से बेहतर हुए हैं। यह मुख्यतः उन लोगों के संदर्भ में है जो लैंगिक संबंध को एक पूर्ण सांवेदिक आसक्ति का हिस्सा मानते हैं।

पिछले कुछ वर्षों के दौरान किये गये अध्ययनों से स्पष्ट है कि लैंगिक क्रियाएं अब पहले से अलग होती जा रही हैं तथा इन लैंगिक क्रियाओं में ह्रास दैहिक कारणों से नहीं बल्कि संबंधों में नीरसता, आर्थिक चिंताएं, शारीरिक एवं मानसिक थकान, अवसाद, द्वन्द्वात्मक परिस्थितियों के कारण होते हैं। दैहिक कारणों में दीर्घकालिक बीमारी, सर्जरी, चिकित्सा तथा अत्यधिक भोजन या मद्यपान शामिल है (मास्टर्स एवं जॉनसन, 1966; वेना, 1989)। वे पति-पत्नी जो मध्य आयु के सामान्य परिवर्तनों को समझ जाते हैं एवं अपने लैंगिक जीवन में परिवर्तन कर लेते हैं, अधिक संतुष्टि प्राप्त करते हैं। वास्तव में, पुरुषों की मंद प्रतिक्रियाएं उनके लिए वरदान साबित हो सकती हैं। एक अध्ययन में 160 मध्य वय की महिलाओं ने बताया कि वे पहले से बेहतर गृहस्थ जीवन व्यतीत कर रही हैं (रुबिन, 1982)। वे अपनी लैंगिक जरुरतों एवं इच्छाओं को जानती हैं, निर्णय लेने में स्वतंत्र होती हैं तथा सेक्स में अत्यधिक रुचि रखती हैं।

प्रजनन एवं लैंगिक क्षमताएं (Reproductive and Sexual Capacity)

प्रजनन क्षमता में ह्रास मध्यावस्था में होने वाला एक मौलिक परिवर्तन (Fundamental Change) है जो पुरुष एवं महिलाओं को अलग-अलग ढंग से प्रभावित करता है। महिलाओं में रजोनिवृत्ति (Menopause) के कारण गर्भधारण की क्षमता समाप्त हो जाती है परन्तु पुरुष में एक पिता बनने की क्षमता अब भी विद्यमान होती है। परन्तु निम्न प्रजनन शक्ति का अनुभव करने के साथ-साथ कभी-कभी शक्ति (Potency) में ह्रास का भी अनुभव करते हैं।

रजोनिवृत्ति (Menopause)

रजोनिवृत्ति की जैविकीय (Biological) घटना तब घटित होती है जब किसी महिला में अण्डोत्सर्ग (Ovulating) एवं रजःस्राव (Menstruation) समाप्त हो जाता है तथा वह गर्भधारण योग्य नहीं रह जाती है। सामान्यतः यह माना जाता है कि अंतिम मासिक चक्र (Menstrual period) के एक वर्ष पश्चात् रजोनिवृत्ति घटित होती है। यह प्रायः 45 से 55 वर्ष की आयु के मध्य घटित

होती है परन्तु इसके घटित होने की आयु में भिन्नता सामाजिक सांस्कृतिक एवम् व्यक्तिगत कारणों से होता है। अमेरीकी महिलाओं में यह 45 से 55 वर्ष की आयु के मध्य (लगभग 51 वर्ष की औसत आयु पर) घटित होता है (डान एवंइर्नहार्ड, 1989)। फिर भी, कुछ महिलाएं 30 वर्ष की आयु के पश्चात् ही मासिक धर्म (रज:स्राव) में परिवर्तन अनुभव करती हैं जबकि कुछेक महिलाएं 60 वर्ष की आयु तक भी इन परिवर्तनों की अनुभूति नहीं कर पाती हैं।

रजोनिवृत्ति के दैहिक प्रभाव (Physical Effects of Menopause)

प्राय: 2 से 5 वर्षों की समयावधि (Period) जिसमें किसी महिला की शारीरिक दशा विभिन्न दैहिक परिवर्तनों से होकर रजोनिवृत्ति अर्थात् मासिक धर्म की समाप्ति तक पहुँचता है, उसे रजोनिवृति काल कहते हैं। रजोनिवृत्ति काल के दौरान महिला के शरीर में एस्ट्रोजेन (Estrogen) हारमोन्स का निर्माण घट जाता है। परिमाणस्वरूप रजो:धर्म अनियमित हो जाता है।

कुछ महिलाएं अन्य शारीरिक प्रभावों को भी अनुभव करती हैं। इनमें से कुछ प्रभाव जैसे जलन (Hot flashes) अर्थात् ताप की त्वरित संवेदना जो अचानक पूरे शरीर में फैल जाती है, योनिक अस्तर (Vaginal lining) का पतला होना, अथवा उत्तक संकुचन के कारण मूत्रीय अक्रियात्मकता (Urinary Dysfunction) आदि प्रमुख है (वेग, 1989)। लगभग चार में से एक महिला रजोनिवृत्ति के पश्चात् (Post Menopausal Women) एस्ट्रोजन में कमी के कारण ऑस्टियोपोरोसिस (Osteoporosis) से पीड़ित हो जाती है जिसमें हड्डियां अत्यंत पतली हो जाती हैं तथा उनके टूटने की संभावना बढ़ जाती है (चित्र 17.6)।

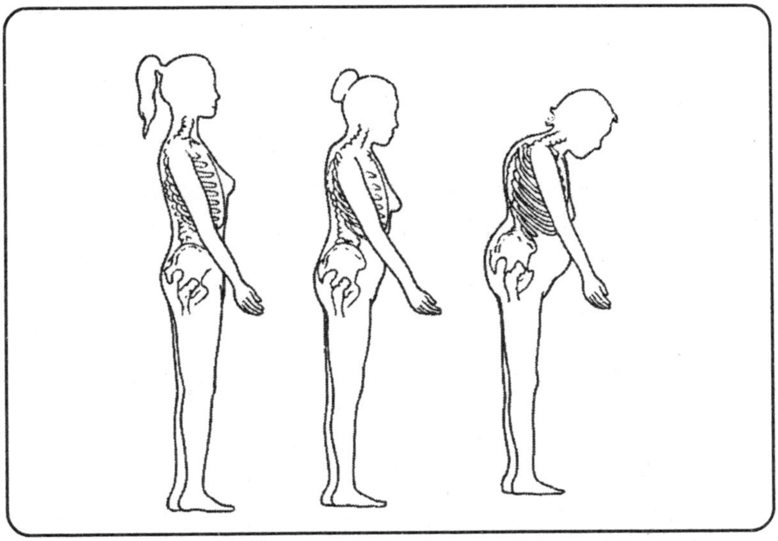

चित्र 17.6 : ऑस्टियोपोरोसिस से जैसे ही हड्डियाँ कमजोर होती है, महिलाएं कमर से झुकने लगती हैं एवं लगभग 4 इंच लम्बाई कम हो जाती है।

रजोनिवृत्ति प्रबन्धन (Managing Menopause)

रजोनिवृत्ति के कारण उत्पन्न अनेक समस्याएं जैसे : कष्टप्रद शारीरिक दशा एवं अन्य स्वास्थ्य समस्याएं जैसे : ऑस्टियोपोरोसिस तथा हृदय संबंधित बीमारियों की वृहद संभावना रजोनिवृत्ति के पश्चात् महिलाओं के शरीर में एस्ट्रोजेन के निम्न स्तर के कारण होती है। चिकित्सक कृत्रिम एस्ट्रोजेन एक गोली के रूप में लेने की सलाह देते हैं लेकिन सभी महिलाओं को एस्ट्रोजेन प्रतिस्थापन उपचार (Estrogen Replacement Therapy (ERT) की आवश्यकता नहीं होती। एस्ट्रोजेन प्रतिस्थापन उपचार को एक सुरक्षित तकनीक नहीं माना जाता इसलिए इस उपचार को लेने से पहले महिलाओं को अपनी परिस्थिति एवं अपने पारिवारिक स्वास्थ्य इतिहास के बारे में पूर्ण जानकारी कर लेनी चाहिए तथा यदि वे उपचार कराती हैं तो उन्हें सदैव अपने चिकित्सक के सम्पर्क में रहना चाहिए।

रजोनिवृत्ति, अधिकांश महिलाओं के लिए एक मनोवैज्ञानिक घटना होती है। रजोनिवृत्ति को कभी कुछ समस्याओं (जैसे: अवसाद) के लिए जिम्मेदार माना जाता था किन्तु वर्तमान अनुसंधान यह दर्शातें हैं कि इस सामान्य घटना को किसी भी मनोवैज्ञानिक समस्या का कारण नहीं माना जा सकता है। एक अध्ययन में 21 से 65 वर्ष की सैकड़ों महिलाओं से रजोनिवृत्ति के प्रति उनकी अभिवृत्ति के बारे में पूछा गया तथा पाया गया कि जो महिलाएं इस परिस्थिति से गुजर चुकी थीं अन्य की अपेक्षा उनकी अभिवृत्ति अधिक धनात्मक पायी गयी (न्यूगर्टेन एवम् अन्य, 1963)।

मध्यावस्था, में मनोवैज्ञानिक समस्याएं, शारीरिक समस्याओं की अपेक्षा अधिक विचारणीय होती हैं विशेषकर वृद्धावस्था के प्रति ऋणात्मक सामाजिक चिन्तन। उन संस्कृतियों में, जहां वृद्ध महिलाओं को अधिक सम्मान दिया जाता है वहां रजोनिवृत्ति से संबंधित कम समस्याएं पाई जाती हैं (डेन एवं बर्नार्ड, 1989)। वृद्धावस्था के प्रति सामाजिक दृष्टिकोंण शारीरिक हारमोन्स की अपेक्षा रजोनिवृत्ति की कुशलता या स्वास्थ्य स्थिति को कहीं अधिक प्रभावित करते हैं। जिन महिलाओं को रजोनिवृत्ति से संबंधित समस्याएं होती हैं वे उत्तर रजोनिवृत्ति महिलाओं से चर्चा/विचार विमर्श करके जानकारी प्राप्त कर सकती हैं जो रजोनिवृत्ति से उत्पन्न समस्याओं के साथ सही समायोजन में उपयोगी सिद्ध हो सकती है।

पुरुषों में संकट काल (The Male Climacteric)

यद्यपि पुरुषों में लम्बे वर्षों तक पिता बनने की क्षमता विद्यमान होती है लेकिन कुछ मध्य आयु के पुरुषों में प्रजनन शक्ति (Fertility) एवं रति निष्पत्ति (Orgasm) में ह्रास तथा कमजोरी (Impotency) आ जाती है (बियर्ड, 1975)। इसके अतिरिक्त मध्य आयु के पुरुषों में हारमोन्स के निर्माण में चक्रीय उतार-चढ़ाव (Cyclic Fluctuations) पाया जाता है (किमेल, 1980)।

पुरुषों में संकटकाल (Male Climacteric) एक शारीरिक (Physio-logical), सांवेगिक (Emotional) एवं मनोवैज्ञानिक (Psychological) परिवर्तन की अवस्था है जिसमें पुरुष के प्रजनन तंत्र (Reproductive System) एवं अन्य शारीरिक तंत्र (Other Body Systems)

प्रभावित होते हैं। सामान्यतः महिलाओं के रजोनिवृत्ति काल के 10 वर्ष पश्चात् पुरुषों में इसका प्रारंभ होता है तथा इसके प्रभाव अलग-अलग होते हैं (वेग, 1989)। लगभग 5 प्रतिशत मध्यावस्था पुरुष अवसाद (Depression), थकान (Fatigue), निम्न काम शक्ति (Lower Libido), अनियमित कमजोरी (Occasional Impotence) एवं अन्य शारीरिक समस्याओं का अनुभव करते हैं (हेन्कर, 1981 ; वेग, 1989)। यद्यपि अनुसंधानकर्ताओं ने हारमोन्स के स्तर एवं मनःस्थिति में परिवर्तन के मध्य कोई संबंध नहीं पाया है (डोरी, क्रेमर, ब्रोडी एवं हम्बर्ग, 1975)। इसलिए संभवतः महिलाओं की ही तरह अधिकांश पुरुष मनोवैज्ञानिक दबावों के कारण इन समस्याओं की शिकायत करते हैं। कुछ समस्याएं जीवन की विचलनकारी घटनाओं जैसे-बीमारी, कार्य के प्रति चिंता, बच्चों का घर छोड़ना अथवा माता-पिता की मृत्यु आदि से संबंधित हो सकती हैं।

प्रौढ़ावस्था में स्वास्थ्य की स्थिति (Health Status in Adulthood)

पूर्व प्रौढ़ावस्था में स्वास्थ्य स्थिति (Health Status in Early Adulthood)

पूर्व प्रौढ़ावस्था में शारीरिक स्वास्थ्य अपने चर्मोत्कर्ष पर होता है। खेल चाहे कोई भी हो जैसे-क्रिकेट, टेनिस, फुटबाल, स्केटिंग इत्यादि, हम जिन खिलाड़ियों का उत्साहवर्द्धन करते हैं उनमें से अधिकांश युवा प्रौढ़ होते हैं जो कि अपनी शारीरिक स्वास्थ्य की स्थिति में चरमोत्कर्ष पर होते हैं। सांवेदिक एवं पेशीय प्रकार्यो में उत्कृष्टता पर होने के साथ ही युवा प्रौढ़, सर्वाधिक स्वस्थ आयु वर्ग के होते हैं। 17 से 44 वर्षों के 90 प्रतिशत से अधिक लोग अपने स्वास्थ्य को सर्वोत्तम, उत्तम अथवा अच्छा मानते हैं (USDHHS, 1990)। इस आयु के लोग वाल्यावस्था की अपेक्षा श्वसन संक्रमण एवं जुकाम से कम पीड़ित होते हैं तथा यदि उन्हें जुकाम हो भी जाता है तो वे उससे अतिशीघ्र छुटकारा पा लेते हैं।

करीब 80% युवा प्रौढ़ जुकाम, खासी (Cough), या अन्य श्वसन संबंधी बीमारियां तथा लगभग 20 प्रतिशत चोट या घाव (Injuries) से पीड़ित होते हैं। विशेषकर निम्न वर्गीय परिवारों में सर्वाधिक तीव्र एवं दीर्घकालिक समस्याऐं पीठ तथा रीढ़ की हड्डियों में पायी जाती हैं। इसके अतिरिक्त अन्य समस्याएं जैसे- श्रवण क्षमता में कमी, संधि शोथ (Arthritis) तथा अत्यधिक तनाव (उच्च रक्त चाप) भी प्रौढ़ में परिलक्षित होती हैं। महिलाएं प्रायः शिशु जन्म के समय बीमारियों की शिकार होती हैं तथा पाचन (Digestion) तंत्र एवं जननांगों (Genitourinary Systems) की बीमारियाँ भी प्रायः पायी जाती हैं।

संयुक्त राज्य में 25 से 34 वर्षीय प्रौढ़ों की मृत्यु का प्रमुख कारण दुर्घटनाएं (Accidents) हैं। इसके अतिरिक्त कैंसर, हृदय संबंधी बीमारियां एवं आत्महत्या भी प्रमुख कारणों में से है। 35 से 44 वर्ष के मध्य मृत्यु का प्रमुख कारण कैंसर एवं हृदय संबंधी बीमारियां हैं 35 वर्ष की आयु एक संक्रमणकाल (परिवर्तन बिंदु) का प्रतीक है। शैशवावस्था के बाद से यही एक उम्र होती है जब मृत्यु का प्रमुख कारण शारीरिक बीमारी होती है।

मृत्यु दर एवं मृत्यु के कारणों में अंतर लिंग, जाति तथा धर्म के अनुसार पायी गयी। 25 से 44 वर्षों के मध्य महिलाओं की अपेक्षा पुरुषों के मृत्यु की संभावना दोगुनी अधिक होती है। अधिकांश पुरुषों की मृत्यु दुर्घटनाओं के कारण तथा स्त्रियों की मृत्यु कैंसर के कारण होती है (USDHHS, 1990)।

संयुक्त राज्य अमेरिका में युवा प्रौढ़ों की मृत्यु का पांचवाँ प्रमुख कारण हत्या (murder) है। (चित्र 17.7)।

युवा पुरुष के हत्या की संभावना अन्य औद्योगिक देशों की अपेक्षा (4:73) ज्यादा होती है। इस देश में हत्या के लिए तीन चौथाई प्रतिशत हत्यारे पिस्तौल या बन्दूक का इस्तेमाल करते हैं जबकि औद्योगिक देशों में मात्र एक चौथाई हत्या पिस्तौल या बन्दूक से की जाती है (फिन्गहट एवम् क्लाइनमैन, 1990)। हत्या की उच्च दर के अनेक कारणों में से एक है विधिक लचीलापन (Legal flexibility)।

एक तात्कालिक सरकारी सर्वेक्षण में यह पाया गया है कि 45 से 65 वर्षीय लोगों में से लगभग 82% लोगों ने अपने स्वास्थ्य को अच्छा, उत्तम एवं अति उत्तम बताया। इस आयु वर्ग के मात्र 8 प्रतिशत लोग ही खराब स्वास्थ्य के कारण अपनी महत्वपूर्ण क्रियाओं को पूरा करने में असफल पाये गये (USDHHS, 1990)।

मध्यवय में स्वास्थ्य स्थिति (Health Status in Middle Age)

मध्य आयु में पायी जाने वाली सबसे गंभीर स्वास्थ्य समस्याएं हैं : दमा (Asthma), श्वासनी शोथ (Bronchitis), मधुमेह (Diabetes), स्नायविक एवं मानसिक बीमारियां (Neural and Mental Disorders), संधिशोथ एवं गठिया (Arthritis and Rehumatism), दृष्टि एवं श्रवण दोष, रक्त संचार का सही ढंग से कार्य न करना, पाचन एवं जनन तंत्रों में समस्या। बीमारियां आवश्यक रूप से मध्य आयु में ही प्रकट नहीं होती लेकिन 45 से 64 वर्षीय 3/5 लोग इनमें से एक या दो बीमारी से ग्रसित होते हैं तथा 15 से 44 वर्षीय 2/5 लोगों में यह बीमारी रहती है (हंट एवं हंट, 1974; USDHHS, 1990)।

मध्य आयु की एक प्रमुख स्वास्थ्य समस्या है उच्च तनाव (Hyper-tension)। यह बीमारी प्रायः हृदय आघात का प्रमुख कारण होती है तथा 5 में से एक प्रौढ़ इसका शिकार होता है। अल्पसंख्यक वर्गों में भी यह बीमारी प्रायः पायी जाती है (USDHHS, 1990)। रक्तचाप (Blood pressure) की जांच, कम नमक वाला भोजन तथा औषधियों द्वारा हृदय संबंधी बीमारी तथा हृदय आघात द्वारा होने वाली मृत्यु को रोका जा सकता है (USDHHS, 1990)।

इस आयु वर्ग के कुछ लोग एड्स रोग के भी शिकार होते हैं। प्रायः 50 से अधिक वर्ष के लोगों में यह रोग अधिक होता है।

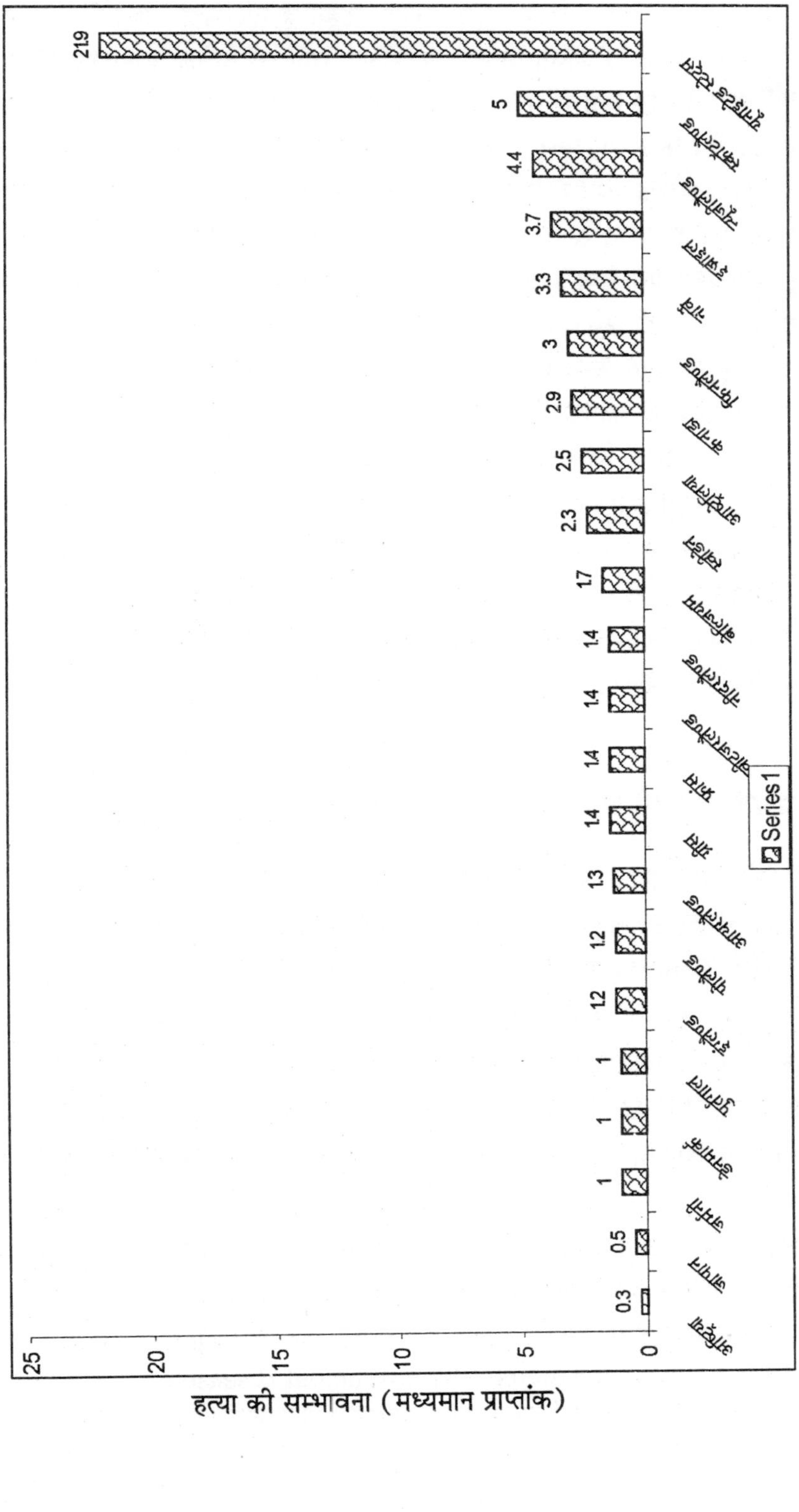

चित्र 17.7 : युवकों की हत्या की अधिक सम्भावना होती है तथा सबसे अधिक हत्याएं औद्योगिक देशों में (यूनाइटेड स्टेट्स में) होती है।

वर्तमान समय में जब लोग लम्बा जीवन जीना चाहते हैं तब मध्य आयु में मृत्यु को अल्पकालिक ही माना जाता है। जीवन के अन्य आरंभिक वर्षों की अपेक्षा इस आयु में मृत्यु अप्रत्याशित नहीं होती है। इन वर्षों में मृत्यु दुर्घटना या हिंसा के कारण नहीं बल्कि स्वाभाविक होती है। 35 से 54 वर्ष के मध्य, मृत्यु के तीन प्रमुख कारण कैसर, हृदय संबंधी बीमारी तथा दुर्घटनाएं होती हैं तथा 55 से 64 वर्ष के मध्य मृत्यु के प्रमुख कारण कैंसर, हृदय संबंधी बीमारियां तथा हृदय आघात होता है। परन्तु सर्वेक्षण दर्शातें हैं कि सन् 1977 से क्रमशः 25 से 64 वर्षीय लोगों की मृत्यु दर में ह्रास पाया गया है (USDHHS, 1990)। वर्तमान समय में मध्य आयु लोगों की हृदय आघात द्वारा मृत्यु की संभावना में कमी आई है। जबकि घातक कैंसर (Fatal Cancer) की संख्या में वृद्धि हुई है। लंग कैंसर से होने वाली मृत्यु में 25 प्रतिशत वृद्धि ने अन्य प्रकार के कैंसर से होने वाली मृत्यु को काफी पीछे छोड़ दिया है। इस प्रकार की मृत्यु के लिए धूम्रपान (Smoking) 80% से अधिक जिम्मेदार होता है (USDHHS, 1990)।

पूर्व प्रौढ़ावस्था की ही तरह मध्यावस्था में भी स्त्रियों की अपेक्षा पुरुषों के मृत्यु की संभावना अधिक होती है। पुरुषों में हृदय संबंधी बीमारियों के कारण स्त्रियों की अपेक्षा 3 गुना ज्यादा मृत्यु दर होती है तथा लगभग 25 से 30 प्रतिशत पुरुषों की मृत्यु कैंसर अथवा हृदय आघात (Heart attack) द्वारा होती है। 45 से 64 वर्षीय महिलाओं की मृत्यु का प्रमुख कारण कैंसर (स्तन कैंसर, जननांग अथवा फेफड़ों में कैंसर) तथा धूम्रपान की अधिकता है (USDHHS, 1982, 1986, 1990)।

स्वास्थ्य को प्रभावित करने वाले कारक (Factors Affecting Health)

अच्छा स्वास्थ्य सिर्फ भाग्यवश ही नहीं मिलता वल्कि यह प्रायः जीवन जीने का तरीका बताता है जिसे व्यक्ति स्वयं चुनता है। मनुष्य एक निष्क्रिय प्राणीमात्र या अपने जैविकीय गुणसूत्रों का उपभोक्तामात्र नहीं है वल्कि वह काफी हद तक अपने भाग्य का निर्धारक स्वयं होता है।

बीमारी नियंत्रण केन्द्र (1980) (The Center for Disease Control, 1980) के सर्वेक्षण के अनुसार 50 प्रतिशत मृत्यु जिन प्रमुख कारणों से होती है उनमें से अधिकांश ऐसे होते हैं जिन्हें व्यक्ति स्वयं नियन्त्रित कर सकता है। कुछ प्रमुख कारक हैं- असावधानीपूर्वक गाड़ी चलाना, सीट बेल्ट न लगाना, खतरनाक लोगों से सम्बन्ध होना अथवा आत्म हत्या करने की प्रवृत्ति आदि ।

विश्व स्वास्थ्य संगठन (WHO) के अनुसार "स्वास्थ्य मात्र दुर्बलता तथा बीमारी की अनुपस्थिति ही नहीं बल्कि एक संपूर्ण शारीरिक, मानसिक एवं सामाजिक कल्याण (Social Well-being) की स्थिति होती है" (Health is a complete physical, mental, and social well-being and is not merely the absence of disease and infirmity) (दानिश, 1983)। व्यक्ति अन्य लोगों को देखकर तथा कुछ क्रियाकलापों का अनुकरण करके

अच्छा स्वास्थ्य प्राप्त कर सकता है। एक अध्ययन में 20 से 70 वर्षीय 7000 प्रौढ़ों से कुछ प्रश्न पूछे गए। प्रदत्त विश्लेषण से पता चला कि व्यक्ति की सात सामान्य आदतों का संबंध सीधे स्वास्थ्य के साथ पाया गया (सारणी 17.1)।

सारणी 17.1 : सात स्वास्थ्य आदतें (Seven health habits)

क्रम सं०	स्वास्थ्य से संबंधित सामान्य आदतें
1.	सुबह का नाश्ता करना
2.	अल्पाहार न करके प्रतिदिन संतुलित आहार करना
3.	सामान्य वजन बनाए रखने के लिए संतुलित आहार करना
4.	सामान्य व्यायाम करना
5.	प्रत्येक रात में 7 से 8 घंटे की निद्रा लेना
6.	धूम्रपान नहीं करना
7.	मद्यपान का सेवन नहीं करना अथवा अत्यंत कम मद्यपान करना

जिन लोगों ने सभी सात आदतों का पालन किया था वे सर्वाधिक स्वस्थ थे, इसके पश्चात् वे लोग थे जिन लोगों ने छः आदतों का पालन किया था, तत्पश्चात् वे लोग थे जो पांच आदतों का पालन करते थे (बेलाक एवम् ब्रेस्लो, 1972)। दूसरी तरफ वे लोग जो किसी भी प्रकार का नशा करते थे तथा यौन सुरक्षा का उपयोग नहीं करते थे उनमें घातक बीमारियों की संभावना अधिक पायी गयी (पंके, 1983)।

व्यवहार तथा स्वास्थ्य के मध्य संबंध शारीरिक, बौद्धिक तथा सांवेगिक विकास की विभिन्न विमाओं के मध्य अन्र्तसंबंधों को चिंन्हित करता है। लोगों की क्रियाएं उनके सोचने के तरीके को प्रभावित करती है। लेकिन बेहतर स्वास्थ्य के बारे में आवश्यक तथ्यों को जानना ही पर्याप्त नहीं होता है। लोगों का व्यक्तित्व, सामाजिक संस्थिति, तथा सांवेगिक स्थिति का भी प्रभाव स्वास्थ्य स्थिति पर पड़ता है।

ऐसे कुछ व्यवहार जैसे : भोजन (Diet), व्यायाम, धूम्रपान, शराब, तथा तीव्र तनाव (High stress) स्पष्ट रूप से स्वास्थ्य से जुड़े होते हैं तथा कुछ मनोवैज्ञानिकों ने प्रबल ढंग से तनाव एवम् शारीरिक–मानसिक रोगों के मध्य धनात्मक सम्बन्धों को प्रमाणित किया है (पेस्टनजी, 1985.)। भारतीय संदर्भ में सम्पादित अनेक अध्ययनों से स्पष्ट होता है कि तीव्र प्रतिबल से उत्पन्न स्वास्थ्य समस्या को बेहतर जीवनशैली, संघर्ष दक्षता (Coping) आत्मनियंत्रण एवम् सामाजिक सहायता (Social Support) द्वारा नियंत्रित किया जा सकता है (शर्मा, 2003, मिश्रा 2001, पाण्डेय एवम् श्रीवास्तव, 2004)। इसके अतिरिक्त अन्य कारक जैसे – सामाजिक –

आर्थिक स्थिति (Socio-economic status), शिक्षा, लिंग तथा वैवाहिक स्थिति स्वास्थ्य को अप्रत्यक्ष रूप से प्रभावित करते हैं।

संज्ञानात्मक विकास (Cognitive Development)

विकास के किसी भी चरण में विभिन्न संज्ञानात्मक प्रक्रम जैसे अधिगम, चिन्तन, तर्कणा, समस्या-समाधान जैसी विभिन्न मानसिक क्रियायें, सूचना प्रक्रमण तन्त्र पर आधारित होती हैं। यद्यपि यह तन्त्र पूर्व बाल्यावस्था तक लगभग परिपक्व हो जाता है तथापि बाल्यावस्था के अन्त तक इसकी क्षमता में प्रगति होती रहती है। वयस्कावस्था तक प्रायः सूचना प्रक्रमण तन्त्र स्थिर होता है परन्तु कुछ स्थिति में इसकी क्षमता में विकास होता रहता है। वयस्क नई-नई सूचनाओं को सीखते हैं, स्मृतिगत करते हैं तथा पुरानी सूचनाओं के परिप्रेक्ष्य में उन्हें मूल्यांकित करते हैं। वे नए कौशलों को सीखते हैं तथा पुराने कौशलों को बनाए रखने के लिए अभ्यास करते हैं। कुछ मनोवैज्ञानिकों ने पूर्व वयस्कावस्था में होने वाले संज्ञानात्मक परिवर्तनों का अध्ययन किया है तथा यह स्पष्ट किया है कि 60-70 वर्ष की आयु तक थोड़े बहुत संज्ञानात्मक परिवर्तन चलते रहते हैं।

इस अनुभाग में वयस्कावस्था में होने वाले प्रमुख संज्ञानात्मक परिवर्तनों का विवरण प्रस्तुत किया गया है।

सूचना-प्रक्रमण तन्त्र (Information Processing System)

सूचना प्रक्रमण के अन्तर्गत, पर्यावरणीय सूचनाओं को ज्ञानेन्द्रियों द्वारा ग्रहण करना, अवधान प्रक्रम में लाना, भण्डारित करना तथा वर्गीकृत करके ग्रहण करना एवं एक निश्चित समयावधि के पश्चात् स्मृति से उन सूचनाओं का पुनरुद्धार करना आदि सम्मिलित हैं। इस प्रकार सूचना प्रक्रम में प्रतिदिन बहुत सारे संज्ञानात्मक तथ्य सम्मिलित होते रहते हैं तथा व्यक्ति कुछ संज्ञानात्मक गतिविधियाँ जैसे- लिखना, पुस्तकों तथा पत्र पत्रिकाओं को पढ़ना, लोगों की बातों को सुनना, दो प्रतिमानों की भिन्नताओं को विश्लेषित करना तथा सोचना, समस्या समाधान इत्यादि करता रहता हैं।

प्रौढ़ों में सूचना प्रक्रियाओं का अध्ययन (Studying Information Processing in Adults)

जैसा कि पहले वर्णन किया जा चुका है कि अधिगम, प्रत्यक्षीकरण, स्मरण इत्यादि ऐसे संज्ञानात्मक प्रक्रम हैं जो सूचनाओं के रूपान्तरण पर आधारित होते हैं। जब हम पर्यावरण से प्राप्त सूचनाओं को सीखते हैं, अर्जित करते हैं तथा अनुभव करते हैं, उस समय हम अपने सूचनात्मक कौशलों का उपयोग करते हैं। जब हम कोई चीज याद करते हैं उस समय हम उसको संग्रहित करते हैं तथा

उसको कुछ समयान्तराल पश्चात् पुनरुद्धार भी करते हैं। अधिगम एवं स्मरण की क्षमतायें व्यक्ति वयस्कावस्था में परिवर्तित होती रहती हैं तथा यह परिवर्तन व्यक्ति में क्रमिक रूप से वृद्धावस्था तक चलता रहता है। उम्र द्वारा वयस्क की स्मरण एवं अधिगम क्षमता का पूर्वकथन नहीं किया जा सकता। प्रायः प्रयोगात्मक संकृत्यों में नवयुवक, उत्तर प्रौढ़ों की तुलना में श्रेष्ठ होते हैं परन्तु इस तरह के अन्तर प्रायः बहुत कम मिलते हैं तथा वैयक्तिक विभिन्नताएं महत्वपूर्ण होती हैं। परन्तु औसत निष्पादन पर आयु भिन्नता के प्रभाव को नजर अंदाज नहीं किया जा सकता।

संज्ञानात्मक क्षमता के परिप्रेक्ष्य में तुलनात्मक अध्ययनों में मनोवैज्ञानिकों ने पाया कि प्रायः नव वयस्कों के औसत प्राप्तांक, उत्तर वयस्कों की तुलना में उच्च होते हैं। अतः मनोवैज्ञानिकों ने यह निष्कर्ष निकाला कि वयस्कों की आयु वृद्धि उसके संज्ञान में परिवर्तन उत्पन्न करती है, जिसमें दो महत्वपूर्ण गोचरों (Phenomena) पहला- सहगण प्रभाव (Cohort Effect) तथा दूसरा अनुसन्धान अभिकल्प (Research Design) की महत्वपूर्ण भूमिका होती है। पहले गोचर के सन्दर्भ में मनोवैज्ञानिकों ने स्पष्ट किया कि प्रायः नवयुवक, उत्तर प्रौढ़ों की अपेक्षा अधिक औपचारिक शिक्षण कार्यों से जुड़े होते हैं तथा उन्हें अपने सहपाठियों का सानिध्य अधिक प्राप्त होता है जिससे उनमें संज्ञानात्मक विकास हेतु समृद्ध जानकारी प्राप्त हो जाती है क्योंकि वे शिक्षण कार्यों में अधिक भागीदार होते हैं। अधिकांश नवयुवक मैट्रिक तथा कॉलेज स्तर की शिक्षा प्राप्त कर चुके होते हैं। प्रायः शिक्षित लोग कम शिक्षित लोगों की अपेक्षा संज्ञानात्मक क्रियाओं में उच्च निष्पादन प्रदर्शित करते हैं।

सहगण प्रभाव (Cohort Effects) का एक अन्य कारण यह है कि नव वयस्क, उत्तर वयस्कों की अपेक्षा, संज्ञानात्मक कौशलों को प्राप्त करने के लिए अधिक प्रयास करते हैं। कॉलेज में पढ़ने वाले छात्र निरन्तर संज्ञानात्मक कौशलों को सीखते रहते हैं, स्मृतिगत करते रहते हैं तथा अभ्यास करते रहते हैं जबकि उत्तर प्रौढ प्रायः अपनी शिक्षा दशकों पूर्व प्राप्त कर चुके होते हैं तथा उनके संज्ञानात्मक कौशल एवं व्यपदेश वाधित हो जाते हैं। जब व्यक्ति अपनी संज्ञानात्मक क्षमताओं का उपयोग करना बन्द कर देता है तथा कुछ समयान्तराल पश्चात् उन क्षमताओं का उपयोग करना चाहता है तब उसे कुछ समस्याओं का सामना करना पड़ता है। मानसिक योग्यता के सन्दर्भ में कहा गया है, "या तो इसका उपयोग करें या इसे खो दें" (Use it or loose it)। अतः उत्तर प्रौढ़ यदि अपनी संज्ञानात्मक क्षमता का न्यून ऑकलन करते हैं तब उनके अन्दर एक आत्म तुष्टिकारी भाव (self-fulfilling prophecy) विकसित हो जाता है जिससे उनके संज्ञानात्मक प्रयास असफल हो जाने से उनके संज्ञानात्मक क्षमताओं में कमी दृष्टिगत होने लगती है।

संज्ञानात्मक क्षमता में भिन्नता का एक अन्य कारक शैक्षणिक अनुभव है। यह शैक्षणिक अनुभव भी संज्ञानात्मक भिन्नता को उत्पन्न करता है। प्रायः नवयुवक टेलीविजन देखकर या मैंगजीन एवं पत्र पत्रिकाओं को पढ़कर अपनी संज्ञानात्मक योग्यता को परिष्कृत एवं परिवर्द्धित करते रहते हैं। नवयुवक की औपचारिक शिक्षा भी आधुनिक तथा प्रभावशाली अध्ययन पद्धति से

हुई रहती है इसके विपरीत उत्तर प्रौढ़ों की शिक्षा पारम्परिक एवं कठोर अनुशासनात्मक वातावरण में हुआ रहता है (पर्लम्यूटर, 1983)।

वयस्कों में आयु भिन्नता से उत्पन्न संज्ञान को निर्धारित करने वाला दूसरा महत्वपूर्ण गोचर है कि वयस्क संज्ञानों का अर्जन किस रूप में कर रहे हैं ? यह संज्ञान अध्ययनों से प्राप्त होते हैं अथवा प्रतिदिन के अनुभव या परिस्थिति-जन्य संज्ञान हैं, जिनको लोग प्रायः सीखते हैं तथा स्मरण करते हैं। जैसा कि अध्ययनों से स्पष्ट है। व्यक्ति के आस-पास का पर्यावरण, उसका आवास, अपरिचित प्रयोगशाला, घर की तरह खेल मैदान इत्यादि व्यक्ति के संज्ञानात्मक कौशलों को प्रभावित करते हैं। इसी प्रकार उत्तर प्रौढ़ प्रायः किसी घटना के बारे में जब बातचीत करते हैं तब वे सारी घटनाओं के अनुक्रम को कई बार दुहराते हैं तथा किसी नए संकृत्य को सीखने में लगभग 3 मिनट का समय लगाते हैं। पूर्व तथा उत्तर प्रौढ़ों में अन्य योग्यताओं, यथा- नये उपकरणों को उपयोग में लाने के लिए सीखना, शब्द संज्ञान, आटोमेटिक मशीन या कम्पूटर को प्रयोग करने की योग्यता तथा नए कार्यक्रमों को याद रखने की योग्यता, बैंक की औपचारिकतायें पूर्ण करने की योग्यता इत्यादि में पर्याप्त भिन्नता पायी गयी है।

किसी भी आयु में व्यक्ति की संज्ञानात्मक क्षमता तथा उस विषय के स्वरूप के बीच सीधा सम्बन्ध होता है (पर्लम्यूटर, 1983)। वास्तविक जीवन में लोग सम्बन्धित सूचनाओं को अर्जित करना चाहते हैं जबकि असम्बद्ध सूचनाओं का सामना भी नहीं करना चाहते हैं। उदाहरण के लिए- व्यक्ति पढ़ाई के दौरान साधारण गणित से बीजगणित, इसके पश्चात् ज्यामिति, तत्पश्चात् उच्चतर गणितीय ज्ञान को बढ़ते हुए क्रम में सीखता है।

एक अध्ययन में वाडेल तथा रोगॉफ (1981) ने महिला प्रयोज्यों को लिया। पहला समूह मध्य-आयु वर्ग (Middle age group) (31 से 59 वर्ष) की महिलाओं का तथा दूसरा समूह उत्तर प्रौढ़ (वृद्ध) महिलाओं (Old age) (60-85 वर्ष) का था। इन्होंने दोनों समूहों को कुछ घरेलू वस्तुओं को दिखाया। इन वस्तुओं को दोनो समूहों की कुछ औरतों से (मध्य-वय तथा वृद्ध-वय) प्राकृतिक दृश्यों के रूप में व्यवस्थित करवाया गया जबकि कुछ औरतों से उक्त वस्तुओं को घनाकृतियों में व्यवस्थित करवाया गया। यह पाया गया कि मध्य-वय की महिलाओं ने वृद्ध महिलाओं की अपेक्षा वस्तुओं को घनाकृतियों के रूप में ज्यादा संरचित किया जबकि प्राकृतिक चित्रों के रूप में सभी महिलाओं ने बराबर निष्पादन किया।

दैनिक जीवन में व्यक्ति अर्थपूर्ण घटनाओं को ज्यादा प्रत्यक्षीकृत करता है। वृद्ध-वय के लोग, मध्य-वय के लोगों की अपेक्षा ज्यादा अनुभवी होते हैं। वास्तव में वृद्ध-वय के लोगों के प्रकार्य मध्य-वय के लोगों की अपेक्षा अच्छा होता है। जैसे- एक अनुभवी अध्यापक नए-अध्यापक से ज्यादा कुशल होता है तथा एक वृद्ध वकील का आनुभविक संज्ञान एक नए युवक से अच्छा होता है जिसके कारण वह किसी भी घटना पर बहस के दौरान उत्कृष्ट प्रत्युत्पन्न मति (Presence of mind) को प्रकट करते हैं। उनके कार्य के वर्ष उनको कुशल तथा बुद्धिमान बनाते हैं।

स्मृति सम्बन्धी अध्ययन (Memory Related Studies)

लघुकालिक स्मृति (Short-term Memory)

मानव-स्मृति स्पष्टतः भिन्न-भिन्न स्तरों पर संचालित होती है। इसका प्रथम एवं सतही स्तर सांवेदिक स्मृति है जिसमें सूचनायें प्रत्यक्षीकरण के माध्यम से प्राप्त होती हैं। ये संवेदनायें, दृश्य, चाक्षुष, श्रवण, स्पर्श, गन्ध एवं स्वाद के रूप में प्राप्त होती है। सांवेदिक स्मृति की अवधि लगभग 1 सेकेण्ड की होती है। यदि इन संवेदनाओं का संसाधन नहीं हुआ तो ये विलुप्त हो जाती हैं। संसाधन के फलस्वरूप ये संवेदनायें स्मृति के नए स्तर; लघुकालिक स्मृति में चली जाती हैं। लघुकालिक स्मृति के रूप में ये सूचनायें लगभग 15 सेकेण्ड तक या तब तक संचित रहती हैं जब तक ये सूचनायें चेतन स्तर पर ग्रहण एवं संसाधित न कर ली जायें। उदाहरण के लिए- एक व्यक्ति जब किसी टेलीफोन नम्बर को डायल करता है तो तभी तक केवल उसे दुहराता है ज्यों ही वह उसे दुहराना बन्द करता है कुछ देर बाद नम्बर विस्मृत हो जाता है। यदि वह उस फोन नं० को हमेशा याद रखना चाहता है तब उसे उक्त नम्बर को कूट संकेतन कर के याद करना होगा यदि व्यक्ति निमोनिक योजनाओं का प्रयोग सूचनाओं को संगठित करने /गुच्छित करने अथवा प्रतिबिम्ब निर्मित करने में करता है तथा सूचनाओं को लगातार दुहराता है तब वे सूचनायें दीर्घकालिक स्मृति में स्थानान्तरित हो जाती हैं तत्पश्चात् उनका पुररुद्धार आसानी से हो जाता है।

प्रौढ़ावस्था में लघुकालिक स्मृति का स्वरूप ठीक उसी प्रकार का होता है जिस प्रकार का स्वरूप बाल्यावस्था में होता है। वयस्कावस्था में लघुकालिक स्मृति क्षमता में विशेष परिवर्तन नहीं दृष्टिगत होता है। 60 वर्ष की उम्र के पश्चात् इसमें थोड़ ह्रास परिलक्षित होता है (क्रेक, 1977)। आयु भिन्नता का प्रभाव व्यक्ति की क्षमता पर स्पष्ट दिखता है। यह भिन्नता लघुकालिक स्मृति पर भी दृष्टिगत होती है। एक अध्ययन में संख्याओं को उलटे क्रम में गिनने के संकृत्य में वृद्ध व्यक्तियों का निष्पादन नवयुवकों से निम्न पाया गया। परिणाम यह प्रदर्शित करता है कि आयु वृद्धि के साथ-साथ सूचना संसाधन अभियोग्यता में क्रमिक रूप से लचीलापन आ जाता है, तथा सूचनाओं के पुनर्गठन की योग्यता में कमी आ जाती है (वाल्स, 1983)।

अरेनबर्ग (1980) ने एक अध्ययन में यह प्रदर्शित किया कि दो अलग-अलग संकृत्यों पर एक साथ अपने अवधान को केन्द्रित करने की प्रक्रिया में वृद्ध व्यक्ति नवयुवकों की अपेक्षा अधिक कठिनाई का अनुभव करते हैं। उदाहरण के लिए- एक नवयुवती जब कोई फोन नम्बर अपने लघुकालिक स्मृति में भण्डारित करने का प्रयास कर रही होती है, तभी उसमें व्यवधान आने से उसका कार्य रुक जाता है परन्तु बाधा समाप्त हो जाने के पश्चात् आसानी से उस नम्बर को पुनः भण्डारित कर लेती है जबकि एक वृद्ध जब वही संकृत्य कर रहा होता है तो उसमें थोड़ा सा व्यवधान से सभी नम्बर उसे भूल जाते हैं। इसके कारण अरेनबर्ग (1980) ने स्पष्टकिया कि वृद्धावस्था में लघुकालिक स्मृति की क्षमता कम तथा कमजोर हो जाती है, जिसमें जरा सा भी हस्तक्षेप उसे अस्त-व्यस्त कर देता हैं।

एक आयु के पश्चात् लघुकालिक स्मृति की क्षमता में ह्रास होने लगता है। लोग इस अवस्था में सूचनाओं को एक बार भण्डारित करने में सक्षम तो होते हैं पर पुनरुद्धार में ह्रास का अनुभव करते हैं। एक प्रयोग द्वारा यह प्रदर्शित हुआ कि ये भिन्नतायें सेकेण्ड के हजारवें 1/1000 भाग तक होती है। एक 35 वर्ष के व्यक्ति की लघुकालिक स्मृति को पुनरुद्धारित करने के लिए 100 मिली सेकेण्ड लम्बी अवधि की आवश्यकता होती है जबकि एक 75 वर्षीय वृद्ध को भण्डारित स्मृति के प्रत्याह्वान के लिए लगभग 300 मिली सेकेण्ड लम्बी अवधि की आवश्यकता होती है (एण्डर्स, फोजार्ड एवं लिलीक्विस्ट, 1972)।

दीर्घकालिक स्मृति (Long-Term Memory)

व्यक्ति अपने बाल्यावस्था से ही जो भी सूचनायें प्राप्त करता है उसे वह अपने दीर्घकालिक स्मृति में भण्डारित करके रखता है। जब व्यक्ति लघुकालिक स्मृति की सूचनाओं को कूट संकेतिक करता है तब वह सूचना उसके दीर्घकालिक स्मृति में स्थानान्तरित हो जाती है और जब वह सूचनाओं का पुनरुद्धार करना चाहता है तब वह सूचना पुनः उसके लघुकालिक स्मृति में आ जाती है। दीर्घकालिक स्मृति को मुख्यतः वृत्तात्मक (Episodic) व अर्थगत (Semantic) स्मृति के रूप में विभक्त किया गया है। दीर्घकालिक स्मृति की क्षमता असीमित होती है।

प्रायः आयु वृद्धि का दीर्घकालिक स्मृति पर कोई नकारात्मक प्रभाव नहीं पड़ता है। एक 80 वर्ष का वृद्ध भी सूचनाओं को उसी प्रकार याद रख सकता है जितना कि एक 20 वर्ष का युवक (वाल्श, 1983)। प्रायः लोग जब दीर्घकालिक स्मृति का प्रत्याह्वान करने में असफल होते हैं तब कहते हैं कि उक्त सूचना उनके जीभ के अग्रभाग (Tip of the tongue) पर ही है, जो याद नहीं आ रही है। इस गोचर के अनुसार सूचनायें तो याद रहती हैं परन्तु किन्हीं कारणों से उनका प्रत्याह्वान नहीं हो पाता है। यद्यपि स्मृति में सूचनाओं का भण्डारण हुआ रहता है फिर भी प्रत्याह्वान के लिए सही चिन्ह नहीं प्राप्त होता है। यदि उक्त चिन्ह दे दिया जाय तो व्यक्ति संचित (Stored) सूचना के पुनः स्मरण में समर्थ हो जाता है।

पूर्व वयस्क एवं उत्तर वयस्क समान तरीके से सूचनाओं को संगठित करते हैं। पूर्व एवं उत्तर वयस्कों की प्रासंगिक स्मृति में कुछ व्यक्तिगत सूचनायें भी संचित होती हैं। अतः ऐसी सूचनाओं द्वारा मुख्य रूप से यह पता लगता है कि व्यक्तिगत घटनायें कब व कहाँ घटित हुई जैसे– माता–पिता की बच्चे के प्रथम जन्म दिन की स्मृति, प्रथम विश्व युद्ध की स्मृति इत्यादि।

पूर्व एवं उत्तर वयस्कों की अर्थगत स्मृति (Semantic Momory) ये न्यून मात्रा में भिन्नता पायी गयी है। तथ्यों, सम्प्रत्ययों तथा विभिन्न प्रकार की जानकारियों जैसे देशों के नाम, राज्यों तथा उनकी राजधानियों के नाम, पारिवारिक सदस्यों के नाम, भाई–बहन, चाचा, चाची जैसे सम्बन्धों से परिचितता इत्यादि पर स्पष्टतः दृश्य होती हैं। प्रायोगिक अध्ययन यह स्पष्ट करते हैं कि अर्थगत स्मृति अवस्था परिवर्तन से प्रभावित होती हैं (क्रेक एवं साइमन, 1980)। उत्तर वयस्क दीर्घकालिक

स्मृति में सूचनाओं के कूट संकेतन तथा पुनः स्मरण दोनों में कम प्रवीण होते हैं। अर्थात् वे सामान्यतया अर्थगत स्मृति के प्रत्याह्वान में कम कुशल होते हैं। एक अध्ययन से प्राप्त हुआ है कि लगभग 30 वर्ष की अवस्था के व्यक्ति का पुनः स्मरण अत्यधिक होता है इसके पश्चात् धीरे-धीरे पुनः स्मरण क्षमता में ह्रास होता रहता है जो क्रमिक रूप से जीवन पर्यन्त चलता है। यदि व्यक्ति को पुनः स्मरण हेतु कुछ संकेत दिया जाये तब शायद उनकी पुनः स्मरण क्षमता ठीक हो (क्रेक, 1977)। मनोवैज्ञानिकों ने स्मृति विषयक अनेक प्रश्नों यथा; क्या सहगण प्रभाव (Cohort effects) स्मृति में होने वाले परिवर्तनों को प्रभावित करता है ? तथा क्या लोगों की औपचारिक शिक्षा प्रभाव उत्पन्न करती है ? इन प्रश्नों के जबाब में पर्लम्यूटर (1978) ने अपने अध्ययनों के आधार पर स्पष्ट किया कि चाहे वयस्क उच्चतम शिक्षा ग्रहण किया हो या फिर हाई स्कूल/डिप्लोमा कोर्स किया हो, उसके शैक्षणिक स्तर समान न होने पर भी उनके पुनः स्मरण में समान रूप से ह्रास पाया जाता है।

उत्तर वयस्क और पूर्व वयस्क जो वर्षों तक विद्यालयी शिक्षा प्राप्त किये हैं वे कम वर्षों तक शिक्षा पाने वालों की अपेक्षा अधिक पुनः स्मरण प्रदर्शित करते हैं। सामान्यतया अर्थगत स्मृति और अधि संज्ञान (Meta Cognition) की स्मृति बाल्यावस्था के दौरान बढ़ती है और स्मृति क्षमता में ह्रास उत्पन्न होने के बावजूद उसकी प्रतिपूर्ति भी हो सकती है। उत्तर वयस्क व पूर्व वयस्क दोनों में दृश्य स्मृति, शब्द स्मृति की तुलना में प्रबल प्रतीत होती है (विनगार्ड, स्मिथ एवं साइमन, 1982)।

सामान्यतया लोगों से सूचनाओं के पहचान का संज्ञान (Recognition) सूचनाओं के पुनः स्मरण की योग्यता की तुलना में कम प्रभावित होता है (पर्लम्यूटर, 1979)। कुछ अनुसन्धानकर्त्ताओं ने स्मृति पहचान में आयु भिन्नता की भूमिका को भी महत्वपूर्ण पाया गया है। इस प्रकार पुनः स्मरण (Recall) पहचान (Recognition) की तुलना में कठिन प्रक्रिया है क्योंकि पुन स्मरण में वास्तविक सूचना की कमी अनुपलब्धता पायी जाती है। एक अन्य अध्ययन में यह पाया गया कि उत्तर वयस्क की बुद्धिलब्धि का लब्धांक उसके स्मृति पहचान के साथ सहसम्बन्धित होता है (बाउल्स एवं पून, 1982)।

स्मृति व्यपदेश (Memory Strategies)

व्यक्ति यदि स्मृति व्यपदेशों का उपयोग करता है तो उसका स्मरण निश्चित ही अच्छा होगा। इसी सन्दर्भ में यह देखा गया है कि जब उत्तर वयस्क अपनी स्मृति व्यपदेश का उपयोग पूर्ण रूपेण नहीं कर पाते हैं तब वे सूचनाओं के कूट संकेतन में तथा पुनः स्मरण में कठिनाई का अनुभव करते हैं। हालांकि उन्हीं परिस्थितियों में स्मृति व्यपदेश का प्रयोग पूर्व वयस्क सहज ढंग से करता है। एक अध्ययन में जब उत्तर वयस्कों को इन व्यपदेशों को याद दिलाया गया तब वे पुनः उच्च प्रत्याह्वान करने में सक्षम पाये गए (पर्लम्यूटर, 1983)।

स्मृति व्यपदेश सूचनाओं को संवेदित करता है जो संज्ञानात्मक प्रक्रियाओं को गहरे स्तर से प्रभावित भी करता है तथा इसी गहरे स्तर पर सूचनायें भी कूट संकेतित होती हैं एवं उनका पुनः स्मरण होता है। ये गहरे स्तर के व्यपदेश सूचनाओं के अधिगम को बढ़ाते हैं। ये व्यपदेश सूचनाओं के वर्गीकरण, संगठन, वाचिक अधिगम, स्मृति तथा निर्मॉनिक युक्तियों (Mneomonic) के रूप में होते हैं।

उत्तर वयस्क इन व्यपदेशों को सहज ढंग से उपयोग नहीं कर पाते हैं अतः उन्हें निम्न पुनः स्मरण का सामना करना पड़ता है जबकि पूर्व व मध्य वयस्क इन व्यपदेशों का भली-भाँति उपयोग करते हैं। जैक्स (1982) ने अपने अध्ययन में 70 वर्षीय उत्तर वयस्कों को तथा छात्रों को स्मरण हेतु कुछ प्रचलित शब्दों की सूची दिया। स्मरण पश्चात् प्रत्याह्वान कराने में यह पाया गया कि छात्रों (पूर्व वयस्कों) ने उत्तर वयस्कों की अपेक्षा अधिक स्मरण किया। जब छात्रों ने स्मृति व्यपदेशों का प्रयोग किया तब पाया गया कि वे 70 वर्षीय वृद्धों की अपेक्षा अधिकांश शब्दों को याद कर लिया। इस अन्तर के कारण को पूछने पर छात्रों ने बताया कि इन व्यपदेशों की सहायता से वे अच्छा पुनः स्मरण कर पाने में सफल हुए (पर्लम्यूटर एवं मिशेल, 1982)। एक अन्य अध्ययन जिबिन एवं डारजेस (1983) द्वारा किया गया। इस अध्ययन में इन्होंने महिला प्रयोज्यों को लिया। इन प्रयोज्यों को तीन समूहों में विभक्त किया गया। नवयुवती (Young Women), प्रौढ़ महिलायें (Middle Age Women) तथा वृद्ध महिलायें (Old Age Women) । इनसे एक सूची के शब्दों का अधिगम करवाया गया। पुनः स्मरण में यह पाया गया कि मध्यवय की महिलायें जिसमें से आधी कॉलेज छात्रायें भी थी उनका पुनः स्मरण नवयुवतियों के समान था। जबकि कॉलेज की छात्राओं ने विशेषकर 20 वर्षीय छात्राओं ने अत्यधिक शब्दों का पुनः स्मरण किया। इसी प्रकार मध्य आयु की वे महिलायें जो छात्रायें नहीं थी, ने बहुत कम शब्दों का पुनः स्मरण किया जबकि 60 वर्ष से 86 वर्ष की महिलाओं ने अत्यधिक न्यून शब्दों का पुनः स्मरण किया। अतः यह कहा जा सकता है कि आयु भिन्नता का प्रभाव स्मृति व्यपदेशों पर पड़ता है।

अधि-स्मृति (Meta-Memory)

मध्य व उत्तर वयस्क के व्यक्ति सूचनाओं को स्मृति में धारित करते हैं तथा उनका पुनः स्मरण भी करते हैं तथा स्मृति की इस प्रक्रिया में निहित सीमाओं के बावजूद वे स्मरण करने में सफल होते हैं क्योंकि वे यह जानते हैं कि स्मृति प्रक्रियायें किस तरह कार्य करती हैं। स्मृति के बारे में जानकारी अधि-स्मृति (Meta-Memory) कहलाती हैं। स्मृति का यह रूप वयस्कावस्था के विचारों को उन्नत करता हैं। अनेक अध्ययन, अधिस्मृति के बारे में विस्तृत जानकारी देते हैं तथा यह दर्शाते हैं कि वयस्क आयु वृद्धि के साथ-साथ अपनी समझ में वृद्धि के लिए अधिस्मृति का प्रयोग करते हैं (पर्लम्यूटर, 1985)। एक अध्ययन में यह पाया गया कि मध्य वय के लोग जो छात्र हैं, मध्य वय के वयस्कों से अच्छी अधिस्मृति के बारे में समझ रखते हैं (जिविन तथा डारजेस, 1983)।

उत्तर एवं पूर्व वयस्क दोनों ही अधिस्मृति प्रक्रिया को समान रूप से ग्रहण करते हैं तथा इसके बारे में समझ विकसित करते हैं। इसे ज्ञान के प्रति अनुभव (Feeling of Knowing) कहा गया है। लेकमैन एवं लेकमैन (1980) ने अपने अध्ययन में जब लोगों से एक सामान्य प्रश्न के बारे में पूछा ; उदाहरण के लिए "मोहम्मद अली का वास्तविक नाम क्या है ?" तो वृद्ध व नवयुवक दोनों ने इस प्रश्न को एक जैसा ही समझा तथा समान उत्तर दिया।

यदि उत्तर वयस्क तथा पूर्व वयस्क स्मृति कार्यों के तरीके को समझते हों और दोनो का मूल्यांकन प्रविधि भी एक जैसी हो तब पर भी कभी-कभी वृद्ध लोग प्रभावी स्मृति व्यपदेश का उपयोग करने में असफल होते हैं। शायद उनके पास पुनः स्मरण के प्रति कम धारणात्मक शक्ति होती है जिसके कारण उनका सूचनात्मक प्रक्रमण प्रभावित होता है (क्रेक एवं ब्रीड, 1982)। कम पुनः स्मरण का एक मुख्य कारण यह भी हो सकता है कि वृद्ध लोग प्रायः यह नहीं जानते हैं कि उनका पुनः स्मरण सम्बन्धी परीक्षण किया जा रहा है। साधारणतया वे बहुत सारे शब्दों को याद रखने में सफल होते हैं।

इससे स्पष्ट होता है कि उनके पास अधिगम सूची के लिए स्मृति व्यपदेशों के बारे में पर्याप्त प्रासंगिक सूचना का अभाव होता है। जब वयस्क को अवांछित शब्दों की भाँति लक्षित शब्दों को भी दिखाया गया तब पूर्व वयस्क, उत्तर वयस्कों की तुलना में इन शब्दों को अधिक याद किये। परिणामतः यह कहा जा सकता है कि पूर्व वयस्कों की स्मृति क्षमता, वृद्ध की अपेक्षा उच्च्व होती है। अतः जब वे कुछ करने का प्रयास नहीं कर रहे होते हैं तब वे अतिरिक्त सूचनाओं को तेजी से ग्रहण करते हैं। (पर्लम्यूटर एवं मिशेल, 1982)। जब उत्तर वयस्क स्मरण के लिए व्यपदेशों का उपयोग करते हैं तब भी उनकों स्मृति सूचनाओं की पुनः प्राप्ति में कठिनाई होती है।

वृद्ध व्यक्तियों की विभिन्न आवश्यकतायें; एवं सूचना प्रक्रमण हेतु अत्यधिक सामान्य संकेतों की आवश्यकता उनकी अधिस्मृति को प्रभावित करती हैं। अतः उनकी अधिस्मृति क्षमता, पूर्व वयस्कों की अपेक्षा निम्नतर होती हैं (क्रेक एवं साइमन, 1980)।

अधिगत-कौशल (Learning Skills)

कुछ संकृत्यों में पूर्व वयस्क, उत्तर वयस्कों की तुलना में अत्यधिक कुशल होते हैं । वे उन संकृत्यों को अत्यधिक प्रभावी रूप से सीखते हैं तथा याद करते हैं। परन्तु सभी आयु वर्ग के लोग भी प्रतिदिन नयी नयी चीजों को सीखते हैं तथा याद करते हैं। वास्तव में जिन्दगी में अधिगम की जटिलता के कारण यह प्रभाव दृष्टिगत होते हैं।इसी प्रकार बहुत से कारकों में से कुछ महत्वपूर्ण कारक जो प्रयोगशालीय अधिगम को प्रभावित करते हैं, का अध्ययन किया गया है। उदाहरण के लिए अति-सक्रिय हस्तक्षेप (Pre-active interference) का प्रयोगशालीय प्रेक्षण किया गया। परिणाम में पाया गया कि अच्छी तरह अभ्यास की गई आदतें उत्तर वयस्कों के अधिगम को बढ़ा सकते हैं (अरेनबर्ग और राबर्टसन, टकाबो, 1977)। उत्तर प्रौढ़ावस्था तथा पूर्व प्रौढ़ावस्था के व्यक्ति अपने उन संज्ञानात्मक आदतों का प्रयोग करते हैं जिनसे वे पूर्व परिचित होते हैं।

तर्कणा और समस्या समाधान (Reasoning and Problem Solving)

तर्कणा सम्बन्धित संज्ञानात्मक कौशल और समस्या समाधान मूलतः उत्तर बाल्यावस्था तक स्थायी रहता है। तार्किक क्षमता पूरे वयस्कावस्था तक गहरे स्तर (deep level) तक निरन्तर बढ़ती जाती है। पियाजे के सिद्धान्त में संज्ञानात्मक परिपक्वता किशोरावस्था के दौरान औपचारिक संक्रियाओं के संग्रहण के साथ पहुँच जाती हैं। पियाजे के अनुसार वयस्कावस्था एक पठार के समान है। जबकि विभिन्न विकास मनोवैज्ञानिकों के अनुसार औपचारिक संक्रियाएं संज्ञानात्मक विकास की अन्तिम अवस्था (Ultimate stage) नहीं हो सकती है। अतः तर्कणा और समस्या समाधान के सन्दर्भ में कुछ विभिन्न बिन्दुओं की चर्चा करना अनिवार्य है।

यथार्थवादी समझ (Realistic Understanding)

पियाजें के ठीक विपरीत अन्य मनोवैज्ञानिकों ने यह मत व्यक्ति किया है कि अधिकतर वयस्क कल्पनाओं के प्ररूपीय ढंग से व्यवहार नहीं करते अपितु औपचारिक संक्रियात्मक विचारों को अर्जित करते रहते हैं (आर्लिन, 1980)। इसके बावजूद व्यक्ति दिन प्रतिदिन के जीवन में मूर्त वास्तविकताओं (Concrete realities) के साथ अन्तःक्रिया करते रहते हैं। अतः वयस्कावस्था के दौरान अनुभव, ज्ञान और प्रतिदिन की घटनाओं से प्राप्त जानकारी का अनुप्रयोग वयस्क के लिए ग्राह्य होता है (नीमार्क, 1982)। वयस्क नित्य की जानकारी एवं अनुभव से समस्या समाधान करने में सफल होता है यथा– नए व्यवसाय के प्रति निर्णय करने में, नए रास्ते की तलाश में तथा अपने नौकरियों को परिवर्तित करने में वयस्क प्रायः अनुभव का उपयोग करता है।

अध्ययन स्पष्ट करते हैं कि कालेज के छात्रों में निर्णय लेने की क्षमता में कमी पायी गयी है। यद्यपि वे समस्या समाधान परीक्षणों, तथा पियाजे के द्वारा संपादित संकार्यों पर उच्च लब्धांक प्राप्त किये थे। तथापि वे प्रतिदिन की समस्याओं में अपनी संज्ञानात्मक योग्यताओं को प्रभावशाली ढंग से प्रयुक्त नहीं कर पाते थे। बड़े वयस्कों में भी इसी प्रकार की कमियाँ पायी गयी हैं। अध्ययन में पूर्व वयस्कों से कुछ अन्य समस्याऐं जो लोगों के निवास स्थान और धन से सम्बन्धित था के प्रति निर्णय लेने हेतु पूछा गया। परिणाम में पाया गया कि कालेज के छात्र एक समान निर्णयों का प्रयोग नहीं करते जैसा कि प्रौढ़ लोग करते हैं (टूवर्स्की एवं काटनभान, 1982)। वे प्रायः साधारण सुझावों (Simplistic quilknie) के लिए औपचारिक तर्कों का प्रयोग नहीं करते है और सभी सार्थक तथ्यों पर बिना सोचे निर्णय ले लेते हैं। इसके कारण उनके निर्णय प्रायः अविवेकी अथवा गलत होते हैं (ट्वर्स्की एवं काटनभान, 1974)। समस्याओं के समाधान होने की अनिश्चित स्थिति में भिन्न-भिन्न आयु वर्ग में भिन्न परिणाम प्रदर्शित पाया गया है। वयस्क जैसे जैसे तर्कों और कल्पनाओं को जोड़ने योग्य होते जाते हैं वैसे-वैसे उनके विचार अत्यधिक कुशल एवं सार्वभौमिक होने लगते हैं और उनसे नए लक्ष्यों एवं उद्देश्यों का निर्माण होता हैं। वे वयस्क जिनकी तर्कशक्ति कम होती हैं तथा संकीर्ण मानसिकता होती है, वे नैतिक व परिपक्व माध्यमों

का प्रयोग करने वाले व्यक्तियों की तुलना में कम नैतिक मूल्य वाले होते हैं (लेवाऊ एवं वीफ, 1982)।

द्वन्द्वात्मक तर्कणा (Dialectical Reasoning)

माइकल वासेचेस (1984) ने प्रस्तावित किया है कि कुछ वयस्कों में बौद्धिकता का विकास एवं परिमार्जन निरन्तर होता है। इन वयस्कों का परिवेशीय ज्ञान अत्यधिक प्रभावशाली होता है तथा इनका वाह्य परिवेश के प्रति विचार भी उच्च होता है।

वे वयस्क जो द्वन्द्वात्मक तर्कणा में व्यस्त रहते हैं, उनकी परिवेशीय संवेदना का निर्माण भिन्न तरीके से होता है तथापि किशोर का द्वन्द्वात्मक तर्कणा एक क्रमिक विकास को स्पष्ट करती है जो निरन्तर चलने वाली प्रक्रिया के रूप में परिलक्षित होती है। वे प्रक्रियाओं की परिणतियों कि और परिवेश के सृजनशील क्रम को जीवन और समझ के सूक्ष्मतम रूपों में देखते हैं। यद्यपि जो लोग द्वन्द्वात्मक तर्कणा वाले होते हैं उनका विश्वास होता है कि वे जीवन की सभी प्रक्रियाओं को स्वयं में एकल और बोधगम्य क्रम में समाहित कर सकते हैं। ऐसे व्यक्ति जीवन के ज्ञान को क्रमबद्ध और एकीकृत तरीके से ग्रहण करते हैं।

समस्या समाधान कौशल (Problem Solving Skills)

सबको अपने जीवन में प्रति पल की समस्याओं का सामना एवं उनका समाधान करना पड़ता है। इनमें से कुछ लोग अत्यधिक कुशलता से समाधान करते हैं। वयस्कों पर किए गए प्रयोगशालीय अध्ययनों में अनुसंधानकर्त्ताओं ने यह पाया कि पूर्व और मध्य आयु के वयस्क उत्तर वयस्कों की अपेक्षा कुछ कार्यों का अत्यधिक निष्पादन करते हैं यथा- उद्दीपक को यथायोग्य व्यवस्थित करने के लिए कुशल तरीके की अन्वेषण करना तथा सम्प्रत्ययों का परिवर्तन और परिमार्जन करना और वाचिक तर्कणा आदि (रीज एवं रोदीवर, 1985)।

सम्प्रत्यय निर्माण (Concepts Formation)

जब लोग अपने ज्ञान को कुछ निश्चित विषयों में कुशलता प्राप्ति के लिए संगठित करते हैं तो वे आसानी से अपनी समस्याओं का समाधान कर सकते हैं। सम्प्रत्यय निर्माण में वयस्कों द्वारा अपनाये गये तरीकों के ज्ञान के लिए अध्ययनों में प्रयोगकर्त्ताओं ने अभिकल्प के रूप में ज्यामितीय आकृतियों को लिया तथा इन्हें कई भागों में विभाजित किया एवं ज्यामितीय चित्रों के बारे में उन नियमों को पूछा जो उनमें लागू होते हैं। उदाहरण के लिए, जब किशोरों को बड़ा और छोटा, लाल और नीला, वृत्त और त्रिभुज को दिखाया गया तब वह प्रत्येक भाग को एक संचालक सम्प्रत्यय (Governing concept) के उदाहरण के रूप में प्रत्यक्षीकृत किया। इस प्रकार नियमों को खोजने में सफलता प्राप्त होने पर प्रयोगकर्ता द्वारा उसे प्रतिपूर्ति (Feedback) मिलती है,

जिससे उसे आगे के सम्प्रत्यय नियमों को खोजने में सहायता मिलती है। इस अध्ययन में ज्यामितीय आकृतियों से सम्बद्ध नियमों की दो विमाएं थी, तथा उन नियमों को खोजने हेतु प्रयोज्य के रूप में 35 से 51 वर्ष के मध्य के वयस्कों को लिया गया। परिणाम से स्पष्ट हुआ कि उत्तर वयस्क पूर्व वयस्कों की तुलना में सम्प्रत्यय का बहुत ही गलत अनुमान लगाते हैं (वीस्म एवं मायर, 1965)। एक अध्ययन में 18 से 22 के मध्य के वयस्क ने, अत्यधिक शुद्ध सम्प्रत्यय का अनुमान लगाया, जबकि बच्चे और उत्तर वयस्क, पूर्व वयस्कों की तुलना में शुद्ध सम्प्रत्ययों का अनुमान कम लगाये (वेस्ट, ओडम एवं एकेनास्क, 1978)।

प्रायोगिक स्थितियों में 'सम्प्रत्यय के नियमों को खोजने के लिए एक व्यपदेश द्वारा परिकल्पना निर्मित करनी होती है और प्रतिपूर्ति (Feedback) के अनुसार परिकल्पना परिमार्जित भी होती रहती है, जिसे प्रयोगकर्ता अनुभव के पश्चात् अनुमोदित करता है। सामान्य नियम उतना ही कठिन होता है जितना कठिन शुद्ध विकल्प को चुनना होता है, परन्तु अशुद्ध विकल्प चुनने के पश्चात् उनसे एक नई परिकल्पना के निर्माण में मदद मिलती है। एक सम्प्रत्यय निर्माण सम्बन्धी अध्ययन में स्कूली आयु के छात्रों का निष्पादन, कालेज के छात्रों का निष्पादन तथा उत्तर वयस्कों का निष्पादन, तीनों की तुलना की गई। परिणाम में पाया गया कि उत्तर वयस्क का निष्पादन (सम्प्रत्यय नियम बनाने के सन्दर्भ में) अन्य छात्रों की तुलना में सबसे खराब और त्रुटिपूर्ण था (आफेनबैक, 1974)। उत्तर वयस्कों की स्मृति इस प्रकार प्रभावित होती थी कि उनके अनुमान नियम के प्रतिकूल होते थे तथा उनके निष्पादन में सुधार नहीं होता था (ब्रिन्ली एवम् सहयोगीगण, 1974)।

विशेषज्ञता (Expertness)

व्यक्ति का ज्ञान जिन क्षेत्रों में अत्यधिक होता है उन्हें उस क्षेत्र के विशेषज्ञ के रूप में जाना जाता है यथा- साहित्य, विज्ञान, इतिहास, मानव विकास, व्यवहारिक ज्ञान, कम्प्यूटर, कार्बनिक रसायन का ज्ञान अथवा अन्य क्षेत्रों का विस्तृत ज्ञान उसकी विशेषज्ञता को प्रदर्शित करता है। व्यक्ति की किसी एक क्षेत्र की विशेषज्ञता उसके अन्य क्षेंत्रों को अवरोधित करती है। उदाहरण के लिए एक व्यक्ति के पास गणित विषय की विशेषज्ञता उनके वाचिक ज्ञान को सामान्य कर सकती हैं (हायर, 1985)। यद्यपि मध्य वय के वयस्क अपने क्षेत्रों में विशेषज्ञ होते है फिर भी नये-नये क्षेत्रों में निपुणता उनमें पूर्व वयस्कों की तुलना में निम्न होती है। क्योंकि आयु वृद्धि के साथ संज्ञानात्मक क्षमताओं में ह्रास होता है।

व्यक्ति का व्यवहारिक ज्ञान (Common sense) यह संकेत देता है कि प्रौढ़ावस्था में संज्ञानात्मक प्रक्रम का स्वरूप बाल्यावस्था अथवा किशोरावस्था से भिन्न होता है। प्रौढ़ विभिन्न विषयों पर वार्ता (conversation) कर सकता है, अधिक जटिल समस्याओं को समझ सकता है तथा उनका समाधान भी कर सकता है। वास्तव में, व्यावहारिक ज्ञान सदैव सही होता है। जैसे यह कहावत कि "एक पुराने कुत्ते को नए दांव पेच नहीं सिखाए जा सकते हैं (You can't teach an old dog new tricks)" प्राय: प्रौढ़ों पर यह लागू नहीं होता। प्रौढ़ावस्था में व्यक्ति पुरानी बातों को याद रखने के साथ ही नये तथ्यों एवं नए कौशलों (Skills) को भी सीख सकता है। हालांकि 60 वर्ष की आयु से पूर्व विभिन्न प्रकार के बौद्धिक प्रकार्यों में होने वाले ह्रास के प्रबल साक्ष्य उपलब्ध नहीं हैं परन्तु सामान्यत: यह कहा जाता है कि कुछ क्षेत्रों जैसे शब्दकोष (Vocabulary) एवं सामान्य सूचनाओं में वृद्धि ही होती है। मध्य आयु का व्यक्ति जब तक स्वयं को सक्षम मानते हैं तब तक वे नए कौशलों को सीख सकते हैं। इसके अतिरिक्त वे प्रतिदिन की समस्याओं का समाधान अधिक सफलतापूर्वक कर लेते हैं जो कि उनके अनुभव एवं ज्ञान को एकीकृत (Synthesize) करने की क्षमता को दर्शाता है।

प्रस्तुत अनुभाग में प्रौढ़ावस्था की सामान्य संज्ञानात्मक एवं बौद्धिक क्षमताओं का वर्णन किया गया है। तत्पश्चात् प्रौढ़ावस्था में नैतिक विकास तथा नैतिक निर्णयों पर अनुभवों के प्रभावों का वर्णन किया गया है।

प्रौढ़ चिन्तन का स्वरूप : सैद्धान्तिक उपागम (Adult Thought : Theoretical Approaches)

पियाजे मानते हैं कि शैशवावस्था (Infancy) से लेकर किशोरावस्था तक होने वाला संज्ञानात्मक विकास अनुभव एवं परिपक्वता की अन्त:क्रिया का परिणाम होता है। प्रश्न उठता है कि प्रौढ़ावस्था में क्या नया घटित होता है ? बौद्धिक प्रकार्यों में अनुभव एक विशिष्ट भूमिका अदा करता है। अत: एक प्रौढ़ के अनुभव का समुच्चय बालक की अपेक्षा अधिक विस्तृत होता है। चूँकि प्रौढ़ों को इतने विस्तृत अनुभव प्राप्त होते हैं कि संज्ञान पर इनके प्रभावों का सामान्यीकरण करना अत्यंत कठिन कार्य है। फिर भी शोध अध्ययनों से प्राप्त तथ्यों से प्रौढ़ावस्था में होने वाले संज्ञानात्मक विकास के बारे में महत्वपूर्ण जानकारी मिली है।

संज्ञानात्मक विकास के चरण (Stages of Cognitive Development)

के० वारनर शाई (1977-1978) यह मानते हैं कि व्यक्ति का बौद्धिक विकास उसके जीवन के महत्वपूर्ण एवं सार्थक तथ्यों के संदर्भ में आगे बढ़ता है। शाई के सिद्धान्त के पाँचों चरण संज्ञानात्मक परिवर्तन की एक श्रृंखला को दर्शाते हैं। अर्थात् बाल्यावस्था एवं किशोरावस्था में "कौशलों का अर्जन जानने के लिए मुझे क्या चाहिए ? (What I need to know)", से लेकर "मैं जो जानता हूँ, उसका उपयोग कैसे करना चाहिए" को एक व्यवहारात्मक ढांचे में इन कौशलों के एकीकरण से होते हुए "मुझे क्यों जानना चाहिए (Why I should know)" (अर्थ एवं उद्देश्य की खोज जो प्रौढ़ावस्था में अपनी पराकाष्ठा पर पहुँच जाती है) तक होती है। शाई के अनुसार वास्तविक जीवन के अनुभव इस विकास पर महत्वपूर्ण प्रभाव डालते हैं।

शाई के संज्ञानात्मक विकास के प्रारूप में विभिन्न चरणों का क्रम निम्न प्रकार से होता है-

1. अर्जनशील चरण (बाल्यावस्था एवं किशोरावस्था) (Acquisitive Stage : Childhood and Adolescence): अर्जनशील चरण में सूचनाओं तथा कौशलों को व्यक्ति स्वयं के लिए सीखता है न कि समाज में भाग लेने की तैयारी के लिए। कुछ विशिष्ट प्रकार्यों का जीवन में कोई अर्थ न होने पर भी बच्चे एवं युवा उन परीक्षणों पर बेहतर निष्पादन करते हैं जिनके द्वारा उन्हें अपनी क्षमता को व्यक्त करने का अवसर प्राप्त होता है।

2. उपलब्धि के चरण (Achieving Stage : Late teens or early twenties to early thirties): यह चरण बीस वर्ष से प्रारम्भ होकर तीस वर्ष की आयु तक होने वाले संज्ञानात्मक विकास के स्वरूप को प्रस्तुत करता है। इस चरण में व्यक्ति अपने अर्जित ज्ञान का उपयोग व्यक्तिगत लाभ के लिए नहीं बल्कि समाज में सक्षम एवं स्वतंत्र बनने के लिए करता है। अब वे उन प्रकार्यों पर बेहतर निष्पादन करते हैं जो उनके जीवन के लक्ष्य से संबंधित होते हैं जिसे उन्होंने अपने लिए निर्धारित किया है।

3. उत्तरदायित्व का चरण (30 से 60 वर्ष तक) (Responsible Stage : Thirties to sixties): उत्तरदायी चरण में व्यक्ति अधिक विस्तृत लक्ष्यों तथा दिन-प्रतिदिन की समस्याओं के प्रति चिंतित होता है जो कि उसके जीवन से जुड़े विभिन्न पक्षों, जैसे परिवार के सदस्य, मित्रगण, कर्मचारी या आश्रित लोगों के प्रति उनके उत्तरदायित्व से संबंधित होता है।

4. प्रबन्धकीय चरण (30-40 वर्ष से मध्य वय तक) (Executive Stage : thirties or forties through middle age): इस चरण में व्यक्ति पारिवारिक इकाईयों से अधिक सामाजिक तंत्रों (जैसे - सरकारी/शासकीय अथवा व्यवसाय से संबंधित) के प्रति उत्तरदायी होता है तथा उसे विविध स्तरों पर जटिल संबंधों का एकीकरण करने की आवश्यकता होती है।

5. पुनर्एकीकरण का चरण (Reintegrative Stage : Late Adulthood): प्रौढ़ावस्था के अंतिम वर्षों में व्यक्ति अपनी जिम्मेदारियों के प्रति अधिक चयनात्मक हो जाते हैं। प्रायः वे लोग अधिक होते हैं, जिन्होंने सामाजिक क्षेत्रों में लगाव रखा है तथा उत्तरदायित्त्व का निर्वहन किया है परन्तु दैनिक परिवर्तनों के कारण उनके संज्ञानात्मक प्रकार्य अब सीमित हो गए हैं। इस चरण में व्यक्ति उन उद्देश्यों के बारे में चिंतन करते हैं जिन्हें आगे करना है तथा उन कार्यों के बारे में कम सोचते हैं जिनका महत्त्व उनके लिए कम है। आधुनिक अनुसंधान जहाँ बौद्धिक प्रकार्यों में प्रौढ़ों में पाये जाने वाले गुणात्मक परिवर्तनों (Qualitative changes) को प्रमाणित करते हैं वहीं प्राचीन बुद्धि परीक्षण का प्रयोग अनुपयुक्त साबित हो सकते हैं। अत: प्रौढ़ों में बौद्धिक क्षमता के मापन के लिए नई युक्तियों (Strategies) का विकास करना एक चुनौतीपूर्ण कार्य है। शाई के अनुसार यह ठीक उसी प्रकार है जिस प्रकार पहली बार स्कूली बच्चों की बुद्धि के मापन के लिए बुद्धि परीक्षण के निर्माण में विने (Binet) ने चुनौतियों का सामना किया (शाई, 1977-78) । शाई के मॉडल को चित्र 17.8 के माध्यम से प्रस्तुत किया गया है।

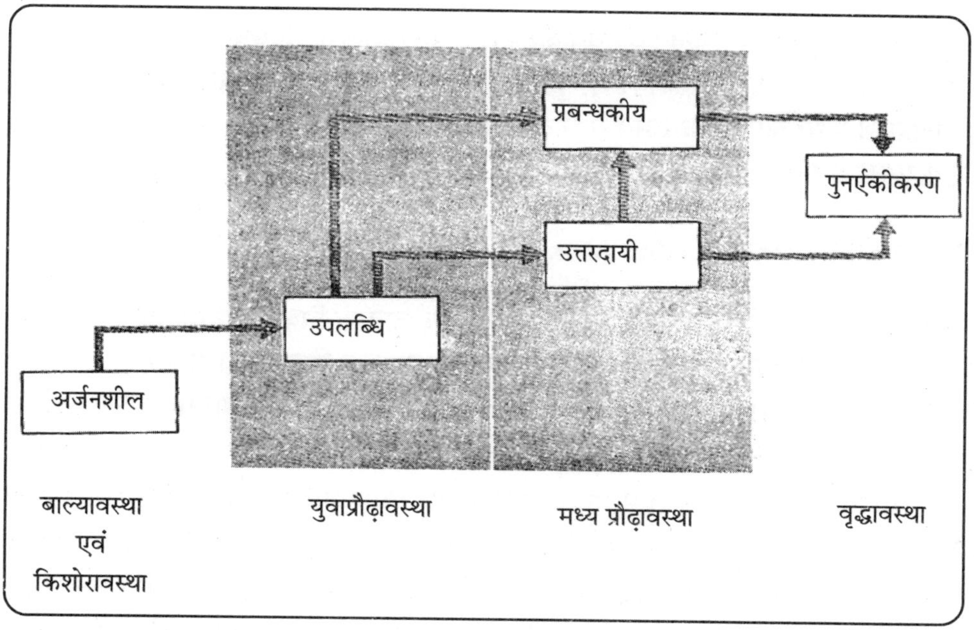

चित्र 17.8 : प्रौढ़ों में संज्ञानात्मक विकास के चरण

जीन पीयाजे के पश्चात् : उत्तर औपचारिक चिन्तन (Beyond Jean Piaget : Post Formal Thought)

परिपक्व चिंतन जो पियाजे की औपचारिक संक्रियात्मक अवस्था में होने वाले औपचारिक तर्कणा से अधिक जटिल होता है, इसे पियाजे ने चिन्तन का उच्चतम् स्तर माना है। प्रौढ़ावस्था में विचार नए रूप में लचीले, विस्तृत एवं ग्राह्य होते हैं जो कि तर्क से परे होते हैं। कभी-कभी इसे उत्तर औपचारिक विचार के नाम से भी जाना जाता है।

प्रौढ़ के परिपक्व विचारों में परिवर्तन आता है जिसके परिणामस्वरूप वे वस्तुनिष्ठ चिन्तन (जैसे : विवेकपूर्ण या तर्कपूर्ण तत्त्व) तथा आत्मनिष्ठ चिन्तन (जैसे - मूर्त तत्त्व अथवा व्यक्तिगत अनुभवों पर आधारित तथ्यों) को संगठित कर लेते हैं। अतः यह परिवर्तन व्यक्ति को अपने अनुभवों तथा भावों का प्रयोग करने में मदद करता है (लेबाऊ-वीफ, हकीम एवम् लारसन, 1989)। अब उसका बौद्धिक स्तर अधिक विस्तृत हो जाता है, जिससे व्यक्ति लचीले विचारों के कारण विपरीत परिस्थितियों, जटिलताओं तथा सीमाओं का सामना करने की क्षमता विकसित कर लेता है। इस प्रकार परिपक्व चिंतन अंत:प्रज्ञा (Intuition) तथा आत्मपरकता (Subjectivity) के साथ ही परिशुद्ध तर्क पर आधारित होता है। इसे औपचारिक संक्रियात्मक चिन्तन की एक विशेषता माना जाता है (लेबाऊ-बीफ, 1986 ; लेबाऊ-बीफ एवम् अन्य, 1989)। लम्बा अनुभव, प्रौढ़ों की सर्वश्रेष्ठ क्षमता होता है, जो दिन-प्रतिदिन की समस्याओं के समाधान में महत्वपूर्ण भूमिका निभाता है।

उत्तर औपचारिक चिन्तन को ध्रुवीकरण (Polarization) (द्विध्रुवीय ; सही बनाम गलत, संवेग बनाम तर्क, शरीर बनाम मन) युक्त संप्रत्ययों के रूप में परिभाषित किया गया है। यह स्थानांतरण प्रायः कालेज के समय में घटित होता है। नैतिक मुद्दों पर नए तरीके से चिंतन इसके कुछ प्रमुख प्रभावों में से एक हैं।

प्रौढ़ में नैतिक विकास (Adult Moral Development)

पियाजे एवं कोहलबर्ग के अनुसार नैतिक विकास संज्ञानात्मक विकास पर आधारित होता है जो कि अहंकेन्द्रित विचारों में ह्रास तथा अमूर्त चिंतन की क्षमता का विकास है। "Live and learn" अर्थात् जीयो और सीखो प्रौढ़ नैतिक विकास का सार है। अनुभव के आधार पर व्यक्ति सही एवं गलत के मध्य निर्णय का पुनर्मूल्यांकन करते हैं।

विकासात्मक मनोविज्ञान में, सर्वाधिक विवादित विषय नैतिक विकास में लिंगगत भिन्नता रहा है। आलोचकों ने फ्रायड के इस विचार पर कि अपने जैविक स्वभाव के कारण महिलाएं नैतिक रूप से पुरुषों से हीन (Inferior) होती हैं, पर प्रहार किया है। कोहलबर्ग के नैतिक तर्कणा सिद्धांत (Moral reasoning theory) की भी आलोचना की गई है जो कि महिलाओं के मूल्य को छोड़कर सिर्फ पुरुषों के मूल्यों पर आधारित है।

वाकर (1984) के अनुसार प्रौढ़ावस्था में नैतिक तर्कणा पर किये गए कुछ अध्ययनों में लिंगगत भिन्नता पायी गयी है तथा परिणाम दर्शाते हैं कि पुरुषों में नैतिक तर्कणा का स्तर महिलाओं की अपेक्षा बेहतर होता है।

इसकी व्याख्या करते हुए कुछ मनोवैज्ञानिकों ने कहा कि स्त्री एवं पुरुष नैतिक मुद्दों को अलग-अलग तरीके से देखते हैं एवं उनकी व्याख्या अलग-अलग तरीके से करते हैं तथा वे भिन्न-भिन्न मूल्यों को आधार बनाकर नैतिक निर्णय लेते हैं।

व्यक्ति जो कार्य करता है उसे अनेक बोद्धिक, शारीरिक, सामाजिक एवं सांवेगिक कारक प्रभावित करते हैं तथा व्यक्ति के कार्य भी उसके जीवन के अन्य क्षेत्रों को प्रभावित कर सकते हैं। जैसे : अभिवृत्ति तथा निष्पादन को उम्र एवं लिंग किस प्रकार प्रभावित करते हैं ? तथा किस प्रकार कार्यकारी जीवन (Working life) एवं पारिवारिक जीवन (Family life) एक दूसरे को बाधित करते हैं। कार्य के प्रति व्यक्ति के चिंतन एवं निष्पादन उसकी आयु से किस प्रकार प्रभावित होता है? इसे जानने के लिए रोड्स (1983) ने 185 से अधिक अध्ययनों का विश्लेषण करके आयु के प्रभावों की पुष्टि किया। रोड्स के अध्ययन दर्शातें हैं कि 40 वर्ष से कम आयु के अधिकांश कर्मचारी जो अपने कैरियर निर्माण की प्रक्रिया में होते हैं 60 वर्ष के कर्मचारियों की अपेक्षा अपने कार्य से कम संतुष्ट होते हैं। ये अपने कार्य में कम तल्लीन (Involved) होते हैं तथा अपने कार्य के प्रति कम प्रतिबद्ध (Committed) भी होते हैं। जीवन के अन्य वर्षों की अपेक्षा अपने कार्य या नौकरी परिवर्तन के बारे में अधिक सोचते हैं। परन्तु कार्य संतुष्टि के कुछ विशिष्ट पक्षों जैसे : प्रोन्नति, स्वास्थ्य देख-रेख तथा सहकर्मचारी सम्बन्ध पर, कोई स्पष्ट आयुगत अंतर नहीं पाए गये जबकि

वेतन एवम् संतुष्टि के बीच मिश्रित परिणाम पाए जाते हैं। आयु तथा कार्य संतुष्टि के मध्य के संबंध कार्य के स्वरूप को प्रदर्शित करते हैं जिस व्यवसाय में व्यक्ति जितने अधिक समय से कार्य करते है वह उसके लिए उतना ही लाभदायक होता है (रोड्स, 1983)। इस आधार पर यह कहा जा सकता है कि कार्य निष्पादन में अंतर का कारण उम्र न होकर अनुभव होता है। जब वृद्ध व्यक्ति का निष्पादन बेहतर होता है तो उसका प्रमुख कारण उसकी बढ़ती उम्र नहीं होता है बल्कि ऐसा इसलिए होता है कि वह उस कार्य को कई वर्षों से कर रहा होता है। सामान्य तौर पर कहा जा सकता है कि निष्पादन में अंतर मुख्यतः इस पर निर्भर करता है कि उसका मापन कैसे किया जा रहा है। यह माना जाता है कि त्वरित प्रतिक्रिया वाले कार्यों को (Streneous) युवा व्यक्ति बेहतर तरीके से कर सकता है तथा जिन कार्यों में परिपक्व निर्णयों की आवश्यकता होती है उन्हें एक वृद्ध व्यक्ति बेहतर तरीके से पूरा कर सकता है।

आज के युग में लिंगगत भिन्नताएं अत्यंत कम हो गई हैं। पहले की अपेक्षा आज महिलाएं हर क्षेत्र में अपनी प्रतिभा को प्रकट कर रही हैं। पुरुषों की तरह महिलाएं भी धनोपार्जन के लिए, पहचान पाने के लिए तथा वैयक्तिक आवश्यकताओं की पूर्ति के लिए विभिन्न क्षेत्रों में कार्यरत हैं। विलम्ब से विवाह, गर्भधारण तथा छोटे परिवारों ने महिलाओं के लिए महत्वाकांक्षी कैरियर में लक्ष्य प्राप्ति को आसान बना दिया है। रोजगार में समान अवसर के कानून ने स्त्री-पुरुष को समान नौकरी, प्रोन्नति तथा वेतन प्रदान करने का अवसर प्रदान किया है। परन्तु कुछ अपवादों को छोड़कर महिलाओं को कई क्षेत्रों में पुरुषों से कम वेतन दिया जाता हैं। नौकरी में इस अंतर को पिछले कुछ वर्षों में दूर करने की कोशिश की गई है (यू० एस० व्यूरो आफ लेबर, 1989)। नई कार्य पद्धतियों ने पारिवारिक जीवन की दिनचर्या को परिवर्तित करने के साथ ही नई चिंताओं तथा संतुष्टि भी प्रदान किया है।

मध्य प्रौढ़ावस्था में बौद्धिक/संज्ञानात्मक विकास का स्वरूप (Aspects of Intellectual Development in Middle Adulthood)

बुद्धि एवं संज्ञान (Intelligence and Cognition)

प्रौढ़ावस्था में होने वाले बौद्धिक प्रकार्यों को समझने के लिए यह भी जानना आवश्यक है कि इस अवस्था में बुद्धि का स्वरूप क्या होता है तथा इसका मापन कैसे किया जाता है ? जिन परीक्षणों से इसका मापन किया जाता है वे कितने उपयुक्त होते हैं तथा किस प्रकार की बौद्धिक क्षमता उम्र गुजरने के साथ बेहतर हो जाती है।

मनोवैज्ञानिक वर्षों से मनोमितीय परीक्षणों (Psychometrics tests) द्वारा यह पता लगाने की कोशिश कर रहे हैं कि प्रौढ़ावस्था के दौरान बुद्धि में वृद्धि होती है अथवा उसका ह्रास होता हैं। अध्ययनों में पाया गया कि युवा प्रौढ़ों ने मध्यावस्था की अपेक्षा बुद्धि के परीक्षणों पर बेहतर निष्पादन किया (डपिट एवम् वैलेस, 1955)। इसके विपरीत अनुदैर्ध्यात्मक (Longitudinal) अध्ययनों से पता चलता है कि 50 वर्षों तक बौद्धिक स्तर में वृद्धि पाई गई (बेली एवं आडेन,

1955 ; ओवेन्स, 1966)। किंतु ऐसा अभ्यास प्रभाव के कारण हो सकता है। इस प्रकार यह सुधार बेहतर योग्यता के बजाय बेहतर निष्पादन को व्यक्त करता है।

प्रौढ़ों के भिन्न-भिन्न बौद्धिक क्षमताओं के कारण उन के बौद्धिक स्तर को जानना और भी जटिल हो गया है। कैटल (1965) तथा हार्न (1967-68) ने "तरल बुद्धि" (Fluid) तथा "ठोस बुद्धि" (Crystallized) के मध्य ऐसे ही एक अंतर को प्रस्तावित किया है। नई परिस्थितियों में बौद्धिक क्षमता को लागू करने की योग्यता को 'तरल बुद्धि' कहते हैं इसमें संबंधों का प्रत्यक्षीकरण, सम्प्रत्ययों के निर्माण, तर्कणा तथा अमूर्तता के प्रक्रम शामिल होते हैं। यह माना जाता है कि 'तरल बुद्धि' तंत्रकीय विकास (Neurological development) पर निर्भर करता है तथा यह पूर्व अधिगम, शिक्षा अथवा संस्कृति के प्रभाव से मुक्त होता है। तरल बुद्धि का मापन रेवन के प्रोग्रेसिव मैट्रिसेस (Raven's Progressive Matrices) जैसे परीक्षणों से किया जाता हैं।

सीखी गई सूचनाओं को याद करने एवं उपयोग करने की क्षमता को ठोस बुद्धि (Crystallized) कहते हैं। यह सांस्कृतिक पृष्ठभूमि तथा आयु पर निर्भर करती है तथा इसका मापन शब्दकोष (Vocabulary), सामान्य सूचना तथा सामाजिक परिस्थितियों एवं विकल्पों (Dilemmas) के परीक्षण द्वारा किया जाता है। 'ठोस बुद्धि संपूर्ण जीवन में अर्जित ज्ञान का प्रतिनिधित्व करती हैं। प्राय: यह बुद्धि 65 वर्ष की आयु तक धीरे-धीरे तीव्रतर होती जाती है।

मानकीकृत परीक्षण यह प्रदर्शित करते हैं कि प्रौढ़ावस्था के दौरान विभिन्न समय पर घटित होने वाली अलग-अलग क्षमताओं के साथ कुछ प्रकार्यों पर निष्पादन बेहतर हो जाता है। पूर्व प्रौढ़ावस्था में तरल बुद्धि के परीक्षणों पर उच्च निष्पादन होता है तथा ठोस बुद्धि के परीक्षणों पर निष्पादन की अपेक्षा जल्दी ह्रास हो जाता है (चित्र 17.9)।

मध्यावस्था के दौरान तथा जीवन के अंतिम वर्षों तक व्यक्ति की ठोस बुद्धि में निरंतर सुधार होता रहता है (हार्न एवं डोनाल्डसन, 1980)। सामान्यतया वृद्ध लोगों के पास नवयुवकों की

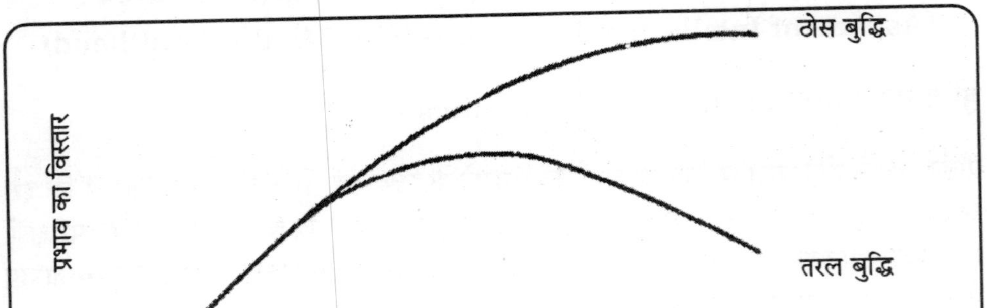

चित्र 17.9 : संपूर्ण जीवन के दौरान तरल बुद्धि तथा ठोस बुद्धि में होने वाले परिवर्तन। तरल बुद्धि में ह्रास होता है जबकि ठोस बुद्धि में क्रमिक वृद्धि होती है (हार्न एवं डोनाल्डसन, 1980)।

तुलना में वृहद् ज्ञान का आधार होता है जो अत्यधिक संगठित, संशक्तिशील, मूल्यपरक एवं ज्ञान के निश्चित भण्डार के रूप में संचित होता है (हार्न, 1982)।

प्रौढ़ावस्था में संगठनात्मक चिंतन की प्रवृत्ति होती है। विशेषकर मध्यावस्था में व्यक्ति जो पढ़ता है, देखता है अथवा सुनता है उसको वह स्वयं के वैयक्तिक एवं मनोवैज्ञानिक अर्थ में विश्लेषित करता है। अध्ययनों की एक श्रृंखला में कालेज विद्यार्थियों तथा प्रौढ़ों से कुछ कहानियों का सारांश लिखने को कहा गया (लेबोवी एवं सहयोगीगण, 1989)। दोनों आयु वर्ग ने कहानी का प्रत्याह्वान किया लेकिन उनके सारांश अलग-अलग थे। विद्यार्थियों ने स्वयं को कहानी के साथ जोड़कर, सारांश प्रस्तुत किया जबकि प्रौढ़ व्यक्तियों ने अपने अधिगम तथा अनुभवों के आधार पर उन कहानियों के नैतिक तथा सामाजिक अर्थ को बताया।

एक अन्य अध्ययन में पाया गया कि मध्य वय के व्यक्ति एक ही समय में दो स्तरों पर चिंतन करते हैं अर्थात् कहानी में वैयक्तिक संदर्भ में मिलने वाले मनोवैज्ञानिक एवं अलंकारिक (Metaphorical) अर्थ को उन्होंने एकीकृत करके प्रस्तुत किया (एडम्स, 1986)। तथापि प्रत्येक प्रौढ़ व्यक्ति के लिए एकीकृत चिंतन (Integrative Thinking) के अलग-अलग सांवेगिक तथा सामाजिक अर्थ होते हैं।

प्रौढ़ शिक्षा एवम् शिक्षार्थी (The Adult Education and Learner)

प्रौढ व्यक्ति पढ़ने क्यों जाते हैं? लगभग दो-तिहाई प्रौढ़ व्यवसाय से संबंधित कारणों की वजह से अंशकालिक (Part-time) कक्षाओं में जाते हैं कुछ एक अपने विषय क्षेत्र में उत्कृष्टता हासिल करने के लिए शिक्षा ग्रहण करते हैं। प्रायः सेवानिवृत्ति के नजदीक लोग उच्च निष्पादन तथा अवकाश के मनोरंजक उपयोग के लिए शिक्षा द्वारा अपने दिमाग एवं कौशलों को विस्तारित करते हैं जबकि कुछ प्रौढ़ अधिगम/ शिक्षा का आनन्द उठाते हैं तथा पूरी जिंदगी सीखते रहना चाहते हैं।

प्रौढ़ विद्यार्थी युवा विद्यार्थियों की अपेक्षा अधिक अभिप्रेरित होते हैं। उसे आभास हो चुका होता है कि अधिगम सिर्फ कक्षा तक ही सीमित नहीं होता है बल्कि अनौपचारिक रूप से घर, नौकरी तथा अन्य कहीं भी इसे ग्रहण किया जा सकता है। जिन विशिष्ट शिक्षा संबंधी कौशलों की कमी उनमें होती है उनकी प्रतिपूर्ति वे दिन प्रतिदिन के अनुभवों को लागू करके कर सकते हैं (दतन एवं अन्य, 1987)। आज के जटिल समाज में शिक्षा कभी समाप्त नहीं होती तथा सम्पूर्ण ज्ञान विद्यालय में ही नहीं मिलता। अब अधिकांश लोग यह मान चुके हैं कि औपचारिक अधिगम उनकी संपूर्ण बौद्धिक क्षमता (Intellectual potential) के साथ ही समाज की विभिन्न चुनौतियों का सामना करने तथा नए-नए अवसरों को प्राप्त करने के लिए आवश्यक होता है।

मध्य प्रौढ़ावस्था में कार्य (Work in Middle Adulthood)

एक मध्य आयु के कर्मचारी का उद्देश्य या तो युवा प्रौढ़ावस्था में चुनी गई नौकरी में पूर्ण सफलता प्राप्त करना एवं अधिक धन तथा सम्मान प्राप्त करना होता है अथवा अपनी नौकरी का पुनर्मूल्यांकन

कर नई नौकरी अथवा व्यवसाय शुरु करना होता है। व्यक्ति जो स्थायी कैरियर को चुनते हैं वैयक्तिक लाभ प्राप्त करने के साथ ही चुने गए क्षेत्र में वर्षों तक अनुभव अर्जित कर लाभान्वित होते हैं। अपने अर्जित ज्ञान एवं अनुभव के कारण इनमें से कई एक प्रभुता (Power) एवं उत्तरदायित्व की उच्च संस्थिति (Higher position) को प्राप्त कर लेते हैं। अधिकांश उच्च व्यवसायी, शैक्षणिक तथा राजनीतिक नेता एवं अन्य विशिष्ट व्यक्ति, मध्यवय के लोग ही होते हैं।

कभी-कभी विभिन्न कारणों से मध्यावस्था में व्यक्ति अपना व्यवसाय बदल देता है। लंबी जीवन की विभिन्न प्रत्याशाओं के साथ कई मध्यवय के व्यक्ति वह नहीं करना चाहते जो नौकरी/ व्यवसाय वे करते आ रहे हैं इसलिए कभी-कभी एकदम भिन्न व्यवसाय से जुड़ जाते हैं। मध्यवय की कुछ सामान्य घटनाओं के कारण भी व्यक्ति अपना व्यवसाय/ नौकरी परिवर्तित कर देता है।

प्राय: व्यवसायिक तनाव (Occupational stress) के कारण कर्मचारी अपने व्यवसाय/ नौकरी से असंतुष्ट रहता है। विभिन्न व्यवसायों से जुड़े 30-60 वर्षीय व्यक्तियों का अध्ययन करने पर पाया गया कि कार्य में निम्न नियंत्रण के साथ उच्च मनोवैज्ञानिक माँग (Demand) का कारण व्यवसायिक तनाव होता है (पाण्डेय एवं श्रीवास्तव, 2004; स्नेल एवम् अन्य, 1990)। व्यवसायिक तनाव का एक अन्य कारण अधिकारी, कनिष्ठ और सहकर्मियों के साथ द्वन्द्व भी होता है (बोल्गर एवम् अन्य, 1989)।

कार्य संबंधी तनाव की एक परिणति होती है, बर्न आउट (Burn out) जिसमें व्यक्ति सांवेगिक रूप से परिश्रांत (Exhastion) हो जाता है तथा किसी भी कार्य को पूरा करने में स्वयं को अक्षम मानता है तथा असहायता (Helplessness) की भावना से ग्रस्त हो जाता है। यह मुख्यत: सहायक व्यवसाय जैसे : शिक्षण, चिकित्सा, सामाजिक कार्य अथवा पुलिस कर्मचारियों में पाया जाता है जिसमें व्यक्ति जब स्वयं को अन्य लोगों की मदद करने में अक्षम पाता है तो वह कुण्ठा की भावना से ग्रस्त हो जाता है। बर्नआउट एक दीर्घकालिक तनाव का परिणाम होता है। इससे पीड़ित व्यक्ति नौकरी, परिवार तथा मित्रों को अचानक छोड़ देता है एवं अवसाद से घिर जाता है (ब्रेली, 1980)।

व्यवसायिक प्रतिबल तब होता है जब नौकरी अचानक एवं अप्रत्याशित रूप से छूट जाती है। बेरोजगारों पर किए गए अध्ययन में इसका संबंध मानसिक एवं शारीरिक बीमारी तथा पारिवारिक समस्याओं के साथ पाया गया है। जब व्यक्ति बेरोजगार हो जाता है तब उसके अन्दर तनाव के दो प्रमुख स्रोत उत्पन्न हो जाते हैं- (1) तनख्वाह की हानि (2) तथा इस हानि का स्वयं के प्रति ऋणात्मक प्रभाव की अनुभूति।

व्यक्ति की नौकरी छूटने पर उसका सामंजस्य इस पर निर्भर करता है कि वह परिस्थिति का प्रत्यक्षीकरण कैसे करता है ? जो व्यक्ति इसे कुछ अलग एवं नया करने के रूप में देखता है वह सांवेगिक एवं व्यवसायिक रूप में अधिक विकसित होता है। ऐसे व्यक्ति केवल अपनी नौकरी ही नहीं बल्कि नौकरी की संपूर्ण दिशा में परिवर्तन कर लेते हैं।

कार्य एवं बौद्धिक विकास (Work and Intellectual Growth)

क्या कार्य के स्वरूप या प्रकार के परिणामस्वरूप व्यक्ति में परिवर्तन होता है? अनुसंधान यह प्रदर्शित करते हैं कि व्यक्ति क्षमता को चुनौती देने वाले कार्य व्यक्ति को अधिक विकसित बनाते हैं।

कार्य के बहुत से विशिष्ट पक्ष मनोवैज्ञानिक प्रकार्यों को प्रभावित करते हैं। कार्य अनुभवों के 50 विभिन्न पक्षों का अध्ययन करने पर पाया गया कि सर्वाधिक प्रभाव कार्य की तात्विक जटिलता (Substantive complexity) का पड़ता है (काह्न, 1980)। अध्ययनों से स्पष्ट होता है कि किन्हीं परिस्थितियों का सामना करने में कार्य की जटिलता तथा कर्मचारी की बौद्धिक क्षमता में अंर्तसंबंध होता है। अधिक जटिल कार्य करने वाले व्यक्ति सिर्फ नौकरी में ही नहीं बल्कि जीवन के अन्य पक्षों में भी एक नम्य चिंतक (Flexible thinker) होते हैं तथा कार्य से अर्जित अनुभवों का उपयोग अव्यवसायिक क्षेंत्रों में भी करते हैं (काहन, 1980)। साथ ही, व्यक्ति की बौद्धिक नम्यता कार्य की जटिलता को प्रभावित करती है जिसे वह कई वर्षों से कर रहा है।

कार्य की जटिलता का बौद्धिक विकास से सम्बन्ध होने का एक कारण यह हो सकता है कि हमारे समाज में जहाँ कार्य व्यक्ति के जीवन में केन्द्रीय भूमिका निभाता है वहीं कार्य की जटिलता से व्यक्ति की स्वयं के प्रति अनुभूति प्रभावित होती है जो उन्हें प्रतियोगिता की भावना प्रदान करता है जिससे कि वे समस्याओं का सामना आसानी से कर सके।

इस प्रकार यह कहा जा सकता है कि व्यक्ति की स्थिति अथवा वेतन महत्वपूर्ण नहीं होता है बल्कि व्यक्ति क्या कर रहा हैं यह उसके लिए अधिक महत्वपूर्ण होता है। कार्य पर किये गए अनुसंधान यह भी बताते हैं कि व्यक्ति की बुद्धि का विकास किशोरावस्था अथवा पूर्व प्रौढ़ावस्था में ही समाप्त नहीं होता है।

सारांश (Summary)

विकास मनोवैज्ञानिकों ने प्रौढ़ावस्था को 20 से 65 वर्ष की आयु तक मानते हुए इसे दो चरणों ; पूर्व प्रौढ़ावस्था (20–40 वर्ष) तथा मध्य प्रौढ़ावस्था (40–65 वर्ष) में विभाजित किया है जबकि अन्य ने इसे तीन चरणों में विभाजित करते हुए पूर्व तथा मध्य प्रौढ़ावस्था के अतिरिक्त उत्तर प्रौढावस्था (66 वर्ष से जीवन के अंत तक) को भी माना है जिसे वृद्धावस्था भी कहा जाता है।

पूर्व प्रौढ़ावस्था से लेकर मध्य प्रौढ़ावस्था के दौरान विभिन्न दैहिक परिवर्तन क्रमिक रूप से घटित होते हैं। त्वचा में झुर्रियां पड़ने लगती हैं, बालों का रंग बदलने लगता है तथा नाखून के रंग में भी परिवर्तन आने लगता है।

उम्र बढ़ने के साथ ही मांसपेशीय ऊत्तकों की संरचना तथा मांसपेशीय एवं वसा के अनुपात

में भी परिवर्तन होने लगता है। हृदय द्वारा रक्त प्रवाहित करने की गति धीमी हो जाती है तथा अंत:स्रावी तंत्र द्वारा हारमोन स्राव की मात्रा कम हो जाती है।

पूर्व प्रौढ़ावस्था के दौरान सभी सांवेदिक अंगों की क्षमता में सूक्ष्म परिवर्तन घटित होता है। दृष्टि कमजोर हो जाने के कारण दूरदृष्टि तीक्ष्णता के लिए अधिकांश लोग चश्मा लगाने लगते हैं। इसके अतिरिक्त, श्रवण क्षमता, स्वाद संवेदना तथा घ्राण संवेदनाओं में भी क्रमिक ह्रास घटित होता है।

प्रजनन क्षमता में ह्रास मध्यावस्था में होने वाला एक मौलिक परिवर्तन है जो पुरुष एवं महिलाओं को अलग-अलग ढंग से प्रभावित करता है।

महिलाओं में रजोनिवृत्ति के विभिन्न दैहिक प्रभाव पाए जाते हैं जिसका प्रमुख कारण रजोनिवृत्ति के पश्चात् महिलाओं के शरीर में एस्ट्रोजेन का निम्न स्तर पाया जाना होता है। यद्यपि पुरुषों में लंबे समय तक पिता बनने की क्षमता विद्यमान होती है लेकिन कुछ मध्य वय पुरुष प्रजनन शक्ति एवं रति निष्पत्ति में ह्रास तथा कमजोरी का अनुभव करते हैं।

पूर्व प्रौढ़ावस्था में शारीरिक स्वास्थ्य अपने चरमोत्कर्ष पर होता है, तथा इस आयु के लोग बाल्यावस्था की अपेक्षा श्वसन संक्रमण एवं जुकाम से कम पीड़ित होते हैं। अधिकांश युवा महिलाएं शिशु जन्म के समय दुर्घटना की शिकार होती हैं। कुछ महिलाओं में पाचन तंत्र एवं जननांगों की बीमारियां भी पायी जाती हैं। इसके अतिरिक्त 35 से 44 वर्ष के मध्य कैंसर एवं हृदय संबंधी बीमारियां भी मृत्यु के प्रमुख कारणों में से पायी जाती हैं।

मध्यवय की सबसे गंभीर स्वास्थ्य समस्याएं हैं ; दमा, श्वासनली शोथ, मधुमेह, स्नायविक एवं मानसिक बीमारी तथा गठिया। इसके अतिरिक्त उच्च तनाव से भी मध्यवय का व्यक्ति ग्रसित होता है। प्रौढ़ावस्था में अधिकांश समस्याओं को व्यक्ति नियंत्रित कर अच्छा स्वास्थ्य प्राप्त कर सकता है। शारीरिक परिवर्तनों के अतिरिक्त प्रौढ़ावस्था में अत्यंत सूक्ष्म संज्ञानात्मक परिवर्तन घटित होता है। इस आयु तक प्राय: सूचना प्रक्रमण तंत्र स्थिर होता है परंतु कुछ स्थिति में इसकी क्षमता में विकास होता रहता है। ये नए कौशलों को सीखते हैं तथा पुराने कौशलों को बनाए रखने के लिए अभ्यास करते रहते हैं।

मनोवैज्ञानिकों ने स्पष्ट किया है कि वयस्कों की आयु वृद्धि उसके संज्ञान में परिवर्तन उत्पन्न करती है, जिसमें दो महत्वपूर्ण गोचरो- सहगणक प्रभाव तथा अनुसंधान अभिकल्प की भूमिका प्रमुख होती है। संज्ञानात्मक क्षमता में भिन्नता का एक अन्य कारक शैक्षणिक अनुभव होता है।

प्रौढ़ व्यक्तियों की अल्पकालिक स्मृति की क्षमता एवं गति में 60 वर्ष तक कोई विशिष्ट परिवर्तन नहीं होता है। वृद्ध व्यक्ति की अपेक्षा युवा व्यक्ति दीर्घकालिक स्मृति में सूचनाओं का कूटसंकेतन एवं पुनरुद्धार अधिक बेहतर तरीके से कर लेते हैं। शाब्दिक स्मृति की अपेक्षा चित्रों का स्मरण दोनों उम्रवय में लगभग समान पाया जाता है। भूली हुई सूचनाओं को पुन: प्राप्त करने

के लिए युवा व्यक्ति उन स्मृति व्यपदेशों का उपयोग करते हैं जिन्हें वृद्ध व्यक्ति नहीं उपयोग कर पाते।

प्रौढ़ावस्था में तर्कणा एवं समस्या-समाधान कौशलों में कोई ह्रास परिलक्षित नहीं होता बल्कि जीवन के विविध अनुभवों द्वारा इनमें निरन्तर वृद्धि होती रहती है।

प्रौढ़ व्यक्ति औपचारिक चिंतन का उपयोग अपने दिन-प्रतिदिन के जीवन तथा उसकी मूर्त वास्तविकताओं को समझने के लिए करता है। कुछ प्रौढ़ औपचारिक संक्रियात्मक चिंतन से इतर द्वन्द्वात्मक तर्कणा द्वारा समस्याओं को समझने का प्रयास करते हैं।

प्रौढ़ावस्था के दौरान होने वाले संज्ञानात्मक विकास के प्रमुख कारक प्रतिदिन की घटनाओं से अर्जित अनुभव, ज्ञान एवं प्रज्ञा है।

व्यवहारिक ज्ञान हमें यह संकेत देता है कि प्रौढ़ावस्था में संज्ञानात्मक प्रक्रम का स्वरूप बाल्यावस्था अथवा किशोरावस्था से भिन्न होता है। के० वारनर शाई ने संज्ञानात्मक विकास को बाल्यावस्था सें वृद्धावस्था तक पाँच चरणों में प्रस्तावित किया हैं। ये चरण है ; अर्जनशील, उपलब्धि, उत्तरदायी, प्रबन्धकीय एवं पुर्नएकीकरण।

परिपक्व चिंतन पियाजे की औपचारिक संक्रियात्मक अवस्था में होने वाले औपचारिक तर्कणा से अधिक जटिल होता है जिसे पियाजे चिंतन का उच्चतम स्तर मानते हैं। प्रौढ़ावस्था में विचार नए रूप में लचीले, विस्तृत एवं ग्राह्य होते हैं जो कि तर्क से परे होता है जिसे उत्तर औपचारिक विचार के नाम से भी जाना जाता है।

कोलबर्ग के अनुसार प्रौढ़ावस्था में नैतिक विकास मुख्यतः संज्ञानात्मक विकास तथा अनुभवों पर आधारित होता है। नैतिक तर्कणा पर किये गए कुछ अध्ययनों में लिंगगत भिन्नता पायी गयी है जिसमें पुरुषों में नैतिक तर्कणा का स्तर महिलाओं की अपेक्षा बेहतर पाया गया ।

व्यक्ति जो कार्य करता है उसे अनेक बौद्धिक, शारीरिक, सामाजिक एवं सांवेगिक कारक प्रभावित करते हैं तथा व्यक्ति के कार्य उसके जीवन के अन्य क्षेत्रों को प्रभावित कर सकते हैं।

प्रौढ़ावस्था के दौरान विभिन्न मानकीकृत बौद्धिक परीक्षणों पर निष्पादन बेहतर हो जाता है। यद्यपि कुछ मध्यवय व्यक्तियों का निष्पादन घट सकता है तथा नई समस्याओं का समाधान करने में वे पहले जैसे सक्रिय नहीं होते किन्तु कुछ अनुसंधान यह प्रदर्शित करते हैं कि अनुभव पर आधारित दैनिक समस्याओं के समाधान की क्षमता मध्यवय के व्यक्तियों में बढ़ जाती है।

कार्य संबंधी कौशलों तथा ज्ञान में वृद्धि अथवा नए व्यवसाय का आरंभ करने के लिए प्रौढ़ व्यक्ति शिक्षा ग्रहण करते हैं। युवा विद्यार्थियों की अपेक्षा प्रौढ़ व्यक्ति अधिक अभिप्रेरित तो होते हैं। लेकिन उनमें आत्मविश्वास निम्न स्तर का होता है।

कई मध्यवय व्यक्ति अपने व्यवसाय में चरम पर होते हैं जबकि अन्य व्यवसाय परिवर्तन में व्यस्त होते हैं जो कि मध्यावस्था में व्यक्ति के आत्म विश्लेषण का परिणाम होता है। कुछ व्यावसायिक तनाव जैसे- बर्न आउट, बेराजगारी तथा विशिष्ट कार्य दशाएं व्यक्ति के दैहिक एवं सांवेगिक स्वास्थ्य को प्रभावित करते हैं।

व्यक्ति जिस प्रकार का कार्य करता है वह उसके बौद्धिक विकास में प्रमुख भूमिका निभातीं हैं। जो कार्य व्यक्ति करता है उसकी जटिलता तथा व्यक्ति की बौद्धिक नम्यता में सीधा संबंध पाया जाता है।

तकनीकी पद	**Technical Terms**
अवटु ग्रंथि	Thyroid Gland
अग्नाशय	Pancreas
अधिवृक्क ग्रंथि	Adrenal Glands
अपच	Indigestion
अण्डोत्सर्ग	Ovulating
ऑस्टियोपोरोसिस	Osteoporosis
अर्जनशीलता	Acquisition
अधि स्मृति	Meta Memory
अधिगत कौशल	Learning Skills
अंत:प्रज्ञा	Intuition
अंत:स्रावी तंत्र	Endocrine System
आर्विभाव	Appearance
एस्ट्रोजेन प्रतिस्थापन उपचार	Estrogen-Replacement Therapy (ERT)
ऊर्जस्विता	Stamina
कब्ज	Constipation
कमजोरी	Impotence
तरल बुद्धि	Fluid Intelligence
द्वन्द्वात्मक तर्कणा	Dialectical Reasoning
दृष्टि तीक्ष्णता	Visual Acuity
दूर दृष्टि तीक्ष्णता	Farsightedness
झुर्रिया	Wrinkles
ठोस बुद्धि	Crystallized Intelligence
ढीली मांसपेशियां	Stiff Muscles
पीयूष ग्रंथि	Pituitary Gland
परावटु ग्रंथि	Parathyroid Gland

पुरुष का संकट काल	Male Climateric
प्रजनन शक्ति	Fertility
प्रबन्धकीय	Executive
पुनर्एकीकरण	Reintegrative
प्रजनन अंग	Reproductive Organs
बाल्य ग्रंथि	Thymus Gland
बौद्धिक क्षमता	Intellectual Potential
मध्यवयस्क	Middle Aged
मासिक चक्र	Menstrual Period
मूर्त वास्तविकताएं	Concrete Realities
मनोमितीय परीक्षण	Psychometric Tests
यथार्थवादी समझ	Realistic Understanding
रजोनिवृत्ति	Menopause
रज:स्राव	Menstruation
रति निष्पत्ति	Orgasm
लैंगिक पुर्नजागरण	Sexual Renaissance
वृद्धावस्था	Ageing
विशेषज्ञता	Expertness
व्यवहारिक ज्ञान	Common Sense
व्यवसायिक तनाव	Occupational Stress
शरीर का झुकना	Sags
संधि शोथ	Arthritis
संरचना	Texture
स्वाद कलियां	Taste Buds
सहगणक प्रभाव	Cohort Effect
स्मृति व्यपदेश	Memory Strategies
हृदयी उत्पादन	Cardiac Output
हस्त निपुणता	Manual Dexterity

18 प्रौढ़ावस्था : सामाजिक एवं व्यक्तित्त्व विकास

Adulthood : Social and Personality Development

प्रौढ़ावस्था जीवनकालीन विकास में दीर्घतम् चरण है। यह विकास तथा परिवर्तन की अवस्था है। इस अवस्था में व्यक्ति को अनेक सामाजिक भूमिकाओं एवम् कर्त्तव्यों यथा- विवाह, अभिभावक की भूमिका, कैरियर का चयन आदि का निर्वहन करना पड़ता हैं। मानव विकास की इस दीर्घ अवधि (20-60 वर्ष) में जहाँ व्यक्ति में कुछ महत्त्वपूर्ण सांवेगिक व वैयक्तिक विकास परिलक्षित होता है वहीं इस अवस्था में व्यक्ति की भूमिका में महत्त्वपूर्ण परिवर्तन भी देखने को मिलता है। साथ ही साथ व्यक्ति के संवेगों, अभिप्रेरणाओं तथा सामाजिक सम्बन्धों में परिवर्तन दृष्टिगत होता हैं। प्रौढ़ावस्था में नई अभिवृत्तियों, नये सामाजिक मूल्यों तथा नयी रुचियों का विकास होता है, जिसमें समायोजन करना अपेक्षाकृत कठिन होता है (मैरिनी, 1978)।

एरिक एरिक्सन (1963) ने अपने मनोसामाजिक विकास, सिद्धान्त के अन्तर्गत प्रौढ़ावस्था में दो प्रकार के संकटों (Crisis) को रेखांकित किया है। प्रारम्भिक दौर में व्यक्ति में 'घनिष्टता बनाम अलगाव' संकट की स्थिति उत्पन्न होती है। इस अवस्था में व्यक्ति गृहस्थ जीवन में प्रवेश करता है तथा रोजगार के चयन का भी प्रयास करता है। पारिवारिक दायित्वों के प्रति सचेष्टता, प्रतिस्पर्धा एवं सहयोग की भावना इस अवस्था में बढ़ती है जिससे दाम्पत्य जीवन में घनिष्ठता की भावना बलवती होती है। जो व्यक्ति अपने परिवारजनों के प्रति घनिष्ठता प्रदर्शित नहीं कर पाते उनमें निराशा, असफलता एवं स्नेह के अभाव में एकाकीपन की प्रवृत्ति बढ़ती है। व्यक्ति जब मध्यावस्था में प्रविष्ट होता है तो वह 'सृजनात्मकता बनाम निष्क्रियता' द्वन्द्व या संकट की अवस्था से जूझता है। इस अवस्था में व्यक्ति के दायित्व अत्यधिक बढ़ जाते हैं। घरेलू उत्तरदायित्व व सामाजिक जिम्मेदारियों के कारण व्यक्ति अपनी योग्यता के अनुसार कार्य करता है परन्तु सृजनात्मक क्षमता के अभाव में वह निष्क्रिय हो जाता है तथा हीन भावना से ग्रसित हो जाता है।

पारिवारिक दायित्वों की पूर्ति, सामाजिक स्तर पर घनिष्ठता का भाव व क्षमता के अनुरूप सृजनात्मकता के द्वारा व्यक्ति प्रौढ़ावस्था में स्वयं को समायोजित करता है। यदि व्यक्ति उपय्रुक्त सामाजिक प्रत्याशाओं का अनुसरण नहीं करता है तो वह पर्यावरण के साथ स्वयं को समायोजित नहीं कर पाता है।

प्रस्तुत अध्याय के अन्तर्गत प्रौढ़ावस्था के व्यक्तिगत सम्बन्ध यथा- जीवनसाथी का चयन,

विवाह, तलाक, पुनर्विवाह आदि किससे बनते हैं? परिवार तथा मित्रों के साथ किस प्रकार के सम्बन्ध विकसित होते हैं? एक परिवार के मुखिया के रूप में तथा अभिभावक के रूप में प्रौढ़ स्वयं को किस प्रकार समायोजित होता है? जीवन वृत्ति व व्यवसाय के चयन में वह कितनी सहजता से समायोजित करता है? तथा उसका समस्त सामाजिक जीवन उसके व्यक्तित्व को किस प्रकार प्रभावित करता है? आदि प्रश्नों का समुचित उत्तर देने का प्रयास किया गया है।

व्यक्तिगत सम्बन्ध (Personal Relationship)

प्रौढ़ावस्था में लोग दूसरों के साथ सांवेगिक सम्बन्ध की आवश्यकता मसूसस करते हैं। ह्युक (1982) का मानना है कि महिलाएं पुरुषों की अपेक्षा व्यक्तिगत सम्बन्ध को लेकर अधिक सांवेगिक होती हैं। जहाँ महिलाएं पूर्व प्रौढ़ावस्था में व्यक्तिगत सम्बन्ध को अधिक महत्व देती हैं वहीं पुरुषों में व्यक्तिगत सम्बन्ध के प्रति तीव्र संवेग तथा रुझान मध्यावस्था के दौरान परिलक्षित होता है। इस अवस्था में महिलाओं में यह प्रवृत्ति होती है कि वे लोगों के साथ अपने सम्बन्ध को स्वयं स्पष्ट करती है जबकि पुरूषों में अपने व्यक्तिगत उपलब्धि को अपेक्षाकृत अधिक महत्व देने की प्रवृत्ति परिलक्षित होती है।

प्रौढ़ावस्था में व्यक्ति में परिपक्वता स्पष्ट रूप से झलकती है। इस अवस्था को एक क्रांतिक अवस्था (Cricital Period) के रूप में भी स्वीकारा जा सकता है क्योंकि इस अवस्था में व्यक्ति से कुछ महत्वपूर्ण सामाजिक प्रत्याशाएं की जाती हैं जिसमें पारिवारिक सम्बन्ध तथा कुछ महत्वपूर्ण जिम्मेदारियाँ (जीवन साथी का चुनाव, विवाह, वैवाहिक जीवन में तारतम्यता, परिवार का पालन पोषण आदि) शामिल हैं। प्रौढ़ावस्था में व्यक्तिगत सम्बन्ध की चर्चा यहाँ प्रस्तुत की जा रही हैं।

जीवन साथी का चुनाव (Choosing a Mate)

नवप्रौढ़ के लिए जीवन साथी के चुनाव की समस्या बहुत महत्वपूर्ण होती है। प्रौढ़ जीवन साथी के चुनाव के प्रति बहुत ही सतर्क होता है क्योंकि सारे परिवार की प्रसन्नता इस बात पर निर्भर करती है कि वह यह समायोजन कितनी अच्छी तरह से करता है। दो दशकों से साथी के चयन की स्वतंत्रता युवक/युवतियों को पहले से अधिक प्राप्त है। इस संदर्भ में महिलाएं भी अपने साथी के चयन के लिए जागरुक हैं। प्रायः जीवन साथी के चुनाव पर पिछले अनुभवों, इन अनुभवों से बनने वाली अभिवृत्तियों और व्यक्ति के जो मूल्य बन गए हैं, उनका बहुत प्रभाव पड़ता है।

व्यक्ति प्रायः ऐसे साथियों का चुनाव करते हैं जो समान अभिवृत्ति एवम् विचारधाराओं के होते हैं (बुहलर, 1955)। मर्स्टीन (1980) का मानना हे कि व्यक्ति समान धर्म, सामाजिक-आर्थिक वर्ग, समान समुदाय के लोगों को ही अपने जीवन साथी के रूप में स्वीकार करता है साथ ही साथ वह अपने साथी में शारीरिक आकर्षण, बौद्धिक क्षमता व व्यक्तिगत रुचियों को भी देखता है।

भारतीय परिप्रेक्ष्य में जीवन साथी के चयन सम्बन्धी निर्णय अभिभावक द्वारा लिए गए निर्णय पर आधारित होते रहे हैं किन्तु अब परिस्थितियाँ बदल रही है। पारम्परिक विवाह के अतिरिक्त आजकल प्रेम विवाह को स्वीकृति दी जा रही है तथा उनका रुझान प्रतिलोम विवाह की तरफ भी बढ़ता जा रहा है।

विवाह (Marriage)

व्यक्तिगत जीवन में विवाह की महत्वपूर्ण भूमिका होती है। वर्तमान समय में विवाह से पूर्व लैंगिक समायोजनों से सम्बद्ध जानकारी प्राप्त करने की प्रवृत्ति पहले की अपेक्षा अधिक बढ़ती जा रही है (चित्र 18.1)

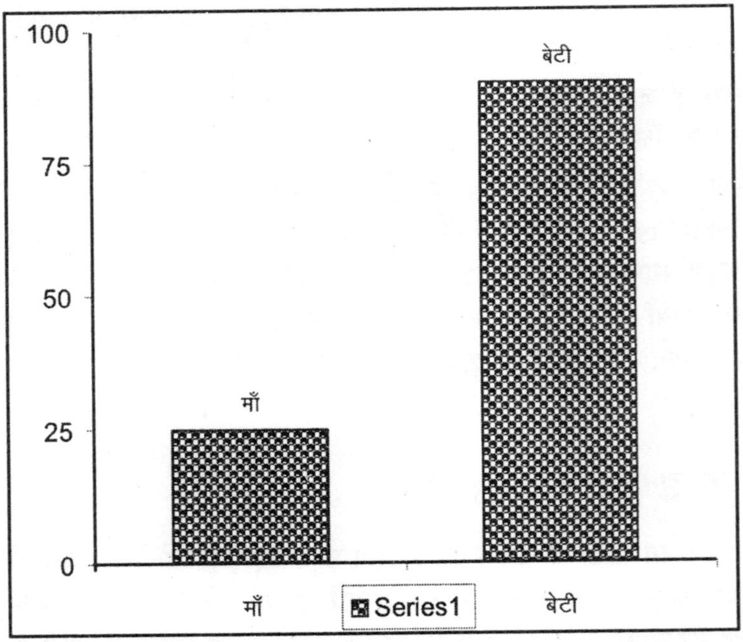

चित्र 18.1 : विवाह से पूर्व लैंगिक समायोजन के लिए परामर्श लेने वाली दो विवाहित पीढ़ीयों के अनुपात

व्यक्ति अपने लिए जिस साथी का चुनाव करता है तथा जिसके साथ रहना पसंद करता है, उसी से वह विवाह करता है। विवाह के पश्चात् महिलाओं को नए सामाजिक समूह से समायोजन करना पड़ता है। उन्हें अपने जीवन पद्धति में भी काफी परिवर्तन करना पड़ता है जिससे समायोजन करना बड़ा ही श्रेयस्कर होता है।

वैवाहिक जीवन में पति–पत्नी के बीच के सम्बन्धों की चर्चा करने हेतु स्कैन्जियोजनी एवं

स्कैन्जियोजनी (1976) ने एक अध्ययन के आधार पर यह स्पष्ट किया है कि पति–पत्नी के बीच तीन तरह के सम्बन्धों के प्रारूप पाये जाते हैं।

1. पति तानाशाह प्रवृत्ति का होता है तथा पत्नी पूरक भूमिकाओं के रूप में कार्य करती है।
2. पति वरीष्ठ साथी तथा पत्नी कनिष्ठ साथी के रूप में अपना जीवन यापन करते हैं, तथा
3. पति और पत्नी दोनों को समान महत्व दिया जाता है तथा वे दोनों समान भूमिकाओं का निर्वाहन करते हैं।

दूसरे तथा तीसरे प्रकार के सम्बन्ध पति–पत्नी के वैवाहिक जीवन के बीच सफल समायोजन स्थापित करनें में महत्वपूर्ण भूमिका निभाते हैं। जबकि पहले प्रारूप की स्थिति में वैवाहिक समायोजन कठिन हो जाता है तथा दोनों के बीच द्वन्द्व की स्थिति बन जाती है।

वैवाहिक जीवन में प्रतिस्पर्धा की भावना भी देखी जाती है। यह भावना उन्हें सुखद एवं घनिष्ठ सम्बन्ध बनाने में बाधक सिद्ध होती है। प्रतिस्पर्धा की भावना तब अधिक समस्या का विषय बन जाती है जब महिलाएं अपने पति से आगे निकल जाती हैं। अधिकतर प्रौढ़ अपनी पत्नियों की सफलता पर गर्व महसूस करते हैं किन्तु कभी–कभी वे हीन भावना से ग्रसित भी हो जाते हैं (बर्क एवं वीयर, 1976)।

प्राय: देखा जाता है कि पारिवारिक कार्यों में व्यस्तता तथा बच्चों की देखभाल के कारण महिलाओं का लैंगिक समायोजन प्रभावित होता है (फ्रैंक एण्डरसन एवं रूबिन्सटीन, 1978)। पीपर का मानना है कि सास–ससुर से कटु सम्बन्ध महिला के वैवाहिक जीवन को प्रभावित करता है।

मध्यावस्था में आने पर व्यक्ति अपने वैवाहिक जीवन के कुछ वर्ष व्यतीत कर चुका होता है तथा इससे सम्बन्धित कुछ महत्वपूर्ण समस्याओं से स्वयं को समायोजित कर चुका होता है। इस अवस्था के वैवाहिक जीवन में व्यक्तिगत एवं सामाजिक समायोजन अधिक प्रभावित होते हैं। यद्यपि यह अवधि प्रौढ़ों के लिए चुनौतीपूर्ण होती है तथापि स्त्री–पुरुष बाहर रहने के बजाय घर में रहना पसंद करते हैं तथा घर वालों का साथ भी पसंद करते हैं। जब बच्चे बड़े हो जाते हैं और उनके देख–रेख की जरूरत पहले जैसी नहीं रह जाती है तो प्रौढ़ों का मन घर के भीतर नहीं लगता है। कुछ माताओं का मानना है कि घर पर बच्चों की अनुपस्थिति के कारण उनका जीवन व्यर्थ है। ऐसे माता–पिता के अभिभावक की भूमिका अब समाप्ति के कगार पर होती है तथा उनके लिए उनका जीवन परेशानियों से भरा होता है (ड्यूशर, 1968)। यदि खाली समय में वे उपयोगी कामों में स्वयं को व्यस्त रख सकें और पहले पारिवारिक सम्बन्धों से उन्हें जो संतोष प्राप्त होता था उस

स्तर का संतोष पाने में सफल रहें तो मध्यवयस्क सुखी रहेंगे। लैंगिक समायोजन के प्रति असंतोष की भावना इस आयु में भी देखी जाती है। महिलाएं जब अपने कार्य व्यवसाय में अधिक समय देना प्रारम्भ कर देती हैं या फिर अन्य किसी कार्य में व्यस्त रहती हैं तो लैंगिक समायोजन के प्रति असंतोष की भावना पुरुष में व्याप्त हो जाती है। महिलाओं के साथ भी ऐसा होता है। पति तथा पत्नी दोनों में से किसी में यदि लैंगिक असंतोष होता है तो वे बहुलैंगिकता के शिकार हो जाते हैं एवं उनमें अपराध की भावना जन्म ले लेती है कि वे अपने जीवन साथी को धोखा दे रहे हैं तथा उन्हें लैंगिक सुख प्रदान करने में असमर्थ हैं (वैलिन तथा क्लार्क, 1963)।

तलाक (Divorce)

तलाक वैवाहिक जीवन के सफल न होने की परिणति है। जब पति-पत्नी के बीच बहुत दिनों से सांवेगिक तनाव की स्थिति बने रहने के कारण समायोजन स्थापित नहीं हो पाता तो उस स्थिति में तलाक की स्थिति उत्पन्न हो जाती है। दाम्पत्य जीवन में समायोजन करने में एक वर्ष का समय लग जाता है। प्रायः यह देखा गया है कि विवाह के पहले वर्ष में समायोजन स्थापित न कर पाने के कारण पति-पत्नी अलग रहने लगते हैं तथा दूसरे या तीसरे वर्ष तलाक की स्थिति आ जाती है। जैकॉब्सन (1955) ने अपने अध्ययनों के आधार पर यह स्पष्ट किया है कि वे दम्पति जिनके बच्चे भी होते हैं उनकी अपेक्षा सन्तानविहीन दम्पत्तियों में तलाक की घटना अधिक पायी जाती है। तलाक की घटना वस्तुतः सभी सामाजिक-आर्थिक वर्ग में पायी जाती है लेकिन उच्च सामाजिक-आर्थिक स्तर वाले दम्पत्तियों में ऐसी घटना अधिक होती है तथा दिन प्रतिदिन इसमें बढ़ोत्तरी भी हो रही है (टेडर्स, 1978)। मैक्लिंडन (1976) का मानना है कि कभी-कभी पत्नी की सफलता पर पति द्वारा की जाने वाली ईर्ष्या के कारण भी तलाक होता है। बोसार्ड ने विवाह को असफल मानकर तलाक लेने के लिए बाध्य होने के आठ कारणों की चर्चा की है-

1. कम आयु में होने वाले विवाह के कारण अपरिपक्वता की स्थिति में असमायोजन।
2. विवाह पूर्व प्रेम, आधुनिक परिपाटी व गलत साथी का चुनाव।
3. अलग-अलग संस्कृति के बीच होने वाले विवाह के कारण उचित वैवाहिक समायोजन का अभाव।
4. अनुचित लैंगिक सम्बन्धों के कारण द्वन्द्व।
5. पति-पत्नी या दोनों के द्वारा अपने अलग व्यक्तित्व और रुचियों के विकास का प्रयत्न किया जाना।
6. उच्च सामाजिक स्थिति प्राप्त करने के लिए दबाव।
7. परिवार की सामूहिक एकता पर आवश्यकता से कम जोर दिया जाना।
8. पति द्वारा अधिक मद्यपान या नशा करना तथा पत्नी के साथ दुर्व्यवहार करना।

ये सभी कारण दाम्पत्य जीवन को कमजोर बनाते हैं। मध्यावस्था में भी वैवाहिक समायोजन के प्रति तलाक एक गम्भीर समस्या मानी जाती है। इस अवस्था में तलाक का कारण काम–भावना में कमी, पत्नी द्वारा पति को लैंगिक दृष्टि से संतुष्ट न कर पाना, अविश्वास का जन्म तथा पारिवारिक हस्तक्षेप आदि होते हैं (रोज एवं बोनहम, 1973)।

पुनर्विवाह (Remarriage)

यद्यपि कभी–कभी तलाक के बाद पुनर्विवाह की समस्या उत्पन्न होती है तथापि प्रारम्भिक प्रौढ़ावस्था में जीवन साथी में से किसी एक की मृत्यु के पश्चात् पुनर्विवाह की घटना अपेक्षाकृत अधिक देखने को मिलती है। चित्र 18.2 से स्पष्ट है कि बीस, तीस तथा पैंतालिस वर्ष की आयु में पुनर्विवाह की समस्या अधिक देखी जाती है। लैण्डिस (1985) के अनुसार तीस वर्ष की आयु में तलाकशुदा व्यक्ति के लिए पुनर्विवाह की सम्भाव्यता 96/100 होती है जबकि विधुर के लिए 92/100 तथा अविवाहितों के लिए 67/100 होती है। आयु वृद्धि के साथ–साथ पुनर्विवाह की दर घटती जाती है । अधिकतर व्यक्ति तलाक के या किसी एक की मृत्यु के पश्चात् 5 वर्षों के अन्दर पुनर्विवाह कर लेते हैं। 35 वर्ष की उम्र में जो महिला विधवा होती है उनमें पुरुषों की तुलना में पुनर्विवाह को लेकर कम रुचि होती है। पुनर्विवाह उतना सफल नहीं होता है जितना कि पहला विवाह। डम्बरमैन (1975) का मानना है कि तलाकशुदा महिलाओं के पुनर्विवाह की अपेक्षा विधवा महिलाओं का पुनिर्विवाह अधिक स्थायी और स्थिर होता है।

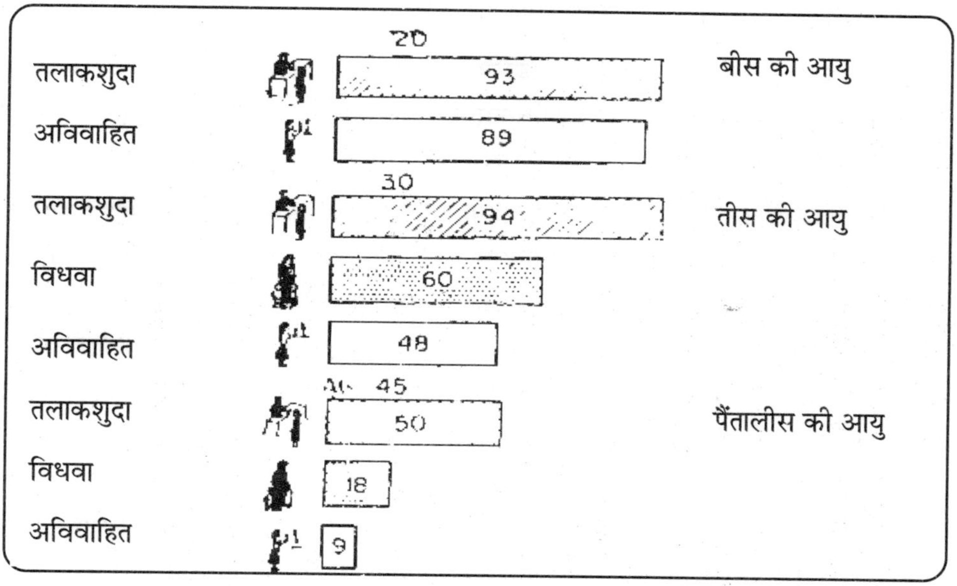

चित्र 18.2 : विभिन्न आयुओं में अविवाहित स्त्रियों के विवाह की और तलाकशुदा और विधवा स्त्रियों के पुनर्विवाह की संभाव्यताओं के प्रतिशत।

पुनर्विवाह के साथ पुनः समायोजन की समस्या पैदा होती है। पुनर्विवाह करने वालों में तलाक की दर ऊंची होती है तथा तलाक के पश्चात् व्यक्तियों को अस्थिरता की आदत सी हो जाती है। पुनर्विवाह से बच्चों को घर तो मिल जाता है किन्तु नवदम्पति को सौतेली माँ तथा सौतेले पिता की भूमिका भी निभानी पड़ती है। बच्चे सौतेले माता/पिता के प्रति गलत अभिवृत्ति रखते हैं। इस स्थिति में पुनर्विवाह उनके लिए नरक हो जाता है तथा अधिक समस्याएं जन्म लेती हैं।

मध्यावस्था में तलाक प्राप्त स्त्रियों के पुनर्विवाह की सम्भाव्यता केवल 50% होती है जबकि पति मृत्यु के कारण विधवा हो जाने की स्थिति में स्त्रियों के पुनर्विवाह की सम्भावना 18% ही रह जाती है। बोसार्ड का मानना है कि मध्यावस्था में जब पुनर्विवाह तलाक के बाद होता है तब सफलता की सम्भावना उतनी नहीं होती जितनी कम आयु वालों के पुनर्विवाह करने से होती है।

मध्य वय में होने वाले पुनर्विवाहों की सफलता में पति-पत्नी के परस्पर समायोजन की समस्याओं और रहन सहन के नये ढंगों के बाधक बनने की अधिक सम्भावना रहती है। इस अवस्था में लोग एकाकीपन को दूर करने के लिए भी विवाह करते हैं।

परिवार के साथ सम्बन्ध (Relationship with Family)

प्रौढ़ का परिवार के सदस्यों, भाई तथा बहनों के साथ सम्बन्ध लम्बी अवधि तक रहता है जबकि माता-पिता के साथ सम्बन्ध इतना लम्बा नहीं होता है। माता-पिता के साथ सम्बन्ध जन्म से मृत्यु (माता-पिता या बच्चों में किसी की भी मृत्यु) पर्यन्त होता है। यह सम्बन्ध वंशानुगत उत्तराधिकार (Genetic inheritance), व्यक्तिगत हिस्सेदारी, संस्कृति एवं बहुत सारे पूर्व अनुभवों द्वारा विकसित होता है तथा प्रायः समान अधिकार एवं स्वतन्त्रता से परिपूर्ण होता है। ये सम्बन्ध उपार्जित सम्बन्ध नहीं होते हैं वरन् जन्मगत रूप से स्वतः प्राप्त होते हैं (सिसरैली, 1982)।

भाई-बहनों के साथ सम्बन्ध सामान्यतया बचपन में अत्यधिक घनिष्ठ होता है तथा उम्र बढ़ने के साथ-साथ धीरे-धीरे इसकी तीव्रता में कमी होती जाती है। यह कमीयाँ तब और उत्पन्न हो जाती हैं जब बालक घर से बाहर चले जाते हैं। अधिकतर लोग अपने पड़ोसियों के सम्पर्क में रहते हैं तथा अपने सम्बन्धों की तीव्रता को वयस्कावस्था में महसूस करते हैं। लोग अपने सम्बन्धों को सही ढंग से प्रकट करते हैं तथा पड़ोसियों से अपने व्यक्तिगत रुचियों को व्यक्त करते हैं। फिर भी ये अपने गूढ़ तथा व्यक्तिगत विचारों को सभी के साथ विश्लेषित नहीं करते हैं। वे वयस्क अपने पड़ोसियों से अत्यधिक घनिष्ठ सम्बन्ध रखते हैं जिनके माता-पिता बचपन से ही उनसे दूर हो गए होते हैं। माता-पिता से अलगाव मुख्यतया मृत्यु, तलाक या परित्याग के कारण होता है। जब परिवार की सामाजिक स्थिति या तो अकथनीय होती है या बिल्कुल नहीं होती है तब भाई-बहन एक दूसरे के सहयोग के लिए तत्पर होते हैं (बैंक एवं काहन, 1982)।

अध्ययनों के आधार पर सम्बन्धों के कुछ विशेष प्रारूपों का उल्लेख किया गया है

(सिसरैली, 1982)। कुछ लोग मूलतः उदासीन होते हैं वहीं अन्य प्रौढ़ एक दूसरे के साथ पारिवारिक औपचारिकताओं में, शादी-विवाह में तथा अभिभावक की अनुपस्थिति में पारिवारिक जिम्मेदारियों के अनुपालन में घनिष्ठ सम्बन्ध रखते हैं। बहनें वयस्कावस्था में एक दूसरे के काफी करीब होती है जबकि लड़कों में अन्तर्लिंगगत सम्बन्धों (Cross-sex Relationship) में लड़कियों की अपेक्षा अधिक घनिष्ठ सम्बन्ध प्रदर्शित होते हैं (एडम्स, 1968)।

मित्रों के साथ सम्बन्ध (Relationship with Friends)

पारिवारिक सम्बन्ध तथा विवाह की भाँति मित्रता को किसी नियम या सामाजिक प्रथाओं से परिभाषित नहीं किया जा सकता है। यह सम्बन्ध अन्य सभी सम्बन्धों से नाजुक होता है। मित्रता अत्यधिक विषयनिष्ठ पद है जिसकी कई व्यापक परिभाषायें हैं तथा यह वास्तविक व्यवहार का मुख्य संचालक है (ह्वेक, 1982)। एक अध्ययन में कोहन, कुक एवं राजकोवस्की (1980) ने बताया कि वे वयस्क जो होटल में रहते हैं, उन्होंने अपने मित्रों के रूप में उन लोगों को बताया जो उनके प्रतिदिन के सम्पर्क में रहते हैं। इसके विपरीत अधिकतर वयस्क यह प्रदर्शित करते हैं कि उनके मित्र की उनके प्रति सोच व विचार कभी-कभार न तो घनिष्ठ होती है और न ही महत्वपूर्ण होती है। उन्होंने यह भी पाया कि वे व्यक्ति जो उनके मित्र नहीं थे, परन्तु फिर भी उन्होंने काफी घनिष्ठता प्रदर्शित किया।

जो लोग एक दूसरे के करीब रह रहे हैं तब यह जरूरी नहीं है कि उनके बीच मित्रता हो। जब व्यक्ति एक दूसरे व्यक्ति से अपनी भावनाओं को अभिव्यक्त करता है तथा एक लम्बे समय से एक दूसरे के सम्पर्क में रहता है (जैसे-बाल्यावस्था में एक दूसरे से सम्बन्ध, सेना में, विद्यालय में या अन्य किसी सेवा क्षेत्र में इत्यादि) तब उसमें मित्रता का भाव विकसित होता है (हेस, 1972)। अनेक मध्यम्वर्गीय वयस्कों की मित्रता में स्थायित्व होता है। वह अपनी मित्रता, पत्र द्वारा, फोन द्वारा या समय-समय पर एक दूसरे के घर आवागमन द्वारा जारी रखता है।

मित्रों की रुचियाँ, अभिवृत्तियाँ, सामाजिक पृष्ठभूमि, आयु, लिंग, धर्म तथा जाति लगभग एक समान होती है। वे एक दूसरे के प्रति समान अभिवृत्ति रखते हैं क्योंकि मित्रता अहं सुरक्षा, स्व-स्वीकारोक्ति एवं वैधीकरण को सुदृढ़ करती है (टेश, 1983 ; हेस, 1972)। मित्र एक दूसरे की पहचान की पुष्टि करते हैं तथा एक दूसरे को बौद्धिक अभ्यास तथा कष्ट में सहायता प्रदान करते हैं। आवश्यकतानुसार मित्र एक दूसरे को व्यक्तिगत वैवाहिक तथा व्यवहारात्मक स्तर पर सुझाव भी प्रदान करते हैं (हेस, 1972)।

जब मित्रता घटती है या समाप्त हो जाती है, तब एक मित्र वह सभी कार्य करता है जो दूसरे को प्रबल रूप से नापसन्द होता है। जैसे- उससे दूर जाना, महत्त्वपूर्ण बातों पर ध्यान न देना, धन उधार माँगना, तत्काल घर या नौकरी बदलना इत्यादि (पार्ली, 1979)। व्यक्ति का सामाजिक प्रतिरूप उसे मित्र बनाने पर जोर देता है। अभिभावक अन्य अभिभावकों से मित्रता रखते हैं।

अकेला व्यक्ति अकेले को मित्र बनाता है। वृद्ध व्यक्ति अन्य वृद्ध व्यक्तियों से सम्बन्ध रखता है। वे वृद्ध, जिनके लड़के बाहर रहते हैं वे, उन वृद्धों की अपेक्षा जिनके लड़के उनके साथ रहते हैं, अधिक मित्र बनाते हैं, तथा वे व्यक्ति जिनके पास नौकरी होती है वे सेवानिवृत्त व्यक्तियों की अपेक्षा अधिक मित्र बनाते हैं (रिले एवं फोनर, 1968)।

क्या पुरुषों की मित्रता, महिलाओं की मित्रता से भिन्न होती है ? इस पर लोगों के अलग-अलग मत हैं। कुछ लोगों का विचार है कि पुरुष मित्र, महिला मित्रों की अपेक्षा अधिक घनिष्ठता व्यक्त करते हैं (टाईगर, 1969) जबकि कुछ लोगों का विचार है कि महिलायें पुरुषों की अपेक्षा अधिक घनिष्ठता व्यक्त करती है (बूथ तथा हेस, 1974)। यद्यपि पुरुषों की मित्रता उनकी गतिविधियों तथा अनुभवों के कारण परिवर्तित होती रहती है जबकि महिलाओं की मित्रता संवेगों, अन्तरंगता तथा सहायतापरक गतिविधियों पर निर्भर होती है (वीस एवं लेवेनथाल, 1975 ; राइट, 1982)। यह जानने के लिए कि क्या पुरुष अपनी भावनाओं को अपने मित्रों के सामने प्रकट नहीं कर पाते हैं जबकि महिलायें भावनायें व्यक्त कर लेती हैं ? हाकर (1981) ने एकल, मध्यमवर्गीय वयस्कों पर एक अध्ययन किया तथा पाया कि समान लिंग के व्यक्तियों की मित्रता में लोग अपनी भावनाओं को अधिक अच्छी तरह व्यक्त कर पाते हैं। यह पुरुष एवं महिला मित्रों के मध्य कम दृष्टिगत होता है। एक अन्य अध्ययन में बेल (1981) ने पाया कि आस्ट्रेलिया एवं अमेरिका के वयस्क 30 वर्ष की उम्र में मित्रता को संवेगों के आदान-प्रदान का माध्यम मानते हैं।

परिवार (Family)

प्रौढ़ावस्था में परिवार को एक सामाजिक तंत्र के रूप में माना गया हैं। परिवार का निर्माण एक वयस्क पुरुष तथा एक वयस्क महिला के विवाहोपरान्त होता है तथा जब इन दोनों के संसर्ग से बच्चों का जन्म होता है तब सम्पूर्ण परिवार का निर्माण होता है। जीवन साथी में से किसी एक की मृत्यु के पश्चात् परिवार विखण्डित हो जाता है (हिल एवं माट्टेशिच, 1979)। इस प्रकार इस पारिवारिक व्यवस्था में किसी एक व्यक्ति के समस्याग्रस्त होने से पूरा परिवार प्रभावित होता है।

जब पहला बच्चा जन्म लेता है तब पति और पत्नी एक माता-पिता की भूमिका का भी निर्वाहन करते हैं तथा दूसरे बच्चे के जन्म के पश्चात् एक नये सम्बन्धों का निर्वाहन भी शुरु हो जाता है। आज पारिवारिक संरचना का विस्तार विस्तृत हो चुका है। औसतन वयस्क विलम्ब से विवाह करते हैं तथा विलम्ब से ही मातृत्व/ पितृत्व सुख प्राप्त करते हैं (ग्लिक, 1977)। ये विवाहित जोड़े अपने पूरे जीवन काल में एक दूसरे की आवश्यकताओं का विशेष ध्यान देते हैं तथा उनके प्रति अनुक्रिया भी करते हैं। उनकी अनुक्रियाओं की प्रकृति उनके जीवन शैली को प्रभावित करती है। पारिवारिक जीवन के अपने कुछ मूल्य होते हैं। उन मूल्यों का निर्वाहन कर व्यक्ति अपने परिवार में समायोजन स्थापित करता है। ये सामाजिक मूल्य पारिवारिक विचारों को भी स्पष्ट करते हैं।

अभिभावकत्व की भूमिका (Role of Parenting)

यद्यपि स्त्री तथा पुरुष दोनों ही अभिभावकत्व (मातृत्व/पितृत्व) का सुख प्राप्त करना चाहते हैं तथापि व्यवसायिक योजना बनाने में लीन रहने के कारण उन्हें इस सुख से कुछ अधिक समय तक वंचित रहना पड़ता है। उन्नीसवीं सदी के प्रारम्भ में जहाँ महिलाएं अपने अन्तिम बच्चे को औसतन बत्तीस वर्ष में जन्म देती थी वहीं इस का अधिकार सदी के मध्य तक आते-आते यह आयु घटकर 26 वर्ष हो गयी। वर्तमान समय में विलम्ब से विवाह होने के कारण 27-28 वर्ष की आयु में महिलाएं मातृत्व सुख की प्राप्ति कर रही हैं। आजकल की पीढ़ियों में परिवार का आकार पिछली पीढ़ियों से छोटा हो गया है। आजकल नवप्रौढ परिवार में शिशुओं का पालन पोषण करने के लिए प्रशिक्षण लेते हैं जिससे वे मातृत्व या पितृत्व से समायोजन कर सकें।

बहुत सी महिलाएं शिशु जन्म के पूर्व तक नौकरी करती हैं तथा प्रथम बच्चे के पैदा होने के पश्चात् नौकरी छोड़ देती है (रालिन्स एवं गैलिगन, 1978)। बच्चे माता-पिता की संतुष्टि को प्रभावित करते हैं साथ ही साथ अपने माता-पिता के निष्पादन को भी प्रभावित करते हैं। बच्चों के पालन-पोषण में तथा परिवार के उद्देश्यों की पूर्ति हेतु पति-पत्नी में त्याग की भावना पायी जाती है। जब लोग अभिभावक का रूप प्राप्त करते हैं तो उनमें तनाव व संतुष्टि दोनों प्रकार की स्थितियाँ परिलक्षित होती हैं। यदि एक अभिभावक के रूप में माता-पिता अपने बच्चे के साथ समायोजन स्थापित कर पाते हैं तो दूसरे बच्चे में समायोजन की भी सम्भावना प्रबल हो जाती है (यान्केलविच, 1981)। अभिभावकत्व व्यक्ति की प्रसन्नता, संतुष्टि तथा परिपक्वता का बोध कराता है।

प्रौढ़ का दाम्पत्य जीवन यदि समायोजित होता है तो मातृत्व तथा पितृत्व (Parenting) प्रति उनकी अभिवृत्ति भी अनुकूल होगी। जब बच्चे बड़े हो जाते हैं और पहले की तरह असहाय नहीं रहते तब नई आवश्यकताएं और नई समस्याएं बच्चे में जन्म लेती हैं जिनसे माता-पिता को समायोजन करना पड़ता है। बच्चों के बड़े हो जाने पर और विवाहोपरान्त या नौकरी के कारण उनके घर से अलग हो जाने पर माता-पिता की भूमिकाएं परिवार के प्रति बदल जाती है। मातृत्व-पितृत्व की भूमिका से निवृत्त होना व्यक्ति के लिए सेवा निवृत्ति के समान होता है जिसमें समायोजन करना व्यक्ति के लिए बड़ा ही कष्टप्रद होता है। चूंकि व्यक्ति अब वृद्धावस्था की तरफ अग्रसर होता है तथा उसका शारीरिक स्वास्थ्य एवम् आर्थिक स्थिति भी पहले जैसी नहीं होती। अब उन्हें सहारे की आवश्यकता पड़ती है तथा वह अपनी सन्तानों से स्वयं की सुरक्षा सम्बन्धी प्रत्याशा करने लगते हैं। अत: बच्चों का अलगाव उनके लिए अत्यन्त कष्टप्रद होता है।

'खाली घोंसले' की अवधि (Period of Empty Nest)

मध्यावस्था को वैवाहिक जीवन की खाली घोसला की आयु कहा जाता है। इस अवस्था में जब बच्चे बड़े हो जाते हैं तो अपने कैरियर या व्यवसाय में लग जाते हैं जिसके कारण उन्हें अपना घर

भी छोड़ना पड़ता है। ऐसे समय में प्रौढ़ व्यक्ति स्वयं को अकेला महसूस करते हैं। ट्राल, मिलर तथा अटचले (1979) के अनुसार सभी माता-पिता अपने बच्चे के घर छोड़ने के पश्चात् मानसिक तनाव की स्थिति का सामना करते हैं। प्रायः पिता की अपेक्षा माताएं अधिक चिन्ता प्रकट करती हैं।

जो महिलाएं नौकरी नहीं करती वे अपना समायोजन आसानी से कर लेती हैं जबकि नौकरी करने वाले लोग स्वतंत्रता के प्रति समायोजन आसानी से नहीं कर पाते हैं। कुछ महिलाएं अप्रसन्नता के साथ 'खाली घर' की स्थिति के प्रति प्रतिक्रिया व्यक्त करती हैं तथा तीव्र सांवेगिक समस्याओं का सामना करती हैं (लोवेन्थाल एवं चिलीबोगा, 1972)। मिलर (1979) के अनुसार 'खाली घर' का तात्पर्य यह होता है कि मध्यावस्था में पति-पत्नी घर के कामों में कम रुचि लेते हैं तथा एक दूसरे के साथ अत्यधिक समय व्यतीत करते हैं।

जीवनवृत्ति एवं व्यवसाय (Career and Occupation)

व्यक्ति में स्व के भाव के विकास में 'कार्य' की भूमिका अत्यन्त महत्वपूर्ण होती है। वयस्क की क्षमता औद्योगिक अभिक्षमता के स्वरूप में घटित होती है। एरिक्सन (1968) के अनुसार, प्रौढ़ में कार्य की क्षमता तथा उत्पादकता जो बाल्यावस्था में सुसुप्तावस्था में थी, अब अपने चरमोत्कर्ष पर होती है। यह महत्त्वपूर्ण तथ्य है कि व्यक्ति की कार्योत्पादकता उसकी निजी मनोसामाजिक पहचान से जुड़ जाती है, क्योंकि वयस्क (पुरुष व महिला) को आय की आवश्यकता भी नहीं रहती है तब भी प्रायः वे कार्य करते रहना चाहते हैं (रेंविक एवम् लॉलट, 1978)।

कार्य का चयन (Choosing work)

प्रायः लोग अपनी क्षमता, रुचि, योग्यता एवं गुण के आधार पर कार्यों का चयन करना चाहते हैं। जहाँ पर कुछ लोगों को उनकी योग्यता, क्षमता तथा कार्यकुशलता के अनुरूप कार्य मिल जाता है वहीं कुछ व्यक्ति रुचि के अनुरूप कार्य न मिलने से अपने कार्य को बीच में ही छोड़ देते हैं। कार्य छोड़ने के कई कारण हो सकते हैं इनमें से कुछ प्रमुख कारण हैं - दुर्घटना, भाग्य, लिंग, सामाजिक स्तर एवं सन्निकटता, जीवनशैली (Lifestyle) इत्यादि। बहुत सारे व्यवसायिओं तथा कर्मचारियों में से लगभग 40% लोगों ने बताया कि उनके रोजगार प्राप्ति में 'अवसर' (chance) का महत्त्वपूर्ण योगदान है तथा केवल एक चौथाई लोगों ने कहा कि उन्होंने अपने रोजगार को इच्छानुसार चयनित किया हैं (रेनविक एवं लावलर, 1978)। जो युवक अपनी व्यावसायिक रुचि, कौशलों, विशेषताओं को पहचानने में सक्षम होते हैं वे अपनी पसन्द की नौकरी प्राप्त कर लेते हैं परन्तु अधिकांश युवक नौकरी या व्यवसाय की दैनिक जटिलताओं को समझ नहीं पाते तथा अभिनतिपूर्ण सूचनाओं को सही स्वीकार करते हुए अनेक अवसरों से वंचित हो जाते हैं (एनास्टेसी, 1976)।

कैरियर का विकास (Career Development)

वयस्कावस्था में लोग अपनी जीवनवृत्ति को सृजित करते हैं। व्यावसायिक (जीवनवृत्ति) चयन की इस प्रक्रिया में व्यक्ति की योग्यता तथा कार्य कुशलता की महत्त्वपूर्ण भूमिका रहती है (वैलेन्ट, 1977)। अतः यह अवस्था कैरियर समाकलन (Career consolidation) की अवस्था कहलाती है। बहुत सारे अध्ययन यह प्रदर्शित करते हैं कि व्यक्ति मुख्यतया कैरियर के चुनाव के प्रति ऊर्जा से परिपूर्ण रहता है इसीलिए यह अवस्था कैरियर में चरमोत्कर्ष (optimal) की अवस्था कहलाती है।

कुछ व्यक्ति इस अवस्था में व्यवसाय से सम्बन्धित अध्ययन या प्रशिक्षण भी करते हैं। यह प्रशिक्षण दीर्घकालिक तथा अंशकालिक दोनो तरह का हो सकता है (सुपर, 1957)। कैरियर चयन का यह संरूप एक निश्चित कालक्रम के अनुसार परिवर्तित होता रहता है। इसकी शुरुआत किशोरावस्था से हो जाती है। प्रारम्भ में यह अवधि 'क्रिस्टलीकरण की अवस्था (crystallization stage)' कहलाती है। किशोर अपनी आवश्यकतानुसार, रुचि मूल्यों एवं कौशलों के अनुसार, अपने कैरियर को चुनते हैं या चुनने की कोशिश करते हैं परन्तु इस अवस्था में कुछ की समझ वास्तव में अनुबन्धित होती है। 'विशिष्टीकरण (specification stage) की अवस्था' में लोग विभिन्न प्रकार के विशिष्ट रोजगारों का चयन करते हैं। यह अवस्था स्नातक स्तर की अवस्था होती है तथा रोजगार या कार्य के लिए क्रान्तिक अवस्था होती है। पूर्व वयस्कावस्था एवं लगभग 20 वर्ष की अवस्था में लोग रोजगार के प्रति मूलभूत समझौतावादी प्रकृति को विकसित करते हैं। 'अनुप्रयोगात्मक अवस्था (Implementation stage)' में व्यक्ति को स्कूल या कालेज में रोजगार के लिए प्रशिक्षण दिया जाता है जिसके कारण बेहतर रोजगार का चयन कर पाने में वे सक्षम हो सकते हैं। एक अनुदैर्ध्यात्मक अध्ययन में वैलेन्ट (1977) ने हार्वर्ड यूनिवर्सिटी के स्नातकों में पाया कि कैरियर में असफल युवकों का आत्मविश्वास निम्न था। महिलाएं जो उच्च श्रेणी के रोजगार प्राप्त करने में सफल रहती हैं उनका आत्मविश्वास उच्च होता है।

प्रथम पाँच वर्षों की कार्यावधि में व्यक्ति की प्रवृत्ति रोजगार के प्रति परिवर्तित होती है तथा प्रत्येक पाँच व्यक्तियों में से एक व्यक्ति अपना रोजगार परिवर्तित भी कर लेता है (क्लासेन, 1981)। उदाहरण के लिए– रोजगार में परिवर्तन लोग प्रायः तीस से चालीस वर्ष के मध्य करते हैं।

जब व्यक्ति अपने कार्यावधि का 20 वर्ष पार कर लेता है तब वह स्थिरीकरण की अवस्था (stabilization stage) में पहुँच जाता है। लगभग एक दशक की अवधि के पश्चात् वह अपने चुने हुए क्षेत्र एवं रोजगार में तन्मयता से जुट जाता है। तीस साल के मध्य में समाकलन की अवस्था प्रारम्भ हो जाती है जब एक अनुभवी तथा जानकार कार्यकर्त्ता अपनी सभी संभावनाओं को समाकलित करते हैं। यह अवस्था सेवा-निवृत्ति तक चलती है।

व्यक्ति का व्यक्तित्व न केवल उसके रोजगार के अवसर को प्रभावित करता है बल्कि उसके रोजगार चयन को भी निर्धारित करता हैं। पूर्णतया सफल व्यक्ति दृढ़निश्चयी, सृजनशील बुद्धि वाले, आत्मनिर्भर तथा आत्मानुशासित होते हैं तथा चिन्ता, कुण्ठा, भय, उत्तरदायित्वों के प्रति कमी तथा कठिन परिस्थितियों में भी कम मानसिक तनाव प्रदर्शित करते हैं। वहीं मध्यमवर्गीय कर्मचारी/अधिकारी जिन्होंने अपना कार्य मध्य किशोरावस्था में ही प्रारम्भ कर दिया था, उनमें आत्मनिर्भरता, जोश तथा संज्ञानात्मक योग्यता का स्तर उच्च पाया जाता है (कैलीफोर्निया, इण्टरजेरनेशल अध्ययन)।

कैलीफोर्निया इण्टरजेरनेशनल अध्ययन के आँकड़े महिलाओं के व्यक्तित्व तथा रोजगार के अर्न्तसम्बन्ध को व्यक्त करते हैं। वे महिलाएं जो स्वास्थ्य विभाग में सेविका पद पर कार्य करती हैं उन्होंने कहा कि वे किशोरावस्था में रोजगार से सन्तुष्ट नहीं थी। उन्होंने उच्च शिक्षा को औरतों के मानकों के विपरीत पाया। उनकी बौद्धिक रुचियाँ पुरुषों जैसी थीं। 40 वर्ष की आयु में ये औरतें दृढ़निश्चयी, विवकेशील, प्रतिबद्ध एवं जोश से परिपूर्ण थीं। वे अपने रोजगार से पूर्णतः सन्तुष्ट पायी गयी।

इसके विपरीत वे महिलाऍ जो अपने को व्यस्त रखने के लिए प्राथमिक कार्य करती हैं या केवल धन प्राप्त करने हेतु कार्य करती हैं उनमें सन्तुष्टि का स्तर निम्न पाया गया।

रोजगार का अवसर व्यक्तित्व को भी प्रभावित करता है। इसका एक कारण यह है कि व्यक्ति जिस पर्यावरणीय स्थिति में कार्य करता है उसको वह एक लम्बे अवधि तक सहन करता है परन्तु उससे प्रभावित भी होता है (गारफिंकल, 1982)। मैलविन काहन (1980) ने यह सुझाव दिया कि रोजगार जटिलतायें, दबाव, उच्चाधिकारियों के निरीक्षण का दबाव, रोजगार की प्रस्थिति, व्यक्ति के व्यक्तित्व को निर्धारित करते हैं। वे व्यक्ति जिनका रोजगार जटिल होता है उसको करने के लिए उन्हें स्वतन्त्र निर्णय की आवश्यकता होती है और यह निर्णय बौद्धिक लचीलापन को विकसित करता है। अतः रोजगार की जटिलता व्यक्तित्व की विशिष्टताओं जैसे- आत्म-सम्मान, दुश्चिन्ता, उत्तरदायित्व, नैतिक मानक, अधिनायकवादी, बौद्धिक गुण, स्वतंत्र लक्ष्य आदि को प्रभावित करती है तथा अतिकार्य व्यक्ति के स्वास्थ्य के लिए खतरनाक होता है। यह कार्य प्रतिबल (Work Stress) को बढ़ाता है तथा अति प्रतिबल स्तर का व्यक्ति के स्वास्थ्य पर गलत प्रभाव पड़ता है (पाण्डेय एवम् श्रीवास्तव, 2004)।

जब व्यक्ति सृजनशील तथा पुर्नउत्पादित रोजगार प्राप्त करने में सफल रहता है तब उसमें आत्मविश्वास, गर्व तथा सन्तुष्टि के भाव उत्पन्न होते हैं (गारफिंकल, 1982)। एक व्यवसायी जब अपने व्यवसाय को बेकार मानता है तब वह कोई सार्थक निर्णय लेने में अपने को असमर्थ पाता है तथा अपने ग्राहकों को अपनी बातों से सन्तुष्ट नहीं कर पाता है। लेकिन जब व्यवसायी अपने व्यवसाय को अति महत्त्व देते हैं तब अपने व्यवसाय के हजारों वस्तुओं के मूल्यों को जानते हैं तथा परिशुद्ध एवं प्रभावी जानकारियों से ग्राहकों को सन्तुष्ट कर पाते हैं।

व्यक्तित्त्व प्रभाव (Personality Influence)

प्रौढ़ावस्था के पूर्वार्द्ध में समायोजन एक कठिन कार्य होता है। चूंकि प्रौढ़ावस्था में पहुंचने के बाद व्यक्ति के पास ढेरों जिम्मेदारियाँ होती हैं तथा उसे नये पर्यावरण के साथ समायोजन करना होता हैं अतः इस स्थिति में प्रौढ़ किशोरों की भांति संवेगात्मक तनाव से जूझता है। प्रौढ़ावस्था के प्रारम्भिक दिनों में व्यक्ति भूमिका निर्वहन के प्रति अधिक चिन्तित रहता हैं। बहुत से प्रौढ़ 30 वर्ष की आयु में अपनी समस्याओं का समाधान स्वयं कर लेते हैं तथा वे शांत व सांवेगिक रूप से कम चिंतित दिखते हैं। 20 से 30 वर्ष की आयु में सांवेगिक तनाव उच्च होने के कारण इस अवधि में प्रौढ़ का समायोजन संतोषजनक नहीं होता है (कैम्पबेल, 1975)।

व्यक्ति प्रौढ़ावस्था की समस्याओं के साथ समायोजन करने हेतु अपने अहं सम्प्रत्यय को उत्तम बनाता है। जिस व्यक्ति का अहं सम्प्रत्यय धनात्मक होगा वह उतनी ही सफलतापूर्वक परिस्थितियों के साथ समायोजित होगा तथा उसमें आत्मविश्वास तथा दृढ़ता का भाव विकसित होगा। प्रौढ़ावस्था में व्यक्ति का अहं सम्प्रत्यय अच्छा होगा यह इस बात पर निर्भर करता है कि किशोरावस्था में उसके अहं सम्प्रत्यय का स्तर क्या था। बुगेन्टल (1955) का मानना है कि एक बार अहं सम्प्रत्यय विकसित हो जाने के पश्चात् सम्पूर्ण प्रौढ़ावस्था में उसका स्थायित्व बना रहता है और आयु वृद्धि के साथ प्राय: अधिक दृढ़ और स्थिर होता जाता है।

व्यक्ति के व्यक्तित्त्व का स्वरूप किशोरावस्था तक इतना स्थिर हो जाता है कि आगे उसमें कम बदलाव होता है। अतः व्यक्तित्त्व का प्रकार व्यक्ति के समायोजन में सक्रिय भूमिका निभाता हैं। लम्बी अवधि तक व्यक्तित्त्व में संगति (consistency) से यह स्पष्ट होता है कि व्यक्तित्त्व का समायोजन पर प्रभाव पड़ता है न कि समायोजन व्यक्तित्त्व को प्रभावित करता हैं। देर से परिपक्व होने वाले बालक अपरिपक्वता के कारण अपने व्यक्तित्त्व के स्पष्ट लक्षणों को विकसित नहीं कर पाते तथा समायोजन स्थापित नहीं कर पाते जबकि शीघ्र परिपक्व होने वाले बच्चों में समायोजन स्थापित करने की क्षमता बड़ी प्रबल होती है तथा वे एक उत्तम व्यक्तित्त्व के स्वामी होते हैं।

मध्यावस्था में पहुंचने पर भूमिकाओं में परिवर्तन के कारण वयस्क का अहं सम्प्रत्यय भी प्रभावित होता है। भूमिका परिवर्तन के पश्चात् व्यक्ति समायोजन करने के लिए स्वयं को लचीला बनाता है जिससे व्यक्ति नयी भूमिकाओं को अपनाता है। जब किसी एक भूमिका में सफलता मिल जाती है तो उसके स्वभाव में लचीलापन के समाप्त होने की आशंका रहती है जिसके कारण वह दूसरी भूमिका से समायोजन स्थापित करने में असफल हो जाता है। अतः नई भूमिका से अच्छा समायोजन स्थापित करने के लिए मध्यवयस्क को "पुरानी भूमिका में लगी हुई संवेगात्मक पूंजी को हटाकर उसे नई भूमिका में लगा देना होगा।"

मध्यवय के प्रति व्यक्ति की अभिवृत्ति उसके अहं सम्प्रत्यय को प्रभावित करती है। मध्यावस्था की समस्याएं व्यक्ति के लिए स्वाभाविक नहीं होती बल्कि कुछ सामाजिक परिस्थितियों

का परिणाम होती है। व्यक्ति को मध्यवय से किस प्रकार समायोजित करना चाहिए इस संदर्भ में दो भिन्न दृष्टिकोण है। पहले व्यक्ति को युवा और सक्रिय बने रहना चाहिए तथा दूसरा, व्यक्ति वृद्धावस्था के संदर्भ में नकारात्मक अभिवृत्ति न रखते हुए आत्मविश्वास के साथ उसे वृद्धावस्था को अपनाना चाहिए। पुरुषों की अपेक्षा स्त्रियाँ दूसरे दृष्टिकोंण को अधिक महत्त्व देती हैं। मध्यावस्था में व्यक्ति का समायोजन इस बात पर निर्भर करता है कि इस अवस्था में सामाजिक अभिवृत्तियाँ उसके अहं सम्प्रत्यय (Self concept) को कितना प्रभावित करती हैं।

सारांश (Summary)

प्रौढ़ावस्था का काल विस्तार मानव जीवन के विकास में सबसे लम्बा तथा दायित्वों से परिपूर्ण होता है। इस अवधि में व्यक्ति में विकास के साथ स्पष्ट परिवर्तन भी दृष्टिगत होता है। लोग दूसरों के प्रति सांवेगिक लगाव महसूस करते हैं। एक ओर जहाँ प्रौढ़ सामाजिकता को महत्व देता है उससे कहीं अधिक वह अब अपने व्यक्तिगत या पारिवारिक सम्बन्धों को महत्त्व देने लगता है। प्रौढ़ावस्था के प्रारम्भ में व्यक्ति अपने जीवन साथी का चयन पूरी सतर्कता के साथ करता है क्योंकि उसे पूरा जीवन उसके साथ बिताना होता है। इस संदर्भ में महिलाएं अब अधिक जागरुक हैं। व्यक्ति समान अभिवृत्ति के लोगों को ही अपना जीवन साथी बनाना पसंद करता है। अन्तर्जातीय विवाह के प्रति जागरुकता कुछ दशकों में बढ़ी है। व्यक्ति अपने मनपसन्द साथी का चयन करके उससे विवाह करता है तथा दाम्पत्य जीवन की शुरुआत करता है। वह अपने दाम्पत्य जीवन में अनेक ढंग से समायोजन भी स्थापित करता हैं। वैवाहिक जीवन में ईर्ष्या या प्रतिस्पर्धा का भाव दाम्पत्य जीवन में विष का कार्य करता है।

मध्य प्रौढ़ावस्था में व्यक्ति का वैवाहिक जीवन अधिक चुनौतीपूर्ण हो जाता है। परिवार के भरण-पोषण के लिए ऊर्जा, उत्पादकता तथा अभिभावक की भूमिका लगभग समाप्त होने की स्थिति में अकेलापन के साथ उसे स्वयं को समायोजित करना पड़ता है। अतः उसे कठिनाईयों का सामना करना पड़ता है । पति तथा पत्नी में से कोई भी या दोनों के अधिक व्यस्त रहने के कारण लैंगिक समायोजन के प्रति असंतोष रहता है जिससे उनका वैवाहिक जीवन कुसमायोजन की स्थिति में आ जाता है इससे पति-पत्नी में सांवेगिक तनाव की स्थिति आ जाती है तथा उचित समायोजन न हो पाने की स्थिति में प्रायः तलाक की स्थिति भी आ जाती है। लैंगिक असंतुष्टता, अविश्वास की भावना, पारिवारिक हस्तक्षेप आदि तलाक की स्थिति उत्पन्न करने में सहायक होते हैं। तलाक अथवा जीवन साथी में से किसी एक की मृत्यु के कारण पुनर्विवाह की समस्या उत्पन्न होती है। पुनर्विवाह की स्थिति और भी भयावह हो सकती है क्योंकि इसके बाद नव दम्पति को सौतेली माँ तथा सौतेले पिता की भूमिका भी निभानी पड़ती है। साथ ही साथ आर्थिक समस्याएं भी जन्म ले लेती हैं। मध्य वय में पुनर्विवाह के कई कारणों में से सबसे महत्वपूर्ण कारण अकेलापन दूर करना होता है।

प्रौढ़ावस्था में भाई-बहनों के साथ सम्बन्ध यद्यपि पहले जैसा घनिष्ठ नहीं होता तथापि

इनका सम्पर्क बना रहता है। प्रौढ़ावस्था में मित्र का सम्बन्ध बड़ा ही घनिष्ठ होता है। इस अवस्था में व्यक्ति अपने मित्रों से अपनी भावनाओं को अभिव्यक्त करता है तथा एक दूसरे के सम्पर्क में रहता है। मित्रता अकेलापन को दूर करने का एक साधन भी है। परिणामों से यह भी प्रमाणित हो चुका है कि महिला मित्रों की अपेक्षा पुरुष मित्रता अधिक घनिष्ठता से युक्त होती है।

विवाह के पश्चात् पति-पत्नी मिलकर परिवार की नींव डालते हैं तथा बच्चे के जन्म के बाद परिवार में बढ़ोत्तरी होती है। वर्तमान समय में विलम्ब से विवाह होने की प्रथा के कारण व्यक्ति मातृत्व/पितृत्व का सुख भी विलम्ब से पाता है। बच्चों के पालन पोषण में तथा परिवार के उद्देश्यों की पूर्ति हेतु पति-पत्नी में त्याग की भावना पायी जाती है। जब बच्चे बड़े हो जाते हैं और पढ़ने या नौकरी के लिए अथवा विवाह के पश्चात् जब वे घर को छोड़ते हैं तो उस स्थिति में माता-पिता को अकेलापन का सामना करना पड़ता है। यह स्थिति उनके लिए अत्यंत दुखःद होती है। शायद यही कारण है कि मध्यावस्था को 'खाली घोंसले' की अवस्था कहा जाता है।

सभी वयस्क अपनी योग्यता, क्षमता तथा कार्यकुशलता के अनुरूप कार्य का चयन करते हैं। कार्य चयन/ रोजगार प्राप्ति में 'अवसर' की भूमिका महत्त्वपूर्ण होती है। प्रौढ़ावस्था 'कैरियर समाकलन' की अवस्था होती है। कैरियर के विकास के लिए वे तैयारी भी करते हैं क्योंकि यह अवस्था रोजगार या कार्य के लिए क्रान्तिक अवस्था होती हैं। व्यक्ति का व्यवसाय उसके व्यक्तित्व को प्रभावित करता है। पूर्णतया सफल व्यक्ति दृढ़निश्चयी, आत्मनिर्भर, उच्च बुद्धि वाले होते हैं। उनके नकारात्मक संवेगों में कमी पायी जाती है। व्यक्ति को यदि अपनी योग्यता के अनुरूप रोजगार मिलता है तो वह स्वयं को गौरवशाली महसूस करता है किन्तु अपने कार्य से असंतुष्ट व्यक्ति हीन भावना से ग्रसित हो जाते हैं।

प्रौढ़ावस्था में अत्यधिक जिम्मेदारी होने के कारण व्यक्ति संवेगात्मक तनाव महसूस करता है जो 20 से 30 वर्ष के बीच में अधिक दिखता हैं। व्यक्ति स्वयं को समायोजित करने के लिए अपने 'आत्म सम्प्रत्यय' तथा अपने 'आत्मविश्वास' को विकसित करता है तथा जब एक बार उसका आत्म सम्प्रत्यय विकसित हो जाता है तो आयु वृद्धि के साथ उसमें दृढ़ता और स्थिरता आती रहती है। मध्यावस्था में पहुंचने पर व्यक्ति का समायोजन इस बात पर निर्भर करता है कि उसके अहं सम्प्रत्यय पर 'मध्य वय के अभिवृत्ति' का कितना प्रभाव है।

तकनीकी पद	**Technical Terms**
अलगाव	Seperation
अन्तर्लिंगगत सम्बन्ध	Cross-sex Relationship
अनुप्रयोगात्मक	Implementation
अभिभावकत्त्व	Parenthood
अहं सम्प्रत्यय	Self Concept
'खाली घोंसला की अवधि'	'Period of Empty Nest'

घनिष्ठता	Intimacy
जीवनवृत्ति	Career
जीवन साथी	Mate or Life Partner
तलाक	Divorce
निष्क्रियता	Inactivity
प्रौढ़ावस्था	Adulthood
प्रतिस्पर्धा	Competition
पुनर्विवाह	Remarriage
परिवार	Family
पितृत्व	Fatherhood
परिपक्वता	Maturity
मनोसामाजिक	Psycho-social
मातृत्व	Motherhood
लैंगिक रुचि	Sexual Interest
विवाह	Marriage
वंशानुगत उत्तराधिकारी	Genetic Inheritance
विशिष्टीकरण	Specification
व्यक्तित्त्व	Personality
सृजनात्मकता	Creativity
सांवेगिक सम्बन्ध	Emotional Relation
समाकलन	Consolidation
स्थिरीकरण	Stabilization

19 वृद्धावस्था : शारीरिक एवं संज्ञानात्मक परिवर्तन

Ageing : Physical and Cognitive Changes

प्रत्येक समाज में वृद्धावस्था के प्रति ऋणात्मक अभिवृत्तियाँ पायी जाती रही है। परन्तु आजकल वृद्ध लोगों को वरिष्ठ नागरिक (Senior citizen), स्वर्ण युगीन व्यक्ति (golden-agers) अथवा वयोवृद्ध व्यक्ति (elderly person) कहा जाता है। वृद्ध व्यक्ति के लिए सबसे नई एवं सृजनात्मक शिष्ट्योक्ति (euphemism) 'दीर्घकालिक प्रतिभाशाली व्यक्ति' (chronologically gifted Person) हैं। इस प्रकार के उद्‌बोधन के प्रयोग का एक कारण यह हो सकता है कि कोई भी व्यक्ति दीर्घायु तो होना चाहता है परन्तु वह वृद्ध के रूप में परिभाषित नहीं होना चाहता है। वृद्धावस्था तथा वृद्ध व्यक्तियों के प्रति पूर्वाग्रह अथवा विभेदनपूर्ण व्यवहार के कारण लोगों में वृद्ध के प्रति संवेदनशीलता में वृद्धि होती है। वृद्ध के प्रति लोगों की अभिवृत्ति युवा व्यक्ति की अपेक्षा अधिक ऋणात्मक होती है। विविध अध्ययनों का विश्लेषण करने से ज्ञात होता है कि अनेक शारीरिक एवं मानसिक विशेषताओं जैसे- दक्षता (competence) तथा आकर्षकता (attractiveness) इत्यादि पर वृद्ध लोगों का मूल्यांकन ऋणात्मक होता है (काइट एवं जॉनसन, 1988) ।

जरावैज्ञानिक (Gerontologists) जो वृद्ध व्यक्ति एवं वृद्धावस्था प्रक्रम का अध्ययन करते हैं, यह मानते हैं कि अधिकांशत 70 वर्षीय वृद्ध, जो अपने आप को 50 वर्षीय व्यक्ति की भांति क्षमतावान मानते है ; वे अपने सामान्य उम्र से 10 से 20 वर्ष अधिक जीवित रहते हैं (हर्ज, हार्न एवं मीअर, 1987) । सम्प्रति वृद्ध व्यक्तियों को दो श्रेणियों में विभाजित करने का प्रस्ताव आता है। एक वे जिसे "युवा वृद्ध" (Young old) कहते हैं जिसमें अधिकांश वे वृद्ध आते हैं जो अपने वास्तविक उम्र की परवाह नहीं करते हैं तथा ओजस्वी (vital), सशक्त (vigorous) तथा क्रियाशील होते हैं, तथा दूसरी श्रेणी के वृद्ध वयोवृद्ध (old old) कहलाते हैं जिसके अन्तर्गत कमजोर (frail), निर्बल एवं रुग्ण लोग होते हैं (न्यूगार्टन एवं न्यूगार्टन, 1987) । वयोवृद्ध श्रेणी के लोगों की अधिकांश समस्याएं भोजन संबंधी, व्यायाम की कमी अथवा स्नायुतांत्रिक बीमारियों के कारण होती है।

इन श्रेणियों के निर्मित करने का एक प्रमुख कारण मध्य प्रौढ़ावस्था तथा वृद्धावस्था आरंभ को रेखांकित करना है। कहा भी गया है कि व्यक्ति की उम्र उतनी ही होती है जितना कि वह अनुभव करता है। यद्यपि सेवानिवृत्ति को वृद्धावस्था के संकेत के रूप में माना जाता है किन्तु वर्तमान समय में यह पूर्णतया लागू नहीं होता है। सामान्यतया 65 वर्ष को सेवानिवृत्ति आयु मानी जाती है जब व्यक्ति संपूर्ण सामाजिक लाभ को पाने के योग्य हो जाता है। किंतु वर्तमान समय में 90 वर्ष से अधिक आयु का व्यक्ति भी कभी-कभी कार्यरत रहता है (जैसे- राजनीति एवं सामाजिक सेवा के क्षेत्र में) तथा कोई 55 वर्षीय व्यक्ति सेवानिवृत्ति के पूर्व ही शारीरिक रूप से निर्बल तथा निष्क्रिय होने लगता है।

वृद्धावस्था को शारीरिक क्षमताओं एवं मानसिक प्रकार्यों में ह्रास के प्रतीक के रूप में समझा जाता है परन्तु वृद्ध की इन विशेषताओं में वैयक्तिक भिन्नताएं भी स्पष्ट रूप में देखने को मिलती हैं। यथा: एक 80 वर्षीय वृद्ध व्यक्ति फुसफुसाहट को भी सरलतापूर्वक सुन सकता है जबकि इसी उम्र के अन्य व्यक्ति तेज आवाज से कही गई बात को भी नहीं सुन पाते हैं। एक 70 वर्षीय महिला शारीरिक रूप से सक्रिय हो सकती है जबकि इसी उम्र की कई अन्य महिलाओं को चलने में भी तकलीफ होती है।

वर्तमान समय में व्यक्ति के जीवन अवधि में वृद्धि के कारण जहाँ वृद्धों की संख्या बढ़ी है वहीं वृद्धावस्था से संबंधित कुछ प्रमुख विषयों पर विकास मनोवैज्ञानिकों का ध्यान आकृष्ट हुआ है। जैसे : क्या अन्य लोगों की अपेक्षा कुछ लोगों में बुढ़ापा पहले आ जाता है ? या वृद्धावस्था के आरम्भ में ही तीव्र शारीरिक परिवर्तन परिलक्षित होते हैं ? अत: अध्याय के प्रथम अनुभाग में इन प्रश्नों से संबंधित कुछ प्रमुख बिन्दुओं की चर्चा की गयी है यथा ; जीवन प्रत्याशा के कुछ ऐतिहासिक परिवर्तन तथा वृद्धावस्था से संबंधित सिद्धान्त इत्यादि। प्रस्तुत अध्याय में वृद्धावस्था के सिद्धान्तों की चर्चा की गयी है। इसके अतिरिक्त बुढ़ापा क्यों आता है ? तथा वृद्धावस्था से जुड़े शारीरिक परिवर्तनों की व्याख्या की गयी है। अंततः वृद्ध व्यक्ति को स्वस्थ रहने के लिए तथा शारीरिक ह्रास को नियंत्रित करने के लिए क्या करना चाहिए इस पर भी प्रकाश डाला गया है।

वृद्धावस्था में व्यक्ति की संज्ञानात्मक अभिक्षमताओं में क्रमिक ह्रास दृष्टिगत होता है, परंतु यह ह्रास किसी व्याधि के कारण नहीं वरन् कुछ वैयक्तिक विशिष्टताओं के कारण घटित होता है। कुछ अन्य संज्ञानात्मक अभिक्षमताएं वृद्धावस्था में क्षीण हो जाती हैं जबकि कुछ आश्चर्यजनक रूप से वृद्धावस्था में बनी रहती हैं। इस अध्याय के द्वितीय अनुभाग में प्राय: उन सभी परिवर्तनों तथा रोग के लक्षणों की जानकारी प्रस्तुत की गई है जो इन कमियों से सीधे तौर पर जुड़े हैं। अध्याय के अन्त में इस अवस्था में संभावित संज्ञानात्मक विकास तथा ज्ञान को विश्लेषित किया गया है।

शारीरिक परिवर्तन (Physical Changes)

दीर्घायु एवं वृद्धावस्था प्रक्रम (Long life and the Aging Process)

उस व्यक्ति के जीवन के संदर्भ में जिसकी आयु अत्यधिक हो चुकी होती है, जरावैज्ञानिक समाज (Gerontological Society) का सिद्धान्त है कि सिर्फ जीवन को वर्षों में जोड़ने के बजाय, इन वर्षों में जीवन (जीवन्तता) को सम्मिलित करना चाहिए (To add life to years, not just years to life)। वृद्धावस्था पर किये गए अनुसंधानों का उद्देश्य जीवन के दीर्घीकरण (lengthening) को समझना ही नहीं बल्कि उन उपायों को जानना भी है जिससे वृद्ध व्यक्ति में शक्ति, सामर्थ्य एवं कार्य करने की क्षमता को बढ़ाया जा सके।

जीवन की प्रत्याशा (Life Expectancy)

औषधि विज्ञान के विकास के साथ व्यक्ति के जीवन की औसत आयु में भी वृद्धि हुई है। आज अधिकांश व्यक्ति वृद्ध होने की प्रत्याशा कर सकते हैं तथा वृहद वयोवृद्ध जनसंख्या आज एक नया गोचर है। सन् 1900 में संयुक्त राज्य में नवजात शिशु की जीवन प्रत्याशा का औसत मात्र 47 प्रति वर्ष थी क्योंकि अधिकांश की मृत्यु शैशवावस्था में हो जाती थी। सन् 1987 तक जन्म के समय औसत जीवन प्रत्याशा 75 प्रति वर्ष तक पहुँच गई (U.S. Department of Health and Human Services, USDHHS, 1990) । एक अनुमान के अनुसार जीवन प्रत्याशा में वृद्धि अनवरत जारी रही तथा 2020 में महिलाओं में यह दर 82 प्रति वर्ष तथा पुरुषों में 74 प्रति वर्ष एवं 2040 तक महिलाओं में यह दर 83.1 तथा पुरुषों के लिए 75 प्रति वर्ष हो जाएगी (स्नाइडर एवं गुरनिक, 1990)। औषधि विज्ञान में क्रान्तिकारी प्रगति के कारण दीर्घ आयु का औसत दर बढ़ा है।

शिशु जन्म (child birth) तथा संक्रामक बीमारियों (infectious diseases) के कारण होने वाली मृत्यु में कमी तथा लम्बी उम्र के कारण होने वाली मृत्यु में वृद्धि पाई गई है। 65 वर्ष से ऊपर के लोगों के लिए सर्वाधिक घातक हृदय संबंधी बीमारियां (45%) है, इसके पश्चात् कैंसर (20%), हृदय आघात (11%), फेफड़ों की बीमारी, निमोनिया, इन्फ्लूएंजा, दुर्घटना एवं मधुमेह आदि बीमारियां आती हैं (USDHHS, 1990)। यदि मृत्यु संबंधी कारणों में से कैंसर को निकाल दिया जाए तो औसत जीवन अवधि में 2 से 3 वर्षों की वृद्धि हो सकती है लेकिन यदि हृदय एवं गुर्दा संबंधी बीमारियों को निकाल दिया जाए तो यह वृद्धि 11 वर्षों से अधिक हो सकती है (फ्राइस एवम् क्रेपो, 1981)।

वृद्धावस्था के सिद्धांत (Theories of Aging)

अभी तक यह ज्ञात नहीं हो पाया है कि क्यों उम्र बढ़ने के साथ व्यक्ति के शारीरिक प्रकार्य

कुशलतापूर्वक कार्य नहीं कर पाते। हम यह जानते हैं कि वृद्धावस्था आनुवांशिकता, पोषण, स्वास्थ्य तथा पर्यावरणीय कारकों से प्रभावित विकास का एक प्रमुख चरण है। वृद्धावस्था के अधिकांश सिद्धांतों को सार्वभौमिक रूप से स्वीकार नहीं किया गया है किन्तु उनमें से कुछ उपागमों को स्वीकृति मिली है।

योजनाबद्ध वृद्धावस्था (Programmed Aging)

योजनाबद्ध वृद्धावस्था सिद्धांत (Programmed Aging Theory) के अनुसार प्रत्येक जीव में जैविकीय विशेषताओं के अनुसार शारीरिक वृद्धि होती है। यह स्वरूप प्रत्येक जीव में कम या अधिक अंतर के साथ पाया जाता है। यद्यपि प्रत्येक जीव की अपनी अलग जीवन प्रत्याशा तथा वृद्धावस्था का प्रारूप होता है फिर भी यह प्रारूप पूर्वकथनीय एवं जन्मजात होता है।

लियोनार्ड हेफ्लिक (1974) ने विभिन्न जीवों की कोशिकाओं का अध्ययन किया तथा पाया कि कोशिका विभाजन के कारण जीवन अवधि सीमित हो जाती है तथा मनुष्यों के लिए यह अवधि लगभग 110 वर्ष होती है। व्यक्तियों में कुछ जीव ऐसे होते हैं जो बाद के जीवन काल में हानिकारक हो जाते हैं तथा ह्रास का कारण बनते हैं। इस ह्रास का एक क्षेत्र प्रतिरोधी तंत्र (immune system) हो सकता है जो कि वृद्धावस्था में व्यक्ति को अनिश्चित एवं सशंकित करता है तथा उसके शरीर के लिए हानिकारक होता है (वेलफोर्ड एवं अन्य, 1981)। वृद्धावस्था के योजनाबद्ध ह्रास का एक प्रमुख कारण हाइपोथैलेमस में निहित होता है। मस्तिष्क का यह भाग पीट्यूटरी ग्रंथि को न्यूरोट्रांसमीटर (neurotransmitters) भेजता है जिसके परिणामस्वरूप पीट्यूटरी ग्रंथि द्वारा निश्चित मात्रा में हारमोन का स्राव होता है। यदि किसी दैहिक संकेत के कारण हाइपोथैलेमस के इन न्यूरोट्रांसमीटर में कमी आ जाए तो पीट्यूटरी ग्रंथि से असंतुलित मात्रा में हारमोन का स्राव होने लगता है। इस असंतुलन के कारण विभिन्न प्रकार के ह्रास परिलक्षित होने लगते हैं जो वृद्धावस्था प्रक्रम का निर्माण करते हैं।

वीयर एवं टीयर सिद्धांत (Wear and Tear Theories)

इन सिद्धान्तों के अनुसार वृद्धावस्था शारीरिक तंत्रों में एक साथ होने वाली विकृतियों का परिणाम हैं। ये सिद्धांत यह बताते हैं कि 'जीवन के चरण में' शरीर को विभिन्न प्रकार्यात्मक हानियों का सामना करना पड़ता है जिनमें सुधार कठिन होता है। अधिकांश वीयर एवं टीयर सिद्धांतों में विभिन्न दैहिक क्षतियों पर बल दिया गया है जिनमें डी० एन० ए०, संगठक उत्तक (connective tissue), तथा झिल्लियां (membranes) आदि प्रमुख हैं।

वृद्धावस्था का डी० एन० ए० सुधार सिद्धान्त (DNA Repair Theory)

यह सिद्धान्त डी० एन० ए० (DNA) की दीर्घकालिक क्षतियों पर बल देता है। वृद्ध व्यक्तियों के उत्तकों में अत्यधिक क्षति, विकिरण (radiation) द्वारा होती है। जिसकी क्षतिपूर्ति अत्यंत कठिन

होती है (स्टेनो–क्वासो एवम् अन्य, 1983)। यद्यपि इन क्षतियों की पूर्ति उत्तक स्वयं कर लेते हैं लेकिन इनकी पूर्ति, क्षति के अनुपात में बहुत कम होती है। कुछ अनुसंधानकर्ताओं का मानना है कि DNA में क्षतिपूर्ति जिन की अपनी दिशाओं के आधार पर होती है (वेलफोर्ड, 1983)।

अनुप्रस्थ सम्बन्ध सिद्धान्त (Cross-linkage theory) के अनुसार शरीर के संयोजक उत्तकों (connective tissue) के आधार पर ही शारीरिक प्रकार्यों में ह्रास का निर्धारण होता है (कोहेन, 1971)।

मूल तत्त्व मुक्त सिद्धांत (Free-radical theory) को डेनहम हरमन (1968) ने प्रस्तावित किया था। मुक्त तत्त्व (Free-radical) इलेक्ट्रान के कारण अस्थाई रूप से अन्तर्निहित होता है। इस विचलनशीलता के कारण एक रसायन दूसरे रसायन के साथ सरलतापूर्वक सम्बद्ध हो जाता है तथा फ्री रेडिकल्स गुणसूत्रों को भी प्रभावित करते हैं। यद्यपि फ्री रेडिकल के प्रति व्यक्ति अपनी रक्षा कुछ अपमार्जक अणुओं (scavenger molecules) द्वारा करता है फिर भी उनमें सभी से लड़ने की क्षमता नहीं होती है। समय के साथ मुक्त तत्त्व (फ्री रेडिकल्स) के निर्मित होने की संख्या बढ़ती जाती है जो वृद्धावस्था के रूप में परिलक्षित होती है।

कुछ जरावैज्ञानिकों (gerontologists) ने वृद्धावस्था को प्राथमिक वृद्धावस्था (Primary aging) तथा द्वितीयक वृद्धावस्था (Secondary aging) के रूप में विभाजित करने का प्रयास किया है। प्राथमिक वृद्धावस्था एक क्रमिक, शारीरिक ह्रास का अपरिहार्य प्रक्रम होता है जो जीवन के आरंभिक वर्षों से शुरु होकर बहुत बाद तक अनवरत जारी रहता है तथा द्वितीयक वृद्धावस्था बीमारी, दुष्प्रयोग तथा अनुपयोग (disuse) का परिणाम होता है इसलिए यह प्रायः व्यक्ति के नियंत्रण में होती है (बस, 1987; हार्न एवं मीअर, 1987)। वृद्ध व्यक्ति अपने शारीरिक ह्रास को रोकने में भले ही सक्षम न हो सकें लेकिन स्वयं को चुस्त दुरुस्त रखने एवं संतुलित आहार ग्रहण करके वृद्धावस्था के द्वितीयक प्रभावों को कम कर सकता है।

शारीरिक परिवर्तन (Physical Changes)

वृद्धावस्था के विभिन्न शारीरिक परिवर्तन पूर्व अथवा मध्य प्रौढ़ावस्था से ही प्रारंभ हो जाते हैं परंतु मानव शरीर में इतनी संचित क्षमता निहित होती है कि अधिकांश दैहिक परिवर्तनों से सामंजस्य स्थापित करने में व्यक्ति को अधिक परिश्रम नहीं करना पड़ता है।

वृद्ध व्यक्ति की त्वचा रंगद्रव्य मिश्रित उत्तकों (pigment containing cells) में ह्रास के कारण पीली हो जाती है। विशेषकर गोरे लोगों में इन उत्तकों की कमी के कारण त्वचा में भूरे चकत्ते दिखाई देने लगते हैं। ये चकत्ते हथेली के पीछे, अग्रवाहु तथा चेहरे पर प्रकट हो जाते हैं जिन्हें व्यक्ति 'आयु चिन्ह' कहते हैं। सामान्य परिवर्तनों के अलावा अन्य कारणों जैसे धूप, हवा, अपघर्षण (abrasion) तथा प्रदर्शन (exposure) की आवृत्ति, तीव्रता और अवधि के कारण भी त्वचा में परिवर्तन होता है (सिमैनोविट्ज, रिज़र एवम् आरेन्ट्रिच, 1977)। वास्तव में, पर्यावरणीय क्षतियाँ इतनी सहज ढंग से त्वचा को प्रभावित करती है कि अनुसंधानकर्त्ता इसे वृद्धावस्था का

सामान्य प्रभाव समझते हैं (रॉक्सटीन एवं सुस्मन, 1979)। चूंकि वृद्ध की त्वचा सूखी एवं झुर्रीयुक्त हो जाती है इसलिए इसमें दरार (chap) एवं खुजली (itch) हो सकती है। अतः संतुलित आहार, धूप तथा हवा से सुरक्षा एवं उचित देखभाल द्वारा इन प्रभावों को कम किया जा सकता है।

सामान्य वृद्धावस्था के कारण हड्डियां पतली हो जाती है तथा रीढ़ सिकुड़ जाती है। कई मनोवैज्ञानिक यह मानते हैं कि वृद्धावस्था में पुरुष की हड्डियाँ एक इंच तथा महिला की दो इंच तक सिकुड़ जाती हैं। 30 वर्ष या उससे अधिक आयु में हड्डियों में कैल्शियम की कमी होने लगती है। एक अध्ययन में पाया गया कि महिलाओं में यह कमी पुरुषों की अपेक्षा अधिक पायी जाती है (गार्न, 1975)। इसी कारण युवा व्यक्तियों की अपेक्षा वृद्धावस्था में अस्थि भंग में सुधार धीमी गति से होता है (ताना, 1977)। आस्टियोपोरोसिस की समस्या प्रायः वृद्ध व्यक्तियों में होती है। आस्टियोआर्थराइटिस (Osteoarthritis) हड्डियों की संधि से संबंधित बीमारी है, जो आनुवांशिकता, हारमोन्स तथा भोजन की गड़बड़ी से संबंधित होता है। चूंकि उम्र बीतने के साथ ही हड्डियों के मध्य के संयोजी ऊत्तक पतले हो जाते हैं जिससे हड्डियां आपस में रगड़ खाने लगती हैं ; इसके कारण व्यक्ति अत्यधिक दर्द का अनुभव करता है। अधिक भार सहन करने वाले जोड़ जैसे : एड़ी, कुहनी तथा कुल्हे में इस बीमारी के विकसित होने की संभावना अधिक होती है। प्रायः 80 वर्ष के पश्चात् इस बीमारी के होने की अत्यधिक संभावना पाई जाती है (तांन्ता, 1977)।

वृद्धावस्था में दांतों के मध्य पाए जाने वाले मज्जा के उत्तकों में ह्रास होने लगता है। इसी कारण 70 वर्ष की आयु तक आधे से अधिक दाँत टूट जाते हैं। उम्र बढ़ने के साथ दांत की रक्त कोशिकाएं (Blood vessels) भी कम होने लगती हैं तथा रेशों (fibre) में वृद्धि होने लगती है। यद्यपि मानव के दांत स्थाई होते हैं तथा इनमें 200 वर्षों तक बने रहने की क्षमता होती है किन्तु मूल (root) में संक्रमण होने तथा मज्जा में बीमारी होने से ये जल्दी टूट जाते हैं। पेरीडोन्टल वृद्धावस्था में पायी जाने वाली बीमारी है जिसमें दांत के चारों तरफ के उत्तकों तथा मज्जा में संक्रमण हो जाता है। लेकिन इसे वृद्धावस्था का एक अंग नहीं समझा जाना चाहिए। इस बीमारी से ग्रस्त अधिकांश व्यक्ति प्रायः आस्टियोपोरोसिस से भी पीड़ित होते हैं (वेग, 1983) तथा आनुवांशिकता, खराब भोजन तथा अन्य बीमारी इसके विकास को क्षति पहुँचाते हैं।

एक वृद्ध व्यक्ति का हृदय सामान्यतया मंद गति से धड़कता है तथा अत्यधिक परिश्रम करने के बावजूद उसकी गति धीमी ही रहती है। अत्यधिक परिश्रम तथा तनावयुक्त कार्य करने पर एक युवा व्यक्ति का हृदय 200 बार प्रति मिनट की रफ्तार से धड़कता है जबकि 70 से 90 वर्ष के मध्य के व्यक्ति की हृदय गति 125 (BPM) धड़कन प्रति मिनट होती है क्योंकि वृद्धावस्था में हृदय संकुचन धीरे-धीरे होता है जिसका परिणाम मंद हृदय गति होता है (शाक, 1977)।

फेफड़ा, श्वांस नली (Trachea), तथा श्वसनी (bronchi) वृद्धावस्था में कमजोर तथा अक्षम हो जाती हैं जिसके कारण वृद्ध को श्वांस लेने में तकलीफ (परेशानी) होने लगती है। यद्यपि कुछ श्वसन तंत्र के परिवर्तन जिन्हें वृद्धावस्था का लक्षण माना जाता है, अनेक पर्यावरणीय

समस्याओं के भी परिणाम हो सकते हैं। चूंकि वृद्धावस्था में पसलियों की दीवार (rib cage) अधिक कठोर हो जाती है तथा संकुचन में निहित मांसपेशियाँ कम लचीली हो जाती हैं इसलिए वृद्ध व्यक्ति को श्वासं लेने में कठिनाई का अनुभव होने लगता है। श्वसन तंत्र के अतिरिक्त वृद्धों का पाचन तंत्र भी कमजोर हो जाता है। भोजन का पाचन हाइड्रोक्लोरिक एसिड के स्राव द्वारा प्रारम्भ होता है तथा वृद्धावस्था में इस स्राव की गति धीमी हो जाती है। वृद्धावस्था में पाचन तंत्र संबंधी अधिकांश बीमारियाँ असंतुलित आहार तथा क्रियाशीलता में कमी के कारण होती है (बान्थ्युनेविन एवं शस्तर, 1977)। वृद्धावस्था का प्रभाव उत्सर्जन तंत्र पर भी पड़ता है। उम्र बढ़ने के साथ ही गुर्दे का आकार सिकुड़ने लगता है तथा 90 वर्ष तक ये मात्र दो तिहाई रह जाते हैं (गोल्डमैन, 1977)। उम्र बढ़ने के साथ मूत्राशय में भी संकुचन होने लगता है किन्तु इसकी बनावट में कोई विशेष परिवर्तन नहीं आता। 65 से 70 प्रतिशत पुरुष तथा 61 प्रतिशत महिलाओं को मध्य रात्रि में उठकर मूत्र त्याग (urinate) करने जाना पड़ता है। उम्र का प्रभाव केन्द्रीय तन्त्रिका तंत्र पर भी पड़ता है। इसमें न्यूरोट्रांसमीटर कमजोर होने लगते हैं एवं न्यूरान की संरचना में परिवर्तन होने लगता है। उच्च रक्त चाप में वृद्धि प्राकृतिक वृद्धावस्था का एक प्रभाव हो सकता है। मस्तिष्कीय तरंगों की मंद गति भी वृद्धावस्था का परिणाम हो सकती है। वृद्ध के मस्तिष्क का भार कम हो जाता है तथा वह सिकुड़ जाता है। आयु के साथ स्वायत्त प्रकार्य (autonomous functions) भी कमजोर हो जाते हैं। यद्यपि स्वायत्त स्नायुतंत्र की संरचना में कोई महत्वपूर्ण परिवर्तन दृष्टिगत नहीं होता लेकिन उसके प्रकार्यों में परिवर्तन स्पष्ट रूप से परिलक्षित होता है।

यद्यपि सांवेदिक एवं मनोगतिकीय क्षमता में उम्र के साथ ह्रास होता है लेकिन इस ह्रास में वैयक्तिक भिन्नताएं भी पायी जाती हैं। श्रवण अथवा चाक्षुष क्षमता में ह्रास के मनोवैज्ञानिक परिणाम सामाजिक जीवन, व्यक्तिगत स्वतंत्रता एवं अन्य क्रियाकलापों में वंचना के रूप में देखे जाते हैं।

दृष्टि क्षमता (Vision)

वृद्ध व्यक्तियों को दृष्टि से सम्बन्धित विभिन्न क्रियाकलापों को संपन्न करने में कठिनाई होती है। इन क्रियाकलापों में सर्वाधिक प्रभाव गाड़ी चलाना, खाना बनाना, टी० वी० पर दिये गए विज्ञापनों को पढ़ना इत्यादि पर पड़ता है।

लगभग 60 वर्ष की आयु में दूर-दृष्टि (farsightedness) स्थिर हो जाती है तथा चश्में अथवा लेंस की सहायता से अधिकांश वृद्ध व्यक्ति वस्तुओं को स्पष्टतापूर्वक देख सकते हैं। 65 वर्ष पश्चात् गंभीर दृष्टि समस्याएं, जिनसे मानव जीवन प्रभावित होता है, दृष्टिगत होती है। इस समस्या के कारण दिन-प्रतिदिन के क्रियाकलापों में बाधा के साथ ही घर अथवा बाहर कभी-कभी दुर्घटनाएं भी घटित हो जाती है (ब्रान्च, हारोविज एवं कर, 1989)।

सामान्य दृष्टि दोषों को दवा, आपरेशन अथवा पर्यावरण में परिवर्तन द्वारा कम किया जा सकता है। नई शल्य तकनीकों द्वारा मोतियाबिंद को हटाया जा सकता है तथा शल्य चिकित्सा के बाद लेंस अथवा चश्में की सहायता से दृष्टि दोष में सुधार लाया जा सकता है। दृष्टि सम्बन्धी

बीमारियों के कारण नेत्रहीनता अथवा अंधापन (blindness) आ सकता है। अधिमन्यता (Glaucoma) नेत्रहीनता का एक अन्य प्रमुख कारण होता है। यदि इस बीमारी की पहचान शीघ्र हो जाए तो इसे चिकित्सा, लेजर उपचार अथवा शल्य चिकित्सा द्वारा सही किया जा सकता है।

श्रवण क्षमता (Hearing)

प्रायः जीवन के अंतिम वर्षों में श्रवण क्षमता में ह्रास पाया जाता है। श्रवण क्षमता कम हो जाने से वृद्ध व्यक्ति सामान्य ध्वनियों को सुनने में असमर्थ होते है। विशेषकर वे ध्वनियाँ जिनके साथ किसी अन्य प्रकार की ध्वनि भी उत्पन्न हो रही हो।

श्रवण संसाधनों (hearing aids) या उपकरणों द्वारा श्रवण क्षमता में ह्रास को कुछ सीमा तक कम किया जा सकता है लेकिन मात्र 5% वृद्ध व्यक्ति ही उसे धारण करते हैं (नेशनल काउंसिल ऑफ एजिंग, 1978)। दवा, विशिष्ट प्रशिक्षण एवं शल्य चिकित्सा द्वारा भी श्रवण क्षमता में ह्रास को दूर किया जा सकता है।

स्वाद एवं गंध (Taste and Smell)

जब एक वृद्ध व्यक्ति यह शिकायत करता है कि उसे भोजन स्वादयुक्त नहीं लगता तो इसका कारण है कि उसकी स्वाद कलियों में कमी होता है। 5 से 99 वर्ष के 2000 लोगों का अध्ययन करने पर पाया गया कि गंध की संवेदना 30 से 60 वर्ष के दौरान अत्यंत तीव्र होती है तथा 60 से 80 वर्ष के दौरान इसमें ह्रास होने लगता है तथा 80 वर्ष के पश्चात् ह्रास की गति अचानक तीव्र हो जाती है (डोटी, 1984)। स्वाद तथा गंध में ह्रास के कारण वृद्ध व्यक्ति को भोजन स्वादहीन लगता है इसलिए वे कम मात्रा में भोजन ग्रहण करते हैं जिससे अपोषित (undernutritioned) रह जाते हैं। यदि वे अपने भोजन में अधिक नमक का प्रयोग करते हैं तो उच्च रक्तचाप के शिकार हो जाते हैं।

एक वृद्ध व्यक्ति का शरीर ठंडे एवं गर्म तापमान के साथ जल्दी समायोजित नहीं हो पाता इसलिए वे अत्यधिक गर्मी अथवा ठण्ड सहन नहीं कर पाते हैं तथा इस तापमान में कार्य करने में उन्हें कठिनाई का अनुभव होता है। हालांकि वृद्ध व्यक्ति युवा व्यक्ति की ही भांति कार्य कर सकता है परन्तु उसके कार्य करने की गति धीमी होती है (बिरेन एवम् सहयोगीगण, 1980 ; सेल्थाउस, 1985) तथा उनकी शारीरिक शक्ति में भी ह्रास होता हैं। शारीरिक शक्ति में ह्रास के कारण उनके प्रतिक्रिया काल में भी कमी हो जाती है जिसका परिणाम पर्यावरणीय वंचन, अवसाद तथा स्नायविक परिवर्तन हो सकता है (बट्लर एवं लेविस, 1982)। अधिकांश वृद्ध व्यक्ति अपने प्रकार्यों में होने वाली कमी को जानते हैं तथा प्रतिदिन के क्रियाकलापों के प्रति अधिक सचेत रहते हैं।

वृद्धावस्था में स्वास्थ्य स्थिति (Health Status in Old Age)

इन दैहिक परिवर्तनों के बावजूद भी कई वृद्ध व्यक्ति स्वयं को मानसिक रूप से स्वस्थ मानते हैं।

वृद्धावस्था में स्वस्थ एवं तंदुरुस्त होना प्राय: व्यक्ति की जीवनशैली पर निर्भर करता है। यद्यपि वृद्ध व्यक्ति स्वस्थ होता है किन्तु दीर्घकालिक चिकित्सकीय दशाएं, जिनकी आवृत्ति उम्र बढ़ने के साथ बढ़ जाती है, अक्षमता (disability) का कारण हो सकती है। अधिकांश वृद्ध व्यक्ति को कम से कम एक लम्बी बीमारी (chronic illness) अवश्य होती है। इनमें से प्रमुख हैं : ग्रंथि शोथ (arthritis) (48%), उच्च तनाव (37%), हृदय सम्बन्धी बीमारी (30%), मोतियाबिंद (16%), श्रवण दोष (30%), पैर, कूल्हे अथवा रीढ़ की हड्डियों में दोष (17%) (AARP, 1989)। 65 वर्ष से अधिक उम्र के लोगों, युवा प्रौढ़ की अपेक्षा सर्दी, संक्रमण तथा पाचनतंत्र से संबंधित समस्याएं अधिक होती है, अत: इन्हें अधिक चिकित्सकीय देखभाल की भी आवश्यकता होती है।

इसके अतिरिक्त बहुत कम व्यक्ति ही अपने दाँतों को वृद्धावस्था तक संभाल कर रख पाते हैं। वृद्धावस्था में दांतों एवं मसूड़ों की समस्याएं बढ़ जाती हैं जिनका गंभीर प्रभाव उनके पोषण पर पड़ता है क्योंकि कमजोर अथवा कम दांतों के कारण वे विभिन्न भोज्य पदार्थों को चबा नहीं पाते इसलिए या तो वे अपने भोजन की मात्रा कम कर देते हैं या अपने भोजन में कठोर पदार्थों को शामिल ही नहीं करते हैं जिसके कारण उन्हें कम पोषण प्राप्त होता है (वेलर एवम् सहयोगीगण, 1982)।

दैहिक समस्याओं के अतिरिक्त वृद्धावस्था में व्यक्ति कुछ मानसिक समस्याओं का भी सामना करता है। जैसे : दुबिधा (confusion), स्मृति ह्रास (forgetfulness), अवसाद, अलजाइमर (Alzheimer) आदि। कुछ मानसिक परिवर्तन अवसाद के परिणाम होते हैं। ब्लेजर (1989) ने एक अध्ययन में यह पाया कि 1 से 2 प्रतिशत वृद्ध व्यक्ति अत्यधिक अवसादग्रस्त होते हैं (चित्र 19.1)। परिवार एवं मित्रों द्वारा सहयोग प्रदान करके तथा उचित चिकित्सा द्वारा अवसाद के प्रभावों को कम किया जा सकता है (ब्लेजर, 1989 ; कोहेन, 1981)।

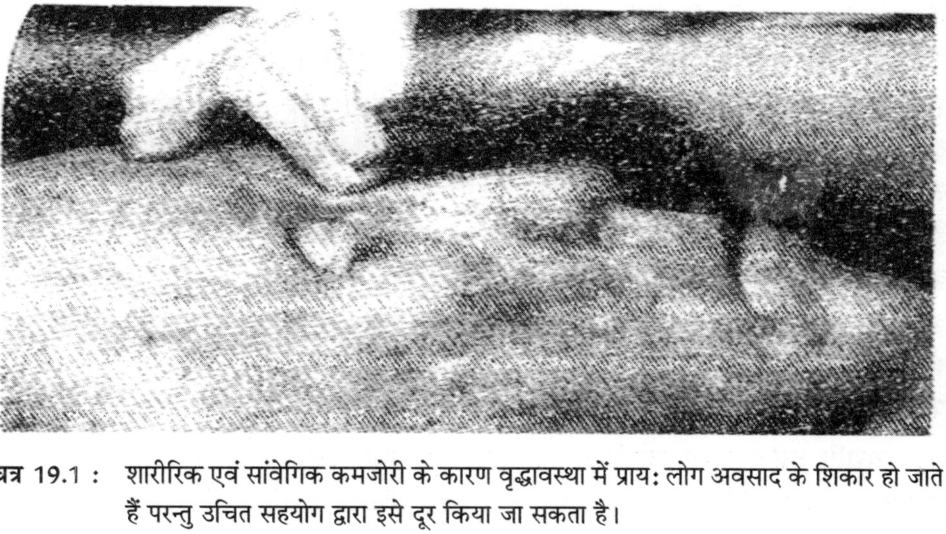

चित्र 19.1 : शारीरिक एवं सांवेगिक कमजोरी के कारण वृद्धावस्था में प्राय: लोग अवसाद के शिकार हो जाते हैं परन्तु उचित सहयोग द्वारा इसे दूर किया जा सकता है।

प्रायः वृद्ध व्यक्ति दवाओं का सेवन करता रहता है जिनमें से कुछेक का प्रभाव उसके लिए हानिकारक होता है। शारीरिक परिवर्तन के कारण जो दवा की मात्रा 40 वर्षीय व्यक्ति के लिए सही होती है वह एक 80 वर्षीय व्यक्ति के लिए अत्यधिक (overdose) हो सकती है जिसके कारण वृद्ध व्यक्ति का स्वास्थ्य प्रभावित हो सकता है।

वृद्धावस्था में एक अन्य मानसिक समस्या है अल्जाइमर रोग (Alzheimer disease) यह मस्तिष्क से सम्बन्धित बीमारी है जो व्यक्ति की बौद्धिक क्षमता, सतर्कता तथा शारीरिक प्रकार्यों पर धीरे-धीरे नियन्त्रण स्थापित कर लेती है तथा अंततः उनकी मृत्यु हो जाती है। लगभग 80% वृद्ध व्यक्तियों में डिमेन्शिया (dementia) का कारण अल्जाइमर रोग (Alzheimer disease) होता है (NIA, 1980)। इसकी रोकथाम अथवा उपचार स्मृति संबंधी दवाओं को देकर, पारिवारिक सहयोग द्वारा, अवसाद एवं चिंता को कम करके किया जा सकता है।

संज्ञानात्मक परिवर्तन (Cognitive Changes)

सूचना प्रक्रमण कौशल (Information Processing Skills)

अधिगम, चिन्तन तथा स्मृति ऐसी अभियोग्यताएं हैं जिनमें ह्रास की संभावना वृद्धावस्था में अत्यधिक बनी रहती हैं तथा ये सभी योग्यताएं इस अवस्था में क्षीण हो जाती हैं। परन्तु लोग इस ह्रास के बारे में बहुत कम जानकारी रखते हैं। प्रायः वृद्धावस्था में लोगों को यह शिकायत होती है कि उनकी याददाश्त कमजोर हो रही है। उदाहरण के लिए एक व्यक्ति जिसे 30 वर्ष की आयु में सब कुछ याद रहता था, वह अब 60 वर्ष की आयु में चीजों को भूलने लगता है तथा उसे आवश्यक वस्तुओं तथा कार्यों की अग्रिम सूची तैयार करनी पड़ती है।

एक अध्ययन में यह पाया गया कि प्राचीन अनुबंधन में आयुगत भिन्नता का प्रभाव व्यक्ति में 60 वर्ष की उम्र में दृष्टिगत होता है। यह भिन्नता व्यक्ति के केन्द्रीय स्नायु तंत्र की कार्यकुशलता में कमी के कारण परिलक्षित होता है जिसके कारण उसकी अनैच्छिक क्रियाएं कमजोर हो जाती हैं (जेन्ड्रयू एवं सबोस्की, 1971 ; स्कोन्फील्ड, 1980)। सांवेदिक तीक्ष्णता में ह्रास वृद्धावस्था में स्पष्टतः दृष्टिगत होता हैं। विभिन्न अध्ययनों में यह पाया गया कि 60 वर्ष की आयु के पश्चात् व्यक्ति के वाचिक अधिगम तथा कूट संकेतन में ह्रास होने लगता है (पर्लम्युटर, 1983)। एक अन्य अध्ययन में यह पाया गया कि यद्यपि वृद्धावस्था में स्मरण तथा अधिगम में ह्रास पाया जाता है तथापि शब्द भण्डारण क्षमता में पर्याप्त वृद्धि भी होती है (गिलबर्ट, 1973)। संभवतः इन ह्रास का कारण धीमा प्रात्यक्षिक प्रक्रमण तथा प्रतिक्रिया काल होता है जो कि वृद्धावस्था में बौद्धिक कार्यों पर अधिक ध्यान न देने का परिणाम होता है (बीरेन, 1974)। यदि वृद्ध व्यक्ति को इन बौद्धिक प्रकार्यों को पूरा करने के लिए अतिरिक्त समय दिया जाये तो भी वे तरल बुद्धि के स्तर पर अच्छा प्रदर्शन करते हैं (हार्न, 1982)।

यद्यपि कुछ अनुसंधानकर्ताओं ने यह जानने का प्रयास किया है कि क्या वृद्ध व्यक्तियों को संज्ञानात्मक कौशल सिखाया जा सकता है ? शोध परिणाम बताते हैं कि वृद्ध व्यक्ति भी नए

संप्रत्ययों का निर्माण कर सकते हैं लेकिन निर्माण दर, युवा व्यक्ति की अपेक्षा धीमी होती है। इस आयुगत भिन्नता पर अधिगम, कार्य की गति, अभिप्रेरणा, सावधानी (caution) तथा विषय की विचलनशीलता का प्रभाव पड़ता है। इन्हीं कारणों से यह कह पाना कठिन हो जाता है कि वृद्धावस्था में अधिगम प्रक्रिया में ह्रास कितना होता है।

बौद्धिक क्षमताएं (Intellectual Abilities)

तरल बुद्धि में ह्रास तब होता है जब व्यक्ति पर्यावरणीय घटनाओं पर कम ध्यान देता है। वृद्ध व्यक्ति युवा व्यक्ति की अपेक्षा उन पक्षों पर कम ध्यान देते हैं जो तात्कालिक रूप से उनके लिए संगत नहीं हैं। आधे से अधिक ह्रास का कारण कूटसंकेतन के स्तर पर सूचनाओं के संगठन में कठिनाई तथा किसी कार्य के प्रति प्रत्याशा निर्माण का अधि संज्ञान (meta cognition) प्रक्रम होता है (हार्न, 1982)। तरल बुद्धि में ह्रास को विभिन्न प्रशिक्षणों द्वारा कम किया जा सकता है (बेल्ट्स तथा विलिस, 1982)। विकासात्मक मनोवैज्ञानिक, प्रौढ़ों की बौद्धिक क्षमता ज्ञात करने के लिए बुद्धिलब्धि प्राप्तांको का सहारा लेते हैं (सेल्थाउस, 1982)। परन्तु विभिन्न परीक्षणों के प्राप्तांकों को देखने पर मिश्रित परिणाम प्राप्त हुए हैं। एक वर्ग यह प्रस्तावित करता है कि पूर्व प्रौढ़ावस्था से मध्यावस्था तक बुद्धि परीक्षणों पर निष्पादन स्थिर होता है तथा उसके बाद के वर्षों में इसमें ह्रास पाया जाता है। जबकि दूसरे विचार यह बताते हैं कि प्रौढ़ावस्था के दौरान कुछ बुद्धि परीक्षणों पर निष्पादन बेहतर होता है तथा कुछ पर न्यून निष्पादन प्राप्त होता है। इसका प्रमुख कारण यह हो सकता है कि विभन्न आयु में अलग-अलग चीजें महत्वपूर्ण हो जाती हैं

अनुदैर्ध्य एवं प्रतिनिध्यात्मक अनुसंधान प्रौढ़ावस्था में अलग-अलग बुद्धि स्तर को इंगित करते हैं (चित्र 19.2)।

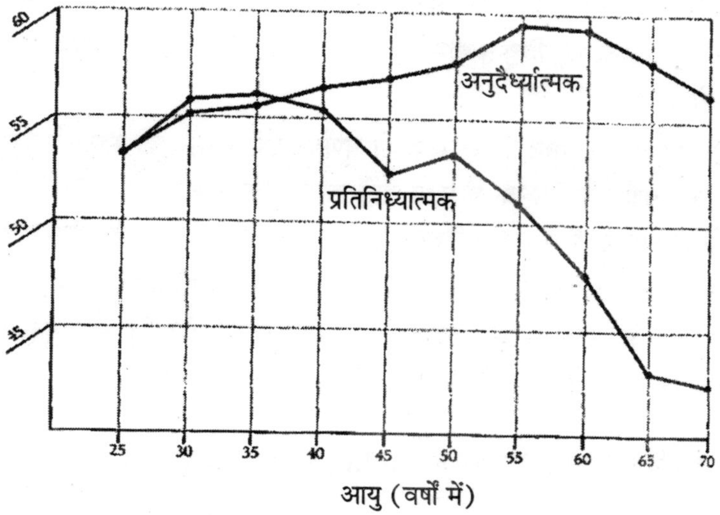

चित्र 19.2 : प्रौढ़ावस्था में बौद्धिक ह्रास के भिन्न संरूप की पुष्टि विभिन्न अनुसंधान उपागमों द्वारा होती है।

रेखाचित्र से स्पष्ट होता है कि प्रतिनिध्यात्मक अनुसंधानों से पाया गया कि आयु बढ़ने के साथ बौद्धिक स्तर में कमी आती है तथा ये परिणाम सभी वर्ग के लोगों पर लागू होता है। इसके विपरीत अनुदैर्ध्यात्मक अनुसंधानों में पाया गया कि 60 वर्ष की उम्र तक बुद्धि प्राप्तांकों में वृद्धि होती है। लेकिन इसमें वैयक्तिक भिन्नता भी पायी जाती है। अर्थात् कुछ में ह्रास होने लगता है जबकि कुछ लोगों में वृद्धि जारी रहती है। प्रौढ़ों पर एक अनुदैर्ध्य अध्ययन डयूक द्वारा 10 वर्षों तक किया गया। इसके परिणाम ये प्रदर्शित करते हैं कि 60 वर्ष की उम्र में प्रौढ़ों की बुद्धि लब्धि में क्रमिक ह्रास पाया गया।

प्रतिनिध्यात्मक उपागम द्वारा किये गये अध्ययनों में पाया गया कि एक ही आयु के अलग-अलग लोगों में अलग-अलग बौद्धिक क्षमता पाई जाती है (शाई, 1983 ; शाई एवम् हर्ज़ोना, 1983)। जिसमें कुछ लोगों की बौद्धिक क्षमताओं में ह्रास 50 वर्ष के बाद शुरु हो जाता है तथा यह ह्रास 60 वर्ष के बाद स्पष्ट होने लगता है लेकिन इसका प्रभाव उनके दिन प्रतिदिन के कार्यों पर नहीं पड़ता हैं।

आवधिक पतन (Terminal Drop)

वृद्धावस्था में किये गये विभिन्न अनुदैर्ध्यात्मक अध्ययनों के परिणाम यह प्रदर्शित करते हैं कि मृत्यु से कुछ महीनों अथवा कुछ वर्षों पूर्व बुद्धि लब्धि में अत्यधिक ह्रास होता है जिसे आवधिक पतन (Terminal Drop) कहते हैं (बर्कोविट्ज, 1965 ; क्लीमीयर, 1962)। वाचिक क्षमता में ह्रास को कालानुक्रमिक आयु की अपेक्षा मृत्यु का एक सूचक माना जाता है (ब्लम एवम् अन्य, 1973)। कुछेक संज्ञानात्मक परिवर्तनों का कारण शारीरिक परिवर्तन भी होते हैं (एलबर्ट एवं कैप्लान, 1980 ; बटर्स, 1980)। वृद्ध व्यक्तियों की सीखने एवं स्मरण क्षमता में ह्रास विभिन्न जैव-रासायनिक परिवर्तनों के कारण होता है जिनसे केन्द्रीय तन्त्रिका तंत्र प्रभावित होता हैं। इन क्षमताओं में ह्रास अवसाद, विकृत बीमारी (degenerative illness) अथवा संज्ञान में परिवर्तन के रूप में होता है।

यद्यपि आवधिक पतन के स्वरूप को पूर्णतः नहीं समझा जा सका है किन्तु स्वाभाविक वृद्धावस्था का अर्थ संज्ञानात्मक ह्रास से नहीं लगाया जा सकता। वे व्यक्ति जो स्वस्थ होते हैं उनकी बौद्धिक क्षमताओं में कम परिवर्तन का आंकलन किया जाता है (जारविक, 1973)।

दैहिक, सांवेदिक तथा संज्ञानात्मक प्रकार्यों में होने वाले परिवर्तनों से अनुकूलन भी अधिगम का ही एक प्रकार है। प्रतिदिन वृद्ध व्यक्ति विभिन्न प्रकार के परिवर्तनों से अनुकूलन करते हैं तथा इन परिवर्तनों के कारण होने वाली समस्याओं का सामना भी करते हैं।

तर्कणा एवं समस्या-समाधान (Reasoning and Problem-Solving)

वृद्ध व्यक्ति प्रतिदिन की समस्याओं का समाधान कुशलतापूर्वक कर लेते हैं, एवम् जिन योग्यताओं

का ह्रास हो गया है उसे प्रशिक्षण द्वारा पुनः प्राप्त कराया जा सकता है (डेनी, 1979)। युवा व्यक्तियों की ही तरह वृद्ध व्यक्ति पेंशन लाभ, आर्थिक, न्यायिक तथा मनोरंजन हेतु योजना (recreational planning), चिकित्सकीय लाभ, पोषण एवं व्यायाम के बारे में ज्ञान अर्जित करते हैं (पर्लमूटर एवं लिस्ट, 1982)। फिर भी प्रायः युवा व्यक्ति की अपेक्षा वृद्ध व्यक्ति समस्या-समाधान प्रकार्यों पर निम्नतर निष्पादन करता है। यद्यपि ह्रास के इन कारणों को बता पाना कठिन है क्योंकि अधिकांश समस्या समाधान की योग्यता पर आधारित अध्ययन संज्ञानात्मक प्रक्रमों के प्रभाव को अलग करके सम्पादित कर पाने में सक्षम साबित नहीं हुए हैं (रैबिट, 1977)। ये ह्रास स्मृति, प्रक्रमण गति, सूचना संगठन, तथा अन्य कारकों में परिवर्तन की परिणति होते हैं जो निष्पादन को प्रभावित करते हैं। उदाहरण के लिए ; जब वृद्ध व्यक्ति का स्वास्थ्य अच्छा होता है तो उसका दैहिक एवं बौद्धिक निष्पादन बेहतर हो जाता है (पर्लम्यूटर एवं लिस्ट, 1982)। वृद्ध व्यक्तियों का एक समूह जिन्होंने दैहिक प्रशिक्षण प्राप्त किया था उनका अवधान विस्तार कुछ सामान्य संज्ञानात्मक प्रकार्यों पर बेहतर पाया गया (ओहल्सन, 1976)। जबकि अन्य वृद्ध व्यक्तियों में जटिल अवाचिक संबंधों (Nonverbal relations) की समझ में वृद्धि पाई गई (एल्सेड, इस्माइल एवं यंग, 1980)। संभवतः विभिन्न कारकों का संयोजन वृद्ध व्यक्ति के समस्या-समाधान कौशलों को प्रभावित करता है।

वृद्धावस्था में औपचारिक संक्रियाएं (Formal Operations in Late Adulthood)

संज्ञान का सबसे परिपक्व स्तर औपचारिक संक्रियाएं हैं जिनका आरंभ किशोरावस्था के दौरान होता है तथा संपूर्ण प्रौढ़ावस्था के दौरान विकास चलता रहता है। यह औपचारिक शिक्षा तथा सांस्कृतिक कारकों द्वारा प्रभावित होता है। अधिकांश अध्ययनों में पाया गया कि वृद्ध व्यक्ति इन प्रकार्यों पर युवा व्यक्ति की भाँति बेहतर निष्पादन नहीं कर पाते हैं। अंततः संज्ञानात्मक विकास का क्रम उल्टा प्रतीत होता है, क्योंकि सबसे पहले उच्चतर संज्ञानात्मक कौशलों में ह्रास आरंभ होता है (स्ट्राक एवम् अन्य, 1972)। औपचारिक संक्रियाओं पर किये गए एक अध्ययन में पाया गया कि युवतियों का निष्पादन वृद्ध महिलाओं की अपेक्षा बेहतर था (आवर्टन एवं क्लेटन, 1976) तथापि अन्य अध्ययन में उम्र की अपेक्षा बुद्धि एवं शैक्षणिक स्तर की भूमिका को अधिक महत्वपूर्ण माना गया है। (हॉली एवं केली, 1973)। अतः वृद्ध लोगों पर किये गए अनुसंधानों से प्राप्त परिणामों में एकमत नहीं है। कुछ परिणामों में इनके मध्य औपचारिक संक्रियात्मक विचारों में कोई सार्थक अंतर नहीं पाया गया (आइस्नर, 1973)। जबकि अन्य अध्ययन यह दर्शाते हैं कि सामान्य समस्याओं का समाधान वृद्ध व्यक्ति सरलतापूर्वक कर लेते हैं लेकिन कठिन समस्याओं का समाधान करने में इन्हें अत्यधिक कठिनाई का सामना करना पड़ता है (पेप्लिया, 1972)। इन परस्पर विरोधी परिणामों को देखने से यह ज्ञात होता है कि बौद्धिक कौशलों के उपयोग के बारे में विस्तृत जानकारी हेतु विकास मनोवैज्ञानिकों को और अधिक अध्ययन करने कीआवश्यकता है।

संज्ञान में अस्वाभाविक ह्रास (Pathological Decline in Cognition)

कुछ वृद्ध व्यक्तियों में अस्वाभाविक मस्तिष्कीय विकार पाया जाता है जो व्यक्ति की बौद्धिक क्षमताओं के उपयोग में बाधा उत्पन्न करते हैं। इनके संज्ञान में अस्वाभाविक ह्रास चरम पर हो सकता है। अधिकांश मस्तिष्क विकार के लक्षण एक समान होते हैं। ये लक्षण कम अथवा गंभीर हो सकते हैं तथा इनका विकास धीमा अथवा तीव्र हो सकता है। अस्वाभाविक मस्तिष्क विकार में सामान्यत: निम्न लक्षण पाए जाते हैं-

1. क्षीण स्मृति (Impaired Memory) – सूचनाओं को संगठित करने में, पुनः प्राप्ति अथवा प्रत्याह्वान करने में असमर्थता।

2. क्षीण बुद्धि (Impaired Intellect) – तथ्यों अथवा विचारों को समझने, गणितीय कार्यों को करने अथवा सीखने में कठिनाई।

3. क्षीण निर्णय (Impaired Judgement) – वैयक्तिक परिस्थितियों को समझने, योजनाबद्ध करने अथवा निर्णय लेने में कठिनाई।

4. क्षीण उन्मुखता (Impaired Orientation) – समय, स्थान तथा अन्य व्यक्ति की पहचान के बारे में दुविधा (confusion) ।

5. अतिश्योक्तिपूर्ण अथवा सतही संवेग (Exaggerated or Shallow Emotions) – बदमिजाजी अथवा उदासीनता जैसी अत्यधिक प्रतिक्रिया अथवा बिना किसी प्रत्यक्ष कारण के संवेगों में तीव्र परिवर्तन (बटलर एवं लेविस, 1982)।

अस्वाभाविक मस्तिष्कीय विकार से पीड़ित व्यक्ति इन सभी लक्षणों का अपेक्षानुरूप प्रदर्शन नहीं करता तथा कुछ लक्षणों को अन्य लोगों की अपेक्षा अधिक प्रदर्शित करता है। विपरीत लक्षणों (reversible symptoms) से ग्रस्त व्यक्ति को तीव्र मस्तिष्कीय विकार (acute brain dysfunction) से पीड़ित व्यक्ति माना जाता है तथा अनुत्क्रमणीय लक्षण (irreversible symptoms) से युक्त व्यक्ति को दीर्घकालिक मस्तिष्कीय विकार (chronic brain dysfunction) से पीड़ित माना जाता है।

जो व्यक्ति तीव्र मस्तिष्कीय विकार से पीड़ित होते हैं वे दुविधाग्रस्त, दुखित (stupor) तथा विचलित स्तर की अभिज्ञता अथवा प्रलापी (delirious) हो सकते हैं (बट्लर एवं लेविस, 1982)। इससे पीड़ित 10 से 20 प्रतिशत व्यक्ति उन्माद (delirium) से ग्रस्त होते हैं जिसमें व्यक्ति के मस्तिष्क का उपापचय (metabolism) धीरे-धीरे प्रभावित होता है (स्लोन, 1980)। इसके प्रमुख कारण दवा, कुपोषण, ब्रेन ट्यूमर (brain tumor), यकृत तथा हृदय संबंधी बीमारी, बुखार, वातस्फीति (emphysema) तथा अत्यधिक नशा होता है। सही समय पर पहचान लेने तथा इसके कारणों का सही ज्ञान कर इलाज करने से बहुत जल्दी इस समस्या को सही किया जा सकता है।

दीर्घकालिक मस्तिष्कीय विकार (Chronic Brain Dysfunction)

ये विकार 65 वर्ष से अधिक उम्र के लगभग 5% लोगों के संज्ञानात्मक प्रकार्यों को प्रभावित करता है (क्योल एवं अन्य, 1983)। फिर भी ये अनुमान गलत भी हो सकते हैं क्योंकि प्राय: यह बीमारी 70 अथवा 80 वर्षों के दौरान विकसित होती है। इस बीमारी से ग्रस्त आधे से अधिक वृद्ध व्यक्ति अल्जाइमर बीमारी (Alzheimer's disease) से पीड़ित होते हैं जिससे अत्यधिक संज्ञानात्मक अक्षमता विकसित हो जाती है (U.S. Public Health Service, 1980)। यह बीमारी पुरुषों की अपेक्षा महिलाओं में अधिक पाई जाती है। यह एक वंशानुगत बीमारी होती है। जैसे-जैसे यह बीमारी बढ़ती है वैसे-वैसे व्यक्ति अक्षम होता जाता है तथा व्यक्ति की जीवन प्रत्याशा आधी रह जाती है। कुछ व्यक्ति इस बीमारी के प्रकट होने के पाँच वर्ष बाद तक तथा कुछेक 10 वर्ष तक जीवित रहते हैं (ज़रिट, 1980)। वर्तमान समय में अल्जाइमर बीमारी का कोई उपचार उपलब्ध नहीं है। अल्जाइमर से पीड़ित 10% व्यक्तियों में एक अन्य बीमारी 'बहु व्यतिक्रमण मनोभ्रंश' (multi-infaract dementia) पाई जाती है जिसमें खून के थक्के जम जाने के कारण मस्तिष्क तक रक्त नहीं पहुँच पाता। 60 वर्ष के बाद इसके लक्षण प्रकट होने लगते हैं तथा इसके आरंभिक लक्षणों में चक्कर आना (dizziness) अथवा सिरदर्द तथा लगभग आधे व्यक्ति अचानक घबराहट का अनुभव करते हैं (बटलर एवं लेविस, 1982)। इससे पीड़ित व्यक्ति अधिकतम 15 वर्ष तक जीवित रह सकते हैं तथा अधिकांश की मृत्यु हृदय आघात अथवा निमोनिया के कारण होती है।

60 वर्ष की आयु के पश्चात् पारकिन्सन बीमारी (Parkinson's disease) के कारण भी व्यक्ति की स्मरण तथा एकाग्रता की क्षमता में ह्रास होने लगता है। इसके कारण व्यक्ति की उंगली, हाथ, आँखों की पलक तथा जीभ के कार्य प्रभावित होते हैं। इसकी रोकथाम दवा देकर की जा सकती है जिससे इसके लक्षण मन्द अथवा समाप्त हो जाते हैं तथा व्यक्ति कुछ समय के लिए आरामपूर्वक अपना कार्य करने लगता है।

संज्ञान में संभावित वृद्धि (Possible Growth in Cognition)

कुछ परीक्षणों के परिणाम यह प्रदर्शित करते हैं कि वृद्ध व्यक्ति में कुछ क्षमताओं जैसे : समस्या-समाधान की क्षमता, तरल बुद्धि तर्कणा के अन्य प्रकारों में भी ह्रास पाया जाता है तथा अन्य अध्ययन प्रदर्शित करते हैं कि कुछ वृद्ध अपने दिन प्रतिदिन के कार्यों में सक्षम एवं कुशल होते हैं। कुछ व्यक्ति अपने कार्यों के कारण वृद्धावस्था में भी सृजनशील बने रहते हैं तथा कुछ अन्य अत्यधिक बौद्धिक कौशलों का प्रदर्शन करते हैं। जीन पियाजे, सिग्मंड फ्रायड, पिकासो, होरोविट्ज तथा स्ट्रविंस्की, रोनाल्ड रीगन, जयन्त नार्लिकर, यशपाल जैसे कई वैज्ञानिक अपने वृद्धावस्था में भी सृजनशील एवम्, सक्रिय रहे हैं। इसी प्रकार अनेक साहित्यकार एवं कलाकार जैसे - ए० पी० जे० अब्दुल कलाम, मकबूल फिजा हुसैन तथा लता मंगेसकर जैसी अनेक

प्रतिभाएं उत्कृष्ट उदाहरण हैं। वृद्धावस्था में सृजनात्मकता एवम् बुद्धिमत्ता से सम्बन्धित प्रमुख तथ्यों का विवेचन आगे किया जा रहा है।

सृजनात्मकता (Creativity)

सृजनात्मकता बौद्धिक क्षमता का एक पक्ष है जिसमें नये तत्त्वों के संयोजन से नये विचारों की उत्पत्ति होती है। यद्यपि सृजनात्मकता के लिए एक निश्चित स्तर की बुद्धि की आवश्यकता होती है लेकिन मात्र बुद्धि ही सृजनात्मकता के लिए आवश्यक नहीं है। अपितु अभिप्रेरणा, व्यक्तित्व इत्यादि प्रमुख कारक भी प्रभाव डालते हैं। इसके साथ ही वे सृजनात्मक प्रक्रमों तथा जीवनपर्यन्त होने वाले अवास्तविक प्रतिक्रियाओं का भी अध्ययन किया गया है। (कोगन, 1973)। सृजनात्मकता पर किये गए अनेक अध्ययन यह प्रदर्शित करते हैं कि कुछ व्यक्तियों में मध्यावस्था तक सृजनात्मकता अपने चरम पर पहुंच जाती है तत्पश्चात् इसमें ह्रास होने लगता है। अनुसंधान यह प्रदर्शित करते हैं कि वृद्ध लोगों के अमूर्त चिंतन में कमी पाई जाती है जो कि बुद्धि का एक पक्ष है तथा सृजनात्मक विचारों से संबद्ध होता है। अनुसंधानकर्त्ताओं ने पाया कि कौशलों का अभ्यास करते रहने पर सृजनात्मक क्षमता में उम्र के साथ होने वाले ह्रास को कम किया जा सकता है (क्रासन एवं राबर्ट्सन-चेबो, 1983)।

जेम्स बीरेन (1985) ने सुझाया कि वृद्ध व्यक्ति को प्रेरणाप्रद मनोवेगों के साथ जुड़े रहना चाहिए तथा उन्हें वर्तमान के साथ बने रहना चाहिए जिससे उनका अमूर्त चिंतन बेहतर होता रहे। लेकिन वृद्ध व्यक्ति ऐसा तभी कर सकता है जब वह बीते महत्वपूर्ण मुद्दों को याद कर सके तथा महत्वपूर्ण द्वन्द्व का समाधान अपने बीते हुए वक्त से कर सकें। जब वृद्धावस्था अनिश्चित द्वन्द्वों से भरा होता है तब प्रेरणा मृत हो जाती है, अमूर्त चिंतन में ह्रास होने लगता है तथा सृजनात्मकता भी कम हो जाती है। जब वृद्धावस्था में नई समझ के लिए संज्ञानात्मक पुर्नगठन का समय होता है तब सृजनात्मकता को विकसित होने के लिए पर्याप्त अवसर मिलता है।

प्रज्ञा (Wisdom)

कई संस्कृतियों में बोध/बुद्धिमान को एक पूजनीय (venerable) विशेषता के रूप में माना जाता है जो कि उम्र बढ़ने के साथ विकसित होती है। किन्तु बुद्धिमत्ता की सांस्कृतिक परिभाषाएं विविधतापूर्ण होती हैं (क्लेटन एवं बीरेन, 1980)। बुद्धिमत्ता माता-पिता द्वारा दी गयी अथवा विद्यालय द्वारा शिक्षा ग्रहण करके प्राप्त की जाती है। एरिक्सन (1982) ने बताया कि वृद्ध व्यक्ति आसन्न मृत्यु के प्रति निराशा तथा अर्थपूर्ण जीवन की अखण्डता के मध्य द्वन्द्व को समाप्त करके स्थिति प्रज्ञ बन सकता है। कोलवर्ग (1973) बताते हैं कि (प्रज्ञा) का विकास तभी होता है जब व्यक्ति नैतिक नियमों के अनुसार लम्बे समय से जी रहा हो। सभी आयु वर्ग के व्यक्ति यह मानते हैं कि चिन्तनशीलता (reflectivity), अनुभूति तथा बौद्धिक क्षमताओं से प्रज्ञा बुद्धिमत्ता का

निर्माण होता है (क्लेटन एवं बीरेन, 1980)। प्राय: लोग यह भी मानते हैं कि समय के साथ-साथ बुद्धिमत्ता में पर्याप्त विकास होता हैं।

प्रज्ञा (बुद्धिमत्ता) को विविध आयामों द्वारा प्राप्त किया जाता है। जो व्यक्ति बुद्धिमान होते हैं वे मूर्त तथा अमूर्त चिंतन के कुछ पक्षों पर विशेषज्ञ (expert) होते हैं। जो व्यक्ति बुद्धिमत्ता के गुण से युक्त होते हैं वे किसी भी समस्या को गहराई तक सुलझाने में सक्षम होते हैं। इन्हें समस्याओं, संकट तथा उनके समाधान की व्यावहारिक (pragmatic) समझ होती है। यह कहा जा सकता है कि प्रज्ञा के विकास तथा जीवन के अर्थ की खोज के लिए आवश्यक मूल्य, शिल्प वैज्ञानिक समाज (technological society) ने दिया है। ये उत्पादकता तथा समस्या समाधान के मूल्यों से असंगत होते हैं। बुद्धिमत्ता को प्रभावित करने वाले अन्य कारकों को पहचानकर वृद्ध लोगों की प्रज्ञा को बढ़ाया जा सकता है तथा ये लोग अपने ज्ञान से समाज को लाभान्वित कर सकते हैं।

सारांश (Summary)

वृद्धावस्था के प्रति ऋणात्मक अभिवृत्तियाँ प्रत्येक समाज में प्रचलित रही हैं, जो पूर्वाग्रह एवं विभेदन से ग्रस्त होती हैं। जबकि कई वृद्ध व्यक्ति स्वस्थ, कर्मठ एवं क्रियाशील होते हैं जिन्हे 'युवा वृद्ध' कहा जाता है तथा कमजोर एवं निर्बल वृद्ध को 'वृद्ध वृद्ध' कहते हैं। बुढ़ापा का समय (जबसे व्यक्ति वृद्ध होना शुरु होता है) भिन्न-भिन्न व्यक्तियों के लिए अलग-अलग अनुभव से युक्त होता है। प्राय: 65 वर्ष की आयु में जब व्यक्ति सेवानिवृत्त हो चुका होता है तब से वृद्धावस्था का आरंभिक वर्ष माना जाता है। यद्यपि वर्तमान समय में अधिकांश व्यक्ति सेवानिवृत्ति से पहले ही वृद्ध होने लगते हैं। वृद्ध व्यक्ति के प्रति लोगों की ऋणात्मक अभिवृत्तियाँ उनकी स्वयं की अनुभूति तथा सामाजिक व्यवहारों को भी प्रभावित करती है। वर्तमान समय में जीवन प्रत्याशा दर में वृद्धि हुई है तथा वृद्ध व्यक्तियों की मृत्यु दर में कमी आई है। हृदय रोग या लम्बी बीमारियों 65 वर्ष से अधिक वय के लिए मृत्यु के कारणों में प्रमुख माना जाता है।

वृद्धावस्था के सिद्धान्तों को दो श्रेणियों में विभाजित किया जा सकता है : योजनाबद्ध वृद्धावस्था तथा वीयर एवं टीयर सिद्धान्त। इसी प्रकार वृद्धावस्था को भी दो वर्गों में विभाजित किया जा सकता है। जरा वैज्ञानिकों के अनुसार प्राथमिक वृद्धावस्था; को जो कि शारीरिक ह्रास का अपरिहार्य प्रक्रम होता है जिसे नियन्त्रित करना असम्भव है परन्तु द्वितीय वृद्धावस्था जो बीमारी तथा शारीरिक अक्षमता की परिणति होती है इसे बहुत हद तक रोका जा सकता है।

शारीरिक आर्विभाव में परिवर्तन वृद्धावस्था के प्रथम लक्षण होते हैं। नाखूनों की वृद्धि दर मंद हो जाती है तथा त्वचा में झुर्रियाँ पड़ने लगती हैं। स्वाभाविक वृद्धावस्था प्रक्रम में हड्डियाँ पतली हो जाती हैं तथा मेरूरज्जु सिकुड़ जाती हैं। अधिकांश हड्डियाँ कमजोर हो जाती है जो कि वृद्धावस्था के अतिरिक्त निष्क्रियता एवं कुपोषण का परिणाम होते हैं। दांत यद्यपि अधिक स्थाई

होते हैं लेकिन इनके चारों तरफ के मसूढ़ों में संक्रमण के कारण ये जल्दी गिर जाते हैं। वृद्धावस्था में हृदय द्वारा रक्त संचार की गति धीमी हो जाती है। हृदय में रक्ताल्पता के कारण हृदय आघात की संभावना बढ़ जाती है तथा मस्तिष्क में रक्ताल्पता के कारण विभिन्न बीमारियों की संभावना बढ़ जाती है। वृद्धावस्था का प्रभाव श्वसन तंत्र पर भी पड़ता है जिसके परिणामस्वरूप श्वसन कम शक्तिशाली एवं अपर्याप्त हो जाता है। द्वितीय वृद्धावस्थों में श्वसन तंत्र में अधिकांश परिवर्तन जैसे – प्रदूषित हवा, सिगरेट तथा निष्क्रियता का परिणाम होता है। पाचन तंत्र का भी कार्य धीमा हो जाता है। इसके अतिरिक्त उत्सर्जन तंत्र, रक्त धमनियां तथा वृक्क सिकुड़ जाते हैं जिससे मूत्रीय संक्रमण की संभावना बढ़ जाती है। वृद्धावस्था में मस्तिष्क सिकुड़ जाता है तथा इसका वजन कम हो जाता है। नींद की अवधि भी कम हो जाती हैं।

युवा व्यक्ति की अपेक्षा वृद्ध व्यक्तियों में बीमारी की घटना तथा अस्पताल में भर्ती होने का प्रतिशत अधिक होता है। दांत गिरने एवं मज्जा में संक्रमण की समस्या वृद्धावस्था में बढ़ जाती है विशेषकर तब जब उपयुक्त दंत चिकित्सा न कराई जा रही हो। बहुत कम व्यक्ति ही जीवन के अंतिम वर्षों तक अपने दांतों को संभाल कर रख पाते हैं। अधिकांश वृद्ध व्यक्तियों का मानसिक स्वास्थ्य बेहतर होता है। बौद्धिक ह्रास वृद्ध व्यक्तियों में बहुत कम पाया जाता है। कुछ बीमारियों जैसे– अल्जाईमर आदि को ठीक नहीं किया जा सकता है किन्तु अन्य बीमारियाँ जो अवसाद एवं गलत चिकित्सा का परिणाम होती हैं उन्हें उचित चिकित्सा द्वारा रोका जा सकता है।

वृद्धावस्था में संज्ञानात्मक क्षमताओं में सामान्य ह्रास दृष्टिगत होता है। किन्तु जब तक किसी बीमारी से संबद्ध नहीं होते, यह ह्रास मात्र कुछ व्यक्तियों को ही प्रभावित करता है। अधिगम, चिंतन तथा स्मरण ऐसे सूचना प्रक्रमण कौशल हैं जो कि वृद्धावस्था से प्रभावित होते हैं। अनुबंधन, वाचिक अधिगम तथा अधिगम जैसे कुछ संज्ञानात्मक कौशलों पर किये गये विस्तृत अध्ययनों से संज्ञानात्मक ह्रास के प्रबल प्रमाण मिलते हैं तथापि अन्य कारक भी महत्वपूर्ण होते हैं। अधिगम में आयुगत भिन्नता, अधिगम कार्य की तीव्रता, अभिप्रेरणा तथा विषय की विचलनशीलता का प्रभाव पड़ता है। प्रायः 50 वर्ष की उम्र के बाद लोगों की कुछ बौद्धिक क्षमताओं में ह्रास पाया जाता है तथा मृत्यु से पहले बुद्धिलब्धि में तीव्र ह्रास आ जाता है जिसे आवधिक पतन कहा जाता है।

कुछ समस्यात्मक प्रकार्यों जैसे पियाजीयन प्रकार्यों पर युवा व्यक्ति की अपेक्षा वृद्ध व्यक्ति का निष्पादन निम्नतर होता है। इस ह्रास का कारण क्षीण स्मृति प्रक्रमण की गति में कमी, सूचना संगठन की अक्षमता, अथवा कुछ अन्य कारक है जिनका प्रभाव निष्पादन पर पड़ता है।

जिन योग्यताओं का मापन प्रयोगशाला में नहीं हो सकता है उनका प्रदर्शन वास्तविक जीवन दशा में किया जा सकता हैं। सामान्यतः कहा जा सकता है कि वृद्ध व्यक्ति के समस्या समाधान की तकनीक युवा व्यक्ति से अलग होती है। व्यक्ति जैसे–जैसे वृद्ध होता जाता है उसमें समस्याओं के समाधान हेतु आवश्यक तत्त्वों को संगठित करने में कठिनाई आती है।

कुछ वृद्ध व्यक्ति मस्तिष्कीय बीमारी से ग्रस्त होते हैं। ये बीमारियां उनकी बौद्धिक क्षमता में बाधा डालती हैं इन व्यक्तियों में संज्ञानात्मक ह्रास अत्यधिक होता है। वे व्यक्ति जिनमें विपरीत लक्षण पाए जाते हैं वे तीव्र मस्तिष्कीय विकार से ग्रस्त होते हैं। सामान्यतः दीर्घकालिक अनुत्क्रमणीय मस्तिष्कीय विकारों में अल्जाईमर बीमारी, पारकिंसन बीमारी तथा बहु व्यतिक्रमण मनोभ्रंश आते हैं। तथापि ; इस आयु में कुछ संज्ञानात्मक क्षमताएं आश्चर्यजनक रूप में उत्कृष्ट स्तर की पायी जाती हैं। यथा ; सृजनात्मकता; जो बुद्धि का एक पक्ष होता है। यह वृद्धावस्था की एक अनिवार्य क्षमता मानी जाती है तथा अनेक प्रकार की वैज्ञानिक, साहित्यिक तथा कलात्मक कृतियों में अभिव्यक्त होती है। प्रज्ञा (wisdom) भी वृद्धावस्था में विकसित होती है जो अनुभूति, समझ एवं अंत:प्रज्ञा से निर्मित होती हैं।

तकनीकी पद	**Technical Terms**
असंक्राम्य तंत्र	Immune System
अपमार्जक अणु	Scavenger Molecules
अपघर्षण	Abrasion
अधि संज्ञान	Meta Cognition
अंधापन	Blindness
अधिमन्यता	Galaucoma
आवधि पतन	Terminal Drop
ओजस्वी	Vital
औपचारिक संक्रियाएं	Formal Operations
उन्माद	Delirium
कमजोर	Frail
डिमेन्शिया	Dementia
ग्रंथि शोथ	Arthritis
जरावैज्ञानिक	Gerontologists
जीवन प्रत्याशा	Life Expectancy
झिल्ली	Membrane
तर्कणा	Reasoning
तीव्र मस्तिष्कीय विकार	Acute Brain Dysfunction
दीर्घकालिक मस्तिष्कीय विकार	Chronic Brain Dysfunction

दूरदृष्टि	Farsightedness
दक्षता	Competence
दीर्घायु	Longevity
निर्बल	Infirm
पसलियों की दीवार	Rib cage
प्रज्ञा	Wisdom
बुढ़ापा	Senescence
बौद्धिक क्षमताएं	Intellectual Abilities
योजनाबद्ध वृद्धावस्था	Programmed Aging
रक्त कोशिकाएं	Blood Vessels
वरिष्ठ नागरिक	Senior Citizens
वयोवृद्ध व्यक्ति	Elderly Person
विकिरण	Radiation
श्वांस नली	Trachea
श्वसनी	Bronchi
सशक्त	Vigorous
संक्रामक बीमारी	Infectious Disease
संगठक उत्तक	Connective Tissue
समस्या-समाधान	Problem-Solving
सृजनात्मकता	Creativity
श्रवण साधन	Hearing Aids

20 वृद्धावस्था : सामाजिक एवं व्यक्तित्त्व परिवर्तन

Ageing : Social and Personality Change

वृद्धावस्था जीवनकाल के उत्तरार्द्ध का एक ऐसा चरण होता है जहाँ व्यक्ति अपने बीते समय का पुनरावलोकन करता है एवं आत्मविश्लेषण करता है। यदि वह पाता है कि उसने अब तक का जीवन अच्छी तरह से व्यतीत किया है एवम् उसकी उपलब्धि संतोषजनक रही है तो वह सम्पूर्णता एवं संतुष्टि का अनुभव करता है। इसके विपरीत जब व्यक्ति यह महसूस करता है कि वह जीवन के अनेक पहलुओं का सफलतापूर्वक सम्पादन नहीं कर सका है, तो प्रायः उसमें निराशा एवम् विषाद का भाव उत्पन्न हो जाता है। इस तथ्य की विधिवत समीक्षा प्रसिद्ध नव मनोविश्लेषणवादी एरिक एरिक्सन ने अपने 'मनोसामाजिक विकास' के सिद्धान्त के आठवें चरण "समग्रता बनाम निराशा" के अन्तर्गत की है। व्यक्ति जीवन के विविध पक्षों में तीव्र परिवर्तन का सामना करता है। प्रायः इन परिवर्तित स्थितियों के साथ सही ढंग से समायोजन नहीं कर पाता है। इस अवस्था में उसका सामाजिक परिवेश संकुचित होकर प्रायः उसके परिवार तथा पड़ोस तक ही सीमित हो जाता है। यद्यपि पीढ़ीगत अन्तर (Generation Gap) के कारण युवा सदस्यों और वृद्ध व्यक्तियों के बीच वैचारिक मतभेद उभर कर सामने आ जाते हैं तथापि कुछ परिवारों में वृद्धों के सुझावों/ दृष्टिकोणों को वरीयता दी जाती है। निःसन्देह वृद्ध की सामाजिकता में स्पष्ट परिवर्तन के कारण उसमें समायोजन सम्बन्धी कुछ समस्याएँ उत्पन्न हो जाती है। प्रस्तुत अध्याय के प्रथम अनुभाग में वृद्धावस्था में होने वाले सामाजिक परिवर्तनों से सम्बन्धित अनेक पक्षों का विवेचन किया गया है यथा – सामाजिक परिवर्तन के प्रमुख आधार तथा कारण क्या हैं? वृद्ध में समायोजन के विविध आयाम क्या हैं ? तथा उनकी रुचियों का स्वरूप एवम् परिवर्तन की दिशाएं क्या होती है'? तथा अध्याय के दूसरे अनुभाग में वृद्धावस्था में व्यक्तित्व में होने वाले परिवर्तन, स्वास्थ्य, आत्म प्रत्यय तथा व्यक्तित्व-लोप जैसी समस्याओं का विवेचन प्रस्तुत किया गया है।

सामाजिक परिवर्तन के आधार : पारिवारिक एवं व्यक्तिगत संबंध

(Basis of Social Change : Familial and Personal Relationships)

किशोरावस्था के बाद व्यक्ति के पारिवारिक जीवन का विकास तीव्रतम गति से होता है, तथा मध्य

प्रौढ़ावस्था के दौरान परिवर्तित होने लगता है। इस अवस्था में व्यक्ति बहुत सारी समस्याओं से जूझता है। वृद्धावस्था (उत्तर प्रौढ़ावस्था) आते-आते व्यक्ति का पारिवारिक स्वरूप लगभग पूरी तरह से परिवर्तित हो जाता है क्योंकि इस अवस्था में व्यक्ति सेवा निवृत्ति, जीवन साथी की मृत्यु, बच्चों से मधुर सम्बन्ध का अभाव, अकेलापन जैसी समस्याओं के कारण स्वयं को समायोजित नहीं कर पाता है। चूंकि महिलाओं का जीवन घर तक ही सीमित रहता है इसलिए महिलाएं पुरुषों की तुलना में कम समायोजन कर पाती हैं। वृद्धों को अपने पारिवारिक सम्बन्धों में अनेक समस्याओं का सामना करना होता है जिसका विवेचन प्रस्तुत किया गया है।

लैंगिक व्यवहार (Sexual Behaviour)

यद्यपि मध्यवय की समाप्ति के पश्चात् व्यक्ति की कामशक्ति (Sexual Power) या सामर्थ्य में कमी दृष्टिगत होती है तथापि यदि इस अवस्था में व्यक्ति काम व्यवहार प्रदर्शित करता है तो समाज इसे काम विकृति मानता है। अर्थात् शारीरिक परिवर्तन के साथ-साथ सांस्कृतिक/ सामाजिक कारकों के कारण वृद्धों में काम संसर्ग में कमी पायी जाती है तथा इसे घृणा की दृष्टि से देखा जाता है। यह अभिवृत्ति प्रायः वृद्धावस्था में बनी रहती है (न्यूमैन एवं निकोलस, 1970)।

वर्तमान अध्ययनों से स्पष्ट है कि व्यक्ति की काम भावना कभी नहीं मरती है। वृद्ध व्यक्ति भी इससे अछूता नहीं है लेकिन वृद्धों का शारीरिक स्वास्थ्य उसके लैंगिक व्यवहार को बाधित करता है। क्लीवलैण्ड (1976); पोक्स तथा सहयोगियों (1977) ने प्रमाणित किया है कि जिन लोगों का लैंगिक समायोजन पिछली अवस्थाओं में अच्छा था, वृद्धावस्था में भी थोड़े परिवर्तन के साथ उनका लैंगिक समयोजन अच्छा होता है।

वृद्धों के काम व्यवहार के प्रतिकूल सामाजिक अभिवृत्तियाँ उन पर गंभीर मनोवैज्ञानिक प्रभाव डालता है। अपराध की भावनाएं, अतृप्त कामेच्छाओं आदि से उत्पन्न सांवेगिक तनाव नपुंसकता को जन्म देती है, जिससे वृद्ध काम पूर्ति हेतु काम भाव बढ़ाने वाले साधनों को अपनाता है। केन्ट (1975) का मानना है कि वृद्धावस्था में लैंगिक व्यवहार के समायोजन की समस्या जितनी शारीरिक नहीं होती उससे कहीं ज्यादा मनोवैज्ञानिक होती है।

पारिवारिक जीवन में परिवर्तन के प्रति समायोजन (Adjustment to Change in Family Life)

व्यक्ति जब प्रौढ़ावस्था से वृद्धावस्था में प्रवेश करता है तो परिस्थितियाँ उसे बहुत सारी जिम्मेदारियों से मुक्त कर देती हैं तथा उसकी पारिवारिक जीवन शैली भी बदल जाती है। सदैव माँ की भूमिका में रही स्त्रियाँ यदि अपने बच्चों व परिवार वालों से सौहार्दपूर्ण सम्बन्ध बनाना चाहती हैं तो माँ की भूमिका की जगह अब उन्हें बच्चों के साथ मित्रवत भूमिका निभाना श्रेयस्कर होता है।

वृद्धों का अपने बच्चों से सम्बन्ध सुखद होगा या दु:खद यह बहुत कुछ इस बात पर निर्भर करता है कि जीवन की पिछली अवस्थाओं में उनमें किस प्रकार का सम्बन्ध था तथा अभिभावक अपने बच्चों की आयु और स्वभाव में परिवर्तन के साथ बच्चों के प्रति अपनी अभिवृत्तियों को

परिवर्तित करते हैं अथवा नहीं। किशोरावस्था में अभिभावक के साथ द्वन्द्व की स्थिति उत्पन्न होने पर इस बात की प्रबल सम्भावना होती है कि समय बीतने के साथ-साथ एक दूसरे के प्रति तनाव की स्थिति भी बढ़ती जाएगी। आज से दो पीढ़ी पहले माता-पिता के प्रति बच्चे अपना दायित्व समझते थे तथा उसका अच्छी तरह निर्वहन करते थे लेकिन कुछ दशकों से इस दृष्टिकोंण में अत्यधिक बदलाव आया है। आज का वयस्क माता-पिता के प्रति भावना शून्य हो गया है तथा माता-पिता के प्रति अपने कर्त्तव्यों से विमुख होता जा रहा है। यह प्रवृत्ति हमारी वर्तमान संस्कृति में आमतौर से पायी जा रही है । रैम्सी एवं नेल्सन (1956) ने अपनी पुस्तक "चेन्ज इन वैल्यूज एण्ड एट्टीट्यूड्स टूवर्ड द फेमिली" में इन पहलुओं को विस्तार से विश्लेषित किया है। प्रायः वृद्ध स्त्रियाँ, पुरुषों की अपेक्षा अपने बच्चों से अधिक भावनात्मक सम्बन्ध प्रदर्शित करती हैं। यदि माता-पिता का 50-55 वर्ष की आयु तक अपनी सन्तान से भावनात्मक सम्बन्ध अच्छा रहा है तो ऐसा देखा गया है कि उस आयु के बाद पारिवारिक विलगाव की स्थिति कम उत्पन्न होती है (लाहनियर, 1975)।

इसके अतिरिक्त यह देखा जाता है कि लड़कियाँ, लड़कों की तुलना में अपने वृद्ध माता-पिता के प्रति अधिक जिम्मेदारी निभाती हैं। माता-पिता अपने वयस्क बच्चों के विवाह के पश्चात् भी उनसे यह प्रत्याशा करते हैं कि वे उनसे उसी प्रकार का व्यवहार करें जैसा कि वे विवाह के पूर्व करते थे। माता-पिता और बच्चों का इस तरह का सम्बन्ध वृद्धावस्था में न तो माता-पिता के लिए संतोषप्रद होता है और न ही बच्चों के लिए।

आयु वृद्धि के साथ माता-पिता की बच्चों पर निर्भरता सम्भवतः उतनी ही अधिक बढ़ती जाती है। विधवा माताओं पर यह बात विशेष रूप से लागू होती है। ये सांवेगिक तथा आर्थिक रूप से अपने बच्चों पर निर्भर रहती हैं जिन वृद्ध दम्पतियों का दाम्पत्य जीवन प्रारम्भ में सफल रहा है वे अपने बच्चों पर कम निर्भर होते हैं। यद्यपि माता-पिता अपने बच्चों पर निर्भर होते हैं तथापि वे इस स्थिति में ग्लानि महसूस करते हैं। विशेष रूप से पुरुषों को समायोजन करने में कठिनाई होती है क्योंकि वे अपने जीवन में सदैव आत्मनिर्भर रहे हैं तथा सेवानिवृत्ति के पश्चात् उन्हें मजबूरी में अपने बच्चों पर निर्भर रहना पड़ता है। आर्थिक निर्भरता माता-पिता के लिए ज्यादा कष्टकर होती है तथा उन्हें इसके लिए कई कटु बातों को निगलना पड़ता है। इस प्रकार की बातें उन लोगों के लिए ज्यादा कष्टकारी होती है जो अपने वयस्कावस्था में अपने परिवार के भरण-पोषण में महत्वपूर्ण भूमिका निभाते रहे हैं। बेवर्ली (1976) का मानना है कि आर्थिक रूप से बच्चों पर निर्भर होना संस्कृति पर भी निर्भर करता है।

एक परम्परागत धारणा यह है कि दादा-दादी की उपस्थिति एवं प्रभाव से पारिवारिक जीवन में स्थिरता आती है। दादा-दादी बच्चों को माता-पिता से अधिक अच्छी तरह से समझते हैं और उनके प्रति अधिक सहिष्णु होते हैं तथा बच्चे स्वभावतः बूढ़ों को पसंद करते हैं लेकिन आज परिस्थितियाँ बदल गयी हैं तथा अब बच्चों के लिए दादा-दादी की भूमिका महत्वपूर्ण नहीं होती। पीढ़ीगत अन्तर के कारण बच्चों तथा दादा-दादी के बीच मूल्यों, अभिवृत्तियों तथा व्यवहार आदि

में अन्तर के कारण दोनों पीढ़ियों के मध्य काफी दूरी बढ़ती जा रही है। पारिवारिक संरचना तथा परिवेशीय पृष्ठभूमि भी यह निर्धारित करते हैं कि पोते तथा दादा के बीच कैसा सम्बन्ध होगा। प्रायः देखा जाता है कि एकल परिवार की तुलना में संयुक्त परिवार में, दोनों पीढ़ियों के बीच सम्बन्ध अपेक्षाकृत अच्छा होता है। इसी प्रकार ग्रामीण पृष्ठभूमि में नगरीय पृष्ठभूमि के लोगों की तुलना में बच्चे तथा वृद्ध के बीच का सम्बन्ध मधुर होता है। इन दोनों के बीच का सम्बन्ध मधुर होना या न होना पूरी तरह इस बात पर भी निर्भर करता है कि वृद्ध व्यक्ति का उसके पुत्र एवं पुत्रवधु के साथ कैसा सम्बन्ध है?

दादा-दादी तथा नाती पोते के बीच साहचर्य एक दूसरे के लिए लाभकारी होता है। ये एक दूसरे की पीढ़ी के रीति-रिवाजों, समस्याओं, मूल्यों और विचारों से परिचित हो पाते हैं तथा दोनों पीढ़ियों के मूल्यों को तादात्मीकृत कर वर्तमान समाज के साथ अच्छा समायोजन स्थापित करने का प्रयत्न करते हैं।

वैवाहिक सुख (Marital Happiness)

वृद्धावस्था में वही दम्पति सुखी रहते हैं जिनका आरम्भिक वैवाहिक जीवन सुखी होता है। अर्थात् विवाह का भविष्य प्रायः शुरु के वर्षों में ही निर्धारित हो जाता है। विवाह से कुछ वर्षों तक अगर दाम्पत्य जीवन सुखमय रहा तो जीवन भर व्यक्ति के दाम्पत्य जीवन में किसी भी प्रकार का मौलिक परिवर्तन दृष्टिगत नहीं होता है। एक दूसरे से संतुष्ट दम्पति की आयु बढ़ने के साथ-साथ समान बातों में एक सी रुचियाँ होती जाती हैं। जीवन साथी की बीमारी एवं सेवानिवृत्ति पत्नी के अन्दर अपनी उपयोगिता की नई भावना भर देती हैं तथा पत्नी अपने जीवन साथी के देखरेख में अधिक सक्रिय हो उठती है।

जीवन साथी की मृत्यु (Loss of a Spouse)

वृद्धावस्था की सबसे बड़ी समस्या एवम् प्रतिबल का कारण है जीवन साथी की मृत्यु। भारतीय रीति रिवाज में पति की आयु पत्नी की आयु से अधिक होती है इसलिए प्रायः ऐसा देखा जाता है कि महिलाओं में विधवापन की दर पुरुषों के विधुर होने की दर से अधिक होता है। ब्रोजेन (1971) एवं लोपाटा (1975) ने अपने शोध के आधार पर यह निष्कर्ष निकाला है कि 50% महिलाएं 60 वर्ष की आयु में विधवा हो जाती हैं जबकि 85% महिलाएं 85 वर्ष की आयु में विधवा होती हैं। जब पुरुष की कार्यनिवृत्ति के तुरन्त बाद ही उसकी पत्नी की मृत्यु हो जाती है तो उसका समायोजन कठिन हो जाता है क्योंकि पत्नी की मृत्यु के बाद उसकी देखभाल करने वाला कोई नहीं होता। विधवाएं विधुर की अपेक्षा कम समस्याओं का सामना करती हैं क्योंकि वे घर तक ही केन्द्रित रहती है तथा माता का अपने पुत्र के साथ अपेक्षाकृत अधिक लगाव होता है जबकि विधुर अपनी पत्नी की मृत्यु के बाद समायोजन करने में कम सफल होते हैं (कोनरो, 1977; मार्गन, 1976)।

अकेलापन (Lonliness or Isolation)

वृद्धावस्था को 'खाली घोंसला' (Empty Nest) की अवस्था कहा जाता है अर्थात् इस अवस्था में व्यक्तियों में अकेलापन सर्वाधिक पाया जाता है। इस अवस्था में व्यक्ति न तो कोई नौकरी करता है और न ही उसका कोई खास सामाजिक या पारिवारिक सम्पर्क ही होता है।

प्रायः वृद्धावस्था के प्रति लोगों में नकारात्मक अभिवृत्ति पायी जाती है। थार्सन (1975) ने स्पष्ट किया है कि मध्यम व निम्न वर्गीय परिवार के सदस्य वृद्धों को भार मानते हैं तथा उन पर क्रोधित भी होते हैं। परिणामतः व्यक्ति अपने आप को अकेला महसूस करता है। वृद्धावस्था में अकेलापन बहुत कुछ इस बात पर भी निर्भर करता है कि आदमी किस जगह रहता है, कितना अकेलापन महसूस करता है तथा आगे वह कहाँ और कैसे रहेगा?

पुनर्विवाह (Remarriage)

वृद्धावस्था के दौरान जीवनसाथी की मृत्यु तथा इसके कारण वृद्धों में अकेलापन सम्बन्धी सन्ताप से छुटकारा पाने का एक सफल प्रयास पुनर्विवाह है जिसकी आवृत्ति वर्तमान युग में बढ़ती जा रही है तथा इसके प्रति सामाजिक अभिवृत्ति भी अनुकूल हो गयी है। वृद्धावस्था में पुरुष अपने से कम उम्र की महिला से विवाह करते हैं। कुछ लोग तो अपने से 20–30 वर्ष छोटी स्त्री से पुनर्विवाह करते हैं किन्तु 60–80 वर्ष की आयु के व्यक्ति 10 वर्ष छोटी स्त्री से विवाह करते हैं (मैकैन, 1976)। वृद्ध पुरुषों की तरह वृद्ध महिलाएं भी आयु बढ़ने के साथ-साथ अपने से कम आयु के पुरुषों से पुनर्विवाह करना चाहती है।

पुनर्विवाह के पश्चात् नये जीवन साथी (पत्नी/पति) के साथ समायोजन स्थापित करना वृद्ध के लिए सबसे बड़ी समस्या होती है। चूंकि वृद्ध के बच्चे बड़े हो चुके होते हैं अतः वे समान उम्र की सौतेली मां या पिता को पसंद नहीं करते हैं जिसके कारण बच्चों से टकराव की स्थिति बनती है। व्यक्ति अपने अकेलेपन को दूर करने के लिए जहाँ विवाह करता है वहीं उनकी समस्या इतनी प्रबल हो जाती है कि उन्हें अपने फैसले पर अफसोस होता है। अतः पुनर्विवाह खुशहाली की दृष्टि से उचित नहीं है (ली, 1978) तथा भारतीय परिवेश में यह कम प्रचलित है। जो व्यक्ति बिना विवाह किये ही वृद्धावस्था तक पहुंच जाते हैं उनका अपना निजी परिवार न होने के कारण वे सदैव दुःखी रहते है।

सेवानिवृत्ति (Retirement)

प्रौढ़ावस्था में व्यक्ति की दिनचर्या में कर्त्तव्यों तथा उत्तरदायित्वों की भरमार होती है। मध्यवय तक जाते-जाते व्यक्ति में शारीरिक कमजोरी व ऊर्जा में कमी होने लगती है जिसके कारण व्यक्ति

सेवानिवृत्ति के संदर्भ में अधिक सोचने लगता है क्योंकि अब अपनी नौकरी के सिलसिले में उसे अतिरिक्त प्रयत्न करने की जरूरत होती है। वृद्धावस्था में सेवानिवृत्ति के निकट आने पर परिस्थितियाँ मध्य वयस्कावस्था के समान नहीं होती। लेहमैंन (1955) के अनुसार जीवन भर के रहन-सहन तथा तौर तरीकों को छोड़ देने और जीवन भर की आदतों को अचानक बदलने से वृद्ध व्यक्ति को आघात पहुँचता है जो स्वास्थ्य के लिए घातक सिद्ध हो सकता है। कार्यनिवृत्ति के पश्चात् कुछ व्यक्तियों के पूछने पर कि आप कैसा महसूस कर रहे हैं ? उनके द्वारा दिये गये उत्तर के आधार पर यह निष्कर्ष निकला कि वे अब निष्क्रिय बैठे रहने की अपेक्षा काम करना अधिक पसंद करते हैं। स्वाट्र्ज (1973) का मानना है कि सेवानिवृत्ति से पुराने जीवन पद्धति का समापन तथा नयी जीवन पद्धतियों का संक्रमण होता है। इसमें वृद्ध की भूमिकाएं बदल जाती हैं। उनके मूल्यों, रुचियों तथा पूरे जीवन शैली में बदलाव दिखाई देता है। सेवानिवृत्ति से उनकी आय भी कम हो जाती है तथा उन्हें अपनी बहुत सारी सुविधाओं को कम करना पड़ता है जिससे उन्हें परेशानी का सामना करना पड़ता है। अतः वृद्धावस्था में सेवानिवृत्ति रूपी समस्या सबसे बड़ी समस्या है (हैविंघ्रस्ट एवं अल्बदतने 1960)।

कुछ लोग सेवानिवृत्ति को ऋणात्मक बदलाव मानते हैं। वे उसे संतुष्टि और आत्मगौरव के महत्वपूर्ण स्रोत से पृथक होना मानते हैं जबकि अन्य लोग इसे जीवन का एक परिवर्तन समझते हैं जिसमें अपनी रुचियों को जो पूर्व अवस्थाओं में अधूरी रह गयी थी, अब से पूरा करने के लिए तत्पर हो जाते हैं। प्रायः ऐसा देखा गया है कि कार्यनिवृत्ति से समायोजन में कठिनाई उन्हीं व्यक्तियों को होती है जिनके लिए कार्य एक व्यक्तिगत मूल्य एवं कर्त्तव्य होता है। स्ट्रास (1955) का मानना है कि जिन व्यक्तियों के लिए कार्य कोई विशेष महत्व नहीं रखता है वे वृद्धावस्था में सेवानिवृत्ति से सही ढंग से समायोजन स्थापित कर लेते हैं तथा शेष इच्छाओं को पूरा करने का प्रयास करते हैं।

यद्यपि अनेक वृद्ध व्यक्ति काम के बोझ से मुक्ति पाना चाहते हैं तथापि वे अंशकालिक कार्य को करते रहना चाहते हैं तथा आय, सामाजिक सम्पर्क, स्वयं की उपयोगिता आदि से वंचित नहीं होना चाहते हैं। आवश्यक सेवानिवृत्ति (compulsory retirement), गंभीर बीमारी, सूचनारहित सेवानिवृत्ति, नौकरी से बर्खास्तगी से व्यक्ति को गहरा सांवेगिक धक्का लगता है फलतः सेवानिवृत्ति से सम्बद्ध उनका समायोजन गंभीर रूप से प्रभावित होता है।

सेवानिवृत्ति की तैयारी (Preparation for the Retirement)

सेवानिवृत्ति के पश्चात् आय में कमी आने के कारण वृद्ध व्यक्ति अपनी आय के अनुरूप ही जीवन शैली का निर्माण करते हैं। पेंशन की योजनाओं पर बल देते हुए वर्तमान समय में कई सरकारी कार्यालय अपने कर्मचारियों को सहायता देने के लिए अपनी योजनाओं में सेवानिवृत्ति के निकट आने पर व्यक्तिगत और सामूहिक परामर्श को स्थान दे रहे हैं। यद्यपि प्रत्येक संस्था में ऐसी सुविधाएं नहीं दी जातीं है। जो कर्मचारी सेवानिवृत्ति को अनुचित मानता है वह वृद्धावस्था के

दौरान सहीं ढंग से समायोजन स्थापित करने में अक्षम होता है। सेवानिवृत्ति के समय यदि वृद्ध व्यक्ति का स्वास्थ्य उत्तम होगा तो उसका वैयक्तिक समायोजन संतोषजनक होगा। जो कर्मचारी सेवानिवृत्ति नहीं चाहते वे कालान्तर में असमायोजन के शिकार होते हैं। अतः व्यक्ति को जब सेवानिवृत्ति से पूर्व सेवानिवृत्ति की सूचना दी जाती है तो इसके लिए उसे मानसिक, मनोवैज्ञानिक रूप से पूरी तरह तैयार हो जाना चाहिए अन्यथा उनके समायोजन में व्यतिक्रम उत्पन्न होने की प्रबल सम्भावना होती है।

आर्थिक स्थिति (Economic Status)

सेवानिवृत्ति के पश्चात् निःसन्देह बुजुर्ग अनेक प्रकार की मनोवैज्ञानिक समस्याओं से जूझता है जिसका सबसे प्रमुख कारण उसके साथ होने वाली आर्थिक कठिनाइयाँ हैं। व्यक्ति सेवानिवृतित से पहले जिस प्रकार की जीवन शैली को जीता है, समुदाय में उसकी जो प्रतिबद्धता होती है तथा अपने परिवार में जो उसकी निराश्रितता होती है, सेवानिवृत्ति के पश्चात् आर्थिक समस्या आने की वजह से इनमें जबरदस्त परिवर्तन आता हैं। ऐसी स्थिति में वृद्ध व्यक्तियों में हीन भावना विकसित हो जाती है तथा उनमें संवेगात्मक अन्तर्द्वन्द्व पैदा हो जाता है जिसका प्रभाव स्वास्थ्य एवम् समायोजन पर नकारात्मक होता है।

आर्थिक स्थिति सुदृढ़ न होने के कारण अधिकांश वृद्धों को आर्थिक सहायता हेतु सरकार, धार्मिक स्थल, मित्रों, सार्वजनिक व निजी साधनों पर निर्भर रहना पड़ता है। कुछ तो अंशकालिक नियुक्ति के आधार पर भी सेवा देते हैं लेकिन इससे उनकी आवश्यकता पूरित नहीं होती हैं।

सेवानिवृत्ति के प्रति समायोजन पुरुषों की तुलना में महिलाओं में अधिक बेहतर पाया जाता है। इसका कारण यह होता है कि उनकी भूमिकाओं में पुरुषों की तुलना में कम परिवर्तन होता है। अविवाहित महिलाओं का समायोजन सेवानिवृत्ति के समय घर गृहस्थी चलाने वाली महिलाएं यानी गृहणी की तुलना में बेहतर होता है। इसका कारण यह है कि अविवाहित महिलाओं के पास सामाजिक साधन ज्यादा होते हैं जिससे वे अपना खाली समय उन सामाजिक साधनों (क्लब, पार्टी, मित्र मण्डली) के सम्पर्क में व्यतीत करती हैं (फाक्स, 1977)।

समायोजन में सफलता (Success in Adjustment)

व्यक्ति सेवानिवृत्ति के साथ कितनी सफलता से समायोजन स्थापित कर पाता है यह बहुत कुछ इस बात पर निर्भर करता है कि व्यक्ति की आर्थिक स्थिति कैसी है ? समुदाय में वह कितना प्रतिष्ठित है, सामाजिक सम्पर्क बनाने के लिए वह सामाजिक क्रियाकलापों में कितना भाग लेता है तथा परिवार के लोगों से उसका किस प्रकार का सम्बन्ध है? अपनी स्वेच्छा से सेवानिवृत्ति का चयन करने वाला व्यक्ति बेहतर समायोजन स्थापित करता है।

जो वृद्ध सेवानिवृत्ति का प्रतिरोध करते हैं, अपनी बाद की जीवनशैली को सेवानिवृत्ति के पूर्व जैसा ही रखना चाहते हैं तथा सेवानिवृत्ति के लिए मानसिक रूप से तैयार नहीं होते हैं, वे

अच्छा समायोजन नहीं कर पाते तथा उनका स्वास्थ्य बिगड़ने से शारीरिक ह्रास होने लगता है। परिणामस्वरूप समय से पहले ही उनकी मृत्यु हो जाती है।

वस्तुतः सेवानिवृत्ति से व्यथित व्यक्ति के लिए समायोजन करना कठिन होता है जो व्यक्ति सेवानिवृत्ति के पश्चात् अपना बुढ़ापा आश्रम में बिताते हैं वे घर-परिवार में बिताने वाले वृद्ध की अपेक्षा सुखी रहते हैं। केप्लान (1954) का मानना है कि ''जब तक वातावरण ऐसा न हो जिसमें उपयोगी होने की भावना को बढ़ाने वाले क्रियाकलाप के लिए अवसर उपलब्ध हों, तब तक सेवानिवृत्ति से सही समायोजन स्थापित करने में समस्या होगी।

वृद्धावस्था में रुचियाँ (Interests in Ageing)

वृद्धावस्था में प्रवेश करने के पश्चात् व्यक्ति के मूल्यों, जीवनशैली, सामाजिक, आर्थिक स्थिति आदि में स्पष्ट परिवर्तन दृष्टिगत होता है। इसके कारण उनकी रुचियाँ भी परिवर्तित होती है। अब व्यक्ति नई रुचियों के स्थान पर पूर्व विकसित संतोषजनक रुचियों पर अपना ध्यान केन्द्रित करता हैं। व्यक्ति का स्वास्थ्य जैसा होता है, इस अवस्था में वह उसी के अनुरूप रुचियों का चयन करता है। महिलाएं पुरुषों की तुलना में रुचियों की बेहतर अभिव्यक्ति करती हैं। वे रुचियाँ जो लोगों को सामाजिक सम्पर्क में लाती हैं, का चयन करके वृद्ध व्यक्ति अधिक खुश रहते हैं (क्लेग, 1949)। खराब स्वास्थ्य, या अपर्याप्त धन के कारण वृद्धों को सामाजिक सम्पर्क से दूर रहना पड़ता है इसलिए प्रायः व्यक्ति रुचियों को सीमित कर देता हैं। वृद्धावस्था मे प्रायः रुचियाँ, निम्न प्रकार की पायी जाती है।

व्यक्तिगत रुचियाँ (Personal Interests)

वृद्धावस्था ज्यो-ज्यों निकट आती जाती हैं, वैसे-वैसे वृद्ध आत्मकेन्द्रित (Egocentric) हो जाता है। वे अपने विषय में दूसरों की तुलना में ज्यादा सोचते हैं तथा दूसरों की इच्छाओं की परवाह नहीं करते हैं। इस अवस्था में व्यक्ति अपने स्वास्थ्य के प्रति अधिक संवेदनशील होता है तथा अपनी बीमारी को अधिक बढ़ा चढ़ाकर बताता है (स्टर्न एवं विलियम, 1953)। वृद्ध व्यक्ति जहाँ किसी से बाते करते हैं तो दूसरों को बोलने का मौका नहीं देते । इनकी बातों में आत्मकेन्द्रितता के साथ-साथ बीते कल के अनुभव भी परिलक्षित होते हैं। अधिकतर वृद्ध इस बात में रुचि नहीं लेते कि वे कैसे दिखते हैं तथा बुढ़ापे के लक्षणों को छिपाने के लिए कोइ प्रयास नहीं करते। इसके पीछे यह कारण कि वृद्ध परम्परागत एवं आयु के अनुकूल वस्त्र के प्रति रुचि दर्शातें है तथा वर्तमान समय के फैशन को अधिक महत्व नहीं देते है। परन्तु उच्च सामाजिक आर्थिक स्तर के वृद्ध लोग अपना पहनावा वर्तमान फैशन के अनुरूप पसंद करते हैं। महिलाएं भी इसमें पीछे नहीं हैं। इनका यह मानना है कि वर्तमान फैशन के अनुकरण से उम्र तो छिपती ही है समायोजन सम्बन्धी समस्याएं भी कम होती हैं।

धन के प्रति रुचि जो मध्यावस्था में घटनी शुरु हो जाती है, वृद्धावस्था के बढ़ने के साथ अधिक तीव्र होती जाती है। धन की कमी से उसके जीवन शैली में परिवर्तन होता है। फ्रीडसम एवं मैन्टिन (1973) के अनुसार धनाभाव में बहुत सी महिलाएं एवं पुरुषों को अपनी दूसरी आवश्यकताओं को या तो कम करनी पड़ती है या छोड़ देनी पड़ती है।

मनोरंजन सम्बन्धी रुचियाँ (Recreational Interests)

सामान्यतः वृद्धों की मनोरंजन सम्बन्धी रुचियाँ मध्यावस्था जैसी ही होती है। अन्तर केवल इतना होता है कि शारीरिक परिवर्तन होने के कारण इसका दायरा छोटा होता जाता है। मनोरंजन के साधनों में जब आवश्यकता होती है तो परिवर्तन भी किया जाता है (डिकेरेलो, 1974)। उच्च बौद्धिक और सामाजिक-आर्थिक स्तर के लोग मनोरंजन में अधिक रुचि लेते हैं तथा अधिक शौक पालते हैं। इस अवस्था की सामान्य मनोरंजन सम्बन्धी क्रियाएं यथा-पढ़ाई करना, पत्र लिखना, रेडियो, तथा टेलीविजन तथा देखना, घूमना, बातें करना, राजनीति में हस्तक्षेप आदि महत्वपूर्ण हैं। बेवेरली (1975) का मानना है कि अधिकांश वृद्ध स्त्री-पुरुषों के मनोरंजन ऐसे होते हैं जो बैठे-बैठे किये जा सकते हैं और जिनमें कम से कम शारीरिक बल और शक्ति की आवश्यकता होती है।

सामाजिक रुचियाँ (Social Interests)

आयु वृद्धि के साथ-साथ अधिंकाश लोग सामाजिक वातावरण से पलायनवादी नीति अपना लेते हैं (कैलिस, 1972)। विरेन (1964) ने सामाजिक पलायन की व्याख्या करते हुए बताया है कि व्यक्ति में यह प्रवृत्ति चार प्रकार से व्यक्त होती है। जैसे-

(1) दूसरे लोगों से कम लगाव;
(2) सामाजिक भूमिका के निर्वहन में कमी;
(3) मानसिक योग्यता का अधिक प्रयोग तथा;
(4) शारीरिक क्रियाओं में निष्क्रियता

वृद्धावस्था में सेवानिवृत्ति के पश्चात् व्यक्ति की सामाजिकता में तेजी से कमी आती है। कुछ लोगों की सेवानिवृत्ति स्वैच्छिक होती है। ऐसे लोगों की रुचियाँ अपने तक सीमित होती हैं तथा वे आत्मकेन्द्रित हो जाते हैं। अनैच्छिक सामाजिक सेवानिवृत्ति उस समय प्रदर्शित होती है जब वृद्ध सामाजिक सम्पर्क की इच्छा महसूस करते हैं। यद्यपि बुजुर्ग अपने मित्रों से मिलना चाहते हैं लेकिन शारीरिक ह्रास व आय की कमी के कारण वे अपने मित्रों से मिलने एक स्थान से दूसरे स्थान तक नहीं जा पाते। वृद्धों में किसी सामाजिक संस्था के सदस्य बनने की रुचि में कमी आती

है। इसके कई कारण है जिसमें सबसे प्रमुख कारण शारीरिक स्वास्थ्य का सही न होना है। क्यूटर (1977) ने अपने अध्ययनों के आधार पर यह निष्कर्ष निकाला है कि जो वृद्ध अपनी किशोरावस्था एवं प्रारम्भिक प्रौढ़ावस्था में सामाजिक क्रियाओं के प्रति क्रियाशील रहते हैं यदि उनका स्वास्थ्य ठीक हो तथा पारिवारिक स्थिति उसके लिए प्रेरित करती रहे तो वे वृद्धावस्था में भी सामाजिक क्रियाओं के प्रति क्रियाशील पाये जाते हैं।

वृद्ध व्यक्ति के लिए उसका पारिवारिक समूह उसके सामाजिक जीवन का केन्द्र होता है। प्राय: वह अपने घनिष्ठ मित्रों का एक समूह बना लेता है जिसमें उसके घर के बालक तथा पड़ोस के समवयस्क होते हैं। समवयस्कों से सामाजिक अन्त:क्रिया करना वृद्धों के लिए उपयोगी सिद्ध होता है क्योंकि दोनों की रुचियाँ लगभग मिलती हैं तथा एक ही पीढ़ी के होने के कारण उनके स्वभाव भी लगभग मिलते जुलते होते हैं जिससे उन्हें समायोजन स्थापित करने में सफलता प्राप्त होती है। यद्यपि घर के बालक और व्यक्ति के बीच 'जेनेरेशन गैप' होता है लेकिन एक दूसरे से सम्पर्क दोनों के लिए श्रेयस्कर होता है क्योंकि इन दोनों को एक दूसरे की पीढ़ी के बारे में जानने तथा पहचानने का मौका मिलता है। वृद्ध व्यक्ति बालकों से इसलिए भी अधिक सम्पर्क स्थापित करते हैं क्योंकि घर के बालक अपने दादा (बुजुर्ग/वृद्ध व्यक्ति) की बातों को कहानी के रूप में बड़ी तन्मयता के साथ सुनते हैं।

उच्च वर्गीय परिवार के वृद्धों की सामाजिक सहभागिता अधिक होती है किन्तु किसी वृद्ध की सामाजिक सहभागिता अच्छी होगी, यह इस पर भी निर्भर करता है कि जीवन साथी जीवित है या नहीं ? साठ वर्ष की आयु में ज्यादातर लोग विवाहित जीवन का आनन्द उठाते हैं परन्तु 70 वर्ष की आयु में विधवा/विधुर व्यक्तियों की संख्या में वृद्धि होने लगती है। इसलिए 70 वर्ष के बाद व्यक्ति मित्रता तथा सामाजिक सम्बन्धों को बढ़ाने का प्रयास करते हैं (पेट्रोव्स्की, 1976)।

आधुनिक युग में अनेक संस्थाएं वृद्धों की आवश्यकता यथा-सामाजिक सम्पर्क, रुचियों आदि की पूर्ति हेतु सामाजिक क्लबों की स्थापना कर रही हैं। इनका उद्देश्य मनोरंजन करना तथा सामाजिक सम्पर्क को बढ़ावा देना है। जो लोग सामाजिक क्रियाकलाप में भाग लेने के प्रत्येक अवसर का लाभ उठाते हैं और पुरानी मित्रता को बनाये रखने या नए मित्र बनाने का प्रयत्न करते हैं, वे उनकी अपेक्षा जो सामाजिक रूप से निश्चेष्ट होते हैं, से अच्छा समायोजन तो करते ही है, साथ ही साथ अपनी वृद्धावस्था को अधिक सुखमय मानते हैं।

धार्मिक रुचियाँ (Religious Interests)

वृद्धावस्था में व्यक्ति धर्म के प्रति उन्मुख होते हैं। यद्यपि धर्म के प्रति रुझान वृद्धावस्था में बढ़ता है किन्तु ऐसा उन्हीं लोगों के साथ होता है जो पहले से धर्म में कुछ रुचि लेते हैं। ब्लैंक (1972) ने धार्मिक रुचियों पर शोध करके यह स्पष्ट किया कि आयु वृद्धि के साथ-साथ व्यक्ति धार्मिक होता जाता है। इसके विपरीत तथ्य भी प्रस्तुत किये गये हैं कि आयु वृद्धि के साथ धार्मिक रुचि में कमी आती है। कोवाल्ट (1965) का मानना है कि यद्यपि वृद्धावस्था में धार्मिक रुचियों में

कमी आती है तथापि लोगों में धार्मिक विश्वास की भावना वैसी ही बनी रहती है जैसे पूर्व अवस्थाओं में थी। परन्तु धार्मिक रुचि में भिन्नता परिवेशीय, सामाजिक एवम् सांस्कृतिक भिन्नता से प्रभावित होती है।

कभी-कभी आर्थिक स्थिति सुदृढ़ न होने के कारण वृद्ध व्यक्ति धार्मिक कार्य हेतु चन्दा न दे पाने के कारण संकोच करते हैं तथा पूजा स्थल पर जाने से कतराते हैं। इसका एक प्रमुख कारण यह भी है कि अब उसमें इतनी क्षमता नहीं होती कि वह पूजा स्थल पर जाए। घर पर बैठकर भजन-कीर्तन करना, भगवान का स्मरण करना वृद्धों की दिनचर्या में शामिल होता जाता है इस धार्मिक दृष्टिकोण के कारण व्यक्ति में अच्छा समायोजन पाया जाता है (ब्लेजर एवं पालमोर, 1976)। कुछ लोग मृत्यु को अन्त मानते हैं किन्तु जो ईश्वर पर विश्वास करते हैं उनका मानना है कि मरणोपरान्त ईश्वर से प्राप्ति के पंश्चात् उनका जीवन प्रारम्भ होता है। जो लोग मृत्यु को अन्त मानते हैं वे मृत्यु के भय से बचने के लिए धार्मिक दृष्टिकोण अपना लेते हैं। वस्तुतः धार्मिकता एक संदर्भ समूह को जन्म देती है, जो वृद्धों को सुरक्षा एवं सहयोग प्रदान करती है। अधार्मिक लोग इस सुरक्षा एवं सहयोग भाव से वंचित रहते हैं (कोबाल्ट, 1965)।

व्यक्तित्त्व में परिवर्तन (Change in Personality)

व्यक्तित्त्व का संरूप पूर्णतः स्थिर नहीं रहता है। इसमें क्रमिक रूप से अनवरत परिवर्तन होते रहते हैं। ये परिवर्तन चाहे विधेयात्मक हों या निषेधात्मक परन्तु ये सभी व्यक्ति के जीवन के प्रति समायोजन स्तर को व्यक्त करते हैं। मूलतः व्यक्तित्त्व में इस प्रकार के परिवर्तन बहुत ही अल्प गति से होते हैं परन्तु कभी-कभी बड़े पैमाने पर परिवर्तन दृष्टिगत होते हैं। ये बड़े परिवर्तन अनुपयुक्त समायोजनात्मक क्षमता के द्योतक होते हैं। हमारी संस्कृति में व्यक्ति की सभी अवस्थाओं में होने वाले व्यक्तित्व परिवर्तन के प्रति प्रचलित धारणा विकसित हों किन्तु कभी-कभी इन विशेष अवस्थाओं में व्यक्तित्त्व में पर्याप्त परिवर्तन नहीं हुआ रहता है अतः इस प्रकार के अति या न्यून परिवर्तन व्यक्ति को आश्चर्यचकित करते हैं। ये अनियमित परिवर्तन व्यक्ति की समायोजन क्षमता से प्रभावित होते हैं। उदाहरण के लिए कहा जा सकता है कि प्रायः लोगों के मन में वृद्धावस्था में व्यक्तित्त्व के स्वरूप का एक काल्पनिक चित्रण हुआ रहता है यथा-वृद्ध व्यक्ति बच्चों जैसी हरकतें करते हैं। उनके व्यक्तित्त्व में स्वार्थ, लालच, झक्कीपन, अहंकार तथा आत्मकेन्द्रितता के गुण विकसित हो जाते हैं परन्तु प्रत्येक व्यक्ति के लिए उक्त विशेषतायें सत्य हों, यह जरूरी नहीं है। यद्यपि इस विषय पर पर्याप्त अध्ययनों का अभाव है तथापि कुछ अध्ययन, जो प्रतिनिध्यात्मक प्रणाली से किए गए हैं, इन धारणाओं को खण्डित करते हैं।

प्लेटो के समय से ही एक धारणा प्रचलित थी कि प्रायः व्यक्ति का वृद्धावस्था से पूर्व का व्यक्तित्त्व, वृद्धावस्था की प्रक्रियाओं को प्रभावित करता है। अतः व्यक्ति की प्रारम्भिक विशिष्टताओं के आधार पर उसके वृद्धावस्था में व्यक्तित्व की विशिष्टताओं का पूर्वकथन किया जा सकता है। प्लेटों के अनुसार "जो व्यक्ति प्रारम्भ से ही शान्त व प्रसन्नचित रहते हैं, उन्हें वृद्धावस्था बोझ नहीं

लगती है परन्तु इसके विपरीत स्वभाव वाले व्यक्तियों की वृद्धावस्था कष्टप्रद व्यतीत होती है।" अनेक अध्ययन उक्त कथन की पुष्टि भी करते हैं। एक आधुनिक अध्ययन से इस बात की पुष्टि होती है कि व्यक्तित्व में परिवर्तन गुणमूलक न होकर परिमाण मूलक होते हैं अर्थात् व्यक्तित्व की मूल विशिष्टतायें नहीं परिवर्तित होती हैं परन्तु उसकी मात्रा कम या अधिक हो जाती है। अतः जो व्यक्तित्व बाल्यावस्था में निर्मित होना आरम्भ होता है वह वृद्धावस्था में परिपक्व हो जाता है (स्मिथ, 1952)। आयु बढ़ने पर व्यक्ति का व्यक्तित्व रुढ़िवादी, दुराग्रही, पूर्वाग्रहपूर्ण तथा आत्मकेन्द्रित हो जाता है। परन्तु ये सभी गुण नए नहीं होते हैं वरन् बाल्यावस्था में सुप्तावस्था में होते हैं वही वृद्धावस्था में अपने प्रबलतम् एवं अतिरंजित रूप में दृष्टिगत होने लगते हैं। अतः वृद्धावस्था में व्यक्तित्व विकृत हो जाता है। लॉटन ने वृद्धावस्था में व्यक्तित्व की विशेषता के बारे में कहा है कि वृद्धावस्था में व्यक्तित्व उसी प्रकार अतिरंजित हो जाता है जिस प्रकार किसी आवर्द्धक लेन्स से कोई प्रतिबिम्ब (लॉटन, 1951)।

अहं सम्प्रत्यय (Self Concept)

सामान्यतया वृद्धावस्था में व्यक्तित्व में जो परिवर्तन दृष्टिगत होते हैं उनका मुख्य कारण उनके अहं सम्प्रत्यय में परिवर्तन होना है। अहं सम्प्रत्यय में यह परिवर्तन मुख्यतया उनके द्वारा रुढ़िवादिता को स्वीकार कर लेने तथा अन्य लोगों की अभिवृत्तियों के बारे में जानकारी हो जाने के कारण होता है। अहं सम्प्रत्यय के बारे में वाट्सन ने कहा है कि व्यक्ति का अहं सम्प्रत्यय जितना ही वृद्ध होता है व्यक्ति भी उतना ही अधिक वृद्ध होता है। व्यक्ति अपनी आयु के कारण उतना वृद्ध नहीं होता है जितना अपने को वृद्ध स्वीकार कर लेने से वृद्ध होता है। प्रायः वे लोग जो अपने आप को वृद्ध स्वीकार कर लेते हैं उन लोगों से अत्यधिक कुसमायोजित तथा दुःखी होते हैं जो अपने आपको मध्यावस्था में समझते हैं (फिलिप्स, 1957)। यदि किसी कारणवश वयस्कावस्था में वृद्धावस्था के प्रति हेय भावना पनप जाती है तो वृद्ध होने पर वह ऐसी ही भावना अपने प्रति बना लेता है। लिन्डेन एवं कार्टनी (1954) ने इसी को वृद्धावस्था में व्यक्तित्व के ह्रास का मूल कारण बताया है। वृद्धावस्था का अनुमान लोग भिन्न तरीके से लगाते हैं। कुछ व्यक्ति अपनी वास्तविक आयु को, तो कुछ ऐसे शारीरिक लक्षणों जो वृद्धावस्था के विशेष लक्षणों में शामिल किये जा सकते हैं यथा- कम सुनना, थकना, चेहरे पर झुर्रियाँ पड़ना आदि लक्षणों को वृद्धावस्था के लिए महत्वपूर्ण मानते हैं। एक बार स्वयं को वृद्ध मान लेने पर वृद्ध व्यक्तियों में वृद्धावस्था मनोग्रथि (Ageing Complex) विकसित हो जाती है। ऐसी अभिव्यक्ति से व्यक्ति में शारीरिक एवं मानसिक चिंता उत्पन्न होती है। वृद्धावस्था आने के पश्चात् एकाकीपन, सामाजिक सम्पर्क से दूर होने का भय, अपनी आर्थिक स्थिति पर आकुलता आदि प्रवृत्तियाँ व्यक्ति में खुद बखुद उत्पन्न हो जाती हैं।

व्यक्ति स्वयं को जैसा मानता है उसी के अनुरूप व्यवहार भी करता है। जैसे-जब व्यक्ति स्वयं को वृद्ध समझता है तो वह वृद्धों जैसा व्यवहार भी करने लगता है। व्यक्ति अपने लक्षणों में प्रौढ़ावस्था में समयानुकूल परिवर्तन कर लेता है किन्तु रुढ़िवादी विचारधाराओं का अनुकरण करने वाले लोग अपने शीलगुणों को समयानुसार परिवर्तित नहीं कर पाते। अहं सम्प्रत्यय में परिवर्तन

होने के फलस्वरूप व्यक्तित्व के ताने बाने में जो परिवर्तन दिखता है उनके पीछे शारीरिक कारणों की अपेक्षा परिवेशीय कारकों का अधिक महत्व होता है।

व्यक्तित्त्व लोप (Personality Extinction)

आयु वृद्धि के साथ-साथ व्यक्ति में व्यक्तित्व लोप की समस्या बढ़ने लगती है। अतः वृद्धावस्था में पहुंचने के पश्चात् व्यक्ति के व्यक्तित्व लोप की समस्या आम बात है। स्मृति विक्षोभ, आकुलता, शंकालुपन, विभ्रम, दोषपूर्ण अवधान, सामान्य तंत्रिकाताप आदि वृद्धावस्था में देखे जा सकते हैं।

वर्तमान समय में मानसिक अस्पतालों में एक तिहाई से भी अधिक रोगी 60 वर्ष के ऊपर के होते हैं। ग्रैनिक (1950) का मानना है कि वृद्धावस्था के दौरान संवेगात्मक विकारों में वृद्धि तथा बौद्धिक क्षमता में ह्रास पाया जाता है। कालान्तर में ऐसे रोगियों में मनोविक्षिप्तता परिलक्षित होने लगती है। इसके साथ ही वृद्धों में आत्महत्या की प्रवृत्ति पढ़ती है। स्त्रियों की अपेक्षा पुरुषों में आत्महत्या के प्रयास अधिक देखे जाते हैं (कायोरबी, 1951)।

जो व्यक्ति बाल्यावस्था से ही अपनी सांवेगिक एवं बौद्धिक अपरिपक्वता के कारण स्वयं को समयोजित नहीं कर पाते वे वृद्धावस्था के दौरान मानसिक विकार से पीड़ित हो जाते हैं। व्यक्तित्व लोप की स्थिति होने पर तथा सामाजिक दबाव के समाप्त होने पर वृद्धावस्था में व्यक्ति बच्चों के समान व्यवहार करने लगता है। व्यक्तित्व में परिवर्तन व्यक्तित्व के संघटन की मजबूती पर तथा उम्र बढ़ने के साथ पड़ने वाले सामाजिक दबावों को झेलने की योग्यता पर निर्भर होता है। वस्तुतः व्यक्तित्व लोप बढ़ती हुई आयु की समस्याओं से किये गये असमुचित (inappropriate) समायोजन का स्पष्ट सूचक है।

सुखी रहने के लिए व्यक्ति को अपने जीवन की स्थितियों को स्वीकार करना आवश्यक होता है। आयु बढ़ने के साथ-साथ सुखी होने का अर्थ बदलता जाता है। वृद्धावस्था में सुखी होने का तात्पर्य है - स्वस्थ्य होना, सुरक्षा की भावना, सामाजिक स्वीकृति पाना, धर्मनिष्ठता एवं संतुष्टि। वस्तुतः वृद्ध व्यक्ति तभी सुखी रह सकते हैं जब समाज उन्हें सामाजिक सहायता (Social Support) प्रदान करे।

सारांश (Summary)

जीवनकालिक विकास क्रम में वृद्धावस्था एक ऐसी अवस्था होती है जिसमें व्यक्ति अपने जीवनकाल की सम्पूर्ण उपलब्धियों पर दृष्टिपात करता है एवम् उनका मूल्यांकन करता है। यदि उसकी उपलब्धियां संतोषप्रद नहीं होती हैं तो प्रायः उसके अन्दर निराशा एवं विषाद के भाव उत्पन्न होते हैं। अतः प्रसिद्ध नव मनोविश्लेषणवादी एरिक एरिक्सन ने विकास के आठवें चरण 'समग्रता बनाम निराशा' के अन्तर्गत इसका विवेचन किया है।

इस अवस्था में वृद्ध का सामाजिक परिवेश संकुचित हो जाता है जिससे उसमें समायोजनात्मक समस्यायें उत्पन्न हो जाती हैं क्योंकि इस अवस्था में व्यक्ति सेवानिवृत्ति, जीवन-साथी की मृत्यु, बच्चों के साथ मधुर सम्बन्धों का ह्रास, अकेलापन जैसी अनेक समस्याओं के प्रति स्वयं को समायोजित नहीं कर पाता है। महिलाओं का कार्यक्षेत्र सीमित होने के कारण उनमें समयोजनात्मक समस्याएं अधिक उत्पन्न होती हैं।

इस अवस्था में व्यक्ति की कामशक्ति में कमी उत्पन्न हो जाती है। इसके साथ ही साथ इनका लैंगिक समायोजन भी बाधित होता है जिससे गम्भीर मनोवैज्ञानिक समस्याएं जैसे - अपराधबोध, सांवेगिक तनाव तथा नपुंसकता का भाव आदि उत्पन्न हो जाती हैं। इस अवस्था में व्यक्ति समस्त पारिवारिक जिम्मेदारियों से प्रायः मुक्त हो जाता है तथा इसके मिले जुले असर दृष्टिगत होते हैं । एक ओर जहाँ कुछ वृद्ध अपनी अभिवृत्तियों को परिवर्तित कर कुशल समायोजनात्मक क्षमता प्रदर्शित करते हैं वहीं कुछ लोगों में द्वन्द्वात्मक स्थिति उत्पन्न होने से तनाव की स्थिति बढ़ती जाती है।

वृद्धावस्था के तनाव का मुख्य कारण संतान (लड़कों) का माता-पिता के प्रति भावशून्यता है। लड़के प्रायः माता-पिता के प्रति उपेक्षित व्यवहार प्रदर्शित करते हैं तथा माता-पिता की बच्चों पर निर्भरता बढ़ती जाती हैं। प्रायः लड़कियों की अपेक्षा लड़के वृद्ध माता-पिता के प्रति अधिक उपेक्षित व्यवहार प्रदर्शित करते हैं। चूँकि माता-पिता लड़कों पर आर्थिक व सांवेगिक रूप से आश्रित रहते हैं, अतः उचित देखभाल न होने से इनको समायोजन करने में कठिनाई होती है। विशेषकर वे माता-पिता जो अपने जीवनकाल के प्रारम्भिक दिनों में आत्मनिर्भर होते हैं उनमें ग्लानि की भावना प्रबल रूप में दृष्टिगत होती है। वृद्ध व्यक्ति परिवार के अन्य सदस्यों के प्रति सहिष्णु होते हैं विशेषकर बच्चे, वृद्ध व्यक्तियों (यथा- दादा-दादी, नाना-नानी) को अधिक पसन्द करते हैं। दादा-दादी एवं नाती-पोतों का साहचर्य एक दूसरे के लिए उपयोगी होता है। वृद्ध को जहाँ बच्चों से अपनापन, स्नेह एवम् साहचर्य प्राप्त होता है वहीं बच्चे रीति-रिवाजों, समस्याओं, मूल्यों एवं विचारों से परिचित होते हैं।

वृद्धावस्था का दाम्पत्य जीवन प्रायः आरम्भिक वैवाहिक जीवन की ही तरह होता है परन्तु आयुवृद्धि के साथ परस्पर निर्भरता बढ़ जाती है तथा दुर्भाग्यवश एक जीवन साथी की मृत्यु दूसरे के लिए तीव्र प्रतिबल उत्पन्न करता है। पत्नी की मृत्यु से पति के जीवन में अधिक प्रतिबल उत्पन्न होता है। वृद्धावस्था को 'खाली घोंसला' (Empty Nest) की अवस्था कहा जाता है क्योंकि वृद्ध परिवार में रहते हुए भी अकेला व खाली होता है। हालांकि वृद्धावस्था में पुनर्विवाह का प्रचलन भारतीय सभ्यता में अपेक्षाकृत बहुत कम है तथापि वृद्धावस्था में पुनर्विवाह समायोजन के लिए अत्यधिक चुनौतीपूर्ण होता है। बड़े लड़के सौतेली माँ या पिता को स्वीकार करने के लिए तैयार नहीं होते हैं। सेवानिवृत्ति, वृद्धावस्था का प्रारम्भिक बिन्दु का सूचक होता है। यह व्यक्ति के अन्दर मानसिक परिवर्तन उत्पन्न करता है। व्यक्ति सेवानिवृत्ति के कार्य से मुक्त होना नहीं बल्कि

स्वयं को जीवन के अन्तिम चरण के निकट मानते हैं। सेवानिवृत्ति के पश्चात् व्यक्ति में बहुत सारी सामाजिक, आर्थिक व मानसिक समस्याएं जैसे-हीन भावना, प्रतिबद्धता में कमी, निराश्रयता, संवेगात्मक अन्तर्द्वन्द्व, स्व-निर्णय निर्माण की क्षमता में कमी इत्यादि परिलक्षित होते हैं। सेवानिवृत्ति के पश्चात् जो व्यक्ति समुदाय में जितना ही प्रतिष्ठित होगा उसकी समायोजनात्मक क्षमता उतनी ही सुदृढ़ होगी।

वृद्धावस्था में व्यक्तियों की रुचियों में व्यापक परिवर्तन होते हैं। व्यक्ति अपनी व्यक्तिगत इच्छाओं को कम कर देता है, वह आत्मकेन्द्रित हो जाता है, स्वास्थ्य के प्रति अत्यधिक संवेदनशील होता है तथा तत्कालीन (आधुनिक) रहन-सहन के तौर-तरीकों, रीति-रिवाजों तथा फैशन को पसन्द नहीं करता।

व्यक्ति की व्यक्तिगत रुचियों के साथ-साथ मनोरंजन सम्बन्धी रुचियाँ, सामाजिक रुचियाँ (जैसे- दूसरों से कम लगाव, सामाजिक भूमिका के निर्वहन के प्रति उदासीनता, मानसिक योग्यताओं का अधिक प्रयोग तथा शारीरिक निष्क्रियता इत्यादि), धार्मिक रुचियाँ (यथा- धार्मिक कार्यों के प्रति झुकाव, धार्मिक कार्यों में प्रबल विश्वास, ईश्वरीय सत्ता में विश्वास तथा धार्मिक भय इत्यादि) भी परिवर्तित हो जाती हैं।

वृद्धावस्था में व्यक्ति के व्यक्तित्व में भी परिवर्तन होता है। इस अवस्था में वृद्ध का व्यक्तित्व,बालकों जैसा हो जाता है यथा- स्वार्थपरता की भावना, लालच, झक्कीपन, अहंकार तथा आत्मकेन्द्रितता जैसी विशेषताएं विकसित हो जाती हैं।

प्लेटो के अनुसार जो व्यक्ति प्रारम्भ से ही शान्त तथा प्रसन्नचित रहते हैं उनके व्यक्तित्व में विकृति नहीं उत्पन्न होती है जबकि इसके विपरीत स्वभाव वालों के लिए वृद्धावस्था कष्टप्रद हो जाती है। व्यक्ति के व्यक्तित्व में परिवर्तन का मुख्य कारण उसके अहं-सम्प्रत्यय में परिवर्तन है। व्यक्ति स्वेच्छा से यदि अपने आपको वृद्ध मान लेता है तब उसमें वृद्धावस्था के लक्षण जल्दी ही दृष्टिगत होने लगते हैं परन्तु जो लोग वृद्धावस्था में भी अपने आपको मध्यावस्था में समझते हैं उनका समायोजन अन्य हम उम्र व्यक्तियों से ठीक होता हैं। इस कारण एक बार वृद्ध स्वीकार कर लेने पर व्यक्ति में वृद्धावस्था मनोग्रन्थि (Ageing Complex) विकसित हो जाती है।

वृद्धावस्था की प्रमुख समस्याओं में से एक है 'व्यक्तित्व-लोप की समस्या'। व्यक्ति जब वृद्धावस्था में पहुँचता है तब उसमें स्मृति विक्षोभ, आकुलता, शंकालु प्रवृत्ति, विभ्रम, दोषपूर्ण अवधान, सामान्य तन्त्रिकाताप आदि दोष दृष्टिगत होते हैं। व्यक्तित्व लोप के फलस्वरूप वृद्ध व्यक्तियों में कभी-कभी मनोविक्षिप्तता भी दिखाई देती है। इसका भी कारण समायोजनात्मक विफलता ही है। कभी-कभी अवसाद इतना बढ़ जाता है कि वृद्ध व्यक्ति में आत्महत्या की प्रवृत्ति भी उत्पन्न हो जाती है। वृद्धावस्था में सुखी रहने का एक मात्र मूल मन्त्र है 'सन्तुष्टि' । अतः वृद्ध व्यक्ति को स्वस्थ व प्रसन्न रहने के लिए सन्तुष्ट होना आवश्यक है।

तकनीकी पद	Technical Terms
अभिवृत्ति	Attitude
अकेलापन	Lonliness/Isolation
अहं-सम्प्रत्यय	Self Concept
आत्म-केन्द्रित	Self-Centred
आत्महत्या	Suicide
आत्म-विश्लेषण	Self-Evaluation
काम-शक्ति	Sexual Power
खाली घोंसला	Empty Nest
जीवनसाथी की मृत्यु	Loss of Spouse
पुनरावलोकन	Review
पीढ़ीगत अन्तर	Generation Gap
परिवेशीय पृष्ठभूमि	Environmental Background
पुनर्विवाह	Remarriage
प्रतिबद्धता	Commitment
मनोविश्लेषणात्मक	Psychoanalytic
मनोरंजन	Recreation
रुचियाँ	Interests
लैंगिक व्यवहार	Sexual Behaviour
वृद्धावस्था	Ageing
वैवाहिक सुख	Marital Happiness
वृद्धावस्था मनोग्रन्थि	Ageing Complex
व्यक्तित्व लोप	Personality Extinction
समग्रता बनाम निराशा	Integrity Vs Despair
समायोजन	Adjustment
सेवानिवृत्ति	Retirement
संघटक	Component
सामाजिक सहायता	Social Support

21 मृत्यु एवं वियोग

Death and Bereavement

मानव जीवन का अधिकतम् विस्तार यद्यपि 110-114 वर्षों तक माना गया है (बालफर्ड, 1983; बौल्सैन्स्की एवं अन्य, 1990) तथापि विभिन्न सामाज एवं व्यक्तियों में जीवन विस्तार की अवधि में भिन्नता पायी जाती है। विभिन्न आयु में मृत्यु के अनेक कारण हो सकते हैं। जहाँ शिशु की मृत्यु आनुवांशिक रोग या दोष, कुपोषण तथा संक्रामक रोगों से होती है वहीं बच्चे की मृत्यु दुर्घटना से, लाइलाज बिमारियों तथा विषाक्त पदार्थों के सेवन से होती है तो अधिकांश किशोरों की मृत्यु दुर्घटना एवं आत्महत्या के कारण होती है जबकि वयस्कों की मृत्यु लम्बी बिमारियों एवं जटिल रोगों के कारण होती है। अतः मृत व्यक्ति की आयु का गहरा प्रभाव मरने वाले के परिवार तथा उसके सगे सम्बन्धियों पर पड़ता है। एक वृद्ध व्यक्ति की मृत्यु का विवेचन, बच्चे की मृत्यु से भिन्न होता है। अर्थात् एक बच्चे की मृत्यु को जितना कष्टकर तथा पीड़ादायी माना जाता है वहीं किसी वृद्ध व्यक्ति की मृत्यु को स्वाभाविक मानते हुए इस घटना को कम पीड़ादायक माना जाता है।

मृत्यु से सम्बन्धित शोध की प्रासंगिकता को लेकर वर्षों तक विवाद बना रहा अनेक प्रश्न उठते रहें यथा- क्या मृत्यु के पश्चात् जीवन का अस्तितव होता है? सन्निकट मृत्यु के अनुभव किस प्रकार के होते हैं ? ऐसे अनेक प्रश्न परिशुद्ध मापन विधि के अभाव में अनुत्तरित रहे हैं तथापि पिछले कुछ दशकों में आये कुछ महत्त्वपूर्ण प्रकाशनों ने इस विषय के शोध की प्रासंगिकता को बढ़ाया है। इनमें से मुख्य रुप से रेमण्ड मूडी (1975) द्वारा प्रकाशित शोध पत्र 'लाइफ आफ्टर लाइफ' एवम् केनिथ रिंग (1984) की पुस्तक 'हेडिंग टू वर्ड ओमेगा' से मृत्यु सम्बन्धित शोध कार्य को लोकप्रियता मिली। मूडी ने आसन्न मृत्यु अनुभव (Near Death Experience) का अध्ययन उन 150 लोगों पर किया जिन्होंने आसन्न मृत्यु का अनुभव किया था। प्रदत्तों के आधार पर मूडी ने यह परिभाषा प्रस्तुत किया कि "आसन्न मृत्यु अनुभव एक ऐसी घटना है जिसमें व्यक्ति यह अनुभव करता है कि वह मृत हो चुका है या मार दिया गया है (जिनकी संस्थिति नैदानिक मृत्यु के करीब कही जा सकती है) परन्तु वास्तव में वह जीवित रहता है एवम् आगे जीवन यापन भी करता है।

यद्यपि मूडी के इस अध्ययन प्रक्रिया की आलोचना भी की गयी तथापि कुछ वर्षों बाद इनके शोध की प्रासंगिकता को बड़े पैमाने पर स्वीकार किया गया। सिगेल (1980) का मानना है कि आसन्न मृत्यु अनुभव (N.D.E.) की जड़ स्नायु मनोवैज्ञानिक घटनाओं में निहत होता है, जिससे लक्षित व्यक्ति को आसन्न मृत्यु के संकट का अनुभव होता है। जबकि नोएस (1979) ने इसे विरक्ति का एक प्रतिरक्षा तंत्र माना है। तत्पश्चात् धीरे-धीरे 'इन्टरनेशनल एसोसिएशन ऑफ डेथ स्टडीज' के प्रयास से यह विषय शोध के लिए प्रासंगिक बना तथा 'थेनाटेलाजी' अनुशासन विकसित हुआ जिसके अन्तर्गत 'मृत्यु एवं मरण' (Death and Dying) से सम्बद्ध विषयों पर अध्ययन किए जाते हैं। प्रस्तुत अध्याय में मनोवैज्ञानिक दृष्टिकोण से मृत्यु एवं मरण के स्वरुप, प्रक्रम तथा सैद्धान्तिक परिप्रेक्ष्य का विवेचन किया गया है। अध्याय के अन्त में मृत्यु संताप के प्रक्रमों का विवेचन किया गया है। मृत्यु को तीन दृष्टिकोंणों से अभिव्यक्त किया गया है-

1. मृत्यु एक घटना का सूचक है अर्थात् जीवनकालिक विकास के क्रम में जीवन का यह अन्तिम पड़ाव होता है।
2. मृत्यु की घटना काल के व्यवस्थापक के रूप में है अर्थात् यह जीवन की सीमा को निर्धारित करता है।
3. मृत्यु वयस्क के विकास तथा वृद्धावस्था की एक महत्वपूर्ण विमा है जो जीवन एवं मृत्यु के बीच सम्बन्ध स्थापित करती है तथा मृत्यु मरण की एक प्रक्रिया के रूप में विचारणीय है। मरण मनोवैज्ञानिक, सामाजिक एवं जैविकीय प्रक्रिया है जो समय के साथ चलती रहती हैं।

मृत्यु एवं मरण प्रक्रम के सैद्धान्ति परिप्रेक्ष्य (Theoretical Perspectives of Death and Dying)

मृत्यु जीवन के लिए अर्थ प्रदान करता है। मृत्यु विषयक अध्ययन अनेक परिप्रेक्ष्यों से प्रचुर मात्रा में किए गये हैं। परन्तु मनोवैज्ञानिक परिप्रेक्ष्य से मृत्यु एवम् मरण का अध्ययन एवं विवेचन प्रयास अनेक दृष्टिकोणों से किया गया है। इनका संक्षिप्त विवरण आगे प्रस्तुत किया गया है।

जैविकीय परिप्रेक्ष्य (Biological Perspective)

जैविकीय परिप्रेक्ष्य के अनुसार जीवन प्रत्याशा (व्यक्ति के जीवित रहने के प्रत्याशित वर्ष) को जीवन विस्तार (विविध प्रजातियों में वृद्धतम् सदस्यों की संख्या) से भिन्न माना गया है। मृत्यु के जैविकीय सिद्धान्तों के अनुसार मृत्यु के प्रमुख कारण हैं ; आनुवांशिक गुण सूत्र, हारमोन्स, हानिकारक परिवेशीय तत्त्व तथा शरीर का क्षत-विक्षत होना इत्यादि।

अधिकांश विद्वानों का मानना है कि हमारी संस्कृति में मृत्यु का भय या परिहार का कारण वास्तविकता को नकारना (Denial) है क्योंकि हम आने वाली मृत्यु की वास्तविकता के साथ सकारात्मक ढंग से कोपिंग (सामना) नहीं करते हैं।

मानवशास्त्रीय परिप्रेक्ष्य (Anthropological Perspective)

मृत्यु का मानवशास्त्रीय परिप्रेक्ष्य मृत्यु एवं मरण को विभिन्न सांस्कृतिक संदर्भों के बजाय एक सार्वभौमिक सम्प्रत्यय के रूप में स्वीकार करता है। इस उमागम के अनुसार प्रत्येक संस्कृति में मृत्यु से सम्बन्धित परम्पाराएं, कार्यक्रम एवं क्रियाकलापों में भिन्नता पायी जाती है।

मनोवैज्ञानिक परिप्रेक्ष्य (Psychological Perspective)

मृत्यु एवम् मरण का मनोवैज्ञानिक परिप्रेक्ष्य इस बात पर बल देता है कि व्यक्ति का मृत्यु के बारे में संज्ञान, भाव एवम् व्यवहार का क्या संरूप होता है ? इस सन्दर्भ में सिगमण्ड फ्रायड़ ने अपने मनोविश्लेषणवाद के अन्तर्गत यह स्पष्ट करने का प्रयास किया है कि मृत्यु के बारे में चिन्तन व्यक्ति की मनोवैज्ञानिक स्थिति को कैसे प्रभावित करता है। अतः इस विषय में मनोविश्लेषणवादियों के योगदान का संक्षिप्त विश्लेषण आवश्यक है–

मनोविश्लेषणवादी दृष्टिकोण (Psychoanalytic Viewpoint)

फ्रायड ने अपने मनोलैंगिक सिद्धान्त के अन्तर्गत दो प्रकार की मूल प्रवृत्तियों; 'Eros' (जीवन मूल प्रवृत्ति) एवम् 'Thenatos' (मृत्यु मूल प्रवृत्ति) का वर्णन किया है। इरॉस जहाँ जीवन मूल प्रवृत्ति से जुड़ा है वहीं थेनाट्स मृत्यु मूल प्रवृत्ति का सूचक है। फ्रायड (1959) के अनुसार सभी जीवित प्राणी अन्ततः निर्जीव या अकार्बनिक स्थिति को प्राप्त होता है और यही शाश्वत है। प्रत्येक व्यक्ति जन्म लेता है एवम् अंततः मृत्यु को प्राप्त होता है परन्तु हमारा चेतन इसे स्वीकार नहीं करता तथा हम अपने आप को अमर मानते हुए **'मानव मरणशील है'** (Man is mortal) की वास्तविकता को अस्वीकार कर देते हैं। थेनाटस मूल प्रवृत्ति में व्यक्ति के प्रतिदिन के क्रियाकलाप जैसे- नशीले पदार्थों का सेवन, तेज रफ्तार से गाड़ी चलाना, आक्रामक व्यवहार, स्वपीड़ा, परपीड़ा इत्यादि शामिल है। आत्महत्या का प्रयास थेनाटस का ही एक उदाहरण है। आत्महत्या अचेतन स्तर पर 'एक प्रतीकात्मक व्यक्ति' की हत्या को प्रस्तुत करता है जबकि वास्तविकता में व्यक्ति अपनी ही हत्या करता है। एरिक्सन ने अपने मनोसामाजिक विकास के आठवें चरण के अन्तर्गत यद्यपि सीधे तौर पर मृत्यु मूल प्रवृत्ति का जिक्र नहीं किया है परन्तु उनके सिद्धान्त के अन्तिम चरण 'सम्पूर्णता बनाम निराशा' के अन्तर्गत मृत्यु मूल प्रवृत्ति का संकेत निहित है अर्थात् मृत्यु की छाँव में व्यक्ति अपने जीवन की उपलब्धियों का मूल्यांकन करता है। इसी प्रकार अस्तित्ववादी मनोवैज्ञानिकों (Existential Psychologists) जैसे- रोलो, फ्रैंकल

ने इसे जीवन के अर्थ को समझने की मूलभूत आवश्यकता माना है। मृत्यु के अस्तित्व को स्वीकार करते हुए व्यक्ति अपने जीवन को संचालित करने के तरीकों को विकसित करता है। इस प्रकार से मनोविश्लेषणवादी एवं अस्तित्ववादी मनोवैज्ञानिकों ने मृत्यु भय एवं मृत्यु चिन्ता की सैद्धान्तिक व्याख्या प्रस्तुत की है परन्तु आगे चलकर कुछ मनोवैज्ञानिकों ने मृत्यु भय को सामान्य संवेग तथा मृत्यु चिन्ता को एक मनोवैज्ञानिक तनाव माना है। यह उन लोगों को सताती है जो मनोवैज्ञानिक रूप से परेशान (Disturb) होते हैं (कैसनबाम एवम् कोस्त्य, 1977)।

अन्य मनोवैज्ञानिक दृष्टिकोंण (Other Psychological Viewpoint)

मृत्यु की अपेक्षा 'मरण प्रक्रम' के सन्दर्भ में कम शोध कार्य हुए हैं। मरण आसन्न मृत्यु या प्रत्याशित मृत्यु की अवधि में होने वाली मनोवैज्ञानिक दशाओं को व्यक्त करता है।

सर्वप्रथम स्विस मनोचिकित्सक राश (1969) का शोधकार्य "आन डेथ एण्ड डाइंग" विषय पर प्रकाशित हुआ जो करीब दो सौ रोगियों के नैदानिक अनुभव पर आधारित था। उन्होंने मरते हुए व्यक्ति के अनुभवों के आधार पर प्राप्त जानकारी (प्रदत्त) को प्रयुक्त करते हुए एक सिद्धान्त का विकास किया जिसके अन्तर्गत मरण के पाँच चरणों का उल्लेख किया गया है। ये चरण निम्नवत हैं ; 1. खण्डन एवं अलगाव, 2. क्रोध , 3. मोलभाव, 4. अवसाद, एवं 5. स्वीकृति। इन चरणों का वर्णन आगे किया गया है।

विकासात्मक परिप्रेक्ष्य (Developmental Perspective)

विकास मनोवैज्ञानिकों एवं विकास शास्त्रीयों (Developmentalist) ने जीवनकालिक अर्थात् शैशवावस्था से लेकर वृद्धावस्था तक मृत्यु के प्रति अभिवृत्तियों एवं भावों में होने वाले परिवर्तनों की रूपरेखा तैयार करने का प्रयास किया है। आरम्भिक एवं मध्य बाल्यावस्था में बच्चे यह समझने लगते हैं कि मृत्यु एक सार्वभौमिक एवं निश्चित घटना है जो जीवन को सीमित कर देता है वहीं मृत्यु के सम्प्रत्यय का विचार किशोर की पहचान तथा भविष्य के नये परिप्रेक्ष्यों को प्रभावित करता है। वयस्कावस्था के विकास की महत्वपूर्ण घटनाएं जैसे- कैरियर एवं परिवार निर्माण इत्यादि व्यक्ति के अपने जीवन के विस्तार के प्रति चिन्तन को प्रासंगिक बनाता है। मध्य आयु में मृत्यु एवं मरण मनो-सामाजिक परिवर्तन के साथ प्रासंगिक हो जाता है जिसमें व्यक्ति नैतिकता के प्रति जागरूक होता है। वहीं वृद्धावस्था में व्यक्ति क्रमशः इसके प्रति उन्मुखता प्रदर्शित करता है तथा धीरे-धीरे मृत्यु प्राप्ति हेतु मानसिक रूप से तैयारी करना शुरु कर देता है।

मृत्यु का सम्प्रत्यय (Concept of Death)

मृत्यु यद्यपि एकल घटना के रूप में अभिव्यक्त होता है परन्तु मृत्यु को परिभाषित करना एक

जटिल कार्य है। अतः इसे अनेक श्रेणियों में विभाजित करके परिभाषित किया गया है। जेयन्को (1989) के अनुसार "श्वांस एवं हृदयगति का बंद हो जाना ही मृत्यु कहलाता है"। इस अर्थ में मृत्यु को परिभाषित करना सरल है परन्तु औषधि विज्ञान में क्रान्तिकारी विकास के कारण अब मृत्यु की कसौटी बदल चुकी है। पहले यह मान्यता थी कि जब श्वसन क्रिया रुक जाती है तो व्यक्ति की मृत्यु हो जाती है। अर्थात् इस दशा में क्रमशः सांस रुक जाता है, हृदय गति रुक जाती है तथा आक्सीजन न मिलने के कारण रक्त संचार की क्रिया बाधित हो जाती है एवं मस्तिष्क की कोशिकाएं मृत हो जाती हैं प्रायः मृत्यु की प्रक्रिया के बारे में यही मान्यता प्रचलित है परन्तु औषधीय आपातकालिक देखरेख (Emergency Care) प्रक्रिया द्वारा पूर्व वर्णित क्रम को परिवर्तित किया जा सकता है। मरते हुए व्यक्ति को मुख से (Mouth to Mouth) आक्सीजन दिया जाता है, विद्युताघात दिया जाता है, ट्यूब या मशीन द्वारा श्वसन क्रिया संचालित की जाती है तथा इस तकनीकी प्रक्रिया से लोग वर्षों जीवित रहते हैं। अतः अनेक प्रश्न जैसे- क्या व्यक्ति जो स्वतन्त्र रूप से सांस नहीं ले सकता है, वह जीवित रह सकता है ? या वह व्यक्ति जो सांस तो ले रहा है परन्तु खा नहीं सकता है, बोल नहीं सकता है, वास्तव में क्या वह जीवित है? इस संदर्भ में बहुत से प्रश्न उठते हैं जिनके समुचित उत्तर, तकनीकी विकास क्रम में जीवन और मृत्यु की सीमा रेखा को कम करने में महत्वपूर्ण होगा। अतः इस स्थिति में मृत्यु की परिभाषा को परिमार्जित करना आवश्यक है। प्रायः जीवन का अंत नैदानिक मृत्यु (Clinical Death) से अभिव्यक्त किया जाता है।

नैदानिक मृत्यु से यह तात्पर्य है कि व्यक्ति की सांस एवं हृदय गति अचानक रुक जाती है वहीं दूसरी ओर कुछ केस के मस्तिष्क मृत्यु (Brain Death) की घटना भी पायी जाती है। मस्तिष्क मृत्यु का तात्पर्य है, जब मस्तिष्क के उच्चतर केन्द्र कार्य करना बंद कर देते हैं एवम् व्यक्ति निष्क्रिय (अचेत) हो जाता है तो उसे मस्तिष्क मृत्यु या 'ब्रेन डेथ' कहते हैं। इस स्थिति में सबसे पहले कार्टेक्स जो उच्च मानसिक प्रक्रम जैसे- चिन्तन, स्मृति तथा ऐच्छिक क्रियाओं को नियन्त्रित करता है, मृत हो जाता है, उसके पश्चात् मध्य मस्तिष्क जो प्रतिवर्तो (Reflexes) को नियन्त्रित करता है मृत हो जाता है। कुछ लोग जो मस्तिष्क मृत्यु के शिकार होते हैं उन्हें नाड़ियों द्वारा पोषक तत्व देकर वर्षो जिंदा रखा जा सकता है। अंततः मस्तिष्क मृत्यु के इसी क्रम में मस्तिष्क स्तम्भ (Brain Stem) मृत हो जाते हैं जिससे सांस तथा हृदय गति रुक जाती हैं इस प्रकार की मृत्यु की दशा में कभी-कभी व्यक्ति वर्षों जीवित रहता है। अतः इस तरह की मृत्यु को मृत्यु माना जाए या नहीं यह प्रश्न वर्षों से औषधि विज्ञान के लिए चिंतन का विषय बना रहा है। अन्ततः हावर्ड मेडिकल स्कूल (1968) ने इस प्रकार की मृत्यु को मस्तिष्क मृत्यु (Brain death) की संज्ञा दी। ऐसी मृत्यु के निर्धारण की चार कसौटियाँ हैं (बीचर, 1968)।

1. व्यक्ति द्वारा किसी भी उद्दीपक, वह पीड़ादायी ही क्यों न हो, के प्रति पूर्ण अनुक्रियाहीनता/ असंवेदनशीलता।

2. श्वासयंत्र (Respiration) को हटा देने के पश्चात् एक घंटे तक उसमें कोई गति न होना एवं तीन मिनट तक सांस न आना ।
3. मस्तिष्क स्तम्भ में कोई क्रिया न होना एवं प्रतिवर्तों की अनुपस्थिति, तथा
4. ई० ई० जी० (EEG) के संकेतानुसार कार्टेक्स में क्रियाओं की अनुपस्थिति (जेफ्को, 1979)

यदि पीड़ित व्यक्ति में उपरोक्त लक्षण 24 घण्टे में कम से कम दो बार दिख रहे हैं तथा व्यक्ति हाइपोथैरिया (90^0c से नीचे का तापमान होना) या अतिनशीली दवावों से प्रभावित न हों, तो इस प्रकार की घटनाएं (केस) मस्तिष्क मृत्यु कही जाती हैं। कभी-कभी ऐसा पाया जाता है कि कार्टेक्स मृत हो जाता है परन्तु मध्य मस्तिष्क तथा मस्तिष्क स्तम्भ (Brain Stem) क्रियाशील रहते हैं। अतः हावर्ड औषधि विशेषज्ञों द्वारा प्रस्तुत कसौटी को सीमित मानते हुए मस्तिष्क मृत्यु की जगह सेरीब्रल मृत्यु को आवश्यक माना गया है। अर्थात् कार्टेक्स का मृत होना मस्तिष्क के मृत होने के लिए आवश्यक है। जैसा कि मृत्यु की परिभाषा से स्पष्ट है कि मृत्युकाल (अवधि) टालने में औषधि विज्ञान की महत्वपूर्ण भूमिका होती है। सही देखरेख के प्रति जागरुकता जीवन शैली में सुधार तथा भोजन का सुपाच्य एवं पोषकयुक्त होना एवं बेहतर जीवनशैली के कारण औसत जीवनकाल की अवधि में क्रमशः वृद्धि हुयी है। आज किसी बच्चे या शिशु की मृत्यु को एक असामान्य घटना मानते हुए इसे अपवाद के रूप में माना जाता है। अतः मृत्यु की आयु में वृद्धि के साथ जानलेवा बीमारियों का रूप भी बदला है। पहले जहाँ न्यूमोनिया, डायरिया, डिप्थेरिया, पोलियो, इन्फ्लूयेन्जा इत्यादि रोग मृत्यु दर के लिए प्रमुख रूप से जिम्मेदार माने जाते थे वहीं आज हृदय रोग, कैंसर, एड्स, मधुमेह (डायबिटीज) तथा अन्य लम्बी बीमारियाँ मृत्यु के लिए जिम्मेदार मानी जाती हैं। इन परिवर्तनों के कारण परिवार के संरूप में भी परिवर्तन हुआ है। आज बहुत कम बच्चों के साथ ऐसा होता है कि उनके माता/ पिता में से किसी एक की मृत्यु हो जाती है जबकि 18वीं, 19वीं सदी तक छोटे बच्चे एवं उनके माता-पिता में से किसी एक की मृत्यु हो जाना सामान्य बात रही हैं। अतः आधुनिक समय में जीवन-विस्तार की अवधि पहले से अधिक लम्बी हुयी है।

मृत्यु की सामाजिक एवं मनोवैज्ञानिक परिभाषाएं (Social and Psychological Definitions of Death)

मृत्यु की जैविकीय परिभाषा में मृत्यु जीवन के अन्त का सूचक होता है जबकि सामाजिक-मनोवैज्ञानिक परिभाषाओं के अनुसार मृत्यु वर्तमान के साथ उपस्थित रहता है। मृत्यु की सामाजिक परिभाषा के अनुसार जीवित व्यक्ति को अन्य जीवित लोगों के बीच सामाजिक रूप से अनुपस्थित मानना" सामाजिक मृत्यु कहलाता है। एक व्यक्ति जिसे नर्सिंग होम में भेजने के बाद घर का कोई

सदस्य उससे कभी नहीं मिलता तो यह उसकी 'सामाजिक मृत्यु' होगी (कोलिस, 1981)। एड्स या संक्रामक रोगों से ग्रसित लोग इस प्रकार की मृत्यु के शिकार होते हैं (कासेनवाम, 1977)।

मनोवैज्ञानिक मृत्यु (Psychological or Phenomenological Death) को दो प्रकार से स्पष्ट किया जा सकता है। प्रथमतः वह दशा जिसमें व्यक्ति में आत्मबोध (Self awareness) समाप्त हो जाता है तथा उसे अपने आस-पास की घटना का बोध प्रायः नहीं होता है। दूसरी स्थिति में व्यक्ति के अन्दर तीव्र संज्ञानात्मक गड़बड़ी (Cognitive Impairment) आ जाती है तथा व्यक्ति डिमेन्शिया का शिकार हो जाता है। ये लक्षण अलजाइमर (Alzimer) के रोगियों में प्रायः पाये जाते हैं। यह रोग प्रायः 65 वर्ष की उम्र के बाद से ही उत्पन्न होता है तथा रोगी सामान्य बातों को भूलने के साथ-साथ परिवार के सदस्यों का नाम भी भूलने लगते हैं (कोहेन, 1988)। परिभाषाएं भिन्न-भिन्न होते हुए भी मृत्यु की इन सभी परिभाषाओं में अन्तःक्रिया स्पष्टतः दृष्टिगत होती है। यथा- समाज से जो व्यक्ति कट गया हो उसमें क्षुधा ह्रास, अनिद्रा तथा तीव्र अवसाद की स्थिति भी उत्पन्न हो जाती है तथा धीरे-धीरे उसमें जीवित रहने की इच्छा समाप्त होने लगती है।

मृत्यु स्थल (Place of Death)

व्यक्ति की मृत्यु का स्थान प्रायः घर एवं अस्पताल दोनों ही होता है। बीमारी के अन्तिम चरण में व्यक्ति औषधि सुविधायुक्त घरेलू माहौल को अधिक महत्व देता है परन्तु मृत्यु के स्थान के निर्धारण पर आयु, बीमारी की स्थिति के साथ-साथ सामाजिक आर्थिक स्थिति एवं सामाजिक-सांस्कृतिक कारक भी महत्वपूर्ण होते हैं।

मृत्यु के प्रति अभिवृत्ति (Attitude towards Death)

मृत्यु के प्रति अभिवृत्तियाँ सामाजिक एवं मनोवैज्ञानिक कारकों द्वारा निर्मित होती है। व्यक्ति अपने अन्तःसमूह में मृत्यु के प्रति निश्चित अभिवृत्तियाँ विकसित करता है तथा वह अपनी मृत्यु के बारे में संज्ञान एवं भाव निर्मित करता है तथा संज्ञानात्मक विकास के क्रम में मृत्यु के विविध रूपों की समझ विकसित करता है।

एक अध्ययन के अन्तर्गत केसेनवाम (1985) ने वृद्ध लोगों की उनकी मृत्यु के प्रति अभिवृत्ति जानने के लिए प्रदत्त संग्रह किए। एक तिहाई लोगों ने अनुक्रिया व्यक्त की कि जब उन्हें मृत्यु का भय होता है तो धार्मिक विश्वास से उन्हें राहत मिलती है जबकि 40% लोगों में अपनी उपलब्धि को तथा एक चौथाई लोगों ने परिवार तथा मित्रों के स्नेह (Social support) को मृत्यु भय को दूर करने में सहायक माना। अतः मृत्यु के प्रति अभिवृत्तियों के निर्माण में विभिन्न सामाजिक परिवर्तनों की महत्वपूर्ण भूमिका पायी गयी है। जैसे- पहले की अपेक्षा प्रत्याशित औसत आयु में वृद्धि, जीवन के किसी भी चरण में बीमारी से मृत्यु की बजाय अब वृद्धावस्था में

होने वाली बीमारियों से मृत्यु का होना, मृत्यु का स्थान अर्थात् घर पर ही परिवार के सदस्यों के बीच मरने के बजाय, अस्पताल या स्वास्थ्य देख-रेख सुविधा से युक्त परिवेश में मृत्यु को वरीयता दिया जाने लगा है। पहले की तुलना में आज बाल मृत्यु को अधिक विध्वंसक एवम् असामयिक दुर्घटना माना जाता है।

मृत्यु सम्प्रत्यय के प्रति जीवनकालिक विकासात्मक परिवर्तन (Lifelong Developmental Changes towards Death Concept)

वयस्क प्रायः यह समझते हैं कि बच्चे मृत्यु के बारे में कुछ नहीं समझते परन्तु अध्ययन ये स्पष्ट करते हैं कि मृत्यु के बारे में संज्ञानात्मक विकास उसी क्रम में होता है जैसा अन्य सम्प्रत्ययों के प्रति विकसित होता है। अर्थात् शिशु, बच्चा, किशोर वयस्क एवम् वृद्धों का मृत्यु के प्रति सम्प्रत्ययन उनके संज्ञानात्मक विकास के स्तर के ही अनुरूप होता है (कैसेनवाम एवम् आइजेनवर्ग, 1976)। शिशु जीवन के प्रथम वर्ष में वस्तु स्थायित्व, उसकी अनुपस्थिति, रूपान्तरण, अलगाव एवं वस्तु तथा व्यक्ति के खो जाने (गायब हो जाने) की समझ विकसित करता है। शिशु इसके साथ ही वस्तु तथा व्यक्ति का अस्थायित्व परिवर्तन, अनुपस्थिति तथा विध्वंस की भी समझ विकसित करता है। इस प्रकार से वस्तु या व्यक्ति की मृत्यु की समझ का विकास आरम्भ होता है (कैसेनवाम एवम् आइजेनवर्ग, 1976)।

अध्ययन यह स्पष्ट करते हैं कि प्रायः बहुत छोटे बच्चे भी किसी की मृत्यु को गहराई से अनुभव करते हैं। पियाजे का मानना है कि यह सम्भव है कि बच्चे मृत्यु का तात्पर्य जीवन का अन्त न मानकर जीवन के सीमित होने से लगाते हैं, जैसे वे सोचते हैं कि मरे हुए लोगों को भूख, प्यास नहीं लगती है। वहीं दस वर्ष की आयु का बच्चा मृत्यु को सार्वभौमिक घटना मानते हुए यह सोचता है कि यह उसके साथ भी होगा। अतः बाल्यावस्था में यह स्पष्ट होने लगता है कि मृत्यु एक सार्वभौमिक घटना है जो सबके साथ घटित होता है तथा यहीं जीवन का अंत होता है। वहीं किशोरावस्था में किशोर का चिन्तन सामाजिक तथा सांस्कृतिक पृष्ठभूमि से भी प्रभावित होता है तथापि वे मृत्यु के साथ सक्रिय कोपिंग (Active Coping) करने के बारे में नहीं सोचते हैं। कभी-कभी किशोरों में आत्महत्या की प्रवृत्ति देखने को मिलती है (मेरिस, 1981)। किशोर वयस्क व्यक्तियों को वृद्धावस्था की ओर उन्मुख मानते हुए उन्हें मृत्यु की ओर अग्रसर मान लेते हैं।

मृत्यु एवं भविष्य का तात्पर्य (Death and the Sense of the Future)

व्यक्ति जैसे ही वृद्धावस्था की ओर अग्रसर होता है प्रायः अपनी मृत्यु के बारे में सोचना शुरु कर देता है। अनेक अध्ययन ये दर्शाते हैं कि मध्य आयु में पहुंचे लोग यह नहीं सोचते हैं कि वे कितने वर्ष जीवित रह चुके हैं ? बल्कि यह सोचने लगते हैं कि उन्हें अब कितने वर्ष जीवित रहना है

(न्यूगर्टन एवं अन्य, 1964)। साठ वर्ष के उम्र के लोग अपनी मृत्यु को मन में संजोए हुए अपने जीवन को पुनः व्यवस्थित करने लगते हैं। इसीलिए वृद्ध लोगों में भविष्य के प्रति आशा एवं योजना कम दिखती है परन्तु अन्य अध्ययन इस तथ्य को स्वीकार नहीं करते (चैंग, 1979)। अतः मृत्यु एवं भविष्य के प्रति चिन्तन के सम्प्रत्यय को अनेक कारक जैसे शारीरिक स्वास्थ्य एवं सांवेगिक दशाएं जैसे चिंता एवं भय इत्यादि प्रभावित करते हैं।

मृत्यु का भय (Fear of Death)

सभी प्रजातियों में से मानव ही एक ऐसा प्राणी है जिसे यह समझ होती है कि उसे मरना है। अतः उसे मृत्यु का भय होना स्वाभाविक है। व्यक्ति के अचेतन स्तर पर मृत्यु भय उसके क्रियाकलाप को प्रभावित करता है। किशोरवय के लोगों में मृत्यु भय उतना नहीं होता है जितना मध्य आयु के लोगों में। परन्तु जैसे-जैसे आयु बढ़ती जाती है मृत्यु भय समाप्त होता जाता है। क्योंकि वे सोचते हैं कि उन्होंने अपना जीवन जी लिया है एवं मृत्यु को अब स्वीकार कर लेना चाहिए।

मृत्यु एवं भूतकालिक भाव (Death and Sense of Past)

एरिक्सन ने अपने मनोसामाजिक विकास के अन्तिम चरण में इस तथ्य पर बल दिया है कि व्यक्ति अपनी जीवन पर्यन्त की उपलब्धियों का पुनर्विवेचन करता है (एरिक्सन, 1982)। एक बार व्यक्ति जब अपने जीवन की समीक्षा कर लेता है तो वह अन्य बातों की तरफ अग्रसर होता है तथा उसकी जिज्ञासा कम हो जाती है (बटलर, 1975)। इस समीक्षा के द्वारा व्यक्ति में निरन्तरता का भाव विकसित होता है जो उसमें आत्म सम्मान को उठाता है परन्तु इससे व्यक्ति दूसरों को प्रभावित करने का भी प्रयास करता है। अतः वे लोग जो अपने जीवन की समीक्षा सफलतापूर्वक करते हैं तथा अपने जीवन को सफल पाते हैं उनमें बेहतर कोपिंग दक्षता आ जाती है।

मरण प्रक्रम (Dying Process)

मरण का सम्प्रत्यय (Concept of Dying)

व्यक्ति अपनी प्रत्याशित मृत्यु की अवधि में अनेक मनोवैज्ञानिक प्रक्रमों से होकर गुजरता है। ये प्रक्रम मरण कहलाते हैं। ग्लासर एवं स्ट्रास (1967) ने 'मरण प्रक्षेप-पथ' (Dying Trajectory) सम्प्रत्यय दिया है जो मरते हुए व्यक्ति की सांवेगिक दशा को अभिव्यक्त करता है। यह मरने वाले व्यक्ति की आयु पर भी निर्भर करता है। सांवेगिक अग्रगमन (Emotional Progression) की शुरुआत तब होती है जब व्यक्ति यह समझता है कि वह मर रहा हैं। हिन्टन (1967) ने यह पाया कि असन्न मृत्यु से ग्रस्त अधिकांश लोग यह चाहते हैं कि उन्हें बता दिया

जाए कि उनकी मृत्यु होने वाली है। जिन लोगों को इसकी जानकारी नहीं दी जाती है वे अपने को आसन्न मृत्यु के साथ कोपिंग करने में असफल होते हैं। यद्यपि सगे सम्बन्धियों के व्यवहार तथा मुखाकृतियों को देखकर मरणासन्न व्यक्ति अपनी स्थिति के बारे में अनुमान लगा लेता है।

मरण प्रक्रम के चरण (Stages of Dying)

कोबलर रॉश (1969) जो एक चिकित्सक (Physician) थे उन्होंने मरणासन्न लोगों की देखरेख के दौरान प्राप्त अनुभवों के आधार पर "मरण के एक सिद्धान्त" को विकसित किया है जिसमें पाँच चरणों का उल्लेख किया गया है-

1. खण्डन एवम् अलगाव (Denial and Isolation): यह वह चरण है जब व्यक्ति एकाएक आसन्न मृत्यु की स्थिति को अस्वीकार कर लेता है तथा मृत्यु के बारे में सोच या चिन्तन से, अपने भावों को अलग करने का प्रयास करता है।

2. क्रोध (Anger): इस प्रक्रम का दूसरा चरण क्रोध है जब व्यक्ति हर किसी से नाराजगी व्यक्त करता है। विशेषतौर पर उन सभी से जो रोगी से सहानुभूति रखते हैं या जाहिर करते है। ऐसे चरणों में सम्बन्धियों को अपार धैर्य रखने की आवश्यकता होती है।

3. मोलभाव (Bargaining): इस अवस्था में व्यक्ति चुपचाप ईश्वर से प्रार्थना करता है कि उसकी सन्निकट मृत्यु को ईश्वर टाल दें।

4. अवसाद (Depression): व्यक्ति बहुत लम्बे समय तक वास्तविकता को अस्वीकार नहीं कर सकता और अन्ततः वह अवसाद (Depression) का शिकार हो जाता है।

5. स्वीकृति (Acceptance): अन्ततः व्यक्ति आने वाली मृत्यु को मानसिक रूप से स्वीकार कर लेता है और धीरे-धीरे लोगों से अपने क्रियाकलापों से, जीवन से नाता तोड़ने लगता है।

कोबलर रॉस द्वारा प्रस्तुत इस सिद्धान्त से मरण प्रक्रम की स्पष्ट व्याख्या होती है परन्तु यह आवश्यक नहीं कि सभी मरने वाले लोग इन पांचों चरणों से गुजरते हैं। अतः यह मानसिक दशा व्यक्तिगत, प्रजातिगत, संज्ञानात्मक तथा परिवेशीय कारकों से भी निर्धारित होती है (कैसेनवाम, 1975)।

वियोग एवं मृत्यु शोक (Bereavement and Grieving)

विभिन्न समाज तथा संस्कृतियों में मृत्यु के प्रति अभिवृत्तियों में भिन्नता पायी जाती है। भिन्न-भिन्न संस्कृतियों में मृत शरीर के अन्तिम संस्कार के लिए अलग-अलग रीति रिवाज हैं तथा मातम मनाने के अलग-अलग तरीके भी हैं। जैसे पश्चिमी देशों में अन्तिम संस्कार के समय काला कपड़ा पहनना तथा एक निश्चित अवधि तक संताप व्यक्त किया जाता है। जैसे ही संताप की रश्म

समाप्त होती है, परिजनों के दु:ख व्यक्त करने का मनोसामाजिक स्वरुप अलग-अलग प्रकार का हो जाता है (पार्म्स, 1972)।

वहीं भारतीय संस्कृति में अन्तिम संस्कार के रीति रिवाज जाति एवं धर्म के अनुसार भिन्न होते हैं। हिन्दू जहाँ मृतक का दाह संस्कार करता है, वहीं मुस्लिम एवम् क्रिश्चियन दफनाते हैं। इसके अतिरिक्त मृतक की आयु एवम् जीवनशैली के अनुसार भी अन्तिम संस्कार एवम् मातम का रुप निर्धारित होता हैं। अत्यन्त छोटे बच्चे को या तो जल में प्रवाहित कर दते हैं या दफनाते हैं वहीं बड़ी आयु के लोगों का विधिवत संस्कार के साथ अन्तिम क्रिया सम्पन्न की जाती है।

संताप की प्रक्रिया (Process of Bereavement)

जब कोई प्रिय व्यक्ति मरता है तो सगे सम्बन्धियों को अत्यन्त पीड़ा एवं कष्ट का अनुभव होता है जिसे संताप (Bereavement) कहते हैं। यह तीव्र मानसिक पीड़ा से युक्त होता है जिसको लोग महसूस करते हैं। तीव्र दु:ख की स्थिति में व्यक्ति मानसिक एवं शारीरिक रूप से संतप्त होता है, गला रुधा एवं सूखा हुआ, सांस धीमी तथा पेट खाली सा लगता है। व्यक्ति अपने को अत्यन्त कमजोर तथा रुग्ण महसूस करता है। वह अपनी दिनचर्या जैसे खाना, सोना इत्यादि कार्यो में अपने को अक्षम पाता है। इस तरह के अनुभव मौत की घटना के 20 मिनट से लेकर 1 घण्टे तक चलते हैं उसके पश्चात् मन्द होते जाते हैं (लिन्डमैन एवम् अन्य, 1983)।

शोक/दु:ख अभिव्यक्ति की उपयोगिता (Uses of Grief)

यद्यपि तीव्र दु:ख पीड़ादायी होता है परन्तु इसे व्यक्ति के वियोग के समय सामान्य अनुक्रिया माना जाता है तथा इस पीड़ा की कुछ मनोवैज्ञानिक उपयोगिता भी है। फ्रायड का मानना है कि शोक द्वारा व्यक्ति मृतक के प्रति सांवेगिक लगाव को घटाता है अर्थात् दु:ख वह आन्तरिक संघर्ष है जो मृत व्यक्ति के साथ लगाव या त्याग (Free) के बीच चलता है। इस प्रकार शोक या दु:ख व्यक्ति को मृत व्यक्ति के साथ संवेगात्मक लगाव से मुक्त कराता है। बोल्वी एवं पार्क्स (1979) ने शोक को एक प्रकार का अनुकूलन प्रक्रिया माना है जिसके द्वारा व्यक्ति स्वयं को पुन: व्यवस्थित करता है। कष्ट के किसी लक्षण की भाँति शोक को व्यक्त करने के भी लक्षण है, जैसे-परेशाना होना, चिल्लाना तथा उन लोगों पर झपटना जो शोक अभिव्यक्ति में व्यवधान उत्पन्न कर रहे हों। इस प्रकार से व्यक्ति सामाजिक-सहयोग (Social Support) प्राप्त करता है (एवरिल, 1968)। तीव्र शोक की स्थिति में व्यक्ति स्वयं को अति विशिष्ट स्थितियों में पाता है जहाँ सामान्य सामाजिक नियमों को अस्वीकृत करना पड़ता है प्राय: ऐसी दशा में व्यक्ति द्वारा अवांछनीय क्रियाकलापों को भी सामान्य मान लिया जाता है (पार्कस एण्ड वीज, 1983)।

शोक अभिव्यक्ति के चरण (Stages of Grief)

शोक अभिव्यक्ति अनुकूलन का वह प्रक्रम है जिसके द्वारा अपने प्रिय व्यक्ति के विछोह के साथ

व्यक्ति अनुकूलन करता है। इस प्रक्रिया के अन्तर्गत शोकाकुल व्यक्ति में जड़ता, उत्कण्ठा, असंगठन, दु:ख एवम् पुनः संगठन के चरण घटित होते हैं (पार्क्स, 1972)। व्यक्ति जो तुरन्त मृत्यु शोक का शिकार है वह सदमा, जड़ता तथा वास्तविकता से परे (जीवन की व्यर्थता) अनुक्रिया व्यक्त करता है। वे प्रायः मृत्यु की सूचना को गलत मानते हैं। यह सुरक्षात्मक जड़ता उनमें दु:ख मिश्रित उत्कण्ठा को जन्म देती है। इस चरण में व्यक्ति तीव्र तनाव से युक्त अति उदोलित, परेशान तथा मृत व्यक्ति की तलाश में रत रहता है। व्यक्ति उन स्थानों को तलाशता है जो मृतक से जुड़े होते हैं। ऐसी दशा में व्यक्ति मृतक को देखने तथा सुनने के लिए लालायित रहता है तथा उसे मृत व्यक्ति की उपस्थिति का विभ्रम (Hallucination) भी होता है (Weiss, 1970)। व्यक्ति में असाधारण उत्कण्ठा पायी जाती है अर्थात् वह मृत व्यक्ति की स्मृतियों को याद करता है तथा वह कामना करता है कि मृत व्यक्ति जीवित हो उठे। वह कभी ग्लानि, कभी क्रोध, आत्मदोष जैसे अनेक भावनाओं से ग्रस्त होता है। उत्कण्ठा के पश्चात् अवसाद (Depression) का चरण घटित होता है। ऐसी दशा में व्यक्ति दु:ख के कारण अव्यवस्थित हो उठता है तथा उसमें निष्क्रियता, निराशा, हार जैसी मनःस्थिति उत्पन्न होती है। कभी-कभी शोकाकुल व्यक्ति में तीव्र दौरे पड़ते हैं। शोक की स्थिति समाप्त होने पर व्यक्ति तीसरे चरण में पहुंचता है जिसे "पुनःव्यवस्था" का चरण कहा जाता है। अब व्यक्ति महसूस करता है कि वास्तविकता क्या है तथा यह स्वीकार करता है कि यही प्रकृति का शाश्वत नियम है अर्थात् "Man is mortal" एवम् हम सबकों एक न एक दिन मरना है। जब तक बौद्धिक स्वीकृति का भाव नहीं आता शोकाकुल व्यक्ति अवसादग्रस्त तथा सशंकित रहता है। वे लोग जो शोक के इन चरणों से गुजरते हैं अन्ततः इस चरण में मृत व्यक्ति को याद करके प्रसन्नता का अनुभव करते हैं तथा मृतक की वास्तविक पहचान से अलग एक नई पहचान को पुनः व्यवस्थित करके अपनी स्मृति में समाहित करते हैं।

युवक तथा वृद्ध व्यक्तियों की मृत्यु पर मुत्यु शोक का रूप (Pattern of Grief Towards Death of Young and Old Person)

शोक की तीव्रता एवं अवधि मृतक व्यक्ति के साथ सम्बन्ध तथा उसकी आयु से भी निर्धारित होती है। वे लोग जो अपने वृद्ध माता-पिता को खोते हैं उनका दु:ख कम होता है उनकी अपेक्षा जो किसी बच्चे या पति/पत्नी को खोते हैं। माता-पिता की मृत्यु के प्रति कम शोक की वजह हमारा यह चिन्तन होता है कि आयु के अन्तिम पड़ाव में व्यक्ति की मृत्यु होती है और यह चिन्तन व्यक्ति के सक्रिय कोपिंग में सहायक होता है। इसी प्रकार वह समाज जहाँ बच्चे की मृत्यु प्रायः हुआ करती है और वयस्कों को ऐसी मृत्यु का सामना करने की आदत होती है तो उन्हें उनकी मृत्यु पर उतनी पीड़ा नहीं होती जितनी उस समाज में जहाँ बच्चे की मृत्यु को क्रूरता या अपवाद माना जाता है। माता-पिता, दादा-दादी अपने उस बच्चे के लिए अत्यन्त शोकाकुल हो उठते हैं। अतः बच्चे की मृत्यु पर व्यक्त किये जाने वाले शोक संताप का रूप अनेक कारणों से भिन्न-भिन्न होता है। एक बुजुर्ग पति में अपनी पत्नी के मृत्यु की पीड़ा उतनी अधिक नहीं होती जितनी युवा पति के

या पत्नी की मृत्यु में पीड़ा होती है। इसी प्रकार वृद्ध लोग कम आयु के लोगों की अपेक्षा मृत्यु की घटना के साथ आसानी से अनुकूलन स्थापित कर लेते हैं। क्योंकि अपने जीवन काल में वे अनेक बार इस प्रकार के अनुभवों के दौर से गुजर चुके रहते हैं।

अन्ततः मृत्यु एक शाश्वत घटना है जो जन्म लिया है उसकी मृत्यु सुनिश्चित है क्योंकि व्यक्ति मरणशील है। इस सत्य को झुठलाया नहीं जा सकता। अतः सभी आयु वर्गों के व्यक्तियों को इसकी सच्चाई का सामना करने के लिए उन्मुख होना चाहिए । इस प्रकार से आगत मृत्यु के भय से व्यक्ति को भय मुक्त कराया जा सकता है।

सारांश (Summary)

जीवन का अन्त एक सुनिश्चित घटना है। वृद्धावस्था जीवन का अन्तिम चरण है तो मृत्यु इसकी अन्तिम परिणति है। प्रत्येक आयु चरण में मृत्यु की घटनाएं होती है परन्तु कारण भिन्न-भिन्न हो सकते हैं। व्यक्ति के मृत्यु की कोई निश्चित आयु नहीं होती। शिशु के मृत्यु का कारण संक्रामक रोग तथा कुपोषण हो सकता है, बालक की मृत्यु दुर्घटना, कुपोषण आदि के कारण होती है जबकि किशारों और प्रौढ़ों की मृत्यु जटिल रोगों, दुर्घटनाओं, आत्महत्या तथा लम्बी बिमारियों के कारण होती हैं। वहीं वृद्धावस्था में मृत्यु स्वाभाविक मानी जाती है। मृत्यु शैय्या पर आसन्न व्यक्ति स्वयं को मृत अनुभव करता है। आसन्न मृत्यु के अनुभव की जड़ स्नायु-मनोवैज्ञानिक घटनाओं में निहित होती है।

मृत्यु विषयक जैविकीय परिप्रेक्ष्य यह स्पष्ट करता है कि मृत्यु का मूल कारण आनुवांशिक गुण सूत्र, हारमोन्स तथा शरीर का क्षत-विक्षत होना है। मृत्यु को सार्वभौमिक सम्प्रत्यय के रूप में भी स्वीकार किया गया है। मृत्यु एवं मरण के मनोविश्लेषणवादी उपागम की उत्पत्ति फ्रायड के मृत्यु मूल प्रवृत्ति (Thenatos) सम्प्रत्यय से हुई है जिससे व्यक्ति में मृत्यु भय तथा मृत्यु चिंता परिलक्षित होती है। मरण प्रक्रम का मनोवैज्ञानिक परिप्रेक्ष्य मुख्यतः कुब्ला-रॉश के कार्यों पर आधारित है जिन्होंने मृत्यु के पांच चरणों (खण्डन, क्रोध, मोलभाव, अवसाद तथा स्वीकृति) को बताया है। इसके अतिरिक्त विकासात्मक परिप्रेक्ष्य, विकास के प्रत्येक चरण में मृत्यु के प्रति अभिवृत्तियों एवं भावों में होने वाले परिवर्तनों की रूपरेखा तैयार करता है।

मृत्यु का सम्प्रत्ययन अनेक प्रकार से किया गया है। कुछ मनोवैज्ञानिकों का मानना है कि श्वसन क्रिया एवं हृदयगति का बन्द होना ही मृत्यु कहलाता है। वर्तमान समय में मस्तिष्कीय मृत्यु, जिसमें मस्तिष्क के उच्चतर केन्द्र कार्य करना बंद कर देते हैं एवं व्यक्ति निष्क्रिय हो जाता है, को मृत्यु के रूप में स्वीकार किया जा रहा है। इसके अतिरिक्त सामाजिक तथा मनोवैज्ञानिक मृत्यु का सम्प्रत्ययन किया गया है। सामाजिक मृत्यु तब घटित होती है जब व्यक्ति समाज में एक वैयक्तिक पहचान बनाने में असमर्थ होता है वहीं मनोवैज्ञानिक मृत्यु को आत्म संज्ञान के अभाव अथवा स्वयं को जीवित न मानने की वैयक्तिक सोच के रूप में परिभाषित किया गया है।

वृद्धावस्था में व्यक्ति अपने भावी जीवन के प्रति कम आशान्वित होता है एवम् अपनी मृत्यु के बारे में चिन्तन करने लगता है जिससे उसका स्वास्थ्य प्रभावित होता है। हमारी संस्कृति में मृत्यु का भय एवं मृत्यु का परिहार व्यक्ति द्वारा मृत्यु को अस्वीकार करने के कारण उत्पन्न होता है किन्तु अवास्तविकतावादी परिकल्पनाएं यह मानती हैं कि हम मृत्यु का परिहार इसलिए करते हैं क्योंकि हमें इसका सामना करने का अनुभव नहीं होता है।

जब किसी प्रिय व्यक्ति की मृत्यु होती है तो सगे सम्बन्धियों को तीव्र विछोह या एकाकीपन की अनुभूति होती है जिसे मृत्यु शोक कहा जाता है । मृत्यु शोक तीव्रतम मनोवैज्ञानिक आघात होता है जिसे व्यक्ति पहली बार अनुभव करता है। शोक/संताप किसी प्रिय व्यक्ति की मृत्यु से अनुकूलन स्थापित करने का एक प्रक्रम होता है। जब वे इस प्रक्रम से गुजरते हैं तो शोकाकुल व्यक्ति जड़ होता जाता है। व्यक्ति के शोक की तीव्रता मृत व्यक्ति की आयु तथा उसके साथ सम्बन्ध की प्रकृति के अनुसार परिवर्तित होती है। वृद्ध व्यक्तियों (माता-पिता) की मृत्यु को एक बच्चे अथवा युवा पति अथवा पत्नी की मृत्यु की अपेक्षा, कम कष्टकारी माना जाता है। तथापि मृत्यु विछोह, संतापकारी होता है। परन्तु इसका सामना करने के लिए व्यक्ति को मानसिक रूप से तैयार रहना चाहिए क्योंकि यह ध्रुव सत्य है कि जो जन्म लिया है उसकी मृत्यु सुनिश्चित है। यही जीवनकालिक विकास का अन्तिम पड़ाव है।

तकनीकी पद	Technical Terms
अस्तित्ववादी	Existential
अलजाइमर	Alzimer
अवसाद	Depression
आपातकालीन देखरेख	Emergency care
आत्मबोध	Self Awareness
आसन्न मृत्यु अनुभव	Near Death Experience
खण्डन	Denial
जैविकीय	Biological
जीवन मूल प्रवृत्ति	Eros
नैदानिक मृत्यु	Clinical Death
प्रतिवर्त	Reflexes
मृत्यु	Death
मानवशास्त्रीय	Anthropological
मनोवैज्ञानिक	Psychological

मनोविश्लेषणवादी	Psychoanalytic
मस्तिष्क मृत्यु	Brain Death
मस्तिष्क स्तम्भ	Brain Stem
मरण	Dying
मोलभाव	Bargaining
मृत्यु मूल प्रवृत्ति	Thenatos
मृत्यु शोक	Grieving
वियोग	Bereavement
विभ्रम	Hallucination
श्वसन यंत्र	Respiration
शोक अभिव्यक्ति	Grief expression
संज्ञानात्मक गड़बड़ी	Cognitive Impairment

सहायक पुस्तक सूची

Bibliography

Acredolo, L. P. & Hake, J. L. (1982) Infant Perception. In B. B. Wolman (Ed.) *Handbook of Developmental Psychology*. Englewood Cliffs : Prentice-Hall.

Ausebell, D. P. Sullivan, E. & Ives, S. M. (1980) *Theory and problems of child development*. New York : Grunestraton

Barrett, K. C. & Campos, J. J. (1987) Perspectives on emotional development II : A functionalist approach to emotions. In J. D. Osofsky (Ed.). *Handbook of Infant Development* (2nd Ed.). New York : Wiley.

Berk, L. E. (1994) *Child development* (3rd ed.). Baster : Allyn and Bacon.

Berko Gleason, J. (1989) Studying language development. In J. Berko Gleason (Ed.) *The development of language*. Columbus, OH : Merrill.

Binger, J.J. (1983) *Human development : A life span approach,* New York : Collier Macmillan International.

Birren, J. E. & Schaie, K. W. (1977) *Handbook of the psychology of aging.* Van Nostrand Reinolds.

Bishop, S. M. & Ingerroll, G. M. (1989) Effect of marital conflict and family structure on the self concepts of pre-and early adolescents. *Journal of Youth and Adolescence.*

Bodurtha, J. Tams, L. & Jackson-Cock, C. (1992) Prenatal genetic counselling: What is fragile X ? *Virginia Medical Quarterly.*

Boer, F. Gaedhart, A. W. & Treffers, P.D.A. (1992) Siblings and their Parents. In F. Boer & J. Dunn (Eds.). *Children's Siblings relationship.* Hillsdale, NJ: Erlbaum.

Bruner, S.S. (1971) *Cognitive development in children*. New York: John Wiley & Sons. Inc.

Cairns, R. B. (1983). *Handbook of Child psychology : History, theory, and methods vol 1,* New York : Wiley.

Cole, L. and Hall, I. N. (1970) *Psychology of adolescence*. New York Holt. Renehart & Winston Inc.

Conger, J. J. (1979) *Adolescence and Youth : Psychological development in changing world*. New York : Harper & Row.

Craig, G. J. (1983) *Human development* (3rd ed.). New Jersey : Prentice-Hall, INC. Englewood Cliffs.

Dunn, J. Brown, J. H. & Beardsell, L. (1991) Family talk about feeling states and children's later understanding of others' emotions. *Developmental Psychology*. 27,448-455.

Edwords, C. P. (1981) *Handbook of cross-cultural Human development*. New York : Garland.

Elder, G. H. & Caspi, (1988) Human development and social change : An emergency perspective on the life course. In N. Bolger, A. Caspi, G. Downey & M. Moorehouse (Eds.) *Persons in context : Developmental processes*. Cambridge : Cambridge University Press.

Erikson, E. H. (1968) *Identity youth and crisis*. New York: Norton.

Featherman, D. (1980). Schooling and occupational careers : Constancy and change in worldly success. In O. Brim, Jr. & J. Kagan (Eds.) *Constancy and change in human development*. Cambridge, MA : Harvard University Press.

Flavell, J. H. & Ross, L. (1981) *Social cognitive development frontiers and possible future* : Cambridge University Press.

Flavell, J. H. (1967) *The development psychology of piaget*. New Jersey : Vannastrand.

Furstenberg, F. F. Jr. & Cherlin, A. J. (1991). *Divided families*. Cambridge, M.A.: Harvard University Press.

Gesell, A. Ilg, F. H. & Ames, L. B.(1968) *Youth the year 10 to 16*. London : Hamish Hamilton.

Gibbs, J. C. (1993) *The gang intervention handbook*. Champaign, IL : Research Press.

Hetherington, E. M. (1991) The role of individual differences and family relationships in children' Coping with divorce and remarriage. In P. A. Cowan & M. Hetherington (Eds.), *Family transitions*. Hillsdale, HJ : Erlbaum.

Hughes, F.P. Noppe, L. D. & Noppe, I. C. (1991) *Human development : Across the life span*. New York : Macmillan Publishing Company.

Hurlock, E.B. (1978) *Child development* (6th ed.) New York : Tata, McGraw Hill Publishing Company.

Hurlock, E.B. (1981) *Developmental psychology : A life span approach* (8th ed.). New York : Tata, McGraw Hill Publishing Company.

Jersild, A. T. Telford, C. W. & Sawrey, J. M. (1978) *Child psychology*. New Delhi : Prentice Hall Pvt. Ltd.

Jindal, S.K. (1988) *Intellectual development*. Delhi : Mittal Publication.

Kablan, R. M. (1985) *Handbook of intelligence*. New York : Wiley.

Kisber, E.E. (1985) Teenagers talk about sex, pregnancy, and contraception. *Family Planning Perspectives*.

Lapsley, D. K. Milstead, M. Guintana, S. Flannery, O. & Buss, L. (1986) Adolescent egocentrism and formal operations : Tests of a theoretical assumption. *Developmental psychology*.

Lapsley, D. K. Rice, K. G. & Fitz Gerald, D. P. (1990) Adolescent attachment Identity and adjustment to College : Implications for the continuity of adaptation hypothesis. *Journal of Counselling and Development*, 68, 561-565.

Maccoby, E.E. & Martin, J. A. (1983) Socialization in the context of the family. In E. M. Hetherington (Ed.) Handbook of child psychology : *Socialization, personality and social development* (vol. 4) New York : Wiley.

Matlin, M. W. (2003) *Cognition*. (5th ed.) New York : Harcourt Brace Publishers.

Mishra, P.C. (1999) *Developmental psychology Today*. Agra. Sahitya Prakashan.

Misra, G. *et al.*, (2003) *Introduction to Psychology* (Part I & II) N.C.E.R.T., New Delhi.

Newgarten, B. E. (1968) *Middle age and aging*. Chicago : Chicago University Press.

Papalia, D.E. Olds, S.W. (1994) *Human development* (5th ed.). New Delhi : Tata, McGraw Hill Publishing Company.

Polegal, M. (1982) *The nature and developmental bases of spatials orientation*, New York : Academic Press.

Richards, M. (1980) *Infancy : Word of the new born*. New Delhi :Harper & Row Publishers.

Scanlon, J. (1979) *Yong adulthood*. New York : Academy for educational development.

Sharma, P. & Gairola, L. (1990) *Fundamentals of child development and Child Care*. New Delhi : Sterling Publishers Pvt. Ltd.

Smart, M. S. & Smart, R.C. (1982) *Children development and relationship*. New York : Collier Macmillan International.

Smith, S. E. (1975) Drugs and pregnancy. *Nursing times*.

Stewart, A. C. Parlmutter, M. & Friendman, S. (1968) *Life long human development*. New York : John Wiley and Sons.

Tilker, H. A. (1975) *Developmental psychology today*. New York : Random House International.

Weisman, A.D. (1972) *On dying and denying : A Psychiatric study of terminality.* New York : Behavioural Publications.

Werner, E.E. (1979) *Cross-cultural child development*. Monterey, Calif : Brooks/ Cole.

White, B. L. *et al.* (1973). *Experience and environment : Major influences on the development of the young child* (Vol. I). Englewood Cliffs, N. J.: Prentice Hall.

Wolman, B. B. (Ed.) (1982). *Handbook of developmental psychology.* Englewood Cliffs, NJ: Prentice-Hall.

अनुक्रमणिका